闕里文獻考

〔清〕孔繼汾——撰

周海生——點校

全國高等院校古籍整理研究工作委員會資助項目
山東省一流學科曲阜師範大學"中國史"出版資助項目
曲阜師範大學"孔子與山東文化强省戰略協同創新中心"資助項目
山東省泰山學者工程專項經費資助

前　言

一

　　這部一百卷的《闕里文獻考》，專載闕里及孔子故實，作者是清代學者、孔子六十九代孫孔繼汾。闕里即孔子故居，相傳爲孔母顔徵在攜孔子移居魯都棲身之所，以城中有二石闕，故名闕里。孔子於此幼學揖讓，長而設教，刪述六經，垂憲萬世；孔氏後裔聚居於斯，恪遵遺教，詩禮傳家，代有賢俊。司馬遷對孔子深懷景仰，於《史記》中將孔子列入“世家”，尊爲“至聖”，加以表彰。其後，歷代褒崇之典，累朝班賚之恩，代增隆重，不勝枚舉。由此孕育而生的闕里文獻，自宋代孔傳《東家雜記》以來，亦續有增輯，代不乏述。其中，條理整密，内容翔實，堪稱上乘，傳且能久者，當以孔繼汾所著《闕里文獻考》爲最。

　　孔繼汾字體儀，號止堂，六十八代衍聖公孔傳鐸第四子，繼室徐夫人出，雍正三年(1725)五月初二日生於曲阜衍聖公府。其父孔傳鐸字振路，號牖民，喜讀書，工文詞，究心濂洛關閩之學，精於《三禮》，學識廣博，著述頗豐。雍正十三年(1735)，孔傳鐸病逝。因長子孔繼濩早逝，長孫孔廣棨襲封衍聖公。孔繼汾幼承家學，年少失怙，徐夫人督責甚嚴，每遇家庭有大事，若祭祀及賓客，必使隨諸長者後，隅坐隅立，習禮法，廣聞見。乾隆三年(1738)春，年僅十四歲的孔繼汾隨衍聖公孔廣棨入京陪祀辟雍。禮成，召見乾清宫，依恩例准貢，入國子監肄業。及長，篤志力行，好學博通。九年(1744)，襲封衍聖公孔昭焕遵照甲子年大修族譜的規定，纂修《孔子世家譜》，孔繼汾名列四編者之一。十二年(1747)秋，中山東鄉試。

　　十三年(1748)二月，高宗幸魯，首次親奠孔子，新科舉人孔繼汾充引導官，儀節罔愆。祭畢，又於詩禮堂進講《中庸》“凡爲天下國家有九經”一節，以講書稱旨得乾隆帝贊賞，諭曰：“其引駕官孔繼汾，朕看其人尚可造就，著加恩以内閣中書用。”①據孔繼汾自言，此次任職，乾隆帝原欲授以主事，曾諭協辦大學士傅恒曰：“孔繼汾新中式，顧令得成進士乃佳爾。”傅恒奏云：“惟中書始仍可會試。”②故以中書用。由此可見，乾隆帝

---

①《清高宗實録》卷三〇九，乾隆十三年二月庚辰，《清實録》第 13 册，中華書局影印本，1986 年版，第 55 頁。
②《孔繼汾自撰墓誌銘》。

對孔繼汾印象頗佳。故於是年秋，即補詁敕撰文中書舍人。十五年(1750)夏，辦理軍機處行走，"每巡幸，輒扈從"。[①]　十七年(1752)，軍機大臣舉勤職，稱其"行走勤慎，材堪造就"，[②]擢授戶部額外主事。十八年(1753)夏，補廣西清吏司主事。是年八月，乾隆帝親詣太學釋奠，孔繼汾"以戶部主事得請，亦與陪祭"。[③]　青年時代的孔繼汾頗受乾隆帝看重，仕途順暢。然而，科舉之路卻滯礙難進。其間數年，三應會試，皆不第。對此，孔繼汾無奈自嘆："三黜南宮，終廁員農部，固其中有數，實繼汾不肖，是以不能仰副恩意也。"[④]

乾隆十九年(1754)，清廷爲穩固邊疆，擬用兵準噶爾。刑部尚書劉統勳受命協辦陝甘總督事務，籌備進剿官兵器械糧餉。起程前，劉統勳上奏"以汾偕行"，擔負文書之責。明年夏，清廷出兵西北，俘獲達瓦齊，平定準噶爾。孔繼汾因辦事勤懇，"奏敍紀錄"，回京供職。乾隆帝以武功耆定，命纂《平定準噶爾方略》，並擬仿照康熙帝平定三藩告祭孔廟例，告武功於闕里。剛至熱河行在的孔繼汾，得知大典將舉，爲報效上恩，遂請假先歸，以效前驅。當年十月，返回曲阜，協助衍聖公孔昭煥修葺林廟，籌備迎駕事宜。

二十一年(1756)正月，衍聖公孔昭煥因與曲阜知縣孔傳松在除道清塵、采辦米豆柴草等事項上孔廟廟户應否當差問題上發生爭執，上疏指責地方官"額外派辦派買"，不依成例優免廟户雜差，奏請"將現存户丁酌留五十户，其餘户丁改歸民籍，交地方官編審，與民籍一體當差"。乾隆即位之初，即頒旨嚴禁私派，"民間偶有興作，亦皆動帑予直"，故而對孔昭煥所奏"派辦派買"一事尚不知究竟爲何項差使，"或東省尚有此陋習，則概當嚴行禁止，不獨廟户爲然"。然而，當他細閱摺內情節，又生疑竇，"如因明年曲阜應辦橋梁道路而言，……即衍聖公尚當卻掃，豈可以領價供役，尚謂地方官派累煩苦"，況且"東巡派令修路，則修路皆動官項雇夫。然令地方官捨本地之人不雇派，而令遠派他處之人，必無是理。況既給價，則非強派"。對東巡擾民深爲忌諱的乾隆帝，由此認定孔昭煥所奏"名爲裁減廟户，撥歸民籍，實則謂廟户不免派累，歸咎有司"。[⑤]　遂於正月初四日諭命署理山東巡撫白鍾山逐細詳查，據實具奏。又因孔昭煥夫人陳氏乃文淵閣大學士陳士倌孫女，乾隆也疑其倚恃外姻之勢，互相倚庇，特命陳士倌繕寫諭旨寄字與孔昭煥，戒其安分自守。

孔昭煥隨即上疏自辯，指稱"曲阜縣上年派辦米豆柴草等項"，又奏鄒縣知縣私毀孔孟遵例免差碑碣。正月二十日，乾隆帝下旨，命軍機處將孔昭煥奏摺一併鈔寄白鍾

①　《孔繼汾自撰墓誌銘》。
②　梁章鉅、朱智撰，何英芳點校：《樞垣記略》卷六，中華書局，1984 年版，第 54 頁。
③　《闕里文獻考》卷一五《祀典考·詣學之典》。
④　《孔繼汾自撰墓誌銘》。
⑤　《清高宗實錄》卷五〇四，乾隆二十一年正月壬申，《清實錄》第 15 冊，第 358—359 頁。

山，查明速行奏聞。^①

　　白鍾山覆稱，爲迎接駕臨幸曲阜，"舉凡平治道路，修造橋梁，俱遵旨照依民間時價，發帑購買物料，雇覓人工，並無絲毫擾累里民之處"。既然沒有額外派辦派買之事，衍聖公又爲何與有司齟齬？白鍾山指出，曲阜本彈丸小邑，廟裔佃及樂舞禮生居其大半，民户僅有三分之一，加之地處偏僻，不通商賈，不得不於本境零星采買，"但廟佃裔户人等，類多附托，概不應承，以致地方官呼應不靈，甚爲掣肘"。在白鍾山看來，衍聖公與地方官互爲牴牾，其中固然有孔昭焕"年輕寡識、不諳大體"以及"有糧之家依托廟户、影射居奇"等因素，而更爲重要的原因，則在於孔昭焕少年怯懦，"任聽伊叔祖孔繼涑、告假主事孔繼汾指使把持"。^②實際上，這無異於將孔繼汾等人視爲引發紛爭的始作俑者。

　　乾隆本就懷疑孔昭焕上疏另有隱情，得知孔繼汾參與其中"主持慫恿"，嚴斥其"憑藉家世，把持生事，殊不能安分自愛"。正月二十三日，乾隆帝降旨："孔昭焕雖云年少，已非幼穉無知可比，本應交部治罪，姑念其爲聖人後裔，著加恩免其交議。孔繼涑、孔繼汾，著交部嚴察議奏。"^③二月初二日，針對孔昭焕所云"私毀遵例免差碑碣"事，又據白鍾山奏覆，所刊碑文"查非敕建與部頒之文，該縣阻其豎立，尚無不合"，嚴責孔昭焕"既祖護陳奏於前，仍復巧詞緣飾於後"，再下諭旨，將孔昭焕"交部嚴加議處，以爲居鄉多事者戒"。^④

　　吏部遵旨議奏："孔昭焕祖庇廟户，武斷滋事，應革去公爵。主事孔繼汾、貢生孔繼涑主持干與，應革去主事、貢生。"二月十一日，得旨："（孔昭焕）尚屬年少無知，著加恩免其革退公爵。孔昭焕其閉户讀書，勉承祖訓。……餘依議。"^⑤懷抱一腔熱忱，請效犬馬奔走之勤的孔繼汾，遂因捲入與地方官的紛爭而被革職。就乾隆朝對文職官員的處分而言，革職是最爲嚴屬的處分方式，一般是在涉及刑事犯罪時才并列采用，單純革職的很少。^⑥顯然，這是乾隆帝對孔繼汾不安分自愛，干預地方公事發出的警告。

　　經此打擊，前程一片大好的孔繼汾不免灰心疏懶，自言："負罪嬰釁，理無可寬，悔恨傍徨，永甘廢錮。"^⑦是年夏，雖經吏部奏請捐復，得復原官，但因生母徐太夫人春秋漸高，時有疾，且常以"性戀多竹物，居官非所宜"之言爲戒，孔繼汾遂順承母志，從此

---

　　①　《清高宗實錄》卷五〇五，乾隆二十一年正月戊子，《清實錄》第 15 册，第 369 頁。

　　②　《鈔件爲衍聖公聽任孔繼汾等主持祖庇廟户干礙地方應革職事》，曲阜師範學院歷史系編《曲阜孔府檔案史料選編》第 3 編第 1 册，齊魯書社，1980 年版，第 526—529 頁。

　　③　《清高宗實錄》卷五〇五，乾隆二十一年正月辛卯，《清實錄》第 15 册，第 370 頁。

　　④　《清高宗實錄》卷五〇六，乾隆二十一年二月庚子，《清實錄》第 15 册，第 382 頁。

　　⑤　《清高宗實錄》卷五〇六，乾隆二十一年二月己酉，《清實錄》第 15 册，第 393 頁。

　　⑥　孟姝芳：《乾隆朝官員處分研究》，內蒙古大學出版社，2009 年版，第 16 頁。

　　⑦　《闕里文獻考》卷一〇〇《叙考》。

杜門謝客，閉戶讀書，日以著述爲事，先後撰成《闕里文獻考》《孔氏家儀》《家儀答問》《勔儀糾謬集》《嫡系小譜》等著作。

乾隆四十九年(1784)，孔繼汾生母徐太夫人去世。"徐太夫人"爲衍聖公孔傳鐸繼室，名昭，浙江德清人，禮部侍郎銜翰林院侍讀徐倬孫女、工部尚書徐元正三女。[①] 孔繼汾讀書著述的平静生活，因生母營葬一事再生波瀾。

徐氏念丈夫孔傳鐸去世已久，不忍令子孫啓墳合葬，"愛防陰山水，命治壽藏於啓聖墓東偏"，孔繼汾爲表孝思，"欲依我太夫人，亦卜兆于林外東南"，乾隆三十六年(1771)仲冬甲寅壙成。[②] 按照孔氏家族的慣例，自孔子逝後，孔氏子孫皆圍繞孔子墓結冢而葬。至清康熙年間，已形成面積廣大的家族專用墓地——孔林。而啓聖林則爲孔子父母合葬處，兩千餘年間向無孔氏附葬之例。當年爲徐氏營造墓穴之時，衍聖公孔昭焕態度究竟如何，難以揣知。孔昭焕病故後，孔憲培襲封衍聖公，他對在啓聖墓側營葬一事十分排拒，便呈文山東巡撫明興，明興隨即上奏："衍聖公孔憲培呈稱，伊曾叔祖繼汾、繼涑先於啓聖林墓側營造虚墳，内置衣髮齒甲，現欲將繼高祖母徐氏議葬於所修虚墳之内。竊思祖林乃奉敕建立，從無孔氏附葬之例，仰祈查奏施行。"九月初七日，内閣奉上諭：

> 啓聖王林，爲至聖發祥之地，春秋官爲致祭。徐氏以一婦人，且係衍聖公孔傳鐸第三繼室，豈容於墓側違例營葬。不特於風水有礙，且揆之典制，亦斷無此理。孔憲培於伊繼高祖母營造虚壙時，雖未經阻止，今既呈明更正，尚屬可原，孔憲培著免其議處。至孔繼汾、孔繼涑身爲聖裔，且曾登仕版，自應恪遵祖制，照例將伊母安葬。乃於徐氏營造虚墳，既不能奉阻於前，仍復固執於後，殊屬非是。孔繼汾、孔繼涑俱著交部嚴加議處。其虚墳著即剷平。[③]

平心而論，作爲衍聖公孔傳鐸的繼室，徐氏不欲葬於孔林，而屬意於啓聖林内造墳營葬，不特於情理難通，也顯然有違祖制。而諳熟廟庭典禮的孔繼汾不僅未加阻止，而且還在啓聖林外東南方向爲自己選定了一處墓穴，亦屬匪夷所思。此次事件，孔繼汾以營葬獲咎，儘管乾隆帝也認爲"究屬伊家務，尚無别項情節"，[④]但諭旨中"殊屬非是"一語，確然無疑地表明，乾隆對孔繼汾的"不安分"已深懷成見，所以，他並没有打算輕鬆放過孔繼汾。

---

① 李景明、宫雲維：《歷代孔子嫡裔衍聖公傳》，齊魯書社，1993年版，第91頁。
② 《孔繼汾自撰墓誌銘》。
③ 《清高宗實録》卷一二一四，乾隆四十九年九月己未，《清實録》第24册，第280—281頁。
④ 《清高宗實録》卷一二九二，乾隆五十二年十一月戊寅，《清實録》第25册，第344頁。

同日,乾隆帝又發一道諭旨,專論孔繼汾的處分問題:

> 孔繼汾曾爲軍機司員,朕所素知。設使伊小心謹慎,早已用爲道府,皆因其越分多事,是以未經擢用。且伊爲其母徐氏鍾愛,所有從前衍聖公私蓄全行給與,朕深悉此事。若孔繼汾獨擁厚貲,在籍安分自享,原可置之不論。今乃於啓聖林墓側營造虛壙,内置衣髮齒甲,欲將伊母違例附葬,經孔憲培呈明,仍復始終固執,殊出情理之外。僅予議處,不足蔽辜。著明興即傳唤孔繼汾至署,令其自行議罰銀三四萬兩,解交河南漫工充用,以示懲儆。①

二十餘年過去,乾隆對孔繼汾的"越分多事"依然耿耿於懷。此次孔繼汾在"違例附葬"一事上"始終固執",且在籍"獨擁厚貲",不能"安分自享",再一次激怒了乾隆。曾獲罪戾之人,無所敬懼,若"僅予議處",復使其坐享豐盈,未足以示罰。故而乾隆諭示明興,命其傳唤孔繼汾,令其自行議罰。無奈之下,孔繼汾只得"自行議罰銀五萬兩"。② 這在某種程度上,也成爲孔繼汾人生命運走向大轉折的不祥預兆。

乾隆四十九年十一月十一日,曲阜原任四品執事官孔繼戌具文上呈山東布政使馮晉祚,稱"革職捐復主事孔繼汾著《孔氏家儀》一書,内有增減《會典》服制,並有'今之顯悖於古者','於區區復古之苦心'字樣。職閱之心寒,不敢不據實稟明",並黏籤呈送《孔氏家儀》一本,以備核查。山東巡撫明興得報後,因該書涉及禮儀問題,事關重大,不敢怠慢,即飭布政使馮晉祚、署按察使陳守訓"再行逐細磨勘",一面飛飭曲阜縣查取《孔氏家儀》板片,傳唤孔繼汾赴省訊取確供。

《孔氏家儀》一書,原係乾隆二十七年衍聖公孔昭焕續娶時,向叔祖孔繼汾咨問儀注,彼時有浙江舉人江衡勸説孔繼汾何不將家庭吉凶諸事俱撰成儀注,孔繼汾乃檢尋家牘,核諸禮經,纂輯成書,於乾隆三十年刊刻行世。其内容不過記載家庭儀節、俗間通行之事,原不關係朝廷典制。因此,對孔繼戌所謂"增減服制"的控告,孔繼汾據理爭辯:

> 惟服制一項必應遵照律令,而律文以簡該繁,原有待人推原比照之處。俗人不盡通曉,往往疑不能決,故此書於嫡孫條内申明,"不善於讀律者,恐失律意"之語。間有竊取《欽定儀禮義疏》之處,因《義疏》係欽頒之書,故敢與律參用。

關於書中"今之顯悖於古者"一句,孔繼汾辯稱:"説底是家庭現今行事有顯悖古

---

① 中國第一歷史檔案館編:《乾隆朝上諭檔》第12册,廣西師範大學出版社,2008年版,第270—271頁。
② 《清高宗實錄》卷一二九二,乾隆五十二年十一月戊寅,《清實錄》第25册,第344頁。

者祖風之處。凡書內古、今二字,都是指今俗古俗,並非指斥今制有干違悖。"他再三表明心迹:"繼汾世受國恩,身登仕版,何敢萌狂悖之心!"當初撰這書時,并不是無端要議論服制,因家庭之間遇有喪事就要穿服,不得不考較一番。"俱係於律內推求,並非於律外添設",書中服制四條,"不過要發明律意,並不敢議律妄作"。對於孔繼戍的檢舉揭發,孔繼汾則指爲挾私報復:"去年曾因太常博士懸缺,繼戍圖得此缺,前衍聖公不允,咨補繼汾之子廣册,①想因此誣首。"

儘管孔繼汾的剖辯有理有據,且明興對孔繼戍"收藏此書有年,既知其有違礙,何以不早行舉首,有無挾嫌"的控告動機不無懷疑,但他仍認爲《孔氏家儀》書內"詞氣字句狂謬之處甚多"。乾隆五十年(1785)三月,明興上奏朝廷,指孔繼汾"著作《家儀》一書,逞其臆見,妄生議論,指摘令典。迨經傳訊,猶復强詞支飾,殊屬狂妄",②請將孔繼汾革職,送交刑部嚴行治罪。同時,飭行布政使馮晉祚親詣曲阜,會同衍聖公孔憲培,將伊族《家儀》一書俱行收繳。

乾隆接報之後,大爲震怒,便有意借題發揮。三月初十日,頒下諭旨:

> 孔繼汾曾任司員,在軍機處行走,其人小有才幹,若能安分供職,自必早加擢用。以其居鄉多事革職,本非安分之人,故棄而弗用耳。彼應安分改過,乃敢著《家儀》一書,則因其平日抑鬱不得志,借以沽名紓忿,其心更不可問。若使仕宦通顯,必不以著述爲能。此等進退無據之徒,最可鄙恨。其書中動以遵聖爲詞,則伊從前於啓聖林內,爲伊母豫造生壙,上年欲將伊母營葬一節,爲遵聖乎? 爲違聖乎? 其居心行事,豈不顯然相背。孔繼汾著革職,拏交刑部,交大學士九卿會同該部嚴審定擬具奏。孔繼戍亦著解部質訊。至孔繼汾身系聖裔,即其書果有狂妄,亦祇應罪及其身,其子弟族衆,均毋庸連及,以示朕尊崇先聖、加恩後裔之至意。③

在對孔繼汾沽名紓忿、進退無據的痛斥中,乾隆的恨恚情緒得以淋漓盡致地表露。也正由於乾隆的主動介入和干預,《孔氏家儀》從略涉"詞氣字句狂謬"的普通訴訟案便轉化爲一場文字獄案。

乾隆諭旨發出的第二天,衍聖公孔憲培奉山東巡撫之命傳諭全族:"無論近房遠族各生,倘有存貯《家儀》一書,並此外有繼汾所著別書,立即呈繳。如敢隱諱匿藏及

---

① 按:廣册,據《孔繼汾自撰墓誌銘》,應作"廣策"。孔德成編《孔子世家譜》初集卷三之一《大宗户》作"廣册"。見《山東文獻集成》第 1 輯第 11 册,山東大學出版社影印民國二十六年曲阜孔氏排印本。

② 上引原文均參自《東撫爲查辦孔繼汾一案請旨奏摺》,《曲阜孔府檔案史料選編》第 3 編第 1 册,第 530—532 頁。

③ 《清高宗實録》卷一二二六,第 24 册,中華書局,1986 年版,第 436—437 頁。

瞻徇觀望者,一徑查出,從重究擬。事關奏辦案件,隨收隨繳,定限十日内,悉行收繳齊全,毋得遺漏。飛速火速!"①三月十四日,明興又遵照刑部"作速將孔繼汾家中有無著有不法書籍,嚴行搜查"②的命令,再命布政使馮晉祚馳赴曲阜,會同衍聖公孔憲培,嚴密搜查。

後據明興奏稱,此次共搜得"《闕里文獻考》一部,《闕里儀注》附《勴儀糾謬集》三卷,《喪祭儀節》一本,《樂舞全譜》一本,《孔氏家儀》兩本",當即傳喚孔繼汾之胞弟繼涑、親子廣森、親侄廣彬等,隔别訊追。僉稱"此外並無自著已刊書集及未刻草稿。孔繼汾平日並不能詩,亦别無詩稿"等語。查傳孔氏族長孔貞梓,族中舉人廣棻、廣杕等,逐一訊問,僉稱"平日耳聞目見孔繼汾所著之書,實止此五種",並據呈繳《家儀》六本。所查五種書籍中,《闕里文獻考》曾經前衍聖公孔昭焕恭呈御覽,無須再為磨勘;其他三種,"率同兩司等悉心查閱,委無違悖字句";至《孔氏家儀》,"雖非坊間發售之書,但自三十年刊刻至今,孔氏族中收藏之人,自必不少。今搜獲及呈繳者,僅止八本,恐有不實不盡。現仍令衍聖公差官嚴查,悉行追繳解省,毋使稍有藏匿遺漏"。③明興隨即將孔繼汾與《闕里儀注》附《勴儀糾謬集》一本、《喪祭儀節》一本、《樂舞全譜》一本一併解交刑部,聽候會審。

孔繼汾被押解至京,大學士阿桂與九卿、刑部立即展開會審。就書内所説"今之顯悖於古"及"時俗之萬萬不可從"的兩條,孔繼汾一方面辯稱"今"字實指"今俗"而言,並不敢指斥今制,另一方面也承認"不説顯悖於禮,竟説顯悖於古,並用'復古'等字樣",是自己糊塗不通,該得重罪。除此之外,阿桂等又在書中找出"後王德薄不能以身教"、"行服時或應以明令參酌"兩條,指其"語近違悖"。孔繼汾對此也逐條進行了辯答:"後王德薄"是指晉唐時而言,下文纔説到朱子作《家禮》一節。又説到"我家沐盛朝之化,尚循古法"等句,只求將原本閱看就是恩典。至"應以明令參酌",係專指殤服而言,原是汪琬《喪服雜説》内的話,我抄襲舊文並不檢點,這就是我的罪了。

也許到了此時,孔繼汾已經意識到自己無法擺脱這場災禍,所以不免心灰氣短,處處服罪。然而,會審諸人顯然不想止步於此,反復究詰,追問其撰書之初衷,孔繼汾説:"我一家世受國恩,至優極渥,繼汾具有人心,何敢稍萌悖逆之念。祇因我曾經出仕,緣事革職後在籍閒居,無可見長,妄意著一部書,希圖宗族中説我是有學問的人,可以邀取名譽。我又糊塗不通,不知檢點,以致措詞種種舛謬。今蒙指駁詰訊,追悔無及,祇求將我從重治罪就是恩典。"若將此答文與乾隆帝三月十日諭旨相對照,我們

<hr />

① 《牌四氏學族長為傳諭合族限期呈繳孔繼汾所著書籍事》,《曲阜孔府檔案史料選編》第3編第1册,第533頁。
② 《東撫諮為孔繼汾及其家中搜出書籍已分别解京煩請欽遵查照事》,《曲阜孔府檔案史料選編》第3編第1册,第535頁。
③ 《東撫為查明孔繼汾别無不法書籍緣由奏摺》,《曲阜孔府檔案史料選編》第3編第1册,第540—541頁。

不難發現,在會審諸員的"再四研鞫"之下,他們終於得到了最想得到的結果。正所謂天威赫赫,燭察幽微,孔繼汾唯有俯首認罪,無可置辯。

四月初十日,大學士阿桂等做出議決,並上奏朝廷:

> 孔繼汾身係聖裔,曾登仕版,世受國恩,自宜明理安分。前以居鄉多事,蒙皇上不加嚴譴,儘予擯棄,孔繼汾尤宜愧悔改過,乃復因不能出仕,抑鬱無聊,妄著《家儀》一書,冀邀名譽。誠如聖諭,"此等進退無據之徒,最可鄙恨",且《會典》爲奉行定制,典則昭然。孔繼汾率以己意,援引舛謬,雖祇爲伊家所行儀節起見,尚非有心違悖,與增減制書者較屬有間。但竟照增減制書律,量減一等擬流,不足以示懲儆。孔繼汾應從重發往伊犁充當苦差,以爲在籍人員無知妄作者戒。除《家儀》板片現經山東巡撫查起外,所有此項書籍亦應令一併查繳銷毀。①

至於其他涉案人員,如作序者江衡早已身故,首告者孔繼戊亦無挾嫌實據,應毋庸議。乾隆帝接到奏摺,當即允准。至此,《孔氏家儀》案從孔繼戊告訐起,在短短四五個月內即塵埃落定。

孔繼汾被判遣戍伊犁後,其子孔廣森多方奔走,設法營救,最終獲准納鍰以贖。胞弟孔繼涑同憂共患,"出己貲助戶部君前後萬七千金"。② 得以赦免的孔繼汾志意沉鬱,不樂家居,遂南遊杭州,客居友人梁同書家。乾隆五十一年(1786)八月初六日病卒,年六十二。冬十月,孔繼涑率繼汾之子孔廣森等迎柩歸里,其子孔廣林承遺命改卜葬地。乾隆五十四年(1789)四月,葬於曲阜城西南華店。

孔繼汾生活在雍正、乾隆兩朝,正是皇權的高度強化階段。爲鞏固君主專制,清廷大力尊孔崇儒,優禮聖裔,諸如修葺林廟,封爵賜官,陪祀辟雍,優免差徭,給予了衍聖公和孔氏族人諸多特權。隨着乾隆帝頻臨闕里祭孔,孔府的地位和權力臻於頂峰,進入歷史發展的"鼎盛時期",③清廷與孔府、皇帝與衍聖公關係之密切前所未有。而這一時期,也是孔府族權伸張,內部權力紛爭,家族矛盾頻發,孔府與地方、孔府與皇權衝突加劇的時期。輩高位尊,性格剛直,"遇曲阜公事,以祖父體自任"④的孔繼汾自然難以置身事外。即使在遭受革職處分之後,依然如此。如乾隆二十二年四月,南巡

---

① 《大學士公阿等爲遵旨會審孔繼汾奏摺》,《曲阜孔府檔案史料選編》第 3 編第 1 冊,第 544 頁。
② (清)梁同書:《頻羅庵遺集》卷九《谷園孔君家傳》,國家清史編纂委員會《清代詩文集彙編》第 353 冊,上海古籍出版社,2010 年版,第 130 頁。
③ 駱承烈:《乾隆時期的衍聖公府》,《社會科學戰線》1985 年第 2 期。
④ (清)姚鼐:《惜抱軒詩文集》卷一三《孔信夫墓誌銘并序》,上海古籍出版社,1992 年版,第 191 頁。

江浙回鑾駕幸闕里,孔繼汾以候補主事身份參與迎駕。① 二十九年三月,爲孔氏輕糧恩例事與曲阜知縣交涉。② 諸如此類,也自然難免惹人妒忌或非議,甚至觸及朝廷忌諱。梁同書曾言,孔繼汾"性亢直,居鄉往往不諧於衆,會徐太夫人葬事及所著《孔氏家儀》,兩扞文網,多齮齕之者,禍幾不測"。③ 其悲劇命運令人浩嘆!

二

孔繼汾才華橫溢,命運坎坷,但他勤於著述,"嘗手校經史,刊板爲家塾讀本,字畫皆本《説文》,識者珍之",④尤其是在闕里文獻的蒐集和家族禮儀的考證方面着力頗多。其所撰次,計有《闕里文獻考》一百卷、《闕里儀注》附《勼儀糾謬集》三卷、《孔氏家儀》十四卷、《家儀答問》四卷、《樂舞全譜》二卷、《喪祭儀節》一册、《行餘詩草》二卷,與侄廣柣共録《嫡系小譜》十卷。又編次乾隆甲子《孔子世家譜》二十二卷,校刻《文獻通考序》一卷,輯《文廟禮器圖式》一卷。此外,尚有《四書補音》《三禮名物》《歷代編年》《刑考》《地志》等書。⑤

孔繼汾之所以做出這樣的成績,是因爲他對此富有濃厚的興趣,懷抱極大的熱忱。幼年時期的孔繼汾就留心典則,"幼年入廟,向族中諸長者考詢名物,究厥本原,……如是者閱有年矣",⑥"故所遇殘編脱簡金石斷爛之文,莫不掇拾摩娑,手自著録。復稽之故家遺老,以證辨所聞,而益恢擴其所未見。雜有所得,記而藏之"。在京爲官期間,又"時與當世名公卿上下其議論,更得質叩典墳,習熟掌故。公餘無事,恒以書簏自隨"。⑦ 辛勤搜求與持久努力,使得孔繼汾"諳悉歷朝掌故、廟廷典禮及一切金石圖象,前言往行,莫不統會其源流",⑧爲其撰著奠定了堅實的基礎。

孔繼汾後以文字繫獄,其已刊書籍五種,除《闕里文獻考》曾經衍聖公恭呈御覽得以保全外,其餘諸書多遭查繳燬禁。⑨ 而恰恰是這部《闕里文獻考》,凝聚了孔繼汾最多的時間和心力,生平著作也以此價值爲最高。

---

① 《爲乾隆帝南巡回鑾駕幸闕里禮賓人等名册》,《曲阜孔府檔案史料選編》第3編第1册,第520頁。
② 《候補主事孔繼汾呈爲輕糧恩例恐年久湮没請移縣遵守事》,《曲阜孔府檔案史料選編》第3編第1册,第521—522頁。
③ (清)梁同書:《頻羅庵遺集》卷九《谷園孔君家傳》,《清代詩文集彙編》第353册,第130頁。
④ (清)孔憲彝輯:《闕里孔氏詩鈔》卷六《孔繼汾》,道光二十三年刻本。
⑤ 《孔繼汾自撰墓誌銘》。按,孔繼汾云《四書補音》之類"不過間居無事,翻書之下抄撮備遺忘而已,並淺陋無足存者,故旋作旋削"。據此,《四書補音》《三禮名物》等當爲未成之書。
⑥ 孔繼汾:《勼儀糾謬集·序》,《四庫未收書輯刊》第3輯第8册,北京出版社,2010年版,第256頁。
⑦ 《闕里文獻考》卷一〇〇《敍考》。
⑧ (光緒)《山東通志》卷一七二《人物志第十一》,商務印書館影印本,1934年版,第4967頁。
⑨ 按,《清代禁燬書目·禁書總目》列"應毁孔繼汾悖妄書目",内有《孔氏家儀》《家儀答問》兩種。參姚覲元編《清代禁毀書目》,商務印書館,1957年版,第94頁。

　　《闕里文獻考》之撰著,始於乾隆十年(1745)。這一年,孔繼汾參與編次的《孔子世家譜》大修告竣,其侄廣杅請修志書以光祖德,弱冠之年的孔繼汾謙曰:"志與史相表裏,非下識所可及。若網羅放佚,以備修志者之采擇,則固宿願也。"遂"出篋中所藏,始事排纂"。其後,孔繼汾入京爲官,又隨軍籌餉,事務繁雜,編録之事再經作輟。至乾隆二十一年落職家居,孔繼汾以"變化氣質,惟在讀書"自警,乃整理未成之舊稿,"更蒡蕪穢,刊謬誤,益以邇年恭遇諸盛典,勒爲一書,名曰《闕里文獻考》",①於乾隆二十六年(1761)秋撰成,前後歷時十六年之久。

　　孔繼汾何以志於撰著這樣一部書? 他自言:"懼闕里文獻之尠徵而作也。"記載孔子家族歷史和闕里故實,考諸舊籍,前有《孔叢子》《連叢子》,後有《東家雜記》《孔氏祖庭廣記》《孔氏實録》《孔庭纂要》《素王事紀》《孔門僉載》《孔子世家譜》諸書。然自《連叢》之後千餘年間,述者罕聞,一直到南宋,始有孔傳"纂其軼事,綴所舊聞",②撰成《東家雜記》。因舊迹多存,事皆目睹,故其所記載特爲簡核。金孔元措將孔宗翰所編《孔氏家譜》、孔傳所撰《孔氏祖庭雜記》合二爲一,"博採詳考,正其誤、補其闕,增益纂集",③成《孔氏祖庭廣記》十二卷,分二十六門類,共記八百四十事,則又有蕪雜之病。明弘治年間,提學副使陳鎬纂述歷代追崇聖賢之典,及林廟古迹與夫舊事遺文,著成《闕里志》十三卷,綱舉目張,事迹粗備,然考據失精,去取無當,其後屢有續輯,"皆因是成書而附益之,增至二十四卷,是所謂闕里舊《志》者也"。④ 但止綴述恩蔭,更雜以簿書文章,於前人紕繆繁漏之失,未加匡正,識者病之。《四庫全書總目》就批評其"編次冗雜,頗無體例。如歷代誥敕、御製文贊,不入追崇恩典志,而另爲提綱。碑記本藝文中一類,乃別增撰述一門,均爲繁複"。⑤ 康熙二十二年(1683),孔尚任承衍聖公孔毓圻之邀"別纂新《志》,一變舊《志》體例,頗有所增益,而蕪雜傅會,失更過之",⑥故其書久而不行。其後六十餘年,"崇獎師儒,典禮殷盛",然"鮮有愛素之士集其事而筆之書者",將何以備故寔、貽來者? 孔繼汾遂引以爲己任,撰著是書,用昭示於將來。

　　《闕里文獻考》略仿馬端臨《文獻通考》體例,正文凡一百卷,卷末一卷,共分十六門,即:《世系考》十卷,述姓源、孔子年譜、宗子世系;《林廟考》三卷,述至聖林、至聖廟及啓聖林、書院;《祀典考》四卷,總述漢唐以來褒崇先聖及諸賢之典、尊禮之制;《世爵

　　① 《闕里文獻考》卷一○○《敘考》。
　　② (宋)孔傳:《東家雜記·卷首》,《叢書集成初編》本,商務印書館,1936 年版,第 1 頁。
　　③ (金)孔元措:《孔氏祖庭廣記引》,《叢書集成初編》本,商務印書館,1936 年版,第 1 頁。
　　④ 《闕里文獻考》卷三一《孔氏著述考》。
　　⑤ (清)永瑢等:《四庫全書總目》卷五九,中華書局,2003 年版,第 532 頁。
　　⑥ 《闕里文獻考》卷一○○《敘考》。按衍聖公孔昭焕《闕里文獻考序》云:"舊《志》作於前明,新《志》成於康熙丁丑。"丁丑爲康熙三十六年(1697),則孔尚任所撰《闕里志》從始纂到成書亦歷時十餘年。有學者認爲,該書"雖然傅會,錯誤不少,但門類齊全,領屬得體,次序合理,言簡意明,仍不失爲一部特色鮮明的優秀方志"。參見徐振貴、孔祥林《孔尚任新闕里志校注·前言》,吉林人民出版社,2004 年版,第 9 頁。

職官考》一卷、《禮考》四卷、《樂考》三卷、《户田考》一卷,分述孔廟奉祀職事、闕里祭儀及釋奠禮樂、林廟户役、祀田沿革;《學校考》二卷,述闕里建學沿革;《城邑山川考》一卷,述闕里山川形勝;《宗譜考》一卷,述孔氏族譜;《孔氏著述考》一卷、《藝文考》十卷,述孔氏子孫著述;《聖門弟子考》一卷、《從祀賢儒考》三十卷,述孔門弟子及先賢先儒生平事迹;《子孫著聞者考》二十七卷,述孔氏子孫僑異者生平事迹;《敍考》一卷,述成書始末及全書内容。卷末《附識》,專辨舊《志》、新《志》之失。

各門之下,又包括若干細目,如《世爵職官考》,分衍聖公、翰林院五經博士、太常寺博士、國子監學録、國子監學正、四氏學教授、四氏學學録、聖廟執事官、世襲六品官、孔庭族長、林廟舉事、司樂、奎文閣典籍、屯田管勾、守衛林廟百户、知印、掌書、書寫、奏差、伴官(附奉祀生)等二十一小目,《學校考》分徵辟、隋以前科目、進士、舉人、副榜貢生、拔貢生、優貢生、陪祀恩貢生、歲貢生等九小目,《藝文考》分聖製、碑文、記、序、跋、論、辯、解、考、頌、贊、銘、祭文、賦、辭、詩等十六小目,目下爲具體内容。

孔繼汾曾參與編次《孔子世家譜》,他在各家撰述基礎上,博採經史,廣泛利用孔氏譜牒資料,兼及個人聞見,故其著述體制嚴整,考訂精核,採擇豐富,博而不蕪。《闕里文獻考》書成,衍聖公孔昭焕爲之序,云:"類别門分,薙繁辨誤,言不越六十萬,而二千三百餘年之事燦然大備,……於以成一家言,追蹤二《叢》,實有賴焉。"此書刊行後,爲世所艷稱。《鄭堂讀書記》云:"其間門分類别,芟繁正誤,條理整密,固非從前諸書所及也。"[①]孔憲彝也贊其"紀述恩賚,表揚幽潛,足裨家乘"。[②]《孔子世家譜》更譽爲"繼往開來,功冠千古"。[③]一時學者據爲信史,屢加徵引,史志、邑乘及各家書目多有著録,影響極大。

《闕里文獻考》儘管屬於孔氏家乘文獻,但其意義和價值,決不僅限於孔氏一家。其對孔氏家族人物、世系、譜系源流、林廟沿革、祀典變遷、孔廟禮樂、孔氏著述、從祀賢儒羅列詳盡,内容翔實,在孔氏家族史、儒家學術史、孔廟祭祀制度等研究方面皆具重要價值。

一、孔氏家族史研究方面。孔子以降兩千年來,孔氏家族綿延不衰,歷代恩賞優渥,奉祠有封,灑掃有户,給賜有田,安富尊榮,地位顯赫。然歷世久遠,傅會傳訛,所在多有。《闕里文獻考》述姓源、梳理宗子世系,辨析史傳、家譜記載之訛舛,信而有徵。又如,孔子後裔之襲封,《闕里志》及家譜載三十代孔渠初襲崇聖侯,北齊文宣帝天保元年改封恭聖侯,後周靜帝大象二年又進爵鄒國公;其子孔長孫,後周武帝宣政元年襲封鄒國公。孔繼汾指出,宣政在大象之前,先封其子,后封其父,斷無此理。況且宣政年間,無鄒國名號,

①　(清)周中孚:《鄭堂讀書記·補逸》卷一〇,中華書局,1992年版,第427頁。
②　(清)孔憲彝輯:《闕里孔氏詩鈔》卷六《孔繼汾》,道光二十三年刻本。
③　孔德成纂:《孔子世家譜》,《山東文獻集成》第1輯第11册,山東大學出版社,2006年版,第109頁。

故而長孫襲鄒國公於宣政元年之記載，一定存在錯誤。另《北史·齊文宣本紀》載，天保元年六月辛巳，詔改封崇聖侯孔長爲恭聖侯。孔長，譜内既無其名，其爲"長孫"之誤無疑。最後孔繼汾得出結論：初襲崇聖，改封恭聖，進爵鄒國公者，乃三十一代之孔長孫，非三十代之孔渠。諸如此類，不一而足，孔繼汾已在諸考中擇其大者辯論改正。改而未辨者，於卷末復爲論列，以免以訛傳訛。於此，亦可見孔繼汾考證之細密。

再如，自孔子删述六經垂教萬世，而後代之言六藝者，必折衷於孔氏，故孔氏家學的傳承在孔氏家族史上意義重大且獨居特色。孔繼汾專列《孔氏著述考》一門，仿《隋書·經籍志》體例，分經、史、子、集四部，著録孔氏著作二百三十一部（卷佚者四十七部），共計一千七百七十四卷。其中，經部四十四部，十二部卷佚，餘得三百八十七卷；史部六十一部，二十一部卷佚，餘得七百四十六卷；子部三十八部，六部卷佚，餘得一百六十八卷；集部八十八部，八部卷佚，餘得四百七十三卷。各部下又分若干類目，如經部有《易》《書》《詩》《春秋》《儀禮》《禮記》《孝經》《論語》《四書》《家語》《樂》十一小類，史部有正史、雜史、詔令、故事、職官、雜傳記、譜牒、志八小類。每一小類前爲小序以述源流，後依世次列其著作，著録内容包括：世次、朝代、官職、名字、書名、卷數以及書籍的續輯情況，間加小注，説明該書歷代著録及卷數存佚等問題。相較於歷代正史、邑志中《藝文志》《經籍志》僅録篇目的撰著體例，《著述考》之著録内容無疑更爲豐富而實用。周洪才先生云："記一家一族著述之豐者，以此爲最。它大可補正史之不足，小可供邑志、家乘之採擷。"[1]顯而易見，這一篇《孔氏著述考》不僅可使我們明了孔氏家學之源流，而且也是探討孔氏家學的重要依據。

二、孔子、孔門弟子乃至儒家學術史研究方面。孔子之言論行事，散見於六經羣籍。自司馬遷作《史記·孔子世家》，後世言孔子，多以《史記》爲本，而其中實不免有舛錯之處。孔繼汾以《春秋左傳》爲本，參以傳記之確有可據者，訂正了《史記》的序次錯亂之處，並將孔子一生言行事迹，繫之以年，編爲年譜。孔子弟子三千，《史記》曰"受業身通者七十有七人"，《家語·弟子解》云"右七十二弟子，皆升堂入室者"，後世議論紛紜，去取不一。孔繼汾以二書爲據，考得八十人，著其年名、出處之大概。並於《祀典考》中，敍其追崇封爵及從祀配享原委。七十子外，該書還兼及從祀賢儒，自蘧瑗以下至清代陸隴其，"參之前史，采其立身明道之大者，各爲列傳，以類相從"，[2]脈絡清晰，道統昭明，幾近於一部儒家學術史。

三、孔廟祭祀制度研究方面。孔子是中國傳統文化的集大成者，繼往開來師表萬世，祭孔在中國有源遠流長的歷史。作爲一種國家祀典，祭孔體現着儒家道統與王朝治統的密切關係，極富象徵意義。《闕里文獻考》詳細記載了孔廟祭祀的源起、沿革，

---

① 周洪才：《孔繼汾與〈闕里文獻考〉》，《山東圖書館季刊》1992 年第 3 期。

② 《闕里文獻考》卷四三《從祀賢儒考》。

孔子及弟子封謚、章服變化，配享之制，歷代帝王幸魯之典、遣官祭告之典、詣學之典，奉祀之世爵職官等諸多内容，史迹翔實，綫索清晰，可以稱得上是西漢至清初的一部簡明孔廟祭祀史。

　　孔廟祭祀最主要的形式是釋奠。隨着祭孔的日益常規化，釋奠禮也漸趨制度化。《闕里文獻考》稽諸典籍，徵之往古，驗之當時，對釋奠禮樂做了詳細記載和考證。主要包括如下幾個方面：一是闕里儀注，計有皇帝親祭及遣官祭告儀、四仲釋奠儀、月朔釋菜儀、歲時常祭儀、月望行香儀、告祭儀、祭中興祖儀、書院釋奠儀、春秋掃墓儀等九種，並將清代以前釋奠舊儀備列於篇，用資考覈。二是祭品，如孔子、四配、十哲、兩廡賢儒的祭品規格、數量。三是祭器，如祭器等級、形制、陳設。四是樂章，包括國學釋奠樂章、闕里釋奠樂章。五是樂譜、樂舞。六是樂器，包括歷代樂器之數及古今之形制。此外，還有與祭祀有關的碑文、頌贊、祭文等，其記載可謂巨細靡遺，不啻爲孔廟祭祀制度研究的“數據庫”。

　　當然，《闕里文獻考》也存在着一些不足。比如，在孔子生卒年代的考證上，“恪守舊聞，未加訂證”。[1] 史實記載存在個别疏失，如《漢書·成帝紀》封孔吉爲殷紹嘉侯，時在綏和元年二月癸丑，《闕里文獻考》誤爲正月；《宋史·禮志》載，宋仁宗景祐二年詔以孔子四十六世孫北海尉宗願爲國子監主簿，襲封文宣公，《闕里文獻考》誤爲寶元二年；孔尚任字聘之，號東塘，别號岸堂，有《岸堂文集》六卷，《闕里文獻考》誤爲《岸塘文集》。此外，在孔氏著述方面著録也時有漏失。較之全書而言，這些疏漏，只是白璧微瑕，小疵不足以妨大美也。

　　《闕里文獻考》是孔繼汾的代表作，後出轉精，超邁前賢，允爲闕里文獻之翹楚。雖經影印，一而再，再而三，時至今日，仍無一整理本，不能不説是一大缺憾。在下不揣譾陋，將原書點校出版，以廣其傳。

<h1 style="text-align:center">三</h1>

　　《闕里文獻考》版本，傳世主要有乾隆二十七年（1762）孔氏家刻本與光緒十七年（1891）湘陰李氏刻本。乾隆本半頁 13 行，行 26 字，注文小字雙行 39 字，黑口，左右雙邊，雙黑魚尾。版心記題名、卷數及小題簡稱，下魚尾記當卷頁碼。通過對乾隆諸本的比勘可以發現，《續修四庫全書》影印北京大學藏本（簡稱北大本）當屬該版的較早印本，《山東文獻集成》影印孔氏刻本（簡稱集成本）與北大本應是同一印本。曲阜師範大學圖書館藏本（簡稱曲阜本）爲該版的較晚印本，1989 年山東友誼書社《孔子文化

---

[1]　中國科學院圖書館整理：《續修四庫全書總目提要》（稿本）第 30 册，齊魯書社，1996 年版，第 587 頁。

大全》曾影印此本。四川大學《儒藏》本的祖本當與曲阜本爲同一印本，惟卷九九“五十七代孔謐”條載其女孔媛事迹云，媛適王綸，未逾年，王綸没，“女袖繪所讀書，自縊死”，“繒”訛作“綸”。因曲阜本刷印較晚，對早印本已做挖改補正，文字訛誤較少，故本次整理，以曲阜本爲底本，以北大本、集成本爲參校本。以下對點校工作略作説明。

一、原書雙行夾注文字，現一律采用單行小字形式，以示區別。原書段落文字較長者，根據文義酌情分段，以便閲讀。

二、原書之簡體、俗體、異體字，一般徑改正體。

三、原書確爲衍文或誤刻之字，加（　）號排小字，並於其後改出正字，加〔　〕號標明。凡缺字則用□號標出。

四、原書避諱字，如邱（丘）、元（玄）、蔭（胤）、弘（缺末筆）之類，徑改，不出校。孔子名諱，原書用“□先聖諱”表示，今悉改爲“丘”。清乾隆帝父祖之名諱，原書用“□廟諱”表示，今改爲“玄”或“胤”。孔氏人名行輩用字，如宏（弘）、衍（胤），因沿用已久，習以爲常，亦不再回改，以免淆亂。

五、孔氏引書繁博，點校時盡可能覆查原文文獻，對文字錯訛、脱漏（個别不致影響文意的詞句除外）之處，出校説明，餘則概仍其舊。

六、原書有卷首目録一篇，今依據實際情況編一總目録置於書前，以利翻檢。

七、本書將闕里文獻考提要、闕里文獻考跋、孔繼汾自撰墓志銘、序跋、詩詞等輯附於後，以供讀者參考。

整理過程中，曾向曲阜師範大學駱承烈教授、黄懷信教授，山東大學儒學高等研究院顏炳罡教授、王承略教授，孔子研究院楊朝明院長、王鈞林教授、丁鼎教授等先生請益，諸位師長的期勉和指導，讓我時時感念在心。在版本鑒别、選擇方面，曲阜師範大學文學院陳錦春先生提供了諸多幫助。曲阜師範大學孔子文化研究院院長馬士遠教授、歷史文化學院院長成積春教授、中華禮樂文明研究所所長宋立林教授對本書給予了出版經費支持，謹致真誠謝意。

上海古籍出版社編輯陳麗娟女士爲本書出版付出了許多辛勤勞動，其嚴謹態度、專業能力、敬業精神尤爲筆者所感佩。研究生徐國峰、鄭雯心、劉璐、周皎、劉亞東、彭曉麗等諸位同學，在文字録入和校對方面做了大量工作，在此一併表示感謝。

在本書出版之際，承蒙恩師駱承烈先生題寫書名，不勝歡欣，衷心致謝！

點校者才疏學淺，標點校勘舛誤之處，敬請方家不吝賜正。

周海生
二〇一九年二月
於曲阜師範大學

目　録

闕里文獻考序

　　余每讀家乘，至《孔叢》《連叢》之篇，未嘗不廢書而嘆也。先聖文章道德，備於六經，散見於百家傳記，而論次於《史記・世家》，載籍極博，固無事我一家之私述爲也。惟歷世久遠，子上、子家而下顯晦不常。至如敦尚儒術，代有襃崇。而史志詳略異裁，非貫串而會通之，亦曷見典章之因革？則是志乘之作，又當與史兼行而不可忽者。我家自《連叢》而後，述者罕聞。迄南宋時，《東家雜記》之書始出，然而已略。《廣記》《僉載》，又病其蕪。厥後有新、舊兩《志》，復祖《廣記》，考據尤失精核。且舊志作于前明，新志成於康熙丁丑，如我世宗憲皇帝之聿新寢廟，暨我皇上之屢降乘輿，未經恭述，余竊懼焉，不遑寧處。久欲戢善訂正，而益以國朝之洋洋美典，用備故實、貽來者，顧年穉學疏，因循未逮。近得叔祖止堂公《闕里文獻考》書成，類別門分，薙繁辨誤，言不越六十萬，而二千三百餘年之事燦然大備。不曰"志"而曰"考"，要之，志亦不外文獻，即馬氏之體裁，補龍門之闕佚，於以成一家言，追蹤二《叢》，實有賴焉。爰亟請付之剞劂，以公海內。會聖駕南巡，回駐闕里，入遺祠，觀禮器，垂詢夫子甕及履所在。謹按：甕載丹書，本出讖緯之説，且相傳已埋瘞。至孔子履，於晉咸康中燬於武庫。然《水經注》云，孔子廟藏素所乘車及几、席、劍、履。其於何時遂入武庫，抑即此履與否，書缺有間，竟不知所對。因念前人有隨時筆之於書如是編者，則遺物雖湮，寧至漫無記憶若此？益以見是編之不可少也。爰裝潢進呈御覽，凡敷奏所未悉者，皆藉以稍塞厥咎。並序於篇首，俾後之子孫，幸守鉛槧，無忘紹續，即以此書示之權輿也夫！

　　乾隆二十七年歲次壬午仲夏上澣，孔子七十一代孫、光祿大夫、襲封衍聖公昭煥謹序。

進 書 摺 子

　　襲封衍聖公臣孔昭煥謹奏，爲恭進家乘仰祈睿鑑事。

　　竊惟我朝重道尊師，邁越千古，恭遇我皇上翠華屢幸，典禮聿昭，異數殊榮，有加無已，鉅製鴻儀，臣家均宜紀述。伏查闕里舊志，成自前明，記載未能詳備，近經臣叔祖、原任户部主事臣孔繼汾纂輯《闕里文獻考》一百卷，分列條目，採綴成編，凡我列聖洎我皇上彪炳古今之典，昭回雲漢之文，敬謹備録，垂示萬年，而於舊志訛舛之處，亦略爲訂正。見已成書，謹裝潢進呈御覽，伏乞睿裁訓示。謹奏。

　　乾隆二十七年五月十六日奏進。奉旨："留覽。欽此。"

闕里文獻考卷首

敕授承德郎、原任户部廣西清吏司主事、孔子六十九代孫繼汾敬述

目録

顏子回	閔子損	冉子耕	冉子雍
宰子予	端木子賜	冉子求	仲子由
言子偃	卜子商	顓孫子師	曾子參
澹臺子滅明	高子柴	宓子不齊	樊子須
有子若	公西子赤	原子憲	公冶子長
南宮子适	公晳子哀	曾子點	顏子無繇
商子瞿	漆雕子開	公良子孺	秦子商
顏子高	司馬子耕	巫馬子施	梁子鱣
琴子牢	冉子孺	顏子辛	伯子虔
公孫子龍	曹子卹	陳子亢	叔仲子會
秦子祖	奚容子蒧	公祖子句茲	廉子潔
公西子輿如	罕父子黑	公西子蒧	壤駟子赤
冉子季	鄭子國	后子處	縣子亶
左人子郢	狄子黑	商子澤	任子不齊
榮子旂	顏子噲	原子亢	公肩子定
秦子非	漆雕子徒父	燕子伋	公夏子首
句井子疆	步叔子乘	石作子蜀	邦子巽
施子之常	申子根	樂子欬	顏子之僕
孔子忠	漆雕子哆	縣子成	顏子祖
秦子冉	鄡子單	顏子何	牧子皮

《闕里文獻考》卷首終

闕里文獻考卷一

世系第一之一

至聖先師孔子諱丘,字仲尼,本姓子氏,殷之裔也。

昔黃帝二十五子,其得姓者十四人。玄囂得姓己氏。玄囂及其子蟜極皆不得在位,至孫帝嚳,承顓頊有天下,是爲高辛氏。契,帝嚳子也。佐禹治水有功,舜命爲司徒,敷五教,封於商,賜姓子氏。契卒,子昭明立。昭明卒,子相土立。相土卒,子昌若立。昌若卒,子曹圉立。曹圉卒,子冥立。冥卒,子振立。振卒,子微立。微字上甲,其母以甲日生故也。商家生子以日爲字,蓋自微始。微卒,子報丁立。報丁卒,子報乙立。報乙卒,子報丙立。報丙卒,子主壬立。主壬卒,子主癸立。主癸卒,子天乙立。天乙名履,伐夏有天下,國號商,是爲成湯。

湯太子太丁之子太甲,克修祖德,廟號太宗。太甲生太庚,太庚生太戊。太戊,廟號中宗,生河亶甲。河亶甲生祖乙,祖乙生祖辛,祖辛生祖丁,祖丁生小乙,小乙生武丁。武丁,廟號高宗,生祖甲。祖甲生庚丁,庚丁生武乙,武乙生太丁,太丁生帝乙。帝乙元子微子啓,次子微仲衍,一名泄,皆以母賤不得嗣。少子帝辛名受,母正后也。於是,帝乙崩,帝辛立。帝辛暴虐無道,天下謂之曰紂,爲周所滅。

武王既克商,封紂子武庚以續殷祀,使管叔、蔡叔、霍叔監之。成王之世,管叔以武庚畔,周公誅之,乃命微子代殷後,奉其先祀,國於宋。

初,太庚之立,本繼兄沃丁,太戊則繼兄小甲、雍己,河亶甲則繼兄仲丁、外壬,小乙則繼兄陽甲、盤庚、小辛,祖甲則繼兄祖庚,庚丁則繼兄廩辛。祖辛之崩,實立其弟沃甲。沃甲崩,乃立祖丁。而祖丁之崩,則又立沃甲之子南庚。迨南庚崩,乃立陽甲。蓋兄弟相及,殷之禮也。是以微子嫡子死,亦舍其孫腯而立微仲。微仲卒,子宋公稽立。宋公稽卒,子丁公申立。丁公申卒,子湣公共立。湣公共卒,弟煬公熙立。煬公即位,湣公子鮒祀弑之,以讓兄弗父何。弗父,湣公嫡子也,辭弗受。鮒祀乃自立,是爲厲公。

弗父生周,周生世父勝,世父生正考父,世爲宋大夫。考父歷佐戴、武、宣三公,以恭著稱。初，宋爲周恪，統承先王，得用商家禮樂。其後政衰，商之禮樂，日以放失。戴公時，考父得《商頌》十二篇於周太師，歸以祀其先王焉。考父生孔父嘉。自弗父至孔父，五世親盡，當別爲公族，乃以字爲孔氏。宣公有太子與夷，及病，讓其弟和，曰：“父死子繼，兄死弟及，天下通義也。我其立和。”和亦三讓而受之。宣公卒，和立，爲穆公，於是孔父爲大司馬。穆公疾，召孔父，曰：“先君舍與夷而立寡人，寡人弗敢忘。若以大夫之靈得保首領以没，先君若問與夷，其將何辭以對？請子奉之，以主社稷。寡人雖死，亦無悔焉。”孔父曰：“羣臣願奉馮也。”穆公曰：“不可。先君以寡人爲賢，使主社稷。若棄德不讓，是廢先君之舉，豈曰能賢？光昭先君之令德，可不務乎？吾子其無廢先君之功。”使公子馮出居於鄭。穆公卒，與夷立，是爲殤公。其後諸侯數來侵宋，殤公在位十年而十一戰，民不堪命。太宰華督謀害孔父，因民之不堪命，先宣言曰：“司馬則然已！”乃殺孔父而弒殤公，迎馮於鄭而立之。

　　孔父生木金父，木金父生睪夷父，或作祈父，其子防叔，畏華氏之逼而奔魯，故孔氏爲魯人。防叔，名、字不可考，嘗爲魯防邑大夫，後世因號防叔。防叔生伯夏，伯夏生叔梁紇。叔梁仕魯，爲鄹邑大夫，有勇力。魯襄公十年，魯人從晉伐偪陽。偪陽人啓門，諸侯之士門焉。縣門發，叔梁抉之，以出門者。孟獻子曰：“《詩》所謂‘有力如虎’者也。”叔梁先娶於魯之施氏，生女九人，無男。其妾生孟皮，病足，不任繼嗣。叔梁曰：“雖有九女而無嫡，是無子也。”乃求昏於顔氏。顔氏有三女，幼曰徵在。顔父問三女曰：“鄹大夫，雖父祖爲卿士，然先聖王之裔也。今其人身長九尺，武力絶倫，吾甚貪之。雖年長性嚴，不足爲疑。三子孰能爲之妻？”二女莫對，徵在進曰：“從父所制，將何問焉？”父曰：“即爾能矣！”遂以妻之。顔氏禱於尼丘之山，生孔子。孔子生而首上圩頂，故因以命名及字云。

　　述曰：按《祖庭廣記》載：“顔氏禱於尼山，升之谷，草木之葉皆上起；降之谷，草木之葉皆下垂。”王子年《拾遺記》載：“孔子未生之先，有麟吐玉書於闕里，其文曰：‘水精之子，繼衰周而爲素王。’顔氏異之，以繡紱繫麟之角，信宿而去。”《廣記》又載：“先聖誕生之夕，有二龍繞室，五老降庭，顔氏之房聞鈞天之樂，空中有聲云：‘天感生聖子，故降以和樂之音。’”《夢珍集》又載：“徵在夜夢二蒼龍自天而下，因生夫子。有二神女擎香露，於空中而來，以沐浴之。天帝下奏鈞天之樂，列於顔氏之房，空中有聲言：‘天感生聖子，故降以和樂笙鏞之音，異於世俗。’”夫怪異之説，言不雅馴，儒者所弗道。然先聖，殷人也。殷之先，玄鳥降祥，列在歌頌，麟游草附之事，理或有之。若夫吐玉書，降五老，奏天樂，又感生聖子，言出神人，則愈出而愈怪，荒誕不經，其爲後人傅會無疑矣。

闕里文獻考卷二

世系第一之二

至聖先師孔子,魯襄公二十一年己酉冬十月二十一日庚子生,蓋周靈王之二十年也。

三歲 父叔梁卒,葬魯防山之陰。

六歲 爲兒嬉戲,常陳俎豆,設禮容。

八歲 靈王崩,子景王立。

十一歲 魯襄公薨,子野立。立一月,卒。弟稠立,是爲昭公。

十九歲 娶於宋亓官氏。①

二十歲 仕魯爲委吏。子鯉生。

二十一歲 爲乘田吏。

二十四歲 母顏氏卒。先聖曰:"古不祔葬,爲不忍先死者之復見也。然《詩》有云:'死則同穴。'周公以來,已祔葬矣。故衛人之祔,離之,以有間焉;魯人之祔也,合之矣。吾從魯。吾聞古者墓而不墳,今丘東西南北之人也,不可以弗識。吾見封之若堂者矣,見若坊者矣,見若覆夏屋者矣,見若斧形者矣。吾從斧形者焉。"於是封之,崇四尺。

二十八歲 郯子來朝於魯,叔孫昭子問焉,曰:"少皞氏鳥名官,何故也?"郯子曰:"吾祖也,我知之。昔者黃帝氏以雲紀,故爲雲師而雲名;炎帝氏以火紀,故爲火師而火名;共工氏以水紀,故爲水師而水名;太皞氏以龍紀,故爲龍師而龍名。我高祖少皞摯之立也,鳳鳥適至,故紀於鳥,爲鳥師而鳥名。鳳鳥氏,歷正也;玄鳥氏,司分者也;伯趙氏,司至者也;青鳥氏,司啓者也;丹鳥氏,司閉者也。祝鳩氏,司徒也;鴡鳩氏,司馬也;鳲鳩氏,司空也;爽鳩氏,司寇也;鶻鳩氏,司事也。五鳩,鳩民者也。五雉爲五

---

① 亓官氏,曲阜孔廟東漢《禮器碑》作"并官氏"。按,《宋史》卷一〇五《禮志八》作"开",《太常因革禮》卷八一作"开",《宋大詔令集》卷一五六作"并",《文獻通考》卷四三《學校考》作"开",《元史》卷三六《文宗本紀》作"并"。《廿二史考異》卷七〇《宋史四》據《漢禮器碑》等石刻,認爲當作"并","开"或"开"、"开",皆傳寫之誤。

工正,利器用、正度量,夷民者也。九扈爲九農正,扈民無淫者也。自顓頊以來,不能紀遠,乃紀於近。爲民師而命以民事,則不能故也。"先聖聞之,見於郯子而學之。既而告人曰:"吾聞之,'天子失官,學在四夷',猶信。"

先聖之郯,遭程子於塗,傾蓋而語終日,甚相親。顧謂子路曰:"取束帛以贈先生。"子路屑然對曰:"由聞之,士不中間見,女嫁無媒,君子不以交,禮也。"有間,又顧謂子路,子路又對如初。子曰:"由,《詩》不云乎:'有美一人,清揚宛兮。邂逅相遇,適我願兮。'今程子,天下賢士也。於斯不贈,則終身不能見也。小子行之!"

二十九歲　學琴於師襄子,十日不進。師襄子曰:"可以益矣。"先聖曰:"丘已習其曲矣,未得其數也。"有間,曰:"已習其數,可以益矣。"曰:"丘未得其志也。"有間,曰:"已習其志,可以益矣。"曰:"丘未得其爲人也。"有間,有所穆然深思焉,有所怡然高望而遠志焉,曰:"丘得其爲人,黯然而黑,幾然而長,眼如望羊,心如王四國,非文王其誰能爲此也?"師襄子辟席再拜,曰:"師蓋云《文王操》也。"

三十一歲　鄭子産卒,先聖聞之,出涕曰:"古之遺愛也。"

三十三歲　景王崩,子猛立,是爲悼王。是冬,又崩。子匄立,是爲敬王。

三十五歲　魯孟僖子卒。初,楚靈王成章華之臺,願與諸侯落之。昭公如楚,鄭伯勞於師之梁。孟僖子爲介,不能相儀。及楚,不能答郊勞。僖子病焉,乃講學之,苟能禮者從之。至是將死,召其大夫,曰:"禮,人之幹也。無禮,無以立。吾聞將有達者曰孔丘,聖人之後也,而滅於宋。其祖弗父何以有宋而授厲公。及正考父,佐戴、武、宣,三命茲益恭,故其鼎銘云:'一命而僂,再命而傴,三命而俯,循牆而走,亦莫余敢侮。饘於是,粥①於是,以餬余口。'其恭也如是。臧孫紇有言曰:'聖人有明德者,若不當世,其後必有達人。'今其將在孔丘乎!我若獲没,必屬説與何忌於夫子,使事之,而學禮焉,以定其位。"故孟懿子與南宮敬叔師事先聖。先聖曰:"能補過,君子也。《詩》曰'君子是則是效',孟僖子可則效已矣。"

他日,欲適周見老聃。南宮敬叔言於魯君曰:"臣受先臣之命師孔子,今孔子將適周,觀先王之遺制,考禮樂之所極,斯大業也,君盍以乘資之?臣請與往。"公曰:"諾。"與先聖車一乘,馬二疋,豎子侍御。敬叔與俱至周。問禮於老聃,訪樂於萇弘。弘語劉文公曰:"吾觀孔仲尼有聖人之表。河目而隆顙,黃帝之形貌也;修肱而龜背,長九尺有六寸,成湯之容體也。言稱先王,躬履謙讓,洽聞强記,博物不窮,抑亦聖人之興者乎!"文公曰:"方今周室衰微,諸侯力争,孔丘布衣,聖將安施?"弘曰:"堯、舜、文、武之道或弛而墜,禮樂崩喪,亦正其統紀而已。"既而先聖聞之,曰:"吾豈敢哉,亦好禮樂者也!"

觀乎明堂,睹四門墉有堯舜之容、桀紂之象,而各有善惡之狀、興廢之誡焉。又有

---

①　"粥",《左傳・昭公七年》作"鬻"。

周公相成王，抱之負斧扆，南面以朝諸侯之圖焉。先聖徘徊望之，謂從者曰："此周之所以盛也。夫明鏡所以察形，往古所以知今。今人主不務襲迹於其所以安存，而怠忽所以危亡，是猶卻步而求及前人也，豈不惑哉！"

入后稷之廟，廟右階之前有金人焉。三緘其口，而銘其背曰："古之慎言人也，戒之哉！戒之哉！無多言，多言多敗；無多事，多事多害。① 安樂必戒，無行所悔。勿謂何傷，其禍將長；勿謂何害，其禍將大；勿謂何殘，其禍將然；②勿謂不聞，神將伺人。焰焰不滅，炎炎若何？涓涓不壅，終爲江河；綿綿不絶，或成網羅；毫末不扎③，將尋斧柯。誠能慎之，福之根也。曰④是何傷？禍之門也。强梁者不得其死，好勝者必遇其敵。盜憎主人，民怨其上。君子知天下之不可上也，故下之；知衆人之不可先也，故後之。溫恭慎德，使人慕之；執雌持下，人莫逾之。人皆趨彼，我獨守此；人皆惑之，我獨不徙。內藏我智，不示人技。我雖尊高，人弗我害，誰能如此？江河雖左，長於百川，以其卑也。天道無親，而能下人。戒之哉！"先聖讀斯文也，顧謂弟子曰："小子識之，此言實而中，情而信。行身如此，豈以口過患哉！"先聖既歷郊社之所，考明堂之則，察廟朝之度，於是喟然嘆曰："吾今乃知周公之聖與周之所以王也。"

及去周，老子送之，曰："吾聞富貴者送人以財，仁者送人以言。吾雖不能富貴，而竊仁者之號，請送子以言乎！凡當今之士，聰明深察而近於死者，好譏議人者也；博辨宏達而危其身者，好發人之惡者也。爲人子者毋以有己，爲人臣者毋以惡⑤己。"先聖曰："敬奉教。"自周反魯，弟子稍益進焉。

三十六歲　魯季平子得罪昭公，公帥師伐季氏，平子與孟氏、叔孫氏三家共攻公，公奔齊，魯國大亂。先聖遂適齊，齊景公讓登，先聖降一等，景公三辭然後登。既坐，曰："夫子降德辱臨寡人，寡人以爲榮也。而降階以遠，自絶於寡人，未知所以爲罪。"對曰："君惠顧外臣，君之賜也。然以匹夫敵國君，非所敢行也。雖君私之，其若義何？"有頃，左右白曰："周使適至，言先王廟災。"公問曰："何王之廟也？"先聖曰："此必釐王之廟。《詩》云：'皇皇上天，其命不忒。天之與人，⑥必報其德。'禍亦如之。夫釐王變文武之制，而作玄黃華靡之飾，宮室崇峻，輿馬奢侈，而弗可振，故天殃所宜加其廟焉。"公曰："天何不殃其身而加罰其廟也？"對曰："蓋以文、武故也。若殃其身，則文武之祀⑦無乃殄乎？"使人問之，果釐王之廟。公驚起，再拜曰："善哉！聖人之智，過人遠矣。"

齊大旱，春饑。景公問曰："如之何？"對曰："凶年則力役不興，馳道不修，祈以幣

---

① "害"，《孔子家語·觀周》作"患"。
② "勿謂何殘，其禍將然"，《孔子家語·觀周》無此二句。
③ "扎"，《孔子家語·觀周》作"札"。
④ "曰"，《孔子家語·觀周》作"口"。
⑤ "惡"，《史記·孔子世家》作"有"。
⑥ "與人"，《孔子家語·六本》作"以善"。
⑦ "祀"，《孔子家語·六本》作"嗣"。

玉,祭祀不懸,祀以下牲。此賢君自貶以救民之道也。"既又與景公論政,公大悅,將封以尼谿之田,晏嬰不可而止。

　　吳季札適齊,於其反也,其長子死,葬於嬴、博之間。先聖曰:"延陵季子,吳之習於禮者也。"往而觀其葬焉。其坎深不至於泉,其斂以時服,既葬而封,廣輪揜坎,其高可隱也。既封,左袒,右還其封且號者三,曰:"骨肉歸復於土,命也! 若魂氣則無不之也,無不之也!"而遂行。先聖曰:"延陵季子之於禮也,其合矣乎!"

　　居齊數年,景公終不能用,遂反魯。

　　四十三歲　魯昭公薨於乾侯,弟定公立。

　　四十六歲　邾隱公即位,將冠,使大夫因孟懿子問禮於先聖。先聖曰:"其禮如世子之冠。冠於阼階,以著代也,醮於客位,加其有成,三加彌尊,導喻其志。冠而字之,敬其名也。行冠事必於祖廟,以裸享之禮將之,以金石之樂節之。所以自卑而尊先祖,示不敢擅也。"

　　懿子曰:"天子未冠即位,長亦冠乎?"

　　先聖曰:"古者王世子雖幼,其即位則尊爲人君,以爲成人之事者也,何冠之有?"

　　懿子曰:"然則諸侯之冠異天子與?"

　　先聖曰:"君薨而世子主喪,是冠也。與人君無殊也。"

　　懿子曰:"今邾君之冠非禮也?"

　　先聖曰:"諸侯之有冠禮也,夏之末造也,有自來矣,今無譏焉。天子冠者,武王崩,成王年十三而嗣立。周公攝政以治天下,冠成王而朝於祖,以見於諸侯。周公使祝雍作頌,命之曰:'祝王辭達而勿多也。'祝雍辭曰:'使王近於民,遠於佞,嗇於時,惠於財,親賢而任能。'其頌曰:'令月吉日,王始加元服。去王幼志,服袞職,欽若昊天,六合是式。率爾祖考,永永無極。'此周公之制也。"

　　懿子曰:"三王之冠,其異何也?"先聖曰:"周弁,殷冔,夏收,一也。三王共皮弁素緌。委貌,周道也;章甫,殷道也;毋追,夏后氏之道也。"

　　先聖觀於魯桓公之廟,有攲器焉。問守廟者曰:"此何器?"對曰:"此爲宥坐之器。"先聖曰:"吾聞宥坐之器,虛則攲,中則正,滿則覆。明君以爲至誠,故常置於坐側。"顧謂弟子曰:"試注水焉。"注之水,中則正,滿則覆。乃喟然嘆曰:"嗚呼! 夫物惡有滿而不覆者哉?"子路曰:"敢問持滿有道乎?"先聖曰:"持滿之道,挹而損之。"子路曰:"損之有道乎?"先聖曰:"聰明睿智,守之以愚;功被天下,守之以讓;勇力振世,守之以怯;富有四海,守之以儉。此所謂損之又損之之道也。"

　　四十八歲　季平子卒,桓子嗣立。桓子嬖臣曰仲梁懷[①]者,與陽虎有隙。陽虎欲

────────────

① "仲梁懷",原作"梁仲懷",據《史記·孔子世家》訂正。

逐懷，公山不狃止之。其秋，懷益驕，陽虎執懷。桓子怒，陽虎因囚桓子，與盟而醳之。陽虎由此益輕季氏。季氏亦僭於公室，陪臣執國政，魯自大夫以下皆僭離於正道。故先聖不仕，退而修詩書禮樂，弟子自遠方至者益衆。

五十一歲　公山不狃不得意於季氏，因陽虎爲亂，欲去三桓之適，更立其庶孽，弗克。陽虎入讙陽關以叛。公山不狃亦以費叛，召先聖。先聖欲往，後卒不行。

五十二歲　魯人伐陽虎，陽虎奔齊，齊人執之。已而逃奔宋，復奔晉，適趙氏。先聖曰：“趙氏其世有亂乎！”子路曰：“權本不在焉，豈能爲亂？”先聖曰：“非汝所知。夫陽虎親富而不親仁，有寵於季孫，又欲殺之，不克而奔，求容於齊。齊人囚之，乃亡歸晉。是齊、魯二國，已去其疾。趙簡子好利而多信，必溺其説而從其謀。禍敗所終，非止一世可知也。”

是時，先聖爲中都宰，制爲養生送死之節：長幼異食，强弱異任，男女別塗，路無拾遺，器不雕僞，市不貳價。爲四寸之棺、五寸之槨，因丘陵爲墳，不封不樹。行之一年，西方之諸侯則焉。定公謂先聖曰：“學子此法以治魯國，何如？”對曰：“雖天下可乎，何但魯國而已哉！”

五十三歲　爲魯司空，別五土之性，而物其所生之宜，咸得厥所。尋爲司寇，有父子訟者，同狴執之，三月不別。其父請止，赦之。季孫聞之不悦，曰：“司寇欺余。曩告余曰：‘爲國家必先以孝。’今戮一不孝以教民孝，不亦可乎？而又赦之，何哉？”冉子以告。先聖喟然嘆曰：“嗚呼！上失其道而殺其下，非禮也。不教以孝而聽其獄，是殺不辜也。三軍大敗，不可斬也；獄犴不治，不可刑也。何者？上教之不行，罪不在民故也。夫慢令謹誅，賊也；徵斂無時，暴也；不誠責成，虐也。政無此三者，然後刑可即也。《書》云：‘義刑義殺，勿庸以即汝心，惟曰未有遜事。’言必教而後刑也。故先王既陳道德，以先服之；而猶不可，尚賢以勸之；又不可，即廢之；又不可，而後以威憚之。若是三年而百姓正矣。其有邪民不從化者，然後待之以刑，則民咸知罪矣。《詩》曰：‘尹氏太師，維周之氐。秉國之均，四方是維。天子是毗，俾民不迷。’是以威厲而不試，刑措而不用。今之世則不然，亂其教，繁其刑，使民迷惑而陷焉，又從而制之，是以刑彌繁而邪不勝也。三尺之岸，而虛車不能登也；百仞之山，重載陟焉，陵遲故也。數仞之牆，而民不踰也；百仞之山，而豎子馮而游焉，陵遲故也。今世之陵遲亦久矣，而能使民勿踰乎？《詩》曰：‘周道如砥，其直如矢。君子所履，小人所視。睠焉顧之，潸焉出涕。’豈不哀哉！”由是，法設而不用，無奸民。

初，季平子葬昭公於墓道南，先聖溝而合諸墓焉。謂桓子曰：“貶君以彰己罪，非禮也。今合之，所以揜夫子之不臣。”

夏，定公與齊侯會於夾谷，先聖相。犁彌言於齊景公曰：“孔丘知禮而無勇，若使萊人以兵劫魯侯，必得志焉。”景公從之。先聖亦言於定公曰：“臣聞有文事者必有武備，有武事者必有文備。古者諸侯出疆，必具官以從。請具左右司馬。"公從之。

至會所，爲壇位，土階三等，以遇禮相見，揖讓而登。獻酢既畢，齊使萊人以兵鼓噪，劫定公。先聖趨進，歷階而登，不盡一等，以公退，曰："士兵之！兩君好合，①而裔夷之俘以兵亂之，非齊君所以命諸侯也。裔不謀夏，夷不亂華，俘不干盟，兵不逼好，於神爲不祥，於德爲愆義，於人爲失禮，君必不然。"齊侯心怍，麾而去之。有頃，齊奏宮中之樂，俳優侏儒戲於前。先聖趨進，歷階而上，不盡一等，曰："匹夫熒惑②諸侯者罪應誅！請右司馬速加刑焉。"於是斬侏儒。齊侯懼，有慚色。

將盟，齊人加載書曰："齊師出境，而不以甲車三百乘從我者，有如此盟！"先聖使茲無還揖對，曰："而不返我汶陽之田，吾以供命者，亦如之。"齊侯將設享禮，先聖謂梁丘據曰："齊、魯之故，吾子何不聞焉？事既成矣，而又享之，是勤執事也。且犧、象不出門，嘉樂不野合。享而既具，是棄禮也；若其不具，是用秕稗也。用秕稗，君辱；棄禮，名惡。子盍圖之！夫享，所以昭德也。不昭，不如其已。"乃不果享。

齊侯歸，責其羣臣曰："魯以君子之道輔其君，子獨以夷狄之道教寡人，使得罪。"於是乃歸所侵魯之鄆、讙、龜陰之田以謝過。

五十五歲　先聖言於定公曰："家不藏甲，邑無百雉之城。今三家過制，請皆損之。"而叔孫、季孫亦以宰吏數叛患之，以問先聖。先聖曰："陪臣執國命，采長數叛者，坐邑有城池之固，家有甲兵之藏故也。"乃使子路爲季氏宰，將墮三都。於是叔孫氏先墮郈。季氏將墮費，公山不狃、叔孫輒率費人以襲魯。公與三子入於季氏之宮，登武子之臺。費人攻之，弗克，入及公側。先聖命申句須、樂頎下伐之，費人北。國人追之，敗諸姑蔑。不狃與輒奔齊，遂墮費。將墮成，公斂處父謂孟孫曰："墮成，齊人必至於北門。且成，孟氏之保障也，無成，是無孟氏也。子僞不知，我將不墮。"公圍成，弗克。

五十六歲　去魯適衛。先聖之初爲司寇也，國人謗之曰："麛裘而韠，投之無戾；韠之麛裘，投之無郵。"及是，國人誦之曰："袞衣章甫，實獲我所；章甫袞衣，惠我無私。"齊人聞而懼，曰："孔子爲政必霸，霸則吾地近焉，我之爲先并矣。盍致地焉？"犁鉏曰："請先嘗沮之；沮之而不可則致地，庸遲乎！"於是選齊國中女子好者八十人，皆衣文衣而舞《康樂》，文馬三十駟，遺魯君。陳女樂文馬於魯城南高門外。季桓子微服往觀再三，將受，乃語魯君爲周道遊，往觀終日，怠於政事。子路曰："夫子可以行矣。"先聖曰："魯君③且郊，如致膰乎大夫，則吾猶可以止。"季桓子卒受女樂，三日不聽政；郊，又不致膰俎於大夫。先聖遂行，宿乎屯。師己送，曰："夫子則非罪。"先聖曰："吾歌

---

① "好合"，《左傳·定公十年》作"合好"。
② "熒惑"，《史記·孔子世家》作"營惑"，《孔子家語·相魯》作"熒侮"。
③ "君"，《史記·孔子世家》《孔子家語·子路初見》作"今"。

可夫?"歌曰:"彼婦之口,可以出走;彼婦之謁,可以死敗。蓋優哉遊哉,維以卒歲!"師己反,以告桓子。桓子喟然嘆曰:"夫子罪我以羣婢故也夫!"

先聖適衛,主於顏讎由家。衛靈公聞先聖在魯奉粟六萬,亦致粟六萬。

五十七歲　先聖去衛。適陳,過匡,顏刻爲僕,以其策指曰:"昔我入此,由彼缺也。"陽虎嘗暴匡人,先聖狀類虎,匡人聞之,以爲魯之陽虎,遂止先聖。子路怒,奮戟將與之戰。先聖止之曰:"惡有修仁義而不免世俗之惡者乎?夫《詩》《書》之不講,禮樂之不習,是丘之過也。若以述先王、好古法而爲咎者,則非丘之罪也,命也夫。由,歌,予和女。"子路彈琴而歌,先聖和之,曲三終,匡人解甲而罷,乃得去。過蒲。月餘,反乎衛,主蘧伯玉家。

五十八歲　居衛。衛靈公夫人南子使人謂先聖曰:"四方之君子不辱,欲與寡君爲兄弟者,必見寡小君。寡小君願見。"先聖辭謝,不得已而見之。子路不悅,先聖矢之。居衛月餘,靈公與夫人同車,宦者雍渠參乘,出,使先聖爲次乘,招搖市過之。先聖醜之,去衛,過曹。

又去曹適宋,見宋司馬桓魋自爲石槨,三年而不成,工匠皆病。愀然曰:"若是其靡也,死不如速朽之愈也。"冉子曰:"禮,凶事不豫。此何謂也?"曰:"既死而議謚,謚定而卜葬,既葬而立廟,皆臣子之事,非所豫屬也,況自爲之哉?"

先聖與弟子習禮大樹下,桓魋欲殺先聖,拔其樹,先聖遂去宋。適鄭,與弟子相失,獨立郭東門。鄭人或謂子貢曰:"東門有人,其顙似堯,其項類皋陶,其肩類子產,然自腰以下不及禹三寸,纍纍如喪家之狗。"子貢以告。先聖欣然笑曰:"形狀,末也。而似喪家之狗,然哉!然哉!"

遂至陳,主司城貞子家。有隼集於陳廷而死,楛矢貫之,石砮,矢長尺有咫。陳湣公使使問先聖。先聖曰:"隼來遠矣,此肅慎之矢也。昔武王克商,通道九夷百蠻,使各以其方賄來貢,使無忘職業。於是肅慎貢楛矢石砮,長尺有咫。先王欲昭其令德,以肅慎矢分大姬,配虞胡公而封諸陳。分同姓以珍玉,展親;分異姓以遠方職,使無忘服。故分陳以肅慎矢。"試求之故府,果得之。

是年,魯定公薨,子哀公立。

五十九歲　去陳。過蒲,會公叔以蒲叛,蒲人止先聖。弟子有公良孺者,以私車五乘從,與鬥甚疾。蒲人懼,謂先聖曰:"苟毋適衛,吾出子。"與之盟,出先聖東門。先聖遂適衛,子貢曰:"盟可負邪?"先聖曰:"要盟也,神不聽。"靈公老,怠於政,不用先聖。先聖自衛入晉,至河,聞趙簡子殺竇犨鳴犢及舜華,乃臨河而嘆曰:"美哉水,洋洋乎!丘之不濟此,命也夫!"子貢趨而進曰:"敢問何謂也?"先聖曰:"竇犨鳴犢、舜華,晉國之賢大夫也。趙簡子未得志之時,須此兩人而後從政;及其得志而殺之。吾聞刳胎殺夭則麒麟不至其郊,竭澤而漁則蛟龍不處其淵,覆巢破卵則鳳凰不翔其邑。何則?諱傷其類也。夫鳥獸之於不義也尚知避之，而況乎丘哉！”乃還息於陬鄉，作爲《陬操》以哀之。而反乎衛，主蘧伯玉家。

是年，吳入越，墮會稽，得骨節專車。吳使使問先聖：“骨何者最大？”先聖曰：“禹致羣神於會稽山，防風氏後至，禹殺而戮之，其節專車，此爲大矣。”吳客曰：“誰爲神？”先聖曰：“山川之神足以綱紀天下，其守爲神，社稷爲公侯，皆屬於王者。”客曰：“防風何守？”先聖曰：“汪罔氏之君守封、禺之山，爲釐姓。在虞、夏、商爲汪罔，於周爲長翟，今謂之大人。”客曰：“人長幾何？”先聖曰：“僬僥氏三尺，短之至也。長者不過十之，數之極也。”於是吳客曰：“善哉聖人！”

六十歲　在衛。衛靈公問陳，先聖不對。明日，靈公與先聖語，見蜚雁，仰視之，色不在先聖。先聖遂如陳。

是年夏，靈公薨。子蒯聵先以得罪亡，衛人立蒯聵之子出公輒。

六十一歲　在陳。夏，魯桓、僖宮災。陳侯就先聖燕游焉，行路之人曰：“魯司鐸災，及宗廟。”先聖曰：“所及者，其桓、僖之廟乎？禮，祖有功而宗有德，故不毀其廟。今桓、僖之親盡矣，又功德不足以存其廟，而魯①不毀，是以天災之。”三日，魯使至，問焉，則桓、僖也。陳侯謂子貢曰：“吾乃今知聖人之可貴。”對曰：“君今知之可矣，未若專其道而行其化之善也。”

秋，季桓子卒。桓子之病也，輦而見魯城，喟然嘆曰：“昔此國幾興矣，吾獲罪孔子，故不興也。”顧謂其嗣康子曰：“我死，若必相魯；相魯，必召仲尼。”後康子立，欲召先聖。公之魚曰：“昔我先君用之不終，爲諸侯笑。今又用之，不能終，是再爲諸侯笑。”康子曰：“則誰召而可？”曰：“必召冉求。”於是使使召冉求。

是年，晉趙簡子攻范、中行氏，圍朝歌。佛肸以中牟畔，召先聖，先聖欲往，卒不果。

六十三歲　自陳遷蔡。

六十四歲　如葉，與葉公論政。復還蔡，遇長沮、桀溺及丈人。吳伐陳，楚昭王救陳，軍於城父。聞先聖在陳、蔡間，使人聘先聖。先聖將往楚拜禮，陳、蔡大夫相與謀曰：“孔子聖賢，其所刺譏皆中諸侯之病。今者久留陳、蔡之間，諸大夫所設行皆非仲尼之意。今楚，大國也，來聘孔子。孔子用於楚，則陳、蔡用事大夫危矣。”於是乃相與發徒役圍先聖於野。不得行，絕糧七日。從者病，莫能興。先聖講誦絃歌不衰。

時子路有慍色，先聖召而問：“《詩》云‘匪兕匪虎，率彼曠野’。吾道非邪？吾何爲於此？”子路曰：“意者吾未仁邪？人之不我信也。吾未智邪？人之不我行也。”先聖曰：“有是乎！由，譬使仁者而必信，安有伯夷、叔齊？使智者而必行，安有王子比干？”

子路出，子貢入見。先聖曰：“賜，《詩》云‘匪兕匪虎，率彼曠野’。吾道非邪？吾何

---

①　原脱“魯”字，據《孔子家語·辨物》補。

爲於此?"子貢曰:"夫子之道至大,故天下莫能容。夫子盍少貶焉?"先聖曰:"賜,良農能稼而不能爲穡,良工能巧而不能爲順。君子能修其道,綱而紀之,統而理之,而不能爲容。今爾不修爾道而求爲容。賜,而志不遠矣!"

子貢出,顏回入見。先聖曰:"回,《詩》云'匪兕匪虎,率彼曠野'。吾道非邪?吾何爲於此?"顏回曰:"夫子之道至大,故天下莫能容。雖然,夫子推而行之,不容何病,不容然後見君子!夫道之不修也,是吾醜也。夫道既已大修而不用,是有國者之醜也。不容何病,不容然後見君子!"先聖欣然而笑曰:"有是哉,顏氏之子!使爾多財,吾爲爾宰。"

於是使子貢至楚。楚昭王興師迎先聖,然後得免。

昭王將以書社地七百里封先聖。令尹子西曰:"王之使使諸侯有如子貢者乎?"曰:"無有。""王之輔相有如顏回者乎?"曰:"無有。""王之將率有如子路者乎?"曰:"無有。""王之官尹有如宰予者乎?"曰:"無有。""且楚之祖封於周,號爲子男五十里。今孔丘述三王之法,明周、召之業,王若用之,則楚安得世世堂堂方數千里乎?夫文王在豐,武王在鎬,百里之君卒王天下。今孔丘得據土壤,賢弟子爲佐,非楚之福也。"昭王乃止。

是歲,有雲如衆赤鳥,夾日以飛三日。昭王使問諸周太史。太史曰:"其當王身乎!若禜之,可移於令尹、司馬。"昭王曰:"除腹心之疾,而寘諸股肱,何益?不穀不有大過,天其夭諸?有罪受罰,又焉移之?"遂弗禜。

昭王有疾,卜曰:"河爲祟。"王弗祭。大夫請祭諸郊。王曰:"三代命祀,祭不越望。江、漢、雎、漳,楚之望也。禍福之至,不是過也。不穀雖不德,河非所獲罪也。"遂弗祭。先聖曰:"楚昭王知大道矣。其不失國也,宜哉!《夏書》曰:'惟彼陶唐,帥彼天常,有此冀方。今失其行,亂其紀綱,乃滅而亡。'又曰:'允出兹在兹。'由己率常,可矣。"其秋,楚昭王卒於城父。

先聖乃自楚反衛,遇楚狂接輿。至衛,衛出公使人問先聖曰:"寡人之任臣,無大小,一一自言問觀之,猶復失人,何故?"先聖曰:"如君之言,此乃所以失之也。人既難知,非言問所及,觀察所盡。且人君之慮者多,多慮則意不精。以不精之意察難知之人,宜其有失也。君未之聞乎?昔者舜臣堯,官才任士,堯一從之。左右曰:'人君用士,當自任耳目而取信於人,無乃不可乎?'堯曰:'吾之舉舜,已耳目之矣。今舜所舉人,吾又耳目之,是則耳目人終無已也。'君苟付可付,則己不勞而賢才不失矣。"是時,衛君輒父不得立,在外,諸侯數以爲讓。而先聖弟子多仕於衛,衛君欲先聖爲政。先聖以正名爲先,故卒不果。

六十七歲　夫人亓官氏卒。

六十九歲　齊國書帥師伐魯,及清。冉有爲季氏宰,説季氏禦之。於是孟孺子洩帥右師，冉有爲季孫帥左師，及齊人戰於郊。左師入齊軍，右師奔。公爲與其嬖僮汪錡皆死焉。魯人欲勿殤僮汪錡，問於先聖。先聖曰："能執干戈以衛社稷，雖欲勿殤也，不亦可乎？"是役也，冉有用矛於齊師，故能入其軍。季康子曰："子之於軍旅，學之乎？性之乎？"冉有曰："學之於孔子。"康子曰："孔子何如人哉？"對曰："用之有名；播之百姓，質諸鬼神而無憾。求之至於此道，雖累千社，夫子不利也。"康子曰："吾欲召之，可乎？"對曰："欲召之，則毋以小人間之，則可矣。"

衛孔文子將攻太叔，問策於先聖。先聖辭不知，退而命載而行，曰："鳥能擇木，木豈能擇鳥乎！"文子固止。會季康子逐公華、公賓、公林，以幣迎先聖，遂歸魯。

先聖之去魯凡十四年而反。

季氏欲以田賦，使冉有訪諸先聖。先聖不對，而私於冉有曰："君子之行也，度於禮：施取其厚，事舉其中，斂從其薄。如是，則以丘亦足矣。若不度於禮，而貪冒無厭，則雖以田賦，將又不足。且子季孫若欲行而法，則周公之典在。若欲苟而行，又何訪焉？"弗聽。

當是時，周室微而禮樂廢，《詩》《書》缺。魯終不能用先聖，先聖亦不求仕。乃追迹三代之禮，序《書》《傳》，上紀唐虞之際，下至秦繆，編次其事。古者詩三千餘篇，去其重，取其可施於禮義者三百五篇，皆絃歌之，以求合《韶》《武》《雅》《頌》之音。禮樂自此可得而述。尤喜《易》，序《彖》《繫》《象》《説卦》《文言》。讀之至韋編三絶。凡所教誨，束脩以上，蓋三千餘人。

是年，子鯉卒。葬之，有棺而無槨。

七十歲 魯昭公夫人卒，先聖與弔，適季氏。季氏不絻，放絰而拜。[①] 子游問曰："禮與？"先聖曰："主人未成服，則弔者不絰焉，禮也。"

七十二歲 春，魯人西狩大野。獲獸，麕身而肉角，以爲不祥，賜虞人。先聖往觀之，曰："麟也。胡爲來哉？胡爲來哉？"反袂拭面，涕泣沾襟。子貢問曰："夫子何泣爾？"先聖曰："麟之至爲明王也，出非其時而見害，吾是以傷焉。"子游問曰："飛者宗鳳，走者宗麟，爲其難致也。敢問今見，其誰應之？"先聖曰："天子布德，將致太平，則麟鳳龜龍先爲之祥。今周宗將滅，天下無主，孰爲來哉？"遂泣曰："予之於人，猶麟之於獸也。麟出而死，吾道窮矣！"乃因魯史記作《春秋》。

夏，齊陳恒弑其君簡公。先聖三日齊，請伐齊三。哀公曰："魯爲齊弱久矣，子之伐之，將若之何？"對曰："陳恒弑其君，民之不與者半。以魯之衆加齊之半，可克也。"公使告三子。三子不可，乃止。

是年，顔淵死。

---

① "季氏不絻，放絰而拜"，語出《左傳・哀公十二年》，《孔子家語・曲禮子貢問》作"季氏不絰，孔子投絰而不拜"。

七十三歲　衛人内蒯聵,逐出公輒。先聖聞衛亂,曰:"柴也其來,由也死矣。"既而衛使者至,曰:"子路死焉。"先聖哭於中庭。有人弔者,先聖拜之。已哭,進使而問故。使者曰:"醢之矣。"遂令覆醢。

七十四歲　夏四月,先聖蚤作,負手曳杖,逍遥於門,歌曰:"泰山其頹乎!梁木其壞乎!哲人其萎乎!"既歌而入,當户而坐。子貢聞之,曰:"泰山其頹,則吾將安仰?梁木其壞,則吾將安仗?哲人其萎,則吾將安放?夫子殆將病也。"遂趨而入。先聖曰:"賜,汝來何遲也?予疇昔之夜夢坐奠於兩楹之間。夏后氏殯於東階之上,則猶在阼也;殷人殯於兩楹之間,則與賓主夾之也;周人殯於西階之上,則猶賓之也。而丘也,殷人也。夫明王不興,而天下其孰能宗予?予殆將死也。"蓋寢疾,七日而終,時周敬王四十一年四月己丑也。

哀公誄曰:"昊天不弔,不憗遺一老,俾屏余一人以在位,煢煢余在疚。嗚呼哀哉!尼父,無自律!"子貢曰:"君其不没於魯乎!夫子之言曰:'禮失則昏,名失則愆。失智①爲昏,失所爲愆。'生不能用,死而誄之,非禮也。稱'余一人',非名也。君兩失之。"

先聖之喪,公西赤掌葬焉。唅以蔬米三貝,襲衣十有一稱,加朝服一,冠章甫之冠,佩象環,徑五寸而綦組綬,桐棺四寸,柏槨五寸,飾桐廬置翣。設披,周也;設崇,殷也;綢練、設旐,夏也。兼用三王之禮,所以尊師且備古也。

與夫人合葬魯城北泗上,弟子皆服心喪三年畢,相訣而去,哭盡哀,或復留。惟子貢廬於墓,凡六年,然後去。自後羣弟子及魯人往從墓而家者百有餘室,因名曰孔里焉。子一:鯉。

述曰:司馬遷作《史記》,列孔子於世家,其尊聖也至矣,故後世言孔子者,多本《史記》。顧遷去春秋既遠,戰國、秦、漢之間,百家並起,卮言稗説,人各異辭,而遷據羣書、述往迹,擇焉不精,遂不免有舛錯誣謬之處。如娶顏氏,而曰"野合";於父墓,而曰"母諱之";於適齊,而曰"爲高昭子家臣,以通乎景公"。凡此皆不經之大者。蓋叔梁求昏於顏氏,顏父擇女而使行作配,禮宗於理,必無野合之事。聖人,人倫之至也,豈有既長不求父墓,母没復殯於衢,致等於野死者?史遷以母諱附會《檀弓》,《索隱》又以顏氏"不及②送葬,遂失墳處"之説,附會《史記》,展轉牽合,其謬益深。昔孟子以主癰疽與寺人瘠環,謂爲無義無命。若欲因高氏以求通景公,亦主癰疽、寺人之類耳。寧孔子而顧出此?此皆大節所關,不可不辨也。

又孟僖子卒於魯昭公二十四年,而《世家》以爲孔子年十七歲事。《春秋》凡與國

---

① "智",《左傳·哀公十六年》《史記·孔子世家》《孔子家語·終記解》作"志"。
② "及",《史記索隱》作"從"。

朝聘必書,昭公二十年並無齊侯來魯事,而《世家》載"景公與晏嬰來論秦穆"諸語。定公五年,於越入吳,至哀公元年,吳始入越,棲勾踐於會稽。今敍骨節專車之對於定公五年。擊磬襄,魯官也,不應在衛。墮三都,《春秋》在定公十二年,而曰十三年。甯武子乃僖公時人,去孔子畏匡時已百餘年,而曰"使從者爲甯武子臣於衛,然後得去"。其他序次錯亂之處,更不可枚舉。

夫聖人之言論行事,散見於六經羣籍,有非年譜所能盡列者,而商羊萍實之對,又不過聖人多能之一端,即使略而弗書,亦無害於聖體之大。茲考專以《春秋左傳》爲本,而參以他傳記之確有可據者,前後舛亂,悉爲訂正。苟有疑焉,即不敢錄也。

至先聖之生,《公羊傳》爲"魯襄公二十一年冬十一月庚子",《穀梁傳》則云"冬十月",《史記》又云"二十二年",竊謂徵史不如徵傳,而襄公二十一年十一月實無庚子,故斷以《穀梁》爲是,得年七十四歲云。

闕里文獻考卷三

世系第一之三

二代

鯉，字伯魚。生時魯昭公以鯉賜先聖，榮君之貺，因名曰鯉，蓋昭公九年也。哀公嘗以幣召，稱疾不行。年五十卒，葬聖墓東。子一：伋。

三代

伋，字子思。逮事先聖，而受業於曾子，於道統之傳獨得其宗。方幼時，先聖間居，喟然而嘆。子思再拜請曰："意子孫不修，將忝祖乎？羨堯舜之道，恨不及乎？"先聖曰："爾孺子，安知吾志？"對曰："伋亟聞夫子之教：其父析薪，其子弗克負荷，是謂不肖。伋每思之，所以大恐而不解也。"先聖欣然笑曰："然乎，吾無憂矣。世不廢業，其克昌乎！"

年十六，適宋。宋大夫樂朔與之言學焉。朔曰："《尚書·虞夏》數四篇，善也；下此以訖於《秦》《費》，效堯舜之言耳，殊不如也。"子思曰："事變有極，正自當爾。假令周公、堯舜不更時異處，其書同矣。"朔曰："凡書之作，欲以喻民也，簡易爲上，而乃故作難知之詞，不亦繁乎？"曰："書之意兼複深奧，訓詁成義，古人所以爲典雅也。昔魯委巷亦有似君之言者，伋答之曰：'道爲知者傳，苟非其人，道不傳矣。'今君何似之甚也？"樂朔不悅而退，曰："孺子辱吾。"其徒請攻之，遂圍子思。宋君聞之，駕而救子思。子思既免，曰："文王困於羑里作《周易》，祖君屈於陳、蔡作《春秋》，吾困於宋，可無作乎？"於是撰《中庸》之書四十九篇。

子思居貧，其友有饋之粟者，受二車焉。或獻樽酒束脩，子思弗受。或曰："子取人粟而辭吾酒脯，是辭少而取多也，於義則無名，於分則不全，而子行之，何也？"曰："然。伋不幸而貧於財，至於困乏，將恐絕先人之祀，夫所以受粟，爲周乏也。酒脯，所以飲宴也。方乏於食而乃飲宴，非義也，吾豈以爲分哉！度義而行也。"或者擔其酒脯以歸。

子思嘗曰："吾之富貴甚易,而人猶弗能。夫不取於人謂之富,不辱於人謂之貴。不取不辱,其於富貴庶矣哉!"

曾子謂子思曰："昔者吾從夫子遊於諸侯,夫子未嘗失人臣之禮,而猶聖道不行。今吾觀子有傲世主之心,無乃不容乎?"對曰："時移世異,各有宜也。當吾先君,周制雖毀,君臣固位,上下相持,若一體然,夫欲行其道,不執禮以求之,則不能入也。今天下諸侯方欲力爭,競招英雄以自輔翼,此乃得士則昌,失士則亡之秋也。伋於此時不自高,人將下吾;不自貴,人將賤吾。舜、禹揖讓,湯、武用師,非故相詭,乃各時也。"

胡母豹謂子思曰："子好大,世莫能容也,盍亦隨時乎?"子思曰："大非所病,所病不大也。凡所以求容於世,爲行道也。毀道以求容,道何行焉? 大不見容,命也;毀大而求容,罪也。吾弗改矣。"於是往來於齊、魯、宋、衛之間,而所如卒不合。

其在魯也,穆公訪焉,曰："寡人不德,嗣先君之業三年矣,未知所以爲令名者。且欲掩先君之惡,以揚先君之善,使談者有述焉,爲之若何? 願先生教之也。"對曰："以伋所聞,舜、禹之於其父,非勿欲掩也,以爲私情之細,不如公義之大,故弗敢私之焉耳。責以虛飾之教,又非伋所得言。"公曰："思之可以利民者。"對曰："願有惠百姓之心,則莫如一切除非法之事也。毀不居之室以賜窮民,奪嬖寵之祿以振困匱,無令人有悲怨,而後世有聞見,抑亦可乎?"公曰："諾。"

又問曰："吾國可興乎?"對曰："可。"公曰："爲之奈何?"對曰："苟君與大夫慕周公、伯禽之治,行其政化,開公家之惠,杜私門之利,結恩百姓,修禮鄰國,其興也勃矣。"

又問曰："立太子有常乎?"對曰："有之,在周公之典。"公曰："昔文王舍適而立其次,微子舍孫而立其弟,是何法也?"對曰："殷人質而尊其尊,故立弟;周人文而親其親,故立子。文質不同,其禮則異。文王舍適立其次,權也。"公曰："苟得行權,豈唯聖人? 唯賢與愛立也。"對曰："聖人不以權教,故立制垂法,順之爲貴。若必欲犯,何有於異?"公曰："舍賢立聖,舍愚立賢,何如?"對曰："唯聖立聖,其文王乎? 不及文王者,則各賢其所愛,不殊於適,何以限之? 必不能審賢愚之分,請父兄羣臣卜於祖廟,亦權之可也。"

魯人有公儀休者,砥節勵行,樂道好古,恬於榮利,不事諸侯。子思與之友。穆公因子思欲以爲相,謂子思曰："公儀子必輔寡人,參分魯國而與之一,子其言之。"對曰："如君之言,則公儀子愈所以不至也。君若飢渴待賢,納用其謀,雖蔬食水飲,伋亦願在下風。今徒以高官厚祿,鉤餌君子,無信用之意。公儀子之智若魚鳥,可也;不然,則彼將終身不躡乎君之庭矣。且臣不佞,又不任爲君操竿下釣,以傷守節之士也。"

閭丘溫見田氏將必危齊,欲以其邑叛而適魯。穆公聞之,謂子思曰："子能懷之,則寡人割邑如其邑以償子。"對曰："伋雖能之,義所不爲也。"公曰："何?"對曰："彼爲人臣,君將顛,弗能扶而叛之;逆臣制國,弗能以其衆死而逃之,此罪誅之人也。伋縱不能討,而又要利以召姦,弗忍行也。"

穆公謂子思曰:"子之書所記夫子之言,或者以爲子之辭也。"對曰:"臣所記臣祖之言,或親聞之者,有聞之於人者,雖非其正辭,然猶不失其意焉。且君之所疑者何?"公曰:"於事無非。"對曰:"無非,所以得臣祖之意也。就如君言,以爲臣之辭。臣之辭無非,則亦所宜貴矣。事既不然,又何疑焉?"

穆公既亟見子思,欲以爲相,子思不願,將去。公曰:"天下之主,亦猶寡人也,去將安之?"對曰:"蓋聞君子猶鳳也,疑之則舉。今君既疑矣,又以己限天下之君,臣竊謂君之言過矣。"

居衛,言苟變於衛君曰:"其材可將五百乘,君任軍旅,率得其人,則無敵於天下矣。"衛君曰:"吾知其材可將。然變也嘗爲吏,賦於民而食人二雞子,以故弗用也。"對曰:"夫聖人之官人,猶大匠之用木也,取其所長,棄其所短。故杞梓連抱而有數尺之朽,良工不棄,何也? 知其所妨者細也,卒成不貲①之器。今君處戰國之世,選爪牙之士,而以二卵焉棄干城之將,此不可使聞於鄰國者也。"

魯穆公卒,縣子使乎衛,聞喪而服。謂子思曰:"子雖未臣魯,父母之國也,先君宗廟在焉,奈何弗服?"子思曰:"吾豈愛乎? 禮不得也。"縣子曰:"請聞之。"曰:"臣而去國,君不掃其宗廟,則不爲之服。寓乎是國,而爲國服。吾既無列於魯,而祭在衛,吾何服哉? 寄臣而服所寄之君,則舊君無服,明不二君之義也。"

衛君言計非是,而羣臣和者如出一口。子思曰:"以吾觀衛,所謂'君不君,臣不臣'者也。"公丘懿子曰:"何乃若是?"曰:"人主自臧,則衆謀不進。事是而臧之,猶卻衆謀,況和非以長惡乎? 夫不察事之是非,而悦人之讚己,闇莫甚焉;不度理之所在,而阿諛求容,諂莫甚焉。君闇臣諂,以居百姓之上,民弗與也。若此不已,國無賴②矣。"

又謂衛君曰:"君之國事將日非矣。"曰:"何故?"曰:"有由然焉。君出言皆自以爲是,而卿大夫莫敢矯其非;卿大夫出言亦皆自以爲是,而士庶人莫敢矯其非。君臣既自賢矣,羣下同聲賢之。賢之則順而有福,矯之則逆而有禍,如此則善安從生?《詩》云:'具曰予聖,誰知烏之雌雄?'抑亦似衛之君臣乎?"

衛君嘗問曰:"寡人之政何如?"對曰:"無非。"君曰:"寡人不知其不肖,亦望其如此也。"對曰:"希旨容媚,則君親之;中正弻非,則君疏之。夫能使人富貴貧賤者,君也。在朝之士,孰肯舍所以見親而取其所以見疏乎? 是故競求射君之心,而莫有非君之非者,此臣所以無非也。"君曰:"然乎! 寡人之過也,今知改矣。"曰:"君弗能焉,口順而心不懌者,臨其事必疣。君雖有命,臣未敢受也。"

---

① "貲",《孔叢子·居衛》作"訾"。
② "賴",《孔叢子·抗志》作"類"。

　　子思遊齊，陳莊伯問：“聖帝明王巡狩之禮，可得聞乎？”曰：“古者天子將巡狩，必先告於祖禰，命史告羣廟及社稷、圻內名山大川，告者七日而遍。親告用牲，史告用幣，申命冢宰，而後清道而出。或以遷廟之主，行載於齊車，每舍奠焉。及所經五嶽四瀆，皆有牲幣。歲二月，東巡狩，至於岱宗，柴於上帝，望秩於山川。所過諸侯，各待於境。天子先問百年者所在而親見之，然後覲方嶽之諸侯。有功德者，則發爵賜服以順陽義；無功者，則削黜貶退以順陰義。命史採民詩謠，以觀其風；命市納賈，察民之所好惡，以知其志；命典禮正制度、均量衡、考衣服之等，協時月日辰。入其疆，土地荒穢，遺老失賢，掊克在位，則君免。山川社稷有不親舉者，則貶秩削土。土荒民遊爲無教，無教者則君退。民淫僭上爲無法，無法者則君罪。入其疆，土地墾辟，養老尊賢，俊傑在位，則君有慶。遂南巡，五月至於南嶽。又西巡，八月至於西嶽。又北巡，十有一月至於北嶽。其禮皆如岱宗。歸，反舍於外次，三日齊，親告於祖禰，用特。命有司告羣廟、社稷及圻內名山大川，而後入聽朝，此古者明王巡狩之禮也。”陳子曰：“諸侯朝乎天子、盟會霸主，則亦告宗廟、山川乎？”曰：“告哉。”陳子曰：“王者巡狩不及四嶽，諸侯盟會不越鄰國，則其禮同乎，異乎？”曰：“天子封圻千里，公侯百里，伯七十里，子、男五十里，虞、夏、殷、周之常制也。其或出此封者，則其禮與巡狩、朝會無變。其不越於封境，雖行如在國。”陳子曰：“旨哉，古之義也！吾今而後知不學者淺之爲人也。”

　　齊王謂子思曰：“今天下擾擾，諸侯無伯，吾國大人衆，圖帝何如？”對曰：“不可也。君不能去君貪利之心。”王曰：“何害？”曰：“夫水之性清，而土壤汩之；人之性安，而嗜慾亂之。故能有天下者，必無以天下爲者也；能有名譽者，必無以名譽爲者也。達此則其利心外矣。”

　　齊王戮其臣不辜，謂子思曰：“吾知其不辜，而適觸吾忿，故戮之，以爲不足傷義也。”對曰：“文王葬朽骨而天下知仁，商紂斮朝涉而天下稱暴。夫義者不必遍利天下也，暴者不必盡虐海內也，以其所施而觀其意，民乃去就焉。今君因心之忿遷戮不辜，以爲無傷於義，此非臣之所敢知也。”王曰：“寡人實過，乃今聞命，請改之。”

　　齊王又謂子思曰：“先生名高於海內，吐言則天下之士莫不屬耳目。今寡人欲相梁起，起也名少，願先生談說之也。”對曰：“天下之士所以屬耳目者，以伋之言是非當也。今君使伋虛談於起，則天下之士必改耳目矣。耳目既改，又無益於起，是兩喪之也，故不敢承命。”王曰：“起之不善，何也？”曰：“君豈未之知乎？厚於財色必薄於德，自然之道也。今起以貪成富，聞於諸侯，而無救施之惠焉；以好色聞於齊國，而無男女之別焉。有一於此，猶受其咎，而起二之，能無累乎？”王曰：“寡人之言實過，願先生赦焉。”

　　齊尹文子生子不類，怒而杖之。告子思曰：“此非吾子也。吾妻殆不婦，吾將黜之。”子思曰：“若子之言，則堯舜之妃復可疑也。此二帝，聖者之英，而丹朱、商均不及匹夫。以是推之，豈可類乎？然舉其多者，有此父斯有此子，人道之常也。若夫賢父之有愚子，此由天道自然，非子之妻之罪也。”尹文子曰：“先生止之，願無言，文留妻矣。”

自齊反衛，衛君館而問曰：“先生魯國之士，然不以衛之褊小，猶步玉趾而慰存之，願有賜於寡人也。”對曰：“臣羈旅於此，而辱君之威尊，亟臨蓽門，其榮多矣。欲報君以財幣，則君之府藏已盈，而伋又貧；欲報君以善言，恐未合君志，而徒言不聽也。顧未有可以報君者，唯達賢爾。”曰：“賢則固寡人之所願也。”曰：“未審君之願將何以爲？”曰：“必用以治政。”曰：“君弗能也。”曰：“何故？”曰：“衛國非無賢才之士，而君未有善政，是賢才不見用故也。”曰：“雖然，願聞先生所以爲賢者。”曰：“君將以名取士邪，以實取士邪？”曰：“必以實。”曰：“衛之東境有李音者，賢而有實者也。”曰：“其父、祖何也？”曰：“世農夫也。”君乃盧胡大笑曰：“寡人不好農，農夫之子，無所用。且世臣之子，未悉官之。”曰：“臣稱李音，稱其賢才也。周公大聖，康叔大賢，今魯、衛之君未必皆同其祖考。李音，父、祖雖善農，則音亦未必與之同也。君言世臣之子未悉官之，則臣所謂有賢才而不見用果信矣！臣之問君，固疑取士不以實也。今君不問李音之所以爲賢才，而聞其世農夫因笑而不受，則君取士果信名而不由實者也。”衛君屈而無辭。

又曰：“夫道大而難明，非吾所能也。今欲學術，何如？”曰：“君無然也。體道者逸而不窮，任術者勞而無功。古之篤道君子，生不足以喜之，利何足以動之？死不足以禁之，害何足以懼之？故明於死生之分，通於利害之變，雖以天下易其脛毛，無所概於志矣。是以與聖人居，使窮士忘其貧賤，使王公簡其富貴，君無然也。”

衛公子交見於子思曰：“先生聖人之後，執清高之操，天下之君子，莫不服先生之大名也。交雖不敏，竊慕下風，願師先生之行，幸顧恤之。”子思曰：“公子不宜也。夫清高之節，不以私自累，不以利煩意，擇天下之至道，行天下之正路。今公子紹康叔之緒，處戰伐之世，當務收英雄，保其疆土，非所以明否臧、立規檢、修匹夫之行之時也。”交饋馬四乘於子思，曰：“交不敢以此求先生之歡，而辱先生之潔也。先生久降於鄙土，蓋爲賓主之餼焉。”子思曰：“伋寄命以來，度身以服衛之衣，量腹以食衛之粟矣；且又朝夕受酒脯及祭膰之賜，衣食已優，意氣已定，以無行志，未敢當車馬之貺。禮，雖有爵賜人，不逾父兄。今重違公子之盛旨，則有諂禮之愆焉，若之何？”公子曰：“交已言於君矣。”曰：“不可。爲人子者，三賜不及車馬。”公子曰：“我未之聞也，謹受教。”於是在衛貧甚，嘗縕袍無裏，二旬九食。田子方遺以狐白裘，不受。已而反魯，教授其徒數百人，而道卒傳於孟子。

孟子之受業也，子思嘗語之曰：“自大而不修其所以大，不大矣；自異而不修其所以異，不異矣。故君子高其行，則人莫能偕也；遠其志，則人莫能及也。禮接於人，人不敢慢；辭交於人，人不敢侮。其唯高遠乎？”

孟子問曰："堯舜文武之道，可力而致乎？"子思曰："彼，人也；我，人也。稱其言，履其行，夜思之，晝行之，滋滋焉，汲汲焉，如農之赴時，商之趣利，惡有不至者乎？"

又問："牧民何先？"子思曰："先利之。"曰："君子之所以教民，亦有仁義而已矣，何必曰利？"子思曰："仁義固所以利之也。上不仁，則下不得其所；上不義，則下樂為亂也，此為不利大矣。故《易》曰：'利者，義之和也。'又曰：'利用安身，以崇德也。'此皆利之大者也。"

年六十二卒，葬先聖墓南。子一：白。

述曰：《史記》稱子思年六十二歲。今考先聖卒於魯哀公十六年，又六十九年而穆公始立，子思生於先聖未卒之先，而受敬禮於穆公即位之後，核之年歲，殊不相合。或以六十二為八十二之誤，意者其或然乎？

闕里文獻考卷四

世系第一之四

四代

白,字子上。雜所習請於子思,子思曰:"先人有訓焉,學必由聖,所以致其材也;厲必有砥,所以致其刃也。故夫子之教,必始於《詩》《書》而終於《禮》《樂》,雜說不與焉,又何請?"

又謂之曰:"白乎,吾嘗深有思而莫之得也,於學則寤焉;吾嘗企有望而莫之見也,登高則睹焉。是故雖有本性而加之以學,則無惑矣。"

又曰:"有可以爲公侯之尊,而富貴人衆不與焉者,惟志乎?成其志者,惟無欲乎?夫錦繡紛華,所服不過溫體;三牲太牢,所食不過充腹。知以身取節者,則知足矣。苟知足,則不累其志矣。"

子思在魯,使以書如衛問子上。子上北面再拜,受書伏讀,然後與使者宴。遂爲復書,返中庭,北面再拜,以授使者。既受書,然後退。使者還魯,問子思,曰:"吾子堂上南面,立授臣書,事畢送臣。子上中庭拜授臣書而不送,何也?"子思曰:"拜而不送,敬也;使而送之,賓也。"

齊威王兩召爲相,不受。年四十七卒,或云四十九歲。葬祖墓西北。子一:求。

五代

求,字子家。楚王召,不赴。年四十五卒。葬祖墓東北。子一:箕。

六代

箕,字子京。爲魏相。年四十六卒。葬祖墓東南。子一:穿。

七代

穿,字子高。

　　公孫龍者，平原君之客也，好刑名，以白馬爲非白馬。或謂子高曰：“此人小辨而毀大道，子盍往正諸？”子高曰：“大道之悖，天下之交往也。吾何病焉？”或曰：“雖然，子爲天下故往也。”子高適趙，與龍會平原君家。謂之曰：“僕居魯，遂聞下風，而高先生之行也，願受業之日久矣。然所不取於先生者，獨不取先生以白馬爲非白馬爾！誠去非白馬之學，則穿請爲弟子。”龍曰：“先生之言悖也。龍之學，正以白馬爲非白馬者也。今使龍去之，則龍無以教矣。龍無以教而乃學於龍，不亦悖乎？且夫學於龍者，以智與學不逮也。今教龍去白馬非白馬，是先教也。先教而後師之，不可也。先生之所教龍者，似齊王之問尹文也。齊王曰：‘寡人甚好士，而齊國無士。’尹文曰：‘今有人於此，事君則忠，事親則孝，交友則信，處鄉則順，有此四行者，可謂士乎？’王曰：‘善！是真吾所謂士者也。’尹文曰：‘王得此人，肯以爲臣乎？’王曰：‘所願不可得也。’尹文曰：‘使此人於廣庭大衆之中見侮而不敢鬥，王將以爲臣乎？’王曰：‘夫士也，見侮而不敢鬥，是辱也。寡人不以爲臣矣。’尹文曰：‘雖見侮而不鬥，是未失所以爲士也。然而王不以爲臣，則鄉所謂士者，乃非士乎？夫王之令，殺人者死，傷人者刑。民有畏王令，故見侮終不敢鬥，是全王之法也，而王不以爲臣，是罰之也。且王以不敢鬥爲辱，必以敢鬥爲榮，是王之所賞，吏之所罰也；上之所是，法之所非也。賞罰是非相與曲謬，雖十黄帝固所不能治也。’齊王無以應。且白馬非白馬者，乃子先君仲尼之所取也。龍聞楚王張繁弱之弓，載忘歸之矢，以射蛟兕於雲夢之圃。反而喪其弓，左右請求之。王曰：‘止也。楚人遺弓，楚人得之，又何求乎？’仲尼聞之，曰：‘楚王仁義而未遂，亦曰人得之而已矣，何必楚乎？’若是者，仲尼異楚人於所謂人也。夫是仲尼之異楚人於所謂人，而非龍之異白馬於所謂馬，悖也。先生好儒術，而非仲尼之所取也；欲學，而使龍去所以教。雖百龍之智，固不能當其前也。”子高不答。退而告人曰：“言非而博，巧而不理，此固吾所不答也。”

　　異日，平原君會衆賓而延子高，曰：“先生，聖人之後也，不遠千里來顧臨之，欲去夫公孫子白馬之學。今是非未分，而先生翻然欲高逝，可乎？”子高曰：“理之至精者，則自明之。豈在穿之退哉？”平原君曰：“至精之說，可得聞乎？”曰：“其說皆取之經傳，不敢以意。《春秋》記六鷁退飛，睹之則六，察之則鷁。鷁猶馬也，六猶白也。覩之則見其白，察之則知其馬。色以名別，内由外顯，謂之白馬，名實當矣。若以絲麻加之女工爲緇素青黄，色名雖殊，其質則一。是以《詩》有‘素絲’，不曰‘絲素’；《禮》有‘緇布’，不曰‘布緇’。犧牛玄武，此類甚衆。先舉其色，後名其質，萬物之所同，聖賢之所常也。君子之論，貴當物理，不貴繁辭。若尹文之折齊王之所言，與其法錯故也。穿之所說於公孫子，高其智、悦其行也。去白馬之說，智行固存，是則穿未失其所師者也。稱此云云，没其理矣。是楚王之言，楚人亡弓，楚人得之。先君夫子探其本意，欲以示廣，其實狹之，故曰：‘不如亦曰人得之而已也。’是則異楚王之所謂楚，非異楚王之所謂人也。以此爲喻,乃相擊切矣。凡言人之者,總謂人也;亦猶言馬者,總謂馬也。楚,自國也;白,自色也。欲廣其人,宜在去楚;欲正名色,不宜去白。誠察此理,則公孫之辨破矣。"平原君曰:"先生之言,於理善矣。"因顧謂衆賓曰:"公孫子能答此乎?"燕客史由對曰:"辭則有爲,理則否矣。"

龍又與子高泛論於平原君所,辨理至於臧三耳。龍言臧之三耳甚辨析,子高弗應,俄而辭出。明日復見平原君,平原君曰:"疇昔公孫之言,信辨也。先生實以爲何如?"曰:"然,幾能臧三耳矣。雖然,實難。僕願得又問於君,今爲臧三耳,甚難而實非也;謂臧兩耳,甚易而實是也。不知君將從易而是者乎,抑從其難而非者乎?"平原君弗能應。明日,謂龍曰:"公無復與孔子高辨事也。其人理勝於辭,公辭勝於理。辭勝於理,終必受詘。"

子高曳長裾,振哀袖,方屐麤簍。平原君曰:"吾子亦儒服乎?"子高曰:"此布衣之服,非儒服也。儒服非一也。"平原君曰:"請吾子言之。"曰:"夫儒者居位行道,則有袞冕之服;統御師旅,則有介胄之服;從容徒步,則有若穿之服。故曰非一也。"平原君曰:"儒之爲名何取爾?"曰:"取包衆美、兼六藝、動靜不失中道耳。"

平原君與子高飲,強之酒曰:"昔有遺諺:堯舜千鍾,孔子百觚,子路嗑嗑,尚飲十榼。古之賢聖,無不能飲也,吾子何辭焉?"子高曰:"以穿所聞,賢聖以道德兼人,未聞以飲食也。"平原君曰:"即如先生所言,則此言何生?"曰:"生於嗜酒者,蓋其勸屬獎戲之辭,非實然也。"平原君欣然曰:"吾不戲子,無所聞此雅言也。"

又謂子高曰:"吾聞子之先君親見衛夫人南子,又云南游過乎阿谷而交辭於漂女,信有之乎?"答曰:"士之相保,聞流言而不信者,何哉? 以其所行之事占之也。昔先君在衛,衛君問軍旅焉,拒而不告。色不在己,攝駕而去。衛君請見,猶不能終,何夫人之能覯乎? 古者大饗,夫人與焉,於時禮儀雖廢,猶有行之者。意衛君夫人饗夫子,則夫子亦弗獲已矣。若夫阿谷之言,起於近世,殆是假其類以行其心者之爲也。"

李寅言曹良於平原君,欲仕之。平原君以問子高,子高曰:"不識也。"平原君曰:"良嘗得見於先生矣,故敢問。"曰:"世人多自稱上用我則國無患。夫用智莫若觀其身,其身且猶不免於患,國用之亦惡得無患乎?"平原君曰:"良之有患,時不明也。居家理,治可移於官。良能殖貨,故欲仕之。"曰:"未可知也。今有人於此,身修計明而貧者,志不存也。身不修會計闇而富者,非盜,無所得之也。"

子高適魏,會秦兵將至,信陵君懼,造子高之館而問祈勝之禮焉。子高曰:"命勇謀之將以禦敵,先使之迎於敵所從來之方爲壇,祈克乎五帝,衣服從其方色,執事人數從其方之數,牲則用其方之牲。祝史告於社稷、宗廟、邦域之内名山大川,君親素服,誓衆於太廟,曰:'某人不道,侵伐大國,二三子尚皆用心比力,各死而守。'將帥稽首,再拜受命。既誓,將帥勒士卒陳於廟之右,君立太廟之庭,祝史立於社,百官各警其事,御於君以待命。乃大鼓於廟門,詔將帥命卒習射三發,擊刺三行,告廟用兵於敵也。五兵備效,乃鼓而出以即敵。此古諸侯應敵之禮也。"信陵君曰:"古者軍旅賞人之必於祖,戮人之必於社,其義何也?"曰:"賞功於祖,告分之均,示弗敢專也;戮罪於社,告中於土,示聽之當也。"

子高謂魏王曰:"臣入魏國,見君之二計臣焉。張叔謀有餘,范威智不逮,然其功一也。"王曰:"叔也有餘,威也不逮,何同乎?"答曰:"駑驥同轅,伯樂爲之咨嗟;玉石相糅,卞氏爲之嘆息。故賢愚共貫則能士匿謀,真僞相錯則正士結舌。叔雖有餘,猶威不逮也。"

王問人主所以爲患,對曰:"建大臣而不與謀,嬖倖者言用,則知士以疏自疑,孽臣以遇徼幸者,内則射合主心,外則挺主之非,此最人主之大患也。"

又問:"如何可謂大臣?"曰:"大臣則必取衆人之選,能犯顏諫爭,公正無私者。計陳事成,主裁其賞;事敗,臣執其咎。主任之而無疑,臣當之而弗避。君總其契,臣行其義。然則君不猜於臣,臣不隱於君,故動無過計,舉無敗事,是以臣主並各有得也。"

信陵君問曰:"古之善爲國至於無訟,其道何由?"曰:"由乎政善也。上下勤德而無私,德無不化,俗無不移。衆之所譽,政之所是也;衆之所毀,政之所非也。毀譽是非,與政相應,所以無訟也。"

子高見齊王,王問:"誰可爲臨淄宰?"稱管穆焉。王曰:"穆容貌陋,民不敬也。"曰:"夫見敬在德,且臣所稱,稱其材也。君王聞晏子、趙文子乎?晏子長不過三尺,面狀醜惡,齊國上下莫不宗焉;趙文子其身如不勝衣,其言如不出口,非但體陋,辭氣又吶吶,然其相晉國,晉國以寧。諸侯敬服,皆有德故也。以穆軀形方之二子,猶悉賢之。昔臣嘗行臨淄市,見屠商焉,身修八尺,鬚髯如戟,面正紅白,市之男女未有敬之者,無德故也。"王曰:"是所謂祖龍始者也,誠如先生之言。"於是乃以穆爲臨淄宰。

子高任司馬义爲將於齊,與燕戰而敗。齊王曰:"以子賢明,故信子也。"曰:"王知穿孰若周公?"齊王曰:"周公聖人而子賢者,弗如也。"曰:"然,臣固弗如周公也。以臣之知义,孰若周公之知其弟?"齊王曰:"兄弟審於他人。"曰:"君之言是也。夫以周公之聖,兄弟相知之審,而近失於管、蔡,明人難知也。臣與义相見,觀其材志,察其所履,齊國之士弗能過也。《尚書》曰:'知人則哲,惟帝難之。'穿何慝焉?且曹子爲魯,三與齊戰,三敗失地,然後以勇敢之節,奮三尺之劍,要桓公、管仲於盟壇,卒收其所喪。夫君子之敗,如日月之蝕;人各有能,义庸可棄乎?今燕以詐破义,是义不能於詐也。臣之稱义,稱其武勇材藝,不稱其詐也。义雖敗,臣固未失其所稱焉。"齊王辭屈,而不黜司馬义。

齊王行車裂之刑,羣臣諍之,弗聽。子高見齊王,曰:"聞君行車裂之刑,無道之刑也而王行之,臣竊以爲下吏過也。"王曰:"寡人爾,以民多犯法,爲法之輕也。"曰:"然,此誠王之盛意也。夫人含五常之性，有哀樂喜怒。哀樂喜怒無過其節，節過則毀於義。民多犯法，以法之重，無所措手足也。今天下悠悠，士亡定處，有德則住，無德則去。欲規霸王之業，與諸大國爲難，而行酷刑以懼遠近，國內之民將畔，四方之士不至，此乃亡國之道。王之下吏，不具以聞，徒恐逆主意以爲憂，不慮不諫之危亡，其所矜者小，所喪者大，故曰下吏之過也。臣觀之，又非徒不諍而已也，心知此事之爲不可，將有非議在後，則因曰：'君忿意實然，我諫諍必有龍逢、比干之禍。'是爲虛自居於忠正之地，而闇推君主使同於桀紂也。且夫爲人臣，見主非而不諍，以陷主於危亡，罪之大者也。人主疾臣之弼己而惡之，資臣以箕子、比干之忠，惑之大者也。"王曰："謹聞命。"遂除車裂之法焉。

子高游齊、趙、魏間，楚、趙、魏三國交聘之，皆不就。著書十二篇，名曰《讕言》。年五十一卒。葬祖墓南。子一：謙。

八代

謙，或作"武"，後名"斌"，《史記》作"慎"。字子順。相魏安釐王，封文信君。

初，魏王遣使者奉黃金束帛聘子順爲相，子順謂使者曰："若王信能用吾道，雖蔬食水飲，吾猶爲之。若徒欲制服吾身，委以重祿，吾猶一夫爾，則魏王不少於一夫。子度魏王之心以告我。"使者曰："魏國狹小，乏於聖賢，寡君久聞下風，願委國先生，親受教訓。如肯降節，豈惟魏國君臣是賴，其亦社稷之神祇實永受慶。"於是乃之魏。魏王郊迎，謂子順曰："寡人不肖，嗣先君之業。先生聖人之後，道德懿劭，幸見顧臨，願圖國政。"對曰："臣羈旅之臣，慕君高義，是以戾此。君辱貺之而問以政事，敢不敬受君之明命。"

既相魏，改嬖寵之官以事賢才，奪無任之祿以賜有功。諸喪職秩者皆不悅，乃造謗言。文咨以告，且曰："夫不害前政而有成，孰與變之而起謗哉？"子順曰："民之不可與慮始久矣。古之善爲政者，其初不能無謗。子產相鄭，三年而後謗止；吾先君之相魯，三月而後謗止。今吾爲政日新，雖不能及聖賢，庸知謗止獨無時乎？"

魏王問子順曰："今秦負強以無道陵天下，天下莫不患。寡人欲割國之半以親諸侯，求從事於秦，可乎？"對曰："以臣觀之，殆無益也。今天下諸侯畏秦之日久矣，數被其毒，無欲復之之志，心無所計，委國於遊說之士。遊說之士挾強秦以爲資，賣其國以收利，又手服從，曾不能制。如君之謀，未獲其利，而祇以爲名，適足以速秦之首誅，不如守常以須其變也。"王曰："秦其遂有天下乎？"曰："必然。雖然，取不以義，得不以道，自古以來，未有能終之者。"

秦王得西戎利刀，以之割玉，如割水焉，以示東方諸侯。魏王問子順曰："古亦有之乎？"對曰："昔周穆王大征西戎，西戎獻錕鋙之劍、火浣之布。其劍長尺有咫，鍊鋼赤刃，用之切玉，如切泥焉，是則古亦有也。"王曰："火浣之布若何？"對曰："《周書》：火浣布，必投諸火，布則火色，垢乃灰色，出火振之，皜然疑乎雪焉。"王曰："今何以獨無？"對曰："秦貪而多求，求欲無厭，是故西戎閉而不致此，以素防絕之也。然則人主貪欲，乃異物所以不至，不可不慎也。"

魏王曰："吾聞道士登華山則長不死，意亦願之。"對曰："古無是道，非所願也。"王曰："吾聞之信。"對曰："未審君之所聞，親聞之於不死者邪？聞之於傳聞者邪？若聞之于傳聞者，妄也；若聞之於不死者，不死者今安在？在者，君學之勿疑；不在者，君勿學無疑。"

魏王問天下之高士，對曰："世無其人也。抑可以爲次，其魯仲連乎？"王曰："魯仲連，強作之者，非體自然也。"曰："人皆作之，作之不止，乃成君子。文武欲作堯舜而至焉，昔我先君夫子欲作文武而至焉。作之不變，習與體成。習與體成，則自然矣。"

王又謂子順曰："吾欲致天下之士，奈何？"對曰："昔周穆王問祭公謀父：'吾欲得天下賢才。'對曰：'去其帝王之色，則幾乎得賢才矣。'今臣亦請君去其尊貴之色而已。"王曰："吾欲得無欲之士爲臣，何如？"曰："人之可使，以有欲也。故欲多者，其所得用亦多；欲少者，其所得用亦少矣。夫夷齊無欲，雖文武不能制，君安得而臣之？"

宮佗見子順曰："佗困於貧賤，將欲自託富貴之門，庶克免乎？"子順曰："夫富而可以託貧，貴而可以寄賤者，天下寡矣。非信義君子，明識窮達，則不可。今子所欲託者誰也？"佗曰："將適趙公子。"曰："非其人矣。雖好養士，自奉而已，終弗能稱也。"佗曰："將適燕相國。"曰："彼徒兄弟甥舅，各濟其私，無求賢之志，不足歸也。"佗曰："將適齊田氏。"曰："齊，大國也，其士大夫皆有自多之心，不能容子也。"佗曰："然則何嚮而可？"曰："吾弗識也。"佗曰："唯先生知人，願告所擇，將往庇焉。"曰："濟子之欲，則宜若邱成子者也。昔邱成子自魯聘晉，過乎衛，右宰穀臣止而觴之，陳樂而不作，送以寶璧。反過而不辭，其僕曰：'日者右宰之觴吾子甚歡也，今過而不辭，何也？'成子曰：'夫止而觴我，與我歡也；陳樂而不作，告我哀也；送我以璧，寄之我也。若由此觀之，衛其有亂乎？'過衛三十里，聞甯喜作難，右宰死之。還車而臨，三舉而歸。反命於君，乃使人迎其妻子，隔宅而居之，分祿而食之，其子長而反其璧。夫子聞之，曰：'智可與微謀，仁可與託孤，廉可以寄財者，其邱成子之謂乎？'今子求若人之比庇焉可也。"佗曰："循先生之言，舍先生將安之？請從執事。"子順辭不得已，乃言之魏王而升諸朝。

魏王問子順曰："馬回之爲人，雖少才文，梗梗亮直，有大丈夫之節。吾欲以爲相可乎？"對曰："知臣莫若君，何有不可？至於亮直之節，臣未明也。"王曰："何故？"曰："聞諸孫卿云：'其爲人也，長目而豕視者，必體方而心圓。'每以其法相人，千百不失。臣見回，非不偉其體幹也，然甚疑其目。"王卒用之。三月，果以諂得罪。

魏王朝羣臣，問理國之所先。季文對曰："惟在知人。"王未之應。子順進曰："知人則哲,帝堯所病,故四凶在朝,鯀任無功。夫豈樂然哉?人難知故也。今文之對,不稱吾君之所能行,而乃欲强吾君以聖人所難,此不可行之説也。"王曰:"先生言之。"對曰:"當今所急,在修仁尚義,崇德敦禮,以接鄰國而已。昔舜命衆官,羣臣競讓,德禮之致也。苟使朝臣皆有推賢之心,主雖不知人,則臣位必當。若皆以知人爲治,則人主宜未過堯,且其目所不見者,亦必漏矣。"王曰:"善。"

魏王問子順曰:"寡人聞昔者上天神異后稷而爲之下嘉穀,周以遂興。往者中山之地無故有穀,非人所爲,云天雨之,反亡國,何謂也?"曰:"天雖至神,自古及今,未聞下穀與人也。《詩》美后稷能大教民種嘉穀,以利天下,故《詩》曰'誕降嘉種',猶《書》所謂'稷降播種,農殖嘉穀',皆説種之,其義一也。若中山之穀,妖怪之事,非所謂天祥也。"

李由之母少寡,與李音竊相好而生由。由有才藝,仕於魏,魏王甚愛之。或曰:"李由母姦,不知其父,不足貴也。"王以告由,且曰:"吾不以此賤子也。雖然,古之賢聖豈有似子者乎?吾將舉以折毁子者。"李由對曰:"今人不通於遠,在臣欲言誰爾?且孔子少孤,則亦不知其父者也。孔子母死,殯於五父之衢,人見之,皆以爲葬。問鄹曼父之母,得合葬於防。此則聖人與臣同者也。"王笑曰:"善。"子順聞之,問魏王曰:"李由安得斯言?"王曰:"假以自顯,無傷也。"對曰:"虛造謗言以誣聖人,非無傷也。且夫明主之於臣,唯德所在,不以小疵妨大行也。昔鬥子文生於淫而不害其爲令尹,今李由可則寵之,何患於人之言,而使橫生不然之説?若欺有知,則有知不受;若欺凡人,則凡人疑之。必亦問臣,則臣亦不爲君之故誣祖以顯由也。如此,則羣臣更知由惡,此惡必聚矣。所謂求自潔而益其垢,猶抱石以救溺,愈不濟矣。"

五國約而誅秦,子順會之秦,未入境而還。諸侯留兵於成皋,子順謂市丘子曰:"此師楚爲之主,今兵罷而不散,殆有異意,君其備諸?"市丘子曰:"先生幸而教之,願以國寄先生。"子順許諾,遂見楚王曰:"王約五國而西伐秦,事既不集,又久師於市丘,謗君者或以君欲攻市丘,以償兵費。天下之士且以是輕君而重秦,且又不義君之爲矣,王何不卜交乎?"楚王曰:"奈何?"子順曰:"王今出令,使五國勿攻市丘,五國重王則聽王之令矣,不重王則且反王之令而攻市丘。以此卜五國交王之輕重,必明矣。"楚王敬諾,而五國散。

秦兵攻趙,魏大夫以爲於魏便。子順曰:"何謂?"曰:"勝趙則吾因而服焉,不勝趙則吾乘弊而擊之。"子順曰:"不然。秦自孝公以來,戰未嘗屈。今皆良將,何弊之乘?"大夫曰:"縱其勝趙,於我何損?鄰之不修,國之福也。"曰:"秦,貪暴之國也。勝趙必復他求,吾恐於時受其師也。先人有言,燕雀處屋,子母相哺,煦煦焉其相樂也,自以爲安矣。竈突決上,棟宇將焚,燕雀顏色不變,不知禍之將及己也。今子不悟趙破患將及己,可以人而同於燕雀乎?"

　　魏王使子順修好於鄰國，遂連和於趙。趙王既賓之而燕，問子順曰："今寡人欲來北狄，不知其所以然。"曰："誘之。以其所利而與之通市，則自至矣。"王曰："寡人欲因而弱之，若與交市，分我國貨，散於夷狄，是強之也，可乎？"曰："夫欲與之市者，將以我無用之貨，取其有用之物，是故所以弱之之術也。"王曰："何謂我之無用，彼之有用？"曰："衣服之物，則有珠玉五采；飲食之物，則有酒醪五熟，此即我之所有而彼所利者也。夷狄之物，惟牛馬旃裘弓矢之器，是其所饒而輕以與人者也。以吾所有，易彼所饒，如斯不已，則夷狄之用將糜於衣食矣，殆可舉捶而驅之，豈徒弱之而已乎？"

　　齊攻趙，圍廩丘。趙使孔青帥五萬擊之，克齊軍，獲尸三萬。趙王詔勿歸其尸，將以困之。子順問王曰："不歸尸，其困何也？"曰："其父兄子弟悲苦無已，廢其產也。"子順曰："非所以窮之也。死，一也。歸尸與不歸，悲苦何異焉？以臣愚計，貧齊之術，乃宜歸尸。"王曰："何謂？"對曰："使其家遠來迎尸，不得事農，一費也；歸所葬，使其送死終事，二費也；一年之中，喪卒三萬，三費也。欲無困貧，不能得已。"既而齊大夫聞子順之謀，曰："君子之謀，其利溥哉！"

　　趙孝成王問曰："昔伊尹為臣而放其君，其君不怨，何可而得乎此也？"子順曰："伊尹執人臣之節，而弼其君以禮，亦行此道而已矣。"王曰："尹①以放君為名，而先生稱禮，何也？"曰："其在《商書》，太甲嗣立而干冢宰之政，伊尹曰：'惟王舊行不義，習與性成。予不狎于不順，王姑即桐，邇于先王其訓，罔以後人迷。'王往居憂，允思厥祖之明德。是言太甲在喪，不明乎人子之道，而欲知政，伊尹使之居桐，近湯之墓，處憂哀之地，放之不得知政。三年服竟，然後反之，即所以奉禮執節事太甲者也。率其君以義，強其君以孝道，未有行此見怨也。"王曰："善哉！我未之聞也。"

　　他日，又謂曰："寡人聞孔氏之世，自正考父以來，儒林相繼，仲尼重之以大聖，自茲以降，世業不替，天下諸侯咸賓禮焉。先生作二國師，從古及今，載德流聲，未有若先生之家者也。先生之嗣，率由前訓，將與天地相敝矣。"曰："若先祖父，並稟聖人之性，如君王之言也。至如臣者，學行不敏，寄食於趙，祿仕於魏，幸遇二國之君，寬以容之，若乃師也，未敢承命。假令賴君之福，願後世克祚，不忝前人，不泯祖業，豈徒一家之賜哉？亦天下之慶也。"

　　邯鄲之民以正月之旦獻雀於趙王，而綴之以五綵，趙王大悅。申叔以告子順，子順曰："王何以為也？"曰："正旦放之，示有生也。"子順曰："此委巷之鄙事爾，非先王之法也，且又不令。"申叔曰："敢問何謂不令？"曰："夫雀者，取其名焉，則宜受之於上，不宜取之於下，下人非所得制爵也。而王悅此，殆非吉祥矣。昔虢公祈神，神賜之土田，是失國而更受田之祥也。今以一國之王，受民之爵，②將何悅哉！"

---

　　① "尹"，《孔叢子·執節》作"方"。
　　② "爵"，《孔叢子·執節》作"雀"。

趙間魏，將以求親於秦。子順謂趙王曰："此君之下吏計過也。比目之魚，所以不見得於人者，以耦視而俱走也。今秦有兼吞天下之志，日夜伺間，不忘於側息。趙魏與之鄰接，而强弱不敵。秦所以不敢圖并趙魏者，徒以二國并目周旋者也。今無故自離，以資强秦，天下拙謀無過此者，故臣曰君之下吏計過也。夫連雞不能上棲，亦猶二國構難不能自免於秦也，願王熟慮之。"

趙王問相於平原君，平原君曰："鄒文可。"王曰："其行如何？"平原君曰："夫孔子高，天下之高士也，取友以行，交遊以道，文與之遊，稱曰好義。王其用之。"王卒不用。後以平原君言問子順，且曰："先生知之乎？"子順曰："先父之所交也，何敢不知？"王曰："寡人雖失之在前，猶願聞其行於先生也。"曰："行不苟合，雖賤不渝，君子人也。"王遂禮之，固以老辭。

申叔問子順曰："禮，爲人臣三諫不從，可以稱其君之非乎？"子順曰："禮所不得也。"曰："叔也昔者逮事有道先生，問此義焉，而告叔曰：'得稱其非者，所以使天下人君不敢遂其非也。'"子順曰："然，吾亦聞之。是亡考起時之言，非禮意也。禮，受放之臣，不説人以無罪。先君夫子曰'事君欲諫，不欲陳言'，不欲顯君之非也。"申叔曰："然則晏子、叔向皆非禮也？"曰："此二大夫相與私燕，言及國事，未爲非禮也。晏子既陳履賤而踊貴於君，其君爲之省刑，然後以及叔向，叔向聽晏子之私，又承其問所宜，亦答以其事也。"

申叔又問曰："犬馬之名皆因其形色而名焉，唯韓盧、宋鵲獨否，何也？"曰："盧，黑色；鵲，白黑色，非色而何？"

虞卿著書名曰《春秋》，魏齊曰："子無然也。'春秋'，孔聖所以名經也。今子之書，大抵談説而已，亦以爲名何？"虞卿曰："經者，取其事常也，可常則爲經矣。且不爲孔子，其無經乎？"齊問子順，子順曰："無傷。魯之史記曰《春秋》，經因以爲名焉。又晏子之書亦曰《春秋》。吾聞泰山之上，封禪者七十二君，其見稱述，數不盈十，所謂貴賤不嫌同名也。"

韓與魏有隙，子順謂韓王曰："昭釐侯，一世之明君也；申不害，一世之賢相也。韓與魏敵侔肩國，而昭釐執圭見梁君者，非好卑而惡尊，慮過而計失也。與嚴敵爲鄰，而動有滅亡之變，獨勁不能支二難，故降心以相從，屈己以求存也。申不害慮事而言，忠臣也；魏王聽而行之，明君也。今韓弱於始之韓，魏弱於始之魏，秦强於始之秦，而背先人之舊好，以區區之衆，居二敵之間，非良策也。齊、楚遠而難恃，秦、魏呼吸而至，舍近而求遠，是以虛名自累，而不免近敵之困者也。爲王計者，莫如除小忿、全大好也。吳越之人，同舟濟江，中流遇風波，其相救如左右手者，所患同也。今不恤所同之患，是不如吳越之舟人也。"

子順相魏凡九月，陳大計輒不用，乃喟然曰："不見用，是吾言之不當也。言不當於主，而居人之官、食人之禄，是尸利也。尸利素飧，吾罪深矣。"退而以病致事。魏王遣使入其館，謝曰："寡人昧於政事，不顯明是非，以啓罪於先生，今知改矣。願先生爲百姓故，幸起而教之。"辭曰："臣有犬馬之疾，不任國事。苟得從四民之列，子弟供魏國之征，乃君惠也。敢辱君命，以速刑書。"人謂子順曰："王不用子，子其行乎？"曰："吾將行如之山東，則山東之國將并於秦，秦爲不義，義所不入。"遂寢於家。

新垣固謂子順曰："賢者所在，必興化致治。今子相魏，未聞異政，而即自退，其有志不得乎？何去之速也？"曰："以無異政，所以自退也。且死病無良醫，今秦有吞食天下之心，以義事之，固不獲安，救亡不暇，何化之興？昔伊摯在夏，吕望在商，而二國不理，豈伊、吕之不欲哉？勢不可也。今山東之國，弊而不振，三晉割地以求安，二周折節而入秦，燕、齊、宋、楚已屈服矣。以此觀之，不出二十年，天下盡爲秦乎！"

魏公子無忌死，韓君將親弔焉。其子榮之以告子順，子順曰："必辭之！禮，鄰國君弔，君爲之主。今君不命子，則子無所受韓君也。"其子辭韓，韓君乃止。

季節見於子順，子順賜之酒，辭。問其故，對曰："今日，家之忌日也。故不敢飲。"子順曰："飲也。禮，雖服衰麻，見於君及先生，與之粱肉，無辭。所以敬尊長而不敢遂其私也。忌日方於有服，則輕矣。"

枚産謂子順曰："臣匱於財，聞猗頓善殖貨，欲學之。先生，同國也，當知其術。願以告我。"曰："然，知之。猗頓，魯之窮士也，耕則常飢，桑則常寒。聞陶朱公富，往而問術焉。朱公告之曰：'子欲速富，當畜五牸。'於是乃適河西，①大畜牛羊於猗氏之南。十年之間，其孳息不可計，貲擬王公，名馳天下。以富興於猗氏，故曰猗頓。且夫爲富者，非惟一術，今子徒問猗頓，何也？"枚産曰："亦將問之於先生也。"曰："吾貧，而子問以富術，是不可用之術也。昔人有言能得長生者，道士聞而欲學之，比往，言者死矣，道士高蹈而恨。夫所欲學，學不死也。其人已死，而猶恨之，是不知所以爲學也。今子欲求殖貨而問術於我，我且自貧，安能教子以富乎？子之此問，有似道士之學不死也。"

初，子高以爲趙平原君有霸相之才，惜不遇其時也。而子順以爲衰世之好事公子，無霸相之才也。申叔問曰："子之家公，有道先生，既論之矣。今子易之，是非焉在？"曰："言貴盡心，亦各有所見也。若是非，則明智者裁之。"

年五十七卒。子三：鮒、騰、樹。

騰，自爲傳。

樹之孫臧，爲漢太常，嗣蓼侯，亦有傳。

鮒，一名鮒甲，字子魚，或謂之子鮒，或稱孔甲。

---

① "河西"，《孔叢子·陳士義》作"西河"。

秦始皇并天下，子魚謂其徒叔孫通曰："子之學可矣，盍仕乎？"對曰："臣所學於先生者，不用於今，不可仕也。"子魚曰："子之材能見時變，今爲不用之學，殆非子情也。"叔孫通遂辭去，以法仕秦。而子魚不仕。

尹曾謂子魚曰："子之誦讀先王之書，將奚以爲？"曰："爲治也。世治則助之行道，世亂則獨治其身。"

始皇三十四年，李斯議焚書。陳餘謂子魚曰："秦將滅先王之籍，而子爲書籍之主，其危矣。"子魚曰："吾不爲有用之學，知吾者惟友。秦非吾友，吾何危哉？然顧有可懼者，必或求天下之書焚之，書不出則有禍。吾將先藏之以待其求，求至無患矣。"乃與弟子襄藏《家語》《論語》《尚書》《孝經》於祖堂舊壁中。自隱於嵩山，教弟子百餘人。

與張耳、陳餘善。耳、餘，魏之名士也。秦滅魏，求耳、餘。耳、餘懼走。會陳涉、吳廣起兵於陳，欲以誅秦，耳、餘乃往謁涉。餘謂涉曰："今必欲定天下、取王侯者，其道莫若師賢而友智。孔子之孫今在魏，居亂世能正其行，修其祖業，不爲時變。其父相魏，以聖道輔戰國，見利不易操，名稱諸侯，世有家法。其人通材足以幹天下，博智足以慮未形。必宗此人，天下無敵矣。"涉大悦，遣使者齎千金，加束帛，以車三乘聘焉。耳、餘又使謂子魚曰："天下之事已可見矣。今陳王興義兵，討不義，子宜速來，以集其事。王又聞子賢，欲諮良謀，虛意相望也。"子魚遂往。涉郊迎而執其手，議世務。子魚以霸王之業勸之，涉悦其言，遂尊以爲博士、太師，諮度焉。

曰："寡人不德，爲諸侯羣賢所推，南面稱孤，其幸多矣！今既賴二三君子，且又欲規久長之圖，何施而可？"子魚曰："信王之言，萬世之福也，敢稱古以對。昔周代殷，乃興滅繼絕，以爲政首。今誠法之，則六國定不攜，抑久長之本也。"涉曰："周存二代，又有三恪，其事云何？"曰："封夏殷之後，以爲二代；紹虞帝之胤，備爲三恪。恪，敬也，禮之如賓客也。非謂特有二代，別有三恪也。凡所以立二代者，備王道、通三統也。"涉曰："三統者何？"曰："各自用其正朔。二代與周，是謂三統。"涉曰："六國之後君，吾不能封也。遠世之王，於我何有？吾自度不及於周，又安能純法之乎？"

涉嘗問行軍之禮，子魚曰："天下有道，禮樂征伐自天子出。自天子出，必以歲之孟秋，賞軍師、武人於朝，簡練俊傑，任用有功，命將選士，以誅不義。於是孟冬以級授軍，司徒搢扑，北面而誓之，誓於社以習其事。先期五日，太史筮於祖廟，擇吉日齊戒，告於郊、社稷、宗廟。既筮，則獻兆於天子。天子使有司以特牲告社，告以所征之事而受命焉。舍奠於帝學以受成，然後乃類上帝，禷於郊以出，以齊車載遷廟之主及社主行，大司馬職奉之。無遷廟主，則以幣帛皮圭告於祖禰，謂之主命，亦載齊車。凡行主，皮圭幣帛皆每舍奠焉，而後就館。主車止於中門之外、外門之內，廟主居於道左，社主居於道右。其所經名山大川，皆祭告焉。及至敵所，將戰，太史卜戰日，卜右御。

先期三日，有司明以敵人罪狀告之史，史定誓命。戰日，將帥陳列車甲卒伍於軍門之前，有司讀告誓，使周走三令五申。既畢，遂禱戰祈克於上帝，然後即敵。將士戰，還已克敵，史擇吉日，復禡於所征之地，禜於上帝，祭社奠祖以告克者，不頓兵傷士也。戰不克，則不告也。凡類、禡皆用甲、丙、戊、庚、壬之剛日。有司簡功行賞，不稽於時。其用命者，則加爵受賜於祖奠之前；其奔北犯令者，則加刑罰戮於社主之前。然後鳴金振旅，有司遍告捷於時所有事之山川。既至，舍於國外，三日齊，以特牛親格於祖禰，然後入。設奠以反主。若主命，則卒奠斂玉埋之於廟兩階間。反社主，如初迎之禮。舍奠於帝學，以訊馘告；大享於羣吏，用備樂饗。有功於祖廟，舍爵策勳焉，謂之飲至。天子親征之禮也。”

涉曰：“其命將出征，則如之何？”曰：“古者大將受命而出則忘其國，即戎帥陣則忘其家。故天子命將出征，親潔齊盛服，舍①奠於祖以詔之。大將先入，軍吏畢從，皆北面再拜稽首而受。天子當階南面命授之節鉞。大將受，天子乃東面□向②而揖之，示弗御也。然後告大社，冢宰執蜃，宜於社之右。南面授大將。大將北面稽首，再拜而受之，承所頒賜於軍吏。其出不類，其克不禡。戰之所在，有大山川則祈焉，禱克於五帝，捷則報之。振旅復命，簡異功勤，親告廟、告社而後適朝，禮也。”

涉曰：“將居軍中之禮，勝敗之變，則如之何？”曰：“將帥尚左，士卒尚右。出國先鋒，入國後刃。介胄在身，執銳在列，雖君王不拜。若不幸軍敗，則驛騎赴告於天子，載櫜韔。天子素服，哭於庫門之外三日；大夫素服，哭於社，亦如之。亡將失城，則皆哭七日。天子使使迎於軍，命將帥無請罪。然後，將帥結草自縛，袒右肩而入，蓋喪禮也。”

涉曰：“行古禮如何？”曰：“古之禮固爲於今也。有其人，行其禮，則可；無其人，行其禮，則民弗與也。”

時陳涉既立爲王，其妻之父兄往焉，涉以衆賓待之，長揖不拜，無加禮。其妻之父怒曰：“怙亂僭號而傲長者，不能久矣。”不辭而去。涉跪謝，不顧。涉心慼焉，遂適子魚之館而言曰：“予雖丈夫哉，然塞於禮義，以啓於姻婭。惟先生幸訓誨之，使免於戾。”曰：“王所問者善也，敢固無辭而對乎？今以禮言邪，則禮無不拜。且宗族婚媾，又與衆賓異敬者也。敬而加親，自古以然也。”涉曰：“雖已失之於前，庶欲收之於後也。願先生修明其事，必奉遵焉。”曰：“昔唐堯內親九族，外協萬邦。禮，以婚爲昆弟，妻之父母爲外舅姑。由是明之，則拜之可知。夫婚親之義，非宗賢之類也，雖自已臣，莫敢不敬。昔魏信陵君嘗以此質臣之父，臣之父曰：‘於諸母之昆弟，妻之諸父，則以親配德。年齊以上，雖拜之可也；幼於己者，揖之可也，此出於人情而可常者也。’”涉

---

①　“舍”，《孔叢子·問軍禮》作“設”。

②　“東面□向”，《孔叢子·問軍禮》作“東面西向”，一本作“東向西面”。

又問："同姓而服不及者，其制何邪？"曰："先王制禮，雖國君有合族之道，宗人掌其列，繼之以姓而無別，醵之以食而無殊，各隨本屬之隆殺。屬近則死爲之免，屬遠則弔之而已，禮之正也。是故臣之家哭子氏之別姓於弗父之廟，哭孔氏則於夫子之廟，此有據而然也。周之道，雖百世婚姻不通，重先世之同體也。"涉跪曰："先生之言，厥義博哉！寡人雖固，敢不盡心？"

涉讀《國語》言申生事，顧子魚曰："始余信聖賢之道，乃今知其不誠也。"曰："王何謂哉？"涉曰："書載驪姬夜泣，而公以信入其言。人之夫婦夜處幽室之中，莫能知其私焉，雖黔首猶然，況國君乎？予是以知其不信，乃好事者爲之辭，將欲成其說以誣愚俗也。故使予并疑於聖人也。"曰："不然也。古者人君外朝則有國史，内朝則有女史。舉則左史書之，言則右史書之，以無諱示後世，善以爲式，惡以爲戒。廢而不記，史失其官。故凡若晉侯驪姬牀第之私、房中之事，不得掩焉。若夫設教之言，驅羣俗，使人入道而不知其所以者也。今此書皆實事，累累若貫珠，可無疑矣。"

陳人武臣謂子魚曰："夫聖人者，誠高材美稱也。吾謂聖人之智必見未形之前，功垂於身没之後，立教而庶夫弗犯，吐言而辯士不破也。子之先君，可謂當之矣！然韓子立法，其所以異夫子之論者，紛如也。予每探其意而校其事，持久歷遠，過姦勸善，韓氏未必非，孔氏未必得也。吾今而後，乃知聖人無世不有，前聖後聖，法制固不一也。若韓非者，亦當世之聖人也。子以爲奚若？"子魚曰："子信之爲然，是故未免凡俗也。今世人有言高者，必以極天爲稱；言下者，必以深淵爲名，是資世之談而無其實者也。好事而穿鑿者，必言經以自輔，援聖以自賢，欲以取信於羣愚而度其說也。若諸子之書，其義皆然。吾先君之所自志也，請略說一隅，而吾子審其信否焉。乃者趙、韓、魏共并知氏，趙襄子之行賞，先加具臣而後有功。韓非書云'夫子善之'，引以張本，然後難之。豈有不似哉？然實詐也。何以明其然？昔我先君以春秋哀公十六年四月己丑卒，至二十七年荀瑤與韓、趙、魏伐鄭，遇陳垣而還，是時夫子卒已十一年矣，而晉四卿皆在也。後悼公十四年，知氏乃亡。此先後甚遠，而韓非公稱之，曾無怍意。則世多好事之徒，皆非之罪也。故吾以是默口於小道，塞耳於諸子久矣！而子立尺表以度天，直寸指以測淵，豫大道而不悟，信誣說以疑聖，殆非所望也。"武臣叉手跪謝，施施而退，遂告人曰："吾自以爲學之博矣，而屈於孔氏，方知學不在多，要在精之也。"

陳涉使周章爲將，西入關，將以入秦，秦使將章邯距之。涉以秦國之亂也，有輕之之意，勢若有餘而不設敵備。子魚諫曰："章邯，秦之名將，周章非其敵也。今王使章，需然自得而不設備，臣竊惑焉。夫雖天之所命，其禍福吉凶，大者在天，小者由人。今王不修人利以應天祥，若跌而不振，悔之無及也。"涉弗聽。又諫曰："臣聞兵法，無恃敵之不我攻，恃吾之不可攻也。今恃敵而不自恃，非良計也。"涉曰："先生所言，計策深妙，吾不識也。先生休矣！"已而告人曰："儒者可與守成，難與進取，信哉！"子魚他日復諫曰：“臣聞國大兵衆，無備難恃；一人善射，百夫決拾。章邯梟將，卒皆死士也。周章弱懦，使彼席捲來前，莫有當其鋒者。”涉曰：“先生所稱，寡人昧昧焉，願以人間近事喻之。”曰：“流俗之事，臣所不忍也。今王命之，敢不盡情？願王察之也。臣昔在梁，梁人有陽由者，其力扛鼎，伎巧過人，骨騰肉飛，手搏趫獸，國人懼之。然無治室之訓，禮教不立，妻不畏憚，浸相媟瀆。方乃積怒，妻坐於牀荅焉。由乃左手建杖，右手制其頭，妻亦奮恚，因受以背，使杖擊之而自撮其陰。由乃仆地，氣絶而不能興。鄰人聞其洶洶也，窺而見之，趣而救之。妻愈戀忿，莫肯舍旃，或發其裳，然後乃放。夫以無敵之伎力，而劣於女子之手者何？以輕之無備故也。今王與秦角强弱，非若由之夫妻也？而輕秦過甚，臣是以懼。故區區之心，欲王備慮之也。”涉終弗聽，周章果敗而無後救。邯遂進兵擊陳涉，師大敗。

子魚爲博士，凡六旬，言既不用，托目疾老於陳。著書二十一篇，論集先聖、子思、子上、子高、子順及己之行事，名之曰《孔叢子》，而《詰墨》在焉。《詰墨》語多，不載。

曹明問子魚曰：“觀子詰墨者之辭，事義相反，墨者妄矣。假使墨者復起，對之乎？”曰：“苟得其理，雖百墨吾亦明白焉。失其正，雖一人猶不能當前也。墨子之所引者，矯稱晏子。晏子之善吾先君，吾先君之善晏子，其事庸盡乎？”曹明曰：“可得聞諸？”曰：“昔齊景公問晏子曰：‘吾欲善治，可以霸諸侯乎？’對曰：‘官未具也。臣亟以聞，而君未肯然也。臣聞孔子聖人，然猶居處勌惰，廉隅不修，則原憲、季羔侍；血氣不休，志意不通，則仲由、卜商侍；德不盛，行不勤，則顏、閔、冉雍侍。今君之朝臣萬人，兵車千乘，不善之政，加於下民者衆矣，未能以聞者，臣故曰官未備也。’此又晏子之善孔子者也。子曰：‘晏平仲善與人交，久而敬之’，此又孔子之貴晏子者也。”曹明曰：“吾始謂墨子可疑，今則決妄不疑矣。”

子魚生於戰國之世，長於兵戎之間，然獨樂先王之道，講習不倦。季則謂子魚曰：“大丈夫不生則已，生則有云爲於世者也。今先生淡泊世務，修無用之業，當身不蒙其榮，百姓不獲其利，竊爲先生不取也。”子魚曰：“不如子之言也。武者可以進取，文者可與守成。今天下將擾擾焉，終必有所定。子修武以助之取，吾修文以助之守，不亦可乎？且吾不才，無軍旅之任，徒能保其祖業，優遊以卒歲者也。”

年五十七卒。將没，戒弟子襄曰：“魯，天下有仁義之國也。戰國之時，講誦不衰，且先君之廟在焉。吾謂叔孫通處濁世而清其身，學儒術而知權變，是今師也。宗於有道，必有令圖，歸必事焉。”

鮒生隨。隨字子元，或云元路。隨之子及孫、曾，皆失考。其玄孫名吉。漢元帝時尊周子南君爲周承休侯，位次諸侯王，使諸大夫、博士求殷後，分散爲十餘姓，郡國往往得其大家，推求子孫，絶不能紀。時匡衡議，以爲“王者存二王後，所以尊其先王而通三統也。其犯誅絶之罪者，則更封他親爲始封君，上承其王者之始祖。《春秋》之義，諸侯不能守其社稷者，絕。今宋國已不守其統而失國矣，則宜更立殷後爲始封君，而上承湯統，非當繼宋之絕侯也，宜明得殷後而已。今之故宋，推求其嫡，久遠不可得；雖得其嫡，嫡之先已絕，不當得立。《禮記》孔子曰：‘丘，殷人也。’先師所共傳，宜以孔子世爲湯後。”帝以其語不經，遂見寢。

至成帝時，久亡繼嗣。梅福復上書曰：“臣聞存人所以自立也，壅人所以自塞也。善惡之報，各如其事。昔者秦滅二周，夷六國，隱士不顯，佚民不舉，絕三統，滅天道，是以身危子殺，厥孫不嗣，所謂壅人以自塞者也。故武王克殷，未下車，存五帝之後，封殷於宋，紹夏於杞，明著三統，示不獨有也。是以姬姓半天下，遷廟之主，流出於戶，所謂存人以自立者也。今成湯不祀，殷人亡後，陛下繼嗣久微，殆爲此也。《春秋經》曰：‘宋殺其大夫。’《穀梁傳》曰：‘其不稱名姓，以其在祖位，尊之也。’此言孔子故殷後也，雖不正統，封其子孫以爲殷後，禮亦宜之。何者？諸侯奪宗，聖庶奪適。《傳》曰‘賢者子孫宜有土’，而況聖人，又殷之後哉！昔成王以諸侯禮葬周公，而皇天動威，雷風著災。今仲尼之廟不出闕里，孔氏子孫不免編戶，以聖人而歆匹夫之祀，非皇天之意也。今陛下誠能據仲尼之素功，以封其子孫，則國家必獲其福，又陛下之名與天亡極。何者？追聖人素功，封其子孫，未有法也，後聖必以爲則。不滅之名，可不勉哉！”

綏和元年正①月癸丑，詔曰：“蓋聞王者必存二王之後，所以通三統也。昔成湯受命，列爲三代，而祭祀廢絕。考求其後，莫正孔吉。其封吉爲殷紹嘉侯。”食邑千六百七十戶。三月，進爵爲公，地百里，國於沛。哀帝建平二年，益戶九百三十二。平帝元始二年，更封爲宋公。子一：何齊。嗣封。何齊子一：安。

先聖至安，十六代矣。光武帝建武五年二月，封爲殷紹嘉公。十三年，復封爲宋公。後無嗣，罷封。

子順三子，長子之後承殷統，中子之後奉先聖祀焉。

述曰：汾讀《孔叢子》，文章議論，駸駸乎有戰國之習矣！豈風會所趨，賢者不免與？然以視縱橫捭闔，立談而取卿相，竊勢位富貴以爲宗族交游光寵者，相去奚啻霄壤！則先聖之教，猶有存者。所如不合，卒老於行，固無足怪。至若弗父以有宋讓厲公，歷二十有四世，至裔孫吉而卒承殷統，賓於漢家，蓋有天焉，非偶然也。考《家譜》敍吉子名何齊，孫名安，而《漢書·王莽傳》云“更封殷後宋公孔弘爲章昭侯，位爲恪”，與譜不合，並識於此。

---

① “正”，《漢書·成帝紀》作“二”。

世系第一之五

九代

騰，字子襄，身長九尺六寸。漢高帝十二年，過魯，以太牢祠孔子，封騰爲奉祠君。惠帝時，徵爲博士，遷長沙太傅。年五十七卒。子一：忠。

十代

忠，字子貞。該通六藝，有高尚之志。文帝時徵爲博士。年五十七卒。子二：武、安國。

十一代

武，字子威，爲文帝博士。子一：延年。

十二代

延年，博覽羣書，武帝時爲博士，轉太傅，遷大將軍。年七十一卒。葬祖墓北。子一：霸。

十三代

霸，字次孺。幼有奇才，從夏侯勝治《尚書》，昭帝徵爲博士。宣帝時，以大中大夫授太子經，遷詹事，出爲高密相。元帝即位，拜太師，賜爵關内侯，食邑八百户，號褒成君，給事中，賜黃金二百斤，宅一區。徙名數於長安。次孺爲人謙退，嘗稱位禄太過，何德以堪之！帝欲致之相位，自御史大夫貢禹卒，及薛廣德免，輒欲拜。次孺陳讓至三，帝察其誠，乃止。上書求奉先聖祀，詔以所食邑祀孔子，還其長子名數於魯。年七十二卒。帝素服臨弔者再，賜東園秘器、錢帛，册贈列侯，謚曰烈君。子四：福、捷、喜、光。

十四代

福,成帝時襲封關内侯。年六十三卒。葬祖墓北。子一：房。

十五代

房,哀帝時襲封關内侯。子一：均。

十六代

均,字長平,本名莽,避王莽名改"均"。敦篤好學,襲封關内侯,徵拜尚書郎。平帝元始元年六月,晉封褒成侯,食邑二千户,奉孔子祀。五年,王莽篡漢,拜太尉,三上書辭疾,卒不就,還魯,遂失爵。年八十一卒。子一：志。

十七代

志,光武時拜大司馬。建武十四年夏四月,仍襲褒成侯,食邑如故。中元元年春二月,帝東巡狩,至於岱宗,柴望秩於山川,班於羣臣,遂覲東后,褒成侯序在東后。卒,諡元成。子三：損、澍、恢。

十八代

損,字君益。明帝永平十五年,襲封褒成侯。章帝元和二年春二月,帝巡狩岱宗,柴望山川,告祠明堂,褒成侯助祭焉。三月,帝幸魯,祠孔子,賜褒成侯及諸孔男女帛。和帝永元四年,徙封褒亭侯,食邑一千户。子二：曜、旭。

十九代

曜,字君曜,襲封褒亭侯。子二：完、讚。

二十代

完,襲封褒亭侯,邑百户。早卒,無子。魏文帝以其弟讚之子羨紹封。

二十一代

羨,字子餘。父讚,字元賓,守廟百石卒史。子餘,魏文帝時拜議郎。黄初二年春正月,詔曰："昔仲尼資大聖之才,懷帝王之器,當衰周之末,而無受命之運,乃退考五代之禮，修素王之事，因魯史而制《春秋》，就太師而正《雅》《頌》。俾千載之後，莫不采①其文以述作，仰其聖以成謀，茲②可謂命世大聖，億載之師表者已。遭天下大亂，百祀墮壞，舊居之廟毀而不修，褒成之後絕而莫繼，闕里不聞講誦之聲，四時不睹蒸嘗之位，斯豈所謂崇化③報功、盛德百世必祀者哉！嗟乎，朕甚憫焉！其以議郎孔羨爲宗聖侯，邑百戶，奉孔子祀。"令魯郡修起舊廟，置百石吏卒④以守衛之，又於其外廣爲屋宇以居學者。卒，葬祖墓南。子一：震。

二十二代

震，字伯起，襲封宗聖侯。晉武帝泰始三年冬十二⑤月，改封奉聖亭侯，拜太常卿，黃門侍郎，食邑二百戶。年七十五卒。子一：嶷。

二十三代

嶷，字成功，襲封奉聖亭侯。年五十七卒。子一：撫。

二十四代

撫，舉孝廉，辟太尉掾，爲豫章太守，襲封奉聖亭侯。子一：懿。

二十五代

懿，東晉襲封奉聖亭侯，兼從事中郎。卒，葬祖墓西。子一：鮮。

二十六代

鮮，字鮮之。恢廓大度，好學善教。宋文帝元嘉十九年，襲封奉聖亭侯。改封崇聖侯。子一：乘。

述曰：汾讀家譜及《闕里志》，至二十二代迄二十六代之間，竊不能無惑焉。考《晉書·孝武本紀》載："太元十一年秋八月庚午，封孔靖之爲奉聖亭侯，奉宣尼祀。"又《宋書》載："晉明帝太寧三年，詔給奉聖亭侯孔亭四時祠孔子祭直，如泰始故事。亭五代孫繼之，博塞無度，常以祭直顧進，替慢不祀，宋文帝元嘉八年，有司奏奪爵。至十九

---

① "采"，《三國志·魏書·文帝紀》作"宗"。
② "茲"，《三國志·魏書·文帝紀》作"咨"。
③ "化"，《三國志·魏書·文帝紀》作"禮"。
④ "百石吏卒"，《三國志·魏書·文帝紀》作"百戶吏卒"，《東家雜記》作"吏卒百戶"。
⑤ "十二"，《晉書·武帝紀》同，《宋書·禮志四》《晉書·禮志上》作"十一"。

年，又授孔隱之。兄子熙先謀逆，又失爵。二十八年，更以孔惠雲爲奉聖侯，後有重疾，失爵。孝武大明二年，又以孔邁爲奉聖侯。邁卒，子萩嗣，有罪失爵。"此東晉至宋繼襲之次序也。

國史撰述，必有考徵，而言之鑿鑿如是，斷非毫無證據者。今譜内並無靖之、亭、繼之、隱之、惠雲、邁、萩諸人之系，可疑者一。譜載，二十二代震於晉武帝泰始三年改封奉聖亭侯，二十六代鮮於宋文帝元嘉十九年襲爵奉聖亭侯。若果冢嫡相承，不應相距一百七十餘年，所傳祇有四世，可疑者二。元嘉十九年封奉聖亭侯者，正史所載孔隱之也，家譜所載孔鮮也。事同一年，名則迥異，可疑者三。奉聖之名，始於典午。沿及宋、齊、梁、陳，迄未有改。其後，魯郡折入元魏。至魏孝文帝太和十九年，車駕過魯，詔選諸孔宗子一人，以奉聖祀，遂得二十八代孫靈珍，封爲崇聖侯。此崇聖侯之號所自始，而靈珍實始封之人也。今譜内載二十六代鮮襲封奉聖亭侯，又改封崇聖侯，以北朝之號而混於南，以孫之封而加於祖，可疑者四。

今汾以臆度之，亭與靖之、繼之三人，或係二十二代震之冢嫡，至隱之、惠雲、邁、萩等，或以大宗無人，遂取旁支代襲，後因鼎祚屢移，子孫不嗣，家乘失傳，殆由於此。至靈珍崛起北朝，大約由於支別，自溯祖父以接大宗，如懿如鮮，未必盡曾主闒，其所封爵，或係追崇。第《唐書·宰相世系表》所載世次、名字、官爵，皆與譜志脗合，是以未敢妄改。

又，十七代志，譜志皆云光武時拜大司馬，建武十四年四月仍封褒成侯。考《光武紀》建武元年七月壬午，以大將軍吳漢爲大司馬；至二十年五月辛亥，漢始薨，乃以中郎將劉隆代行大司馬事；二十七年改大司馬爲太尉，而隆亦即日罷。終光武之世，拜大司馬者止二人，未聞更有孔志也。又，《本紀》載，十四年夏四月辛巳，封孔子後志爲褒成侯。下注引《古今志》云："志時爲密令。"則其非大司馬，更爲確證。第譜志本於《唐表》，或別有據，抑嘗爲其掾屬，中有漏文，未可臆斷。故並仍舊譜所載，而辨其疑者於篇，亦先聖闕文之義。

至九代子襄，譜志皆從《史記》作"長沙太守"。考長沙是時爲封國，不應有太守之官。及稽之《漢書·孔光傳》及《唐書·宰相世系表》，皆作"太傅"，其爲訛舛無疑，不得以妄改太史公爲嫌也。惠雲、邁、萩諸人，附見家譜二十七代崇聖大夫傳。《宋書》以"萩"爲"莽"，與譜不合。考《文獻通考》作"萩"，注云"詡俱切"，必史有訛也。

闕里文獻考卷六

世系第一之六

二十七代

乘，字敬山，博學有才。元魏孝文帝時舉孝廉。延興三年夏四月，詔以乘爲崇聖大夫，食邑五百户，給十户以供灑掃。子二：靈珍、景進。

二十八代

靈珍，仕魏爲秘書郎。孝文帝太和十九年夏四月，帝幸魯，親祠孔子廟，詔選諸孔宗子一人，封爵世襲，奉孔子祀。有司以爲莫靈珍宜，乃封爲崇聖侯，食邑一百户。子二：文泰、文僖。

二十九代

文泰，襲封崇聖侯。年五十八卒。葬祖墓南。子一：渠。

三十代

渠，襲封崇聖侯。子一：長孫。

三十一代

長孫，襲封崇聖侯。北齊文宣帝天保元年夏六月辛巳，改封恭聖侯，食邑一百户。後周宣帝大象二年春三月，詔追封孔子爲鄒國公，遂詔長孫承襲鄒國公，邑數準舊。語在《祀典考》。年六十四卒。葬祖墓西。子一：嗣悊。

三十二代

嗣悊，隋文帝時應制登科，授涇州司馬參軍，遷太子通事舍人。煬帝大業四年冬十月,詔曰:"先師尼父,聖德在躬,誕發天縱之姿,憲章文、武之道,命世膺期,蘊茲素王。而頹山之嘆,忽逾於千祀;盛德之美,不存於百代。永惟懿範,宜有優崇。可立孔子後爲紹聖侯。有司求其苗裔,録以申上。"乃封嗣悊爲紹聖侯,食邑百户。年七十卒。葬祖墓西。子一:德倫。

三十三代

德倫,唐高祖武德九年,詔曰:"宣尼以大聖之德,天縱多能,王道藉以裁成,人倫資其教義,故孟軻稱'自生民以來,一人而已'。自漢氏馭歷,魏室分區,爰及晉朝,暨於隋代,咸相崇尚,用存享祀。朕欽若前王,憲章故實,親師宗聖,是所庶幾,存亡繼絶,抑惟通典。可立孔子後爲褒聖侯,以隋故紹聖侯孔嗣悊嫡子德倫爲嗣。"太宗貞觀十一年,詔"褒聖侯朝會位同三品,食邑百户"。中宗嗣聖七年,賜敕書及時服。年七十一卒。子二:崇基、子歎。

三十四代

崇基,中宗嗣聖十二年,①襲封褒聖侯。神龍元年夏五月,授朝散大夫,陪祭朝會。年五十六卒。子一:璲之。

三十五代

璲之,字藏暉。玄宗開元五年,襲封褒聖侯,授國子四門博士,邠王府文學,蔡州長史。二十七年,詔謚孔子曰文宣王,"以其嗣爲文宣公,任州長史,代代勿絶"。於是,進封璲之爲文宣公,兼兗州長史。制曰:"朕永維聖道,思闡儒風。故尊崇先聖,所以弘至教;褒獎後嗣,所以美前烈。文宣王三十五代孫、通直郎、前守邠王府文學、褒聖侯孔璲之,纂承睿哲,克復中庸。三命益恭,敦素憑於祖業;百代必祀,光寵被於朝恩。積慶之餘,既開於土宇;盛德不朽,宜傳於帶礪。可襲文宣公。"尋遷都水使者。天寶之亂,寄居寧陵,卒,遂葬於寧陵,子孫家焉。子一:萱。

三十六代

萱,襲封文宣公,兼兗州、泗水令。子一:齊卿。

---

① 按,唐中宗僅有嗣聖元年(684)。當年二月,武后廢帝爲廬陵王,立豫王旦爲帝,改元文明。此處所云"嗣聖十二年",實爲武周證聖元年(695)。

三十七代

齊卿，德宗建中三年，襲封文宣公，兼兗州功曹。轉青州司兵參軍。時遭叛亂，陷於東平。子三：惟晊、惟昉、惟時。

三十八代

惟晊，初居寧陵，後兵解歸魯。留幼弟惟時居寧陵，守先人墓。憲宗元和十三年，襲封文宣公，授兗州參軍。年六十五卒。葬祖墓東。子一：策。

三十九代

策，明經及第，授曲阜縣尉。武宗會昌元年，歷少府監主簿、國子監丞，遷《尚書》博士。二年，襲封文宣公。宣宗大中元年，宰相白敏中奏歲給封户絹百疋，春秋充享祀。年五十七卒。葬祖墓西南。子三：振、拯、郁。

四十代

振，字國文。懿宗咸通四年，進士第一人及第，除祕書省校書郎，歷兗州觀察判官、監察御史、左補闕水部員外郎，襲封文宣公。年七十四卒。葬祖墓北。子一：昭儉。

四十一代

昭儉，任南陵尉，授廣文館博士、兗州司馬，賜緋，除祕書郎，襲封文宣公，兼曲阜令。年六十卒。葬祖墓西北。子一：光嗣。

四十二代

光嗣，昭宗天祐二年，以齊郎授泗水主簿。遭世叛亂，遂失封爵。初，宋元嘉間，蠲魯郡民孔景等五户供孔子廟灑掃役。其裔孫末見孔氏子孫單承，門祚衰弱，又多流寓他所者，乘時不綱，謀冒聖裔，竊世爵，遂計害公。卒，年四十二，梁末帝乾化三年也。子一：仁玉。

述曰：《闕里志》及家譜載三十代渠初襲崇聖侯，北齊文宣帝天保元年改封恭聖侯，後周靜帝大象二年又進爵鄒國公，子長孫後周武帝宣政元年襲封鄒國公。按：宣政在大象之前，先封其子，後封其父，斷無此理。且宣政年間，尚未有鄒國名號，所云長孫襲鄒國公於宣政元年者，誤也。再考《北史·齊文宣本紀》，天保元年六月辛巳，詔改封崇聖侯孔長爲恭聖侯。孔長，譜内既無其名，其爲"長孫"之誤無疑。是初襲崇聖，改封恭聖，進爵鄒國公者，乃三十一代之長孫，而非三十代之渠也。

又，《闕里志》載長孫二子英悊、嗣悊。英悊封奉聖侯，無子，嗣悊襲封。按：長孫既襲爵於北，其子斷無再受南封之理。且英悊之封在陳廢帝光大元年，歲次丁亥。後十四年庚子，始爲周宣帝大象二年，其父受封乃在其子既襲爵十數年之後，亦事之所必無者。蓋英悊自是江左一派，《志》因命名與嗣悊相同，遂訛爲長孫之子，其實非也。況家譜及《唐書·宰相世系表》並不言長孫有二子，更爲可證。

再，譜、志又云三十二代嗣悊初襲鄒國公，後改封紹聖侯。考鄒國之封，改於後周大象二年，不逾年而周即亡，其封亦遂絶。至隋煬帝始求孔子苗裔，封嗣悊爲紹聖侯。初封鄒國公，譜、志似皆有誤。今既有依據，悉從更正，不敢以訛傳訛，啓後人之惑也。

世系第一之七

四十三代

仁玉，字溫如，梁太祖乾化二年五月二十九日生。孔末之亂，生甫九月，母張抱匿於外家。既長，身長七尺，姿貌雄偉，通六藝，尤精《春秋》。爲人嚴整，臨事有果斷。後唐明宗長興元年，魯人愬於官曰：“曲阜令末，非聖人後。光嗣有子仁玉，育於張氏，今十九歲矣。”事聞於朝，乃誅末，以公主孔子祀，授曲阜主簿。三年，遷龔丘令，封文宣公。晉高祖天福五年，改曲阜令。後周太祖廣順二年六月，帝平慕容彥超，幸曲阜，謁林廟，召對，賜五品服及銀器雜綵。詔以曲阜令兼監察御史。年四十五卒，贈兵部尚書。葬祖墓東北，夫人裴氏祔。繼李氏封隴西郡夫人，葬祖墓西。後世以孔氏幾絶復興，號“中興祖”。復歲時祭其外祖張溫之墓，爲置祭田，立奉祀生，請蠲其徭役以報之。子四：宜、憲、冕、勖。

四十四代

宜，字不疑。自幼穎悟，十歲能屬文，以孝聞，舉進士不第。宋太祖乾德四年，詣闕上書，述其家世，詔以爲曲阜主簿，歷黃州軍事推官。時吳越初定，黃州扼江鄂咽喉，公佐理戎務，宣力實多。太宗即位，召見，遷司農寺丞，掌星子鎮市征。上言：“江左始平，庶務不綱，星子當江湖之會，商賈所集，請建爲軍。”朝議以户口少，陞爲縣，就命知縣事，後以爲南康軍。

太平興國三年，秩滿代還，轉運使王明薦公：“言忠行篤，守法奉公，乞擢居朝列，委以事機。”入覲，獻所著文賦數十篇，帝覽而嘉之。召見，問孔氏世數，具以對。帝謂左右曰：“家世之遠，有如此者乎？”乃下詔，曰：“素王之道，百代所宗，①傳祚襲封，抑存

---

① “宗”，《宋史·儒林傳》作“崇”。

典制。文宣王四十四代孫孔宜服勤素業，砥勵廉隅，承[①]歷官聯，洽聞政績，聖人之後，世德不衰，俾登朝倫，以光儒胄。可擢太子右贊善大夫，襲封文宣公。"初，歷代以孔氏聖人之後，不預庸調。後周顯德中，遣使均田，遂抑爲編户。至是，公以爲言帝，特命復其家。尋通判密州。八年，詔修曲阜孔子廟，公貢方物爲謝，批答曰："素王之教，歷代所宗，當予治定之初，特展修崇之典。汝襲封闕里，就列周行，虔備貢輸，慶兹輪奂，省閲嘉獎，不忘於懷。"遷殿中丞。雍熙三年，曹彬等北征契丹，公受詔督餉，溺拒馬河卒，年四十六。子三：延世、延澤、延渥。

四十五代

延世，字茂先，以父死事賜學究出身，授曲阜主簿，歷知閿、長葛二縣。至道三年，真宗即位，諭侍臣訪宣聖裔。吕端以公奏，召見。九月戊寅，詔曰："叔敖陰德，尚繼絶於楚邦；臧孫立言，猶有後於魯國。豈聖人之後，可獨遠於陵廟乎？許州長葛令孔延世，鍾裔孫之慶，仕文理之朝，能敦素風，甚有政術，宜任桑梓之地，以奉蒸嘗之儀。可特授曲阜令，襲封文宣公。"帝復勉曰："宜精心典祖廟祀，毋稍懈也。"賜帛五十疋、銀器五十兩及太宗御書并《九經》。咸平三年，詔本道轉運使及州長吏待以賓禮，見勿庭趨。年三十八卒。子一：聖佑。

四十六代

聖佑，年九歲，授同學究出身。大中祥符元年，真宗東封泰山，公年十一，賜衣緑陪位，綴京官班後。帝還幸曲阜，謁孔子林廟，改曲阜爲仙源縣，授公太常寺奉禮郎，後改大理評事，掌本縣錢穀。天禧五年，襲封文宣公，以光禄寺丞知仙源縣事。遷贊善大夫，終太子中舍，年三十五[②]卒。無嗣，以從弟宗愿襲爵。

宗愿，字子莊。父延澤，贈諫議大夫。仁宗天聖中，公以從父道輔蔭補太廟齊郎。寶元[③]二年，授國子監主簿，襲封文宣公，知仙源縣事。

至和二年，直集賢院祖無擇建言："臣竊觀前史，孔子之後襲封者，在漢、魏則曰褒成、褒聖、宗聖，在晉、宋曰奉聖，後魏曰崇聖，北齊曰恭聖，後周及隋封以鄒國，唐初亦曰褒聖，或爲君，或爲侯、爲公、爲大夫，使奉祭祀。至開元二十七年，追謚孔子爲文宣王，始以其後爲文宣公，是以祖之美謚而加後嗣，生而謚之，不經甚矣。乞明詔有司，詳求古制，或封以小國，或取尊儒褒聖之義，别定美號，加以封爵，著於令式，使千古之

① "承"，《宋史・儒林傳》作"亟"。
② "三十五"，《宋史・儒林傳》作"三十"。
③ "寶元"，《宋史・禮志・賓禮四》作"景祐"。

下，無以加於我朝之盛典也。"奏上，帝下兩制議。集賢殿學士劉敞言："臣等謹按，漢元帝初元元年，以師孔霸爲關内侯，食邑八百户，號褒成君。霸卒，子福嗣；福卒，子房嗣；房卒，子莽嗣，皆稱褒成君。至平帝元始元年，始更以二千户，封莽爲褒成侯，而追謚孔子曰褒成宣尼公。以此觀之，則褒成者，國也；宣尼者，謚也；公者，爵也。褒成宣尼公，猶曰河間獻王云耳。蓋推宣尼以爲褒成祖，非用褒成以爲宣尼謚也。唐世不深察此義，而以褒成爲夫子之謚，因疑霸等號封褒成，皆襲其祖之舊耳，故遂封夫子文宣王而爵其後文宣公。考核本末，甚失事理。先帝既封泰山，親祠闕里，又加文宣以至聖之號，則人倫之極致，盛德之顯名，盡在此矣！尤非其子孫所宜襲處而稱之者也。臣等以爲無擇議是可用。其文宣王四十七代孫宗愿，伏乞改賜爵名，若褒成、奉聖之比，上足以尊顯先聖有不可階之勢，下不失優孔氏使得守繼世之業，改唐之失，法漢之舊。傳曰'必也，正名'，又曰'正稽古立事，可以永年'，此之謂也。"詔曰："孔子之後，以爵號褒顯，世世不絶，其來遠矣。自漢元帝封爲褒成君，以奉其祀，至平帝時改爲褒成侯，始追謚孔子爲褒成宣尼公。褒成，其國也；宣尼，其謚也；公、侯，其爵也。後之子孫，雖更改不一，而不失其義。至唐開元中，始追謚孔子爲文宣而尊以王爵，封其嗣褒聖侯爲文宣公，孔氏子孫去國名而襲謚號，禮之失也，蓋由此始。朕稽考前訓，博採羣議，皆謂宜法漢之舊，革唐之失，稽古正名，於義爲當。朕念先帝崇尚儒術，親祠闕里，而始加至聖之號，務極尊顯之意。肆朕纂臨，繼奉先志，尊儒重道，不敢失墜，而正其後裔嗣爵之號，不其重與？宜改至聖文宣王四十六代孫宗愿爲衍聖公。"尋遷尚書比部員外郎，通判濰州，卒於官。葬祖墓西。子四：若蒙、若虚、若愚、若拙。

四十七代

若蒙，字公明。神宗熙寧元年二月，襲封衍聖公，爲仙源縣主簿。哲宗元祐元年，授承奉郎，用族叔知兖州宗翰議，改封奉聖公，專主祀事，不預他職。遇郊祀大禮，赴闕陪位。元符元年，坐事廢，以弟若虚襲。子二：端友、端操。

若虚，字公實，襲封奉聖公。徽宗崇寧中卒。子一：端本。復改奉聖公爲衍聖公，仍以若蒙之子端友紹封。

述曰：中興祖去今未三十世，子孫繁衍已二萬餘人。乃其先，一夫肆逆，九族崩頹，孔氏之危，不絶如髮。蓋緣唐室陵遲，鎮藩跋扈，兵戈擾攘，民不聊生，重以黄巢、朱、李之亂，户口日益凋喪，而士大夫之仕於外者，又多輕去其鄉，不歸井里，以致門祚衰弱，禍起家奴，雖曰天數，抑亦人事之禍也。使當日聚族而居，其勢有以相維，而力又足以相敵，雖百孔末亦奚爲哉？《詩》云："宗子維城。"信矣夫！

闕里文獻考卷八

世系第一之八

四十八代

端友，字子交。宋徽宗崇寧三年，襲封衍聖公。制曰：“自書契以還，爵於朝者多矣，未有傳世四十有八而不絕者也。惟爾文宣王之後，次當承襲，宜錫文階，並示寵渥，往加恪慎，務保厥榮。”宣和三年，轉通直郎，除直祕閣，賜緋章服，仍許就任闕陛。高宗南遷，建炎二年冬祀，赴揚州陪位，不克歸，遂寓於三衢，終郴州知州。卒，無子，以弟端操之幼子玠嗣。

四十九代

玠，字錫老。宋高宗紹興二年，嗣世父襲封衍聖公。制曰：“夫子逾於堯舜，澤及萬世，靡有所窮，欽崇碩報，邦有彝典，肆予命爾，紹於世封，惟欽惟愍，則無墜命。”子一：搢。

璠，字文老。父端操，四十七代奉聖公次子也。紹興三年，偽齊劉豫授爲迪功郎，襲封衍聖公，管勾祀事。劉豫廢，封絕。金熙宗天眷三年，詔求孔子後。十一月，乃以璠爲承奉郎，襲封衍聖公。卒年三十八，贈榮祿大夫。葬祖墓西。子三：拯、摠、搏。

五十代

搢，字季紳。宋高宗紹興二十四年，授右承奉郎，襲封衍聖公。制曰：“仲尼之道，垂休萬世。自生民以來，未有盛於此者。襲封奉祀，宜及後昆。以爾重厚深醇，世系可考，選共乃事，是遵典常，命以京秩，畀以公圭，非特爲爾身榮，實所以尊聖也。往其懋哉！”子一：文遠。

拯，字元濟。金熙宗皇統二年春正月，授文林郎，襲封衍聖公，時年八歲。廢帝天德二年，定衍聖公俸格，加於常品。尋晉承直郎。世宗大定元年，年二十六卒。葬祖墓西南。無子,以弟摠襲封。

摠,字元會。少穎悟,三歲而孤。及長,能力學自強,通《左氏春秋》。金世宗大定三年,授文林郎,襲封衍聖公。嚴潔祭祀,敦睦族黨。時兵燹後,廟傾圮,公愀然曰:"生爲聖人後,而繆當其職,坐視隘陋如此,寧不愧於心乎?"乃親率佃户,東之蒙山,伐取材木,增修寢殿及尼、防殿宇廊廡五十餘楹。二十年冬十二月,召至京師,帝欲官之。尚書省言:"摠主先聖祀事,若加任使,守奉有闕。"乃授曲阜縣令。未任時,歲方大旱,既下車,甘雨三日,歲大熟。勤於吏事,案無留牘。舊夏絹,凡丈尺,小户合并全正輸納,吏胥恣爲姦利。公止,令依市價積筭輸納,舊弊盡革。縣城壞,官計修築,戒董者曰:"慎勿拆廬舍,壞冢墓,有礙者當隨地築之。"其死而無主,枯骨暴露者,盡以己俸收葬,碑曰"叢冢"。後終奉直大夫。年五十三卒,贈光禄大夫。子二:元措、元紘。

五十一代

文遠,字紹先。宋光宗紹熙四年,授承奉郎,襲封衍聖公。制曰:"孔子之後,自漢以來,世俾襲爵,國家崇儒重道,又過前代,於是有衍聖公之封。爾於世次,實當紹續,其務恪恭,以承祭祀。"子一:萬春。

元措,字夢得。初,父摠年已四十,生數子,皆不育。及宰曲阜,收葬枯骨,夜夢衆人來謝,一人稍前曰:"嗟哉,暮雲之弗及。"既寤,又搜得十餘骸,并葬之。已復夢其人來謝曰:"今子非爾子,後丑年庚月丁日所生,真爾子矣,當名元措。"已果得子,因即名之,而字夢得。金章宗明昌二年四月,襲封衍聖公。制曰:"聖謨之大,儀範百王。德祚所傳,垂光千祀。蓋直道以經世,宜承家之有人。文宣王五十一代孫孔元措,秀阜衍祥,清洙流潤。芝蘭異稟,蔚爲宗黨之英;詩書舊聞,莤服父兄之訓。語年雖妙,論德已成。肆疏世爵之封,乃焕章身之數。非獨增華於爾族,固將振耀乎斯文。勉嗣前修,用光新命。"又詔:"衍聖公視四品,階止八品,不稱。超授中議大夫,著爲令。"承安元年冬十一月,帝行郊祀禮,召赴闕侍祠,位在終獻之次。二年,詔兼曲阜令,仍世襲。貞祐二年,宣宗徙都汴,公赴行在。時丁母憂,遥授東平府通判,詔以來春赴任。後宣宗念東平土寇竊發,欲保全之,令與隨朝職事,乃改授太常博士。興定四年,改行太常丞。元光元年,授同知集賢院,兼行太常丞。哀宗正大二年,授知集賢院,兼太常丞。天興元年,遥授泰定軍節度使、兖州管内觀察使,兼行太常少卿。二年,遷光禄大夫,尋晉太常卿。

時元兵伐金,汴京失守,元太宗命公還東平,仍襲封衍聖公,主奉祀事。逾年,金亡。公上言於太宗曰:"兵興以來,禮樂散失,燕京、南京等處,亡金太常故臣及禮册、樂器多有存者,乞降旨收録。"太宗可其奏,詔各處管民官,如有亡金知禮樂舊人,可并其家屬徙赴東平,令元措領之,於本路税課所給其食。十一年,公奉詔至燕京,得金掌樂許政、掌禮王節及樂工翟剛等九十二人。夏四月,肄登歌樂於曲阜宣聖廟。就東平造樂器，製冠冕、法服、鐘磬、筍簴、儀物。後禮樂肆習既成，召樂人至日月山，試奏於帝前。遂用以祀上帝。元朝一代禮樂，公實始創之。卒，無子，以弟元紘之孫滇嗣爵。

五十二代

萬春，字耆年。宋理宗寶慶二年，襲封衍聖公。制曰："朕聞盛德百世必祀，況詩書仁義之澤，涵浸生民，炳然至今者乎！爾承休聖門，端有傳續，屬當次補，仍續世封，恪共蒸嘗，當勉家業，東魯文獻於此有考焉，不亦善乎！"子一：洙。

五十三代

洙，字景清。宋理宗紹定四年，襲封衍聖公，通判吉州。宋亡，歸元。元世祖議孔氏子孫當立者，或言孔氏子孫寓衢者乃其宗子。至元十九年冬十一月，召至闕勞問，洙遜於居曲阜者，帝嘉之曰："寧違榮而不違親，真聖人後也。"遂命爲國子祭酒，承務郎，兼提舉浙東學校事，與護持林廟璽書，敕給俸祿。秩滿，再授奉訓大夫，儒學提舉。年六十一卒，無嗣。自端友至洙，襲封於衢者，蓋六世云。

滇，字昭度。祖元紘，幼孤，不好遊戲，及長，敦厚慎默，不談人之非。粗衣糲食，一無所擇。仕金，至安遠大將軍，武昌節度判官。父之固。滇於元憲宗元年襲封衍聖公，喜較獵，日事鷹犬，不修祖祀。明年，曲阜管民長官治率族人等以"不事儒雅"攻之，且言滇非孔氏子，遂奪爵。

滇本之固庶子，嫡母任甚妒，遣其生母，滇時甫生，隨母配驅口李氏，長遂姓李。世大父元措育爲嗣，因得襲爵。然已有名在驅口籍，故族人羣訟其爲驅口李氏子。既奪爵，其母任氏悔之，爲上疏辨雪，不報。後知濰州。無子，世爵在北者中絕。絕四十三年，至成宗即位，以治紹封。

治，字世安。六世祖若愚，字公直，四十六代衍聖公宗愿第三子也。五世祖端立，字子植，金時權主祀事。高祖琥，字西老；曾祖拂，字文通；並授進義校尉。祖元用，字俊卿，金宣宗貞祐二年，歲在甲戌，衍聖公元措赴汴，以元用代攝祀事。壬午年，宋收復京東西路。甲申年，乃授元用爲通直郎。乙酉年，宋新復諸州，復入於元。丙戌年，元郡王帶孫攻益都，以元用有將略，授以兵，使隨征。丁亥年，卒於軍。父之全，字工叔。元用之隨征也，之全以迪功郎爲曲阜縣尹，權主祀事。癸巳年，元克金汴都，取元措還，乃罷主祀事，專尹曲阜縣。治於元憲宗二年，充曲阜管民長官。世祖中統元年，襲世職縣尹。四年，權主祀事。至元十三年，授承事郎。時廟庭罷灑掃戶，祭不用公家錢。治每遇祀事，粢盛牲醴，必以豐潔。宰曲阜縣二十餘年，內撫百姓，外給軍旅，以才幹著聞。二十二年，授奉訓大夫，單州防禦使，以其子思誠代爲曲阜尹，將行，戒其子曰："毋妄怒，輕笞楚人，邑中長者視之如父兄，幼者撫之如子弟，以無負乃父訓。"及至單州，興學校，正風俗，聽訟平允，人自不冤。二十九年，遷奉直大夫，知密州。成宗元貞元年，赴闕，大臣言："治，孔子裔孫，其祖元用有軍功，没於王事。治權奉祀事三十餘年，襲封爵，莫宜治。"詔從之，授中議大夫，襲封衍聖公。卒年七十二。^① 子一：思誠。以世襲縣尹嗣公爵，尋以非嫡罷封，止世襲縣尹。遷國子監丞、安慶路推官。陞知恩州，丁內艱，不赴。繼拜江南湖北道肅政廉訪司簽事，皆不赴。以朝列大夫知濮州致仕。清勤奉職，所至皆有名。子克欽，世襲曲阜尹，別有傳。

右南、北宗衍聖公，皆四十六代公宗愿之裔也。

宗愿長子若蒙生端友、端操。端友無子，以端操幼子玠嗣，至洙六世，是爲南宗。自洙無嗣，而南宗者絶。

北宗端操生璠、瑱。璠生拯、摠、搏。摠生元措、元紘，元紘生之固，之固生滇。搏生元泰、元讓。瑱生括，括生元衡。

宗愿次子若虛生端本，端本生璋，璋生抃、挺。抃生元隆，挺生元錫。

宗愿第三子若愚生端槀、端立。端槀生珵。端立生琥，琥生拂，拂生元直、元孝、元用。元孝生之厚，之厚生浣。

自浣以上，若拯、元措、滇、元泰、元讓、元衡、元隆、元錫、珵、元直皆無嗣，惟浣有子思晦，以次相推，最爲宗長。當端友之隨宋南渡也，弟端操權主祀事，其後，璠、拯、摠、元措、滇皆循次繼立。自滇之失爵，元人在兵戈擾攘間，未暇講求所當立者，輒以元用有軍功，死王事，封其孫治，治又傳子思誠，非立嗣法也。故大宗之統歸於思晦，始爲得其正云。

述曰：不有遷者，誰共社稷？不有居者，誰奉蒸嘗？衍聖公在宋、金、元之交，南北各受其封是也。然於四郊多壘之際，而能守其傳器，弗墜厥宗，則居者視遷者爲尤苦，況世爵原爲奉嗣，匪僅榮我孫子。洙之能讓，可謂深知大義者。至洙宜有後於闕里，乃世絶不爲立嗣，致啓異日有以弟爲子之説。然後從而辨駁之，則亦前人之過也。

再，宗子或以故他出，因命其子弟代主祀事，故有"權攝"之名。而金、元之間，又率由省臣劄委，並非實膺世爵。今家譜內於代攝祀事者，皆曰"權襲封衍聖公"，蓋盡失其實也。

又，《志》載五十一代元用，於寶慶元年宋克山東時權襲衍聖公、仙源令。二年，改濟州通判。及元太師國王木華黎兵至，承制封拜，又權授襲封衍聖公。乙酉年，從太

---

① "七十二"，《孔子世家譜·初集》作"七十"。

師征益都。考《宋》、《元》二史，宋寧宗嘉定十五年，歲在壬午，大名忠義彭義斌復京東州縣。越三年乙酉，是爲宋理宗寶慶元年，京東州縣已盡陷於元矣。今云寶慶元年復山東、二年判濟州者，皆誤也。

又，元太師國王木華黎死於癸未三月，至寶慶二年，没已四載，不應尚能統兵拜爵。考攻益都者，乃木華黎之弟郡王帶孫也。又，其事在丙戌，并不在乙酉。所云乙酉太師攻益都者，亦非也。且南宋之時，有南宗衍聖公文遠在。收復山東，或以元用爲仙源令，理似有之，若封以世爵，則置在衢者於何地？此事之所必無者。況《寧宗本紀》十七年甲申，止有授孔元用爲通直郎，並無“權襲封衍聖公”語，此尤信而可徵者也。

蓋緣南北紛争，聞見異説，家乘所記，雜取後人追述之碑志，是以不無舛錯。今悉據正史更正如左，而疑者則仍闕焉，以俟後之博覽者。

世系第一之九

五十四代

思晦,字明道。高祖拂,進義校尉。曾祖元孝。祖子厚,贈亞中大夫、濟寧路總管、輕車都尉、魯郡侯。父浣,字日新,贈通議大夫、禮部尚書、輕車都尉、魯郡侯。公生而端重簡默,童稚時,讀書已識大義。導江張頖教授三氏學,公受業焉,講求義理,不爲詞章學,雖劇寒暑不廢業。家貧,躬耕侍養,遠近爭師之。元大德中,游京師,祭酒耶律有尚欲薦之,以母老,辭歸。母寢疾,衣不解帶。居喪,勺水不入口者五日。至大中,舉孝廉,爲范陽儒學教諭。延祐初,調寧陽。在職以儉約自厲,教養有法,比離任,諸生皆不忍舍去。當是時,衍聖公思誠以支庶襲爵,爲族人所不服。而公於序爲嫡長且賢,於是族之人請於朝,願以公嗣襲,政府未決。會仁宗雅尚儒術,一日,問儒臣曰:"孔子之裔,以世次應襲爵者爲誰?"元明善以公名對。帝復取譜牒考之,乃罷思誠而以公爲中議大夫,襲封衍聖公,給四品印,月俸自百緡加至五百緡,蓋延祐三年六月也。泰定四①年,山東廉訪副使王鵬南言:"衍聖公爵上公,而階止四品,於格弗稱,且失尊崇意。"詔陞嘉議大夫。至順三②年,少監歐陽玄又言:"衍聖公爵最五等,秩登三品,而用四品銅印,不稱。"詔改給三品銀印。

公以宗祀責重,恒懼弗勝,每遇祭祀,必敬必慎。初,廟燬於兵火,後雖苟且完葺,而垣牆角樓未備,公竭力營度,頓復舊制。金絲堂壞,又新之。祭器禮服,悉加整飭。又以尼山乃毓聖之地,故有廟,久毀,民冒耕祭田且百年,公復其田里,請置書院,立學官,時廷議未決,後卒從之。三氏學舊有田三千畝,在沛縣之刁陽,久爲豪民所占,官利其賂,庇之。子思書院舊有營運錢萬緡,貸於民取子息,以供祭祀,久之,民不輸息,并負其本,公皆理而復之。又爲先聖考妣請加封王號,奏設司樂、管勾、典籍等官,廟

---

① "四",《元史·孔思晦傳》作"三"。
② "三",《元史·文宗本紀》《元史·孔思晦傳》作"二"。

庭規制，悉復承平之舊。

初，孔末之作禍也，我先世僅有存者。至是，其裔復冒稱先聖後人，以亂我宗譜。公曰："是賊與吾宗爲世讎，不辨，將益肆。"於是大會族人，斥之，復刻宗譜於石，以垂永久焉。順帝元統元年春三月卒，年六十七，謐文肅。卒之日，有鶴百餘鳴舍上，神光自東南降於舍北。至正中，贈通奉大夫、河南江北等處行中書省參知政事、護軍，追封魯郡公。葬祖墓西。配張氏，封魯郡夫人。子一：克堅。

五十五代

克堅，字璟夫。少廓達通敏，日誦千餘言，通《左氏春秋》，又工爲樂府。順帝至元六年冬十一月，授嘉議大夫，襲封衍聖公。請修飾廟像，詔賜山東曆日錢之半給其費，復令監察御史思立持楮幣二萬五千緡，勒碑以紀成績。至正八年四月乙亥，帝幸太學，中書謂公爵與階不稱，詔晉中奉大夫，賜二品銀章。十五年，平章政事達世帖木爾薦公明習禮樂，徵爲同知太常禮儀院事，以子希學襲爵。是年冬，帝親郊，以公攝太常卿。御史大夫雪雪言公材宜侍從，拜中臺治書侍御史，辭歸。明年，拜山東道肅政廉訪使，復辭。會山東兵亂，公北行，次藁城。帝以丞相太平薦，遣使就起爲集賢直學士。十八年，毛貴犯畿甸，詔徵四方兵入衛，廷議棄燕遷關中。公曰："天子當與社稷共存亡，豈可他徙？今勤王兵頗衆，與決戰，盜可平也。"後盜果敗去，如公言。十九年，遷禮部尚書，知貢舉。時四方士多避亂京師，公請設流寓科以取之。是年冬，擢陝西行臺侍御史。二十一年，李思齊及察罕帖木爾軍相攻隴蜀間，朝廷不能制，陝西行省丞相帖里帖木爾納思齊降將，命張良弼禦之。公與中丞衰渙固爭不可，且曰："二軍不敢舉兵犯奉元者，豈其力不足哉？以無名耳！今納其叛將而出兵禦之，是引虎使噬也。"不聽。渙被劾去。公嘆曰："謀之不臧，亂且至矣。"亦自劾而歸。月餘，二軍攻良弼，戰於鹿臺，奉元果陷。二十二年，除國子祭酒，謝病歸。起集賢直學士，不就。又以爲山東廉訪使，亦不拜。

明太祖洪武元年，徐達下濟寧，公抱病，命子希學入覲，尋復力疾赴京師，行次淮安，會帝亦以手詔趣之曰："爾祖宗垂教萬世，子孫實職王家，代有崇榮，非獨今日。吾奉天命安中夏，雖起庶民，然古人由民而稱帝者，漢之高祖是也。聞爾辭疾，未知實否？若無疾稱疾，以慢吾國，不可也。諭至思之！"公奉詔惶恐，兼程進。召見謹身殿，問以年，對曰："臣五十三。"帝曰："爾年齒未邁，而病嬰之，今不煩爾以官。爾家先聖後，子孫不可不學。爾子溫厚，尚勵以克勤先業。"公頓首謝。即日賜宅一區，馬一匹，米二十石，又賜田一頃。明日復召見，命以訓率族人，因顧侍臣曰："養以禄而不任以事，以先聖後，特優禮之也。"居二年，慰勞時至，郊社必致膰肉。三年春，以疾請歸，遣中使日存問，詔乘傳還里，賜白金文綺。三月丁巳，卒於下邳新安驛舟中，年五十五。葬祖墓西。配張氏，封魯郡太夫人。子九：希學、希說、希範、希進、希麟、希鳳、希順、希尹、希贇。①

五十六代

希學，字士行。性明敏好學，年二十一，以父徵同知太常禮儀院事，乃襲封衍聖公。益自樹立，於經籍子史之書，靡不研究，文詞爾雅。每賓客讌集，談笑揮灑，爛然可觀。善隸法，四方求得者，皆什襲藏之。元季之亂，隨父北行至藁城，拜祕書卿，封爵如故。

明太祖洪武元年，入覲南都，召對，敷陳歷代治亂甚悉，帝嘉納之。詔衍聖公及世襲知縣官屬並如舊制，仍免子孫徭役。又進衍聖公秩二品階、資善大夫，賜之誥曰："古之聖人，自羲、農至於文、武，法天治民，明並日月，德化之盛，莫有加焉。然皆隨時制宜，世有因革。至於孔子，雖不得其位，會前聖之道而通之，以垂教萬世，爲帝者師。其孫子思，又能傳述而名言之，以極其盛。有國家者，求其統緒，尊其爵號，蓋所以崇德而報功也。歷代以來，膺襲封者，或不能繩其祖武，朕甚慇焉。當臨御之初，訪其世襲者，得五十六代孫孔希學，大宗是紹，爰行典禮，以致褒崇。爾其勤敏以進學，恭儉以成德，庶領袖世儒，益展聖道之用於當世，以副朕之至望，豈不偉與？"復手敕中書省，下所司，優其廩給，下逮僕從，勿使有乏。又賜襲衣冠帶。正旦朝賀，命班亞丞相。其後歲覲，屢降手敕慰勞，給符乘傳，恩禮倍至。

公在位，適當兵戎之後，廟庭廊廡圮壞，祭器、樂器、法服不備，祀田荒穢，而責通賦者孔亟。公上言，乞命有司修治，且減免賦役。並從之。七年，又詔免本戶稅糧三十頃。十四年秋九月己丑卒，年四十七。帝爲悲悼，親製祭文，遣行人張濟民致祭。配董氏，贈魯郡夫人。繼配孫都思氏。子一：訥。

五十七代

訥，字言伯。魁梧厚重，寡言笑，篤學恭謹，不以貴驕人，尤工篆法。洪武十六年，孝慈皇后崩，入臨葬孝陵畢，召見，帝顧謂廷臣曰："孔訥，真聖人子孫也！"賜膳光禄，館於太學，遣尚書劉仲質勞問，將俾襲爵。公以居喪辭，乃止。服除，十七年正月朝京師，帝命禮官卜日受爵，乃以二月庚午受封。是日，百僚班列，敕禮官以教坊樂導送至太學，學官率諸生二千餘人迎成賢街，觀者如堵。明日入謝，復賜襲衣，宴於禮部。又明日，釋奠於太學，以拜命告。恩禮之加，古未有也。帝既革丞相官，令衍聖公班文臣首。時吏部以故事，請用資善階，帝曰："既爵公，勿事散官。"賜誥以織文玉軸，與一品同，遂爲故事。建文二年秋九月戊寅卒，年四十三。配陳氏，繼配商氏、王氏。子四：

---

① "贇"，《孔子世家譜·初集》作"斌"。

公鑑、公鐸、公鈞、公鏜。

五十八代

公鑑，字昭文。生而岐嶷，長益端厚簡重，事親尤以孝聞。建文二年，襲封衍聖公。四年，年二十三，夏四月乙亥以疾卒。八月丙寅，帝遣行人左誠諭祭。葬祖墓西。配胡氏。子一：彥縉。

五十九代

彥縉，字朝紳，名與字皆仁宗在潛邸時所命也。幼孤，母胡太夫人教育之，屹然端重如成人。永樂八年，年十歲，襲封衍聖公。召見時，言動進退，從容詳雅。帝喜曰："真聖人裔也。"公既襲爵，篤志讀書，才識益高廣，度量寬而有容，人或以非禮至者，不與校，一時公卿士庶咸敬而愛之。

洪熙元年，仁宗語侍臣曰："外藩貢使皆有公館。衍聖公假館民間，非崇儒重道意。"乃賜第於東安門北。宣德四年，公將遣使市書福建，咨禮部，部臣以聞，帝命市與之。尋奏闕里雅樂及樂舞冠服敝壞，詔命所司修治。正統元年，母胡太夫人卒，朝廷遣行人李春諭祭。九年，奏請三氏學設生員，報可。十四年，祖母王太夫人卒，遣行人邊永諭祭。景泰元年，帝視學。公應召率三氏子孫赴京觀禮。三年，朝覲，改賜三臺銀印、玉帶、織金麒麟衣。六年，為族人克煦等所訐，帝不直克煦等，置弗問。冬十月癸亥卒，年五十五。命禮部治喪，工部治墳塋，葬祖墓西。配夏氏，洪熙元年封夫人。子四：承慶、承吉、承澤、承源。

六十代

承慶，字永祚。幼端敏，有至性。年十一，遭母夏夫人憂，居喪秉禮，有成人所不及者。既長，刻苦自勵，從新安江湜、清江裴侃及族祖克晏學，通《尚書》。性耽吟咏，著有《禮庭吟稿》傳世。景泰元年，年三十一，未襲爵，卒。六年，以子襲爵，追贈衍聖公。配王氏，封夫人。子二：宏緒、宏泰。

六十一代

宏緒，字以敬。幼失怙，甫八歲，祖又卒。族人因其幼弱，肆為侵侮。祖妾江訴諸朝，詔遣禮部郎治喪，而命公族父、少詹事公恂理家事。冬十二月，驛召至京襲封衍聖公。陛見之日，帝見其尚垂髫，命宮人即廡下剃之，俾歸遺其母。親賜玉帶，以軀尚小，去二銙授之。又賜金章，曰"謹禮崇德"，簡教授一人課其學。又降旨戒族人共加保護，敢有挾長恃強欺陵侵害者，許具實以聞。復特封其庶祖母江爲夫人。英宗復辟，入賀。朝見便殿，帝握其手，置膝上，語良久。時公甫十歲，進止有度，帝甚悅，賜白金文綺。帝聞其賜第湫隘，以大第易之。凡郊祭大典及南城賞花、西苑較射，皆與焉。

成化元年春三月，帝幸太學，應召陪祀，分獻沂國公。五年，夫人李氏卒，遣官諭祭，賜葬。公在位，多所興建，請給三氏學印，開族人歲貢格，蠲族人田租十之七，皆得旨報可。然少貴，多過舉。五年，以宮室逾制被劾，奪爵。下廷臣議宜襲者，僉言世嫡相傳，古今通義，乃據宋若蒙、若虛故事，以請命其弟宏泰代襲，而後仍歸其子。弘治十一年，從按臣請，復其冠帶。明年六月，祖廟災，弟方在朝，公率子弟奔救，素服哭廟，蔬食百日，如居喪禮。十七年春二月癸巳卒，年五十七，遣布政使司參政冒政諭祭，賜葬祖墓西。配李氏，繼配熊氏、袁氏，皆封夫人。子二：聞韶、聞禮。

宏泰，字以和，美丰儀，善議論。成化六年，代兄襲爵。帝命曰："惟學可以希聖，惟德可以繩先。爾尚進學修德，統率族人，毋忝聖裔，以副朕懷。"十七年，母夫人王氏卒，帝遣行人汪舜民諭祭，賜葬。弘治元年春三月，帝幸太學，應召，分獻充國公。十二年，入朝，聞祖廟災，奔歸，引咎乞罷，弗許。十四年，累以疾請休，又弗許。公生八月而孤，事母極孝，襲世爵，與兄友愛，無間言。十六年夏五月庚辰卒，年五十四。事聞，帝遣行人諭祭者五，命有司營葬事，贈賻有加，特廕其子五經博士。配孫氏，成化十二年封夫人。子一：聞詩。

六十二代

聞韶，字知德。弘治十六年冬十月，襲封衍聖公。公弱冠嗣封，儀度秀整，恩遇優隆，榮動朝寧。一時紳士，咸贈言以送其行，彙刻成集，名曰《振鷺》。正德三年，上言孔氏稅糧在成化間曾以五十六代孫克熙奏請恩免三分之一，今聖裔貧困者甚多，乞盡賜蠲免。詔從之。四年，曲阜世職知縣缺，公循例選舉，族人承章、承周等奏訐公選舉有私，帝以承章等所奏多虛，量加譴責，而世尹竟不用所舉者。已而承章等猶欲奏辨，帝怒責，戍廣西，乃加賜璽書，令約束族人。敕曰："我太祖高皇帝崇重爾祖之道，即位之初，首命訪求大宗之裔，襲封衍聖公。既又擇其支裔之良者，授曲阜縣知縣，世守其職。著在令典，累朝遵行。茲惟我國家之盛事，非獨爾一家之榮也。近者，曲阜缺知縣，爾及族長、舉事人等遵故事共舉一人，而族人孔承章、承周乃懷挾私讎，越關赴京，連名奏訐。該吏部參酌覆奏別用一人，以承章等所奏多虛，薄示罪責。顧潛住京師，復謀奏擾，緝事衙門發其事，遂命錦衣衛鎮撫司究問，本當照依榜例處治，但念先聖子孫，免枷號決打，俱發戍廣西邊衛。夫先聖之道，垂憲萬世。朝廷用之，以爲治天下之法；在爾輩守之，則爲治家之法。承章等首開訟端，毀誣宗子，以朝廷名爵爲私家爭奪之具,是先聖不肖子孫也!遷發遠方,小懲大戒,正用先師家法爲之教不肖子孫耳。先聖嘗言:'其身正,不令而行。'爾聞韶尚佩服家訓,進學修德,與族長、舉事管理族人,讀書循禮,以稱朝廷崇重至意。今後再有恃強挾長、朋謀脅制、不守家法,爲聖門之玷者,爾即指名具奏,國典具存,必不輕恕。"六年,薊盜劉六、劉七起,侵犯闕里,殘毀聖廟。寇退,公悼焉。明年,白巡撫趙璜,欲城闕里。會僉事潘珍別有奏,得遷縣城衛廟。八年春三月,帝幸太學,使召公陪祀,命分獻沂國公。公以禫服辭,乃止。

嘉靖元年、十二年,兩次幸學,皆應召陪祀,分獻四配。生母江、繼母袁卒,並賜祭葬如禮。二十五年春二月戊戌卒,年六十五。帝遣行人劉禄諭祭者九,賜葬祖墓西。配李氏、繼配衛氏,俱封夫人。子二:貞幹、貞寧。

六十三代

貞幹,字用濟。嘉靖二十五年,襲封衍聖公。三十五年入朝,秋七月有疾,帝遣御醫徐煒來視,八月甲午,卒於京邸,年三十有八。遣禮部侍郎袁煒諭祭,行人何煒護喪歸里,贈恤祭葬,悉如先公禮。葬祖墓西。配張氏,封夫人。子一:尚賢。

六十四代

尚賢,字象之。嘉靖三十五年,襲封衍聖公,時年十四歲。巡撫丁以忠上言:"尚賢沖年,宜如宏緒例,肄業國學。"詔從之。四十一年,公上疏言:"族屬繁衍,家範日弛,往往違度干紀,無以仰稱朝廷崇重至意。"秋九月,帝賜敕曰:"惟我祖宗列聖,稽古右文,崇儒重道於先師孔子,特隆象賢之典。其大宗之裔,錫爵嗣封,承奉祀事,統攝宗人;其支庶之衆,亦加優遇。肆朕率循舊章,恩禮益至。顧族屬既繁,哲愚非一,往往干犯國憲,有玷聖門,茲特賜爾敕諭,令爾尚賢督率族長、舉事,管束族衆,俾各遵守禮法,以稱朝廷嘉念至意。爾宜修德謹行,以身先之。如有恃強挾長、朋謀爲非、不守家法者,聽爾同族長查照家範發落,重則指名具奏,依法治罪。爾其欽承之!"

隆慶元年秋八月,帝幸太學,應召陪祀,命分獻。三年,又賜敕諭,令公約束族人,保舉賢德,而繩其不率者。萬曆四年秋八月,帝幸太學,遣行人召取入京,時公正居祖母衛太夫人憂,以服辭,乃止。七年,詔衍聖公:"朕以賓禮待之,今後自賀萬壽節外,毋常朝。"二十二年,命公長子衍椿爲公世子,賜二品冠服。天啓元年冬十一月辛酉,以疾卒於京師賜第,年七十八。明年夏五月,遣禮部尚書孫慎行諭祭,行人盧時泰護喪歸葬,命工部造墳,葬祖墓西。崇禎元年,追贈天子太保。配嚴氏,封夫人。

公邃於學,嘗語人曰:"人之心體,本自湛然,習氣蒙之,憧擾四出,惟以明還明,朗若初體,則學之能事畢矣。外而事業,千流萬派,總發源於此。"聞者爲之憬悟。子二,長即衍椿，次衍桂，襲五經博士，皆早卒無子，乃育從弟尚坦子衍植爲嗣。及卒，以衍植紹世爵焉。

述曰：五十四代公始正嫡封，適承大亂之後，於祖廟禮樂之事，興復爲多。五十五代公紹修家學，蹇諤朝端，政績風規，卓乎偉矣！自明祖優禮聖公，待以上賓，而不煩以庶政，故後之紹封者，自修明祀事而外，舉無他事可紀述。然率祖攸行，即可動無過舉。《詩》云："在彼無惡，在此無斁。庶幾夙夜，以永終譽。"蓋貴夫能永終譽者也。

世系第一之十

六十五代

衍植，①字懋甲。② 祖貞寧，字用致，明嘉靖二十五年襲五經博士。父尚坦，字安之，監生。公蚤歲而孤，事母以孝聞。既壯，恢廓大度，俶儻有志節。萬曆四十七年襲五經博士。

天啓元年，六十四代公入覲京師，寢疾，賜第。念二子皆不禄，大宗不可無嗣，遂召公往，立爲子。及卒，乃以公襲世爵。公既拜命，益自謹惕，虔共廟祀，輯睦宗族，下至林廟屯佃户屬，皆休養矜恤，一務惇大。向家譜惟有抄本，公始刊諸木，俾支派井然而覬冒者無敢竄入。孔氏子命名，舊有一定輩次，以序宗派、辨昭穆。公至是增定六十六代以下輩次十字，曰“興毓傳繼廣，昭憲慶繁祥”。五年春三月，熹宗幸太學，應召陪祀，疏請贈本生祖父母，帝從之。又以兄衍椿爲大宗嫡長，早世無嗣，不獲承祧，亦請贈如其爵，破例得報，皆前此未有也。七年，三殿告成，加太子太保。崇禎三年，晉太子太傅。十三年，山左大饑，疫癘繼作，公奏請蠲糧税，復出己資，糴穀以濟，活者數千人。是歲，姚賊倡亂，率衆數萬圍闕里。公登城，曉以忠義，諭以利害，羣盜感泣，羅拜而去。莊烈帝初即位視學，十四年復臨雍，兩次皆入京陪祀。

甲申，我朝定鼎。山東撫臣方大猷奏言：“先師孔子爲萬世道統之宗，本朝開國之初，一代綱常，培植於此。禮應敕官崇祀，復衍聖公并四氏翰博等之封，可卜國脈靈長，人文蔚起。謹詳列歷朝恩例，以備採仿而行。

“一、孔子嫡孫歷代封爵不一，悉載史册。至宋仁宗始封爲衍聖公，至明賜正一品服色、麟袍玉帶、三臺銀印，列文臣班首，歷傳至今。

“一、衍聖公長子至十五歲欽授二品服色，至崇禎間加玉帶。

---

① “衍植”，本名“胤植”。清避世宗胤禛諱，改“胤”爲“蔭”“允”“嗣”“引”“衍”等字，如《明史·儒林傳》《清史稿·儒林傳》作“蔭植”，《清史稿·世祖本紀》《清史稿·職官志·衍聖公》作“允植”。
② “懋甲”，《明史·儒林傳》作“對寰”，《清史稿·儒林傳》作“封寰”。

"一、衍聖公長子則承大爵;次子至十五歲則授以世襲翰林院五經博士,以主子思子祀事;三子則襲太常寺博士,主汶上縣聖澤書院祀事。每隨一代公爵遞爲更授。

"一、天下州縣皆用流官,獨曲阜用孔氏世職以宰此邑者,蓋以大聖之子孫不使他人統攝之也。其官先由衍聖公保舉賢能孔氏任事,後改考選,廩膳生員德行兼優者,以授此職。五年任滿,照例考選陞轉。

"一、四氏學獨用學錄者,蓋以比隆國學,亦以聖賢之子孫不與他學同也。其官亦自孔姓生員中德行兼懋者,由衍聖公咨部授職。

"一、尼山乃孔子發祥之地,設學錄一員,主其祀。其官係衍聖公弟姪中選德行兼異者,咨部授職。

"一、洙泗書院乃孔子闡教之地,亦設學錄一員,主其祀。其官於孔氏中遴舉德行秀異者,由衍聖公咨部授職。

"一、衍聖公屬官員役,明洪武元年欽設管勾一員,司五屯錢糧;司樂一員,司樂舞生;典籍一員,司禮生、書籍;掌書一名,司文移;書寫一名,司繕寫;知印一名,司印務;奏差一名,司差遣。以上俱由衍聖公保舉堪用人數,咨部銓用。

"一、孔廟祀田歷代各有欽賜,至明洪武二年欽賜祭田二千大頃,坐落兗屬二十七處,載在《闕里志》,可考。

"一、五屯佃户係洪武二年欽撥民間身家無過、俊秀五百户,湊人二千丁,見丁百畝,佃種五屯祭田,辦納籽粒,以供本廟祭祀等項支用。其民間一應雜泛差役,俱行蠲免。

"一、孔廟户丁歷代欽撥不一,自明洪武二年撥民間俊秀子弟一百一十五户,以供本廟灑掃,至今或死於荒,或死於盜,十存一二。至於灑掃,寥寥無人,此又不可不加意者也。

"一、孔廟每年四時祭祀,樂用六佾,額設樂舞生二百四十名,於兗屬二十七州縣遴選民間俊秀子弟,以授斯役。其本生一應差徭,與廩膳生員事例,一體優免,仍免本户人二丁,以供本生往返盤費。

"一、孔廟禮生,每月朔望及四時祭祀在本廟引贊禮儀,額設禮生六十名,於曲阜縣選用民間俊秀子弟,以供本廟奔走。其優免例,與樂舞生同。

"以上各條,皆天下所仰爲盛典,後世傳之以爲美治者也。"

奏上,世祖章皇帝曰:"先聖爲萬世道統之宗,禮當崇祀,昭朝廷尊師重道至意。本內所開各款,俱應相沿,期於優渥,以成盛典。"經禮臣議覆,得旨允行。

公乘傳入覲,上遣官迎勞於邸第,給餼廩。陛見,班列閣臣上,賜茶及宴,恩禮有加。

四年冬十二月辛巳,卒於家。遣布政使司官諭祭凡九,諭工部給價造墳,葬祖墓北。配侯氏、繼配仝氏，並封夫人。子一：興燮。

六十六代

　　興燮，字起吕。順治五年三月，襲封衍聖公。七年，晉太子少保。八年，又晉少保兼太子太保。九年、十七年，世祖兩臨辟雍，皆應召率族人陪祀，錫賚優渥。康熙六年冬十一月甲子卒，年三十二，遣官賜祭葬如例。

　　公襲爵時年十三，已凝重能自立，臨事剛果有氣識。闕里經明季寇亂，禮樂不修，百事廢墜，幸遇興朝，重道尊師，超越前古，而六十五代公感激新恩，竭力修復，功緒未竟，旋即告終。公既承世爵，日夜以繼志爲事，凡祖庭之圮壞者、禮樂之殘缺者以及百事之頹廢者，悉綱舉而目張之，彬彬乎頓復舊制。

　　公早孤，生母陶教育之。既長，事陶盡孝，事必稟而後行，嘗語人曰："人子當養母，吾今尚爲母養也。"配馮氏，繼配吕氏，皆封夫人。子二：毓圻，毓埏。

六十七代

　　毓圻，字鍾在。康熙六年，襲封衍聖公。初入覲，召見瀛臺，進退禮度，悉如成人，及奏對，復稱旨，上爲嘉悦，時公年甫十一耳。八年夏四月，聖祖幸太學，公應召陪祀。禮成，昭聖太皇太后召見宮中，賜之坐，垂問家世及父燮得病之由，公具以對，命宮人授茶及克食。辭出，懿旨命内臣送至宮門外，諭從官善輔翼之。上嘗御殿，公隨諸大臣朝參。及退，特命由御道行，公逡巡辭，上敦諭，乃趨出。兩宮眷顧之隆，實古今所未有也。十四年，晉太子少師。二十三年，聖駕東巡狩，還過曲阜，行釋奠禮。復展謁聖林，周覽遺迹。公因以擴林地、置守衛上請，蒙特賜地十一頃有奇，除其租賦，設百户一員，秩視衛守備。公以車駕幸魯，隆恩異數，曠古所無，思編勒成書，以垂不朽，乃延請名流，輯《幸魯盛典》一書上之。二十八年，公以祖廟建自前明弘治間，歷今二百餘載，漸就毀敝，乃奏請重修。時部臣以多故爲辭，請俟異日，上特允所請，即發帑興工，有逾舊制。曲阜本彈丸邑，自聖賢裔外，居民無多人，而地介兩河，夫役之征，嘗與他邑等，棄末耜而親畚鍤，民甚苦之。公爲白於撫臣、河臣，得奏准寬免。公生際承平，遭逢聖主，凡有敷奏，皆見施行，而錫予便蕃，更不可以殫述，用是感激殊恩，益自警惕，嘗謂人曰："某以弱齡承藉先澤，荷朝廷格外褒崇，不責以有司之事，而使養尊處優，以悠游在此位者，雖萬死不足以報稱。"故自少至老，敦率禮義，倡明教學，日以風俗人心爲己任，冀上答聖天子右嚮儒術之盛心，而下亦不致廢墜祖宗遺澤爲大戾，蓋其夙夜敬慎，不敢居盛滿而稍自放軼者，五十餘年如一日也。

　　雍正元年，特典追封孔子五代王爵，公時年六十七矣。冬十月，入朝謝，得疾卧邸第,上遣御醫劉聲芳診視,並賜參餌。十一月丁亥卒,上爲震悼,遣內大臣奠茶酒,諭大學士會同禮臣優議恤典,又命三品以上漢官會弔、會送。櫬歸之日,特命皇三子及莊親王率內大臣四員、侍衛二十員至第,再奠茶酒送殯,子傳鐸力辭,皇三子曰:“上命也。”卒叩奠成禮,乃復命。仍遣行人司司正李據護送,乘傳歸里,葬祖墓東北,謚曰恭慤。

御製碑文曰:“朕惟國家禮重尊師,必顯庸夫後裔;誼隆眷舊,宜誕沛乎殊榮。稽彝典以易名,樹豐碑以示恤,所以廣皇仁、彰聖教也。爾孔毓圻族高東魯,系本素王。秉性樸誠,荷天家之雨露;持身謙謹,奉闕里之蒸嘗。勤職守於五十餘年,承統緒於六十七世。朕誕膺寶祚,篤念前徽,晉五代之王封,昭千秋之祀典。爾感恩入謝,忽遘沉痾奄逝,遽聞良深軫惻。既厚飭終之禮,復加論定之名。素履允符,曰恭曰慤。於戲!溯泗水之淵源,天章永煥;望凫山之峻峙,雲碣常新。爰示寵施,垂于無斁,不亦休哉!”復命於葬日立碑,日再加祭二次,皆異數也。

公爲人純篤質實,溫良樂易,未嘗有疾言遽色見於顏面。爲學尚實行,不喜聲華文譽,所作詩文,輒焚削其稿。工擘窠書,兼通繪事。性愛蘭,因自號蘭堂。所點染,惟蘭最多,筆墨秀勁,識者珍藏之。配張氏,繼葉氏、黃氏,皆封夫人。子四:傳鐸、傳錔、傳鉦、傳鏞。傳鏞,出爲弟毓埏嗣。

六十八代

傳鐸,字振路,生而恭謹和厚,無圭棱。及遇事當斷,復剛果不可奪。勇於讀書,工文詞,尤究心濂、洛、關、閩之學。康熙四十年,授二品冠服。恭慤公晚年多疾,遇祀事,輒命公代攝,而於興建諸大務,所勸贊尤多。公精於《三禮》,凡廟中一器一物,無不詳加訂正。又以審樂尤難於考禮,乃博求律呂之書,冥搜默契,至忘寢食,久之始有所得,恍然曰:“鍾律正則無不正,而欲正鍾律,在得其中聲而已,此即人心喜怒哀樂未發之中。然求於空虛則無憑,用以私智則近鑿,泥於器物則失真。典午而下,多求之金石;梁隋以後,多徵之秬黍;至王朴則專於累黍,而不復考之金石。夫金石有古今,而秬黍有長短,皆不可盡信。惟用蔡氏更造淺深之法,以理合數,以數合器,以器求聲,而黃鐘可得,大樂可成。所謂中爲大本,由心生也。”

雍正元年,襲封衍聖公。二年,世宗詣學,遣行人顧持禮召取入京陪祀,時公年五十二,患足疾,上軫念步履艱難,命其次子繼溥代替行禮。是年六月癸巳,祖廟災,公素服三日哭,引咎自責。疏入,上遣禮部侍郎王景曾來闕里祭告,傳旨慰問。尋大發帑金,命禮部侍郎留保、山東巡撫岳濬、前巡撫陳世倌率屬興建,而以公共董其事。又諭廟中有應添設者,可直言無隱。公因奏增樂器庫、值房等處,皆得旨俞允。明年,賜御書“欽承聖緒”四字。七年,賜世祖御製《人臣儆心錄》《聖祖御製文集》《詩經》《春秋傳説彙纂《周易折衷》《性理精義》《朱子全書》《資治通鑑綱目》《古今圖書集成》《歷代紀事年表》《四朝詩》《全唐詩》《律曆淵源》《音韻闡微》《萬言廣訓》及《御製朋黨論》《周易本義》《周易義例》《啓蒙附論》《日講四書》《易經書經解義》《性理大全》《淵鑑古文》《康熙字典》《淵鑑類函》《繹史》《佩文韻府》，凡二十七種，俾藏闕里。八年，廟工成，率族人入朝謝，頒賜稠疊。明年，詔修孔林，仍命公同陳世倌監理。時公疾，以沉痾難起，上疏乞休，蒙恩予告，而以長孫廣棨襲世爵。然公感激國恩，尚力疾從事。閱歲工竣，復開館纂修《闕里盛典》一書，以紀朝廷重道崇儒之至意。十三年夏四月癸亥卒，年六十三，賜祭葬如故事。葬祖墓東北。配王氏，繼配李氏、徐氏，王、李皆贈夫人，徐封太夫人。子六：繼濩、繼溥、繼泂、繼汾、繼涑、繼澍。繼澍，出嗣弟傳鏞。

六十九代

繼濩，字體和。好讀書，能强記。席豐履厚，處以謙冲，克守先聖持滿之訓。年二十三而卒，康熙五十八年也。雍正十三年，贈衍聖公。配王氏，封太夫人。子二：廣棨、廣柞。

七十代

廣棨，字京立。雍正二年，年十二，以衍聖公嫡長孫授二品冠服。好經術，嫺禮儀，歲時慶賀，嘗隨祖父入覲。九年，襲封衍聖公。明年秋八月，以林工告竣，率族人入謝。世宗以廣棨嗣封，至是始陛見，詔大學士會同禮臣議召見儀，欽天監諏日，以是月甲戌，上御圓明園正大光明殿，禮部堂官引廣棨由出入賢良左門入，命坐賜茶，諭曰：“至聖先師後裔，當存聖賢之心，行聖賢之事，一切秉禮守義，以驕奢為戒。且爾年齒尚少，尤宜勤學讀書，敦品勵行。不但爾一人，凡爾同族之人，皆當共相勸戒，共相砥礪，為端人正士。爾等果能遵朕訓諭，學問日進，品行純謹，不墜家聲，即所以報國矣！”廣棨頓首謝，出。賜御銘松花石硯一方，蟒錦緞七疋，仍依故事，宴於禮部。廣棨既祇承聖訓，歸益勵志於學，自名所居堂曰“念典”，與諸名士日夕講貫其中。十三年夏四月，祖父卒，居喪哀戚盡禮。秋八月，世宗憲皇帝升遐，入都哭臨。我皇上召見圓明園，恩禮備至。是歲，以覃恩得贈父繼濩如其爵。乾隆二年，赴都，恭送世宗梓宮入泰陵。三年春，皇上臨雍，應召入京，上言：“元聖後裔東野氏，既蒙列於五經博士，而周公實先師之所誦法，其後人不得與觀禮之列，殊所未安，乞請一體陪祀。”報可。時皇上初行耕耤禮成，上《親耕耤田頌》《視學大禮慶成賦》各一篇，上嘉覽焉。四年秋，入賀萬壽，會開經筵，特令入班聽講。明年秋，再預經筵，因奏請著為令，詔從之。六年，以曲阜知縣毓琚不職，列狀上告，毓琚亦訐以數事。上命大臣同巡撫會勘，勘者微不得實，有異辭。詔原勿問，而毓琚抵罪如議。八年春正月辛酉卒，賜恤典如故事。廣棨性本伉爽英毅，後更事既熟，漸純粹謹密，篤於孝友，與人交，不設城府。尤勇從善，下至臧獲輩有以讜言進者，皆虛己聽受，即不當，亦弗罪也。所著述甚富，惜不享年而卒，年僅三十一耳。配何氏，封夫人。子一：昭焕。

七十一代

昭焕，字顯明。乾隆九年，襲封衍聖公。

述曰：汾自幼時從父兄後，於高曾以下諸先公之懿德，蓋耳熟焉。及長，得交當世名公卿，嘗與先世通晉接者，益復聞無異詞，而學問短淺，不獲稱述萬一。又以諸先公立身本末，具載國史及海內學士大夫之文章，固不待汾而傳。茲謹敍聖朝恩遇之隆，而諸先公之君臣一德，亦從可窺見，是則小子區區之意也。

林廟第二之一

先聖之没也,弟子葬於魯城北泗上。既葬,後世子孫即所居之堂爲廟,世世祀之。然塋不過百畝,封不過三版,祠宇不過三間。歷代嗣加恢擴,日就宏麗,至我朝而無可復加矣。抑考汶上縣即古之中都,先聖嘗宰其邑,而尼山爲先聖誕生之地,洙泗乃先聖設教之區,今並有世官奉書院享祀。而防北舊林乃先聖考妣合葬處,鄒縣中庸書院實子思、孟子傳道授受之堂,爰悉述其規模制度,與夫興建增葺之由,列載於篇。

至聖先師孔子墓 在今曲阜縣城北二里許,面洙背泗,封如馬鬣,冢高一丈五尺,南北廣十步,東西廣十三步。冢前石碑二,一爲宋宣和舊碑,其一則五十九代衍聖公所立也。舊石祠壇,唐時造,四面有前人題名,歲久漫滅不可讀。初,祠壇方六尺,門弟子以瓴甓爲之。漢韓敕修墓時,始易以石。石方三尺,厚如之,縱橫各七。唐更以封禪石易之。今衍聖公昭煥又以其迫隘,前廣新石五尺。其西南爲廬墓處,室三間,東向,內祀端木子。

聖墓東十步許,爲伯魚子墓,墓前樹石碑二。聖墓南十步許,爲子思子墓,亦樹二碑,前有翁仲二,宋宣和舊物。伯魚子墓東南,爲宋真宗駐蹕亭,其又南爲我聖祖仁皇帝駐蹕亭,皆南向。又南爲楷亭,西向,子貢手植楷在焉。又前爲享殿五間,循享殿而北,四圍繚以周垣,方一里,以衛聖墓。

直享殿而南,爲甬道,中峙石鼎一。旁列石翁仲二,左執笏,右按劍;玄豹二,角端二,華表二,製極精巧。雍正十年,奉敕造甬道南墓門三間。其東偏爲思堂三間,左右廂各三間,門一間,衍聖公及衆子孫更衣享餕處。今皇帝幸魯,於此駐蹕。其東爲土地祠,又東爲神廚,祭孤壇在其後。

墓門外爲洙水橋,橋南建石坊,坊左右有下馬牌。折而東爲輦路,輦路南爲觀樓。觀樓者,即林牆門樓也。林牆周十餘里,高丈許,厚半之。觀樓外,東西列垣,夾甬道。其南爲至聖林門,門外有坊,坊左右守林人戶聚族而居,即《史記》所稱"孔里"者也。又南爲萬古長春石坊,左右有碑亭。又南有橋,曰文津橋。又南即曲阜縣城北門。自縣城北門至林夾神道,皆古柏,森茂蔥鬱,其直如矢。而林中古樹,相傳爲諸弟子手植,或云異木以百數,魯人莫能識也。今林中楷木居多,上無鳥巢,下不生荊棘及刺人草。

考聖林規模,其初僅廣一頃,子孫皆附葬焉。雖魯人世以歲時奉祀孔子冢,而規製、守衛尚未具也。至東漢桓帝永壽三年,魯相韓敕修孔子墓,墓前造神門一間,東南造齊廳三間,易舊祠壇以石,復民吳初輩若干戶以給掃除,而其制漸備。

宋文帝元嘉十九年冬十二月丙申,詔曰:"昔之賢哲及一介之善,猶或衛其土壟,禁其芻牧,況尼父德表生民,功被百代,而墳塋荒蕪,荊棘勿翦。可蠲墓側數戶,以掌灑掃。"種松柏六百株。

元魏孝文帝太和十九年夏四月,帝幸魯,親祠孔子。詔兗州爲孔子起園栽柏,修飾墳壟,更建碑銘,褒揚聖德。

唐玄宗開元十三年冬十一月,帝幸孔子宅,給復近墓五戶,長供掃除。

周太祖廣順二年夏六月,帝幸曲阜,親拜孔子墓,敕禁樵採。

宋真宗景德四年,增給守冢二十戶。大中祥符元年,帝東封,過曲阜,謁孔林,又給近便十戶奉塋域。

徽宗大觀元年,詔:"先聖墓立賞錢十貫,給告捉樵採林木者。"宣和元年,有司請於朝,命工鐫造石儀,五年成,峙於墓所。

高宗建炎二年冬十月,金粘没喝陷襲慶府,兵至闕里。軍士有欲發孔子墓者,粘没喝問通事高慶裔曰:"孔子何人?"曰:"古之大聖人。"粘没喝曰:"大聖人墓安可發?"得軍士發泗水侯及刑部侍郎宗翰墓者十二人,悉斬之。

元文宗至順二年,五十四代孫、曲阜尹思凱以樵牧難禁,始作週垣,建重門。

明太祖洪武十年,魯民居文約等以地五十六畝增廣林田。

成祖永樂二年,五十九代衍聖公患思堂基制狹小,當金元間,權主祀事、五十代孫捁雖經補葺,而未改其舊,因更加恢擴,又作墓門三間。二十一年,林垣以歲久傾壞,五十五代孫、曲阜知縣克中修葺而增拓之,周十餘里,建鋪舍以居巡衛者。

英宗正統八年,五十九代衍聖公又增樹文宣王及泗水侯、沂國公墓碑各一。

孝宗弘治七年,六十一代襲衍聖公宏泰重修駐蹕亭及享殿、林牆門樓,建洙水左右二橋,植檜柏數百株。

世宗嘉靖二年,御史陳鳳梧重修洙水橋,建石坊及廬墓堂。

神宗萬曆二十二年,巡按連標、巡撫鄭汝璧葺享殿、齊室,樹石闕五楹,題曰"萬古長春",立碑亭二,栽神道柏數百株。

莊烈帝崇禎七年,兗東兵備道僉事李一鼇;十六年,六十五代衍聖公先後復加修築。

國朝康熙二十三年冬十一月,聖祖仁皇帝幸魯,酹酒聖林,特命擴地十一頃一十四畝九分,除其租賦。初,林地本十八頃有奇,至是共二十九頃四十一畝九分,六十八代衍聖公拓新垣周之。

雍正八年,皇五子奉命致祭闕里,還奏孔林享堂、牆垣間有傾圮。冬十二月,世宗憲皇帝諭內閣曰:"皇五子致祭闕里文廟典禮告成,回京奏稱'恭謁孔林,周視規制,見享堂、牆垣間有年久傾圮之處',朕尊崇先師,夙夜罔斁。今廟貌已經鼎新,林園允宜修葺,著欽天監選員前往,會同衍聖公孔傳鐸相度方位,宜於何時營治,詳慎定議。屆期,朕命大臣前赴曲阜,令衍聖公孔傳鐸協同,敬謹修理,務令崇閎堅固,光垂永久,以昭朕尊禮先師之至意。"欽天監五官挈壺正李廷耀來魯相度,奏以來年七月丙子興工。九年夏五月,奉旨:"孔林工程仍著修理闕里廟工之陳世倌、張體仁等,會同衍聖公孔傳鐸敬謹監修。其估計之處,著會同該撫岳濬定議具奏。"岳濬、陳世倌會估奏上,並請享殿瓦色依廟工寢殿之制,詔從之。明年九月工成,計用帑銀二萬五千三百三兩有奇。

啓聖王林　即先聖父母合葬處,在今曲阜縣城東三十里,南對防山,北阻泗水。其東南數武,聖兄孟皮墓也。宋以前規制不可考。金章宗明昌五年,五十二代衍聖公元措始立墓碣石、儀表、神道。明成祖永樂間,五十六代孫、曲阜知縣希範重修,並立聖兄墓碑。國朝康熙十年,六十七代衍聖公建享殿及墓門、牆垣。乾隆二十年,今衍聖公昭煥改建享殿三間、林門三間,華榱承檐,覆以碧瓦,一如崇聖祠之制。

述曰:按《志》載林內外古迹尚有冢壁、白兔溝及丹書坊。其說謂先聖墓北有虛墓五間,皆石爲之。先聖没,戒子弟爲虛墓,後果遭秦始皇發掘,得石壁,文云:"後世一男子,自稱秦始皇,上我堂,躍我牀,飲我酒漿,顛倒我衣裳,至沙丘而亡。"時有白兔自墓中出,始皇逐之,至曲阜西十八里溝而没,魯人因呼其溝曰"白兔溝"。丹書坊者,漢魯相鍾離意出私錢付戶曹孔訢,修夫子車身;入廟拭几席劍履,令男子張伯除堂下草,草中得玉璧七枚,伯懷其一,以六枚白意,意令主簿安置几前,其堂下牀首有懸甕,意召訢問,答曰:"夫子甕也。背有丹書,人莫敢發。"意曰"夫子所以遺甕,欲以垂後"。人因發之,得素書,文曰:"後世修吾書,董仲舒;護吾車,拭吾履,發吾笥,會稽鍾離意;璧有七,張伯懷其一。"即召問伯,果服焉。後埋丹書爲坊以識之,其址在城北門外。事皆妄誕不經,大都出緯書之傅會耳,兹故盡削之。

林廟第二之二

至聖先師孔子廟　在曲阜縣正南門內。正南門名曰仰聖門，額有"萬仞宮牆"四字，明胡纘宗題，今皇帝御書易之。門外夾道植柏爲神路，門內爲金聲玉振坊。坊北爲石橋，橋又北爲櫺星門，門外左右列下馬碑。又北爲太和元氣坊，其左側爲德侔天地坊，右側爲道冠古今坊。又直北爲至聖廟坊。又北爲聖時門，五間三洞，門內爲璧水橋三座，橋左側爲快睹門，右側爲仰高門，各三間。直北曰弘道門，五間；又北曰大中門，五間，二門左右皆有角門。又北曰同文門，制如大中，漢、魏、隋、唐諸碑在其下，門左右不設垣，甬道旁列前明四御碑。

又北爲奎文閣，七間，敬藏賜書、墨寶於其上。奎文閣名，金明昌五年，章宗所命也。閣左右掖皆有門，門左右值房各五間，爲廟庭有司齊所。其東南舊爲衍聖公齊所，恭遇皇帝三幸闕里，皆駐蹕於此。門西向，內正齋五間，敬設寶座，左右廂各三間。進奎文閣而北，東出有門曰"毓粹"，其西出門曰"觀德"，各三間。閣後碑亭十有三座：一爲聖祖仁皇帝御製孔子廟碑，一爲御製重修孔子廟碑，一爲世宗憲皇帝御製重修孔子廟碑，一爲遣皇五子祭告孔子文碑，一爲今皇帝御製孔子廟碑，其四爲我朝遣官祭告孔子文，又其四則唐、宋、金、元諸碑也。

直北爲大成門，五間，列戟二十四，中楹懸世宗憲皇帝御書對聯，曰："先覺先知爲萬古倫常立極，至誠至聖與兩間功化同流。"兩掖門，左曰"金聲"，右曰"玉振"。

進大成門，左側爲先聖手植檜。考手植檜本三株，宋時大成門內有御贊殿，二檜在殿前，高六丈餘，圍一丈四尺，在左者文左紐，在右者文右紐；一在杏壇東南隅，高五丈餘，圍一丈三尺，枝蟠屈如龍形，世謂之"再生檜"。晉懷帝永嘉三年枯死，隋恭帝義寧元年復生，唐高宗乾封二年又枯死，宋仁宗康定元年復生。金宣宗貞祐二年春正月，廟燬於兵火，三檜無復孑遺。元世祖至元三十一年，復萌芽生東廡廢址隙間，三氏學教授張頵移植故處。明孝宗弘治十三年，廟災，復燬於火。國朝雍正十年，廟工告竣，復生新條，今高一丈許矣！

又北爲“杏壇”。考杏壇在宋以前本爲廟殿舊址，宋天禧間，四十五代孫道輔監修祖廟，移殿於北，不欲毀其故迹，因《莊子》有“孔子遊乎緇帷之林，（坐休）〔休坐〕乎杏壇之上”語，乃除地爲壇，環植以杏，名曰杏壇，石刻“杏壇”二大字，金党懷英篆。

又北爲大成殿，九間，殿中奉至聖先師像，執鎮圭，冕十二旒，服十二章，南向；左右列四配十二哲先賢像，執躬圭，冕九旒，服九章，東西向，皆玄衣纁裳。正位前陳法琅供器五，雍正十年欽賜；又漢陶太尊一，銅犧尊、象尊、山尊、雷尊各一，漢章帝元和二年物也；殿枋上懸額四：一爲聖祖仁皇帝御書，曰“萬世師表”，一爲世宗憲皇帝御書，曰“生民未有”，二爲今皇帝御書，曰“與天地參”，曰“時中立極”；兩楹懸對聯三，世宗憲皇帝御書曰：“德冠生民溯地闢天開咸尊首出，道隆羣聖統金聲玉振共仰大成”，二爲今皇帝御書，曰“氣備四時與天地鬼神日月合其德，教垂萬世繼堯舜禹湯文武作之師”，曰“覺世牖民詩書易象春秋永垂道法，出類拔萃河海泰山麟鳳莫喻聖人”。殿東西兩廡列從祀先賢先儒，皆木主；兩廡中間各闢翼門，左通崇聖祠，右通啓聖祠。大成殿後爲寢殿七間，奉至聖先師孔子夫人主，殿左右掖有門各一間，左達神庖及后土祠，右達神廚及瘞所。

寢殿後爲聖迹殿，門一間，進爲聖迹殿五間，藏聖像及《聖迹圖》諸石刻。內行教像，晉顧愷之畫，宋太祖及真宗贊。四十七代孫傳記曰：“家廟所藏衣燕居服、顔子從行，謂之‘小影’，於像最真。”唐劉禹錫《新州廟碑》謂：“堯頭、禹耳、華冠、象佩，取之自鄒魯者，即‘小影’也。”又凭几像，唐吳道子畫，贊同前。四十六代孫宗壽記曰：“家藏唐吳道子畫先君夫子，按几而坐，從以十弟子者，亦謂之‘小影’。其立而顔淵侍者，謂之‘行教’。‘行教’已有石本，‘小影’但摩傳之，慮久而訛，今亦刻之堅珉，庶久不失真也。”又司寇像二，皆摩吳道子畫。又燕居像二，一吳道子畫，宋米芾贊；一失名，明陳鳳梧贊。又乘輅像一，先聖服司寇服，乘安車，一人執輿，一人策馬，十弟子從行。又《聖迹圖》百二十幅，無款。聖迹殿東南爲后土祠，門一間，祠三間。又東北爲神庖，門一間，正室五間，東西廂各五間。聖迹殿西南爲瘞所，門一間，內瘞坎如正位、配位及從祀各壇之位。又西北爲神廚，制如神庖。

出大成門外，循金聲門而東，爲承聖門三間。進爲詩禮堂五間，中懸今皇帝御書額，曰“則古稱先”，聯曰“紹緒仰斯文識大識小，趨庭傳至教學禮學詩”。堂東廡爲禮器庫，庭中有唐槐樹一、宋銀杏樹一。按，“詩禮堂”本孔子舊宅，宋真宗幸魯，嘗御此堂，回次兗州，仍賜本家爲齋廳。今毓粹門外，尚有故宅門舊迹。詩禮堂後爲孔子故井，井西爲魯壁舊址。昔魯共王壞壁，聞金石絲竹之音，後即其地爲堂，名曰“金絲”。前明闢東廡，始移金絲堂於啓聖祠前，而此其故基也。其北爲崇聖祠五間，祀肇、裕、詒、昌、啓五王及從祀先賢先儒。東階下有孔氏世系碑。又北爲家廟五間，中祀始祖考妣，左祀二世祖考妣，右祀三世祖考妣，又左祀中興祖考妣。

大成門外循玉振門而西，爲啓聖門三間。進爲金絲堂五間，堂西廡爲樂器庫；堂北爲啓聖殿五間，中奉啓聖王像，執躬圭，冕九旒，服九章。又北爲寢殿三間，奉啓聖王夫人主。

廟四圍皆周以崇垣，四隅各起角樓，以垣爲址。廟中碑碣如林，擇其尤雅者，載《藝文考》中。樹木翁鬱，老榦參天，多漢唐舊植。舊有古柏二十四株，經歷漢晉，其大數十圍，宋江夏王劉義恭悉遣人伐取之。今廟樹最古者，檜多而柏少。

大成殿及大成門，並覆黃瓦。廊廡綠瓦、黃脊。崇聖、啓聖祠、杏壇、詩禮堂、金絲堂、奎文閣、聖迹殿，悉綠瓦，皆華榱石柱，飾以金碧。大成殿榜、大成門榜，皆世宗憲皇帝御書。而聖時、弘道二門名，又世宗憲皇帝所命。其“聖時”“弘道”“大中”“同文”四門，“詩禮”“金絲”二堂，“奎文閣”“杏壇”諸榜，皆今皇帝御書也。

考廟之始，本因孔子舊宅，周末時即孔子所居之堂爲廟。廟屋三間，孔子在西間，東向；顏母在中間，南向；夫人隔東一間，東向。牀前有石硯一枚，孔子平生時物。廟又藏素所乘車及几、席、劍、履。漢明帝永平中，魯相鍾離意嘗出私錢萬三千付户曹孔訢，治夫子車。獻帝時，遇火被焚。魏文帝黃初二年春正月，詔魯郡修起舊廟，置百石吏卒以守衛之。西晉之亂，闕里被寇，廟貌荒殘。晉孝武時，清河李遼上表曰：“臣聞教者治化之本，人倫之始，所以誘達羣方，進德興仁。譬諸土石，陶冶成器，雖復百王殊禮，質文參差，至於斯道，其用不爽。自中華湮没，闕里荒毁，先王之澤寢，聖賢之風絶。自此迄今，將及百年。造化有靈，否終以泰，河濟夷徙，海岱清通，黎庶蒙蘇，鳧藻奮化，而典訓弗敷，雅頌寂蔑，久凋之俗，大弊未改。非演迪斯文，緝熙宏猷，將何以光贊時雍，克隆盛化哉！事有如賒而實急者，此之謂也。亡父先臣回，綏集邦邑，歸誠本朝，以太元十年遣臣奉表，路經闕里，過覩孔廟，庭宇傾頓，軌式頹弛，萬世宗匠，忽焉淪廢，仰瞻俯慨，不覺涕流。既達京輦，表求興復聖祀，修建講學。至十四年十一月十七日，奉被明詔，采臣鄙議。敕下兗州魯郡，準舊營飾。故尚書令謝石令臣所須列上，又出家布薄助興立；故鎮北將軍譙王恬版臣行北魯縣令賜許供遣。二臣薨徂，成規不遂。陛下體唐堯文思之美，訪宣尼善誘之勤，矜荒餘之凋昧，愍聲教之未浹。愚謂可重符兗州刺史，遂成舊廟，蠲復數户，以供灑掃，并賜給六經，講立庠序，延請宿學，廣集後進，使油然入道，發剖琢之功，運仁義以征伐，敷道德以服遠，何招而不懷，何柔而不從？所爲者微，所弘者大。乞以臣表付外參議。”帝不省。

宋文帝元嘉十九年冬十二月，詔修先聖廟。魏孝静帝興和三年，兗州刺史李珽命工雕素聖容，旁侍十子。北齊文宣帝天保元年夏六月，詔魯郡以時修治孔子廟宇，務盡崇焕。隋煬帝大業七年，曲阜令陳叔毅修孔子廟。唐太宗貞觀十一年，下兗州作宣父廟。高宗乾封元年，詔兗州都督霍王元軌大修文宣公廟。玄宗開元七年，兗州刺史韋元圭同三十五代嗣褒成侯又修。代宗大曆八年，兗州刺史孟休鑒修廟門。懿宗咸通十年，天平軍節度使、濮鄆曹等州觀察使、三十九代孫溫裕上言："伏以禮樂儒學教化根本，百王取則，千古傳風。國朝宏闡文明，尊尚祀典，不違古制，大振皇猷。今曲阜乃魯國故都，文宣王廟即素王之故宅，興儒之地，孕聖之邦，所宜廟宇精嚴，禮物俱舉。近者以兗州頻年災歉，都廢修營，徒瞻數仞之牆，纔識兩楹之位，雖春秋無闕於釋奠，而揖讓頗紊於彝章，遂使金石之音靡聞於胖饗，俎豆之設嘗列於荒蕪。聖域儒門，豈宜堙墜？臣忝爲遠裔，叨領重藩，咫尺家鄉，拘限戎鎮，望闕里而無由展敬，瞻廟貌而有願興功。臣今差人齎持料錢就兗州，據廟宇毀傾處，悉令修葺，皆自支費，不擾州縣。所需獲遂幽懇，克伸私誠。伏緣兗州非臣本界，須有申奏。伏乞天恩允臣所請。"報可。

宋太宗太平興國八年，帝御便殿，顧謂近臣曰："朕嗣位以來，咸秩無文，遍修羣祀，惟魯之夫子廟堂未加營葺，闕孰甚焉。"乃詔大將作庀材鳩工，復命内侍二人董其役。真宗大中祥符元年冬十一月，東巡過魯，敕修飾祠宇。天禧二年，四十五代孫道輔上章言："祖廟卑陋不稱，請加修崇。"詔轉運使以官錢葺孔子廟，即命道輔監督工役。五年，道輔又請得封禪行殿餘材，乃大擴舊制：廟門三重，次書樓，次唐、宋碑亭各一，次儀門，次御贊殿，次杏壇，壇後乃正殿，又後爲鄆國夫人殿，殿東廡爲泗水侯殿，西廡爲沂水侯殿。正殿西廡門外爲齊國公殿，其後爲魯國太夫人殿。正殿東廡門外曰燕申門，其内曰齊廳，廳後曰金絲堂，堂後則家廟，左則神廚。由齊廳而東南爲客館，直北曰襲封視事廳，廳後爲恩慶堂，其東北隅曰雙桂堂。凡增廣殿庭廊廡三百十六間。

仁宗景祐五年，道輔又建五賢堂於齊國公殿前，祀孟子及荀卿、揚雄、王通、韓愈五子。嘉祐六年，賜御書飛白體殿榜。神宗元豐元年冬十月，詔兗州以省錢修葺宣聖祠廟。五年冬十一月，賜度牒三十本，差本路兵士工匠，令四十七代孫、新泰令若升監修。哲宗紹聖三年，敕轉運使以省錢三千貫又加修葺，四十七代衍聖公若蒙監工。徽宗政和四年，頒御書大成殿額。

金熙宗皇統二年，敕行臺撥錢萬四千貫，委曲阜主簿、四十九代孫璹修葺聖殿，禁官私侵占聖廟地者。四年，再於行省撥錢萬四千五百貫，發南京八作見材助工役，至九年，正殿始成。廢帝正隆二年，又以羨錢修兩廊及齊國公殿。世宗大定十九年，五十代衍聖公摠親率族人至蒙山伐材，有司出羨錢，重建鄆國夫人殿。章宗明昌元年，帝曰："昔夫子設教洙泗，有天下者所當取法。今遺祠久不加葺，且隘陋不足以稱聖師居。"乃降錢七萬六千四百緡修孔子廟，命幹臣領其役，以二年春興工，五年秋告成。後金末喪亂，廟貌又復殘毀。

元太宗九年，命五十一代衍聖公元措重修，官給其費，屬軍興旁午，僅復後殿，奉先聖及十哲像。世祖至元四年，又恢復奎文閣。十九年，同知濟寧路總管劉用募民築廟垣，植松檜一千本。成宗大德元年，濟寧路達魯花赤按檀不花行部至曲阜，睹祠宇荒涼，上言願自出資修葺，御史臺言：“曲阜林廟，非他處比，修理盛事，當出朝廷，不可使臣下獨專其美。”不許所請。四年，工部上言：“本路已收鈔兩木石，若不修，蓋恐日久消費，不能成就，合依已擬間架起蓋，有不敷者，官爲給降錢物。”遂於秋八月興工。冬十二月，詔罷不急之役，因而中止。明年，按檀不花以奉詔書時工役已及八分，仍請修建。又明年九月，落成。殿宇廊廡凡百二十有六楹，費十萬貫有奇。文宗天曆二年，以闕里宣聖廟歲久漸壞，敕濟寧路出官錢五萬二千緡修葺。至順二年，五十四代衍聖公請依前朝故事，四隅建角樓，仿王宮之制。詔從之。出山東鹽課及江西、浙江學租添建，順帝至元二年落成。至正元年，樹碑以記其事。

元季，聖廟復就隳壞。明太祖洪武七年，五十六代衍聖公奏請修治，詔從之。於十年鳩工，十一年落成，公又補塑聖像。二十年，帝諭工部侍郎秦逵曰：“春秋時人紀廢壞，孔子以至聖之資，删述六經，使先王之道晦而復明，萬世永賴，功莫大焉。夫食粟則思樹藝之先，衣帛則思蠶繅之始，皆重其所從出也。孔子之功與天地並立，故朕命天下通祀，以致崇報之意，而闕里先師降神之地，廟宇廢而不修，將何以妥神靈、昭來世！爾工部其即爲修理，以副朕懷。”

成祖永樂九年，五十九代衍聖公又奏請重修，工部請發囚徒二百三十名，遣行人雷迅監督興茸。十二年春正月，召回雷迅，更令法司撥囚一千名，交孔氏子孫自督修蓋。其年冬十二月，帝諭工部曰：“孔廟至敬之所，囚徒作踐不便。令山東布政使司官一員，率民匠三千人往修，務期堅固，囚徒仍聽役於外。”十五年夏五月畢工，御製碑文紀成。二十年，五十九代衍聖公又改建齊廳。宣宗宣德九年，工部侍郎周忱以公務經曲阜，捐俸修金絲堂，又於廟外西南隅構堂三間，爲更衣所。英宗天順四年冬十月，六十一代衍聖公重修啓聖王寢殿。八年，詔巡撫山東副都御史賈銓重修闕里先聖廟。成化元年落成。二年，憲宗御製碑文紀成。五年，巡按御史林誠捐造諸賢木主。十六年，帝從六十一代代襲衍聖公宏泰之請，發帑增廣廟制，廣正殿爲九間，餘皆更新。二十三年，工成。孝宗弘治十二年夏六月甲辰，廟災，詔巡撫都御史何鑑親詣相度，發帑銀十五萬二千六百有奇，重建正殿九間，寢殿七間，大成門、家廟、啓聖殿、金絲堂、詩禮堂各五間，移金絲堂於啓聖殿前，改奎文閣爲七間，改大門及大中門爲五間，增快睹、仰高二門，遷尼山神毓聖侯祠於尼山書院，以其祠爲土地祠。經始於十三年春二月，落成於十七年夏五月，帝親製碑文紀成功。

先時，曲阜縣治在廟東，相距八里。武宗正德七年春正月，流賊劉七等犯闕里，毀壞聖廟。賊退，按察使司僉事潘珍疏請即廟爲城，移縣附之，詔可。有司出罰鍰並募輸助，得銀三萬五千八百餘兩，秋七月興工，世宗嘉靖元年春三月工竣。穆宗隆慶三年，巡撫都御史姜廷頤等以香稅及罰鍰一千六百兩營茸孔廟。神宗萬曆六年，巡撫都御史趙賢出香稅、罰鍰又重修。二十年,巡按御史何出光創建聖迹殿,於内立石,刻聖迹百二十圖。二十二年,巡按御史連標與巡撫都御史鄭汝璧以香稅、罰鍰及庫羨銀三千兩重修孔廟。二十九年,巡撫都御史黄克纘倡藩臬捐銀二千兩又重修。三十六年,濟寧兵巡副使王國楨等捐銀三百兩修西廡。

闕里廟堂自弘治鼎建後,歷代間有營葺,而工大力微,僅支罅漏,遭萬曆荒祲,益就傾圮。四十四年,四氏學生孔尚孝等言於巡按御史畢懋康。懋康遂疏於朝,且言:"向來估計僅需十萬五千兩有奇,後此日甚一日,所費將至鉅萬。竊見胡良巨馬、梵宇神宫無不莊嚴而金碧之,今議修孔廟,視侫佛而施檀越,利涉而成輿梁者,其輕重緩急何如?昔漢高過魯,以太牢祀孔子,識者謂劉氏四百年基業,其精神命脈蓋在於此。然則皇上何惜此區區者!倘慨涣德音,亟發帑金而一新之,則皇上之所以培千萬世精神命脈者,在此舉矣!"疏入,報聞,而事竟不行。天啓六年,曹州州同某捐修大中門。

國朝順治十二年,山東巡鹽御史王秉乾出銀二千兩,並勸所屬公捐修奎文閣,而提學僉事戴京曽、施閏章等先後又略爲補葺。康熙二年,分守東兖道參議張弘俊等重修聖迹殿、奎文閣及廟門、碑亭、角樓。十六年,六十七代衍聖公續修詩禮堂、金絲堂及諸門坊、橋欄。二十八年,上疏請重修祖廟,格於部議,奉聖祖仁皇帝特旨:"闕里聖廟,崇奉先師,萬代瞻仰。今既日漸毀敝,理宜修葺。著差工部、内務府官員前往確估。"秋九月,内務府廣儲司郎中皂保、工部營繕司郎中壽鼎赴闕里估勘。尋命皂保同工部虞衡司郎中阿爾稗監修。於三十年夏四月興工,三十二年秋八月告成。凡修大成等殿五十四間,大成等門六十一間,兩廡八十八間,欞星門一,牌坊二,用帑銀八萬六千五百兩有奇。聖祖仁皇帝御製《重修孔子廟碑》。

雍正二年夏六月癸巳,廟災。世宗憲皇帝遣署工部侍郎馬臘,會同山東巡撫陳世倌、布政使博爾多相度重修。秋七月,少詹事錢以塏奏,闕里文廟,應令内外儒臣捐資營建。諭曰:"前聞孔子被災,即降旨遣大臣前往,作速估計動支正項錢糧,擇日興工,務期規制復舊,廟貌重新。覽錢以塏所奏'内外大小臣工,幼業詩書,仰承聖澤,各宜捐資修建'等語,雖爲當理,今有旨已令動支錢糧,不必再令臣工捐資。但朕亦不必阻儒士之私情,今直省府州縣文廟、學宫或有應修者,本籍科甲出身見任之員及居家進士、舉人、生員,平日讀聖人之書,理宜飲水思源,不忘所自,如有情願,不必限以數目,量力捐出修理各該地方文廟、學宫並祭器等項。其不願者,不必强勒。"既而馬臘罷,詔巡撫陳世倌同藩臬監修,以三年秋八月興工。

七年春正月,諭曰:"闕里文廟工程,朕屢降諭旨,令該督撫等遴選賢員,敬謹修造,務期堅固輝煌,計日告竣,其所以未遣專官監督者,蓋恐京員到彼,又多日用僕從之費,擾累地方也。乃原任巡撫陳世倌委用不得其人於前,而塞楞額又復因循怠忽於後,以致工程遲緩,未能即速告成。頃據巡撫岳濬奏稱'衹因購求大木,一時難得,是以工作稍遲'等語，著通政使留保前往曲阜，督率在事人員，盡心竭力，敬謹辦理，赶期竣事，以慰朕懷。"二月，命署山東巡撫岳濬會同留保督催，其原任山東巡撫陳世倌仍回山東，率從前承修遲悮之知府州縣，分別解任，在工辦理。其督催遲悮之各上司，交留保查明，交部議處。又奉旨："此次修理文廟工程，務期巍煥崇閎，堅緻壯麗，纖悉完備，燦然一新。著岳濬、留保會同衍聖公詳加相度，倘舊制之外有應行添設者，有應加修整者，俱著估計奏聞，添發帑銀，葺理丹艧，總期經理周密，毫髮無憾。工成之日，朕當親往瞻謁，以展尊禮先師至誠至敬之意。"又諭："闕里文廟正殿、正門用黃琉璃瓦，兩廡則用綠琉璃瓦，而以黃瓦鑲砌屋脊。供奉聖像，選內務府匠人到東，用脫胎之法，敬謹裝塑。"冬十一月戊戌，正殿將上梁。前二日丙申，卿雲見於闕里，歷午、未、申三時不散。廷臣請宣付史館，以昭天人感應之慶。諭曰："朕平素尊奉先師至誠至敬，雍正二年闕里文廟不戒於火，比時廷臣援明代弘治前事爲言，而朕心悚懼不寧，引過自責，親謁太學文廟，虔申祭告，特發帑金，命大臣等督工建修，凡殿廡制度、規模以至祭器、儀物，皆令繪圖呈覽，朕親爲指授，遴選良工庀材興造，虔恪之心，數年以來無時稍間。今大成殿上梁前二日，卿雲見於曲阜，卿等歸美朕躬之詞，朕不克當。或者上帝、先師鑑朕悚惕誠敬之心，見茲雲物，昭示瑞應，朕不敢矜言祥瑞，但能功過相抵，朕之幸也。應擇日躬詣太學文廟祭告，以申感慶之衷。一切禮儀，著該部速議具奏。"八年秋八月工成，御製《重修孔子廟碑》紀成。是役也，凡用帑金十五萬七千六百兩有奇。

乾隆十九年，今衍聖公昭煥重修欞星門，易以石。

述曰：天下文廟之制，上自太學，下及各直省州衛郡邑，莫不易以木主，而闕里尚用塑像。或曰塑像非古也。古者廟則有主以依神，祭則有尸以象神，無所謂像設也。自尸事廢而像事興，蓋自佛氏入中國始。以異端之教而上施於聖人，不經莫甚焉。其說誠似矣，顧猶有疑者。考佛之入中國，始於漢明帝，而文翁石室已先有孔子坐像。又，《國語》云："越王命工以良金寫范蠡之像，而朝禮之。"宋玉《招魂》云："像設君室，靜安閒些。"則是周時已有此制，不始於西來白馬也。

今闕里廟之有像，或云起自東魏李珽。考顧藹吉《隸辨》引《漢韓敕後碑》，有"改畫聖像如古圖"語。又，《水經注》云："闕里夫子舊廟有夫子像，列二弟子，執卷立侍，穆穆有詢仰之容。"又云："西北二里有顏母廟，廟像猶嚴。"蓋珽之前已先有畫像，至珽而更設塑像耳。夫禮，"有其舉之不敢廢也"，況闕里爲孔氏家廟，影堂之制，亦先儒所不棄，使後之子孫入室出户，有以睹形容而致其怳聞僾見之誠，亦聖人"祭如在"之義也。又按，《祖庭廣記》云："先聖生有異質，凡四十九表，反首、洼面、月角、日準、河目、海口、龍顙、虬唇、昌顏、均頤、輔喉、駢齒、龍形、龜脊、虎掌、駢脇、修肱、參膺、圩頂、山臍、林背、翼臂、注頭、阜脥、堤眉、地足、谷竅、雷聲、澤腹、修上趣下、末僂後耳、面如蒙俱、手垂過膝、耳垂珠庭、眉有一十二彩、目有六十四理、立如鳳峙、坐如龍蹲、手握天文、足履度字、望之如仆、就之如升、視若營四海、躬履謙讓、胸有文曰制作定世符、身長九尺六寸、腰大十圍。"語出諸子，似多傅會，但載入家乘已久，姑留爲考古之助。

　　又，家見藏紙本像三，絹本像五。紙本者，一爲燕居像，失名；一爲唐吳道子畫司寇像；一爲明蜀惠王朱申鑿摹吳道子司寇像。絹本者，一爲宋人摹吳道子司寇像，有明神宗書、宋高宗贊；一爲杏壇講禮像，石壁下老松盤曲，文杏雜列，先聖執如意，凭几講授，弟子拱立受教者一人，執香鑪立者一人，拱手侍者二人，羣聚請業者十有六人，內一人抱琴，三人執卷，餘或拱手，或斂袖，或曳杖，或行相問答，凡弟子在列者二十人，宋李唐畫；一爲觀攲器像，明郭翊畫；一爲行教像，從二弟子衣褶書《論語》半部；一爲冕服像，皆失名。

林廟第二之三

尼山書院　在尼山東麓，繚以周垣，環植檜柏。正南爲大成門三間；中爲大成殿三間，祀先聖及四配像；左右廡各五間，祀十一哲及七十二賢木主。殿東西各有側門，左右各有掖門。由掖門達殿後，爲寢殿三間，祀先聖夫人主。兩廡各三間，祀二世祖、三世祖。出西側門，爲毓聖侯祠，門一間，祠一間。又西爲啓聖祠，門三間；正殿三間，祀啓聖王主；寢殿三間，祀啓聖王夫人主。出東側門，爲講堂三間，後爲土地祠一間。大成門外東南隅有觀川亭，西南有石橋跨智源溪上。

考周太祖顯德中，兗守趙某以尼山爲孔子發祥之地，始創廟祀。宋仁宗慶曆三年，四十六代文宣公始即廟爲學，立學舍，置祭田，後毀於兵火。元文宗至順三年，五十四代衍聖公用林廟管勾簡實理言，請復尼山祠廟，薦彭璠爲官師奉祠。疏下禮部，奎章閣大學士康理嶙嶙力主之。議上中書，不果行。順帝至元二年，復以中書左丞王懋德言，置尼山書院，以璠爲山長。三年，璠以私錢草創堂宇，而山東東西道肅政廉訪使分司楊訥，會同六十五代衍聖公，倡率所屬及齊魯士大夫共成之。乃作大成殿、大成門、神廚、明倫堂及東西齋塾、毓聖侯祠、觀川亭，塑聖像，造禮、樂器，以四年春三月經始，秋八月告成。至正十四年，鄒縣達魯花赤馬哈麻復塑四配像。三十一年，鄒縣尹司居敬改造孔子石像於坤靈洞中，章甫、逢掖如古禮。明成祖永樂十五年，五十九代衍聖公率族人重修，增建啓聖殿及寢殿於西偏。孝宗弘治七年，六十一代代襲衍聖公宏泰，五十八代孫、三氏學學錄公璜以修文廟餘資重葺。國朝康熙十三年，六十七代衍聖公又加修飾，易圍牆以磚石。雍正二年，六十八代衍聖公以歲久漸圮，更爲鼎新。乾隆二十年，今衍聖公昭煥復率族人出資重修。

洙泗書院　在曲阜城東北八里，泗水經其北，洙水帶其南。廟制，大成殿五間，祀先聖、四配、十二哲；東、西廡各三間；前爲講堂三間，又前爲書院門三間；四周繚以重垣。

考書院乃孔子故講堂也，舊亦名學堂。漢時，諸弟子房舍井甕猶存。建武五年，光武帝擊破董憲於昌慮，還過魯，坐孔子講堂，顧指子路室謂左右曰："此吾太僕之室也。"其後學廢，遺址存焉。元順帝至元間，五十五代孫、曲阜縣尹克欽始因舊址創書院，設山長一人奉祠。明孝宗弘治七年，六十一代代襲衍聖公宏泰同學録公璜重葺。世宗嘉靖三年，巡按御史李獻捐資重建。熹宗天啓五①年，六十二代孫、曲阜知縣聞簡重修。國朝順治八年，六十六代衍聖公復加補葺。十三年，六十五代孫、曲阜知縣衍淳；康熙三十八年，六十六代孫、曲阜知縣興認，皆捐俸重修。

聖澤書院　在汶上縣城中。大成門三間，大成殿三間，祀先聖像，配以顏子及曾子像。兩廡各三間，祀十一哲、七十二賢及諸先儒木主。書院舊在縣城西南五里湖之側，始建於元魏明帝孝昌元年，唐吳道子畫宣聖及充國公像其中，徐浩題額，顏真卿撰記。

宋哲宗元祐四年，縣令周師中重修。元都水少監馬之貞建大成殿，塑先聖及十哲像，堂、室、門、廡、庖、庫、池、井咸備。明世宗嘉靖二年，巡撫山東都御史陳鳳梧檄知縣吳瀛移建城中。穆宗隆慶元年知縣趙可懷，神宗萬曆元年知縣張惟誠，二十八年知縣尚瓚，先後重修。國朝康熙五十一年，六十八代衍聖公爲世子時，又重修。

中庸書院　在鄒縣城外東南隅曝書臺之東。廟門三間，正殿三間，中祀述聖子思子，左配以亞聖孟子，右安述聖遺像石刻，殿懸世宗憲皇帝御書"性天述祖"額。東西廡各三間，神道中有碑亭，樹今上"御製子思贊"石刻。廟四面環以周垣。

考書院本子思講堂遺址也，元成宗元貞初，鄒尹司居敬始即其址構堂四楹，名曰"中庸精舍"，設思、孟像，春秋祀之。武宗大德間，尹宋璋擴爲書院，廟殿曰"誠明"，後堂曰"率性"，書院堂曰"景賢"，齋曰"慎獨"。順帝至正中，尹鄧彥禮、孔之威相繼修之。明成祖永樂中知縣朱瑤，英宗正統四年知縣房峹，世宗嘉靖中知縣章時鷺，神宗萬曆九年知縣許守恩，二十六年知縣王一楨，三十六年知縣胡繼先，又先後重修。熹宗天啓二年，燬於兵火。五年，兗州知府孫朝肅更建祠宇。國朝乾隆二十年，七十一代衍聖公昭煥重修。

述曰：書院者，本爲春秋講學而設也。今廟祀雖肅，而絃誦之聲無聞，庋厥旨矣！顧名思義，是所望於主閟者。

---

①　"五"，原作"七"，據《天啓五年重修書院記碑》訂正。

祀典第三之一

《文王世子》曰："凡始立學者，必釋奠於先聖先師。"又曰："凡學，春官釋奠於其先師，秋冬亦如之。"又曰："始立學者，既興器用幣，然後釋菜。"《王制》曰："出征，執有罪；反，釋奠于學，以訊馘告。"《學記》曰："大學始教，皮弁祭菜，示敬道也。"《周官·大司樂》："凡有道有德者，使教焉，死則以爲樂祖，祭於瞽宗。"《大胥》："春，入學，舍菜合舞；秋，頒學合聲。"歷稽古禮，凡釋奠之事有六，釋菜之事有三。雖制有輕重詳略之異，而學必有祭，以祀其始爲設教之人而不忘所自，其義一也。

周室衰微，禮樂崩壞。延及暴秦，益滅棄先王之法。漢興，未暇復古，至成帝時，始詔立辟雍於國南，而其緒未竟。光武中興，乃大營太學，車駕親自臨幸，彬彬乎稱盛舉矣。然其時所祭之先聖先師，史缺有間，而孔子之祀尚未出於闕里。明帝永平間，益修明養老習射之禮，令郡縣道學校皆祀聖師周公、孔子，於是孔子始祀於庠序焉。第或聖或師，升降不一，迄於唐初，尚無定論。貞觀中，慨然釐正祀典，專以孔子爲先聖，然尚循康成"《禮》有高堂生，《樂》有制氏"之説，乃取左、穀以下二十二人專門訓詁之儒爲先師，而傳道受業高弟子自顏子外，皆不得與於配食之列，猶不無可議者。嗣自兩宋元明，代有更革，而尊崇之盛極於國朝。類而紀之，亦考鏡得失之林也。

按，周敬王四十二年，魯哀公誄孔子，稱曰："哀哉，尼父！"鄭康成謂："尼父者，因其字以爲謚也。"後世遂以爲謚孔子之始。考禮有誄而謚者，如貞惠文子是也；有誄而不謚者，如縣賁父是也。謚必兼誄，而誄不必謚，故吳草廬曰："誄者，述其功行以哀之之詞。如後世祭文之類，非謚也。"況《謚法》無尼字，康成之説，恐未足爲據。

漢高帝十二年冬十一月，自淮南過魯，以太牢祭孔子。此後世帝王祀孔子之始。

元帝時，詔褒成侯霸以所食邑祀孔子。此世爵奉祠之始。

平帝元始元年夏六月，追謚孔子爲褒成宣尼公。蓋孔子之有謚，實始於此。

東漢明帝永平二年冬十月，養三老五更於辟雍，令郡縣道行鄉飲酒禮於學校，皆祀周公、孔子，牲以犬。此國學郡縣祀孔子之始。

十五年，帝東巡過魯，祀仲尼及七十二弟子。此弟子從祀之始。

桓帝元嘉三年春三月，魯相乙瑛請爲孔子廟置百石卒史一人，典主守廟，春秋享禮，出王家錢，給犬酒直。制曰“可”。

靈帝建寧二年春三月，魯相史晨請依社稷出王家穀，春秋行禮以供禋祀。詔從之。

光和元年，立鴻都門學，畫孔子及七十二弟子像。

魏明帝景初間，魯相上言：“宗聖侯未有命祀之禮，宜給牲牢，長吏奉祀，尊爲貴神。”制下三府議。司空崔林議曰：“宗聖侯亦以王命祀，不爲未有命也。孔子以大夫之後，特受無疆之祀，可謂崇明報德矣，無復重祀於非族也。”

齊王芳正始二年春二月，帝講《論語通》。五年夏五月，講《尚書通》。七年冬十二月，講《禮記通》。并使太常釋奠，以太牢祭孔子於辟雍，以顏淵配。此國學釋奠以弟子配享之始。晉宋以後，釋奠皆採正始故事，以顏淵配焉。

晉武帝泰始三年冬十一月，詔太學及魯國四時備三牲，祀孔子。七年，皇太子講《孝經通》，親以太牢祀孔子。此太子釋奠之始。自是，皇太子每通一經，必親釋奠於太學。而歷朝亦並舉其禮。

東晉時，孔子裔孫襲封奉聖亭侯於江左。明帝泰寧三年，詔給奉聖亭侯亭四時祠祭直，如泰始故事。

宋文帝元嘉十九年冬十二月丙申，詔曰：“胄子始集，學業方興。自微言泯絶，逝將千祀，感事思人，意有慨然。奉聖之胤，可速議繼襲。於先廟地，特爲營造，依舊給祠直，令四時饗祀。”二十二年，皇太子釋奠於太學，樂用登歌。此釋奠用樂之始。

孝武帝孝建元年冬十月戊寅，詔曰：“仲尼體天降德，維周興漢，經緯三極，冠冕百王。爰自前代，咸加褒述。典司失人，用缺宗祀。先朝遠存遺範，有詔繕立，世故妨道，事未克就。國難頻深，忠勇奮勵，實憑聖義，大教所敦。永惟兼懷，無忘待旦。可開建廟制，同諸侯之禮。詳擇爽塏，厚給祭秩。”

南齊武帝永明三年秋，詔集有司議釋奠、釋菜，當行何禮？用何樂及禮器？尚書令王儉議曰：“中朝以來，釋菜禮廢，今之所行，釋奠而已。金石俎豆，皆無明文。方之七廟則輕，比之五祀①則重。陸納、車胤謂宣尼廟宜依亭侯之爵；范甯欲依周公之廟，用王者儀；范宣謂當其爲師則不臣之，釋奠日，備帝王禮樂。此則車、陸失於過輕，二范傷於太重。皇朝屈尊弘教，待以師資，引同上公，即事惟允。元嘉立學，裴松之議應舞六佾，以郊樂未具，故權奏登歌。今金石已備，宜設軒縣之樂，六佾之舞，牲牢器用，悉依上公。”詔從之。此釋奠用舞之始。

---

① “祀”，《南齊書·禮志上》作“禮”。

　　七年春二月己丑，詔曰：“宣尼誕敷文德，峻極自天，發揮①七代，陶鈞萬品，英風獨舉，素王誰匹？功隱於當年，道深於日月。感麟厭世，緬邈千祀，川竭谷虛，丘夷淵塞，非但洙泗湮淪，至乃饗堂②乏主。前王敬仰，崇修寢廟，歲月寖流，鞠爲茂草。今學校興立，實稟洪規。撫事懷人，彌增欽屬。可改築宗祊，務在爽塏，量給祭秩，禮同諸侯。奉聖之爵，以時紹繼。”

　　明帝永泰元年春三月戊申，詔曰：“仲尼明聖在躬，允光上哲，弘厥雅道，大訓生民，師範百王，軌儀千載，世③人斯仰，忠孝攸出，玄功潛被，至德彌闡。雖反袂遐曠，而桃薦靡缺，時祭舊品，秩比諸侯。頃歲以來，祀典陵替，俎豆寂寥，牲牢④莫舉，豈所以克昭盛烈，永隆風教者哉！可式循舊典，詳復祭秩，使牢餼備禮，欽饗兼申。”

　　梁武帝天監四年夏六月庚戌，詔建孔子廟。八年秋九月，皇太子親釋奠。周捨以爲“先師在堂，義所當⑤敬，皇太子宜登阼階，以明從師之義”，從之。

　　敬帝太平二年春正月壬寅，詔曰：“夫子降靈體喆，經仁緯義，允光素王，載闡玄功，仰之者彌高，誨之者不倦。立忠立孝，德被蒸民，制禮作樂，道冠羣后。雖泰山頹峻，一簣⑥不遺，而泗水餘瀾，千載猶在。自皇圖屯阻，桃薦不修，奉聖之門，似續⑦殲滅，敬神之寢，簠簋寂寥。永言聲烈，實兼欽愴。可搜舉魯國之族，以爲奉聖侯；⑧并繕廟堂，供備祀典，四時薦秩，一皆遵舊。”

　　陳後主至德三年冬十一月己未，詔曰：“宣尼誕膺上哲，體資至聖，祖述憲章之典，並天地而合德，樂正《雅》《頌》之奧，與日月而偕明，垂後昆之訓範，開生民之耳目。梁季湮微，靈寢亡處，鞠爲茂草，三十餘年，敬仰如在，永惟慄息。今《雅》道雍熙，《由庚》得所，斷琴故履，零落不追，閱篋開書，無因循復。可詳之禮典，改築舊廟，惠房桂棟，咸使惟新，芳縈潔潦，以時饗奠。”

　　拓跋魏道武帝天興四年春二月丁亥，命樂師入學習舞，釋菜於先聖先師。太武帝始光三年春二月，詔起太學於城東，祀孔子，以顏淵配。初，晉宋之際，五胡雲擾，闕里祀典，久廢不修。後魯郡折入北朝，孝文帝延興二年春二月乙巳，詔曰：“尼父稟達聖之姿，體生知之量，窮理盡性，道光四海。頃者徐、淮未賓，廟隔非所，致令祠典頓寢，禮章殄滅，遂使女巫妖覡，淫進非禮，殺生鼓舞，倡優媟狎，豈所以尊明師、⑨敬聖道者

---

①　“揮”，《南齊文紀》卷一《奉聖詔》（永明七年二月）作“輝”。
②　“堂”，《南齊文紀》卷一《奉聖詔》、《東家雜記》卷上作“嘗”。
③　“世”，《南齊書·明帝本紀》、《冊府元龜》卷一九四《崇儒》、《南齊文紀》卷二《孔聖祀典詔》（永泰元年）作“立”。
④　“牢”，《南齊書·明帝本紀》、《冊府元龜》卷一九四《崇儒》、《南齊文紀》卷二《孔聖祀典詔》（永泰元年）作“奠”。
⑤　“當”，《冊府元龜》卷五一九《奏議》、《梁文紀》卷一〇《周捨·又有司議》作“尊”。
⑥　“簣”，《冊府元龜》卷一九四《崇儒》作“老”。
⑦　“似續”，《梁書·敬帝本紀》、《闕里志》卷一四《歷代誥敕》作“胤嗣”，《東家雜記》卷上作“繼嗣”。
⑧　“侯”，《梁書·敬帝本紀》、《東家雜記》卷上、《梁文紀》作“後”。
⑨　“明師”，《魏書·高祖本紀》、《東家雜記》卷上作“明神”，《冊府元龜》卷四九《崇儒術》作“神明”。

也！自今以後，有祭孔子廟，制用酒脯而已，不聽婦女合雜，以祈非望之福。犯者以違制論。其公家有事，自如常禮。犧牲粢盛，務盡豐潔。臨事致敬，令肅如也。牧司之官，明糾不法，使禁令必行。”

太和十三年秋七月，詔立孔子廟於京師。十六年春二月癸丑，詔改謚宣尼曰“文聖尼父”。帝臨宣文堂，引儀曹尚書劉昶、鴻臚卿游明根、行儀曹事李韶，授策，詣廟告謚。

北齊之制，將講於天子，先定經於孔廟。講畢，以一太牢釋奠尼父，配以顏回，列軒縣樂，六佾舞，行三獻禮。皇太子每通一經及新立學，必釋奠。每歲春秋二仲，常行其禮。每月旦，祭酒領博士以下及諸生拜孔揖顏。郡學則於坊內立孔、顏廟，博士以下亦每月朝。按此爲後世春秋釋奠及朔日行禮之始。

北周武帝天和元年秋七月，詔：“釋奠者，學成之祭。自今胄子入學，不勞釋奠。”宣帝大象二年春三月丁亥，詔曰：“盛德之後，是稱不絕，功施於民，義昭祀典。孔子德惟藏往，道實生知，以大聖之才，屬千古之運，載弘儒業，式敘彝倫。至如參贊天人之理，裁成禮樂之務，故以作範百王，垂風萬葉。朕欽承寶曆，服膺教義，眷言洙泗，懷道滋深。而褒成啓號，雖彰故實，旌崇聖績，猶有闕如。可追封爲鄒國公，邑數準舊。并立後承襲。別於京師置廟，以時祭享。”

隋制，國子寺每歲以四仲月上丁釋奠先聖先師，州郡學則以春秋仲月釋奠。

唐高祖武德二年夏六月戊戌，詔曰：“盛德必祀，義存方册，達人命世，流慶後昆。爰始姬旦，匡翊周邦，創設禮經，大明典憲。啓生民之耳目，窮法度之本源。粵若宣尼，天資睿哲。四科之教，歷代不刊；三千之徒，風流無斁。惟茲二聖，道濟生民，尊禮①不修，孰明褒尚？宜命有司立周公、孔子廟各一所，四時致祭。仍博求其後，具以名聞。詳考所宜，當加爵土。”七年，詔以周公爲先聖，孔子配享。

太宗貞觀二年，左僕射房玄齡、博士朱子奢建言：“周公、尼父，俱稱聖人，庠序釋奠，本緣夫子。故晉、宋、梁、陳及隋大業以前，皆以孔子爲先聖，顏回爲先師。歷代所行，古今通允。伏請停祭周公，升孔子爲先聖，配以顏回。”詔從之。四年，詔州縣學皆作孔子廟。十一年秋七月，尊孔子爲宣父。二十一年，詔以左丘明、卜子夏、公羊高、穀梁赤、伏勝、高堂生、戴聖、毛萇、孔安國、劉向、鄭眾、賈逵、杜子春、馬融、盧植、鄭康成、服虔、何休、王肅、王弼、杜預、范甯二十二人，代用其書，垂於國胄，自今有事於太學，可並配饗宣父廟堂。此先儒配孔子之始。

初，國學釋奠，以儒官爲祭主，直書博士姓名。至是，中書侍郎許敬宗等奏：“按《禮》：‘學官釋奠於其先師。’鄭氏謂《詩》《書》《禮》《樂》之官也。四時之學，將習其道，

---

① “尊禮”，《册府元龜》卷五〇《崇儒術第二》、《唐會要》卷三五《學校·襃崇先聖》作“宗祀”。

故儒官釋奠，各於其師。既非國家行禮，所以不及先聖。至於春、秋合樂，則天子視學，命有司興秩節，總祭先聖、先師焉。秦、漢釋奠無文，魏則使太常行事。自晉、宋以降，時有親行，而學官爲主，全無故實。且名稱國學，樂用軒縣，樽俎威儀，並皆官備，在於臣下，理不合專。況凡在小神，猶皆遣使行禮，釋奠既準中祀，據理必須稟命。今請國學釋奠，令國子祭酒爲初獻，祝詞稱‘皇帝謹遣’，仍令司業爲亞獻，博士爲終獻。其諸州，刺史爲初獻，上佐爲亞獻，博士爲終獻。縣學，令爲初獻，丞爲亞獻，博士既無秩，請主簿若尉爲終獻。州縣釋奠，既請遣刺史、縣令親爲祭主，望請準祭社，給明衣。國學祭以太牢，樂用軒縣、六佾之舞，並登歌一部。與大祭祀遇，改用中丁。州縣常用上丁，無樂，祭以少牢。”詔從之。此後世國學遣官釋奠之始。而直省以長官主祭，亦始於此。會皇太子釋奠，自爲初獻，遂以祭酒、司業爲亞、終獻。

　　高宗永徽中，復以周公爲先聖，孔子爲先師。顏回、左丘明以下，皆從祀。

　　顯慶二年，太尉長孫無忌等言：“謹按《禮記》云：‘凡學，春官釋奠於其先師。’鄭康成注曰：‘官，謂《詩》《書》《禮》《樂》之官。’先師者，若《禮》有高堂生，《樂》有制氏，《詩》有毛公，《書》有伏生，可以爲師者。又，《禮記》曰：‘始立學，釋奠於先聖。’鄭康成注曰：‘若周公、孔子也。’據《禮》爲定，昭然自別。聖則非周即孔，師則偏善一經。漢魏以來，取捨各異，顏回、夫子互作先師，宣父、周公迭爲先聖。求其節文，遞有得失。所以貞觀之末，親降綸言，依《禮記》之明文，酌康成之奧説，正夫子爲先聖，加衆儒爲先師。永垂制於後昆，革往代之紕繆。而今新令，不詳制旨，輒事刊改，遂違明詔。但成王幼年，周公踐極，制禮作樂，功比帝王。所以禹、湯、文、武、成王、周公爲六君子。又説明王孝道，乃述①周公嚴配。此即姬旦鴻業，合同王者。祀之儒宮就享，實貶其功。仲尼生衰周之末，拯文喪之弊，祖述堯舜，憲章文武，弘聖教於六經，闡儒風於千古，故孟軻稱‘生民以來，一人而已’。胡可降玆上哲，俯入先師？且丘明之徒，見行其學，貶爲從祀，亦無故事。今請改令從詔，於義爲允。其周公仍依別禮，配享武王。”詔從之。

　　乾封元年春正月辛卯，詔曰：“朕聞德契機神，盛烈光於後代；化成天地，元功被於庶物。魯大司寇宣尼父孔丘，資大聖之材，屬衰周之末，思欲屈己濟俗，弘道佐時，應②聘周流，莫能見用。想乘桴以咏嘆，因獲麟而興感。於是垂素王之雅則，正魯史之繁文，播鴻業於一時，昭景化於千祀。朕嗣膺寶曆，祇奉睿圖，憲章前王，規矩先聖。崇至公於海内，行大道於天下。遂得八表乂安，兩儀交泰，功成化洽，禮盛樂和。展采東巡，回輿西土，途經玆境，撫事興懷。駐蹕荒區，願爲師友，瞻望幽墓，思承格

言。雖燕寢①荒蕪，餘基尚在，靈廟虛寂，徽烈猶存。孟軻曰'自生民以來，未有若孔子者也'，微禹之嘆既深，褒崇之道宜峻。可追贈太師。庶年代雖遠，式範令圖，景業維新，儀型茂實。其廟宇制度卑陋，宜更加修造。仍令三品一人，以少牢致祭。褒聖侯德倫，既承胤嗣，②有異常流，其子孫並宜免賦役。"

總章元年夏四月乙卯，詔曰："皇太子弘近因釋菜，齒胄上庠，祗事先師，馳心近侍，仰崇山而景行，眷曩哲以勤懷，顯顏曾之特高，揚仁義之雙美，請申褒贈，載甄芳烈。朕嘉其進德，冀以思齊，訓誘之方，莫斯爲尚。顏回可贈太子少師，曾參可贈太子少保，並配享。"

咸亨元年夏五月，詔曰："諸州縣孔子廟堂，有破壞並先來未造者，遂使先師缺奠祭之儀，久致飄零，深非敬本。宜令有司，速事營造。"

中宗嗣聖七年冬十月，封孔子爲隆道公。神龍元年，詔以鄒魯百戶爲隆道公采邑，收其租稅，用供薦享。

睿宗太極元年春二月丁巳，皇太子釋奠，帝親製《孔子贊》，加贈顏回太子太師，曾參太子少保。

玄宗開元七年冬十一月乙亥，皇太子入學，齒胄，謁先聖。初，詔以宋璟爲亞獻，蘇頲爲終獻。臨享，帝思齒胄義，乃詔三獻皆用胄子，祀先聖如釋奠。八年，國子司業李元瓘奏言："先聖廟以顏子配，則配像當坐。今乃立侍。準《禮》'授坐不立，授立不跪'，況顏子道亞生知，才光③入室，既當配享，合從坐侍。又四科弟子閔子騫等，並服膺儒術，親承聖教，雖復列像廟堂，不參享祀。謹按祠令，何休等二十二賢猶霑從祀，豈有升堂入室之子，獨不霑春秋配享之餘？ 請春秋釋奠，列在二十二賢之上。七十子者，則文翁之壁尚不缺如，豈有國庠遂無圖繪？ 請命有司，圖形於壁，兼爲立贊。庶敦勸儒風，光崇聖烈。曾參孝道可崇，獨受經於夫子，望準二十二賢從享。"詔從之。乃以十哲爲坐像，悉與祀。曾參特爲之像，坐亞之。圖七十子及二十一賢於廟壁。帝以顏子亞聖，親爲製贊，書於石。仍令當朝文士分爲之贊，題其壁焉。此十哲配祀之始。

十一年，詔春秋二時釋奠，諸州縣宜依舊用牲牢，其屬縣用酒脯。十九年，停牲牢，仍用酒脯。二十年，開元禮成，定皇太子及諸州縣釋奠儀。二十六年，敕鄉貢謁先師，著爲例。

二十七年秋八月，詔曰："弘我王化，在乎儒術。能發揮此道，啓迪含靈，則生人以來，未有如夫子者也。所謂自天攸縱，將聖多能，德配乾坤，身揭日月。故能立天下之

---

①　"燕寢"，《唐會要》卷一二《贈孔子爲太師詔》、《闕里志》卷一四《歷代詔敕》、《幸魯盛典》卷二作"宴寢"，《五禮通考》卷一二一《吉禮·祀孔子》作"殿寢"。

②　"胤嗣"，原作"蔭緒"，據《闕里志》卷一四《歷代詔敕》《幸魯盛典》改。

③　"光"，《唐會要》卷三五《學校》作"充"，《册府元龜》卷六〇四《學校部·奏議第三》作"先"。

大本,成天下之大經,美教政,移風俗,君君臣臣父父子子,人到於今受其賜,不其猗歟! 於戲! 楚王莫封,魯公不用,俾夫大聖,才列陪臣,棲遲旅人,固可知矣。年祀寖遠,光靈益彰,雖代有褒稱,而未爲崇峻,不副於實,人其謂何? 朕以薄德,祇膺寶命,思闡文明,光被華夏。時則異於古今,情每重於師資。既行其教,合旌厥德。爰申盛禮,載表徽猷。夫子既稱先聖,可追謚爲文宣王。宜令三公持節册命。至如辨方正位,著自禮經,苟非得所,何以示則? 昔緣周公南面,夫子西坐,今位既有殊,坐豈宜依舊? 宜補其墜典,永作成式。自今以後,兩京國子監,夫子皆南面坐,十哲等東西列侍,天下諸州亦準此。且門人三千,見稱十哲,包夫衆美,實越等夷。暢玄聖之風規,發人倫之耳目,並宜褒贈,以寵賢明。顏子既云亞聖,須優其秩,可贈兗公。閔子騫可贈費侯,冉伯牛可贈鄆侯,冉仲弓可贈薛侯,冉子有可贈徐侯,仲子路可贈衛侯,宰子我可贈齊侯,端木子貢可贈黎侯,言子游可贈吳侯,卜子夏可贈魏侯。又孔子格言,參也稱魯,雖居七十之數,不載四科之目。頃雖參於十哲,終未殊於等倫,久稽先旨,俾循舊位,庶乎禮得其序,人焉式瞻。"

又詔曰:"道可褒崇,豈限今古? 追贈之典,旌德存焉。夫子十哲之外,曾參等六十七人,同升孔門,博習儒術。子之四教,爾實行之。親授教言,式揚大義。是稱達者,不其盛歟! 欽若古風,載崇玄聖。至於十哲,亦被寵章。而子輿之倫,未有稱謂。宜亞四科之士,以疏五等之封。俾與先師,咸膺盛禮。"乃贈曾參成伯,顓孫師陳伯,澹臺滅明江伯,宓子賤單伯,原憲原伯,公冶長莒伯,南宮适郯伯,公晳哀郳伯,曾點宿伯,顏路杞伯,商瞿蒙伯,高柴共伯,漆雕開滕伯,公伯寮任伯,司馬牛向伯,樊遲樊伯,有若卞伯,公西赤邵伯,巫馬期鄫伯,梁鱣梁伯,顏柳蕭伯,冉孺郜伯,曹恤豐伯,伯虔鄒伯,公孫龍黃伯,冉季産東平伯,秦子南少梁伯,漆雕斂武城伯,顏子驕琅邪伯,漆雕徒父須句伯,壤駟赤北徵伯,商澤睢陽伯,石作蜀邱邑伯,任不齊任城伯,公夏首亢父伯,公良孺東牟伯,后處營丘伯,秦開彭衙伯,奚容蒧下邳伯,公肩定新田伯,顏襄臨沂伯,鄡單銅鞮伯,句井疆淇陽伯,罕父黑乘丘伯,秦商上洛伯,申黨召陵伯,公祖子之期思伯,榮子旗雩婁伯,縣成鉅野伯,左人郢臨淄伯,燕伋漁陽伯,鄭子徒滎陽伯,秦非汧陽伯,施常乘氏伯,顏噲朱虛伯,步叔乘淳于伯,顏之僕東武伯,原亢籍萊蕪伯,樂欬昌平伯,廉潔莒父伯,顏何開陽伯,叔仲會瑕丘伯,狄黑臨濟伯,邦巽平陸伯,孔忠汶陽伯,公西與如重丘伯,公西蒧祝阿伯。遣尚書左丞相裴耀卿就國子廟行册禮,又遣太子少保崔琳就東都行禮,又敕兩京及兗州舊宅廟皆改冕服。其諸州縣廟宇既小,但移南面,不須改衣服。兩京牲用太牢,樂宮縣,舞六佾;州縣則牲以少牢,而無樂。右諸賢封爵。考《新唐書》及《唐會要》所載,除十哲外,祇六十七人,而杜氏《通典》則多衛伯蘧瑗,清河伯林放,潁伯陳亢,魯伯申棖,□伯琴牢,南陵伯琴張六人。兩處互異,並錄於此。

二十八年，詔春秋二仲上丁以三公攝行事。

蕭宗上元元年，以歲旱罷中小祀，而文宣王廟祭不廢。

代宗永泰二年，修國學祠堂成，始釋奠設宮縣。自復二京，惟正會之樂用宮縣，郊廟之享，登歌而已，文、武二舞亦不具。至是魚朝恩典監事，乃奏宮縣於論堂，而雜以教坊工伎。初，釋奠祝版御署訖，北面而揖。十五年，膳部郎中歸崇敬以爲其禮太重，請準武王受丹書於師尚父，東面行禮。詔從之。

後唐明宗長興三年，國子博士蔡同文奏：“伏見每年春秋二仲月上丁釋奠文宣王，以兗公顏子配坐，以閔子騫等爲十哲排祭奠，其七十二賢圖形於四壁，面前皆無酒脯。自今後請各設一豆一爵祠饗。”下中書帖：太常禮院檢討禮例，禮院檢《郊祀録》稱：“文宣王從祀諸座，各籩二，實以栗、黃牛脯；豆二，實以葵菹、鹿醢；簠簋各一，實以黍稷飯酒；爵一。禮文所設祭器，無一豆一爵之儀者。”奉敕：“文宣王廟四壁英賢，自此每釋奠，宜準《郊祀録》，各陳脯醢等以祭。”

周太祖顯德二年，詔營國子監。遼太祖神册三年夏五月，帝問侍臣曰：“受命之君，當事天敬神。有大功德者，朕欲祀之，何先？”皆以佛對。帝曰：“佛非中國教。”太子倍曰：“孔子大聖，萬世所尊，宜先。”帝大悦，即命建孔子廟，詔皇太子春秋釋奠。道宗清寧六年夏六月，命以時祭先聖、先師。

宋太祖建隆元年春二月，帝幸國子監，詔增修祠宇，繪先聖、先賢、先儒之象，親撰先聖、亞聖贊，十哲以下，命文臣分贊之。二年，詔貢舉人就國子監謁先師，著爲令。三年，詔祭文宣王用一品禮，立十六戟於廟門。

真宗景德三年，從資政殿大學士王欽若請，令諸道修葺文宣王廟，禁不得殘毀。四年，太常禮院李維奏，諸州釋奠，長史不親行禮，非尊師重教意，乃頒釋奠儀於天下。

大中祥符元年冬十一月戊午，詔曰：“王者順考古道，懋建大猷。崇四術以化民，昭宣教本；總百王而致治，丕變人文。方啓迪於素風，思丕揚於鴻烈。先聖文宣王，道膺上聖，體自生知，以天縱之多能，實人倫之先覺。玄功侔於簡易，景鑠配乎貞明。惟列辟以尊崇，爲億載之師表。肆朕寡昧，欽承命歷，曷嘗不遵守彝訓，保乂中區。屬以祇若元符，告成喬嶽，觀風廣魯之地，飭駕數仞之牆，躬謁遺祠，緬懷遐躅。仰明靈之如在，肅奠獻以惟寅。是用考簡册之文，昭聰叡之德，聿舉追崇之禮，庶申嚴奉之心。備物典章，垂之不朽。誕告多士，昭示朕懷。宜追謚曰玄聖文宣王，遣吏部尚書張齊賢祭告。”初，帝欲追封孔子爲帝，或曰：“宣父，周之陪臣。周止稱王，不當加帝號。”故第增美號而已。

又詔曰：“朕以祇陟岱宗，新巡魯甸，永懷先聖之德，躬造闕里之庭。奠獻周旋，欽崇備至。惟降靈之所自，亦錫美之有初。像設具存，名稱斯闕。宜加追命，以燦典章。叔梁紇可追封齊國公，顏氏可追封魯國太夫人。遣都官員外郎王勵精虔祭告。”

　　又詔曰："朕時巡魯郡，躬詣孔堂，顧風教之所尊，舉典章而既渥。眷惟令淑，作合聖靈。載稽簡册之文，尚闕封崇之數。屬兹咸秩，特示追榮。垂厥方來，式昭遺範。亓官氏可追封鄆國夫人。仍令兖州遣官詣曲阜廟祭告。"

　　二年春三月，頒曲阜廟桓圭一，加冕九旒，服九章，從上公之制。夏五月乙卯，詔追封孔子弟子顏回兖國公，閔損琅邪公，冉耕東平公，冉雍下邳公，宰予臨淄公，端木賜黎陽公，冉求彭城公，仲由河內公，言偃丹陽公，卜商河東公；曾參瑕丘侯，顓孫師宛丘侯，澹臺滅明金鄉侯，宓子齊單父侯，原憲任城侯，公冶長高密侯，南宮适龔丘侯，公晳哀北海侯，曾點萊蕪侯，顏無繇曲阜侯，商瞿須昌侯，高柴共城侯，漆雕開平輿侯，公伯寮壽張侯，司馬耕楚丘侯，樊須益都侯，公西赤鉅野侯，有若平陰侯，巫馬施東阿侯，陳亢南頓侯，梁鱣千乘侯，顏辛陽穀侯，冉孺臨沂侯，冉季諸城侯，伯虔沐陽侯，公孫龍枝江侯，秦冉新息侯，秦祖鄄城侯，漆雕哆濮陽侯，顏高雷澤侯，漆雕徒父高苑侯，壤駟赤上邽侯，林放長山侯，商澤鄒平侯，石作蜀成紀侯，任不齊當陽侯，申棖文登侯，公良孺牟平侯，曹卹上蔡侯，奚容點濟陽侯，句井疆滏陽侯，申黨淄川侯，公祖句兹即墨侯，榮旂厭次侯，縣成武城侯，左人郢南華侯，燕伋汧源侯，鄭國朐山侯，秦非華亭侯，施之常臨濮侯，顏噲濟陰侯，步叔乘博昌侯，顏之僕宛句侯，蘧瑗內黃侯，叔仲會博平侯，顏何堂邑侯，狄黑林慮侯，邽巽高堂侯，孔忠鄆城侯，公西輿如臨朐侯，公西點徐城侯，琴張頓丘侯。

　　七月戊寅，又詔封左丘明瑕丘伯，公羊高臨淄伯，穀梁赤龔丘伯，伏勝乘氏伯，高堂生萊蕪伯，戴聖楚丘伯，毛萇樂壽伯，孔安國曲阜伯，劉向彭城伯，鄭衆中牟伯，杜子春緱氏伯，馬融扶風伯，盧植良鄉伯，鄭康成高密伯，服虔滎陽伯，賈逵岐陽伯，何休任城伯，王弼偃師伯，范甯新野伯。至王肅生前已封蘭陵亭侯，加贈爲司空；杜預生前已封當陽侯，加贈爲司徒。

　　又詔曰："朕乃者封巒禪社，昭列聖之鴻勳；崇德報功，廣百王之彝制。洎言旋於闕里，遂躬謁於魯堂。瞻河海之姿，睟容穆若；出洙泗之上，高風凜然。舉盛典之有加，期斯文之益振。由是推恩世胄，並錫其寵章；祇事祠庭，廣增其奉邑。復念性與天道，德冠生民，議兹玄聖之名，冀廣嚴師之道。兼朕親爲製贊，以表崇儒。至於四科鉅賢，並超五等；七十達者，俱贈列侯。伊彼先儒，皆傳聖道，咸加贈典，俾耀素風。仍命寮寀，分紀遺烈。式晉褒揚之旨，庶資善誘之方。"中書、樞密、三司、兩制、丞郎、待制、館閣直館、校理等分撰贊成，命刻石國學及曲阜廟中。

　　三年，以判國子監孫奭言，國學丁祭差太尉、太常、光禄卿充三獻官，又頒《釋奠儀注》及《祭器圖》於諸路。四年夏五月癸巳，詔州城置孔子廟。五年冬十二月壬申，以國諱改謚孔子曰"至聖文宣王"。七年，從宰相王旦請，以先天節禮畢，詣文宣王廟行禮。仁宗明道元年秋八月戊午，詔國子監重修七十二賢堂，左丘明而下二十一人，悉以本品衣冠圖之。景祐元年，詔釋奠用登歌。神宗熙寧五年，罷貢舉人釋奠。七年，判國子監常秩等請立孟軻、揚雄像於廟庭，兼賜爵號，又請追尊孔子爲帝號。下兩制禮官詳定，以爲非是而止。京兆府學教授蔣蘷請以顏回爲兗國公，毋稱先師，而祭不讀祝，儀物一切降殺，而進閔子騫九人亦載祀典。禮官以孔子、顏子稱號，歷代各有據依，難輒更改，儀物獻祝，亦難降殺，所請九人，已在祀典。熙寧祀儀，十哲皆爲從祀，惟州縣釋奠未載。請自今二京及諸州春秋釋奠，並準熙寧祀儀。

八年，國子監新廟成。常秩等又曰："宣聖神像，舊用冕服九旒；七十二賢、二十一先儒並用朝服。檢會唐開元中，尊孔子爲文宣王，內出王者袞冕之服以衣之。詳此，則孔子之冕宜用天子之制十二旒。孔子既用冕旒，則七十二賢、二十一先儒當各依本爵用冕服。欲乞改正。"下太常禮院詳定。禮院檢會，文宣王廟自建隆三年詔廟門準儀制，令立戟十六枝，用正一品之禮。大中祥符二年，賜曲阜文宣王廟桓圭一，從上公之制。春秋釋奠，則用中祠，皆今朝之制也。其兗國公顏子等，皆以本朝郡國縣封爵。緣古今禮制不一，難以追周之冕服，宜如舊制，依官品衣服。今文宣王冕用九旒，顏子已下，各依郡國縣公[①]侯伯正一品至正四品冠服制度，庶合禮令。從之。

元豐六年冬十月，吏部尚書曾孝寬言："孟軻祠廟在鄒，未加爵命。"詔曰："自孔子没，先王之道不明，發揮微言，以紹三聖，功歸孟氏，萬世所宗。厥惟舊邦，實有祠宇，追加爵號，以示襃崇。可封鄒國公。"

七年夏五月，晉州教授陸長愈奏言："朝廷封孟軻爲鄒國公，爵位既加，則禮宜從祀。乞今後春秋釋奠，並以兗、鄒二公配享。"時太常寺詳議，以孟子異代，非及門弟子，不允所請。而禮部侍郎林希言："唐貞觀二十一年以伏勝、高堂生之徒與顏子俱配享，至今從祀，豈必同時？孟子於孔門，當在顏子之列。又荀況、揚雄、韓愈發明先聖之道，有益學者，久未配食，誠爲缺典。請自今春秋釋奠，以鄒國公配享，設位於兗國公之次。荀況、揚雄、韓愈並加封爵，以世次先後，從祀於左丘明等二十一賢之間。自國子監及天下文廟，皆塑鄒國公像，其冠服同兗國公。畫荀況等像於從祀之列，冠服各從封爵。"詔從之。以鄒國公孟子配享，封荀況蘭陵伯，揚雄成都伯，韓愈昌黎伯，並從祀廟庭，令學士院撰贊文。又詔修四孟釋菜儀。

哲宗元祐元年，從禮官請，定奉聖公家祭冕服等制度頒賜。五年，四十七代奉聖公若蒙請加孔子之子及孫封爵。諫議大夫朱光庭議云："孔鯉雖孔子之子，德未著而早世。惟子思學於曾子，著《中庸》一書，垂之萬世，孟子師之，然後得其傳，固非荀、揚、韓之可及。"謂宜獨加子思封爵。議久未定。至徽宗崇寧元年春二月庚戌，詔曰："孔子之道，萬世所尊，鯉實嗣之，親聞詩禮。魯堂從祀，厥有舊祠，疏以爵封，以示襃

---

①　原脱"公"字，據《文獻通考》卷四四《學校考五》補。

顯。可特封泗水侯。"又詔曰："孔伋聖人之後，孟氏之師，作爲《中庸》，萬世宗仰。眷惟魯郡，實有舊祠，追加爵封，以示褒典。可特封沂水侯。"秋八月甲戌，建外學於國南，詔曰："古者立①學必祭先師，況都城近郊，大闢黌舍，聚四方之士，多且數千，宜建文宣王廟，以便薦獻。"

三年，太常寺言："國朝祀儀，諸壇祠祭，正位居中南面；配位在正位之東南，西向；若兩位亦爲一列，以北爲上；其從祀之位，又在其後。今國子監顏子、孟子配享之位，即與閔子騫等從祀之位同作一列，雖坐次少上，而在文宣王帳座之後，於配食之禮未正。請改正位次，爲圖頒示天下。"從之。夏六月癸酉，詔以王安石配享孔子廟，位鄒國公之次。國子監丞趙子櫟言："唐封孔子爲文宣王，其廟像，內出王者袞冕衣之。今乃循五代故制，服上公之服。七十二子皆周人，而衣冠率用漢制，非是。"詔孔子仍舊，七十二子易以周之冕服。又詔文宣王殿以"大成"爲名。

四年秋八月，國子司業蔣靜言："先聖與門人通被冕服，無別。配享、從祀之人，當從所封爵，服周之服，公之袞冕九章，侯、伯之鷩冕七章。袞，公服也，達於上。鄭氏謂公袞無升龍，誤矣。考之《周官》，司服所掌，則公之冕與王同；弁師所掌，則公之冕與王異。今既考正配享、從祀之服，亦宜考正先聖之冕服。其執圭、立戟，乞並從王者制度。"詔從之。於是增文宣王冕爲十二旒，服十二章，執鎮圭，廟門立二十四戟，並如王者之制。又頒祭服制度於州縣，令皆以法服行禮。

大觀元年，定貢士入學釋菜之儀。二年，從通事郎侯孟請，繪子思像，從祀於左丘明二十四賢之間。四年，議禮局言："《史記·弟子傳》曰，受業身通六藝者，七十有七人。《家語》曰，七十二弟子皆升堂入室者。按：《唐會要》七十七人，而《開元禮》止七十二人，又復去取不一。本朝議臣斷以七十二子之説，取琴張等五人，而去公夏首等十人。今以《家語》《史記》參定，公夏首、后處、公肩定、顏祖、鄡單、罕父黑、秦商、原亢、樂欬、廉潔，《唐會要》《開元禮》亦互見之，皆有伯爵，載於祀典。請追贈侯爵，使與祭享。"詔封公夏首鉅平侯，后處膠東侯，公肩定梁父侯，顏祖富陽侯，鄡單聊城侯，罕父黑祈鄉侯，秦商馮翊侯，原亢樂平侯，樂欬建成侯，廉潔胙城侯。

政和元年夏六月，太常寺言："孔子高弟子所封侯爵，與宣聖名同，失弟子尊師之禮。"乃詔改封曾參武城侯，顓孫師潁川侯，南宮适汝陽侯，司馬耕睢陽侯，琴張陽平侯，左丘明中都伯，穀梁赤睢陵伯，戴聖考城伯。三年春正月癸酉，詔封王安石爲舒王，又封其子雱爲臨川伯，從祀。五年，詔鄒縣孟子廟以樂正子配享，公孫丑以下從祀。封樂正克利國侯，公孫丑壽光伯，萬章博興伯，告子不害東阿伯，孟仲子新泰伯，陳臻蓬萊伯，充虞昌樂伯，屋廬連奉符伯，徐辟仙源伯，陳代沂水伯，彭更雷澤伯，

---

① 按，《宋史·禮志·吉禮八》無"立"字。

公都子平陰伯，咸丘蒙須城伯，高子泗水伯，桃應膠水伯，盆成括萊陽伯，季孫豐城伯，子叔承陽伯。

欽宗靖康元年夏五月戊辰，以右諫議大夫楊時言：“王安石學術之謬，乞追奪王爵，明詔中外，毀去配享之像，使邪説淫辭不爲學者之惑。”詔降王安石依鄭康成例，從祀兩廡。

高宗紹興八年夏六月，以衍聖公孔玠渡江，隔絶林廟，詔衢州於官田内撥給五頃，以奉先聖祀事。十年秋七月，從王普之請，詔改京師釋奠文宣王爲大祀，祀前受誓戒，加籩豆十二，其禮如社稷。州縣仍爲中祀。

孝宗乾道八年，令有司討論釋奠及皇太子入學儀。

淳熙三年，洪邁言：“孟子配食，與顔子並。其師子思，子思之師曾子，皆在其下，於禮儀實爲未然，乞改正。”又趙粹中請削去王安石從祀，皆不報。四年秋七月乙酉，始詔去王雱從祀畫像。時祕閣修撰權禮部侍郎李燾論釋奠從祀孔子，當升范仲淹、歐陽修、司馬光、蘇軾，黜王安石父子。衆議不叶，止黜王雱而已。七年，禮官請依國子監位數、爵號、姓名及祭器頒於州縣。從之。

寧宗慶元元年，仍定文宣王爲中祀。

理宗寶慶三年春正月己巳，詔曰：“朕觀朱熹集注《大學》《論語》《孟子》《中庸》，發揮聖賢藴奥，有補治道。朕勵志學問，緬懷典型，可特贈太師，追封信國公。”紹定三年，改封徽國公。

端平二年春正月甲寅，詔升子思於十哲。又下廷臣議胡瑗、孫明復、邵雍、歐陽修、周敦頤、司馬光、蘇軾、張載、程顥、程頤等十人從祀，議久未決。

淳祐元年春正月，帝將祀太學。甲辰，降御札曰：“朕惟孔子之道，自孟軻後不得其傳，至我朝周敦頤、程顥、程頤、張載，真見力踐，深探聖域，千載絶學，始有指歸。中興以來，又得朱熹精思明辨，表裏融渾，使《中庸》《大學》《語》《孟》之書，本末洞徹，孔子之道，益以大明於世。朕每讀五臣論著，啓沃良多，今視學有日，宜令學官列諸從祀，以副朕崇獎儒先之意。”乃封敦頤汝南伯，顥河南伯，頤伊陽伯，載郿伯。尋以王安石謂“天命不足畏，祖宗不足法，人言不足恤”，爲萬世罪人，豈宜從祀孔子廟庭？黜之。

景定二年春正月，皇太子將釋奠。詔曰：“虎闈齒胄，太子事也，此禮廢久矣。如釋奠、釋菜之事，我朝未嘗廢也。然尊師敬道，又不可拘舊制。可令太子謁拜焉。”丁丑，皇太子禥既釋奠還，奏曰：“先聖之道，至我朝盛時，運際文明，真儒迭起，而後有以續夫孟氏之傳。然其時諸説並駕，未知統一。迨乾淳間，文公臣朱熹與宣公臣張栻、成公臣吕祖謙，志同道合，切磋講磨，如義利之辨，如《近思録》之書，擇精語詳，開牖後學，誠有功於聖門。中間邪説，又幾晦蝕。陛下聖德奮興，罷斥詖邪，表章正學，然後人心一正，聖道大明，天下學士得沿淵源而溯洙泗，實萬世無疆之休。今熹已秩從祀，而栻、祖謙尚未奉明詔,臣竊望焉。”於是詔追封張栻華陽伯、呂祖謙開封伯,並從祀。

度宗咸淳三年春正月,帝將臨太學。降御札曰:“邵雍天挺人豪,英雄蓋世。司馬光有德有言,有功有烈,朱熹贊其與周、程、張俱。雍述《經世書》,發先天之奧旨,而內聖外王之學,實關吾道;光著《通鑑》,貽後世治法,而真履實踐之,爲時儒宗,茲豈前代諸儒或以章句文詞得祀於學者比。朕將臨辟雍,因思朱熹所贊,已祀其四,而尚遺雍、光,非缺典與? 其令學官列諸從祀,以示崇獎。”又特封雍新安伯。又詔曰:“孔子獨稱顏回好學,固非三千之徒所同也,而其學不傳。得聖傳者,獨曾子。曾子傳子思,子思傳孟軻。忠恕兩語,深契一貫之旨;《中庸》一書,丕闡前世之蘊,而孔子之道益著。向非顏、曾、思、孟相繼演繹,著書垂訓,中更管、商、楊、墨、佛、老,幾何其不遂泯哉! 今大成惟顏、孟侑食,曾、思不預,尚爲闕典。先皇帝迹道統之傳,自伏羲以來,著十三贊,孔子而下,顏、曾、思、孟昭然具在,其非以遺我後人乎? 其令禮官議,可升曾、思侑食,並議可升十哲者以聞。”是年春二月,封曾參郕國公,子思沂國公,與顏、孟並配享;封顓孫師爲陳公,升於十哲;更封閔損爲費公,冉耕爲鄆公,冉雍爲薛公,宰予爲齊公,端木賜爲黎公,冉求爲徐公,仲由爲衛公,言偃爲吳公,卜商爲魏公。又詔曰:“泗水侯孔鯉,以先聖爲之父,以子思爲之子,而聞《詩》聞《禮》《周南》《召南》之學,其在《魯論》,著明如此。鄆城侯孔忠,其昆也,亦在從祀之列。伯魚,可列於鄆城侯之次。”

金天會十五年,熙宗新即位,詔立孔子廟於上京。世宗大定十四年,從國子監言,定釋奠儀,禮行三獻,樂用登歌,其儀節多取《開元禮》。又考周制冕服,加聖像冕十二旒,服十二章。初,孟子以燕服在後寢,至是遷於正殿,與顏子對。二賢冕服,並用九章九旒。章宗明昌二年夏五月戊辰,詔諸郡邑文宣王廟隳廢者復之。三年冬十一月丙子,詔臣庶名犯古今帝王而姓復同者禁之。周公、孔子之名,亦令回避。承安二年春丁,帝親釋奠,敕先賢、先儒舊封公者升爲國公,侯者升爲國侯,郕伯以下皆封侯。泰和四年春二月癸丑,詔刺史州郡無宣聖廟學者,並增修之。五年春三月,諭有司,進士名有犯孔子諱者,避之。著爲令。

元太祖初平燕京,從宣撫王楫請,以金樞密院爲宣聖廟。太宗五年冬十二月,敕修孔子廟。八年春三月,復修孔子廟。世祖中統二年夏六月乙卯,詔宣聖廟及管內書院,有司歲時致祭,月朔釋奠,禁諸官員、使臣軍馬毋得侵擾褻瀆。秋八月丁酉,命開平守臣釋奠於宣聖廟。至元四年夏五月丁亥,敕上都重建孔子廟。十年,御史中丞兼領侍儀司上言:“至聖文宣王用王者禮樂,御王者衣冠,南面當坐,天子供祠,具萬世之絶尊,千載之通祀者,莫如吾夫子也。竊見外路官員、提學、教授,每遇春秋二丁,不變常服以供執事,於禮未宜。”於是詔春秋二丁執事官員各依品序、公服陪位,諸儒襴衫、唐巾行禮。二十三年,命雲南諸路皆建學祀先聖。

三十一年,成宗即位。秋七月壬戌,詔以孔子之道垂憲萬世,有國家者,所當崇奉。凡廟學書院，諸官員、使臣軍馬不得侵擾褻瀆。其贍學土地，毋許侵奪，專以供祭祀、贍師生、修廟宇。大德六年夏六月甲子，詔建文宣王廟於京師。先是，京師未有孔子廟，而國學寓於他署。至是，左丞相哈剌哈孫乃始奏建。十年秋八月丁巳，文宣王廟成，行釋奠禮，牲用太牢，樂用登歌。

十一年，武宗即位。秋七月辛巳，詔曰："蓋聞先孔子而聖者，非孔子無以明；後孔子而聖者，非孔子無以法。所謂祖述堯舜，憲章文武，儀範百王，師表萬世者也。朕纂承丕緒，敬仰休風，循治古之良規，舉追封之盛典。加號'大成至聖文宣王'，遣使闕里，祀以太牢。於戲！父子之親，君臣之義，永惟聖教之尊；天地之大，日月之明，奚罄名言之妙。尚資神化，祚我皇元。"

仁宗皇慶二年夏六月甲申，詔以宋儒周敦頤、程顥、程頤、張載、邵雍、司馬光、朱熹、張栻、呂祖謙及故中書左丞許衡從祀孔子廟庭。初，曾子、子思於南宋咸淳間雖躋配位，而元人未用其制。延祐三年秋七月，以御史中丞趙世延言"南北祭禮，不宜有異"，乃詔春秋釋奠以顏、曾、思、孟配享。又詔封孟子父激爲邾國公，母仉氏爲邾國宣獻夫人。六年冬十二月壬戌，追封周敦頤爲道國公，又封蓬瑗爲内黃侯，從祀。

至順元年閏七月戊申，詔曰："闕里有家，系出神明之胄；尼山請禱，天啓聖人之生。朕聿觀人文，敷求往哲，維孔氏之有作，集羣聖之大成。原道統則堯授舜，傳至周文王；論世家則契之湯，下逮正考父，其明德也遠矣，故生知者出焉。有開必先，克昌厥後，如太極之生天地，如滄海之有本源。雲仍既襲於上公之封，考妣宜視夫素王之爵。於戲！君子之道，考而不謬，建而不悖，於以敦典而敍倫；宗廟之禮，愛其所親，敬其所尊，於以報功而崇德。尚篤其慶，以相斯文。齊國公叔梁紇可加封爲啓聖王，魯國太夫人顏氏可加封爲啓聖王太夫人。"又詔曰："昔曾子得聖人之傳，而子思克承厥緒，稽夫《中庸》之一書，實開聖學於千載。朕自臨御以來，每以加惠斯文爲念。萬幾之暇，覽睹載籍，至於致中和而天地位、萬物育，雅留意焉。夫爵秩之崇，既隆於升配；景行之懿，可後於褒嘉？於戲！有仲尼作於前，孰儷世家之盛；得孟子振其後，益昌斯道之傳。渥命其承，茂隆丕緒。可加封沂國述聖公。"時並封顏子兖國復聖公，曾子郕國宗聖公，孟子鄒國亞聖公，程顥豫國公，程頤洛國公。冬十二月己酉，詔以董仲舒從祀孔子廟，位列七十子下。

三年春正月壬午，詔曰："我國家惇典禮以彌文，本閨門而成教。乃睠素王之廟，尚虛元媲之封。有其舉之，斯爲盛矣！大成至聖文宣王妻亓官氏，來嬪聖室，垂裕世家。籩豆大房，自流風於殷禮；琴瑟在御，存燕樂於魯堂。功言邈若於遺聞，儀範儼乎其合德。作爾褘衣之像，稱其命鼎之名。噫！秩秩彝倫，吾欲廣《關雎》《鵲巢》之化；皇皇文治，天其興河圖鳳鳥之祥。可特封大成至聖文宣王夫人。"五月，加封顏子父無繇爲杞國公，諡文裕；母姜氏爲杞國端獻夫人；妻戴氏爲兖國貞素夫人。

　　順帝元統元年，命江浙行省范銅造和寧聖廟祭器，凡百三十有五事。至元五年，以闕里上丁在邇，特遣御史從事高元肅驛致尚醞，供裸酌之用。至正十九年秋八月，浙江行省照磨胡瑜言於行省曰："我朝既已加封先聖大成之號，又追崇宋儒周敦頤等封爵，俾從祀廟庭，報功示勸之道，可謂至矣。然有司討論未盡，尚遺先儒楊時等五人，未列從祀。遂使盛明之世，猶有闕典。惟故宋龍圖閣直學士楊時，親得程門道統之傳，排王氏經義之謬，南渡後朱、張、呂氏之學，其源委脈絡皆出於時。處士李侗，傳河洛之學以授朱熹，凡《集注》所引師說，即其講論之旨。中書舍人胡安國，聞道伊洛，志在《春秋》，纂爲《集傳》，羽翼正經，明天理而扶世教，有功於聖人之門。贈太師榮國公蔡沈，從學朱子，親承指授，著《書集傳》，發明先儒之未及。翰林學士、參知政事真德秀，博學窮經，踐履篤實，當時立僞學之禁以錮善類，德秀晚出，獨以斯文爲己任，講習躬行。此五人者，學問接道統之傳，著述發儒先之祕，其功甚大。況科舉取士，已將胡安國《春秋》、蔡沈《尚書集傳》表章而尊用之，真德秀《大學衍義》亦備經筵講讀，俱應追錫名爵，從祀先聖廟庭，可以敦厚儒風，激勸後學。"行省以聞，下廷臣議，乃允其封爵之請。二十二年秋八月，封楊時吳國公，李侗越國公，胡安國楚國公，蔡沈建國公，真德秀福國公，俱贈太師，而從祀之議竟寢。冬十二月，追諡朱熹父松曰靖獻，改封熹爲齊國公。

　　明太祖洪武元年，詔復孔、顏、孟三氏子孫徭役。定制：每歲春秋上丁釋奠前祀一日，皇帝皮弁服御奉天殿，降香傳制遣官，以丞相初獻，翰林學士、國子祭酒亞、終獻，牲用太牢，樂六奏，文舞六佾。司府州縣衛學，各提調官行事，用少牢，禮如太學，樂不能備則已。京府及附府縣行釋菜禮。時江西崇仁縣訓導羅恢上疏云："孔廟從祀，當以道學論。《論語》記有若言行者四，皆有裨世教；記宰予言行者四，皆見責聖人。宜以有若居十哲，而宰予居兩廡。公伯寮阻壞聖門，不宜從祀。蘧伯玉，孔子故人，行年六十而化，今在兩廡六十位次之下，未當，宜升聖殿。"不報。

　　三年夏六月戊午，詔曰："自有元失馭，羣雄鼎沸，土宇分裂，聲教不同。朕奮起布衣，以安民爲念，訓將練兵，平定華夷，大統以正。永惟爲治之道，必本於禮。考諸祀典，知五嶽、五鎮、四海、四瀆之封，起自唐世，崇名美號，歷代有加。在朕思之，則有不然。夫嶽鎮海瀆皆高山廣水，自天地開闢以至於今，英靈之氣，萃而爲神，必皆受命於上帝，幽微莫測，豈國家封號之所可加？瀆禮不經，莫此爲甚。至如忠臣烈士，雖可加以封號，亦惟當時爲宜。夫禮所以明神人，正名分，不可僭差。今合依古定制，凡嶽鎮海瀆，並去其前代所封名號，止以山水本名稱其神。郡縣城隍神號，一體改正。歷代忠臣烈士，亦依當時初封以爲實號，後世溢美之稱，皆與革去。其孔子善明先王之要道，爲天下師，以濟後世，非有功於一方一時者可比，所有封爵，宜仍其舊。庶幾神人之際，名正言順，於禮爲當，用稱朕以禮祀神之意。"又命曲阜廟庭歲官給牲幣，俾衍聖公供祀事。

四年，令進士釋褐，詣國學，行釋菜禮。更定祭器、禮物、樂舞，改八籩豆爲十籩豆，簠簋登鉶，悉易以瓷。牲用熟，各置高案。樂舞生，擇監生及文武大臣子弟在學者，預教習之。時國子司業宋濂與考祀孔子之禮，上議曰："世之言禮者，咸法孔子。然不以禮祀孔子，是褻祀也。褻祀不敬，不敬無福。古者將祭，主人朝服，即位於阼階東，西面。祝告利成，主人立於阼階上，西面。尸出入，主人降立於阼階東，西面。此皆主人之正位也。卒酳，祝盥手洗，升自西階，主人盥，升自東階。祝先入，南面。主人從，户内西向。祝酳奠，主人西面，再拜稽首，皆爲几筵之在西也。尸升筵，主人西面，立於户内，拜妥尸。尸酢主人，主人西面，奠爵拜，皆爲尸之在西也。漢章帝幸魯祀孔子，帝升廟，西向，是猶有古意。今襲開元二十七年之制，遷神於南面，而行禮者北面，已非神道尚右之義矣。古者，造木主以棲神，天子、諸侯廟皆有主。大夫束帛，士結茅爲菆，無設像之事。今因開元八年之制，摶土而肖像焉，則失神而明之之義矣。古者，灌鬯焫蕭，求神於陰陽也。今用薰薌代之。古者，郊廟祭享，皆設庭燎，示嚴敬也。今以秉炬當之。古之有道有德者，使教焉，死則以爲樂祖，祭於瞽宗，謂之先師。若漢《禮》有高堂生，《樂》有制氏，《詩》有毛公，《書》有伏生之類也。凡始立學者，必釋奠於先聖、先師。非其師，弗學也；非其樂，弗祭也。學校既廢，天下莫知所師，《開元禮》以孔子集羣聖之大成，顏回、曾參、孔伋、孟軻實得孔子之道，尊之以爲先聖、先師，而七十二子俱得通祀於天下，固宜。今也雜實而妄列，甚至荀況之言性惡、揚雄之事王莽、王弼之宗老莊、賈逵之忽細行、杜預之建短喪、馬融之附權勢，亦廁其中。古者立學，專以明倫，子雖齊聖，不先父食。故禹不先鯀，湯不先契，文武不先不窋。宋祖帝乙，鄭祖厲王，猶尚祖也。今一切實而不講。顏回、曾參、孔伋，子也，配享堂上。顏路、曾點、孔鯉，父也，列祀廡間。張載，則二程之表叔也，乃坐其下，顛倒彝倫，莫此爲甚。古者，士之見師，以菜爲贄，故始入學者，必釋菜以禮其先師。其學官四時之祭，乃皆釋奠。今專用春、秋，亦非禮意。釋奠有樂無尸，而釋菜無樂，是二者之輕重，繫乎樂之有無也。今則襲用魏漢津所製大晟之樂，乃先儒所謂亂世之音。古者釋奠、釋菜，名義雖存，而儀注皆不可考。唐《開元禮》仿佛《儀禮・饋食篇》節文爲詳，所謂三獻，各於獻後飲福，即尸酢主人、主婦及賓之義也。今憚其煩，惟於初獻行之。若夫廟制之非宜，冕服之無章，器用雜乎雅俗，升降昧乎左右，如此類甚多，雖更僕不可盡也。昔者，建安熊氏欲以伏羲爲道統之宗，神農、黃帝、堯、舜、禹、湯、文、武各以次而列焉。皋陶、伊尹、太公、周公暨稷、契、夷、益、傅說、箕子，皆天子公卿之師，式宜秩祀天子之學。若孔子，實兼祖述憲章之任，其爲通祀，則自天子下達。苟如其言，則道益尊，三皇不汨於醫師，太公不辱於武夫矣。昔周有天下，立四代之學。學有先聖，虞庠以舜，夏學以禹，殷學以湯，東膠以文王，復取當時左右四聖贊成其德業者，爲之先師，以配享焉。此固天子立學之法也。”議上，帝不悅，責其議不以時上，謫安遠知縣，議亦不果行。

五年，帝覽《孟子》“草芥”“寇讎”語，謂非人臣所宜言，詔罷配享，有諫者以大不敬論。刑部尚書錢唐抗疏入諫曰：“臣爲孟子死，死有餘榮。”時廷臣無不爲唐危。帝鑑其誠懇，不之罪。逾年，帝尋悟，乃下詔曰：“孟子辨異端，闢邪説，以發明孔子之道，宜配享如故。”十五年春三月丙戌，帝諭禮部尚書劉仲質曰：“孔子明帝王之道以教後世，使君君、臣臣、父父、子子綱常以正，彝倫攸敍，其功參乎天地。今天下郡縣廟學並建，而報祀之禮止行京師，豈非闕典？卿與諸臣，其定釋奠禮儀以聞。”於是，始詔天下儒學，每歲春秋仲月通祀孔子。頒《釋奠儀注》，凡府州縣學，籩豆以八，器物牲牢，皆殺於國學，其祭以正官行之。

初，洪武二年，詔春秋釋奠止行於曲阜，天下不必通祀。錢唐伏闕上疏言：“孔子垂教萬世，天下共尊其教，故天下得通祀孔子，報本之禮不可廢。”刑部侍郎程徐①亦疏言：“古今祀典，獨社稷、三皇與孔子通祀。天下民非社稷、三皇則無以生，非孔子之道則無以立。堯、舜、禹、湯、文、武、周公，皆聖人也，然發揮三綱五常之道，載之於經，儀範百王，師表萬世，使世愈降而人極不墜者，孔子力也。孔子以道設教，天下祀之，非祀其人，祀其教也，祀其道也。今使天下之人，讀其書，由其教，行其道，而不得舉其祀，非所以維人心、扶世教也。”疏入，皆不報。至是，乃用其言。夏五月，南京新建太學成，去塑像，設木主，帝遣官以太牢祭告。

十七年，孟氏子孫有以罪輸作京師者二人，帝曰：“大賢之後，雖有罪，亦當屈法宥之。”即命遣還。又諭工部曰：“孟子傳道，有功名教。歷年既久，子孫甚微。近有以罪輸作者，朕聞即命釋之。假令朕不知及，或致死亡，則賢者之後，寖以衰滅，豈禮先賢之意哉？爾等宜加詢問，凡有聖賢之後在輸作者，依例釋之。”二十六年，頒大成樂於天下，郡縣之學於是始皆用樂。二十九年，行人司司副楊砥言：“漢揚雄仕莽爲大夫，劇秦美新，取譏萬世。董仲舒《三策》及正誼明道之言，足以扶翼世教。請退雄進仲舒。”從之，追封仲舒爲江都伯。三十年，以國學孔子廟隘，命工部擴其制。

成祖永樂元年秋八月，建北京國子監新廟。八年，正文廟繪塑衣冠，令合古制。十九年，北京國子監既定其南監春祭，命祭酒行禮，稱“皇帝謹遣”。

宣宗宣德三年，以四川萬縣訓導李譯言，命禮部考正從祀先賢名位，頒示天下。

英宗正統元年，詔免凡聖賢子孫差役，選周、程、張、朱諸儒子孫聰明俊秀可教養者，不拘名數，送所在儒學讀書，仍給廩饌。二年，從大學士楊士奇言，以宋儒胡安國、蔡沈、真德秀從祀。三年，禁天下祀孔子於釋、老宮。時有繪佛、老、夫子三像名“三聖

---

① “程徐”，原作“徐程”，據《明史·錢唐傳》訂正。

祠"者,四川永川訓導諸華疏言之,敕禮部通行禁革。孔、顏、孟三氏教授裴侃疏言:
"天下文廟惟論傳道,以列位次。闕里家廟,宜正父子,以敍彝倫。顏子、曾子、子思,
子也,配享殿庭。無繇、子皙、伯魚,父也,從祀廊廡。非惟名分不正,抑恐神不自安。
況叔梁紇元已追封啓聖王,創殿於大成殿西崇祀,而顏、孟之父俱封公,惟伯魚、子皙
仍封侯,乞追封公爵,偕顏、孟父俱配啓聖王殿。"帝下禮部行之,仍議加封伯魚、子皙
封號。八年,湖廣慈利教諭蔣明請祀元儒吳澄於孔廟,大學士楊士奇等復以爲言,乃
追封臨川郡公,從祀。九年,詔遷寧陵孔子廟於儀封。十三年,詔改故元孔子像之左
衽者。

景帝景泰二年,詔以顏子後希惠、孟子後希文並爲翰林院五經博士,世襲承祀。
此先賢後裔置博士之始。六年春二月,以兩廡祭品儉薄,特增豕隻及黍稷果脯之數。
秋九月壬寅,詔以周敦頤後冕、程頤後克仁、朱熹後居閩者梴,並爲世襲五經博士。

英宗天順元年冬十二月,奉先師像於文淵閣。

憲宗成化二年,以大學士商輅言,改封董仲舒廣川伯,胡安國建寧伯,蔡沈崇安
伯,真德秀浦城伯。十二年,祭酒周洪謨請加孔子美謚,或封帝號,或易"大成至聖"爲
"聖神廣運",既用天子冠服,亦當用天子禮樂,增籩豆爲十二,舞佾爲八。下禮部議。
尚書鄒幹等言:"'聖神廣運',伯益贊堯之詞,不若'大成至聖'出於《孟子》《中庸》。塑
像冕十二旒,衣十二章,蓋因前元之舊,非本朝之制。且謚號、器數之加否,不足爲孔
子輕重,仍舊爲宜。"既而洪謨又言:"自古帝王有天下,莫不因所當因、革所當革。太
祖高皇帝正祀典,革百王封號,惟孔子仍存舊封。天下郡縣皆有三皇廟像,以民間不
可褻瀆,亦皆革去。孔子塑像,惟南京太學易神主外,餘悉仍舊。所因所革,皆以定一
代之規,垂萬世之法。豈可謂所革者爲本朝制,所因者非本朝制乎?又,孔子之道不
外乎禮樂,欲體孔子之道,亦莫先乎禮樂。今冕服既用天子之禮,而佾舞則用諸侯之
樂。以禮論樂,則樂不備;以樂論禮,則禮爲僭。若因循不加釐正,後世必見非笑。乞
內閣大臣並六部、三法司、六科、十三道等官集議,首正其封號,表明孔子周人,當用周
制,所封乃當時天王之王,非後世國王之王。次增其器數爲十二籩豆,舞八佾。則禮
不僭、樂不缺,可以格神靈、厚風化,補前代缺略之典,備聖朝尊崇之制,誠爲便益。"於
是詔增籩豆爲十二,樂用八佾。十六年春二月辛酉,命所在過孔門者,皆下馬。

孝宗弘治八①年,以大學士徐溥等建言,追封楊時將樂伯,從祀,位列司馬光之次。

武宗正德元年夏六月,命南宗孔彥繩爲世襲五經博士,奉衢州孔子廟祀。二年冬
十一月,以北宗孔聞禮爲世襲五經博士,主子思子中庸書院祀。十六年,詔改建孔子
家廟之在衢者。

---

① "八",原作"九",據《明史·孝宗本紀》《明史·禮志·吉禮四》訂正。

　　世宗嘉靖二年，以給事中戴銑等言，命朱熹後裔居徽者塈爲世襲五經博士。初，議者欲改定文廟從祀諸賢及七十二子之祀。禮部侍郎倪岳言：“馬融、王弼之徒，其立身不可無貶，然秦漢以來，六經出煨燼，賴諸儒抱遺經，專門講授，經以復存。唐之注疏，咸祖其言，而今之經傳，引用尚多，其說何可盡廢？七十二子名字，自馬、遷以來，相沿已久。今生千百年後，安敢臆定！”於是悉仍其舊。後少詹程敏政又請黜馬融等八人之祀，而祭酒謝鐸又請黜吳澄之祀，給事中張九功並請罷荀況、公伯寮、蘧瑗等，而進后蒼、王通、胡瑗。時爲禮部尚書周洪謨、傅瀚等所卻而止。先是，裴侃有請以顏、曾、思三子父列配啓聖之議，但行之闕里，未推於國學及天下郡縣學宮。南京國學易像爲主，北京猶未之改。至是，大學士張璁方以議禮得進。

　　九年冬十月，乃緣帝意，更定一切祀儀，因疏請正文廟祀典曰：

　　　　夫子聖人，生不得位，沒而以南面之禮尊之，似矣。然王，君之號也。夫子，人臣也。生非王爵，死而謚之，可乎哉？蓋名者，實之著也。無其實，有其名，謂之淫名。夫子生不獲有尺寸之土，今而以有天下之號歸之，曾謂無實之稱，足以榮聖人乎哉！《書》：“天降下民，作之君，作之師。”古者治教之職不分，君即師也。二帝三王，盡君師之責者也。若夫子，則不得君而師者也。師也者，君之所不得而臣者也。故曰，雖詔於天子，無北面，所以尊師也。彼以王爵之貴爲隆於稱師者，習俗之見也。且歷代帝王所以尊孔子者，尊其道也。道之所在，師之所在也。故以天子而尊匹夫，不嫌於屈。使孔子無其道，雖王天下，豈足當萬代之祀？稱帝稱王，豈若稱先聖、先師之合禮乎？又，有若曰：“自生民以來，未有盛於孔子者也。”豈一言一行之善，而可以節惠立謚。“文”之爲言，《謚法》有所謂經天緯地者，孔子亦曰“文王既沒，文不茲乎”，以謚固亦幾矣。若夫“宣”之爲言，謚法美者，不過聖善周聞而已，豈足以盡聖人之大德哉！又，朱熹曰：“先聖本不當設像，春秋祭時，只設主可也。”丘濬曰：“塑像之設，中國無之，自佛教入中國始有也。”姚燧有言《北史》敢有造泥銅人者門誅。則泥人固非中土爲主以祀聖人法也。後世莫覺其非，亦化其道而爲之，郡異縣殊，不一其狀，長短豐瘠，老少美惡，惟其工之巧拙是隨。就使盡善，亦豈其生時盛德之容，甚非神而明之、無聲無臭之道也。夫國學廟貌，非但師生瞻仰之所，天子視學，實於是乎致禮焉。聖人，百世之師，坐而不起，猶之可也。若夫從祀諸儒，皆前代搢紳，或當代臣子，君拜於下，臣坐於上，竊恐聖賢在天之靈，亦有所不安也。臣惟文廟之在南京者，固已行聖祖之制，今天下郡邑恐於勞民，無俟改革。惟國學乃天子臨視之所，乞如聖祖之制。又，八佾、十二籩豆，天子之禮，所以用於郊廟者也。古之諸侯，惟杞、宋得用先代禮樂，他雖周公有大功，魯用天子禮樂，孔子亦不欲觀，以其僭也。況今各府州縣,可僭天子禮樂乎? 推孔子敬天之心,肯安然享之而同於天乎? 推孔子敬君之心,又肯安然享之而同於天子乎?

又,宋洪邁曰:"自唐以來,以孔門高弟顏淵至子夏爲十哲,坐祀於堂上。其後升顏子配享,則進曾子於堂。顏子之父路、曾子之父點,乃在廡下從祀之列,子處父上,神靈有知,何以自安?"姚燧曰:"由孟子而視子思,師也;由子思而視曾子,又師也。子思,孔子孫也。弟子於師,孫於祖,坐而語道者有之,非可並南面,況又祀無鯀、點、鯉於庭。夫學宫將以明人倫於天下,而倒施錯置如此,奚以爲訓?"熊禾曰:"宜別設一室,以齊國公叔梁紇居中,南面;顏路、曾點、孔鯉、孟孫氏侑食,東西向。春秋二祀,當先聖酌獻之時,以齒德之尊者爲分獻官,行禮於齊國公之前,其配位亦如之。如此,則亦可以示有尊而教民孝矣。"臣愚乞下有司,於各處廟學,別立一祠,如禾説,庶不失以禮尊奉聖賢之意。

臣又竊觀聖學失傳千五百年,至程朱出而後孟氏之統始續,則程朱之先亦不可缺。況程子之父珦,首識濂溪周子於屬掾之中,薦以自代,而又使二子從遊。朱子之父松臨没之時,以朱子托其友籍溪胡氏,而得程氏之學。珦以不附王安石新法,退居於洛。松以不附秦檜和議,奉祠於閩。其歷官行己,俱有足稱述。臣愚乞將珦、松從祀啓聖王,使學者知道學之傳,有開必先,明人倫之義,不爲虛文矣。

又,謹按程敏政奏曰:"唐貞觀二十一年,始以左丘明等二十二人從祀孔子廟庭。當時聖學不明,議者無識,拘於舊注,釋奠先師,如《詩》有毛公,《禮》有高堂生,《書》有伏生之類,遂以專門訓詁之學爲得聖道之傳,而並及馬融等,行之至今。臣考歷代正史,馬融初應鄧騭之召爲校書郎中,歷官南郡太守,以貪濁免官,髡徒朔方,自刺不殊。[1] 又不拘儒者之節,前授生徒,後列女樂,爲梁冀草奏殺忠臣李固,作《西第頌》以美冀,爲正直所羞,五經掃地。劉向初以獻賦進,喜誦神仙方術,嘗上言黄金可成,鑄作不驗,下吏當死,其兄陽城侯救之獲免。所著《洪範五行傳》最爲舛駁,使箕子經世微言,流爲陰陽術家之小技。賈逵以獻頌爲郎,不修小節,專以傅會圖讖,以致貴顯,蓋左道亂政之人也。王弼與何晏倡爲清談,所注《易》專祖老莊。范甯追究晉室之亂,以爲王、何之罪,深於桀、紂。何休《春秋解詁》一書,黜周王魯,又注風角等書,班之於《孝經》《論語》,蓋異端邪説之流也。戴聖爲九江太守,治行多不法,懼何武劾之而自免,後爲博士,毀武於朝。及子賓客爲盜繫獄,而武平心決之,得不死,則又造謝不慚。先儒謂聖禮家之宗,而身爲贓吏,子爲賊徒,可爲世鑑。王肅在魏,以女適司馬昭。當時昭篡魏之勢已成,肅

---

[1]　"殊",原作"除",據程敏政《篁墩文集》卷一〇《奏考正祀典》改。

爲世臣,封蘭陵侯,官至中領軍,乃坐視成敗。及毌丘儉、文欽起兵討賊,肅又爲司馬師畫策以濟其惡。若好人佞己,乃過之小者。杜預所著止有《左氏經傳集解》,其大節亦無可稱。如守襄陽,則數饋遺洛中貴要,語人曰'懼其爲害耳,非以求益也';伐吳之際,因䂣瘦之讒,盡殺江陵之人。以吏則不廉,以將則不義。凡此諸人,其於名教得罪非小,而議者謂能守其遺經,轉相授受,以待後之學者,不爲無功。臣竊以爲不然。夫守其遺經,若左丘明、公羊高、穀梁赤之於《春秋》,伏勝、孔安國之於《書》,毛萇之於《詩》,高堂生之於《儀禮》,后蒼之於《禮記》,杜子春之於《周禮》,可以當之。蓋秦火之後,惟《易》以卜筮僅存,餘經非此九人則幾乎熄矣!此其功之不可泯者,以之從祀可也。若融等,不過訓詁此九人所傳者耳,況其書行於唐,故唐姑以備經師之數祀之。今當理學大明之後,《易》用程朱,《詩》用朱子,《書》用蔡氏,《春秋》用胡氏,又何取於漢魏以來駁而不正之人,使安享天下之祀哉?夫所以祀之者,非徒使學者誦其詩、讀其書,亦將識其人而使之尚友也。臣恐學者習其訓詁之文,於身心未必有補,而考其姦諂、淫邪、貪墨、怪妄之迹,將自甘於效尤之地,曰先賢亦若此哉,其禍儒害道,將有不可勝言者矣。至於鄭眾、盧植、鄭康成、服虔、范甯五人,雖若無過,然其所行亦未能以窺聖門,所著亦未能以發聖學,若五人者得預從祀,則漢唐以來當預者尚多。臣愚乞將戴聖、劉向、賈逵、馬融、何休、王肅、王弼、杜預八人褫爵罷祀,鄭眾、盧植、鄭康成、服虔、范甯五人各祀於其鄉。后蒼在漢初說《禮》數萬言,號《后氏曲臺記》,戴聖等皆受其業。蓋今《禮記》之書,非后氏則不復傳於世矣。乞加封爵,與左丘明等一體從祀。

　　"又,孔子弟子見於《家語》,自顏回而下七十六人。《家語》之書,出於孔氏,當得其實。而司馬遷《史記》所載,多公伯寮、秦冉、顏何三人;文翁成都廟壁所畫,又多蘧瑗、林放、申棖三人。先儒謂後人以所見增益,殆未可據。臣考宋邢昺《論語注疏》,申棖,孔子弟子,在《家語》作'申續',《史記》作'申黨',其實一也。今廟庭從祀,申棖封文登侯,在東廡;申黨封淄川侯,在西廡。重複無稽,一至於此。且公伯寮愬子路以沮孔子,乃聖門之蟊螣;而孔子稱瑗爲夫子,決非及門之士;林放雖嘗問禮,然《家語》、《史記》、邢昺《注疏》、朱子《集注》俱不載諸弟子之列;秦冉、顏何,疑亦爲字畫相近之誤,如申棖、申黨者,但不可考耳。臣愚以爲,申棖、申黨位號宜存其一,公伯寮、秦冉、顏何、蘧瑗、林放五人既不載於《家語》七十子之數,宜罷其祀。若瑗、放二人不可無祀,則乞祀瑗於衛,祀放於魯,或附祭於本處鄉賢祠,仍其舊爵,以見優崇賢者之意,亦庶乎名實相符而不舛於禮也。

　　"又,洪武二十九年,行人司司副楊砥建議請黜揚雄,進董仲舒,太祖高皇帝嘉納其言而行之。主張斯道,以淑人心,可謂大矣!然荀況、揚雄實相伯仲,而況以性爲惡，以禮爲僞，以子思、孟子爲亂天下，以子張、子夏、子游爲賤儒，故程子有荀卿過多、揚雄過少之説。今言者欲並黜其祀，宜然也。臣竊以爲漢儒莫如董仲舒，唐儒莫如韓愈，而尚有可議者一人，文中子王通是也。通之言行，先儒之論已多，大約以爲僭經而不得比於董、韓云爾。臣請斷之以程朱之説。程子曰：‘王通，隱德君子也。論其粹處，殆非荀、揚所及。若續經之類，皆非其作。’然則程子豈私於通哉！正因其言之粹者，而知其非僭經之人耳。朱子曰：‘文中子論治體處，高似仲舒，而本領不及；爽似仲舒，而純不及。’又曰：‘韓子《原道》諸篇，若非通所及者，然終不免文士之習，利達之求。若覽觀古今之變，措諸事業，恐未若通之精到懇惻而有條理也。至於河汾師道之立，出於魏晉佛老之餘，迨今人以爲盛，則通固豪傑之士也。’又，宋儒自周子以下九人同列從祀，而尚有可議者一人，安定胡瑗是也。瑗之言行，先儒之論已詳，大約以爲少著述而不比於濂洛云爾。臣亦請斷以程子之説。程子《看詳學制》曰：‘宜建尊賢堂，以延天下道德之士，如胡瑗、張載、邵雍，使學者得以矜式。朱子《小學》書亦備載瑗事，以爲百世之法。臣以爲自秦漢以來，師道之立，未有過瑗者。若以爲瑗無著述之功，則元之許衡亦無著述，但其身教之懿，與瑗相望，誠有不可偏廢者。臣考之《禮》，‘有道有德者，使教焉，死則以爲樂祖，祭於瞽宗’，若通、瑗兩人之師道，百世如新，得加封爵，使與衡同祀於學宮，最得禮意。’”

謝鐸奏曰：“孔廟從祀之賢，實萬世瞻仰所繫。若臨川郡公吳澄，著述雖不爲不多，行檢則不無可議。生長於淳祐，貢舉於咸淳，受宋之恩者，已如此之久。爲國子司業，爲翰林學士，歷元之官者，乃如彼其榮。處中國而居然夷狄，忘君親而不恥仇虜。昔人謂其專務聖賢之學，卓然進退之際，不識聖賢之於進退果如是否乎？如是而猶在從祀之列，臣固不能以無惑。舉人桂蕚議曰：‘嘗讀《宋史》，朱熹疏釋《四書》及《易》《詩傳》《通鑑綱目》，皆與元定參訂；《啟蒙》一書，則元定之藁。又曰，元定平生學問，皆寓朱子書集。’又曰：‘朱子論《易》，推本圖書，往往與元定往復而有發焉。’更復考其所著成書，有《律呂新書》《皇極指要》《洪範解》《大衍詳説》等篇。昔我太宗編集《性理全書》，《指要》《新書》固已擢録，至於《範數》雖止入其子沈之所著，沈蓋受於元定，不由師傳而自得之也。先王制祀，以死勤事則祀之。竊以元定蓋亦勤斯道而竄死，與古以死勤事者同，所宜從祀。”

臣謹詳敏政所奏，多正論可採。弘治初，禮部照例會官議，率爲沮格不行。及按《孝宗實録》云：“鐸議吳澄不當從祀，尚書傅瀚力詆鐸言爲謬，又力稱前人之請爲有見，不可遽易。侍郎焦芳曰：‘所謂前人者，蓋楊士奇也。今天下方議其當柄用之際，雖從祀大事，猶能私庇其鄉人，可又襲其非邪？’瀚竟引《禮》所謂‘凡祭，有其舉之莫敢廢’，《詩》《書》所謂‘率由舊章’‘監於成憲’，以文其説，而於澄忘宋事元之大節，略不及。澄遂仍舊從祀，而鐸議皆寢。論者謂：'士奇之以澄欺宣廟，非特私其鄉人，而措意亦有在。瀚不悟此，則惟溺鄉里之私，而不顧君臣之大倫，正道統之攸繫，乃據爲舊章成憲，再不可議。然則楊時奏黜王安石之配享，當時安石豈無朝命而配享哉？特其命雖出自朝廷，而事實由臣下阿私所親，以誤朝命，而非天下之公議，所以易之，①後世竟不以爲過也。'"

臣又按：歐陽修乃有宋一代人物，未與從祀。嘗觀其所著《本論》，實有翊衛聖道之功。蘇軾曰："自漢以來，道術不出於孔氏而亂天下者多矣！五百餘年而後得韓愈，學者以配孟氏，蓋庶幾焉。愈之後三百有餘年，而後得歐陽子。其學推韓愈、孟子以達於孔氏，故天下翕然師尊之，曰：'歐陽子，今之韓愈也。'"夫韓愈既已從祀，歐陽修豈可闕哉？

帝下其疏，命禮部會翰林諸臣議。明日，璁再疏陳孔子謚號之不可不正。帝乃御製《正孔子祀典説》及《申記》。璁又作《正孔子廟祀典或問》奏之。並下禮部，敕速議更正。時翰林編修張衮、徐階、給事中王汝梅等極言其不可，帝皆指爲謬論，録《説》《記》示之。謫階延平府推官。而御史黎貫等言："周公成文武之德，追王太王、王季。聖祖登極，追崇德、懿、熙、仁四祖皆爲皇帝，是亦周人推本之意，不以位論也。至臣子如徐達等，身没之後，追爵爲王，或及其祖考，是皆未有王號，没而追尊之也。且初正祀典，嶽瀆諸神皆去其號，惟孔子如故，良有深意存焉。陛下疑孔子之祀，上擬祀天之禮。夫子之不可及也，猶天之不可階而升也，雖擬諸天，似不爲過，況其未也。今必欲去王號以極尊崇之實，減籩豆樂舞以別郊祀之禮。夫有王號而後享王祀、居王居。若云先師，則如高堂生、毛公、伏生之流，非惟八佾十二籩豆爲僭矣，六佾十籩豆亦爲僭矣！非惟像當毁，複屋重簷亦當毁矣！自唐尊孔子爲文宣王，已用天子禮樂。宋真宗嘗欲封孔子爲帝，或言周止稱王，不當加帝號。而羅從彥之論，謂襲其舊可也，帝王亦可也。周敦頤謂萬世無窮，王祀夫子。邵雍謂仲尼以萬世爲王。②邵伯温謂亘古今、窮天地，一人而已。周洪謨亦謂以孔子周人不必稱帝，猶之可也；若謂陪臣，非崇德報功之意。其謂孔子不當稱王者，止吳澄一人而已。伏望博採羣言，務求至當。上不失聖祖之初意，下不致天下之驚疑，中不致禮意軒輊。臣等幸甚。"疏上，帝怒其指斥追尊事，謂爲姦逆，下法司按治，褫官職爲民。

於是禮部會同內閣、翰詹諸臣上言："孔子享祭學宮，本緣尊以先師之故。自唐加王號，而先師之名遂泯。人以聖人爲至，聖人以孔子爲至。宋真宗稱孔子爲至聖，其義已備。今宜令兩京國子監及天下學校，於孔子神位題稱至聖先師孔子，去王號及大

---

① "易"，原作"議"，據《明孝宗實録》卷一七三改。
② "王"，原作"土"，據《明史・禮志四》《欽定續文獻通考・學校考》訂正。

成、文宣之稱,改大成殿爲先師廟,大成門爲廟門。四配稱復聖顏子、宗聖曾子、述聖子思子、亞聖孟子。十哲以下凡及門弟子,皆稱先賢某子。左丘明以下,皆稱先儒某子。去公侯伯爵。依南京國子監規制,製木主,仍擬大小尺寸,著爲定式。其塑像,國子監責祭酒等官,學校責提學等,盡行屏撤,以別釋氏之教。春秋祭祀,遵舊制,國學用十籩豆,天下八籩豆,以別郊廟之祀。樂舞止用六佾。凡學別立啓聖祠,中祀叔梁,題啓聖公孔氏神位,以顏無繇、曾點、孔鯉、孟孫氏配,俱稱先賢某氏。兩廡以程珦、朱松、蔡元定從祀,俱稱先儒。祭祀與文廟同日,籩豆牲帛視四配,東西配位視十哲,從祀先儒視兩廡。國學以祭酒主祭,南京則以司業。從祀申黨即申棖,宜存申棖,去申黨。公伯寮、秦冉、顏何、荀況、戴聖、劉向、賈逵、馬融、何休、王肅、王弼、杜預、吳澄十三人,俱宜如所論罷祀。林放、蘧瑗、鄭衆、盧植、鄭康成、服虔、范甯七人,俱宜如所論各祀於鄉。后蒼、王通、歐陽修、胡瑗四人,俱宜如所論增入從祀。"十一月奏上,詔悉如議行。

帝乃親製祭文,遣官告孔子曰:"自昔混沌之初,天命羲農軒聖,創世開物,至堯、舜、禹、湯、文、武、周公以及先師,列聖相繼,奉天行道,立教誨人。肆我聖祖,再造區宇,化行天下。我聖祖崇禮於先師者,御製有文,典冊俱在。予惟寡昧之人,仰遵祖憲,去前元褻慢之偶像,如祖制尊崇之聖謨,號稱核實,俎豆究本,以遵禮典,兼體先師至意。予實不聰,賴先師默鑑及良輔洪儒所贊之也。爰擇令辰,特命大臣奉安先師神位以及配從之人於此,惟先師鑑知,永依陟降,大運神化,教我君民,俾予性理蚤開,而無負皇天付托之眷命,暨士庶學業咸正,而無違傳道之至情。予實有望焉,惟先師覺之。"

又以行人司薛侃言,增陸九淵從祀。是年初,祀聖師於文華殿東間。其制:伏羲、神農、黃帝、堯、舜、禹、湯、文、武皆南面,周公、孔子東西相向。經筵前一日,帝親致祭,服皮弁,行釋奠禮。每月朔望,具果酒,帝服黃袍,行禮。間遣輔臣及大臣代。

十年,國子監啓聖祠成。十四年冬十一月庚辰,置世襲國子學正,奉儀封孔子廟祀,以孔承寅承襲。十八年春二月,以曾子後質粹世襲五經博士。

穆宗隆慶五年,給事中韓楫等、十三道御史馬三樂等交章請以故禮部侍郎薛瑄從祀,而先時給事中趙軏、御史周弘祖亦以爲言,御史耿定向則以薛瑄及王守仁二人請,給事中魏時亮又以瑄及陳獻章、王守仁三人請,俱下禮部,會廷臣議。是時,議者頗詆王氏學,而陳獻章亦間有不與者,獨於瑄則無異詞,僉曰:"薛瑄方幼年,一見濂洛諸書,即嘆曰:'此道學正脈也。'遂棄去詞賦,專心於是。其學以復性爲的,以居敬窮理爲功,以反躬踐履爲實。潛心體究,至老彌精,充養之純,超然自得。平生言動舉止,悉合於矩,辭受取與,一揆諸義。居家則孝友無間,與人則樂易可親,中正足以矯枉闢邪,剛直足以廉頑立懦。所有《讀書錄》《河汾集》,雖不專以述作爲事,而隻簡片言,皆可師法，微詞奧義，悉合聖謨，至今學者莫不尊信而誦習之。至於立朝行己之際，不折節於權門，不謝恩於私室，不屈法於貴近，不懾志於臨刑，榮辱無以關其心，死生無以易其操，故一時從學者有‘河東夫子’之稱，‘一代真儒’之許，至今無異議焉。間有疑其著述之寡者，不知學貴心得，道在躬行，矧瑄所著書，且十餘萬言，不爲不多，於從祀爲宜。”議上，於是詔以薛瑄從祀，列於先儒呂祖謙之下。命祭酒馬自强行釋奠禮，以從祀告於先師孔子，通行天下。神宗萬曆間，中外臣工又有以陳獻章、王守仁及胡居仁、蔡清、羅倫、章懋、黃仲昭、陳真晟、吳與弼、呂柟、羅欽順、鄒守益諸人請者，下禮官及廷臣會議，議久不決。十二年，禮部尚書沈鯉以胡居仁淵源孔孟，純粹篤實，請獨祀居仁。而議者又謂，守仁言致知出《大學》，良知出《孟子》，獻章博而能約，誠足動人，不可謂禪，並宜崇祀，一以明真儒之有用，一以明實學之自得。於是詔檢討陳獻章、布衣胡居仁、新建伯王守仁並從祀。

二十三年，以湖廣巡撫郭惟賢等言，詔以宋儒周敦頤之父輔成從祀啓聖祠，又定每歲仲春秋上丁日御殿傳制，遣大臣祭先師及配位，其十哲以翰林官、兩廡以國子監官各二員分獻。初，兩京國學先師廟皆用青瓦，二十八年從司業傅新德請，易以綠琉璃瓦。四十四年，巡按山東御史畢懋康具疏，請修曲阜孔子廟，因附奏曰：“子思之不稱‘孔子’，避先聖也。今西廡如忠、如安國，乃俱稱曰‘孔子’，不幾冒先聖之稱乎？改忠爲‘先賢子蔑子’、安國爲‘先儒子國子’，皆以字行，似爲妥當。孟廡從祀有季孫、子叔疑，因趙岐注二子皆孟子門人，故誤與從祀之列。今既遵紫陽解，則其爲引言而非門人明甚。況所謂季孫、子叔疑，恐亦當時執政之儔，且不知其爲人，祀之門牆，甚無謂也。盆成括亦非孟子門人，況見議於孟子。此三人者，似當依公伯寮、秦冉之例罷之。嘉靖時，輔臣張璁題正祀典，世廟嘉納其言，孔門弟子及諸從祀者並罷封爵。乃孟子廟主，尚稱鄒國亞聖公，樂正子以下稱侯伯。夫孔子已易王者之號，而孟子猶號鄒公，孟子主在配享者已定亞聖之稱，而弟子猶稱侯伯，諸賢冥冥之中，必有不安，且非所以一王制而妥神靈，請仿孔廟近例，改其稱號，則舛謬正而祀典益光矣。”疏入，雖得報聞，然竟不果行。四十七年，從福建巡撫丁繼宗請，以宋儒羅從彥、李侗從祀。

熹宗天啓二年，詔以張載後文運爲世襲五經博士。

莊烈帝崇禎三年，河南巡撫李日宣上言：“孔廟從祀，兩程並列。今二程已有世爵，而大程獨無。訪其嫡裔，竟無可考。請以二程之後名接道者，繼大程爲嗣，予以世爵，使奉祠廟。”詔從之，乃以接道爲世襲五經博士。又以河南巡按吳甡請，詔以邵雍後繼祖爲世襲五經博士。十四年秋八月，帝諭禮部曰：“朕覽我聖祖命儒臣纂輯《五經四書大全》，其中傳注引證，惟宋儒周子、二程子、朱子、張子、邵子爲多，可見理學大明於宋，而周、程、張、朱子大有功於聖門也。今與周、秦、漢、唐諸儒並稱先儒，竊爲不安。茲欲特加崇隆，是否可行？著禮部、翰林院、國子監、禮科等衙門會同詳議。”時廷議周、程六子宜稱先賢，並請漢儒董仲舒、隋儒王通亦稱先賢，且宋從祀至十八人，今止四人爲太少，宜以吳與弼、羅倫、蔡清、陳真晟、陳琛、呂柟、王艮、章懋、羅洪先、鄧元錫、顧憲成等從祀。議上，帝令候旨行。十五年，詔以左丘明受經於聖人，改稱先賢；幷改周、程、張、朱、邵六子並稱先賢，位七十子下、漢唐諸儒上。十六年，詔以仲子後于陛爲世襲五經博士。

國朝崇德元年，遣官祭孔子廟。五年春，定春秋二仲上丁行釋奠禮。

順治元年，定月朔及進士釋褐、釋菜禮，月望行香儀。二年春正月，國子監祭酒李若琳奏言：“臣聞備古今之至德者，宜享古今之隆稱。昔孔子之贊乾坤曰大哉乾元、至哉坤元，曰大成，曰至聖，洵非孔子之德配乾坤者，莫能當之。今稱至聖而遺大成，得毋乾坤之義未備乎？又，《諡法》‘經天緯地曰文’‘聖善周聞曰宣’，洵非孔子之德兼君師者，莫能當之。今止稱先師而遺諡號。然則古今之英君誼辟止曰某君、某王，而去聖神文武之諡，可乎？惟稱曰大成至聖文宣先師孔子，庶至德隆名，昭代倍爲闡揚，祀典於焉有光矣。”疏下禮臣議。禮科都給事中龔鼎孳又言：“李若琳所請，誠至當不易之論，無俟臣言。至佾舞益而八、籩豆益而十二，雖曰天子禮樂，然既素王奉之矣，德足配天，則不可以位限，況聖功大於堯舜者哉。且成均天子釋菜尊師之地，以天子自尊其師，而用天子禮樂，誰曰不宜？大成殿額更爲先師廟，意存簡樸，匪由舊章，幾令峻極之宮牆，不得與梵寺、琳宮比美，紳衿之士，入駿奔而出瞻仰，能不色沮心惡乎？矧廟者統詞殿，則棲身之所也。譬之堂焉、室焉，各有其處，安得淆之。故大成殿之名，不可不復。宋元以來，人品醇疵，了然在人耳目。嘉靖中，登歐陽修而遺范仲淹。仲淹力振綱常，首扶神器，兼於戎馬倥傯之際，以《中庸》誨引張載，俾成大儒。彬彬乎，歐陽子之右矣！乃不得分芹藻之末光，不平孰甚！乞下臣章，令諸臣一並博議。”奉世祖章皇帝聖旨，加稱大成至聖文宣先師孔子。既監科考訂僉同，准如議行。一應禮儀，還照明朝舊例，不必更改。十四年，仍改號至聖先師孔子。是年，行經筵禮，親祭先師孔子。以文華殿未成，暫於弘德殿設位致祭。

康熙二十三年，聖祖仁皇帝幸魯，御書“萬世師表”四字，懸大成殿。明年，頒天下學宮。二十五年，文華殿告成，設孔子神位於傳心殿。三十九年，置閔氏、端木氏世襲五經博士，以其裔孫閔衍榴、端木謙爲之。四十九年，詔直省同城大小武職，照文職一體入聖廟行禮。五十一年，以先賢朱子發明聖道，軌於至正，奉旨特升配大成殿十哲之次。又置言氏世襲五經博士，以其裔孫德堅爲之。五十四年，從江南學政余正健請，以宋儒范仲淹從祀文廟。五十九年，從山東巡撫李樹德請，以卜子後尊賢爲世襲五經博士。

雍正元年春三月甲午，世宗憲皇帝諭內閣、禮部曰：“至聖先師孔子道冠古今，德參天地，樹百王之模範，立萬世之宗師，其爲功於天下者至矣！而水源木本，積厚流光，有開必先，克昌厥後，則聖人之祖考，宜膺崇厚之褒封。所以追溯前徽，不忘所自也。粵稽舊制，孔子之父叔梁紇，於宋真宗時追封啓聖公。自宋以後，歷代遵循。而叔梁紇以上，則向來未加封號，亦未奉祀祠庭。朕仰體皇考崇儒重道之盛心，敬修崇德報功之典禮，意欲追封五代，並享蒸嘗，用伸景仰之誠，庶慰羹牆之慕。內閣、禮部可會同確議具奏。”夏四月丁亥，廷臣以孔子先世五代應俱封公爵議上。

上諭曰：“五倫爲百行之本，天地君親師，人所宜重。而天地君親之義，又賴師教以明。自古師道無過於孔子，誠首出之聖也。我皇考崇儒重道，超軼千古，凡尊崇孔子，典禮無不備至。朕蒙皇考教育，自幼讀書，心切景仰，欲再加尊崇，更無可增之處，故敕部追封孔子先世五代。今部議封公，上考歷代帝王，皆有尊崇之典，唐明皇封孔子爲文宣王；宋真宗加封至聖文宣王，封孔子父叔梁紇爲齊國公；元加封孔子爲大成至聖文宣王，加封齊國公爲啓聖王；至明嘉靖時，猶以王係臣爵，改稱爲至聖先師孔子，改啓聖王爲啓聖公。王、公雖同屬尊稱，朕意以爲王爵較尊，孔子五代應否封王之處，著問諸大臣具奏。”廷臣遵旨，更以追封王爵議上。詔追封木金父公爲肇聖王，祈父公爲裕聖王，防叔公爲詒聖王，伯夏公爲昌聖王，叔梁公爲啓聖王。遣禮部尚書張伯行詣闕里祭告，行冊封禮。

冊曰：“右文稽古，思統緒之相承；重道尊師，溯淵源於自遠。舉千秋之曠典，蘋藻維馨；超五等之崇封，絲綸式煥。緬維先師孔子之五世祖木金父公，系本殷朝，居從魯國。治惟尚質，傳僕素之舊風；貴而彌恭，守謙和之家法。積功累行，聿弘毓聖之基；貽慶鍾祥，遂極生民之盛。朕初登大寶，欽想前規，欲伸景仰之誠，用議顯揚之制。特追封爲肇聖王，錫之冊命。於戲！克昌厥後，永立人倫之宗；有開必先，並膺素王之號。服茲嘉命，垂示無窮。”

又曰：“道高聖域，宜推師表之源；恩浹儒宗，用廣尊崇之典。擬王封而晉秩，禮軼古今；定鴻號而加稱，榮增洙泗。緬維先師孔子之高祖祈父公，系出嫡宗，望隆宋國。姓分公族，爲孔氏之再傳；瑞啓聖人，逮宣尼而間出。溯淵源於累葉，知德盛而世昌。鍾靈秀於一人，實教尊而功溥。朕羹牆至聖，寤寐前徽，思敬禮之加隆，必恩綸之及遠。特追封爲裕聖王，錫之冊命。於戲！袞衣端冕，視躬桓蒲穀而彌尊；春禴秋嘗，與鳧繹龜蒙而並久。膺茲寵命，永荷鴻休。”

又曰：“聖人覺世，道有開而必先；王者尊師，禮必隆於所自。備顯揚之典，用煥千秋；申嚮往之誠，特超五瑞。緬維先師孔子之曾祖防叔公，殷朝賢裔，魯國儒宗。潛德彌彰，守高曾之矩矱；詒謀自遠，蘊詩禮之淵源。聿開天縱之能，四科立教；爰啓時中之聖，一貫傳心。朕寶歷初膺，前徽是式，溯儀型而景仰，加名號以褒崇。特追封爲詒聖王，錫之冊命。於戲！俎豆常新，峻秩與尼山並時；絲綸誕貴，恩光與泗水常流。永荷崇嘉，昭垂無斁。”

又曰："化民善俗,道首賴乎師資;累行積功,誼應推夫祖德。閱再傳而誕聖,垂裕貽謀;超五等而加封,創興盛典。緬維先師孔子之祖伯夏公,東山毓秀,泗水鍾靈。生秉禮守義之邦,漸摩既久;奉崇信尊賢之訓,牖迪尤深。集慶在躬,早兆四科之教;克昌厥後,遂開萬世之蒙。朕寶歷初膺,景行彌切,推降祥之有自,念顯號之宜加。特追封爲昌聖王,錫之册命。於戲!溯尼山之世澤,茂績丕昭;崇闕里之家聲,斯文益振。服茲嘉命,永式光榮。"

又曰："達天盡性,溯道統之攸傳;崇德報功,體孝思之不匱。惟誕生夫睿哲,遂永樹乎師模。用賁徽章,時升峻秩。緬維先師孔子之父叔梁公,望重魯邦,業傳鄹邑。秉姿勇毅,垂史傳之盛名;積慶悠長,衍家庭之令緒。感殊祥於闕里,兆啓素王;徵靈應於尼山,運鍾至聖。粵從前代,顯贈上公。當茲纘緒之初,更議推恩之典。特追封爲啓聖王,錫之册命。於戲!澤惟裕後,聿弘作述之規;善則歸親,宜極尊榮之禮。儀型如在,嘉命是承。"

二年春三月乙亥朔,諭禮部等衙門曰:"治天下之要,以崇儒重道、廣勵學宮爲先務。朕親詣太學,釋奠先師禮畢,進諸生於彝倫堂,講經論學,凡以明道德、崇化源,非徒飾圜橋之觀聽也。維孔子道高德厚,萬世奉爲師表。其附饗廟庭諸賢,皆有羽翼聖經、扶持名教之功。然歷朝進退不一,而賢儒代不乏人。或有先罷而今宜復,有舊缺而今宜增。其從祀崇聖祠諸賢,周、程、朱、蔡外,孰應升堂附饗者?並先賢、先儒之後,孰當增置五經博士以明崇報?均關大典。九卿、翰林、國子監、詹事、科道會同詳考,定議以聞。"時廷臣議改祀於鄉之林放、蘧瑗、鄭康成、鄭衆、盧植、服虔、范甯及罷祀之秦冉、顏何、戴聖、何休凡十一人,應復祀。孟門弟子樂正克、公都子、萬章、公孫丑,漢諸葛亮,唐陸贄,宋韓琦、尹焞、黃榦、陳淳、何基、王柏,元金履祥、許謙、陳澔,明羅欽順、蔡清,本朝陸隴其凡十八人,應增祀。宋張載之父迪,應增祀崇聖祠。伯牛、仲弓、冉求、宰予、子張、有若六人,應增置世襲五經博士。奏上。

辛酉,諭曰:"先儒從祀文廟,關係學術人心,典至重也。宜復宜增,必詳加考證,折衷盡善,庶使萬世遵守,永無異議。爾等所議復祀諸儒,雖皆有功經學,然戴聖、何休未爲純儒,鄭衆、盧植、服虔、范甯謹守一家言,轉相傳述,視鄭康成之淳質深通,似乎有間。至若唐之陸贄、宋之韓琦,勳業昭垂史册,自是千古名臣,然於孔、孟心傳,果有授受而能表彰羽翼乎?其他諸儒,是否允協,以及宰予、冉有增置博士之處,著再公同確議,務期至當不易。具奏。"廷臣再議,戴聖、何休、鄭衆、盧植、服虔、陸贄、韓琦無庸增祀、復祀,宰予、冉有無庸增置博士,餘如前議。又請將孔子弟子縣亶、牧皮,宋儒魏了翁,元儒趙復一並增入從祀,奏上。制曰"可"。

三年秋八月癸酉,諭內閣九卿等曰:"古有諱名之禮,所以昭誠敬、致尊崇也。朕臨御以來,恐臣民過於拘謹,屢降諭旨,凡與御名聲音相同字樣,不必迴避。近者各省地方以音同而改易者頗多。朕爲天下主,而四海臣民竭誠盡敬如此,況孔子德高千古,道冠百王,正彝倫,端風化,爲往聖繼絕學,爲萬世開太平,自天子以至於庶人,皆受師資之益。而直省郡邑之名有聖諱字在内者,今古相沿未改,朕心深爲不安。爾等會議,凡直省地名有同聖諱者,或改讀某音,或另易他字。至於常用之際,於此字作何回避,一並詳議具奏。"大學士、九卿會議,"圜丘"字應如故;府州縣名,交内閣擬字進呈;山川鎮市,交督撫更易報部;至姓氏,按《通考》太公之後以食采謝邱得姓,今擬作"邱";至常用,宜從古體作"丠"爲允。奏上,報可。冬十二月庚辰,又諭内閣曰:"朕細思今文出於古文,若改用'丠'字,是仍未嘗回避也。此字本有期音,查《毛詩》及古文作期音者甚多。嗣後除四書五經外,凡遇此字,並加'阝'爲'邱',地名亦不必改,但加'阝'旁,讀作期音,庶乎允協,足副尊崇先師至聖之意。"是年,詔郡縣丁祭用太牢。四年,頒御書"生民未有"額於國學、闕里及天下文廟。五年春二月甲子,諭内閣曰:"三月十八日爲皇考聖祖仁皇帝萬壽聖節,舊例於是日虔誠齊肅,禁屠宰,今應永遠遵行。至聖先師孔子師表萬世,查八月二十七日爲聖誕之期,亦應虔肅致敬。朕惟君師功德,恩被億載,普天率土,尊親之戴,永永不忘,而於誕日,尤當加謹,以展恪恭思慕之忱,非以佛誕爲比擬也。著内閣九卿會同確議具奏。"僉曰應遵聖諭。恭值至聖誕辰,内外文武各官及軍民人等致齊一日,不理刑名,禁止屠宰,永著爲令。又定制,省會之區,凡遇丁祭,督撫、學政皆親詣行禮,毋得先行祭丙,苟簡從事。

七年春二月,重修闕里文廟將成,新塑聖賢像。聖像冕十二旒,服十二章;啓聖及先賢冕九旒,服九章,悉如舊制。從通政使留保請,推原先聖從周之義,用玄衣纁裳,頒發鎮圭。

十一年夏六月辛未,諭内閣曰:"國家祀典,最宜慎重。至於文廟春秋祭儀,尤宜備物盡誠,以申敬禮。聞外省州縣中有因除荒而裁減祭祀公費者,朕思銀數若少,難於措辦,或致祭品簡略,或恐派累民間,二者均未可定。著各省督撫查明所屬,若有除荒減費之州縣,即於存公銀内撥補,以足原額,務令粢盛豐潔,以展朕肅將禋祀之誠。"

乾隆二年秋九月□□,我皇上諭工部曰:"至聖先師孔子天縱聖神,師表萬世,尊崇之典至我朝而極盛。皇考世宗憲皇帝尊師重道,禮敬尤隆,闕里文廟,特命易蓋黃瓦,鴻儀炳煥,超越前模。朕祇紹先猷,羹牆念切,思國子監爲首善觀瞻之地,辟雍規制,宜加崇飾。大成門、大成殿著用黃瓦,崇聖祠著用綠瓦,以昭展敬至意。"冬十一月,兵部尚書甘汝來奏准復祀元儒吳澄。又從河南巡撫尹會一請,以韓愈後法祖爲世襲五經博士。

三年春三月,尚書銜徐元夢請升有子於大成殿東哲,位卜子之次。詔從之。是年,頒御書與天地參額於國學、闕里及天下文廟。九年秋七月,河南學政林枝春奏稱:

"河南州縣有三教堂,佛居中,老子、孔子互相左右,或緇羽奉祀,或女僧住持,穢媟不經,宜加禁止。但聖像既成,付之椎鑿銷燬,理亦未安。請移奉書院、義學,始爲相宜。其祠宇如向屬公地、管領無人者,即其地改爲書院、義學。且不特河南爲然,北省如此者所在多有。又道流建醮,輒以天尊之號謬加聖人,請一體嚴禁。"得旨允行。

二十一年,今衍聖公昭煥奏請罷黜孟廟告子等從祀,及改正配享神主封號。經九卿議,稱:"告子、不害之從祀,雖見於《宋史》,然考《欽定古今圖書集成》及孟氏《三遷志》,皆作浩生不害,其改於何代,雖不可稽,而見在所祀係浩生不害,並非告子,即請定爲浩生不害,似屬允當。又,孟子已易上公之號,其徒尚存侯伯之名,誠於禮制未協,應如所奏,將樂正子、公孫丑、萬章、公都子四人,改書先賢某子;陳臻以下至韓愈十五人,改書先儒某氏。至孔道輔有倡立孟廟之功,且考之《宋史》,素行亦屬表表,請亦書先儒某氏,以昭畫一。"議上,報可。

我朝釋奠之制,國學及天下文廟皆用太牢,十籩豆,舞六佾,三獻,行三跪九叩頭禮。皇帝詣學,親釋奠,行兩跪六叩頭禮。幸魯,親釋奠,特行三跪九叩頭禮。

文廟大成殿中祀至聖先師孔子,南向。配以復聖顏子、宗聖曾子、述聖子思子、亞聖孟子,皆旁列,東西向。又次東列先賢閔子損、冉子雍、端木子賜、仲子由、卜子商、有子若,西列先賢冉子耕、宰子予、冉子求、言子偃、顓孫子師、朱子熹,爲十二哲。

東廡祀先賢蘧瑗、澹臺滅明、原憲、南宮适、商瞿、漆雕開、司馬耕、梁鱣、冉孺、伯虔、冉季、漆雕徒父、漆雕哆、公西赤、任不齊、公良孺、公肩定、鄡單、罕父黑、榮旂、左人郢、鄭國、原亢、廉潔、叔仲會、公西輿如、邦巽、陳亢、琴張、步叔乘、秦非、顏噲、顏何、縣亶、樂正克、萬章、周敦頤、程顥、邵雍,凡三十九人;先儒穀梁赤、伏勝、后蒼、董仲舒、杜子春、范甯、韓愈、范仲淹、胡瑗、楊時、羅從彥、李侗、張栻、黃榦、真德秀、何基、趙復、吳澄、許謙、王守仁、薛瑄、羅欽順、陸隴其,凡二十三人。

西廡祀先賢林放、宓不齊、公冶長、公晳哀、高柴、樊須、商澤、巫馬施、顏辛、曹䘏、公孫龍、秦商、顏高、壤駟赤、石作蜀、公夏首、后處、奚容蒧、顏祖、句井疆、秦祖、縣成、公祖句茲、燕伋、樂欬、狄黑、孔忠、公西蒧、顏之僕、施之常、申棖、左丘明、秦冉、牧皮、公都子、公孫丑、張載、程頤,凡三十八人;先儒公羊高、孔安國、毛萇、高堂生、鄭康成、諸葛亮、王通、司馬光、歐陽修、胡安國、尹焞、呂祖謙、蔡沈、陸九淵、陳淳、魏了翁、王柏、許衡、金履祥、陳澔、陳獻章、胡居仁、蔡清,凡二十三人。

崇聖祠中祀肇聖王,左裕聖王,右詒聖王,次左昌聖王,次右啓聖王,皆南面。以先賢顏氏無繇、曾氏點、孔氏伯魚、孟孫氏激配,東西相向。從祀,東列先儒周輔成、程珦、蔡元定,凡三人;西列先儒張迪、朱松,凡二人。

闕里啓聖舊祠,祀先賢、先儒皆以木主,啓聖王獨有塑像。迨崇聖祠既建,遷先賢、先儒木主於其中,而啓聖王舊像遂仍於啓聖殿祀焉。

至啓聖、大成兩殿後皆有寢殿，祀顏夫人及亓官夫人。此皆以闕里乃孔氏之家廟，有異於國學及天下郡縣者也。

述曰：昔者夫子没，哀公誄之，子貢以爲非禮。蓋夫子之所以尊崇於萬世者，以道也、德也、功也，而非以爵位、名號也。且以生民未有之一人，而欲以一言一行之美謚概之，又豈足以盡我夫子者！張璁之議，誠不爲無見。或曰，璁本以議禮得幸，因大更祀典，欲以掩永陵追崇興獻之失耳，豈真知尊夫子者哉！然而，君子終不以人廢言也。

祀典第三之二

《月令》："仲春之月，上丁，命樂正習舞，釋菜。天子乃帥三公、九卿，親往視之。"又，《文王世子》："天子視學，大昕鼓徵。乃命有司行事，興秩節，祭先聖、先師焉。"蓋古者天子無歲不有事於學，而視學又無不有祭。三代以上，習爲故常，無足異也。秦漢以下，此禮久絶，間一行之，遂爲盛典。今謹就史册之可紀者，録而序之。

考晉成帝咸康元年春二月甲子，帝講《詩經通》，親釋奠。此爲天子親祭國學之始。

穆帝升平元年春三月壬申，帝講《孝經通》，親釋奠於中堂，祠孔子，以顏回配。時以太學在水南懸遠，有司議權以中堂爲太學。孝武帝寧康三年，亦釋奠於中堂。

北魏孝文帝太和十六年春二月癸丑，改謚孔子曰文聖尼父，遣官就廟行册禮。帝復齊中書省，親拜祭於廟。孝明帝正光元年春正月乙酉，詔曰："建國緯民，立教爲本。尊師崇道，兹典自昔。來歲仲陽，節和氣潤，釋奠孔顏，乃其時也。有司可豫繕國學，圖飾聖賢，置官簡牲，擇吉備禮。"明年春三月庚午，帝幸國學，祠孔子，以顏淵配。出帝永熙三年春二月丙子，帝親釋奠，禮先師，詔延公卿、學官於顯陽殿，敕祭酒劉廞講《孝經》、黃門李郁講《禮記》、中書舍人盧景宣解《大戴禮·夏小正》篇，廣招儒學，引令預聽。周宣帝大象二年春二月丁巳，帝幸露門學，行釋奠禮。

唐高祖武德七年春二月，詔曰："釋奠之禮，致敬先師。鼓篋之義，以明遜志。比多缺略，更宜詳備。仲春釋奠，朕將親覽。所司具爲條式，以時宣下。"是月丁巳，帝幸國子學，親釋奠。太宗貞觀十四年春二月丁丑，帝親釋奠於國學，詔祭酒孔穎達講《孝經》。

遼太祖神册四年，帝謁孔子廟。

宋太祖建隆元年春正月，帝幸國子監。終太祖之世，凡三幸學。太宗端拱元年秋八月庚辰，帝幸太學，謁文宣王禮畢，升輦，將出西門，顧見講座，左右言博士李覺方聚徒講書，帝因降輦，命有司張帟幕，設别座，召覺講《周易》之《泰卦》，賜覺帛百疋。詔繪三禮器物、制度於國學講論堂木壁。五年冬十一月丙寅，再幸太學，謁孔子，命直講孫奭講《尚書》，賜以束帛、緋魚服。淳化元年，又幸太學，謁孔子。

真宗咸平二年秋七月甲辰，帝幸太學，謁孔子，命直講崔偓佺講《尚書·大禹謨》，賜祭酒以下器幣。仁宗天聖二年秋八月己卯，帝幸太學，謁孔子，有司言舊儀止肅揖，帝特再拜。退閱七十二賢贊，觀東序及禮器。慶曆四年夏五月壬申，再幸太學，謁孔子，仍再拜。賜直講孫復五品服。哲宗元祐六年冬十月庚午，帝幸太學，親釋奠，一獻，再拜。退御敦化堂，命侍講吳安詩執經，祭酒豐稷講《尚書·無逸篇》，賜稷三品服，學官等賜帛有差。

徽宗崇寧三年冬十一月甲戌，帝幸太學，謁孔子，再拜，行酌獻禮。遣官分奠兗國公而下官論定之士十六人。賜司業吳綱、蔣静四品服，學官推恩有差。宣和四年春三月辛酉，又幸太學，奠謁如崇寧儀，親製《孔子像贊》，賜祭酒韋萬隆、司業權邦彥章服，學官、諸生恩錫有差。

高宗紹興十三年秋七月，國學大成殿告成，奉安聖像。明年春三月己巳，帝幸太學，止輦大成殿門外，升東階，跪上香，執爵三祭酒，再拜。遣官分奠從祀，如常儀。退御崇化堂，命禮部侍郎秦熺執經，司業高閌講《易》之《泰卦》，賜閌三品服，學官遷秩，諸生授官免舉，賜帛有差。御製先聖及七十二子贊，冠以序文，親自書之。五月，揭之大成殿及兩廡。

孝宗淳熙四年春二月乙亥，帝幸太學，謁先聖。退御敦化堂，命禮部侍郎李燾執經，祭酒林光朝講《中庸》。寧宗嘉泰三年春正月戊戌，帝幸太學，謁孔子。退御化原堂，命祭酒李寅仲講《尚書·周官篇》，學官進秩，諸生賜帛有差。理宗淳祐元年春正月戊申，帝幸太學，謁孔子。退御崇化堂，命祭酒曹豳講《禮記·大學篇》，賜監學官生爵帛，如嘉泰故事。製《道統十三贊》，就賜國子監，宣示諸生。度宗咸淳三年春正月戊申，帝幸太學，行舍菜禮畢，命禮部尚書陳宗禮執經，祭酒陳宜中講《中庸》，賜宜中章服，監學官生進秩，推恩有差。

金熙宗皇統元年春二月戊午，帝親祭孔子廟，北面再拜。退謂侍臣曰："朕幼年游佚，不知志學，歲月逾邁，深以爲悔。孔子雖無位，其道可尊，使萬世景仰。大凡爲善，不可不勉。"

章宗明昌四年秋八月丁未，帝親釋奠，先期諭宣徽院曰："明日親釋奠，有司議肅揖。朕以宣聖萬世帝王之師，可備拜裀，朕將拜焉。"釋奠日，帝北面再拜，親王、百僚及六學生員陪拜。詔從官分奠七十二弟子。金故事，帝親謁孔子，不用牲牢。於是禮官言，釋奠既係中祀，若止用二籩二豆，禮太疏簡未稱，乃更用十籩十豆，儀物始備。承安二年春丁，帝親祀孔子，以親王攝亞、終獻，皇族陪祀，文武羣臣助奠。親製贊文，更加從祀封爵。

哀宗天興元年秋八月丁巳,帝親奠孔子。

元順帝至正八年夏四月乙亥,帝幸國子學。

明太祖洪武元年春二月,帝親祀孔子於國子學。十五年,作文廟成,帝將視學釋菜,謂禮部尚書劉仲質曰:"國學新成,朕將釋菜,令諸儒議禮。議者曰,孔子雖聖,人臣也,禮宜一奠再拜。朕以爲孔子明道德以教後世,豈可以職位論哉! 昔周太祖入孔子祠,將拜,左右曰:'孔子陪臣,不宜拜。'周太祖曰:'孔子百世帝王師,何敢不拜?'遂再拜。朕深嘉其明斷,不惑於左右之言。今朕有天下,敬禮百神,於先師之禮,宜加尊重。"仲質乃與儒臣定議,帝服皮弁服,執圭,詣先師位前再拜,獻爵後又再拜。制曰"可"。夏五月乙丑,帝遂幸國子監,釋菜禮成,易服,御彝倫堂,侍臣列坐東西,祭酒吳顒等以次進講。講畢,帝曰:"中正之道,無逾於儒。上古聖人,不以儒名,而德行實儒。後世儒之名立,雖有儒名,或無其實。孔子生於周末,身儒道,行儒行,立儒教,率天下。後世之人,皆欲得其中正。惜乎魯國君臣無能用之者,當時獨一公父文伯之母知其賢,責其子之不能從,則一國君臣可愧矣! 卿等爲師表,正當以孔子之道爲教,使諸生咸趨乎正,則朝廷得人矣。"復命取《尚書·大禹》《皋陶謨》《洪範》,親爲講説,反覆開諭,遂賜宴,竟日而還。丙寅,祭酒吳顒率博士龔敩上表謝,各賜羅衣二襲;官、民、生許恒等四百三十人,各賜春夏布衣。十七年冬十二月,復幸學。二十九年,帝又幸太學,行釋菜禮。

惠帝建文春三月,帝釋奠於孔子。

成祖永樂四年春,諭禮部曰:"朕惟孔子帝王之師,帝王爲生民之主。孔子立生民之道,三綱五常之理,治天下之大經大法,皆孔子明之以教萬世。天下不可一日無生民,生民不可一日無孔子之道。朕皇考太祖高皇帝膺君師億兆之任,正中夏文明之統,復衣冠禮樂之舊。渡江之初,首建學校,祀孔子。御經筵講書,守帝王之心法,繼聖賢之道學,集其大成,以臻至治。朕承鴻業,惟皇考之成憲是遵。今春時和,躬詣太學,如皇考故事,稱朕崇儒重道治安天下之意爾。禮部擇日舉行,其合行禮儀,詳議以聞。"尚書鄭賜言:"宋制,謁孔子,服靴袍,再拜。"上曰:"見先師孔子,禮不可簡。必服皮弁,行四拜禮。"三月辛卯朔,帝親行釋菜禮畢,御彝倫堂,命祭酒胡儼坐講《尚書·堯典》,司業張智坐講《易·泰卦》,大臣及翰林院詞官皆賜坐。講畢,宣諭勉勵師生,命光禄寺賜百官茶。次日,祭酒胡儼等上表箋稱謝。賜祭酒以下學官、監生宴,仍賜儼、智紵絲羅衣各二襲,學官王峻等三十五人紵絲衣各一襲,監生朱瑠等三千七十四人鈔各五錠。帝親爲製文,立碑太學。

英宗正統九年,太學新成。春三月辛亥,帝幸學釋菜。御彝倫堂,命祭酒李時勉坐講《大學·克明峻德章》、《尚書·益稷謨》"帝庸作歌"一節,司業趙琬坐講《周易·文言》。講畢,宣諭宴賚如故事。

　　景帝景泰二年春二月辛未，帝幸學謁廟。先期命行人官召取衍聖公孔彥縉並三氏子孫赴京觀禮，遂定爲令。後凡幸學，必先期遣官召取焉。帝祭畢，御彝倫堂，命祭酒蕭鎡講《書經·皋陶謨》“天聰明”一節，司業趙琬講《周易·泰卦·象辭》。禮成，賜衍聖公等宴，講官並學官、諸生增賜鈔帛冠帶有差。

　　憲宗成化元年春三月丁巳，帝幸太學，始設牲用樂，命衍聖公孔宏緒分獻沂國公。禮成，宴賚如故事。

　　孝宗弘治元年春三月癸酉，駕幸太學，釋奠先師。用吏部尚書王恕言，詔先師位加幣，用太牢，改分獻爲分奠，餘如永樂故事。命衍聖公孔宏泰分奠兗國公。祭畢，御彝倫堂，命祭酒費誾講《説命》“惟天聰明”一節，司業劉震講《乾卦》“大人與天地合德”一節。

　　武宗正德元年春三月甲申，帝視學，謁孔子，命衍聖公孔聞韶分奠沂國公。聞韶以禫服辭，命吏部右侍郎梁儲代。

　　世宗嘉靖元年春三月甲寅，帝幸太學，釋奠先師。至櫺星門外，即降輦步入。禮畢，仍步出櫺星門外，升輦。御彝倫堂，命祭酒趙永講《尚書》“帝曰俞允若茲”一節，司業吳惠講《易·乾卦》“時乘六龍”一節。九年，釐正祀典。明年冬，禮臣奏請幸學，詔於十二年春三月舉行。至是年三月丙辰，復幸太學，釋奠先師，命衍聖公孔聞韶分奠亞聖孟子。祭畢，帝御彝倫堂，命祭酒林文俊講《尚書·益稷謨》，司業馬汝驥講《周易·頤卦》。

　　穆宗隆慶元年秋八月癸未，帝幸太學，釋奠先師，命衍聖公孔尚賢分奠，加賜尚賢羊酒鈔錠。又賜觀禮族長孔謨冠帶。

　　神宗萬曆四年秋八月壬戌，帝幸太學，釋奠先師，命尚賢分奠。尚賢以祖母喪辭，更命協理京營尚書劉應節代。祭畢，帝御彝倫堂，命祭酒孫應鼇講《尚書·皋陶謨》，司業沈淵講《周易·離卦》。

　　熹宗天啓四年春三月甲寅，帝幸太學，釋奠先師。觀禮族人有職者予冠帶，生員送監讀書，遂爲例。時中書孔聞詩、行人孔聞譚亦奏請觀禮，以特恩未俸滿准考選。

　　莊烈帝崇禎二年春正月丙子，帝幸太學，釋奠先師。祭畢，御明倫堂，命祭酒孔貞運講《尚書·大禹謨》，司業倪嘉善講《周易·泰卦》。五年春三月癸卯，帝又幸太學，釋奠。十四年，重建太學成，秋八月辛酉，復釋奠先師，命衍聖公孔衍植分奠宗聖曾子。祭畢，帝御彝倫堂，命祭酒講《皋陶謨》，司業講《周易·咸卦》。講畢，帝入彝倫堂後敬一亭，觀世宗所立“程子四箴”諸碑，又令將廟內各碑及石鼓俱摹搨進覽。時有旨，幸學典禮定爲三年一舉行。

　　國朝順治九年秋九月辛卯，世祖章皇帝幸學，行釋奠禮。先期遣行人張九徵召取衍聖公孔興燮及五氏博士並族人赴京觀禮。釋奠日，行三獻、兩跪六叩頭禮。命大臣分獻四配、十哲、兩廡。畢，御彝倫堂。王等入堂内，陪祀各官在堂下東西侍立，衍聖公率博士、族人，祭酒、司業率學官、諸生，各序立，行三跪九叩頭禮。賜坐，王公、文武各官皆坐，祭酒姑爾馬吽、李蔄棠就案坐講《易經》，司業□□□、①馮杰就案坐講《書經》。講畢，禮部堂官奏傳制，祭酒、司業率學官、諸生皆跪，聽宣畢，祭酒以下行三跪九叩頭禮。賜王以下各官茶。駕還宮。次日，御太和殿。衍聖公及祭酒等上表謝，賜衍聖公、内院翰林官、祭酒、司業、學官、五經博士、五氏子孫及禮部、太常寺、光禄寺、鴻臚寺執事各官宴於禮部。又賜衍聖公蟒緞朝服一領、貂帽一頂。祭酒、司業、學官、五經博士、五氏子孫及監生等，各賞給品服、銀兩有差。其陪祀生員孔尚燃等十五人，俱准作恩貢，送監讀書。十七年，復以修葺文廟成，臨雍親祭，如九年儀。

康熙八年夏四月丁丑，聖祖仁皇帝幸學，行釋奠禮。御彝倫堂，命祭酒賈禄、宋德宜講《易經》，司業□□□□□□②講《書經》。先期遣行人司司正陳調元召取衍聖公孔毓圻率各博士、族人等赴京陪祀。時内國史院中書舍人顏光敏、四氏學學録孔貞燦、候補運同孔貞來、候選縣丞孔尚義、監生孔衍璐均得請隨班觀禮。禮成，録顏光敏以應陞缺用，孔貞燦加一級，孔貞來、孔尚義以應得缺先用，孔衍璐俟考定職銜，遇缺即用，陪祀恩貢俱如順治九年故事。

雍正元年冬十一月丁酉，世宗憲皇帝諭禮部曰：“孔子道冠古今，爲萬世師表。薄海内外，無不俎豆尊崇。國學乃四方表率，其制尤重。聖祖仁皇帝臨雍釋奠，典禮優隆。朕續承大統，景仰先型，羹牆如見。念國學爲造士之地，聖教所被，莫先於此。恐歷歲既久，有應加修葺之處，爾部會同工部，詳加閲視。凡文廟殿宇廊廡及講學堂舍，務須整理周備，俾廟貌聿新，以申景慕。朕將親詣焉。”

明年春二月辛酉，又諭：“帝王臨雍大典，所以尊師重道，爲教化之本。朕覽史册所載，多稱‘幸學’，而近日奏章儀注，相沿未改。此臣下尊君之詞，朕心有所未安。今釋菜伊邇，朕將親詣行禮。以後一應奏章、記注，稱‘幸’非宜，應改爲‘詣’字。”時禮部照例題請差官行取衍聖公及博士、族人赴京，特旨：“衍聖公身有弱疾，且在制中，令於子弟中遴選一人，代替行禮。”衍聖公孔傳鐸奏以次子候襲五經博士繼溥代。禮部議，令列左翼一品班末。得旨，仍列衍聖公原班。

三月乙亥朔，詣學，行釋奠禮。祭畢，御彝倫堂，命祭酒塞楞額、王傳講《大學》聖

---

①　此處原書塗去三字，《欽定國子監志》卷八《詣學二》載：“順治九年秋九月辛卯，世祖章皇帝詣國子監，釋奠先師，御彝倫堂，命祭酒臣固爾嘉渾、臣李蔄棠進講用易，司業臣傅達禮、臣馮杰進講《尚書》。”據此，原缺三字應爲“傅達禮”。

②　此處原書塗去六字，《欽定國子監志》卷八《詣學二》載：“聖祖仁皇帝詣國子監，釋奠先師，御彝倫堂，命祭酒臣賈禄、臣宋德宜進講《中庸》，司業臣博濟、臣陳廷敬進講《尚書》。”據此，原缺六字應爲“博濟陳廷敬進”。按《清聖祖實録》卷二八載，康熙八年夏四月丁丑，“上幸太學，……駕幸彝倫堂，賜講官坐。滿漢祭酒以次講《易經》，司業講《書經》”。《清史稿》卷六《聖祖本紀》載，康熙八年夏四月“丁丑，上幸太學，釋奠先師孔子，講《周易》《尚書》”。則《欽定國子監志》所載“進講《中庸》”云云，亦誤。

經第五節,司業博禮、彭維新講《大禹謨》"人心惟危"一節。禮成,宴賚優敍如故事。召見衍聖公及各博士並廩生孔傳鉦、候襲博士孔繼溥、知縣孔興譜、孔傳中、顏肇維。奉旨,孔興譜以知府即用,孔傳中以知州即用。賜衍聖公孔傳鐸御書《喜雨詩》一章及貂皮珍墨,下逮博士、族人等宴賞各有差,陪祀恩貢如故事。是年夏六月戊戌,曲阜孔廟災。上具素服,親詣國子監文廟,行祭告禮,陪祀諸王大臣官員皆常服從事。駕由東華門出,不設鹵簿,不鳴鐘,不陪祀,王大臣官員亦不迎送。

四年秋八月丁卯,上親詣文廟釋奠,凡進爵帛,皆跪獻。禮畢,諭禮部侍郎三泰、太常寺卿孫柱曰:"《儀注》內開:獻帛進酒,皆不跪。今跪獻,非誤也。若立獻於先師之前,朕心有所不安。將此諭衆知之。爾衙門可記檔案,以後照此遵行。"七年,以闕里慶雲見,冬十二月辛酉,上親詣文廟祭告。

乾隆三年春三月甲寅,今皇帝詣學,行釋奠禮。先期遣官召取衍聖公孔廣棨率十三氏博士、族人等赴京陪祀。祭畢,御彝倫堂,命祭酒國璉、孫嘉淦講《中庸》首節,司業塞爾登、李文銳講《尚書》首節。次日,衍聖公率諸博士、族人入朝謝,皆賜宴於內廷。又召見衍聖公、各博士及至聖嫡裔廩生孔傳鉦、孔繼洞、孔廣柞,候選州同、四品執事官孔繼浩,監生臣繼汾於乾清宮西煖閣。賜衍聖公《御製樂善堂文集》一部,貂皮四張,墨二匣;其十三氏博士及臣等俱賜《樂善堂文集》、貂皮、墨各有差;又錄孔繼洞以員外郎即用,孔繼浩以州同即用,仍用四品頂帶;陪祀族人孔繼裒等三十一人俱准作恩貢觀禮;副榜顏懋璞、監生孔傳澄等八人准以應考之職銜掣籤注冊;廩生孔繼炯等四人准作貢生;增生仲宏文、附生孔毓昉等八人俱准作監生;其餘随班行禮之見任候補官、翰林院檢討仲永檀等三十六人各紀錄一次;聽講之族人九十二名,各賞銀一兩。仍照例各賞衣一襲,宴於禮部。

五年秋八月丁巳,上釋奠於太學。九年春二月丁巳,上釋奠於太學。十八年秋七月壬申,上諭太常曰:"春秋釋奠,例應遣官。朕自往歲恭詣孔廟行禮後,已閱五年,仰止宮牆,心殷景慕。此次親詣行禮,崇聖祠遣史貽直行禮。"八月丁亥,上釋奠於太學。故事,郎中以上方陪祭。時臣繼汾以户部主事得請,亦與陪祭,遂爲例。二十一年春二月丁未,上釋奠於太學。

述曰:古者幸學,皆命有司行事,天子親往視之而已。自東晉以下,始有親行奠祭之禮。茲考專以祀典爲重,故於漢光武之幸太學、明帝之臨辟雍,概從刪節焉。

闕里文獻考卷一六

祀典第三之三

闕里爲先聖篤生之地，車服禮器，賢士大夫實深仰止，而天子之尊亦每躬臨展謁焉。

考漢高帝十二年冬，自淮南還過魯，躬謁孔子，祠以太牢。

明帝永平十五年春二月，東巡狩。三月，幸孔子宅，祠孔子及七十二弟子。帝升廟，西向立，羣臣中庭，北面，皆再拜。帝進爵而後坐，親御講堂，命皇太子、諸王説經。

章帝元和二年春二月，東巡狩。三月己丑，進幸魯，庚寅，祠孔子及七十二弟子，作六代之樂，命儒生講《論語》。帝升廟進爵，如永平儀。大會孔氏男子年二十以上者六十三人，令以儒者巾服見，賜褒成侯損及諸孔氏男女錢帛有差。帝還，留祭器於廟。又以十九代孫僖奏對稱旨，拜郎中，令從還京師。語在僖家傳中。

安帝延光三年春二月，帝東巡狩。三月戊戌，祠孔子及七十二弟子於闕里，自魯相、令、丞、尉及孔氏親屬、婦女、諸生悉會，賜褒亭侯以下帛各有差。

元魏孝文帝太和十九年夏四月庚申，帝行幸魯城，親祠孔子廟。辛酉，詔拜孔氏四人、顏氏二人官。

唐高宗乾封元年春正月，封禪泰山。辛卯，幸曲阜，贈孔子太師。

玄宗開元十三年冬十一月，封禪泰山。丙申，幸孔子宅，親釋奠。又遣禮部尚書蘇頲以太牢祭孔子墓。詔曰：“孔宣父誕聖自天，垂範百代，作王者之師表，開生民之耳目。朕增封岱嶽，回鑾泗濱，思闕里之風，想雩壇之咏。邈矣遺烈，慨然永懷，式遵祀典，用申誠敬。宜令禮部尚書蘇頲以太牢致祭，仍令州縣以時祠享。復近墓五戶，長供掃除。”

周太祖廣順二年夏五月，帝克慕容彥超於兗州。六月朔乙酉，遂幸曲阜，親祠孔子，再拜。從臣言：“天子不當拜異代陪臣。”帝曰：“夫子，聖人也。百王取則，安得不拜？”至墓，復拜。留所奠金花銀鑪十數事於廟。敕兗州葺墓所祠宇，禁樵採。

宋真宗大中祥符元年冬十月，帝封禪泰山畢，詔曰：“朕以紀號岱宗，觀風廣魯，載懷先聖，實主斯文。矧尼丘毓粹之區，光靈可挹，而曲阜奉祀之地，廟貌攸存。將申款謁之儀，用表欽崇之志，宜取十一月朔日幸曲阜縣，備禮躬謁。謹將朕意，仍付所司。”十一月朔戊午，帝幸曲阜，謁孔子廟，內外設黃麾仗。文宣公宗屬並陪位，帝韡袍，再拜，行酌獻禮。命翰林學士、右諫議大夫晁迥奠孔子父母；刑部尚書溫仲舒、寇準分奠十哲；翰林學士、左司諫楊億，尚書戶部侍郎趙昌言，給事中張秉，右正言周起、王和，尚書司封郎中錢惟演分奠七十二弟子及從饗先儒。初，有司定儀肅揖，帝特展拜。幸叔梁父堂，又幸孔林，以樹礙道，有司將翦伐，帝不許，降輦乘馬。至墓，設奠再拜，憩息墓左者久之。越三日，辛酉，追諡孔子為玄聖文宣王，追封聖考妣及夫人，仍令有司以時修葺祠宇，給近便十戶奉塋廟。親製《文宣王贊》，命廷臣分撰顏子以下諸贊，刻石廟中。又命以御香一盒並銀罏及親奠祭器，皆留於廟，授四十六代孫聖佑奉禮郎。聖佑及近屬賜出身者六人，仍賜孔氏家錢三十萬、帛三百疋。又賜孔氏廟經史，敕曰：“國家尊崇師道，啓迪化源，眷惟鄒魯之邦，是曰詩書之國。尼山在望，靈宇增嚴。朕以登岱告成，回鑾款謁，期清風之益振，舉縟禮以有加。式資誨誘之方，更盡闡揚之旨。宜以所賜太宗皇帝御製、御書與九經書並《正義》《釋文》及器用等，並置於廟中書樓上收掌，委本州長吏職官與本縣令佐等同共檢校。在廟如有講說、釋奠，並須以時出納，勿令損污。”又給廟守兵四十人。

　　國朝康熙二十三年秋九月，聖祖仁皇帝東巡岱宗，遂幸江南。冬十一月戊寅，還幸闕里。己卯，親釋奠孔子。祭文曰：“仰惟先師，德侔元化，聖集大成。開萬世之文明，樹百王之儀範。永言光烈，罔不欽崇。朕丕御鴻圖，緬懷至道，憲章往哲，矩矱前模。夕惕朝乾，覃精思於六籍；居今稽古，期雅化於萬方。繄惟典訓之功，實睹乂安之效。茲者巡省方國，至於岱宗，瞻望魯邦，爰來闕里。空堂至止，恍聞絲竹之聲；舊寢徘徊，喜動宮牆之色。車服禮器，宛然三代遺風；几仗冊書，復矣千秋盛迹。愀明靈之儼在，文治遐昌；肅煙祀以惟虔，精忱庶格。”時禮官議儀注，兩跪六拜，如釋奠太學儀，不用樂。奉旨：“尊禮先師，應行三跪九叩頭禮，用樂。”命內閣學士麻爾圖、翰林院學士常書、都察院副都御史孫果、翰林院掌院學士孫在豐、內閣侍讀學士徐廷璽、翰林院侍讀學士朱瑪泰、太僕寺少卿楊舒、欽天監監正安泰分獻四配、十哲及兩廡從祀先賢先儒。巡撫張鵬率司道府等，衍聖公孔毓圻率各博士及族人等，皆陪位。

　　同日，遣國子監祭酒阿瑚祭告啟聖祠。祝文曰：“惟公系本神靈，生稱瓌瑋。勇力聞於魯國，皆道德所發皇；政事紀於郰邦，悉文章所宣著。篤生聖子，代為帝師。寰宇崇歲祀之儀，不先父食；古今奉斯文之統，共指家傳。茲值東巡，特臨曲邑。溯三千年之教澤，孰非厚德燕詒；垂七十世之孫謀，如見明神陟降。用修彝祭之典，代以扈從之臣。泗水環流，知發源之有自；防山聳峙，占積慶之無疆。牲醴式陳，尚其歆格！”

　　祭畢，御詩禮堂講筵，隨從諸臣巡撫司道、衍聖公及各博士族人，皆入堂聽講。班既定，傳特旨："兖州府知府張鵬翮爲官清正，亦准聽講。"監生孔尚任進講聖經首節，舉人孔尚鉉進講《易·繫辭》首節。講畢，敕大學士王熙宣諭衍聖公孔毓圻等曰："至聖之道，與日月並明，與天地同運，萬世帝王咸所師法，下逮公卿士庶，罔不率由。爾等遠承聖澤，世守家傳，務期型仁講義，履中蹈和，存忠恕以立心，敦孝弟以修行，斯須弗去，以奉先訓，以稱朕懷。爾等其祇遵毋替。"宣畢，上諭大學士曰："孔尚任等陳書講說，克副朕懷，著不拘定例用。"

又諭曰："朕初至闕里，祀典既成，意欲遍覽先聖遺迹。著衍聖公孔毓圻、山東巡撫張鵬、口北道孔興洪、講書官孔尚任、孔尚鉉引駕。"上復至大成殿，召孔氏子孫入，諭曰："至聖之德，與天地日月同其高明廣大，無可指稱。朕向來研求經義，體思至道，欲加贊頌，莫能明言。特書'萬世師表'四字，懸額殿中，非云闡揚聖教，亦以垂示將來。歷代帝王致祀闕里，或留金銀器皿，朕今親詣行禮，務極尊崇，異於前代，所有曲柄黃蓋，留之廟中，以示朕尊聖之意。"覽先聖手植檜，御製《古檜賦》，又賦詩一章。覽漢元嘉始置百石卒史碑，尚任奏："百石卒史，即今守廟百户官也。"毓圻因奏："典籍、司樂、管勾等官，皆奉朝選，惟百户止由臣劄委，乞一體題授。"詔許之。登詩禮堂，以御製《過闕里》詩賜毓圻等。旋駕幸孔林，詣先聖墓，行一跪三叩頭禮，酹酒畢，覽林中古迹，徘徊久之。問林周幾許，毓圻具以對，尋以開擴請。得旨報可。是日，賜衍聖公、五經博士及族人等書籍、貂蟒、銀幣各有差；又敘録陪祀觀禮人員、生員孔衍溥等十五人，准作恩貢送監讀書；見任官口北道孔興洪以應陞之缺先用；候補候選官、廩生孔興滋等二十三人，舉人孔興璉等六人，並以應得之缺先用；貢生顏光岳等十一人，俟考定職銜先用；其世襲官員，各加一級。

二十五年，御製幸魯碑文及孔子、顏、曾、思、孟四子贊，勒石於闕里。

乾隆十二年夏六月朔庚申，奉上諭："朕幼誦簡編，心儀先聖，一言一動，無不奉聖訓爲法程。御極以來，覺世牖民，式型至道，願學之切，如見羹牆。辟雍鐘鼓，躬親殷薦，而未登闕里之堂，觀車服禮器，心甚歉焉。仰惟皇祖聖祖仁皇帝巡幸東魯，親奠孔林，盛典傳於奕禩。皇考世宗憲皇帝崇聖加封，重新廟貌，嘗遣朕弟和親王恭代展祀，未以命朕，意者其或有待歟？朕寅紹丕基，撫兹熙洽，思以來年孟春月東巡狩，因溯洙泗，陟杏壇，瞻仰宮牆，申景行之夙志。復奉聖母皇太后懿旨，泰山靈嶽，坤德資生，近在魯邦，宜崇報享。朕不敢違，爰遵慈訓，親奉鑾輿，秩於岱宗，用答鴻貺。旋蹕青齊，觀風布澤，以昭崇聖、法祖、教孝、省方鉅典。所有應行典禮，大學士會同該部稽考舊章，詳悉具議以聞。其應預備之各衙門查察事宜，先期請旨。至行在一切所需，悉出公帑，無得指稱供頓，儲偫絲毫，貽累閭閻。羽林衛士、内府人役等，各該大臣嚴行稽查約束，並令扈蹕文武臣僚嚴飭僕從，毋或侵踐田疇，致妨宿麥。如有騷擾地方，指名需索者，立即參奏，從重治罪。通行曉諭知之。"

　　明年春二月戊午，皇上起鑾。戊寅，駕至曲阜。是日，先詣廟拈香。山東巡撫阿里袞、濟東泰武道明德、衍聖公孔昭煥、舉人臣孔繼汾恭導聖駕，至奎文閣前降輦，步入大成門。皇上升階，盥手，入殿中上香，行三跪九叩頭禮畢，周覽廟中古迹。還行宮。

　　翼日己卯，皇上親釋奠。祭文曰："仰惟先師道備中和，德兼聖智。贊修刪定，敷教化於六經；祖述憲章，紹心傳於羣聖。樹百王之軌範，開萬世之太平，爲今古所尊崇，與天地無終極。昔皇祖駕臨曲阜，既肅將於廟貌，復祗謁於塋林。穹碑聖製之文，御蓋天章之錫，輝煌闕里，照耀杏壇。展慕道之隆情，回逾往代；備崇儒之極則，度越前規。朕丕纘鴻圖，敬承祖烈。誦遺言於典籍，夙懷向往之心；驗至道於敷施，式冀治平之效。茲者巡行東國，蒞止聖居，欣瞻萬仞之宮牆，喜睹千秋之禮器。陟堂階而景仰，恍親道範於琴書；依殿壁以徘徊，似聽元音於金石。謹齊心而上格，期靈爽之來歆。鑑此微忱，翊予雅化。"三獻九拜，如康熙二十三年儀。四配、十二哲及兩廡從祀先賢、先儒，命左都御史劉統勳、吏部左侍郎德齡、刑部左侍郎錢陳羣、工部左侍郎索柱、內閣學士德爾格、詹事府詹事裘曰修、少詹事世貴、鴻臚寺卿吳應枚等各分獻。

　　崇聖祠遣誠親王允祕行禮。祝文曰："惟王系本商家，代爲公姓。生聖人之後，華胄迢遥；衍明德之傳，令名昭著。自孔父別族，爲得姓受氏之宗；逮防叔來歸，稱適魯始遷之祖。禔躬迪德，數傳而緒業彌昌；保世亢宗，奕世而詒謀愈遠。惟善仁之積累，乃神聖之篤生。早開文教之先，宜食燕詒之報。我皇考特加恩命，並錫榮封，合五代以同尊，曠千秋而獨盛。備極崇儒之禮，允隆報德之文。茲以時巡，緬懷前迹。仰褒綸之赫奕，式昭佑啓之功；瞻爵號之輝煌，倍切景行之慕。虔申祀事，特遣專官。惟冀神靈，尚其歆格！"崇聖祠先賢、先儒，命侍讀吳爾泰、贊善武極理、給事中宗室同寧、馬宏琦各分獻。

　　祭畢，御詩禮堂，講筵。臣孔繼汾進講《中庸》"凡爲天下國家有九經"一節，優貢生孔繼涑進講《周易·臨卦·象辭》。隨從諸臣巡撫司道、衍聖公、各博士及十三氏子孫皆入詩禮堂聽講。講畢，敕大學士傅恒宣諭衍聖公孔昭煥等曰："至聖之道，參天地，贊化育，立人極，爲萬世師表。凡茲後裔，派衍支繁，尤當永念先型，以期無忝。昔我皇祖東巡，時邁闕里，特頒聖諭，炳若日星。朕仰紹前徽，虔修展謁之禮。念爾等令緒相承，淵源勿替，載申誥諭，用示訓行。其務學道敦倫，修身慎行，克稟先師之彝訓，祗遵聖祖之誨言，弗愧爲聖者子孫，朕實嘉予之。其欽承毋怠。"宣畢，遂幸孔林，酹酒，行一跪三叩頭禮。旋詣少昊陵，致祭周公廟，拈香。上還行宮，賜十三氏子孫宴，御書門榜聯額，懸大成殿、詩禮堂及各門。

　　又諭內閣曰："康熙二十三年，恭遇皇祖幸魯，尊崇至聖，曾將曲柄黃蓋留供大成殿。今朕親詣闕里，釋奠先師，敬紹前徽，具遵成例，其以曲柄黃繖留於廟中，永光秩祀。"詔東省，本年錢糧見已普免，曲阜、泰安、歷城爲鑾輿駐蹕之所，將次年地丁錢糧全行蠲免。廣山東通省入學額數，大學三名、中學二名、小學一名。又諭學臣拔十三氏子孫有文學可觀、讀書立品者，貢入成均，以示鼓勵。授臣孔繼汾內閣中書舍人，賜孔昭煥貂裘蟒服。表裏經史，錫賚聖賢後裔，如康熙二十三年故事。凡十三氏子孫有職者，皆加一級；進士、舉人各增賞銀十兩；貢、監生員各銀五兩。又特諭昭煥曰："先師修道立教，天下萬世之人服習聖訓，咸有以自善其身，況爲其子孫者乎？卿以宗裔奉祀，紹封列爵，既優崇矣，當思淵源何自，夙夜敬勉。親師向學，以植始基；慎行謹言，以培德器。循循詩禮之教，異日卓然有所成就。允孚令望，表率族黨，俾當世知聖人之後，能守家傳於勿替，匪徒章服之榮已也，豈不休哉！其祗遵罔斁。"

先是，太常寺卿李世倬奏，曲阜有顏子專祠，應否遣官致祭。至是，上諭內閣曰："朕東巡，躬詣闕里，致祭先師。顏、曾、思、孟四賢，作配殿庭，雖從與享，但聞其故里各有專廟，應分遣大臣恭奉香帛，前往祭獻，以展誠敬。朕向在書齋，曾製《四賢贊》，景仰之忱，積有日矣！其勒石廟中，致朕崇重先賢之意。"乃遣禮部左侍郎鄧鍾岳祭顏子，曰："惟復聖顏子質秉深潛，學精純粹。處屢空之境，樂著不移；受終日之傳，詣稱足發。三月之操存無間，克復歸仁；四代之禮樂兼該，行藏與共。踐履祗爭一間，入聖域以非遙；行能首冠諸科，紹心傳於不墜。追崇允合，昭報攸宜。朕稽古東巡，至於東魯。慕前型而不遠，用企清修；瞻遺廟以猶存，式懷令範。虔修祀事，敬遣專官。惟冀神靈，尚其歆格！"

遣裘曰修祭曾子，曰："惟宗聖曾子秀毓武城，業宗泗水。三省勤於夙夜，允稱篤實之功；一貫悟於須臾，彌徵真積之久。獨受《孝經》之訓，用迪臨深履薄之修；永綿《大學》之規，式啓明德新民之要。衍薪傳於勿替，以魯得之；開絕學於無窮，其功大矣。追崇允合，昭報攸宜。朕稽古東巡，至於東魯。念先型之未遠，心切溯洄；瞻故里之非遙，情深仰止。虔修祀事，敬遣專官。惟冀神靈，尚其歆格！"

遣光禄寺卿沈起元祭子思子，曰："惟述聖子思子早迪躬修，懋承家訓。肩聖人之遺緒，無慙繩武之文孫；紹賢父之芳蹤，不忝克家之肖子。嬰城固守，式昭貞靖之操；卻餽森嚴，想見剛方之概。闡尼山之絕學，衍道統於無窮；啓鄒嶧之先聲，荷薪傳於勿替。追崇允合，昭報攸宜。朕稽古東巡，至於東魯。仰瞻故里，緬道範之猶存；式念前修，幸儀型之未遠。乃修秩祀，用遣專官。惟冀神靈，尚其歆格！"

遣吳應枚祭孟子，曰："惟亞聖孟子靈鍾鄒嶧，道贊尼山。母教三遷，德業夙成於早歲；師傳一綫，淵源私淑諸其人。闡性善養氣之精，擴聖人之所未發；述唐虞三代之治，爲奕世之所共由。衛正學而闢異端，功豈在於禹下；尊王綱而賤霸術，教實秉於孔門。洵宜昭報於千秋，允合尊崇於億載。朕省方時邁，至於魯邦。欽廟貌以非遙，恍瞻氣象；遣專官而將事，式薦馨香。惟冀神靈，尚其歆格！"

二十年，平定伊犁，俘達瓦齊，大告武成。夏六月己酉，奉上諭曰："平定準噶爾捷聞，以數十年逋寇，迅就廓清，荒服粉寧，中外蒙福，乃我國家無疆之休。緬惟皇祖聖祖仁皇帝削平三孽，於康熙二十三年諏吉東巡，親祭闕里，武功文德，彪炳簡册。朕仰承先烈，集此大勳，保泰持盈，彌深兢業，親告成功於太廟、郊社、嶽瀆諸祀，次第遣官，敬謹舉行，以昭懋典。先師孔子闕里，理應恪循成憲，躬詣行禮，用申誠敬。且自瞻謁林泉，已逾六載，仰止之思，時切於懷。擬於明歲春月，敬奉皇太后安輿，自京起鑾，恭詣曲阜。翠華所經，亦以體察吏治。清問閭閻，行慶施惠，以稱朕法祖尊師之至意。所有應行預備事宜，該部詳議以聞。"

二十一年春二月辛亥，皇上自京起鑾。三月己巳朔，駕至曲阜，先詣聖廟拈香。翼日庚午，皇上親釋奠。祭文曰："朕惟治統道統，理本同源；作君作師，義歸一致。先師功高堯舜，德炳乾坤。集羣聖之大成，金聲玉振；開六經之正學，觀海登山。百代奉爲楷模，萬年光於俎豆。緬皇祖親臨岱嶽，特隆北面之文；洎朕躬祇謁尼山，即在東巡之歲。式觀車服，時已閱乎七年；景仰宮牆，心彌殷於再至。惟尊師之典與法祖俱長，亦望道之誠共省方益切。幸文治興崇之會，正遠人率服之年。稽典禮於王猷，聿修時邁；本治平於聖訓，上印心傳。載薦明禋，敬申昭報。聆金絲而嚮往，磬欬非遥；溯詩禮以趨蹌，儀型若接。鑑茲誠意，尚克來歆。翼我鴻圖，庶幾受福。"命禮部尚書楊錫紱、兵部尚書傅森、工部尚書汪由敦、理藩院尚書那延泰、吏部左侍郎歸宣光、戶部右侍郎五福、刑部左侍郎勒爾森、工部右侍郎夢麟、內閣學士富德、錢維城分獻十二哲及從祀先賢、先儒。

同日，遣大學士陳世倌祭告崇聖祠，曰："惟王迪德承家，累仁毓聖。自子姓別族之始，式訓傳恭；迄鄹鄉從政以還，在師致果。六百載神明後裔，美克著乎象賢；萬億年文教常開，功自歸於燕翼。褒封載錫，仰綸綍之垂光；歲祀維虔，薦苾芬而致敬。事隆恒典，禮紹前規。茲以諏吉東巡，告成闕里。梒楹在望，彌嚮往以追崇；俎豆斯陳，載緬懷於佑啟。用申彝祭，特遣專官。惟冀神靈，尚其歆享！"崇聖祠先賢、先儒，命鴻臚寺卿儲麟趾、通政使司參議那瀚、翰林院侍讀索爾遜、中允德昌各分獻。

祭畢，駕詣孔林，親酹酒，如十三年儀。辛未，回鑾，幸泉林，道經啟聖墓，命大學士陳世倌詣墓前奠酒。

又遣歸宣光祭顏子，曰："惟復聖顏子泗水鍾英，杏壇希聖。四科首選，德行冠夫諸賢；三月無違，克復徵於一日。證行藏之合，常屢空而晏如；集禮樂之成，堪王佐而不愧。好學之懿修弗替，廟庭之配典常崇。茲以時巡，載臨舊里。侑尊罍於廣殿，已致虔恭；申奠酹於專官，更陳秩祭。靈其來格，享此清芬！"

遣勒爾森祭曾子，曰："惟宗聖曾子秀毓武城，學宗泗水。懋姱修於篤實，三省勤夙夜之功；崇真積於躬行，一貫悟精微之旨。端治國齊家之本，大人之學昭垂；示至德要道之原，教孝之經永著。衍孔門之聖脈，以魯得之；啟孟氏之師傳，其功大矣。尊崇允協，報享攸宜。朕以禮時巡，遄臨魯甸。情深仰止，瞻故里之非遥；心慕典型，念德輝之如在。虔申禋祀，敬遣專官。惟冀神靈，庶其歆格！"

遣富德祭述聖子思子，曰："惟述聖子思子派衍尼山，教原泗水。繩其祖武，性天本自家傳；慎厥身修，詩禮紹夫庭訓。道尊不友，抗顔魯費之庭；義重爲臣，仗節衛齊之境。紹曾傳於忠恕，三十三章；啓孟淑於見聞，百有餘歲。追崇自昔，昭報於今。朕載謁孔林，重臨魯國。千秋俎豆，欽述作於一家；數仞宫牆，念後先之同揆。爰修明祀，特遣專官。靈爽式憑，尚其歆格！"

遣錢維城祭亞聖孟子，曰："惟亞聖孟子靈鍾鄒嶧，學本尼山。溯私淑之淵源，道實承夫三聖；紹見知之統緒，辭大備於七篇。幼學壯行，既躬履夫仁義；知言養氣，亦明析其精微。衛正學而闢異端，惟道性善；尊王政而賤霸術，聿正人心。教悉稟於孔門，功不在於禹下。朕時巡東土，蒞止魯邦。欽廟宇之非遥，如親道範；敕專官而將事，蕭薦馨香。惟冀神靈，尚其來格！"

二十二年春正月，皇上南巡江浙。二月甲申，奉上諭："朕擬於回鑾渡淮後，由順河集前往徐州，取道至山東之曲阜，展謁孔林，用申仰止之忱。皇太后鑾輿，仍由順河集先至泰安之靈巖山駐蹕。所有尖營道路，務從簡約，但取足供行走頓宿而已，不必過求齊備。"夏四月己巳，上過鄒縣，親幸孟廟拈香，行一跪三叩頭禮。是日，駕至曲阜，詣聖廟拈香，行三跪九叩頭禮。翼日庚午，幸孔林酹酒，乃回鑾。

述曰：歷稽幸魯之事，惟漢四見，唐再見，元魏、後周及宋祇一見，下逮元明，更絶無可紀者。又其間皆以便道展謁，或仍遣官代祀，其儀節亦無足稱焉。若夫特下德音，專修謁奠，禮明樂備，至再至三，則亘古以來，惟我皇上一人而已。書之於册，使知由孔子而來二千三百餘年，而獲睹尊崇之極軌者，則自我皇上始。

祀典第三之四

國家有大典大慶,若鼎革,若登極改元,若時巡,若升祔,若上徽號,若慶聖節,若武功告成,若禱祀百神以及贈諡、更封、增損祭秩,必遣官詣闕里祭告焉。而稽之前代,亦多有可紀者。

考漢光武帝建元五年冬十月,帝征董憲,過魯,使大司空以太牢祠孔子。

拓拔魏太武帝太平真君十一年冬十一月,南伐,至魯郡,使使者以太牢祠孔子。

獻文帝皇興二年,以青、徐平,遣中書令高允兼太常至兗州,以太牢祀孔子。

北齊文宣帝天保元年夏六月,以受禪遣使詣魯郡,致祭孔父。

唐高宗乾封元年春正月,贈孔子太師,遣司稼卿扶餘隆①以少牢致祭曰:"惟神玉鈎陳貺,靈開四肘之源;金鼎流禎,慶傳三命之範。神資越誕,授山嶽以騰英;天縱攸高,蘊河海而標狀。折衷六藝,宣創九流。睿乃生知,靈非外獎。於是考三古、褒一言、刊典謨、定風什,莊敬之容畢備,鐘鼓之音載和。父子爰親,君臣以穆。蕩乎焕乎,樂正雅頌,各得其所,可不謂至聖矣夫!朕以涼德,嗣膺神器,式崇祇配,展義云亭。感周禮之尚存,悲素王之獨往。杼軸洙泗,如挹清瀾;留連舞雩,似聞金奏。昌門曳練,徒有生芻之疑;漢曲移舟,非復祥萍之實。慨然不已,爰贈太師。堂宇卑陋,仍命修造。褒聖子孫,合門勿事。庶能不遺百代,助損益之可知;永鑑千年,同比肩而爲友。聿陳菲奠,用旌無朽。梅曙霞梁,松春月牖。德音暢而無斁,形神忽其將久。倘弗殊於生前,亦知榮於身後。"二月己亥,成禮。

後周太祖廣順二年夏五月,遣端明殿學士顏行詣曲阜,祀文宣王廟。

宋真宗大中祥符元年冬十一月,加諡孔子玄聖文宣王,遣行吏部尚書、清河郡開國公張齊賢祭告曰:"朕以有事岱宗,畢告成之盛禮,緬懷闕里,欽設教之素風,躬謁奠於嚴祠,特褒崇於懿號,仍令舊相,載達精誠,昭薦吉蠲,用遵典禮。以兗國②公顏子等

---

① "扶餘隆",原作"秩餘隆",據《舊唐書・高宗本紀》《東家雜記》訂正。
② 原脱"國"字,據《東家雜記》《幸魯盛典》補。

配。"是月辛酉,成禮。又追封孔子父叔梁齊國公,母顏氏魯國太夫人,遣都官員外郎王勵祭告。又追封聖配亓官氏鄆國夫人,令兗州遣官詣曲阜祭告。又以王欽若言"祭文宣王,詣壇致奠,得芝五本",詔遣楊懷玉祭謝。

仁宗嘉祐六年,頒御書飛白殿榜,遣兗州通判田洵祭告曰:"惟王淵聖難名,誠明異稟。敷厥雅道,大闡斯文。生民以來,至德莫二。教行萬世,儀比三王。闕里之居,祠宇惟煥。遐瞻牆仞,遂溯門扉。奮於飛染之蹤,新茲標榜之制。命工庀事,推策涓辰。敢議形容,盍申崇奉。仰惟降格,遥冀鑑觀。"春三月壬寅,成禮。

金章宗明昌六年,以曲阜新廟告成,遣兗州節度使孫康致祭曰:"國家禮崇儒術,道尊聖師。闕里廟貌,于以新之。雅樂具舉,法服彰之。庶幾鑑格,永集繁禧。"秋八月己未,成禮。

元大德十一年,武宗即位,加號孔子爲大成至聖文宣王。明年,改元至大,遣集賢學士王德淵齎銀幣詣闕里,祭告曰:"惟王秉德生知,垂教不朽。聖之時者,天何言哉!由百世之後莫能違,自生民以來未之有。特加封號,大展祭儀。"仍命臣僚往祀林廟,以兗國公、鄒國公配。秋七月丁卯,成禮。

四年,仁宗即位,遣國子祭酒劉賡齎銀幣雜綵詣闕里,祭告孔子曰:"天以神器,畀付朕躬。受命維新,若稽舊典。肇修禋類,遍于羣神。仰惟聖人,模範百世。功隆德盛,宜極欽崇。爰命儒臣,恭謁闕里。侑茲儀物,牲用太牢。昭薦厥誠,尚祈鑑格。"以兗國公、鄒國公配。冬十月辛未,成禮。

延祐七年,英宗即位,遣説書王存義齎金幣詣闕里,以太牢祭告孔子曰:"惟王天縱至聖,集厥大成。儀範百王,賢於堯舜。嗣服伊始,悉祀告虔。尚冀格思,永昌文治。"夏五月丁亥,成禮。遣存義時,帝手以香加額授之。

至治三年,泰定帝即位。冬十一月,遣使詣闕里,以太牢祠孔子。

文宗天曆二年春二月,[①]遣翰林侍講學士曹元用捧金幣詣闕里,祭告孔子。

順帝至元元年,遣翰林修撰王思誠詣闕里,以太牢祭告孔子。五年,以重修曲阜孔子廟成,遣五十四代孫、監察御史思立樹碑紀績,以太牢祭告曰:"伏以列聖右文,宮牆即葺,立言成績,貞石著辭。裔孫承休,作我司憲,俾致嘉告,以祚無疆。謹以香酒太牢,粢盛制幣,式陳明薦。"秋八月己酉,成禮。

六年,遣翰林修撰周伯琦奉香酒詣闕里,致祭孔子。秋八月丁亥,成禮。至正二年冬十月,遣集賢直學士郭孝基致祭孔子。孝基奉香酒詣闕里,以十二月丁巳致祭曰:"惟王宗主名教,表正彝倫,並日月明,同天地仁。晝萬古之夜,人四海之民。惟中國之爲中國,實有賴於斯文。欽惟皇上念闕里爲毓聖之地,故特祭遣一介之臣,香承

_____

① 按,天曆元年,懷王即位,是爲文宗。天曆二年正月,周王即位,是爲明宗,以懷王(文宗)爲皇太子。八月,明宗暴死,文宗復即位。據此,二月遣官致祭,應爲明宗。

手錫，酒分上尊。惟中書欽若休明用敬，助相禮之錢緝。牲牢既設，籩簋斯陳。神之格思，歆此明禋。”以兗國復聖公、郕國宗聖公、沂國述聖公、鄒國亞聖公配。按，歷代遣官祭告闕里，皆欽頒祭文，獨此使官自致辭，乃創格，非故事也。

八年秋七月，遣宣文閣授經郎董立奉香酒乾羊詣闕里，致祭孔子。八月庚辰，成禮。十六年春二月，遣集賢直學士楊俊民詣闕里，致祭孔子。

明太祖洪武元年春二月，遣使詣闕里，致祭孔子。臨行，帝諭使者曰：“仲尼之道，廣大悠久，與天地相並。有天下者，莫不虔修祀事。朕爲天下主，期大明教化，以行先聖之道。今既釋奠成均，仍遣爾修祀事於闕里。爾其敬之！”

二年，出內府香幣白金，遣五十五代衍聖公、國子祭酒克堅祀孔子於闕里，命通贊舍人張漢英爲副。帝諭克堅曰：“先師孔子，萬世帝王之師。爾先師子孫，祭必歆饗。宜致誠潔，以副朕懷。”克堅奉命，恭詣闕里，祭告曰：“惟神昔生周天王之國，實居魯邦，聖德天成，繼述前王治世之法。雖當時列國鼎峙，其道未行，垂教於後，以至於今。凡有國家，大有德焉。自漢之下，以神通祀海內。朕代前王，統率庶民，目書檢點，忽睹神之訓言‘非其鬼而祭之諂也’‘敬鬼神而遠之’‘祭之以禮’，此非聖賢明言，他何能道？故不敢通祀，暴殄天物，以累神之聖德。茲以香幣牲齊，粢盛庶品，式陳明薦，惟神鑒焉。”冬十二月癸巳，成禮。

成祖永樂十四年，修曲阜孔子廟成，遣官祭告闕里。

宣宗宣德元年，遣五十五代孫、太常寺寺丞克準詣闕里，祭告孔子曰：“仰惟先聖丕隆道德，表正綱常，集羣聖之大成，爲百王之儀範。茲余嗣位之初，謹用祭告，永資聖化，翼我治平。”春二月乙亥，成禮。時自先師而下，四配、十哲、兩廡凡九壇，均用太牢。

英宗正統元年，遣國子司業趙琬詣闕里祭告。景帝景泰元年，遣翰林侍講吳節詣闕里，祭告孔子曰：“仰惟先師丕明古昔帝王之道，以正綱常，垂憲萬世，功高德厚，與天地同。予嗣承大統，祗嚴祀事，用祈神化，祐我治平。”春閏正月庚申，成禮。英宗復辟，天順元年，遣工科左給事中孫昱詣闕里祭告。

天順八年，憲宗即位。秋七月，遣官詣闕里，祭孔林。明年，改元成化，又遣吏部侍郎尹旻詣闕里，祭告孔子曰：“惟王以天縱之聖，爲文教之宗，萬世之下，綱常正而世道隆，實有賴焉。茲予嗣位之初，景仰維深，特申祭告，永資聖化，翊我皇猷。”春三月壬午，成禮。十三年，以加籩豆、佾舞之數，遣翰林學士王獻詣闕里，祭告孔子曰：“惟王生知之資，天縱之聖，道德配於二儀，教法昭於萬世。緬懷功烈，宜極褒揚。顧冕服之章數雖隆，而祀享之儀物弗稱。爰考彝章，參合輿論，增樂舞爲八佾，加籩豆爲十二。蓋用祭天享地之禮樂，庶副尊師重道之本意也。特遣儒臣，遠詣闕里，用伸祭告，王其鑒知。”春閏二月丁巳，成禮。

孝宗即位,弘治元年,遣太常寺少卿田景賢詣闕里,祭告孔子,文與宣德元年同。十二年,以闕里廟災,秋七月,遣太常寺少卿李傑詣闕里,慰祭孔子曰:"惟王道德高厚,教化無窮,廟貌尊嚴,古今崇奉。比遭回祿,煨燼靡遺。斯文在茲,胡天弗弔。肆維統緒,承傳在予。修復舊規,所不敢後。特申祭告,奉慰聖靈。洋洋在天,尚其歆鑑。"九月庚午,成禮。十七年,重修闕里廟成,敕大學士李東陽曰:"比因闕里文廟燬於回祿,爰命有司重建。厥功既成,茲遣卿往彼祭告。夫先師道德,萬世所宗。鼎新廟庭,一代之盛典,以故禋告之禮,特委輔弼之臣。卿其精白一心,寅恭將事,務期聖靈昭格,以副朕隆師重道之懷。"東陽承命,奉香祝詣闕里,祭告曰:"惟我先師,代天立教,禮嚴報祀,四海攸同。嶽降在茲,廟貌自古,頃罹災變,實警予衷。爰敕有司,命工重建,越暨五載,厥功告成。棟宇畢新,器物咸備,光昭儒道,用妥聖靈。特遣輔臣,遠將祭告。尚祈歆鑑,永享明禋。"夏閏四月丁亥,成禮。

武宗正德元年春二月,遣官詣闕里,祭告孔子。八年,以討平劉七等,遣山東巡撫趙璜詣闕里,祭告孔子曰:"比歲盜起北方,肆行東郡,屢經闕里,侵犯廟庭。蓋嘗申命將官,分兵守護,聖靈昭布,竟保安全。逆亂既平,儀文斯舉,聿嚴祀事,兼飭有司,灑掃污萊,修葺損壞。式還舊制,仰慰明神。尚祈鑑歆,永祐邦國。"春正月壬午,成禮。

世宗嘉靖元年,遣吏部尚書石珤詣闕里,祭告孔子,文與成化元年同。春三月丁卯,成禮。

穆宗隆慶元年,遣尚寶寺卿劉奮庸詣闕里,祭告孔子曰:"追維先師,道兼羣聖,教備六經。歷代帝王,是宗是式。茲予踐祚之始,良深景慕之懷。特遣廷臣,用申祭告。伏冀昭垂訓迪,永祚皇猷。"秋九月己卯,成禮。

神宗萬曆元年,遣尚寶寺寺丞張孟男詣闕里,祭告孔子,文與隆慶元年同。夏四月庚戌朔,成禮。

熹宗天啟元年,遣順天府府丞姚士慎詣闕里,祭告孔子曰:"惟我先師,生民未有,百代莫前。凡在斯文,實均仰戴。茲予肇位,景慕良深。特遣廷臣,虔申祭告。尚資神化,永祚皇明。"秋七月丁未,成禮。

莊烈帝崇禎元年,遣太僕寺少卿郭興言詣闕里,祭告孔子,文與隆慶元年同。夏五月癸未,成禮。

國朝順治八年,世祖章皇帝遣右副都御史劉昌詣闕里,祭告孔子曰:"朕惟治統緣道統而益隆,作君與作師而並重。先師孔子,無其位而有其德,開來繼往,歷代帝王未有不率由之而能治安天下者也。朕奉天明命,紹纘丕基,高山景行,每思彰明師道,以光敷至教。而祀典未修,曷以表敬事之誠,登嘉平之理。茲遣專官,虔祀闕里。儀惟備物,誠乃居歆。伏惟格思,尚冀鑑饗。"夏四月癸丑,成禮。

康熙七年,聖祖仁皇帝遣光祿寺卿楊永寧詣闕里,祭告孔子,文與順治八年同。

夏四月丁亥,成禮。

十四年冬十二月,册立皇太子,遣宗人府府丞馬汝驥詣闕里,祭告孔子曰:"朕惟治統緣道統而益隆,作君與作師而並重。先師孔子,德侔天地,教範古今。歷代帝王,咸宗道法,用臻治安。朕奉天眷命,紹纘丕基,懋建元儲,以崇國本。景行至聖,肅舉明禋。兹遣專官,虔申殷薦。伏惟鑑格,尚冀居歆。"明年春二月己未,成禮。

二十年冬十二月,以削平吳三桂等,遣右副督御史宋文運詣闕里,祭告孔子曰:"朕惟治統緣道統而益隆,作君與作師而並重。先師孔子,德侔天地,教範古今。歷代帝王,咸宗道法,用奏治安。朕奉天眷命,紹纘丕基,翦除凶殘,乂安海宇。告功至聖,肅舉明禋。兹遣專官,虔申殷薦。伏惟鑑格,尚冀居歆。"明年春三月甲子,成禮。

二十七年冬十月,恭奉孝莊文皇后升祔太廟禮成,遣內閣學士彭孫遹詣闕里,祭告孔子。十二月丙辰,成禮。

三十二年冬十月,以重修闕里孔子廟成,遣皇三子詣闕里,祭告孔子曰:"朕惟道統與治統相維,作君與作師並重。先師孔子,德由天縱,學集大成,綜千聖之心傳,爲萬世之師表。故廟久遠,垂於無窮。朕御寓以來,立綱陳紀,彰教敷治,咸奉至聖爲法程。凡典禮追崇,竭誠致敬。自京師下逮郡邑,辟雝泮水,建廟釋奠,罔不修舉。況兹闕里,乃聖人鍾毓之鄉,車服禮器,於斯藏守。曩者東巡,展拜之餘,仰觀廟貌,因多歷年所,漸有頹敝,深塵於衷。用是命官董理,重加修葺,棟宇維新,以妥聖靈。兹當告成,特遣皇子允祉致祭。俎豆肅陳,恍乎接至聖之音容,以將朕儼恪欽崇之至意。陟降在兹,尚祈歆享。"詔皇四子、皇八子陪祀。十一月乙巳,成禮。

三十四年冬十二月,以畿輔災傷疊告、山西平陽地震,遣右通政使吳涵詣闕里,致祭孔子曰:"仰惟先師,道隆參贊,德冠古今,集聖哲之大成,樹人倫之極則。朕欽崇至教,勤恤民依,永期殷阜。邇年以來,郡縣水旱間告,年穀歉登,夙夜孜孜,深切軫念。用是專官秩祀,爲民祈福。冀靈爽之默贊,溥樂利於羣生。尚鑑精忱,俯垂歆格。"明年春正月甲申,成禮。

三十六年秋七月,以平殄厄魯特噶爾丹,遣翰林侍講學士史夔詣闕里,祭告孔子曰:"朕服膺聖訓,殫究遺文。凡兹六籍所垂,惟以安民爲要。臨御以來,孜孜圖治,綏乂烝生,遠邇中外,視同一體。乃有厄魯特噶爾丹,荒陬狡寇,肆虐跳梁,擾毒邊方,稔惡已極。朕親統六師,三臨絕塞,宏張撻伐,克奏膚功。逆孽就俘,凶渠殄滅,遐荒番部,罔不歸誠。自兹永靖邊塵,咸安生業。惟是至聖先師,默相啓佑。特遣專官,敬申禋祀。祇告成功,伏惟昭鑑。"八月庚戌,成禮。

四十二年春三月,恭遇聖祖仁皇帝五旬聖壽,遣詹事徐秉義詣闕里,祭告孔子。夏四月乙酉,成禮。

四十八年,皇太子復立,遣翰林侍講學士梅之珩詣闕里,祭告孔子曰:"惟先師孔子,聖由天縱,德集大成,闡明六經,師表萬世,永立人倫之極,式端道統之原。朕仰荷天麻,俯臨海宇,建立元良,歷三十餘載,不意忽見暴戾狂易之疾,深惟祖宗洪業及萬邦民生所繫至重,不得已而有退廢之舉。嗣後漸次體驗,當有此大事時,性生姦惡之徒,各庇邪黨,借端搆釁。朕覺其日後必成亂階,隨不時究察,窮其始末,因而確知病原,皆由鎮壓,亟爲除治。幸賴上天鑑佑,平復如初。朕皆因此事耗損心神,致成劇疾。皇太子晨夕左右,憂形於色,藥餌必親,寢膳必視,惟誠惟謹,歷久不渝,令德益昭,丕基克荷。用是復正儲位,永固國本。特遣專官,敬申殷薦,尚祈歆格。"夏五月庚辰,成禮。

五十二年春三月,恭遇聖祖仁皇帝六旬聖壽,遣戶部侍郎廖騰煃詣闕里,祭告孔子。

五十七年冬十二月,恭奉孝惠章皇后升祔太廟禮成,遣內閣學士張廷玉詣闕里,祭告孔子曰:"仰維先師,德冠古今,道隆參贊,作人倫之儀表,集羣聖之大成。永仰高山,欽崇至教。朕仰紹祖宗,纘承大統,殫精思於六籍,期雅化於萬方。矩矱前型,朝乾夕惕。茲者皇妣孝惠仁憲端懿純德順天翼聖章皇后神主升祔太廟禮成,遥深松楸之思,爰切羹牆之慕。特將牲幣,用遣專官。降鑑在茲,尚其歆格。"明年春二月庚申,成禮。

六十一年冬十一月,世宗憲皇帝登極,遣右通政使楊汝穀詣闕里,祭告孔子曰:"仰惟先師,道冠古今,教垂萬世,自生民而未有,集羣聖之大成。朕自冲齡,即勤向往。念皇考親承道統,既先聖後聖之同符;暨眇躬仰契心傳,知作君作師之一致。茲當嗣位之始,宜隆祀享之儀。特遣專官,虔申昭告。惟冀時和歲稔,物阜民安,淳風遍洽乎寰區,文治永光夫前緒。尚其歆格,鑑此精誠。"雍正元年春正月己酉,成禮。

冬十一月,恭奉聖祖仁皇帝配享圜丘禮成,遣禮部侍郎胡煦詣闕里,祭告孔子曰:"仰惟先師,德參兩大,教洽羣倫,紹千聖之心傳,備百王之道法。朕遥瞻闕里,念切景行。茲於雍正元年十一月二十五日,恭奉聖祖合天弘運文武睿哲恭儉寬裕孝敬誠信功德大成仁皇帝配享圜丘禮成,特遣專官,虔申昭告。惟冀永著皇風之汭穆,益昭文治之光華。庶鑑精誠,尚其歆格。"二年春二月丁卯,成禮。

是年夏四月,冊封孔子五代爲王,遣禮部尚書張伯行詣闕里,祭告孔子曰:"道尊往聖,宜錫類而推恩;牒溯前徽,乃緣情而制禮。絲綸聿賁,俎豆維新。仰惟先師孔子,撰合乾坤,名高日月。纂修刪定,焕六籍之文明;祖述憲章,樹百王之儀範。朕夙承庭訓,嚮往實深,誕紹丕基,欽崇彌切。惟德全而業盛,知積厚而流光。爰命廷臣,式稽譜系。詒謀式穀,洵篤慶於一門;毓秀鍾靈,宜上追於五世。並躋祀典,特晉王封。體皇考敬師之心,弘先聖顯親之孝。金聲玉振,集今古之大成;木本水源,享蒸嘗之美報。靈其不昧,尚克來歆。"是月戊寅,成禮。

　　翼日己卯,行冊封禮,祭告肇聖王、裕聖王、詒聖王、昌聖王、啓聖王曰:"欽崇至道,爰思毓聖之基;特創隆規,用沛推恩之典。馨香攸薦,譜牒增輝。惟王系本商宗,支分魯邑。公族傳爲著姓,溯盛德之淵源;聖人功在羣倫,綿斯文之統緒。朕情殷仰止,禮極褒崇。晉五世之王封,絲綸誕貴;垂千秋之祀事,廟貌常新。顯親慰至聖之心,錫類廣興朝之澤。恩覃闕里,報式穀於前徽;慶溢膠宮,蔚光華於奕禩。尚其歆格,鑑此殊榮。"

　　六月,闕里孔子廟災,遣禮部右侍郎王景曾詣闕里,慰祭孔子曰:"仰惟先師,道高千古,業著六經。集聖學之大成,樹人倫之標準。朕紹承丕緒,仰止師範,溯譜系以追封,入成均而釋奠。不謂杏壇之地,忽生回祿之災,雖像位幸存,而榱楹俱燼。具聞奏報,實切兢惶。豈成毀有時,竟莫爭於定數;恐尊崇未至,祇難釋於中懷。即遣所司,協同大吏,飭工材而備豫,占時日以經營,將式煥夫宮牆,期重新於丹雘。辟雍伊邇,已親詣以昭虔;闕里云遥,用專官而展祭。慰安靈爽,瞻望格歆。"秋七月癸丑,成禮。

　　八年秋八月,重修闕里孔子廟裝塑聖像成,遣翰林編修開泰齎捧香帛,命督修之通政使留保祭告孔子曰:"金聲玉振,開宇宙之文明;日角珠庭,垂聖神之儀範。肅敷筵几,聿薦藻蘋。仰惟先師孔子,學綜圖疇,統承堯舜。道超萬類,喻河海泰嶽之崇深;德服羣賢,比江漢秋陽之皎潔。溫良恭讓之度,邦國共欽;齊莊中正之容,簡編備載。新營廟貌,虔製豆籩,竭誠敬之心思,極尊嚴之規制。乃者歲逢庚戌,序屬仲秋,上溯周朝,近當今日。推之長曆,即尼山降誕之時;卜以良辰,是闕里增輝之會。用稽徽典,適協貞符。於戲!棟宇恢宏,已慶雲霞之糺縵;堂楹端儼,重瞻日月之光華。神鑑孔昭,苾芬歆享。"是月癸亥,成禮。

　　冬十月,又以新廟告成,遣皇五子詣闕里,祭告孔子曰:"達天盡性,樹萬世之師模;重道尊經,煥千秋之廟貌。肅將嘉祀,用告成功。仰惟先師孔子,得聖之時,由天所縱。纂修刪定,啓宇宙之文明;祖述憲章,綜帝王之統緒。升堂入室,弘施樂育之恩;學禮誦詩,永作義方之矩。比高懸之日月,亙古莫逾;喻出類之鳳麟,生民未有。奉遺編而欽企,儀典務極其推崇;循舊址而鼎新,經營必盡其誠敬。頒夫國帑,董以大臣,每繪式以先呈,乃按圖而指授。梗楠栝柏,求大木於名山;簠簋樽罍,選良工於內府。晶熒黃瓦,準制度於宸居;璀璨玉圭,儼威容於聖座。懸標題之巨榜,灑翰親書;建屹峙之豐碑,摛文恭紀。工程累歲,時深嚴恪之心;棟宇宏規,益備觀瞻之美。華榱雕柱,增輝講道之壇;瑑磬金鏞,重振大成之殿。數仞之宮牆逾峻,兩楹之俎豆虔陳。特遣皇五子親詣几筵,敬行告祭。於戲!卿雲糺縵,已開丹雘之祥;古檜貞堅,佇望青蒼之色。惟祈鑑格,式享苾馨。"十二月乙巳,成禮。同日,又遣多羅淳郡王弘暻祭告崇聖祠,不讀文,行三獻禮。

　　十三年秋八月,今皇帝登極,遣太常寺少卿納爾泰詣闕里,祭告孔子曰:"仰惟先師,道媲勳華,功參天地。金聲玉振,集千聖之大成;韶舞夏時,開百王之至治。我皇考隆師重道,禮儀備極夫尊崇;予小子典學研經,誦法恒深夫嚮往。茲屬膺圖之始,宜修展祀之儀。敬遣專官,虔申昭告。惟道德文章之要,作君兼戴夫作師;念修齊治平之規,後聖實承夫先聖。仰祈昭鑑,啓牖文明。祇薦明禋,尚惟歆格。"冬十二月庚辰,成禮。

乾隆二年夏四月,恭奉世宗憲皇帝配享圜丘禮成,遣左副都御史陳世倌詣闕里,祭告孔子曰:"仰惟先聖,德合乾坤,光昭日月,樹百王之宏範,集千聖之大成。朕欽崇至道,嚮往維殷。茲於乾隆二年四年十六日,恭奉世宗敬天昌運建中表正文武英明寬仁信毅大孝至誠憲皇帝配享圜丘禮成,特遣專官,虔申昭告。惟冀丕煥文明之盛,永臻熙皥之風。鑑此精誠,庶其歆格。"

十四年春二月,以討大金川平定、今皇后攝六宮事、恭上皇太后徽號,遣太僕寺卿阿蘭泰詣闕里,祭告孔子曰:"惟先師垂經教孝,備武修文。立道綏和,合南北東西而思無不服;聖神美大,比高明博厚而德更難名。瞻萬仞之宮牆,特崇典禮;肅千年之俎豆,敬展明禋。茲以邊徼敉寧,中宮攝位,慈寧晉號,慶洽神人,爰遣專官,用申殷薦。仰惟歆格,永錫鴻禧。"夏六月癸未,成禮。

十五年秋八月,皇后正位中宮,恭上皇太后徽號,遣鴻臚寺卿吳應枚詣闕里,祭告孔子曰:"惟先師垂經立教,勸學明倫。立道綏和,比堯舜而功爲益遠;聖神美大,配天地而德更難名。瞻萬仞之宮牆,特崇典禮;肅千年之俎豆,敬展明禋。茲以正位中宮,鴻儀戴舉,慈寧晉號,慶洽神人,特遣專官,用申殷薦。仰惟歆格,永錫鴻禧。"冬十月壬申,成禮。

十六年春正月,皇上南巡,經山東,遣通政使富森以是月丁卯致祭孔子曰:"仰惟先師,時中運世,先覺牖民,集羣聖之大成,等百王而未有。朕欽崇至道,仰止遺風,希聖之情,載勞寤寐。茲以觀風吳會,道出魯邦,仰數仞之宮牆,杏壇在望;瞻兩楹之俎豆,闕里非遥。特遣具官,虔修祀事。庶幾靈鑑,尚克來歆。"

冬十一月,恭遇皇太后六旬聖壽,恭上徽號,遣鴻臚寺卿儲麟趾祭告孔子曰:"惟先師垂經立教,勸學明倫。立道綏和,比堯舜而功爲益遠;聖神美大,配天地而德更難名。峻萬仞之宮牆,肅千年之俎豆。茲以慈寧萬壽,戴舉鴻儀,敬晉徽稱,神人慶洽,爰申殷薦,特遣專官。冀鑑慈忱,永綏多福。"明年春正月丙子,成禮。

二十二年春正月癸卯,皇上南巡,道經山東,遣協辦大學士、户部尚書蔣溥祭告孔子曰:"惟先師德備時中,功參化育。紹心源於往代,祖述憲章;傳道統於後人,贊修删定。金聲玉振,集羣聖之大成;觀海登山,爲生民所未有。儀型萬古,若日月之莫可逾;秩祀千秋,與乾坤而俱不朽。朕言循東魯,再蒞南邦,釋奠而謁杏壇,屈指甫週乎一載。揚旌而瞻闕里,抒誠用遣乎專官。敬薦明禋,式遵舊典。宮牆遥望,彌深仰止之情；俎豆常新，永啓右文之治。神其鑑格，庶克來歆。"是月丁巳，成禮。

二十四年冬十一月，西師克捷，回部蕩平，遣通政使圖爾泰詣闕里，祭告孔子曰："惟先師德備中和，功參位育。覆幬持載，合東西南北以歸仁；立道綏和，邁文武聖神之廣運。望防尼而仰止，景行時切高山；溯洙泗之淵源，誦法有同觀海。茲以西師克捷，回部蕩平。擴一統之車書，絕徼遠傳夫凱奏；肅千秋之俎豆，明禋敬展乎杏壇。特遣專官，用將殷禮。伏惟昭鑑，來格馨香。"十二月丙申，成禮。

述曰：自東漢建武之歲，訖今閱一千七百餘年，祭告之典凡六十九事，而我朝百有餘年，實居二十六焉。以聖人而尊禮，聖人蓋實有度越前古者。然此六十九事中，闕其文者二十有三，佚其日者二十有一，失其使臣姓氏者九，并佚其官者又八，則甚矣文獻之無徵也。嗚呼！求徵於前，已不可及矣。欲傳於後及今，猶可爲也。然則茲考之作，又奚容緩諸？

闕里文獻考卷一八

世爵職官第四

汾既敍《祀典考》，備述我朝褒崇先聖諸盛典及歷代尊禮之制矣。竊又念宗子世爵，所以主祀事者也；支子及諸賢裔皆世官，所以分承祀事者也；其同異姓百執事之駿奔在廟者，則又罔非襄茲祀事者也，故繼《祀典》而詳考其建置之由、因革之制。

按：孔氏世嫡，自漢高帝過魯，封九代孫騰爲奉祀君，始創推恩之例，而尚未有世爵。元帝即位，賜十三代孫霸爵關內侯、號襃成君，詔以所食邑祀孔子，子孫世襲。於是始有世爵主邑者矣。平帝元始元年，加封霸曾孫均爲襃成侯。東漢和帝永元四年，改封均孫損爲襃亭侯。損孫羨，魏文帝黃初二年封宗聖侯。晉武帝泰始三年，改封羨子震爲奉聖亭侯，江左因之。後魏既并魯郡，孝文帝延興三年，以羨六代孫乘爲崇聖大夫。太和十九年，封乘子靈珍爲崇聖侯。襲三世，至長孫，北齊文宣帝天保元年，改封恭聖侯。周宣帝大象二年，又晉爵鄒國公。隋煬帝大業四年，封長孫子嗣悊爲紹聖侯。唐高祖武德九年，封嗣悊子德倫爲襃聖侯。再襲，至孫璲之。玄宗開元二十七年，追諡孔子爲文宣王，遂加封璲之爲文宣公。傳至四十六代孫宗愿，凡襲封者十二世。宋仁宗至和二年，以直集賢院祖無擇言，不宜以祖之美諡加其後嗣，乞別定封號，於是詔改封宗愿爲衍聖公，子若蒙襲爵。哲宗元祐元年，改封奉聖公。徽宗崇寧三年，復改衍聖公。歷金、元、明以迄國朝，皆相沿無異。

世爵之秩：漢關內侯爵第十九等，襃成侯、襃亭侯爵第二十等。魏宗聖侯爵第十八級。南宋奉聖亭侯秩第五品。陳奉聖亭侯爵第八品，秩視千石。北魏崇聖大夫秩從五品中，崇聖侯秩從二品。北齊恭聖侯秩第三品。

唐太宗貞觀十一年，詔襃聖侯朝會位同三品。中宗神龍元年，授朝散大夫。肅宗上元二年，命文宣公位二品文官下。

後周太祖廣順二年，賜五品服。

宋元祐間，改衍聖公爲奉聖公，遇郊祀大禮，赴闕陪位，在寺監長官之下，別作一班。

金熙宗皇統二年，授衍聖公，階文林郎。章宗明昌二年，特令視四品，晉階中議大夫；六年，講定禮儀，衍聖公陪位在寺監長官下。

元太祖二十年，給四品印。世祖時，改五品，階奉訓大夫。仁宗延祐三年，仍復中議大夫，給四品印。泰定帝四年，以山東廉訪使王鵬南言，陞爲三品，階嘉議大夫。文宗至順三年，[①]少監歐陽玄又言：“衍聖公爵最五等，秩登三品，而用四品銅印，不稱。”因改給三品印。順帝至正八年，朝議又以公爵與階不稱，晉中奉大夫，秩從二品，改給二品銀印。

明太祖洪武元年，初授正二品、資善大夫，班亞丞相。後革丞相，令班列文臣之首。十七年，又詔，既爵公，勿事散官，給誥用織文玉軸，同一品。景帝景泰三年，改給三臺銀印，如正一品，賜玉帶，織金麒麟袍。遂爲例。朝服、公服、常服皆同一品，冠八梁，帶珮與綬俱用玉，笏用象牙。熹宗天啓二年，始晉公、孤等銜。

國朝順治元年，題准封爵一如前朝，階正一品，班列尚書上。二年，改賜三臺銀印。十三年，依例授光禄大夫。十六年，又改給清漢文三臺銀印。乾隆十三年，清篆文成，更百官印章。十四年，改給衍聖公清漢篆文一品三臺銀印。

其禄：漢關内侯食邑八百户，褒成侯食邑二千户，褒亭侯食邑千户。魏宗聖侯食邑百户。晉奉聖亭侯食邑二百户。後魏崇聖大夫食邑五百户；崇聖侯、北齊恭聖侯、周鄒國公、隋紹聖侯、唐褒聖侯、文宣公，皆食邑一百户。宣宗大中元年，歲給封户絹百疋。宋、金各有食邑，又依品秩及兼職給禄。元成宗大德四年，依四品官俸，月給中統鈔二錠；仁宗延祐三年，增給月俸至五百緡。明太祖洪武元年，賜給祭田二千大頃供祭祀，以其羨餘存爲廪禄，不復更給月俸。

衍聖公世子，明神宗萬曆二十二年，題准服麟袍、犀帶。莊烈帝崇禎二年，加玉帶。國朝順治二年，題准嫡長子至十五歲授二品冠服。

衍聖公任子，始於唐時。唐元和十三年，穆宗即位，恩詔予文宣公一子官。武宗會昌五年、大中元年；僖宗乾符二年，並以郊祀推恩，文宣公廕一子出身。至國朝有大慶典，衍聖公並蒙錫廕。初，公階正一品，而廕子則仍依正二品。康熙六十一年，始視正一品大臣廕一子五品官。著爲例。

衍聖公之屬，有翰林院五經博士，太常寺博士，國子監學録、學正，四氏學教授、學録，至聖廟執事官，六品官，族長，擧事，典籍，司樂，屯田管勾，守衛林廟百户，知印，掌書，書寫，奏差，伴官等員。

翰林院五經博士十五員，正八品。孔氏北宗一員，奉中庸書院祀。南宗一員，奉衢州孔子廟祀。先賢顏子、曾子、孟子、閔子、冉子伯牛、冉子仲弓、端木子、仲子、言

---

① “三”，《元史·文宗本紀》《元史·孔思晦傳》作“二”。

子、卜子、顓孫子、有子後裔各一員，奉諸賢祀。東野氏一員，奉元聖周公廟祀。

考博士之設，仿於前明。景帝景泰三年，命禮部召取顏、孟子孫長而賢者各一人至京師，官之。明年，以顏希惠、孟希文爲五經博士。此博士之所由始也。

武宗正德元年，用衢州知府沈杰言，授孔彦繩五經博士，主衢州孔子廟祀事。於是南宗始有博士矣。

二年，五十八代孫、三氏學學録公璜奏言：“鄒縣城南巽隅，古有子思書院，實子思子講道之所，孟母‘徙舍學宫之旁’之遺址也。前代設山長，類多孔氏子孫爲之。元季始廢，每遇歲時朔望，薦享無聞。乞依顏、孟、程、朱恩典，擇孔氏次嫡之賢者，授以世職。”帝允其請，而述聖又有博士矣。

世宗嘉靖十二年，學士顧鼎臣奏稱，孝宗時官顏、孟子孫各奉祀事，可謂盛舉。而曾子之後，獨不沾一命之榮，亦古今缺典。乃詔求曾子後人，得曾質粹於江西。十八年，授爲五經博士，令遷山東之嘉祥縣，奉曾子廟祀，而宗聖裔又有博士矣。

莊烈帝崇禎十六年，以六十五代衍聖公奏，詔授先賢仲子嫡裔仲于陛爲五經博士，而仲氏又有博士矣。

國朝康熙二十三年，聖祖仁皇帝幸魯，周公七十三代孫東野沛然上言：“顏、曾、孟、仲得聖道之傳，皆有世襲博士，以優其後。臣祖周公以元聖之德，制作經緯，固與孔子並列久矣！而今祠宇頹壞，拜謁寂寥，主鬯僅以青衿，祭田不及百畝，不惟不能並尊於孔子，且不得比於顏、曾、孟、仲。乞念傳道之功，稍加優隆。”奏上，下禮部議。部臣以無故事具覆。詔曰：“周公承接道統，繼往開來，功德昭著。其子孫應否給與職衍，著九卿、詹事、科道會同確議具奏。”九卿、詹事、科道等議曰：“周公後裔，古雖無給有官職者，恭遇我皇上崇文重道之時，宜授官職，撥給祀田，修葺廟宇，以彰殊恩曠典。”於是以東野沛然爲五經博士。三十九年，又詔置閔氏、端木氏五經博士各一員。五十一年，又詔置言氏五經博士一員。五十九年，又詔置卜氏五經博士一員。

雍正二年，世宗憲皇帝視學，諭禮部等衙門議先賢先儒之後當增置五經博士者，廷臣以伯牛、仲弓、冉求、宰予、子張、有若六人請。上命廷臣再議，乃去宰予、冉求，而伯牛、仲弓、子張之裔皆以次授五經博士。惟有子之後，訪求嫡裔尚未得。

右五經博士，獨孔氏北宗以衍聖公次子承襲，餘皆以嫡長。無嫡長，方以次子；無嫡子，方以庶子。雍正三年，禮部侍郎王景曾奏准嗣後應襲職者，十五歲以上送禮部考試，乃准襲。不堪襲者，令回，再肄業三年，然後襲職。此外，先儒周、程、張、朱、邵、韓之裔，亦皆置有五經博士，以非衍聖公所屬，故不載。

太常寺博士一員，正七品，奉聖澤書院祀。未審建置之始。國朝順治元年，山東巡撫方大猷題准依前明舊制，以衍聖公第三子承襲。

國子監學録二員，正八品乾隆元年改定，一奉尼山書院之祀，一奉洙泗書院之祀。元順帝至元二年，初設山長，以異姓碩儒任，後令衍聖公保舉族人之賢者爲之。明武宗正德二年，改名學録，秩從九品。國朝順治元年，山東巡撫方大猷題准照舊舉用。

國子監學正一員，正八品乾隆元年改定，奉儀封聖廟祀。考唐天寶間，文宣公避亂遷居寧陵者數世，遂於其地建立聖廟，後以子孫流寓寧陵者主其祀事。會河圮，遷居儀封。明英宗正統九年，詔即於儀封立廟。世宗嘉靖十四年，始置官，以孔承寅爲學正，秩正九品，令世襲。國朝順治八年，學正員缺，六十六代衍聖公奏准世襲如故。

孔顏曾孟四氏學教授一員，正七品乾隆元年改定，掌訓課四氏生徒。四氏學，初名廟學。宋真宗時，楊光輔以講書轉奉禮郎，猶未專設官也。至哲宗元祐元年，始置廟學教授一員，於舉到文官内差，或委本路監司舉有義行者爲之。後又增入顏、孟二氏子孫。金章宗明昌元年，敕於四舉、五舉、終場進士出身人内，選博學經史、衆所推服者充，秩正八品。元世祖因之，改秩爲九品。仁宗延祐六年，議准三氏子孫學官。初，本不以常例拘之，後來有司不體優待聖賢之意，將聽除人一概注授，遂使學校廢弛。已後注用人員，必聽衍聖公遴選，以爲定制。明太祖洪武元年，改名三氏子孫教授司，秩從九品。憲宗成化元年，始頒給印信，稱三氏學。神宗萬曆間，增入曾氏，又改名四氏學。國朝康熙四十一年，六十七代衍聖公奏准陞轉與各府、衛教授同。雍正十二年，七十代衍聖公廣榮題准本學生亦得一例揀選保用。乾隆二十六年，覆准山東布政使崔應階條奏，令衍聖公將揀選應用人員移送撫臣驗看，再送部具題，並定爲四氏學學録陞階，嗣後缺出，如孔氏見任學録内有文行兼優、已歷俸六年、堪勝報送之員，准一體揀選陞補。

孔顏曾孟四氏學學録一員，正八品雍正十三年改定，掌副教授訓迪生徒而教公之冑子。宋元祐四年始置。

考當時尚有學正一員，與學録同，以孔氏充，而令教授自署。金元間，間用異姓。正、録秩皆九品。明太祖洪武七年，裁學正，止設學録一員，秩未入流。宣宗宣德元年，定以聖裔任，而令衍聖公保舉孔氏生員年德俱尊、學問優長者，咨部除授。國朝順治元年，巡撫方大猷題准照舊舉用。乾隆二十六年，覆准山東布政使崔應階條奏，於孔氏歲貢廩生、捐貢及廩生内揀選，照教授見例，令衍聖公將揀選應用人員移送撫臣驗看，再送部具題。

聖廟執事官四十員，三品二員，四品四員，五品六員，七品八員，八品十員，九品十員。凡祭祀，掌分獻及爵帛香祝之執事。雍正八年，世宗憲皇帝諭曰：“惟至聖先師孔子，道冠百王，功高萬世。朕景仰企慕，寤寐弗諼，備舉崇奉之儀，用申報享之願。查世襲官爵，歷代俱有成規，而聖廟執事人，向來未加爵秩，所當廣置官僚，以光祀典。今欲特設聖廟執事官三品者二員，四品者四員，五品者六員，七品者八員，八品、九品各十員。各按品級，給與章服。每逢聖廟祭祀之時，虔設冠裳，駿奔趨事。凡此人員，著衍聖公於孔氏子孫內選擇人品端方、威儀嫻雅者，報部充補，彙奏以聞。每年各給俸祿銀二十兩。其孔氏子孫內有情願充補之人，或曾經出仕而退休在籍者，或身有職銜而未曾出仕者，以及貢監生童等，皆可入選。若屆鄉試之期，有情願入場者，准以監生入場應試。朕意如此，著大學士等會同該部定議具奏。"部議，俸祿於山東藩庫支領，所設各官內如有就選中式及丁憂等項事故所遺之缺，令衍聖公另行揀選擬補，報部彙奏。

乾隆三年，七十代衍聖公廣棪請給封典，得旨依請。而監察御史陶正靖上言："曲阜之祀，衍聖公主之，與太學釋奠不同。準之古禮，宜從公侯之制。通議等階，未免逾越。又孔氏原有博士、典籍、管勾等官，足供籩豆，其品、官宜姑仍舊貫。遇有事故，停止充補。"經部議稱執事各官雖分品級，止屬虛銜，若照伊等品級得封，於名器不甚允協。但既經奏准給封，應照本身實在職銜，酌量分別給以應得封典。其原無職銜之貢監生童等，援照五經博士之例，俱以八品給封。至此等官，原係世宗憲皇帝特旨增設，以明重道尊師之至意，不便遽行停止。嗣後缺出，應令衍聖公會同山東學臣，於孔氏族人內秉公揀選，務必人品、威儀堪膺駿奔之選者，報部充補。如有狥濫察出，照例分別查議。

世襲六品官一員，掌分獻崇聖祠，由世職知縣改置。

考孔氏子孫之爲曲阜縣令，仿於唐懿宗咸通間四十代孫續。至後唐，始以文宣公兼之。宋真宗大中祥符元年，改曲阜爲仙源縣，特令四十四代孫勖以太常博士知縣事。仁宗皇祐三年，詔："兗州仙源縣，自國朝以來，世以孔氏子孫知縣事，使奉承廟祀。近歲廢而不行，非所以尊先聖也。今後宜復以孔氏子弟充選。"英宗治平元年，京東提刑王綱乞慎長民之官，詔勿以孔氏知仙源縣，其襲封人如無親屬在鄉里，令常任近便官，不得遠去家廟。徽宗崇寧三年，敕文宣王之後常聽一人注仙源縣官，令、丞、簿、尉無定職。金熙宗皇統間，仍改仙源爲曲阜。章宗承安二年，敕衍聖公年及十七，許兼曲阜令，不得別行差占。元仁宗延祐三年，衍聖公兼曲阜尹思誠以非嫡罷封爵，專尹曲阜。其子克欽、孫希大，皆世襲縣尹。

至明太祖洪武七年，希大坐事罷職，因改世襲爲世職，令衍聖公保舉族人之賢者，送部選授，領敕赴任。宣宗宣德九年，停止給敕。英宗天順間，世職知縣年滿考績，准加銜，仍管縣事。

世宗嘉靖四十五年，改令衍聖公選舉二人，送撫按考試題授。

穆宗隆慶四年，監察御史趙可懷以舉用非人，民受其殃，奏請世職知縣止支奉給，專管林廟，縣務以兗州府清軍同知駐縣管理。五年，六十四代衍聖公奏言："林廟自有衍聖公主奉祀事，又有管勾等官分理庶務，世職知縣孔承厚當以冗員裁，令致仕。"部議，報可。六年六月，神宗即位，詔復祖宗成法。

萬曆元年，山東巡撫傅希摯、巡按吳從憲等因奏言："曲阜世職知縣，乃國家世報先師之盛意。邇緣舉用非人，盡行裁革，直有因咽廢食之病。須復世職知縣，方不違祖宗舊制。但救弊補偏，必酌定畫一之法，方可經久。以後選授，先行提學道將三氏學廩膳生員考取四人送院，院覆考取二人送部，部再考取一人注授，住劄舊城，專管縣事，不許干涉林廟。有能誠心愛民、才守俱優者，照依流官一體陞擢。若貪酷不職者，聽撫按參劾。既不管林廟，與公府原無干涉，不得徑自參論。其同知革管縣務，仍駐新城，專司巡捕。"部議曲阜世職知縣，乃國家優崇先聖之典，止當慎擇其人，不當并棄其法。其請復世職及考選之法，應如議行。至同知駐劄新城，帶管巡捕，揆之體統，殊有滯礙，應令仍舊回府，專管清軍事。得旨允行。四年，從巡撫李世達、巡按麻永吉請，同流官一體朝覲。熹宗天啟六年，撫按等言："世職以孔氏廩生考選，不便陞遷，請改於舉監內考選。"

莊烈帝崇禎元年，六十五代衍聖公又言："世職用舉監不便，仍照舊例於孔氏廩生內考選。"二年，六十二代孫、給事中聞詩奏准將部考選下之一人貢入國學。著爲例。

國朝順治元年，山東巡撫方大猷題准照舊考選。部議令衍聖公保舉題授。

雍正二年，定議曲阜知縣缺出，令衍聖公會同山東巡撫，於孔氏合族中揀選才品優長、堪任邑令者，擬定正、陪二人保送，引見補授。遇大計年分，令衍聖公會同巡撫考核具題，如有不職，一例處分。

乾隆六年，復議曲阜縣知縣缺出，令衍聖公於孔氏合族中進士、舉貢生員擇其讀書立品素爲族黨推重者，不拘人數，咨送山東巡撫，覆加考試，聽該撫揀選正、陪保送，引見補授，並令該撫與所屬州縣一體稽察。二十一年，署巡撫白鍾山奏："曲阜知縣一缺，向由衍聖公保舉，每多瞻顧營私。若其人懦弱，即聽挾制；若其人才幹，則諸事阻撓。如近日庇護廟佃等事，其明徵也。臣請皇上特頒諭旨，將曲阜知縣一缺，在外揀選調補，不必拘用孔氏族人，未始非玉成聖裔之一助。"奏上，部議准行。其見任知縣孔傳松令赴部，以外省知縣另補。奉旨："吏部議覆白鍾山所奏曲阜知縣改爲題缺一本。闕里爲毓聖之鄉，自唐宋以來，率以聖裔領縣事。夫大宗主鬯，既已爵列上公，而知縣一官，專以民事爲職，奉法令則以裁制傷恩，厚族黨則以偏私廢事，甚至因緣爲姦，簠簋不飭者有之，且亦非古人易地而官之道。我國家尊崇先聖，遠邁前朝，延恩後葉，有加無已，豈於此而有靳焉？但與其循舊制而致癏官，有乖政體，何如通變宜民，俾吏舉其職，民安其治，於邑中黎庶、孔氏族人均有裨益。著照該部所議行。其見任世職知縣既已謝事，若歸部改銓，不過恩及其身而止，於朕心猶有未愜。著加恩授爲世襲六品官，仍令揀選充補，用副朕重道崇儒至意。"復經部議，世襲六品官歲給俸銀，及遇有缺出，揀選題補，悉照執事官之例。其由進士、舉人充補者，應選之年，按原班銓選；由貢生、生員充補者，准一體鄉試。

孔庭族長一員，掌申明家範、表率宗族，凡子弟有不率不若者，教治之。宋徽宗崇寧二年，詔文宣王家選親族一人判司簿尉事，即以家長承襲。此家長授官之始也。後孔庭族長，並授迪功郎。明太祖洪武元年，以翰林檢閱官孔涇齒行俱尊，特令還鄉里爲孔氏族長，面賜籐杖一枝，令世守主領宗族事。其後，衍聖公擇年長行尊有德者爲之，無品秩也。至我朝，至聖廟設執事官，族長率兼執事官。

林廟舉事一員，掌提領監修林廟、佐家長之事。宋真宗天禧五年，詔於夫子後選差朝官一人，監督孔廟工役。時道輔以知仙源縣事充。元時，由省臣擇孔氏中廉幹者一人，委充提領監修官，依族長授八品冠帶。明初，改稱孔庭族舉提領林廟事，俱由衍聖公選委，無品秩。今亦如族長兼聖廟執事官。

司樂一員，正七品，掌樂章、樂器而教肄樂生。元仁宗延祐六年，五十四代衍聖公思晦請置，明因之。國朝順治元年，巡撫方大猷題准照舊由衍聖公保舉堪用生員，咨部銓用。

奎文閣典籍一員，正七品，掌奎文閣書籍及禮生。元武宗至大二年，五十四代衍聖公思晦以賜書甚多，請照國子監例，設典籍一員掌之。經中書議准。歷明迄國朝，俱由衍聖公保舉堪用人員，同司樂一例題補。

屯田管勾一員，正七品，掌祀田錢穀之出入。祭祀則供其牲牷粢盛，治膳饈醘醢之屬。置設除授同典籍。其屬有屯官八員：鉅野、鄆城、平陽三屯各二員，東阿、獨山二屯各一員，分掌五屯，以供祀事。初名屯長，由衍聖公揀選劄委。後改屯官，由衍聖公揀選，咨領部劄任事。

守衛林廟百户一員，秩比衛守備，掌林廟之户籍，供其灑掃、户役之事，主守禮器。祭祀則司滌濯，掌犧牲之宰割。在漢魏，即百石卒史之職也。漢桓帝元嘉三年，魯相乙瑛嘗以孔子廟有禮器，無人掌領，請置百石卒史一人掌之。後世以其管轄灑掃百户，其官遂爲百户。又以職司巡徼，有武備焉。合典籍、司樂、管勾等三員，爲兵、農、禮、樂四司。始用孔氏，後以生員。明孝宗弘治間，始以灑掃户才德兼優者充之，止由衍聖公委用，不由部銓注。國朝康熙二十三年，六十七代衍聖公奏准，與司樂、典籍、管勾等官一體咨部題授，食衛守備俸。

知印一員，掌書一員，書寫一員，並正七品，掌公府文書、印信。掌書設自元成宗元貞二年，知印、書寫並明太祖洪武二年建，皆由衍聖公保舉堪用人員，咨部題補。國朝順治元年，巡撫方大猷題准照舊銓用。

奏差一員，正七品，掌齎衍聖公表箋章奏。置設銓除，同知印等官。

隨朝伴官六員，正七品，凡朝覲則隨從辦事。明太祖洪武十七年設，選補如奏差等官，初無常員，遇朝覲輒除二人，咨部給銜。國朝乾隆十五年，經部咨查，始額定六員,遇缺乃補。

　　述曰:封建之制,所以存王者後也。昔武王下車而封先代之胤,故神農氏之後封於焦,黃帝氏之後封於薊,堯之後封於祝,舜之後封於陳,夏之後封於杞,殷之後封於宋。降及漢唐,興滅繼絕之典,亦間有行者。然而遠者千餘年,近者或數十百載,神明之胄,越在草莽。至今日而問古帝王遺封,蓋鮮有存焉者矣。孔子無尺寸之土,而龍旂承祀,作賓王家,宗廟之美,百官之富,迄於今不廢。於戲,至盛矣!

附考

　　奉祀生,司廟中奔走執事及先賢、先儒祠墓之祭祀。弘治十二年,六十一代代襲衍聖公宏泰始揀選聖賢後裔俊秀者,充補奉祀生,給以衣巾,移提學注冊,未定名額。

　　國朝雍正四年,禮部侍郎巴泰條奏,始有定額。其見有之奉祀生,部議令衍聖公會同該撫、學臣查明果係聖賢嫡裔,地方實有祠宇,報部換給印照。嗣後,遇有設立之奉祀生關衍聖公者,令會同該撫、學臣查核其人實係聖賢嫡裔,地方實有祠宇,咨部給照,方准奉祀。時查明聖賢後裔奉祀生,孔氏一百六十五名,顏子裔三十六名,曾子裔十八名,孟子裔二十三名,閔子裔十二名,端木子裔十二名,仲子裔二十名,冉子耕裔二名,冉子雍裔三名,宰子裔一名,林子裔二名,高子裔一名,樊子裔一名,曹子裔一名,任子裔一名,鄭子裔一名,榮子裔一名,周子裔二名,張子載裔一名,張子栻裔一名,薛子裔一名,胡子居仁裔一名,周公裔東野氏十三名。

　　嗣於雍正八年增置南宮子裔奉祀生一名,榮子裔一名。九年,增置言子裔奉祀生二名,陳子亢裔、卜子裔各一名。十二年,增置孔氏奉祀生一名,曾子裔二名,孟子裔一名。十三年,增置孔氏奉祀生六名,東野氏一名。

　　乾隆元年,增置冉子耕裔奉祀生四名,鄭子裔、萬子裔各一名。二年,增置高子裔奉祀生二名,東野氏三名。三年,增置孟子裔、朱子裔奉祀生各二名,閔子裔、言子裔、卜子裔、任子裔、公孫子裔各一名,冉子雍裔三名,東野氏六名。四年,增置孔氏奉祀生三名,冉子雍裔二名,司馬子裔、薛子裔各一名。六年,增置孟子裔奉祀生八名,有子裔、澹臺子裔、樊子裔各一名。七年,增置孟子裔奉祀生七名。八年,增置燕子裔奉祀生一名。九年,增置東野氏奉祀生六名。十年,增置冉子耕裔奉祀生三名,東野氏二名。十二年,增置曾子裔奉祀生一名,冉子耕裔、言子裔各三名。十三年,增置孟子裔奉祀生二名。十五年,又增置三名。十七年,又增置二名;又增置卜子裔奉祀生一名。十八年,增置曾子裔奉祀生一名,孟子裔二名。十九年,又增置二名,又增置左丘子裔奉祀生一名。二十一年,增置孟子裔奉祀生四名,卜子裔、東野氏各一名。二十三年,增置孔氏奉祀生一名,孟子裔二名。二十四年,又增置二名。二十五年,增置東野氏奉祀生二名。

　　已上奉祀生,新舊額共四百三十六名。

　　述曰:奉祀生之設,始不過由衍聖公及地方大吏揀選充補,給冠服、奉祠墓而已。自改用部照,遂有定員。而當日彙册之際,尚漏張溫奉祀生一人。張溫者,四十三代文宣公之外祖,當孔末造亂之時,微張氏,則孔氏幾斬矣! 倘得白於部,無廢舊典,亦旌善酬恩之舉也。

禮第五之一

《郊特牲》曰:"禮之所尊,尊其義也。失其義,陳其數,祝史之事也。故其數可陳也,其義難知也。"荀卿亦曰:"不知其義,謹守其數,不敢損益,父子相傳,以持王公,是官人百吏所以取禄秩也。"然則言禮而第求之器數之間,抑亦末矣。顧禮緣義起,而情以文宣,貴本親用,兩者相合而先王之禮制行焉。則籩豆之事,亦不得盡委諸有司之職也。況意本同原而制隨世變,因革增損,代有不同。故當其用之之時,典守者有其官,行習者親其事。其義或不及知,而器數之末,類能言之。及時移世易,數千百年以後,往往義之難知者,學士大夫或可稽典籍而得之,而登降周旋之節、儀章度數之繁,蓋有沈湮漸滅而終不可復舉者。禮之亡也,器數先之,此古人所爲悼嘆於無窮也。

闕里爲秉禮之國,聖澤雖微,而儀章未泯,王者資禮樂焉。昔太史公作《史記》云:"適魯,觀仲尼廟堂車服禮器,諸生以時習禮其家。"漢高帝采古禮,起朝儀,亦嘗使叔孫通徵魯諸生爲之。今雖士不古,若抱殘守闕,習其儀而未盡通其意者,蓋誠有之。然往者伏睹我皇上十三年春時巡東土,駐駕廟庭,周覽古物,慨有更革禮器之意。遂於回鑾之日,命工繪式製造,而郊廟、壇壝、籩豆、尊罍、簠簋之制,悉復古初。禮失而求諸野,則闕里亦後世徵文獻之所也。乃舊志所載,除封謚、章服、祀典、樂章外,雖有禮器、樂器二圖,不過略指其名義而已。儀注未登,象數多缺,恐非所以布方策、昭來許也。今封謚祀典,已另爲一帙,而於器數儀文,復徵之往古,驗之今時,作爲禮、樂二《考》,以俟愛素好古者採擇焉。

按禮之宜考者,一曰儀注,二曰祭品,三曰祭器。儀注之目有八:一曰四仲釋奠儀,二曰月朔釋菜儀,三曰歲時常祭儀,四曰月望行香儀,五曰告祭儀,六曰祭中興祖儀,七曰書院釋奠儀,八曰春秋掃墓儀。皇帝釋奠及遣告諸儀不常舉者,則另見焉。

考釋奠之禮,古有行於山川者,有行於廟社者,有行於學者。《周禮·太祝》:"大會同,造於廟,宜於社,過大山川,則用事焉;反行,舍奠。"《甸祝》:"舍奠於祖廟,禰亦如之。"此行於山川廟社者也。《王制》"反,釋奠於學"及《文王世子》之所云"釋奠",皆行於學者也。但山川廟社舉無常時，故賈公彥曰：“非時而祭曰奠。”又曰：“奠之爲言停，停饌具而已。”鄭氏亦謂：“釋奠，設薦饌酌奠，無迎尸以下事。”若學之釋奠，自始立學及訊馘外，則舉有長期。又其制有牲幣、有合樂、有獻酬，必三者具而其禮斯備。鄭氏以《王制》之“釋奠”爲釋菜奠幣，以《文王世子》之“釋奠者必有合”謂與鄰國合，其說皆非也。秦漢以降，其制無聞。至唐宋而釋奠之名遂專施於學，其禮亦備舉焉。今闕里釋奠用四仲上丁，前期三日，書寫官恭繕祝版，陳衍聖公視事廳正中。

大成殿祝文曰：“維乾隆年月日，幾十幾代孫襲封衍聖公某等，敢致祭①於至聖先師曰：惟祖德配天地，道冠古今，删述六經，垂憲萬年。兹惟仲春、夏、秋、冬，謹以牲帛醴齊，粢盛庶品，式陳明薦。配以復聖顔子、宗聖曾子、述聖三世祖、亞聖孟子。尚饗！”

崇聖祠祝文曰：“維乾隆年月日，主鬯裔孫襲封衍聖公某等，敢致祭於肇聖王、裕聖王、詒聖王、昌聖王、啓聖王曰：惟王誕生至聖，爲萬世王者師，功德顯著。兹惟仲春、夏、秋、冬，謹以庶品之儀致祭，配以先賢顔氏、先賢曾氏、先賢二世祖、先賢孟孫氏。尚饗！”

啓聖祠祝文曰：“維乾隆年月日，主鬯裔孫襲封衍聖公某等，敢致祭於啓聖王曰：兹遇仲春、夏、秋、冬，式遵舊章，用薦祀事。尚饗！”

家廟祝文曰：“維乾隆年月日，幾十幾代孫襲封衍聖公某等，敢致祭於始祖考妣、二世祖考妣、三世祖考妣、中興祖考妣曰：兹遇仲春、夏、秋、冬，式遵舊章，用薦祫事。尚饗！”

卓午，衍聖公具公服，北向，恭閱訖，書寫官捧安亭内，同香帛由快睹門送入廟，恭安奎文閣下，遂分署執事，榜於廟庭。

大成殿至聖先師及四配位前，衍聖公主鬯。寢殿分獻官一員，十二哲分獻官二員，東西廡從祀先賢先儒分獻官六員，監祭官二員，太祝官一員，太史官一員，司香官五員，司帛官五員，司爵官五員，司尊官一員，糾儀官二員，兩階領班官二員，典儀官一員，典樂官一員，掌宰官一員，司膳官一員，司織官一員，巡綽官二員。

崇聖祠攝獻官一員，從祀分獻官二員，監祭官一員，糾儀官一員。

啓聖祠攝獻官一員，寢殿分獻官一員，監祭官一員，糾儀官一員。

家廟攝獻官一員，監祭官一員，糾儀官一員。

后土祠主祭官一員。

崇聖祠攝獻以世襲六品官，掌宰以百户，司膳以管勾，典儀以典籍，典樂以司樂，司織、巡綽皆以伴官，其餘分獻及各執事，皆以廟庭執事官及教職等。

又進奉祀生、執事、樂舞生及四氏學生而分其執事：

① “致祭”，北大本、集成本作“昭告”。下文“崇聖祠祝文”“啓聖祠祝文”“家廟祝文”之“致祭”，北大本、集成本亦作“昭告”。

十二哲司香二人，司帛二人，司爵二人，司尊二人。

兩廡司香六人，司帛六人，司爵六人，司尊六人。

寢殿司香一人，司帛一人，司爵一人，司尊一人。

崇聖祠太祝一人，太史一人，司香十一人，司帛十一人，司爵十一人，司尊三人。

啓聖祠太祝一人，太史一人，司香一人，司帛一人，司爵一人，司尊一人。

啓聖寢殿司香一人，司帛一人，司爵一人，司尊一人。

家廟太祝一人，太史一人，司香四人，司帛四人，司爵四人，司尊一人。

后土祠司香一人，司帛一人，司爵一人，司尊一人。

凡一百三人。

典籍召集禮生而分其執事：

大成殿鳴贊二人；衍聖公引贊一人，對引一人；分獻各官引贊八人；相禮十八人，陳設八人。

寢殿鳴贊一人，引贊一人，對引一人，相禮二人，陳設一人。

崇聖祠鳴贊一人，引贊三人，對引一人，相禮六人，陳設一人。

啓聖祠鳴贊一人，引贊一人，對引一人，相禮二人，陳設一人。

啓聖寢殿鳴贊一人，引贊一人，對引一人，相禮二人，陳設一人。

家廟鳴贊一人，引贊一人，對引一人，相禮二人，陳設一人。

后土祠鳴贊一人，引贊一人，對引一人，相禮二人，陳設一人。

凡八十人。

司樂召集樂舞生而分其執事：

麾二人，歌六人，琴六人，瑟四人，笙六人，洞簫六人，笛六人，鳳簫二人，塤二人，箎四人；編鐘一人，副一人；編磬一人，副一人；楹鼓一人，副一人；足鼓一人，副一人；搏拊二人，鼗鼓二人，相鼓二人，柷一人，敔一人，旌二人；文舞三十六人，領班二人；鐘鼓六人，引導樂十四人。

凡百二十人。

灑掃、陳設，守衛百户供其户丁、庖丁、廚役，取辦於管勾，分屬執事既定，凡官員、學生及宗族人等無執事者，皆陪祭。乃戒誓，設戒誓牌同文門下，南向。衍聖公率攝獻分獻官、執事官生、陪祭官生、宗族人等，具公服，入快睹門，揖。至同文門前，鳴贊唱：“排班。”班齊，唱：“跪、叩、興。”衍聖公以下行一跪三叩禮，興。鳴贊唱：“讀戒詞，鳴鐘鼓。”戒誓生恭捧戒牌，西向，讀曰：“欽遵皇帝令典，於某月某日丁某，祗行釋奠禮於至聖先師孔子廟庭。官員、師生、宗族、執事人等，自今日爲始，沐浴更衣，散齊一日，各宿別室，不飲酒，不茹葷，不弔喪，不問疾，不聽音樂，不理刑名；致齊一日，同宿齊所，思神飲食，思神居處，思神笑語，思神志意，思神所樂，思神所嗜，各宜精白乃心，益加敬謹。戒之哉!"讀畢,捧牌安原處。鳴贊唱:"讀誓詞。"戒誓生恭捧誓牌,西向,讀曰:"國有常憲,明神鑑焉。"讀畢,捧牌安原處。鳴贊唱:"懸戒牌。"戒誓生捧牌恭懸同文門下。鳴贊唱:"給齊牌。"凡與祭官生領齊牌訖。鳴贊唱:"設誓牌。"戒誓生捧牌置案,昇起,引導樂作,鳴鐘鼓,設誓牌大中門下正中。

翼日、當祭之前期二日,衍聖公致齊於齊宿所。典籍集禮生於詩禮堂,守衛百户出禮器,禮生滌濯之,陳於堂上。司樂集樂舞生於金絲堂,出樂器,樂舞生拂拭之,陳於堂上。衍聖公率攝獻、分獻及執事各官,具公服,恭詣觀禮聽樂。祭前一日質明,管勾官陳粢盛快睹門外,陳犧牲仰高門外。衍聖公率攝獻、分獻及執事各官,具公服,迎粢盛歸神廚,迎犧牲歸神庖,引導皆用樂。是日,設至聖先師、四配、十二哲虛位於奎文閣,東廡三壇,西廡三壇,在同文門左右,東西相向,陳尊彝罍洗,樂懸綴兆,如祭儀。寢殿虛位設奎文閣後。崇聖祠虛位設同文門東,家廟虛位在其後;啓聖祠虛位設同文門西,寢殿虛位在其後;后土祠虛位設奎文閣後之左,亦各陳尊俎,如祭儀。衍聖公具公服,率攝獻、分獻官及執事官生、陪祭官生、宗族人等就位,習儀既畢,少憩,恭詣神庖省牲。掌宰官取血膋,率各壇陳設禮生,捧毛血盤,恭安各祭案上。衍聖公以下遂詣神廚視膳。司膳官率各壇陳設禮生,捧饌盤,恭安各祭案左。引導皆有樂。是時粢盛既豐,牲牷告備,禮樂諸生咸集,乃陳設。

大成殿至聖先師孔子位前:獻爵三,帛筐一,香盒一,毛血盤一,饌盤一,登一,鉶二,簠二,簋二,籩十,豆十,牛一,羊一,豕一,共俎,太尊一,犧尊一,象尊一,山尊一,雷尊一,著尊三,彝一,斝一,茅沙池一,香鼎一,燭臺四,花瓶四,香盤一,香盒一,福爵一,胙盤一,罍一,洗一,燔爐一。

四配位:各獻爵三,帛筐一,香盒一,毛血盤一,饌盤一,鉶二,簠二,簋二,籩八,豆八,羊一,豕一,兩俎,香鼎一,燭臺二。

東哲六位:各供爵一,鉶一,簠一,簋一,籩四,豆四;共獻爵三,帛筐一,香盒一,毛血盤一,饌盤一,羊一,豕一,兩俎,壺尊一,香鼎一,燭臺二,罍一,洗一。

西哲同。

兩廡共五十六壇:各供爵一,簠一,簋一,籩四,豆四,香鼎一,燭臺二。分獻六處,各獻爵三,帛筐一,香盒一,毛血盤一,饌盤一,羊一,豕一,兩俎,壺尊一,香鼎一,罍一,洗一。

寢殿至聖先師孔子夫人位前:獻爵三,帛筐一,香盒一,毛血盤一,饌盤一,鉶二,簠二,簋二,籩八,豆八,羊一,豕一,兩俎,壺尊一,香鼎一,燭臺二,罍一,洗一。

崇聖祠肇聖王、裕聖王、詒聖王、昌聖王、啓聖王位前:各獻爵三,帛筐一,香盒一,毛血盤一,饌盤一,鉶二,簠二,簋二,籩八,豆八,羊一,豕一,兩俎,香鼎一,燭臺二;共壺尊一,彝一,斝一,茅沙池一,福爵一,胙盤一,罍一,洗一,燔爐一。

東配二位：各獻爵三，帛篚一，香盒一，鉶一，簠一，簋一，籩四，豆四，香鼎一；共毛血盤一，饌盤一，羊一，豕一，兩俎，燭臺二。

西配同。

從祀左右各一壇：各獻爵三，帛篚一，香盒一，毛血盤一，饌盤一，簠一，簋一，籩四，豆四，羊三體，豕三體，兩俎，壺尊一，香鼎一，燭臺二，罍一，洗一。

啓聖祠啓聖王位前：獻爵三，帛篚一，香盒一，毛血盤一，饌盤一，鉶二，簠二，簋二，籩八，豆八，羊一，豕一，兩俎，壺尊一，香鼎一，燭臺二，彝一，斝一，茅沙池一，福爵一，胙盤一，罍一，洗一，燔爐一。

寢殿啓聖王夫人位前：獻爵三，帛篚一，香盒一，毛血盤一，饌盤一，鉶二，簠二，簋二，籩八，豆八，羊一，豕一，兩俎，壺尊一，香鼎一，燭臺二，罍一，洗一。

家廟始祖考妣位前：供爵二，獻爵三，帛篚一，香盒一，毛血盤一，饌盤一，登一，鉶二，簠二，簋二，籩十，豆十，羊一，豕一，兩俎，香鼎一，燭臺二。

二世祖考妣、三世祖考妣位前：各供爵二，獻爵三，帛篚一，香盒一，毛血盤一，饌盤一，鉶二，簠二，簋二，籩八，豆八，羊一，豕一，兩俎，香鼎一，燭臺二。

中興祖考妣位前：供爵三，獻爵三，帛篚一，香盒一，毛血盤一，饌盤一，鉶一，簠一，簋一，籩四，豆四，羊一，豕一，兩俎，香鼎一，燭臺二，四壇；共壺尊一，福爵一，胙盤一，罍一，洗一。

后土祠：獻爵三，帛篚一，香盒一，毛血盤一，饌盤一，簠一，簋一，籩四，豆四，豕首一，壺尊一，香鼎一，燭臺二，罍一，洗一。

右祭器之數，凡供爵七十七，獻爵九十六，篚三十二，登二，鉶四十九，簠一百有八，簋一百有八，籩四百三十六，豆四百三十六，饌盤三十，毛血盤三十，俎五十七，香鼎八十八，香盒三十三，香盤一，花瓶四，燭臺一百六十二，太尊一，犧尊一，象尊一，山尊一，雷尊一，著尊三，壺尊十六，彝三，斝三，茅沙池三，燔爐三，福爵四，胙盤四，罍十七，洗十七，巾十七，祭案七十八，祝案四，福胙案四。

凡登、鉶、簠、簋、籩、豆，皆陳於祭案。登在中，鉶次之，簠在鉶左，簋在鉶右，籩又在簠之左，豆又在簋之右。

大成殿香鼎、燭臺、花瓶、太尊、犧尊、象尊、山尊、雷尊，陳設如常。張曲柄黃蓋於殿門外兩楹間。祝案陳祭案西南，福胙案陳祭案東南，牲俎陳祭案前。三著尊共案在殿門外左，西向。兩壺尊分案在殿東西兩牖外，相向。燔爐設大成殿簷下正中。斝陳杏壇南香盤前，有几，茅沙池在几前。彝在東偏，亦有几。罍、洗在東階下陛之南，直東雷；分獻東哲罍、洗次之；西哲罍、洗，在西階下，直西雷。洗有架，罍有案，獻爵、帛篚陳焉。兩廡壺尊各在其廡門外之左，東廡北向，西廡南向；爵、篚、罍、洗在其階下。中和韶樂陳露臺上，引導樂陳大成門外，鼛鼓、鏞鐘在杏壇上。植庭燎，夾兩陛間。衍聖公拜位在彝、罍前；寢殿分獻官、東西哲分獻官、兩廡分獻官各拜位次之；陪祭官員、族人拜位列兩階下；監祭官立殿門內，東西相向；典儀、典樂官立露臺上，西向；司膳、掌宰官立露臺上，東向；糾儀官立兩班上，東西相向；鳴贊在露臺午階上，西向。

　　崇聖、啓聖兩祠，大成、啓聖兩寢及家廟，堂上堂下設尊、俎、罍、洗及攝獻、分獻、監祭、糾儀各官之位，亦略如大成殿之儀。

　　詩禮堂正中設祝案四，皆南向；東設署名案一，西向。鼖鼓初嚴，太祝官生恭捧祝版，詣詩禮堂，安案上；鼖鼓三嚴，衍聖公具朝服，恭詣詩禮堂，以次署名訖，太祝官生恭捧分詣各壇，安祝案上。衍聖公以下皆序揖。引贊贊：“請行禮。”導引衍聖公出詩禮堂，入金聲門，至拜位旁立。

　　鳴贊唱：“啓户，掃除。”凡殿上執事各官皆趨簷下，不鳴贊，行一跪三叩頭禮，興，各就位立。樂舞生各執羽、籥、簫、管，拱立兩階下。鳴贊唱：“樂舞生就位。”樂舞生夾兩階升，各就位，擊鼖鼓爲節。鳴贊唱：“執事者各司其事，陪祭官就位，分獻官就位，正獻官就位。”引贊引衍聖公就拜位，北面立。鳴贊唱：“瘞毛血。”掌宰官詣至聖先師位前，一叩頭，興，恭捧毛血盤由殿中門出；配位以下陳設生亦各詣位前，一叩頭，興，恭捧毛血盤出，瘞於瘞所。

　　鳴贊唱：“迎神。”祝史降詣杏壇前祼所，取斝酌酒。衍聖公跪受斝，灌地奠斝，行一叩頭禮，興。祝史出大成門外，引導樂作，入大成門，杏壇鳴鐘鼓。衍聖公以下皆退立階東，西向跪迎，候過復位，引導樂止。鳴贊唱：“參神。”麾生唱：“樂奏《昭平》之章。”樂作。鳴贊唱：“跪，叩，興。”衍聖公以下行三跪九叩頭禮，興。樂闋。

　　鳴贊唱：“奠帛，行初獻禮。”麾生唱：“樂奏《宣平》之章。”樂作，有舞。引贊贊：“詣盥洗所盥手。”相禮生進洗，衍聖公盥手。引贊贊：“進巾。”相禮生進巾，衍聖公拭手。引贊贊：“洗爵。”捧爵官進爵，衍聖公洗爵。引贊贊：“進巾。”相禮生進巾，衍聖公拭爵。引贊贊：“詣酒尊所。”司尊者舉羃酌酒，司尊官酌訖。引贊贊：“詣始祖至聖先師神位前。”帛、爵由殿中門入，捧帛官立案前左，捧爵官立案側左。四配帛、爵各在供案南，北向神位立。衍聖公由殿左門入，立香案前。引贊贊：“進香。”司香官跪進香。引贊贊：“上香。”衍聖公受香，恭爇鑪內。引贊贊：“跪，叩，興。”衍聖公行一叩頭禮，興。引贊贊：“進帛。”捧帛官跪進帛。引贊贊：“奠帛。”衍聖公受帛，恭奠案前正中。引贊贊：“進爵。”司爵官跪進爵。引贊贊：“獻爵。”衍聖公受爵，恭獻案上正中坫上，就案左，不贊，行一叩頭禮，興。引贊贊：“詣讀祝位，跪。”衍聖公跪。鳴贊唱：“皆跪。”分獻官以下皆跪。麾生偃麾，樂止。文舞生皆跪。引贊贊：“讀祝。”太祝官詣祝案前，跪，三叩頭，捧祝版恭讀畢，捧祝版，興，恭安至聖先師位前篚內，就案右，三叩頭，退。文舞生興，麾生舉麾，樂作。引贊贊：“叩，興。”衍聖公行三叩頭禮，興。鳴贊唱：“叩，興。”分獻官以下隨行三叩頭禮，興。引贊引衍聖公詣復聖顏子、宗聖曾子、述聖三世祖、亞聖孟子各位前，上香、獻帛爵，並如正位儀。

既讀祝後，鳴贊唱："行分獻禮。"引贊引寢殿分獻官詣寢殿行禮，三獻既畢，乃復原位。餘引贊引東西哲、兩廡分獻官各盥手、洗爵、升壇、上香、獻帛爵，如前儀。並俟衍聖公獻亞聖孟子時，同分獻。獻畢，引贊贊："復位。"衍聖公率分獻官至殿右門內，兩廡分獻官各在其廡門內，皆一揖，出，降階，復位。樂闋。

鳴贊唱："行亞獻禮。"麾生唱："樂奏《秩平》之章。"樂作，有舞。引贊贊："詣盥洗所洗爵。"相禮生進洗，捧爵官進爵，衍聖公洗爵。引贊贊："進巾。"相禮生進巾，衍聖公拭爵。引贊贊："詣酒尊所。"司尊者舉羃酌酒，司尊官酌訖。引贊贊："詣始祖至聖先師神位前，跪，叩，興。"衍聖公行一叩頭禮，興。引贊贊："進爵。"捧爵官跪進爵。引贊贊："獻爵。"衍聖公受爵，恭奠案左坫上，就案左，不贊，行一叩頭禮，興。引贊引衍聖公詣復聖顏子、宗聖曾子、述聖三世祖、亞聖孟子各位前，獻爵，如正位儀。

既獻正位，鳴贊唱："行分獻禮。"引贊贊："引分獻官各洗爵、登獻。"如初獻儀。獻畢，引贊贊："復位。"衍聖公率分獻官揖出，復位。樂闋。

鳴贊唱："行終獻禮。"麾生唱："樂奏《敘平》之章。"樂作，有舞。引贊引衍聖公及分獻官洗爵、登獻，如亞獻儀。爵奠案右坫上。獻畢，復位。樂闋，旌生引舞生退立樂懸外。

鳴贊唱："飲福受胙。"引贊引衍聖公升殿，贊："詣福胙位，跪。"衍聖公跪。鳴贊唱："皆跪。"分獻官以下皆跪。時寢殿分獻官已歸班行禮。引贊贊："飲福。"太祝官跪授福爵，衍聖公受爵，三飲，以虛爵授太祝官。太祝官受，興，復於坫。引贊贊："受福胙。"陳設生跪授胙，衍聖公受胙，仍授陳設生。陳設生受，興，捧出，俟禮畢歸胙。引贊贊："叩，興。"衍聖公行三叩頭禮，興。鳴贊唱："叩，興。"分獻官以下隨行三叩頭禮，興。引贊贊："復位。"衍聖公揖出，復位。鳴贊唱："跪，叩，興。"衍聖公以下行三跪九叩頭禮，興。

鳴贊唱："徹饌。"麾生唱："樂奏《懿平》之章。"樂作，司膳官詣至聖先師位前，一叩頭，興，恭捧饌盤由殿中門出。配位以下陳設生亦各詣位前，一叩頭，興，恭捧饌盤出，瘞於瘞所。

鳴贊唱："送神。"麾生唱："樂奏《德平》之章。"樂作，鳴贊唱："跪，叩，興。"衍聖公以下行三跪九叩頭禮，興。樂闋。大成殿籥下引導樂作，由中階降，杏壇鳴鐘鼓，衍聖公以下退立階西，東向跪送。候出大成門，復位。

鳴贊唱："讀祝者捧祝，進帛者捧帛，恭詣燎位。樂疊奏《德平》之章。"麾生不唱。樂作，太祝官、捧帛官及捧帛生各詣案前，三叩頭，興，捧祝、帛並由殿中門出，恭送詣燎所。引贊贊："詣望燎位。"引衍聖公率分獻官詣望燎位。引贊贊："望燎。"祝帛焚畢，引贊贊："復位。"衍聖公率分獻官復位。樂闋。

鳴贊唱："禮畢。"杏壇鳴鐘，衍聖公以下皆退。樂舞生卷班，仍應杏壇鼓節，禮生、樂生合列杏壇前，行一跪三叩頭禮，退。旦日，乃頒胙散福。

寢殿儀：引贊引分獻官至拜位前，北向立。鳴贊唱："啓户，掃除，瘞毛血。"陳設生詣神案前，一叩頭，興，捧毛血盤由殿中門出，瘞於瘞所。鳴贊唱："迎神。跪，叩，興。"分獻官行二跪六叩頭禮，興。

鳴贊唱："奠帛，行初獻禮。"引贊贊："詣盥洗所盥手。"相禮生進洗，分獻官盥手。引贊贊："進巾。"相禮生進巾，分獻官拭手。引贊贊："洗爵。"捧爵生進爵，分獻官洗爵。引贊贊："進巾。"相禮生進巾，分獻官拭爵。引贊贊："詣酒尊所。"司尊者舉冪酌酒，司尊生酌訖。引贊贊："詣始祖妣夫人神位前。"帛、爵由殿中門入，捧帛生立案前左，捧爵生立案側左。分獻官由殿左門入，立香案前。引贊贊："進香。"司香生跪進香。引贊贊："上香。"分獻官受香，恭爇鑪內。引贊贊："跪，叩，興。"分獻官行一叩頭禮，興。引贊贊："進帛。"捧帛生跪進帛。引贊贊："奠帛。"分獻官受帛，恭奠案前正中。引贊贊："進爵。"捧爵生跪進爵。引贊贊："獻爵。"分獻官受爵，恭獻案上正中坫上，就案左，不贊，行一叩頭禮，興。引贊贊："復位。"分獻官至殿右門向上揖出，復位。

鳴贊唱："行亞獻禮。"引贊贊："詣盥洗所洗爵。"相禮生進洗，捧爵生進爵，分獻官洗爵。引贊贊："進巾。"相禮生進巾，分獻官拭爵。引贊贊："詣酒尊所。"司尊者舉冪酌酒，司尊生酌訖。引贊贊："詣始祖妣夫人神位前。跪，叩，興。"分獻官行一叩頭禮，興。引贊贊："進爵。"捧爵生跪進爵。引贊贊："獻爵。"分獻官受爵，恭奠案左坫上，就案左，不贊，行一叩頭禮，興。引贊贊："復位。"分獻官揖出，復位。

鳴贊唱："行終獻禮。"引贊引分獻官洗爵、登獻，如亞獻儀。爵奠案右坫上。

三獻畢，鳴贊唱："徹饌。"陳設生詣案前，一叩頭，興，恭捧饌盤由殿中門出，瘞於瘞所。鳴贊唱："送神。跪，叩，興。"分獻官行二跪六叩頭禮，興。鳴贊唱："禮畢。"引贊贊："復位。"分獻官復大成殿前原位，隨班行禮。俟大成殿焚帛時，司帛生詣位前，一叩頭，興，恭捧帛由殿中門出，隨詣燎位。分獻官隨衍聖公後，詣燎所望燎。

崇聖祠儀：大成殿釋奠時，攝獻官同分獻官恭詣崇聖祠拜位前立。鳴贊唱："啓户，掃除。分獻官就位，攝獻官就位。"攝獻、分獻官各就位立。鳴贊唱："瘞毛血。"各陳設生詣各神案前，一叩頭，興，捧毛血盤由殿中門出，瘞於瘞所。鳴贊唱："迎神。"祝史降階，詣祼所，取斝酌酒，攝獻官跪受斝，灌地奠斝，行一叩頭禮，興。鳴贊唱："參神。跪，叩，興。"攝獻官等行二跪六叩頭禮，興。

鳴贊唱："奠帛，行初獻禮。"引贊贊："詣盥洗所盥手。"相禮生進洗，攝獻官盥手。引贊贊："進巾。"相禮生進巾，攝獻官拭手。引贊贊："洗爵。"捧爵生進爵，攝獻官洗爵。引贊贊："進巾。"相禮生進巾，攝獻官拭爵。引贊贊："詣酒尊所。"司尊者舉冪酌酒，司尊生酌訖。引贊贊："詣肇聖王神位前。"帛、爵由殿中門入，捧帛生立各案前左，捧爵生立各案側左。攝獻官由殿左門入，立香案前。引贊贊："進香。"司香生跪進香。引贊贊："上香。"攝獻官受香，恭爇鑪內。引贊贊："跪，叩，興。"攝獻官行一叩頭禮，興。引贊贊："進帛。"捧帛生跪進帛。引贊贊："奠帛。"攝獻官受帛，恭奠案前正中。引贊贊："進爵。"捧爵生跪進爵。引贊贊："獻爵。"攝獻官受爵，恭奠案上正中坫上，就案左，不贊，行一叩頭禮，興。引贊引攝獻官詣裕聖王神位前，次詣詒聖王、昌聖王、啓聖王各神位前，上香，奠帛爵，如肇聖王儀。引贊贊："詣讀祝位，跪。"攝獻官跪。鳴贊唱："皆跪。"分獻官皆跪。引贊贊："讀祝。"太祝生詣祝案前，跪，三叩頭，捧祝版恭讀畢，捧祝版興，恭安正位筐內，三叩頭，退。引贊贊："叩，興。"攝獻官行三叩頭禮，興。鳴贊唱："叩，興。"分獻官隨行三叩頭禮，興。引贊引攝獻官詣先賢顏氏、先賢曾氏、先賢二世祖、先賢孟孫氏各位前，並上香、奠帛爵，如前儀。

既讀祝後，鳴贊唱："行分獻禮。"引贊引左右從祀分獻官盥手、洗爵、升殿、上香、奠帛爵，如攝獻官儀。並俟攝獻官獻先賢孟孫氏時，同分獻。獻畢，引贊贊："復位。"攝獻官、分獻官至殿右門揖出，降階，復位。

鳴贊唱："行亞獻禮。"引贊贊："詣盥洗所洗爵。"相禮生進洗，捧爵生進爵，攝獻官洗爵。引贊贊："進巾。"相禮生進巾，攝獻官拭爵。引贊贊："詣酒尊所。"司尊者舉冪酌酒，司尊生酌訖。引贊贊："詣肇聖王神位前。跪，叩，興。"攝獻官行一叩頭禮，興。引贊贊："進爵。"捧爵生跪進爵。引贊贊："獻爵。"攝獻官受爵，恭奠案左坫上，就案左，不贊，行一叩頭禮，興。引贊贊："詣裕聖王神位前。"次詣詒聖王、昌聖王、啓聖王及先賢顏氏、先賢曾氏、先賢二世祖、先賢孟孫氏各位前，並獻爵，如肇聖王位前儀。

獻五王畢，鳴贊唱："行分獻禮。"引贊引左右從祀分獻官洗爵、登獻，如前儀。獻畢，揖出，復位。

鳴贊唱："行終獻禮。"引贊引攝獻官、分獻官洗爵、登獻，如亞獻儀，爵奠案右坫上。

三獻畢，鳴贊唱："飲福受胙。"引贊引攝獻官升殿，贊："詣福胙位，跪。"攝獻官跪。鳴贊唱："皆跪。"分獻官皆跪。引贊贊："飲福酒。"太祝生跪授福爵，攝獻官受爵，三飲，以虛爵授太祝生。太祝生受，興，復於坫。引贊贊："受福胙。"陳設生跪授胙，攝獻官受胙，仍授陳設生。陳設生受，興，捧出，俟禮畢歸胙。引贊贊："叩，興。"攝獻官行三叩頭禮，興。鳴贊唱："叩，興。"分獻官隨行三叩頭禮，興。引贊贊："復位。"攝獻官揖出，復位。鳴贊唱："跪，叩，興。"攝獻官等行二跪六叩頭禮，興。鳴贊唱："徹饌。"陳設生詣各案前，一叩頭，興，恭捧饌盤由殿中門出，瘞於瘞所。鳴贊唱："送神。跪，叩，興。"攝獻官行二跪六叩頭禮，興。鳴贊唱："讀祝者捧祝，進帛者捧帛，恭詣燎位。"太祝生、捧帛生各詣案前，三叩頭，興，捧祝、帛由殿中門出，恭送詣燎所。引贊贊："詣望燎位。"攝獻官、分獻官詣望燎位。引贊贊："望燎。"祝帛焚畢，引贊贊："復位。"攝獻官等復位。鳴贊唱："禮畢。"攝獻官等皆退。

　　啓聖祠儀：大成殿釋奠時，攝獻官同分獻官恭詣啓聖祠拜位前立。鳴贊唱："啓戶，掃除。分獻官就位，攝獻官就位。"攝獻、分獻官各就位立。鳴贊唱："瘞毛血。"陳設生詣神案前，一叩頭，興，捧毛血盤由殿中門出，瘞於瘞所。鳴贊唱："迎神。"祝史降階，詣祼所，取斝酌酒，攝獻官跪受斝，灌地奠斝，行一叩頭禮，興。鳴贊唱："參神。跪，叩，興。"攝獻官等行二跪六叩頭禮，興。

　　鳴贊唱："奠帛，行初獻禮。"引贊贊："詣盥洗所盥手。"相禮生進洗，攝獻官盥手。引贊贊："進巾。"相禮生進巾，攝獻官拭手。引贊贊："洗爵。"捧爵生進爵，攝獻官洗爵。引贊贊："進巾。"相禮生進巾，攝獻官拭爵。引贊贊："詣酒尊所。"司尊者舉冪酌酒，司尊生酌訖。引贊贊："詣啓聖王神位前。"帛、爵由殿中門入，捧帛生立案前左，捧爵生立案側左。攝獻官由殿左門入，立香案前。引贊贊："進香。"司香生跪進香。引贊贊："上香。"攝獻官受香，恭爇鑪內。引贊贊："跪，叩，興。"攝獻官行一叩頭禮，興。引贊贊："進帛。"捧帛生跪進帛。引贊贊："奠帛。"攝獻官受帛，恭奠案前正中。引贊贊："進爵。"捧爵生跪進爵。引贊贊："獻爵。"攝獻官受爵，恭奠案上正中坫上，就案左，不贊，行一叩頭禮，興。引贊贊："詣讀祝位，跪。"攝獻官跪。鳴贊唱："跪。"分獻官跪。引贊贊："讀祝。"太祝生詣祝案前，跪，三叩頭，捧祝版恭讀畢，捧祝版興，恭安篚內，三叩頭，退。引贊贊："叩，興。"攝獻官行三叩頭禮，興。鳴贊唱："叩，興。"分獻官隨行三叩頭禮，興。

　　鳴贊唱："行分獻禮。"引贊引分獻官詣寢殿行禮。引贊贊："復位。"攝獻官至殿右門揖出，復位。

　　鳴贊唱："行亞獻禮。"引贊贊："詣盥洗所洗爵。"相禮生進洗，捧爵生進爵，攝獻官洗爵。引贊贊："進巾。"相禮生進巾，攝獻官拭爵。引贊贊："詣酒尊所。"司尊者舉冪酌酒，司尊生酌訖。引贊贊："詣啓聖王神位前。跪，叩，興。"攝獻官行一叩頭禮，興。引贊贊："進爵。"捧爵生跪進爵。引贊贊："獻爵。"攝獻官受爵，恭奠案左坫上，就案左，不贊，行一叩頭禮，興。引贊贊："復位。"攝獻官揖出，復位。

　　鳴贊唱："行終獻禮。"引贊引攝獻官洗爵、登獻，如亞獻儀。爵奠案右坫上。

　　三獻畢，鳴贊唱："飲福受胙。"引贊引攝獻官升殿，贊："詣福胙位，跪。"攝獻官跪。引贊贊："飲福酒。"太祝生跪授福爵，攝獻官受爵，三飲，以虛爵授太祝生。太祝生受，興，復於坫。引贊贊："受福胙。"陳設生跪授胙，攝獻官受胙，仍授陳設生。陳設生受，興，捧出，俟禮畢歸胙。引贊贊："叩，興。"攝獻官行三叩頭禮，興。引贊贊："復位。"攝獻官揖出，復位。鳴贊唱："跪，叩，興。"攝獻官行二跪六叩頭禮，興。鳴贊唱："徹饌。"陳設生詣案前，一叩頭，興，恭捧饌盤由殿中門出，瘞於瘞所。鳴贊唱："送神。跪，叩，興。"攝獻官行二跪六叩頭禮，興。鳴贊唱："讀祝者捧祝，進帛者捧帛，恭詣燎位。"太祝生、捧帛生各詣案前，三叩頭，興，捧祝、帛由殿中門出，恭送詣燎所。引贊贊："詣望燎位。"攝獻官詣望燎位。引贊贊："望燎。"祝帛焚畢，引贊贊："復位。"攝獻官復位。鳴贊唱："禮畢。"乃退。

啓聖寢殿儀：引贊引分獻官至拜位前，北向立。鳴贊唱："啓戶，掃除，瘞毛血。"陳設生詣神案前，一叩頭，興，捧毛血盤由殿中門出，瘞於瘞所。鳴贊唱："迎神。跪，叩，興。"分獻官行二跪六叩頭禮，興。

鳴贊唱："奠帛，行初獻禮。"引贊贊："詣盥洗所盥手。"相禮生進洗，分獻官盥手。引贊贊："進巾。"相禮生進巾，攝獻官拭手。引贊贊："洗爵。"捧爵生進爵，分獻官洗爵。引贊贊："進巾。"相禮生進巾，分獻官拭爵。引贊贊："詣酒尊所。"司尊者舉冪酌酒，司尊生酌訖。引贊贊："詣啓聖王夫人神位前。"帛、爵由殿中門入，捧帛生立案前左，捧爵生立案側左。分獻官由殿左門入，引贊贊："進香。"司香生跪進香。引贊贊："上香。"分獻官受香，恭爇鑪內。引贊贊："跪，叩，興。"分獻官行一叩頭禮，興。引贊贊："進帛。"捧帛生跪進帛。引贊贊："奠帛。"分獻官受帛，恭奠案前正中。引贊贊："進爵。"捧爵生跪進爵。引贊贊："獻爵。"分獻官受爵，恭獻案上正中坫上，就案左，不贊，行一叩頭禮，興。引贊贊："復位。"分獻官至殿右門揖出，復位。

鳴贊唱："行亞獻禮。"引贊贊："詣盥洗所洗爵。"相禮生進洗，捧爵生進爵，分獻官洗爵。引贊贊："進巾。"相禮生進巾，分獻官拭爵。引贊贊："詣酒尊所。"司尊者舉冪酌酒，司尊生酌訖。引贊贊："詣啓聖王夫人神位前。跪，叩，興。"分獻官行一叩頭禮，興。引贊贊："進爵。"捧爵生跪進爵。引贊贊："獻爵。"攝獻官受爵，恭奠案左坫上，就案左，不贊，行一叩頭禮，興。引贊贊："復位。"分獻官揖出，復位。

鳴贊唱："行終獻禮。"引贊引分獻官洗爵、登獻，如亞獻儀。爵奠案右坫上。

三獻畢，鳴贊唱："徹饌。"陳設生詣案前，一叩頭，興，恭捧饌盤由殿中門出，瘞於瘞所。鳴贊唱："送神。跪，叩，興。"分獻官行二跪六叩頭禮，興。鳴贊唱："進帛者捧帛，恭詣燎所。"捧帛生詣案前，一叩頭，興，捧帛由殿中門出，恭送詣燎所。引贊贊："詣望燎位。"分獻官詣望燎位。引贊贊："望燎。"帛焚畢，引贊贊："復位。"分獻官復位。鳴贊唱："禮畢。"乃退。

舊儀，禮畢，當前殿三獻後，分獻官仍歸原班，隨行禮，如大成寢殿分獻官儀。今既遷四配及從祀神主於崇聖祠，前殿禮簡早畢，寢殿分獻官不復歸原班。

家廟儀：大成殿釋奠時，攝獻官恭詣家廟拜位前立。鳴贊唱："啓戶，掃除，瘞毛血。"陳設生詣各神案前，一叩頭，興，捧毛血盤由祠堂中門出，瘞於瘞所。引贊贊："升壇。"攝獻官升階，引贊贊："詣始祖考妣神位前。"攝獻官由祠堂左門入，立香案前。引贊贊："跪。"攝獻官跪。引贊贊："啓櫝出主。"陳設生啓櫝出主。引贊贊："進香。"司香生跪進香。引贊贊："上香。"攝獻官受香，恭爇鑪內。引贊贊："叩，興。"攝獻官行一叩頭禮，興。引贊引攝獻官以次詣二世祖考妣、三世祖考妣、中興祖考妣各神位前，並啓檳上香,如始祖考妣位前儀。引贊贊:"復位。"攝獻官至祠堂右門揖出,復位。

　　鳴贊唱:"迎神。跪,叩,興。"攝獻官行三跪九叩頭禮,興。鳴贊唱:"奠帛,行初獻禮。"引贊贊:"詣盥洗所盥手。"相禮生進洗,攝獻官盥手。引贊贊:"進巾。"相禮生進巾,攝獻官拭手。引贊贊:"洗爵。"捧爵生進爵,攝獻官洗爵。引贊贊:"進巾。"相禮生進巾,攝獻官拭爵。引贊贊:"詣酒尊所。"司尊者舉羃酌酒,司尊生酌訖。引贊贊:"詣始祖考妣神位前。"帛、爵由祠堂中門入,捧帛生、捧爵生以次立案前左。攝獻官由祠堂左門入,立香案前。引贊贊:"跪。"攝獻官跪。引贊贊:"進帛。"捧帛生跪進帛。引贊贊:"奠帛。"攝獻官受帛,拱舉授捧帛生。捧帛生受,興,恭奠案前正中。引贊贊:"進爵。"捧爵生跪進爵。引贊贊:"獻爵。"攝獻官受爵,拱舉授捧爵生。捧爵生受,興,恭奠案上正中坫上。引贊贊:"叩,興。"攝獻官行一叩頭禮,興。引贊引攝獻官以次詣二世祖考妣、三世祖考妣、中興祖考妣各神位前,並奠帛爵,如正位儀。獻畢,引贊贊:"詣讀祝位,跪。"攝獻官跪。引贊贊:"讀祝。"太祝生詣祝案前,跪,三叩頭,捧祝版恭讀畢,捧祝版興,恭安正位筐內,三叩頭,退。引贊贊:"叩,興。"攝獻官行三叩頭禮,興。引贊贊:"復位。"攝獻官揖出,復位。

　　鳴贊唱:"行亞獻禮。"引贊贊:"詣盥洗所洗爵。"相禮生進洗,捧爵生進爵,攝獻官洗爵。引贊贊:"進巾。"相禮生進巾,攝獻官拭爵。引贊贊:"詣酒尊所。"司尊者舉羃酌酒,司尊生酌訖。引贊贊:"詣始祖考妣神位前,跪。"攝獻官跪。引贊贊:"進爵。"捧爵生跪進爵,攝獻官受爵,拱舉授捧爵生。捧爵生受,興,恭奠案左坫上。引贊贊:"叩,興。"攝獻官行一叩頭禮,興。引贊引攝獻官以次詣二世祖考妣、三世祖考妣、中興祖考妣各神位前,並獻爵,如正位儀。獻畢,引贊贊:"復位。"攝獻官揖出,復位。

　　鳴贊唱:"行終獻禮。"引贊引攝獻官洗爵、登獻,如亞獻儀。爵奠案右坫上。

　　三獻畢,鳴贊唱:"飲福受胙。"引贊引攝獻官升階,贊:"詣福胙位,跪。"攝獻官跪。引贊贊:"飲福酒。"太祝生跪授福爵,攝獻官受爵,三飲,以虛爵授太祝生。太祝生受,興,復於坫。引贊贊:"受福胙。"陳設生跪授胙,攝獻官受胙,仍授陳設生。陳設生受,興,捧出,俟禮畢歸胙。引贊贊:"叩,興。"攝獻官行三叩頭禮,興。引贊贊:"復位。"攝獻官揖出,復位。鳴贊唱:"叩,興。"攝獻官行三跪九叩頭禮,興。鳴贊唱:"徹饌。"陳設生詣案前,一叩頭,興,恭捧饌盤由祠堂中門出,瘞於瘞所。鳴贊唱:"送神。跪,叩,興。"攝獻官行三跪九叩頭禮,興。鳴贊唱:"讀祝者捧祝,進帛者捧帛,恭詣燎位。"太祝生、捧帛生各詣案前,三叩頭,興,捧祝、帛由祠堂中門出,恭送詣燎所。引贊贊:"詣望燎位。"攝獻官詣望燎位。引贊贊:"望燎。"祝帛焚畢,引贊贊:"復位。"攝獻官復位。引贊引攝獻官升階,贊:"詣始祖考妣神位前,跪。"攝獻官跪。引贊贊:"奉主入檳。"陳設生捧主入檳。引贊贊:"叩,興。"攝獻官行一叩頭禮,興。引贊引攝獻官以次詣二世祖考妣、三世祖考妣、中興祖考妣各神位前,藏主,如始祖考妣位前儀。藏主畢,引贊贊：“復位。”攝獻官揖出，復位。鳴贊唱：“禮畢。”乃退。

后土祠同釋奠日行禮，其儀：三獻前後，各行一跪三叩頭禮。

考釋菜之禮，朱子曰：“猶贄也。婦見舅姑，其贄棗栗脯脩；若廟見，則釋菜。弟子見師，其贄束脩；若禮於先師，則釋菜。”[①]其禮比釋奠爲最簡，不酌鬯，不列饌，不作樂，不授器。又按《五禮新儀·釋菜》：“每位左一籩，實鹿脯；右一豆，實芹、筍、菁、韭之菹；犧尊一，以實汎齊。”今闕里釋菜，以每月朔。每壇陳二籩二豆，實以果菹，設尊爵罍洗，如釋奠儀。是日質明，衍聖公率官員、族人詣廟行禮。大成殿及家廟，衍聖公主獻，行一獻三跪九叩頭禮。崇聖祠、啓聖祠、大成啓聖兩寢殿及兩哲、兩廡、崇聖祠從祀，分獻、攝獻行事。崇聖、啓聖兩祠，皆一獻，行二跪六叩頭禮。

歲時常祭之禮，其舉有七：一元旦，一上元，一端陽，一中秋，一重陽，一冬至，一歲除。其儀，設籩豆爵洗，如釋菜儀。家廟，衍聖公主祭，不灌鬯，不奠帛，讀祝上香，三獻，陳饌，徹饌，迎神，送神，行三跪九叩頭禮。崇聖祠攝獻、從祀分獻儀，並上香，三獻，迎、送神，行二跪六叩頭禮。

月朢行香儀：每月朢日，衍聖公率官員、族人詣大成殿、家廟，行三跪九叩頭禮；崇聖祠、啓聖祠，行二跪六叩頭禮。凡衍聖公家有舉，則奉祝文告於家廟，其儀如歲時常祭之儀。

五月二十九日爲中興祖誕辰，預設祭案、牲俎於詩禮堂。壺尊一，在東楹；罍洗，在階下東南，直東榮；設燎爐於西階下。衍聖公拜位在中階上，陪祭官員、族人各按昭穆、品級之次。祭用鉶一、簠一、簋一、籩四、豆四。是日質明，衍聖公率官員、族人詣家廟拜位前立。鳴贊唱：“排班。”班齊，唱：“跪，叩，興。”衍聖公以下行一跪三叩頭禮，興。引贊贊：“升壇。”引衍聖公升壇。引贊贊：“詣始祖考妣神位前，跪。”衍聖公跪。鳴贊唱：“皆跪。”陪祭官員、族人皆跪。引贊贊：“進香，上香。叩，興。”衍聖公上香，行一叩頭禮，興。鳴贊唱：“叩，興。”官員、族人皆隨行一叩頭禮，興。引贊贊：“詣二世祖考妣、三世祖考妣神位前。”並上香，如正位儀。官員、族人不隨行禮。引贊贊：“詣中興祖考妣神位前，跪。”衍聖公跪。鳴贊唱：“皆跪。”陪祭官員、族人皆跪。引贊贊：“啓櫝出主。叩，興。”衍聖公行一叩頭禮，興。鳴贊唱：“叩，興。”皆行一叩頭禮，興。引贊贊：“請主。”執事者奉三主出，由中階降，恭安詩禮堂。衍聖公由東階降，率官員、族人出東旁門，詣詩禮堂，引贊引衍聖公就拜位前立。鳴贊唱：“執事者各司其事，排班，班齊，瘞毛血，迎神。跪，叩，興。”衍聖公以下行二跪六叩頭禮，興。鳴贊唱：“奠帛，行初獻禮。”引贊贊：“升壇。詣盥洗所盥手，進巾，洗爵，進巾，詣酒尊所。司尊者舉羃酌酒，詣神位前。跪，叩，興。”衍聖公行一叩頭禮，興。鳴贊唱：“皆跪。叩，興。”官員、族人皆

隨行一叩頭禮,興。引贊贊:"進帛。"捧帛者跪進帛。贊:"獻帛。"衍聖公獻帛。贊:"進爵。"捧爵者跪進爵。贊:"獻爵。"衍聖公獻爵,不贊,行一叩頭禮,興。引贊贊:"詣讀祝位,跪。"衍聖公跪。鳴贊唱:"皆跪。"官員、族人皆跪。引贊贊:"讀祝。"太祝生至祝案前跪,三叩頭,捧祝文讀曰:"維年月日,幾十幾代孫襲封衍聖公某等,敢致祭①於中興祖文宣公神位前曰:惟祖溯厥初生,適逢家難,似續一綫,天祐克延,明德惟馨,繁衍後裔。子孫永保,弗替引之。茲遇誕辰,謹以牲帛醴齊,粢盛庶品,式陳明薦。尚饗!"讀畢,興,安篋内,三叩頭,退。引贊贊:"叩,興。"衍聖公行三叩頭禮,興。鳴贊唱:"叩,興。"官員、族人皆行三叩頭禮,興。引贊贊:"復位。"衍聖公復位。

鳴贊唱:"行亞獻禮,行終獻禮。"皆如初獻儀。三獻畢,鳴贊唱:"飲福受胙。"引贊贊:"升壇。詣福胙位,跪。"衍聖公跪。鳴贊唱:"皆跪。"官員、族人皆跪。引贊唱:"飲福酒,受福胙。叩,興。"衍聖公飲酒受胙,行三叩頭禮,興。鳴贊唱:"叩,興。"官員、族人皆行三叩頭禮,興。引贊贊:"復位。"衍聖公復位。

鳴贊唱:"徹饌,送神。跪,叩,興。"衍聖公以下行二跪六叩頭禮,興。鳴贊唱:"讀祝者捧祝,進帛者捧帛,恭詣燎位。"引贊贊:"詣望燎位。"衍聖公詣望燎位。引贊贊:"望燎。"祝帛焚畢,引贊贊:"復位。"

鳴贊唱:"奉神主入家廟。"執事者奉三主入家廟,安龕内,衍聖公隨神主至位前。引贊贊:"跪。"衍聖公跪。鳴贊唱:"皆跪。"官員、族人皆跪。引贊贊:"奉主入櫝。叩,興。"衍聖公行一叩頭禮,興。鳴贊唱:"叩,興。"官員、族人皆行一叩頭禮,興。引贊贊:"復位。"衍聖公復位。鳴贊唱:"跪,叩,興。"衍聖公以下行一跪三叩頭禮,興。鳴贊唱:"禮畢。"皆退。

尼山書院以至聖先師誕日、忌日釋奠,洙泗書院、聖澤書院並以春秋次丁釋奠。各以其書院之博士、學録主祭。儀注、祭品悉如大成殿釋奠之儀。尼山書院釋奠時,同日致祭其書院之啓聖祠、二世祖祠、三世祖祠,祭品、行禮皆準祖廟釋奠啓聖祠、家廟祔位之儀。尼山神毓聖侯祠,準祖廟后土祠儀。

尼山書院祝文曰:"惟祖坤靈毓粹,尼阜降祥,篤生我祖,扶植綱常。萬世永賴,子孫其昌。茲遇遠、誕辰,謹以牲帛醴齊,粢盛庶品,式陳明薦。以復聖顔子、宗聖曾子、述聖三世祖、亞聖孟子配。尚饗!"

洙泗書院祝文曰:"惟祖聖毓尼防,教開洙泗,六經闡道,萬世爲師。茲惟仲春、秋,謹以牲帛醴齊,粢盛庶品,式陳明薦。以復聖顔子、宗聖曾子、述聖三世祖、亞聖孟子配。尚饗!"

聖澤書院祝文曰:"惟祖大行有兆,出宰中都,治惟一年,澤留萬世。茲惟仲春、秋,

---

① "致祭",北大本、集成本作"昭告"。

謹以牲帛醴齊，粢盛庶品，式陳明薦。以復聖顏子、宗聖曾子配。尚饗！"

中庸書院春秋上丁，世襲五經博士主祭，正位、配位皆八籩八豆，設尊俎罍洗，如祖廟儀。其日，博士具朝服。鳴贊唱："就位，瘞毛血，迎神。跪，叩，興。"博士行二跪六叩頭禮，興。鳴贊唱："奠帛，行初獻禮。"引贊贊："升壇，詣盥洗所盥手，進巾，洗爵，進巾，詣酒尊所，司尊者舉冪酌酒，詣述聖三世祖神位前，進香，上香。跪，叩，興。"博士行一叩頭禮，興。引贊贊："進帛，獻帛，進爵，獻爵。"博士獻帛、爵，行一叩頭禮，興。引贊贊："詣亞聖孟子神位前，上香，獻帛爵。"如正位儀。引贊贊："詣讀祝位，跪。"博士就位跪。引贊贊："讀祝。"太祝生至祝案前跪，三叩頭，捧祝文讀曰："維年月日，幾十幾代孫世襲翰林院五經博士某，敢昭告於述聖三世祖神位前曰：維祖道統傳家，師曾啟孟，述作《中庸》，垂教千古。茲惟仲春、秋，謹以牲帛醴齊，粢盛庶品，式陳明薦。以亞聖孟子配。尚饗！"讀畢，安正位篚內，三叩頭，退。引贊贊："叩，興。"博士行三叩頭禮，興。引贊贊："復位。"博士復位。

鳴贊唱："行亞獻禮，行終獻禮。"皆如初獻儀。鳴贊唱："飲福受胙。"引贊贊："升壇，詣福胙位，跪。"博士跪。引贊贊："飲福酒。受福胙。叩，興。"博士飲福受胙，行三叩頭禮，興。引贊贊："復位。"博士復位。

鳴贊唱："徹饌，送神。跪，叩，興。"博士行二跪六叩頭禮，興。鳴贊唱："讀祝者捧祝，進帛者捧帛，恭詣燎位。"引贊贊："詣望燎位，望燎。"祝帛焚畢，引贊贊："復位。"博士復位。鳴贊唱："禮畢。"

掃墓儀：以清明節、十月朔日預設牲俎祭品及尊爵罍洗於墓前。衍聖公率族人詣聖林。鳴贊唱："排班。"班齊，唱："跪，叩，興。"衍聖公以下行一跪三叩頭禮，興。鳴贊唱："奠帛，行獻禮。"引贊贊："升壇，盥手，進巾，洗爵，進巾，詣酒尊所，司尊者舉冪酌酒，詣聖墓前跪。"衍聖公跪。鳴贊唱："皆跪。"族人皆跪。引贊贊："進帛，獻帛，進爵，獻爵。叩，興。"衍聖公獻帛、爵，行一叩頭禮，興。鳴贊唱："叩，興。"族人皆行一叩頭禮，興。引贊贊："復位。"衍聖公復位。鳴贊唱："跪，叩，興。"衍聖公以下行一跪三叩頭禮，興。禮畢。次詣二世祖墓、三世祖墓、廬墓堂、中興祖以下至衍聖公之高、曾、祖、禰諸墓。次祭掃、奠帛、酌獻，皆如前儀。

是日，孔庭族長分詣啟聖林祭掃，如前儀。

述曰：三代之禮久廢，其所存者，特千百之什一耳。今考闕里諸儀，若灌鬯，若炳蕭，若祝史迎神門外，若三獻洗爵而後登，皆騶騶乎有古之遺焉。然尚有可議者數端。

大成釋奠，朝廷之命祀也。家廟時薦，子孫之私享也。崇聖祠既建，而啟聖祠舊像具瞻，有其舉之，雖不可廢，亦當別諏吉日，以遠煩瀆。或如書院，改用次丁皆可。今至聖、述聖既祀於大成殿，啟聖、伯魚既祀於崇聖祠，而啟聖祠及家廟復同日並舉，有重祭之嫌，一也。

洗而後獻，所以致其潔也。乃祼獨不洗，異于古禮之每酌必洗，二也。

《少牢饋食禮》有“主人北面酌酒”之文，唐、宋釋奠猶司尊者舉羃，主獻官受爵親酌，所以昭其虔也。今三獻雖親洗，而不親酌，三也。

古者吉祭，主人就阼階，無由西階者。今太學之儀，主祭官升降，亦皆由東階。獨闕里釋奠，升則東階，而降則西階，四也。

《禮》，尸命祝，祝叚主人。所謂工祝致告也。故唐宋儀，福、胙皆受自祝。今則略其儀，直受胙於執事者，而不復假祝，五也。

釋奠用中和韶樂，而迎神、送神則以教坊樂引導，雅、鄭雜陳，疑嫌於褻，六也。

宋元時，升殿、降殿、酌獻配位，皆別有樂章。自明至今，樂衹用六成，儀節煩而樂章短，奏者每遲其聲以俟之，音節頗近嘽緩。若於酌畢將獻時，然後起樂，獻畢出殿，樂亦隨止，不必俟復位而後闋，可變嘽緩之音，應中和之節，七也。

天下文廟，皆四配十二哲，獨三書院哲位猶未改舊制。且聖澤書院衹配顏、曾而不及思、孟；又學宮皆立崇聖祠，而書院猶未立，八也。

汾學膚識淺，何敢妄議禮樂。然於茲數者，竊謂未安，不敢自隱，用綴篇末，以備主鬯者之採擇云爾。

禮 第 五 之 二

歷代帝王,過魯祠孔子,或進爵再拜,或行酌獻禮,及遣官祭告、降香諸儀,前籍略之,皆不可得而詳矣。今惟録本朝儀注於左。

皇帝釋奠儀:先期,太常寺官恭設皇帝拜位於殿門内正中;設祝版案於供案右,南向;尊案於殿内東南隅,西向;分獻東配、東哲尊次之;西配、西哲尊在西南隅,東向。兩廡獻尊各在其門内左,東廡北向,西廡南向。燎爐在殿階下西南,東向。牲牢、籩豆如四時上丁釋奠之數。

是日,禮部太常寺堂官奏請皇帝躬詣行禮。扈從王等内大臣、侍衛、文武官三品以上,地方文官知府、武官副將以上,衍聖公及五氏有頂帶官員俱陪祀。其餘扈從及地方文武各官,俱於行宮兩旁排班,候駕出跪送。皇帝具補服,陞輦,儀仗全設。進曲阜南門,至奎文閣前降輦。贊引官、對引官恭導皇帝由甬道中行至大成殿拜位前立。典儀唱:“樂舞生就位,執事官各司其事。”贊引官奏:“就位。”皇帝就拜位立。典儀唱:“迎神。”協律郎唱:“舉迎神樂,奏《咸平》之章。”樂作,贊引官奏:“跪,叩,興。”皇帝行三跪九叩頭禮,興。王以下陪祀各官及分獻官俱隨行禮畢,樂止。

典儀唱:“奠帛,行初獻禮。”捧帛官、捧爵官前進,向西立。協律郎唱:“舉初獻樂,奏《寧平》之章。”樂作,捧帛官跪進帛於皇帝右。贊引官奏:“獻帛。”皇帝受帛,拱舉,仍授捧帛官。捧帛官跪接,捧至先師位前,跪奠畢,三叩頭,退。捧爵官跪進爵於皇帝右。贊引官奏:“獻爵。”皇帝受爵,拱舉,仍授捧爵官。捧爵官跪接,捧至先師位前,跪獻畢,退。次讀祝官至祝版案前,三叩頭,捧祝文於案左,祗俟。樂止,贊引官奏:“跪。”皇帝跪。王以下陪祀各官及分獻官、讀祝官俱跪。贊引官贊:“讀祝。”讀祝官讀畢,捧祝版至先師位前,跪安帛匣内,三叩頭,退。樂作,贊引官奏:“叩,興。”皇帝行一跪三叩頭禮,興。王以下陪祀各官及分獻官俱隨行禮。其分獻各官依序引至四配、十一哲、兩廡各神位前立,獻帛、爵畢,各復位。樂止。

典儀唱:“行亞獻禮。”捧爵官前進,向西立。協律郎唱:“舉亞獻樂,奏《安平》之章。"樂作,捧爵官跪進爵於皇帝右。贊引官奏:"獻爵。"皇帝受爵,拱舉,仍授捧爵官。捧爵官跪接,獻爵於左,退。分獻官各獻爵,如初獻儀。獻畢,樂止。

典儀唱:"行終獻禮。"捧爵官前進,向東立。協律郎唱:"舉終獻樂,奏《景平》之章。"樂作,捧爵官跪進爵於皇帝左。贊引官奏:"獻爵。"皇帝受爵,拱舉,仍授捧爵官。捧爵官跪接,獻爵於右,退。分獻官各獻爵,如亞獻儀。獻畢,樂止。樂舞生引退。

典儀唱:"徹饌。"協律郎唱:"舉徹饌樂,奏《咸平》之章。"樂作,樂止。典儀唱:"送神。"協律郎唱:"舉送神樂,奏《咸平》之章。"樂作,贊引官奏:"跪,叩,興。"皇帝行三跪九叩頭禮,興。王以下陪祀各官及分獻官俱隨行禮畢。典儀唱:"捧祝、帛、饌,恭詣燎位。"皇帝轉立東旁。捧祝官、捧帛官前進,三叩頭,捧祝、帛起。捧饌官跪,不叩,捧饌起。依次出中門,恭詣燎位。皇帝還位立。祝、帛焚半,贊引官奏:"禮畢。"皇帝出,至奎文閣前陞輦。作樂,還行宮。不陪祀扈從官及地方文武各官於行宮兩旁跪迎,候駕過,各退。

此康熙二十三年儀注也。乾隆年間儀注,惟改立獻爲跪獻、改十一哲爲十二哲、改舊樂用新樂,餘悉同。

又,舊於同日遣官祭啓聖祠,今遣官祭崇聖祠。其儀:贊引官、對引官引承祭官入崇聖祠左門,至盥洗處盥手畢。典儀唱:"執事官各司其事。"贊引官贊:"就位。"承祭官就位立。典儀唱:"迎神。"贊引官贊:"跪,叩,興。"承祭官行三跪九叩頭禮,興。

典儀唱:"奠帛,行初獻禮。"贊引官贊:"升壇。"承祭官入殿左門。贊:"詣肇聖王位前。"承祭官詣位前立。贊:"跪。"承祭官行一跪一叩頭禮,興。贊:"奠帛。"捧帛官跪進。承祭官受帛,拱舉,立獻畢。贊:"獻爵。"捧爵官跪進。承祭官受爵,拱舉,立獻畢,行一跪一叩頭禮,興。贊引官以次贊詣裕聖王、詒聖王、昌聖王、啓聖王各位前奠帛獻爵,如前儀。贊引官贊:"詣讀祝位。"承祭官詣讀祝位立。讀祝官至祝版案前,三叩頭,捧祝版立於案左。贊:"跪。"承祭官、讀祝官俱跪。贊:"讀祝。"讀祝官讀畢,捧祝版跪安正位案上帛匣內,三叩頭,退。贊:"叩,興。"承祭官行一跪三叩頭禮,興。贊引官贊:"詣先賢顏氏位前。"承祭官詣位前立。贊:"跪。"承祭官行一跪一叩頭禮,興。贊:"奠帛。"捧帛官跪進。承祭官受帛,拱舉,立獻畢。贊:"獻爵。"捧爵官跪進。承祭官受爵,拱舉,立獻畢,行一跪一叩頭禮,興。贊引官以次贊詣先賢曾氏、先賢孔氏、先賢孟孫氏各位前奠帛獻爵,如前儀畢,贊引官贊:"復位。"承祭官復位立。

典儀唱:"行亞獻禮。"獻爵於左,如初獻儀。典儀唱:"行終獻禮。"獻爵於右,如亞獻儀。典儀唱:"徹饌。"唱:"送神。"贊引官贊:"跪,叩,興。"承祭官行三跪九叩頭禮,興。典儀唱:"捧祝、帛、饌,各恭詣燎位。"捧祝、帛官至各位前,三叩頭,捧祝、帛起;捧饌官跪,不叩,捧饌起,依次送至燎位。承祭官退至西旁立,候祝、帛過,仍復位立。典儀唱:"望燎。"贊引官贊:"詣望燎位。"承祭官至燎位立,焚祝、帛。贊:"禮畢。"退。

　　皇帝御詩禮堂講書儀：鴻臚寺會同衍聖公預設御座於詩禮堂正中，設經案於御座東南，西向；敕諭案在經案之南，西向；講書案在前楹內東偏，北向。內閣中書恭捧敕諭，翰林院官捧講章，各陳於案。釋奠禮畢，皇帝憩幄內。應聽講各官至詩禮堂序立，衍聖公率講書官及各博士、觀禮族人序立承聖門外道右。候皇帝出幄，步入詩禮堂，衍聖公等跪接。皇帝陞座，衍聖公以下由承聖左門入，至詩禮堂階下序立。

　　贊禮郎唱："排班。"鴻臚寺官引衍聖公以下排班。贊禮郎唱："跪，叩，興。"衍聖公等行三跪九叩頭禮，興。贊禮郎唱："講書。"執事官恭設經案於御前。講書官出班，升階，至詩禮堂簷下，行一跪三叩頭禮，興，退立楹前，西向序立。講四書官先至案前，講畢，退原立處。講經官次至案前，講畢，退原立處。同降階，復位。

　　贊禮郎唱："宣敕諭。"大學士恭詣案前，捧敕諭，降至庭中，西向立。衍聖公以下皆跪。大學士恭宣敕諭畢，贊禮郎唱："跪，叩，興。"衍聖公以下行三跪九叩頭禮，興。趨出，候送駕。禮畢，皇帝還行宮。

　　皇帝詣聖墓前酹酒儀：是日，皇帝御常服，詣孔林。隨行禮之王公大臣官員等預往聖林，門外下馬，進至墓門前候駕。光祿寺堂官將爵案、奠池設月臺正中，武備院官設拜褥。隨從大臣、侍衛官員至聖林門外下馬。皇帝過洙水橋，至墓門降輿。禮部堂官前導，由中門入。鴻臚寺官引王公以下三品文武大臣、侍衛官員隨入，在享堂外兩傍排立。皇帝陞月臺，詣拜褥跪。衆皆跪。執事官酌酒，大臣跪進爵。皇帝酹酒三爵，每爵行一叩頭禮。衆皆隨行禮。禮畢，王公大臣等先出。禮部堂官前導，皇帝由中門出，陞輿，還行宮。

　　遣皇子祭告儀：祭日辰時，皇子具蟒袍補服，至聖廟大門外下馬。贊引官、對引官引皇子由東門入，至盥手處。贊引官贊："盥手。"盥手畢，引皇子至殿外月臺上拜褥前立。典儀官唱："樂舞生就位，執事官各司其事。"贊引官贊："就位。"皇子升拜褥上立。典儀官唱："迎神。"典樂官唱："迎神，樂奏《咸平》之章。"樂作，贊引官贊："跪，叩，興。"皇子行三跪九叩頭禮，興。樂止。

　　典儀官唱："奠帛。行初獻禮。"捧香帛官詣案前左，捧爵官詣案側左，皆北向立。典樂官唱："初獻，樂奏《寧平》之章。"樂作，贊引官贊："升壇。"皇子由殿左門入，至香案前。贊引官贊："跪。"皇子跪。贊："上香。"捧香官跪進香。皇子接香盒，拱舉，授捧香官。皇子興，上炷香，次上三瓣香。贊引官贊："跪。"皇子跪，行一叩頭禮，興。贊引官贊："奠帛。"捧帛官跪進帛。皇子接舉，[①]立獻案前正中。贊引官贊："獻爵。"捧爵官跪進爵。皇子接爵，拱舉，立獻案上正中坫上，行一叩頭禮，興。贊引官贊："詣讀祝位。"皇子就讀祝位立。讀祝官就祝案前，三叩頭，捧祝文立案左。樂止，贊引官贊："跪。"

---

　　①　"舉"前疑脫"帛拱"二字，依本書文例，似當作"接帛拱舉"。

皇子跪。贊引官贊："讀祝。"讀祝官跪，讀祝畢，恭捧祝文至位前，跪安案上篚內，三叩頭，退。樂作，贊引官贊："叩，興。"皇子行三叩頭禮，興。贊引官贊："復位。"皇子復位。樂止。

典儀官唱："行亞獻禮。"捧爵官捧爵，詣案側左，北向立。典樂官唱："亞獻，樂奏《安平》之章。"樂作，贊引官贊："升壇。"皇子由殿左門入，詣神位前。贊引官贊："跪。"皇子跪，行一叩頭禮，興。贊引官贊："獻爵。"捧爵官跪進爵。皇子接爵，拱舉，立獻於左坫上，行一叩頭禮，興。贊引官贊："復位。"皇子復位。樂止。

典儀官唱："行終獻禮。"捧爵官捧爵，詣案側右，北向立。典樂官唱："終獻，樂奏《景平》之章。"樂作，贊引官贊："升壇。"皇子由殿左門入，詣神位前。贊引官贊："跪。"皇子跪，行一叩頭禮，興。贊引官贊："獻爵。"捧爵官跪進爵。皇子接爵，拱舉，立獻於右坫上，行一叩頭禮，興。贊引官贊："復位。"皇子復位。樂止。

典儀官唱："徹饌。"典樂官唱："徹饌，樂奏《咸平》之章。"樂作，樂止。典儀官唱："送神。"典樂官唱："送神，樂奏《咸平》之章。"樂作，贊引官贊："跪，叩，興。"皇子行三跪九叩頭禮，興。樂止。典儀官唱："恭捧祝、帛、香饌，詣燎位。"捧祝、帛官前進，三叩頭，捧祝、帛起；捧香饌官不叩，跪捧香饌起，以次由殿中門出，送詣燎位。皇子退至西旁立，俟祝、帛、香饌過，皇子復位立。焚祝、帛半，贊引官贊："禮畢。"引皇子由東門出。

此雍正八年儀注，故仍用舊樂。

是日，遣郡王祭告崇聖祠。其儀與皇帝幸闕里遣官祭崇聖祠儀同，惟不獻配位爲異。

遣官祭告儀：祭日黎明，陪祭各官俱穿朝服，在欞星門列班候接。祭文由中門入，承祭官隨入。陪祭各官由左、右門入。引贊贊："盥手。"承祭官盥手畢，引贊引至拜位前立。鳴贊唱："樂舞生就位，執事者各司其事。陪祭官就位，承祭官就位。瘞毛血，迎神。"典樂唱："樂奏《昭平》之章。"鳴贊唱："跪，叩，興。"承祭官、陪祭官俱行三跪九叩頭禮，興。樂止。

鳴贊唱："奠帛，行初獻禮。"捧香帛官詣案前左，捧爵官詣案側左，皆北向立。典樂唱："樂奏《宣平》之章。"引贊贊："升壇。詣先師孔子神位前。"承祭官由東階上，進殿左門，至拜所立。引贊贊："上香，跪。"鳴贊唱："衆官皆跪。"引贊贊："進帛，獻帛。進爵，獻爵。"承祭官跪上香、獻帛爵訖，樂止。引贊贊："讀祝。"讀祝官三叩頭，捧祝版讀畢，興，跪安篚內。引贊贊："叩，興。"承祭官行一跪三叩頭禮，興。陪祭官亦行一跪三叩頭禮，興。引贊贊："復位。"承祭官復位。鳴贊唱："行亞獻禮。"典樂唱："樂奏《秩平》之章。"引贊引承祭官升壇、獻爵，如初獻儀。樂止。鳴贊唱："行終獻禮。"典樂唱："樂奏《敘平》之章。"引贊引承祭官升壇、獻爵，如初儀。樂止。

鳴贊唱："飲福受胙。"引贊引承祭官詣福胙位，跪。鳴贊唱："衆官皆跪。"引贊贊：

“飲福酒，受福胙。”承祭官飲福受胙訖，行一跪三叩頭禮，興。陪祭官亦行一跪三叩頭禮，興。引贊贊：“復位。”鳴贊唱：“跪，叩，興。”承祭官、陪祭官俱行三跪九叩頭禮，興。

　　鳴贊唱：“徹饌。”典樂唱：“樂奏《懿平》之章。”樂作，樂止。鳴贊唱：“送神。”典樂唱：“樂奏《德平》之章。”鳴贊唱：“跪，叩，興。”承祭官、陪祭官俱行三跪九叩頭禮，興。鳴贊唱：“恭捧祝、帛，詣燎位。”引贊引承祭官詣望燎位，焚祝、帛畢，復位。鳴贊唱：“禮畢。”

　　遣官詣啓聖王墓前酹酒儀：先期，廟庭執事官陳奠池於啓聖王墓前，陳拜位於奠池前，陳尊一、爵三於墓東南，有案。是日，酹酒官至，由墓左門入，至拜位前，北向立。衍聖公陪位。捧爵官酌酒，以次至酹酒官右，西向立。酹酒官跪。捧爵官跪進爵，酹酒官受爵，酹酒，以虛爵授捧爵官。捧爵官受爵，興，退。酹酒官叩頭。凡三酹酒，三叩頭，興。禮畢，退，由原門出。

　　述曰：皇帝詣學，禮止三獻六拜。康熙二十三年，恭遇聖祖仁皇帝親釋奠於闕里，禮官以國學儀注上奏，奉旨特改爲三跪九叩。而我皇上三幸曲阜，禮官仍議禮如初，皇上皆不允所請。今且載之《會典》，垂爲令式。尊師重道，實依古以來所未有也。

禮第五之三

古者釋奠有樂無尸，本禮之簡者。釋菜則并無樂，又其簡者也。釋菜儀久絕不傳，而釋奠之文，古亦無考。自唐《開元禮》，始有國學、郡縣釋奠之制，宋《開寶禮》全采用之。《政和新儀》其中本書自多牴牾，將祀者又怠不能習，朱子病之，重依《開元禮》定儀注，條上，且請下他州爲式。元導江張頵來魯教授三氏子孫，以闕里自罹兵革，宮室荊榛，牲殺、器皿、衣服不備者垂三十年，慨然欲修復舊儀，乃取朱子所考訂，自《儀禮》《開元禮》而下，衷爲一書，俾孔氏子孫世習之。今考《祖庭廣記》，尚存此儀，而闕里舊《志》竟闕而弗錄，汾甚憾焉。

按唐宋之制，國學以祭酒、司業、博士充三獻官，州則以刺史、上佐、博士，縣則以令、丞、簿尉。闕里舊儀，本以衍聖公爲初獻，家尊、族長爲亞、終獻。是獻官有異，升降拜跪之儀則一也。兹考於唐，取《開元禮》凡稱刺史、州佐、博士者，皆易爲初、亞、終獻官；於宋元則述朱子及張教授所定，以備往代釋奠之儀注；至明時闕里儀注，視今惟少崇聖祠；而今見行儀注，惟并奠帛於初獻，改四拜爲三跪九叩頭，其他多沿舊式，祭文亦與相同，故不複載云。

唐釋奠儀：先聖、先師，籩八，豆八，簠二，簋二，俎三；從祀，籩、豆皆二，簠一，簋一，俎一；犧尊實醍齊，象尊實盎齊，山罍實酒，皆二。前享三日，初獻官散齊於別寢二日，致齊於聽事一日；亞獻以下應享之官，散齊二日，各於正寢；致齊一日，於享所。前享二日，所司掃除內外，又爲瘞埳於院內堂之壬地，深取足容物，南出階。所司設初獻以下次於門外，隨地之宜。前享一日晡後，所司帥其屬守門，設三獻位於東階東南，每等異位，俱西面；設掌事位於三獻東南，西面北上；設望瘞位於堂上之東北，當瘞埳，西向；設贊唱者位於三獻西南，西面北上。又設贊唱位於瘞埳東北，南向東上；設三獻門外位於道東，每等異位，俱西面；掌事位於終獻之後，北上。掌事者以尊、坫升設於堂上前楹間，北向；先聖之尊在西，先師之尊在東，俱西上，皆加勺、羃。先聖爵一，配座爵一，各置於坫。設幣篚於尊所。設洗直東榮，南北以堂深；罍水在洗東，加勺、羃。

篚在西南肆,實爵三巾二於篚,加冪。執尊、罍、洗、篚者,各位於尊、罍、洗、篚之後。

享日未明,烹牲於廚。夙興,掌饌者實祭器。質明,諸享官各服祭服,所司帥掌事者入,實尊、罍及幣。每座尊二,一實玄酒爲上,一實醴齊次之。禮神之幣用白,各長丈八尺。祝版各置於坫。贊、唱者先入就位。祝二人,與執尊、罍、篚者入立於庭,重行,北面西上,立定。贊、唱者再拜,祝以下皆再拜。執尊、罍、篚者各就位。祝升自東階,行掃除訖,降自東階,各還齊所。

初獻官將至,贊禮者引享官以下俱就門外位。初獻官至,贊禮者引次之。贊唱者先入就位。祝入,升自東階,各立於尊後。初獻官停於次少頃,服祭服出次,贊禮者引初獻官入就位,西向立。贊禮者退位,立於左。贊禮者引享官以下次入就位。凡導引者,每曲一逡巡。立定,贊唱者曰:“再拜。”初獻官以下皆再拜。贊禮者少進初獻官之左,北面白:“請行事。”退復位。祝俱跪,取幣於篚,興,各立於尊所。凡取物者,皆跪伏取以興;奠則奠就俯伏而後興。所司帥執饌者奉饌陳於門外。贊禮者引初獻官升自東階,進先聖神座前,西向立。祝以幣北向授初獻官,初獻官受幣,贊禮者引初獻官進,西向,跪奠於先聖神座前,興,少退,西向再拜訖,贊禮者引初獻官當先師神座前,北向立。祝又以幣西向授初獻官,初獻官受幣,贊禮者引初獻官進,北向跪奠於先師神座前,興,少退,北向再拜訖,贊禮者引初獻官降,復位。

所司引饌入,升自東階,祝迎引於階上,各設於神座前。籩豆蓋冪先徹,乃升簠簋。既奠,卻其蓋於下。籩居右,豆居左,簠、簋居其間。羊、豕二俎橫而重於右,腊特陳於左壁。設訖,所司與執饌者降出,祝還尊所。

贊禮者引初獻官詣罍,執罍者酌水,執洗者跪取盤,興,承水,初獻官盥手;執篚者跪取巾於篚,興,進初獻官帨手訖,執篚者受巾,跪奠於篚;遂取爵,興,以進初獻官。初獻官受爵,執罍者酌水,初獻官洗爵;執篚者又跪取巾於篚,興,進初獻官拭爵訖,受巾,跪奠於篚。奉盤者跪奠盤,興。

贊禮者引初獻官升自東階,詣先聖酒尊所,執尊者舉冪,初獻官酌醴齊。贊禮者引初獻官詣先聖神座前,西向跪奠爵,興,少退,西向立。祝持板進於神座之右,北面,跪讀祝文曰:“維年月日,曾孫某敢昭告於先聖宣父,惟夫子固天攸縱,誕降生知,經緯禮樂,闡揚文教。餘烈遺風,千載是仰。俾茲末學,依仁遊藝。謹以制幣犧齊,粢盛庶品,祗奉舊章,式陳明薦。以先師顏子配。尚饗!”祝興,初獻官再拜。祝進,跪奠版於神座,興,還尊所。初獻官拜訖,贊禮者引初獻官詣先師酒尊所,取爵於坫,執尊者舉冪,初獻官酌醴齊。贊禮者引初獻官詣先師神座前,北向跪奠爵,興,少退,北向立。祝持版進於神座之左,西向,跪讀祝文曰:“具官某敢昭告於先師顏子,爰以仲春、夏、秋、冬,率遵故實,敬修釋奠於先師顏子。惟子庶幾具體,德冠四科,服道聖門,實臻壺奧。謹以制幣犧齊,粢盛庶品,式陳明獻,從祀配神。尚饗!”祝興,初獻官再拜。贊禮者引祝進，跪奠版於神座，興，還尊所。初獻官拜訖，贊禮者引初獻官詣東序，西向立。祝各以爵酌福酒，合置一爵，一太祝持一爵，進初獻官之左，北面立。初獻官再拜受爵，跪啐酒，奠爵，俯伏，興。祝各率執饌者進俎，跪減先聖、先師神座前胙肉，各取前脚第二骨，共置一俎；又以籩取黍稷飯，共置一籩，興。祝先以飯進初獻官，初獻官受，以授執饌者；又以俎進初獻官，初獻官受，以授執饌者。初獻官跪取爵，遂飲，卒爵，祝進，受爵，復於坫。初獻官興，再拜。贊禮者引初獻官降，復位。

初獻將畢，贊禮者引亞獻官詣罍洗盥洗、升獻、飲福，如初獻官之儀。唯不讀祝文，亦不受胙。訖，降復位。

亞獻將畢，贊禮者引終獻官詣罍洗盥洗、升獻，如亞獻官之儀。訖，復位。

諸祝各進神座前，跪徹豆，興，還尊所。

贊唱者曰：“賜胙，再拜。”非飲福受胙者皆再拜。贊唱者又曰：“再拜。”初獻官以下皆再拜。贊禮者請就望瘞位，引初獻官就望瘞位，西向立。祝於神前取幣及血，出，降自西階，置於坎。贊唱者曰：“可瘞埋。”東西面各二人置土半坎。贊禮者曰：“禮畢。”遂引初獻官以下出，還次。諸祝及執尊、罍、篚者，降復掌事位。贊唱者曰：“再拜。”祝以下皆再拜以出。其祝版燔於齊所。

宋釋奠：前五日，應行事官、執事官散齊三日，治事如故，宿於正寢，不弔喪問疾、作樂、判書[1]刑殺文書、決罰罪人及與穢惡；致齊二日，一日於廳事，其一日質明赴祠所宿齊。惟釋奠事得行，餘悉禁。前三日，所司設行事、執事官次於廟門外，隨地之宜。前二日，所司牽牲詣祠所。前一日，釋奠官率其屬常服閱饌物，祝[2]牲充腯，詣廚視滌溉訖，各還齊所。晡後，掌廟者掃除廟之內外，設登歌之樂於殿上稍南，北向。

釋奠日丑前五刻，執事者陳幣、篚各於神位之左，祝版各於神位之右，置於坫。幣以白絹，長一丈八尺；祝版長尺二寸，廣八寸。次設祭器，掌饌者實之。正配三位，每位各左十籩，爲三行，以右爲上：第一行，乾蓤在前，乾棗、形鹽、魚鱐次之；第二行，鹿脯在前，榛實、乾桃次之；第三行，菱在前，芡、栗次之。右十豆，爲三行，以左爲上：第一行，芹菹在前，筍菹、葵菹、菁菹次之；第二行，韭菹在前，魚醢、兔醢次之；第三行，豚拍在前，鹿臡、醓醢次之。俎二，一在籩前，實以羊腥七體：兩髀、兩肩、兩脅幷脊。兩髀在兩端，兩肩兩脅次之，脊在中；一在豆前，實以豕腥七體，其載如羊。又俎六，在豆右，爲三重，以北爲上：第一重，一實以羊腥腸胃肺，離肺一在上端，胅肺三次之，腸三、胃三又次之；一實以豕腥膚九，橫載。第二重，一實以羊熟腸胃肺，一實以豕熟膚，其載如腥。第三重，一實以羊熟十一體：肩、臂、臑、肫、胳；正脊一、直脊一、橫脊一、長脅

① “判書”，原作“書判”，據《政和五禮新儀》卷一〇六《吉禮》、《文獻通考》卷九九《宗廟考》訂正。
② “祝”，《政和五禮新儀》卷一二六《吉禮·州縣釋奠文宣王儀》、《文獻通考》卷四四《學校考五》作“視”。

一、短脅一、代脅一，①皆二骨以並；肩、臂、臑在上端，肫、胳在下端，脊、脅在中。一實以豕熟十一體，其載如羊。皆羊在左，豕在右。簠二，簋二，在籩、豆外二俎間，簠在左，簋在右。簠實以稻、粱，粱在稻前；簋實以黍、稷，稷在黍前。設犧尊四，象尊四，爲二重，在殿上東南隅，北向西上。配位即於正位酌尊之東，犧尊在前，皆有坫，加勺、羃，爲酌尊。犧尊一實明水爲上尊，餘實汎齊，初獻酌之。象尊一實明水爲上尊，餘實醴齊，亞、終獻酌之。又設大尊二，一實汎齊，一實明水；山尊二，一實醴齊，一實明水，在神位前。又設著尊二，一實盎齊，一實明水；犧尊二，一實醍齊，一實明水；象尊二，一實汎齊，一實明水；壺尊六，三實玄酒，三實三酒，在殿下，皆北向西上，加羃。五齊三酒皆設而不酌。又設諸從祀位祭器，每位各左二籩，栗在前，鹿脯次之；右二豆，菁菹在前，鹿臡次之；俎一，在籩、豆間，實以羊、豕腥肉；簠一，在籩前，實以稷；簋一，在豆前，實以黍；爵一，在籩、豆前。兩廡各設象尊二，實以法酒。所司設燭於神位前。洗二，於東階之東，盥洗在東，爵洗在西。罍在洗東，加勺；篚在洗西，南肆，實以巾。若爵洗之篚，則又實以爵，加坫。執罍、篚者位於其後。設揖位於廟南門外，初獻在西，東向；亞、終獻及祝在東，西向北上。祝位稍西，又設三獻官席位於殿下東階東南，西向北上。分獻官位其後，祝位於庭中稍北。設初獻官飲福位於東序，西向。又設祝位於殿上前楹間，西向。開瘞坎於廟殿之北壬地，方深取足容物，南出陛。設望瘞位於瘞坎之南。三獻官在南，北向西上。祝在東，西向。

　　仲春用丑時七刻，仲秋用丑時一刻行事。執事官各入就次，掌饌者率其屬實饌具畢，贊禮者引初獻官常服升自東階，點視陳設訖，降就次，各服其服。凡行事、執事官升降皆東階，惟祝幣自西階，蓋神道尚右故也。贊禮者引三獻官詣廟門外揖位立定，贊禮者贊：“揖。”獻官以下皆揖。次引祝入殿下席位，西向立。次引獻官以下就殿下拜位，西向立。贊禮者對立於三獻官之前，少定，贊：“請行事。”《凝安之樂》作，三成，止，贊唱者贊：“再拜。”獻官以下皆再拜。祝升殿就位。贊禮者贊：“執事者各司執事。”執事者各就執事。贊禮者引初獻官詣盥洗位，《同安之樂》作。凡獻官升降行止，皆《同安之樂》。至位，北向立。執罍者酌水，初獻官搢笏，盥手，帨手，執笏升，詣至聖文宣王神位前，北向立，樂止。《明安之樂》作，搢笏跪。祝立於神位之左，西向，搢笏跪。執事者以幣授祝，祝捧幣授初獻官。祝執笏，興，先詣兗國公神位前，北向立。初獻官受幣奠訖，執笏，俯伏，興，再拜。次詣兗國公、鄒國公神位前，東向，奠幣，如上儀。樂止，祝復位。初獻官降階，樂作；復位，樂止。少頃，贊禮者引初獻官再詣盥洗位。樂作，至位，北向立，搢笏，盥手，帨手，執笏。次詣爵洗位，北向立，搢笏，洗爵，拭爵，凡三訖，以授執事者，執笏升殿，詣至聖文宣王酌尊所，南向立，樂止。執事者以爵授初獻

---

① 　原脱“一”字，據《唐六典》卷一五《光祿寺》、《政和五禮新儀》卷一二一《吉禮·釋奠文宣王儀》補。

官，初獻官搢笏跪，執爵、執尊者舉冪、酌犧尊之汎齊，初獻官以爵授執事者，凡三訖，興，執笏，詣至聖文宣王神位前，北向立。《成安之樂》作，搢笏跪，執事者以爵授初獻官，初獻官執爵，三祭酒，奠爵，執笏，俯伏，興，樂止。祝詣神位前，東向，搢笏，跪讀祝文。讀訖，執笏，興，先詣配位前，南向立。初獻官再拜，《成安之樂》作，次詣兗國公、鄒國公神位前，東向，酌獻，讀祝，如上儀。訖，降復位。初獻官降階，樂作；復位，樂止。

　　贊禮者引亞獻官詣盥洗位洗爵，升詣酌尊所，立。儀節及樂並同初獻。酌象尊之醴齊，亞獻官以爵授執事者，執笏詣神位前，搢笏跪，執爵三祭酒，奠爵，執笏，俯伏，興，再拜。次詣兗國公、鄒國公神位前，並如上儀。降復位，樂止。

　　贊禮者引終獻官詣洗，升殿，酌獻，並如亞獻之儀，降復位。終獻官將升，次引分獻官詣盥洗位，盥手，帨手，分獻殿內及兩廡諸神位，獻十哲者由東階升，獻兩廡者由兩廡之階升。搢笏跪，執爵三祭酒，奠爵，執笏，俯伏，興，再拜。分獻訖，俱復位。

　　贊禮者引初獻官升階，詣東序，西向立。執事者以爵酌正、配位福酒，合置一爵，持爵詣初獻官之左，北向立。初獻官再拜，搢笏跪，受爵，祭酒，啐酒，奠爵。執饌者以俎進，減正、配位胙肉，合置一俎，各減正脊、橫脊。又以豆取黍、稷飯，合置一豆，先以飯授初獻官，初獻官受訖，以授執饌者。又以俎授初獻官，初獻官受訖，以授執饌者。初獻官取爵，飲卒爵，執事者受虛爵，復於坫。初獻官執笏，俯伏，興，再拜，降復位。贊禮者贊：“執事者各復位。”執事者各復位，《凝安之樂》作，樂止。贊禮者贊：“賜胙，再拜。”在位者皆再拜，惟飲福受胙官不拜。贊禮者引初獻官以下就望瘞位，執事者取幣、祝版實於瘞坎。贊曰：“可瘞。”實土半坎。引初獻官以下出，詣廟南門外揖位立定。贊禮者贊曰：“揖，禮畢，退。”所司徹饌，闔戶以降，乃退。

　　右南宋時朱子所定儀注也。當時文廟配食者猶沿北宋，惟兗、鄒二國公，迨度宗咸淳之三年始增，以郿、沂二國公配。惟時南北隔絶，故制未行闕里。闕里廟堂之增爲四配，始於元文宗至順五年，又在張教授之前。今儀注不能依時考録，録其祝辭。

　　宋徽宗崇寧四年，頒定祝文。文宣王位前與唐時同。兗國公位前曰：“爰以仲春、夏、秋、冬，率遵故章，謹修釋奠於至聖文宣王。惟公好學之樂，簞瓢不改，絶塵之蹤，步趨可望。德行扶世，心同禹稷。具體而微，素王是配。謹以制幣牲齊，粢盛庶品，式伸常典，從祀配神。尚饗！”鄒國公位前曰：“爰以仲春、夏、秋、冬，率遵故章，謹修釋奠於至聖文宣王。惟公生後孔子百有餘歲，其於聖人如親見之。辭闢楊墨，三聖是承。扶世道民，以祭配祀。謹以制幣牲齊，粢盛庶品，式伸常典，從祀配神。尚饗！”

　　元延祐七年，更頒祝文。文宣王位前曰：“惟王天縱至聖，集厥大成，儀範百王，賢於堯舜。兹率舊章，式陳明薦。尚冀格思，永昌文教。以兗國公、鄒國公配。尚饗！”兗國公位前曰：“惟公德冠諸子，具體而微。克己爲仁，萬世作則。推尊侑坐，尚冀格思。尚饗！”鄒國公位前曰：“惟公統承先聖，以正人心。濟世之功，不在禹下。推尊侑坐，尚冀格思。尚饗!"至增四配後,舊志不聞更頒祝文。或如今制,惟正位讀祝,四配不復更讀祝歟?

元教授張頠考定儀注:鳴集鼓畢,執事諸生各依次序立殿下席位。掌樂領諸樂生亦就殿下,依序而立。贊禮曰:"排班。"班齊。贊禮曰:"三獻官更衣就次。"分獻官以下各更衣,先就殿下席位畢。贊禮曰:"闔户。"初獻官典視陳設畢,略就次,糾彈贊禮檢察。殿上攝掌儀、殿下攝掌儀,各先就殿下兩拜,自東階升殿,依次而立。掌樂亦先於殿下領樂生兩拜。掌儀曰:"行事。"贊禮曰:"掌樂以樂生入。"掌樂領樂生旋轉接踵而行,自東階升殿,依次而立。掌儀、掌樂對立於殿上兩邊。贊禮曰:"請三獻官詣廟南門外,祝隨之。"引贊引初獻官在西,東向;亞、終獻官及祝在東,西向,以北爲上,祝位稍卻。贊禮曰:"揖。"獻官揖,不出聲。掌樂俟獻官詣廟南門外畢,曰:"奏迎神《凝安之樂》。"三成畢,贊禮曰:"祝下殿就席位,請三獻官詣殿下席位。"立定,贊禮曰:"再拜。"獻官以下皆再拜,平身。樂止。贊禮曰:"請監祭官上殿。"引贊引監祭官詣殿上席位,在西,東向立。俟引贊復位畢,贊禮曰:"執事者各祗乃事。"執事者各依資次接踵而行。

贊禮曰:"請初獻官行禮。"掌樂曰:"奏升殿《同安之樂》。"引贊請初獻官詣盥洗位,搢笏,盥手,帨手,出笏。將升階,俟樂止,引初獻官詣文宣王神位前,北向立。掌樂曰:"奏奠幣《明安之樂》。"初獻官搢笏跪,執事者以幣授祝,祝捧幣授初獻官。初獻官受幣,獻幣,奠幣,出笏,俯伏,興,拜,興,再拜,興,平身。次詣兗國公、郕國公、沂國公、鄒國公神位前,各如正位奠幣儀畢,樂止。引初獻官降殿。掌樂曰:"奏降殿《同安之樂》。"俟初獻官下殿復位,樂止。贊禮曰:"請初獻官行禮。"引贊引初獻官詣盥洗位,北向立。掌樂曰:"奏升殿《同安之樂》。"初獻官搢笏,盥手,帨手,出笏。詣爵洗位,搢笏,執事者進爵,執爵,盥爵,帨爵,以爵授執事者凡五,出笏。將升階,俟樂止,引初獻官詣酌尊所,南向立。引贊曰:"舉冪。"初獻官搢笏跪,執事者進爵,執爵,酌犧尊之汎齊,以爵授執事者凡五,出笏,平身。詣文宣王神位前,掌樂曰:"奏酌獻《成安之樂》。"初獻官搢笏跪,三上香。執事者進爵,執爵,三祭酒,奠爵,出笏,俯伏,興。拜,興,就跪,樂止。讀祝。讀畢,就拜,興,平身。詣兗國公神位前,掌樂曰:"奏酌獻《成安之樂》。"餘如正位儀。次詣郕國公、沂國公、鄒國公神位前,酌獻、奏樂如兗國公儀。樂止,復位。掌樂曰:"奏降殿《同安之樂》。"俟初獻官下殿復位,樂止。

贊禮曰:"請亞獻官行禮。"引贊引亞獻官詣盥洗位,北向立。掌樂曰:"奏升殿《同安之樂》。"亞獻官搢笏,盥手,帨手,出笏。詣爵洗位,搢笏,執事者進爵,執爵,盥爵,帨爵,以爵授執事者凡五,出笏。將升階,俟樂止,引亞獻官詣酌尊所,南向立。引贊曰:"舉冪。"亞獻官搢笏跪,執事者進爵,執爵,酌象尊之醴齊,以爵授執事者凡五,出笏,平身。詣文宣王神位前,掌樂曰:"奏酌獻《文安之樂》。"亞獻官搢笏跪,三上香。執事者進爵,執爵,三祭酒,奠爵,出笏,俯伏,興;拜,興;再拜,興,平身。次詣兗國公、郕國公、沂國公、鄒國公神位前，並如正位酌獻儀。樂止，請復位。

　　贊禮曰："請終獻官行禮。"引贊引終獻官詣盥洗位，北向立。掌樂曰："奏升殿《同安之樂》。"終獻官搢笏，盥手，帨手，出笏。詣爵洗位，搢笏，執事者進爵，執爵，盥爵，帨爵，以爵授執事者凡五，出笏。將升階，俟樂止，引終獻官詣酌尊所，南向立。引贊曰："舉冪。"終獻官搢笏跪，執事者進爵，執爵，酌象尊之醴齊，以爵授執事者凡五，出笏，平身。詣文宣王神位前，掌樂曰："奏酌獻《成安之樂》。"終獻官搢笏跪，三上香。執事者進爵，執爵，三祭酒，奠爵，出笏，俯伏，興；拜，興；再拜，興，平身。次詣兗國公、郕國公、沂國公、鄒國公神位前，並如正位酌獻儀。樂止，請復位。

　　當終獻官詣正位時，贊禮曰："引分獻十哲、從祀，並依次位行禮。"各引贊引分獻官詣盥洗位，搢笏，盥手，帨手，出笏。詣爵洗位，搢笏，執事者進爵，執爵，盥爵，帨爵，以爵授執事者。升階，詣酌尊所，舉冪。分獻官各搢笏跪，執事者進爵，執爵，酌象尊之醴齊，以爵授執事者，出笏，平身。分引至十哲神位前、兩廡神位前。掌樂曰："奏分獻《成安之樂》。"分獻官搢笏跪，三上香。執事者進爵，執爵，三祭酒，奠爵，出笏，俯伏，興；拜，興；再拜，興，平身。復位，樂止。贊禮曰："執事者合爵，合爼豆。"直爵四人上殿，執爵者別以爵取正、配位福酒，合置一爵；執豆者以豆取黍、稷飯，合置一豆；執饌者以爼減正、配位胙肉，合置一爼。執爵者、執豆者、執爼者分立飲福受胙位兩邊。贊禮曰："請初獻官詣飲福受胙位。"引贊引初獻官升階，詣東序，西向立。鞠躬拜，興；再拜，興，平身。搢笏跪，賜福，初獻官受爵，祭酒，啐酒，奠爵；賜豆，初獻官受豆，以豆授執事者；賜胙，初獻官受胙，以胙授執事者。執爵者再以爵進，初獻官飲卒爵，執事者受虛爵，復於坫。初獻官出笏，俯伏，興；拜，興；再拜，興，平身。復位。贊禮曰："執事者各復位。"俟立定，糾彈檢察贊禮。攝殿上、殿下掌儀降殿，於殿下席位先拜兩拜，再升殿立。贊禮曰："賜胙，再拜。"在位者皆再拜，已飲福受胙者不拜。贊禮曰："祝取幣祝。"俟祝升殿，贊禮曰："徹祭饌。"掌樂曰："奏徹豆《娛安之樂》。"祝下殿，樂止。贊禮曰："執事者奉幣祝實瘞坎，降自西階。請三獻官詣望瘞所，升自東階，降自西階。"掌樂曰："奏送神《寧安之樂》。"引贊曰："可瘞。"實土半坎。贊禮曰："闔戶。請三獻官詣廟南門外，揖。"引贊引三獻官詣廟南門外揖位立，如前儀。樂止。贊禮曰："掌樂以樂生出。"俟樂生出，贊禮曰："禮畢。"揖退，卷班。

　　述曰：古者尸席在西，主人及祝西面，妥尸，神道尚右也。主人初獻，主婦亞獻，賓長終獻。三獻酳尸，尸亦各酢主人、主婦及賓，神惠示均也。今述《開元禮》，匪惟備制，亦取其近古義者多焉。

闕里文獻考卷二二

禮第五之四

　　闕里祭品，牲用太牢、少牢二等。四仲上丁釋奠，至聖先師孔子位前用太牢，他及常祭皆用少牢。牛色黝，帛色素。籩豆自十至四，凡三等。其器，承牲以俎，承帛以篚，而書祝文則用版。祼獻之器曰爵、曰斝，縮酒之器曰茅沙池，盛酒醴之器曰太尊、曰犧尊、曰象尊、曰山尊、曰雷尊、曰著尊、曰壺尊、曰彝，盛粢盛之器曰登、曰鉶、曰簠、曰簋、曰籩、曰豆，用以爇香者曰香鼎、曰提鑪，用以焫蕭脂者曰燔爐，用以然照者曰燭檠、曰庭燎，用以滌濯盥洗者曰罍、曰洗，用以庋祭器者曰案、曰几，而筐筥錡釜之屬不與焉。

　　昔後漢章帝元和二年過魯，留太尊、犧尊、象尊、山尊、雷尊、明水瓶各一。周太祖廣順二年幸魯，留所奠酒器、銀鑪各二於廟。宋真宗大中祥符元年幸闕里，賜銀器八百兩。天禧二年，賜文宣公家祭冕服。徽宗政和六年五月，頒罍一、洗一，有勺；帨二，有笥；壺尊二，有勺、冪；毛血盤一；象尊一；犧尊一；簠二，簋二，有蓋；箱、篚各一；鉶鼎三，有蓋、柶；籩十，有冪；豆十，有蓋；爵三，有坫；三獻祭服一副。

　　金章宗明昌五年六月，禮官議：“曲阜縣夫子廟修蓋已畢，自來祭享，行三獻禮，衍聖公止用公服，陪位、學官各用儒服。宋政和間，曾賜三獻官祭服。今衍聖公特授中議大夫，爵視四品。更新廟貌，所費鉅萬，而三獻並用常服，恐未相稱。衍聖公初獻法服，當依四品，用四梁冠；亞、終獻七品，用三梁冠。”奏可。明年，賜衍聖公以下三獻法服一副。

　　元世祖至元三十一年，五十三代孫、江南行臺照磨淑以曲阜祖廟祭器未備，請於臺，往句吳製造。中丞韙之，同僚助成其事，江東廉訪副使廉希貢贈以漢釜一。凡四閱月而祭器成，得太尊二，山尊四，著尊四，壺尊六，犧尊面者八、體者五，象尊面者二十二、體者十，尊皆有冪；龍勺三十，爵一百三十五，坫五十，篚十，罍二，洗三，帨四，豆二百三十五，簠一百五十三，簋一百六十四，籩二百五十，籩皆有巾；檠燎一百二十。御史完顏貞又益以俎一百七十四。

　　明太祖洪武七年,賜闕里祭服一副,内玄端一、纁裳一、皂襈白中單一、赤韍一、大帶二、犀角革帶一、七梁冠一、方心曲領一、二色帶二、銅鉤藥玉珠佩一、三色彩結犀角雙環綬一、皂履二、白襪二。又賜磁祭器一副:酒盞一百二十五;酒尊五,有蓋;毛血盤一十五;罍四;和羹盌四;籩豆楪四百八十;爵二十。武宗正德六年,流賊劉七之亂,闕里禮器殘毁。十五年,兗州知府羅鳳補造完整。終明之世,山東撫按屢經增置,而數皆失考。

　　我朝雍正十年,世宗憲皇帝欽頒法琅銅香鼎一;燭臺二;花瓶二,内安松竹梅花二樹;香盒一;金龍朱漆几五;帛筐七;銅爵二十六;登一;鉶六;簠二十一;簋二十一;籩八十六;豆八十六,皆有蓋。乾隆六年,欽頒鉶十六、簠一、簋一、籩四、豆四,俱有蓋。十二年,又欽頒爵七。

　　此歷代祭器之可紀者也。爰綜其形制而考之。

　　祝版,書祝文之版也。《儀禮·少牢饋食禮》:“祝在左,主人再拜稽首。祝祝曰:‘孝孫某,敢用柔毛、剛鬣、嘉薦、普淖,用薦歲事于皇祖伯某,以某妃配某氏。尚饗!’”即今之所謂祝文也。祝者,所宣以告於神之辭,讀之又切。惟工祝、太祝之官,讀本字。今概讀本字,非也。版以素木爲之,高七寸五分,廣八寸二分,厚五分。有座,廣一尺三寸,高三寸。後有背,廣七寸五分,通背高九寸,朱漆金飾。祝案高二尺六寸,長二尺八寸,廣一尺九寸,髹以朱漆,黃絎爲圍。

　　筐,所以承帛者也。《書》曰:“厥筐織文。”又曰:“厥筐玄黃。”《詩序》曰:“實幣帛筐篚,以將其厚意。”皆是器也。然考《士冠禮》《燕禮》《鄉射禮》《少牢禮》,有上筐、下筐、膳筐、勺筐、爵筐,則古者玉幣飲食之具,皆實於筐,今乃專以承帛耳。制方長,有座,高二寸八分,長一尺九寸,廣五寸六分。座、長、廣各增五分,内深二寸三分,編竹絲爲之,邊座皆朱漆。

　　彝,裸以盛酒之器也。《周禮·小宗伯》:“辨六彝之名物,以待裸將。”又《鬱人》:“凡祭祀、賓客之裸事,和鬱鬯,以實彝而陳之。”今其制雲緣素腹,兩耳作虁形,似商父丁彝。銅質,無舟,高六寸七分,口圓徑七寸九分,深五寸一分,腹圓徑八寸一分,底圓徑七寸,足高一寸五分,耳長四寸,重十七斤,有勺、羃。勺,所以斛酒者也。《周禮·梓人》:“爲飲器,勺一升。”《儀禮·鄉飲酒禮》:“加二勺于兩壺。”《禮記·明堂位》:“夏后氏以龍勺,殷以疏勺,周以蒲勺。”今彝勺圓徑二寸,深八分,外周刻星水文,柄長八寸,柄端與銜勺處皆刻龍首,銅質,重十二兩。羃,覆尊彝之巾也。《周禮·羃人》:“以疏布羃八尊,以畫布羃六彝。”蓋疏布尚質,畫布尚文。今彝羃則用黃絎爲之,繪以雲氣,方二尺四寸,四角有押。置彝之几,髹以朱漆,高一尺二寸五分,長二尺七寸,廣一尺九寸。

　　斝,酌以灌地降神之器也。《詩·大雅》曰:“洗爵奠斝。”《禮記·明堂位》曰:“爵,夏后氏以琖，殷以斝。”鄭氏注云：“斝，讀爲稼，畫禾稼以爲飾也。”又殷之灌尊亦名斝，蓋即六彝中之斝，彝是尊之屬，而非爵之屬也。今斝制純素無文，兩耳如戟，銅質，高三寸三分，口圓徑五寸一分，深二寸三分，底圓徑三寸一分，足高七分，耳長一寸九分，重四斤。几與彝同。

茅沙池，祼以縮酒之器。《周禮·甸師》：“祭祀，共蕭茅。”鄭氏注云：“蕭或爲茜，茜讀爲縮。束茅立之祭前，沃酒其上，酒滲下，若神飲之，故謂之縮。”《禮記·郊特牲》：“灌用鬯臭，鬱合鬯。臭陰達於淵泉，致陰氣也。”今用銅池，中實以沙，爲茅束立沙上。置池斝前，祼則沃酒其上。池長方形，高五寸五分，長一尺七寸，廣四寸八分，深三寸二分，足高二寸，重三十斤。

尊，獻以盛酒器也。制有七：一大尊，一犧尊，一象尊，一山尊，一雷尊，一著尊，一壺尊。《周禮·小宗伯》：“辨六尊之名物，以待祭祀。”又《司尊彝》：“春祠、夏禴，其朝踐用兩獻尊，其再獻用兩象尊，皆有罍，諸臣之所昨也。秋嘗、冬烝，其朝獻用兩著尊，其饋獻用兩壺尊，皆有罍，諸臣之所昨也。凡四時之間祀追享朝享，其朝踐用兩大尊，其再獻用兩山尊，皆有罍，諸臣之所昨也。”鄭氏注云：“‘獻’，讀爲‘犧’，飾以翡翠。象尊以象鳳凰，或以象骨飾尊。著尊者，著略尊也。或曰著尊，著地無足。壺者，以壺爲尊。大尊，大古之瓦尊。山尊，山罍也。‘昨’，讀爲‘酢’。”王肅云：“犧尊爲犧牛之形，象尊爲象之形，皆鑿其背以爲尊。夫犧尊取犧牲食享之義，又以示其性順而任重，興稼穡而致民功。象牙感雷而文生，方時天氣下降，地氣上騰，文明盛大。又爲南越之獸，於以見昭德柔遠之意。”王肅之說，於古人制器尚象之意，或者其有合焉。又《禮記·明堂位》：“泰，有虞氏之尊也。山罍，夏后氏之尊也。著，殷尊也。犧、象，周尊也。”今廟庭備四代之器，大尊、山尊、著尊、壺尊，皆如鄭說；犧尊、象尊，皆如王說。獨雷尊，則古未聞此器。考孔穎達《禮記疏》云：“罍，猶雲雷也。”今之雷尊，或即諸臣所酢之罍與？第古“雷”文從“回”，今所存漢器，直刻爲雷師之形，實不知何據。又《燕禮》，壺尊重方而輕圓。今祭用圓壺，而無方壺，則與周制又異。大尊之制，高七寸，口圓徑一寸六分，腹圓徑五寸九分，深六寸三分，底圓徑四寸八分，足高一分，以陶爲之，素質。犧尊制爲犧形，穴背受酒，通蓋高一尺四寸八分，蓋連頂高三寸三分，圓徑五寸二分，內深二寸二分，尊身高一尺一寸五分，犧身長二尺三分，廣七寸，口圓徑四寸，深六寸九分，重五十斤。象尊制爲象形，穴背受酒，通蓋高一尺四寸五分，蓋連頂高三寸三分，圓徑五寸二分，內深二寸四分，尊身高一尺一寸二分，象身長二尺，廣七寸，口圓徑三寸九分，深六寸六分，重五十斤。山尊刻爲山雲之形，通蓋高一尺七寸七分，蓋連頂高二寸九分，圓徑九寸六分，內深一寸五分，尊身高一尺四寸九分，口圓徑九寸三分，腹圓徑九寸五分，深一尺一寸一分，底圓徑七寸八分，足高三寸六分，重四十七斤。雷尊刻爲雷師雲氣之形，通蓋高一尺六寸六分，蓋連頂高四寸二分，圓徑八寸五分，內深二寸五分,尊身高一尺二寸八分,口圓徑五寸八分,腹圓徑一尺一寸二分,深一尺一寸六分,底圓徑七寸六分,足高九分,重四十斤。以上四尊皆銅質,有篆文識“漢元和二年鑄”,與大尊共爲一案,陳而不用,不加勺、羃。案連座高三尺八寸,長五尺九寸,廣三尺七寸;四周有欄,高一尺五寸五分;下有座,高八寸,雕刻雲花,飾以金朱五彩。著尊亦銅質,飾饕餮雷文,高八寸九分,口圓徑八寸四分,腹圓徑一尺一寸,底圓徑七寸,深八寸八分,重十七斤。惟酌獻至聖先師位前用之。有勺、羃,勺圓徑二寸五分,深一寸,外周刻星雷文,柄長一尺,柄端刻龍首,銅質,重一斤四兩。羃與彝同。案高二尺六寸,長三尺六寸,廣一尺九寸,面刻三凹以承三尊,髹以朱漆,黃紵爲圍。壺尊亦銅質,狀如瓜壺,飾同著尊,高七寸三分,口圓徑四寸,腹圓徑六寸六分,深七寸一分,底圓徑三寸五分,重七斤四兩。勺圓徑二寸三分,深八分,柄長八寸,制如著尊,銅質,重十二兩。羃以紅紵,制如彝。案高二尺六寸,長二尺八寸,廣一尺九寸,面有孔以承尊,朱漆,紅紵圍。

　　爵,飲器之象爵者。前若噣,後若尾,足修而銳,兩柱爲耳,以牛首爲鋬,有雷紋、雲氣、饕餮、蟠夔之飾。《周禮·大宰》:“祀五帝,贊玉幣爵之事。”鄭氏注曰:“爵,所以獻齊酒。”《鬱人》:“大祭祀,與量人受舉斝之卒爵而飲之。”鄭氏注曰:“斝,受福之嘏,聲之誤也。王酳尸,尸嘏王,此其卒爵也。”然則大宰職所贊者,即今之所謂獻爵;鬱人職之卒爵,即今之所謂福爵也。而今則又有預奠於神位前之供爵。又古者爵或用玉,或用木,或用匏,今則皆以銅爲之。供爵、獻爵,通柱高八寸三分,深三寸三分,口徑長六寸一分,廣二寸八分,兩柱高一寸九分,三足高三寸一分,鋬廣八分,高一寸五分,重二斤四兩。福爵通柱高七寸七分,深三寸五分,口徑長五寸六分,廣三寸二分,兩柱高一寸四分,三足高四寸,鋬廣八分,高一寸八分,重二斤十三兩,皆有坫。考坫所以置爵,亦以承尊與圭。《禮記疏》謂:“築土爲之,在兩楹間。”鄭氏云:“似豆而卑,斲木爲之,口圓微侈。”今惟置爵用坫,有銅有木。銅坫方七寸八分,中鑿圓凹深一分,徑五寸七分,高一寸二分,其半爲足,重二斤九兩。木坫制同。

　　登,盛太羹之器也。《儀禮·公食大夫禮》:“太羹湆,不和,實于鐙。”《爾雅》:“瓦豆謂之登。”登用瓦,古人之質也。今范銅爲之,飾以雲雷饕餮,通蓋高八寸二分,蓋連提高二寸三分,口圓徑五寸,內深一寸六分,身連足高六寸一分,腹口圓徑五寸二分,深二寸,足徑四寸七分,重五斤十二兩。惟至聖先師位前用之。

　　鉶,盛和羹之器也。《儀禮·聘禮》:“六鉶繼之,牛以西羊、豕,豕南牛,以東羊、豕。”[1]又《公食大夫禮》:“宰夫設鉶四于豆西,東上,牛以西羊,羊南豕,豕以東牛。”又,《少牢饋食禮》:“上佐食羞兩鉶,取一羊鉶于房中。下佐食又取一豕鉶于房中以從。

---

　　① 此處引文有誤。《儀禮·聘禮》:“六簋繼之,牛以西羊、豕,豕南牛,以東羊、豕。……四鉶繼之,牛以南羊,羊東豕,豕以北牛。”

皆有柶。”考古者六鉶，則牛二、豕二、羊二；四鉶，則牛二、豕一、羊一；兩鉶，則有羊、豕而無牛。今廟庭用兩鉶，是以無牛。和羹第不用柶，與古少異耳。其制范銅爲之，三足兩耳，蓋施三紐，皆鏤以饕餮雷文，通蓋高八寸，蓋連紐高二寸七分，口圓徑五寸，內深一寸七分，腹連足高四寸七分，口圓徑五寸，深三寸八分，兩耳圓一寸七分，重七斤十二兩。

　　簠、簋，簠盛加膳之器，簋盛常膳之器也。《周禮·舍人》：“凡祭祀，供簠簋，實之，陳之。”鄭氏注云：“方曰簠，圓曰簋，盛黍稷稻粱器。”《儀禮·聘禮》：“八簋繼之，黍其南稷，錯。兩簠繼之，粱在北。”蓋古者以黍、稷爲常膳，實以簋；以粱、稻爲加膳，實以簠。而黍稷粱稻之中，又上黍與稻，故以先粱、稷，則祭品用一簋者宜去稷，用一簠者宜去粱矣。然自開元以來，祭用一簠一簋者，皆去稻、粱，登黍、稷，不復因常膳、加膳而別其用焉。又古者或以瓦，或以木，或飾以金玉，而今制則皆以銅。《三禮圖》謂“外方內圓曰簠，內方外圓曰簋”，今簠方簋圓，內外同形，則如鄭説。皆四翅兩耳，鏤以饕餮雷文。簠通蓋高六寸，蓋連翅高二寸五分，口長八寸三分，廣六寸四分，內深一寸五分，翅高九分，兩方耳圓八分，厚二分，身連足高三寸七分，口長八寸三分，廣六寸四分，深一寸九分，足高一寸六分，長六寸五分，廣五寸二分，兩獸耳圓二寸一分，厚五分，重十三斤二兩。簋通蓋高七寸二分，蓋連翅高二寸八分，口徑長七寸三分，廣五寸六分，內深一寸四分，翅高一寸三分，身連足高四寸六分，口徑長七寸三分，廣五寸六分，深二寸一分，足高二寸四分，徑長六寸一分，廣四寸六分，兩獸耳圓一寸九分，厚六分，重十二斤八兩。

　　籩、豆，所以薦庶羞者也。《禮記·郊特牲》曰：“籩豆之薦，水土之品也。”又曰：“恒豆之菹，水草之和氣也；其醢，陸產之物也。加豆，陸產也；其醢，水物也。”《周禮·籩人》：“掌四籩之實。朝事之籩，其實麷、蕡、白、黑、形鹽、膴、鮑魚、鱐。饋食之籩，其實棗、栗、桃、乾薲、榛實。加籩之實，菱、芡、栗、脯。羞籩之實，糗餌、粉餈。”《醢人》：“掌四豆之實。朝事之豆，其實韭菹、醓醢、昌本、麋臡、菁菹、鹿臡、茆菹、麇臡。饋食之豆，其實葵菹、蠃醢、脾析、蠯醢、蜃、蚳醢、豚拍、魚醢。加豆之實，芹菹、兔醢、深蒲、醓醢、箔菹、雁醢、筍菹、魚醢。羞豆之實，酏食、糝食。”蓋古者天子祭祀宗廟，有九獻之禮。一獻，王裸。二獻，后裸。三獻，王薦腥。四獻，后亞獻，於是薦朝事之籩、豆各八。五獻，王薦熟。六獻，后亞獻，於是薦饋食之籩、豆各八。七獻，王酳尸。八獻，后酳尸，於是薦加事之籩、豆各八。既酳尸畢，又獻羞籩、羞豆各二，而諸臣進以酳尸焉。故天子所用籩、豆各二十六，諸公則十有六，諸侯十有二，上大夫八，下大夫六，所謂貴多品而制亦有等殺也。今釋奠用十籩豆，無羞籩、羞豆之實。白餅、黑餅、形鹽、薧魚，朝事之籩也。棗、栗、榛實，饋食之籩也。菱、芡、鹿脯，加籩之實也。韭菹、醓醢、菁菹、鹿醢，朝事之豆也。脾析、豚拍，饋食之豆也。芹菹、兔醢、筍菹、魚醢，加豆之實也。其降用八籩者,去白餅、黑餅;用四籩者,又去榛、菱、芡、薧魚。降用八豆者,去脾析、豚拍;用四豆者,又去韭菹、醓醢、筍菹、魚醢。又《爾雅》云:"竹豆謂之籩,木豆謂之豆。"而《明堂位》則云:"夏后氏以楬豆,商玉豆,周獻豆。"然則籩之爲竹器,古今無異制。而豆則或瓦、或木、或玉,而復易以銅也,固隨世爲變與?今籩通蓋高七寸五分,蓋連頂高二寸八分,口圓徑四寸六分,内深二寸,身連足高四寸七分,腹口圓徑四寸六分,深一寸四分,足高三寸二分,圓徑三寸九分,竹質,朱漆,裏金邊,足裏黑漆。豆通蓋高八寸二分,蓋連提高二寸四分,口圓徑五寸,内深一寸六分,身連足高五寸八分,腹口圓徑五寸,深一寸六分,足高四寸一分,圓徑四寸六分,銅質,刻魚鱗文,重七斤。

　　案,所以陳祭品者也。《周禮·掌次》:"王大旅上帝,則張氈案。朝日祀五帝,則張大次、小次,設重帟、重案。"鄭氏注云:"張氈案,以氈爲牀於幄中。""重案,重席也。"又《玉人》:"案十有二寸,棗栗十有二列。"注云:"玉飾案也。棗栗實於器,乃加於案。"是古者牀及陳食之器皆名曰案,三代而下則惟食案、書案始名之曰案焉。今供案高五尺,長一丈九尺,廣五尺;其次高二尺六寸,長一丈四尺五寸,廣五尺;又次高四尺二寸,長一丈二尺八寸,廣三尺九寸;又次高四尺三寸,長一丈二寸,廣三尺六寸;又次高四尺一寸,長一丈四寸,廣三尺八寸;又次高三尺八寸,長八尺一寸,廣三尺一寸;又次高四尺,長七尺九寸,廣二尺一寸;又次高三尺七寸,長六尺,廣三尺;又次高三尺七寸,長八尺一寸,廣三尺五寸;又次高三尺四寸,長六尺一寸,廣二尺八寸;又次高三尺六寸,長六尺,廣三尺。皆兩端施檔,四足圓捲,縣以朱漆,刻爲雲龍香草,飾以金碧。

　　饌盤,古無此器。《儀禮·特牲饋食禮》曰:"祝命佐食①徹尸俎,俎出于廟門。"鄭氏注:"尸俎爲肵俎。"又《少牢饋食禮》曰:"祝命佐食徹肵俎,降設于堂下阼階南。"考肵俎異於衆俎,尸入也,主人親羞之。尸所舉者,每物皆加於肵,利成之後即先徹此,命有司受歸之。今釋奠無迎尸歸俎之事,故取籩篹籩豆之實,每品各置少許於盤,名爲饌盤,或即肵俎之遺意與?第古者徹於送尸之後,而後世則徹於送神之前,爲不同耳。盤之制,朱漆,口方一尺四寸,底方一尺二寸,高二寸。

　　俎,載牲之器。《周禮·膳夫》:"王日一舉,鼎十有二,物皆有俎。"《儀禮·特牲饋食禮》:"贊者錯俎,加匕。"《少牢饋食禮》:"司士合執二俎以從。"《禮記·明堂位》:"俎,有虞氏以梡,夏后氏以嶡,殷以椇,周以房俎。"今其制似房俎,木質,朱漆。太牢,俎長七尺,廣四尺,高三尺四寸五分;少牢,俎長三尺,廣一尺五寸,高二尺六寸。

　　毛血盤,盛毛血之器也。《詩·小雅》:"執其鸞刀,以啓其毛,取其血膋。"《禮記·禮器》:"血、毛詔於室。"《禮運》:"薦其毛血。"蓋啓其毛以告純,取其血以告殺也。盤,銅質,高一寸三分,口圓徑五寸五分,深一寸一分,重一斤六兩。

---

① 原脱"食"字,據《儀禮·特牲饋食禮》補。

　　胙盤，承福胙器也。《周禮‧膳夫》："凡王祭祀，則徹王之胙俎。"①蓋古者主人酳尸，尸酢主人，於是有胙俎，祭畢則受而歸之。又《儀禮‧特牲饋食禮》曰："佐食搏黍授祝，祝授尸，尸受以菹豆，執以親嘏主人。主人再拜稽首，受，復位。詩懷之，實于左袂。出寫嗇于房，祝以籩受。"是古人受福又以嗇爲重矣。今祭將徹，主祭者飲福酒，卒爵，受福胙，以盤載牲一體，是即古者胙俎之遺意。但不受黍、稷，爲與古異耳。其制木質，朱漆，圓徑二尺，高一寸五分。置胙盤及福爵有案，制與祝案同。

　　燔爐，焚蕭脂之器也。《詩‧大雅》曰："取蕭祭脂。"《禮記‧郊特牲》曰："蕭合黍、稷，臭陽達於牆屋，故既奠然後焫蕭合羶、薌。"蓋周人尚臭，所以求諸陽也。今制以鐵，三足，圓徑一尺二寸，足高六寸，重三十斤。

　　香鼎，爇香器也。考三代以上，祭無上香事。自漢始有香爐之名，然祇用以熏衣服、備儀衞而已，後世遂因以祀神焉。又鼎之爲物，古人所以烹飪。自取以爇香，而烹飪之用遂廢，亦今古所由異尚也。今廟中欽頒法琅香鼎，高一尺五寸八分，口圓徑一尺一寸四分，腹圓徑一尺四寸六分，耳高八寸五分，廣三寸二分，厚一寸三分，足高六寸，圓徑二寸，黃色，瓷質銅胎，采繪花卉；几高二尺九寸八分，圓徑一尺五寸，朱漆，金飾。舊存銅鼎，大小凡三等，皆飾饕餮龍文。大者方形，通耳高一尺三寸五分，腹長一尺一寸，廣八寸五分，深六寸，耳高三寸，廣二寸五分，厚六分，足高四寸四分，圓徑一寸五分，重三十七斤；次者圓形，通耳高一尺六寸一分，口圓徑八寸四分，腹圓徑一尺一寸，深八寸七分，耳高四寸五分，廣一寸九分，厚六分，足高三寸八分，圓徑一寸五分，重二十三斤；又次者方形，通耳高九寸八分，腹長八寸四分，廣六寸一分，深五寸九分，耳高一寸，廣一寸九分，厚二分，足高二寸七分，圓徑一寸六分，重十二斤十二兩。鐵鼎凡二等，皆素質圓形。大者通耳高一尺九寸八分，口圓徑一尺，腹圓徑一尺一寸，深六寸，耳高八寸五分，廣三寸，厚五分，足高五寸三分，圓徑二寸，重五十七斤；次者通耳高一尺一寸二分，口圓徑九寸五分，腹圓徑一尺七分，深三寸，耳高七寸二分，廣三寸，厚五分，足高四寸四分，圓徑二寸，重四十八斤。几大者高四尺，長五尺四寸五分，廣三尺三寸，飾以五采雲龍山水，上有欄，高一尺；次者高二尺二寸五分，長二尺七寸，廣一尺九寸，四足有跗，朱漆，無飾。小几與彝、斝之几同。

　　香盒，盛香之器。法琅盒，通蓋高四寸三分，圓徑六寸，質如香鼎。朱漆盒，通蓋高二寸五分，圓徑六寸。

　　香盤，亦焚香器。以銅爲之，六角，兩端有龍鈕，徑七寸五分，高一寸六分，重六斤。承以石座，高四尺七寸三分，雕刻蟠龍雲氣。製極工巧，金明昌間造。

　　提鑪，焚香器之有提者。通蓋高四寸六分，蓋高一寸八分，口圓徑四寸，腹圓徑四

寸七分,深二寸二分,三足高六分,銅質,維以絲絛,干長三尺,朱漆,金龍首。

燭臺,擎燭器也。《周禮·司烜氏》:“以夫遂取明火於日,以共祭祀之明齍、明燭。凡邦之大事,供墳燭。”注:“故書墳爲蕡。”鄭司農云:“蒴燭也。”後世以膏爲之。今法琅燭臺高二尺三分,上盤圓徑四寸,中盤圓徑一尺四分,座圓徑九寸,几高二尺九寸八分,圓徑一尺三寸二分。燭臺及几,並如香鼎、香几之制。舊存銅燭臺凡二等,大者高二尺四寸五分,上盤圓徑四寸七分,中盤圓徑九寸八分,座圓徑一尺一寸,重三十七斤,飾以夔文;次者高一尺六寸,上盤圓徑四寸七分,中盤圓徑六寸七分,座圓徑八寸五分,重三十一斤,素質。鐵燭臺凡五等,大者高一尺七寸,盤圓徑一尺,座圓徑八寸七分,重五十斤;次者高一尺二寸六分,盤圓徑七寸五分,座圓徑六寸七分,重四十八斤;又次高一尺七寸,盤圓徑九寸二分,座圓徑八寸九分,重四十六斤;又次高一尺三寸七分,盤圓徑七寸,座圓徑七寸三分,重二十二斤;又次高一尺三寸,盤、座各圓徑六寸七分,重二十斤,並素質。

花瓶,亦供器,非古制也。法琅瓶高一尺八寸九分,口圓徑七寸五分,腹圓徑六寸六分,底圓徑八寸五分,中安法琅花一樹,高二尺,圓徑一尺,松花一百八十朵,竹葉六十片,梅花一百二十朵,質如香鼎之制。几與燭臺同。舊存銅瓶凡二等,大者高二尺四寸五分,口圓徑一尺二寸,腹圓徑五寸二分,底圓徑八寸八分,重六十二斤;次者高一尺三寸,口圓徑六寸七分,腹圓徑六寸八分,底圓徑六寸三分,重十三斤,並飾以雲雷花草,中安靈芝。

庭燎,陛中然以照者也。《詩·小雅》:“庭燎之光。”孔穎達疏云:“庭燎者,樹之於庭,燎之爲明,是燭之大者。”公蓋五十,侯伯子男皆三十,天子用百。以物百枚并而纏束之,用松、葦、竹灌以脂膏。今制用鐵,如籠,高五寸,圓徑三寸五分,干長五尺四寸,植於陛間,實以松明,然之。

罍,貯水器也。《儀禮·少牢饋食禮》:“司宮設罍水于洗東,有枓。”鄭氏注云:“枓,斟水器也。凡設水用罍,沃盥用枓。”承沃盥之棄水則用洗。《三禮圖》謂之洗罍,蓋以別於尊罍也。今制腹以上似壺尊,而侈其足,連足高六寸五分,口圓徑五寸三分,腹圓徑六寸一分,深四寸七分,足高一寸七分,圓徑四寸七分,銅質,重八斤八兩。枓形如尊、彝勺,圓徑二寸二分,深九分,柄長八寸,重十四兩。案如壺尊之案,面有凹以承罍。

洗,盥手及承棄水之器。《儀禮·鄉飲酒禮》:“主人坐取爵,興。適洗,南面坐奠爵[1]于篚下,盥洗。”鄭氏注云:“已盥乃洗爵,致潔敬也。”又《少牢饋食禮》:“祝盥于洗,升自西階。主人盥,升自阼階。”又,“宗人奉槃,一宗人奉匜水,一宗人奉簟巾,乃沃尸,盥于槃上。”蓋古者主人及百執事就盥於洗,惟尸尊不就洗,則具槃、匜以盥。今廟

中洗之制，其形如槃，銅質，飾以雷文花藻，連足高四寸七分，面徑一尺二寸五分，深二寸二分，足高二寸四分，底徑六寸七分，重十四斤八兩。承洗之架，朱漆，六足，高一尺九寸，通背高三尺四寸。

巾，拭手之帨也。《禮記·內則》："盥卒，接巾。"《儀禮·少牢饋食禮》："卒盥，坐奠簞，取巾。"今用布，廣幅長三尺。

燎叉，焚燎時擎帛者也。叉長一尺五寸，以鐵爲之，柄長二尺六寸。

禮生，明初照太常寺入樂舞生內。洪武七年，始專設孔廟相禮生，於附近州縣選取年幼俊秀子弟六十名，不妨農學，在廟演習禮儀，供贊相之職。嘉靖三十五年，奎文閣典籍錢汝芝奏准禮生照舊執帖，人免二丁。國朝順治元年，山東巡撫方大猷題准照前朝舊例，設禮生六十名。雍正元年，加封五代王，建立崇聖祠，又咨准添設二十名，共八十名。其中庸書院禮生二十四名，不在此內。

述曰：六尊之等，辨於《周官》，或用以禴祠烝嘗，或用以追享朝享，此器之辨以地者也。王與后敵體，故酌獻及酢皆同尊。諸臣不敢與君、后並，故酢獨以罍，此器之辨以人者也。漢章帝過魯，留五尊於廟庭，其用無聞。惟考《開元禮》，皇太子釋奠先聖先師用犧尊二、象尊二、山罍二，在前楹間。犧尊，皇太子初獻之所酌也。象尊、山罍，祭酒、司業亞、終獻之所酌也。朱子因開寶、政和禮定釋奠儀，亦設犧尊四、象尊四，在殿東南隅，北向西上，爲酌尊。犧尊一實明水，爲上尊，餘實汎齊，初獻酌之。象尊一實明水，爲上尊，餘實醴齊，亞、終獻酌之。又設太尊二、山尊二，在神位前；著尊二、犧尊二、象尊二、壺尊六，在殿下，皆北向西上，實五齊三酒，設而不酌。然則唐、宋酌尊，猶因人異用，而供尊亦皆有所實也。今三獻官之禮既廢，於是三獻統酌一尊。惟先聖用著尊，先賢、先儒用壺尊，則稍以示殺焉。至元和，五尊設而不實，相沿已久，蓋不知始於何時矣。

闕里文獻考卷二三

樂第六之一

古先聖王治定功成而作樂，以合天地之性，類萬物之情，用以致鬼神祇而和邦國。而釋奠之必有合樂，尤載於禮經。我孔子德備羣聖，功覺生民，爲萬世制作之宗。歷代以來，並隆報祀，笙鏞羽籥，有秩有倫，務盡揚扢、竭形容，以昭聖師功德於無極，猗歟盛矣！

考闕里舊《志》言，祀孔子用樂，始於漢章帝時。竊以爲當春秋之際，魯猶備六代之樂，先聖自衛反魯，與師摯共相考訂，已傳諸及門弟子。其後世守而弗失，或以時肄於廟庭。章帝過魯，不過因其舊存者而大合之，以仿《周禮》"春入學，合舞；秋頒學，合聲"之遺意，未可即以爲祀孔子用樂之始也。

劉宋元嘉間，從裴松之議，釋奠用八佾之舞，旋以郊樂未具，權奏登歌。後世釋奠孔子用樂，實起於此。南齊武帝永明三年，尚書令王儉奉詔斟酌衆議，設軒縣，舞六佾。北齊、後周並同此制，而歌章舞節，史概闕焉。隋文帝仁壽元年，以太子廣言，詔吏部尚書牛弘、太子洗馬柳顧言、祕書丞許善心、内史舍人虞世基、禮部侍郎蔡徵等更詳故實，創制雅樂歌辭。其釋奠先聖、先師，奏《誠夏》，今存者惟登歌一章，辭曰："經國立訓，學重教先。三墳肇册，五典留篇。開鑿禮著，陶鑄功宣。東膠西序，春誦夏絃。芳塵載仰，祀典無騫。"

唐初沿用隋樂，高祖武德九年，始詔太常少卿祖孝孫、協律郎竇璡等定《大唐雅樂》，以大樂與天地同和者也，乃制《十二和》，以法天之成數而和人神。貞觀中，協律郎張文收復以《十二和》之制未備，奉詔與起居郎呂才考正律呂，叶其聲音。其用於釋奠者，降神奏《永和》，文舞三成，送神一成；奠幣登歌奏《肅和》；入俎及徹豆奏《雍和》；送文舞出，迎武舞入，奏《舒和》。獨未詳酌獻樂。考當時凡祭祀酌獻，皆奏《壽和》，或者其亦以《壽和》與？

迎神、送神辭曰："聖道日用，神機不測。金石以陳，絃歌載陟。爰釋其菜，匪馨於稷。來顧來享，是宗是極。"

奠幣辭曰："粵惟上聖，有縱自天。傍周萬物，俯應千年。舊章允著，嘉贄孔虔。王化茲首，儒風是宣。"

迎俎辭曰："堂獻瑤篚，庭敷璆縣。禮備其容，樂和其變。肅肅親享，雍雍執奠。明德惟馨，蘋蘩可薦。"

出入二舞辭曰："隼集龜開昭聖烈，龍蹲鳳峙肅神儀。尊儒敬業宏圖闡，緯武經文盛德施。"

武舞歌《凱安》，辭曰："昔在炎運終，中華亂無象。酆郊赤烏見，邙山黑雲上。大賚下周車，禁暴開殷網。幽明同叶贊，鼎祚齊天壤。"

開元中，又增三和爲《十五和》。釋奠用《宣和》，改迎神辭曰："通吳表聖，問老探真。三千弟子，五百賢人。億齡規法，萬載祠禋。潔誠以祭，奏樂迎神。"送神辭曰："醴溢犧象，羞陳俎豆。魯壁類聞，泗川如覩。里校覃福，胄筵承祐。雅樂清音，送神具奏。"五代漢改唐《十二和》爲《十二成》，廢後增三和，而易《宣和》爲《師雅》，以祀孔子。周又改《十二成》爲《十二順》，去《師雅》而奏《禮順》以釋奠，其樂章今並缺佚。

宋太祖建隆元年，用兼判太常寺翰林學士竇儼言，取"治世之音安以樂"之義，改《十二順》爲《十二安》，祭文宣王廟用《永安》。然當時惟天地、感生帝、宗廟用樂，親祀用宮縣，有司攝事，止登歌而已。

仁宗景祐二年，帝親製郊廟樂章，財成頌體，告於神明，乃詔宰臣呂夷簡等分造樂詞，參施羣祀。文宣王廟：迎神，奏《凝安》，辭曰："大哉至聖，文教之宗。紀綱王化，丕變民風。常祀有秩，備物有容。神其格思，是仰是崇。"升殿、降階，並奏《同安》，辭曰："右文興化，憲古師今。明祀有典，吉日惟丁。豐犧在俎，雅奏來庭。周旋陟降，福祉是膺。"奠幣，奏《明安》，辭曰："一王垂法，千古作程。有儀可仰，無德而名。齊以滌志，幣以達誠。禮容合度，黍稷非馨。"酌獻，奏《成安》，辭曰："自天生聖，垂范百王。恪恭明祀，陟降上庠。酌彼醇旨，薦此令芳。三獻成禮，率由舊章。"飲福，奏《綏安》，辭曰："犧象在前，豆籩在列。以享以薦，既芬既潔。禮成樂備，人和神悅。祭則受福，率遵無越。"送神，奏《凝安》，辭曰："肅肅庠序，祀事惟明。大哉宣父，將聖多能。歆馨胙蠁，回馭淩兢。祭容斯畢，百福是膺。"哲宗時，增兗國公配位。酌獻，樂奏《成安》，辭曰："無疆之祀，配侑可宗。事舉以類，與享其從。嘉栗旨酒，登薦惟恭。降此遐福，令儀肅雍。"

徽宗崇寧四年，專置大晟府，典律呂。大觀三年，釋奠樂成。迎神，奏《凝安》，辭曰："仰之彌高，鑽之彌堅。於昭斯文，被於萬年。峨峨膠庠，神其來止。思報無窮，敢忘於始。"升降，奏《同安》，辭曰："生民以來，道莫與京。溫良恭儉，惟神惟明。我潔尊罍，陳茲芹藻。言升言旋，式崇斯教。"奠幣，奏《明安》，辭曰："於論鼓鐘，于茲西雍。粢盛肥碩，有顯其容。其容洋洋，咸瞻像設。幣以達誠，歆我明潔。"酌獻，奏《成安》，正位辭曰："道德淵源,斯文之宗。功名糠粃,素王之風。碩兮斯牲,芬兮斯酒。綏我無疆,與天爲久。"兗國公辭曰："仁由三月,名高四科。容莊而坐,時颺以歌。旅陳惟嘉,祇薦無頗。宣尼之侍,爾其誰過。"鄒國公辭曰："跂跂周道,狂瀾倒湙。躬承辭闢,高侔禹功。世興隆文,盛典惟崇。清醴嘉栗,式陳儀容。"亞、終獻,亦奏《成安》,辭曰："罍設於東,黃流其中。觴盡三挹,歌還一終。彼屯而窮,今泰而通。予興斯文,同堯之風。"送神,奏《凝安》,辭曰："肅莊紳綏,吉蠲牲犧。於皇明祀,薦登惟時。神之來兮,肸蠁之隨。神之去兮,休嘉之貽。"六年,頒降闕里。

又,闕里新《志》載宋時樂曲内,於升降、奠幣各多一章,不知何時所更易,亦未識頒於何年,附識於此。其升降辭曰："賢於唐虞,飛騰粹英。玩成羲易,刊定麟經。宗周尊王,炎劉推明。時予命祀,登降惟誠。"其奠幣辭曰："晨幾飛霜,聲初諧商。事先陳幣,恭宜承箱。由階載升,於位肅將。周旋無譁,如在洋洋。"

金初取汴,就用北宋之樂。世宗大定十四年,始取"大樂與天地同和"之義,名之曰"太和",而定樂曲以"寧"名。釋奠:迎神,奏《來寧》,辭曰："上都隆化,廟堂作新。神之來格,威儀具陳。穆穆凝旒,巍然聖真。斯文伊始,羣方所親。"盥洗,奏《静寧》,辭曰："偉矣素王,風猷至粹。垂二千年,斯文不墜。涓辰惟良,爰修祀事。沃盥於庭,嚴禋禮備。"升殿,奏《肅寧》,辭曰："巍乎聖師,道全德豐。修明五常,垂教無窮。增崇儒宫,遹追遺風。嚴祀申虔,登降有容。"奠幣、初獻,奏《和寧》,辭曰："天生聖人,賢於堯舜。仰之彌高,磨而不磷。新廟告成,宫牆數仞。遣使陳祠,斯文復振。"降階,奏《安寧》,辭曰："稟靈尼丘,垂芳闕里。生民以來,孰如夫子。新祠巋然,四方所視。酹觴告成,祇循典禮。"兗國公酌獻,奏《輯寧》,辭曰："聖師之門,惟顏居上。其殆庶幾,是宜配享。桓圭袞衣,有嚴儀象。載之神祠,增光吾黨。"鄒國公酌獻,奏《泰寧》,辭曰："有周之衰,王綱既墜。是生真儒,宏才命世。言而爲經,醇乎仁義。力扶聖功,同垂萬世。"亞、終獻,奏《咸寧》,辭曰："於昭聖能,與天立極。有承其流,皇仁帝德。豈伊立言,訓經王國。焕我文明,典祀千億。"送神,奏《來寧》,辭曰："吉蠲爲饎,孔惠孔時。正辭嘉言,神之格思。是饗是宜,神保聿歸。惟時肇祀,太平極徵[①]。"

以上樂章,皆國學釋奠辭也。闕里之特頒樂章,自金章宗明昌六年始。其樂章,迎神,奏《來寧》,辭曰："有功者祀,德厚流光。猗歟將聖,三綱五常。百代之師,久而愈芳。靈宫對越,神其鑑饗"。盥洗,奏《静[②]寧》,辭曰："楚楚祀儀,昕徵奠醊。爰清其持,斟元攸悦。匪持之清,精誠是況。神之來思,是欽嘉降。"升降,奏《肅寧》,辭曰："衣冠襲封,玄王之宗。春秋陳祀,玄王之宫。清洙或涸,東山或童。此封此祀,承承無窮。"奠幣,奏《溥寧》,辭曰："仰惟聖猷,宏賜尊顯。宿燎設縣,展誠致奠。旅幣申申,於

粢洗腯。崇報孔明，不墜敬典。"酌獻，奏《德寧》，正位辭曰："巍巍堂堂，道德孰儷。屈於一時，伸於萬世。王號尊榮，公封相繼。涓辰之良，嚴潔以祭。"配位兗國公，辭曰："好學潛心，簞瓢樂內。具體而微，我進人退。洙泗之鄉，神之所在。其從聖師，廟食作配。"鄒國公辭曰："醇乎其醇，優入聖域。祖述堯舜，力排楊墨。思濟斯民，果行其德。祀爲上公，宜茲配食。"亞獻、終獻辭曰："法施於人，修經式誨。如明開盲，如聲破聵。栖遲衰周，光華昭代。儼然南面，門人列配。"送神，奏《歸寧》，辭曰："籩豆有嘉，威儀孔惠。三獻備舉，四方所視。神保是饗，永光闕里。神之聿歸，貽穀孫子。"

元取"簫韶九成"之義，樂名曰大成。其初時釋奠，猶襲用金樂。至成宗大德十年，令廷臣新撰釋奠樂章，而當時翰林乃全取宋大晟樂府擬撰未用之詞，録而奏之，惟增撰郕國公、沂國公酌獻樂二章而已。餘雖撰擬，而未經施用。其迎神，奏《凝安》，辭曰："大哉宣聖，道德尊崇。維持王化，斯文是宗。典祀有常，精純並隆。神其來格，於昭盛容。"又曰："生而知之，有教無私。成均之祀，威儀孔時。惟茲初丁，潔我盛粢。永言其道，萬世之師。"又曰："巍巍堂堂，其道如天。清明之象，應物而然。時維上丁，備物薦誠。維新禮典，樂諧中聲。"又曰："聖王生知，闡乃儒規。詩書文教，萬世昭垂。良日惟丁，靈承不爽。揭此精虔，神其來享。"盥洗及升降，並奏《同安》，盥洗辭曰："右文興化，憲古師今。明祀有典，吉日惟丁。豐犧在俎，雅奏在庭。周旋陟降，福祉是膺。"升降辭曰："誕興斯文，經天緯地。功加於民，實千萬世。笙鏞和鳴，粢盛豐備。肅肅降登，歆茲秩祀。"奠幣，奏《明安》，辭曰："自生民來，誰底其盛。惟王神明，度越前聖。粢幣具成，禮容斯稱。黍稷非馨，惟神之聽。"奉俎，奏《豐安》，辭曰："道同乎天，人倫之至。有享無窮，其興萬世。既潔斯牲，粢明醑旨。不懈於忱，神之來墜。"酌獻，奏《成安》，正位辭曰："大哉聖王，實天生德。作樂以崇，時祀無斁。清酤惟馨，嘉牲孔碩。薦羞神明，庶幾昭格。"兗國公辭曰："庶幾屢空，淵源深矣。亞聖宣猷，百世宜祀。吉蠲斯辰，昭陳尊簋。旨酒欣欣，神其來止。"郕國公辭曰："心傳忠恕，一以貫之。爰述《大學》，萬世訓彝。惠我光明，尊聞行知。繼聖迪後，是享是宜。"沂國公辭曰："公傳自曾，孟傳自公。有嫡緒承，允得其宗。提綱開蘊，乃作《中庸》。侑於玄聖，億載是崇。"鄒國公辭曰："道之由興，於皇宣聖。維公之傳，人知趨正。與饗在堂，情文斯稱。萬年承休，假哉天命。"亞獻，奏《文安》，辭曰："道德淵源，斯文之宗。功名糠粃，素王之風。芬兮斯牲，芳兮斯酒。綏我無疆，與天同久。"終獻及分獻，並奏《成安》，終獻辭曰："百王宗師，生民物軌。瞻之洋洋，神其寧止。酌彼金罍，惟清且旨。登獻惟三，於嘻成禮。"分獻十哲辭曰："於昭哲人，賢德之淳。儒風光揚，輔世安仁。椒漿斯旨，蘭殽既陳。于酌于獻，福禧皆臻。"從祀辭曰："儼然冠縷，崇然廟庭。百王承祀，涓辰惟丁。于牲于醑，其從與享。申之樂歌，式昭師仰。"飲福、受胙與盥洗同。徹豆，奏《娛安》，辭曰："犧象在前，豆籩在列。以享以薦，既芬既潔。禮成樂備，人和神悅。祭則受福，率遵無越。"送神，奏《凝安》，辭曰："有儼學宫，四方來宗。恪恭祀事，威儀雍雍。歆兹惟馨，神馭旋復。明禋斯畢，咸膺百福。"望瘞，與盥洗同。

其擬而未用之辭，迎神，奏《文明》，曰："天縱之聖，集厥大成。立言垂教，萬世準程。廟庭孔碩，尊俎既盈。神之格思，景福來并。"盥洗，奏《昭明》，曰："神既寧止，有孚顒若。罍洗在庭，載盥載濯。匪惟潔修，亦新厥德。對越在兹，敬恭惟則。"升殿、降階，並奏《景明》，曰："大哉聖功，薄海內外。禮隆秩宗，光垂昭代。陟降在庭，攝齊委佩。莫不肅雍，洋洋如在。"奠幣，奏《德明》，曰："圭衮尊崇，佩紳列侑。籩豆有楚，樂具和奏。式陳量幣，駿奔左右。天睠斯文，緊神之祐。"酌獻，奏《誠明》，正位辭曰："惟聖鑑格，享於克誠。有樂在縣，有碩斯牲。奉醴以告，嘉薦維馨。綏以多福，永底隆平。"兗國公辭曰："潛心好學，不違如愚。用舍行藏，乃與聖俱。千載景行，企厥步趨。廟食作配，祀典弗渝。"鄒國公辭曰："洙泗之傳，學窮性命。力距楊墨，以承三聖。遭時之季，孰識其正。高風仰止，莫不肅敬。"亞、終獻，並奏《靈明》，曰："廟成奕奕，祭祀孔時。三爵具舉，是饗是宜。於昭聖訓，示我民彝。紀德報功，配於兩儀。"送神，奏《慶明》，曰："禮成樂備，靈馭其旋。濟濟多士，不懈益虔。文教兹首，儒風是宣。佑我□□□□□□①。"

明初，制中和韶樂，而釋奠猶用元大成登歌舊樂。太祖洪武六年，始命詹同、樂韶鳳等因元樂舊辭，更製樂譜。迎神、送神、徹饌曰《咸和》，奠帛曰《寧和》，初獻曰《安和》，亞、終獻曰《景和》。迎神歌"大哉宣聖"，奠幣歌"自生民來"，初獻歌"大哉聖王"，亞獻與終獻同歌"百王宗師"，徹饌與飲福同歌"犧象在前"，送神與望瘞同歌"有嚴學宫"，蓋六章而九奏焉。二十六年，頒大成樂於天下。憲宗時，增文廟舞用八佾。世宗更正祀典，罷之，並改樂章內"王"字皆用"師"字。

國朝定鼎，我聖祖仁皇帝懋建中和之極，作中和韶樂。康熙六年，詔名樂曲曰"平"。國學釋奠：迎神，奏《咸平》，辭曰："大哉至聖，峻德弘功。敷文衍化，百王是崇。典則有常，昭兹辟雍。有虞簜簜，有嚴鼓鐘。"初獻奠帛，奏《寧平》，辭曰："覺我生民，陶鑄前聖。巍巍泰山，實予景行。禮備樂和，豆籩惟静。既述六經，爰斠三正。"亞獻，奏《安平》，辭曰："至哉聖師，天授明德。木鐸萬世，式是羣辟。清酒維醑，言觀秉翟。太和常流，英材斯植。"終獻，奏《景平》，辭曰："猗歟素王，示予物軌。瞻之在前，神其寧止。酌彼金罍，惟清且旨。登獻既終，弗遐有喜。"徹饌，奏《咸平》，辭曰："璧水淵淵，崇牙業業②。既歆宣聖，亦儀十哲。聲金振玉，告兹將徹。齊假有成，羹牆靡愒。"送神、望瘞，並奏《咸平》，辭曰："煌煌學宫，四方來宗。甄陶冑子，暨予微躬。思皇多士，膚奏厥功。佐予永清，三五是隆。"

---

① 據《元文類》卷二《釋奠樂章·送神》，此處闕文當爲"皇家億載萬年"。
② "業業"，《清朝文獻通考》卷一六九《樂考·樂歌一·先師孔子廟樂章》《幸魯盛典》卷三作"業業"。

　　至闕里釋奠，則猶因明之舊樂，未遑制作也。恭遇我皇上聖神御宇，久道化成，始命廷臣增撰郡縣及闕里春秋四時旋宮之樂。乾隆八年，頒下闕里。迎神，奏《昭平》，辭曰：“大哉孔子，先覺先知。與天地參，萬世之師。祥徵麟紱，韻答金絲。日月既揭，乾坤清夷。”初獻奠帛，奏《宣平》，辭曰：“予懷明德，玉振金聲。生民未有，展也大成。俎豆千古，春秋上丁。清酒既載，其香始升。”亞獻，奏《秩平》，辭曰：“式禮莫愆，升堂再獻。響協蓲鏞，誠孚罍甒。肅肅雍雍，譽髦斯彥。禮陶樂淑，相觀而善。”終獻，奏《敘平》，辭曰：“自古在昔，先民有作。皮弁祭菜，於論思樂。惟天牖民，惟聖時若。彝倫攸敘，至今木鐸。”徹饌，奏《懿平》，辭曰：“先師有言，祭則受福。四海黌宮，疇敢不肅。禮成告徹，毋疏毋瀆。樂所自生，中原有菽。”送神、望燎，奏《德平》，辭曰：“鳧繹峨峨，洙泗洋洋。景行行止，流澤無疆。聿昭祀事，祀事孔明。化我蒸民，育我膠庠。”

　　述曰：闕里立廟，本以聖居。宗子修其命祀而享聖祖，自與國學、有司攝事不同，金世特賜樂章是也。不然，西雍、上庠之句，夫奚取於闕里之堂？又，古者舞以象功，文武異用，乃唐人以摠干山立之容，而設於鼓篋修文之地，無謂孰甚焉。

樂第六之二

《周禮·大司樂》以樂德、樂語、樂舞教國子。《記》曰:"凡學,春夏學干戈,秋冬學羽籥。"又曰:"君子無故不徹琴瑟。"故樂也者,學者童而習之,長而知其故,歌詩必類,聽音亦各有所契也。三代而下,制不立於學官,學者類以爲無益而不習,欲習者又無師傅,於是守其器者惟是一二伶工而已。又其人率皆疲癃殘老,坐部、立部伎所不堪者,方入雅部,僅能紀其鏗鏘鼓舞之末節,而不復能明言其義、筆之於書,樂隨世變,譜亦盡亡。其詩章幸有存者,而終不可作,良足嘆也!漢興,去古未遠,三百篇之《詩》,猶有能被之管絃者。陵遲至於季世,蕩然無存。曹操平劉表,得雅樂郎杜夔。夔老,久不肄習,所記者惟《鹿鳴》《騶虞》《伐檀》《文王》四篇。太和之末,又失其三,左延年所得,止《鹿鳴》一譜。至晉代,則并《鹿鳴》而盡亡焉。豈非傳之者無其人、而紀之者無其籍之過與?闕里舊備六代之樂,漢章帝時猶大合於廟庭,至魏晉後遂鮮有言及者,蓋其亡也久矣。而歷代釋奠樂章,補闕搜殘,今尚存其六七。至於樂譜,則《闕里志》止有明代之制,《祖庭廣記》幸及元朝,上溯宋、金,又從缺佚。今固如此,更數十百年之後,不且與《雲咸》《韶濩》同歸泯沒矣乎!故彙而存之,都爲一册,略備往代之制焉。

考闕里之頒樂,實始於宋。稽之《宋史》,並未詳宮調所主。金釋奠樂,惟升殿奏南呂宮,餘皆奏姑洗宮。元成宗大德十年,頒大成樂於闕里。史載,迎神,奏《凝安》,黃鍾宮三成,大呂角二成,太簇徵二成,應鍾羽二成。盥洗,奏《同安》,一成,姑洗宮。升降,奏《同安》,一成;奠幣,奏《明安》,一成,皆南呂宮。奉俎,奏《豐安》,一成,姑洗宮。酌獻正、配位,奏《成安》,五成,並南呂宮。亞獻,奏《文安》,一成,姑洗宮。終獻同飲福、受胙,奏《同安》,一成,與盥洗同。徹豆,奏《娛安》,一成,南呂宮。送神,奏《凝安》,一成,黃鍾宮。望瘞,奏《同安》,一成,與盥洗同。今稽之《祖庭廣記》,迎神無大呂、太簇、應鍾等成,亦無盥洗、飲福、望瘞之《同安》及奉俎之《豐安》等成,而多分獻十哲及從祀《成安》各一成;其迎神、送神之《凝安》各一成,並黃鍾爲宮,黃鍾起調;升降之《同安》一成,《奠幣》之《明安》一成,初獻及酌獻四配位之《成安》各一成,徹豆之《娛安》一成，並南呂爲宮，南呂起調；終獻之《成安》一成，姑洗爲宮，姑洗起調，皆與史所載宮律相合。而分獻十哲之《成安》一成，亦以南呂爲宮，南呂起調。惟亞獻之《文安》一成，則太簇起調，用太簇、姑洗、蕤賓、夷則、南呂、應鍾、大呂七律；分獻從祀之《成安》一成亦然。而於亞獻一成下注云："大呂宮。"按大呂爲宮，則應夾鍾爲商，仲呂爲角，林鍾爲變徵，夷則爲徵，無射爲羽，黃鍾爲變宮矣。如以大呂爲南呂之訛，則南呂爲宮，又應以應鍾爲商，大呂爲角，夾鍾爲變徵，姑洗爲徵，蕤賓爲羽，夷則爲變宮矣。今細按《廣記》所載此二成樂譜，不用夾鍾，則知非南呂之宮；并不用仲呂、林鍾、無射、黃鍾等律，則知亦非大呂之宮矣。惟以太簇立宮，則商用姑洗，角用蕤賓，變徵用夷則，徵用南呂，羽用應鍾，變宮用大呂，方爲合律。然則《廣記》所云大呂，其殆太簇之誤與！

其譜：

迎神，奏《凝安》，曰：黃南林姑太姑林南應南蕤姑南林黃太清黃南太清黃應南黃姑太清黃南林南姑太黃。

升降，奏《同安》，曰：南應大應應南姑蕤夷蕤大應南應姑蕤夾大應南南蕤應南姑蕤夷應南蕤應南。

奠幣，奏《明安》，曰：南應南蕤大蕤應南夾大應南蕤夷應南應南姑蕤姑蕤應南蕤南大應南蕤應南。

初獻，奏《成安》，曰：南應姑蕤夷蕤應南夾大蕤南應姑應南南應夷蕤蕤姑應南姑蕤夷應姑蕤應南。

酌獻兗國公，奏《成安》，曰：南應姑蕤南蕤應南蕤南夾大夷蕤應南南蕤大應應南蕤姑姑蕤大應南蕤應南。

酌獻郕國公，奏《成安》，曰：南應夷蕤大應蕤南南姑南應姑蕤夷應姑蕤應夷夾大應夷姑蕤應南南蕤姑南。

酌獻沂國公，奏《成安》，曰：南應姑蕤姑蕤夷應大應蕤南姑蕤應南姑大蕤姑夾大應南姑蕤應南大應蕤南。

酌獻鄒國公，奏《成安》，曰：南應夷蕤南蕤應南夾大應南夷蕤應南南應姑蕤大應南蕤蕤南蕤夾南蕤應南。

亞獻，奏《文安》，曰：太姑南應應南夷蕤大應南太太南夷蕤夷南應大夷蕤南太南太大應姑蕤南太。

終獻，奏《成安》，曰：姑夷無夷大應蕤姑蕤姑無夷應夷夾大姑大蕤夷夾大應夷姑大夷蕤大應蕤姑。

分獻十哲，奏《成安》，曰：南蕤姑蕤南大蕤姑夷南蕤南姑大蕤應應夷應夾夷蕤大夷南大蕤大姑蕤夷南。

　　分獻從祀，奏《成安》，曰：太南蕤應夷南太蕤大應南應應南大太大應南應夷蕤太姑大應姑蕤太蕤姑太。

　　徹豆，奏《娛安》，曰：南蕤南應姑蕤夷應大應蕤姑南應蕤姑夾大應南南蕤應南蕤夷蕤應姑蕤應南。

　　送神，奏《凝安》，曰：黃蕤林太太姑南林清黃南太姑清黃南太清黃應南蕤姑林黃姑太蕤姑南林南姑太黃。

　　右譜，黃鍾，笙笛應合字，塤篪應尺字，琴應㐰，瑟應𪔀。大呂，笙笛應四字，塤篪應工字，琴應㐰，瑟應𪔀。太簇，笙笛應四字，塤篪應工字，琴應㐰，瑟應𪔀。夾鍾，笙笛應乙字，塤篪應凡字，琴應㐰，瑟應𪔀。姑洗，笙笛應乙字，塤篪應凡字，琴應㐰，瑟應𪔀。仲呂，笙笛應上字，塤篪應合字，琴應㐰，瑟應𪔀。蕤賓，笙笛應勾字，塤篪應四字，琴應㐰，瑟應𪔀。林鍾，笙笛應尺字，塤篪應四字，琴應㐰，瑟應𪔀。夷則，笙笛應工字，塤篪應乙字，琴應㐰，瑟應𪔀。南呂，笙笛應工字，塤篪應乙字，琴應㐰，瑟應𪔀。無射，笙笛應凡字，塤篪應上字，琴應㐰，瑟應𪔀。應鍾，笙笛應凡字，塤篪應上字，琴應㐰，瑟應𪔀。清黃鍾，笙笛應六字，塤篪應尺字，琴應㐰，瑟應𪔀。排簫之管與鐘磬同，眾音皆會於鐘磬，故止載鐘磬譜。

　　明釋奠樂章，雖襲元人之舊，樂譜則學士承旨詹同等與協律郎冷謙奉詔更造者也。以仲呂爲宮，林鍾爲商，南呂爲角，黃鍾爲徵，太簇爲羽。迎神奏《咸和》，奠幣奏《寧和》，初獻奏《安和》，送神、望瘞疊奏《咸和》，皆太簇起調。亞、終獻疊奏《景和》，徹饌奏《咸和》，皆仲呂起調。元譜二變聲入調，明譜二變聲不入調，此二譜之不同者也。其同者，則元譜黃鍾宮兼用子聲，明譜仲呂宮黃鍾亦兼用子聲焉。

　　考明譜，迎神，奏《咸和》，曰：太南林仲太仲林仲南林仲太林仲黃太黃太仲林南林太仲清黃南林仲林仲黃太。

　　奠幣，奏《寧和》，曰：太仲林仲太黃仲太南林仲太黃太仲太仲太仲林黃太林仲太南清黃林南林仲太。

　　初獻，奏《安和》，曰：太仲黃太南林仲太仲太仲林仲太林仲清黃南仲仲林仲黃太太南清黃林南林仲太。

　　亞、終獻，疊奏《景和》，曰：仲南林仲林仲太黃清黃南林仲林仲太黃太黃林仲南林太仲仲太林仲清黃南林仲。

　　徹饌，奏《咸和》，曰：仲太仲林太仲黃太太南林仲仲林太仲黃太仲南林仲太黃太仲林清黃南林仲。

　　送神，望瘞，疊奏《咸和》，曰：太南林仲黃太仲太清黃南林仲南林仲太仲林南林仲太林仲清黃南林仲南林仲太。

　　明時樂器增用洞簫，其譜與塤篪同。凡合樂，每闋先擊柷者三以起樂，末擊敔首者三、擽敔背者三以止樂。每字先以編鐘發其聲，次以編磬收其韻。每句終擊楹鼓三以節之，擊足鼓三以應之。搏拊及鼗，皆隨楹鼓。

明樂譜自未頒新樂以前，闕里樂生四時猶肄習之。而諸舊樂器已敝，鐘磬存者又不諧於律，難以施用，所用者乃康熙五十八年欽頒新器。舊樂用清黃鍾，新器無四清鐘而有四倍鐘。又笙笛合字，簫塤篪尺字，今制與倍應鍾應，而不應黃鍾，較舊樂實隔一律。俗師不解，勉强奏之，遇清黃鍾則不得已而以正黃鍾代之。律已齟齬，欲其和平依磬也難矣！

乾隆八年，欽頒新譜，依聖祖《御製律吕正義》旋宫起調之法，以黃鍾爲宫聲，大吕爲清宫聲，以次太簇、夾鍾爲商，姑洗、仲吕爲角，蕤賓、林鍾爲變徵，夷則、南吕爲徵，無射、應鍾爲羽，半黃鍾、半大吕當變宫之音，去四清聲，加四倍聲，而以倍無射、倍應鍾爲變宫，倍夷則、倍南吕爲下羽，五正二變，陽律從陽，陰吕從陰，各成一均。其法以月律立宫，下羽主調，宫、商、角、羽皆起調，正徵及變宫、徵皆不起調。調皆用五正音，二變音不入調。倍夷則於簫爲上字，於笛爲凡字。倍南吕於簫爲仩字，於笛爲伬字。倍無射於簫爲尺字，於笛爲合字。倍應鍾於簫爲伬字，於笛爲六字。黃鍾於簫爲工字，於笛爲四字。大吕於簫爲仜字，於笛爲五字。太簇於簫爲凡字，於笛爲乙字。夾鍾於簫爲伬字，於笛爲亿字。姑洗於簫爲合字，於笛爲上字。仲吕於簫爲六字，於笛爲仩字。蕤賓於簫爲四字，於笛爲尺字。林鍾於簫爲五字，於笛爲伬字。夷則於簫爲乙字，於笛爲工字。南吕於簫爲亿字，於笛爲仜字。無射、應鍾與倍夷則、倍南吕應，塤篪與簫應，笙與笛應。琴瑟則以五音定絃位，琴芎應羽、茍應宫、萄應商、茝應角、芷應徵；瑟鞫應下羽、鞫應宫、鞫應商、鞫應角、鞫應徵、鞫應羽。

釋奠之樂，四仲皆以月律爲宫，以月律之下羽起調。春丁以夾鍾爲宫，仲吕爲商，林鍾爲角，應鍾爲徵，倍應鍾爲羽，倍應鍾起調，爲夾鍾清商宫之羽，清變宫調。夏丁以蕤賓爲宫，夷則爲商，無射爲角，黃鍾爲徵，太簇爲羽，太簇起調，爲蕤賓變徵宫之羽，商調。秋丁以南吕爲宫，應鍾爲商，倍應鍾爲角，夾鍾爲徵，仲吕爲羽，仲吕起調，爲南吕清徵宫之羽，清角調。冬丁以黃鍾爲宫，太簇爲商，姑洗爲角，夷則爲徵，倍夷則爲羽，倍夷則起調，爲黃鍾宫之羽，正羽調。四仲立宫之均不同，其旋宫聲調則一。舊譜既以該繁會之器而止載鐘譜，今復舉新樂旋宫之譜而止載其宫商。按其宫商，而四仲之鐘律可得；得本律所用之鐘，而衆器之工、尺字亦可得矣。

《昭平》之譜曰：羽宫商角羽徵角商宫商徵角羽徵角角角徵宫商宫徵羽徵宫商羽角宫商宫羽。

《宣平》之譜曰：羽宫商角徵宫羽徵商宫徵角宫商角商角徵羽角商商角商羽徵宫羽宫商宫羽。

《秩平》之譜曰：羽宫商角徵角宫羽徵角宫商角徵角羽角角商商宫羽徵羽徵角宫

商角商宮羽。

《敘平》之譜曰：羽宮角商徵角宮商角徵宮羽徵角商宮角徵羽角宮徵宮商角角徵羽徵角宮羽。

《懿平》之譜曰：羽宮商角羽徵羽角宮羽角徵宮商宮羽角徵羽角宮商宮羽角徵宮羽角商宮羽。

《德平》之譜曰：羽宮商角徵羽宮商徵角角徵宮商角商角徵宮羽羽徵宮商羽角羽徵宮商宮羽。

按《律呂正義・旋宮起調表》，各律皆以下羽主調，正羽同調首，而無半宮之音，是正羽雖入調，而調首則必以下羽，且歌亦不用半宮矣。

乾隆十二年秋，太常樂工來闕里教肄新樂，其奏歌章惟《宣平》《秩平》《德平》三曲，起調六曲，畢曲及《懿平》瀆字用下羽，餘皆歌正羽，高聲。又《昭平章》之韻字，《宣平章》之振字、既字，《秩平章》之再字、譽字，《敘平章》之祭字，《懿平章》之四字、不字、自字，《德平章》之祀字，此十字皆歌半宮，高聲，是為下羽至半宮凡七聲，《正義》皆未言。此用意者，正羽既同調首，亦可起調，而歌正宮聲於正羽聲之上，清濁懸遠，難合抗墜之節，故以子聲間正奏歟？然則表列下羽至正羽，殆所以著律呂旋宮之例，而半宮子聲，又太常歌工之變例也。

羽籥之舞為文舞，本舜之《韶舞》。漢曰《文始》；魏曰《大韶》；晉曰《宣文》，又改曰《正德》；劉宋曰《前舞》，又改曰《凱容》；梁曰《大觀》；唐曰《治康》；五代晉曰《昭治》，漢曰《治安》，周曰《政和》；宋曰《文德》；金曰《仁豐道洽》，又改曰《保大定功》；元曰《武定文綏》；明曰《文德》；我朝曰《文舞》。《廣記》載元樂而無舞譜，蓋當時闕里廟庭所用者，惟登歌也。至明時樂舞，闕里舊《志》備載其圖，樂師以俗語遞相授受，多不可曉。新《志》辨其俯仰屈伸之節頗詳，其說曰：

籥、翟之勢十：翟豎籥橫，齊肩為執，齊目為舉，平心為衡，向下執為落，正舉為拱，向耳偏舉為呈，兩分為開，相加為合，納翟於籥為并，向下為垂，相接為交。

舞者立之容五：兩階相對為向內立，兩階相背為向外立，俱北面為向上立，兩兩相對為相對立，兩兩相背為相背立。

舞之容二：兩階相顧作勢為向內舞，兩階相背作勢為向外舞。

首之容三：仰視為仰首，俯視為俯首，左右顧為側首。

身之容五：正立為平身，俯為躬身，正立左右轉為側身，轉過為回身，開左右膝、直身下坐為蹲。

手之容五：舉手為起手，下垂為垂手，前伸為出手，兩手交舉為拱手，相持為挽手。

足之容七：起足尖為蹺足，起足趾為點足，稍前為出足，膝前足後為屈足，遷換為移足，左右加為交足，反履向上為蹈足。

步之容二：前爲進步，縮爲退步。

禮之容十：屈身手向下爲授，屈身手上承爲受，拱手退爲辭，拱手向左右爲讓，俯首屈身爲謙，平手齊心爲揖，手至地爲拜，膝至地爲跪，叩首爲頓首，手左右讓、足左右蹈爲舞蹈。

此新《志》所載舞者之容節也。

按之新、舊二舞，其容尚有未備者。汾間嘗竊以己意增之曰：樹籥翟曰植，擎籥直向前曰舒，平擎籥曰橫，翟籥相近處曰並，橫翟於上、以籥拄之曰支，豎持籥翟於腋間曰掖，荷籥翟於肩曰肩，并籥翟舒於臂曰抱，兩手向臂相抱曰抱手，拜首至手曰拜手。舊舞合樂時，舞生先秉籥翟，夾午階立。將舞，乃就位，爲六佾，左手執籥，右手秉翟，向上合執之，聽堂上歌鐘爲節。

第一成，初向內，出翟垂籥，點右足於後。次轉向外，點左足於後。次合執籥翟向上，蹲。次向外，植翟舒籥，點左足於後。次合執籥翟，相對，蹲。次轉向上，躬身，側首，拱手，點左足於後。次躬身，授。次平身，執籥翟。次相對，平身，合執籥翟。次向上，植籥舒翟，點左足於後。次相對，平身，合執籥翟。次向上，平身，植翟三合籥。次向內，出翟垂籥，點右足於後。次轉向外，點左足於後。次向上，躬身，合拱籥翟，內側首，點左足於後。次退步，外側首，點右足於後。次合執籥翟，蹲。次起躬身，拱籥翟，外側首，點右足於後。次拜。次平身，執籥翟。次掖翟舒籥，相對，點右足於後。次合執籥翟，向上，蹲。次起轉向外，掖翟舒籥，點左足於後。次向上，平身，合執籥翟。次植翟舒籥，點左足於後。次合執籥翟，向上，蹲。次平身，垂手，開籥翟。次向內，植翟舒籥，點右足於後。次向內，抱手，植籥翟，出左足。次轉向外，抱手，植籥翟，出右足。次合籥翟，向上，拜。次植起翟，拜手。

第二成，初垂籥出翟，微向外垂，出右足。次轉翟，微向內垂，出左足。次掖籥翟於外。次平身，合執籥翟。次合執籥翟，蹲。次向內，植翟舒籥，點右足於後。次轉向外，點左足於後。次向上，躬身，合籥翟，外側首，點右足於後。次相對，平身，合執籥翟。次垂手，開籥翟。中二佾，相對如故。左右四佾，並轉身，向上。次向內，垂手，植籥翟近地。次并籥翟，拱。次向內，出翟垂籥，點右足於後。次轉向外，點左足於後。次向上，合執籥翟，躬身，外側首，點右足於後。次舞蹈，向內，躬身，上側首，出左足。次向上，植翟橫籥，蹺左足。次轉向外。次向上，衡合籥翟，平身立。次舉籥翟。次掖籥翟於外。次合執翟，拜。次謙。次起，辭，平身，執籥翟。次落翟舉籥，躬身，內側首。次落籥舉翟，躬身，外側首。次乃落籥舉翟，躬身，內側首。次合籥翟，拜。次并籥翟，舞蹈，微向外，躬身，抱籥翟，出右足。次舞蹈，微向內，出左足。次仍舞蹈，微向外，出右足。次合籥翟，拜手。

第三成，初合執籥翟，平身，向內，讓。次向外，讓。次平身，合執籥翟。次屈左足，跪。次相對,躬身,受。次向上,合執籥翟,蹲。次平身,掖籥翟於內。次平身,合執籥翟。次向內,掖翟,出手,舒籥,點右足於後。次轉向外,點左足於後。次向上,植翟橫籥,平身立。次平身,合舉籥翟。次并抱籥翟,躬身,向內,讓。次向外,讓。次向上,平身,并執籥翟立。次并植籥翟,拜手。次向內,植翟舒籥,點右足於後。次轉向外,點左足於後。次向上,平身,合執籥翟。次拜。次向內,躬身,開籥翟。次轉向外。次向上,平身,合執籥翟。次拜手。次向內,掖翟,出手,舒籥至地,屈右足,跪。次轉向外,屈左足跪。次合籥翟,向上,拜。次植起翟,拜手。次平身,掖籥翟於外。次掖籥翟於內。次合籥翟,拜。次轉向南,躬身,受。

右譜但載左佾,其右佾皆相對,如蹈左足者,則爲蹈右足。餘皆仿是。此譜自頒新樂後,樂生不復肄習。教師張廷諾尚能紀其容節,因與校正,爲譜識之,并校新舞譜:

第一成,初向上,垂籥出翟,出右足。次微向外,衡,合籥翟。次轉向內。次向上,掖翟呈籥,平身立。次植籥,橫翟,羽並籥。次向外,垂籥出翟,出右足。次起手,開籥翟。次向上,衡,合籥翟。次向內,躬身,開籥翟。次向上,合籥翟,躬身,受。次平身,植籥,橫舉翟於籥末。次向內,合籥翟,躬身,受。次向上,平身,出籥翟於外。次向外,合籥翟,躬身,受。次向上,開籥翟。次向內,合舉籥翟。次向上,合舉籥翟。次點左足於前,植籥,橫落翟加於膝。次大開籥翟。次合舉籥翟。次籥支翟。次向外,衡,合籥翟。次向上,平身,出籥翟於內。次躬身,右植翟,左橫落籥至地,相並。次平身,直交籥翟。次向內,衡,合籥翟。次出籥翟於南。次向上,合舉籥翟。次合籥翟,躬身,受。次橫落翟,植籥於上。次合執籥翟,跪。次頓首。

第二成,初向上,植翟橫籥。次向外,掖翟,舒籥並肩,出右足。次橫落籥,植翟於上。次向上,開籥翟。次合籥翟,舞蹈,向內,躬身,南讓。次舞蹈,北讓。次向上,平身,抱手,開籥翟。次合籥翟,躬身,受。次向內,肩翟垂籥,躬身,出右足。次肩籥垂翟,出左足。次向上,植籥,橫翟,羽並籥。次向內,合籥翟,拜。次向上,合舉籥翟。次向外,合籥翟,拜。次向上,垂籥出翟,出右足。次開籥翟。次合籥翟,平身,內讓。次外讓。次向外,合籥翟,拜。次向上,衡,合籥翟。次躬身,垂籥,肩翟於內,出左足。次斜落籥,斜植翟於籥末。次舉籥懷翟。次點左足於前,植籥,橫落翟加於膝。次向內,掖翟舒籥,並肩,出左足。次向上,出籥翟於外。次向內,橫落籥,植翟於上。次開籥翟。次向上,掖翟,出手,垂籥。次向內,衡,合籥翟。次合執籥翟,跪。次頓首。

第三成,初掖翟,平身,側首,向上,呈籥並耳,點左足於後。次植籥,橫舉翟於籥末。次合舉籥翟。次向內,掖籥垂翟。次向上,橫落籥,植翟於上。次橫交籥翟。次向外,合籥翟,躬身,受。次向上,平身,植籥,橫翟,柄末並籥。次躬身,衡籥出翟。次向外,掖翟,舒籥並肩,出右足。次向上,合籥翟,拜。次向內,出籥翟於南。次向上,開籥翟,交足立。次合籥翟,內讓。次外讓。次合落籥翟至地,躬身,外俯首,出右足。次合籥翟，躬身，受。次微向内，舉籥翟。次向上，植籥，橫翟，羽並籥。次向外，衡，合籥翟。次向上，開籥翟。次合籥翟，拜。次肩籥於内，垂翟，躬身，蹲。次肩翟於外，垂籥，躬身，蹲。次開籥翟於外。次開籥翟於内。次斜落籥，斜植翟於末。次大開籥翟。次出籥翟於内。次出籥翟於外。次合執籥翟，跪。次頓首。

　　右新譜舞節與舊舞同，惟先成列於樂縣之間，三成舞畢，司旌生引舞生退，與舊爲異。樂舞生就位，舊有轉班鼓節以齊其步武，凡十三節而各就位，退班亦如之。其譜初三節，先二節，每節先擊鼓邊二，次擊鼓心一；後一節先擊鼓邊二，次擊鼓心二。次三節，每節擊鼓心二。又次三節，每節擊鼓心三。又次三節，每節擊鼓心五。末一節，擊鼓心二。共四十二擊。又引導樂有《迎鳳輦》一曲，送祝版，迎犧牲粢盛，省牲視膳用之；《朝元歌》一曲，迎神、送神用之。不知仿於何時。新《志》以爲明初冷謙作，亦未審所據。蓋教坊之樂，非雅聲也，故其譜不載。

　　述曰：昔師已語子貢曰："歌者，上如抗，下如墜，曲如折，止如槁木，倨中矩，句中鈎，纍纍乎端如貫珠。故歌之爲言也，長言之也。説之，故言之；言之不足，故長言之；長言之不足，故嗟嘆之；嗟嘆之不足，故不知手之舞之，足之蹈之也。"又古之善歌者有言，當使聲中無字，字中有聲。蓋字有喉、脣、舌、齒等音不同，須字字皆輕圓，融入聲中，令轉換處無磊塊，此謂聲中無字。如宮聲字而曲合用商音，能轉宮爲商歌之，此謂字中有聲。其間義蘊無窮，微妙難得，恐非樂工之所能精，亦非汾下識之所能辨也。若汾者，所謂僅志其鏗鏘鼓舞之末者也。

樂第六之三

樂之有聲,假器從律;樂之有容,假器成文。器也者,樂之所以成也。《書》命典樂,必曰克諧;《詩》頌和平,必曰依磬。而考工制度,各有專官,器之繫於樂也重矣!摠器之凡,厥有八音:曰金、石、絲、竹、匏、土、革、木。鐘聲鏗鏘以立號,石聲磬磬以立辨,絲聲哀哀以立廉,竹聲濫濫以立會,鼓鼙之聲讙讙以立動。堂上之樂貴人聲,不欲以他樂亂,而琴瑟乃君子所常御,故以絲音爲之主;堂下之樂貴人氣,故以匏竹爲之主,而聲之以金、振之以玉、節之以木焉。粗而言之,竅爲簫管,合爲笙簧,皆裁竹而成,空圓廣狹,驟難齊度;琴瑟之絃以緩急易音,琴瑟之體以燥濕變質。故有絲不如竹、竹不如肉之論。論其精者,則匏之音,於卦爲艮,其方東北,其風條立,春之氣也;竹之音,於卦爲震,其方東,其風明庶,春分之氣也;木之音,於卦爲巽,其方東南,其風清明,立夏之氣也;絲之音,於卦爲離,其方南,其風景,夏至之氣也;土之音,於卦爲坤,其方西南,其風涼,立秋之氣也;金之音,於卦爲兌,其方西,其風閶闔,秋分之氣也;石之音,於卦爲乾,其方西北,其風不周,立冬之氣也;革之音,於卦爲坎,其方北,其風廣莫,冬至之氣也。夫八音者,所以達四時之氣,宣八方之風,故奏之能和神人、舞鳥獸、易寒暑、召風雲,皆此器也。

闕里自宋徽宗大觀六年賜正聲大樂器一副,於是始備太常制度。其陳設之位,堂上編鐘一,虡在東;編磬一,虡在西,俱北向;柷一,在編鐘北稍西;敔一,在編磬北稍東;搏拊二,又在柷、敔北,俱相向;一絃、三絃、五絃、七絃、九絃琴各一,瑟一,在編鐘之南,西上;編磬之南亦如之,東上。堂下午階之東設篪、簘、塤各一,爲一列,西上;和笙一,在篪南;巢笙一,在簘南;簫一,在塤南。午階之西亦如之,東上。鐘、磬、柷、敔、搏拊、琴、瑟工各坐於堂上;塤、簘、笙、笛、簫工並立於午階東西;歌工四人在柷、敔東西,俱相向;執麾挾仗色掌事一人,在樂虡之西,東向。

金制,登歌鐘、磬各一,虡歌工四人,籥、塤、簘、笛、巢笙、和笙、簫各二,七星匏、九曜匏、閏餘匏各一,搏拊二,柷、敔各一,麾一,一絃、三絃、五絃、七絃、九絃琴各二,瑟四。章宗明昌五年,敕賜曲阜夫子廟登歌樂一部,將太常所餘鐘、磬、笙、竽等項修整降下。

元制,登歌巢笙、和笙皆增二爲四,餘如金制。武宗至大三年,五十四代孫、左三部照磨思逮以闕里久缺登歌樂器,言於中書省,移文江浙行省製造。冬十月,運赴闕里用之。

明闕里舊樂,堂上編鐘一,虡在東;編磬一,虡在西;楹鼓一,在編鐘之東;足鼓一,在編磬之西;瑟四,在鐘、磬之北;琴六,在瑟北,皆北向;歌工六人,在琴北;搏拊二,鼗鼓二,在歌工北,皆東西相向;引樂麾一,又在北,西向。堂下東階笙、洞簫、笛各三,壎、篪、排簫各一,皆北向,以三人爲列,凡四列;西階亦如之。柷一,在鞉竹東;敔一,在鞉竹西,相向。文舞六佾三十六人,秉羽籥,在鞉竹之南;執旌引舞者二人,在文舞北,夾午階立。

太祖洪武七年,用五十六代衍聖公言,頒樂器於闕里,鐘、磬各一,虡、琴十,瑟四,鳳簫、洞簫、壎、篪、笙、笛各四,搏拊二,柷、敔、麾各一。十四年,賜樂舞生緋紅葵花袍、皂靴、黑角冠、黑介幘、錦臂韝各一百一十,羽、籥各四十八,旌節二,應鼓一,仍令舞生陳慶等十二人赴京師肄習。初,文舞在鞉竹上。憲宗成化十二年,祭酒周洪謨上言:"古者鳴球琴瑟,堂上之樂;笙鏞柷敔,堂下之樂,而干羽舞兩階。今羽舞居上,而樂器居下,非古制也,宜令典樂改正。"下禮官議,從之。又闕里舊有引導樂,笙、笛、洞簫、頭管、提鼓、拍板各二,凡十二人。

國朝康熙五十八年,欽頒中和韶樂器一副:柷一、敔一、編鐘十六、編磬十六、琴六、瑟四、笙六、簫六、笛六、壎二、篪四、排簫二。闕里陳設樂器,初沿舊制,猶分堂上、堂下。至乾隆十二年,教習新樂成,始壹遵今制,陳樂器於露臺上。舞佾之外,編鐘在東,編磬在西。壎一、篪二、排簫一爲一列,在編鐘之北,西上;笛三,一在壎北,一在篪北,一在排簫北;洞簫三,在笛北;瑟二,在洞簫北;琴三,在瑟北。編磬之北,亦如之,東上。楹鼓一,在編鐘之東,皆北向。歌工,東三人,在琴東北;西三人,在琴西北。笙六,在歌工後。搏拊二,在歌工北。東柷一、西敔一,在搏拊北。麾二,在柷、敔北,皆東西相向。文舞生六佾三十六人,在樂縣之中。旌二,在舞佾之北,相向。初,闕里樂有足鼓、鼗鼓,又庫存有相鼓,不知製於何時。十三年春,皇上幸魯,和碩莊親王兼樂部前期詣廟視樂器,見之,奏准並施於樂,以足鼓與楹鼓同節,設編磬之西,北向;鼗相與搏拊同節,設搏拊之下,東西相向焉。此歷代樂器之數也。

按:今器之不同於往代者,笙不巢、和並用,琴無一、三、五、九等絃之別而已,其餘大抵皆沿古制。爰取見所陳奏者,緣器考義,著之於篇。

金之屬,一曰編鐘,即歌鐘也。昔黃帝命伶倫鑄十二鐘,以和五音,此編鐘之始。《周禮·小胥》:"凡縣鐘磬,半爲堵,全爲肆。"鄭氏注云:"鐘磬者,編縣之二八十六枚,而在一虡,謂之堵。鐘一堵,磬一堵,謂之肆。"縣必以十六者,蓋取十二律正聲及四清聲也。漢服虔以十二鐘當十二辰，更加七律，一縣爲十九鐘。晉及宋、齊，縣皆十六。梁武帝取五音二變，三倍縣之，爲二十一鐘。後魏公孫崇合律呂正倍參縣之，爲二十四鐘。北周長孫紹遠援《國語》《書傳》七律七始之制，合七正七倍縣之，爲十四鐘。隋復縣十六鐘。至唐分大、小二架，兼用十六、二十四枚之法。宋初承唐制，鐘、磬以十六枚爲一虡，而四清聲相乘不擊。仁宗景祐二年，集賢校理李照建言"十二律聲已備，四清聲乃鄭、衛之樂"，請廢之。時學士馮元等駁之曰："鐘、磬十六，皆本周、漢諸儒之說及唐家典法所載，宜仍如舊制。"帝令權用十二枚爲一格，詔有司訪知音、能考者以聞。神宗元豐三年，祕書監劉几奏復用四清聲。哲宗元祐間，禮部侍郎范鎮復言："四清鐘①不見於《經》，舊置而弗用，至劉几用之，與鄭、衛無異。"知禮院楊傑作《元祐樂議》以破之，曰："編鐘、編磬十六，其來遠矣，豈獨見於《周·小胥》之注哉？漢成帝時，犍爲郡於水濱得古鐘②十六枚，帝因是陳禮樂《雅》《頌》之聲，以風化天下。其事載于《禮樂志》，不爲不詳，豈因劉几然後用哉？王朴樂律聲太高，歌者難逐，故四清聲置而不用。及神宗朝下二③律，則四清聲皆用而諧協矣。今鎮簫必十六管，是四清聲已在其間。自古無十二管之簫，豈簫韶九成之樂即有鄭、衛之聲乎？"時禮部、太常亦言"鎮樂法自係一家之言，難以參用"，而樂如故制。金、元、明皆承舊縣十六枚，謂清黃鍾之鐘與黃鍾鐘相應。

　　我聖祖仁皇帝考定鐘律，始以清黃鍾不應正聲，實應倍無射，乃去四清聲之鐘，加四倍聲之鐘，以倍無射、倍應鍾當變宮之位，而以倍夷則、倍南呂當下羽之位，與無射、應鍾相應焉。鐘體之制，按《周禮·考工記》："六分其金而錫居其一，謂之鐘鼎之齊。"又："鳧氏爲鐘。兩欒謂之銑，銑間謂之于，于上謂之鼓，鼓上謂之鉦，鉦上謂之舞，舞上謂之甬，甬上謂之衡。鐘縣謂之旋，旋蟲謂之幹。鐘帶謂之篆，篆間謂之枚，枚謂之景。于上之攠謂之隧。十分其銑，去二以爲鉦。以其鉦爲之銑間，去二分以爲之鼓間。以其鼓間爲之舞修，去二分以爲舞廣。以其鉦之長爲之甬長，以其甬長爲之圍。參分其圍，去一以爲衡圍。參分其甬長，二在上，一在下，以設其旋。薄厚之所震動，清濁之所由出，侈弇之所由興，有說。鐘已厚則石，已薄則播，侈則柞，弇則鬱，長甬則震。是故大鐘十分其鼓間，以其一爲之厚。小鐘十分其鉦間，以其一爲之厚。鐘大而短，則其聲疾而短聞。鐘小而長，則其聲舒而遠聞。爲遂④，六分其厚，以其一爲之深而圜之。"其制扁而不圓，側縣於虡。唐殷盈孫、五代王朴猶皆遵用其法。至宋李照、胡瑗始改正其紐使下垂。

---

① "鐘"，《宋史》卷一二八《樂志三》、《文獻通考》卷一四三《樂考七》作"聲"。
② "鐘"，《宋史》卷一二八《樂志三》、《文獻通考》卷一四三《樂考七》作"磬"。
③ "二"，《宋史》卷一二八《樂志三》作"三"。
④ "遂"，原作"隧"，據《周禮·考工記·鳧氏》訂正。

　　我聖祖仁皇帝考定鐘聲，以鐘體圓則周擊之而其聲皆同，體扁則大面聲必下，小面聲必高，且兩欒下垂，口徑不平，不能得渾厚中正之韻，乃更爲撱圓上下俱平之制。又以鐘之取聲高下，在於輕重厚薄之實體及中空容積之度分，乃本黃鍾之律，先定其中空容積之度分，次考其實體之厚薄與夫鈞兩之重輕。其法，黃鍾鐘取黃鍾之龠，以八八重倍之得六十四龠，再八倍之得五百一十二龠。以五百一十二龠之實積，今尺二百二十寸三百九十九分二百一十一釐五百二十毫爲中容數；以六十四龠之實積，二十七寸五百四十九分九百一釐四百四十毫爲體積數，得重十三斤八兩，厚一分五釐九毫。外形除鈕高七寸四分四釐九毫，中徑七寸一分四釐六毫，上下各徑五寸三釐九毫。雙龍爲鈕。枚帶之間以八卦爲文。

　　十六鐘外形皆同，自大呂以下遞減其容積而增其體積。大呂鐘厚一分六釐八毫，重十四斤三兩五錢，中容二百一十八寸九百二十五分三百四十八釐四百八十毫。太簇鐘厚一分七釐七毫，重十四斤十五兩七錢，中容二百一十七寸三百七十二分六百三十六釐八百毫。夾鍾鐘厚一分八釐九毫，重十六斤，中容二百一十五寸二百九十七分三百七十七釐九百二十毫。姑洗鐘厚一分九釐九毫，重十六斤十三兩六錢，中容二百一十三寸五百五十分五百七十七釐二百八十毫。仲呂鐘厚二分一釐三毫，重一十八斤，中容二百一十一寸二百一十五分九百一十一釐四十毫。蕤賓鐘厚二分二釐四毫，重一十八斤十五兩四錢，中容二百九寸二百五十分七百六十釐三百二十毫。林鍾鐘厚二分三釐三毫，重十九斤十一兩三錢，中容二百七寸七百二十九分二百八釐八百八十八毫。夷則鐘厚二分三釐六毫，重十九斤十五兩六錢，中容二百七寸一百八十分四百七十八釐八十毫。南呂鐘厚二分五釐二毫，重二十一斤五兩三錢，中容二百四寸四百一十三分四百六十六釐二百四十毫。無射鐘厚二分六釐六毫，重二十二斤七兩五錢，中容二百二寸八十四分三百九十八釐七百二十毫。應鍾鐘厚二分八釐四毫，重二十四斤，中容一百九十八寸九百七十一分五百一十釐四百毫。

　　四倍律鐘，則遞增其容積而減其體積。倍夷則鐘厚一分三釐三毫，重十一斤三兩七錢，中容二百二十五寸一十六分七百五十五釐八百四十毫。倍南呂鐘厚一分四釐二毫，重一十二斤，中容二百二十三寸四百六十分三百一十一釐六百八十毫。倍無射鐘厚一分四釐九毫，重一十二斤十兩二錢，中容二百二十二寸一百五十分二百一十一釐二百毫。倍應鍾鐘厚一分五釐七毫，重十三斤五兩，中容二百二十寸七百七十分二十三釐四十毫。今之在縣者是也。

　　外有庫存舊鐘，聲弇鬱而不揚，其年代、尺度、輕重之原，皆不可考。徵之《祖庭廣記》載鐘制云：黃鍾鐘重八斤六兩，身高七寸五分，旋高二寸一分，頂橫闊五寸七分，直闊四寸八分，口橫闊六寸二分，直闊五寸一分。大呂鐘重七斤七兩，太簇鐘重七斤十二兩，夾鍾鐘重八斤七兩，姑洗鐘重九斤十兩，仲呂鐘重九斤五兩，蕤賓鐘重九斤十兩,林鍾鐘重八斤十二兩,夷則鐘重八斤十一兩,南呂鐘重十斤十三兩,無射鐘重九斤十三兩,應鍾鐘重十一斤八兩,清黄鍾鐘重十一斤三兩,清大呂鐘重十二斤,清太簇鐘重十三斤十二兩,清夾鍾鐘重十二斤十二兩。體制並同。黄鍾鐘不言其爲何代之制,以見存舊鐘驗之,輕重悉不相合,且其所載斤兩忽重忽輕,不依本律之高下爲損益,亦未可據以爲準也。

　　編縣之制,舊以四清鐘附於十二正聲之次,今以四倍鐘列於十二正聲之前,皆以陽律置上層,陰呂置下層,自東而西縣之。縣鐘者曰筍虡。《周禮》:“梓人爲筍虡。天下之大獸五:脂者,膏者,臝者,羽者,鱗者。宗廟之事,脂者、膏者以爲牲;臝者、羽者、鱗者以爲筍虡;外骨、内骨、卻行、仄行、連行、紆行,以脰鳴者,以注鳴者,以旁鳴者,以翼鳴者,以股鳴者,以胸鳴者,謂之小蟲之屬,以爲雕琢。厚脣弇口,出目短耳,大胸燿後,大體短脰,若是者謂之臝屬,恒有力而不能走,其聲大而宏。有力而不能走,則於任重宜;大聲而宏,則於鐘宜。若是者以爲鐘虡,是故擊其所縣,而由其虡鳴。銳喙決吻,數目顅脰,小體騫腹,若是者謂之羽屬,恒無力而輕,其聲輕揚而遠聞。無力而輕,則於任輕宜;其聲輕揚而遠聞,則於磬宜。若是者以爲磬虡,故擊其所縣,而由其虡鳴。小首而長,搏身而鴻,若是者謂之鱗屬,以爲筍。凡攫閷援簭之類,必深其爪,出其目,作其鱗之而。深其爪,出其目,作其鱗之而,則於眡必撥爾而怒。苟撥爾而怒,則於任重宜。且其匪色,必似鳴矣。爪不深,目不出,鱗之而不作,則必頹爾如委矣。苟頹爾如委,則加任焉,則必如將廢措,其匪色必似不鳴矣。”故今縣編鐘,猶以鱗屬飾筍,臝屬承虡。縣鐘於筍,筍上刻業如鋸齒,上置崇牙,飾飛隼,采羽繽紛,流蘇騷殺,《詩》所謂“設業設虡,崇牙樹羽”者也。古者以兩堅不能相和,故撞鐘之具必以濡木。海中有魚曰鯨,有獸曰蒲牢,蒲牢素憚鯨,鯨魚擊則鳴。後世因作蒲牢於鐘上,而削桐爲魚形以擊之。元時用茱萸木擊鐘,未詳其形制。今依太常製檀木爲椎形以叩鐘。又古者受擊之地爲隧,其狀深凹。今則於鼓間獨高起以受擊,亦今古之不相襲者也。

　　二曰鏞。《尚書》:“笙鏞以間。”《商頌》:“庸鼓有斁。”《爾雅》:“大鐘謂之鏞。”朱子曰:“鐘有編縣者,有特縣者。其特縣者器大而聲宏,雜奏於八音之間,則絲竹之音皆爲其所掩而不可聽,故但擊之以爲作止之節,即鏞是也。”又鄭康成注《尚書》云:“鏞亦名鎛。”而陳暘據韋昭、杜預之説以駁之,謂鐘之小者爲鎛,不得與鏞比。且云,鎛之爲用,其實編鐘也;編鐘之用,其實歌鐘也;一器而三異其名耳。考《儀禮·大射禮》“西階之西,頌磬東面,其南鐘,其南鎛”,是鎛與編鐘明是二器。陳氏之説固不可訓,而鎛配特磬,鏞配鼖鼓,其制又各不同,鄭氏并而一之,亦非也。今廟庭鏞鐘與鼖鼓對設杏壇上,未詳何時所造。螭鈕無樂,平縣於虡,與《考工》之制殊異。惟上狹下廣,體扁,有三十六枚,枚間有帶,稍與古合。體高一尺六寸,鈕高四寸,厚八分。銑間修一尺五寸五分,廣一尺二寸六分。舞修一尺二寸九分,廣一尺六分,體厚一寸。叩之,聲近今之倍應鍾而微下。今律比舊律實高一律,揆以古律,蓋黃鍾聲也。筍虡純朱無飾。

　　石之屬,曰編磬,即歌磬也。或謂黃帝使伶倫爲之,或謂堯使母勾氏爲之。《廣雅》云:"母勾氏磬十六枚。"黃氏云:"母勾,叔之別名。即《禮記・明堂位》'叔之離磬'是也。"歷代編縣損益因革之制,大概與鐘同。其材以泗濱爲最,蓋取其土少水多聲和潤也。然爲物出於天成,非若鐘之有齊,故和平爲最難。《周禮》:"磬氏爲磬,倨句一矩有半。其博爲一,股爲二,鼓爲三。參分其股博,去一以爲鼓博;參分其鼓博,以其一爲之厚。已上則摩其旁,已下則摩其耑。"然則大小厚薄必以律呂遞損益之,而後足以協衆器而無奪倫之病。宋阮逸、胡瑗作《特磬尺度議》者,又或非之。今廟庭所存舊磬十六枚,《祖庭廣記》載其尺度云:黃鍾磬股長一尺,博五寸,鼓長一尺四寸七分,博三寸七分,厚一寸一分。大呂磬股長一尺,博五寸二分,鼓長一尺四寸四分,博三寸七分,厚九分。太簇磬股長一尺,博五寸,鼓長一尺七寸五分,博四寸五分,厚一寸一分。夾鍾磬股長九寸七分,博五寸,鼓長一尺四寸九分,博三寸五分,厚一寸二分。姑洗磬股長一尺,博四寸九分,鼓長一尺四寸八分,博三寸五分,厚一寸三分。仲呂磬股長一尺,博四寸九分,鼓長一尺四寸七分,博三寸六分,厚一寸四分。蕤賓磬股長九寸八分,博五寸一分,鼓長一尺四寸八分,博三寸五分,厚一寸四分。林鍾磬股長九寸七分,博五寸,鼓長一尺四寸五分,博三寸八分,厚一寸四分。夷則磬股長一尺,博四寸八分,鼓長一尺四寸八分,博三寸五分,厚一寸六分。南呂磬股長一尺,博五寸,鼓長一尺四寸八分,博三寸五分,厚一寸八分。無射磬股長一尺,博五寸,鼓長一尺四寸八分,博三寸六分,厚一寸八分。應鍾磬股長一尺,博五寸,鼓長一尺四寸九分,博三寸五分,厚二寸。清黃鍾磬股長九寸八分,博五寸,鼓長一尺四寸,博三寸五分,厚一寸八分。清大呂磬股長一尺,博五寸二分,鼓長一尺四寸四分,博三寸七分,厚一寸。清太簇磬股長一尺,博五寸二分,鼓長一尺四寸七分,博三寸七分,厚二寸三分。清夾鍾磬股長九寸八分,博五寸,鼓長一尺四寸八分,博三寸七分,厚二寸五分。十六磬縣間並博六寸五分。察其制度,既不能盡與《周禮》合,又非逸、瑗等所較之損益尺寸,宜其一如舊編鐘之參差而不應律也。

　　今欽頒新磬,取《考工記》博一、股二、鼓三之說,以黃鍾爲本,使各磬大小一制,按律呂上下相生之法而爲之厚薄,又酌取范鎮黃鍾股九寸之說,而折以今之尺度,得股七寸二分九釐,博五寸四分六釐七毫,鼓一尺九分三釐五毫,博三寸六分四釐五毫。乃十分其股修,以其一得七分二釐九毫,爲黃鍾磬之厚。餘十五枚,以次增損。大呂磬厚七分六釐八毫,太簇磬厚八分九毫,夾鍾磬厚八分六釐四毫,姑洗磬厚九分一釐,仲呂磬厚九分七釐二毫,蕤賓磬厚一寸二釐四毫,林鍾磬厚一寸六釐四毫,夷則磬厚一寸七釐八毫,南呂磬厚一寸一分五釐二毫,無射磬厚一寸二分一釐三毫,應鍾磬厚一寸二分九釐六毫,倍夷則磬厚六分六毫,倍南呂磬厚六分四釐八毫,倍無射磬厚六分八釐二毫,倍應鍾磬厚七分一釐九毫。筍虡承以羽屬,崇牙樅、業樹羽、垂繅之飾。及新舊編縣之次,並與編鐘同。拊磬之具,古以濡木,後世亦以桐魚。元以角。今依太常式,以檀木爲之,若鐘椎而小。

絲之屬,一曰琴。《白虎通》曰:“琴者,禁也。禁邪以正人心也。”昔神農氏始削桐爲琴,虞舜揮之以歌《南風》,其時止有宮、商、角、徵、羽五絃。至周文、武又各增一絃爲少宮、少商,因有七絃琴之制。宋太宗仿蔡邕之舊,更加二絃爲九絃,名曰君、臣、文、武、禮、樂、正、民、心。仁宗時,又制兩儀琴、十二絃琴、十絃琴、九絃琴,同施於郊祀雅樂。徽宗造大晟樂器,更置一弦、三絃之琴。歷代以來,制度不一。考《禮記·明堂位》古者有大琴、中琴之別,故《爾雅》“大琴謂之離”,郭璞注爲二十七絃。又《韓詩外傳》謂“伏羲琴長七尺二寸”,《史記》謂“古者琴長八尺一寸”,又有十三絃者、十五絃者、二十絃者,此皆所謂大琴也。若七絃、九絃、十絃、十二絃,於制爲中琴。而其中惟七絃者,今古因而不廢。

七絃琴體之制,《廣雅》云“長三尺六寸六分”,《通考》載孔子琴長三尺六寸四分。釋之者曰,七絃者,應七始也。長三尺六寸有奇,象期之日也。腰廣四寸,象四時也。首廣六寸,象六合也。嶽闊三分,象三才也。額長二寸四分,象二十四氣也。前廣後狹,象尊卑。上圓下方,象天地也。徽[①]十有三,象十二律,餘一以象閏也。其形象鳳,而朱鳥南方之禽,樂之主也。五分其身,以三爲上,二爲下,參天兩地之義也。上曰池,言其平;下曰濱,言其服也。今欽頒七絃琴,自嶽山至焦尾,絃度用四倍黃鍾之分,準以今尺得長二尺九寸一分六釐,乃九十分黃鍾之度,以其三爲嶽山之厚,以其二十七爲額長,以其六十三爲額廣,以其七十二爲肩廣,以其五十四爲腰廣,尾廣亦如之。設雁足於絃度四分之三,立第七徽於絃度之半,謂之中徽。再各半之,立第四徽及第十徽。於第四徽至嶽山之半立第一徽,第十徽至焦尾之半立第十三徽。復三分其絃度,於其一分立第五徽,二分立第九徽,於第五徽至嶽山之半立第二徽,第九徽至焦尾之半立第十二徽。復五分其絃度,於其一分立第三徽,二分立第六徽,三分立第八徽,四分立第十一徽,此製琴之式也。

至於取聲定調之法,唐人先以管色合字定宮絃,乃以宮絃下生徵,徵上生商,上下相生,終於少商。下生者隔二絃,上生者隔一絃。朱子深取其說,以爲絲聲不易之法。宋人之制絃有三節聲,自焦尾之中徽爲濁聲,又上至四徽爲中聲,又上至一徽爲清聲。樂工指法,按中徽一絃爲黃鍾,按上爲大呂;二絃爲太簇,按上爲夾鍾;三絃爲姑洗,按上爲仲呂;四弦爲蕤賓,單彈;五絃爲林鍾,按上爲夷則;六絃爲南呂,按上爲無射;七絃爲應鍾,按上爲清黃鍾。各隨鍾律彈之,咸應仲呂之商。又宋《七絃琴圖》謂黃鍾、

---

① “徽”,陳暘《樂書》卷一二〇《樂圖論·七弦琴》作“暉”。

大吕並用慢角調，故於大絃十一徽應三弦散聲；太簇、夾鍾並用清商調，故於二絃十徽應四弦散聲；姑洗、仲吕、蕤賓並用宮調，故於三絃十一徽應五絃散聲；林鍾、夷則並用慢宮調，故於四絃十徽應六絃散聲；南吕、無射、應鍾並用蕤賓調，故於五絃十徽應七絃散聲。

今制則以三絃立宮，四絃以下爲商、角、徵、羽，一絃、二絃則爲倍徵、倍羽。樂工指法，四絃以上用散勾，五絃以下用散挑。琴之絃以十二絲爲一綸，宮絃用八十一綸，商絃用七十二綸，角絃用六十四綸，徵絃用五十四綸，羽絃用四十八綸，倍徵絃用一百八綸，倍羽絃用九十六綸。若夫旋宮換調，《御製律吕正義》備載其定聲之位，而太常樂工則仍仿唐人吹管定絃之法，故四時雖各奏月調，而琴不更譜焉。

二曰瑟。陳暘云：“瑟者，閉也。所以懲忿窒欲，正人之德也。前其柱則清，卻其柱則濁。”昔者庖犧氏作瑟，本五十絃。黃帝使素女鼓之，哀不自勝，乃破爲二十五絃。考《禮記·明堂位》古者原有大瑟、小瑟之別，故《爾雅》曰：“大瑟謂之灑。”又《三禮圖》云：“大瑟長八尺一寸，廣一尺八寸，二十三絃，用十九絃，其餘四絃謂之番。番，贏也。頌瑟長七尺二寸，廣一尺八寸，二十五絃。”然則今所用者，蓋頌瑟也。

考宋大晟樂之瑟，長七尺二寸，以桐爲背，以梓爲腹，而漆其壁，與首尾練絲熟而朱之。又於首尾之下爲兩孔，使其聲條達，蓋即《記》所謂“《清廟》之瑟，朱絃而疏越”者是也。設絃二十五，絃各一柱，以第一絃至十二絃爲十二律中聲，以十四絃至二十五絃爲十二律清聲。中清相應，雙彈之。今瑟用黃鍾之度，得七寸二分九釐爲首長，倍之爲尾長，六倍之爲絃度，九倍之爲通長。又以倍黃鍾之度爲首廣，二十分其首廣，去三以爲尾廣，去二以爲後腰廣，去一以爲前腰廣。其前首以黃鍾之度爲通高，十分之，以其一爲前後梁之高廣，以其六爲前首之額厚，以其八爲後尾之通高，以其五爲尾厚。首自邊至足用黃鍾三分之二，尾自邊至足用黃鍾之半，而以黃鍾四分之一爲邊厚。二十五絃並三倍黃鍾之數，用絲二百四十三綸，中一絃用黃，餘以朱。

其定聲取調之法，以黃鍾正宮之下徵定中絃散聲，復以中絃全度四分之三設柱以和之，以上十二絃爲濁音一均之分散聲，皆和以黃鍾宮之徵音，下十二絃爲清音一均之分散聲，皆和以大吕宮之徵音。取徵音者，以絲音尚徵也。此二均已定，乃隨各宮調設柱，以別度分之遠近，依次遞遷而旋相爲用焉。如一絃定某律，而六絃、十一絃亦取某律某聲而爲某字；二絃定某律，其七絃、十絃亦取某律某聲而爲某字；三絃以下準此。移柱改絃，旋宮轉調，而七調無不可通，律吕無不爲用矣。

竹之屬，一曰排簫。劉熙《逸雅》云：“簫者，肅也。聲肅肅而清也。”昔舜作十管簫，長二尺，其形參差如鳳翼，音如鳳聲，故世謂之鳳簫。《詩·周頌》：“簫管備舉。”《禮記·月令》：“均簫管。”《周禮》：“小師掌教簫，笙師掌龡簫。”《爾雅》：“大簫謂之言，小者謂之筊”。郭璞注云：“編二十三管，長一尺四寸曰言；十六管，長一尺二寸曰筊。又名籟。"今排簫十六管,蓋所謂笅也。蔡邕曰:"蕭編竹有底,大者二十三管,小者十六管。長則濁,短則清,以蜜蠟實其底而增減之則和。"陳暘曰:"管無底而善應,故謂之言。有底而交鳴,故謂之笅。"有底無底,其説不同。

今之排簫,編如鳳翼,左律右呂,十二正聲,四倍聲,凡十六管,皆無底。同徑二分七釐四毫,合黃鍾之徑度。而十六管之長,則各依其本律,左以倍夷則爲第一管,長今尺九寸一分二毫;次倍無射,長八寸九釐;次黃鍾,長七寸二分九釐;次太簇,長六寸四分八釐;次姑洗,長五寸七分六釐;次蕤賓,長五寸一分二釐;次夷則,長四寸五分五釐一毫;次無射,長四寸四釐五毫。右以倍南呂爲第一管,長八寸六分四釐;次倍應鍾,長七寸六分八釐;次大呂,長六寸八分二釐六毫;次夾鍾,長六寸六釐八毫;次仲呂,長五寸三分九釐三毫;次林鍾,長四寸八分六釐;次南呂,長四寸三分二釐;次應鍾,長三寸八分四釐。載以木櫝,通櫝高一尺一寸五分,橫如之。髹以朱漆,描金爲飾。

二曰洞簫。漢邱仲作。唐人謂之尺八,截紫竹爲之。宋元以前,雅樂皆無此器,所稱簫者,皆排簫也。明始以洞簫隸樂官。今制用四倍黃鍾之管爲體,定徑爲四分三釐五毫,得黃鍾之分一尺一寸五分七釐二毫,大呂之分一尺八分三釐六毫,太簇之分一尺二分八釐六毫,夾鍾之分九寸六分三釐二毫,姑洗之分九寸一分四釐三毫,仲呂之分八寸五分六釐二毫,蕤賓之分八寸一分二釐七毫,林鍾之分七寸七分一釐四毫,夷則之分七寸二分二釐四毫,南呂之分六寸八分五釐七毫,無射之分六寸四分二釐一毫,應鍾之分六寸九釐五毫。乃以姑洗、仲呂之分相并,得一尺七寸七分五毫,聲應下羽上字,爲通長。以蕤賓、林鍾之分相并,得一尺五寸八分四釐二毫,聲應變宮尺字,爲出音孔。以夷則、南呂之分相并,得一尺四寸八釐一毫,聲應宮聲工字,爲第一孔。以無射、應鍾之分相并,得一尺二寸五分一釐七毫,聲應商聲凡字,爲第二孔。以黃鍾、大呂之分相并折中,得一尺一寸二分四毫,聲應角聲六字,爲第三孔。以太簇、夾鍾之分相并折中,得九寸九分五釐九毫,聲應變徵五字,爲第四孔。以夷則、南呂、太簇、夾鍾四律之分相并折中,再半之,得八寸五分,聲應徵聲乙字,爲第五孔。以夷則、南呂之分相并折中,得七寸四釐,聲應變宮尺字,爲後出孔,而與出音孔同聲相應焉。再以六字孔與高尺字孔之分相并,得一尺八寸二分四釐五毫,適合本管倍姑洗之分,以取低上字。又以高工字、高凡字相并折中之分五寸九分三釐,與乙字孔八寸五分之分相并而折中之,得七寸二分一釐五毫,適合本管夷則之分,以取高上字。諸孔内無高工字、高凡字孔,則以工字代高工,以凡字代高凡,而合乙字以取之。

三曰笛。《風俗通》曰:"笛,滌也。蕩滌邪志,納之雅正也。"《周禮·笙師》:"掌教吹篴。"杜子春謂"如今時所吹五孔竹篴"。然古篴本四孔,漢京房加一孔以應商聲,故五孔耳。蔡邕曰:"形長尺,圍寸,無底有穴。"又按房、邕及晉荀勖、梁武帝諸笛制,皆以合聲爲角音,孔亦皆五。宋太常笛則六孔,依編架黃鍾爲合聲兼二變而吹之,以從下而上第一穴爲太簇,半竅爲大吕;次上穴爲姑洗,半竅爲夾鍾;又次上穴爲仲吕;又次上穴爲林鍾,半竅爲蕤賓;又次上穴爲南吕,半竅爲夷則,變聲爲應鍾,謂用黃鍾清與仲吕雙發謂之變聲;半竅爲無射;後一穴爲黃鍾清,不以橫吹而有後穴,大抵如今洞簫之制也。

又,宋李宗諤《樂纂》云:"橫笛,小篴也。有觜者謂之義觜笛。"今之笛,皆橫吹而無義觜,是或篴之變制乎?其制用四倍黃鍾之管爲體,定徑四分三釐五毫,與簫徑同。第簫之體長,得本管律吕之倍與正;笛之體短,得本管律吕之正與半。短則聲高,故尺字應簫之五字,而工字應簫之乙字焉。其開孔自吹口至末,通長一尺二寸五分一釐七毫,得無射、應鍾相并之分,爲乙字,聲應商聲。自笛末至出音孔間,其中有二孔,最下一孔爲黃鍾之分,得一尺一寸五分七釐二毫;其上一孔爲大吕之分,得一尺八分三釐六毫,同爲上字,聲應角聲。又次則出音孔,爲低尺字,得太簇、夾鍾相并折中之分九寸九分五釐九毫,聲應變徵。出音孔之上,其第一孔爲工字,則姑洗、仲吕相并折中之分,得八寸八分五釐二毫,聲應徵聲。第二孔爲凡字,則蕤賓、林鍾相并折中之分,得七寸九分二釐一毫,聲應羽聲。第三孔爲六字,則夷則、南吕相并折中之分,得七寸四釐,聲應變宮。第四孔爲五字,則無射、應鍾相并折中之分,得六寸二分五釐八毫,爲通長之半,聲應宮聲。第五孔,則以無射、應鍾相并折中之分,與姑洗、仲吕相并折中之分之半相并,又折中取之,得五寸三分四釐二毫,與通長同爲乙字,同應商聲。最上第六孔,則以姑洗、仲吕相并折中之分,半之,得四寸四分二釐六毫,適合第一孔之半分,與出音孔同爲尺字,同應變徵。再以尺字孔與六字孔之分相并,得一尺一寸四分六釐六毫,適合本管黃鍾之分,以取低上字。又以高工字、高凡字相并折中之分三寸七分四釐,與乙字孔五寸三分四釐二毫之分并而折中之,得四寸五分四釐一毫,適合本管半姑洗之分,以取高上字。諸孔内無高工字、高凡字,則以工字代高工,凡字代高凡,而合乙字取之。連吹口以上,共管長一尺八寸五分,以金飾爲龍首尾,故又謂之龍笛焉。

四曰篴。篴者,滌也。聲從孔出,如嬰兒啼也。《世本》云:"暴辛公造。"《爾雅》曰:"大篴謂之沂。"郭璞注:"以竹爲之,長尺四寸,圍三寸,一孔上出寸三分,名翹,橫吹之。小者尺二寸。"但其制有十孔、九孔、八孔、七孔、六孔之異。言十孔者,陳氏《樂書》引先儒之説也。言九孔者,賈公彦之説也。言八孔者,《廣雅》之説也。言七孔者,鄭衆之説也。言六孔者,蔡邕之説,而宋篴之制也。聶崇義獨以八孔爲是,陳暘則兼收衆説曰:"六孔,六律之正聲也;八孔,八音之正聲也;十孔,五聲五倍之聲也。"獨以鄭氏七孔之注爲失考。邢昺疏云:"鄭司農注《周禮》云:'篴,七孔。'蓋不數其上出者,故七也。"則鄭氏與《廣雅》蓋同一制矣。

今制内開一孔,外開五孔,末開二出音小孔,連吹孔及底孔共爲十焉。其法用三十二倍黃鍾之管爲體，得八分七釐以爲籧之徑。又定半太簇、半夾鍾相和之分爲九寸九分五釐九毫，半姑洗、半仲呂相和之分爲八寸八分五釐二毫，半蕤賓、半林鍾相和之分爲七寸九分二釐一毫，半夷則、半南呂相和之分爲七寸四釐，半無射、半應鍾相和之分爲六寸二分五釐八毫，半黃鍾、半大呂相和之半爲五寸六分二毫，故自吹口至管末，用半大簇、半夾鍾相和之分，得九寸九分五釐九毫。於管末設底，開一孔爲工字，應宮聲，與簫之工字、笛之五字合用。半姑洗、半仲呂相和之分，與半蕤賓、半林鍾相和之分相并折中，得八寸三分八釐六毫，開出音二小孔，爲低六字，聲應角聲。次用半夷則、半南呂相和之分，得七寸四釐，開向外第一孔，爲五字，聲應變徵。次用半無射、半應鍾相和之分，與半黃鍾、半大呂相和之分之半相并折中，得五寸九分三釐，開向外第二孔，爲乙字，聲應徵聲。次用半太簇、半夾鍾相和之分之半，得四寸九分七釐九毫，乃通體之半，開向外第三孔，爲上字，聲應羽聲。次用半蕤賓、半林鍾相和之分之半，得三寸九分六釐，開向外第四孔，爲工字，聲應宮聲，與底孔相應。次用半無射、半應鍾相和之分之半，與半黃鍾、半大呂相和之分之四分之一相并折中，得二寸九分六釐五毫，開向外第五孔，爲凡字，聲應商聲。次用半太簇、半夾鍾相和之分之四分之一，得二寸四分八釐九毫，開向內一孔，爲高六字，聲應角聲，與出音孔相應。至尺字孔，本應取於半姑洗、半仲呂相和之分之半，因其位適與工字孔近，難於設孔，故於乙、工二字孔合取之，猶簫、笛之合尺、六二孔取上字也。

五曰管。昔女媧氏命娥陵氏始爲都良管，以一天下之音；爲斑管，以合日月星辰之會。帝高辛氏又爲展管。《商頌》曰：“嘒嘒管聲。”《周頌》曰：“簫管備舉。”《樂記》曰：“從以簫管。”《周官》小師掌鼓之，瞽矇掌播之，笙師掌教吹之。則管爲樂器之尚也久矣！第古者之管，其制不傳。考鄭氏注《周禮》云：“管，如籧，六孔。如笛而小，并兩而吹之。”與今之前後九孔、借哨取聲者特異。而唐人有雙鳳、太平諸管，宋又有拱宸管，前籍載其制度，而器亦並亡。今世之用，惟頭管而已。俗樂取之，雅樂不尚焉。

按《御製律呂正義》云：頭管之制，以黃鍾爲體，徑得今尺二分七釐四毫，其長則用姑洗之分。除哨口，得五寸七分六釐，爲合字。設以上字，哨乃應笛之合字。自此以上，定五寸三分九釐三毫爲仲呂之分，五寸一分二釐爲蕤賓之分，四寸八分六釐爲林鍾之分，四寸五分五釐一毫爲夷則之分，四寸三分二釐爲南呂之分，四寸四釐五毫爲無射之分，三寸八分四釐爲應鍾之分，三寸六分四釐爲半黃鍾之分，三寸四分一釐三毫爲半大呂之分，三寸二分四釐爲半太簇之分，三寸三釐四毫爲半夾鍾之分。用蕤賓、林鍾之分相并折中，得四寸九分九釐，爲第一四字孔，應宮聲。次用夷則、南呂之分相并折中，得四寸四分三釐五毫，爲第二乙字孔，應商聲。次用半黃鍾、半大呂相并折中之分，與無射、應鍾相并折中之分，再并而折中之，得三寸七分三釐五毫，爲第三上字孔，應角聲。次用半黃鍾、半大呂相并折中之分，得三寸五分二釐九毫，爲第四後出之孔，應清角變徵之間，於笛應高上低尺之間，所謂勾字也。次用半太簇、半夾鍾相并折中之分，得三寸一分三釐七毫，爲第五尺字孔，應變徵。次用四字孔之分之半，得二寸四分九釐五毫，適當半蕤賓、半林鍾相并折中之分，爲第六工字孔，應徵聲。次用尺字孔之分之半，得一寸五分六釐八毫，適當半太簇、半夾鍾相和之分之四分之一，爲第七六字孔，應變宮。次用乙字孔之分之四分之一，得一寸一分八毫，適當夷則、南呂相并折中之分之四分之一，爲第八後出之五字孔，應宮聲。次用六字孔之分之半，得七分八釐四毫，適當半太簇、半夾鍾相和之分之八分之一，爲最上第九孔高乙字，應商聲。而凡字則合工、六二孔取之，高上字則帶於高乙字中焉。此黃鍾大管之制也。又有半黃鍾小管，八孔，取音九。今引導樂用九孔大管，故第詳大管之制。

又，簫、笛、篪皆有姑洗、仲呂之別。姑洗簫、笛皆四倍黃鍾之積，篪則又八之爲三十二倍；仲呂簫、笛皆三倍半黃鍾之積，篪則又八之爲二十八倍，所以備陰陽二均也。今欽頒樂器，惟有陽律一均，故不並詳仲呂管之度，而匏、土之音亦惟載黃鍾一均焉。

匏之屬曰笙。劉熙《逸雅》云：“笙，生也。象物之貫地而生也。”女媧氏始制。《爾雅》：“大笙謂之巢，小笙謂之和。”郭璞注云：“列管瓠中，施簧管端，大者十九簧，小者十三簧。”又，三十六簧曰竽。

宋笙制，第一管爲頭子，應鍾清聲。第二管爲中音管，黃鍾正聲，應中音子。第三爲第三管，應鍾正聲，應頭子。第四爲第四管，南呂正聲，應第五子。第五爲中呂管，無射正聲，無應。第六爲大托管，蕤賓濁聲，應托聲。第七爲大五管，大呂正聲，無應。第八爲大韻管，姑洗濁聲，有應。第九爲第五子，南呂清聲，應第四管。第十爲中音子，黃鍾清聲，應中音。第十一爲托聲管，蕤賓正聲，應大托。第十二爲著聲管，姑洗正聲，應大韻。第十三爲仙呂管，夾鍾正聲，無應。第十四爲商聲管，太簇正聲。第十五爲平調子，林鍾清聲。第十六爲平調管，林鍾正聲。第十七爲後韻，太簇濁聲，應商聲。第十八爲義聲管，夷則正聲，無應。第十九爲托聲管，中呂正聲，無應。蓋所謂巢笙也。

今制損去二簧，凡十七簧，通匏高一尺六寸五分，匏高二寸三分，圓徑二寸五分三釐，吹高一寸二分五釐。十七管皆徑一分六釐五毫。其出音孔至簧之長短，則以三十二分黃鍾管之七爲體，定黃鍾之分爲四寸三分九釐二毫，大呂之分爲四寸一分一釐三毫，太簇之分爲三寸九分四毫，夾鍾之分爲三寸六分五釐六毫，姑洗之分爲三寸四分七釐，仲呂之分爲三寸二分五釐，蕤賓之分爲三寸八釐四毫，林鍾之分爲二寸九分二釐八毫，夷則之分爲二寸七分四釐二毫，南呂之分爲二寸六分二毫，無射之分爲二寸四分三釐七毫，應鍾之分爲二寸三分一釐三毫。以黃鍾之分與大呂之分相并折中，得四寸二分五釐二毫，聲應姑洗之律，爲低上字管；倍之，得八寸五分五毫，聲應蕤賓之律，爲低尺字管。以太簇、夾鍾之分相并折中，得三寸七分八釐，聲亦應蕤賓，爲高尺字管;倍之,得七寸五分六釐,聲應夷則之律,爲低工字管。以姑洗、仲呂之分相并折中,得三寸三分六釐,聲亦應夷則,爲高工字管;倍之,得六寸七分二釐,聲應無射之律,爲低凡字管。以蕤賓、林鍾之分相并折中,得三寸六毫,聲亦應無射,爲高凡字管;倍之,得六寸一釐二毫,聲應半黃鍾之律,爲低六字管。以夷則、南呂之分相并折中,得二寸六分七釐二毫,聲亦應半黃鍾,爲高六字管;倍之,得五寸三分四釐四毫,聲應黃鍾之律,爲低五字管。以無射、應鍾之分相并折中,得二寸三分七釐五毫,聲亦應黃鍾,爲高五字管;倍之,得四寸七分五釐,聲應太簇之律,爲低乙字管。以黃鍾、大呂相和之分與太簇、夾鍾相和之分相并折中,得四寸一釐六毫,聲在姑洗、蕤賓之間,爲勾字管。高上字管之分與低上同,最低工字、乙字管之分與低工、低乙同,而高凡字亦有二管,各管字皆與笛相應。其施簧之法,自上字以下諸管聲遞低,則漸長而軟;以上諸管聲遞高,則漸短而硬。攢管之法,以上字列首二管,次低乙字,次低五字,次低凡字,次低尺字,次低工字,次高五字,次勾字,次高凡字,次高工字,次高尺字,次高六字,次低六字,次低尺字,次低乙字,而以高凡字管列第十七焉。

土之屬曰壎。《白虎通》曰:“壎之爲言熏也,薰蒸而萌也。”王子年《拾遺記》云:“庖羲氏造。”《詩·小雅》:“伯氏吹壎。”《爾雅》:“大壎謂之嘂。”郭璞注云:“灼土爲之,大如鵝子,銳上平底,形如稱錘。”又作塤。《周禮》:小師教之,瞽矇播之,笙師吹之。陳暘曰:“壎之爲器,平底六孔,水之數也。中虛上銳,火之形也。以水火相合而後成器,亦以水火相合而後成聲。”又有雅壎、頌壎之別焉。馬端臨云:“古雅壎如雁子,頌壎如雞子。”宋初無頌壎,至皇祐中始制。頌壎前下一穴爲太簇;上二穴,右爲姑洗,啓下一穴爲仲呂,左雙啓爲林鍾;後二穴,一啓爲南呂,雙啓爲應鍾,合聲爲黃鍾。頌壎、雅壎對而吹之。

今制用八倍黃鍾之管爲體,而以半夷則、半南呂相并折中之分,得二寸二分一釐七毫爲内高,其腹内徑則一寸七分二釐二毫,其底内徑則一寸一分四釐八毫。其定字以頂孔應黃鍾之律,爲工字。以半無射、半應鍾相并折中之分,得一寸九分七釐一毫,聲應姑洗者爲前面居中第一孔六字;半之,得九分八釐五毫,聲應半黃鍾者爲後面偏右之第五孔尺字。以黃鍾、大呂相并折中之四分之一,得一寸七分六釐四毫,聲應蕤賓者爲前面偏左之第二孔五字。以太簇、夾鍾相并折中之四分之一,得一寸五分六釐八毫,聲應夷則者爲前面偏右之第三孔乙字。以姑洗、仲呂相并折中之四分之一,與蕤賓、林鍾相并折中之四分之一,相并而折中之,得一寸三分二釐,爲後面偏左之第四孔上字。六孔中獨無凡字,則以工字孔代之。古壎徹黑,雖取義水德,實於律呂無與。今則與洞簫、篪、笛皆髹之以朱,而以金繪爲雲龍之飾焉。

革之屬,一曰鼖鼓。《周禮·鼓人》:“以鼖鼓鼓軍事。”又,“韗人爲皋陶。長八尺,鼓四尺,中圍加三之一,謂之鼖鼓。”又作賁,《爾雅》曰:“大鼓謂之賁。”即《詩》云“賁鼓維鏞”是也。又名縣鼓，即《禮器》云“縣鼓在西”是也。今制面徑四尺五分，腹徑五尺，長三尺三寸，繢以雲龍五采。鼓腰有四環，平縣於架。架四柱，柱高七尺二寸，縱橫各五尺三寸。

二曰楹鼓。《禮記·明堂位》：“殷楹鼓。”鄭氏注云：“楹謂之柱，貫中上出也。”又名建鼓，《儀禮·大射禮》：“建鼓在阼階西，南鼓①。”鄭氏注云：“建猶樹也。以木貫而載之，樹之跗也。”魏晉以降，復商制而植之。隋唐又棲翔鷺於上，宋更設重斗方蓋，蒙以朱網，張以絳紫繡羅，飾以五采羽。今制面徑二尺七寸，腹徑三尺，長三尺二寸，中貫以柱，下設獸跗，上覆黃蓋，頂置翔鷺，四旁垂五采流蘇。

三曰足鼓。《禮記·明堂位》：“夏后氏之鼓足。”鄭氏注云：“足，謂四足也。”曹氏曰：“足鼓以趺承之，即《左傳》‘楚伯棼射王鼓跗’是也。”又考《隋書·音樂志》云：“革之屬五：一曰建鼓。夏后氏加四足，謂之足鼓。殷人柱貫之，謂之楹鼓。周人縣之，謂之縣鼓。”然則足也、楹也、建也、鼖也、縣也，蓋名異而實則一耳。今制面徑二尺八寸五分，腹徑三尺四寸，長二尺六寸。下承以足，高三尺六寸。跗如十字，縱橫二尺二寸，高六寸五分。

四曰搏拊。《周禮·太師》：“大祭祀，帥瞽登歌，令奏擊拊。”鄭康成云：“拊形如鼓，以韋爲表，著之以糠。亦以節樂。”又，《禮記·明堂位》作“拊搏”。今制面徑六寸二分，腹徑一尺七寸，長一尺一寸五分，中實以糠。維以紅絲縧，樂作則挂於頸，以手拍之，闋則臥於架上。架高二尺五寸，橫九寸，坐廣一尺六寸。

五曰相鼓。《禮記·樂記》云：“治亂以相。”鄭氏注曰：“相以節樂，即拊也。”按上文既云“會守拊鼓”，下又曰“治亂以相”，則明屬二物，其非拊也審矣。又孫炎曰：“整其亂行，節之以相。赴敵迅疾，趣之以雅。”是相與雅同爲節武舞之器，故唐人於武舞中用之。但孔穎達云：“相，所以輔相於樂。亂，理也。”而方愨亦云：“治亂而使之理，乃所以助樂之和，故曰治亂以相。”則相又不專用於武舞矣。今制面徑四寸三分，腹徑如之，長一尺二寸。臥置於架，以桴擊之。架同搏拊。

六曰鼗鼓。《尚書》：“下管鼗鼓。”《周禮》：“小師掌教鼓鼗，瞽矇掌播鼗。”《儀禮·大射禮》：“鼗倚於頌磬西紘。”鄭氏注云：“鼗如鼓而小。”持其柄搖之，旁耳還自擊。又，《爾雅》：“大鼗謂之麻，小者謂之料。”又作鞀，《禮記·月令》：“修鞀鞞。”又作鞉，《詩·商頌》：“置我鞉鼓。”劉熙《逸雅》：“鞉，導也。所以導樂作也。”今制面徑五寸九分，腹徑七寸八分，長六寸五分。植柄於腹，兩旁有耳，維以紅絲繩。架高一尺九寸，橫九寸。

七曰提鼓。《周禮·大司馬》：“師帥執提。”鄭眾云：“提，謂馬上鼓，有曲木提持鼓立馬髦上者，故謂之提。”按：此提鼓乃軍中之節。今引導樂所用之提鼓，纖腰廣首，維

---

① 原脫“鼓”字，據《儀禮·大射禮》補。按，《儀禮》云：“建鼓在阼階西，南鼓。應鼙在其東，南鼓。”

以紅絲絛，蓋即宋蕭思所謂細腰鼓耳，是胡部樂器，非雅樂器也。其制面徑五寸八分，腹徑五寸，長七寸五分。有環繫繩，以便提挈。《禮記》曰：“鼓無當於五聲，五聲弗得不和。”故革之屬獨不用鍾律。

木之屬，一曰柷，二曰敔，又作圉。《尚書》：“合止柷敔。”《詩·頌》：“鞉磬柷敔。”《周禮》：“小師掌教柷、敔。”《禮記·樂記》有“椌楬”，《明堂位》有“揩擊”，先儒皆注爲“柷圉”，蓋柷、敔以椌楬爲體，椌楬以揩擊爲用，樂之始，作擊柷以合之；樂之將終，擽敔以止之也。柷之制，前代皆形如漆桶，正方二尺四寸，深一尺八寸，中容十輔，內有椎柄，連底挏之，令左右擊。唐制則旁開一孔，納手於內，擊之以舉樂。宋仁宗乾道①間，又從禮官議，東方圖以青，隱爲青龍；南方圖以赤，隱爲丹鳳；西方圖以白，隱爲騶虞；北方圖以黑，隱爲靈龜；中央圖以黃，隱爲神螾。陳暘曰：“陰始於二、四，終於八、十。陰數四、八，而以陽一主之，用以作樂，居宮縣之東，所以象春物之成始也。”今制，折以今尺，用二倍黃鍾之度，得深一尺四寸五分八釐，復改正方者爲斗狀，上廣下狹，仍以十輔之積均之，得上方二尺一寸八分七釐，下方一尺六寸九分四毫。鼓柷者謂之止，形如錐，柄長二尺四寸。

敔之制，古者狀如伏虎，背刻二十七鉏鋙，以木長尺擽之。唐制用竹，長二尺四寸，析爲十二莖，先擊其首，次三戛鉏鋙。宋仍其制，亦碎竹以擊其首，而逆戛之以止樂。陳暘曰：“伏虎，西方之陰物也。二十七鉏鋙，三、九之數也。擽之長尺，十之數也。陽成三，變於九，而以陰十勝之，用以止樂，居宮縣之西，所以象秋物之成終也。”今制亦刻木爲伏虎，用黃鍾之數，高七寸二分九釐，三倍之，得長二尺一寸八分七釐。二十七鉏鋙，皆高一寸九分，長六寸三分。座高六寸四分，長九寸二分，廣二尺。鼓敔者謂之籈，其制度及戛法，皆仍唐宋之舊。

三曰拍板，所以代抃而節樂，蓋古者舂牘之遺意也。創於唐時，胡部樂中用之。其制長闊如手，厚寸餘，以韋連之，大者九版，小者六版。宋亦用六版，長寸，上銳薄而下圓厚，以檀若桑木爲之。今長二尺六寸六分，闊二寸四分，厚五分，削木爲兩，連以絲繩。引導樂用以爲節。

文舞之器，一曰籥，二曰翟。《詩·衛風》：“左手執籥，右手秉翟。”《禮記·文王世子》：“秋冬學羽籥。”《周禮》：“籥師掌教國子舞羽歙籥。祭祀則鼓羽籥之舞。”考籥之制，古有六孔者，用以吹，籥章所歙之豳籥是也。三孔者，用以舞，即舞人所執之籥也。鄭康成以爲“文舞有持羽吹籥者”，其說恐誤。翟，析白羽爲之，《詩》所謂“無冬無夏，值其鷺羽”是也。又劉濂云：“凡執籥秉翟，皆左手籥，右手翟。未開舞時，籥在內，翟在外，籥橫而翟縱。”蓋左手屬陽，右手屬陰，陽主於聲，陰主於容，故左籥而右翟；和順

---

① “乾道”爲南宋孝宗年號，非仁宗。下文“又從禮官議”云云，據《宋史》卷一二六《樂志一》載，時在仁宗景祐元年，則“乾道”當作“景祐”。

積中，英華發外，故籥內而翟外；籥象衡運準平，翟象表端繩直，故籥横而翟縱也。《爾雅》："大籥謂之産，其中謂之仲，小者謂之箹。"今制竹籥長一尺四寸，圓徑一寸，開三孔，朱漆。翟以木爲柄，長一尺七寸，朱漆，金龍首，上植雉尾。

引樂之器曰麾。麾，所以指麾也。《周禮·巾車》："建大麾，以田，以封藩國。"鄭氏注云："以色則黑，夏后氏之所建也。"後世以繒帛爲之，繪升龍其上，執之以令樂工，樂作則舉，止則偃。宋仁宗景祐五年，改作小篆，承以雙龍，錯采爲信旛字樣。元制亦繪金雙龍。明用紅羅，長七尺，兩面繪雲龍，一升一降，上下有金彩花板，上繪雲，下繪山水。木干長一丈，飾以朱漆銅龍頭鉤。自明以前，麾止用一。今則增爲二，長七尺，闊一尺，身用朱紝絲，首則以青，篆書"中和"二金字，通體繪金升龍。朱干長九尺，上飾龍首，承麾其上。架高一尺七寸五分，廣二尺。

引舞之器曰節。節，旄也。《周禮》有旄人，鄭氏注云："旄，旄牛尾。舞者所持以指揮。"又《爾雅》："和樂謂之節。"蓋樂之聲，鼓以節之；舞之容，節以節之。今制引舞節二，亦以旄牛尾，茜爲赤色，凡九就，有蓋。朱干長九尺，金爲曲首以維節。架高二尺二寸，廣二尺。歌生所執，有笏。笏者，忽也，備忽忘也。一名手版。《禮·玉藻》："笏，天子以璆玉，諸侯以象，大夫以魚須文竹，士以竹。本，象可也。"笏度二尺有六寸，其中博二寸，其殺六分而去一。凡有指畫於君前，用笏造；受命於君，則書於笏。明制四品以上用象牙，五品以下用木，而未詳樂舞生之用。本朝太常儀制，凡歌生皆執手版。闕里自更定冠服後，亦增用焉。其制木質，粉飾，長一尺三寸五分，下寬二寸五分，上殺三分，通厚三分。

樂舞生冠服，宋釋奠文宣王登歌樂，執麾挾仗色，掌事平巾幘，樂工黑介幘，並緋繡、鷺袍、白絹、抹帶。元宣聖廟樂工，黑漆冠，綠羅生色胸背花袍，皂靴。明文廟樂生，服緋袍，展角幞頭，革帶皂靴。文舞生冠服同。今制，文廟樂舞生服紅緞葵花補袍，綠紬帶，銅裹金起焰金梭帽頂，皂靴。執事生服青絹袍，帽頂同。先是，闕里樂舞生冠服猶沿用前明舊制，雍正二年，禮部侍郎王景曾始奏定一如國子監之制。

樂舞生，宋、金皆孔氏子弟肄習供祀。元世祖中統三年正月，修宣聖廟成。閏九月，東平路總管嚴忠範請補廟學樂工，始用他姓。明太祖洪武七年，敕宣聖廟四時祭祀所用樂舞生，於府州縣儒學生員內，或於民間俊秀子弟內選，專壹在廟習演樂舞，照廩膳生員事例，除本身優免外，仍免供給人二丁。是年，於濟寧、曲阜等處選到張濤、陳慶等一百二十名。神宗萬曆四十年，山東提學道奏准樂舞諸生准令讀書，與儒童一體考試，取中文理優通者發兗州府學充附，不拘額數；次擇文理粗通者四名，給以衣巾，暫寄曲阜縣學，在廟領班。國朝順治元年，山東巡撫方大猷題准額設樂舞生二百四十名，優免之例，俱如前朝。十三年，部議入學名數准照大學例，取三十六名送府學充附；領班衣巾四名，送縣學充附。雍正五年，山東學政王世琛奏准樂舞生照《會典》

止設一百五十四名，每於考試，擇其文理優長者，酌取四名，入曲阜縣學充附。其撥充州府學充附之三十六名，俱行裁革。

述曰：嗚呼！聲音之道亦難言矣哉。必稽古今、考傳記、效氣物、和心耳、默會乎先王制作之本原，而精通乎天地萬物之故，乃可得而言也。昔在成周，樂備六代，琴瑟羽籥，皆肄成均，故上自王朝，下及侯國，如師曠、師乙、伶州鳩者流，類能契精微、習器數，用以傳子孫而著氏族。秦漢以來，此道崩壞，制氏之業，久絕不傳。後世言樂者，若荀勖、阮咸、牛弘、何妥、萬寶常、裴知古、王朴、和峴、范鎮、胡瑗、阮逸、李照、楊傑、劉几、魏漢津、蔡元定、陳暘、張鶚、李文察、朱載堉之屬，各以一家言，紛紜聚訟。就中惟咸稱神解，寶常、知古雅號知音，元定深究理數之奧。其他沾沾者，不過較長短於累黍之縱橫，定正哇於聲調之高下；更或求之斷爛殘闕之簡篇，蝕沒銷沉之尺量。其誣之甚者，至請人君指度，苟脅一時，而欲以協神人、垂萬世，難已！蓋古者以律管起尺度，由母生子也；後世以尺度定律管，以子證母矣。差之毫釐，謬以千里。然則非好學深思，而別具宿悟神契者，又烏足以與於斯邪？

户 田 第 七

汾嘗讀《楚茨》之首章曰："我黍與與，我稷翼翼。我倉既盈，我庾維億。以爲酒食，以饗以祀。以妥以侑，以介景福。"蓋田事成而品物備，品物備而祀事明，未嘗不嘆先王之制田禄以惠臣下，而使公卿世世得以力農事而奉宗廟祭祀者，其義至深且遠也。闕里之有廟祀，始自衰周，更歷二千二百餘年，子孫四時入廟，潔奉蒸嘗，所以報明德而薦馨香者，迄於今不廢。然則稽田禄，述古今，以無忘所自，亦《小雅》詩人之意也。

考自秦以前，魯人以歲時奉祀孔子，其主鬯之人、圭田之制，弗可得詳已。漢初，始以宗子奉祀事。元帝時始有封户，平帝時始有國邑，而春秋薦享亦間有出王家穀者。魏晉以降，有封爵而無胙土，其所食户亦隨時升降。唐末喪亂，百官俸給往往不繼，而文宣公猶歲賜百縑以充牢醴。宋初，襲封者常兼他職，食俸亦以階爲轉遷。至大中祥符間，始專有祀田。沿及金、元代，多增給。明洪武時，定給祭田二千大頃，歲收其租入以供廟祀，餘悉爲衍聖公廩禄。國朝因之。蓋依然周制公卿有田禄以奉宗廟之遺意矣！今謹詳歷代因革損益之制於左。

土田之制，自漢元帝初元元年詔關內侯霸以食邑八百户祀孔子始。嗣後爵爲列侯，又晉上公，其封户或加至一千户、二千户，或減至五百户、二百户、一百户，並以子孫之歲入，充宗廟之祭祀。至唐中宗神龍元年，始詔以鄒魯百户爲隆道公采邑。尋以唐季喪亂，廩給不時。宣宗大中元年，從宰相白敏中奏，給文宣公歲絹百疋，以充享祀。而采邑復廢。迨宋真宗大中祥符元年，始專賜祭田百頃。哲宗元祐元年，增賜田一百大頃。八年三月，敕將舊賜田一百頃均給族人，新賜田一百頃，以二十頃廟學贍生員，二十頃充歲時祭祀，十頃置殿庭簾幕，五十頃歲收出糶，修葺祠宇。是年，又賜田一百大頃。金章宗明昌元年，以兵革後舊賜田二百大頃內失地四十八頃八十六畝，户部劄於徐州豐縣地內撥補。五年，續給地六十五頃，房屋四百間。泰和元年，詔撥給廟東南泮宮地六十四畝有奇，助釋奠費。元成宗大德五年，濟寧路達魯花赤按檀不花以修廟餘貲置任城縣田二十頃。九年，賜尚珍署官田五十頃。順帝元統元年，以鄆城之籍没田八頃八十九畝、屋二十七間賜孔氏。明太祖洪武元年，賜祭田二千大頃，分爲五屯、四廠、十八官莊，撥佃户承種，供廟祭及屬官廩給，餘者爲衍聖公禄俸。七年，以歲久田荒，詔添撥佃户承種。成祖永樂五年二月，又賜贍廟田七十三大頃。英宗正統四年秋八月，户部奏准存佃户五百户，湊人二千丁，專以辦納籽粒，以供祭祀。國朝順治元年秋九月，山東巡撫方大猷題准仍沿舊制。又，明時衍聖公有湯沐地大畝八十二頃有奇，在順天府屬東安等五縣，未詳爲何年所賜。國初圈入旗地七十大頃，留下東安縣地十二頃有奇。順治十年，詔以山東德、魯二藩莊地，照數補給。此歷代及我朝頒賜祀田之大凡也。

今析而數之，凡爲屯者五，曰鄆城、曰鉅野、曰平陽、曰東阿、曰獨山。爲廠者四，附於各屯，而闕東阿。爲官莊十有八，在曲阜者十二，曰張羊莊、曰城西大莊、曰春亭莊、曰紅廟莊、曰齊王莊、曰南池莊、曰安基莊、曰齊王坡、曰顔孟莊、曰馬草坡、曰下地屯、曰胡二窰；在泗水者四，曰西巖莊、曰安寧莊、曰魏莊、曰戈山廠；在鄒縣者二，曰魯源莊、曰黃家莊。鄆城原額屯廠地六百二頃，鉅野原額屯廠地五百九頃，平陽原額屯廠地四百四十八頃，東阿原額屯地七十六頃，獨山原額屯廠地二百二十頃四十三畝六分二釐四毫四絲七忽，曲阜原額官莊地六十四頃五十五畝，泗水原額官莊地六十二頃八十畝曰二分七釐五毫五絲三忽，鄒縣原額官莊地十七頃二十一畝一分，通計五屯、四廠及十八官莊原額地，共二千大頃。

但見在地畝，統計荒熟，鄆城存屯地三百六十七頃一十五畝五分八釐二毫六絲三忽，廠地五十四頃七十二畝五分六釐四毫；鉅野存屯地一百八十六頃二十四畝一分七釐，廠地三十頃三十畝三分四釐；平陽存屯地二百三十一頃一十畝九分四釐一毫七絲，廠地十二頃七畝四釐六毫；東阿存屯地三十二頃六分一釐四毫七絲；獨山存屯地六十一頃七十五畝五分四釐，廠地二頃七十四畝七分二釐；曲阜十二官莊存地六十頃五十六畝九分五毫四絲四忽，泗水四官莊存地五十一頃七十三畝八分一釐三絲，鄒縣二官莊存地六頃五十四畝二分二釐三毫七絲，通計五屯、四廠及十八官莊，共見存荒熟地一千九十六頃九十六畝四分五釐八毫四絲七忽。較二千原額，缺地九百三頃三畝五分四釐一毫五絲三忽。

此外，又有洸河屯地七十三大頃，在滋陽縣袁家莊者五十頃，顔村店者二頃，故縣村者一頃，在濟寧州杏林莊者二十頃，即永樂五年續賜之地也。有東平廠地大畝二十三頃，滋陽廠地二十七頃九十一畝四分七釐，曲阜廠地十九頃六畝五分三釐，即順治十年撥補之地也。又，鄒縣有尼山書院祭田一十三頃五十畝，曲阜有明洪武初賜五十五代衍聖公地一大頃。

通前共見存地一千二百五十六頃七十八畝有奇。較之《會典》所載衍聖公祭田二千一百五十七頃五十畝,尚不及十分之六焉。《會典》又載孔氏廟宅基三頃二十七畝五分,今並見存。

五屯額賦,每一大畝徵銀六分,又米折銀二分四釐,共徵銀八分四釐。其寄莊戶不供林廟差役者,又每大畝加銀六釐,共徵銀九分。官莊廠地,則視地之肥磽、歲之豐歉,以上下其賦斂,故稅額向無定數。佃戶五百戶,有在五屯者,有在官莊者,每丁俱徵銀八分,初無定額。康熙五十二年,恩詔直省丁銀以康熙五十年爲額,續生人丁,永不加賦。時佃戶在五屯者,存四千一百二十丁,共徵銀三百二十九兩六錢;在官莊者,存八百九十四丁,共徵銀七十一兩五錢二分,遂爲定額。

雍正四年,詔直省丁銀皆攤入地畝。而闕里以有廟戶、佃戶二等官莊佃戶,又租無常額,故一切尚循舊制。迨乾隆七年,始奉部議,廟戶及書院、官莊佃戶皆如故,通隸守衛百戶徵收。其五屯佃戶,丁銀盡攤入地畝,通計每大畝攤入銀四釐六絲三忽五微。二十五年,編審五屯存戶二百四十,丁八千六百有三;官莊存戶七十三,丁一千六百四十。又,五屯舊有集稅銀一百六十兩六錢一分,雍正八年,六十八代衍聖公奏明,奉旨著各州縣徵收,解交曲阜縣,以爲歲修書院、林廟之用。續因集場有停廢之處,節次裁減,今尚存銀一百一十九兩八錢一分。又,乾隆六年,九卿議准監察御史陶正靖條奏,添設中庸書院祭銀四十兩,於鄒縣正項錢糧內支給,亦附志於此。

廟戶之役,起於南宋。考文帝元嘉十九年冬十二月,詔免近孔子墓民孔景等五戶課役,以掌灑掃。後魏孝文帝延興三年夏四月,又給孔廟灑掃十戶。唐太宗貞觀十一年秋七月,詔給兗州宣父廟戶二十。睿宗太極元年,詔下兗州取側近孔廟三十戶供灑掃。玄宗開元十三年冬十一月,幸孔子宅,給復近墓五戶;二十七年,詔文宣陵並舊宅立廟,量加人灑掃。憲宗元和十三年,復置五十戶。懿宗咸通四年,又給五十戶。後周太祖廣順二年夏六月,幸曲阜,給復廟側十戶爲灑掃戶。宋真宗景德四年夏五月,詔兗州舊以七戶守孔子墳,宜增至二十戶。大中祥符元年冬十一月,帝幸曲阜,給近便十戶奉塋域。仁宗慶曆四年,敕差本縣中等人戶五十人,充本廟灑掃。時梁適知兗州,乞以廂兵代廟戶,並請裁減人數。時宰章德象欲如其請,參知政事范仲淹不可,曰:“此事與尋常利害不同,自是朝廷崇奉先師美事。仁義可息,則此人數可減。吾輩雖行,他人必復之。”乃已。神宗熙寧中,王安石新法行,裁減廟戶,存三十人,林戶存三人。哲宗元祐元年,司馬光奏罷新法。五年,依四十六代孫、鴻臚卿宗翰請,仍復舊制,差廟戶五十人,林戶五人。元太宗九年,給復守廟一百戶。世祖至元二年,尚書省以括戶之故,盡罷爲民。太常少卿王磐爭之,言:“林廟戶百家,歲賦鈔不過六百貫,僅比一六品官終年俸耳!聖朝疆域萬里,財賦歲億萬計,豈愛一六品官俸,不以待孔子哉?且於府庫所省無多,其損國體甚大。”以格於時議而止。至成宗大德九年,以五十三代衍聖公治奏請,始給復二十八戶。明太祖洪武元年,特置灑掃戶一百一十五戶,在廟者百,在林者七,在書院者八,令於曲阜等州縣選民間俊秀無過子弟充當,雜泛差役一概蠲免。國朝順治元年秋九月,巡撫方大猷題准仍依舊制,其丁賦每丁徵銀一錢,其丁額亦照康熙五十二年之例,額丁一千九百一十五,共徵銀一百九十一兩五錢。乾隆二十五年,編審林廟、尼山共見存户一百有三,丁四千八百五十。又,乾隆六年,九卿議准御史陶正靖條奏,中庸書院添設門子二名,每名工食銀六兩,鄒縣支給。

述曰:闕里舊《志》載,魯哀公十七年,立廟於舊宅,置守塋廟百户,及漢靈帝建寧中,給守廟百户二事。考《家語》"孔子葬魯城北泗水上,羣弟子及魯人往從而家者,百有餘室,因名曰孔里焉",太史公作《世家》,仍其舊説,且曰:"予適魯,觀仲尼廟堂、車服、禮器,諸生以時習禮其家。"是當日之守衛林廟者,實魯諸儒,並非如後世官爲給掃除之役也。至建寧二年,魯相晨祀孔子廟,二碑具在,亦無給守廟百户之事。牽引傅會,殊屬無當。

又,舊《志》載,漢桓帝元嘉二年,詔孔子廟置百户卒史一人。而魏文帝黄初元年又云:"置百户卒史以守衛之。"考漢元嘉三年碑,魯相乙瑛請爲孔子廟置百石卒史一人,掌主禮器。魏黄初碑亦云置百石吏卒。蓋卒史、吏卒者,其官;而百石者,其秩也。漢制固是如此。今舊《志》既誤"石"爲"户",而新《志》即據以爲建置百户之由,可謂以訛傳訛,其失益甚者矣!

又,新、舊二《志》,俱載北魏賜田以養孔氏子孫。考此田在懷州夫子陂廟基上,《祖庭廣記》云"有碑記可據",實與曲阜無涉。

又,舊《志》於"廟户"中載,魏孝文帝太和十九年,給邑一百户。稽之前史,乃崇聖侯食邑,並非灑掃户。

又,新《志》載,元成宗大德九年,給曲阜林廟户一百一十五户。按:大德九年中書省行下舊牒,載在《廣記》,所給復者止有二十八户。而一百一十五户之額,實定於明初,亦非元事也。

又,洪武元年頒賜祭田二千大頃,今通計五屯、四廠、十八官莊,方與二千頃原額相符。而新、舊二《志》祇云分爲五屯,漏卻官莊、四廠。是皆前人之謬誤不可不辨者。

至衍聖公祭田外,尚有孔氏免糧地、輕糧地二種,雖不關祀典,而列代及我朝加惠聖裔之恩例,亦不可不識也。故附記總數於末,以備稽考。

曲阜縣孔氏免糧地,共三百六十九頃六十八畝七分七釐八毫三絲。明成化元年,先蠲免税糧三分之二,至正德二年始盡行豁免。既不徵糧,故今曲阜縣《賦役全書》遂不載入。

輕糧地,共四千二百二十二頃五十一畝九分一釐九毫五絲八忽,坐落曲阜、鄒、滕三縣。在曲阜者,孔氏上地五百三十頃六十八畝六分五釐五毫二絲六忽,每畝徵銀二分四釐七毫三絲二忽；中地二千四百一十五頃五十四畝六分七釐四毫三絲二忽，內增擴孔林案內開除三頃八十畝四分九釐九毫五絲五忽，見在地二千四百一十一頃七十四畝一分七釐四毫七絲七忽，每畝徵銀二分一釐三毫三絲二忽；下地二百二十六頃九十四畝，每畝徵銀一分八釐四毫七絲二忽。在鄒縣者，與孟氏合稱“例地”，內分二等：有稱孔孟聖府地者，計中地一百五十六頃一十畝，每畝徵銀一分三釐七毫五絲七忽；下地三十五頃，每畝徵銀五釐四毫五絲六忽。有稱孔孟氏地者，計中地三百八十九頃二十九畝四分，每畝徵銀二分二釐一毫五絲六忽；下地四百三頃五十一畝九分，每畝徵銀一分一釐五絲六忽。在滕縣者，不分等則。孔氏例地六十五頃四十三畝二分九釐，每畝徵銀九釐三毫。以上三縣地，惟米與民間常賦同，所徵正雜銀數，皆視常賦特輕。

又，曲阜縣治本闕里舊基，前明建城衛廟，其所圈地畝內，除孔氏廟宅基三頃二十七畝五分、顏氏廟宅基九十二畝五分原無稅糧者，其餘盡屬附廟官莊、祀田及孔氏免糧地，故城內並無基地之徵。

闕里文獻考卷二七

學校第八之一

古者國有學,術有序,黨有庠,家有塾。今孔、顏、曾、孟四氏學,官為置師,比於郡國,其實孔氏之家塾也。昔者孔子没,子孫即宅為廟,藏車服禮器,世以家學相承,自為師友,而魯之諸生亦以時習禮其家。魏文帝黃初二年,詔魯郡修起孔子廟,復於廟外廣建屋宇,以居學者。此孔氏家學所由仿也。

西晉之亂,百度廢弛,數百年中,無復講誦。宋文帝元嘉十九年,詔下魯郡復學舍,召生徒,而荐經荒亂,旋復廢墜。沿及隋、唐,無可紀述者。宋真宗大中祥符三年,四十四代孫勖知縣事,奏請於家學舊址重建講堂,延師教授。得旨報可,而廟學之名始起。

乾興元年,孫奭知兗州,又加修葺。哲宗元祐元年十月,改建學於廟之東南隅,置教授一員,令教諭本家子弟。其鄉鄰願入學者聽。尋添入顏、孟二氏子孫。又撥近尼山田二十頃,充廟學生員供膳,賜經、史書各一部。四年,添置學正、錄各一員,教奉聖公胄子。

金章宗明昌元年,詔修廟學,敕孔氏子孫已習詞賦經義准備應試人,依兗州府養士例,每人月支官錢二貫、米三斗,小生減半支給。如兗州管下進士願從學者聽。曾得府薦者、試補終場舉人免試入學,仍限二十人為額。

元世祖中統三年,詔曰:"孔氏、顏、孟之家,皆聖賢之後也。自兵亂以來,往往失學,甘為庸鄙。朕甚憫焉。今以進士楊庸教授孔氏、顏、孟子弟,務嚴加訓誨,精通經術,以繼聖賢之業。"至元三十一年,又撥曲阜地九大頃五十畝,沛縣地五十大頃,作生徒學田。文宗至順間,沛縣學田為豪民所占,五十四代衍聖公理而復之。又墾闢宋元祐時所給尼山學田荒地一頃五十畝,歲入粟四十八石,以贍師生。其後陸續開墾,至明時始復二十頃舊額。

明太祖洪武元年,改廟學名三氏子孫教授司。七年,裁學正。十年,重修學宮。

英宗正統九年,五十九代衍聖公奏言:"三氏子孫初止在學讀書習禮,未定生員名額。今學徒日盛,有以京闈領薦者,有以府學領薦者,有以儒士領薦者。請照郡縣學例,置立生員,聽提學官考選,應山東布政使司鄉試。"詔從之。

憲宗成化元年,六十一代衍聖公奏准頒給三氏學官印。又以子孫在學讀書者不下二三百名,止由科目一途,進取不無淹滯,乞依各府儒學事例設歲貢。部議令三歲貢一人,以曾經科舉及考試、通習經書、素有行止者充選。

孝宗弘治十一年,兗州知府龔弘請於撫按,重修三氏學,視舊制有加。

武宗正德四年,生員顏重禮及本學教授先後具疏,並以貢舉不均爲言。禮部議,令貢孔氏三名之後,其年同貢顏氏一名;孔氏又貢三名之後,其年同貢孟氏一名,著爲例。

世宗嘉靖六年,山東巡撫劉節奏稱:"三氏學生員歲貢,向來惟以入學爲序,並無考選例,是以學者無所勸懲。請定爲考選之法:凡在學生員,先立廩膳、增廣、附學之名,廩、增或照府學各四十名,或照州學各三十名;附學不限名額,俱令提學官考校。以上等者爲廩膳,次等者爲增廣,餘爲附學。廩膳有缺,增廣收補;增廣有缺,附學收補。至於歲貢,不論入學淺深,惟照廩膳名第爲定,不許攙越。"部議照州學例設廩、增各三十名,以廩膳名次起貢,每三年貢二人。十九年,始給生員廩米。二十年,山東巡撫李中奏准於泗水縣涇府故絕祿米內歲給三百六十石,爲三氏學廩膳。二十三年,又以泗水道遠,支給不便,改將曲阜縣應納魯府祿米三百七十三石支給。

神宗萬曆十年,六十一代孫、世職知縣宏復以學舍界於公府、藩臬行署,湫隘抑塞,規制不備,乃遷於按察司之東。十五年,從巡按御史毛在請,添入曾氏,改名四氏學。二十八年,巡鹽御史吳達可於城北蔡莊置學田三頃有奇;又於泗水縣城西臨泗兩莊置學田四頃五十四畝有奇,爲科貢盤費。三十七年,巡鹽御史畢懋康於城西北春亭莊置學田三頃二十六畝有奇。四十年,兗州知府陳良材於城北賀莊置學田五十八畝有奇。

是年,提學道陳瑛言於撫按曰:"四氏學官有教授、學錄,視國學則少殺,視郡學則較隆。其廩、增額數,自當比視郡學。向因人材未盛,故舊額僅三十人。今後裔蕃衍,入學者已三百有餘,而廩額如故,非所以重聖賢之裔也。應將四氏學廩生加十名,如府學數,增廣生員亦如之,廩餼在學田內支領。儒童歲科兩試,入學四十名,歲貢每年貢一人。"撫按據以上請,報可。四十二年,六十三代孫、世職知縣貞叢遷建四氏學於廟西觀德門外,即今之學宮是也。中爲明倫堂三間,左右廂各五間,東曰啓蒙齋,西曰養正齋;後爲尊經閣,左爲教授署,右爲學錄署;外闢重門,門外爲泮池,跨以橋,橋前爲狀元坊。四十五年,兗州知府張銓於城北大廟莊捐置學田五十畝。

熹宗天啓元年,雲南道御史李日宣請將孔氏後裔於山東省額中式外,每科加舉一二人,貢之闕下,以光新政。禮部議准孔氏後裔另編耳字號,於填榜時總查各經房,如孔氏無中式者,通取孔氏試卷,當堂公閱,取中一名,加於東省原額之外,但不必拘定一人,以滋多礙。凡歷五科,皆取中二名。後於崇禎七年,魯宗學分去一名,遂止中一名。國朝因之。順治十四年,提學道施閏章言於山東巡撫繆正心,題准將舊額二名歸還四氏,不拘孔、顏、曾、孟,憑文取中。雍正二年,復增一名,共正額三名。恭遇我皇上登極,乾隆元年,恩科廣額,於三名外得廣一名。

儒童入學之數,順治初裁爲十五名,尋又增五名,今定爲二十名。

武生之設,始於康熙四年。每遇歲試,考取十五名,永爲定例。

學官俸祿,明時於贍廟田土內支給,額定每月各支俸米五石,節次裁減,歲支銀二十四兩。國朝定百官品俸,令於曲阜縣正項錢糧內,歲給教授、學錄俸銀五十六兩九錢六分,齋薪銀各十二兩,馬草銀各十二兩,而歲貢袍帽傘蓋銀十三兩九錢七分。及齋夫、門斗各役工食,亦准於縣中正項內開銷。

又,舊廩三十名,每名給米十二石,閏月加一石,在曲阜縣存留粟米內支領。後添廩十名,應加米一百二十五石,在本學學田籽粒內取給。尋改米爲銀,折廩銀三百七十兩,尋又裁去三分之二。乾隆二年,乃復舊額。

學宮歲久不修,漸就傾圮。乾隆二十四年,提督學政、內閣學士謝溶生倡議捐俸重修。

述曰:先民有言曰:"學校者,帝王所以儲才育賢之地也。學校之有衰盛,即國家之治亂因之。"誠哉是言歟!闕里家學蓋二千年,而每隨國故爲興替,君子觀此,亦可以識世運矣。書院之制,古人亦附諸庠序,今尼山、洙泗、聖澤、中庸四書院止奉禋祀,而不設生徒,故茲考不敍,別入《林廟考》中。

學校第八之二

《周禮·大司徒》："以鄉三物教萬民，而賓興之。"鄉大夫三年則大比，考其德行、道藝，而興賢者、能者。州長各掌其州之教治政令之法，三年大比，則大考州里，以贊鄉大夫廢興。大司樂掌成均之法，以治建國之學政。大胥掌學士之版，春合舞，秋合聲，於其合舞則頒次其所學而辨異之。諸子掌國子之倅，春合諸學，秋合諸射，以考其藝而進退之。夫鄉之考察也如彼，學之考校也如此，所掌非一人，所積非一日，此所以人皆鼓舞奮興，天下之士可得而官使也。

兩漢取士之法，猶爲近古，約其大指，不出徵辟、科目兩途。其特詔徵拜、公府辟召、大臣薦舉者，皆徵辟也。其賢良方正、孝廉、茂才、博士弟子諸科，皆科目也。魏晉以降，立九品中正，其規制猶循兩漢。然其弊也，重門閥而賤孤寒，至於三公之子傲九棘之家，黃散之孫蔑令長之室，甚非古人興賢舉能之意矣。至隋始設進士，一變而專重科目。唐宋元明，相沿不改，名臣碩士亦多出乎其中，於是徵辟之道寢益衰微。其間因事設名，科亦不一，而最貴者則爲制科，然不常①置。上之所向，下之所趨，則惟以進士爲重。雖明經一科，久而不廢，而貴賤迥不侔矣！亦偏重之勢使然也。明及國朝，凡舉於鄉及貢於學者，皆得仕宦爲吏，其中人材，亦往往多傑出者。今區徵辟、科目爲二，而科目中又各分其類如左。學以四氏稱，故顏、曾、孟子孫，並得紀錄云。

徵辟

孔騰，漢惠帝時徵拜博士。

孔忠、孔武，文帝時徵拜博士。

孔安國、孔延年，武帝時徵拜博士。

---

① "常"，北大本、集成本作"嘗"。

孔霸,昭帝時徵拜博士。

孔衍,成帝時徵拜博士。

孔均,哀帝時徵拜尚書郎。

孔驤,西漢時徵拜博士,年次不可考。

孔奮,光武帝建武五年,竇融辟爲議曹掾。

孔豐,明帝時辟司空府。

孔穌,章帝時辟爲百石卒史。

孔扶,順帝時徵拜博士。

孔融,桓帝時辟司徒府。

孔昱,靈帝時徵拜議郎。

孔震,晉武帝時徵拜太常卿。

孔衍、孔愉,惠帝時先後皆辟安東將軍參軍。

孔坦,西晉時辟爲晉王世子文學。

孔琳之,東晉時辟常侍、輕車尉,年代皆不可考。

孔璲之,唐玄宗時徵拜國子四門博士。

孔巢父,代宗時辟爲江淮宣撫使參軍。

孔述睿,代宗時徵拜太常協律郎。

孔旼,宋徵爲祕書省校書郎。

孔宗旦,宋辟爲邕州司戶參軍。

孔鼏,元薦辟爲開封縣尹。

國朝雍正五年,孔傳櫃以賢良方正薦授五河知縣。

科目之選,自兩漢以來,其名不一。以賢良方正舉者,漢元帝時有孔光。以博士弟子舉者,西漢有孔卬,東漢章帝時有孔僖。以文學舉者,東漢有孔仁。以孝廉舉者,東漢有孔宙、孔翊、孔彪,晉有孔撫、孔靖,齊有孔琇之,北魏孝文帝時有孔乘。以秀才舉者,宋有孔凱,南齊明帝時有孔休源、孔稚珪,梁有孔奐。以明經高第舉者,隋煬帝時有孔穎達。以制科舉者,隋文帝開皇中有孔嗣悊,唐中宗嗣聖六年有孔季翊。其無年代者,史皆失考。自隋大業中,始設進士科,於是科目專以進士爲貴矣。

進士

唐高祖武德中,有孔禎。太宗貞觀中,有孔昌寓。德宗時,有孔戡、孔戣。貞元二十七年,有孔戴。憲宗元和五年,孔敏行以第一人及第。穆宗長慶元年,孔溫業以第二人及第。宣宗大中十三年,孔緯以第一人及第。懿宗咸通二年,有孔絢、孔綸;四年,孔振以第一人及第;七年,有孔晁、孔紓。僖宗中和三年,孔拯以第一人及第。昭宗乾寧元年,有孔昌庶;三年,有孔邈。光化三年,有孔昌明。而唐世第進士者,尚有孔温裕、孔温資、孔温諒、孔昌弼、孔昌序。後五代晉時,有孔莊;南唐有孔瑄、孔瓊、孔玹,其年代皆不可考。

宋太祖建隆初,有孔憲。太宗太平興國二年,孔世基以鄉貢十舉以上賜同本科出身;雍熙二年,有孔勖。真宗大中祥符五年,有孔道輔。仁宗慶曆三年,有孔延之;嘉祐四年,有孔舜亮;六年,有孔文仲、孔武仲。英宗治平二年,有孔平仲。哲宗元祐三年,有孔滋、孔淑;紹聖元年,有孔源、孔湎。徽宗崇寧三年,有孔宗哲;宣和四年,孔端木,初名端朝,以幸學恩特賜出身。高宗紹興八年,有孔復,又有孔端隱。孝宗淳熙五年,有孔邦翰。寧宗慶元二年,有孔煒;嘉定三年,有孔伯元、孔伯迪。理宗寶慶二年,有孔元善;嘉熙二年,孔應得以幸學恩賜同進士出身;淳祐七年,孔應選援世基例賜同本科出身;十年,有孔霆發;寶祐元年,有孔宗武、孔文樸。度宗咸淳三年,孔景行以幸學恩用應得例賜同進士出身。而宋世成進士者,尚有孔信、孔俸、孔札、孔安仁、孔宗翰、孔延澤、孔若拙、孔若初、孔和仲、孔汶、孔清,年皆不可考。

金世宗大定二十二年,有孔擢。章宗明昌四年,孔端甫以年德俱高特賜進士及第。宣宗貞祐二年,有孔瑭;又有孔摯,以終場賜及第。

元至正十年,有孔克任;又有孔沂、孔涇、孔士倫、孔俞立,年代皆不可考。

至唐、宋、金、元,凡明經科亦稱進士。唐懿宗咸通十年,孔纁以明經第一人及第;十二年,有孔晦。此外,又有孔若思、孔戢、孔策、孔遵孺、孔遵憲、孔絳、孔維乾,皆以明經登科。宋之以明經得第者,大中祥符間,有孔渭,賜同三傳出身;孔延世、孔延渥、孔延祐、孔延齡、孔聖佑皆賜同學究出身。理宗景定三年,有孔夢斗;又有孔玢、孔僑、孔温其、孔碩、孔從、孔衛、孔衢,年代皆不可考。金之以明經得第者,有孔琇、孔樞。並識於此。

明之進士,景帝景泰五年甲戌科,孔公恂。神宗萬曆三十五年丁未科,孔宏頤。熹宗天啓二年壬戌科,孔聞謤、孔聞詩;五年乙丑科,孔聞籍。莊烈帝崇禎四年辛未科,顔衍紹;十年丁丑科,孔衍圭;十三年庚辰科,孔尚則。

國朝康熙六年丁未科,顔光敏;九年庚戌科,孔興釪;十二年癸丑科,顔光猷;二十七年戊辰科,顔光斅;四十八年己丑科,孔衍治、顔紹標;五十二年癸巳科,顔紹纘。雍正二年甲辰科,孔傳堂。乾隆四年己未科,孔傳炣。

舉人

明成祖永樂六年戊子科,有孔謣、孔信;九年辛卯科,孔公鏞。宣宗宣德元年丙午科,顔繼;十年乙卯科,孔公禮。英宗正統九年甲子科,孔公恂。景帝景泰元年庚午科,孔公錫;四年癸酉科,孔諗;七年丙子科,孔謳、孔彦麒。天順三年己卯科,孔公怡。

憲宗成化四年戊子科,孔彥禄;十三年丁酉科,孔訖、孔彥仕;十九年癸卯科,孔公才。孝宗弘治十一年戊午科,孔承震。世宗嘉靖四十年辛酉科,孔聞誥。神宗萬曆四十六年戊午科,孔聞檀、孔聞詩、孔貞綬。熹宗天啓元年辛酉科,孔聞籍、孔聞謤;四年甲子科,孔衍圭、孔尚鉞;七年丁卯科,孔聞讜、孔尚則。莊烈帝崇禎三年庚午科,顏衍紹、顏伯靴;六年癸酉科,孔貞璠、孔貞珩;九年丙子科,孔貞焕;十二年己卯科,孔興岩;十五年壬午科,孔衍檜。

　　國朝順治二年乙酉科,孔貞權;三年丙戌科,孔貞良;五年戊子科,孔聞典;八年辛卯科,孔貞亮;十一年甲午科,孔衍陞;十四年丁酉科,孔興炘;十七年庚子科,孔貞瑄、孔貞珻。

　　康熙二年癸卯科,顏光敏、孔衍炳;五年丙午科,孔貞育、孔興釪;八年己酉科,顏光猷、孔興言;十一年壬子科,孔尚鋑、孔毓喬;十四年乙卯科,顏光是、孔興璉;十七年戊午科,孔毓德、孔尚惇;二十年辛酉科,孔毓榮、孔興瑄;二十三年甲子科,顏光敔、孔興祥;二十六年丁卯科,孔衍弼、顏光濬;二十九年庚午科,孔尚欽、孟尚琰;三十二年癸酉科,孔尚巖、孔衍基;三十五年丙子科,孔貞憲、孔毓洙;三十八年己卯科,孔尚鑑、孔衍治;四十一年壬午科,顏紹標、孔衍楠;四十四年乙酉科,孔興振、顏紹櫄;四十七年戊子科,顏紹纘、孔尚溥;五十年辛卯科,顏光謀、孔興增;五十二年癸巳科,孔繼雷、孔貞珧;五十三年甲午科,孔衍偉、孔傳篤;五十六年丁酉科,孔衍濬、孟衍祉;五十九年庚子科,孔尚釗、孔衍樟。

　　雍正元年癸卯科,孔傳堂、孔繼風;二年甲辰科,孔傳桂、孔興湯、孔毓昌;四年丙午科,顏懷禧、孔傳梅、孔傳炯;七年己酉科,孔毓普、孔衍樸、顏懋寅;十年壬子科,顏紹贊、孔毓洵、曾尚治、孔傳松;十三年乙卯科,顏崇楫、顏紹漢、孔傳焯。

　　乾隆元年丙辰科,孔傳炯、孔傳習、孔毓逑、孔毓達;三年戊午科,顏懋恕、顏懋錦、孔傳是;六年辛酉科,孔衍灝、孔傳榮、孔毓鵬;九年甲子科,顏崇湘、孔興檀、孔傳科;十二年丁卯科,孟毓燦、孔興揮,而繼汾亦於是科應本省鄉試中式;十五年庚午科,孔傳綸、孔興揹、孔傳渭;十七年壬申科,孔衍訪、孔毓銘、孔廣梓;十八年癸酉科,孔毓淼、孔繼灼、孔衍渚;二十一年丙子科,孔傳沂、孔廣奮、孟尚淇;二十四年己卯科,孔繼睿、孟興鎬、孔毓湘;二十五年庚辰科,孔繼涵、顏崇檢、孔繼宋。

副榜貢生

　　明天啓元年辛酉科,有孔尚標。崇禎十二年己卯科,有孔尚儒。

　　國朝順治十四年丁酉科,有顏光敏。康熙二十年辛酉科,有孔興祥、顏光岳;五十二年癸巳科,有顏紹賢。尚有孟尚序、顏光昌,年皆不可考。雍正十年壬子科,有孔衍泗。乾隆元年丙辰科,有顏懋璞;三年戊午科,有孔衍灝;十八年癸酉科,有孔傳沂。

拔貢生

明正德十二年，有孔承瑀。嘉靖八年，有孔彦確；十年，有孔彦碩；十一年，有孔宏鐸；三十七年，有孔宏盛。隆慶間，有孔承倜。萬曆間，有孔宏衍、孔聞定。泰昌間，有孔聞譚。天啓間，有孔宏頤。崇禎間，有顔伯華。

國朝順治十二年，有孔興朝。康熙十一年，有孔尚鉝、顔光昌；三十七年，有顔紹櫄、孔興治。尚有孔貞璵、孔尚基、顔伯倬、顔九易、孔貞培，年皆不可考。雍正元年，有孔傳松、顔崇湘；七年，有孔繼儒、顔懋倫；十三年，有孔衍沂、顔懋价。乾隆六年，有孔興椗、孔興挹；十三年，有孔繼炘、孔傳沂、孔毓炳、孟傳鋭、顔懋企、曾衍槺；十八年，有孔傳灝、孔繼睿。

優貢生

乾隆九年，有孔繼涑。

陪祀恩貢生

始於明熹宗時。以後，凡幸學召取陪祀者，生監、奉祀生，皆以恩例准貢。今類而志之。

天啓四年，有孔聞範、孔聞謨、孔貞祚、孟貞時、曾承祐。崇禎二年，有孔聞俊、孔貞芳、孔尚皜、孔尚遜、顔伯忠、顔伯偉、孟聞政、孟聞熙；十四年，有孔貞恒、孔宏化、孔貞來、孔興訓。

國朝順治九年，有孔尚燃、孔衍洪、孔衍劭、孔尚瑀、孔興義、孔貞旨、孔尚經、顔伯潤、顔光秀、曾聞道、曾弘任、孟聞芳、孟聞真、仲應敏、仲應甲。康熙八年，有孔興詢、孔尚喆、孔興謨、孔尚鉿、孔毓珍、孔興熼、孔興範、顔紹徽、顔伯珣、曾聞迪、曾聞進、孟貞珗、孟衍蘭、仲承烈、仲纘緒；二十三年，有孔毓珣、孔毓璋、孔毓玠、孔毓珻、孔毓基、孔衍溥、孔毓培、顔懋修、顔光枚、曾貞震、曾尚溥、孟貞儒、孟聞和、仲秉恭、仲承述。雍正二年，有孔毓錫、孔傳商、孔毓銘、孔傳派、孔興璉、孔衍派、孔衍涵、顔懋齡、顔懷禪、曾衍樞、曾尚淇、孟衍岳、孟衍淑、仲蘊鏞、仲蘊鏡。乾隆三年，有孔繼袞、孔廣棣、孔興抒、孔傳溎、孔傳鉞、孔傳洙、顔崇啓、顔懷祖、曾尚渟、曾尚渭、曾尚珣、孟興錞、仲蘊釪、仲耀涵、閔克標、閔克岐、冉上進、冉天瑞、卜美、卜連、言如泗、言鍔、冉繼先、冉寶霖、端木濂、端木長太、顓孫融道、顓孫世德、東野崇銘、東野崇鉝，而繼汾亦於此次陪祀，蒙恩准貢。至國家遇大慶典，學校亦有恩貢，則以生員應正貢者充之，故仍入歲貢中。

歲貢生

　　明成化年間,有孔希永、孔承樸、孔公仲、孔公森、孔公潤、孔彥儲、孔彥組、孔公華、孔彥禮。弘治年間,有孔承夏、孔公玘、孔彥鵬、孔彥雲、孔彥珣、孔承緒。正德年間,有孔承詔、孔彥健、孔公杰、孔彥珩。嘉靖年間,有孔彥琯、孔公鉉、孔彥侔、孟希達、孔彥生、孔承諭、顏重禮、孔彥衢、孔公戡、顏重清、孔宏川、孔宏毅、顏重文、孔承亮、孔彥嗣、孟彥詩、孔彥韋、孔彥隆、孔宏中、孔承鏐、孟承禮、孔承深、孔彥珮、孔承學、孔承尹、孔承蒲、孔宏廊、孔彥訢、孔承前、孔宏申、孟承相、孔彥厚、孔宏綿。隆慶年間,有孔宏煦、孔聞炳、孔承先、孔彥㵦、孔承茹。萬曆年間,有顏從舜、孔彥津、顏宏乾、孔宏昶、孔貞樗、孔聞德、孔承垕、孔聞耀、孔貞成、孔聞敩、孔宏昇、孔聞秀、孔宏鼎、孔承季、孔承仍、孔宏典、孔聞仕、孔承儵、孔貞棟、孔宏蓁。天啓、崇禎年間,有孔宏猷、孔承紀、孔宏森、孔聞上、孔聞舉、孔宏賓、孔聞諒、孔貞明、孔聞誨、孔聞古、孔宏頡、顏嗣振、孔尚文、孔貞志、孔尚璉、孔聞祉、孔尚曄、孔宏願、孔貞成、孔尚孝、孔聞諦、孔貞斤、孔宏侃、孔聞謹、孔聞佻、孔尚炳、孔聞賀、孔聞武、孔貞璞、孔尚象、孔承鏞、孔貞俊、孔尚達、孔宏轉、孔聞宥、孔貞範、孔聞課、孔聞訸、孔聞庸、孔聞賡、孔貞敬、顏嗣楨。

　　國朝順治年間,有孔衍琦、孔貞爆、孔衍標、孔衍楫、孔尚科、孔貞鑑、孔宏存、顏伯秀、孔貞楷、孔尚賓、顏衍穀、孔尚行、孔貞瑄、孔興誘、孔貞起。康熙年間,有孔衍荼、孔尚平、孔貞搢、孔貞範、孔貞耿、孔貞㙆、孔興珩、孔衍茂、孔興鉢、孔衍鑄、顏衍嘉、孔尚讓、孟宏偉、孔興侗、孔尚琯、孔聞明、孔衍璽、孔毓炊、孔衍焜、孔衍遴、孔興慶、孔貞湛、孔尚澡、孔興倌、孔毓僑、孔尚瑄、孔尚憘、顏紹灼、孔興諲、孔傳中、孔興釗、孔尚賚、孔衍夔、顏伯榮、顏光琯、孔貞綸、孔興浩、孔貞璐、孔尚典、孔衍鈿、孔衍瑾、孔衍楷、孔尚謙、孔衍栻、孔尚湘、顏光先、孔衍枚、孔興詔、孔衍梣、孔毓嘗、孔衍縉、顏紹滋、顏光敘、顏紹槐、孔興偉、顏懋顯、孟衍鶴、孔興詩、曾貞蒙、孔尚鍵、孔興烘、孔尚銑、孔衍法。雍正年間,有孔尚峘、孔毓珵、孔毓懿、顏光復、孔尚翰、孟尚琯、孔貞志、孔毓金、孔傳業、孔興海、孔毓沂、孔興健、孔興鏞、顏紹炌、顏紹烺。乾隆年間,有孔毓梓、顏懋愷、孔興榛、孔繼炯、孔毓鈜、顏懋僑、孟澤厚、顏光敷、孔興教、顏崇義、顏紹緘、孔衍皋、孔傳心、孟尚崑、孔毓鈖、孔衍楫、曾貞任、孔興浚、孔毓佶、顏懋煒、孔尚憘、顏紹海、孔傳組、顏懋樞、孔衍鑑、顏懋炳、孟興一、顏懋儀、顏光宴、孔傳緯、顏光棋、孔傳庸。

　　述曰:按《闕里志》兼載流寓諸孔,今自設學定額以來,凡非入本學者,皆不載。其舉人有溢額者,以慶典廣額,或有京兆領薦也。歲、拔貢有不符額者,以歲久失其名也。陪祀恩澤遍及賢裔,故亦因事彙記焉。

　　至武舉之制，仿自唐朝，宋復增置武學，省試、廷對亦賜及第出身，而孔氏以此進者者，有元孚、元圭二人。第其時或不專授軍職，銓選注擬，間換文資。自明太祖定鄉會貢舉法，文、武始截分爲兩途。而四氏學武生之設，則起於國朝康熙四年。其有登鄉薦者，康熙八年己酉科，孔衍江；十一年壬子科，孔興溱；十七年戊午科，孔興祉；二十六年丁卯科，孔傳斌；三十八年己卯科，孔尚寬；五十二年癸巳科，孔毓銘；五十六年丁酉科，孔繼恭；五十九年庚子科，孔毓鏻。雍正元年癸卯科，孔毓鑑；二年甲辰科，孔傳業；四年丙午科，孔尚芳；七年己酉科，孔廣攽；十三年乙卯科，孔傳榜。乾隆元年丙辰科，孔繼鍠。而孔興祉於康熙三十年辛未會試成進士，孔廣攽於雍正十一年癸丑會試成進士，今附列於篇末云。

闕里文獻考卷二九

城邑山川第九

曲阜，古帝都也。《爾雅》曰："大陸曰阜。"應劭曰："魯城東有阜，委曲長七八里，故名曲阜。"星野分，降婁之次，在《禹貢》爲徐州地。按：《左傳》云"魯有大庭之庫"。孔穎達曰："大庭氏，古天子之國。魯城內有大庭氏之虛，於其上作庫。"又《史記》云："神農氏，都陳，遷於曲阜。"①又《帝王世紀》云："少皞自窮桑登帝位，徙都曲阜。崩葬雲陽山。"在殷爲奄，在周爲魯。戰國時，魯爲楚所滅，地遂入楚。

秦并天下，置郡縣，魯屬薛郡。劉、項共起誅秦，項羽自立爲西楚霸王，王梁、楚，并有魯地。漢王五年，破羽垓下，略定楚地。魯爲楚堅守不下，漢王引諸侯兵北，示魯父老項羽頭，魯乃降。考《史記》漢王以魯公禮葬羽於穀城，在今東阿縣。而曲阜城東北漢下村有古冢，俗呼"霸王頭"，相傳爲葬羽首處云。

漢初，置魯縣，屬豫州部。呂后時，封張偃爲魯元王，即以魯縣爲國治，尋廢。景帝三年，又徙封子淮陽王餘於此，是爲魯共王。共王好治宮室，作靈光殿。遭王莽之亂，國除，而靈光殿巋然獨存。光武初，改屬任城郡。建武十九年，廢太子疆爲東海王，令因靈光之遺，仍都於魯。魏晉廢國置魯郡，即以魯縣爲郡治。宋徙魯郡治鄒縣，以魯縣爲屬邑，改隸兗州部。後魏仍以魯縣爲魯郡治。北齊改魯郡爲任城郡。隋文帝開皇三年，廢任城郡，縣屬兗州；四年，改縣名汶陽；十六年，又改名曲阜。煬帝大業二年，復魯郡，改隸徐州部，而曲阜仍屬魯郡。

唐太宗貞觀元年，縣省。八年，復置，仍屬兗州魯郡，隸河南道。宋真宗大中祥符五年，以軒轅黃帝降於延恩殿，考《帝王世紀》云"黃帝生壽丘"，即今曲阜地，乃於曲阜作景靈宮以奉之，改縣名仙源縣，屬京東西路襲慶府。金太宗天會七年，復改仙源爲曲阜。世宗大定十九年，改襲慶府爲泰定軍，隸山東西路。元世祖至元十六年，改泰定軍爲兗州，隸山東東西道濟寧路總管府。明太祖洪武十八年，陞兗州爲府，隸山東

① 《史記正義》原文作"神農氏，……初都陳，又徙魯"。

布政使司，而曲阜仍舊屬。國朝因之。

縣境廣五十五里，袤七十五里。縣治東至啓聖林，三十里，接泗水縣界；西至金口壩，二十五里，接滋陽縣界；南至馬鞍山，二十五里，接鄒縣界；北至歇馬亭，五十里，接寧陽縣界。

考古魯國城，相傳其門有十二，正南曰稷門。《水經注》云："沂水北對稷門。"《春秋·僖公二十年》"新作南門"，杜預注曰："本名稷門。僖公更高大之。"故名高門，又名皋門，《史記》齊人以女樂遺魯，陳之魯城南皋①門之外是也。南左曰章門，南右曰雩門。《左傳·莊公十年》公子偃請擊宋師，"自雩門竊出，蒙皋比而先犯之，大敗宋師於乘丘"，即此也。正北曰圭門，北左曰齊門，北右曰龍門。正東曰建春門，《國語》曰"海鳥曰爰居，止於魯城東門之外三日"，疑即此歟？東左曰始明門，又曰上東門，《左傳·定公八年》"公斂處父帥成人自上東門入，與陽氏戰於南門之內"是也。東右曰鹿門，《左傳·襄公二十三年》"臧孫紇斬鹿門之關以出，奔邾"是也。正西曰史門，西左曰歸德門，西右曰麥門。

今郭外迤邐環繞，巨阜相屬，或云即古魯城遺址。而《水經注》亦云，沂水徑魯縣故城南，縣即曲阜之地。阜上有季氏宅，宅有武子臺。臺西北二里，有周公臺。臺南四里許則孔廟，即夫子之故宅也。又《寰宇記》載，闕里在曲阜縣西南三里，孔林在縣西北六里。以今考之，古縣當在城東二里許古城村間。《寰宇記》作於宋太宗時，意宋以前曾建治於其地歟？大中祥符間，改縣爲仙源，徙治壽丘，在今城東八里，即所謂舊縣者是也。歷金、元、明，至武宗正德七年，流寇劉七犯闕里。明年，按察使司僉事潘珍疏請改建今城，城周八里三十六步，高二丈，厚半之，池深一丈，廣稱之。凡五門，正南曰仰聖門，東南曰崇信門，東曰秉禮門，西曰宗魯門，北曰延恩門。

至聖廟在城中，廟之基即古闕里。《水經注》"孔廟東南五百步有雙石闕"，故名闕里。考《春秋·定公二年》"稚門及兩觀災"，注："兩觀，闕也。"又，《史記·魯世家》"煬公筑茅闕門"，蓋闕里者，闕下之里也。又《論語》有"闕黨"，而《荀子》曰"仲尼居闕黨"，然則闕里、闕黨，本一也。

今廟東南仰高門外有闕里坊，坊北爲鐘樓，鐘爲明嘉靖元年山東巡撫陳鳳梧造。鐘樓北直故宅門。故宅之東爲衍聖公府第，明洪武十年敕建，孝宗弘治十六年敕重修。又東爲鼓樓。出鼓樓，折而北，爲陋巷街，顏子廟在其北。闕里坊東南爲學使校士館，又東爲南池，或云靈光殿遺址，或云即魯僖公泮宮也。六十一代衍聖公營爲別墅，積石成山，植蓮於沼，暇即遊憩其間，因自號曰"南溪"。乾隆二十年，今衍聖公昭煥白於署撫臣白鍾山，因其故址改建行宮。我皇上翠華屢幸，皆於此駐蹕焉。

---

① "皋"，《史記·孔子世家》作"高"。

聖廟之西爲四氏學宫，學宫東南爲矍相圃，圃西爲曲阜縣儒學，又西爲曲阜縣署。出縣北門二里，即聖林。林東北爲洙泗書院。城之東北里許，爲周公廟，或云魯太廟故基也。又東北七里，爲少昊陵，陵在舊縣城北門外。

至舊志所載窮桑城、奄里、舞雩壇、鬥鷄臺諸古迹甚多，大都荒遠難稽，間出傅會，兹故不録。惟取尼、防、洙、泗諸山川，列之於篇。

尼山，在縣東南六十里，本名尼丘山，以避聖諱去一字，即顏母所禱也。山五峰連峙，名五老峰。書院在中峰之麓，下有坤靈洞，北爲中和壑，其流爲智源溪，溪即沂水之源。宋仁宗皇祐二年，以尼山爲孔子誕生之地，封山神爲毓聖侯。

顏母山，在尼山東三里，中隔沂水。上有顏母井及祠堂遺址。

昌平山，在尼山南五里。下有魯源村，即《史記》所云昌平鄉也。

防山，在縣東三十里。山之陰十里，爲啓聖王墓。

泗水，在聖林後，去縣北門八里。《國語》："宣公夏濫于泗淵，里革斷罟棄之。"韋昭云"在魯城北"是也。源出泗水縣陪尾山，四泉並發，彙爲一渠，復納諸泉，西北流出卞橋，與洙水會合，而北入曲阜境。又西流，繞聖林後。又西南，至兖州府城東黑風口，分支入郡城東墉，貫城西出，徑平政橋，至二十里鋪，入濟寧州界。又西南流徑杏林閘，至楊家壩折而西北，流徑林家橋，會洸水，入馬場湖。其經流徑郡城東金口壩，沂水從東來會之。又南徑泗水橋，入鄒縣之許家村。至安上口，復入滋陽縣界。至柳溝村，入濟寧州界。又西南會白馬河，由魯橋入運河。按《水經》云："泗水出魯卞縣北山，西南徑魯縣北，又西過瑕丘縣東，屈從縣東南流，漷水從東來注之。又南過平陽縣西，又南過高平縣西，洸水從北西來，流注之。又南過方輿縣東，荷水從西來注之。又屈東南，過湖陸縣南，洧涓水從東北來，流注之。又南過沛縣東，又東徑山陽郡，又東南過彭城縣東北，又東南過吕縣南，又東南過下邳縣西，又東南入于淮。"此蓋泗之故道。自黄河南徙，泗之不入淮久矣。

洙水，源在城東北五里，地名五泉莊。西流入林東牆水關，徑聖墓前，出西牆水關。又西流，折而繞城西南，入於沂，以達泗。按：此非古洙水也。考《水經》云："洙水出泰山蓋縣臨樂山，西南至卞縣，入于泗。"而《山東通志》則辨之云："蓋縣在沂水縣西北八十里，距卞不下三百餘里，重山疊嶂，其道難通。而今洙水之源，實在泗水縣東北關山。關山，乃費縣蒙山之麓，費北境有漢華縣故址，意'蓋'字乃'華'字之訛。"又，《泗水縣志》云："泗源在南，洙源在北。"其説似爲得之。又，《水經注》云："洙水西南流，盜泉水注之。又西南流于卞城西，西南入①泗水亂流。西南至魯縣東北，又分爲二水。水側有故城，兩水之分會也。洙水西北流徑孔里，此是謂洙泗之間矣。洙水又西南，

―――――――――――――

① 原書脱"入"字，據《水經注》卷二五《洙水》補。

枝津出焉,又南徑瑕丘城東,而南入石門。又西南,徑南平陽縣之顯閭亭西。又南,洸水注之。又南至高平,南入于泗。"細繹《水經注》,是漢時洙水徑卞縣故城北,泗水徑其城南,會合於卞城之西。今則泗水北出卞橋,即與洙會,蓋已在故卞城之東矣。至洙水在卞城以北,其流尚湯湯不匱,而既合之後,遂不復分,所謂"至魯縣東北,又分為二水,徑孔里至高平,入于泗者",其故道久絶。

乾隆八年,繼汾同弟繼涑欲尋洙水經流古迹,至五泉莊北,得古碑一,有"浚復洙河"四大字,無年月款識。即其地掘之,得源泉混混,然後知古人曾有修復之者,而故道終不可得,遂瀦此泉以當之耳。今歲久仍就淤塞,乃具畚鍤,聚徒旅,循舊迹,而深浚之,引徑聖林,由沂以入於泗,即今之洙水也。而古時故道,終不可復識云。

沂水,發源於尼山之智源溪,西北流徑縣城南,又西流至兗州府城東,入於泗。按:沂水有二,此非《水經》所稱出蓋縣艾山之沂水,蓋酈道元所謂"出尼丘山西北,流徑魯縣故城南,北對稷門,又西徑圓丘北,又西右注泗水"者,是也。

述曰:《記》有之:"廣谷大川異制,民生其間異俗。"況闕里為古帝王都會,山川靈秀,聖哲迭興,沐教澤而被遺風者,其俗固宜與他處異。嘗考之古之論魯俗者,《明堂位》曰:"魯君臣未嘗相弒也,禮樂、刑法、政俗未嘗相變也。天下以為有道之國,是故天下資禮樂焉。"《漢·地理志》曰:"周以少昊之墟曲阜封伯禽為魯侯,其民有聖人之教化,故孔子曰'齊一變至於魯,魯一變至於道',言近正也。瀕洙泗之水,其民涉度,幼者扶老而代其任。俗既益薄,長老不自安,與幼少相讓,故曰:'魯道衰,洙泗之間齗齗如也。'孔子閔王道將廢,乃修六經,以述唐虞三代之道,弟子受業而通者七十有七人。是以其民好學,上禮義,重廉恥。今去聖久遠,周公遺化銷微,孔氏庠序衰壞。地陿民眾,頗有桑麻之業,亡林澤之饒。俗儉嗇愛財,趨商賈,好訾毁,多巧偽,喪祭之禮文備實寡,然其好學猶愈於他俗。"漢興以來,魯東海多至卿相。《隋·地理志》曰:"齊魯之所尚,無不賤商賈,務稼穡,尊儒慕學,得洙泗之俗焉。"唐李白曰:"民有聖人之教化,尚禮義,重廉恥,有桑麻之業,君子以材雄自高,小人則鄙野難治。"《宋·地理志》曰:"大率東人皆樸魯鈍直,甚者失之滯固,然專經之傳[1]為多。"馬端臨《通考》曰:"徐方、鄒魯舊國,漢興猶有儒風。"元《方輿勝覽》曰:"魯郡家顔、閔,人由、求。"綜斯眾說,可以見先代禮樂之風,終古未衰於闕里也。今日者,去先聖二千二百餘年,遺蘊流風,幾不可復見矣。而其君子敦禮教而事詩書,其小人樂畎畝而重犯法,入其里者欣欣然,猶有古遺風焉。謂非聖人之鄉,而能若是乎?然抱殘守故,家自為師,不能恢廓見聞,以適於世用,蓋寡陋而近於固者有之。守其惇樸而益以宏通,是所望於有志者矣。

---

① "傳",《宋史》卷八五《地理志一》作"士"。

又，闕里物産多與他處同，其異者有蓍草，出先聖冢上，既凋復青，莖有八棱，象八卦，葉有五出，象五行。以一叢五十莖者爲貴，然不可得，以採者衆也。林中産芝，或黄、或紅、或紫，絢若文錦。蓋林中蕃古木，故多蒸蘊而出。宋王欽若採獻以爲瑞，則貢諛矣。林山藥堅細長嫩，形如地黄，以入藥，勝河南懷慶者。林中多楷樹，文理堅細，或削爲杖，或製爲棋枰，或刳其節爲飲器；其葉初生時，採製如焙茶法，清香可以烹瀹。林中有草曰文草，葉細而蔓生，冬夏不凋，深秋結實，具五色五味。有蟲曰文蟲，似蟬而小，二三月即鳴樹杪，若琴瑟笙簧之奏焉。

宗 譜 第 十

聖裔大宗，《世系考》敍之詳矣。若小宗支庶，則具載於《孔子世家譜》焉。《譜》之作，仿於四十六代孫宗翰，蓋前此家乘止載承襲一人，兹乃大合族屬而並譜之，所以昭親親也。嗣後踵是增輯，遂定爲三十年小修，六十年大修之例。而子姓蕃衍，枝遠益分，始而紀以五位，繼復別以二十派，繼又分爲五十七户，再增而爲六十户。今在譜者已不下兩萬人，而流寓他處及干犯名義、流入異端廝役者不與焉。嗚呼！聖澤之流，衍至今日，亦可謂極盛矣！

五位，源皆出於四十三代文宣公。公生四子，曰宜、曰憲、曰冕、曰勗。冕，一傳絶。憲，再傳絶。有傳者，止宜、勗二人。宜爲冢嫡，至孫宗愿皆襲封世爵，故稱宗愿曰襲封位。勗生五子：道輔、良輔、彦輔、延濟、延範。延濟、延範無嗣。道輔生二子：長舜亮，爲中散大夫，稱中散位；次宗翰，爲刑部侍郎，稱侍郎位。良輔生二子：宗壽、宗哲。宗哲，五傳絶。宗壽，爲太子中舍，稱中舍位。彦輔生二子：漢英、宗穀。漢英，一傳絶。宗穀，爲國子博士，稱博士位。此四十六代之所分也。

至五十三代，兄弟共六十有一，有傳者僅二十人，曰浣、曰沂、曰潾、曰治、曰澄、曰濟、曰淙、曰沔、曰演、曰淑、曰泗、曰濱、曰滋、曰浩、曰淋、曰瀹、曰洵、曰汭、曰涇、曰瀬，即從五位中分出之二十派也。

今再析而言之，襲封位下分六派、二十五户。蓋自襲封衍聖公宗愿，四傳至五十代進義校尉拂，有子三：長元直，次元孝，次通直郎元用。元直，無嗣。元孝，生贈魯郡侯之厚。之厚子三：長贈魯郡侯浣，次進士沂，次鉅野尹潾。浣爲第一派，至孫國子祭酒、衍聖公克堅，有子九人：長希學，次希説，次曲阜知縣希範，次希進，次希麟，次希鳳，次希順，次希尹，次希贇。希贇，無後。其八人，希學以嫡長襲封衍聖公，爲大宗户第一。乾隆甲子修譜，計見丁一千六百九人。

以下各以所居名户：希説，居臨沂村，爲臨沂户第二，四百五十五人。希範，子三：詢、誠、闇。詢爲孟村户第三，九百七十三人。誠爲道溝户第四，四百一十六人。闇爲滕陽戶第五,五百七十二人。希進爲舊縣戶第六,八百二十九人。希麟爲終吉戶第七,一千二百七十二人。希鳳爲蔡莊戶第八,五百四十四人。希順爲戴莊戶第九,三百五十三人。希尹爲栗園戶第十,二百八十九人。

右第一派,凡十戶。

沂爲第二派。子二:長權主祀事思進,次提領監修林廟思義。思義,無嗣。思進,子二:克謹、克勉。克謹爲時莊戶第十一,四百六十一人。克勉爲泗北戶第十二,三百四十一人。

右第二派,凡二戶。

潾爲第三派。子三:長汝寧府推官思友,次曹州景山書院山長思古,次盤陽路教授思本。思本,流寓定陶,別有譜。思友爲店北戶第十三,三十九人。思古爲西郭戶第十四,九十六人。

右第三派,凡二戶。

元用,生曲阜縣尹之全。之全,子三:長知密州、襲封衍聖公治,次監修林廟澄,次曲阜縣尹濟。

治爲第四派,生衍聖公、改曲阜縣尹思誠。思誠,生曲阜縣尹克欽。克欽,子二:長曲阜知縣希大,次曲阜縣尹希章。希大,子三:詩、詰、詎。詩爲仙源戶第十五,二百一十四人。詰爲泉南戶第十六,六十四人。詎爲齊王戶第十七,五百八十二人。希章爲盛果戶第十八,四百六十五人。

右第四派,凡四戶。

澄爲第五派。子五:長思忠,次濟寧同知思恭,次思謙,次穰縣主簿思履,次思智。思忠、思恭、思謙、思智,皆一傳絕。思履,生曲阜知縣克伸。克伸,子三:希祚、希武、希緒。希祚爲苗孔戶第十九,三百一十五人。希武爲文獻戶第二十,六十五人。希緒爲沂北戶第二十一,五百四十九人。

右第五派,凡三戶。

濟爲第六派。子四:長曲阜縣尹思凱,次思庸,次思直,次太常寺太祝思善。思庸、思善,皆一傳絕。思凱,生肥城主簿克義。克義,子三:希皋、希巖、希雲。希皋爲黌門戶第二十二,九十一人。希巖爲石村戶第二十三,一百六十三人。希雲爲魯賢戶第二十四,一百二十九人。思直爲沂陽戶第二十五,九十二人。

右第六派,凡四戶。

中散位下分三派、四戶。中散生子三:長新泰令若升,次仙源丞若谷,次仙源尉若古。若谷,無嗣。若古,後改名傳,流寓衢州,別有譜。若升,子五:長直祕閣、京東轉運司管勾公事端節,次端夫,次端義,次太學博士端朝,次端臣。端義,無嗣。端夫,傳三世絕。端朝,流寓衢州,別有譜。端節,子五:長曲阜主簿瓛,今譜訛"環",次曲阜主簿瑀,次忻州同知琰,次曲阜尉玖,次知和州瓚。瓛,四傳絶。瑀,一傳絶。琰,二傳絶。瓚,流寓衢州,別有譜。玖生掖,掖生元達,元達生之將。之將,子三:淙、澄、汜。汜,無嗣。淙爲第七派,子三:思蹈、思静、思敬。思蹈、思敬,皆一傳絶。思静,生洽州路教授克諒。克諒,生濟寧路教授希英。希英,子二:誨、諶。誨爲孔村户第二十六,四百三十三人。諶爲王堂户第二十七,五十一人。

右第七派,凡二户。

澄爲第八派,稱小莊户第二十八,六十九人。

右第八派,凡一户。

端臣,子二:長毅,四傳絶。次瑗,子二:長搏,一傳絶;次接,生權主祀事元讓,元讓生權主祀事之深。之深,子二:長源,無嗣。次權主祀事演,爲第九派,稱宫端户第二十九,一百四人。

右第九派,凡一户。

侍郎位下分三派、十二户。侍郎生子四:長奉直大夫恢,次朝散大夫惇,次儒林郎忱,次奉議郎恂。惇,四傳絶。忱生仙源縣丞壎,壎生族長琯,琯流寓衢州,別有譜。恢生泰寧軍節度判官松,松生班。班,子二:長提領監修祖廟揮,次摛。摛,無嗣。揮生提領監修祖廟元石,元石生權主祀事之文。之文,子二:長注,無嗣。次朝城尹淑,爲第十派。子七:長嘉祥尹思遵,次河中府判思通,次太常禮儀院判思逮,次同知禮儀院使思迪,次東平路同知思永,次内臺管勾思禮,次中書省參政思立。思立,無嗣。思通、思逮,皆一傳絶。思遵爲華店户第三十,八百二十一人。思迪生曲阜縣令克昌。克昌,子二:長米脂知縣希毅,爲古城户第三十一,六百四十二人。次希或。希或,子三:訥、諭、言。訥爲岡山户第三十二,一百三十五人。諭爲魯城户第三十三,一百七十八人。言爲孔屯户第三十四,八十一人。思永爲西城户第三十五,八十三人。思禮爲舊城户第三十六,一百五十八人。

右第十派,凡七户。

恂,子二:鎬、鎧。鎬,二傳絶。鎧,子四:琦,玘,玷,瑶。琦,無嗣。玷,一傳絶。瑶,四傳絶。玘生攄,攄生元恩。元恩,子二:之英、之榮。之榮,無嗣。之英,子四:長泗、次潽、次洙泗書院山長濱、次澡。潽、澡,無嗣。泗爲第十一派,稱吕官户第三十七,八十人。

右第十一派,凡一户。

濱爲第十二派。子三:長聖澤書院山長思範,次虞城教諭思政,次思常。思常,無嗣。思範爲林前户第三十八,三百五十四人。思政,子三:長克淵,次克一,次曲阜知縣克中。克淵爲防西户第三十九,二百一十九人。克一爲林門户第四十,二百二十三人。克中爲官莊户第四十一,五百九十六人。

右第十二派，凡四戶。

中舍位下分一派、一戶。中舍生子四：若涉、若陟、若沕、若水。若陟，無嗣。若涉，一傳絕。若沕，三傳絕。若水生端樗，端樗生權主祀事璪。璪，子二：長拭，無嗣。次廟學教授摯，摯生廟學教授元量。元量，子二：長翰林國史院編修之柔，次之著。之著，一傳絕。之柔生聖澤書院山長滋，爲第十三派，稱大薛戶第四十二，一百一十四人。

右第十三派，凡一戶。

博士位下分七派、十八戶。博士生子六：長族長、仙源主簿若鑑，次進士若初，次若師，次若符，次壽張令若鼎，次若鈞。若初、若符，皆三傳絕。若師，二傳絕。若鈞，一傳絕。若鑑生端熙。端熙，子二：長招遠主簿瑭，次瑞。瑞，無嗣。瑭，子二：長族長撫，一傳絕。次修武尉攄，生提領監修祖廟元質。元質，子三：長提領監修祖廟之容，次提領監修祖廟之進，次兗州同知之明。之進、之明，皆一傳絕。之容，子五：長沔，次津，次汴，皆無嗣；次鉅野尹浩，次鄒縣醫學教諭淋。浩爲第十四派，稱廣文戶第四十三，一百八人。

右第十四派，凡一戶。

淋爲第十五派，稱小薛戶第四十四，二百一十八人。

右第十五派，凡一戶。

若鼎，生進義校尉、族長端修。端修，子二：長珣，一傳絕。次提領監修祖廟琇，生濟兗單三州宣課使、權主祀事矞。矞，子五：長承事郎元正，次濟陽主簿元裕，次興化路經歷元敬，次元冲，次須城主簿元伸。元正、元冲，皆二傳絕。元裕，子二：長之寧，一傳絕。次之安，子三：瀹、溉、渡。溉、渡，無嗣。瀹爲第十六派，子二：長容城教諭思宣，次思盛。思盛，無嗣。思宣生克懋。克懋，子二：長希儒，次族長希韶。希儒爲陶樂戶第四十五，七百四十七人。希韶爲北公戶第四十六，一百七十九人。

右第十六派，凡二戶。

元敬，子四：長雲夢尹之熙，次青陽稅使之敏，次太常博士之載，次深澤教諭之謹。之敏，一傳絕。之熙，子三：長東平路教授洵，次渙，次淳。渙、淳，皆無嗣。洵爲第十七派，子二：長思權，次盤陽路教授思衍。思權生克清。克清，子三：希耇、希翀、希鐸。希翀，四傳絕。希耇爲紙坊戶第四十七，一百六十四人。希鐸爲董莊戶第四十八，六十五人。思衍生曲阜知縣克營。克營，子八：希從、希讓、希幹、希善、希恒、希豫、希節、希濟。希從爲防上戶第四十九，六十九人。希讓爲高莊戶第五十，一百八十二人。希幹爲南公戶第五十一，一百六人。希善爲星村戶第五十二，二百五十三人。希恒爲古柳戶第五十三，六十九人。希豫爲吳孫戶第五十四，三百三十九人。希節爲東村戶第五十五，八人。希濟爲磨莊戶第五十六，二百九人。

右第十七派，凡十戶。

之載,子二:長澤,無嗣;次江南行臺都事汭,爲第十八派,稱張曲戶第五十七,二百四十八人。

右第十八派,凡一戶。

之謹,生翰林國史院檢閱、族長涇,爲第十九派,稱息鄹戶第五十八,七百六十三人。

右第十九派,凡一戶。

元伸,子三:長大寧路學正之蕭,次泰安州判之嚴,次費縣尹之威。之嚴、之威,皆一傳絕。之蕭,子二:長膠西主簿瀗,次澈。澈,無嗣。瀗爲第二十派。瀗,子二:長權主祀事思度,次思實。思實,無嗣。思度,子二:克佐、克弼。克佐爲西林戶第五十九,四百二十五人。克弼爲林西戶第六十,三百七十八人。

右第二十派,凡二戶。

以上乾隆甲子修譜,共計見丁一萬九千八百四十九人,此《孔氏族譜》六十戶支系之大凡也。

若夫流寓他地,確有可考者,有第三派潨之少子思本,徙居定陶一支。

又,四十八代衍聖公端友之從宋高宗南渡也,四十七代孫傳與四十八代孫端朝、四十九代孫瓚、琯隨焉。端友傳玠,玠生搢,搢生文遠,文遠生萬春,萬春生洙。自端友至洙凡六世,皆於南宋時襲衍聖公。後,洙歸元,讓世爵於北宗,卒後無子,而南渡之大宗遂絕。傳子端問,爲奉新縣丞。端問子璹,漳州録事參軍。璹子攄,銅陵主簿。攄子應發,武寧縣令。應發子言,兗州府同知。言子津,津子思許。思許子克忠,福清學正。克忠子希路,福州嶽山書院山長。希路子議,議子公誠,公誠子彥繩。彥繩之後,世襲五經博士,與端朝、瓚、琯之裔共居衢州,是爲南宗。

又,三十九代文宣公之第三子、太子舍人郁,郁子述,述子檜,遭五代之亂,徙家溫州之平陽。

又,三十五代文宣公璲之,唐明皇時,避亂寄居寧陵。及曾孫、嗣公惟晊,世平歸魯,留幼弟兗州都督工曹惟時居寧陵守墓,遂家焉。

又,三十三代褒聖侯次子子嘆,生深州刺史賢,亦同寓寧陵,今儀封世襲學正,即其裔也。

又,二十七代崇聖大夫次子、工曹掾景進,景進子國子博士靈龜,靈龜子南臺丞碩,碩子青州法曹參軍安齊,安齊子國子祭酒穎達,穎達子中書舍人志亮,志亮子珪,珪子東光令務本,務本子海州司戶參軍如珪,如珪子祕書省著作郎岑父,岑父長子尚書左丞戣,戣長子四門博士溫質,溫質長子絢,爲丹陽令,遂家於丹陽。

又,戣次子華陰丞遵孺,遵孺長子宰相緯,緯子散騎常侍昌弼,唐末朱溫之亂,隨節度徐彥若之嶺南,避地南雄。

又，岑父第三子衛尉丞、分司東都戩，戩子太子少傅溫資，溫資子萊州刺史照，照子虞部郎中昌庶，昌庶子莊，爲晉右諫議大夫，居河南。

又，岑父第四子京兆尹兼御史大夫戢，戢子進士第溫諒，溫諒子績，唐僖宗時爲吉州軍事推官，因家於臨江。

又，八代文信君第三子樹，樹子將軍蓼侯聚，聚子太常臧，臧子諸史琳，琳子豫州從事黃，黃子孫失名，其曾孫鉅鹿太守尚，尚子陳相疇，疇子賢，賢子河東太守彪，彪子鴻臚乂，乂長子征南軍司毓，毓子廣陵太守衍，衍子廬陵太守啓，啓子尚書祠部郎愜，愜子粲，粲子淳之，宋文帝元嘉間，徵散騎常侍，不就，避地上虞。

又，乂第三子冀州刺史郁，郁子太子少傅潛，潛子豫章太守竺，竺子湘東太守恬，恬子餘不亭侯愉，愉子建安太守闓，闓子侍中靖，靖子著作郎靈運，靈運子吳興太守琇之，琇之子尚書三公郎臻，臻子無錫令幼孫，幼孫子宏範宮衛尉奐，奐子秘書監紹安，紹安子蘇州長史楨，楨子季翊，唐時爲左補闕，流寓華亭。

凡此皆班班可考者也。

至再遷屢遷，如南宗之遷於句容、遷於嘉魚，則不可勝書，亦不能盡辨矣。故不具錄。

述曰：吾宗族姓，肇自孔父。考春秋時以字孔爲族者尚多，如鄭穆公有子十三人，宋子生公子嘉，字子孔；圭嫣生公子志，字士子孔，其後皆以字爲孔氏，孔張即嘉之孫也。此外，鄭又有孔叔、孔將鉏與陳之孔寧、孔奐，衛之孔達，齊之孔虺、孔距心，皆非出自子氏，而衛孔烝鉏則達之孫，羈則烝鉏之孫，圉則羈之子，而悝又圉之子也。凡此數族，近世並不著聞，而列史所載，往往有在吾家譜系之外者。雖吾宗失傳者固多，然安知其非出諸孔之後乎？自唐季陵遲，氏族道廢，遂有乘間肆凶，冒昌平之胤如孔末者。然則溯源流，慎派別，亦所以鋤非種而辨竊冒也。

至孔氏子孫流寓他處者，各以小宗立譜。凡譜成，必詣闕里，請鈐宗主之印。曲阜舊譜，有流寓一卷，載其初遷之祖，所以紀始；分略其以下之系葉，所以闕疑而存信，立法亦綦周密矣。乾隆甲子修譜，同事者爲寧遺毋濫之説，請於宗主，削此一卷。汾爭之不得，然於心竊有所未安也。故於茲考，仍表而出之，並敍其支派所自分，以補譜之所闕。

孔氏著述第十一

自先聖刪述六經以垂教萬世，而後代之言六藝者，必折衷於孔氏。遭暴秦之厄，篇帙散亡。漢興，羣儒區區修補，然後六經傳記之書始大顯於天下。後之子孫，守而弗失，凡有著作，類不敢騖隱怪而背遺經，家乘所傳，章章可考也。顧守道之儒抱經術，博雅之士尚文章，志趣既殊，著作亦異，而要以不詭於聖人之訓而止。兹仿《隋·經籍志》四部之例，各以類別，並著於篇。後之覽者，亦庶幾知淵源之有自焉。

昔伏羲氏始畫八卦，以通神明之德，以類萬物之情，蓋因而重之，爲六十四卦。及周文王作卦辭，周公作爻辭，謂之《周易》。先聖爲《彖》《象》《繫辭》《文言》《序卦》《説卦》《雜卦》之屬十篇，謂之《十翼》，以授弟子商瞿。漢初，田何傳之，其後有施、孟、梁丘之學。又有京氏學，宣元之世，列於學官。而行於民間者，別有費、高二家之説，然惟費氏經與古文同。馬融、鄭康成、荀爽、王肅、王弼之徒，皆有傳注。至隋，諸説寖微，惟王弼之注盛行。唐太宗貞觀中，三十二代孫、國子祭酒穎達與顏師古等同奉詔作《正義》十六卷《舊唐志》《宋志》並十四卷。六十代孫、明荊王長史承偶有《易經代言》卷佚。

先聖討論墳典，芟夷煩亂，斷自唐虞以下，迄於秦，凡百篇，而爲之序。遭秦燔書禁學，挾書者畏秦法峻急，皆藏書屋壁中。漢興，伏生家藏者亡失，止求得二十八篇，以其上古之書，謂之《尚書》。百篇之義，世莫得聞已。傳其學者，有大、小夏侯、歐陽三家。而《漢書·藝文志》大、小夏侯《解故》云"二十九篇"者，合以武帝時所出僞《泰誓》一篇也。及孔壁全經出，始知伏生所授《舜典》合於《堯典》，《益稷》合於《皋陶謨》，《盤庚》三篇合爲一，《康王之誥》合於《顧命》，其實蓋三十三篇也。當時科斗書廢已久，無能知者。十一代孫、侍中安國奉詔作傳，以所聞伏生之書考論文義，定其可知者，以隸寫古，纔增多伏生二十五篇，復出《舜典》以下五篇，得五十八篇，并《序》一篇，爲《傳》十三卷《宋志》十二卷。其餘錯亂磨滅，弗可復知者，悉上送官，藏之祕府。又作《古文尚書音》五卷，以巫蠱事起，未列學官。晉永嘉之亂，《今文尚書》並亡，而《古文尚書》始大顯。唐貞觀中，三十二代孫穎達與顏師古等奉詔撰義訓，因梁費甝之書，作

《尚書正義》二十卷。四十七代孫、宋禮部侍郎武仲有《書説》十三卷。五十二代孫、宋慶元府通判夢斗有《尚書解》。卷佚。六十代孫承倜有《書經代言》。卷佚。

古者有采詩之官，王者所以觀風俗，知得失，自考正也。其詩本三千餘篇，先聖删之，純取周詩，上采殷，下取魯，去其重，取其可施於禮義者，凡三百五篇，以授子夏。六經遭秦火後，獨《詩》以諷誦得全。毛萇之學出於子夏，源流最真。漢時，《詩》有齊、魯、韓三家，皆列學官，《毛詩》獨未得立，晚乃有《毛詩鄭箋》。唐貞觀中，三十二代孫穎達據劉炫、劉焯疏本，删煩增簡，奉詔作《毛詩正義》四十卷。四十七代孫武仲有《詩説》二十卷。六十代孫承倜有《詩經代言》。卷佚。

《春秋》，魯史也。東周之世，世衰道微，臣弑其君者有之，子弑其父者有之，先聖懼焉。以魯周公之國，禮文備物，史官有法，故與左丘明觀其史記，據行事，仍人道，因興以立功，就敗以行罰，假日月以定曆數，藉朝聘以正禮樂。有所褒諱貶損，不可以書見，口授弟子。弟子退而異言，丘明恐弟子各安其意，以失其真，故論本事而作傳。及口説行，又有《公羊》《穀梁》之傳。左氏親受經先聖，而公、穀實子夏弟子，授受相承，皆有端緒，故傳説雖有不同，要皆依附聖經，非由臆説。漢興，諸儒各守師傳，互相攻擊，或立或否，遞爲盛衰。十三代孫、漢弘農太守驩有《公羊訓詁》《穀梁訓詁》。卷並佚。十六代孫、處士奇撰《左氏義詁》，未畢而没。宗人子通爲校其篇目，并序答問，凡三十一卷。十七代孫、漢城門校尉嘉有《左氏説》一卷。二十代孫、漢少府融有《春秋雜議難》五卷。二十二代孫、晉廣陵太守衍有《左氏訓注》十三卷、《公羊集解》十四卷、《穀梁訓注》十四卷。《舊唐志》十三卷。二十六代孫、宋廣州刺史默之有《穀梁注》一卷。唐貞觀中，三十二代孫穎達奉詔作《左傳正義》三十六卷，《舊唐志》三十七卷。又《公羊疏》三十卷。六十八代衍聖公有《三傳合纂》十二卷。

《儀禮》，古之儀注，所謂“禮儀三百，威儀三千”者也。漢初，高堂生傳《士禮》十七篇。後孔氏壁中出《古文儀禮》五十六篇，内十七篇與今文相似，外多三十九篇。而古經出魯淹中者，亦五十六篇，河間獻王得而獻之，當時無敢傳者。惟十七篇與高堂生所傳不殊，學者傳之。二十五代孫、晉黃門郎倫《集注喪服經傳》一卷。又，二十二代孫衍亦有《凶禮》一卷，今亡不可見，疑非古經也。

初，河間獻王得先聖弟子及後學者之所記一百三十一篇獻之。劉向考校經籍，益爲二百十四篇。而戴德之書則删煩重，合爲八十五篇，謂之《大戴記》。至戴聖又删大戴之書，爲四十六篇，謂之《小戴記》。馬融又足以《月令》一篇、《明堂位》一篇、《樂記》一篇，合四十九篇。唐貞觀中，三十二代孫穎達奉詔作《正義》七十卷。至宋朱子又析《大學》《中庸》，别爲章句獨行。今祇四十七篇。六十八代衍聖公有《禮記摘藻》一卷。

昔先聖爲曾子陳孝道，曾子退而與門人記之，是爲《孝經》，凡十八章。漢時，長孫氏、江翁、后蒼、翼奉、張禹皆名其學。其後，孔壁古文出，《庶人章》分爲二，《敢問章》分爲三,又多一章,爲二十二章。十一代孫安國作《傳》一卷,十四代孫、漢太師博山侯光作《注》一卷,三十二代孫穎達作《孝經義疏》。卷佚。

《論語》者,先聖應答弟子、時人及弟子相與言而接聞於先聖之語也。當時弟子各有所記,先聖既卒,門人相與輯而論纂之,故謂之《論語》。漢時有齊、魯之説,《魯論》二十篇,《齊論》多《問王》《知道》二篇,爲二十二篇。後孔壁古文出,章句繁省,與《魯論》不異,惟分《堯曰篇》"子張問從政"以下别爲《從政篇》,爲二十一篇。十一代孫安國爲之傳卷佚。四十七代孫武仲著《論語説》十卷。五十代孫、宋餘干主簿元龍爲柯山精舍山長,有《柯山論語講義》。卷佚。

四書之名,起於朱子,蓋析《禮記》中《大學》《中庸》二篇,與《論語》《孟子》並行,號爲"四子書"。後代遂首用以取士。五十七代孫、明按察僉事謂有《中庸補注》三卷。六十代孫承倜有《中庸孔庭續問》一卷、《四書代言》。卷佚。六十四代孫尚嚴有《學庸正解》。卷佚。六十六代孫、進士興治有《四書講義》六卷。

《孔子家語》,皆當時公卿大夫及弟子之所諮訪,交相對問言語也。既而諸弟子各自記其所聞焉,與《論語》《孝經》並時。弟子取其正實而切事者,别爲《論語》,其餘則都集録之,蓋四十四篇,名曰《孔子家語》。秦始皇焚書時,《家語》與諸子並列,故不見滅,多古文字。十一代孫安國既爲《尚書》《孝經》《論語》改今文讀而訓傳其義,又撰次《孔子家語》,會巫蠱事起,遂各廢不行於時。戴聖嘗雜取其書,以足《禮記》。漢成帝時,劉向考校經籍,見其已在《禮記》者,則便除《家語》之本篇,止録二十七篇。十三代孫、博士衍以爲是滅其原而存其末也,言之成帝,會帝崩,不行其説。後,王肅得《家語》四十四篇古本於二十一代孫猛家,注之,乃行於世。猛,或作二十二代。按《譜》,猛乃二十代孫季彦之子。其作二十二代者,非。今所存《家語》二卷,亦四十四篇,然非王肅所得古本矣。

樂者,先王所以致神祇,和邦國,諧萬姓,安賓客,悦遠人,故《記》曰"移風易俗,莫善於樂"也。周道衰微,樂章崩壞,及秦而頓滅。漢初,制氏雖在樂官,第能紀其鏗鏘鼓舞,而不能言其義,蓋古樂之亡也久矣。前史相承,禮樂並列,乃取後代樂府及言樂之書,置於《孝經》之前,猥雜殊甚,陳氏《書録》斥之是已。但列於諸子之後、雜藝之間,亦未爲得。昔馬貴與曰:"樂者,國家之大典,古人以與禮並稱。雖後世之樂不可以擬古,然既以樂名書,則非止於技藝之末而已。況先儒釋經之書,其反禮詭道,爲前賢所擯斥者,亦沿經之名,得以入於經類,豈後世之樂書,盡不足與言樂乎?"故《通考》著録,與讖緯並列於經解之後、子史之前,似爲允當。今孔氏知樂者,二十二代孫衍有《琴操引》三卷。《唐志》一卷。五十四代孫、元太常禮儀院判思逮有《大元樂書》。卷佚。六十三代孫、大姚知縣貞瑄有《大成樂律全書》一卷、《操縵新説》一卷;貞遇有《琴譜》一卷。

右經,録《易》二部,《書》六部,《詩》三部,《春秋》十二部,《儀禮》二部,《禮記》二部,

《孝經》三部,《論語》三部,《四書》五部,《家語》一部,《樂》五部,共四十四部。十二部卷佚,餘得三百八十七卷。

古者史官之職,左史記言,右史記事,事爲《春秋》,言爲《尚書》,故後世史家多襲《尚書》《春秋》之目。班氏《七略》無史門,以古來及秦漢之史附於《春秋》之末。自荀勖分爲經、史、子、集四部,後世志藝文者因之。馬貴與作《通考》,遂削去班《志》"春秋略"內《世本》以下入史門,是也。今考孔氏修正史者,三十二代孫穎達有《隋史》八十五卷、《志》三十卷。三十三代孫、唐祕書監紹安撰《梁史》若干卷,未成。

凡所紀皆帝王之事而體制不經,不可列於正史及編年者,前志謂之"雜史"。二十二代孫衍有《春秋時國語》十卷,又《春秋後國語》十卷、《漢尚書》十卷、《漢春秋》十卷、《後漢尚書》六卷、《後漢春秋》六卷、《魏尚書》十四卷、《梁錄》十卷,《隋志八卷》。《魏春秋》九卷、《漢魏春秋》九卷、《國志曆》五卷、《長曆》十四卷、《千年曆》二卷。

《春秋傳》曰:"君舉必書。書而不法,後嗣何觀?"《周官》內史掌王之命,遂書其副而藏之,是其職也。六十三代孫、明東閣大學士貞運有《皇明詔制全書》。卷佚。

古者朝廷之政令,百司奉之,藏於官府,各修其職,守而弗忘。《春秋傳》曰"吾視諸故府",則其事也。二十五代孫、晉餘不亭侯愉有《晉建武咸和咸康故事》四卷。四十七代孫武仲有《金華講義》十三卷。

《漢書·百官表》列衆職之事,記在位之次第,書其總而未及其細也。是以王隆、應劭等復作《漢官儀》《漢官解詁》等書。其後,或述職掌,或記沿革,書始繁矣。六十三代孫貞運有《詞林典類》。卷佚。

自漢阮倉始作《列仙圖》,劉向典校經籍,作《列仙傳》。由是志奇好異之士,往往推其本源,作爲傳記,前史謂之"雜傳",蓋亦史官之末事也。二十九代孫、齊散騎常侍稚圭有《陸先生傳》一卷。

古者天子建德,因生以賜姓;諸侯建家,因氏以命族。《周官·小史》"定繫世,辨昭穆",譜系亦柱下之職也。秦并天下,剗除舊迹,公侯子孫失其本繫。漢興,稍稍別之。延及魏晉,譜系之書漸廣。迨西晉喪亂,百宗蕩析,冠冕輿隸,混爲一區,不可遽知。是以周、齊而還,譜牒之學,益貴於世。三十三代孫志約,唐時爲禮部郎中,能明其學,嘗與許敬宗等撰《姓氏譜》二百卷。三十六代孫、唐著作郎至有《姓氏雜錄》一卷,又與韋述等撰《百家類例》三卷。至《孔子系葉傳》始於唐黃恭之,然止敍承襲一人,殊多疏略。宋元豐中,四十六代孫、刑部侍郎宗翰病之,上自孔子,下止四十九代,作《孔子世家譜》。卷佚。四十八代孫、宋國子博士端朝;四十九代孫、金曲阜主簿璠;五十代孫、元濟兖單三州宣課提領矗;五十一代孫、元衍聖公元措,宋諫議大夫應得;五十三代孫、元參知政事淑、翰林院檢閱涇、吳江州判濤;五十四代衍聖公及處士思敬;六十代孫、明處士承懿皆相繼續修。右十一書,卷並佚。厥後時有增輯,然書祇抄錄,未有刻本。明天啓間，六十五代衍聖公始重修鋟板。是書卷佚。此後小修則書之，大修則刊之，皆以三十年爲限。

國朝順治甲午，六十代衍聖公；康熙甲子，六十七代衍聖公皆舉其事。順治甲午重修譜二十三卷，康熙甲子重修譜二十四卷。乾隆甲子，今衍聖公復經增修，爲書二十三卷。六十七代孫毓㑇摘其大凡，爲《家譜纂要》一卷。

志者，所以述典故，紀盛軌，徵軼聞，考地理，備風俗也。自班史作十志，後世作者多祖之。二十八代孫、宋贈金紫光禄大夫靈符撰《會稽記》，卷佚。宋著作郎靈運撰《地志》。卷佚。自四十七代孫、宋知撫州傳，始撰《東家雜記》二卷、《闕里祖庭記》三卷。其後，四十九代孫瓐廣其書，爲《祖庭廣記》；元行臺都事、權主祀事璪續之二書，卷並佚。五十三代孫涇又加增續，爲書二十卷。此外，五十一代孫、元興化路經歷元敬有《素王世紀》十二卷。六十一代孫、明魯王府審理宏幹有《孔門僉載》四十卷。明弘治間，學使陳鎬纂述歷代追崇聖賢之典，及林廟古迹與夫舊事遺文，成《闕里志》十三卷，長沙李東陽爲作《凡例》。其後，孔氏子孫屢有續輯，皆因是成書而附益之，增至二十四卷，是所謂闕里舊志者也。六十四代孫、户部員外郎尚任始別撰新志二十四卷，又采曲阜民俗撰《節序同風録》十二卷。四氏學録尚忻又輯《聖門禮志》一卷、《樂志》一卷。六十五代孫衍璐有《廟庭禮樂典故》。卷佚。六十七代衍聖公毓圻有《恭紀聖祖幸魯盛典》四十卷。六十八代衍聖公傳鐸有《恭紀世宗修廟盛典》五十卷。又，六十三代孫貞瑄有《滇記》一卷、《黔記》一卷、《泰山紀勝》一卷、《縮地歌》一卷。

右史，録正史三部，雜史十二部，詔令一部，故事二部，職官一部，雜傳記一部，譜牒二十部，志二十一部，共六十一部。二十一部卷佚，餘得七百四十六卷。

昔劉歆校書祕閣，序爲《七略》。《六藝》之外，繼以《諸子》，而《諸子》之內又分九流。孔氏服膺先聖之訓，無不游心六經，講求仁義，故其著書立言，大都不敢背乎儒者之道。今綜其著者，有《子思子》七卷。《舊唐志》，八卷。七代孫子高有《讕言》十二篇。卷佚。九代孫、陳涉博士鮒有《孔叢子》二十一篇，後世又附以《連叢子》二篇，共爲七卷。十一代孫、漢太常蓼侯臧著書十篇。卷佚。四十七代孫傳有《孔子編年》三卷。五十代孫元龍有《洙泗言學》卷佚，拱有《習經》三卷、《讀史》三卷。五十五代孫、元浙江行省參議克慧有《歷官紀》《歸田録》。卷並佚。六十代孫承倜有《日言》一卷、《四事請教録》一卷、《荆藩輔政録》一卷、《天人直指圖》一卷、《天理説》一卷、《三教指迷》一卷。六十三代孫、四氏學録貞燦有《家政》一卷。六十八代衍聖公有《讀古偶志》一卷。

凡事不拘乎一類，而言不衷於一途者，前史列之於“雜家”。二十二代孫衍有《説林》五卷。《梁録》二卷。四十七代孫、宋金部郎中平仲有《良史事證》一卷。

《傳》載“輿人之誦”，《詩》美“詢于芻蕘”，然則街談巷語，亦聖人所借以考鑑也。四十七代孫平仲有《野史》一卷，又《釋稗》一卷、《續世説》十二卷、《雜説》一卷、《珩璜新論》一卷。六十一代孫宏幹有《談柄》一卷。六十四代孫尚任有《會心録》四卷。六十七代孫、五經博士毓埏有《拾籜餘聞》一卷。

老農、老圃，聖人弗爲。然物土宜而勤樹藝，亦民生衣食之本也。四十七代孫武仲有《芍藥譜》一卷。

兵者，所以禁暴止邪也，寓之於農，行之以義，用以克敵致果而安百姓，即仁者亦有所不廢焉。二十二代孫衍有《兵林》六卷。

昔子産鑄刑書，叔向非之。子産曰："吾以救世也。"然則畫衣冠而民弗犯，其不可再見於三代下也審矣。明刑以弼教，使愚民知所避，而巧吏亦不敢弄法以爲姦，亦救敝扶衰之一道也。齊永明中，二十九代孫稚珪奉敕與公卿共删注《律文》二十卷，《録》一卷。

類書，起於劉宋何承天并合《皇覽》，後作者寖衆，《唐書》遂立一門，白居易有《六帖》。四十七代孫傳續《後六帖》三十卷。今世所行《白孔六帖》，乃二書合刻者，凡一百卷。

小道可觀，精於其事，雖技藝亦可傳也。二十六代孫、晉都督交廣二州諸軍事、廣州刺史汪有《雜藥方》二十九卷。三十三代孫志約有《本草音義》二十卷。六十代孫承倜有《夢解》。卷佚。六十五代孫衍栻有《書訣》一卷、《續書訣》一卷。

右子，録儒家十九部，雜家二部，小説家八部，農家一部，兵家一部，刑家一部，類書一部，術藝五部，共三十八部。六部卷佚，餘得一百六十八卷。

古者無集之名也，靈均以降，作者日衆，而志尚不同，風流殊別，於是萃而録之，名爲"别集"。班氏創其體，而《隋志》始列其目焉。孔氏别集有：十一代孫《臧集》二卷。二十代孫《融集》九卷。《梁録》十卷，《録》一卷。二十五代孫、晉御史中丞羣《奏議》二十二卷。二十六代孫《汪集》十卷，晉廷尉《坦集》十七卷。《梁録》《宋史》皆五卷，《録》一卷。晉吳興太守《嚴集》五卷。《梁録》十一卷，《録》一卷。二十七代孫、晉廷尉《廞集》十一卷。二十八代孫、宋祠部尚書《琳之集》十卷。《隋志》九卷。二十九代孫《稚珪集》十卷。三十一代孫、梁宣惠將軍、揚州刺史《休源集》十五卷。三十二代孫《穎達集》五卷；陳散騎常侍《奐集》十五卷、彈文四卷。三十三代孫《紹安集》五十卷。三十七代孫、唐贈左僕射《巢父集》十卷。四十六代孫、宋尚書司封郎中《延之集》二十卷。四十七代孫傳《杉溪集》十卷；宋中書舍人《文仲集》五十卷，《武仲集》，卷佚。《奏議》二卷，《平仲集》，卷亦佚。宋周必大所序《清江三孔集》文仲二卷、武仲十七卷、平仲二十一卷。《詩戲》一卷。四十九代孫《璪集》一卷；族長璞《景叢集》十卷。五十代孫元龍《魯樵集》；卷佚。拱《錫山草堂集》五卷、《村居雜興》三卷。五十一代孫元演《明德集》十卷。五十二代孫夢斗《愚齋文集》。卷佚。五十三代孫、元行臺都事《汭集》五卷。五十五代衍聖公《遺稿》二卷、《樂府》一卷；明三氏學録克晏《巢愚稿》一卷；克慧《德臺集》。卷佚。五十六代孫、明儀賓希恭《韋庵詩稿》一卷。五十七代孫謂《舞雩春詠集》二十卷。五十八代孫、明曲阜知縣公鏜

《沂雩散人集》一卷；公杰《晗齋集》一卷；明詹事《公恂集》二十卷；明三氏學録公璜《北
牕迂叟稿》一卷；公輈《元和景象集》一卷、《南坡稿》一卷、《泗漁樂府》一卷；公琅《東村
耕隱集》一卷。五十九代孫彦臣《秋塘樂府》一卷。六十代贈衍聖公《禮庭吟稿》三卷；
承懿《南坡集》一卷、《橋梓聯編》五卷。六十一代孫宏幹《孔氏一家言》一卷；明高陽知
縣宏頤《北遊詠》一卷、《西山雅詠》一卷、《唱酬集》一卷。六十二代孫、明河南糧儲道
聞詩、給事中時《奏議》一卷。六十三代孫貞瑄《聊園文集》一卷、《聊園詩略》十三卷、
《詩續集》一卷，貞燦《西園詩》一卷，明翰林檢討貞時《在魯齋文集》；卷佚。貞運《敬事
草》《行餘草》。卷並佚。六十四代孫尚任《岸塘文集》六卷、《湖海集》十三卷。六十五代
孫衍欽《温泉集》一卷；衍栻《題畫詩》一卷；江南丹陽主簿衍譜《小岸詩》一卷。六十六
代孫、雲南糧儲道興詔《滇遊集》一卷；興治《詩鈔》一卷。六十七代衍聖公《蘭堂遺稿》
二卷；五經博士毓埏《遠秀堂集》八卷；順天昌平州判毓璘《水木山房詩》一卷；曲阜知
縣毓琚《紅杏山房詩》一卷。六十八代衍聖公《安懷堂文集》二卷、《申椒詩集》二卷、
《繪心集》二卷、《盟鷗草》一卷、《紅蕚詞》二卷、《炊香詞》三卷；五經博士傳鋕《補間集》
二卷、《清濤詞》二卷；聖廟三品官傳鉦《炊經堂詩集》四卷；傳樅《芥圃遺詩》一卷。六
十九代贈衍聖公繼濩《純齋遺草》一卷；聖廟五品官繼汧《五泉莊擬古樂府》一卷。七
十代衍聖公廣棨《敏求齋文集》八卷、《詩集》四卷、《外集》一卷。

　　建安以來，辭賦轉繁，衆家之集，日以滋廣，晉摯虞合而編之，謂爲《文章流別》，此
總集之所仿也。六十一代孫宏幹有《闕里文獻集》四卷。六十八代衍聖公有《古文源》
二卷。

　　右集，録別集八十六部，總集二部，共八十八部。八部卷佚，餘得四百七十三卷。

　　凡經之類四十四部，史之類六十一部，子之類三十八部，集之類八十八部，總二百
三十一部。佚其卷者四十七部。其一百八十四部，得一千七百七十四卷。

　　述曰：語云，作之難，傳之更難。儒者閉户著書，類欲藏名山而垂後世。而兵燹風
霜，間遭浩劫，千秋難卜，古人所爲悼嘆於無窮也。兹第取家之所藏及前籍所載者著
於録，而卷帙之間，已多遺脱。其他凋零磨滅湮没而不可見者，更可勝道邪？嗚呼！

闕里文獻考卷三二

藝文第十二之一

粵自班史志藝文，後之作志乘者競取則焉。顧或博採遐搜，矜尚華富，辭不衷於體要，甚無謂也。闕里爲六藝之宗，天下之大文備焉。遊於聖人之門者難爲言，而小言詹詹，弗典弗則，詎足以紀盛德、美形容乎？我朝列聖相承，崇儒重道，文謨丕顯，德音孔昭，彪炳日星，敻乎尚矣！下自漢唐以降，迄乎今兹，代有表章，間多述作，刪繁削穢，掇拾於篇，亦可以備考據之大凡，徵斯文之彬郁矣。首聖製，重宸章也。次碑記，次序跋，次論辨，次頌贊，次祭文，而以辭賦詩歌終焉。至制詔章疏，文以事著，已散見於諸考中，兹不更列云。

聖製

聖祖御製闕里孔子廟碑

朕惟道原於天，弘之者聖。自庖羲氏觀圖畫象，闡乾坤之秘，堯、舜理析危微，厥中允執，禹親受其傳，湯與文、武、周公遞承其統，靡不奉若天道，建極綏猷，敻乎尚矣！孔子生周之季，韋布以老，非若伏羲、堯、舜之聖焉而帝，禹、湯、文、武之聖焉而王，周公之聖焉而相也。巋然以師道作則，與及門賢哲紹明絕業，教思所及，陶成萬世，是伏羲、堯、舜、禹、湯、文、武、周公之統，惟孔子繼續而光大之矣！間嘗誦習《詩》《書》之所刪述，《大易》之所演繫，《春秋》之所筆削，《禮》《樂》之所修明，本末一貫，根柢萬有，殆與覆載合其德，日月並其明，四時寒暑協其序焉。故曰，仲尼之道，一天道也。朕敬法至聖，景仰宮牆，嚮往之誠，弗釋寤寐。歲甲子十有一月，時邁東魯，躬詣曲阜，展修祀事，復謁聖墓，循撫松栝，儀型在望，僾乎至德之親人也。朕忝作君，啓牖下民，深惟夫子師道所建，百王治理備焉。舍是而圖郅隆，曷所依據哉？因勒文於石，彰朕尊崇聖教以承天治民之意。系以辭曰：

逴哉三五，維辟之式。於皇尼山，師道允植。天畀木鐸，覺彼羣生。百行以正，六籍以明。賢邁唐虞，聖則河洛。綏和動來，文博禮約。鳳衰雖嘆，麟德感祥。學昌洙泗,統歸素王。炎漢崇儒,少牢用享。厥後賢君,高山是仰。予懷至聖,莅彼東方。音徽云邈,道德彌光。鬱鬱塋林,峨峨祠殿。企慕安窮,羹牆如見。泰岱匪高,東海匪深。敬仰懿軌,終古式欽。

御製重修闕里孔子廟碑

朕惟大道昭垂,堯、舜啓中天之聖,禹、湯、文、武紹危微精一之傳,治功以成,道法斯著。至孔子雖不得位,而贊修删定,闡精義於《六經》;祖述憲章,會眾理於一貫。爲往聖繼絕學,爲萬世正人心,使堯、舜、禹、湯、文、武之道燦然丕著於宇宙,與天地無終極焉。誠哉,先賢所稱“自生民以來,未有盛於孔子者也”!往歲甲子,朕巡省東方,躬詣闕里,登聖人之堂,祇將祀事,睹其車服、禮器、金石、絃歌,蓋徘徊久之不能去焉。顧聖廟多歷年所,丹臒改色,榱桷漸圮,用是惄然於心,特發内帑、專官往董其役,鳩工庀材,重加葺治。經始於辛未之夏,事竣於壬申之秋,廟貌一新,觀瞻以肅。蓋深惟孔子之道,垂範今古,朕願學之志,時切於懷。每考天人性道之原,修齊治平之要,思以遠紹前緒,牖迪生民。凡所以尊崇褒顯者,靡不隆禮竭誠,以將景行仰止之意。而況廟庭之地,尤爲聖人神明所憑依者哉!今者登堂而陳俎豆,入室而習禮儀,營構既堅,采章彌焕,庶幾於朕心深有慰焉。用是特遣皇子允祉,敬展禋祀,以告落成。凡我臣民,瞻仰宮牆,倍增嚴翼,尚益思敦崇德義,砥礪倫常,以不負朕尊師重道之意,豈不休歟。因勒貞石,系以辭曰:

麟書啓瑞,素王挺生。上律下襲,玉振金聲。範圍百代,陶甄萬類。道備中和,德參天地。立型垂訓,師道昭宣。象懸七曜,海納百川。曩巡東魯,臨河登岱。峨峨尼山,羹牆斯在。虔恭展謁,至德是欽。宗風溥博,教澤閎深。洙泗之陽,殿寢翼翼。上棟下宇,神靈安宅。冬官特飭,締造維新。宏規大啓,肅奉明禋。聖人之居,永以觀德。千載傳心,四方式則。

御製幸魯盛典序

朕惟自古帝王,聲教翔洽,風俗茂美,莫不由於崇儒重道、典學右文,用能發詩書之潤澤,宣道德之閫奥。推厥淵源,皆本洙泗。以故追崇之典,歷代相仍。或躬詣闕里,修謁奠之儀。潔志肅容,盡誠備物。其間禮數,隨世損益。至於希風服教,百代式型,異世同揆,莫之或二,猗歟盛矣!朕臨御以來,垂三十載,溯危微之統緒,念生安之聖哲,恒慮涼薄,未克祇承。用是夙夜寅心,孜孜不倦。惟我至聖先師孔子,配天地,參陰陽,模範百王,師表萬禩。朕每研搜至道,涵泳六經,覺憲章祖述、删定贊修之功,日星揭而江河流,私心嚮往,竊有願學之志焉。乃者東巡,逾泰岱,涉泗沂,遂過闕里,親行釋奠,得瞻廟貌。仰聖容以爲德盛功隆,欽崇宜極,凡厥典禮,有加前代。又親製文辭，手寫以樹之貞石，務用導揚至教，風示來茲。夫緬懷曩哲，繼躅前賢，猶思睹其物采，接其居處。況先師遺風餘烈，久而彌新，重以朕之寤寐，羹牆儼乎如見。及過杏壇、相圃之間，山川儼然，檜楷如故，仿佛金石絃誦之聲聞於千載而上，流連往復，不能自已也。

衍聖公孔毓圻上疏陳謝，且以禮儀隆重，非直一家榮遇，請修《幸魯盛典》一書。朕既可其奏，久之書成，復請敘言，以冠其端。朕萬幾餘晷，敦勉弗遑，實欲默契先師，尊聞行知，於以阜物誠民，風同道一，庶幾躋世運於唐虞，登治術於三古。是書也，豈徒使天下後世，知朕於先師欽慕無已如此，且愈以見聖人之道覆幬羣倫，苞毓萬象，即凡車服、禮器之遺，皆足令人感發而興起也。故賜之序。

御製孔子贊并序

蓋自三才建而天地不居其功，一中傳而聖人代宣其蘊。有行道之聖，得位以綏猷；有明道之聖，立言以垂憲。此正學所以常明，人心所以不泯也。粵稽往緒，仰溯前徽，堯、舜、禹、湯、文、武達而在上，兼君師之寄，行道之聖人也；孔子不得位，窮而在下，秉刪述之權，明道之聖人也。行道者，勳業炳於一朝；明道者，教思周於百世。堯、舜、文、武之後，不有孔子，則學術紛淆，仁義湮塞，斯道之失傳也久矣。後之人而欲探二帝三王之心法，以爲治國平天下之準，其奚所取衷焉。然則孔子之爲萬古一人也審矣！朕巡省東國，謁祀闕里，景企滋深，敬摛筆而爲之贊曰：

清濁有氣，剛柔有質。聖人參之，人極以立。行著習察，舍道莫由。惟皇建極，惟后綏猷。作君作師，垂統萬古。曰惟堯舜，禹湯文武。五百餘歲，至聖挺生。聲金振玉，集厥大成。序書刪詩，定禮正樂。既窮象繫，亦嚴筆削。上紹往緒，下示來型。道不終晦，秩然大經。百家紛紜，殊途異趣。日月無逾，羹牆可晤。孔子之道，惟中與庸。此心此理，千聖所同。孔子之德，仁義中正。秉彝之好，根本天性。庶幾夙夜，勖哉令圖。溯源洙泗，景躅唐虞。載歷庭除，式觀禮器。摛毫仰贊，心焉退企。百世而上，以聖爲歸。百世而下，以聖爲師。非師夫子，惟師於道。統天御世，惟道爲寶。泰山巖巖，東海洨洨。牆高萬仞，夫子之堂。孰窺其藩，孰窺其徑。道不遠人，克念作聖。

御 製 顏 子 贊

聖道蚤聞，天資獨粹。約禮博文，不遷不貳。一善服膺，萬德來萃。能化而齊，其樂一致。禮樂四代，治法兼備。用行舍藏，王佐之器。

御 製 曾 子 贊

洙泗之傳，魯以得之。一貫曰唯，聖學在茲。明德新民，止善爲期。格致誠正，均平以推。至德要道，百行所基。纂承統緒，修明訓辭。

御製子思子贊

於穆天命，道之大原。靜養動察，庸德庸言。以育萬物，以贊乾坤。九經三重，大法是存。篤恭慎獨，成德之門。卷之藏密，擴之無垠。

御 製 孟 子 贊

哲人既萎，楊墨昌熾。子興闢之，曰仁曰義。性善獨闡，知言養氣。道稱堯舜，學屏功利。煌煌七篇，并垂六藝。孔學攸傳，禹功作配。

御製古檜賦并序

孔子手植檜在杏壇之側，金貞祐間，無復存矣。元至元三十年，再茁故處。明弘治間，又燬於火。今所遺者，不枯不榮，屹立霜露，而秀色獨異。撫摩久之，乃作賦曰：

維槎枒之靈質，實鈞化之所鍾。標扶輿之奇特，峙先聖之故宮。涵元氣以不朽，與至道而俱崇。爾其黛榦蒼蒼，孤柯濯濯，鶴骨初扶，霜鱗未作。儼茁軋以方舒，類鴻荒之忽鑿。謝緰采於春華，完淳風於太樸。夭矯拂勃，星臨露滴。枝無取於樛樛，葉全稀於摵摵。夕飈度兮弗驚，朝旭烘兮如滌。伊間氣之潛滋，惟神爽之咸集。徘徊延佇，宛轉斷連。蟠屈兮若佾羽之在列，聳削兮若簨虡之待懸。則有築以崇封，沃以膏壤，方以周闌，角以文礫。足縮心噓，目給神賞。蘿煙奪翠，松籟失響。於是楷因之而擢穎，蓍感之而抽莖。爭葳蕤於絃誦之里，齊扶疏於禮樂之庭。朝菌慚兮一旦，大椿讓兮千齡。上泝真宰之功，遠契無為之代。均雲行兮雨施，等乾始兮坤載。疇則出混茫之中，而居耳目之外，與三才以並植，綿歷禩其長在。亦有扶桑海表，若木山巔，東瀛西極，揭日摩天。迹雖誇於神異，植非出於文宣。宜瞠乎其後矣，邈無得而稱焉。

御製過闕里詩

鑾輅來東魯，先登夫子堂。兩楹陳俎豆，數仞見宮牆。道統唐虞接，儒風洙泗長。入門撫松柏，瞻拜肅冠裳。

御製闕里古檜詩

榦聳朱薨外，根蟠碧殿阿。奇文成左紐，元氣挺孤柯。瑞與龜龍並，傳來歲月多。徘徊看手澤，不共劫灰磨。

御製闕里重修思欲一往以天氣日暑急奉慈輿北歸未得瞻視紀詩八韻

廣殿丹青焕，飛甍黼藻新。思排仙馭往，卻奉翠輿辰。仰慕尼山側，興懷泗水濱。存心惟志道，勉力事依仁。望斗知非遠，升堂念每惇。廡松應鬣長，階檜益苔皴。過魯時逢夏，歸帆罷問津。迢迢曲阜路，沿泝幾勞神。

世宗御製重修闕里孔子廟碑

朕惟上帝垂祐蒸民，篤生至聖先師孔子，以仁義道德啓迪萬世之人心，而三綱以正，五倫以明。後之繼天御宇兼君、師之任者，有所則效，以敷政立教，企及乎唐、虞、三代之隆。大矣哉！聖人之道，其爲福於羣黎也甚溥，而爲益於帝王也更宏。宜乎尊崇之典，與天地同其悠久也。

曲阜廟庭爲孔子里宅，毓聖鍾靈之地，神爽式憑，明禋祇肅，廟貌崇閎，由周而來，久且加盛。我皇考聖祖仁皇帝德符元化，悟徹性天，自羲、農、堯、舜、禹、湯、文、武、周公之道，集成於孔子者，一一體於身心，宣爲政治。聖統在上，應運而承。康熙甲子，東巡狩，臨幸闕里，謁奠廟林，殷禮隆儀，漢唐莫及。朕恭膺丕緒，志切羹牆。即位之初，加封先師五代王爵，詣雍釋菜，題額歌詩，佩德報功之願，夙夜罔釋於懷。雍正二年，闕里聖廟不戒於火，有司奏告，朕悚惕靡寧，詣廟致祭。旋發帑興修，命大臣專董厥役，殿廡規模，悉準宮闕，製器備物，亦令繪圖呈式，裁酌協宜。數年來，諮諭執事、臣寮，經營周至，纖毫無憾，始愜朕衷。七年冬，有司具奏，大成殿上梁前二日，慶雲見於曲阜，合詞稱瑞。朕以天人感應，理固不爽，而誠敬微忱，詎能邀上帝、先師之垂鑑，用是祇將祀事，倍增試額，俾普天率土被聖人之德化者，同心感慶，庶足以廣教澤而答嘉庥，而撫躬警勉，恒朝夕凛凛焉！朕嘗謂帝王之尊聖，尊其道也。尊其道，貴行其道。居行道之位而能擴充光大，達之政令，修齊治平得其要，紀綱法度合其宜，禮樂文章備其盛，舉凡聖道之未行於當時者，悉行於後世。雖去聖久遠，而心源相接，不啻親授於一堂之上，默證於千載之前，如是而欽崇褒顯，悉由於中心之誠服，而治化日盛，聖道斯尊。且夫聖人之道，一天道也。天以牖民之責屬之聖人，刪定贊修，代天宣教，彝倫惇敘，禮法彰明。後之帝王奉其道以治世，師承罔斁，資益良多。然則尊天尊聖，理原合一。今兹之崇禮至聖，正所以欽若昊天。而於修建廟庭之重典，有不至誠至敬者哉！朕勤求上理，宵旰孜孜，冀以仰述皇考之鴻謨，丕揚先師之厚澤。爰敬推上天篤生聖人與聖人承天立教、垂憲奕世之意，勒文碑石，以昭示臣民於無極，而系以辭曰：

天心覺世，聖治承天。治法道法，聖聖相傳。三五之隆，以道致治。峻德弘昭，豐功遠被。聞知續統，至聖挺生。中天復旦，文教昌明。經緯三才，陶鎔萬象。體具中和，功侔參兩。表揚六籍，程式五常。如會滄海，若揭秋陽。惟我皇考，聰明睿知。苞蘊圖書，滙宗洙泗。德與聖合，禮爲道崇。升堂容肅，過里恩隆。緒續朕躬，勤圖紹述。至訓煌煌，箴銘宥密。維皇建極，惟聖時中。古今雖邈，心理攸同。作帝王師，與天地配。開闢一人，神靈如在。奕奕新廟，輝映尼陽。金絲在御，車服盈堂。煥乎天文，五雲示慶。錫佑者天，承庥者聖。敢云瑞應，鑑厥微誠。普祈洪貺，永福編氓。文治光華，日星晶麗。木鐸揚聲，垂億萬世。

御製論語論

朕惟孔子以天縱之至德，集羣聖之大成，堯、舜、禹、湯、文、武相傳之道，具於經籍者，賴孔子纂述修明之。而《魯論》一書，尤切於人生日用之實，使萬世之倫紀以明，萬世之名分以辨，萬世之人心以正、風俗以端。若無孔子之教，則人將忽於天秩天敍之經，昧於民彝物則之理，勢必以小加大，以少陵長，以賤妨貴，尊卑倒置，上下無等，干名犯分，越禮悖義，所謂“君不君、臣不臣、父不父、子不子。雖有粟，吾得而食諸”，其爲世道人心之害，可勝言哉！惟有孔子之教，而人道之大經、彝倫之至理，昭然如日月之麗天、江河之行地，歷世愈久，其道彌彰，統智愚賢不肖之儔，無有能越其範圍者。綱維既立，而人無逾閑蕩檢之事，在君上尤受其益。《易》曰：“君子以辨上下，定民志。”《禮運》曰：“禮達而分定。”使非孔子立教垂訓，則上下何以辨、禮制何以達？此孔子所以治萬世之天下，而爲生民以來所未有也！使爲君者不知尊崇孔子，亦何以建極於上而表正萬邦乎？人第知孔子之教在明倫紀、辨名分、正人心、端風俗，亦知倫紀既明、名分既辨、人心既正、風俗既端，而受其益者之尤在君上也哉！朕故表而出之，以見孔子之道之大，而孔子之功之隆也。

御製祭文廟詩

扶植綱常百代陳，天將夫子覺斯民。帝王師法成隆治，兆庶遵由臻至淳。道統常垂今與古，文明共仰聖而神。功能溯自生民後，地闢天開第一人。

今上御製闕里孔子廟碑

朕惟至聖先師孔子，天縱聖仁，躬備至德，修明六籍，垂訓萬世。自古聖帝明王，繼天立極，覺世牖民，道法之精蘊，至孔子而集其大成。後之爲治者，有以知三綱之所由以立，五典之所由以敍，八政之所由以措，九經之所由以舉，五禮六樂之所由以昭，宣布列於天地之間，遵而循之，以仰溯乎古昔。雖堯、舜、禹、湯、文、武之盛，弗可及已。而治法賴以常存，人道賴以不泯，詎不由聖人之教哉！

往代表章，尊禮隆重，亦越我朝，備極其盛。當皇祖聖祖仁皇帝甲子之歲，東巡闕里，躬謁殿庭，盛典喬皇，垂於冊府。皇考世宗憲皇帝追晉王封，鼎新廟貌，崇敬誠切，瑞應章顯，實由心源孚契，先後同揆。惟聖人能知聖人所由躋海宇於蕩平仁壽之域也。朕自養德書齊,服膺聖教,高山景行之慕,寤寐弗釋於懷。嗣統以來,仰荷天庥,海宇乂安,用舉時巡之典,道畿甸,歷齊魯,登夫子廟堂,躬親盥獻,瞻仰晬儀,展敬林墓,徘徊杏壇,循撫古檜,穆然想見盛德之形容,悚乎若接夫聞聖人之風。誦其詩,讀其書,皆足以觀感興起,況親陟降其庭,觀車服、禮器,得見宗廟百官之美富,有不益增其嚮慕,俯焉而不能自已者歟!朕撫臨方夏,惟日兢兢,期與斯世臣民率由至道,敷教澤於無疆。顧德弗類,於衷歉焉。恭繹兩朝碑刻之文,益以知道德政治,體用一源,顯微無間。慕聖人之德,而不克見之躬行者,非切慕也。習聖人之教,而不克施之實政者,非善學也。法祖尊師,固無二道。用勒石中唐,志鑽仰服習之有素;思以繼述前徽,酬願學之初志云。敬系以辭曰:

皇矣至聖,代天覺民。天何言哉!聖人是申。立人之極,曰義與仁。建治之統,曰明與新。聖謨洋洋,祖述憲章。配天廣運,應地無疆。四時遞嬗,日月貞明。濯以江漢,暴以秋陽。泱泱東海,巖巖岱宗。於穆聖德,疇與絜崇。巍乎聖功,疇與比隆。循之則治,彌暢皇風。仰稽令辟,展敬尊師。過魯祀牢,炎祚開基。宮牆翼翼,魯壁金絲。蒼檜鬱鬱,殷楹鼎彝。皇祖皇考,聖智達天。探脈道要,孚契心源。豐碑虯護,巨榜鸞騫。上繼三五,一中允傳。顧惟寡昧,仰紹先型。時邁自東,祗謁廟庭。洋洋盈耳,玉振金聲。若弗克見,時殫予誠。見聖匪艱,由聖則難。弗克由聖,孰圖治安?亦既苤止,觀止是嘆。摛辭表志,乾隆戊辰。

御製平定金川紀功碑

乾隆十三年冬十一月,經略大學士忠勇公傅恒奉命出征金川逆遒。明年春二月凱旋,夏四月樹碑太學,并頒勒闕里孔子廟及天下學宮。御製碑文曰:

天畀我皇清,握乾符,俯坤軸,函括萬邦,悉主悉臣。五后纘承,創守佑啓,亦唯是二三藎臣,布德宣力。予曰有先後,予曰有禦侮,用造我丕丕基,罔有蘖芽,罔不煦嫗長養,游於大當。粵有金川莎羅奔者,居西蜀桃關以外,界綽斯甲、小金川之間,向曾從征,得受符檄,與諸土司齒。顧恃其險遠,夜郎自大,搆釁鄰番。各土司申訴封疆吏,吏曰:"蔓之不圖,豈其視爲甌脱?"乃請兵籌餉,期掃其穴。而司其事者,或怯縮以老師,或僄狡以蓄志,軍無適從,事用弗集。予心惘然,念遠徼之不寧,或致增防置戍,重勞吾民。大學士忠勇公傅恒義同休戚,毅然請肩斯任,乃命以經略印,益厚集諸路軍,芻粟相繼,閭閻不驚。卜吉於戊辰十一月之三日,禡牙以指所征。朕親御武帳,賜經略酒以行。天氣和昶,陽氣宣復,都人士聽睹聳躍,罔不忭喜,謂露布之旦暮至也。乃歷燕晉,驅秦隴,越劍關,絕川江,淩桃關之巇,經天射之峻。又日討軍實而教訓拊循之,均其渴飲飢食,同其曉行夜眠。至於密贊機務,親草奏章,則又經略獨勤其勞,而諸武臣有所不知,有弗能共者。恩威既明,士用益勵,度番落如戶庭,過部伍於衽席,姦酋授首,軍聲大振。復以巨炮擊其碉,堅碉以摧。將俟諸軍之集,搗其中堅,而番首駊瞿䮫喙稽首請降。經略臣以彼罪重惡極,窮而乞生,久或渝且背焉,慮不允所請。朕惟天地之德在好生,彼蟻潰而鼠駭者,毋寧赦而宥之。且求降而盡殲之,不可謂武,剈不足以污我斧也。於是經略宣朕明旨,登壇受降。己巳二月之望日,金川平定,捷音至京。是役也,采入數千里,奏凱未七旬,而振旅之師,多有返自中途,未究其用者。昔之成功巴蜀,如建武之定公孫,江陵之降李勢,皆在版圖之內,無足比數。廷臣舉皇祖朔漠、皇考青海成例,請勒碑成均,以示來許。夫秉丹誠而運籌決勝,永靖荒徼者,經略大學士之力也;商可否於帷幄,衝矢石於行陣者,參贊大臣及諸將士力也,朕何有焉?惟是體乾元之德,凛佳兵之戒,保大定功,安民和衆,庶幾可以垂則乎!乃系之以辭曰:

惟天生人,類聚羣分。凡兹林林,孰非我民?有羈而縻,有誨而諄。豈伊異視,遠近殊倫。守在四夷,稽古名言。無已用之,寓義於仁。蠢彼金夷,恃其險阻。饕食豨張,謂莫我拒。不靖不庭,侵兹鄰聚。駭奔叫呶,以干大咎。匪棘匪紓,獫狁之故。我張我伐,獫狁之故。我師既集,賊亦相持。匪敢相持,懼誅自支。兩易寒暑,牧功稍稽。賊益以狂,怒臂當車。罪臣既誅,以狥①我師。朕咨於恒,汝往視之。朕咨於恒,惟汝同德。惟我庶士,亦久於役。將兹旗兵,羽林神策。其勇熊羆,其心金石。何敵不摧?何攻不克?濟以汝忠,奏捷頃刻。恒拜稽首,臣敢弗蕆。既禡既宜,師出於京。師出於京,時惟一陽。未逾五旬,乃壓其疆。前旌獵獵,有節煌煌。羣番迎驚,謂自天降。惟彼攸恃,曰良爾吉。以偵以諜,如鬼如蜮。其恃爰誅,其類股慄。紀律是明,戎兵是詰。鑄礮攻碉,其守以失。惟是懼誅,潛弗敢出。其潛弗出,乃旦夕延。將齊我軍,披其中堅。大鞹大膊,期目之前。彼乃窮蹙,乞降悚虔。惟命是從,六事永遵。除道築壇,肉袒羊牽。赳赳鍾琪,乃度之恩。聿抵賊巢,開誠以諭。攜其二酋,軍門親赴。悔罪歸誠,車塵馬足。順斯撫之,昭我王度。昔也雷霆,今也雨露。七縱諸葛,單騎汾陽。曰我相臣,於前有光。晉爵錫服,黼黻龍章。速歸黃閣,左右贊襄。休養生息,惠鮮蜀邦。我武既揚,無疆惟慶。

御製闕里盛典序

自京師以至郡邑,薄海內外,莫不廟祀孔子。而曲阜闕里,爲聖人之居,靈爽之所式憑,崇德報功,於斯爲鉅。歷代以來,罔不祗肅。洪惟我聖祖仁皇帝親謁廟堂,有《幸魯盛典》一書,至我皇考世宗憲皇帝,重道尊師,弗懈益虔。雍正二年,闕里廟殿不戒於火,命官營治,悉復其舊,宏敞有加焉。屋用黃瓦,圭瓚、俎豆、尊罍之屬,頒自上方,親灑宸翰,懸諸大成殿門。堂哉皇哉,不可殫述。精誠孚格,爰有慶雲,見曲阜之

---

① "狥",《御製文集·初集》卷一七、《清實錄·乾隆朝實錄》卷三三五作"徇"。

祥。凡閱七載，廟工落成，諸臣請勒成《闕里盛典》一書，垂之久遠。乾隆三年，是書告竣。蓋自漢唐而後，紀載所傳，未有若斯之隆也。朕恭承丕緒，景行先師，寤寐羹牆，紹休前烈。深惟聖帝明王，莫不講明先王之法，行聖賢之道，爲萬世計，至深且遠。董子曰："天不變，道亦不變。"夫聖人之道，如日星行而江河流，則聖人之居，與乾坤同其永久者，皆教澤之垂於無窮也。然非有王者作，先後同揆，則尊崇之典或缺焉而不備，備矣而未極其盛。惟我皇考，接洙泗之心源，觀人文以化成天下，明王道，重儒術，以聖契聖，是以盡志盡物，焕乎其文，巍巍煌煌，至於此極。披覽是編，如登聖人之堂，觀車服禮器之輝煌，見宗廟百官之美富，聆金聲玉振之始終條理，有不穆然而遐思、肅然而起敬者哉！昭示來兹，既以見孔子師表萬世，明德馨香，宜隆於毓秀鍾靈之地；又見我國家聖聖相承，右文嚮道，逾邁前古。且俾孔氏子孫繼繼承承，知廟貌維新，修其禮物，其來有自焉。爰因衍聖公孔廣棨請而序之。

御製闕里慶雲頌

巍巍宣聖，上律下襲。祖述憲章，斯文烏奕。我皇膺命，心契聖時。以養以教，作君作師。爰新闕里，慶雲式焕。糺兮縵縵，郁兮爛爛。乃映杏壇，乃覆檜榦。金枝蓊鬱，玉葉璀璨。惟帝之誠，致雲之卿。以彰我文明，以賁我太平。

御製四賢贊并序

聖門弟子三千，其賢者七十有二人。《史記》《家語》各爲紀其姓氏，考其事迹，以垂之後世。而能契夫子之心傳，得道統之正脈者，則惟顏、曾、思、孟四人。顏子得克己復禮之説，曾子與聞一貫之傳，親炙一堂，若堯、舜、禹之相授受，夐乎尚矣！子思師事曾子，發明中庸之道，而歸其功於爲己謹獨。孟子當戰國橫流之時，私淑子思，距楊墨，閑聖道，而養氣之論，爲前聖所未發。昌黎韓子以爲其功不在禹下，有以也。庚戌秋，偶閱有宋諸儒傳，因思宋儒所宗者，孔子之道也。孔子之道，賴顏、曾、思、孟而傳。今聖廟祀典，四子升配堂上，爲百代之楷模。因各係以贊，用志景行之私云爾。

《復聖贊》曰：貧也者，吾不知其所惡；壽也者，吾不知其所慕。德以潤身，孰謂其貧？心以傳道，孰謂難老？簞瓢陋巷，至樂不移。仰高鑽堅，三月無違。夫子有言，克己成性。用致其功，允成復聖。

《宗聖贊》曰：宣聖轍環，在陳興嘆。孰是中行，授兹一貫。曾子孜孜，惟聖依歸。唯而不疑，以魯得之。會友輔仁，任道重遠。十傳釋經，超商軼偃。念彼先子，沂水春風。淵源益粹，篤實春容。臨深履薄，得正以終。三千雖多，獨得其宗。

《述聖贊》曰：天地儲精，川嶽萃靈。是生仲尼，玉振金聲。世德作求，孝孫維則。師曾傳孟，誠身是力。眷兹後學，示我中庸。位天育物，致和致中。夫子道法，堯舜文武。紹乃家聲，述乃文祖。

《亞聖贊》曰：戰國春秋，又異其世。陷溺人心，豈惟功利。時君爭雄，處士橫議。爲我兼愛，簧鼓樹幟。魯連高風，陳仲廉士。所謂英賢，不過若是。於此有人，入孝出弟。一髮千鈞，道脈永繫。能不動心，知言養氣。治世之略，堯舜仁義。愛君澤民，惓惓餘意。欲入孔門，非孟何自？孟丁其難，顏丁其易。語默故殊，道無二致。卓哉亞聖，功在天地。

御製萬仞宮牆贊

芚予自幼，被服聖言。明德新民，知易行難。顧有素誠，瞻謁尼山。亦既莅止，敢云得門。

御書奎文閣贊

奎婁垂象，爰在魯東。夫子之文，天地並隆。煌煌御書，充牣其中。先聖後聖，其揆則同。

御製手植檜贊

文欄肥壤，厥有檜株。先聖攸植，繄手澤餘。幾經枯榮，左紐右紆。造物憑護，孫枝扶疏。

御製杏壇贊

憶昔緇帷，詩書授受。與有榮焉，軼桃轢柳。博厚高明，亦曰悠久。萬世受治，杏林何有？

御製聖迹殿贊

明王不興，夫孰能宗？豈無宗者，邈矣莫從。鐫勒苔華，景仰遺蹤。七十三年，雲中見龍。

御製詩禮堂贊

昔者趨庭，詩禮垂訓。維言與立，伊誰不奮？九仞一簣，願勉乎進。御堂聽講，景仰聖舜。

御製金絲堂贊

禮樂詩書，金絲萬古。豈繫魯恭，廣宅斯舉。在左移西，亦惟其所。懸甕乃神，夫子不語。

御製禮器贊

祇謁先師，載觀禮器。犧尊象尊，伊古之制。有道存焉，儀型攸繫。申明太常，記予初祭。

御製故井贊

疏食飲水，曲肱樂之。既清且渫，汲繩到茲。我取一勺，以飲以思。嗚呼宣聖，實我之師。

御製故宅門贊

居廟之左，厥門斯故。藻繢不施，意存後素。徘徊仰瞻，心焉學步。告爾後人，由茲義路。

御製重修闕里文廟告成賦

丕鑠惟清，聖祖神宗，既承顯之式穀，允精一而執中。欽明文思，克讓允恭。洋溢濔溈，萬國來同。皇上御極，是法是則，煥天下於文明，登九有於祗席。重道而先聖是欽，崇儒而素王惟式。天鑑孔昭，佑我一人。謂闕里之經營既久，斯尼山之廟貌宜新。藉締造於昭代，貽制作於聖君。天子乃命司空，敕匠作，爾經爾營，乃量乃度，走羣靈而驅八神，鳩工徒而諮衆略。劚無聞不注之巉巖，伐泰嶠嵩高之參錯，良材川委，大木神輸。授模定式，審方辨隅。陶埴鍛厲之俱備，丹青垊冶之咸臚。凡工倕與匠石，莫不奏技而待須爾。乃日嘉時良，爰動蕃聲，鍤徒奮力，獲人充盈。既陾陾而薨薨，亦登登而馮馮。大冶耀兮金煙，霏屑噴兮瓊英。斧斤丁丁兮，觀救度之膚法；繩墨綿綿兮，看約椓之咸平。矯枉兮既直，削腐兮用貞。曉畚囊囊，晝杵匋匋。俄而确輝玉碼，柰煥雲楣，豐融曼衍，揭巢陸離。祕殿聳兮盤鳳，傑閣矗兮臥螭。何巨麗之方建，乃卿裔之呈奇。曜藻流光兮，鬱蓊而承日麗；懸華曳紫兮，紈縵以布天垂。斯固天文與人文並燦，聖居與聖澤偕丕者也。若乃級層階於東西，拱修廡於左右。大成殿、大成門，實御筆之親書；聖時門、弘道門，更睿思之口授。圭瓚俎豆之式新，犧牲幣帛之加舊。添配祀之羣賢，增執事之奔走。色瓦頒自上方，御碑摹以重鏤。丹楹列乎瓘材，采桷揭乎纖繡。則其爲狀也，邈穹窿以宏壯，亘砰磷而宵冥。殖殖兮其庭，噲噲兮其正。宏卓爍以輝赫兮，若燭龍蜿蜓而掌掌。紛攢羅以嵗磈兮，若巨鼇贔贔而崢嶸。斯翼斯棘兮，屬閣道之駊騀。如松如竹兮，衛鉤陳之縱橫。仿巖廊而布象，準魏闕以爲程。碳礎既堅，知爲高之基下。綺疏交映，悟立誠之牖明。至夫既落既成，乃祭乃饗，命皇子而徂征，昭一人之敬仰。牲牷肥腯，黍稷豐穰。衣冠肅恭，進退雍容。籩豆既旅，樽罍斯崇。以間兮笙鏞，於論兮鼓鐘。神既安兮和冲，降多福兮隆隆。蓋尊聖之典無以尚，統前後而莫有或同者也。於是爲之歌曰：

堂皇靈宇，天子是新。既輪既奐，乃瑂乃璘。杏壇蔥鬱，檜榦繽紛。宣聖是安，佑我後人。歷億萬禩，丕煥斯文。

御製闕里慶雲詩

化洽文明世，風登熙皥時。車書九有共，禮樂萬方綏。至治乾坤應，仁恩草木知。崇儒欽往聖，重道禮先師。特舉臨雍典，頻行釋奠儀。宮牆新棟宇，殿廡整杗廇。軒爽盤青鳳，觚稜臥赤螭。确①成輝玉碼，宷立煥松楣。上瑞方呈日，卿雲恰應期。非烟籠紫閣，似霧匝丹墀。掞藻流光遍，懸華曳曜奇。鬱蓊承日麗，紖縵布天垂。文運重離炳，嘉祥衆目窺。守臣封表進，大吏露章隨。喜氣三宮滿，歡聲九陌馳。龍墀渙大號，鳳詔凜如絲。聖德誠光被，宸衷益慎持。命期勤翠輦，卜日展鸞旂。詣學行殊典，弘文答景禧。因加登選額，用勵作新思。藝苑薰風普，膠庠膏雨滋。唐虞風更洽，洙泗道逾彌。玉燭綿皇祚，金甌鞏帝基。萬年綏福履，端拱樂無爲。

御製閱闕里祭器

代啓文明炳，崇儒聖道光。皇心欽日月，禮器備宮牆。舊譜稽成式，新圖發尚方。斑斕紛有耀，簜簜列成行。頒示來三殿，傳觀遍兩序。涵光呈玉質，絢彩燦金相。萬國同文軌，千秋肅典常。從茲先後聖，一揆頌吾皇。

御製庚申仲秋丁祭先師孔子

法祖恢文德，崇儒禮素王。晨光開翬輅，露氣浥旂常。寅祀心恒凜，丁辰日正陽。皇皇陳禮樂，肅肅對宮牆。言念百王後，身登夫子堂。君師誠有愧，仰止志方長。

御製盛京文廟詩并序

我太宗文皇帝初定大業，即尊儒重道，釋奠孔子，以四子配，並立文館，譯書史於翔鳳閣，實肇國家萬年有道之長也。

辟雍時尚屬韃纍，過魯空傳祀太牢。更步故宮翔鳳閣，彬彬羣彥想分曹。

---

① “确”，《御製樂善堂全集定本》卷二三《今體詩·雍正己酉仲冬闕里文廟上梁前二日慶雲見上躬詣太學致祭恭紀二十四韻》作“桷”。

御製甲子二月上丁釋奠先師孔子

靈春惟仲月，吉日值丁辰。禮樂遵先進，詩書淑兆民。宮牆增慕永，俎豆薦馨新。敢謂百王後，能傳一脈真。承筐將素幣，獻爵列儒臣。試問得門者，誰爲不愧人。

御製幸翰林院謁至聖祠因示諸臣

蘭臺移法駕，柏殿禮先師。重道非徒重，斯文固在斯。千秋垂法則，一室儼金絲。景仰高山近，休辜浴鳳池。

御製丙寅秋仲丁祭日詣上書房至聖前行禮

萬古生民首，千秋祭典光。攝儀專國學，展禮詣書堂。言念承宗社，何曾致治康。徘徊講筵側，惟覺愧宮牆。

御製戊辰仲春東巡祭關里秩岱宗初四日自京奉皇太后啓程得詩八韻

幼服先師訓，宮牆念在茲。兼懷岱宗麓，堂皁訏何其。二月言旋魯，六龍始戒遶。鴻猷思聖祖，烏養奉徽慈。麗日曈曨暖，祥風左右披。千官紛祖餞，萬騎擁旌旗。武備由來赫，民艱藉以咨。景行終待仰，膏澤豈稽施。

御製衍聖公孔昭煥率所屬職事官並博士子弟來謁詩以示之

和風融日颭前旌，近止尼山慰素誠。道左追隨賢後裔，心殷瞻就魯諸生。宮牆乍可窺巍煥，籩豆從知備潔清。豈爲卿家榮幸獨，崇儒雅化示寰瀛。

御製恭依皇祖過關里詩元韻

素王遺故宅，實實復堂堂。道望惟驚若，心慚尚面牆。詩書千載煥，禮樂百年長。御繖黃雲擁，關里有皇祖當日所留御繖。文明仰舜裳。

御製關里祭先師禮成因成八韻

禮原尼父定，文是素王垂。用以將欽若，因希尚鑑茲。一貫平聲。天道性，萬古帝王師。過魯繩皇祖，思齊奉聖慈。黍其陳俎豆，升降式威儀。教澤常貽在，心傳竟屬誰。景行稍此遂，蠡管尚難窺。三子希蹤後，安能贊一辭。

御製賦得手植檜

靈根欣得地，茂葉想參天。老匪仙方駐，名因聖植傳。肉蒲今豈在，散木信虛焉。見說榮枯屢，宛看左右纏。不棲凡鳥雀，常拂瑞雲煙。遠謝大椿樹，春秋徒八千。

御 製 杏 壇

奎文閣後殿前垂，杏壇遺迹傳緇帷。當時侍者想闇侃，弦歌鼓琴敦書詩。我來景仰慰素志，恍見教澤長留貽。春風裊裊緋英枝，在彼在此還堪思。舞雩曾點聖所與，吾亦因之將詠歸。

御製汲故井水飲之

一脈清源直到今，轆轤古甃刻痕深。無喪無得汔來往，在缾在罋随酌斟。曲肱有樂思聖迹，勿幕元吉獲我心。綆短汲長合引戒，津逮在兹取次尋。

御製詩禮堂進講八韻

昔日趨庭處，熙春進講時。淵源應有自，法則近於兹。禮並文華舉，典因聖祖垂。章縫既魚雅，冠帶亦追隨。瑞旭唐槐影，卿雲漢石滋。芸編陳御案，廣廈列經帷。道笈期深造，言詮未易窺。所希明正學，致治化無為。

御製謁孔林酹酒

宮牆親釋奠，林墓此重來。地闢天開處，泗南洙北限。春鳴仙樂鳥，冬綠石碑苔。教澤垂千古，泰山終未頹。

御製子貢手植楷

駐蹕亭前有嘉植，亭亭特立學高賢。一株爲想干①雲霧，數劫那随變海田。遠勝移根從異國，孔子冢塋中樹皆異種，魯人無能指名者，蓋弟子中異國人各持其方所生樹來種之云。曾依築室更三年。檜師楷弟何相似，又見孫枝長蘖邊。

御製賜衍聖公孔昭煥

歷代崇階首百僚，欣看弱冠著清標。學詩適合趨庭訓，昨晉謁時問伊讀書，奏以始讀《詩經》。讀禮因遲望闕朝。襲封後，近經服闋，以年未及上朝時，故尚未進京朝謁云。泗水沿沿長不絕，尼山景仰近非遙。聖言廣大求親切，守貴由來在不驕。

御製洙泗書院

鶯音辭闕里，欲去更遲遲。泗水瞻書院，春風想聖師。自從傳鳳躅，誰敢設皋比。是處雖號書院，而内無讀書肄業者。南望林廬近，神靈來往時。

---

① “干”，《御製詩集·二集》卷三《古今體九十八首·子貢手植楷》作“干”。

御製辛未春正衍聖公孔昭煥來迎詩以賜之

挈族郊迎蹕路邊，成人見汝忽三年。戊辰至闕里時，昭煥尚幼。文宣世澤垂千古，克繼家聲慎勖旃。

御製癸酉秋丁釋奠先師孔子

高居詎恃九重尊，丁祭親承率駿奔。山海從來欽出類，宮牆何有得其門。樂音六奏非鐘鼓，禮器千年復簠簋。經席昨臨今釋奠，躬行未逮敢他論。

御製丙子仲春釋奠先師

經筵昨甫過，釋奠此親臨。寧僅崇文典，惟殷望道心。衣冠集魚雅，殿幕仰深沉。道法參天地，神依貫古今。千年綿後裔，聖裔襲封衍聖公孔昭煥，是日適陪祭。六佾協元音。聖藻光楣楶，大成殿內皇祖、皇考皆留匾。君師責並欽。

御製衍聖公孔昭煥來接詩以賜之

春風二月又巡東，釋奠今年爲獻功。詎止榮卿一家獨，可知尊聖百王同。攜來四氏齊迎輅，接上千年盡號公。故是尼山餘蔭永，勖哉何以慎居豐。

御製度泗水橋

遙源出陪尾，蟬蜎臥波橫。露浥花光潤，煙低柳意輕。民風勝前度，時節欲清明。瞻仰宮牆近，曷勝望道情。

御製洙河

祥流知自孔林來，萬古儒風此溯洄。釋奠攄誠猶未已，椒漿應再酹金罍。

御製至曲阜二首

鳴梢重至聖人鄉，雨霽青郊正豔陽。元氣閭閻復前度，儒風經史表他方。八年歲月駒分電，萬戶恬熙耕與桑。菡止叩瞻伸積悃，素王教澤並天長。

彩煥金聲玉振坊，辭輿蕭步意存莊。翼朝自式秩宗禮，此日虔申古鼎香。撫迹還教每事問，致思合是不辭詳。堯題舜額欽瞻處，尊聖吾朝典益彰。

御製釋奠先師禮成述事

菡止重瞻禮器遺，翕如既備協金絲。星霜倏隔八年序，日月同昭萬載師。芹藻獻功皇祖述，宮牆煥道素王垂。可封比戶吾恒願，教養均關悢自知。

御製再依皇祖過闕里詩元韻

奠莆遵堯軌，攝齊升孔堂。家鄉自鄒魯，廟貌儼門牆。一貫心傳接，千秋德澤長。所希文教煥，佐我治垂裳。

御製賦得手植檜疊舊作韻

松身還柏葉，拔地復拏天。龍角均無見，鴻名獨尚傳。真稱卓立爾，那藉屈蟠焉。新榦仍連理，太清空左躔。重看承瑞露，會得拂祥煙。遙憶緇帷映，敦書勵已千。

御　製　杏　壇

重來又值燦開時，幾樹東風簇絳枝。豈是人間凡卉比，文明終古共春熙。

御製詩禮堂六韻

書堂殿左陲，進講憶於茲。戊辰謁聖廟禮成，於此御講筵進講。以立應惟禮，爲言必在《詩》。義因陳亢發，名自伯魚垂。益切重來慕，還教欲去遲。唐槐宋銀杏，今日昔斯時。望道吾何見，徒存景仰思。

御　製　故　井

改邑不改養無窮，心惻王明嘆鳳同。可識當年飲水處，曲肱樂亦在其中。

御　製　魯　壁

故井前頭綽楔碑，傳開魯壁響金絲。經天緯地存千古，豈係恭王壞宅時。

御製謁孔林酹酒

一老名慼魯，兩楹夢奠殷。聖惟知有命，天豈喪斯文？六尺存瓴甓，千秋鬱柞枌。壠前欽下拜，景仰寸心勤。

御製子貢廬墓處

性天不可得聞聞，廬墓心喪六載勤。楷樹至今枯不朽，應同植者意堅云。

御製丁丑正月賜衍聖公孔昭煥

驛路趨迎領一門，詩書教澤泗洙源。卿來處早予心往，大禮方行不欲煩。去春親釋奠闕里，今以南巡，循例遣官致祭，故云。

御製孟夏回蹕過闕里

去歲躬親奠素王，回程重謁廟堂皇。誰知獻馘翻成僞，去春以上年平定伊犁，親告闕里。啓蹕時，適得擒獲阿睦爾撒納之報。久之，乃知策楞等爲賊所紿，輕信妄奏。遂致餘氛更搆殃。逆賊既未就獲，颺竄哈薩克，其餘孽尼瑪等復與噶爾藏多爾濟糾結爲亂。豈礙告成斯定局，曰惟聲罪不庭方。祖功聖德胥垂佑，在泮行歌載戢章。

藝文第十二之二

碑

漢

魯相乙瑛請置百石卒史碑

司徒臣雄、司空臣戒稽首言：“魯前相瑛書言：‘詔書崇聖道，勉六蓺，孔子作《春秋》，制《孝經》，删述《五經》，演《易·繫辭》，經緯天地，幽贊神明，故特立廟，褒成侯四時來祠，事已即去。廟有禮器，無常人掌領，請置百石卒史一人，典主守廟。春秋饗禮，財出王家錢，給犬酒直。須報。謹問太常祠曹掾馮牟、史郭玄。辭對：故事，辟雍禮未行，祠先聖師。侍祠者，孔子子孫、太宰、太祝令各一人，皆備爵。太常丞監祠，河南尹給牛、羊、豕、雞、□□各一，大司農給米祠。’臣愚以爲如瑛言，孔子大聖，則象乾坤，爲漢制作，先世所尊，祠用衆牲，長吏備爵。今欲加寵子孫，敬恭明祀，傳於罔極，可許。臣請魯相爲孔子廟置百石卒史一人，掌領禮器，出王家錢，給犬酒直。他如故事。臣雄、臣戒愚戇，誠惶誠恐，頓首稽首，死罪死罪。臣稽首以聞。”制曰：“可。”

元嘉三年三月廿七日壬寅，奏雒陽宮。元嘉三年三月丙子朔廿七日壬寅，司徒雄、司空戒下魯相，承書從事下當用者，選其年冊以上、經通一蓺、雜試通利能奉弘先聖之禮、爲宗所歸者，如詔書。書到言：“永興元年六月甲辰朔十八日辛酉，魯相平，行長史事，卞守長擅，叩頭死罪，敢言之司徒、司空府。壬寅詔書：‘爲孔子廟置百石卒史一人，掌主禮器，選年冊以上、經通一蓺、雜試能奉弘先聖之禮、爲宗所歸者。’平叩頭叩頭，死罪死罪。謹案文書守、文學掾魯孔龢、師孔憲、户曹史孔覽等雜試，龢修《春秋嚴氏》，經通高第，事親至孝，能奉先聖之禮，爲宗所歸，除龢補名狀如牒。平惶恐叩頭，死罪死罪，上司空府。”

贊曰：巍巍大聖，赫赫彌章。

相乙瑛，字少卿，平原高唐人。令鮑疊，字文公，上黨屯留人。政教稽古，若重規矩。乙君察舉，守宅除吏。孔子十九世孫麟廉請置百石卒史一人，鮑君造作百石吏舍，功垂無窮，於是始。

司徒公，河南原武吳雄，字季高。

司空公，蜀郡成都趙戒，字意伯。按，闕里舊《志》載此碑文，訛者不可枚舉。如，"司徒臣雄"作"司徒臣雒"，後兩"雄"字皆作"雒"。"司空臣戒"作"臣允之臣美"，後兩"戒"字皆作"美"。"勉六蓺"作"勉六竅"。"百石卒史"作"百户卒史"，後四"石"字皆作"户"。"給犬酒直"作"給大酒直"，後"犬"字亦作"大"。"來行祠"作"夫行祠"。"給牛羊豕"之下，"各一"之上尚有磨滅者三字，今作"給牛羊豕各一"，脱去三字。"給米祠"作"給未祠"。"臣愚以爲如瑛言"作"臣愚以爲宜如瑛言"，多一"宜"字。"孔子大聖"作"夫子大聖"。"三月廿七日"作"三月二十七日"。"壬寅"之下，"司徒"之上，碑有"奏雒陽宫元嘉三年三月丙子朔廿七日壬寅"十八字，今全脱去。"選其年卌以上"作"選年四十以上"，後"卌"字亦作"四十"。"如詔書書到"作"如詔書到"，脱一"書"字。"行長史事卞"作"行長史事下"。"敢言之司徒司空府"，碑係擡頭，並無缺文，今反注"磨滅不知幾字"。"爲宗所歸除穌補名狀如牒"作"爲宗所歸一除穌補名狀如牒"，多一"一"字。"死罪死罪上司空府"作"死罪上司空府"，脱去二字。"若重規矩"作"名重規矩"。"乙君"作"之君"。漢隸爲世所珍貴，摹搨者衆，後且益就剥蝕，今尚有可辨者，謹爲考正，而附載《志》之訛者於此，使考古者庶有所徵信也。又此碑末行刻云"後漢鍾太尉書，宋嘉祐七年張稚圭按圖題記"，洪适《隸釋》及顧炎武、朱彝尊皆辨其非，詳載本集，兹不具録。

魯相韓敕復顏氏亓官氏縣發及修禮器碑

惟永壽二年，青龍在涒嘆，霜月之靈，皇極之日，魯相河南京韓君追惟太古，華胥生皇雄，□□育□寶，[①]俱制元道，百王不改。孔子近聖，爲漢定道。自天王以下，至於初學，莫不驩思，嘆仰師鏡。顏氏聖舅，家居魯親里。亓官聖妃，在安樂里。聖族之親，禮所宜異。復顏氏、亓官氏邑中繇發，以尊孔心。念聖歷世，禮樂陵遲。秦項作亂，不尊圖書，倍道畔德，離敗聖輿，食糧亡于沙丘。君於是造立禮器，樂之音符，鐘磬瑟鼓，雷洗觴觚，爵鹿柤梪，籩柉禁壺。修飾宅廟，更作二輿，朝車威熹，宣抒玄污，以注水流，法舊不煩，備而不奢。上合紫臺，稽之中和，下合聖制，事得禮儀。於是四方士仁，聞君風耀，敬咏其德，尊琦大人之意，逴彌之思，乃共立表石，紀傳億載。其文曰：

皇戲統華胥，承天畫卦，顏育空桑，孔制元孝。俱祖紫宫，太一所授。前闓九頭，以斗言教。[②]後制百王，獲麟來吐。制不空作，承天之語。乾元以來，三九之載。八皇三代，至孔乃備。聖人不世，期五百載。三陽吐圖，二陰出讖。制作之義，以俟知奥。於穆韓君，獨見天意。復聖之族，卓越紀思。修造禮樂，胡輦器用。存古舊宇，愍懃宅廟。朝車威熹，出誠造更。漆不水解，工不争賈。深除玄污，水通□[③]注。禮器升堂，

---

①　"□□育□寶"，元陳仁子《文選補遺》卷四〇《魯相顏午乞復顏氏开官氏縣發碑》、明梅鼎祚《東漢文紀》卷二八《魯相韓敕造孔廟禮器碑》作"顏誕育至寶"。

②　"以斗言教"，宋洪适《隸釋》卷一《韓勑造孔廟禮器碑》作"以什言敦"。"斗"，《文選補遺》作"升"。

③　按，此處闕字《東漢文紀》作"流"，清嚴可均《全後漢文》卷九九《魯相韓敕造孔廟禮器碑》作"四"。

天雨降澍。百姓訢和，舉國蒙慶。神靈祐誠，竭敬之報。天與厥福，永享牟壽。上極□□，①旁伎皇代。刊石表銘，與乾□②燿。長期蕩蕩，於盛復授。赫赫罔窮，聲垂億載。

　　韓明府名敕，字叔節。按，闕里舊《志》載此碑，"青龍"作"青雲"。"魯相河南京韓君"作"魯相河南京韓君敕"，多一"敕"字。"華胥生皇雄□□育□寶俱制元道"作"華胥生皇維顏誕高至寶宰制元道"。"嘆仰師鏡"作"嘆仰師德"。"念聖歷世"作"去聖歷世"。"不尊圖書"作"不遵圖書"。"爵鹿柤桓籩枰禁壺"作"爵俎豆籩"，脫卻四字。"宣抒玄污以注水流"作"寬杅玄污以注水沴"。"四方士仁"作"四方士人"。"尊琦大人之意"作"尊其大人之意"。"皇戲統華胥"作"皇統華胥"，脫一"戲"字。"以斗言教"作"以升言教"。"獲麟來吐"作"獲麟未吐"。"出誠造更"作"出誠造作"。"永享牟壽"作"永享年壽"。"旁伎皇代"作"旁及皇代"。皆爲逐字考正。其字畫有別體者，皆照原碑書寫，不敢妄改。又《隸釋》《隸辨》等書載有《韓敕修廟後碑》，今闕里無此石，故其文不載。

魯相史晨祀孔子廟碑

　　建寧二年三月癸卯朔七日己酉，魯相臣晨、長史臣謙頓首死罪，上尚書：臣晨頓首頓首，死罪死罪。臣蒙厚恩，受任符守，得在奎婁周、孔舊寓，不能闡弘德政，恢崇一變，夙夜憂怖，累息屏營，臣晨頓首頓首，死罪死罪。臣以建寧元年到官，行秋饗，飲酒畔宮畢，復禮孔子宅，拜謁神坐，仰瞻榱桷，俯視几筵，靈所馮依，肅肅猶存，而無公出酒脯之祠。臣即自以奉錢，修上案食醊具，以敍小節，不敢空謁。臣伏念孔子乾坤所挺，西狩獲麟，爲漢制作，故《孝經援神契》曰："玄丘制命，帝卯行。"又《尚書考靈曜》曰："丘生倉際，觸期稽度爲赤制，故作《春秋》以明文命，綴紀撰書，修定禮義。"臣以爲素王稽古，德亞皇代，雖有褒成世享之封，四時來祭，畢即歸國。臣伏見臨辟雍日，祀孔子以太牢，長史備爵，所以尊先師、重教化也。夫封土爲社，立稷而祀，皆爲百姓興利除害，以祈豐穰。《月令》"祀百辟卿士有益於民"，矧乃孔子，玄德煥炳，光於上下，而本國舊居，復禮之日，闕而不祀，誠朝廷聖恩所宜特加。臣寢息耿耿，情所思惟。臣輒依社稷，出王家穀，春秋行禮，以共煙祀，餘祚賜先生、執事。臣晨頓首頓首，死罪死罪。臣盡力思惟，庶政報稱，爲效增異，輒上。臣晨誠惶誠恐，頓首頓首，死罪死罪，上尚書。

　　時副言太傅、太尉、司徒、司空、大司農府治所部從事。

　　昔在仲尼，汁光之精，大帝所挺，顏母毓靈。承敝遭衰，黑不代倉。□□③應聘，嘆鳳不臻。自衛反魯，養徒三千。獲麟趣作，端門見徵。血書著紀，黃玉韙應。主爲漢

制，道審可行。乃作《春秋》，復演《孝經》。删定六藝，象與天談。鉤《河》摘《雒》，卻揆未然。巍巍蕩蕩，與乾比崇。按，闕里舊《志》載此碑，訛落之字更多。如"七日己酉"作"廿日己酉"。"臣蒙厚恩"之上多一"言"字，而脱"尚書臣晨頓首頓首死罪死罪"十二字。"周孔舊寓"作"周孔舊寓"。"乾坤所挺"作"乾元所挺"。"觸期稽度爲赤制"作"觸期稽度爲志立制"。"修定禮義"作"修定禮儀"。"祠孔子以太牢"作"祠夫子以太牢"。"封土爲社"作"封王爲社"。"賜先生執事"作"賜先王執事"。"臣晨誠遑誠恐"上脱"臣晨頓首頓首死罪死罪臣盡力思維庶政報稱爲效增異輒上"二十五字。"上尚書時副言太傅太尉司徒"作"上言太尉司徒"，中間脱去六字。"所部從事"作"所部從事府"，多一"府"字。"□□應聘"作"輒環歷聘"。"獲麟趣作"作"獲麟輆作"。"血書著紀"作"彤黄著紀"。"黄玉韙應主爲漢制"作"黄王景主應王爲漢制"。"鉤河摘雒"作"鈎河適雒"。凡此者，皆細按碑文，悉爲改正。

魯相史晨祀孔子廟後碑

相河南史君，諱晨，字伯時，從越騎校尉拜。建寧元年四月十一日戊子到官。乃以令日拜謁孔子，望見闕觀，式路虔踞。既至升堂，屏氣拜手。祇肅屑僾，仿佛若在。依依舊宅，神之所安。春秋復禮，稽度玄靈，而無公出享獻之薦。欽因春饗，導物嘉會，述修辟雍，社稷品制，即上尚書，參以符驗，乃敢承祀。餘胙賦賜，刊石勒銘，并列本奏。大漢延期，彌歷億萬。

時長史廬江舒李謙敬讓、五官掾魯孔暘、功曹史孔淮、户曹掾薛東門榮、史汶陽馬琮、守廟百石孔讚、副掾孔綱、故尚書孔立元、世河東太守孔彪元上、處士孔褒文禮皆會廟堂。國縣員冗，吏無大小，空府竭寺，咸俾來觀。并畔宫文學先生、執事諸弟子，合九百七人。雅歌吹笙，考之六律，八音克諧，蕩邪反正，奉爵稱壽，相樂終日。於穆肅雍，上下蒙福。長享利貞，與天無極。

史君饗後，部史仇誧、縣吏劉耽等，補完里中道之周左，牆垣壞決，作屋塗色，修通大溝，西流里外，南注城池。恐縣吏斂民，侵擾百姓，自以城池道濡麥給，令還所斂民錢材。

史君念孔瀆顔母井去市遼遠，百姓酤買不能得香酒美肉，於昌平亭下立會市，因彼左右，咸所願樂。

又敕瀆井復民飾治桐車馬，於瀆上東行，道表南北，各種一行梓。

假夫子冢、顔母井舍及魯公冢守吏凡四人，月與佐除。按，此碑即前碑之陰，而闕里舊《志》失載。又廟中有斷碑一，《通志》亦失載，文字漫滅，不可卒讀。滋陽牛運震著《金石經眼録》，説題爲孔宏碑。今就其字畫之猶可辨者，證以洪氏《隸釋》所載無名殘碑，文頗相合。按《隸釋》云："右無名碑，首尾上下皆碎裂，餘石纔有數行。詳其詞，非是誄墓中人者，亦非頌德政、紀功役之事。前有'帝命策授俾相於魯吉月令辰欽謁'十四字，又云'春秋蒸嘗幾以獲福'，蓋是謁廟之文。後有'訪之儒彦，稽之典謨，聖德設章'及'昔在周人'之句，似皆是鋪張孔子也。中云'覽鴻基之曠蕩，觀林木之窈深'，似指孔林而言。或題爲駐蹕亭前斷碑，此亭蓋在闕里。趙氏著録有《魯相謁孔子碑》而無其説，疑即此也。末有叔德仲雅題名，而亡其姓。"據此，則題爲孔宏碑者，誤矣。

魏

魯孔子廟碑

維黃初元年,大魏受命,胤軒轅之高蹤,紹虞氏之遐統,應歷數以改物,揚仁風以作教。於是揖五瑞、斑宗彝、鈞衡石、同度量,秩羣祀於無文,順天時以布化。既乃緝熙聖緒,昭顯上世,追存二代三恪之禮,兼紹宣尼褒成之後,以魯縣百户命孔子廿一世孫、議郎孔羨爲宗聖侯,以奉孔子之祀。制詔三公曰:"昔仲尼姿大聖之才,懷帝王之器,當衰周之末,而無受命之運,□□①乎魯衛之朝,教化乎洙泗之上,栖栖焉,皇皇焉,欲屈已以存道,貶身以救世,於是王公終莫能用。乃退考五代之禮,修素王之事,因魯史而制《春秋》,就太師而正《雅》《頌》。俾千載之後,莫不采其文以述作,仰其聖以成謀,咨可謂命世大聖,億載之師表者已。遭天下大亂,百祀墮壞,舊居之廟毀而不修,褒成之後絕而莫繼,闕里不聞講誦之聲,四時不睹烝嘗之位,斯豈所謂崇化報功、盛德百世必祀者哉?嗟乎,朕甚憫焉!其以議郎孔羨爲宗聖侯,邑百户,奉孔子之祀。"令魯郡修起舊廟,置百石吏卒以守衛之。又於其外廣爲屋宇,以居學者。於是魯之父老、諸生、遊士,睹廟堂之始復,觀俎豆之初設,嘉聖靈於仿佛,想貞祥之來集,乃慨然而嘆曰:大道衰廢,禮學滅絕卅餘年,皇上懷仁聖之懿德,兼二儀之化育,廣大苞於無方,□恩淪於不測。故自受命以來,天人咸和,神氣烟煴,嘉瑞踵武,休徵屢臻。殊俗解編髮而慕義,遐夷越險阻而來賓。雖太皓遊龍以君世,虞氏儀鳳以臨民,伯禹命玄宫而爲夏后,西伯由岐社而爲周文,尚何足稱於大魏哉!若乃紹繼微絕,興修廢官,疇咨稽古,崇配乾坤,允神明之所福祚,宇内之所歡欣已,豈徒魯邦而已哉!爾乃感殷人路寢之義,嘉先民泮宫之事,以爲高宗、僖公,蓋嗣世之王、諸侯之國耳!猶著德於□②頌,騰聲乎千載。況今聖皇肇造區夏,創業垂統,受命之日,曾未下輿,而褒美大聖,隆化如此,能無頌乎?乃作頌曰:

煌煌大魏,受命溥將。□③體黃虞,含夏苞商。降釐下土,□④清三光。羣祀咸秩,靡事不綱。嘉彼玄聖,有遺其靈。遭世霧亂,莫顯其榮。褒成既絕,寢廟斯傾。闕里蕭條,靡歆靡馨。我皇悼之,尋其世武。乃建宗聖,以紹厥後。修復舊堂,豐其甍宇。莘莘學徒,爰居爰處。王教既新,羣小遄沮。魯道以興,永作憲矩。洪聲登假,神祇來和。休徵雜遝,瑞我邦家。内光區域,外被荒遐。殊方慕義,搏拊揚歌。於赫四聖,運

---

① 按,此處闕字《隸釋》卷一九《魏修孔子廟碑》闕前字,後闕字作"生"。
② 按,此處闕字《隸釋》卷一九《魏修孔子廟碑》作"名"。
③ 按,此處闕字《隸釋》卷一九《魏修孔子廟碑》作"并"。
④ 按,此處闕字《隸釋》卷一九《魏修孔子廟碑》作"上"。

世應期。仲尼既没，文亦在兹。彬彬我后，□①而五之。□②於億載，如山之基。按，此碑詔文與《魏志》小異，而闕里舊《志》引《魏志》以改碑文，致多訛舛。其他脱悮者，亦復不少。如"追存二代三恪之禮兼紹褒成宣尼之後"作"追存三代之禮兼紹宣尼之後"。"命孔子廿一世孫"作"命孔子二十一世孫"。"昔仲尼姿大聖之才"作"昔仲尼負大聖之才"。"□□乎魯衛之朝"作"在乎魯衛之朝"。"於是王公終莫能用"作"於是王公終莫能用之"。"莫不采其文以述作"作"莫不宗其文以作符"。"崇化報功"作"崇禮報功"。"百石吏卒"作"百户卒史"。"卅餘年"作"三十餘年"。"□恩淪於不測"作"淵深淪於不測"。"允神明之所福祚宇内之所懽欣已"作"況神明之所福祚宇宙之所懽欣色"。"騰聲乎千載"作"騰聲於千載"。"□體黄虞含夏苞商"作"繼體黄唐包夏含商"。"洪聲登假"作"洪聲豈假"。"内光區域"作"内光域區"。皆對碑細爲更正。又碑末鐫魏陳思王曹植詞，梁鵠書，宋嘉祐七年張稚圭按圖謹記，後人亦以曹植詞之説爲謬云。

東魏

魯孔子廟碑

粤若稽古，睿后欽明，文思衡宰，邁德丕顯，九功咸事，故能庸勳親賢，官方式敍。惟大魏徙鄴之五載，皇帝興和之元年，天□□咨，寅賓出日，實惟濟岱，宣風敷化，義屬英良。以君理思優敏，實惟舊德，升朝牧民，物望斯允，必能絃歌鄒魯，克振斯文。□制□□册，拜我君公使持節、都督兗州諸軍事、車騎大將軍、當州大都督、兗州刺史。

君姓李，字仲璇，趙國柏仁人也。其先高陽之□□、③柱史之胤、左車之綿緒。瑶光休彩，赫奕於上齡，若水嘉祥，扶疏於季葉。君以資解褐奉朝請，俄除定州平北府法曹參軍，仍歷兗郡功曹，諮議參軍事，定相雒三州長史，東郡、汲郡、恒農三郡太守，司徒左長史，中散太中大夫，營構都將，雒兗二州刺史，所在恩□，遺訓在民。夫松桂易地而貞馥不移，君鳳舉雲翔，風期如一，斯實天懷直置，妙與神同。悒然不樂，思仁未深，刑平惠和，詎爲淳□□□，階資寵□之榮，奕葉重光之貴，氣韻優峻之奇，政績緝熙之美，既備於史傳與清頌，故不復詳載焉。

君神懷疏爽，風度絶人，學業□□源並深，趣操□□松俱秀，④故其隷兗部也，當未浹旬，言覲孔廟，肅恭致誠，敬神如在。遂軔車曲阜，飲馬沂流，周遊眺覽，尚想伊人，□□慨然，有□⑤功□□之意，乃命工人修建容像。孔子曰："從我於陳蔡者，皆不得及門也。"因歷敍其才，以爲四科之目。生既見從，没□□侍，故顔氏□□□□於易辭，起予者商，紛綸於文誥，是則聖人之道，須輔佐而成。故曰："吾有由也，惡言不聞於耳。"

---

① 按，此處闕字《隸釋》卷一九《魏脩孔子廟碑》作"越"。
② 按，此處闕字《隸釋》卷一九《魏脩孔子廟碑》作"並"。
③ "□□"，嚴可均《全上古三代秦漢三國六朝文·全後魏文》卷五七作"苗裔"。
④ "學業□□源並深，趣操□□松俱秀"，嚴可均《全上古三代秦漢三國六朝文·全後魏文》卷五七作"學業與□源並深，趣操共寒松俱秀"。
⑤ "□"，嚴可均《全上古三代秦漢三國六朝文·全後魏文》卷五七作"報"。

所以雕素十子，□□①其側。今於□□□□奉進儒冠，於諸徒亦青衿青領。雖逝者如斯，風霜驟謝，而淪姿舊訓，暖似還新。至如廟宇凝静，靈姿嚴麗，□□之□②無以逾，七□之房不能出。

夫道繫於人，人亡則道隱。斯大義以之而乖，微言以之而絶。今聖容肅穆，二五成行，丹素陸離，光□□□，□□□微笑而□言，③左右若承顔而受業。是以睹之者，莫不忻忻焉有入室登堂之想，斯亦化□□④一隅也。天誕聖哲，作民師□，□風□闕里，播□□洙泗。至於嘆鳳鳥之寂寥，傷河圖之莫出，屢應聘而不遇，知道德之不行，乃正《雅》《頌》，修《春秋》，刊理六經，懸諸日月，□□載之□，莫不遵□義以述作，⑤服其訓以成身。兹可謂開闢之儒聖，無窮之文宗者矣。

此地古號曲阜，是惟魯都。雖宮觀荒毀，臺池□□，然其廟庭也，蔚□林於九冬，罩修柯於百仞，類神梫之侵漢，同梧宮之巨圍。至夫鴻隨秋下，則月秀霜枝，燕逐春來，亦風開翠葉。既□□□觀□，亦足以安樂聖靈。是以無代不加修繕，讓億載以寧神君，清明在躬，精思入微，功被人神，德貫幽顯，豈惟營飾宣質經創□□□□□□如虔修岱像，崇奉玄宗，敦素翦華，興存廢絶，視民如傷，□之仁壽。⑥ 體亡懷以幽□，⑦任萬物以爲心。□直靈津孤灑，虛光獨散者□。⑧ 夫一月之明，可影百川；一人之鑑，縱橫萬趣。爰自刺舉，未或斯同。然丹青所以圖盛迹，金石所以刊不朽，□□不鑴，珉瑤焉述。府州佐□□□□令士民等，略序義目，樹碑廟庭，俾後來君子知功業之若斯焉。乃作頌曰：

二儀肇判，人倫攸舉。邈邈玄王，誕兹聖緒。祖習堯舜，憲章文武。聲溢九天，化罩八宇。祖習□□，窮神盡妙。化覆伊何，□□存教。□同麗景，搏天孤照。無異岱宗，巖巖特峭。重山隱寶，深霞秘暉。在哀之葉，自衛言歸。德生於予，文實在兹。彝倫禮樂，克敍《書》《詩》。□□驚異，灰管流氣。梁木其摧，緬逾千祀。以存恕亡，允諸靈意。不有伊人，孰云修置？惟君體道，布政優優。白鳩巢室，赤雀棲樓。禮罔不備，知□□□。器冠後哲，風邁前修。既繕孔像，復立十賢。誠兼岱宇，懃盡重玄。仰聖儀之焕爛，嘉鴻業之嬋聯。長無絶兮終古，永萬億兮斯年。按，闕里舊《志》載此碑，“粤若稽古睿后”作“粤若稽古睿台”。“天□□咨”作“天官次咨”。“克振斯文□制□□册拜我君公”作“克振制册

---

① “□□”，嚴可均《全上古三代秦漢三國六朝文·全後魏文》卷五七作“□列”。

② “□□之□”，嚴可均《全上古三代秦漢三國六朝文·全後魏文》卷五七作“數仞之牆”。

③ “□□□微笑而□言”，嚴可均《全上古三代秦漢三國六朝文·全後魏文》卷五七作“□□似微笑而時言”。

④ “□□”，嚴可均《全上古三代秦漢三國六朝文·全後魏文》卷五七作“□之”。

⑤ “□□載之□，莫不遵□義以述作”，嚴可均《全上古三代秦漢三國六朝文·全後魏文》卷五七作“□□載之後，莫不遵其義以述作”。

⑥ “□之仁壽”，嚴可均《全上古三代秦漢三國六朝文·全後魏文》卷五七作“納之仁壽”。

⑦ “幽□”，嚴可均《全上古三代秦漢三國六朝文·全後魏文》卷五七作“幽詣”。

⑧ “□直靈津孤灑，虛光獨散者□”，嚴可均《全上古三代秦漢三國六朝文·全後魏文》卷五七作“豈直靈津孤灑，虛光獨散者哉”。

拜我郡公"，訛一字，脱五字。"君姓李字仲璇"作"姓李諱挺字仲璇"，脱一字，添二字。"其先帝高陽之□□柱史之胤左車之綿緒"作"其先帝高陽柱史之胤左車之綿"，共脱四字。"所在恩□遺訓在民夫松桂易地"作"所在恩庭訓在民□懷娃易地"。"階資寵□之榮"作"崇階貪寵之榮"。"史傳與清頌"作"史傳於清頌"。"皆不得及門也"作"皆不及門也"。"生既見從没□□侍"作"生既見從没若之何"。"侍於其側"作"侍於□其側"，碑本無闕，多空一字。"曖似還新"作"曖以還新"。"□□之□無以逾七□之房不能出"作"世代之隔然以逾七百之遠房不能出"。"忻忻焉"作"忻忻然"。"斯亦化□□一隅也"作"斯亦化行一隅也"，脱一字。"作民師□□風□闕里播□□洙泗"作"作民師表故休風流闕里播洙泗"。"懸諸日月□□載之□莫不遵□義以述作"作"懸諸日月□載之删籍莫不得其道以述作"。"燕逐春來亦風開翠葉"作"燕逐春來而風開翠葉"。"體亡懷以幽□"作"體古懷以幽詢"。"□直靈津孤灑虛光獨散者□"直字上，者字下，碑俱有一字，今皆脱去。"誕兹聖緒"作"誕兹聖丘"。"祖習"作"祖述"。"□□存教□同麗景"作"存□□同麗景"。"梁木其摧"作"梁木其措"。諸碑訛字不少，而此碑爲尤甚焉。

北齊
夫子廟碑

　　□□齊乾明元年，歲□□□月□□□□□□□□□□□□□□□響引自□□□□□德所以歷□□□□□者其由□□乎衛大□□□□□□□□□字□□□□□人□魏安□□□□□□□□□南□□□□□□鎮北將軍、祕書監□□□□□□□公道昭之第□□□□□□忠□帝□□□州再□□□□□□□□□之□□□□□□□不具論□□高□長□□□□□去盗□□既□□諸□□□可□□□哉！雖□□□□□□□□□□三□高公曾□□□□□女□馭節□羣□□□□□□□□□來游□□□□□□□廢□□而□□□□□□久□□□□□曰豈□□□□□□□□□□□□□命工人重爲鐫□□□□□□更□□□□□□□□□□□□惣七□□□□□□□□□海□□□是以□□□者更□□□□□□□必□□論景行□□□□□□載□□□□□□□□□東郭之□□以終其□□□□□□□□□□祠堂□□□□□□□□□□□□□□□因□□□刊□之□□□□□□□□□□二十日□功。此碑隸法在唐碑上，凡十九行，行二十四字，今可辨者纔百有二字耳！《闕里志》不載其文，而《祖庭廣記》亦云"剥落不可考"，汾惜古碑消蝕，故取其猶可識者，節錄於册。

隋
仲孝俊撰修孔子廟碑

　　若夫惟道惟德，或仁或義，既漸散於英華，遂崩淪於禮樂。天生大聖，是曰宣尼，雖有制作之才，而無帝王之位。膺期命世，塞厄補空，述萬代之典謨，爲百王之師表。

始於漢、魏，爰逮周、齊，歷代追封，秉圭不絕。我大隋炎靈啓運，翼下降生，繼大庭之高蹤，紹唐帝之遐統，憲章古昔，禮樂維新，偃伯修文，尊儒重學，以孔子三十二世孫、前太子舍人、吳郡主簿嗣惪封紹聖侯。皇上萬幾在慮，兆庶貽憂，妙簡才能，委之邑宰於此。周公餘化，惟待一變之期；夫子遺風，自爲百王之則。禮儀舊俗，餘何足云。用能奉天旨，敬先師，勸孔宗，修靈廟，即曲阜陳明府其人也。明府名叔毅，字子嚴，潁川許昌人。

昔堯之禪舜，實釐女於有虞；周室封陳，亦配姬於嬀滿。漢右丞相建六奇之深謀，魏大司空開九品之清議。明府即陳氏高祖武帝之孫、高宗宣帝之子，至如永嘉分國，代歷五朝，郭璞有言，年終三百。皇朝大統，天下一家，爲咸陽之布衣，實南國之王子。於是遊情庭宇，削迹市朝，砥礪身心，揣摩道義，策府蘭臺之祕籍，雕蟲刻鶴之文章，莫不成誦在心，借書於手。金作玉條之刑法，桐囚木吏之姦情，一見仍知，片言能折。所謂江珠匿耀，時虧滿月之明；越劍潛光，每動衝星之氣。爰降詔書，乃除曲阜縣令。風威遠至，禮教大行，政術始臨，姦豪屛息。抑强扶弱，分富恤貧，部内清和，民無疾苦。重以德之所感，霜雹無災；化之所行，牛馬不繫。鱷魚夜放，早彰溉釜之篇；乳雉朝馴，自入鳴琴之曲。遠噉龐統，不任百里之才；俯笑陶潛，忽輕五斗之俸。於是官曹無事，囹圄常空，接士迎賓，登臨遊賞，睹泮水而思歌，尋靈光而想賦。加以祇虔聖道，致敬明神，粉壁椒塗，丹楹刻桷，可謂神之所至，無所不爲。振百代之嘉聲，作千城之稱首，敬鐫金石之文，永同天地之固。其詞曰：

皇非常道，帝實無爲。時澆俗薄，樸散淳離。世道交喪，仁義爭馳。書亡詩逸，禮壞樂虧。降生大聖，再修墳史。積善餘德，追崇不已。於穆大隋，明命天子。新開紹聖，重光闕里。伊我陳君，清德遠聞。溫溫玉潤，苾苾蘭芬。淵才亮美，拔類超羣。時逢上聖，以我爲令。導之以德，行之以政。用此一心，能和百姓。子還名賈，兒多字鄭。姦雄竄伏，賦役平均。心居儉素，志守清貧。魚生入釜，雀瑞來臻。寢廟孔碩，靈祠赫弈。圓淵方井，綺窗畫壁。因頌成功，遂歌美績。共弊穹壤，永固金石。按，闕里舊《志》載此碑，"遂崩淪於禮樂"作"遂崩摧於禮樂"。"偃伯修文"作"偃武修文"。"委之邑宰於此"作"委之宰邑於此"。"自爲百王之則"作"自爲百王之憲"。"禮儀舊俗"作"禮樂舊俗"。"亦配姬於嬀滿"作"亦配姬於嬀汭"。"高宗孝宣帝之子"作"高宗宣帝之子"。"代歷五朝"作"代歷王朝"。"雕蟲刻鶴"作"雕蟲刻鵠"。"金作玉條"作"金科玉條"。"一見仍知"作"一見乃知"。"馬牛不繫"作"牛馬不繫"。"敬致明神"作"敬致神明"。"可謂神之所至"作"可謂誠之所至"。"振百代之嘉聲"作"振百代之家聲"。"導之以德行之以政"作"懷之以德導之以政"。今並爲改正。

唐

崔行功撰贈太師魯國孔宣公碑

臣聞形氣肇分，宗匠之途遂廣；性情已著，名教之理攸興。是故雕刻爲妙物之先，粉澤成真宰之用。若其聃語棄智，則聖非攘臂之端；莊寄齊諧，禮必因心之範。雖九流爭長，百家競逐，而宗旨所歸，典墳取俊。夫軒羲已謝，子姒迭微；步驟殊方，質文異轍。及流漿起譟，箕服傳訛，憲章板蕩，風雅淪喪。然而千齡接聖，崇朝可期；五百見賢，伐柯未遠。粤惟上哲，降生屺運，理接化先，德充造物。裁成教義，彌綸之迹已周；組織心靈，範圍之功且峻。利仁以濟幽顯，垂訓以需動植。自嘆起臨川，道窮反袂。西峰琰玉，幾燼蒼山；東野柔桑，多塵碧海。屬混元再造，休明一期，雅頌之音復聞，郊禋之禮還緝。跨巢胥之逸軌，邁龍鳥之遐風，瞻白雲而升介丘，翼蒼螭而過沂上。而令千祀之外，典冊遂隆；九泉之下，哀榮方縟。斯乃命爲罕說，道不預謀。豈如箕山之魂，空成寂寞；信陵之墓，徒復經過。將知龍蛇之蟄，潛契於天壤；聖智所遊，高懸於日月。言不可極，其惟孔太師乎？

太師諱丘，字仲尼，魯國鄹人，有殷之苗裔也。分於宋，則孔父嘉爲大司馬，弗父何以國讓其弟屬公，正考父佐戴、武、宣而受三命。居於魯，則有防叔、伯夏、叔梁紇，紇生太師。

若夫天命玄鳥，玉筐隆其濬哲；瑞起①白狼，瑤臺繁其錫類。武王覆夏，仍遷象物之金；有客在周，復奏桑林之樂。滋恭喻尸臣之鼎，高讓挹延吳之風，令緒昌源，焕乎已遠。至如象緯凝質，則傅說、巫咸；嵩華降神，而申伯、吉甫。在於郊臨巨迹，鬱符中野之祥；水帶丘阿，遙均返宇之慶。蘊乾坤之精粹，陶陰陽之淑靈。度九圍十，河目海口。放勳、文命，有喻於儀形；子産、皋陶，微詳於具體。孟孫言其將聖，太宰辨其多能。神關繫表，性與道合。時初撰履，已訓魯卿；年未裒裳，先窺周室。猶且學期上達，業遵下問。龍如藏史，或訪《禮經》；碧準萇弘，言詢《易·象》。曲臺相圃，廣陳揖讓之容；師摯師襄，屢辨興亡之極。網羅六藝，經緯十倫。加以思入無方，情該至賾。陳庭矢集，懸驗遠飛；季井泉開，冥占幽怪。新萍泛日，能對於楚賓；舊骨淪風，旋詶於越使。藏往知來之際，微妙玄通之旨，不可以龜筴求，不可以筌蹄得。及其譽聞曲阜，南宮展師資之敬；應務中都，西鄰化諸侯之法。冬官效職，五土得其攸宜；秋令克宣，兩觀展其刑政。溝疏墓道，但抑季桓；田歸汶陽，遂陵齊景。尊君卑臣之訓，自家刑國之術，每惆悵於興周，亦留連於韶管。然而高旻不惠，彼日浸微，起哀怨於王風，絕歸飛於鳴鳥。是邦可化，斯道欲行。暖席興憂，問津匪倦。俎豆嘗說，空及三軍之容；季孟有言，不接雙雞之膳。晏平推士，尚或相排；子西讓王，終成見拒。亦有宋朝司馬，喬木難休；衛國匡人，逆旅焚次。荷蕢微者，翻嗟擊磬之心；儀封細人，潛明木鐸之意。既而在斯興感，用輟棲遑，狂簡斐然，彌嗟穿鑿，旋驂舊館，掃筵闕里。杏壇居寂，緇林地幽，知十稽微，得二承妙。科斗所載，方閱舊文；雎鳩在篇，遍詳雅什。河漢軸鼓，鏗

---

①　"起"，《孔氏祖庭廣記》卷一〇《大唐贈泰師魯國孔宣公碑》作"啓"。

鏘之響復傳；宗廟衣裳，升降之儀還序。博約無倦，誘喻多方。后稷躬耕，近關勵物；伯夷餓死，猶可激貪。周公其人，則神交於夢想；管仲小器，嘆微之於征伐。信立德立言，太上謂之不朽；曰仁與義，前哲以之周旋。覆簣爲山，喻天階而不陟；讀《易》無過，假日蝕以鳴謙。茨嶺桐山，寄言於獨善；□情風御，未涉於通莊。妙臻數極，作侔易簡。是知逢掖乃兼濟之途，華袞非爲政之要。及其愚智齊泯，椿菌如一。南楚狂狷，舊辨鳳衰；東魯陪臣，奄成麟斃。晨興負杖，知命發於話言；夕寐奠楹，將萎傷其溢慮。崇山□谷，□□下而無由；殞石沉星，架大梁而何有。門人議服，俱纏至極之哀；國史制詞，永錫慭遺之誄。

　　及埏深夏屋，樹列遠方，五勝迭遷，六籍無準。席間初聞，已舛微言；入室且分，遄乖大義。秦人哇沸，遺燼黳然；漢代龍驤，挾書未剪。元封有述，殘缺載陳，甘露嗣蹤，搜揚復起。春陵受命，先訪於膠庠；譙郡膺符，多招於文學。逮江馬南渡，泉鵝北飛；鶚入環林，鯨衝聖海。有隋交喪，中原翦覆。東序南雍，鞠爲茂草；六樂五禮，皆從燼室。欽若皇唐，肇膺明命。祖武宗文之業，天成地平之勳。圖書因樂推重，干戈由寧亂集。刳舟創浮，芹藻之詩先遠；戎衣初卷，羽籥之節旋興。皇上以聖敬而撫璇圖，文明而膺寶曆。夏啓挹其光兆，姬誦讓其惟清。化入龍沙，風移鯷海；金丘展賫，瓊田薦琛。潛馬飾黃芝之封，浮龜吐綠文之籙。虞庠殷塾，廣賓龐叟；蓬嶺石渠，朋延敦誨。垂衣裳而凝想，虛旒纊以永懷。至於大道寖微，小康遂往。嬴譏紫□，謬踐云阿。劉風白金，徒遵高里；黃初正始，時多間然。建武永平，業非盡善，而乃作樂崇德，殷薦之禮畢陳；有孚載顒，觀下之訓齊設。肆類羣望，孝享之義益隆；歸功三后，尊祖之誠愈切。詔寰中而徵萬玉，譯荒外以召百靈。一茅分茹，雙鶼共羽；翠華遠昇，秸席虛位。上帝儲祉，泰乙有暉；山祇傳聲，海神會氣。九皇之況榮可嗣，三代之闕典還屬。乃使朱鳥詳日，蒼威戒路，七萃騰景，八鸞鏘風。過大庭以省方，掩洙上而觀藝。宴居莫辨，祠堂歸然。見馬鬣於荒墳，識櫬檀於古璲。嘆重泉之可作，聞盛德而必祀。言敷典訓，廣命杍材。贈以太師，式旌幽壤；改制神宇，是光令德。於時皇唐之御天下四十有九載，即乾封之元年也。攝提□歲，句芒獻節。兗州都督霍王元軌，大啓藩維，肅承綸誥，厖徒揆日，疏閑薙遠。接泮林之舊壇，削靈光之前殿。徂徠新甫，伐喬木而韻流嚶；岱獻泗濱，採怪石而喧浮磬。賴紫施絢，黝黛飛文。杳栱重櫨，春窗秋幌。陰欄積霧，複閣懷煙。几仍度室，席遵函丈。壽宮澹然，晬容有穆。至如襄城有訪，七聖接其騑驂；汾水言遊，四子冥其衡軏。將謂布衣黃屋，名器則殊；卷領素王，感召宜一。顏子侍側，似發農山之談；季路承間，如興浮海之說。西華束帶，尚以要賓；言倨褐裘，猶爲得禮。避席延其不敏，捨瑟睠其幽情。共立升堂，齊參睹奧。歲時蘋藻，復雜菖蒲。平日絃歌，還聞絲竹。皇儲一德，聿隆三善。博望邀裾，肅成講義。發揮鎔造，幽贊事業。而以周穆之觴王母，尚勒西弇；漢帝之展稷丘，因書東嶽。遂乃思建隆碣，上聞天宸；言由國本，理會沖情。副震宮之德聲，命芸閣以紬頌。玄堂闖兮神靈偃，揚教思兮兩儀配。煽皇綱兮融帝載，堯可履兮舜爲佩。晝而明兮夜而晦，吁嗟業兮麗萬代。其詞曰：

赫赫上帝，悠悠天造。神集鴻名，聖居大寶。循性稱教，率性爲道。政若鎔金，化侔偃草。爻畫先起，律呂創陳。禮節天地，樂和人神。成期用簡，業尚日新。緯無聲臭，覊有彝倫。水火朝變，憲章時革。周廟傷禾，殷墟悲麥。褒豔紕雅，嬴荷淪賾。散亂記言，支離方册。自天生德，由縱成能。賓筵恪嗣，銘鼎家承。蹲龍運舛，振鐸冥膺。闕典攸緝，斯文載興。廣訓三千，遍於七十。歷階東會，藏書西入。楚將分社，齊聞與邑。接輿自狂，長沮空執。在智伊妙，惟神乃幾。羊因魯觸，鳥向陳飛。《那》傳頌管，編照書韋。卜商承絢，顏子參微。堯則不追，昌亦遂往。名教潛發，心靈泛獎。德配乾坤，業暉辰象。麟悴遙泣，山隤敻仰。三統昌日，千齡聖期。禋宗有昊，展禮崇基。覲宣時邁，神緘孝思。絳螭承輄，翠鳳翻旗。上浮龜蒙，遙集鄒魯。翹勤真迹，惆悵今古。舊壁迷字，荒墳翳斧。繪賁宗師，詔緝靈宇。虹梁野構，翬翼林舒。雕櫳繡桷，圓井方疏。沂童浴早，泮鳥鳴初。俎豆蠲潔，丹青藹如。墨檢前蹤，莊放遺輻。於昭遐訓，允歸聖烈。肅穆仁祠，陰沉象設。隨四序以潛運，懸三光而不跌。按，闕里舊《志》載此碑，“禮必因心之範”作“則禮必因心之範”。“典墳取俊”作“典墳攸係”。“東野柔桑”作“東野條桑”。“言之不可極”作“言不可極”。“而申伯吉甫”作“則申伯吉甫”。“時初撰屨已訓魯卿”作“時初冠屨已訓魯卿”。“言詢易象”作“言諮易象”。“情該至賾”作“情該至頤”。“五土得其攸宜”作“五上得其攸宜”。“且抑季桓”作“直抑季桓”。“遂陵齊景”作“義陵齊景”。“得二承妙”作“得三承妙”。“嘆微之於征伐”作“則嘆微於征伐”。“洵立德立言”作“立德立言”。“曰仁與義”作“曰仁曰義”。“喻天階而不陟”作“渝天階而不陟”。“愚智齊泒”作“愚智齊泯”。“架大梁”作“架火梁”。“及埏深夏屋”作“埏深夏屋”。“有隋交喪”作“有隋交展”。“干戈由寧亂集”作“干戈由亂輯寧”。“芹藻之詩先遠”作“芹藻之詩先逮”。“文明而膺寶曆”作“以文明而膺寶曆”。“風移鯷海”作“風移鯤海”。“金丘展賚”作“金丘展賫”。“潛馬”作“滯馬”。“凝想”作“凝思”。“虛旒纘以永懷”作“虛冕旒以永懷”。“謬踐云阿”作“謬踐玄阿”。“作樂崇德”作“作樂宗德”。“觀下之訓齊設”作“觀下之訓隨設”。“尊祖之誠逾切”作“尊隆之誠愈切”。“萬玉”作“萬國”。“雙鶼共羽”作“雙鶼并羽”。“九皇之況榮可嗣”作“九皇之沉榮可嗣”。“言敷典訓廣命杆材”作“言敷訓典廣命杆材”。“韻流嚶”作“韻流騭”。“沓栱”作“杳栱”。“陰欄”作“陰欄”。“壽宮澹然”作“壽宮煥然”。“博望”作“搏望”。“循性稱教”作“循善稱教”。“成期用簡”作“敬期用簡”。“緯無聲臭”作“締無聲臭”。“嬴荷淪賾”作“嬴荷淪頤”。“振鐸冥膺”作“振鐸宜膺”。“昌亦遂往”作“昌迹遂往”。雖原碑訛脱頗多，然舊碑終不可妄改也。又此碑之陰刻武德九年封三十三代孫德倫褒聖侯，乾封元年贈先聖太師，詔遣司稼卿秩餘隆祭告文及總章元年皇太子弘請樹碑表。詔旨、祭文載《世系》《祀典考》中。其表曰：“臣聞周師東邁，商閭延降軾之榮；漢蹕西旋，夷門致抱關之想。況泣麟曾躅，歌鳳遥芬，被縟禮於昌辰，飾殊榮於窮壤者。伏惟皇帝陛下資靈統極，禀粹登樞。乃聖乃神，體陰陽而不宰；無爲無事，均雨露之莫私。六府薦而泰階平，百寶臻而天祚永。靈臺所以偃伯，延閣由其增絢。尚齒尊賢，邁鴻名於萬古；興亡繼絶，騰峻軌於千齡。大矣哉！茂實英聲，固無得而稱矣。日者封金岱畎，會玉梁陰，路指沂川，途經闕里。回鑾駐罕，式鑑堯禹之姿；闢纘凝旒，載想温良之德。於是特紆宸渙，贈以太師。爰命重臣，申其奠酹。廟堂卑陋，重遣修營。褒聖侯德倫子孫咸蠲賦役。臣恩均扈從，迹濫撫軍。舊烈遺塵，躬陪瞻眺。雩壇相圃，欣覿前聞。又昔歲承恩，齒胄膠塾。歷觀軒屏，具到門徒。想仁孝於顏曾，彌深景慕；採風猷於竹帛，冀启顯蒙。所以輕敢陳聞，庶加褒贈。天慈下濟，無隔異時，咸登師保，式光泉夜。敢以前恩，重兹干請。竊謂宣尼之廟，重闡規模，桂莫蘭羞，永傳終古，崇班峻禮，式賁幽埏。而翠琰莫題，言猷靡暢，詢諸故實，有所未周。且褒聖自天，惟幾應物，拯人倫於已墜，甄禮樂於既傾。祖述勳華，三千勵其瞻仰；憲章文武，億兆遵其藏用。豈可使汾川遺碣，獨擅於無慚；峴岫餘文，孤標於墮淚。伏見前件孔廟，營搆畢功，峻業增徽，事資刊勒。敢希鴻澤，令樹一碑。徂遼海清夷，九無徵發，山東豐稔，時逾恒歲。況鄒魯舊邦，儒教所起，刊勒之費，未足爲多。許其子來，不日便就。乞特矜照，遂此愚誠。臣識昧常規，言慚通理，塵瀆聽覽，追增竦戰。"敕旨："依請。"

李邕撰重修孔子廟碑

嘗觀元化陰藏，上帝玄造，雖道遠不際，而運行有符。揚摧大抵，宣考神用，建人統之可復，補天秩之將頹，其揆一也。昔者蚩尤怙賊，厥弟驕兵，巨力多徒，合緒連禍，則黃帝與聖，首出羣龍，推下濟以君人，儆勤略以戡亂。逮至橫流方割，包山其咨，轉死爲魚，鱻食不粒，則堯禹並迹，扶振隱憂，道百川，康四國。粵若殷禮缺，周德微，宋公用鄘，楚子問鼎，則夫子卓立，燦然成章，闢邦家之正門，播今昔之彝憲。此天所以不言而成化，聖所以有開而必先，其若是也。故夫子之道，消息乎兩儀；夫子之德，經營乎三代。豈徒小説，蓋有異聞。夫亭之者莫如天，藉之者莫如地，教之者莫如夫子。且沐其亭而不識其道，則不如勿生；荷其藉而不由其德，則不如勿運，固曰消息乎兩儀者也。夫博之者莫如文，約之者莫如禮，行之者莫如夫子。且會其文而不揚其業，則不如勿傳；經其禮而不啓其致，則不如勿學。上代有以焯序，中代有以宗師，後代有以丕訓，固曰經營乎三代者也。意虞舜之美，不必至是，贊而大者，進聖君也；夏桀之惡，不必至是，擠而毀者，激庸主也；伊尹之忠，不必至是，演而數者，勉誠節也；趙盾之逆，不必至是，抑而書者，誅賊臣也。至若論慈廣孝，輔仁寵義，職此之由，於是君臣之位序，父子之道明，友朋之事興，夫婦之倫得。雖朗日開覺，膏雨潤黷，和風清扇，安足喻哉！借如九皇繼統而政醇，七聖同年而道合，雖事業廣運，偕理濟一時。未有薄遊大夫，僻居下國，德敷既往，言滿方來。廟食列邦，不假手於後續；君長萬葉，必歸心於素王。若此之盛，是以騰跨百辟，孤絕一人，曷成名可稱？取興爲大者已。

我國家儒教浹寓，文思啓天，伸吏曹以追尊，逮禮官以崇祀，侯褒聖於人爵，尸奠享於國庠。是用大起學流，錫類孝行，敦悦施於方國，光覆彌於胤宗。三十五代嗣褒聖侯璲之，字藏輝，洎族賢元亨等，或專門碩儒，罔墜於緒，或餘波明準，克揚厥聲，乃相與合而謀曰："夫墟墓之地，《禮》曰自哀；聽訟之樹，《詩》云勿翦。一則遇事遺愛，一則感物允懷。矧乎大聖烈風，吾祖鴻美，故國封井，舊居川嶽歟？宜其悚神馳魄，膝行膜拜，陳齋祭，首嚴祠，樹繚垣以設防，刊豐石以爲表。”

兗州牧京兆韋君元珪，字□□，王國周親，人才懿德，明啓風績，休有名教。長史河南源晉賓，字光國，賢操孤興，清節相遠，納人以禮，成俗於師。司馬天水狄光昭，字子亮，相門克開，雅道踵武，聞義必立，從事可行。録事參軍東海徐仲連，功曹成陽蓋寡疑，倉曹太原王道淳，弘農楊萬石，户曹博陵崔少連，弘農楊履元，兵曹太原王光超，范陽張博望，法曹安定皇甫佺，東海于光彦，主曹滎陽鄭璋，參軍事博陵崔調，扶風竇光訓，河東裴璿，隴西李紹烈，雁門田公儀，博士南陽樊利貞，曲阜縣令雁門田思昭，丞河間劉思廉，主簿吳興施文尉，清河晏弘楷等，宦序通德，儒林秀士，升堂覯奥，遊聖欽風，僉同演成，乃□①經始。其詞曰：

元天陰騭，大明虛鏡。神不利淫，物將與正。凡曰投艱，在此逢聖。吞沙薦虐，軒皇底定。襄陵兆災，夏禹文命。周道失序，夫子應聘。删詩述史，盛禮張樂。雅頌穆清，詞訓昭灼。片言一字，勸美懲惡。誘進後人，啓明先覺。六順勃興，四維②偕作。元功濟古，至道納來。首出列聖，席捲羣才。大明震曜，廣學天開。蒸嘗币宇，③誦習窮垓。帝念居室，以光壽宫。建侯於嗣，環封厥中。孫謀不泯，祖德斯崇。乃刊聖烈，克廣休風。按，闕里舊《志》載此碑，“其搋一也”作“其衹一也”。“黄帝與聖”作“黄帝興聖”。“聖所以有開而必先”作“聖人所以有開而必先”。“則不如勿傳”作“則不如勿博”。“勉誠節也”作“勉臣節也”。“友朋之事興”作“朋友之事興”。“君長萬葉”作“君長萬乘”。“取興爲大者已”作“蓋取興爲大者也”。“儒教浹寓”作“儒教浹寓”。“矧乎大聖”作“於乎大聖”。“相門克開”作“相門開祥”。“聞義必立”作“聞義必正”。“功曹成陽蓋寡疑”作“工曹咸陽蓋寡疑”。“弘農楊萬石”作“司農楊萬石”。“皇甫佺”作“皇甫佺”。“鄭璋”作“鄭章”。“宦序通德儒林秀主”作“官序通德儒林秀士”。“吞沙薦虐”作“吞沙薦雪”。“夫子應聘”作“夫子歷聘”。“大名震曜”作“大明震曜”。“蒸嘗币寓”作“蒸嘗而寓”。悉爲依碑改正。

宋

吕蒙正撰重修孔子廟碑

聖人之興也，能成天下之務，能通天下之志，然亦不能免窮通否泰之數。是故有其位，則聖人之道泰；無其位，則聖人之道否。大哉！夫堯、舜、禹、湯，其有位之聖人乎！我先師夫子，其無位之聖人與！昔者大道既隱，真風漸漓，有爲之迹雖彰，禪代之風未替。由是堯、舜、禹、湯苟至聖之德，有其位，故德澤及於兆民。逮乎周室衰微，諸侯强盛，干戈靡戢，黔首疇依。由是仲尼有至聖之德，無其位，所以道屈於季孟。嗚呼！夫子以天生之德，智足以周乎萬物，道足以濟乎天下，而栖皇列國，卒不見用，得

---

① 按，此處闕字李邕《北海集》卷三《兗州曲阜縣孔子廟碑》、《文苑英華》卷八四六作“共”。
② “維”，李邕《北海集》卷三《兗州曲阜縣孔子廟碑》作“教”。
③ “字”，李邕《北海集》卷三《兗州曲阜縣孔子廟碑》、《文苑英華》卷八四六作“寓”。按，《文苑英華》“寓”下注曰：“一作字。”

非其道至大而天下莫能容乎？復乃當時之生民不幸乎？向使有其位，用其道，又何止夾谷之會沮彼齊侯，兩觀之下誅其正卯，羵羊辨土木之妖，楛矢驗蠻夷之貢？必將恢聖人之道，功濟乎宇宙，澤及於黎庶矣。奚一中都宰、大司寇可伸其聖道哉？嗟夫！文王没而斯文未喪，時命屯而吾道不行，可爲長太息矣。洎乎河圖不出，鳳德云衰，爰困蔡以厄陳，遂自衛以反魯。於是删《詩》《書》，贊《易·象》，因史記作《春秋》，大旨尊王者而黜霸道，威亂臣而懼賊子，然後損益三代之禮樂，褒貶百王之善惡。蕪而穢者，芟而夷之；紊而亂者，綱而紀之。建末俗之郛郭，垂萬祀之楷則，遂使君臣父子咸知揖讓之儀，貴賤親疏皆識等夷之數。功均造物，德被生人。昭昭焉，蕩蕩焉，與日月高懸、天壤不朽者，夫子之道乎！故曰：“自生民以來，未有如夫子者也。”非夫道尊德貴，惟幾不測，孰能與於此乎？故天下奉其教，尊其像，祠廟相望者，豈徒然哉？

自唐季而下，晉漢以還，中原俶擾，宇縣分裂。四郊多壘，鞠爲戰鬥之場；五嶽飛塵，競以干戈爲務。周雖經營四方，日不暇給，故我素王之道，將墜於地。光闡儒風，屬在昌運。我應運統天睿文英武大聖至明廣孝皇帝纘寶位也，以狗齊之德，兼睿哲之明，摠攬英雄之心，包括夷夏之地，皇明有赫，聖政日新。解網泣辜，示至仁於天下；侮亡取亂，清大憝於域中。復浙右之土疆，真王匍匐而聽命；伐并汾之堅壘，凶豎倒戈而繫頸。戎車一駕，掃千里之妖氛；泰壇再陟，展三代之縟禮。拯亂則弔伐，非所以佳兵也；懲惡則止殺，蓋所以遵法也。然後修禮以檢民迹，播樂以和民心。禮修樂舉，刑清俗阜，尚猶日慎一日，躬決萬幾，近旬絕禽荒之娛，後庭無遊宴之溺。遂得羣生蚩蚩，但樂於天時；萬彙熙熙，不知乎帝力。信可以高視千古，躪轢百王，謂皇道既以平，華夷又以寧爾。乃凝神太素，端拱穆清，闡希夷之風，詮真如之理。間則披皇墳而稽帝典，奮睿藻以抒宸章，哲王之能事備矣，太平之鴻業成矣。

居一日，乃御便殿，謂侍臣曰：“朕嗣位以來，咸秩無文，遍修羣祀，金田之列刹崇矣，神仙之靈宇修矣，惟魯之夫子廟堂未加營葺，闕孰甚焉。況像設庳而不度，堂廡陋而毀頹，觸目荒涼，荊榛勿翦，階序有妨於函丈，屋壁不可以藏書。既非大壯之規，但有巋然之勢。傾圮寖久，民何所觀？”上乃鼎新規，革舊制，遣使星而蕆事，募梓匠以傭功，經之營之，厥功告就。觀夫繚垣雲矗，飛簷翼張，重門呀其洞開，層闕鬱其特起。綺疏瞰野，朱檻凌虛。耽耽之邃宇來風，轇轕之雕甍拂漢。回廊複殿，一變維新。升其堂，則藻火黼黻，昭其度也；登其筵，則豆籩簠簋，潔其器也。春秋二仲上丁佳辰，牢醴在庭，金石在列，侁侁衆賢，以配以侑。凜然生氣，瞻之如在。時或龜山雨霽，岱嶽雲斂，則重櫨疊栱，丹青晃日月之光；龍桷雲楣，金碧焜烟霞之色。輪奐之制，振古莫儔；營繕之功，於今爲盛。由是公卿庶尹、鴻儒碩生相與而言曰：“凡明君之作事也，不爲無益害有益，必乃除千古之患，興萬世之利，然後納華夷於軌物，致黔首於仁壽。”夫子無位立教，化人以文行忠信，敦俗以冠婚喪祭，爲民立防，與世垂範，是以上達君，下至民,用之則昌,不用則亡。我后膺千年而出震,奄六合以爲家。一之日,二之日,訪蒸黎之疾苦;三之日,四之日,辨官材之淑慝。爾乃修武備,崇文教,輕徭薄賦,興廢繼絶。於是睠我先師,嚴其廟像,棟宇宏壯,近罕倫比。遂使槐市杏壇之子,競鼓篋以知歸;褒衣博帶之儒,識橫經之有所。矧乃不蠹民財,不耗民力,時以農隙,人以悦使。向謂興萬世之利者,斯之謂與! 與夫秦修阿房,惟矜土木之麗,楚築章華,但營耳目之玩,可同年而語邪? 將勒貞珉,合資鴻筆。臣詞慚體要,學謝大成,彤庭猥廁於英翹,內署謬司於綸誥。頌聖君之德業,雖效遊揚;仰夫子之文章,誠慚狂簡。恭承睿旨,謹抒銘曰:

周室衰微兮,諸侯擅權。魯道有蕩兮,禮樂缺然。神降尼丘兮,德鍾於天。挺生夫子兮,喪亂之年。秀帝堯之姿兮,類子産之肩。苞聖人之德兮,稟生知之賢。删詩定禮兮,糾繆繩愆。知冥造化兮,功被陶甄。下學上達兮,仁命罕言。將聖多能兮,名事正焉。道比四瀆兮,日月高懸。仰之彌高兮,鑽之彌堅。歷聘諸國兮,陳蔡之間。時不用兮,吾道迍邅。麟見非應兮,反袂漣漣。梁木其壞兮,嘆彼逝川。王爵疏封兮,袞冕聯翩。百世嗣襲兮,慶及賞延。明明我后兮,化浹無邊。崇彼廟貌兮,其功曲全。高門有閌兮,虛堂八筵。吉日釋菜兮,陳彼豆籩。雕甍畫栱兮,旦暮含煙。海日一照兮,金翠相鮮。帝將東封兮,求福上玄。千乘萬騎兮,轟轟闐闐。謁我新廟兮,周覽蹁躚。肆覲羣后兮,岱宗之前。

金
党懷英撰重修至聖文宣王廟碑

皇朝誕受天命,累聖相繼,平遼舉宋,合天下爲一家,深仁厚澤,以福斯民。粵自太祖,暨於世宗,撫養生息,八十有餘年,庶且富矣,又將教化而粹美之。主上紹休祖宗,以潤色洪業爲務,即位以來,留神政機,革其所當革,興其所當興,飭官厲俗,建學養士,詳刑法,議禮樂,舉遺修舊,新美百爲,期與萬方同歸文明之治。以爲興化致理,必本於尊師重道。於是奠謁先師,以身先之。嘗謂侍臣曰:“昔者夫子立教於洙泗之上,有天下者所當取法。乃今遺祠,久不加葺,且其隘陋,不足以稱聖師之居,其有以大作新之。”有司承詔,度材庀工,計所當費,爲錢七萬四百六十餘千。詔并賜之,仍命選擇幹臣,典領其役。役取於軍,匠備於民,不責亟成而責以可久,不期示侈而期於有制。凡爲殿堂、廊廡、門亭、齋廚、罋舍,合三百六十餘楹,位敍有次,像設有儀,表以傑閣,周以崇垣。至於楹座欄楯,簾幌罘罳之屬,隨所宜設,莫不嚴具。三分其役,因舊以完葺者纔居其一,而增創者倍之。蓋經始於明昌二年之春,逾年而土木基構成,越明年而髹漆彩繪成。先是,羣弟子及先儒像畫於兩廡,既又以捏塑易之。又明年而衆功皆畢,罔有遺制焉。上既加恩闕里,則又澤及嗣人,以其雖襲公爵而官職未稱,與夫祭祀之儀不備,特命自五十一代孫元措首階中議大夫,職視四品,兼世宰曲阜。六年,又以祭服、祭樂爲賜,遣使策祝,並以崇盛之意告之。方役之興也,有芝生於林域及尼山廟與孔氏家園,凡九本。典役者采圖以聞,且言瑞芝之生,所以表聖德之致。廟成之日,宜有刊紀,敢請并書於石。又廟有層閣以備庋書,願得賜名,揭諸其上,以觀示四方。詔以“奎文”名之,而命臣懷英記其事。

臣魯人也,杏壇舊宅,猶能想見其處。今幸以諸生備職藝苑,其可飾固陋之辭,絜楹計工,謹諸歲月而已乎?敢竊敍上之所以褒崇之實,備論而書之,而後系之以銘。臣嘗謂:唐虞三代致治之君,皆相授以道。至周末世,不得其傳,而夫子載諸六經,以俟後聖。降周訖漢,異端並起,儒、墨、道德、名、法、陰陽,分而名家,而以六藝爲經傳章句之學,歸之儒流。不知六藝者,夫子所以傳唐虞三代之道,衆流之所從出,而儒爲之源也。後世偏尚曲聽,沿其流而莫達其本,用其偏而不得其醇。自是歷代治迹,常與時政高下。洪惟聖上以天縱之能,典學稽古,游心於唐虞三代之隆,故凡立功建事,必本六經爲正,而取信於夫子之言。夫惟信之者篤,則其尊奉之禮宜其厚與!臣觀漢魏以來,雖奉祠有封,灑掃有戶,給賜有田,禮則修矣,未有如今日之備也。初,廟傍得魯廢池,發取石甃,以爲柱礎釦砌之用;浚井得銅,以爲鋪首浮漚諸飾。由是省所費錢以千計者,萬四千有奇。方復規畫,爲他日繕治無窮之利,然則非獨今日之新,蓋將愈久而無弊也。銘曰:

惟古治時,以道相繼。不得其傳,粵自周季。天生將聖,遭世不綱。垂統六經,以俟後王。六經維何,爲世立道。有王者興,是惟治要。於鑠我皇,聖性自天。玩意稽古,傳所不傳。建學弘文,崇明儒雅。躬禮聖師,率先天下。乃睠闕里,祠宇弗治。矧其舊制,既隘且卑。乃詔有司,乃疏泉府。揆材庀工,衆役具舉。梓人獻技,役夫效功。隘者以閎,卑者以崇。崇焉有制,閎焉惟法。即舊以新,增其十八。殖殖其正,翼翼其嚴。魯人來思,嘆息仰瞻。魯人有言,惟今非昔。豈伊魯人,四方是式。瞻彼尼山,及其林園。有芝煌煌,表我聖恩。聖恩之隆,施於世嗣。顯秩峻階,視舊加異。廟樂以雅,祭服有章。錫爾奉祠,名教是光。有貞斯石,有銘斯勒。揚厲鴻休,以詔無極。

元

閻復撰重建至聖文宣王廟碑

聖上嗣服之初,祗述祖考之成訓,興學養士,嚴祀先聖,自曲阜始。制詔若曰:“孔子之道,垂憲萬世,有國家者所當崇奉。”中外聞之,咸曰:“大哉王言,拭目太平文明之治。”粵明年元貞改元,先聖五十三代孫、密州尹治入朝,璽書錫命中議大夫,襲封衍聖公,月俸百千,秩視四品。孔氏世爵弗傳者久,至是乃復申命有司,制考辟雍,作廟於京。由是四方嚮風,崇建廟學,惟恐居後。闕里祠宇,毀於金季之亂。閣號奎文,若大中門闥,存者無幾。右轄嚴公忠濟保魯,嘗假清臺頒曆錢,佐營繕之費。歲戊申,始復郳國後寢,以寓先聖、顏、孟十哲像。至元丁卯,衍聖公治尹曲阜、主祀事,將圖起廢,奎文、杏壇、齋廳、黌舍,即其舊而新之,禮殿則未遑也。國初封建宗室,畫濟、兗、單三州,爲魯國大長公主駙馬濟寧王分地,置濟寧總管府,屬縣十六,曲阜其一也。濟寧守臣按檀不花恭承詔旨,會府尹、僚佐、鄉長者謀曰:"方今聖天子守成尚文,此鄉風化之源,禮義之所從出。爲守臣者,敢不對揚休命,以廟役爲任。"首出泉幣萬緡,衆翕然助之,傭工雇力,市木於河,輦石於山,掄材於野,宗棟櫨栭楹礎之屬悉具。又得泗水渠堰積石數百,石塈稱是,露階釦砌,咸足用焉。郡政之暇,躬爲督視,甄陶鍛冶,丹臒髹漆,以至工師廩積,各有司存。經始於大德二年之春,屬歲祲中止,蕆事於五年之秋,不期年而告成。殿翼重簷,亢以層基,繚以修廊,大成有門,配侑諸賢有所,泗、沂二公有位,龕座既遷,更塑郳國像於後寢。締構堅貞,規模壯麗,大小以楹計者,百二十有六;貲用以緡計者,十萬有奇。落成之旦,遠近助祭者,衣冠輻輳,衆庶瞻顒,千襈祖庭,頓還舊觀。於是衍聖公治遣其子曲阜令思誠,奉表以聞,且以廟碑爲請。會博選胄子入學,擢思誠國子監丞,特敕中書,賜田五千畝,以供粢盛;復戶二千八,以應灑掃。仍下翰林,書其事於石。臣復承命踧踖,既述興造始末,竊惟聖人之道與天地並,聖人之祀與天地無極。堯、舜、湯、文之君不作,而道在洙泗,立言垂教,推明堯、舜、湯、文致治之由,模範百王,仁及天下。後世願治之主,莫不宗之。廟貌相望,達於四海。聖人之道,固無係於祀禮之隆殺。夫尊其道而愍其祀,蓋治古之恒規,王政之所先也。洪惟聖元,神武造邦,天兵傅汴,戎事方殷,不忘存敬先聖之祀,乃詔求五十一代衍聖公元措歸魯,裒集奉常禮樂於兵燼之餘,燕翼之謀,肇於此矣!世祖聖德神功文武皇帝,仁霑義洽,九域混同,文物煥然可觀,內立國學,外置郡邑學官,而於先聖之後,尤所注意,遴選師儒,訓迪作成,需賢以嗣封爵。茲志未究,皇上纘而成之,故自紹膺景命,以敦化屬俗爲先務。至於博施濟衆,敷文來遠,哀矜庶獄,惠鮮鰥寡,由天縱之聖,見於設施,皆堯、舜、湯、文之舉,揆諸聖經之言,若合符契。用能張皇教本,光昭先業,以致魯國臣民,思樂泮水,如附靈臺子來之衆,至矣哉!觀文化下,必世後仁之效,豈特震曜一時,實宗社無疆之福也。銘曰:

　道之大原,實出於天。天何言哉?乃以聖傳。傳道維何,唐虞三代。儀範百王,萬世永賴。聖人之功,與天比隆。聖人之祀,垂之無窮。皇元肇基,撥亂右武。天兵趨汴,周禮在魯。烝哉世皇,載整乾綱。始定終綏,遂臣萬方。肅肅魯庭,嗣封有典。德音孔昭,聖謨丕顯。王者之作,必世後仁。繼序不忘,成於孝孫。通觀厥成,是訓是則。思樂泮水,作廟翼翼。如矢斯棘,如翬斯飛。籩豆靜嘉,陟降有儀。祀事孔嚴,世爵以延。汎掃有戶,粢盛有田。聖政聿新,希蹤治古。僉曰皇明,登三咸五。泰山巖巖,聖祀綿綿。與國無疆,於斯萬年。考元世祖至元二年,盡罷林廟灑掃戶。至成宗大德九年,始給復二十八戶。今碑云"復戶二千八"者，蓋刊勒之誤也。

李謙·闕里宅廟落成後碑

玄聖之德，大如天地，昭如日月，蕩蕩乎無能名，皞皞乎不可尚已。歷代有國之君，崇尚其教，廟而祀之，幾遍天下。闕里聖人鄉邑，自漢祖過魯，祀以太牢，由是以降，其廟制因仍損益，見於圖志可考者，在宋、金爲最盛。貞祐一燬，久而未復。我元列聖尊道勸學之心未嘗不切，特以志在混一，狃於金革，有所未暇。逮大德守成，始克成二祖三宗之盛意，殿而廡之，位而像之，沉沉奕奕，有俹有嚴，數百年閎規偉觀，一旦而復，視舊蓋加隆焉。而又紹衍聖世享之封，主四仲家庭之祀。無以供粢盛也，則胙之土；無以給涓潔也，則復其戶。塋林則樵採有禁，子孫則教導有師。詔旨諄復，訓諭切至，且命翰林書之石，猗歟偉哉！初，太中大夫、監莅濟寧路總管府事按檀不花以魯居治境，乃懿戚封邑，祇承朝廷德意，開諭寮屬，勉勖士庶，先己而爲之倡，前役而爲之備，國無費材，民不知勞，卒成一代之盛事。總管馬嘉議昫實左右之。既卒役，狀其本末，遣經歷張格知兗州，馬奉訓禧請記其成。竊嘗一拜林廟，伏讀漢隸數碑，見其請立百石卒史，典領禮器，及用辟雍禮，出王家錢，給犬酒直，則乙瑛也。選試孔龢補卒史，則後相平也。韓敕則修飾宅廟，造立禮器。史晨則乞依社稷，出王家穀，以供春秋禋祀。是數人者，皆東都前後魯相，以所請上之三公府。公府以聞，乃可其請。事皆魯相發之。數人者，名不著見於史，徒以上章爲聖廟有所陳請，勒名貞石，閱世千數百年，至於今不朽。矧太中生當盛代，遵奉明詔，振舉墜典，潤色太平，玆特隆化美俗，勇於爲善之一端爾。若其表率一道，廉勤奉公，恤隱除害，善政及民者尚多，自當載名信史，傳休無窮，豈東郡魯相所可並日而談哉！

歐陽玄撰敕修曲阜宣聖廟碑

今上皇帝臨御之七年，歲在己卯春三月戊辰，御史大夫臣別里怯不花、臣脱脱等言："天曆二年十月，文宗皇帝在御奎章閣學士院，臣沙臘班等列奏：'曲阜宣聖廟，自漢、唐、宋、金，凡有隳廢，必奉敕繕修，功成則勒之石。衍聖公以舊廟將壞，餙書奉圖，屬學士院以聞。'時文宗覽圖，諭旨省臣趣修之，事竣則立碑，以詔方來。今新廟既完，而成績未紀，懼無以稱塞先詔。御史章上，臣等僉議，請敕翰林侍講學士臣玄爲文、奎章閣學士院大學士臣巎巎爲書，前侍御史臣起巖爲篆，以臺儲中統楮幣二萬五千緡爲立石之貨。"制皆允。乃命宣聖五十四代孫、御史思立傳敕臣玄俾書其事。玄拜手稽首言曰：天佑下民，作之君，作之師。昔者伏羲、神農、黃帝、堯、舜、禹、湯、文、武數聖人者，作君師之道備於一人，用能左右上帝，克綏厥猷。吾夫子出，天獨畀以師道。凡天敘、天秩、天命、天討之事，夫子明禮樂、刪《詩》定《書》、贊易道、修《春秋》而品節之，以爲百王法於後世。儀封人曰："天將以夫子爲木鐸。"子貢曰："固天縱之將聖。"夫子自論斯文之任，上以屬於天，下以屬於己，使得位設教，即前數聖人所爲繼天立極者也。是故天欲興一代之治，則吾夫子之道必大昭明於時，歷千萬世，如出一轍。皇元龍興朔方，太祖皇帝聖智天授，經營四方。太宗皇帝平金初年，歲在丁酉，首詔孔元措襲封衍聖公，復孔、顏、孟三氏子孫世世無所與，增給廟户，皆復其家。是歲曆日銀，諸路以其半，益都、東平以其全，給修宣聖廟。尋詔元措括金人禮樂官師及前代典册、辭章、鐘磬等器，以數來上，仍命於曲阜閲習禮樂，以備時用。又詔諸路設學，遣官分道程試儒業。世祖皇帝初在藩邸，多士景從。及其即位，大召名儒，開廣庠序，命御史臺以勉勵教①官，國子監學以訓誨胄子，大司農以興舉社學、興文署以板行海内書籍，提舉教授以主領外路儒生、宿衞子弟，咸遣入學。輔弼大臣，居多俊乂，内庭獻納，能明夫子之道者，言必稱旨。在位三十五年之間，取士之法，興學之條，日討論之，規橅益弘遠矣。② 裕宗皇帝時在東宫，贊成崇儒之美。成宗皇帝克繩祖武，鋭意文治，踐祚之初，詔曰：孔子之道，垂憲萬世，有國家者所當崇奉。既而新作國學，增廣黌舍數百區，胄子教養之法始備。武宗皇帝焴興制作，加號孔子爲大成至聖文宣王，遣使祠以太牢。仁宗皇帝述世祖之事，弘列聖之規，尊五經，黜百家，登崇俊良，以張治具，③我朝用儒，於斯爲盛。英宗皇帝鋪張鉅典，廓開彌文。明宗皇帝凝情經史，愛禮儒士。文宗皇帝緝熙聖學，加號宣聖皇考爲啓聖王，皇妣爲啓聖王夫人，改鑄衍聖公三品印章，賜山東鹽轉運司歲課及江西、江浙兩省學田歲入中統楮幣三十一萬四千四百緡畀濟寧路，俾修曲阜廟庭。文宗賓天，太皇太后有旨董其成功。今上皇帝入纘丕圖，儒學之詔方頒，闕里之役鼎盛。山東憲司泊濟寧總管張仲仁、曲阜縣尹孔克欽莅事共恪，以元統二年四月十一日鳩工，至元二年十月初吉落成。宫室之壯，以寧神棲；樓閣之崇，以庋寶訓。周垣繚廡，重門層觀，丹碧黝堊，制侔王居。申命詞臣，揚厲丕績。於是内聖外王之道，君治師教之誼，大備於今時，猗歟盛哉！

　　皇元有國百餘年以來，繕修宣聖廟者再。丁酉之初，以開同文之運。天曆之際，以彰承平之風。東冒出日，④西逾崑崙，南盡火維，北際冰天。聖道王化，廣大悠久，相爲無窮，端本實在兹矣。臣玄奉命撰述，有詔御史思立奉祝幣牲齊，馳驛往祭，告厥成功。臣玄既序顛末，請系以詩詞曰：

　　厥初生民，倥侗顓蒙。三五繼作，大道爲功。風氣日開，民習日漓。道統絶續，孰綱孰維。少昊之墟，東魯之土。挺生聖人，以淑萬古。聖人既生，代天以言。立我民

---

① "教"，元歐陽玄《圭齋文集》卷九《曲阜重脩宣聖廟碑》、陳鎬《闕里志》卷一八《歷代碑記》作"校"。
② "規橅益弘遠矣"，元歐陽玄《圭齋文集》卷九《曲阜重脩宣聖廟碑》作"規裨益遠矣"。
③ "登崇俊良以張治具"，元歐陽玄《圭齋文集》卷九《曲阜重脩宣聖廟碑》作"以造天下士"。
④ "出日"，元歐陽玄《圭齋文集》卷九《曲阜重脩宣聖廟碑》作"扶桑"。

極，與天並存。惟皇建極，尊用其道。百王軌範，於以順考。三光以全，寒暑以平。俊民用章，時乃迓衡。天子垂拱，大臣承弼。體信達順，鳳麟時出。皇元之興，厚集大命。太宗興文，首法玄[①]聖。世祖龍飛，髦士屬心。恢弘文治，濬發德音。世及三紀，仁漸義摩。建學立師，善人用多。温文裕宗，祗荷詒燕。成廟崇儒，迪若天顯。武皇英毅，入繼離明。載崇徽號，玉振金聲。濬哲仁皇，文德繼世。誕揚祖訓，籲俊尊帝。爰及英宗，禮樂孔殷。穆穆明考，蓄德懿文。文宗纘緒，聖聖克肖。乃開奎府，乃飭孔廟。今上嗣位，丕式大猷。勒石新廟，宏賁鴻休。新廟奕奕，泰山具瞻。衡紞紘綖，袞衣褕褘。維宋維金，遺刻具在。於赫我元，冠冕百代。我元聲教，極彼堪輿。黌舍萬里，誦詩讀書。維兹曲阜，斯道之壺。如水有源，如木有本。皇鑑在上，知我道樞。相我熙朝，躋民唐虞。睠言臺臣，職是風紀。昭宣睿謨，是用歸美。聖道王化，如日麗天。儒臣詠歌，億載萬年。

郭孝基撰致奠曲阜孔子廟碑

有元至正二年十月壬戌，皇帝御咸寧殿，敕中書具盦醨朋酒，命集賢直學士臣郭孝基乘驛致奠於曲阜先聖大成至聖文宣王之廟，中書助祭元寶二千五百緡，嗣衍聖公臣克堅，爰擇十二月丁巳之吉，釋奠如章。禮成，臣孝基等拜手稽首，謹言：皇帝欽崇聖教，建宣文之閣、崇文之監，日御經筵，講德唐虞，辨章三代，日夕乾乾，遜志時敏。式惟先聖孔子，昭垂六籍，丕覺萬世，惟聖知聖，是用啓自天衷，特致殊禮。希世盛德，其可泯而弗宣。刻之金石，光示永久，禮實宜之。臣孝基聞聖人之道，執一常，御萬變，君君、臣臣、父父、子子，大綱一正，萬目畢舉。故曰王者中心無爲，以守至正，人心服於下，天理應於上。樹之風聲，束以禮義，不動聲色，靡然於變，協風時雨，諸福之物，罔不畢至。漢祖致祀，天下歸心；唐宋升祀，承錫胤祚，用此道也。皇帝天縱玄德，加以聖學，垂衣論道，天下泰寧，心悦神乎，獨得淵衷，有非臣下所能窺測者。小臣載筆，敬用作銘。銘曰：

皇帝若曰，惟天惟聖。揭乾之明，握坤以正。惟禮惟樂，惟刑惟政。文以經緯，武以戡定。立我邦家，功斯爲盛。皇帝若曰，宣文在中。乃瀦辟雍，乃流泮宮。有庠有序，八表攸同。巍巍素王，籩豆鼓鐘。於論曲阜，曷不加隆。皇帝若曰，有典有則。春秋上丁，庚子之吉。四享厥家，常祀不忒。誕昭予敬，致奠惟特。予薌予酒，於聖之宅。皇帝若曰，予嗣歷服。惴惴小心，如臨於谷。君君臣臣，惟聖予福。於時處處，敢忘嘉告。聖經是式，我祀匪黷。皇帝若曰，予聖時欽。惟汝臣鄰，惟汝壬林。汝子汝孫，士庶時忱。服聖之言，精白爾心。勤相予家，爾玉爾金。

---

① “玄”，元歐陽玄《圭齋文集》卷九《曲阜重脩宣聖廟碑》作“孔”。

呂思誠撰加封啟聖王碑

維至正八年四月，上在興聖宫，御宣文閣，中書右丞相臣朵兒只等入奏曰：“孔子父叔梁紇加封啟聖王，未有刊述昭示久遠，請以中書左丞相臣呂思誠爲文，出中統鈔五千貫下襲封府，具攻石之用。”制若曰：“可。”臣思誠承命惶悚，大恐弗任，乃拜手颺言曰：惟我國家，崇重聖德，宣昭聖道，與王化合并。太祖皇帝，肇基洪業。太宗皇帝在潛，行釋奠禮，祀孔子於日月山。世祖龍飛，車書混一，自上都、大都及天下郡邑立廟學，曲阜林廟，尤加修崇。於是定襲封之嗣，除孔氏一人尹曲阜縣，恩至渥也。成宗皇帝廟於國子監。武宗皇帝加謚“大成”於“至聖文宣王”上。仁宗皇帝詔立碑，天曆初，制加封啟聖王顏氏曰啟聖王夫人，曠典也。今襲封衍聖公克堅，既進官中奉大夫，階二品，換印章，用銀，爲啟聖王碑得請，聖眷隆厚，曷以報稱。臣謹按《春秋》，公羊氏、穀梁氏依經書“孔子生”，左氏隨經書“孔子卒”。《史記》作《殷本紀》，帝嚳妃簡狄生契，十三遷而至天乙，始有天下，是爲成湯。書契者，原其初也。微子開國，亦曰帝乙之長子，明其本也。《孔子世家》曰：“其先宋人，曰防叔，生伯夏，言有承也。”又書鯉以下直至漢時，復列傳諸弟子七十二人。宋儒邵雍曰：“天子以四海爲家，孔子以萬世爲家。”殆以是。夫惟文公朱熹删定《世家》，序《論語》前曰：“魯襄公二十二年冬十一月庚子，父叔梁紇、母顏氏生孔子於魯昌平鄉陬邑。”又曰：“孔子生鯉，字伯魚。鯉生伋，字子思，作《中庸》。”厥有旨哉！夫惟玄鳥之降，玉筐之覆，金行啟運，汁光垂精，爲五百年之昌期，千萬世之嘉會者，實由天生。顏淵曰：“仰之彌高，鑽之彌堅。瞻之在前，忽焉在後。”子貢曰：“立之斯立，道之斯行。綏之斯來，動之斯和。其生也榮，其死也哀。”子思曰：“仲尼祖述堯舜，憲章文武，上律天時，下襲水土。”孟軻氏曰：“自生民以來，未有盛於孔子者也，賢於堯舜遠矣！”太史公曰：“自天子王侯言六藝者，折衷於夫子，可謂至聖矣！”揚雄曰：“天之道，不在仲尼乎？”王文中子曰：“大哉乎！君君臣臣，父父子子，兄兄弟弟，夫夫婦婦，夫子之力也。其與太極合德，神道並行乎？”韓愈曰：“社稷以功，夫子以德。”程子謂：“賢於堯舜者以事功，蓋金聲玉振，集羣聖之大成，實由天縱。”若夫尼山請禱，精誠昭揭，而其表相殊異：曰似堯，曰似舜，曰似禹，曰似子產，曰河目海口，黃帝之形貌也，曰修肱而龜背，成湯之容體也。惟此身體髮膚之所從，毓靈誕聖之所自，不在兹乎？漢時，聖舅顏氏，居魯親里；聖妃亓官氏，居安樂里，復其縣發。宋時有齊國公之封，又有魯國太夫人、郳國夫人之號，其爵邑又若不因夫子者。今兹峻其徽章，名與情稱，百世不能改也。於戲，盛哉！伏惟聖人，人倫之至也。繫《周易》，删《詩》《書》，定《禮》《樂》，垂憲萬世，師表百王者，蔑有加矣。獨於《春秋》曰“志在”焉，《孝經》曰“行在”焉。《春秋》，天子之事也，三綱九法，望於周也，故曰：“如有用我者，吾其爲東周乎！”《孝經》，開五孝之用，自天子至於庶人，各有終始，其曰“至德要道”，其曰“天經地義”，其尊親之心，顯親之念，曾子所謂“一貫”，孟子所謂“一本”也。

不然，是謂悖德悖禮矣！洪惟今上皇帝接太祖皇帝、世祖皇帝之聖緒，嗣守列聖以來之成規，聖治之敷，孝治之洽，所謂通於神明、光於四海者，於《春秋》《孝經》有嘉焉。碑之闕里，光昭休烈於無窮，若江漢之濯、秋陽之暴，皜皜乎不可尚矣。臣思誠頓首，誠惶誠恐。復獻頌曰：

於鑠皇元，赫赫明明。翕闢乾坤，資始資生。太祖肇基，風霆流行。世祖混一，覆載生成。列聖嗣服，時靡有爭。今上繼緒，品式法程。聖治丕顯，孝治丕平。嘉崇孔子，縟典鴻名。尼山有禱，汁光垂精。表相之異，至道之凝。曰惟天縱，玉振金聲。孰與道生，本立枝承。王爵之崇，啟聖之榮。義符於情，名與實徵。五父之殯，緩乎其行。防墓之崩，泫然涕零。志在《春秋》，行在《孝經》。愛親敬長，《春秋》權衡。尊親顯親，五孝重輕。今茲有茲，誕聖毓靈。子孫有衍，是服是膺。尼山崢嶸，泗水不盈。蔚彼孔林，卓彼魯庭。有豐斯碑，光昭日星。同我父[1]子，無忝所生。闡我皇風，四海永清。

明

成祖御製重修孔子廟碑

道原於天而畀於聖人。聖人者，繼天立極而統承乎斯道者也。若伏羲、神農、黃帝、堯、舜、禹、湯、文、武、周公聖聖相傳，一道而已。周公沒，又五百餘年而生孔子，所以繼往聖，開來學，其功賢於堯舜，故曰自生民以來，未有盛於孔子者也。夫四時流行，化生萬物，而高下散殊，咸遂其性者，天之道也。孔子參天地，贊化育，明王道，正彝倫，使君君臣臣、父父子子、夫夫婦婦各得以盡其分，與天道誠無間焉爾。故其徒曰：「夫子之不可及也，猶天之不可階而升也。」又曰：「仲尼，日月也，無得而逾焉。」在當時之論如此，亘萬世無敢有異辭焉。於乎！此孔子之道所以為盛也。天下後世之蒙其澤者，實與天地同其久遠矣。自孔子沒，於今千八百餘年，其間道之隆替與時陟降，遇大有為之君，克表章之，則其政治有足稱者，若漢、唐、宋致治之君可見矣。朕皇考太祖高皇帝，天命聖智，為天下君。武功告成，即興文教，大明孔子之道。自京師以達天下，並建廟學，遍賜經籍，作養士類，儀文之備，超乎往昔。封孔氏子孫世襲衍聖公，秩視一品，世擇一人為曲阜令，立學官以教孔、顏、孟三氏子孫。常幸太學，釋奠孔子，竭其嚴敬。尊崇孔子之道，未有如斯之盛者也。朕纘承大統，丕法成憲，尚惟孔子之道，皇考之所以表章之者若此，其可忽乎？乃曲阜，闕里在焉，道統之系，實由於茲，而廟宇歷久，漸見隳敝，弗稱瞻仰。往命有司撤其舊而新之，今年夏畢工，宏邃壯觀，庶稱朕敬仰之意。俾凡觀於斯者，有所興起，致力於聖賢之學，敦其本而去其末，將見天下之士，皆有可用之材，以贊夫[2]太平悠久之治，以震耀孔子之道，朕於是深有所望

---

[1]　"父"，陳鎬《闕里志》卷一八《歷代碑記·敕加封啟聖王碑》作"夫"。

[2]　"夫"，明葉盛《水東日記》卷一九《太宗文皇帝御製重修孔廟碑文》作"輔"。

焉。遂書勒碑,樹之於廟,並系以詩曰:

巍巍玄聖,古今之師。垂世立言,生民是資。天將木鐸,以教是畀。謂欲無言,示之者至。惟天爲高,惟道與參。惟地爲厚,惟德與合。生民以來,實曰未有。出類拔萃,難乎先後。示則不遠,日月攸趨。敦序有彝,遵於聖模。仰惟皇考,聖道①實崇。禮樂治平,身底厥功。曰予祗述,詎敢或懈。聖緒丕承,儀憲永賴。巖巖泰山,魯邦所瞻。新廟奕奕,飭祀有嚴。鼓鐘鐄鐄,②璆磬戛擊。八音相宣,聖情怡懌。作我士類,世有才賢。左③我大明,於斯萬年。

憲宗御製重修孔子廟碑

朕惟孔子之道,天下一日不可無焉。何也?有孔子之道,則綱常正而倫理明,萬物各得其所矣。不然,則異端橫起,邪說紛作,綱常何自而正?倫理何自而明?天下萬物,又豈能各得其所哉?是以生民之休戚係焉,國家之治亂關焉,有天下者,誠不可一日無孔子之道也。蓋孔子之道,即堯、舜、禹、湯、文、武之道,載於六經者是已。孔子則從而明之,以詔後世耳,故曰天將以夫子爲木鐸。使天不生孔子,則堯、舜、禹、湯、文、武之道,後世何從而知之?將必昏昏冥冥,無異於夢中,所謂萬古如長夜也。由此觀之,則天生孔子,實所以爲天地立心,爲生民立命,爲往聖繼絕學,爲萬世開太平者也。其功用之大,不但同乎天地而已。

噫,盛矣哉!誠生民以來之所未有者,宜乎弟子形容其聖不一而足。至於《中庸》一書而發明之,無餘蘊矣。自孔子以後,有天下者無慮十餘代,其君雖有賢否、智愚之不同,孰不賴孔子之道以爲治?其尊崇之禮,愈久而愈彰,愈遠而愈盛,觀於漢魏以來褒贈加封可見矣。迨我祖宗,益興學校,益隆祀典,自京師以達於天下郡邑,無處無之,而在闕里者尤加之意焉。故太祖高皇帝登極之初,即遣官致祭,爲文以著其盛而立碑焉。太宗文皇帝重修廟宇而一新之,亦爲文以紀其實而立碑焉。朕嗣位之日,躬詣太學,釋奠孔子。復因闕里之廟歲久漸敝而重修之,至是畢工,有司以聞,深慰朕懷。嗚呼!孔子之道之在天下,如布帛菽粟,民生日用不可暫闕。其深仁厚澤,所以流被於天下後世者,信無窮也。爲生民之主者,將何以報之哉?故新其廟貌而尊崇之。尊崇之者,豈徒然哉,冀其道之存焉爾。使孔子之道常存而不泯,則綱常無不正,倫理無不明,而萬物亦無有不得其所者。行將措斯世於雍熙太和之域,而無異於唐虞三代之盛也,久安長治之術,端在於斯。用是爲文,勒石樹於廟庭,以昭我朝崇儒重道

---

①　"道",明葉盛《水東日記》卷一九《太宗文皇帝御製重修孔廟碑文》作"德"。

②　"鐄鐄",明葉盛《水東日記》卷一九《太宗文皇帝御製重修孔廟碑文》作"鍠鍠",陳鎬《闕里志》卷一九《明代碑記》作"煌煌"。

③　"左",明葉盛《水東日記》卷一九《太宗文皇帝御製重修孔廟碑文》、陳鎬《闕里志》卷一九《明朝碑記》作"佐"。

之意焉。系以詩曰：

天生孔子，縱之爲聖。生知安行，仁義中正。師道興起，從遊三千。往聖是繼，道統流傳。六經既明，以詔後世。三綱五常，昭然不替。道德高厚，教化無窮。人極斯立，天地同功。生民以來，卓乎獨盛。允集大成，實天所命。有天下者，是尊是崇。曰惟聖道，曷敢弗宗。顧予眇躬，承此大業。惟聖之謨，於心乃愜。用之爲治，以康兆民。聖澤流被，萬世聿新。報典之隆，尤在闕里。廟宇巍巍，於玆重美。文諸貞石，以光於前。木鐸遺響，餘千萬年。

孝宗御製重建孔子廟碑

朕惟古之聖賢，功德及人，天下後世，立廟以祀者多矣。然內而京師，外而郡邑，及其故鄉，靡不有廟。自天子至於郡邑長吏，通得祀之而致其嚴且敬，則惟孔子爲然。蓋孔子天縱之聖，生當周季，聖賢道否之日，而不得其位以行，乃歷考上古以來，聖人之居①天下者，曰堯，曰舜、禹、湯、文、武，已行之迹，並其至言要論，定爲六經，以垂法後世。自是凡有天下之君，遵之則治，違之則否，蓋有不能易者，真萬世帝王之師也。故自漢祖過魯之祀之後，多爲之立廟，沿及唐、宋，英明願治之君屢作，益尊而信之，孔子之廟遂遍天下，爵號王公，禮視諸侯而加隆焉。雖金、元入主中國，綱常掃地之時，亦未嘗或廢。蓋天理民彝之在人，有不能自泯也。我聖祖高皇帝以至神大聖迅掃胡元，植綱常於淪斁之餘，武功方戢，即遣人詣闕里祀孔子，風示天下，規度可謂宏遠矣。列聖相承，益嚴祀事，先後一軌。暨我皇考憲宗純皇帝詔增廟之舞佾爲八、籩豆十二，禮樂盡同於天子，襃崇之典，至是蓋無以加。我國家百有餘年之太平，端有自哉！闕里有廟，建自前代，規制尤盛。弘治己未六月燬於火，朕聞之惕然，特敕山東巡撫、巡按暨布政按察司官聚材庀工，爲之重建。越五年，甲子正月工畢。巡撫右副都御史徐源、巡按監察御史陳璘以其狀來上，宏深壯麗，視舊規有加，朕懷乃慰。既遣內閣輔臣太子太保、户部尚書兼謹身殿大學士李東陽往告，復具顛末爲文，俾勒之廟碑，用昭我祖宗以來尊師重道之意，並繫之詩曰：

聖人之生，天豈偶然？命之大君，俾贊化權。二帝三王，君焉克聖。繼天立極，道形於政。大化既洽，至治斯成。巍巍蕩蕩，渾乎難名。周政不綱，道隨時墜。孔子聖人，而不得位。乃稽羣聖，乃定六經。萬世之師，於焉足徵。自漢而下，數千餘歲。襃典代加，有隆無替。於皇我祖，居正體元，六經是師，卓爾化原。列聖相承，先後一揆。逮及朕躬，思弘前軌。廟貌載崇，祀事孔祀。經言典訓，彌謹彌敦。俗化治成，日升川至。斯道之光，允垂萬世。

---

① "居"，陳鎬《闕里志》卷一九《明朝碑記・御製重建闕里孔子廟碑》作"君"。

張敏撰尼山新廟碑

洙泗涵道體之本源，尼山毓天地之間氣。聖人者，又所以鍾天地山川之間氣以生者也。其知先知，其覺先覺，出乎類，拔乎萃，自生民以來，實未有也。然天之所以厚於聖人者，夫豈無其故哉？蓋自周室衰微，諸侯放恣，三綱淪，九法斁，中國將入於夷狄，生民漸儕乎物類，使天不生聖人，則天下貿貿焉莫知所之，人欲肆而天理滅矣，天於是而生聖人焉。聖人者，繼天立極，拯溺亨屯，爲天地立心，爲生民立命，爲萬世開太平者也，所謂其生也有自來，其逝也有所爲。宰我曰：“以予觀於夫子，賢於堯舜遠矣。”且堯舜之道尚賴夫子而明，是天以是道而界之聖人，必欲聖人以是道而傳諸後世，此聖人所以有功於天地也。惟聖人有功於天地，故天下通祀乎聖人。矧兹尼山，尤爲所生之地，廟貌尊崇，歷代所尚。奈何元運既去，毀於兵燹，故址頹基，鞠爲茂草，春秋祭祀，掃地而行，觸目荒涼，誠爲可嘆。五十九代孫、襲封衍聖公彥縉，五十五代孫、曲阜世尹克中，五十四代孫、族長思楷，舉事希韶，會闔門族屬，諭之曰：“闕里廟貌，我太宗文皇帝撤舊更新，既以美矣。惟兹尼山，乃聖祖誕育之地，荒涼若是，而不爲究心，吾子孫寧不有愧焉乎？”由是衆發一心，鼎新重建。正殿三間，高廣如制，其西則爲毓聖侯殿，其西北則爲啓聖王殿，又其北則爲啓聖王夫人殿也。神門三間，齊廳五間，庖湢有廬，祭器有庫，繚垣雲畫，如矢斯棘。嗚呼休哉！首事於永樂丁酉之春，落成於戊戌之夏，輪奐之美，視昔有加。構治之規，於今爲盛。仰瞻俯視，生氣若存。時或嶧山雨霽，顏母雲收，丹青晃日月之光，金碧焜煙霞之色。重櫨疊栱，簷牙高啄，坤靈五老，環繞上下，其壯觀爲可知矣。兹者刻石以勵其後，謂余當筆，不敢以蕪陋辭，謹述始末，並系以言曰：

周室衰微，諸侯擅權。下陵上替，綱紀頹然。風氣日偷，倫理日墜。往聖既遠，其孰能繼？尼山降神，毓秀含真。靈應既啓，生我聖人。惟聖有作，天降木鐸。以繼往聖，以開來學。綱常既正，倫理日昭。尊卑上下，井井有條。惟聖斯迹，光明烜赫。其報伊何？萬代血食。緬惟尼山，古廟巍巍。毀於兵燹，蕩然無遺。觸目荒涼，見者嘆息。聖公起念，世尹贊畫。經之營之，乃定其規。新廟既成，金碧相輝。神其戾止，既安且喜。報以介福，施於孫子。

殷士儋撰闕里重修孔子廟碑

隆慶己巳春，山東巡撫、都御史姜公廷頤親詣闕里，睹孔廟頹敝，創議營葺。維時河道都御史翁公大立、巡按御史周公詠咸相成之因，斥金若干，檄下所司，鳩工庀材，以繕厥事。經始於閏六月二十二日，至十一月告成。諸殿寢、門廡、堂閣、齋亭爛然改觀。其杏壇舊制，則撤而更新，增置石檻、重簷。櫺星門之外，稍拓地紆回其道，以遠衢市。蓋廟之制壯麗博敞，稱完美矣。衆謂宜有詞勒石以記成功，而屬之於余。謹拜手稽首，言曰：

粵自鴻蒙肇判，聖喆挺生，羲軒而降，洎乎姬公，作者非一人矣。乃孔子獨歸然爲帝者師，萬世無改，豈直以其道德仁義包舉羣聖，金聲而玉振之哉？蓋羣聖選於四海，能以身建太平之烈，然欲令萬世太平猶一日，則不能也。孔子雖屈於素王之位，而六經删定，炳炳麟麟，凡羣聖相繼，治天下之大經大法，咸舉而筆之於書，使後聖有作，皆可遵用其言，以康乂宇内。蓋自獲麟迄今二千年，而三綱常明，九法常敍，華不沉溺於夷，人不淪墜於物，是孔子澤流後裔無窮極也。故孔子者，萬世斯道之宗主也。皇皇哉，立言闡教之功，與日月俱懸、天壤共敝矣。漢興以後，世主咸知秩祀孔子，而遵用其言以爲治者尠。故孔子之道，其行於時有顯有晦，而王化相與爲升降焉。

國家稽古立極，於崇奉孔子之典，綦隆大備。爰自九重之尊，下逮里巷，無不師事之。又近而京都，遠而蠻陬海徼，無不有廟以隆其祀。南面儼然，坊於王者，春秋有事，則籩筐樽俎之儀、象勺干籥之器，秩秩焉，雝雝焉，光耀無前。是自昔事師之盛，未有禮具樂和如斯者也，抑非徒尊之而已。我祖宗開基纘運，咸表彰聖經，褒獎儒雅，以文太平。凡廟堂所以經緯大猷，公卿大夫所以襄贊祉議，以至閭胥族師之所教訓，蕃夷武卒之所授習，一惟聖人之言是崇是重。當此之時，上無疵制，下無私學，斌斌焉中正之軌立，純白之化流，霸習夷風不得而雜乎其間。是孔子之道行於時，亦未有昭融朗徹如斯者也。故在前代，治僅小康，而一再傳後，亂孽輒生。今我朝聖聖相傳，休德宣昭，純熙沕穆，彌久彌敦。二百年來，君有垂衣治理之逸，臣有奉公守法之誼，士有崇質尚善之美，民有含哺鼓腹之歡。緇黄之餤微於螢爝，夷夏之限嚴於冠履，元風丕洽，雅頌聿興，和氣醖釀，瑞福交應。偉哉焕乎！萬世不刊之鴻業在焉。三代以還，莫得而仿佛矣。微夫崇道右儒，爲世儀則，以登大化，不亦韙乎！

恭惟我皇上嗣膺寶曆，首幸辟雍，士林生色，而又帷幄聽講，大廷敷治，游心儲思，一以孔子爲極。其精神意氣，風動景馳，雖在遐方僻壤，亦皆敬應不暇，況乎闕里爲孔子誕毓之鄉，禮義教化所自出也？而廟貌弗飾，觀望缺然，其曷以祇若主上之明德，且非所以爲天下倡始也。今諸公有事東土，乃諰諰焉以作新爲任，工不閱歲而輪奐增賁，神靈攸妥。士儒衣儒冠，揖讓其中。升其階序，恍乎如聞金石絲竹之音。雖搢紳先生之徒來自遠方者，亦就其家而覽觀祭器，至於低徊不能去。信乎盛世之榮觀，鴻士之令績也。繼今聖教日廣，帝載日融，揆厥所元，實自魯國開之。則今日孔廟之修，豈惟推衍主上文明之治以率先海内，其於國家崇道右儒之盛將益光顯，而太平駿烈永永不替矣。於戲休哉！余不佞，謹記之以示方來云。是役也，山東巡撫、都御史梁公夢龍，巡按御史羅公鳳翔、張公士佩，暨布政使姚一元、王宗沐、陳瓚、陳絳，參政吳承燾、劉孝、龍光，參議潘允端、宋守約，按察使周世遠、吳文華，副使羅良、鄒善、黄燈、周鑑、李汶，僉事塞達、郭天禄、徐炳、葉憲、高克謙、謝東陽，兗州府知府張文淵、朱泰，同知何其賢、劉岸，通判許際可、包大爔，推官景嵩，滋陽知縣王璇，寧陽知縣秦吉士，汶上知縣趙可懷皆與有勞，於法得並書。爰系以詩曰：

昊穹生民，厥有聖神。體陰法陽，宗主羣倫。於鑠宣尼，道隆德博。金玉其成，時維木鐸。六經刪定，典訓曄然。譬彼日月，朗而行天。流澤鴻龐，以覺來裔。萬祀宗之，血食弗替。巍巍喆王，勃其有興。迪茲令模，大猷允升。皇明御寓，維聖是式。薄海之內，廟貌有翼。聖道欽只，皇風載昌。文恬武嬉，休有烈光。瞻彼闕里，孔子之宮。崇墉廣舍，靈氣鬱蔥。歷年滋多，材朽圬蝕。撫臣曰嗟，惡可弗飭。爰度爰咨，爰興締構。羣工畢藝，不日而就。肆肆其筵，奕奕其楹。丹艧黼黻，既穆且貞。爰入其門，爰躋其堂。百官具陳，金絲琅琅。厥奠維何，籩豆簠簋。神之來臨，既安且喜。章甫峨峨，逢掖翩翩。威儀有楚，載歌載絃。人亦至止，顧瞻徘徊。於帝報功，焯乎大哉！元靈永輝，萬年有造。人文丕熾，贊我皇道。岱宗蟲蟲，泗水湯湯。琢辭貞珉，並垂無疆。

于慎行撰闕里重修孔子廟碑

粵萬曆改元，天子嗣大歷服，遣使奉圭幣祝詞，告於闕里。越四年丙子，天子乃御皮弁，釋奠太學，以率天下，邇聞遐聽，彬彬向風矣。又越二年戊寅，巡撫山東都御史趙公賢以行部至曲阜，展謁廟庭，見其堂序齊室多所隳敝，因與監司守長計之，以爲朝廷崇禮先師，尊無與亢，而聖迹所興，廟貌弗飾，非所以奉揚休德而昭示來遠也。乃謀於巡按御史錢公岱，共圖營葺，而前巡按御史王公藻亦嘗肇謀於先。至是兩臺議定，乃下計所司，推材計程，庀徒揆日，羣吏稟式，小大率從，經始於本年九月十五日，凡四月而竣云。

夫管窺乾象，無以究其崇卑；圭測坤維，不足明其近遠。何者？氣冒於形，則形之所不運；道周於器，則器之所難名也。況乎德冠生民，智包羣品，立三才之樞紐，垂萬世之儀型者哉？故子貢以爲終身戴天，不知天之高也；終身踐地，不知地之厚也。至矣哉！擬議不得其形容，隨迎不盡其終始，上智之所難晰，能言之所罕譬矣。夫所謂聖而不可知者，其在是哉！雖然，天不可窺而日月懸其像，故仰觀者有則；地不可度而河山麗其體，故俯察者有儀。聖不可知而六經傳其蘊，故彰往察來者有準也。蓋求聖人之蘊，則於其燦然者矣，無其所謂可得而聞者歟！是故二帝三王用六經之實以陶埴天下，而夫子著六經之文以垂憲方來。三千餘年之間，上而英君誼辟以之總理人羣，下而哲佐貞臣以之彌綸丕造，近而經生法士談誦於聲名文物之場，遠而夷裔要荒遊衍於禮樂衣冠之俗。其顯而可聞者，如日月山河輝朗照燿，靡不宣臻；而其隱而不可知者，如一元之氣布濩周浹，而無有崖涘，故曰夫子之道大矣。然諦觀三代以降，其大經大法固齾然列於六藝，而華言小辯猶雜然出於百家，妄意儒者之學，以爲博而寡要，勞而少功。至於道德、名、法、陰陽列而爲六，故其耳目心志不能陶於醇一之源，而其政教風俗無以鏡於粹精之理，此三王靡企而五帝罔幾也。然則六經之效，其有所未盡白；而夫子之道，其有所未盡用與！我祖宗紹天立極，握符御宇，以規萬億，於天下郡邑廣建學宮，頒布經籍，爲士程訓，要以統一聖真，屏斥異説。抱册而遊黌序，則不敢讀非聖之書；操觚而謁有司，則不敢奏違方之語。論學則土苴九流，談治則糠粃霸略，是以政教熙明，風俗粹美，湛恩鴻龐，浸潭上下，吏緣儒術，民樂絃誦，方内一軌，殊域回面。爰逮我皇上儲精垂神，執經講藝，以宰制六合，埒圠萬類。於鑠哉！至治之徵，蓋將與二帝三王之盛合符而較烈矣。是何也？以其純用六經之教，而百家之説不存也。夫德侔太上，則謝施之義雖微；而潤洽羣生，則返始之禮有在。夫子之道，其昭融流衍，莫有盛於今日，則尊崇之禮，宜其綦隆大備而超軼往牒矣。況水木本源之地，又惡可弗重乎？且是邦也，左則滄溟浩瀚，百谷之所朝宗；後則泰岱穹崇，羣山之所環拱，而閟宮巍闕從而雄峙其中，與帝者之居比隆而埒麗，固宇内之盛觀也。今又從而鼎新之，丹臒炯晃，棟宇煒煌，車器畢陳，金絲可聽，士而揖讓其中，有不低徊靈迹、慕懷道藴、思以接聖神之令緒而宣昭代之洪輝者哉！乃若中丞公保釐綏靖，文教罩敷；侍御公振飭激揚，風聲丕樹，固將與是舉同不朽矣。

　　至其贊襄於内，則有若左、右布政使王公宮用、張公士佩、楊公一魁，參政佘公立、陶公大順，按察使楊公芷，副使郭公天禄、周公之屏。以規畫於始，則有若分守參議查公志立、分巡僉事栗公在庭、沂州兵備僉事劉公應元，而兗州知府周公標實任之。以督課於終，則有若分守參議南公軒、分巡僉事詹公沂，而兗州知府朱公文科實成之。其會計、財力，則有若沂州知州李蕚、鄒縣知縣馮中州、泗水縣主簿王誥。而專董工程者，則兗州府同知尹言、濟寧州知州掌曲阜縣事孔宏復及曲阜縣縣丞馬慎動。勞勩雖有大小，總之效力於盛典者云。事成，衍聖孔公尚賢受之以春秋共祀，而郡侯朱公命史于生記之。夫崇文章軌，部使之績也。言時稱伐，史氏之職也。敢序其始末，以丕揚鴻烈，著之有永，而系之以詩曰：

　　厥初生民，混元載闢。亦有神聖，承天立極。王風遹暢，帝典弘敷。道隨代遠，化與世徂。大哉素王，降而應運。用集厥成，以彰丕訓。丕訓伊何，曰惟六經。昭晰宇宙，如彼日星。功高列辟，澤流中古。配乾象坤，實維化主。蒸嘗九寓，誦習窮埏。師之宗之，於千萬年。於赫我明，紹圖闡繹。崇禮聖師，有加在昔。我皇纘歷，實克繩武。鋪衍文明，肆於下土。百家屏黜，聖統昭明。道之未墜，於是大行。矧時闕里，實鍾光嶽。厥有寢廟，神靈所托。有偉中丞，觀風下邑。翹勤宏宇，載懷興葺。昭哉柱史，詢謀攸同。則有司存，作於閟宮。鳩材庀徒，工成不日。美奐美輪，非雕非飾。玉甀彤庭，丹楹畫桷。壁似藏書，堂疑聞樂。不改厥制，而焕厥文。煌煌圭組，於焉駿奔。東控海門，北倚泰岱。與此而三，爲域中大。道與天地，與國無疆。維此朱公，休有烈光。況我魯人，有不夷懌。敢勒鴻名，擿之無斁。

又撰：

闕里重修林廟碑

聖上膺圖，總御二十有二祀，歲在甲午，山東巡按御史潁川連公標奉命省方，至於闕里，祗謁孔廟，拜於杏壇之下，仰視者三。繼謁孔林，拜於洙水之陽，環視者三。進諸大夫而諗曰：“惟天子祗若典訓，經緯八埏，用虔祀於先師孔子。我二三執事，胥膺簡書以來，敷化於東土。茲惟聖作之邑，亦越廟廷林域，自弘治鼎新，以迄於今，歷載滋久，無乃有所頹敝，以失大觀。若在元聖周公，弘啟國宇以開厥緒；若在復聖顏子，潛心道奧以衍厥傳。咸有烝嘗以祠，何可弗飭？時惟我二三執事之責。”乃白於巡撫都御史括蒼鄭公汝璧。鄭公曰：“咨！時惟予責。中丞奉上明命，撫有大東，罔不惟肅。若神靈翊贊，文化是圖，曷敢曰執事之不閒？以須異日。”乃相與下計所司，使相厥工，計當用金三千，以兩臺之贖鍰當三之一，以嶽祠之香稅與將作之餘當三之一，筦庫之羨金當三之一。於是策日揆景，庀徒鳩材，以其十之三營於孔廟，乃新殿閣，乃飾廊廡，乃立重城皋門，以象朝闕，楣棼甍甃之有朽者易之，丹艧者漆之，有墁者塗之，煌煌如也，耽耽如也。以其十之五營於孔林，乃恢享祠，乃創齊室，乃立石闕六楹，以廣神路，繚垣十里，墻垣千步，有版築焉，嶤嶤如也，鬱鬱如也。則以其一營於周廟坊諸閎牓曰“元聖”。則以其一營於顏廟坊諸其閭牓①曰“陋巷”。轤轤如也，翼翼如也。經始於四月二十六日，至十一月三日厥功告成。霞駁雲蔚，鼎立星羅，埒如鈞天之宮、帝者之宇。於都哉！鳧繹之岑，若增而峻；洙泗之流，若濬而深矣。宗子上公、三姓之裔春秋執豆籩於斯，魯之父老、諸生瞻仰絃歌於斯，四方之學士、大夫躝屬停軌展禮於斯，咸曰：“偉哉！聖里之榮觀，以流耀四方，是惟二公之績。”亦曰：“鑠哉！熙朝之盛典，以昭垂萬禩，亦惟二公之績。”二公不自居也，曰：“不腆司工之役，賴諸大夫之成，何勞之與有？”諸大夫乃礱石闕里，使魯人于慎行爲記。辭不獲命，爰拜手稽首而稱曰：

　　粵自昊穹之初，肇之②人紀，聖神代作，咸克左右。上帝綏猷兆人，以逮我先師孔子，乘百王之運，闢六藝之塗，用能集厥大成，以陶鑄萬世，與天無極。厥後英君誼辟，罔不尊用其道，以建化原；亦罔不恪修厥廟，以報本始。皇綱帝紘之不墜，至於今是賴。於戲，盛哉！洪惟聖朝受命，尊師重道，圖臻上理，褒崇之典有加在昔，用致重熙累洽之休，以及我聖上，儲精三五，潤色大業，亦惟先師之道，是訓是行，罔敢軼於成憲。矧茲聖作之邑，風教所先；廟貌寢園，肅焉如在。而使榱桷之屬一有或闕，以弗稱昭代精禋之禮，安所曰執事之不閒，以須異日也。二公祗承大命，照臨魯國。已綏輯氓隸，③防遏疆圉，庶政畢康，彝文咸秩，又儼然景仰聖哲，以崇大此役也，允可謂帝臣

---

① “閭牓”，《山東通志》卷三五之九《藝文志九·重脩闕里林廟碑》作“閭牓”。
② “之”，《山東通志》卷三五之九《藝文志九·重脩闕里林廟碑》作“立”。
③ “已綏輯氓隸”，《山東通志》卷三五之九《藝文志九·重脩闕里林廟碑》作“既已綏輯萌隸”。

之上績，人文之景運矣。於戲，懋哉！蓋孔子之道得統於周公，而顏氏之子能發其蘊以教萬世。惟魯建國，實終始三聖賢之迹，以有遺烈於此也。自漢永平以來，典制代更，或奉周公為先聖，孔子為先師；亦或奉孔子為先聖，顏子為先師，靡不遡厥源流，以昭統緒。而揆之秩敍，亦少數焉。我朝參稽前代，更正典禮，既薦聖師之號以尊孔子，首配享之位以宗顏氏，復以二帝、三王並稱先聖，周公、孔子並稱先師，而別祀於文華之左室。於是道統益明，倫敍不紊，而聖師之所從授與所由傳，可考而陳矣。

　　今是役也，新廟貌以致嚴，飾寢園以妥祀，因而標廣魯之圖，揚紹聖之懿，使天下萬世明於斯道之授受，而求諸六經之蘊，以永太平之烈，所以恢弘聖迹而對揚天子之丕赫命，實惟萬世無疆之休。於戲，遠哉！役之興也，度支經費，則左布政使中山王公藻、右布政使晉陽田公疇。綜理工程，則分守參政四明楊公德政、攝守參議貴陽邵公以仁、分巡副使汝南趙公壽祖，而河道參政梅公淳、分巡僉事李公天植、兵備僉事戴公燦，咸樂觀其成而立石焉。至於贊襄謀畫，則兗州府知府廬侯學禮。專董工役，則兗州府通判王侯夷吉。而署曲阜縣事運司同知孔宏復、泗水縣知縣尤應魯會計於先，鄒縣縣丞張東陽、滋陽縣典史儲明善分督於下，法皆得書。既紀其歲月，因系之詞曰：

　　泰山巖巖，羣嶽所宗。沔彼流水，亦朝於東。海岱之壤，會為魯國。乃降玄聖，此惟與宅。運乘五百，道衍三千。江河行地，日月麗天。列辟是師，萬世為土。[①] 有廟有林，於焉終古。我明御天，興化崇文。昭假聖祀，跨越前聞。廟有俎筵，林有規觀。熙洽相承，式增輪奐。胡成弗虧，胡久弗渝。不有鼎構，曷奠神居。惟殿中丞，保釐東夏。侍御省方，亦宣文化。乃協素志，乃稽僉謨。經之營之，畀諸大夫。費不及官，力不及役。五材雲會，羣工霧集。乃作於廟，百堵千楹。重關洞啓，屹彼高墉。乃作於林，為堂為室。樹之華表，石闕是闢。遐哉玄聖，實國於東。為楹為桷，有侐閟宮。卓爾大賢，靈宇相望。匪雕匪飾，華彼陋巷。敝者以新，隘者以宏。或翼或拱，有師有宗。金絲既穆，簠簋孔飭。靈之格思，終安且懌。神明之裔，小大駿奔。逖邇庶士，罔或不欣。既闡儒風，亦揚帝烈。肅肅二公，德聲有曄。泰山若礪，滄海成田。皇圖聖迹，於千萬年。魯生不敏，敢勒貞石。匪以為觀，永示爾極。

---

① "土"，《山東通志》卷三五之九《藝文志九·重脩闕里林廟碑》作"祖"。

藝文第十二之三

記

唐

裴孝智撰文宣王廟門記

成域中之大，歸天下之往曰王。王者，應歷以宰物，酌時以觀化，威聲雷霆，號令風雨。不嚴人理，合自然之運；不行家至，契如神之速。德叶協於幽明，道徜徉於古始。無爲無事，其大矣哉！洎乎澆淳既變，仁義斯起，偃息庠序，棲遲洙泗。憲章萬物之首，馳騁百王之末。清頹波於幽厲，扇儒術於殷周，故《春秋》作而（賊亂）〔亂賊〕懼，風興删而廉恥生，美《韶濩》而恣懘之音息，行揖讓而莊敬之心勸。夫子聖者與，名與日月周流，業與乾坤終始。隱焉而光，闇然而章，命服袞裳，累代稱王。曲阜，聖人之鄉也。先是閟宫霞敞，正殿岑立，繚以環堵，邃其臺門，巍若化造，嶷如□動，允所謂淹中之勝概，闕里之全模。刺史孟公休鑑，德潤尊師，道肥希聖，研精百氏，淫□羣言，夜火非官曹之燭，春桑絶附枝之詠。判官郡功曹盧瞳，以文發身，以清檢物，博通□□□數四科。惟此祠廟，厥初層構，朱户半傾，雕甍中落。難名之閫奥，造次可遊，如在之□□□□易睹。將何以克恭過位，加敬及庭？於是孟公首之，盧公詡之，因命縣大夫兼太□□□□□裴公新其南門，書時也。公名有象，育元含莫，①廣學攻文，始登甲科。吏於舒，舒□□□□□□等吏於兖，兖人悦服，蓄可大之用，爲致遠之資。由是庀乃程，具乃役，不斬仲□□□□□□山之石，償以旦而給，功不時而就。大屋横亘，雙扉洞開，丹栱繡栭，膠葛固□□□□□□□景，飛檐駢逼而棲霧，肩鬣既固，享獻丰脩。官吏唯肅清②之謹，邑人無褻瀆□□□□□□□席及階而升，數仞之牆，由户而入。君子以非孟公之化不行，非盧公之□□□□□□□□不成，三事叶同，同底於善。孝智

---

① “莫”，《全唐文》卷四五八《文宣王廟新門記》作“貞”。
② “肅清”，《全唐文》卷四五八《文宣王廟新門記》作“清肅”。

不敏,儒家之流,徒①春秋舍菜之禮,□□□□□□□□志不腆之文,俾刊永貞之石。時大曆八年十二月一日也。

賈防撰修新廟記

皇帝御寓之十年,歲在己丑,夫子三十九代孫、魯國公節鎮汶陽之三載,秋霜共凜,冬日均和,里閭無桴鼓之聲,耆艾有袴襦之詠。道已清矣,政已成矣。於是瞻故鄉以徘徊,想廟貌而惆悵,乃謂僚佐曰:"伊予聖祖,實號儒宗,英靈始謝於衰周,德教方隆於大漢。爰因舊宅,是構靈祠。粵自國朝,屢加崇飾,文榱繡桷,雖留藻繪之功,日往月來,頗有傾摧之勢。故老動悽涼之思,諸生興嗟嘆之音。今忝鎮東平,幸邇鄉里,雖無由展敬,而敢忘修營?"既而飛章上陳,請以私俸葺飾。由是命工庀事,飾舊如新,浹旬之間,其功乃就。門連歸德,先分數仞之形;殿接靈光,重見獨存之狀。睟容穆若,更表溫恭,列侍儼然,如將請益。丹楹對聳,還疑夢奠之時;素壁高標,宛是藏書之後。槐影疏而市晚,杏枝暗而壇孤。不假大夫,幽蘭自滿。無煩太守,刺草全除。稷門之舊業俄興,闕里之清風再起。既可以傳芳萬古,亦可以作範一時。且開闢以來,霸王之道,言其德也,莫逾於湯武;語其功也,無尚於桓文。墳土未乾而丘壠已平,子孫縱存而烝嘗悉絕。夫子無尺寸之地,微一旅之衆。修仁義者,取爲規矩;肆強梁者,莫不欽崇。生有厄於棲遲,沒居尊於南面。而樵蘇莫採,廟貌長存,道德相承,簪裾不絕。則夫子之道,既可彰於積善;魯公之德,實無愧於聿修。防目睹靈蹤,躬尋盛績,仰聖姿而如在,嘆休烈而難名,承命紀功,讓不獲已,刻諸貞石,深愧菲才。謹記。

宋

孔道輔·重建五賢堂記

五星所以緯天,五嶽所以鎮地,五賢所以輔聖。萬象雖列,非五星之運不能成歲功;衆山雖廣,非五嶽之大不能成厚德;諸子雖博,非五賢之文不能成正道。由是三才之理具,萬物之情得。故聖人與天地並,高卑設位,道在其中矣。所以尊君德,安國紀,治天物,立人極,皆斯道也。然天地有否閉,日月有薄蝕,聖人之道有屯塞。若天地否,則聖人建大中之道以開泰之。苟聖人之道壅,則五賢迭起而輔導之。先聖生當戰伐之世,法令機祥,巫祝之弊亨,楊墨之迂誕,莊列之恢詭,窮聖汨常,三騶、孫、田術勝於時,則我聖人大道爲異端破之,不容於世也。而孟、荀繼作,乃述唐虞之業,序仁義道德之源,俾諸子變怪不軌之勢息,聖人之教復振,其功甚大矣。後至漢室圮缺,揚子惡諸子以知舛詆訾聖人,獨能懷二帝三王之迹以譏時,著書以尊大聖,使古道昭昭

---

① "徒"後,《全唐文》卷四五八《文宣王廟新門記》有"挹"字。

不泯者,揚之力也。兩漢之後,皇綱弛紊,六代喪亂,文章散靡,妖狂之風,蕩然無革。文中子澄其源,肇興王之運;韓文公治其末,廣尊道之旨。致聖教益光顯,夷夏歸正道。雖諸子譊譊憒惑,欲攘其法,戕其教,榛其塗,蕪其説,弗可得已。然賢者違世矯俗,能去難者蓋寡矣。孟不免齊梁之困,臧倉之毀;荀不免齊人之讒,楚國之廢;揚不免劉歆之侮,投閣之患;王不免隋氏之抑,羣公之沮;韓不免潮陽之竄,皇甫之譖。其間或譏其作經,或短其修史。彼徒能毁之,弗顧己之弗逮也。達者以爵位爲虚器,太過者人猶疾之,況抱道德、富仁義、立終古之名,寧無惡乎?天地雖否,無傷於體;日月雖食,無傷於明;聖賢雖困,無損於道。得其時,則堯、舜、禹、湯之爲君,皋、伊、呂之爲臣,功濟當世也。非其時,則孔聖之無位,五賢之不遇,道行於後世矣。亦猶歲旱則澤之益甘,夕暗則燭之益明,世亂則賢者益固,歷代以斯爲難也。孔聖之道否,則五賢振起之。今五賢湮蔽,振起之者無聞焉。道輔道不及前哲,而以中正干帝王,幸不見黜而與進,冀以賢者必輔於時、躋於古,以兹爲勝①矣。方事親守故國,爲儒者榮。嘗謂伏生之徒,徒以訓詁傳功,②像設於祖堂東西序。而五賢立言,排邪説,翊大道,非諸子能跂及,反不及配,闕孰甚焉。因建堂事,收五賢所著書,圖其儀,敍先儒之時薦,庶幾識者登斯堂,觀是像,覽是書,肅然改容,知聖賢之道,盡在此矣。

金

党懷英撰重建郓國夫人殿記③

先聖之夫人曰亓官氏,子孫祠於寝宫舊矣。宋祥符初,既封郓國,始增大其殿像,宋末燬焉。國家④皇統九年,始以公錢修復正殿。後八年,又營兩廡。而積羨錢二百萬,將以爲郓國殿之用,而未給也。大定間,天子⑤留意儒術,建學養士,以風四方,舉遺禮,興廢墜,⑥曠然欲以文治太平。襲封公摠躍然喜曰:"祖庭之復,此其時乎!"乃以殿之規模白有司。而有司吝於出納,乃更破廣爲狹,剗崇爲卑,由是別得故時羨錢爲殿費,襲封公蹴然曰:"是規模者,豈能稱前殿爲王寝乎?吾獨以奉祀事、守林廟爲職,顧⑦不得以專達。雖然,我豈敢不力?"乃與族長端修親率廟丁,載斤斧,走東蒙,深入

---

① "勝",《山東通志》卷三五之一九上《藝文志十九·五賢堂記》作"盛"。
② "訓詁傳功",《山東通志》卷三五之一九上《藝文志十九·五賢堂記》作"訓傳之功"。
③ 按,陳鎬《闕里志》所載《重建郓國夫人殿記》有二文,一爲吕蒙正所撰,一党懷英所撰。本文自"先聖之夫人曰亓官氏"至"父老嗟嘆,至或感泣"爲吕蒙正撰《重建郓國夫人殿記》之文,自"以反復見太平之舉也"至文末爲党懷英撰《重建郓國夫人殿記》之文。題爲吕蒙正所撰者,内有"金國皇統""大定"字樣,時當南宋高宗、孝宗年間,而吕蒙正爲北宋人,則《闕里志》所錄有誤。《山東通志》卷一一之七《闕里志七》所載大定三十一年翰林學士党懷英撰《重建郓國夫人殿記》,與本文略同。
④ "國家",《山東通志》卷一一之七《闕里志七·重建郓國夫人殿記》作"金國"。
⑤ "天子",《山東通志》卷一一之七《闕里志七·重建郓國夫人殿記》作"上"。
⑥ "舉遺禮,興廢墜",《山東通志》卷一一之七《闕里志七·重建郓國夫人殿記》作"舉遺煙,修廢墜"。
⑦ "顧",《山東通志》卷一一之七《闕里志七·重建郓國夫人殿記》作"故"。

數百里,歷巘險,冒風雨,與役者同其勞,得其松中橡橑者以千數。又與族兄播市材於費,凡棼櫨栱桷之屬,皆取足焉。會祖林大槐數十,一旦皆檽死,適可爲楹棟之材。而二百萬者,止足以充瓦甓塈墍與夫梓匠傭直而已。時劉公璋爲節度副使,實董其役,趙公天倪爲判官,二公廉直而幹,吏不敢擾以私,而襲封公得以盡其力。越十九年冬殿成。奉安之日,士庶咸會,頓首聚觀;邦人族戚,更贊迭助;父老嗟嘆,至或感泣,以爲復見太平之舉也。於是襲封公以書走京師,屬懷英爲之記。懷英懶惰多故,未暇作也。居逾年,襲封公被召至闕下。未幾,得以舊爵宰鄉邑。將歸,固索鄙文,則序其修廟[1]本末而爲説曰:

嗚呼!聖人之道,極中和而與天地並,有天地而夫婦之道立,道立而父子君臣之教達於天下。古先哲王所以御家邦,風動教化,皆由此始。吾夫子出,著述六經,實綱而紀之,以垂憲百代,故後世推尊以爲人倫之首。而闕里舊宅,四方於是觀禮。然則所謂作合聖靈者,其奉事之禮,安可以不稱?今夫浮屠無夫婦、絶父子、廢人倫,其空言幻惑且不足以爲教。然貪得而畏死者,奔走敬事,至傾其家貲,非有命令賦之也,而其雄樓傑閣,窮極侈靡,僭越制度,耗蠹齊民,有司者不以禁。而吾夫子之宫,(化教)〔教化〕所從出,有司乃以爲不急。一殿之建,至於身履勤苦,然猶積年而僅成,何其難也?嗟乎,夫子!萬世之師也。今休明之代,不患其不崇。吾獨惡夫悖人倫者,方起而害名教,故因是殿之役,有以發是言也。君歸,其並刻之,庶幾貪畏而惑於異端者,知所復焉。

元

楊奐·東遊闕里記

壬子春三月十六日庚子,東平行臺公宴於東園。是日,衣冠畢集。既而請謁闕里。迨丙午,乃命監修官盧龍韓文獻德華、上谷劉詡子中相其行。丁未,同德華、子中暨攝祀事,孔搢器之、梁山張宇子淵、汴人郭敏伯達出望嶽門,幕府諸君若曹南商挺夢卿、范陽盧武賢叔賢、亳社李楨周卿、江陵勾龍瀛英孺、信都李簡仲敬、濟陰江紱孝卿、梁園李綬綏卿、華亭段弼輔之祖於東湖之上。

既别,自西徂東,行六十里,宿汶上縣劉令之客廳。汶上,古之中都也,先聖之舊治,魯定公九年宰於此,縣署之思聖堂是也,有杜子美《望嶽》詩刻。王彥章墳祠在西城外,以斯人而仕於梁時,可知也。戊申晨起,器之從間道先往。是日至兗州,會州佐孟謙伯益、教官張鐸振文。振文話嶧山之勝爲甚詳,子美所謂“浮雲連海岱,平野入青徐”者,登南樓詩也。徐在南四百里,青在東北七百里,海在東北又不啻千里,岱嶽二百餘里。吁!二三千里之遠,今一舉而止,與終其身拘拘儒儒於百里之内者,不亦

異乎！

　　己酉，拉振文而東。不四五里，過泗河，地頗高敞。南望鳬嶧諸峰，出没於烟蕪雲樹之表，使人豁如也。又一舍許，達於苗孔村，見曳而斷者，其魯城與？欝而合者，其孔林與？不覺喜色津津，溢於眉睫也。未幾，器之輩躍馬出迓，入自歸德門。魯門一十有二，正南曰稷，左曰章，右曰雩；正北曰圭，左曰齊，右曰龍；正東曰建春，左曰始明，右曰鹿；正西曰史，右曰麥，歸德其左也。當時天下學者多由是門入，故魯人以此名之。族長德剛又率諸子侄迓於廟之西，相與卻馬鞠躬，趨大中門而東。由廟宅過廟學，自毓粹門之北入齋廳，在金絲堂南，燕申門之北。堂，取魯恭王事也。是日私忌，不敢謁。

　　庚戌，鐘鳴，班杏壇之下，痛廟貌焚燬。北向郓國夫人新殿設繪像，修謁而版祝如禮。告先聖文宣王曰：“嗟乎！聖人造物也。七十子，造物之物也。於問答之際見之矣。問仁者七，而答之者七；問孝者四，而答之者四；問政者九，問君子者三，所以答之者無一似焉。不唯不違其所長，而亦不强其所不能，故大以成其大，小以成其小，造物奚間焉。垂世立教，百王所仰，未有由之而不治，舍之而不亂者也。春秋諸國，孰弱於魯，降千八百年而知有魯者，吾聖人之力也。吁！生而不見用，没而賴之以聞，何負於魯也？後之有國有家者，獨不思之邪？今日何日，匍匐庭下，死無憾矣。羈旅悠悠，禮物弗備，敢薦以誠。”告先師兗國公曰：“夫士君子之學，原於治心。聖門三千徒，孰非學也。曰好之者，獨公爲然。無事業見於當時，無文章見於後世。考之傳記，一再問而止；察之日用，一簞瓢而止。綿亘百世之下，自天子達於庶人，無敢擬議者。將從無欲始乎？抑非也，不可得而知也。適謁林廟，獲瞻井里，輒祭以告。”告先師鄒國公曰：“子之於聖人，其猶天而地之，日而月之與！學出於《詩》《書》，道兼乎仁義。至於知《易》而不言《易》，知《中庸》而不言《中庸》，此又人之所難能也。湯武則待子而義，匡章則待子而孝，紛紛楊墨之徒，待子而後黜，其爲功用鴻且著矣，夫豈好辨者哉！兖等去聖人彌遠，欲學無師。而復執志不勇，惟神其相之。”降階，謁齊國公及魯國夫人之殿。殿西而南向者，尼山毓聖侯也。次西而東向者，五賢堂也，謂孟也，荀、楊也，王與韓也。碑，孔中丞道輔文。中丞，篤於信道者也，於家法無愧矣。遂飲福於廳事，賓主凡二十有五人，酒三行而起。執事者，族中子弟也，進退揖讓，禮貌可觀，信乎遺澤之未涸也。焉知教養之久，明詔之下，人物彬彬，不有經學如安國、政績如不疑者乎？“杏壇”二字，竹谿黨懷英書。壇之北，世傳子路捻丁石，蓋石之靨也，夫所謂勇於義而已，豈區區若是邪？一有率爾之對，而不免流俗之口，盍亦慎諸！壇南十步許，真宗御贊殿也，七十二賢並諸儒贊，從臣所撰，貞祐火餘物也。手植檜三，兩株在贊殿之前，一株在壇之南，焚燼無復孑遺。好事者或爲聖像，或爲簪笏，而香氣特異。趙太學秉文、麻徵君九疇，有頌有詩，世多傳頌之。次南碑亭二：東亭宋碑一，吕蒙正撰，白崇矩書，太平興國八年十月建；金碑一，党懷英撰，并書篆。西亭，皆唐碑也，一碑崔行功撰，孫師範書，碑陰刻武德九年十二月詔文、乾封元年二月祭廟文；一碑江夏李邕撰，范陽張庭珪書，開元七年十月建。次南奎文閣，章宗時創，明昌二年八月也，開州刺史高德裔監修。閣之東偏門刻顧愷之“行教”、吳道子“小影”三像。東廡碑六，皆隸書，而魯郡太守張府君碑非也。西廡之碑八，隸書者四，餘皆唐、宋碑。

是日宴罷，并出北偏門，由襲封廨署讀姓系碑文。又北行，由陋巷觀顏井亭，亭廢矣。北出龍門，入孔林，徘徊思堂之上。由輦路而北，夾路石表二，石獸四，石人二，獸作仰號之狀。拜奠先聖墓，如初禮。前有壇石，厚三尺許，方如之，其數四十有九，後漢永壽元年魯相韓叔節造。東連泗水侯伯魚墓，南連沂國公子思墓。《世家》云“相去十步耳”，①而密邇若此，後人增築之也。然規制甚小，禮之所謂馬鬛封者是也。子思之西石壇，居攝元年二月造，有曰“上谷府卿”者，有曰“祝其卿”者。先聖墓西北，白兔溝也。二石獸，狀甚怪。林廣十餘里，竹木繁茂，未見其比，而楷木以文爲世所貴，無荆棘，無鳥巢，將吾道終不可蕪没，而鳳鳥有時而至與！林東三里，講堂也。林與堂俱在洙北、泗南。按《世家》云：“周敬王三十六年，孔子自衛返魯，删《詩》《書》，定禮樂，繫《易》於此。”②硯臺井在其西，惜去秋爲水漫没矣。

辛亥，謁周公廟。廟居孔廟之東北二里，有真宗御贊碑。車輞井在正東少南，水清白而甘，俗呼“漿水井”者是也。廟北雙石梁井，石上縆痕有深指許者。百步許，得勝果寺，魯故宮③也。殿之東北大井，圓徑六十尺，深二丈，水色墨如也。東過顏侍郎墓，林城之址，④顏廟也，廟中孤檜高五丈餘。由曲阜西復東北行一里，入景靈廢宮，觀壽陵。陵，避諱而改也。東北少昊葬所，宋時疊石而飾之也。前有白石象，爲火爆裂。壇之石欄，窮工極巧，殆鬼刻也。讀碑記，始知草創於祥符，潤飾於政和，而大定中因之而不毁也。此亦人君治平之久，狃於貪侈之心之所徵也。福苟可求，則二帝三王必先衆而爲之矣。福可求乎哉？大碑四，諺云“萬人愁”者是也。而二碑廣二十有三尺，闊半之，厚四尺，鳳贔高十有三尺，闊如之，厚四尺，龜趺十有八尺；二碑廣二十有四尺，闊半之，厚四尺，鳳贔高十有八尺，闊十有六尺，厚四尺，龜趺十有九尺。一在城之外，一在城之內，無文字，意者垂成而金兵至也。陵曰“壽陵”者，誠何謂耶？入東門，飯器之家。復西南馳，觀漢之魯諸陵，大冢四十餘所，石獸四，石人三，人胸臆間篆刻，不克盡識，有曰“有漢樂安太守稿冢”者，有曰“府門之某”者。折而北，渡雩水，入大明禪院，觀逵泉，水中石出如伏黿怒黿，寺碑云“魯之泉宮”也。薄暮，歸自稷門，望兩觀

---

① 按，《史記·孔子世家》無此語。《史記集解》引《皇覽》曰：“伯魚冢在孔子冢東，與孔子並，大小相望也。”“子思冢在孔子冢南，大小相望。”
② 按，《史記·孔子世家》無此語。
③ “宮”後，元楊奐《還山遺稿》卷上《東游記》有“地”字。
④ “址”，元楊奐《還山遺稿》卷上《東游記》作“迹”。

穹然，以少正卯之姦雄而七日之頃談笑剗去，則知舜刑四凶，使天下翕然服之，明矣！孰謂聖人而有兩心哉？後世如操如懿，得全首領於牖下，不爲不幸矣。登泮宮臺，臺之下，水自西而南，深丈許而無源。吁！僖公一諸侯，能興學養士如此。三咏《采芹》之章而後下。其西靈光殿基也，破礎斷瓦，觸目悲凉。而王延壽所謂"俯仰顧瞻，東西周章"者，今安在哉？

　　壬子，復由縣城東北行十里許，過陶樂村，南望修隴蔓延不絶者，周之魯陵也。東南五里，達脇溝村，拜聖考齊國公墓。而林廣四十畝，墓前石刻："甲辰春二月望，五十一世孫元措立石，溢津高翿書。"溝水在林之東北入於泗。其南，防山也，而山之峰東西三，①《禮》云"合葬於防"是也。林之北，東蒙路也。自西峰而南，謁顏子墓，石刻曰："先師兗國公，大定甲辰三月，先聖五十代孫、承直郎、曲阜令、襲封衍聖公孔摠立石，太原王筠書。"墓前一石，僅二尺許。兩甲士背附而坐，一執斧，一執金吾。正北有小冢，不可考。顏氏子孫二房，在少東上宋村。是日東南行，並戈山而西，由白村歷西魯原達東魯原，館房氏家。泗川公古具雞黍以待。古，孔氏婿也。問之，不知爲公孫公西也。地多虎狼，牧者爲之懼，比曉，幸無所苦。

　　癸丑，穿林麓而東，約六里許，達尼山。五峰隱隱在霄漢間，而中峰迴出，昔之所謂"圩其頂"者是也。廟廢雖久，而規模猶可見。其西，智源溪橋也。端南，即大成門。次北者，即大成殿也。其東，泗水侯殿。其西，沂水侯殿也。大成之後，郿國夫人殿也。其後，齋所也。西有齊國、魯國之殿。齊國之東而南向者，毓聖侯殿也。大成之東，齊廳也，兵餘獨存焉。正北，中和壑也。廟之西南，觀川亭也。瓦礫中得一斷石，蓋前進士浮陽劉曄《夾蘆辨》也。或曰"夾驢"，劉惡其鄙俚，故辨正之。夾蘆峴，在尼山西。由亭之東西旋而下，得坤靈洞，石角澻澻不可入。族長云："廟戶管用、吉成嘗持火曳綆而入，比三數丈，忽隙間有光，睹一室，口廣兩楹許，中橫石牀、石枕，皆天成也，而不可動。今五十年矣。以管與吉幼而瘠，故可入也。"所言如此。洞名，劉曄之所刻也。因涉雩水，過顏母山下，觀文德林，以草木障翳，廟與聖井無所見。尋舊路，復達魯原。飯已，西南瀕嵃下而出。由桑家莊歷峻山二十里，而近達四基山。遇兵士傅正，徐州人，導至鄒國公墓。墓在廟之東北，有泰山孫復碑，孔中丞立石。其西大冢七，比正墓差小，無從考之。南有寺曰"亞聖寺"，有碑。傍有古墓三。行四五里，過黄注村。又十里，由石經埠正南少西行二十里，達鄒縣。宴彭令之宅。

　　四月甲寅朔，飯後出南門二十五里，達嶧山。循山之西北，絶澗亂石如屋。既而遇道者李志端爲之前導，復西北行，遊大湖、懸鐘二洞。東南行，入燕子巖。僕以病足，與德華巖下坐待諸君之還。晡時，子中輩踵至。國祥且示《嶧山圖》蠟紙，按圖指

---

①　"峰東西三"，元楊奐《還山遺稿》卷上《東游記》作"東西峰五"。

顧，若仙橋之鉅石，七真之西軒，下瞰紀侯之重城，漢相之故冢，一如眼底。如玉女峰、千佛塔，尤號奇絕。所至流水修竹，雜花名果，殆若屏面而容縷數哉！逼夕陽下山，迤邐由西北而進，達於縣之南關，報孟氏諸孫迎於道左，即造鄒國公廟庭。奠已，入縣，復宴於舊館。父老請見，爲歡飲竟夕。

乙卯，出西門，北行十里，入岡山寺，孟氏諸孫復攜酒至。沿竹徑，渡橫橋，休於僧寺之靜室。良久，出山，東北行二十五里，達馬鞍山，謁孟母墓。北行十五里，達趙山莊，飯孔族家。又十里許，達於魯城之南，登郊臺。臺東西五十八步，南北四十步。魯之臺可見者三，是臺與泮宮臺、莊公臺也。不知“書雲物”者何所也？容考之。北涉雩水，由竹徑登浮香亭，亭以梅得名。少北一石穴，茶泉也，亦竹溪書，而不名。緬思前輩風度，又有足敬也。

丙辰，曲阜官佐至，以私忌不敢飲。丁巳，將訪奲相圃。會公叔遣其子治同諸官佐具酒饌復至，不果。時公叔抱樂正子之疾。

戊午，從德剛子中登西南角臺，望射圃。圃在歸德門裏道側，積土隱起草中，或其所也。臺，泰和四年七月六日，故人夢得之所築也。竊有感於懷。夢得，元措之字也。是夕，孔族設祖席於齊廳。己未，辭先聖於杏壇之下。族長德剛率族人別於歸德門外，國祥暨德剛之子立之護至兗州西。

嗚呼！讀聖人之書，遊聖人之里，幸之幸者也。然有位者，多以事奪；而無位者，或苦力之不足也。況以酆鎬之西，望鄒魯之遠，與南北海之所謂不相及者何異焉。流離頓挫中，有今日之遇，伯達既繪爲圖，且屬予記之，敢以衰朽辭！勉強應命，將告未知者。

楊桓撰修闕里廟垣記

闕里廟制，周三里而弱，崇垣四護，皆圬以粉塗，庇以瓦木，與夫殿閣門廊等餘五百架，皆金明昌役也。荐經喪亂，表裏凋敝，中更灑掃百戶暫停，主祀財單力薄，扶傾綴朽，聯缺續塹，所成者不償其所壞。朝廷頻年議加修復，屢符本路揆度工費，以軍國庶務方殷，而事未及措也。曩者，山東東西道憲司諸公自陳節齊以下，近及僉司粵屯公皆嘗督諭本部爲救廢之舉。迨夫奉議大夫、同知濟寧路總管府事劉侯用，至元壬午秋七月，繼謁祠下，奠拜既畢，周覽嗟惜而言曰：“夫州縣長佐之吏，考績於三載，必曰文廟有無增葺。況予爲方面之倅，廟庭在境而曾未過省，何以處承流宣化之任乎？今朝廷方當布文教、善風俗，以爲致治之本，而於吾聖人祠宇切於垂意，輦石伐木，築基定礎，期在旦夕矣！今廟貌雖殘，所餘者往往猶夏宇傑觀，而周垣圮剥，外連於荒莽，脫有野燒緣逸於其中，不亦愈重朝廷之經費乎？此事吾儕不得不任其責。今以竊計，莫若規撫舊迹，先起垣於四周，庶或可以扞蔽他虞也。凡茲所舉，有涉公帑之費者，予固不得以擅爲。以吾聖人之故，妨其農事、重其民役而俾之嗟怨，予尤不敢爲也。秋冬之交，農事畢入，蠲減他調而爲之，不亦美乎？”及歸，更與同僚謀之。時總府判官李侯，書生也，聞之，樂與協其謀，劉侯之志得以不沮。遂命孔氏五十三代孫、權主祀事、曲阜縣尹親莅其役，仍以兗州檢校之。乃於戶大丁衆之家，從民意而借其力，民皆曰："此非公役，惟吾鄉中之盛事，復何辭焉！"於是相與執版幹救削之具而至者幾千人。於是惟均之以廣衆而不限其程，勉之以堅整而不責其緩，繹繹繩繩，陾陾登登，不亟不遲，百堵皆興。縮基於季秋之將杪，斬木於陽月之既盈。宰牲釃酒，勞其衆而歸之。仍期於來春之首，變高埋深，夷蕪易壞，益植松檜一千本。於時衣冠行路莫不稱嘆，以爲殿閣崇嚴，倍增於他日。嚴嚴乎可謂夫子之牆也。孔氏合辭爲予言曰："自東平嚴公致政之後，而能加顧於祖庭者，蓋鮮矣。今侯體朝廷之意以繼是美，是不可以不錄。"桓時親睹其事，義不當讓，乃摭其本初而題之於壁間。

司居敬·尼山孔子像記

設像事神，非古也，其尸禮既廢之後乎？漢文翁立學宮成都，蜀有文翁石室，設孔子坐像，其坐斂蹠向後，屈膝當前，上古以來君臣及七十二弟子繪事兩旁。晉王右軍嘗簡蜀守寫仿之。有宋嘉祐中，王公素摹爲《禮殿圖》，此像之最古者，然皆漢衣冠也。居敬學製鄒邑，遷學舍於城西，建孔子廟。時孔、顏、孟三氏子孫教授張頯，習於禮者也，因問立像之制，曰："古人席地而坐，高臺隆庡，既已失之，冕服之度，傳訛甚矣。闕里行教像，顏子從後者，顧愷之筆；杏壇小影像，吳道子筆；及近司寇像，皆漢晉衣冠耳。《禮記·儒行篇》孔子自言‘少居魯，衣逢掖之衣；長居宋，冠章甫之冠’，此孔子衣冠也。逢掖，深衣是已；章甫，玄冠是已。深衣以布身二幅，各四尺四寸，袂二幅，亦四尺四寸，殺其袂而圜至袪，爲尺有二寸，不殊裳。其裳十二幅，兩旁殺之，領緣袪皆緇，束以革帶，左右佩，有殺無韠，加以大帶紐約，用組黑履。"於是仿文翁石室作石像，章甫、逢掖危坐，謂孔子毓秀尼山，奉而居之坤靈洞。乃問冕之制，則曰："散在《禮經》，注疏雖互有得失，衆而求之，可以考見，顧讀者不之究耳。古者冕服有等，大要冕、弁、冠三者而已。曰冕者，太古謂之緇布冠，加紘綖繅斿，則後王之彌飾也。其冠，古以布而緇之，周以純，其下爲武，謂圍首者。武上有冠，以繒爲之，屈加於武，前卑，有襞積向左，或十二、或九、或七、或五、或三。武貫以衡，衡之兩旁有繂，繂繫以瑱，懸以紞。冠之上如覆，謂之綖。綖旁有紐，貫之於衡。前後垂繅斿，如冠襞積之數。斿以玉，十二者五玉，玄、黃、朱、白、蒼，貫以五采繅，如玉之色。九斿、七斿三玉，朱、白、蒼，三采。五斿、三斿二玉，朱、綠，二采繅，如玉之色。固以紘，紘繚於衡之左端，加之綖上，復繚於衡之右端，繞於頤下，再繚而結之。結者謂之纓，垂者謂之緌。紘，天子朱，卿大夫青，士緇而加以采。次者弁以皮韋，皆有會。會謂縫飾。會以玉，如冕旒之數。會之

內以象爲之邸，無襞積。貫武以笄。紞、纊、瑱、緌，皆冕之制。次者冠，玄冠是也。委
貌章甫，其名雖殊，其制相類，如緇布綏，等衰如弁之制。此其首服也。古人衣身皆四
尺四寸，天子長袂，袪八尺八寸。公侯侈袂，袪六尺六寸。服冕者，衣以絲，其色玄。
冕十二旒者，衣十二章，日、月、星辰、山、龍、華蟲作繪，宗彝、藻、火、粉米、黼、黻絺繡。
華蟲以上在衣，宗彝以下在裳。日在左，月在右，星辰宜畫北極在北。山之性，止而
靜。龍布升降。華蟲，雉也。宗彝二，其一畫虎，其一畫蜼。蜼如猴形，以尾卷物內鼻
中。火之性，圜而不銳。白與黑謂之黼，如斧形。黑與青謂之黻，如兩已相背。九章
去日、月、星辰而登龍於山，龍有降無升，登藻於衣。七章自華蟲以下，登火。五章藻、
火、粉米在衣，裳黼黻。三章衣惟粉米，而裳黼黻七幅，前三後四，兩旁無殺逢。其色
纁，束以革帶。帶之前垂韠，韠如裳之色，紕以爵韋。紕爲兩邊純，以素純爲下緣。十
二章飾以龍，九章火，七章山，五章、三章無飾。左右佩玉，有珩璜琚瑀衝牙，貫以蠙
珠，藉以綬。綬有等，上加大帶，帶以素。十二章朱裏終辟，九章素帶終辟，七章、五章
素帶辟垂，三章率下辟，并紐約，用組赤舄。服弁者，祭服以緇，謂之紂衣。裳帶韠，佩
綬，如冕之制。朝服以布，天子則素積。祭服、朝服，長袂，侈袂如冕，而服弁者通服玄
端焉。端身四尺四寸，袂亦四尺四寸，故有端之名。冠服則玄端，上士玄裳，中士黃
裳，下士雜裳。前玄後黃，曰雜。有韠，如裳之色。帶佩有等。黑履、玄冠、深衣可也，
圭薦之而已。既薦則共首，非若後世執笏。然笏則搢於帶間，亦不執也。執笏自後周
始，非古也。”既又作子思像於中庸精舍，孟子像於孟子墓廬。以鄒魯聖人之居，四方
於此觀禮，故刻之尼山，以俟好禮者有取焉。

張頥·中庸精舍記

　　鄒人相傳孟子故宅在縣東南隅，其一[①]前臨因利溝，南揖文賢岡，洄川掩抱，好事
者築曝書臺其間，則昔日固有廬舍。又縣治東隙地，今爲淫祠者，舊名子思講堂，謂孟
子傳道於此。按孟母三徙，自墓而市，自市而學宮旁，此地母所徙邪？孟子他日歸邪？
受學固當在魯，豈子思子時至鄒邪？歷世滋久，文字不完，傳信傳疑，人心所鄉何如
耳！今千六百餘年矣，邑人猶曰“此故宅也”“此講堂也”，洞洞屬屬，如將見之，可不因
人心所鄉以存其迹乎？東陽司居敬來尹茲邑，暨達魯花赤木忽難、主簿兼尉趙國祥，
元貞元年復故宅遺址，闢門修垣以表之，爰寄講堂於曝書臺，牓曰中庸精舍。子思子
南面，孟子西鄉侍，皆章甫玄端危坐，儼然昔日授受之容。謂頥曰：“思孟往矣，相傳之
旨，具在方冊，子盍揭以示人，副鄒人鄉慕之志？”頥謝曰：“何足以知之！然嘗聞之先
哲，曾子事孔子於洙泗之間，問答纖悉，若《禮記》曾子問者多矣，其爲學篤實切己，惜

---

① “一”，明陳鎬《闕里志》卷七《元修復子思書院記》作“邑”，《幸魯盛典》卷一四作“宅”。

乎嘉言善行不盡傳也。孔子曰‘吾道一以貫之’，乃聖人傳心之要。曾子一唯，授之子思。子思述之，作《中庸》一篇，首曰‘天命謂性’，即曾子所聞一貫者。其書舉孔子‘誠者，天之道’之言以指全體，自謂‘君子之道費而隱’之言兼指體用。子思親切爲人之意，獨孟子得之。其曰‘性善’，子思‘天命’之謂；其曰‘思誠’，子思‘誠之’之謂；其曰‘萬物皆備於我，反身而誠，强恕而行’，則體用兼該。至誠有誠之效，與無息致曲者無以異。授受之旨，若合符契。至於人心人路、安宅正路、四端四體，乃其神會心得。而知言養氣，又身親實用其力者，於是盡心知性以造其理，存心養性以履其事，知天而不以殀壽貳其心，事天而能修身以俟死，造詣於知之盡、仁之至，其用極於過化存神之妙，故辨禹、稷、顏子、曾子、子思迹異而道同承。禹抑洪水，周公兼夷狄、驅猛獸，孔子成《春秋》，繼名世者平治天下而不得辭也。學者沉潛反復，於焉有得。子思、孟子言論常體諸身，聖門之學，未墜於地，不能無望於今之升斯堂者。或曰：聖人之道，乃夫人日用所當行，如君臣、父子、夫婦、長幼、朋友是已。今而高談性命，毋乃淪於空虛而無實用邪！是不然。性者，天賦於人物之理，而誠則天理在我之實然者。自得於天者言之，則渾然一理。及其散於萬事，則物物一理。人能窮是理，知其皆本於天，則知物物各有其則，不容一毫之私間乎其間，是則子思之‘誠之’，孟子之‘思誠’，三綱五常之道，胥此焉出。豈釋老空談比邪？周元公接孟子之傳，《通書》四十章，始之以誠，繼而曰誠、神、幾，自‘發微不可見’，以至於‘充周不可窮’，皆寂然不動者基之，其旨微矣。《易》曰：‘窮理盡性，以至於命。’斯道也，伏羲以來，聖聖相傳，其在人心，固無古今之殊也。”嗟夫！子思、孟子不可作也，故宅講堂遺迹僅存。縣學既建，又立精舍，以明斯道之所自，有德於鄒人甚厚，亦非私於鄒也。千載之下，必有來哲，聞風興起，如孟子稱百世之師，而企慕乎親炙之者，故因其迹而敍傳心之要云。

又：

廟　學　記

孔子舊宅，因廟建學，昉於魏之黃初，其間興廢不常。有宋大中祥符三年，殿中丞公自牧奏就廟側創學，帝曰：“講學道義，貴近廟庭，當許於齋廳內説書。”乾興元年，孫宣公守兗州，於廟建學，請以楊光輔爲講書奉禮郎，始賜學田。元祐四年，尹復臻以文潞公薦爲教授，給田二十頃，以贍生員。選任教導，其重如此。要必以講六經之道，傳聖人心法爲職。而小學之教，節目纖悉，宜有分任其事者。考之碑刻，則學正、錄皆孔氏子孫爲之，蓋當時乃教授自署，毋亦選擇而使以寓激勸與，抑因其親愛俾幼，帥幼而入學者與？金氏因之，廩賜教育，有加無替。兵革以來，他物未遑，汲汲爲孔、顏、孟三氏擇師，可謂知所本者。而庶事將創，規模未立。暨予承乏，謹復齋廳説書之舊，夙興講經，不敢一日廢。而小學之教，未有所托。正、錄既非所署，懷檄來者，率皆受徒自養，於分其任固不暇。予幸逃瘝曠去，任城楊君繼之，而衍聖公始嗣世職，司業楊君首以爲言，五十四世思逮適得以孔氏子孫爲學正，衍聖公遂付以入學之教，□几席具器用廩食薑監無不畢給，專一人掌之。於是八歲以上者，皆有教養，得肄其業。屬予在鄆，思逮實來請記其事，且問所以教之之方。古人有言"在夙喻教"，又曰"少成若天性，習貫如自然"，是故能言能食，即示以禮。蓋幼穉之時，其心未放，則教易入、筋骸易束、德性易養也。奈何爲人父者慮不及此？慈以畜之，不知養桐梓於拱把。及其既長，習與性成，間有能稟志自立，亦復扞格不勝，勤苦難成。論者常有今日乏材之嘆，豈天之降材爾殊邪？《弟子職》一篇，猶存古者小學之意。顧貴介子弟，豈無僕役，而必俾親其事，非給事事而已，持敬之方，固從此入，是以子夏以爲"先傳"。程子亦曰："灑掃應對，是其然，必有所以然。"又曰："灑掃應對，便是形而上者，一本故也。"夫子教伯魚以學《詩》學《禮》，欲其事理通達而心氣平和，品節詳明而德性堅定，抑子夏所謂"孰後倦焉"者，是謂學之有成。然行遠自邇，登高自卑，子夏所以分本末爲兩事，蓋望學者合始卒而一致。聖人之教，不外乎此。子思既没，二千年間，能言能立，世不乏人，求其造詣，蓋未見之。入斯學者，誠能從事於子夏之教、伯魚之學，以達乎子思廣大高明之極致，庶有以慰衍聖公之望。二君之所期，亦予之喜談而樂道者也。教授名演，司業名桓，衍聖公名治，是爲五十三世孫也。

王思誠·子思書院學田記

　　鄒之中庸精舍，即沂國公授受故址而爲之者也。元貞初，邑尹司居敬始之。大德間，宋尹彰終之。宋尹又首率好事者鳩楮幣二萬緡，斂於邑大姓，收其子以給祭，若延師費。延祐改元，劉尹遵禮慮學無田非久長計，始割楮幣一萬五百二十三緡，買田一百八十五畝七分。二年，朝廷改爲子思書院，設山長以司訓導。曹尹彬又割楮幣七千四百二十五緡，買田二百九十七畝，募民耕佃之，歲收其入以廩師生，仍刻田之疆畔頃畝於石陰。是後，山長曹德輝、卜習吉又相繼買田十有六券，計八頃一十畝有奇。泰定丙寅，宣聖五十四代孫孔君思本來爲山長，課講之暇，召典者稽覈學貲若田租之數，悉名存實亡，率爲豪右之所假貸，泊黠民之所逋負，即條列其主名，復於有司，上於襲慶府，府移文憲司，憲司符知滕州事曹鐸，嚴督鄒之官吏，立期以徵。時監縣帖哥泊尹王思明、簿鄭惟良、典史岳珪相與協力辦集。未幾，追已完。君又買田三券，計一頃八十有九畝，仍改募佃者以革其弊。先是，春秋祭沂國公，割楮幣三百緡。君以爲不足以備庶品，乃援孟氏祠鄒國公例，比十殺其二，請春秋祭割楮幣八百緡，朔望禮二百四十緡，上於省部，從之。由是牲幣豐腆，儀物畢備。又慮其楮緡田畝久將湮昧也，乃件其數之大總，將勒諸石，俾來者有所稽，介友人泗水教諭李之質以記來請。噫！學之有田，尚矣。洪惟我國朝尊禮先聖先師，崇學育才，自京師至於郡邑莫不有學，而學莫不有田，皆爲奉祭祀、廩師生也。況鄒乃聖賢之鄉，茲書院又淵源之地，苟無田以贍給之，可乎？良令長既相繼築臺構室而崇修之，賢士大夫復鳩貲買田以廩贍之，孔君又滌垢浣弊而更新之，作者非一人，成者非一日，厥惟艱哉！抑繼自今凡宰邑者，以司宋創始之志爲志，庠序安有不興者邪？職教者，以孔君圖終之心爲心，貲業安有不殖者邪？若乃侵假欺貸，並緣爲市，又豈望於後人者邪？予既爲之記，復書此於末，俾來者知所警云。

歐陽玄撰敕賜曲阜孔廟田宅記

元統元年十二月二十五日，御史中丞臣亦憐真班、臣祖常、治書侍御史臣普化言於上曰："臣等及御史大夫臣脫別台，臣唐其勢議江南行臺按問江西僉憲任忙古台以墨坐，没入其私田八頃八十九畝，屋二十有七間，家奴若干人。在鄆境者，實逼曲阜孔子林廟。方今聖天子師法孔子，設經筵，崇儒術，我御史臺以興學宣化爲職事。顧孔廟歲入，視前代猶儉，春秋釋奠，師生既稟時或不給。請以今没入產畀孔氏襲封世業之，其家奴俾籍於有司，居所没入居，田所没入田，世服役孔氏，爲灑掃户而輸其租。"制可。明日，臣唐其勢又自率其同列臣亦憐真班、臣祖常、臣普化等，導意於内侍臣禿滿迭爾以啓，皇太后於宫中出諭旨曰："善，一如皇帝制行之。"於是所司以產歸孔氏。

明年，孔氏具牘來屬玄文諸石。仰惟皇元初得宋金郡邑校官田產無算，悉以供其祭祀，食其師生，繕修其廟學。其校官無田，則以縣官緡錢充，其用無禁。有司不奉命，則御史部使者察之。其爲尊崇孔聖之道，非獨今日。蓋嘗考之，鄁人書社七百里之事，有無不必知；尼谿之田，齊遂以封，一變而止魯哉！此於世道有關，聖人無與也。今上富於春秋，政事參決東朝，居今之臣能言附益孔氏者，皆引君當道之事也。臺臣首陳經筵，次表儒術，豈有他哉？兩宫俞音，聖志一揆，兆足行矣。漢初，六經甫脱嬴難，高祖過魯之祠，天下駸駸然望斯文之治。史乃稱文景不右儒術以寶后故，咎豈在是哉？灌、絳、東陽侯之屬，有一人者如今臺臣謀，豈必金石絲竹之音作，而後不壞孔子宅，以書還孔氏邪！漢之諸臣，功烈卑矣。元故著之，使來者知臺臣之意在是。是議也，侍御史臣朵列捏，治書侍御史臣彝咸佽成之。奏之日，經歷臣禿滿，都事臣張□□、臣李□□實從。

元統二年□月，中順大夫簽太常禮儀院事臣歐陽玄拜手稽首記。

周伯琦撰釋奠宣聖廟記

皇帝總宏綱，新文治，任賢使能，發政施仁，率由成憲。迺至元六年青龍庚辰夏五月幸上都，百官分署以從。七月庚甲，太師、中書右丞相、監修國史、知經筵事臣馬扎兒台，中書平章政事、知經筵事臣亨羅，臣汪家奴，臣沙蠟班，中書參知政事、知經筵事臣阿魯，參議中書省事兼經筵參贊官臣孛羅、臣何廷蘭，中書左司員外郎兼經筵參贊官臣悟良哈台，左司都事兼經筵參贊官臣蠻子，臣孔思立，右司都事兼經筵參贊官臣蠻子等奏言：「曲阜林廟，宣聖所生之地，非他廟學比。今議遣翰林修撰臣周伯琦馳驛奉香酒釋奠仲秋上丁，甚稱崇報之意。臣等謹以聞。」制可。越四日癸亥，上御龍光殿，太府進香，上手致敬，大官出上尊四，伯琦欽承以行。八月乙酉，至曲阜縣。明日，奉香酒至宣聖廟。又明日丁亥，祀用太牢，奏大成樂，行三獻禮。伯琦初獻，同知濟寧路事眾家奴亞獻，兗州知州馬從義終獻，皆冠進賢冠，服法服。時宣聖五十五代孫、曲阜縣尹克欽主祀事，適秋亢旱，省牲之夕，陰雲四合，甘澤沛若。將事之晨，天氣清朗，月星明喇，俎登豆列，禮備樂和，祝官致告，執事具虔，薦祼興顙，悉中儀式。竣事，合孔、顏、孟三氏宗族、師弟子員暨郡邑官僚，燕於東室，咸北向載拜，序飲上尊酒，盡歡而罷。

竊惟吾夫子之道悠久無疆，與天地同大，日月並明，故覆載無所不至，照臨無所不及，雖生不逢辰，用不得位，然明六藝，作《春秋》，以傳道統，以建人極，使彝倫敍、品物亨、政教明、千萬世如一日者，蓋自生民以來，未有能尚之者矣。是故有國有家者，必以建學立師爲先，大用其道則大治，小用其道則小康，具在方策，燦然可考。惟闕里爲聖人鄉國，光嶽之靈，沖和攸萃，廟貌林墓在焉，宗姓支裔守焉，歷代報德報功之慎且重也，宜矣。皇元自受命以來，廣黌舍，崇教育，世封其大宗爲衍聖公，以奉祀事；世任其小宗爲曲阜尹，以治其地；置守廟戶，復其家。世祖、成宗重創廟宮，武宗加號「大成」，仁廟以來，即位必遣使祭告，厚有賜頒。今上皇帝踐祚八年之中，凡四遣使，始命文臣以即位告；又命五十四代孫、監察御史思立致祭，以樹碑告，且頒中統鈔二萬五千貫爲樹碑貲；而去年春及今年秋，又兩致香酒釋奠上丁，其欽崇美報之典，於斯爲盛。洙泗之間，歲承天寵，薄海內外，咸知所向。夫子之道，將大用於今日，聖君賢相都俞吁咈，登三邁五，黎民於變時雍，顧不在茲乎？猗歟隆哉！伯琦弱冠，嘗侍先君謁拜，二十有三年矣。乃今獲奉德音，誕舉盛典，何幸如之。謹識其歲月，以刻諸廟門之石。

虞集撰尼山創建書院記

尼山去曲阜東南六十里，今屬滕州鄒縣，在滕北百里，鄒東六十里，其山五峰列峙，中峰則所謂尼丘，啓聖王夫人顏氏所禱而生聖人者也。山皆石，其巔多蒼柏，諸小木皆巨葉，霜露既降，絢如渥丹，升降各途。升之谷，草木之葉皆上起；降之谷，草木之葉皆下垂，無或交戾反刺者。其東崖有洞曰坤靈之洞，中有夫子石像，臨水，與顏母山對。其北則防山，夫子合葬其父母處也。今書院在其中，前有智源之溪，後有中和之壑，往昔奉尼山之神而祠曰「毓聖侯」，其左有夫子之宮焉，故宋慶曆癸未，孔子四十六代孫、襲文宣公、知兗州仙源縣宗愿作新宮，廟有殿、有寢、有講堂、有學舍、有祭田。自是歷宋、金至於今，蓋三百餘年矣，宮不知何年廢。我國家奄有中夏，尚崇孔子之道,歲月浸久,典禮斯備。至順三年,歲壬申,五十四代孫、襲封衍聖公思晦用林廟管勾簡實理言,請復尼山祠廟,置官師奉祠,薦彭璠可用。事聞中書,送禮部議。奎章閣大學士康理公巙巙時爲尚書,力言其事當行。議上。至元二年丙子,中書左丞王公懋德率同列執政者白丞相,置尼山書院,以璠爲山長。三年六月至官,爰舍山中,罄竭私橐,具羊豕爲酒,告山之神,召近鄉父老受神賜告以興廢之故。明日,鄉父老各以其人至,遂除荆棘,徹瓦礫,得殿及門之故基、諸舍之所在,次第而見,將告諸郡縣而經營之。山東東西道肅政廉訪司寧夏楊公文言訥行部,率其吏翟迪、趙士恒、郭敏趨茲山,留璠舍一日,顧瞻徘徊,以其事爲己任,命同知滕州事郝寶寶閶領之,首出俸以爲之先。而監州李彦博、鄒縣尹張士謙與郡邑之官屬暨宗子孔克堅、襲曲阜令克欽、宗族子孫,凡齊魯之境賢卿大夫、士民之好事者,出錢而勸成之。擇木於山,陶甓於野,傭僦致遠,牽車牛,服力役,連畛載途,飲餉相望,役大而民不知勞。又得古殿遺構之成材於魯之故家,尤稱巨麗。不數月而大殿成、殿門成、毓聖侯之祠成。學宮在廟之西,仿國子監制也。作觀川亭於坤靈洞之上,相傳夫子之在川上,蓋在此云。繼以塑繪聖賢之象成,樂器、祭器以次第成。置子弟員,以凡民之子弟俊秀者充之,皆復其身役。乃以明年之上丁用太牢致祠告成。噫! 其功可謂敏矣。

夫朝廷議定於上,部使者、有司宣力於下,以克有成。聖明在上,文運宣通,於斯可徵焉。嗚呼! 古初開物,天作茲山,太和絪縕,元氣融結,流形降神,篤生夫子,以立三極,位天地,育萬物,與日月四時貫通於無窮。若夫徂徠龜蒙,至於岱宗,雨露風霆,往作來復,前瞻後際,邈然高深,詎可測哉? 運會有時,聿奠新宇,不日而成,豈偶然與? 璠也得以學官從事於茲日,可謂榮矣。集老且病,舊學荒落,僅克識其梗概如此。若夫播爲聲詩,歌頌功德,式薦明廷,勒之金石,則有待於當今儒學之君子也哉!

潘迪·子思書院新廟記

宣聖五十三代孫、子思書院山長渙,持前國子生、今嘉議大夫、襲封衍聖公克堅書,謂曩在膠庠,獲親函丈,比者有司新崇吾三葉祖沂國公廟,煥然一新,黼黻其事,匪鉅筆恐弗稱,敢載拜請。迪固不肖,然艾以儒業,長以儒行,老以儒師,孔氏徒也。矧衍聖昔嘗執經成均,安敢以不敏辭。

謹按渙狀鄒邑,郭南之巽隅,耆宿傳疑爲沂國之故地,或云邑東隙地乃子思講堂故基,即孟子幼被母訓,三徙其側就學遺址。元貞改元,鄒尹司居敬即其址構堂四楹,曰“中庸精舍”,扁以“淵源”,中肖思、孟燕居授受容,春秋朔望祀之。大德間,宋尹彰因擴爲書院,請額設官。朝廷允之,許立子思書院,置山長一員,職視大庠校官。然地卑堂隘,前弗盈再筵。復濱因利溝,歲夏秋屢厄於水,沮洳弗能垣。分憲按治至鄒,睹其湫隘,每命改築,有司狃卑恬陋,因循迄今。

　　東昌鄧彥禮由集賢掾來尹是邑，以興學毓士爲急，乃屬耆儒曰：“夫子之道微，公其孰承？孟子之學微，公其孰啓？三綱五常，萬世弗紊，公之德也。率性修道，首原天命，公之功也。前代爵以上公，聖朝猶爲未稱，爰加美號，以旌厥實。蓋不如是，豈足以報德報功乎？今祀遺像於陋室，其爲弗欽莫大焉，實尹與鄒之諸儒責，盍改築是圖。”僉曰：“尹有是志，孰不悅從？”遂東舊堂十步，當校官廳事南，其地爽塏，視故基崇五尺許。尹乃首捐俸金，大崇新廟，輂土成基，采石爲垣。尹既倡首，士民樂施者或輸幣帛，或給菽粟，藝者獻技，力者效功。凡木石瓴甓與夫工傭之僦直，估加於時，而人莫不競售爭趨惟恐後。每温言役民，民忘厥勞。間有惰功，弗忍刑，而人莫不惡服。其爲廟三間，簷四阿，東西廣爲尺者二十有八，南北深爲尺者二十有一，崇視深有加，賁以丹碧，輪奐炳耀。中位沂國公，以正南面，師席；左侍鄒國亞聖公，端冕正笏，儼然若生。又建神門爲楹者四，制與殿稱。外樹櫺星，以壯神宮。宮墻之東南，堅築堤防，夾左以步計者六十有奇，其廣六之一，崇三尺五寸，植柳以衛其岸，自是泉水患息。西起甬道六百步，逮邑之南門通衢，夏秋潦水，民不病涉。凡書院齋舍、庖廚、府藏頹圮弗支者，悉撤而新之。以正堂爲講所，翼東西廡爲左右齋，以故講堂洎兩齋館校官，大集弟子，肄業其中。是役也，經始於至正三年八月朔，落成於是年十有一月望。甫及十旬，大役迄工，若匪鄧尹尊師重道，廢寢忘食，留意於斯，奚克致此？況其廉正有守，朴實無華，爲政而能急於所先，以轉移風俗之機，其過人遠矣。苟不紀諸琬琰，何以見書院興建顛末，旌我賢尹拳拳是役之心乎？迪既諾衍聖之請，而又嘉山長克紹祖風，鄧尹能舉其職，可以述所聞以爲鄒人告。

　　嗚呼！思孟距今殆將二千年矣。遺址所在，或遼或邇，雖弗可必，要之不出於鄒。鄒人因遺迹而思其人，思其人而慕其道，屋而祀之，又請立學設官，以淑其子弟，豈非時雖有古今，而道之在人心者初無古今邪？道無古今，敢以思孟之所以爲思孟者，期於鄒人之子弟可乎？近代立四大書院，如白鹿、嶽麓、嵩陽、睢陽者，本欲講明道義，使之通諸心、有諸身，迨其末流，率皆徇乎俗學，發策決科爲業，殆失立書院之始計。故先儒記之者，每寓其譏。惟我聖朝各處書院設置最廣，若從祀十儒、濂溪、横渠等以正學開羣蒙，固無可疑。如海津之類，若不援例設官，雖增廣學校之美事，然視是書院蓋不同科矣。矧吾夫子之道，如大明中天，萬世攸仰，子思子實得其家學，而孟子又得其傳。觀《中庸》《孟子》書，則其道統紹前聖、啓後學之功，豈迪妄議所能軒輊哉！學者苟能自下學之事，黽勉弗息，以造上達之域，則自戒懼慎獨以至於位育，自盡心知性以至於知天，不外是矣。學者必欲扣其詳，自有大賢之全書在，又何俟迪言之贅？今以往大夫、士暨鄒之諸生，入斯院，陟斯殿，觀感思孟師弟授受之容，不惟有以興起其良心，亦知鄒尹能副聖朝褒崇之意，以慰興舉之心矣。涣居師席，丕隆祖業，能罄厥蘊，以淑諸生，安知異日無傳道之人復見於傳道之邑乎？若夫衒文藻、志功名，恐非迪之所冀。衍聖能知愚志，不遠數百里以斯文見屬，是皆宜書。

明

張敏·孔氏報本酬恩記

水之千流萬派也，其出必有其源；木之千柯萬葉也，其生必有其本。論水不求其源，則無以知其流之所從來；論木不求其本，則無以知其幹之所從發。故人之生也，亦猶水之有其源、木之有其本也。苟不窮其源而推究之，則何以知其宗派族屬之所來乎！五十九代襲封衍聖公彥縉、五十五代曲阜尹克中、五十四代族長思楷一日同謂敏曰："吾先世祖宗昭穆族屬甚衆，傳至四十二代，有祖諱光嗣者，其室張氏世爲曲阜張陽里人，時值五代，四方弗靖，有僞孔氏孔末者，因世亂心生姦計，意欲以僞繼真，將吾孔氏子孫戕滅幾盡。時光嗣祖任泗水令，生四十三代祖仁玉，在襁褓中。難興之日，光嗣被害，祖母張氏抱子仁玉逃依母氏，得免其難。孔氏之不絶者，如一髮千鈞、紅爐片雪，幾何而不爲僞孔有也。吾祖仁玉，母子雖脱巨害，向非外祖張温保養安全，其何以有今日乎？茲傳五十九代，子孫族屬之盛，繩繩蟄蟄，皆吾外祖張氏之所賜也，何敢一日而忘邪！張氏子孫家在張陽者，至今猶稱爲張温焉。今雖優待其家，恐後世子孫或有遺忘，不能以禮相待，甚非報本酬恩之意。茲欲立石於張氏之塋，俾吾子子孫孫世加存撫，子盍爲我文之。"走也幼讀聖人之書，老爲聖門之教，意欲報本，其道無由，曷敢以蕪陋辭？乃爲之言曰：

萬物本乎天，而人本乎祖，不有其先，孰開厥後？今聖公、世尹、族長念水木本源之意，於外遠祖張氏之後既以優加眷顧，而又憂後世或有遺忘，欲立石以紀其事，真可謂用意忠厚而不忘其本矣。世有借父耰鋤，慮有德色；母取箕帚，立而誶語；甚者視至親無異於路人。嗚呼！豺獺皆知報本，可以人而不如物乎？斯人睹此，寧不爲之厚顏。刻之貞石，俾張氏世知二姓骨肉之親。

裴侃撰重建金絲堂記

闕庭有堂名"金絲"者，舊相傳也。按《孔氏祖庭廣記》載《圖經志》，創於大金世重修闕庭，始有其制，略無明文可考。堂在齊廳之北、家廟之南、廟庭之東，歷世更變，歲久傾圮，僅存遺址。宣德甲寅冬，工部亞卿、江右吉之文江周公忱以公務道經東魯，躬謁林廟，每事懇懇致問禮也。因斯堂之未立，歉然爲缺典，遂召匠計之，捐己俸資，貨材於江南，得大木而喜，使人相地廣袤，是斷是度，是尋是尺，修之治之，水運以舟，陸輓以車。時議克合力相成之者，蘇州知府况侯鍾、通判邵侯諶也。材木既具，越明年季夏壬寅日，宣聖五十九代孫、襲封衍聖公孔彥縉召役事，興工經營，圖爲安排布置，舉以法。落成，是年秋八月庚子朔也。堂高二尋有二尺。由是制度宏雅，廉隅峻整，輪奐一新，卓越舊觀。僉議復於櫺星門外西南隅構屋三間，計十有二楹，爲袛謁更衣所，名曰「更衣亭」，其用心可謂勤矣。嗟乎！遵軌而修事謂之址美，修事而有成謂之合功，古之道也。今能址美矣，合功矣，是宜志之。愚嘗閱載籍，當漢景帝時，魯共王好治宮室，毀孔子舊宅而欲廣之，升堂聞金石絲竹之聲，遂不敢壞。意今之家廟即其舊宅歟？斯堂即共王聞金石絲竹之所歟？舉金絲而言，則八音在其中可知矣。且天地假風霆以彰厥威，聖人托音樂以著其靈。天地變態無常而四時成其序，聖人神明不測而萬世蒙其教。天地風雨霜露之類，無非教也。聖人禮樂刑政之屬，得非教乎？矧樂者又所以移風易俗，比物飾節，崇和順而親附於民，所以蕩滌邪穢，消融查滓，莫善於是。故聖人雖没而有不没之神存焉。何也？道德也，禮樂也，與天地相爲始終，爲萬世生民之所仰賴焉。名堂之義，意有在也。後之登斯堂者，不金石而金石，不絲竹而絲竹，想聖人之靈而景仰於千萬載之下，斯堂亦與有助焉。

許彬·子思書院記

魯之鄒邑孟子故宅之側，舊有子思書院，即當時思孟傳道之所，豈子思之鄒時所建邪？歷歲滋久，遺址僅存。貞元初，邑大夫司居敬徙置於孟子曝書臺，西與孟母斷機祠鄰。至正中，邑尹鄧彦禮、孔之威復相繼修之。永樂初，邑令朱瑢又徙置曝書臺，東與斷機祠相直。距今三十餘年，寖用圮壞。令邑者得滑臺房侯嚞，慨然有志乎聖賢之事，而以興舉廢墜爲心，乃率僚屬，出俸金，購材傭工，經營弗懈。木斲而已不加雕，牆圬而已不加飾，城階以石，冪窗以紙。衣冠像設，儼然授受之容，其所以啓發乎後學者多矣。是工也，蓋經始乎正統己未之春，而落成乎明年之夏。噫！若侯者，其用心亦勤矣哉！工既成，會余以省覲還寧陽，拜謁闕里，宣聖五十九代孫、襲封衍聖公彦縉，五十八代孫、曲阜知縣公鏜，五十五代孫、三氏學録克晏，謂余官翰林，以文字爲職業，命紀其事，刻石以彰侯功。余惟崇儒重道，興廢補敝，乃長民者之首務，近時有司迫於簿書期會，奔走奉承且不暇，又孰能留意於此哉？此侯之所以崇尚前賢，嘉惠後學，異乎世之爲邑者遠矣！雖然，思孟道統之傳，功德在天下，燦若日星，與天地相爲悠久，其配享廟庭，血食萬世，固不係乎茲堂之成否。而君子之爲政，輕重緩急，不忘所自者，於此乎見矣。余故特書之，將以愧夫世之仕者，讀聖賢之書而忘其所自者也。重諸公之命，書以傳焉。

劉健撰重修三氏學記

闕里三氏學，建於宣聖廟之東南，以教孔、顏、孟三氏子孫，蓋因廟而設也。廟之建，其來遠矣，學則自宋大中祥符間始。考厥初止以教孔氏子孫，其益以顏、孟二氏，蓋自元祐間始。我皇明有天下，崇重文教。洪武初，始定學名爲孔顏孟三氏子孫教授司,設教授、學録各一員,學録即以孔氏子孫爲之。然各子孫但令其讀書習禮,不委以勾當公事。歷永樂、洪熙、宣德,學徒日盛。正統甲子,始從其宗子之請,命聽山東提學官考驗入試。成化改元,又命每三年擇其有學行者一人,貢入太學。其優待先聖、先賢之後,良法美意,至是無以加矣。然學之建也,歲久不能無廢墜,洪武、永樂、正統間,屢加修葺。由正統迄今,爲歲既久,頹廢日甚。兗州知府龔君弘,以修舉之事告之巡撫山東副都御史何公鑑暨巡按監察御史劉公紳,僉以爲然,於是聚材庀工,又擇屬官之勤敏者鮑恭幹、祝簡,俾董其役,以次新之。中爲明倫堂,堂之後爲講堂、讀書室,其前爲東西齋,齋之後爲諸生肄習之號舍。學門故西向,今易之南向。復作中門,又爲便門以通廟。教授、學録各爲公廨講堂後之左右。以楹計,凡一百一十有奇,外繚以崇垣,規制煥然,視其舊有加焉。龔君既以復於何公,乃狀其事,請予爲記。

(子)〔予〕惟天下之學,自京師以及四方,皆立廟以祀宣聖及其高第弟子,自顏孟而下,蓋因學而祀先聖、先賢,禮也。闕里,先聖之故鄉,有廟以祀,而復因以設學,教其子孫,余於是知有天下國家者之用心,其所因雖不同,而所欲以斯道造就人材,則一而已矣。宣聖身斯道之寄,而不得君師之位於當時,故刪定六經,垂示方來,實萬世斯道之宗主也。天下之士,苟有聞道之念者,孰不企而慕之。況爲之子孫,生於其鄉,猶有風流餘韻之可薰炙者乎?然欲企而慕之,蓋有道焉。孔門之論學,其言非一。要其歸,不過欲人明善以誠身、修德以凝道。爲其子孫者,誠於是用力而有所得,不患不大過人矣。其或不此之務,而第以文辭謀利禄若俗學然,豈惟非餘輩之所望,竊恐世之英君誼主因廟設學之意,亦不在乎此也。凡學之爲,師與其諸生,宜慎其所向哉!是爲記。

熊相·奎文閣置書籍記

聖賢之道,非言莫明;聖賢之言,非書莫載。天下之書亦多矣,雖偏正純駁,言人人殊,要之,明道則一而已。闕里爲杏壇遺址,孔聖與諸賢傳道之所也。先在曲阜縣城外,舊有奎文閣,閣中之書,天下莫備焉。正德辛未,盜入山東,焚燬殆盡。守臣以聞,上乃命遷縣於闕里,築城而并包之。又命禮部頒御書以賜,崇儒重道,可謂至矣。止於《五經四書》《性理大全》《通鑑綱目》者,取諸言之正且純者,其他不以與也。己卯,相濫竽巡按,首之闕里謁焉。衍聖孔公聞韶樂善好古,導之以遍視諸勝,卒登夫閣,書不盈架,問而知之,歸以告巡撫都御史永平王公珝、同寅平陸劉公翀、餘姚陳公克宅。三公曰:"是不可緩也。任其責者,非吾輩而誰?"乃求其目於提學副使江君潮,凡若干册;屬其費於參議陳君簧,僉事錢君宏、黃君昭道、王君億,凡若干金。乃檄兗州府教授林馨市之於四方,以庚辰九月至。三氏學及縣學諸生皆動色相慶曰:"今而後,吾無憂乎書,憂夫讀之者有未勤耳!"知縣孔公統曰:"《春秋》大事必記,兹非大事乎?敢乞一言以垂諸後,使後之有是責者見之,敝不能以不新也,缺不能以不補也。

使諸生常有所諷誦而玩索之，於以博其聞見，究其義理，體之日用，庶斯道常明於杏壇，而吾黨之幸益大矣。”予曰：“今天下之人知有君臣焉、父子焉、夫婦長幼朋友焉，而不至於昏焉、瀆焉、夷狄焉、禽獸焉者，聖賢之力也。若仕者爲聖賢之徒，而食其力者尤多。今仕於聖賢之鄉，乃坐視其子孫之俊秀罔知所以教之，不幾於忘本乎？是舉也，發之於予，和之諸公，不約而同，蓋理之在人心有同然者，自不容已也。”或曰：“書籍，聖賢之糟粕耳。聖賢之後，自異於人，何待於誦法陳言而後道可明邪？”曰：“孔子大聖，猶曰：‘我非生而知之者，好古，敏以求之者也。’聖人不常出，乃以是而責其後，不幾於誣乎？若以爲糟粕者，則聖賢之逝久矣，後之人有所持循，學聖賢焉而企之者，不求於書，將惡求哉？”或又曰：“聖賢之道，經書備矣。諸子百家，果何爲者，乃求之以誤後生邪？”曰：“譬之道路然，經書大道也，諸子百家特路之小者耳。然推其至，則皆有所通，於行者皆有所益，故稗官、《爾雅》，古人亦所不廢。學者誠能博以求之，約以得之，篤以行之，則諸家之言，皆聖賢之羽翼也；聖賢之言，皆吾身之憑藉也。焉往而非益哉！此讀書之法也，亦聚書者之意也。諸士子其勉之哉！以無忝厥祖。”

費宏·城闕里記

新築闕里城成，衍聖公知德謂“茲舉爲國家盛事，不可使無聞於後也”，以書來屬宏爲記。闕里與曲阜相去十里，故皆無城，而闕里尤爲孤曠，守望無所恃焉。正德辛未，盜入兗，以二月二十七日破曲阜，焚官寺民居數百，虐燄所及，不崇朝縣治爲墟。是夕，移營犯闕里，秣馬於庭，汙書於池，雖廟宇林墓，幸而無虞，然族屬散走，神人震恐，岌岌乎危亦甚矣。監司議遣兵四百來戍，賊衆我寡，又望風輒潰，於防禦固無濟也。維時今按察使潘君珍方以僉事按行東兗，謂縣廟必相須以守，盍即廟爲城而移縣附之。旬甫浹，遂疏於朝，會科道紀功茲土者亦以爲請，下之司徒。司徒曰：“是舉一而兩得，宜亟圖之。”下之撫按，撫按合藩臬，咸曰：“境內之事，孰有重於是者！其何可緩？”羣議既協，詔從之，爰命司空庀工而令役焉。

其基周八里三十六步，而益以負郭之田；其版築用丁夫萬人，而取諸農務之隙；其材用爲銀三萬五千八百餘兩，多出於諸司罰鍰，而復募高資好義者助之。經始於癸酉之秋七月，訖工於嘉靖壬午之春三月。視其外，則高墉深溝與泰山、洙泗映帶而縈回；視其內，則廟貌公府伉然中居，而縣治儒校、行臺分司以及市廛門巷罫布環列，雅足以增宮牆之重。前此千百年之缺典，乃今始克舉之。後此千百年而或有外侮焉，於是乎庶幾無患矣。夫恃而不備，君子以爲苫罪，故勇夫重閉，王公設險，概有不容已焉者也。而《春秋》書“城築”數十傳，乃謂凡志皆譏，蓋養民在愛其力，非時與制而輕用之，聖人於此誠不能無慮焉。然事有至重且急而關於天下之故，不可以勞民而但已者。故虎牢之城,以夷夏之防所當嚴也,則許之;成周之城,以君臣之分所當正也,則善之;至若閟宮之復、泮宮之修,以宗廟、學校爲有國者所當先務,則又錄而不棄,是可以測聖人之深意矣。萬世而下,三綱敍正而諸夏乂安,實惟夫子之道焉是賴。顧茲闕里,以廟則通祀之宗也,以學則立教之首也。因盜警而慎未然之防,即城築以致尊崇之意,在今日惡得而緩?此諸臣之議,天子之詔所以無悖於聖人之訓,而遂成千百年創建之功也。

宏不佞,無能爲役,幸執筆從史氏後,於國之大事得述焉,故不辭而記之。當是時,與其議者,司徒則孫君交、司空則李君鐩,紀功則給事中柴君奇、御史吳君堂,巡撫都御史則今司空趙君璜,巡按御史則李君璣,在藩臬爲布政使則今司徒秦君金及按察使吳君學,參政孫君禎,副使王君金,參議閔君楷,僉事盛君儀、蔡君芝,董其役者則知府童旭、同知李鉞、知縣孔承夏,於法皆牽聯得書者也。

殷士儋撰重修闕里林廟記

按《闕里志》,國朝詔修孔廟者屢矣,皆司空經畫,內帑給費,綱紀於撫臣,而董役者藩臬大夫也。役竣,或遣輔臣來釋奠告成事,御製碑記昭示永久云。今天子中興,議禮制度尤重先聖祀典,考定位號,更易像設,本隆啓毓,禮嚴配食,累代沿襲,未安者一朝咸正闕缺,猗與偉矣!顧曲阜林廟,距弘治修建且五十年所久,漸圮敝,弗稱瞻仰。屬國計未裕,有司不敢以聞。嘉靖壬子,御史馮公薦命按東省,首詣祇謁,即慨然嘆曰:"省方設教,天子命御史意也。矧茲地實教本邪,御史於諸廢置得一切便宜從事。至隆師重道之舉,不知身任其責,及時修飾,而曰必麾縣官,惡在宣德意也。"遂檄濟南府同知林君悦、兖州府通判張君承敍、推官盧君翰暨曲阜世尹孔君承業相與督視,出貲曠羨,戒徒農隙,庀材鳩工,興頹易朽,自殿寢、樓廡、齋閣、門宇、垣屋、碑亭及家廟、祖林,計三十有七所。經始其年十月,越癸丑六月訖工。礱斲必堅,丹堊有赫,燦然就緒,而馮公受代去矣。明年,御史雍公焯繼至,樂踵前猷,更議增飾,凡昔之有待而未暇者,畢力修舉,罔不大備。蓋自我皇上釐正祀典以來,廟貌崇嚴,林域改觀,足稱維新之典,實自茲始。而不煩朝命,不妨庶職,役不告勞,費不告侈,倡始圖終,後先相望,皆前此未有也。

曩歲士儋奉使過濟南,時林君爲余道之,因偕諸君子來徵文紀其事。會余北上,諾之未及爲也。至是,兖州守朱君應奎、同知王君三接貽書京師,復述後功,申致前請。夫御史代天子行郡國,能仰承聖化,敦崇教本,郡邑庶僚又皆叶采勸功,翕附恐後,均之知務矣。雖聖賢道德不視此加損,而國家褒德右文之澤,聖天子表章率作之效,不益徵千載一時哉!則夫由必世之仁適變道之會,衍盛治無疆之休,端在茲矣。昔史遷適魯,觀孔氏廟堂、車服、禮器,諸生習禮其家,低徊久之不能去,獨以言六藝者所折衷也。迨今道學大明,丕隆文治,刪述垂憲者不徒托諸空言,遷誠躬睹斯盛,當復何如哉？余不敏，謬從史氏後，愧無以揚厲聖朝之化，而闡明諸君子之功也，聊爲次序其事，以識歲月云。

李春芳撰重修先師廟記

隆慶三年，闕里重修先師孔子廟成。於時有事茲役者，以書幣走京師，請記於麗牲之碑。先是嘉靖癸亥，衍聖公尚賢以廟圮告撫臺張公鑑，業行相度，以財詘而止。既巡撫姜公廷頤、梁公夢龍，巡按羅君鳳翱、周君詠、張君士佩與藩臬諸君協謀，捐嶽祠之香稅與司之贖鍰，得一千六百金，其人役則用州縣過更之卒，而以兗州府通判許君際可董其役，知府張君文淵時督視之。經始己巳仲夏，歲盡而訖工。輪奐規橅，視昔若增。左布政姚君一元、左參政吳君承熹、副使吳君文華、參議馮君謙，皆協贊其成者也。

維先師生於尼山，講學於泗上，没而葬於此。先聖之没，弟子廬其冢上而不忍去，魯人從而家者百餘室。而魯世世相傳，以歲時奉祠，諸儒講禮、鄉飲、大射於其間。漢高祖自淮南還過魯，以太牢祠。其後人主登封巡狩，無不過而拜祠。我太祖高皇帝龍興海内，干戈未戢，亟命遣祭，紹封子孫，修葺其祠宇。列聖承統，世世增修。今天子踐祚之元年，傳制遣官告祭，車駕臨幸太學，親釋奠，命儒臣坐講，賜衍聖公及三氏子孫衣幣有差。海内慕學之士，喁喁向風，孔子之道益以光大。則今茲之舉，固所以虔奉先師，亦以宣明聖天子之德意，誠不可以無紀。夫今孔子之學遍天下，而深山窮徼皆知誦習其書，其在天之靈無所不之也。然孟子曰“近聖人之居，若此其甚”，荀子曰“學莫便乎近其人”，蓋孔子没千有餘年矣，學者至觀其廟宇、車服、禮器，諸生習禮其家，有低佪而不能去者，固以想像於遠，不若景慕於近之爲切也。諸君子宦於其鄉，知飾其廟，虔奉之矣，其尚知所以學其道乎？夫孔子之道，非有遠於人也，故其教人，恒稱庸言庸德，而性與天道，子貢亦不可得而聞。今之學者，乃高談性命，闊略躬行，務虛名而鮮實際，臨民立朝，動多疵累，遂致誹議叢興，斥逐相繼，甚之學士大夫且以學爲諱焉。夫學也者，所以爲天地立心，爲生民立命，爲往聖繼絕學，爲萬世開太平者也。人不知學，則施於喜怒哀樂，必有不得其正，而天地塞、生民否、絕學無由繼、太平不可致矣，可使之壞亂而不修哉？鄒魯之士，固習聞先聖之訓，而吾黨莫不童而誦其詩、讀其書，乃或忽而不察，游心高遠，索之幽眇虛玄，反之於身，或背而馳，此豈特宮牆外望，不幾操戈入室乎？士誠不可不亟反之也。予不佞，請以是復諸君，而因以告四方學者云。

邵以仁·聖迹殿記

《傳》曰：“德厚者流光，德薄者流卑。”余觀於孔子，蓋厚德之至云，固宜流光萬世，與天地相無窮也。然究其所以無窮者心也，非迹也。人之心以天地萬物爲體，以生生不息爲用，引之無始，要之無終，放之無涯，卷之無倪，廓徹圓通，靈明虛湛，實生人之本，千聖之基也。顧其體至妙，其用至神，操而存之，爲智爲賢；舍而忘之，爲愚爲不肖。此危微精一之訓，開萬世道統之源。而孔子得統於堯舜，以心也。顏之克復、曾之忠恕、子思之慎獨、孟子之求放心皆是也，是孔子之所以法當時而傳後世者也。如以迹而已耳，則五老之降、素王之稱，近乎語神矣。商羊指水、萍實許霸，近乎語怪矣。乘田、委吏不爲卑，司寇、攝相不爲尊，誅少正卯、墮郈費、溝昭墓不爲專，化中都、卻萊夷、歸三田不爲功，行可於桓、際可於靈、公養於孝不爲絀，伐樹於宋、見圍於匡、絕糧於陳不爲困，適齊、適楚、如衛、如陳不爲狗，見南子、之公山、往中牟不爲辱，孔子何庸心於其間？故善觀子者，當識其所謂仁、所謂一，而孔子之聖在是；求之克復、忠恕、慎獨、求放心，而學孔子在是，舍是則迹矣。夫孔子之迹，孰有大於贊《周易》、删《詩》《書》、修《春秋》、定《禮》《樂》乎？今觀《易》之時，《詩》之性情，《書》之中，《禮》之敬，《樂》之和，《春秋》之經世，固在吾心而出乎象數、文辭之外也。不求諸吾心，六經何莫非迹邪？況身之經歷與其所不語者邪？莊周之言曰："孔子見老聃而陳六經，聃曰：'先王之陳迹也！子之所言，猶迹也。迹者，履之所出，迹豈履哉？'"以迹觀孔子者，可繹思已。雖然，孔子之迹可遂泯乎？世惟豪傑之士無文王而興，中人以下恒感發而動也，以及門之賢，如子貢之敏，猶以言語求聖人，況後世乎！

余不佞，産於黔，距孔子之邦八千餘里，恨末由睹其宮牆。辛卯冬，奉簡命備兵東魯，乃登杏壇，涉洙泗，遍觀宗廟之美，願學之心駸駸然倍往昔。今聖圖殿之建也，無亦感發後人之意乎！是舉也，始於侍御何公出光，成於縣尹孔君宏復。余慮夫睹斯圖者，執其迹而不思其所以迹也，故因其徵文而作是説以予之。語云："衆言淆亂折諸聖。"孟子曰："遊於聖門難爲言。"余非有言也，折諸孔子云爾。

國朝

俞兆曾·聖廟通記

至聖先師孔子廟在曲阜縣城中央，即古闕里也。殿九間，高七丈八尺，闊十有三丈五尺，深八丈四尺。宋徽宗崇寧元年，詔名"大成"。明弘治十六年重修，前柱以石，皆盤龍，旁及後簷則石柱而鑴花，中俱用楠木承塵，四百八十有六，俱錯金裝龍。內外枋檺、斗栱、扉槅，五色間金，炳煥奪目。瓦用綠琉璃，而瓵砌之石色與之同。前爲露臺，四繞石欄，凡兩層，左右及中陛各十二級。夫子南面，冕十二旒，袞服十二章，執鎮圭。顏子、曾子、子思子、孟子東西向，十哲侍坐在四配之後，俱九旒九章，其塑像乃東魏興和二年兗州刺史李琁所建，而司寇石像則吳道子畫也。神龕凡七。西偏置今上所留曲柄繖。寢殿七間，祀夫人亓官氏，高六丈四尺，闊九丈五尺，深五丈。又後爲聖迹殿七間，規制如之，壁上盡石刻，凡百有二十，歲久多磨滅。其猶著明者，行教小影，爲黎公端木子追寫，晉顧愷之重摹，宋孔瑀勒石。凭几像一，亦愷之作。西向燕居像一，吳道子筆。東向像一，宋米芾筆，有贊詞，最古渾。正殿之前爲杏壇，即講堂遺址。漢明帝東巡過孔子宅，御此説經，後世因以爲壇。重簷八角，朱檻兩層，祭時拜於其下。左右爲兩廡連廊，共百間。東三十七間，祀澹臺滅明以下先賢四十八位。西三十七間，祀宓不齊以下先賢四十八位。其餘作神庫。極北便門各一，通焚帛所。前大成門五間，高二丈八尺，闊六丈五尺，深三丈五尺。旁有掖門，左曰金聲，皇上御製碑亭在其前；右曰玉振。金聲之左曰燕申門，内爲詩禮堂五間，孔氏諸儒習禮之所，高二丈八尺，闊七丈五尺，深四丈二尺，庭前有唐槐一株。歲甲子，聖駕臨幸，進講其中，御書"萬世師表"及親製五言律詩石刻存焉。東偏禮器庫。後爲魯壁，乃夫子故居，即魯恭王聞樂處。古建堂於此，名"金絲"，明弘治間重修，遷而西。故井猶存，泓然可愛。再後爲家廟五間，高三丈，闊七丈二尺，深三丈六尺，祀先聖、二世、三世及中興祖考妣，一櫝，如家禮制。又其後爲神庖，祭時宰犧牲之所。玉振之右曰啓聖門，内爲金絲堂，高廣與東同，樂器貯焉，祭前三日亦於此演樂，今開館纂修《幸魯盛典》。後爲啓聖殿五間，制若家廟，祀啓聖公，有像，以杞國公、萊蕪侯、泗水侯、邾國公配，永年伯程氏、齊國公朱氏、蔡氏、周氏從祀。再後爲寢殿三間，祀夫人顏氏。又其後爲神廚，祭時潔粢盛之所。大成門之前，列唐、宋、金、元碑亭四，我朝遣祭碑亭二。舊有居仁、由義二門，今圮。東向者曰毓粹門，傍有面南小門，則夫子故宅門也。西向者曰觀德門。前爲奎文閣七間，三簷，高七丈四尺，闊九丈，深五尺，藏古書史，設典籍一員司之。閣傍掖門各三間。東樹洪武成化碑亭，又東爲衍聖公齊宿所。西樹永樂、弘治碑亭，又西爲有司齊宿所，圮。前爲參同門五間，漢、魏、齊、隋、唐碑在焉。又前爲大中門五間，高二丈四尺，闊六丈四尺，東西掖門各一。又前爲二門五間，高一丈七尺，闊五丈四尺，深二丈八尺，東西掖門亦各一。門之前石橋三，跨璧水，繞以石欄。東向門三間，曰快睹。西向門三間，曰仰高。大門五間，皆圓洞，如城門。石坊二在其外，一刻"宣聖廟"，一刻"太和元氣"四字。左德侔天地坊，東向。右道冠古今坊，西向。前爲櫺星門，左右立下馬牌。凡有壇壝而無宮室，則設櫺星門以爲閎，義取乎疏通也。聖廟亦設是者，所以尊夫子同天地也。統廟之址，南北四百四十步，東西七十七步。其題額則"大成殿"，爲宋政和元年御書。"大中門"，乃仁宗所頒飛白體。惟"萬世師表"四字，喬皇典麗，燦若日星，我皇上親灑宸翰，而衍聖公孔毓圻既勒諸石，復鉤摹而懸於殿端，誠千古之巨觀也。康熙二十六年夏六月謹記。

六十八代衍聖公重修宰子墓記

嘗考仙源舊志，齊公宰子我有墓在東關外。歲久荒蕪，莫可得而指也。其後人遷居齊河，祭掃闕焉。余嘗閱其家譜曰《防西志》者，所述生卒、葬地頗詳。核之，與邑志無異云。今出東關二里許，舊城之西有冢穹然，無碑碣姓氏，人莫敢定爲公墓。相傳明季賊蹂魯境，盜發此冢，未及壙，陰火大出，賊皆驚怖卻走，不十步，首謀者殲焉，嗣後莫之敢動。嗚呼！秦漢以後，貴官畸人生有聞於世者，抔土所在，其精神皆能自爲護持，以傳不朽，況聖門之彥乎？草竊崔苻，安得而窺其寢室也。然猶未敢定爲公墓。又數十年，耕人得斷碣於土中，題曰"齊公宰子墓"，而後乃知真公墓矣。余惟賢哲所在，百世景行，孟夫子稱"公智足以知聖人"，其靈必能以待後世。而一冢之外，皆爲耕犂樵斧所侵而莫禁，非所以崇先賢、表古迹也。謹倡議擴其傍地若干畝爲之塋域外，又置若干畝以供春秋牲醴之資，永除租賦，立石以表識焉。又爲置墓戶二丁田繼英、田繼先，除其役以專守焉。嗟乎！公位登十哲，爵列土茅，墓田所在與聖林密邇，然數千載若信若疑，荊棘不翦，而必有待於今日者，亦足徵歷久彌光，抑吾道顯晦之有時也已。是爲記。

陳邦彦撰重浚洙水記

記浚洙，嘉復古也。古者史官於城郭川渠之興築，必謹書之。而能復前績，使無堙廢，尤尚其功，往往以爲美談。東漢時復鴻卻陂，晉復南陽陂，唐丹陽刺史復練湖，長安復樊惠渠，皆志在簡牒，播乎碑頌，班然可考，至今猶傳焉。洙爲水，著名《春秋》。今之曲阜，《禹貢》徐州也。《書》稱沂泗，未嘗及洙，然曾子語"子夏事夫子於洙泗之間"，《傳》又言"孔子葬魯城北泗水上"，洙瀆帶其旁，則靈源無窮，宜與天地共長久矣。

自孔子去今時幾二千三百餘載，洙之經流屢亦改闊，舊有浚而復之者，其遺碑尚存，而文字荒涼，半就磨滅，蓋欲稽其歲月而嘆其不可復識也。乾隆八年冬，孔子之裔孫有繼汾、繼湅者，起而慨然規復其舊，於是鳩工徒，具畚鍤，率作興事，經營具周，載疏載導，長流遂通。泱泱瀰瀰，浮碧含秀，映列楷之廣林，抱藏璜之皋壤，合沂入泗，故道是循。功既成，則以書來告予曰："洙之濬於前，而復壅於後，不知幾何時。惟是先聖生平之所遊，彈琴講道，朝夕乎是，不敢聽其圮閉以湮鬱於陵陸也，幸得修而復之。思有以示後來者，俾無墜其事，則請爲文以記之。"夫古今貿遷無常，而川流之移徙尤甚。方在漢時，去古未遠耳，然九河已失其處，或且逸其名。禹所治三江，前宋元嘉中早就壅塞，而卒不可復。洙之爲水，不與淄、濰、汶、泗稱望青、徐間，然學士大夫羣相仰而知其所，則非以孔子之故邪！其壅而當復，復之而欲其終古如此也。雖不必孔子之世，人且願爲之，而況其爲孔氏之子孫者邪？爲孔氏之子孫復之，斯有嘉績焉。抑吾聞汾與湅之爲之也，本以其太夫人之申命，則又其賢也。乃書之，使刻於石，以示永久。是役也，計金三千有奇。其所濬，長徑八里，廣深各三丈云。

藝文第十二之四

序

宋

宋咸·注孔叢子序

《孔叢子》者，乃孔子八世孫鮒，字子魚，仕陳勝爲博士，以言不見用，托目疾而退，論集先君仲尼、子思、子上、子高、子順之言及己之事，凡二十一篇，爲六卷，名之曰《孔叢子》，蓋言有善而叢聚之也。至漢孝武朝，太常孔臧又以其所爲賦與書謂之《連叢》上下篇，爲一卷，附之於末。然士大夫號藏書者，所得本皆豕亥魚魯，不堪其讀。臣凡百購求，以損益補竄，近始完集。然有語或淺固弗極於道，疑後人增益，乃悉誅去。義例繁猥，隨亦删定。因念彼鬼谷、尉繚、庚桑、靈真浮夸汪洋之說，尚且命氏於世。矧是書所載，皆先聖之言，三代之術、六藝之要在焉，非諸子之流也，又可泯而不稱邪？故敢具所以然，注而示諸學者云。

四十六代孫宗翰·家譜序

家譜之法，世敍承襲封一人而已。疏略之弊，識者痛之。蓋先聖之没，於今千五百餘年，宗族賢俊，苟非見於史册，即後世泯然不聞，是可痛也。如太常諱臧、臨淮太守諱安國、丞相諱光、北海相諱融、蘭臺令史諱僖、議郎諱昱纚十數人，非見漢史者，不復知矣。魏晉而下，逮於隋唐，見紀者止百餘人。按，議郎《本傳》云：“自霸至昱七世之內，爵位相係，卿相牧守五十三人，列侯七人。”今考於傳記，乃知所遺之多也。宗翰假守豫章，恩除魯郡，將歸之日，遂以舊譜命工鏤板，用廣流傳。或須講求，以俟他日。

四十七代孫傳·祖庭雜記序

先聖没，逮今一千五百餘年，傳世五十。或問其姓，則內求而不得；或審其家，則舌舉而不下。爲之後者，得無媿乎？傳竊嘗推原譜牒，參考載籍，則知鄭有孔張出於子孔，衞有孔達出於姬姓，蓋本非子氏之後而徙居於魯者，皆非吾族。若乃歷代襃崇之典，累朝班賚之恩，不可枚舉。以至驗祖壁之遺書，訪闕里之陳迹，荒墟廢址，淪没於春蕪秋草之中，魯尚多有，故老世世傳之，將使聞見之所未嘗及者，如接於耳目之近。於是纂其軼事，綴所舊聞，題曰《孔氏祖庭雜記》[①]，好古君子得以覽觀焉。

元

張頵·釋奠儀注序

《禮》曰："皮弁祭菜，示敬道也。"禮書殘缺，釋奠釋菜，名義徒存，儀文無可考者。唐《開元禮》仿佛《儀禮·饋食篇》節文爲詳，朱文公謂《政和新儀》差錯，獨於《開元禮》有取，申明至於再三，竟格不下。身没之後，郡邑仿而行之，能通其義者尠矣。中原文物肇開，四方取則，舍魯奚適？闕里昔罹兵革，宫室荆榛蓋三十年，牲殺器皿衣服不備，勢使然也。而儀章度數，固多可議者。象設，非古也。《開元禮》猶云"設席"，是無象也，高臺巍坐，而席地之禮不可見。帶劍，秦漢冠服之飾也。《開元禮》朝會猶有解劍之席，冕服挾劍，未之有聞。二者之失，所從來久矣。神位西坐東向，尸位也。配位東坐西向，主人位也。自尸禮廢，禮家謂自内出者無匹不行，自外至者無主不止，故立神以配而爲主焉。開元以後，遷神位南面，配位猶故也。進顏、孟南向，參列如浮屠、老子之宫者。《孔氏祖庭廣記》謂"金大定十四年所行"，何所稽乎？楹間兩階，五齊三酒，以四代之器爲備物之享也。列數瓦缶，果何爲説？尸尊不就洗，禮也。登罍爵於牀，洗者以尸尊自居。犧象不錯諸地，主人遂不坐實爵，簡亦甚矣。幣之未薦，置諸神位之左，示不敢褻。陳之階戺，與主人俱升，則不嚴矣。蓋事由草創，未之講也。予典教於兹，思有以正之，顧不學雜服，不能安禮，而雖善無徵，無徵不信，乃取朱文公所考訂，自《儀禮》《開元禮》而下裒爲一編，命學徒肄習，且與講説義數，使之入耳著心，既知義理之安，將不期改而自改。并附社稷風雲雷雨之祀，庶幾好禮者有取焉。抑禮有本有文，是書所載，文也。習禮之士因文而究其本，知交於神明者，不徒籩豆之事，微之顯誠之不可掩也，如此則可謂知禮矣。若夫器樂冠服之度，則又博採諸家之説，從其是者，訂其失者，與此編并藏，俾孔氏後來之文獻有足徵云。

明

李東陽·重修闕里廟圖序

闕里孔廟之重建也，其經費所出，爲竹木之税、舟船之税、麥絲之税及公帑之藏；其名物之籍，木則市之楚、蜀諸境，石則取之鄒、泗諸山，瓴甓鉛鐵則官爲之陶冶，丹堊

髹綵則集之於商，斲削、搏埴、雕琢、繪飾之工則徵之京畿及藩府之良者，而夫役則雇之民間而官與之直若食焉。巡撫之官，始則都御史何公鑑、巡按若御史高君崇熙、布政若王君沂、按察則陳君璧；督工之官，則参議程君愈、僉事李君宗泗。其後皆更代不恒，至都御史徐公源、御史陳君璘、僉事黄君繡而以成告。

　　廟之制，中爲大成殿十楹，崇八丈，遂有奇，廣倍其半，爲左右廡百餘楹。後爲寢殿八楹，前爲杏壇，又前爲奎文閣，楹視寢數，崇略與殿等。又前爲門四重，中爲橋三。殿之左爲家廟，後爲神廚，前爲詩禮堂、爲神庫，又前爲燕申門。殿之右爲啓聖王殿，後爲寢，前爲金絲堂，又前爲啓聖門，前左右爲齊室，室之外爲快睹、仰高二門，與觀德、毓粹二門而四。又左右爲鐘、鼓樓，與角樓而六。閣之前後爲碑亭各四，前四亭則本朝御製，而祝敕諸文皆附焉。惟壇及樓及中門仍舊，自餘或創或益，並從新制。材榦堅厚，構締完整，象設端偉，繪飾華煥，悉臻其極，蓋一代之盛典，天下之大觀，皆備於此。

　　是李君所經畫，而黄君實成之。工始於弘治庚申之二月，落成於甲子之正月。始建之命，衍聖公宏泰入謝於朝，而不及其成。落成之告，今衍聖公聞韶已嗣爵，御史陸君俌、盧君翊及布政曹君元、按察戈君瑄等皆來會，齊祭既畢，達觀於新廟。東陽乃前揖徐公曰：“是惟都憲之賢，令行事集，以成此功也。”又揖黄君而前曰：“是惟僉憲之達於政，勤於所事，夙夜匪懈，以有此功也。”皆遜弗敢居。又揖衍聖公而進之曰：“此惟先師道德之深澤，聖天子崇儒重道之盛心，更新圖遠，方始自今日，而式克承之，尚慎守祗奉，以無負於吾君，無忝於爾所生也。”聞韶曰：“敢不於斯言是圖。”東陽既紀祀事，黄君將爲廟圖，別勒於石，以示久遠，因復爲序之。而藩憲郡縣及凡有事於廟者，則書其名氏於後云。

又：

闕里志序

　　《闕里志》，志闕里也。闕里者，吾孔子所居之地，道德政教之所從出，文獻之所在，其志之也固宜。古者有列國之史，而又有四方之志。《九丘》之籍，至周猶存，爲外史所掌，孔子述《職方》以除之者，大抵皆是物也。封建既廢，史惟朝廷有之。至漢而備其法，有帝紀，有世家、年表，有傳，有志，事分而代輯。及東漢南陽撰作《風俗》之後，郡縣始各自爲志，則兼地理、人物、文章、制度而有之，而史之法略具。蓋雖窮陬僻壤或不能無，況吾孔子以教爲政，司馬遷之史特著《世家》齒於有國，歷代帝王褒崇封謚，愈久愈隆，其鍾靈毓聖之地，非一郡一縣比也。宋元間，族人宗翰輩間有紀述，久而弗傳。國朝成化末，今山東布政使張君泰知鄒縣，嘗輯《孔顔孟三氏志》，其傳未廣也。弘治甲子，重建闕里孔廟成，東陽奉敕代告，周覽遐慕，欲爲一書。巡撫都御史徐公源及衍聖公聞韶力贊其議，比歸至德州，巡按御史陸君俌、盧君翊及布政使曹君元等各以書請。適聞提學副使陳君鎬有事於此，因舉以屬之，取所凡例，稍加潤飾，且以

《孔氏實録》《孔庭纂要》《素王事紀》《世家》補鈔本致之，以備採擇。陳君乃參閲孔氏所藏《祖庭廣記》，與凡遺碑斷刻諸書所載，逾年而後成。其法以闕里爲主，附顔、孟諸弟子之名氏、事行而體統尊，摹先聖肖貌及地形、廟制而圖像著，述世家、宗派特爲世表而譜系明，敍禮樂制度之沿革損益而典式具，若詔誥敕祝之頒布，章牘箋表文移之出納往復，罔不備載。而闕疑訂舛，芟煩別僞，惟其所當。凡爲卷十有三，爲目十有四，爲文累千萬言。於我國朝之尊師重道、度越千古者，燦然大明於世，亦孔氏之家史也。蓋有此地必有此書，闕於二千年而成於一旦，不可謂不難矣。天下之學聖人者，讀其書，法其道，想像其儀容而不可得見。至其宅里林廟，必惕然感之乎心。雖殊方而産，限地以遊，固有終老而莫自遂者，虆牆見堯，河洛思禹，得是書而觀之，景行希聖之念不油然而興乎？嗟夫！金石雖堅，不免磨滅斷裂之患。板鏤楮印，遞相禪續，則可以至於無窮。由今日以至於無窮者，必自是書始。故以徐公之意爲序。適僉事黃君繡歸自京師，因畀之，俾刻於闕里，置於所謂奎文閣者。御史金君洪繼按其地，於是書有力焉，故并書之。而徐、黃修建之迹具在《志》中，兹不復列云。

錢啓忠·謁文廟序

　　錢子按兗，入曲阜，親炙闕里謁聖畢，瞻忭有加於曩時。四氏子衿咸集，進講《君子三樂章》暨《時習章》《顔氏子簞瓢章》。錢子曰："三書皆以樂著義，淺深亦有辯乎？"諸子曰："未辯有淺深也。"錢子曰："然。雖然，諸子習其器矣，殆未得其數乎？夫比竹成樂，響一而音殊；函鼎成調，味齋而饌異。請稽其方。夫朋來之樂雅，不改之樂超，君子之樂暢。何以言之？朋友者，吾人之性命也。斯文千古，知己一堂，攝以威儀，令德來教，似此之樂，不亦雅乎？簞瓢陋巷，亦非離境，亦非即境，分明香在梅花上，尋到梅花香又無，似此之樂，不亦超乎？父母兄弟，其樂也天；教育英才，其樂也人；君子不愧不怍之身俯仰於間，融融焉，洩洩焉，上下與天地同流，似此云樂，不已暢乎？"於是諸子嗒然相視而樂。錢子曰："若既得其數矣，亦更遇其神乎？夫能以朋來樂者，能不改其樂者也，故曰人不知而不慍。窮居不改其樂者，大行不增其樂也，故王天下不與存焉。子有言：'吾道一以貫之。'曾子曰：'唯。'然則顔氏之子，其殆庶幾乎？曾氏之子，其殆庶幾乎？子思之作《中庸》，孟子之撰七篇，其揆一也，其樂一也。"於是諸子樂甚，節詩而誦之，其辭曰："君子至止，爲龍爲光。德音不忘，其樂未央。"錢子曰："可以志樂。"援筆而書之，仍賦《關雎》而退。

國朝

六十七代孫毓埏述聖圖序

惟千聖之道大備於我聖祖，而我三世述聖祖，因以《中庸》之書闡性教、發誠明，由夫婦造端以底至誠至聖，功極乎位育參贊，道歸於無聲無臭，使聖祖未發之旨，如揭日月而行江河，豈非聖聖相承，相得益彰哉！是以歷代崇儒重道之君，特建元公以主杏壇之圉，復設博士以主中庸書院之祀。至我朝而優禮有加，薪傳勿替。煌哉鉅典，誠子孫世世永賴者也。埏以己未歲襲五經博士，自顧幼冲，學識未廣，夙夜兢兢，惟恐墜前人之業。每於披覽墳籍，時取《述聖圖》一册薰置上座，亦謂對越祖先，則非聖之書不敢讀，非聖之言不敢言，庶幾乎克念吾祖而無忘也。然此圖始於我先宮傅對寰公，迄今五十餘年矣。黎棗蠹蝕，筆畫漫漶，賢親之謂，何其聽之也。用是重選妙手，依舊臨摹，而授之梓人。雖不敢謂報祖功而酬宗德者即在乎是，但我三世祖闡揚中道之迹，燦若日星，予小子遠繼近求之私，或借此以告一端云爾。

跋

宋

歐陽修·後漢魯相置孔子廟卒史碑跋

右漢《魯相置孔子廟卒史碑》，云：“司徒臣雄、司空臣戒稽首言：魯前相瑛書言：‘詔書崇聖道，孔子作《春秋》，制《孝經》，演《易·繫辭》，經緯天地，故特立廟，褒成侯四時來祠，事已即去。廟有禮器，無常人掌領，請置百石卒史一人，典主守廟。謹問太常祠曹掾馮牟、史郭玄。辭對：故事，辟雍祠先聖，太宰、太祝各一人備爵，太常丞監祠，河南尹給牛羊豕，大司農給米。’臣愚以爲如瑛言可許。臣雄、臣戒愚戇，誠惶誠恐，頓首頓首，死罪死罪。臣稽首以聞。制曰：‘可。’”按《漢書》，元嘉元年吳雄爲司徒，二年趙戒爲司空，即此云“臣雄、臣戒”是也。魯相瑛者，據碑言姓乙，字仲卿。漢碑在者多磨滅，此幸完可讀，錄之以見漢制三公奏事如此，與羣臣上尚書者小異也。又見漢祠孔子，其禮如此。

又：

後漢修孔子廟器碑跋

右漢《韓明府修孔子廟器碑》，云：“永壽二年，青龍在涒灘，霜月之靈，皇極之日。”永壽，桓帝年號也。按《爾雅》云：“歲在申曰涒灘。”桓帝永興三年正月戊申大赦，改元永壽，明年丙申曰“歲在涒灘”是矣。云“霜月之靈，皇極之日”，莫曉其義，疑是九月五日。

前漢文章之盛，庶幾三代之純深。自建武以後，頓爾衰薄。崔、蔡之徒，擅名當世，然其筆力辭氣非出自然，與夫揚、馬之言，醇醨異味矣。及其末也，不勝其弊，“霜月”“皇極”是何等語？

韓明府者，名敕，字叔節。前世見於史傳，未有名敕者，豈是余學之不博乎？《春秋左氏傳》載古人命名之說，不以爲名者頗多，故以敕爲名者少也。

又：

後漢魯相晨孔子廟碑跋

右漢《魯相上尚書章》，其略云："建寧二年三月癸卯朔七日己酉，魯相臣晨、長史臣謙，頓首死罪，上尚書。臣晨頓首頓首，死罪死罪。臣以元年到官，行秋饗，飲酒泮宮，復禮孔子宅，而無公出酒脯之祠。臣輒依社稷，出王家穀，春秋行禮。"建寧，靈帝年號也。於此見漢制天子之尊，其辭稱"頓首死罪"，而不敢斥至尊，因尚書以致達而已。余家集録漢碑頗多，亦有奏章，患其磨滅，獨斯碑首尾完備，可見當時之制也。又云："孔子乾坤所挺，西狩獲麟，爲漢制作。"故《孝經·援神契》曰"玄丘制命，帝卯行"，又《尚書考靈耀》曰"丘生蒼際，觸期稽度爲赤制"，讖緯不經，不待論而可知。甚矣，漢儒之狹陋也！孔子作《春秋》，豈區區爲漢而已哉！

又：

魯孔子廟碑跋

右《魯孔子廟碑》，後魏、北齊時書多若此，筆畫不甚佳，然亦不俗。而往往相類，疑其一時所尚，當自有法。又其點畫多異，故録之以備廣覽。

又：

泰山都尉孔君碑跋

右漢《泰山都尉孔君碑》，云："君諱宙，字季將，孔子十九世之孫也。年六十一，延熹四年正月乙未以疾卒。"其序官閥甚簡，又或殘滅不完，但見其舉孝廉爲郎，遷元城令，遂爲泰山都尉爾。其辭有云"躬忠恕以及人，兼禹、湯之罪己"，宙人臣而引禹、湯以爲比，在今人於文爲不類，蓋漢世近古，簡質猶如此也。

又：

碑 陰 題 名 跋

右漢孔宙碑陰題名，漢世公卿多自教授，聚徒常數百人，其親受業者爲弟子，轉相傳授者爲門生。今宙碑殘缺，其姓名、邑里僅可見者纔六十二人：其稱弟子者十人，門生者四十三人，故吏者八人，故民者一人。宙，孔子十九世孫，爲泰山都尉，自有録。

又：

孔 德 讓 碑 跋

右漢《孔德讓碑》，蓋其名已磨滅，但云"字德讓者，宣尼公二十世孫，都尉君之子也。仕歷郡諸曹史，年卅四，永興二年七月遭疾不禄"。碑在今兗州孔子墓林中。永興,孝桓帝年號也。其人早卒,無事迹可考。余集録所藏孔林中漢碑,最後得此,遂無遺者。蓋以其文字簡少,無事實,故世人遺而不取,獨余家有之也。按,德讓名謙,《谱》訛"郡曹史"作"郡曹吏"。此碑與《都尉碑》同在廟中同文門下。《都尉碑》雖殘缺,文猶可辨,已附録於其傳末。此碑竟磨滅不存一字,幸得此跋,猶知其歷官生卒之大略也。

趙明誠·漢博陵太守孔彪碑跋

右漢《博陵太守孔彪碑》,歐陽公《集古録》云:"《孔君碑》者,其名字磨滅不可見,而世次官閥粗可考,云'孔子十九代孫,潁川君之元子也。舉孝廉,除郎中、博昌長。拜尚書侍郎、治書御史、博陵太守,遷下邳相、河東太守。建寧四年十月卒'。其終始略可見,惟其名字皆亡,爲可惜也。"今此碑雖殘缺,而名字尚完可識,云:"君諱彪,字元上。"又韓府君孔子廟碑陰載當時出錢人名,亦有"尚書侍郎孔彪元上",與此書正同。惟孔君自博陵再遷爲河東太守,而碑額題"故博陵太守孔府君碑",漢人多如此,然莫曉其何謂也。

洪适·魏梁鵠書修孔子廟碑跋

右魯孔子廟之碑篆額。嘉祐中,郡守張稚圭按《圖經》題曰:"魏陳思王曹植詞,梁鵠書。"《魏志》:"黃初二年正月,詔以議郎孔羡爲宗聖侯,奉孔子祀,令魯郡修起舊廟,置吏卒守衛。"碑云"元年",而史作"二年",誤也。《後漢·孔僖傳》注以羡爲崇聖侯,亦誤也。文帝履位之初首能尊崇先聖,刊寫琬琰,知所本矣。使其味素王之言,行六經之道,則豈止鼎峙之業而已哉?魏隸可珍者四碑,此爲之冠,甚有《石經論語》筆法,《大饗》蓋不相遠。若繁昌兩碑,則自是一家,亦有以爲鵠書,非也。

明
楊士奇·百石卒史碑跋

右漢《魯相置孔子廟掌禮器卒史碑》,順帝時所立,在曲阜,余得之陳思孝。掌禮器卒史,必選四十以上、經通一藝、雜試能奉弘先聖之禮、爲宗所歸者,見古人慎重如此也。

王世貞·唐張庭珪書夫子廟碑跋

《夫子廟碑》爲渝州刺史李邕撰,宋州刺史張庭珪書。邕語亦似知尊夫子者,第任書可耳,不當遂任文也。庭珪官至太子詹事,著直聲,家藏二王墨迹甚夥,《書小史》謂"邕所撰碑碣,必請庭珪書",此亦其證也。第所謂古木崩沙,間花映竹者,尚未①盡其致耳。

---

① "未"後,明王世貞《弇州四部稿·續稿》卷一六七有"得"字。

國朝

朱彝尊·百石卒史碑跋

魯相乙瑛以孔子廟在闕里，褒城侯四時來祠，事已即去，廟有禮器，無常人掌領，請置百石卒史一人，典主守廟。元嘉三年，司徒吳雄、司空趙戒聞於朝，詔如瑛言，選年四十以上、經通一藝者，乃舉文學掾孔龢任之。按《漢書·儒林傳》"郡國置《五經》百石卒史"，臣瓚以爲"卒史，秩百石"者。劉昭注《續漢書·百官志》引應劭《漢官儀》"河南尹百石卒史二百五十人"，《黃霸傳》"補左馮翊二百石卒史"，蓋秩有不同，故舉石之多寡別之。今本杜佑《通典》乃訛"百石卒史"爲"百户吏卒"。我聞在昔有釋《戰國策》音義者，更"雞口"作"雞尸"，貽笑藝苑。以百石爲百户，是雞尸之類也。

又：

孔宙碑跋

漢《泰山都尉孔宙碑》在曲阜縣孔子廟庭，太中大夫融之父也。裴松之注《魏志》引司馬彪《續漢書》亦作"宙"。又，《韓敕碑陰》出私錢數，列"郎中魯孔宙季將，千"，當以碑爲據。而《後漢書·融列傳》作"伷"。考宙卒於靈帝熹平四年，而伷於獻帝初平元年拜豫州刺史，籍本陳留，字公緒，別是一人。竊疑范《史》不應紕繆若是，或發雕時爲妄人所更，後學遂信而不疑也。

又：

孔彪碑跋

右漢《博陵太守孔彪碑》。曲阜石闕，多置孔子廟庭，獨此碑在林中。歐陽子《集古錄》第云"孔君碑"，惜其名、字皆亡。趙明誠以爲碑雖殘缺，名字可識，諱彪字元上，證以《韓敕》《史晨》二碑率錢人姓名。是本曩見之於宛平孫侍郎宅，文愈斷爛，諱及字形模尚存。乃弘治中修《闕里志》，改彪爲震，都少卿穆遂謂撰志者遺之，不知"震"即"彪"字之誤也。孫氏所藏漢隸約三十餘種，尚有張表、衡方、夏承、王純、侯成、戚伯著諸碑，皆宋時拓本，今盡散佚。睹此如覿故人，又絕類郃陽令曹全筆法，此正永叔所云碑石不完者，則其字尤佳。旨哉言也！

又：

封宗聖侯碑跋

右魏《封孔羨碑》，在今闕里孔子廟庭，相傳其文爲陳思王植所作，而梁鵠書之，著於《圖經》。假有好事者采之入《思王集》，其誰曰不宜？都陽洪氏以是碑文稱"黃初元年"，而《魏志》作"二年正月，詔以議郎孔羨爲宗聖侯，奉孔子祠"，謂誤在史。考魏王受禪在漢延康元年十一月，既升壇即阼事訖，改延康爲黄初，而碑辭敍黄初元年大魏受命，應曆數以改物，秩羣祀於無文，既乃緝熙聖緒，昭顯上世，追存二代三恪之禮，兼紹宣尼褒成之後，以縣百户，命孔子廿一世孫羨爲宗聖侯，制詔三公云云。原受禪之始，歲且將終，碑有"既乃"之文，則下詔在明年正月，史未必誤。若章懷太子注《孔僖傳》，以"宗聖"爲"崇聖"，斯則誤矣。

藝文第十二之五

論

宋

蘇軾·孔子論

魯定公十三年,孔子言於公曰:"臣無藏甲,大夫無百雉之城。"使仲由爲季氏宰,將墮三都。於是叔孫氏先墮郈。季氏將墮費,公山弗狃、叔孫輒率費人襲公,公與三子入於季氏之宮。孔子命申句須、樂頎下伐之,費人北,二子奔齊。遂墮費。將墮成,公斂處父以成叛。公圍成,弗克。或曰:"殆哉!孔子之爲政也,亦危而難成矣!"孔融曰:"古者王畿千里,寰內不以封建諸侯。"曹操疑其論建漸廣,遂殺融。融特言之耳,安能爲哉?操以爲天子有千里之畿,將不利己,故殺之不旋踵。季氏親逐昭公,公死於外,從公者皆不敢入,雖子家羈亦亡,季氏之忌克忮害如此,雖地勢不及曹氏,然君臣相猜,蓋不減操也。孔子安能以是時墮其名都,而出其藏甲也哉!考於《春秋》,方是時,三桓雖若不悅,然莫能違孔子也。以爲孔子用事於魯,得政與民,而三桓畏之歟?則季桓子之受女樂也,孔子不能卻之矣。彼婦之口,可以出走,是孔子畏季氏,季氏不畏孔子也。夫孔子盍姑修其政刑,以俟三桓之隙也哉?

蘇子曰:此孔子之所以聖也。蓋田氏、六卿不服,則齊、晉無不亡之道。三桓不臣,則魯無可治之理。孔子之用於世,其政無急於此者矣。彼晏嬰者亦知之,曰:"田氏之僭,惟禮可以已之。在禮,家施不及國,大夫不收公利。"齊景公曰:"善哉!吾今而後知禮之可以爲國也。"嬰能知之,而莫能爲之。嬰非不賢也,其浩然之氣,以直養而無害,塞乎天地之間者,不及孔、孟也。孔子以羈旅之臣,得政期月,而能舉治世之禮,以律亡國之臣,墮名都,出藏甲,而三桓不疑其害己,此必有不言而信,不怒而威者矣。孔子之聖,見於行事,至此爲無疑也。嬰之用於齊也,久於孔子,景公之信其臣也,愈於定公,而田氏之禍不少衰。吾是以知孔子之難也。孔子以哀公十六年卒,十四年,陳恒弒其君,孔子沐浴而朝,告於哀公,請討之。吾是以知孔子之欲治列國之君臣,使如《春秋》之法者,至於老且死而不忘也。

或曰:"孔子知哀公與三子之必不從,而以禮告也歟?"曰:否。孔子實欲伐齊。孔子既告公,公曰:"魯爲齊弱久矣,子之伐之,將若之何?"對曰:"陳恒弑其君,民之不予者半。以魯之衆,加齊之半,可克也。"此豈禮告而已哉!哀公患三桓之偪,嘗欲以越伐魯而去之。夫以蠻夷伐國,民不予也,皋如、出公之事,斷可見矣。豈若從孔子而伐齊乎?若從孔子而伐齊,則凡所以勝齊之道,孔子任之有餘矣。既克田氏,則魯之公室自張,三桓不治而自服也。此孔子之志也。

又:

子思論

昔者夫子之文章,非有意於爲文,是以未嘗立論也。所可得而言者,唯其歸於至當,斯以爲聖人而已矣。

夫子之道,可由而不可知,可言而不可議,此其不爭爲區區之論,以開是非之端,是以獨得不廢,以與天下後世爲仁義禮樂之主。夫子既没,諸子之欲爲書以傳於後世者,其意皆存乎爲文,汲汲乎惟恐其汩没而莫吾知也,是故皆喜立論。論立而爭起。自孟子之後,至於荀卿、揚雄,皆務爲相攻之説。其餘不足數者,紛紜於天下。

嗟夫!夫子之道,不幸而有老聃、莊周、楊朱、墨翟、田駢、慎到、申不害、韓非之徒各持其私説以攻乎其外,天下方將惑之,而未知其所適從。奈何其弟子門人,又内自相攻而不決。千載之後,學者愈衆,而夫子之道益晦而不明者,由此之故歟?

昔三子之爭,起於孟子,孟子曰:"人之性善。"是以荀子曰:"人之性惡。"而揚子又曰:"人之性,善惡混。"孟子既已據其善,是故荀子不得不出於惡。人之性有善惡而已,二子既以據之,是以揚子亦不得不出於善惡混也。爲論不求其精,而務以爲異於人,則紛紛之説,未可以知其所止。

且夫夫子未嘗言性也,蓋亦嘗言之矣,而未有必然之論也。孟子之所謂性善者,皆出於其師子思之書。子思之書,皆聖人之微言篤論,孟子得之而不善用之,能言其道而不知其所以爲言之名,舉天下之大,而必之以性善之論,昭昭乎自以爲的於天下,使天下之過者,莫不欲援弓而射之,故夫二子之爲異論者,皆孟子之過也。

若夫子思之論則不然,曰:"夫婦之愚,可以與知焉。及其至也,雖聖人亦有所不知焉。夫婦之不肖,可以能行焉。及其至也,雖聖人亦有所不能焉。"聖人之道,造端乎夫婦之所能行,而極乎聖人之所不能知。造端乎夫婦之所能行,是以天下無不可學。而極乎聖人之所不能知,是以學者不知其所窮。夫如是,則惻隱足以爲仁,而仁不止於惻隱;羞惡足以爲義,而義不止於羞惡。此不亦孟子之所以爲性善之論歟!子思論聖人之道出於天下之所能行,而孟子論天下之人皆可以行聖人之道,此無以異者。而子思取必於聖人之道，孟子取必於天下之人，故夫後世之異議皆出於孟子。而子思之論，天下同是而莫或非焉。然後知子思之善爲論也。

司馬光·晏嬰子西沮封孔子論

晏嬰忠信而有禮，愛君而樂善，於晉悦叔向，於鄭悦子皮，於吳悦季札，豈於孔子獨不知而毁之乎？子西，楚國賢令尹也。楚國賴之，亡而復存，危而復安。其志猶晏嬰也，其言豈容鄙淺之如是哉？

明

席書·孔子夾谷之會論(上)

孔子相夾谷之會，仲由毁强僭之都，衆皆頌之，而有識者疑焉。夫經有不俟傳而可考者，夾谷之會、郈費之墮是也。

兩書“平”“會”之後，而繼以齊來歸田，則齊田之歸，歸以平也。不平則不會，不會則不歸也。兩書“圍郈”之後，而繼以墮郈及費，則郈、費之墮，墮以叛也。二邑不叛二氏，二氏亦將資爲保障而不墮也。《三傳》乃謂夾谷之會，孔子相，齊人悔過，懼歸魯田；仲由爲季氏宰，將墮三都，於是叔孫墮郈及費。謂兹二舉皆出孔子、仲由之謀也，是果然哉？

大凡兵生於怨，怨生於所不平也。齊既平矣，胡自復有萊兵之劫哉？古之君子，固有從容談笑之間，折衝千里之外者。《傳》載夾谷之會，齊出萊兵，孔子歷階而升，不盡一等，視歸乎齊侯，説以十數餘言，且曰“而不反我汶陽田”。罷享禮，誅侏儒，目動神怒，殆類曹劌齊柯之盟、樊噲鴻門之會，於聖人氣象大不侔也。自左氏作之，公、穀附之，儒者從而爭頌之，曰：“仲尼一語，威重三軍，信非大聖人不能也。”是豈惟聖人哉？其在春秋戰國，藺相如、申包胥、鄭子産、蘇秦、張儀、李左車、酈食其之徒，皆足以優爲之矣，豈惟聖人哉！二氏欲墮二邑，移辰墮之，孟氏不欲墮成，公圍之而不克也。以此見進退不在公，而在三家也，而謂由孔子哉？郈、費克而成不能克，何孔子長於郈、費，短於謀成也？臣舉之則易，君舉之則難。孔子仕魯，豈事君而臣是助乎？三家季氏最强，孟氏最順，未見行於强者斯易，行於順者卻難。若曰：有能有不能，聖人之化未足神也。所謂聖人者，固將異於人也。墮郈、費而至於命將帥師，策已下矣。費人入及公側，計已疏矣。仲尼命申句須、樂頎下伐之而僅免，功亦卑矣。斯亦無異於人也。夫子嘗謂：“遠人不服，則修文德以來之。”聖人若果用魯，成人不服，固將明分義以諭之也。諭而不來，將鳴其罪以討之乎？將輕千乘之主、犯矢石以圍之乎？既圍矣，夫子曾不出一奇策，擒處父而誅於兩觀之下，至無功而還，威亦褻矣。後之人見圍成無功，諉之公也。向使成叛孟氏，孟氏帥師墮成，必不重勞魯公之圍也。後之人追見圍成之事，不以歸孟氏，而以歸仲尼，多見其因成敗以附人也。且曰墮曰圍，皆非有道時事也。苟以墮都爲功，夫子同於用魯之年，既專墮郈之功，當服圍成之咎。儒者不究所從，功則歸於仲尼，過則歸於魯定。設令仲尼再生，必不誣功於己。假曰圍成之時，孔子去魯，其與《史記》所載孔子十四年爲魯司寇，季桓子歸女樂而後行，其事未合，可盡信哉？其諸好事者見夫子備帝王之德，不得一日小試其政，故借夾谷之會以神孔子之功，而不知所以尊夫子之道也。或曰："夾谷無孔子，墮都無仲由乎？"曰："謂有孔、由，可；謂出孔、由，不可。"曰："孔子之仕，如斯而已乎？"曰："此正不必出孔子也。事不出於孔子，奚害爲孔子仕哉？今夫濟人者，舟也，非天也。有欲誦天之功者，曰天也，非舟也。以夾谷之功歸大孔子之聖，奚異指舟之功爲天之功哉？正惟不知天也。"

又：

夾谷之會論（下）

自有夾谷之會，尊孔氏者皆曰：孔子拒强齊、伐叛費，文事武備，於此見之，巍乎大哉！是豈知孔子哉？孔子所以師萬世者，豈惟此哉？立言者將曰："孔子悲鳳麟之不至，作文教以弔天下。後世之人，懼天下後世謂我夫子周於文德，缺於武事，不足以絶古今重尊仰也，故爲斯言，使凡世人知我夫子具文武之全材，誠帝王之師範也。"不知孔子之大，豈惟此哉？

今夫天，日星之布其文也，雷電之威其武也。天之大，豈惟此哉？其在聖人，武固一藝，文亦一藝。孔子聖人也，非文人也。譽孔氏以文武，將以孔子爲文人乎？子貢曰："固天縱之將聖，又多能也。"所謂多能，已非孔子之極者，況以其一而狀之哉？居孔氏之門，以好勇名世者，曰子路；以文學名科者，曰子游、子夏。設以武人而目子路，以文人而目游、夏，三子者固將怫然不居矣。而謂孔子居之乎？今必以文武而贊孔氏，欲尊之，反卑之；欲大之，反小之也。

尊孔子者以道。孔子之道，堯、舜、禹、湯、文、武、周公之道也。道在舜、禹，揖遜傳受；道在湯、武，牧野鳴條。易地皆然，夫豈二哉！道即太極，太極即萬變而無外。孔子太極也，所謂文武者，固將一以貫之矣。孔子曰"天之將喪斯文也"，所謂文者，道德之文也，非文武之文也。後世吕、孔二祀，文武兩途，且謂孔廟曰"文廟"，正以所謂文武者當之矣。

道之不明，其有自矣。文武果足以名聖？秦漢而下，英傑之君，固有武戡禍亂，文致太平，其臣之出將入相者，往往有之矣，豈必孔氏哉？斯議也，作於左氏，附於漢儒，後人因而尊大之也。《左傳》附載誣婬禍福，《家語·儒行》諸篇皆《語》《孟》所不道者。以彼之謬，質此之疑，不可一二盡信之矣。設或有焉，愚既陳於前矣，固不足以盡聖人也。左氏、公、穀數君子者，未聞聖人之大道，其所侈大之言，則亦不足試也已。

王錫爵·孔子論

所以曉天下者，存乎聖；所以命聖人者，存乎天。夫天生孔子，若有意矣，而且窮之。噫！非天之窮聖人也。窮聖人者，所以神天下也。是意也，惟儀封人知之，故發諸嘆曰："天將以夫子爲木鐸。"使當時而君焉，不過文焉、武焉而已。使當時而相焉，不過陶焉、夔焉而已。六經未必作，四教未必陳，轍之未必還，淅之未必接，天下之耳猶無聞也，天下之目猶無見也。故天厚其德而薄其位，多其能而阻其勢，使之近聘於衛、鄒之國，遠歷於齊、楚之邦，雖賤而鄙夫得以領兩端之教，頑而互鄉得以接大成之傳。故曰天之所以窮聖人者，正所以神天下也。人以爲夫子之不遇，爲夫子之不幸。予以爲夫子之不遇，乃斯民之大幸也。

國朝

姜宸英·《史記·孔子世家》論

太史公於孔子何爲而《世家》哉？余觀其《自序》，每一國則必挈其事之至重者，而著其所以作述之意。如於晉則曰："嘉文公錫圭鬯，作《晉世家》第九。"[①]於越則曰："嘉句踐滅强吳以尊周室，作《越句踐世家》第十一。"[②]於鄭曰"嘉厲公納惠王"，於趙曰"嘉鞅討周亂"；於韓曰"嘉厥輔晉匡周"，於陳曰"嘉威、宣能撥濁世而尊周"。然後知其世家乎？孔子者，同之於列國之諸侯也。其同之諸侯奈何？曰，以其同尊周也。遷序孔子曰："'周室既衰，諸侯恣行。仲尼悼禮廢樂崩，追修經術，以達王道，匡亂世反之於正'云云，作《孔子世家》第十七。"其意以諸侯之得世其家者，以其知有天子而能匡亂反正。以天子之權歸之於周者，莫如孔子之功最大。故附孔子於世家者，非尊孔子也，推孔子之心，以明其始終爲周之意，曰：春秋非孔子，則周道幾乎熄矣。以孔子爲尊周，而尊周者諸侯之事也，故上不得比乎《本紀》，而下亦不得夷爲《列傳》也。或謂稱世家爲尊孔子而兩失者，是未識遷之意者也。

辯

宋

洪邁·孔子正名辯

子路曰："衛君待子而爲政，子將奚先？"子曰："必也正名乎！"子路曰："子之迂也，

---

① "九"，原作"七"，據《史記·太史公自序》訂正。

② "十一"，原作"十二"，據《史記·太史公自序》訂正。

奚其正?"夫子責數之,以爲野。蓋是時夫子在衛,當輒爲君之際,留連最久,以其拒父而竊位,故欲正之。此意明白。然子欲適晉,聞其殺鳴犢,臨河而還,謂其無罪而殺士也。里名勝母,曾子不入;邑稱朝歌,墨子回車。邑里之名不善,兩賢去之,安有命世聖人而肯居無父之國,事不孝之君哉? 是可知已。夫子所過者化,不令而行,不言而信。衛輒待以爲政,當非下愚而不移者。苟其用我,必將導之以天理而趣反其真,所謂命駕虛左而迎其父,不難也。則其有補於名義,豈不大哉? 爲是故,不忍亟去以須之。既不吾用,於是慨然反魯,則輒之冥頑悖亂,無所逃於天地之間矣。子路曾不能詳味聖言,執迷不悟,竟於身死其難,惜哉!

又:

孔子欲討齊辯

陳成子弒齊簡公,孔子告於魯哀公,請討之。公曰:"告夫三子者。"之三子告,不可。《左傳》曰:"孔子請伐齊,公曰:'魯爲齊弱久矣,子之伐之,將若之何?'對曰:'陳常弒其君,民之不與者半。以魯之衆,加齊之半,可伐也。'"説者以爲孔子豈較力之强弱,但明其義而已,能順人心而行天討,何患不克? 使魯君從之,孔子其使於周,請命乎天子,正名其罪。至其所以勝齊者,孔子之餘事也。予以爲魯之不能伐齊,三子之不欲伐齊,周之不能討齊,通國知之矣。孔子爲此舉,豈真欲以魯之半力敵之哉? 蓋是時,三子無君,與陳氏等。孔子上欲悟哀公,下欲警三子,使哀公悟其意,必察三臣之擅國,思有以制之。起孔子而付以政,其正君君臣臣之分不難也。使三子者警,必將曰,魯小於齊,齊臣弒君,而欲致討。吾三臣或如是,彼齊、晉大國肯置而不問乎? 惜其君臣皆不識聖人之深旨。自是二年,孔子亡。又十一年,哀公竟偪於三子而孫於越,比之簡公,僅全其身爾。

又:

有　若　辯

《史記·有若傳》云:孔子没,弟子以若狀似孔子,立以爲師。他日,進問曰:"昔夫子當行,使弟子持雨具,已而果雨。弟子問:'何以知之?'夫子曰:'《詩》不云乎? "月離于畢,俾滂沱矣"。昨暮月不宿畢乎?'他日,月宿畢,竟不雨。商瞿年長無子,孔子曰:'瞿年四十後當有五丈夫子。'已而果然。敢問何以知此?"有若無以應。弟子起曰:"有子避之,此非子之座也!"予謂此兩事殆近于星曆卜祝之學,何足以爲聖人,而謂孔子言之乎? 有若不能知,何所加損,而弟子遽以是斥退之乎? 孟子稱子夏、子張、子游以有若似聖人,欲以所事孔子事之。曾子不可,但言江漢秋陽不可尚而已,未嘗深詆也。《論語》記諸善言,以有若之言爲第二章,在曾子之前。使有避座之事,弟子肯如是哉？《檀弓》載有子聞曾子“喪欲速貧，死欲速朽”兩語，以爲非君子之言。又以爲“夫子有爲言之”，子游曰：“甚哉！有子之言似夫子也。”則其爲門弟子所敬久矣。太史公之書於是爲失矣。且門人所傳者道也，豈應以狀貌之似而師之邪？世所圖七十二賢畫像，其畫有若遂與孔子略等，此又可笑也。

明

宋濂·孔子生卒辯①

　　或有問於濂者曰：孔子之生，傳記所載歲月不同。公羊氏云：“魯襄公二十一年冬十一月庚子，孔子生。”穀梁氏之説，年之與日，同於《公羊》，而謂“冬十月，孔子生”，則與《公羊》實差一月。月固差矣，至賈逵注二十一年《經》云“此年仲尼生”。昭公二十四年，服虔載賈逵語云“仲尼時年三十五”，則皆以孔子爲二十一年生也。司馬遷著《孔子世家》云“生於襄公二十二年”，則與《公羊》《穀梁》實差一歲，日則雖與《公羊》同，而月復與《穀梁》異。杜預主司馬遷以注《左氏傳》，謂二十二年生；司馬貞主《公羊》《穀梁》以證《史記》，謂二十一年生。遷誤爲二十二年者，蓋以周正十一月屬之明年也。孔若古主《公羊》《穀梁》，謂爲不易之論。胡舜陟主司馬遷，謂如《公羊》《穀梁》所書，則孔子出處之年，與經史諸子皆不合。孔宗翰亦主司馬遷，羅泌之議略與宗翰同。洪興祖主《穀梁》，而謂周家改月，十月二十一日庚子，即夏之八月二十一日。馮去疾見傳記異辭，則造爲調人之言曰：“襄公二十一年，實己酉之歲也。是歲八月置閏，以曆法積之，則大雪節當在十月十七日，或十八日，是爲十一月朔氣。又三四日方爲庚子，是孔子之生，已在十一月之節矣。既在十一月，則是二十二年庚戌歲首無疑。《公羊》書爲‘十一月’，似誤而非誤也。司馬遷書爲‘二十二年’，而又謂孔子之年七十三以卒，亦未嘗誤也。《穀梁》於年於月皆據實而書；《公羊》於年亦據實而書，於月則以節書，謂有日可以表見也；司馬遷於年則以節書，總而論之，三者皆非誤也。”若是衆言之不齊，固各有見乎？濂應之曰：“公羊、穀梁二氏，傳經之家也。傳經之家，當有講師以次相授，且去孔子時又爲甚近，其言必有所據依。司馬遷固良史，則後於穀梁、公羊者也。吾則無徵乎爾。孔子所生之年，吾當從公羊氏、穀梁氏。然以《春秋長曆》考之，二十一年己酉十一月無庚子，庚子乃在十月之二十一日。孔子所生之月，吾當從穀梁氏。注家謂己酉爲己卯，卯、酉之文相近，故誤書也。”曰：“孔子周流諸國之年，《世家》所紀多可考據，宋之大儒或取之。若如子言，無不遲一歲者。遷尚不足信乎？”曰：“衛靈之時，孔子適衛，又適陳，匡人以爲陽虎而拘之。《世家》謂孔子使從者爲甯武臣於衛，然後得解圍而去。按武子仕於成公之朝，至穆公末，武子之子相己，與孫良

---

① “孔子生卒辯”，《宋學士全集》卷二七《雜著》作“孔子生卒歲月辯”。

夫將兵侵齊，則武子年當耄矣。復歷定、獻二公凡三十七年，至靈公三十八年，而孔子至衞。使武子猶在，其年將一百五十有餘歲矣。武子之事然也，孔子之年，乃獨可信乎？非惟此也，孔子去魯，《世家》謂定公十四年，《年表》則又謂十二年。以《年表》爲是，則《世家》爲非；以《世家》爲是，則《年表》爲非。一書之中，自相矛盾若此，他蓋不足深論。《皇王大紀》曰：‘遷載孔子言行，不得其真者尤多。’夫言行且不得真者居多，而況於年乎？”曰：“洪興祖謂周之十月，即夏之八月者，然乎？”曰：“非也。三代雖異建，而月則未嘗改也。殷嘗建丑矣，《書》則曰‘惟元祀十有二月’；漢嘗建亥矣，史則曰‘元年冬十月’。舉前後以例之，則周制可知矣。孔子作《春秋》，行夏之時，爲萬世法，不過截子、丑二月於前歲之終耳，月固不之改也。否則，春入於夏，夏入於秋，錯亂而不成歲矣。”曰：“馮去疾謂十月庚子在大雪後，即爲十一月者，可乎？”曰：“亦非也。世之星史、曆生，以六物占人休祥，當氣會之交，固有生於己酉而以庚戌歲推之者，孰云吾儒乃有是邪？此野人之語，舍之，勿以污齒牙可也。”曰：“孔子之生，予既聞命矣。其卒之時，亦有一定之説乎？”曰：“《左氏》云：‘魯哀公十六年夏四月己丑，孔丘卒。’司馬遷遵之，諸儒又從而遵之。理之所在，孰得違之？故孔子所卒之年，吾當從《左氏》。然十六年乃壬戌之歲也，是歲四月戊申朔，有乙丑而無己丑，（巳）〔己〕丑乃在五月之十二日。己與乙文亦相近，故誤書也。所謂乙丑，則四月十八日，謂當夏正二月十八日者，非也。謂十六年爲辛酉，（巳）〔己〕丑日爲戊戌者，亦非也。自壬戌歲上溯己酉，孔子之年乃七十四，謂七十三尤非也。”曰：“近代王應麟，博極羣書者也，頗致疑於是，而謂今不可考矣。子乃質言之，何邪？”曰：“衆言紛淆者，當折衷以經。經無明載，當索之於傳。索之於傳，不猶愈於史乎？謂今不可考者過矣！”曰：“子之言，辯則辯矣。夏、周二正，千古難決之疑也，何言之若易易邪？”曰：“是非爾所知也。雖罄徂徠之松以爲煤，盡剡溪之藤以爲楮，未能竭吾喙也。他日當爲受《春秋》者詳焉。”

國朝

顧炎武‧闕里辯

　　《闕里志》引《漢晉春秋》曰：“魯縣①有二石闕，曰闕里。”又以爲後儒尊崇夫子之稱，其説自相牴牾。按，《史記‧魯世家》：“煬公築茅闕門。”《春秋‧定公二年》：“夏五月壬辰，雉門及兩觀災。冬十月，新作雉門及兩觀。”注：“雉門，公宮之南門。兩觀，闕也。”孔子宅至漢魯恭王時尚存。《漢晉春秋》之云二石闕，必有所據。石闕之下，其里即名闕里，而夫子之宅在焉，遂以爲名。《魯論》有“闕黨童子”，五百家爲黨，闕黨是闕下之黨。《左傳》：“鄭伯享王於闕西辟。”是闕之西偏。《漢書‧儒林傳》有“鄒人闕門慶

---

　　① 原脱“縣”字，據陳鎬《闕里志》卷一一《古迹志》補。

忌”，注云：“姓闕門，名慶忌。”蓋亦如東門北宮之類，以居爲氏者也。

解

國朝

汪琬·孔子祥琴解

　　孔子既祥，五日彈琴而不成聲。汪琬曰：此記禮者之誣也。祥而縞。是月禫，徙月樂。祥、禫之同月異月，吾姑不暇辯。然必俟徙月而後用樂，則已審矣。顧孔子之彈琴也，獨不當俟諸逾月之外乎？按，琴、瑟之爲物，雖君子無故不徹者。然考之於經，皆燕饗樂器也。其在《鹿鳴》之詩曰：“我有嘉賓，鼓瑟鼓琴。鼓瑟鼓琴，和樂且湛。”是宜從徙月之例無惑也。況當大祥之時，其服則猶麻也，其寢則猶未牀也。雖使稍加緩焉，以訖於逾月，何不可者？而孔子必欲彈之，以干非禮乎？與其不成聲，不如其勿彈；與其彈於既祥之後，不如彈之於既禫之後。魯人朝祥而暮歌，則孔子薄言其失。孟獻子禫而不樂，則稱其加於人一等，孰謂孔子者禮教之所從出，而反不如獻子，乃僅僅與魯人爭五日之先後乎？使孔子果琴之彈也，必不賢獻子而諷魯人。孔子既已賢獻子而諷魯人矣，決不身自彈琴以干非禮之誚也。曾子問曰：“廢喪服，可以與於饋奠之事乎？”孔子曰：“脫衰與奠，非禮也。”説者以爲大祥除服，不得與他人饋奠之事。夫饋奠且不得與，如之何可以彈琴乎哉？吾故曰誣孔子也。蓋記禮者本非一人，故即《檀弓》一篇，往往彼此相悖謬如此。

考

明五十八代孫公璜嫡裔考

　　宗法，古禮也。三代以降，存者鮮矣。惟我闕里孔氏，世受封爵，主奉祀事，一嫡相承，其直如矢。至四十三代祖仁玉，遭五季之亂，僅存子身。生四子，長曰宜，幼曰勖。宜爲宗子，宋襲封文宣公，生三子，長延世，次延澤。延世襲封，生聖佑。聖佑襲封，無嗣，以延澤子宗愿襲封。

　　宗愿生子四，長若蒙，次若虛，三若愚。若蒙襲封衍聖公，生子二，長端友，次端操。後若蒙坐事廢爵，以弟若虛襲封奉聖公。若虛卒，仍以若蒙長子端友襲封衍聖公。端友於建炎三年偕勖之玄孫傳，扈從高宗南渡，寓衢，因家焉，謂之南宗。端操留守廟林，金命權襲封衍聖公，主祀事，謂之北宗。南宗端友無子，以端操之子玠繼。玠生搢，搢生文遠，文遠生萬春，萬春生洙，俱襲封衍聖公於衢。洙無子，遂罷封。北宗端操生璠，璠生子三，長曰拯，次曰摠。拯無子，摠繼襲。摠生子二，長元措，次元紘。元措無子，以元紘之孫湞爲嗣，俱權襲封衍聖公於魯。湞又無子，而宗愿長子若蒙之嗣絕矣。

　　若虛生端本，端本生璋，璋生子二，長曰抃，次曰挺。抃生元隆，挺生元錫，俱無子，而宗愿次子若虛之嗣絕矣。

　　若愚生端立，端立生琥，琥生拂，拂生子三，長元孝，次元用。元孝生之厚，之厚生浣，浣生思晦。元延祐三年，以思晦世次嫡長，遂命襲封衍聖公。思晦生克堅，襲封。克堅生子八，長希學，襲封。太祖洪武元年，詔克堅父子入覲，待克堅以賓禮，仍命其子希學襲封衍聖公。希學生訥，訥生子四，長公鑑。公鑑生彥縉，彥縉生子四，長承慶。承慶未襲卒，生子二，長宏緒，次宏泰。宏緒以事失爵，弟宏泰襲封。宏泰卒，仍以宏緒長子聞韶襲封。聞韶生子二，長貞幹，貞幹生尚賢。此北宗宗子襲封之世次也。

　　今南宗彥繩出孔傳之後，傳父舜亮，祖道輔，曾祖勖。傳長子端問，端問生璹，璹生攄，攄生應發，應發生言，言生津，津生思許。思許無子，以兄思俊三子克忠爲後。克忠生希路，希路生議，議生公誠，公誠生彥繩。彥繩於弘治九年授世襲翰林院五經博士，生承美。此南宗庶支從出之源也。

　　舊譜據實正書，繫思許爲津之次子。今彥繩於弘治十一年刊行家譜，乃擅移宗祧，將身及子承美等列南渡宗子之後，以繼孔洙；而北宗若愚子孫世次嫡長反附孔傳裔孫之下。既不祖孔傳，而又僭承端友，以疏間親，以庶奪嫡，推此一端，奚所不至？昔聖祖爲政，正名爲先。彥繩敗祖宗之成法，負朝廷之恩意，已移牒浙藩，改正僞譜，立石儒學。猶恐吾宗後人不辨南北嫡庶絕續之由，故詳述於右以正之。

藝文第十二之六

頌

漢

張超·尼父頌

巖巖孔聖，異世稱傑。量合乾坤，明參日月。德被八荒，名充遐外。終於獲麟，遺歌魯衛。

魏

曹植·孔子頌并序

自五帝典絕，三皇禮廢，應期命世，齊賢等聖者，莫高孔子也。故有若曰："出乎類，拔乎萃。"誠所謂性與天道不可得而聞矣。頌曰：

由也務學，名在前志。宰予晝寢，糞土作誡。過庭子弟，詩禮明記。歌以詠言，文以騁志。予今不述，後賢曷識？於鑠尼父，生民之傑。性與天成，該聖備藝。德倫三五，配皇作烈。玄鏡獨鑑，神明昭晰。仁塞宇宙，志凌雲霄。學者三千，莫不俊乂。惟仁是憑，惟道足恃。鑽仰彌高，請益不已。

晉

孫楚·尼父頌

皇矣尼父，聖哲之傑。德比天地，明齊日月。周室陵遲，大道蕪穢。禮樂崩阻，姦雄罔世。乃養門徒，廣延俊乂。垂訓列國，頌聲魯衛。威震夾谷，義厭陳蔡。德之休明，幽而彌泰。超美三代，風馳雲邁。

國朝

陳廷敬·大駕幸闕里頌并序

康熙歲甲子，皇帝臨位二十有三年，海寓寧和，黔黎輯乂，仁聲布流，旁暢域外，肅肅雍雍,咸稱聖意。於時三事大夫颺言曰:"昔者刻玉遊河,披圖巡雒,襄野之駕,塗山之會,皆能焜燿簡籍,垂於方來。仰惟皇上,當位作聖,首出建極,君師之統,千禩一時,乃猶屈己求賢,虛懷訪道。廣廈細旃之上,誦吟册書,潛神討研,宵旦不輟,勤逾儒素,邈稽統緒。嚮往孔子,思致殊禮、肇盛典者久矣! 今茲萬國既同,文化懋興,宜遂以時宣省風教,展義魯邦,下塞衆望。"皇上凝睿思,延廷問,久之,廼詔曰:"事先師禮重且嚴,惟茲二三輔弼暨廷臣之嫺於制者,采擇古義以聞。"又詔曰:"汝廷敬實惟予舊講臣,其與議所宜行。"臣從諸臣後議具上。皇帝曰:"俞! 朕慕聖道,敬因東巡狩詣先師宅里,其毋重煩吾民供億。"於是肆赦軫農,放稅已責,弘敷愷澤於天下。然後乃歷吉日,協靈辰,野廬警路,宮正設蹕,玉輿曉升,帷殿夕御,前驅朱旗,屬車日羽,以臨乎岱宗。是時,未臻乎闕里也。飛旆淮江,觀民設教,月屆黃鍾,旋軫南陸。聿來聖居,覽觀林廟、圖書、器物之盛,嚴恭將事,樂奏禮行,光景肸蠁,聖歆如答。

臣廷敬向以儒學猥蒙擢任,又特被敕旨議禮,恭睹禮成,不勝歡忭震躍。伏而思曰:前代之崇禮者可紀矣。太牢特祀,肇自西京。褒成祼將,爰及東漢。貞觀定朝會之儀,開元錫文宣之號。器物之賜,渥於廣順。陪位之班,詔始祥符。至和加衍聖之稱,承安世曲阜之令。皆名爲崇儒重道,而備物致誠,忘勢而希至德。惟我皇上,爲列辟稱首。臣以淺識窺較,萬世師表之稱,則與乾坤同其悠久也;六經表章之澤,則與日月並其光華也。留鳳蓋於戟門,車服禮器所未備也;頒龍章於鄉校,普天率土所共瞻也。喬喬皇皇,莫與京矣。臣謹拜手稽首而獻頌曰:

惟聖體道,生民拔萃,德逾位兮。惟帝則聖,統壹萬類,位斯配兮。龍飛於天,周覽八極,嘉鳳德兮。聖作物睹,垂祀萬億,視魯國兮。帝開明堂,于羹于牆,坐則見兮。帝會方岳,東西南朔,來殷薦兮。鑾車戻止,鏘鏘穆穆,金絲肅兮。駐蹕古亭,雲霞委屬,清泉湲兮。上公稽首,籩豆奔走,昭世守兮。暨四姓後,博士童耄,恩滂厚兮。賜所過租,歌騰於塗,惠我人兮。惟帝福我,我神其妥,戴大君兮。莘莘髦士,百爾濟濟,頌聲起兮。於赫帝功,與天比崇,無終窮兮。

彭孫遹 · 皇帝釋奠於闕里頌并序

臣聞三才懋建,作極者惟皇;六位時成,宣聰者惟后。故有禮樂刑政以爲宰世之權,有中正仁義以爲綏猷之準。自河洛苞符以後,暨帝皇禪繼之年,莫不兼作君師,總司治教。龍章觀象,即開道法之宗;鳳宸當陽,迭啓見聞之緒。皇皇乎! 郁郁乎! 斯無得而喻也。

周德既衰,典章攸斁。夏正歸藏之學,溯二代而無徵;緝熙執競之心,歷數傳而寖晦。於是玉麟授簡,洩天瑞於素王;珠緯儲精,吐靈徵於玄聖。秉覺民之木鐸,握定世之珍符。繫《易·象》而作《春秋》,删《詩》《書》而正《禮》《樂》。王事備,天德明,軌則咸昭，彝倫式敘。蓋九皇之軌躅，獨萃平鄉；七聖之源流，同歸泗水矣。兩楹告夢，諸子雜興，正學衰微，羣言淆亂。非無英君誼辟，恢大業於方新，學士大夫，探微言於將墜，而道風猶鬱，治化未醇。然則代閱千年，緒分百氏，而欲六五帝、四三王、闡虬圖、攬鳳德，使景星慶靄，暉麗於中天，玉節金聲，鏗鍧於終古，自非聖人而在天子之位，其道無由也。

皇帝纂述丕基，撫定方域。聰明睿智，質稟於生知；文武聖神，德全乎廣運。天策內攄而八紘風動，威弧外指而六合雲行。黼幄澄懷，則宸鏡徹圖書之蘊；彤泥發檢，則奎章摛日月之華。緼瑟而協氣同流，垂裳而兆人自理。大猷升矣，皇風穆焉，然後憑軾南巡，結旌東邁，躬臨闕里，謁祀尼山。詘萬乘之尊，修嚴師之敬，威儀允秩，典禮有加。睿藻鋪宣，大文炳煜。褒衣博帶之士，踴躍而趨風；瞻雲就日之民，咨嗟而觀化。臣有謭劣，備職禁林，遘會休明，宜有宣述，敬拜手稽首而獻頌曰：

璇樞啓泰，瓊筴迎長。三階有謐，七曜重光。丹蓂集陛，紫菌生房。道洽政治，洪惟聖皇。上繪下絺，左干右羽。薈萃禮園，翱翔書府。衢室採風，明堂稽古。萬彙順成，百昌蕃廡。至仁普濩，淳化厐鴻。受球冀北，鳴鑾兖東。泛瀛絜廣，踐嶽侔崇。謁祠宣聖，展禮滋共。乃戒乃儐，乃洗乃盥。廣樂在懸，黄流在瓚。薦號几筵，登歌絃管。俎豆之容，愉愉衎衎。越若邃古，儀象初垂。以治以教，作君作師。羲軒首出，勳華代推。禹湯文武，羣聖同規。嶽嶽尼山，洋洋泗水。祖述先型，憲章往軌。斯理未泯，百世以俟。道統幽歸，在今天子。河珍剖韞，洛寶開鍵。道貺静契，德符動宣。光闡經術，寵賁儒先。聲漸教被，民陶物甄。貞觀者天，貞明者日。炳炳皇猷，巍巍聖德。臣廁禁盧，丹鉛是職。稽首頌颺，式示無極。

徐元正・聖駕幸闕里頌并序

皇帝御極之二十有三年甲子，壽域遐開，仁風丕暢，民俗和樂，農穀殷昌。薄海內外，罔不臣順賓贄，稽首來庭。文德漸被，訖於遐邇。巡喬由翕，百神懷柔。皇帝念至治休明，衷乎聖道，道統之盛，生民迄今，莫孔子若。神京去曲阜千有餘里，緬惟風教，薰德若鄰。必秩隆儀、修殊典，乃可以光四表而型百辟。於時霜野穫雲稼登，爰命鑾輅，發自燕郊。從官衛士，後先肅伍，龍旂鳥旟，飛揚晻藹。山氓田叟，咸得迎覲清光，懽忭率舞於道。既詣闕里，皇帝將有事於廟堂，望見奎文閣，即下輦，步入大成殿，行釋奠禮。豆籩静嘉，罇酒旨潔。薦祼降登，即事益虔。祀畢，敬題"萬世師表"四字，以垂示永永。又撤鹵簿中御蓋，俾藏諸廟。旋駕幸聖林，祗拜如謁廟。加周公裔孫博士，復曲阜田租一歲。於是東魯父老睹斯盛者，莫不欣踴嘆嗟，僉稱聖天子重道崇師，推恩及物，曠古未有。此治與道偕隆，君與師兼作，蓋非孔氏一家之私榮，直邦家之慶而史册之光也。臣元正遭逢聖世，父子並列禁近，臣父倬又嘗承乏西雝，習睹皇上尊

師重道之盛,遂不自揣其詞之猥瑣,而系之以頌曰:

於爍景運,元會維新。黃鍾回律,大輅東巡。瞻言泰岱,孕靈降神。揭揭宣尼,秉道師尊。廟貌闕里,星拱北辰。止輦升堂,睿容肅溫。至尊北面,而拜哲人。釋奠有恪,潔芼蘩蘋。璇題藻句,皆探本真。聖克知聖,匪直以文。遂灑宸墨,爛若星雲。詣謁林墓,徒御星奔。靈著葳蕤,古楷輪囷。撫茲卉植,手澤未湮。崇祀弘澤,延及後昆。蠲租賜復,式道推仁。周魯故國,姬宗麟振。予以世秩,實創厥恩。舉其大者,卓於千春。士走相告,幸遘休明。聖作於上,愚敢不承。敷於四海,至治烝烝。式昭盛典,萬禩準繩。

六十八代衍聖公傳鐸·御書生民未有匾額頌

大哉孔子,大莫與京。聖由天縱,道集大成。我皇建極,惟一惟精。爰頒宸翰,用表式衡。四言包舉,萬象恢宏。刑模肅穆,體格崢嶸。先聖後聖,揆合光明。民瞻民仰,萬邦章程。

藝文第十二之七

贊

魏

王粲·正考父贊

恂恂正父,應德孔盛。身爲國卿,族則公姓。年在耆耋,三葉聞政。誰能不怠,申茲約敬。饘粥予口,傴僂受命。名書金鼎,祚及後聖。

晉

摯虞·孔子贊

仲尼大聖,遭時昏荒。河圖沉翳,鳳鳥幽藏。爰整禮樂,以綜三綱。因史立法,是謂素王。

唐

睿宗·宣聖贊

猗歟夫子,實有聖德。其道可尊,其儀不忒。刪詩定禮,百王取則。吾豈匏瓜,東西南北。

宋

太祖·宣聖贊

王澤下衰,文武將墜。尼父挺生,河海標異。祖述堯舜,有德無位。哲人其萎,鳳鳥不至。

又:

顏子贊

生值衰周,爵不及魯。一簞藜藿,陋巷環堵。德冠四科,名垂千古。没表萬邦,遂封東土。

真宗·宣聖贊并序

若夫檢玉介丘,回輿闕里,緬懷於先聖,躬謁於嚴祠。以爲易俗化民,既仰師於彝訓,崇儒尊道,宜益峻於徽章。增薦崇名,聿陳明祀,思形容於盛德,爰刻鏤於斯文。贊曰:

立言不朽,垂教無疆。昭然令德,偉哉素王。人倫之表,帝道之綱。厥功茂實,其用允臧。升中既畢,盛典載揚。洪名有赫,懿範彌彰。

徽宗·宣聖贊

厥初生民,自天有造。百世之師,立人之道。有彝有倫,垂世立教。爰集大成,千古永蹈。乃立斯所,乃瞻斯宮。瞻彼德容,云孰不崇。

高宗·聖賢贊并序

朕自睦鄰息兵,首開學校。教養多士,以遂忠良。躬幸太學,延見諸生,濟濟在庭,意甚嘉之,因作《文宣王贊》。機政餘間,歷取顏回而下七十二人,亦爲製贊。用廣列聖崇儒右文之盛,復知"師弟之間縷弁森森、覃精繹思①"之訓,其於治道人②心庶幾焉。

《宣聖贊》曰:"大哉宣王,斯文在兹。帝王之式,古今之師。志在《春秋》,道由忠恕。賢於堯舜,日月其喻。惟時載雍,戡此武功。肅昭盛儀,海寓聿崇。"

《顏回贊》曰:"德行首科,顯冠學徒。不遷不貳,樂道以居。食飲甚惡,在陋自如。宜稱賢哉,豈止不愚。"

《曾參贊》曰:"大孝要道,用訓羣生。以綱百行,以通神明。因子侍師,答問成經。事親之實,代爲儀刑。"

《子思贊》曰:"間居請膚,世業克昌。可離非道,孜孜力行。發揮《中庸》,體固有常。入德樞要,治道權衡。"

《孟子贊》曰:"道術分裂,諸子爲書。既極而合,篤生真儒。詆訶楊墨,皇極是扶。較功論德,三聖之徒。"

《閔損贊》曰:"天經地義,孝哉閔騫。父母弟昆,莫間其言。污君不仕,志氣軒軒。復我汶上,出處休焉。"

《冉耕贊》曰:"德以充性,行以澡身。二事在躬,日躋而新。並驅賢科,得顏與鄰。不幸斯疾,命也莫伸。"

《冉雍贊》曰:"懿德賢行,有一則尊。子也履之,成性存存。騂角有用,犂牛莫論。

---

① 原脱"思"字,據《宋史》卷一一四《禮志十七》補。
② 原脱"人"字,據《宋史》卷一一四《禮志十七》補。

刑政之言，惠施元元。”

《宰予贊》曰：“辨以飾詐，言以致文。苟弗執禮，宜莫釋紛。朽木糞牆，置不足云。言語之科，曄然有聞。”

《端木賜贊》曰：“謙德知二，器實瑚璉。動心幾先，孰並其辨。一使存魯，五國有變。終相其主，譽處悠遠。”

《冉求贊》曰：“循良之要，在於有政。可使爲宰，千室百乘。師門育材，治心扶性。退則進之，琢磨之柄。”

《仲由贊》曰：“升堂惟先，千乘惟權。陵暴知非，委質可賢。折獄言簡，結纓禮全。惡言不耳，仲尼賴焉。”

《言偃贊》曰：“道義正己，文學擅科。爲宰武城，聊以絃歌。割雞之試，牛刀謂何？前言戲耳，博約則多。”

《卜商贊》曰：“文學之目，名重一時。爲君子儒，作魏侯師。□□①後禮，始可言《詩》。假蓋小嫌，聖亦不疵。”

《顓孫師贊》曰：“念昔顓孫，商德爲鄰。學以干禄，問以書紳。參前倚衡，忠信是遵。色取行違，作戒後人。”

《澹臺滅明贊》曰：“惟子有道，天與異容。狀雖云惡，德則其豐。南止江沱，學者雲從。取士自兹，貌或非公。”

《宓不齊贊》曰：“君子若人，單父之政。引肘寤君，放魚稟令。傅郭勿穡，遂能制命。百代理邑，用規觀聽。”

《原憲贊》曰：“軾彼窮閻，達士所賓。邦無道穀，進退孰倫。敝衣非病，無財乃貧。賜雖不懌，清節照人。”

《公冶長贊》曰：“子長宏度，高出倫輩。雖在縲紲，知非其罪。純德備行，夫子所采。以子妻之，尤知英概。”

《南宮縚贊》曰：“先覺既位，簪履並馳。尚德君子，爾乃兼之。羿奡可慚，禹稷可師。三復此道，載觀白圭。”

《公晳哀贊》曰：“周衰偪隆，政在羣公。廉恥道微，家臣聿崇。不爲屈節，撝默自容。子於是時，凜然清風。”

《曾點贊》曰：“惟時義方，有子誠孝。怡怡聖域，俱膺是道。暮春舞雩，詠歌至教。師故與之，和悦宜召。”

《顏無繇贊》曰：“人誰無子，爾嗣標奇。行爲世範，學爲人師。請車誠非，顧匪其私。千載之下，足以示慈。”

---

① “□□”，元潛説友《咸淳臨安志》卷一一作“不可”。

《商瞿贊》曰：“《易》之爲書，彌綸天地。五十乃學，師訓有是。子能受授，洗心傳世。知幾其神，宜被厥祀。”

《高柴贊》曰：“婉彼子羔，受業先聖。宗廟之問，一出乎正。克篤於孝，非愚乃令。師知其生，有輝賢行。”

《漆雕開贊》曰：“仕進之道，要在究習。具臣而居，咎欲誰執？斯未能信，謙以有立。闕里說之，多士莫及。”

《公伯寮贊》曰：“人有賢否，道有廢興。子如命何，營營震驚。季孫雖惑，景伯莫平。師資一言，秩祀亦懲。”

《司馬耕贊》曰：“手足甚親，志異出處。魋將爲亂，子乃脫去。在污能潔，危而有慮。內省若斯，何憂何懼。”

《樊須贊》曰：“養材以道，聖人兼濟。始謂非仁，問辯良喜。寓志農圃，似暌仁義。學稼之辭，豈姑舍是。”

《有若贊》曰：“人稟秀德，氣貌或同。而子儼然，温温其容。兩端發問，未答機鋒。以禮節和，斯言可宗。”

《公西赤贊》曰：“學者行道，敝緼亦稱。使齊光華，偶爲肥輕。周急之言，君子所令。答問允嚴，理皆先經。”

《巫馬施贊》曰：“天清日明，密雲何有？師命持蓋，子亦善叩。惟夫子博，三才允究。學者之樂，所得遂茂。”

《梁鱣贊》曰：“室家壯年，無子則逐。見於信史，全齊之俗。原本厥初，師言可復。以學則知，揆之宜篤。”

《顏辛贊》曰：“孰封于蕭，實惟子柳。凤飫格言，克遵善誘。明德斯馨，賢業所就。以侑於儒，傳芳逾茂。”

《冉孺贊》曰：“紀伯子魯，聖學是務。勵己斯約，好問乃裕。周旋中規，容止可度。允矣昔賢，後世所慕。”

《曹恤贊》曰：“肅肅曹伯，王室之裔。積習樂道，切磋明義。惟善則主，爾德是類。史筆有焕，令名永紀。”

《伯虔贊》曰：“有懷子皙，全魯之彥。儒行既名，聊伯乃建。兢兢受道，奕奕峨弁。懿選嘉封，世享馨薦。”

《公孫龍贊》曰：“黃伯著祀，公孫是云。彌縫中道，協輔斯文。藏修方巽，漸漬甚勤。史記不忘，播爲清芬。”

《冉季贊》曰：“東平子產，姓著盛時。奉師於塾，講道之微。答問成敏，淵妙以思。升降廉陛，尚想英姿。”

《秦商贊》曰：“孔父秦父，相尚以德。俱生賢嗣，相與維則。是父是子，致詰儔克。

會弁儒林,令名無極。”

《漆雕哆贊》:“子斂受封,爰居武城。噩噩其聞,翩翩其英。摳衣時習,願學日明。誕敷孔教,爵里疏榮。”

《顔高贊》曰:“琅邪之伯,其惟子驕。微言既彰,德音孔昭。已觀雩舞,同聽齊《韶》。歷千百禩,跂想高標。”

《漆雕徒父贊》曰:“遐想子期,挾策聖帷。涉道是嗜,微爵可縻。在德既賢,在名乃垂。洋洋之風,逮今四馳。”

《壤駟赤贊》曰:“式是壤伯,昭乎聖徒。執經請益,載道若無。詩書規矩,問學楷模。得時而駕,領袖諸儒。”

《商澤贊》曰:“逸矣子季,睢陽是伯。屏息受業,延教登席。未踐四科,固涉六籍。祀典載之,好是正直。”

《石作蜀贊》曰:“昔在石邑,能知所尊。戀依有德,克述無言。鼓篋槐市,揚名里門。此道久逝,彼美常存。”

《任不齊贊》曰:“任城建伯,其表曰選。淑問雅馳,才華清遠。競辰力行,愛日黽勉。孔教崇崇,令緒顯顯。”

《公夏首贊》曰:“堂堂子乘,洙泗之英。摳衣唯諾,致力知行。淵源其學,赫奕其名。慶封錫壤,侯于鉅平。”

《公良孺贊》曰:“陳有子正,爲世所重。制行維賢,義理之勇。學不自滿,才堪大用。牟平其封,式彰光寵。”

《后處贊》曰:“溫溫子里,入聞至聖。攬道之華,秉德之柄。深造閫域,不乖言行。全齊之封,竹素榮盛。”

《秦冉贊》曰:“彭衙高士,經籍是親。贊成德業,協於彝倫。底績聖學,期肖素臣。優哉游哉,學以致身。”

《奚容點贊》曰:“雍容子皙,已望堂室。幼則有造,成則祖述。文采日化,儒風力弼。永觀厥成,德音秩秩。”

《公肩定贊》曰:“公氏子忠,聖門之俊。修行文學,恒存忠信。道究一中,牆依數仞。梁父受封,榮名益振。”

《顔祖贊》曰:“闕里始教,羣弟皇皇。好學不倦,時維子襄。疏封錫命,侯于富陽。於萬斯年,名譽益彰。”

《鄡單贊》曰:“杏壇受教,子家其英。摳衣侍立,善訓思明。學業益進,德譽斯馨。宜崇厥祀,寵爵聊城。”

《句井疆贊》曰:“孔徒三千,升堂七十。子於其間,有業學習。駿造聖功,蹏然獨立。茂陟嘉封,鴻名緝緝。”

《罕父黑贊》曰：“循循子素，從游闕里。分席杏壇，飲波泗水。四教克遵，百行均美。錫壤祈鄉，式崇厥祀。”

《秦祖贊》曰：“秦有子南，贊贊述作。守道之淵，成德之博。範若妙金，契猶發藥。歷世明祀，少梁寵爵。”

《申黨贊》曰：“侁侁申周，四科與儔。逸駕文囿，鼓枻儒流。冠佩既燕，言動允休。邵陵得封，可想清修。”

《公祖句兹贊》曰：“惟彼子之，錫伯期思。與賢並進，得聖而師。彬彬雅道，翼翼令儀。□□至言，①廟食不隳。”

《榮期贊》曰：“伯兹雩婁，務學實著。三千之徒，七十是豫。匪善莫行，惟德乃據。紀于前書，式章厥譽。”

《縣成贊》曰：“至聖立教，子祺安雅。擅譽魯邦，啓祚鉅野。煒矣風猷，時哉用舍。出倫離類，後學是假。”

《左人郢贊》曰：“伯彼臨淄，德行稱賢。希蹤十哲，秀穎三千。心悦誠服，家至户傳。樂只君子，文聲益宣。”

《燕伋贊》曰：“師席高振，大成是集。至道克傳，賢達斯執。善教云褒，儒風可立。漁陽之士，得跂而及。”

《鄭國贊》曰：“伯夫滎陽，實惟令德。優入聖門，過不留迹。道以目傳，妙則心識。猗歟偉歟，後代之則。”

《顏之僕贊》曰：“賢行顏叔，親承尼父。志鋭所期，道尊是輔。泥在鈞陶，木就規矩。終縻好爵，揚名東武。”

《原亢贊》曰：“原氏子籍，從尼父遊。潛心墳典，其業允修。出言可式，入聖則優。樂平寵襲，克振儒流。”

《樂欬贊》曰：“樂氏子聲，錫爵昌平。信道之篤，見善乃明。引領高節，載惟思誠，先賢聿集，出爲時英。”

《廉絜贊》曰：“兄弟之邦，土有廉庸。涵泳素教，表揭儒宗。杏壇探賾，洙泗從容。作興一時，莒父其封。”

《顏何贊》闕。

《叔仲會贊》曰：“瑕丘作②邑，子期是爲。親訓有日，廣業於時。四教允隆，五常以持。比肩俊傑，聞望斯垂。”

《狄黑贊》曰：“仰止狄哲，抱負淵通。游泳德化，揚厲素風。偉識既異，持教乃隆。厥志茂焉，毖祀無窮。”

---

① “□□至言”，元潛説友《咸淳臨安志》卷一一作“一日王言”，明呂維祺《聖賢像贊》卷二作“正目至言”。
② “作”，元潛説友《咸淳臨安志》卷一一、明呂維祺《聖賢像贊》卷二作“祚”。

《邦巽贊》曰：“彼美邦子，先聖是承。牆仞已及，堂陛將升。良玉斯琢，寒水必冰。錫壤平陸，茂實昭騰。”

《孔忠贊》曰：“維子挺生，道德之門。佩服至論，鯉則弟昆。三得三已，所問殊溫。君子歸服，義不掩恩。”

《公西輿如贊》曰：“杏壇啓教，高弟如雲。賢哉子上，敬業樂羣。居仁由義，崇禮修文。臨朐錫爵，永播清芬。”

《公西點贊》曰：“猗爾子上，魯邦之望。以德則貴，惟道是唱。師聰師明，友直友諒。伯於祝阿，儒風斯暢。”

《蘧瑗贊》曰：“有衛伯玉，夫子與居。寡過未能，薦贊使乎。以尸諫君，友則史魚。果能進賢，燦然簡書。”

《施之常贊》曰：“開國乘氏，有德斯彰。參稽百行，贊理三綱。自拔□□，[1]榮名甚光。在史蔼蔼，歷久彌芳。”

《林放贊》曰：“禮之有本，子能啓問。大哉斯言，光昭明訓。德輝泰山，誣祭能奮。崇兹祀典，盍永令問。”

《秦非贊》曰：“樂善哲士，伯於汧陽。傳道克正，垂名允臧。執德以宏，用心必剛。袤廣業履，式贊素王。”

《陳亢贊》曰：“惟禽之問，過庭其鯉。求以異聞，詩書云爾。問一得三，誠退而喜。且知時聖，不私其子。”

《申棖贊》曰：“剛毅近仁，志操莫渝。性匪祝鮀，面豈子都。有一於此，剛名可圖。云慾則柔，蓋生之徒。”

《琴張贊》曰：“多能鄙事，聖人曲藝。惟其知之，是以不試。宗魯雖友，弔必以義。尚師嘉言，祀亦罔替。”

《顏噲贊》曰：“褒錫朱虛，在器輪輿。儒室振領，聖門曳裾。賢業素蘊，美材以攄。百世不刊，載觀成書。”

《步叔乘贊》曰：“勉勉子車，封邑淳于。親炙避席，唯諾趨隅。發微既博，雅道是扶。抑可尚也，不亦美乎？”

《伯魚贊》曰：“東魯門中，嘉此名冑。有爲之先，更爲之後。既勤析薪，且克荷負。兩聖一身，終古誰偶？”

理宗・聖賢贊

《宣聖贊》曰：“聖哉尼父，秉德在躬。歷聘列國，道大莫容。六藝既作，文教聿崇。

---

① “□□”，元潛說友《咸淳臨安志》卷一一作“行間”。

古今日月，萬代所宗。”

《顏子贊》曰：“學冠孔門，德行科首。聞一知十，若虛實有。樂道簞瓢，不易所守。步趨聖人，瞠若其後。”按，宋理宗所作《道統贊》凡十三首，今惟得此二首，餘贊並闕。

大中祥符二年廷臣奉敕分撰諸賢贊

中書侍郎兼刑部尚書、同中書門下平章事、集賢殿大學士兼修國史王旦撰：

《顏回贊》曰：“賢哉子淵，惟仁是好。如愚屢空，臨幾睹奧。用行舍藏，與聖同道。封岱丁辰，益茲榮號。”

《閔損贊》曰：“子騫達者，闇闇成性。德貫四科，孝先百行。人無間言，道亦希聖。公袞增封，均乃天慶。”

禮部尚書、知樞密院事、修國史王欽若撰：

《冉耕贊》曰：“聖門達者，德行爲先。洙泗來學，顏閔差肩。天封展禮，公袞褒賢。生則命寡，没而道宣。”

《冉雍贊》曰：“不佞之仁，具體之賢。登彼堂奧，用之山川。代逢偃革，禮畢升煙。錫以三壤，賁茲九泉。”

尚書左丞、參知政事馮拯撰：

《宰予贊》曰：“倬彼宰予，服膺宣父。學洞堂奧，名揚鄒魯。再期設問，五常垂矩。遇我慶成，增封茅土。”

《端木賜贊》曰：“賜之望回，獨云知二。器稱瑚璉，在禮斯貴。服道稱師，名垂萬世。公爵追崇，時惟肆類。”

行尚書左丞、知樞密院事、修國史陳堯叟撰：

《冉求贊》曰：“謙謙令德，少著嘉聞。敏於從政，洽以斯文。垂鴻報本，適遇明君。永錫徽稱，載揚清芬。”

《仲由贊》曰：“猗歟魯哲，義勇無儔。獨立不懼，從政惟優。欽屬仁聖，勒封介丘。褒賢進號，載顯英猷。”

守尚書工部侍郎、參知政事、修國史趙安仁撰：

《言偃贊》曰：“魯堂登科，睹奧將聖。武城之小，可以觀政。澹臺之舉，行不由徑。追建上公，素風逾盛。”

《卜商贊》曰：“詩動天地，起予商者。温柔立教，文學升堂。雅頌得所，治亂攸彰。慶成嘉贈，其道彌芳。”

尚書右僕射張齊賢撰：

《曾參贊》曰：“孝乎惟孝，曾子稱焉。唐虞比德，洙泗推賢。服膺授旨，終身拳拳。封巒飾贈，永耀青編。”

《顓孫師贊》曰："堂堂張也，商德與鄰。尊賢容衆，崇德依仁。入趨函丈，退而書紳。升中優贈，道與名新。"

行户部尚書温仲舒撰：

《澹臺滅明贊》："不由徑行，其直可貴。不私見人，其公可畏。擊蛟既勇，毀璧且義。紀號益封，旌厥賢士。"

《宓不齊贊》曰："天生良材，爲魯君子。堂上琴作，邑中民治。伍人致逸，受教成美。展禮崇賢，疏爵有煒。"

行户部尚書寇準撰：

《南宮縚贊》曰："南容君子，尚德聖門。有道不廢，危行遜言。白圭三復，執慎思存。慶成旌善，胙壤佳藩。"

《公晳哀贊》曰："賢哉季次，履潔居貞。卷懷不仕，家臣是輕。素王攸嘆，式昭令名。封巒均慶，侯社疏榮。"

給事中、三司使丁謂撰：

《曾點贊》曰："侍坐魯堂，各言其志。舍瑟而對，超乎冉季。浴沂舞雩，詠歌道義。遇我慶成，錫壤進位。"

《顏無繇贊》曰："素王將聖，實爲我師。顏子殆庶，趨庭學詩。請車無愧，陋巷安卑。追榮侯服，逢此上儀。"

守給事中、知制誥、同修國史晁迥撰：

《商瞿贊》曰："《易》之爲書，窮理盡性。瞿也親受，抗心希聖。韋編靡釋，素風允競。展禮封侯，千載輝映。"

《高柴贊》曰："猗歟子羔，孝心篤矣。慎終銜恤，未嘗見齒。難能而能，君子知己。考古褒崇，於斯爲美。"

行尚書工部郎中、知制誥李宗諤撰：

《漆雕開贊》曰："闕里之堂，邈矣難造。猗歟子若，實睹其奧。學優當仕，非乃攸好。明祀益封，式稽古道。"

《公伯寮贊》曰："孔門達者，服膺聖域。函丈摳衣，其儀不忒。顯允君子，有典有則。禮洽慶成，爵封侯國。"

行尚書兵部員外郎、知制誥、同修國史判史館事楊億撰：

《司馬耕贊》曰："仁遠乎哉，其言也訒。虛往實歸，耽思旁訊。違難迷邦，奚虞悔吝。疏爵丁辰，寵名以峻。"

《樊須贊》曰："學優乃仕，齒于家陪。戎車爲右，誓衆靡回。質疑辨問，仁智既該。建侯追榮，垂裕方來。"

行御史中丞兼尚書工部侍郎王嗣宗撰：

《公西赤贊》曰："翊聖賢者，徂徠之英。謙言小相，終成大名。立朝儒雅，出使光榮。佐佑禮法，諸侯作程。"

《有若贊》曰："魯國高士，克念烝民。□□□□，殊類聖人。□□□□，信義是陳。□□□□，龜鑑羣臣。"

行尚書右丞向敏中撰：

《原憲贊》曰："賢哉子思，介然清凈。貧惟固學，道乃非病。衣冠忘敝，草澤遂性。升中進秩，垂芳尤盛。"

《公冶長贊》曰："德行貞純，公冶執倫。本非其罪，枉拘厥身。魯堂推善，孔門配姻。俾侯之貴，久而彌新。"

行尚書史部侍郎趙昌言撰：

《巫馬施贊》曰："英英子施，受天和氣。名登魯堂，位沉周季。猶勤戴星，庇民爲治。讓德進封，垂芳永世。"

《陳亢贊》曰："於美子禽，服膺尼父。問一得三，垂訓千古。名由實賓，德以位序。運屬封巒，爵崇分土。"

行尚書金部員外郎、知制誥、判集賢院事周起撰：

《梁鱣贊》曰："玄聖舊邦，森然精爽。於惟子魚，式瞻遺像。紀號停巒，侯封錫壤。儒道有光，百王所仰。"

《顏辛贊》曰："增封雲嶺，詔躋魯堂。顯允君子，令儀有章。英概如挹，德音不忘。橫亘千古，淳風載揚。"

尚書户部郎中、知制誥李維撰：

《冉孺贊》曰："聖人之道，一以貫之。允矣子魯，堂奥斯窺。惟帝登岱，克陳上儀。追封侯社，沂水之湄。"

《冉季贊》曰："冉子挺生，鍾是純粹。游聖之門，切摩道義。時邁升中，禮成肆類。錫壤諸城，式昭遺懿。"

行尚書比部員外郎、知制誥、同知通進銀臺司兼門下封駁事王曾撰：

《伯虔贊》曰："肅肅魯堂，伉伉闕里。伯氏達者，克肖夫子。運偶慶成，禮崇追美。後學式瞻，高山仰止。"

《公孫龍贊》曰："子石鉅賢，探微博古。稟粹荆衡，從師鄒魯。令聞不已，儀型斯睹。展義疏封，遂荒故土。"

行右諫議大夫、知制誥錢惟演撰：

《秦冉贊》曰："惟聖享天，陟於神房。惟帝遵道，升兹魯堂。允矣君子，宛兮清揚。式賁先烈，錫諸衮章。"

《秦祖贊》曰："□□□□，□穆章甫。□□□□，□□之輔。□□□□，□□□□。

□□□□，□□□□。”

尚書戶部郎中、龍圖閣待制、集賢殿修撰戚綸撰：

《漆雕哆贊》曰：“闕里稱賢，哆也其一。學以適道，名參入室。昔爲達者，今逢盛日。俾侯濮陽，膺兹寵秩。”

《顏高贊》曰：“魯國諸生，顏氏爲盛。達者升堂，是亦希聖。龍章載加，侯服煇映。名著遺編，人師往行。”

尚書工部郎中、龍圖閣待制、集賢殿修撰、同修《起居注》陳彭年撰：

《壤駟赤贊》曰：“猗與壤駟，信而好古。驅駕咸秦，摳衣鄒魯。言必成文，動不逾矩。成禮介丘，追榮社土。”

《漆雕徒父贊》曰：“受教聖人，服勤墳籍。如彼時術，故能日益。元封慶成，介圭追錫。圖形繪素，鏤美金石。”

尚書工部郎中、直昭文館陳充撰：

《石作蜀贊》曰：“宣尼日月，無得而逾。粵有哲士，嘗爲學徒。登封偶聖，至德崇儒。以地進爵，斯文乃殊。”

《任不齊贊》曰：“荆衡誕粹，賢生其中。服膺數仞，誠明感通。地邇長坂，爵嘉素風。虔遵祀典，列在儒宮。”

尚書主客郎中、直祕閣刁衎撰：

《林放贊》曰：“子丘明哲，道洽素風。問禮之本，爲儒所宗。東嶽稱美，長山表封。云亭告畢，慶澤薦隆。”

《商澤贊》曰：“子季從師，服膺儒雅。闕里垂名，同於達者。昔寵睢陽，今旌鄒野。運偶登封，薦臻純嘏。”

行右司諫、直史館張知白撰：

《申棖贊》曰：“洙泗之秀，橫經魯堂。名亞十哲，道尊五常。時巡駐蹕，闕里增光。封侯錫命，永代流芳。”

《公良孺贊》曰：“子幼真賢，從師宣父。服膺大猷，配享終古。運屬聖神，時巡鄒魯。五等疏封，三綱式敍。”

尚書兵部員外郎、直史館楊紳撰：

《曹恤贊》曰：“三千孔徒，七十賢者。子循服道，聖門之下。笙簧經籍，輔翼儒雅。爵爲蔡侯，名器匪假。”

《奚容蒧贊》曰：“雍容子皙，服勤儒墨。闕里橫經，魯堂師德。昔從游聘，今逢檢勒。皇錫信圭，洙泗改色。”

行尚書刑部員外郎、直史館查道撰：

《句井疆贊》曰：“衛之君子，達者比肩。服勤鼓篋，學慕韋編。升中覃慶，儒術攸先。徹侯疏爵,闕里之賢。"

《申黨贊》曰:"猗與子周,龜蒙垂裕。昔參八九,今逢三暮。淄川錫壤,儒風載路。檢玉旌賢,昭我王度。"

行尚書祠部員外郎、直集賢院石中立撰:

《縣成贊》曰:"異能之士,孔徒實繁。悦服至德,祖述微言。富稟天爵,游乎聖門。追崇之典,胙以侯藩。"

《左人郢贊》曰:"循循善誘,從師奉聖。□□□義,□□□□。□修道隆,終古斯盛。興儒建侯,□□休命。"

行尚書祠部員外郎、直集賢院梅詢撰:

《公祖句兹贊》曰:"子之生魯,從師尼父。恂恂闕里,峩峩章甫。非聖勿言,惟道是與。千古而下,俾侯齊土。"

《榮旂贊》曰:"聖人之門,學者侁侁。彼美子祺,行修志淳。異端兹害,微言服勤。格于我宋,侯封是新。"

行太常博士、直史館、同修《起居注》崔遵度撰:

《顏之僕贊》曰:"洙水悠悠,子叔優優。及肩等賜,升堂並由。元后時邁,禮成介丘。旌此達者,爵爲列侯。"

《蘧瑗贊》曰:"達哉君子,外寬內正。好禮直躬,衛風斯競。瑞命昭錫,元符報慶。俾執信圭,千齡遇聖。"

太常博士充集賢校理張象中撰:

《顏噲贊》曰:"回也庶幾,諸顏近之。洙泗授業,汶上從師。輔翊儒道,經營德基。俾侯於濟,君子攸宜。"

《步叔乘贊》曰:"聖人之門,子車服勤。學以時習,道益日新。數仞爰處,函丈是親。追封遺烈,旌美儒臣。"

行太常博士、直史館劉鍇撰:

《叔仲會贊》曰:"斯文有宗,吾道不窮。執筆迭侍,惟賢比崇。少成習貫,函丈順風。東巡駐蹕,霈澤儒宮。"

《顏何贊》曰:"木鐸興教,英賢輔翼。猗與子冉,恢章文德。孝悌承風,詩禮是則。千歲丁辰,始開侯國。"

行太常博士、直史館姜嶼撰:

《狄黑贊》曰:"矯矯子晢,來學有方。依仁游藝,攝齊升堂。羽儀先聖,物色上庠。林廬錫壤,百世之光。"

行太常博士、直史館陳知微撰:

《燕伋贊》曰:"八九之徒,俱傳大義。賢哉子思,道本無媿。鍾靈咸鎬,浴德洙泗。

增封沂源,皇澤斯被。”

《鄭國贊》曰:“懿彼子徒,挺生闕里。日遊聖門,躬授微旨。德音孔昭,令聞不已。疏爵朐山,式旌遺美。”

行太常博士、直史館王隨撰:

《秦非贊》曰:“七十之賢,皆傳聖道。彼美子之,學臻堂奧。珍席珪璋,儒宫黼藻。列爵華亭,令名長保。”

《施之常贊》曰:“懿彼施常,學深儒雅。魯國上賢,孔堂達者。迹晦名彰,德高言寡。侯封是邦,昭錫純嘏。”

守太常丞、直集賢院□□撰:

《孔忠贊》曰:“賢哉先生,接蹤夫子。道貴希聖,勤斯行己。闕里服膺,國庠從祀。載享侯封,式昭德美。”

守太常丞、直史館陳□①撰:

《邦巽贊》曰:“展矣子斂,孔門高弟。模範將聖,博約六藝。斯謂達者,顯於當世。追封列侯,流芳永裔。”

守□□□、直集賢院范□②撰:

《公西輿如贊》曰:“鍾美齊疆,從師魯國。展矣斯人,道臻聖域。禮墨金繩,慶敷文德。薦享侯封,永光廟食。”

大理寺丞、祕閣校理劉筠撰:

《公西蒧贊》曰:“魯多學者,服勤游聖。祝贏惟肖,蒧也成性。綽有餘裕,是亦爲政。追侯於徐,用均天慶。”

大理寺丞、集賢校理宋綬撰:

《琴張贊》曰:“反魯之始,從師去里。不試故藝,善言攸紀。非義罷弔,崇仁爲美。銘嶽益封,用旌君子。”

丁謂又撰《左丘明贊》曰:“猗與左氏,聞道素王。依經作傳,微旨用彰。詞有餘韻,人希末光。慶封錫壤,廣魯之疆。”

晁迥又撰《公羊高贊》曰:“高也解經,辨裁咸服。學官所傳,齊名左穀。追獎肇封,宸心允屬。闕典彌逢,時文載郁。”

李宗諤又撰《穀梁赤贊》曰:“仲尼修經,感麟絕筆。赤也發揮,奧義斯出。立學名家,道隆盛日。列爵疏封,式崇儒術。”

楊億又撰《伏勝贊》曰:“伏生明經,爲秦博士。祖習微言,流離耄齒。壁藏其文,口授厥旨。建號旌儒,錫封仁里。”

---

① “守太常丞、直史館陳□”,明吕維祺《聖賢像贊》卷二作“行太常博士姜嶼”。
② “□”,明吕維祺《聖賢像贊》卷二作“睢”。

　　周起又撰《高堂生贊》曰："秦歷告窮,炎靈啓祚。篤生令人,允貞王度。名教斯宗,禮文有素。勒封告成,式昭餘裕。"

　　李維又撰《戴聖贊》曰："安上治民,惟禮爲急。賴君大儒,發揮講習。傳授實繁,其學遂立。均慶疏封,寵章斯及。"

　　王曾又撰《毛萇贊》曰："孔徒受業,商也言詩。研精詁訓,誰其嗣之。毛公興學,永代師資。疏封錫命,禮治禎期。"

　　錢惟演又撰《孔安國贊》曰："顯顯臨淮,聖人之系。訓傳遺文,克示永世。繪像廟庭,聿彰善繼。東巡受封,是爲褒異。"

　　戚綸又撰《劉向贊》曰："漢宣之世,穀梁興學。子政大儒,煥乎先覺。道業光顯,風流遐邈。展采逢辰,寵章優渥。"

　　陳彭年又撰《鄭衆贊》曰："經禮三百,垂世作程。仲師爲訓,其義昭明。《周官》先覺,漢室名卿。元封班慶,茂爵追榮。"

　　查道又撰《杜子春贊》曰："三川二室,英靈所鍾。學窮周制,譽藹儒宗。杏壇闕里,差有比蹤。一命作伯,慶我天封。"

　　崔遵度又撰《馬融贊》曰："季長博洽,爲世通儒。名立訓傳,善誘生徒。東觀文炳,南國化孚。躬圭之贈,明我升符。"

　　行太常博士、直史館路振撰:

　　《盧植贊》曰："堂堂子幹,學洞今古。業紹師聞,聘交四府。登朝抗議,排戈赴主。吉禮告成,遂聯圭組。"

　　《鄭康成贊》曰："漢德云季,藝文乖舛。實生純儒,克明大典。學徒既盛,師道益顯。疏爵昌辰,允彰積善。"

　　《服虔贊》曰："子慎清介,文采詳練。博通經史,爰作訓傳。百世之下,皇明乃睠。登岱錫封,永昭廟奠。"

　　行太常博士王曙撰:

　　《賈逵贊》曰："猗與景伯,爲世通儒。發明左氏,富而不誣。禮成大報,澤浹中區。躬圭褒異,垂勸生徒。"

　　《何休贊》曰："何侯博達,含章履溫。作爲墨守,是謂專門。仙閭接統,鷖冕推恩。思樂膠序,儒風益尊。"

　　《王肅贊》曰："子雍秉彝,凜然正色。達學多聞,能窮先識。益厚增高,崇儒尚德。介圭追榮,丹青載飾。"

　　守太常丞、直史館陳□撰:

　　《王弼贊》曰："《易》之爲教,潔靜精微。卓哉輔嗣,極慮研幾。天才逸辨,玄理發揮。慶成疏爵,用峻等威。"

大理寺丞充祕閣校理□□撰：

《杜預贊》曰：“博學多聞，昔稱傳癖。《釋例》既詳，異論斯斥。逮我慶成，布昭純錫。追寵公台，增封疏秩。”

宋綬又撰：

《范甯贊》曰：“豫章篤學，通覽墳籍。研講清婉，沉精善釋。準裁羣疑，敷陳至賾。運偶慶成，疏封霈澤。”

尹復臻·孔子小影贊

夫子之像，其初執傳。得於其家，幾二千年。仰聖人之容色，瞻古人之衣冠。信所謂温而厲，威而不猛，恭而安。若夫其道如神，其德如天，則自生民以來，未有如夫子，蓋無得而名焉。

蘇軾·孔北海贊并序

文舉以英偉冠世之資，師表海內，意所予奪，天下從之，此人中龍也。而曹操陰賊險狠，特鬼蜮之雄者耳。其勢決不兩立，非公誅操，則操害公，此理之常。而前史乃謂公負其高氣，志在靖難，而才疏意廣，訖無成功，此蓋當時奴婢小人論公之語。公之無成，天也。使天未欲亡漢，公誅操如殺狐兔，何足道哉！世之稱人豪者，才氣各有高庳。然皆以臨難不懼，談笑就死爲雄。操以病亡，子孫滿前，而咿嚶涕泣，流連妾婦，分香賣履，區處衣物，平生姦僞，死見真性。世以成敗論人物，故操得在英雄之列。而公見謂才疏意廣，豈不悲哉！操平生畏劉備，而備以公知天下有己爲喜，天若祚漢，公使備誅操無難也。予讀公所作《楊四公贊》，嘆曰：方操害公，復有魯國一男子慨然爭之，公庶幾不死。乃作《孔北海贊》曰：

晉有羯奴，盜賊之靡。欺孤如操，又羯所恥。我書《春秋》，與齊豹齒。文舉在天，雖亡不死。我宗若人，尚友千祀。視公如龍，視操如鬼。

米芾·孔子贊

孔子孔子，大哉孔子！孔子以前，既無孔子。孔子以後，更無孔子。孔子孔子，大哉孔子！

又：

手 植 檜 贊

煒東皇，養白日。御元氣，昭道一。動化機，此檜植。矯龍怪，挺雄質。二千年，敵金石。糾治亂，如一昔。百代下，蔭圭璧。此贊舊刻於先聖手植檜旁，歲月既久，且再罹煙燼，字漫漶已甚。乾隆辛未,六十九代孫繼涑得米元章墨迹於華亭司寇張文敏家,結字較小,而骨骼風神迴無有二。因重摹刻石,並移舊刻於同文門下。

元

元明善·檜橡贊并序

乙丑冬十二月,拜林廟還,得手植檜,把握許,就刻之爲宣聖、顏、孟、十哲像,且以文楷爲龕。像出於手檜爲難,其得於煨爐之餘又爲難,合爲二難,宜爲儒家世寶。乃百拜而爲贊云:

體則微,理則全。望之儼然,就之溫然。見其參於前,手所植焉,形所寓焉。斂之管窺,浩浩其天。是倚以爲甘棠之堅邪,抑與夏鼎殷盤而傳也?

明

趙伯善·孔祭酒贊

德音渾涵兮,丰神秀整。才學内宏兮,文辭外騁。爵世上公兮,歷歷臺省。瀛洲辟雍兮,斯文主領。勇退歸來兮,尚華晚景。没而不朽兮,名垂久永。丹青莫狀兮,靈臺炯炯。於以仰聖人之後兮,仿佛又得見乎小影。

黃晉·擊蛇笏贊

於烈孔公,碩大且方。麟鳳在郊,百怪斂藏。爾蟲何知,乃罔畏忌。怵彼蚩蚩,改聽易視。維是手版,猶古璧圭。千鈞則重,鼷鼠則微。憤激於中,有弗遑計。寧使妖血,狼籍沾漬。展也先覺,俾民不迷。九原莫作,物是人非。人之非兮,鱝鱔之舞。尚其聞孫,曰予禦侮。

陳鳳梧·聖賢贊

《孔子贊》曰:"道冠古今,德配天地。删述六經,垂憲萬世。統承羲皇,源啓洙泗。報德報功,百王崇祀。"

《顏子贊》曰:"天稟純粹,一元之春。精金美玉,和風慶雲。博文約禮,超入聖門。百王治法,萬世歸仁。"

《曾子贊》曰:"守約而博,學恕以忠。聖門之傳,獨得其宗。一貫之旨,三省之功。格致誠正,萬世所宗。"

《子思贊》曰:"精一之傳,誠明之學。聖門嫡派,斯道有托。發育洋洋,鳶飛魚躍。慎獨之訓,示我先覺。"

《孟子贊》曰:"哲人既萎,亞聖斯作。距詖闢邪,正論諤諤。堯舜之性,仁義之學。

烈日秋霜,泰山喬嶽。"

胡纘宗·夫子贊

一以貫之,金聲玉振。是謂大成,賢於堯舜。教在六經,道該羣聖。生民以來,未有其盛。

李夢陽·夫子贊

鳳鳥不至,人莫之知。行廢知命,獲麟竟悲。己詘道信,萬世攸師。願學謂何,小子敬思。

曹于汴·手植檜贊

尼聖植教,萬古長存。尼聖植檜,與教並存。教之興替,世運攸係。檜之榮枯,與教並係。教係於世,是可知也。檜係於世,不可知也。惟不可知,斯爲聖神。

王公弼·靈檜贊

贊神聖者,功德彌隆。四時符序,兩儀合明。化及草木,雨露滋榮。瑞根元植,秉粹含靈。繁枝脫盡,獨挺孤蹤。爰蒼其色,爰貞其形。望而叩之,玉振金聲。不陋漢柏,遠邁秦松。以立士節,以式臣忠。與天地老,會日月精。撐扶世教,應運其興。千秋萬禩,瞻仰斯同。

銘

宋

王禹偁·魯壁銘并序

在天成象,壁星主文。聖人藏書,所以順乎天也。噫! 乾坤不可以久否,故交之以泰;日月不可以久晦,又繼之以明;文籍不可以久廢,亦受之以興。我夫子當周之衰則否,屬魯之亂則晦,及秦之暴則廢,遇漢之王則興。其廢也,賴斯壁而藏之;其興也,自斯壁而發之。矧乎《三墳》,言大道也。述於君,則堯、舜、禹、湯、文、武之業備矣;述於臣,則皋、夔、稷、契、伊、呂之功盡矣;濟乎世,則六府修矣;化乎人,則五教立矣。向使不藏魯壁,盡委秦坑,焰飛聖言,灰竭帝道,則後之爲君者,不聞堯舜禪讓之德、禹湯征伐之功、文武憲章之典,將欲化民,不亦難乎? 後之爲臣者,又不聞皋之述九德、夔之諧八音、稷之播百穀、契之遜五品、伊之翊贊、呂之征伐,復欲致君,不亦難乎? 世不知六府,則無火食之人、卉服之衆,與夷狄攸同矣;人不知五教,則忘父子之慈孝、兄弟之友恭,與鳥獸無別矣。欲見熙熙之國政,平平之王道,不亦遠乎? 嗚呼! 金有籤,玉有櫝，防之以關鍵，固之以緘縢，必有竊而求之者，蓋重利也。斯壁藏君臣之道、父子之教，人無求而行之者，蓋輕義也。天恐壞斯壁，毀斯文，命共王以壞之，伏生以誦之，使天下皎然知上古之道，其大矣哉！銘曰：

據山高兮爲秦城，鑿池深兮爲秦坑。城之高兮胡先壞，池之深兮胡先平。伊斯壁兮藏家書，歷秦亂兮猶不傾。壞之者共王，誦之者伏生。發典謨訓誥之義，振金石絲竹之聲。如天地兮否而復泰，如日月兮晦而復明。秦之焚兮未盡，我不爲燼；秦之坑兮未得，爾滅其國。江海涸竭，乾坤傾側。唯斯文兮，用之不息。

石介·擊蛇笏銘并序

天地至大，有邪氣出於其間，爲凶暴，爲殘賊，聽其肆行，如天地卵育之而莫禦也。人生最靈，或異類出於其表，爲妖怪，信其異端，如人蔽覆之而莫露也。祥符年間，寧明天慶觀有蛇妖，極怪異，郡刺史日兩至於其廟朝焉，人以爲龍。舉州人內外遠近，罔不駿奔於門以觀，恭莊肅祇，無敢殆者。今龍圖侍御孔公，時佐幕在是邦，亦隨郡刺史於其庭。公曰：“明則有禮樂，幽則有鬼神，是蛇不亦誣乎？惑吾民，亂吾俗，殺無赦。”以手版擊其首，遂斃於前，則蛇無異焉。郡刺史暨州內外遠近庶民，昭然若發矇，見青天，睹白日，故不能肆其凶殘而成其妖惑。《易》曰：“是故知鬼神之情狀。”公之謂乎？

夫天地間有純剛至正之氣，或鍾於物，或鍾於人。人有死，物有盡，此氣不滅，烈烈然彌亘億萬世而長在。在堯時爲指佞草，在魯爲孔子誅少正卯刃，在齊在晉爲董史筆，在漢武朝爲東方朔戟，在成帝朝爲朱雲劍，在東漢爲張綱輪，在唐爲韓愈《論佛骨表》《逐鱷魚文》、爲段太尉擊朱泚笏，今爲公擊蛇笏。故佞人去，堯德聰；少正誅，孔法舉；罪趙盾，晉人懼；辟崔子，齊刑明；距董偃，斬張尚，彈梁冀，漢室乂；佛老微，聖德行；鱷魚徙，潮患息；朱泚傷，唐朝振；怪蛇死，妖氣散。噫！天地鍾至正之氣在公之笏，豈徒斃一蛇而已。軒陛之下，有罔上欺民、先意順旨者，公以此笏指之；廟堂之上，有蔽賢蒙惡、違法亂紀者，公以此笏麾之；朝廷之內，有諛容佞色、附邪背正者，公以此笏擊之。夫如是，則軒陛之下不仁者去，廟堂之上無姦臣，朝廷之內無佞人，則笏之功也豈止在一蛇？公以笏爲任，笏得公而用。公方爲朝廷正人，笏方爲公之良器。敢稱德於公，作《笏銘》曰：

至正之氣，天地則有。笏惟靈物，笏乃能受。笏之爲物，純剛正直。公惟正人，公乃能得。笏之在公，能破淫妖。公之在朝，讒人乃消。靈氣未竭，斯笏不折。正道未忘，斯笏不藏。惟公寶之，烈烈其光。

米芾·手植檜銘

乃根子哉，乃枝子哉。子哉子哉，子哉子哉！子乃爻乃，子乃卝乃。日子子乃，月子子乃。

金
高德裔·杏壇銘

周室下衰，王綱解紐。非大聖人，狂瀾莫救。天挺夫子，生民未有。立言範世，木舌金口。三千之徒，義由此受。我瞻遺壇，實爲教首。萬代護持，天長地久。

元
張頣·檜銘

茲檜之幹，高參於天。茲檜之根，深及於泉。是爲手植，自古有傳。去聖伊何，曰歲二千。氣芳而達，色殷而堅。誰謂崑岡？良玉以磺。誰謂斧斯？美茹以連。嘉種載衍，有芽其卷。茁乎甓間，東廡之偏。乃徙故處，全其天然。孔氏以興，矢言有焉。粵若三祀，葱葱芊芊。聖道以續，聖澤以延。肫肫其仁，淵淵其淵。自今以始，於億萬年。

明
李東陽·詩禮堂銘

惟孔有庭，聖訓攸在。父立子過，其徒是賴。其訓維何？維詩及禮。手所刪定，教自家始。聖不可作，庭名固存。萬世是師，矧惟子孫。新廟既闢，新堂亦遷。有來繩繩，世守忽怠。

又：

金絲堂銘

惟孔有宅，曰惟聖門。魯共何人，欲壞更存。惟壁有書，四代之文。維堂有聲，八音是聞。此事茫昧，書則真有。有堂載新，宅固其舊。聞樂知德，斯言已久。金絲在焉，名不可朽。昔堂在東，今堂則西。欲究厥初，視我銘詩。

陳鳳梧·闕里鐘銘并序

維闕里有廟，實先聖降神之地，而設教於茲，杏壇固在焉。歷代尊崇，規制寖備。至於我朝，益加隆重。孝皇鼎新宮牆，極其宏麗。皇上龍飛改元，鳳梧適承乏巡撫，祗謁廟庭，偕衍聖公聞韶達觀厥營。時按察副使錢宏在陪位，謂廟宜有大鏞以宣金聲，而舊鑄以鐵，厥音弗聰。鳳梧韙之，乃檄兗州知府陳談籍官銅若干鈞，卜日範型，鼓鑄惟良。爰稽禮塗斁，懸於闕里之鐘樓，晨昏考擊，聲振洙泗。僉曰盛哉，不可無紀。敢僭爲之銘曰：

夫子之道，集厥大成。始終條理，玉振金聲。闕里翼翼，四方是式。絲竹餘音，壞宅可即。矧於昭代，廟制益崇。乃模乃冶，成茲巨鏞。實大聲宏，鼓中聞外。覺我未覺，啓厥聾聵。聖謨洋洋，德音孔彰。如聽謦欬，曰和而莊。瞻仰杏壇，禮樂斯備。肅然起敬，王祀萬世。

袁檐如·孔檜銘

蔽芾甘棠，德也勿忘。矧茲手植，道脈潛藏。了無枝葉，不露文章。苞孕千古，吐納陰陽。其靜也專，其動也直。其動也闢，其靜也翕。檐如觀之，一貫體立。亦曰太極，一部完《易》。

藝文第十二之八

祭文

宋

四十四代孫勖·祭先聖文

惟王體膺上聖，道尊綿古。歷帝師資，羣倫宗主。兩曜麗天，四瀆橫寓。爰念蕞軀，叨承世譜。刻意弱齡，伏膺遺矩。筮仕聖朝，策名藝圃。無德以居，惟聖是怙。昔菲縣封，躬持修脯。自解銅章，逮塵金組。涉歲滋深，之官旁午。雖有子孫，嗣守邦土。恨遠袞華，徒瞻首顁。既涉郎臺，更直帝宇。覘荷隆構，少寧丹府。紹慶門閭，授之道輔。主上纘臨，官崇遺補。言路是開，德音斯普。召備諫垣，日親殿廡。操履且嚴，發揮有睹。上贊皇猷，下幹父蠱。忠孝克孚，鄉校不侮。內閣進班，端閨布武。得請天宸，試才汶澒。惟勖抗章，再臨單父。同別縣塈，俱分銅虎。輝耀鴻都，歸還故魯。林近五衢，春融九扈。景物熙熙，原田膴膴。式仰威靈，奚勝鼓舞。集是慶榮，蓋承訓詁。乃竭精誠，用潔罍甒。虔祭吉辰，丕昭多祜。勉惕之心，弗窮覼縷。

四十五代孫道輔·祭先聖文

道輔早持邦憲，黜典淮城，方數月間，遷守徐域。大君之惠，樂諫旌忠，亦以祖聖慶餘，能守直道，不實於法。儒者進則事君，退則事親，忠孝之道，祖教之本。後嗣弗能守，其孰能行之？昔曾子耕山無祿，能事父母。今道輔位為大夫，權任方面，嚴父慈母不能歸養，豈聖意乎？因西鄉拜章，天從其欲，詔守故魯，封揚休命。且厚於親者薄於位，深於道者淺於利，修其身者尊其祖，明於禮者光於祀。道輔不佞，敢不事親守道、恭祖致祀，將無忝祖聖之慶？

夫日月之運，天地之久，不言之化也。贊日月之明，合天地之功，言成其化者，聖祖之教也。明天子北面事之，如親弟子禮，固不假後昆辭而尊之，然後為貴也。今授魯之政，至治之初，灑掃祠壇，蠲潔牲帛，粢盛庶品，祈享厥誠。惟福流於親，益永其齡。

元

甄曩住台・祭孔子文

於戲！天地，吾知其大也，料數莫逃乎管圭；江河，吾知其廣也，游泳不過乎航葦。吾夫子之德，出乎其類，拔乎其萃，自生民以來，未之有也。不江不河，潤則有餘；非日非月，光無不及。微夫子，則不知其所以始；微夫子，則不知其所以終。儀範百王，憲章後世。祀典常奉，歷代有之。孔林茂密，子孫保之。釋奠廟貌，神其歆之。

于欽・祭先聖文

惟王德同太極，道侔元氣。集厥大成，垂憲萬世。於赫事功，拔聖之萃。王祀萬年，魯廟有歸。泰山可頹，魯宮巍巍。河海可竭，魯墳嶪嶪。望魯有年，今始魯遊。春風沂水，瑟音悠悠。登降有嚴，洋洋珮璪。敢不肅恭，以承神休。

明

林榮・祭先聖文

天地至大也，然西北或傾，東南或缺，則大者有時而窮。日月至明也，然既中必昃，既盈必食，則明者有時而晦。山嶽至高也，然高岸爲谷，深谷爲陵，則高者有時而卑。河海至深也，然瓠陡之決，桑田之變，則深者有時而竭。若夫至大而無窮，至明而不晦，高矣而不可卑，深矣而不可竭，其惟我夫子之道乎？

夫子之道何？人倫日用之當行者是耳。前乎千萬世之既往，後乎千萬世之方來，爲君臣、父子、長幼、夫婦、朋友者，而不悖乎是焉，則君仁臣忠、父慈子孝、長幼有序、夫婦有別、朋友有信，人而謂之人，國而謂之國。一或悖焉，則君不君、臣不臣、父不父、子不子、長幼無序、夫婦無別、朋友無信，人將近於禽獸，中國淪胥於夷狄矣。然則夫子之道，可得而窮，可得而晦，可得而卑，可得而竭也哉？今距夫子之生已二千年，歷代之君追王而師尊之，通祀遍於天下，封後人以上公之爵，立官以教其子孫。凡天下之人，能誦夫子之言而明其道者，咸委用之。大者論道經邦，小者分理庶務，布列於中外。我朝因之，有加無已。其崇德象賢，尊儒重道之意，可謂至矣。然非以是足報稱於夫子也，蓋將以闡明世教而壽國脈也。

榮自有識，莊誦夫子之言，其於夫子之道，譬猶以甕窺天，未能見其萬一。徒叨清秩而竊祿於朝，碌碌無補於人國，恒以孤夫子之澤是懼。茲者謬承上命，來按山東，道夫子之故鄉，值歲聿云暮，是用吉蠲祀事，祗謁廟庭，且敬陳斯道功用之大凡。使相禮者，聞而告之人人，庶幾風教之一助。

李東陽・祭尼山夫子廟文

聖人之生，必當貞元之會，稟川嶽之精。尼山之麓，有洞曰坤靈者，實吾夫子之所生也。仰惟德合元化，道存六經，集羣聖之條理，開萬世之太平，實吾人所賴以有成者也。薦享之禮，報答之義，達上下遠邇而無間者，天下之同情也。瞻我闕里，有嚴廟庭，屬重建之舉，爲代祀之行，蓋統於專命，而不敢以附托爲私榮也。故逾三日之祭而不遠數千里之程，瓣香之獻，少牢之薦，亦惟以致愚誠也。若乃幼而學，壯而行，爲子而孝，爲臣而忠，嚴出處之分，慎始終之節，以質於幽明，方竊有志焉，而懼未之能也。冀聖靈之如在乎上、在乎左右者，其幸鑑之，庶幾無負於心盟也。

六十一代衍聖公・祭中興外祖墓文

五季之衰，僞孔乘勢，暴如虎狼，戕殺聖裔。噍類靡遺，林廟誰主？世方草昧，狐狸中處。天祐斯文，有祖勃興。生才九月，上應奎星。慈母抱持，遯迹張氏。乃復舊物，以存宗祀。一元啓運，再造家門。綿綿瓜瓞，裕及後昆。昭穆相承，二十一代。悠久無疆，萬世永賴。如木有本，如水有源。彼蒼垂鑑，吾族卿恩。思欲報之，幸際明時。式修籩豆，寫我心思。

童旭・告孔子廟文

於赫闕里，素王鍾英。彼凶干紀，震動廟庭。爇吏兹土，殫心經營。天子曰都，僉議遂行。乃遷舊邑，乃築新城。既保族姓，亦妥聖靈。秋孟之吉，畚鍤肇興。庶民百工，子來不驚。尚祈神貺，默相厥成。

又：

新城工成告廟文

邇者流賊竊發，越入魯境。曲阜爲邑，地僻城卑，不足防禦。民既奔潰，賊肆凶悖，焚略廬室，突犯廟庭。有司深以爲懼。寇平，得請於朝，遷築縣治，依衛宮牆。俾適居之民與神明之族，胥匡助望，永建厥家。工報僝功，謹用粢盛牲醴，用伸虔告。

陳鳳梧・祭先聖文

文武之道，傳之周公。封於魯邦，禮樂昭融。奕奕尼山，源源洙泗。靈秀所鍾，貞元間氣。五百昌期，生吾夫子。繼天立極，上承姚姒。道高德厚，教化無窮。六經炳耀，如日方中。睠兹闕里，宮殿有翼。百王所尊，與天無極。譬則泰嶽，萬山攸宗。譬則東海，萬水攸同。藐惟小子，質愚而鈍。方其髫稚，已知敬信。朝夕在齊，百拜稽顙。如見聖容，洋洋在上。乃設繪像，配以四賢。春秋釋菜，必恭必虔。講習之餘，瞻容慕德。夢寐或見，恍然侍側。及叨一第，歷官中外。奉像以隨，致嚴毋殆。幸典文教，晉楚兩邦。推明正學，以淑俊良。家有精舍，極其崇祀。朝夕展肅，傳之世世。顧惟聖鄉，未遂瞻拜。積此愚忱，三十餘載。敬趨杏壇，沐浴齊莊。陟降左右，道德之光。如登泰山，天下小矣。如觀於海，難乎爲水。觀於聖門，實難爲言。仰鑽瞻忽，若後若前。四時行焉，百物生焉。天何言哉，聖道則然。尚冀聖靈，佑啓小子。不墜其傳，深探本始。祗謁之初，薦此蘋蘩。斯文萬古，天壤俱存。

羅鳳·告孔子文

惟闕里實道化之攸始，廟庭聳天下之具瞻，報祀孔殷，禮樂夙備。曩因流寇披攘，毒延東土，致將彝器殘毀。有司因循，未之修舉，積有歲年。鳳承乏守郡，諗此墜典，實睠於懷。乃稽按載籍，發汶上之藏錢，市羣材以從事，質以儀譜，各從品式。今者百物咸具，八音亦完，謹涓吉日奉安。敢以牲醴，用伸虔告。

趙賢·祭孔子文

惟師上律下襲，祖述憲章。六經垂教，萬世無疆。蓋賢深懼不能學焉而來巡，乃幸遊於聖人之鄉。至魯至道，嘉言孔彰，將必有所以爲注措之方。杏壇故迹，瞻戀彷徨。無亦惻然念賢，以及桑梓之邦，爲之陰佑而默相。俾賢慰生平仰止之思，而亦庶幾無玷於宮牆。

藝文第十二之九

賦

唐

王嵩聘·孔子石硯賦

　　昔夫子有石硯焉，邈觀器用，宛無雕鐫。古石猶在，今人尚傳。從嘆鳳兮何世，至獲麟兮幾年。世歷近王近霸，年止幾徂幾遷。任往回於几席，垂翰墨於韋編。時亦遠矣，物仍在焉。非聖人之休祐，安得茲而不捐。洎乎俗遠聖賢，教遺齊魯。列廟以居，先師攸主。上熒熒以光澈，旁羃羃以色固。介爾貞堅，確乎規矩。

　　昔諸侯立政，周道無聞。嗟禮樂之仍缺，嘆詩書而未分。聖人乃啓以褒貶，垂以典墳，必藉茲器，用成斯文。蓋石固而人往，亦事存乎硯云。至乃方質圓形，銅模龜首，雕飾爲用，陶甄可久。橫彩煙而不絕，添綠水而常有。豈如石焉，斯爲不朽。昔偶宣父，厥容伊何。旁積垂露，中含偃波。時代遷移，去游夏而彌遠；日月逾邁，變炎涼之已多。別有逢掖書生，獻策東京；仰希先哲，攻文後成。叨秉筆以當問，愧含毫而頌聲。

王起·宣尼宅聞金石賦

　　魯共王益宮於孔氏，壞宅於闕里，聞金石絲竹之聲，有六律五音之美。清泠始奏，異洞庭之載張，寂寞而來，非鈞天之可視。或管或磬，以禋以祀。徒在廟而見聽，豈升堂之足擬。當其攝齊而進，拾級而前，遠近猶惑，鏗鏘始傳。式感王心，聘國無勞乎七十；克諧聖域，摳衣若化乎三千。信不擊而不考，實玄之而又玄。惟金也振舂容而無闕，惟竹也象吹噓而未歇。愔愔擊石，如荷蕢之初聞；杳杳揮絲，疑孺悲之來謁。所以表正聲之感，所以同古樂之發。遐想乎反魯之年，追思乎在齊之月。回環棟宇，繚繞庭除，惟恍惟惚，皦如繹如。心方啓乃，樂可依於。固將極天而蟠地，豈徒舞獸而躍魚。疾徐有則，清濁不忒。非審以知政，非作以崇德。藏書之壁，時繹繹而難分；夢奠之楹，乍洋洋而未測。響雜乎鴻鵠，韻調乎宮羽。絲管不形，簨簴無睹。固可掩歌鐘於二四，配莖英於三五。及夫鏗爾樂闋，油然思深，睹奧且驚夫盈耳，廣居由是而革心。豈不以感上聖之旨，聞至德之音哉！皇家始崇儒，禮莫先襃聖。尊素王之號，廣舊宅之敬。儻逸韻之再聞，播乎樂府之盛。

許康佐·宣尼宅聞金石絲竹之聲賦

嘽嘽樂聲，瞻言闕里。視之不見，聽之盈耳。宮牆如在，可配於鏗鏘；德音不忘，曷間於年祀。猗歟！原至樂之作，異凡音之起，靜而疑深，絕而復尋，繹如迭奏，嘒若同音。豈幽通於玄造，異中出於人心。聆其節奏，相夫擊拊，發和鳴於闠域，應流韻於墀廡。既嗟乎可得而聞，又思乎其所不睹。疑一唱之嘆，且至於三；比衆音之和，不容於五。莫不動心而駴耳，感今而懷古。鏗若在懸，哀如在絃。簨簴無形，異和戎之二四；聲詩合雅，同鼓篋於三千。事寧同於想像，理實閟於言筌。爾其融洩克諧，肅雍清越，通明洞幽，變化翕忽。激數仞以徐來，觸兩楹而靜發。憑合莫以方奏，流玄間而未闋。故能動心導和，響皆順正。德有符於解慍，教實倍於施令。式彰乎不測之神，以見乎多能之聖。俾恭王之是驚，聞斯行諸；稽太師之所謂，始作翕如。且遺音於棟宇，寧假手於玄虛。於是辨清濁，節疾徐，知笙簧之迭和，訝鐘鼓之相於。其變無方，其來不極，靜好交至，激揚未息。簡子夢中之遇，其志則流；靈公濮上之音，其聲多慝。曷若舒暉緩，遵肆直，俾夫音聲之道感通，咸聽此而知德。

蔣凝·壞宅得書賦

孔氏之居，中藏古書。當霸魯壞隳之日，見亡秦焚滅之餘。卜數仞爲繚垣，時之潛矣；定四科於竹簡，世以傳諸。當其漢偃兵戈，魯修宮掖，將窮下國之侈，遂去前賢之籍。并吞一畝，方取地以崇居；摧折兩楹，遂得書於暗壁。悲夫！其宅也，人亡道窮，削迹於中，瓦隳而阼階缺裂，塵飛而環堵空濛。鯉也必趨之庭，將爲輦路；仲由未入之室，欲創離宮。其書也，藏書廢久，坑儒之後，蟲侵而鳥迹微虧，土蝕而韋編欲朽。《虞》《夏》不刊之典，出彼圬墁；殷周將喪之文，存於培塿。於是升彼堂矣，棄諸簡焉，信遺址兮必取，寧古文兮何傳？將卜樓臺，劉榛蕪而屹若；俄聞金石，扣寂寞以鏗然。王乃凝思潛聽，追蹤輟作，存其宅兮不壞，知其書兮可學，悔隳古而榮今，庶立禮而成樂。門庭猶在，存聖者之規模；蟲篆難詳，是古人之質樸。倚伏相推，於焉有之。不廣其居，則斯文永墮；不聞其樂，則往迹全隳。信乎君子所居，亦廢興而有數；聖人大道，當用舍而隨時。今皇家修典墳，崇闉闍，開儒館以待士，設文教以濟國。千秋萬歲，知此道之無窮；四海九州，信將來之有得。

吕牧·子擊磬賦

大哉將聖,樂天知命。憲章文武,昭宣孝敬。遊道藝之門,觀魯衛之政。知禮文之述作,繫王道之衰盛。將有托於知音,故先擊其浮磬。翁如始奏,泠然激揚。旁達草木,獨調宫商。律中乃節而信,清引而越以長。何一氣之立則,若五色而成章。羽可以振振,獸可以蹌蹌。神人以和,舍此奚取;樂懸之位,斯焉是將。諧協於國風,本一於心始,將此易俗,非爲悦己。作於朝而君臣同和,聽於家而少長咸喜。不達情者,莫究其理;不賞音者,莫知其旨。非有爲而作焉,豈苟樂而爲爾?噫!斯道之行,如磬之聲。合於制度,發於清英。應小大以隨擊拊,原始終不可將迎。伊物情之滯隔,莫不由此而發明。謂爲藝以吾不試,語之道而知吾志。固非繫而不食,豈止垂之如墜?曾見訪於萇弘,反受嗤於荷蕢。彼往而不返,欲潔其身,如樂之無節,則可奪倫。義有昧於反舌,耳無間於日新。何没没於隱者,亦硜硜於小人。必也審音,居然大辨。勤應而溥暢,虚中而獨善。使石聲無定,則我心可轉。初未明乎弛張,庸詎議乎深淺。一雅一變,正聲久遺。子擊此者,亦屢嘆之。唯聖有作,闡教命夔,乃知樂正雅頌,復在於明時。

薛勝之·孔子彈文王操賦

文王有聲,惟聖能審。初彈雅操,知德音而有懷;稍奏遺音,覺儀形[1]之可稟。黮然之狀已究,鏗然之響可尋。述而不作,載好其音。德必不孤,諒前聖合於後聖;道乃無二,誠此心達於彼心。其神也邂逅相遇,其慮也罔或不欽,則知掩四方而氣正,加一絃而義深。曲引烝哉,調吟皇矣。穆穆乎順帝之則,洋洋乎令聞不已。同聲相應,雖千古而會徽音;異日而論,猶萬邦而聆遺美。所以聖賢不遠,古今一揆。且將合於心,豈獨盈乎耳?既而温故知新,若聖與仁。千里同風,自(宜)〔冥〕契於風韻;千年一聖,當間出於聖人。玉指回軫,朱絃應律。運八風而吹萬,迭五音而不一。既而文德在兹以寧,王道宥密。斯《操》也,必俟後賢,吾無間然。陟降因我而著,昭穆因我而宣。符盍徹之言,無毫釐乖於是;叶同音之理,豈合度差於前。是謂惟神所受,繼聖之後。自得於心,匪傳於口。稽帝謂之意,勤止豈無;非天縱之才,生知何有。無音不合,無德不宜。翼翼之心,因心而會。亹亹之善,盡善而知。師襄於是作而言曰:子聖人也,與文王而同規。

無名氏·聞韶賦

《韶》則盡美,聽何可忘?況至德之斯過,聆奇音之孔揚。天縱多能,信以嘉乎擊

拊；神資博學，知具美於典章。用而不匱，樂亦無荒。若充乎四門之術，不離乎數仞之牆。驗則足徵，用之可貴。聖者妙而合道，志者仰而自慰。悦五音而肆直，孰謂其聾；致六府之和平，自忘於味。省風而八風叶暢，觀德而九德昭宣。季子愾遊於魯地，穆公徒饗於鈞天。曷若觀率舞，聆薰絃，變態無已，周流自然。可以深骨髓而期富壽，豈徒資視聽而娛聖賢。至若清磬虛徐，朱絃疏越，鼕鼓以之迭奏，笙鏞於焉間發，以感陰陽於宇宙，耀光明於日月。自表虞德之不衰，豈效文王之既没？是知《武》也未善，《濩》也有慙。鈞化歸於二八，讓德明乎再三。所以其道不窮，厥監斯在。驗率舞於百獸，想同和於四海。如其樂正，非關自衛而來；儻俟風移，有異從周而改。憎憎不極，杳杳乍迷。俄將復矣，抑又揚兮。夢周公而不見，想聖德而思齊。聞斯行諸，厥不逾矩。感心駭目，是何其睹。悠然而往，三嘆如在。夫寥天滌爾而施，萬籟已吟於九土，詎忘味於三月，諒永懷於千古。幸賦《韶》樂之遺音，美哉尼父！

又：

齊人歸女樂賦

　　昔齊人饋魯傾城者八十人，瑰豔絶代，綺羅嬌春，洞橫波於慢臉，回流風於嫋身。蓋以仲尼定魯禮樂，制齊君臣，斬倡優於夾谷之會，復土田於汶水之濱，故遏雲與回雪，實内圖而外親，將敗魯之政，弱齊之鄰。魯君臣果不端操，迷不先覺，聞進淫哇之聲，皆忘聖人之學。城南於是考雷鼓，欪[①]雲幄，結齊魯之歡，受鄭衛之樂。感煩音之愆懘，成正聲之踳駁。夫子則不可救其失、復其迷，望龜山以命操，觀鳳凰而銜悽，痛王綱之蕩蕩，順天命之栖栖。魯侯若盛德是樹，古道是稽，抑麗靡而不納，見聖性以思齊，知季孫之僭，惟仲尼是與，足以受無疆之休，足以振將墜之緒，何敵國之敢抗，良霸功之可佇。悲夫！任權臣之傾國，納文馬與美女；薦神祇之所歆，誘耳目而不拒；荒笑語之啞啞，溺衣裳之楚楚，由是齊日以長，魯日以微。見鄰國之侵地，聞志士之沾衣。雖代祀則遠，而德音不違，往者不可諫，來者猶可追。若監魯道之有蕩，放鄭衛而不歸，則可以得域中之大，致天下之肥者矣。

宋

王禹偁·仲尼爲素王賦

　　鳳鳥不至兮，河不出圖；聖人無位兮，立教崇儒。道之將行，但棲遲而歷聘；民受其賜，猶南面以稱孤。有以見同乎王者，孰云乎蓋出司徒者也？原其運屬陵遲，力興儒素，道將侔於皇極，化實被於黔庶。文行忠信，設萬世之紀綱；禮樂詩書，崇百王之

---

① "欪"，《御定歷代賦彙》卷九一《音樂·齊人歸女樂賦》作"默"。

法度。於時也，魯道有蕩，周德下衰，言念萬國，將同四夷。不有聖也，誰其救之？我所以行教化，序尊卑，造次顛沛兮於是，東西南北兮忘疲，用能定君臣父子之道，述皇王帝霸之基。夫如是，則土無二以並矣，位通三兮偉而異。夫振乃素風，齊諸大寶。贊《易・象》兮奉人時，修《春秋》兮行天討。講於洙水，初彰化下之功；登彼泰山，宛契升中之道。自然其教斯廣，其號彌尊，豈止同明於日月，亦將比德於乾坤。居無求安，四載之勤勞是效；弋不射宿，三驅之田獵斯存。蓋由宅一畝以卑宫，佩五常而克己。其位也，困於陪臣；其道也，齊乎天子。列四科而升十哲，元凱何殊；誅正卯而斬俳優，四凶竊比。聖德洋洋，同諸帝王。行束脩而陳玉帛，端逢掖而垂衣裳。夢見周公，求傅巖而允理；問於老子，師尚父而彌光。大哉！道濟古今，教流華夏。瞻不泯之廟貌，若無疆之宗社。悲夫！商辛、夏癸兮號獨夫，又安得比於儒者！

元

郝經・擊蛇笏賦并序

孔公原魯，孔子之裔孫也。仕宋祥符間，嘗以笏擊妖蛇。其事其節，則有臨川之志，徂徠之銘，王偁之傳在。其笏則歸於今張丈彦遠。經晚進曲學，固不足贅於諸公之末，然義激於中而有不能已焉者，謹賦而廣之。

昔仲尼之得政也，兵裔夷，尸姦宄，藏甲出，大都圮，魯宴而齊沮，王道之端，於是乎啓。奈之何天不假命，遽行而遽止。其餘威遺烈，鉞於筆而鈇於禮，誅十二公之亂臣、二百四十二年之賊子，壓之以大經，束之以大法，莫敢瀆彝倫而擾天紀。孰意其逆魄狃而不散，逆靈締而不弭，蟠結乎大塊之阿，囚鎖乎九原之底。乃卵狠而孕戾，不矜廉而厲恥，每閒治而爲亂，輒張慝而掩嬔。代謝屈伸，閱越千祀，以及於宋，化妖蛇而陸起，窟宅乎廟堂，凴附乎神鬼。蜿蜿蜒蜒，曳曳頍頍，伸腹傴脊，呀口侈噬，呈露怪狀，愕目奪視，侈大澤之運，動常山之勢。愚吏蚩氓，崩角蹶趾，釃酒血牲，匍匐祈祀。若新莽盜國，而無知之民共稱符瑞。狂巫顛覡，踴躍驚喜，稱爲神龍，因緣爲市。若賊操竊權，而嗜利之士争爲役使。妖聲異聞，鼓舌轟耳，喁訛唱和，讙呶叫噪，震一郡而駭千里，莫之敢詰，亦莫之敢詆。聖有賢孫，釋褐於是。端笏而前，山立顧指，蓄鋭俟發，韜鋒卒起，若子房之睨秦始。奮笏而擊，顙折身弛，妖死於心，毒摇於尾，若太尉之擊朱泚。於是惑民雨解，義士風靡，天子是嘉，用爲御史。司國之直，致國於理，而諫中宫之廢，折遼主之誚，邁節特操，凜乎清霜，皦乎白日，雲高而山嶷。是仲尼之以直道貽厥子孫，俾萬世如矢者，不屈不撓，拔邪樹正，賞善誅惡，無時而已也。則是笏也，與誅卯刃、修經筆、兵萊人戈、叩原壤杖、墮三都鍤，異時而同迹。仲尼爲不死矣。

嗚呼！叔世而下，蛇龍混蟄。春雷瘖而不鳴，直道僨而不植，已刓方而爲圓，又枉尋而直尺，誣譎誕僞，異態百出。有蕩俗惑衆，乘高而爲姦，若兹穴廟之蛇。有巧發毒伺,中人而不可測,若含沙之蜮者。有之笏也,無之人也,孰爲之擊也?

楊維楨·正考父鼎賦

　　客有孔林子,問於鐵崖先生曰:"人知三代傳鼎定於郟鄏以卜世,而亦知吾聖祖仲尼氏之有世鼎乎?"先生曰:"未也。"客曰:"自夏后氏之明德也,鑄金九鼎,以象九州,協於上下,以承天休。桀有昏德,鼎遷弗留。殷紂弗率,繼遷於周。孰知吾聖人之後也,而有孔丘。雖祚滅於宋,而祖廟有鼎,實重於遷洛,而見非於義士之流者也。當弗父何之嗣國也,曰:'既嫡而且賢。輕千乘於一芥兮,授之弟而弗傳。'及我正考父,又佐戴與武、宣。位極人臣,讓德益虔。廟有重器,金耳玉鉉。於是而鬵,於是而餾。實共儉以愈力,恐禄食之過饇。既僂傴而益俯,走循牆而若躓。銘斯文以不墜,實貽謀於萬年。有明德者必達,符臧紇之知言。吾猶惜魯人之善知而不善用,使必達之效,僅見於夾谷之歸田。他日郜大鼎之納廟,又徒以寄忠憤於魯軌之編。豈非天乎?"先生愀然曰:"傷哉辭! 能知孔鼎者,知其一而猶未知其二也。余聞鼎之於《易》也,其時義大矣哉! 《革》既變而法立,志有在也;《革》既變而無制,亂之待也。考父氏之知《革》也,故制器、立法以成乎志也。餾鬵於是者,若不足以餬餘口,而達明德於後者,實足以觴上帝也。滅於宋而奔魯者,若不足以容一時,而師於魯以準天下者,實足以開萬代也。是其鼎也,大其大而與天同其涵,重其重而與地同其載也。故九鼎乎百王者,可軒而可姒也。楚子旅之所不能問,而鬼臾區之所不能對也。辨其名於周漢者,不得以入其佞;託萬子孫於山甫者,不得以襲其詭也。兹孔氏之世鼎若是,而又何必仲尼之當世也。"客乃喜而起,爲之頌曰:

　　周客續殷,尹我東土。禮物既修,文獻攸聚。聖人七祖,曰正考父。傷禮之衰,追道卨武。《商頌》既作,刪《詩》特取。惟兹有銘,重鼎大吕。一命再命,曰僂曰傴。以餬余口,亦莫余侮。作羮何人,覆餗公所。染指朵頤,甘蹈鑊斧。維祖之孫,有達在下。萬帝王師,光鼎於祖。予小子某,學禮於俎。載希[1]奚斯,式頌於魯。

又:

狩麟賦并序

　　獲麟之説,諸家不同,或謂秦、西漢之瑞,或謂漢受命之符,或謂夫子將没之徵,或謂夫子經成之祥。修母致子之説蓋陋矣,近代傳經者遂比於韶成之鳳。夫以麟爲應經而出,是麟之靈也。出而見獲,靈何在焉? 故《公羊》以爲異,而杜氏謂《春秋》感麟而作,經因以爲終,其理爲長。吾夫子固嘗嘆鳳鳥不至,蓋嘆道之窮而帝王之瑞不出

---

①　"希",《御定歷代賦彙》卷八五《器用·正考父鼎賦》作"晞"。

也。大野之麟,胡爲乎來哉?因獵而獲,則是麟混於羣獸,而爲虞人之所擒耳。"獲"之云者,悼之之辭也。悼之者,悼其出非時而爲虞人之所擒也。故聖人感之,作《春秋》,絶筆於獲麟之句,所感而作,因以爲終。故獲麟後二歲,而孔子卒矣,何瑞之足云乎?王通氏謂"以天道終者",即此意也。故今亦不能外是説,而爲賦:

昔素王之作經也,其感乎麟之瑞乎?且天之未喪斯文兮,鳳鳥已不至也。天之將喪斯文兮,麟又胡爲而出也!吁嗟麟兮,祥乎異也。吾聞玄枵之精,首四之靈,抱至仁之性,拔不類之形。心兮好生,趾兮不蹎。角兮不觸,頜兮不抵。音純美兮協律呂,步周旋兮中規矩。出惟應期兮,居必擇所;不犯攫穿兮,不羅綱罟。稽之於古,或遊於苑,或爭於囿,或出於郊,或在於藪。匪家所畜,不世而有。仁主在位,靈獸來擾。繫王風之下降,彼潛形其已久。嗟嗟玄聖,衰姬紱麟。負一角而困世,塞蹩躠於風塵。削迹於衛兮,伐木於宋;接淅於齊兮,絶糧於陳;雛龜不出兮,儀鳥不至;周公無夢兮,亞聖殞身。驗天道兮如彼,察人事兮如此。道不行兮,吾其已矣!仁哉麟哉,胡爲來哉?生不逢聖虚其應,出非其時失其歸。西狩之獲世所疑,反袂拭面涕沾衣。《春秋》制作,亶在兹彼。以爲底文成之祥兮,何見踣於鉏商也?以爲悼將没之徵兮,豈樂天之稱聖也?聖達乎其位兮,麟實瑞乎后皇;聖出非其時兮,麟遂異乎素王;彼大野之所獲兮,又何異夫犬羊?訏曰:時之治,麟爲瑞,吁嗟麟兮!時之否,麟爲異,吁嗟麟兮!爲《春秋》之所起,爲《春秋》之所止,吁嗟麟兮!

汪克寬・夫子之牆賦

敏學主人與博古先生遊於尼山之麓,曲阜之墟,造孔林之闕里,瞻至聖之攸居。梗楠連雲而薈鬱,檜柏參天而扶疏。躩亭嵯峨而倚空,杏壇甃甓而荒蕪。列横序之層構,峙鉅殿之中嶹。屹崇門之突兀,繚周垣之回紆。主人喟然而嘆曰:"端木子所謂數仞之牆,其在兹乎!吾子衣蹁躚之逢掖,冠崔嵬之章甫。塗抹丹鉛,摹寫今古。行式淵騫,言稱求路。盍爲我抽思逞辭,飾章繪句?鋪張弘麗之規,緣飾高廣之度,極詞人之炫耀,亟援筆而爲賦。"先生曰:"嘻!夫子之牆,豈今之所謂牆哉?粤自二龍繞空,五星降庭,萃大塊之清淑,會元氣之晶英。纘聖神之華胄,集條理之大成。拓天下之廣居,開億代之文明。夫是以覆泰宇以爲欄,立人極而爲柱。存至誠而爲基,凝至道以爲土。文章爲之華飾,德業爲之培累。貫一理以爲楨,崇萬善而爲堵。仁義中正,乃其板載之方;詩書禮樂,乃其畚鍤之具。不思不勉,初何事於經營;彌高彌堅,又奚煩於削屢。悠久無疆,乃斯牆鞏固之基;[①]博厚配地,乃斯牆延袤之數。蓋非有馮馮之聲,俾人得而聞;又非有薨薨之形,俾人得而睹。子輿守約而獨請,復聖瞻前而無方,

---

① "基",元汪克寬《環谷集》卷一《夫子之牆賦》、《御定歷代賦彙》卷六七《性道・夫子之牆賦》作"迹"。

衛贛及肩之淺室，仲由駐足而升堂。彼州仇之何人，固無惑乎？不足以窺聖域之渺茫。"主人蹶然而笑曰："繄尼父之誨人，若太虛之時雨。示後進之表儀，固無行而不與。夫豈強蔽於垣墉，岌岌乎城堞之扞禦。使升高而無階，謾顒顒而延佇。"先生曰："非也。夫物理之不齊，宣鉅纖之異宜。凡藏蓄之廣博，必高深而難窺。儻其中之狹隘，外卑薄以奚疑。苟處下而視高，曾何異乎斥鷃笑大鵬於藩籬？"

主人於是與客躡高蹻，眺清賞，闢重扃，披宿莽，歷石級而步趨，睇宮庭之峻廣，扣玲瓏之綺疏，拜蒙倛之遺像，覽碑碣之籀文，聆絲竹之絕響。爰從容而詠歸，挹清風之蕭爽。

祝堯·手植檜賦

繄孔庭之喬木兮，自夫子之文章。象三才以毓秀兮，開萬葉以流芳。根詩書之正脈兮，表吾道之昌長。昔闕里之微言兮，稱後凋之松柏。惟若木之柏葉松身兮，固手之而不能釋。諒因材而栽培兮，在人物以如一。元氣會乎其根兮，集條理而大成。日月拂乎其枝兮，揭文明而上行。映尼山之正色兮，紛蒼翠之曾敷。承泗波之餘澤兮，潤滲漉而不枯。雲風欻霍而經庭兮，差芳氣之襲予。八音噌吰以砰磕兮，忽升堂而驚顧。鳳飄飄以銜圖兮，遙千載以來下。麒麟有時而出兮，或遲茲而游豫。彼春秋之風雨兮，超震淩以自揭。後七雄之斬艾兮，曾不足動其一髮。金石媲乎其堅剛兮，縱百秦而何焚？神左右以扶持兮，知未喪於斯文。吾聞孔壇之杏兮，配斯文以永久。何茲檜之鼎峙兮，亦茲杏之不朽。信聖人之於萬物兮，無一物而不仁。苟仁心一有所寓兮，自當與天地而長春。建深根而不拔兮，屹儒家之柱石。今將指天地為期兮，壽皇圖於箕翼。北極建杓而秉持兮，奎壁燦然而成行。扶桑昭晰以警曙兮，條風發乎震方。皇覽乎六藝之芳潤兮，熙文運以再昌。録孔氏之子孫兮，攬庭秀而不敢忘。訪故家而愛其木兮，當百倍乎甘棠。命青陽使發敷兮，起朱融使林㟽。戒顥收以來殺兮，警神冥以孳養。謂英材之並育兮，待棟梁以為用。矧先聖之親植兮，誠有土之所重。嗟七十子面承挈提兮，各抱材而有施。何梁木之既壞兮，余乃不得與茲檜而同時。幸壁藏之亡恙兮，瞻牆仞以有基。托餘陰以延佇兮，結芳條而遐思。衣前後之襜如兮，恍洋洋而在斯。雖朽質之莫雕兮，亦求柯而為則。喜斯道之有依兮，遂游歌而不息。歌曰：

檜之根兮輪囷，檜之節兮嶙峋。自周及元，吾不知其幾春。檜之古兮有神，檜之今兮有靈。維元繼周，益將開千萬億載之文明。

明

李東陽·奎文閣賦并序

闕里宣聖廟，舊有奎文閣，以貯古今圖籍，在大成殿之前，杏壇之南。金章宗重建，規制頗精。國朝置衍聖公府，其屬有奎文閣典籍一人。凡朝廷有事於廟，則禮迓香幣庋於閣中，以俟行事。

弘治己未，廟災而閣存。工既就緒，殿廡閎麗，皆加於舊。按察僉事黃君繡謂閣獨弗稱，欲撤而新之。衆議譁然，以爲故物不可廢。黃執之益力，巡撫都御史徐公源實主之。閣成，高八丈有奇，略與殿等，棟宇相埒，金碧交映。向之譁者，始翕然歸之，稱全功焉。東陽奉敕祭告，乃登於茲閣，欲賦其事，未暇也。徐公既購書數百卷，付衍聖公聞詔，令典籍孫世忠守之。四方藩郡聞而致者日益富，徐公使告於予曰："閣不可負也。"乃爲賦之曰：

偉新廟兮既宮，突高閣兮麗空。海之右兮山之東，極灝濛兮爭嵸巃。納沆瀣兮超鴻濛，表日觀兮來天風。忽秋令兮始肅，見奎星兮正中。初徙倚兮欄前，暫徘徊兮户外。殿庭兮巍峨，與茲閣兮相對。亭碑蟲兮林立，壇屋隱兮如蓋。昔金源兮始構，幾歲序兮更代。嘆軒楹兮未燼，紛瓦礫兮浮壒。及輪奐兮鼎成，藹冠裳兮咸萃。覽舊迹兮無餘，撫孤根兮一檜。吁嗟乎！靡麗兮娉婷，彼齋雲兮落星。悵望兮怔營，或籌邊兮見京。夫豈若睹羮牆兮故宅，誦典則兮遺經。宛科斗兮孔壁，恍金絲兮魯聲。感《春秋》兮絕筆，憶《詩》《禮》兮趨庭。存奇文兮籀史，脱虐燄兮秦坑。藉鬼神兮呵護，閟山川兮精英。乃有韋編兮竹簡，石墨兮溪藤。汗牛充棟兮不可以數計，又奚問兮何名？幽并兮青兗，渺宮牆兮在眼。景行兮高山，每爲憾兮不淺。金書兮玉簡，幸吾生兮未晚。遡秋霄兮愈沉，恨夏日兮猶短。仰聖道兮彌高，思古風兮漸遠。閲千載兮一時，曾一慨兮不滿。睠逸駕兮可攀，尚頹波兮在挽。噫嘘嚱！靈有地兮傑有人，賢有象兮國有賓。下厚土兮上高旻，軼倒景兮離塵紛。博典册兮窮皇墳，屬夕惕兮求朝聞。豈徒析蟲魚兮隱義，辨豕亥兮疑真。訝雨粟兮天半，降青藜兮夜分。蓋方舞干羽兮七旬，遍絃歌兮八垠。占聚緯兮《周髀》，聽圜橋兮成均。殆將興兮吾道，庶不朽兮斯文。巍乎高哉！勢不可以極。茲閣之名兮，並列宿而俱存。

又：

南溪賦并序

南溪者，故衍聖公以敬所居而因以爲號者也。余過而賦之，以遺其子今衍聖公聞詔。其辭曰：

西涯子寓於南溪之上，公事既竣，賓客盡散，清飆徐來，旭日始旦。春服漸減，烏紗微岸。方衆景之駢列，忽羣憂之一泮。沿堤而步，則蒼蘚繡地，丹櫻燒林，野食呦鹿，園鳴變禽。繁華曜其陽，叢篠蔭其陰。松移徂徠之峰，石出太湖之潯。境已曠而復幽，路將窮而轉深。乘舟而泛，則泓碧長曳，汰痕圓暈，虚亭倒影，下入無朕。菱穿荇繞，倏遠疑近，飛羽夾翔，游鱗作陣。俯空鑑以窺明，激輕濤而拂潤。雖非浮海之大觀，亦得風雩之真韻。登城而眺，則面引凫繹，背負岱宗。左拱尼阜之巉巖，右瞻文廟之寵從。古泗北枕，清沂南帶，遠泉出乎其側，汶水繚乎其外。深池曲竇，下與溪會，復有平疇萬區，大澤千里，高原隱伏，廣路長迆。天羃羃以四布，雲飛飛其如駛。思兩儀之既闢，見萬象之流峙。乾坤渺其無際，靈氣宛兮攸止。不然則一溪兮幾何？吾寧獨羨乎此。偶遇孔氏之父老，過而問曰："美哉溪乎！其源可得而知乎？"父老曰："此周封之遺墟，漢國之故池也。其前則兩觀之門，其後則靈光之基也。地以人勝，事隨代更。逮我故公，而南溪是名。"滲漉污濁，澄渟清泠。塞者疏而爲通，涸者瀦而爲盈。坊危有堤，臨深有憑。培舊植以爲堅，綴新葩以爲榮。斯溪也，乃冠裳之所咸集，軒騎之所必經。詞林侈以爲盛事，海内想望其風聲。矧伯仲之具美，與東莊而並稱。余嘗覽薊游燕，檣吳纜楚，忽使軺之東邁，弭余節兮鄒魯。魯之山兮嶔崎，魯之水兮漣漪。匪王事之在躬，余何爲兮在此溪。窺聖途之浩蕩，望學海之津涯。嘆時乎之不再，觀逝者之如斯。惟德澤之汪濊，配宮牆之崔巍。家與國而咸休，名與牒而俱垂。吾固知金石之足恃，托文章以爲期。於是衍聖公揖而進曰："嗚呼！此先君子之志也。先生幸爲我賦之。"余曰："嘻，有是哉！"乃呼墨援筆，書於堂壁。徘徊日夕，蓋三宿而後出也。

國朝

徐倬·孔檜賦

　　昌平之里，鬱葱聖域。獨産神蓍，不生荆棘。女貞扶荔，枌榆楷柏，奇卉嘉樹，五方所集。惟兹神檜，文宣手植。葉剷芳蕤，木落枚條。獨留孤榦，亭亭嶤嶤。風霜閲歷，時代殷遙。非桓魋之可伐，豈秦火之能燒？其爲色也，不涅而淄，不黔而墨，如齊室之深衣，如陽臺之晞髮。其爲狀也，斑龍脱角，馴象摧牙，如梅冶之留根，如河上之浮槎。其爲質也，柢蟠鐵屈，榦古銅鏗，如泗濱之響石，如瀨水之精金。矗崎瓊霄，孤撐玉府。嚴風撼頓而不驚，奔電碭突而彌固。偕日内之扶桑，窮羿投弓；同月中之丹桂，吳剛罷斧。未受大夫之封，不號將軍之樹。長與杏壇爲鄰，相無窮於終古。若夫梓隱青牛，松形白鹿，金谷鳥楩，蘭亭修竹，小山之叢桂飄香，唐昌之仙蕊飛玉，雖芳馥於當年，不崇朝而委身於樵牧。即如石紐空桑，南國甘棠，虞廷抽其屈軼，禹寢駕乎梅梁。然亦隨時序爲榮落，未聞傑立於千霜。至於賴鄉之苦李，身毒之娑羅，漆園靈椿之悠邈，金塘桃核之磊砢，此又岐枝之槎枒，不比正學之靈柯，安能並日月而照曜，隨天地而不磨？於焉屈秉興，臨閟宮，摩挲勞乎御腕，顧盻入於重瞳。嘆先聖之手澤，羨儒囿之芳風。龍衣藻冕，殷勤披拂。金支翠帽，延佇從容。一作師而一作君，將後先之揆同，永揹乾而拄坤，歷萬古兮何窮！

朱彝尊·謁孔林賦

　　粵以屠維，作噩之年。我來自東，至於仙源。斯時也，壇杏花縈，庭檜甲坼，元和之犧象畢陳，闕里之榛蕪盡闢。既釋菜於廟堂，旋探書於屋壁。乃有百石卒史導我周行，牽車魯城之北，緤馬洙泗之陽，即大庭之遺庫，循端木之故場。驕孫祔兮居前，聖子藏兮在左。自黄玉之封緘，閟幽宫而密鎖。隕長鯨兮不驚，慴祖龍兮遠禍。除荆棘之叢生，罕翔禽之飛墮。雨露既濡，遲景東隅。整衣裳之肅肅，正顔色之愉愉。展竭方終，誕尋往迹。超白兔之深溝，撫青羊之卧石。爰有草也，苞蓍其名，守之以龜，一本百莖，我求其德，洵圓且靈。爰有木也，題之以楷，非柏非樅，靡瘦靡瘯，歷千禩而長新，貫四時而不改。惟先師之遺澤，道莫著乎《六經》，配光華於日月，若迭奏之琴箏。降而後儒，各事采獲。中文、古文之《書》，先天、後天之《易》，目鄭衛以淫邪，誣《春秋》以深刻。藐往哲之嘉謨，恒末師之是則。滔滔天下，後死其悲，安得起素王於泉壤，操筆削而正之。我思古人，恥同污俗。或六聘而收身，或三詔而逃禄。或依李充之山，或就張超之谷。潛户壁於服虔，變姓名於梅福。入源水兮栽桃，隱丹霞兮種竹。詎如此地，桑海不遷。可游可息，有歌有絃。耳不聞僧尼之魚板，目不睹旗鼓之樓船。樂土樂土，速營一廛。願爲林户，躬耕墓田。庶幾近聖人之居，讀聖人之書，將不得爲聖人之徒也與！

張英・大駕幸闕里賦并序

皇帝御極二十有三載，重熙累洽，區宇乂安，文德覃敷，聲教四訖。乃稽古時邁，肇事岱宗，謁祠闕里，典禮崇重，恩澤優深。臣庶懽欣，遠邇嘉嘆。夫元和盛年，咸平昌世，僅奏六代之樂，修再拜之文，猶垂式簡編，流輝今古。詎有遠御六龍，親詘萬乘，展隆儀於稽拜，施殊敬於儒先，聖德顯隆，如今日者焉？洵足以超軼往牒，焜燿前紀也。臣幸際昌時，得瞻鉅典，雖固陋謭劣，不足以發揮鴻藻，然珥筆承明，職兹紀載，頌揚休𢕟，敢曠司存。謹拜手稽首而獻賦曰：

於爍惟皇，繼序纂光。本仁祖義，昭憲考章。奠玉衡於神軸，握金鏡於天閶。調四氣以通正，歙八風而協祥。於是西逾細柳，東跨扶桑。交河北徼，比景南鄉。靡不丹梯走傳，碧海浮航。輸琛太府，隸名職方。耀幽遐以日月，襲鱗介而衣裳。越萬里以入贄，重九譯而來王。是以化洽太和，道隆邃古。納九垠之管籥，總堪輿之扃户。參天地之清寧，儷貞明之作睹。文軌合而謡俗同，跂喙恬而草木廡。軼埃壒而苞混茫，駕羲軒而淩三五。天子乃高拱垂裳，中央運斗。容與羲林，優游書牖。探珠淵之秘筌，陟玉山之高阜。德蕩蕩以無名，治熙熙而何有。既則冲然永念，穆然深思，曰：儀象肇啓，道法昭垂。寖明寖熾，惟君惟師。羣聖一揆，六經同歸。王澤下竭，頌聲式微。孕星鈐於上瑞，錫麟紱於昌期。毓龍蹲之至德，挺鳳峙之殊姿。集大成於千古，開絶學於來兹。溯平鄉之懿躅，景闕里之崇規。庶幾哉聞見可接，羹牆在斯，舉時巡之墜典，秩釋奠之隆儀。

爾乃乘大輅，控金鍐，牽翠羽，捎文虹。屬車按節，繁吹鳴箮。七萃鱗附，千官景從。馳道則五里十里，旌門則一重再重。集於泗水之上，幸於尼山之宫。斯時也，清羽斯音,初陽應律,葭管煙霏,芸房露茁。氣不慄以時寒,序將周而朔易。撫景物之澄鮮,攬風雲之明瑟。旌旗捲而廣野回春,帳殿開而暮山凝色。遂乃肇舉吉祀,肅奉精禋。春卿贊采,祠官眠牲。朱火西蘊,玄酒東陳,嘉籩廣豆,豐粢潔盛,《振羽》篇之六舞,合《咸》《英》之九成。薦祝號之明信,導神絃之降迎。穆穆宸容,廱廱天縡。殊禮展謁,隆文錫賚。覯靈爽之長存,儼哲人之如在。感神契以潛孚,體道真而昭對。洋洋乎,僾僾乎,與珠庭月角授受於千載之間,玉節金鏗酬答於一堂之內也。威儀告竣,禮度有嚴。登堂入奧,規周矩還。瞻聖里之岋岪,憩廣庭之靜便。布兩楹以翼聳,峙雙闕以星懸。藉杏壇之修蔭,挹碧池之素漣。偃息於道德之府,溯泳於圖書之淵。於是芝蓋重葩,龍斿曲柄。貴儗一人,尊侔萬乘。述素王之嘉贊,發五言之睿詠。海嶽遜其高深,星雲并其輝映。斯則聖天子蘊道之淳風,崇儒之殊敬也。

簪纓陪位,衿佩圜橋,長裾霧會,仙組雲影。始橫經以讎問,旋捫石而吹匏。誦遺言於姬孔,沐雅化於唐姚。禮讓之容,咸近光於黎獻;愷悌之澤,庶作人於譽髦。斯則聖天子風聲之四訖,文治之丕昭也。

曲阜名區,魯原舊聚。陪敦土田,復除縣賦。增講肄之常員,沛匭頒之異數。推恩則遍及師儒,錫爵則旁流支庶。五經博士,不遺凡蔣之封;九命上公,奚啻褒成之胙。斯則聖天子崇德之盛心,興賢之弘務也。

於是采甸侯衛,公卿大夫,期門式道,執戟荷殳。文學掌故之士,垂髫戴白之徒,縱觀典禮,蹌濟天衢,涵濡化澤,屬厭道腴。既雀躍而抃舞,亦鳧藻而歡愉。萬人一口,聲滿公車。惟我后之東巡,修百王之令式。答珍貺於三靈,聽衢謠於百室。卻瓊檢以勿祈,屏銀繩而詎飾。驂從清嚴,儀文簡質,吏不譏訶,民無供億。協時正律,埒虞氏之省方;納賈陳詩,儷姬王之述職。既陟山以哀對,還翕河而問俗;採晣陽之舊歌,睎榮光之新燭。朝宗滙江漢之波,玉帛奉塗山之籙。非漢日之搴茭,乃堯年之刻玉。若乃慶惠殷流,湛恩四周,給租賜帛,省刑釋囚。虛衷清問,博延廣諏,如天光之下霽,亦露濃之上浮。始汪濊於五土,旋齋淪於九州。今又茂明至道,導揚正學。虎炳龍章,金追玉琢。浴我以詩書,弘我以禮樂。盛德登閎,大猷輝卓。幠六合而被英蕤,鼓八絋而排氛濁。誠振古之隆規,開天之偉略也。

天子方且回輿京室,倚佩軒墀。道岸先陟,德契自持。庀政考業,基命殽幾。辨色以臨黼扆,視夜而啓彤帷。定仁義中正之極,稽因革損益之宜,不解冰淵之念,彌勤韜鐸之思。所以泰階順軌,乾籙迎禧。上理隆洽,茂化雍熙,治方侔於砥屬,俗已進於循蜚。四海壽康,恬於鶉居之代;萬年鼎祚,鞏於黿極之儀。

高士奇·幸闕里賦并序

隆古之世,作君作師,理同事壹。三代以還,君、師之統分矣。夫祖述堯舜,憲章文武,聖人之學,本師帝王。貴貴賢賢,彼此迭尚。君、師之理,何嘗不同條共貫哉?漢自高祖,迨於建武、永平、元和、延光之世,唐則乾封、開元,宋則大中祥符,皆降萬乘之尊,折節韋布。議者謂或儉於德,或歉於時。元、明遣官祭告修舉,具文而已。上以底定之餘,緝熙勤學,詩書之澤,蒸於穹壤,乃復躬祀闕里,昭茲隆軌。今古希遘,儒生幸焉。臣以陋劣玭筆,從六轡之後,獲觀盛典。使闕而不書,無以昭我皇上右文之治,臣滋愧矣。爰拜手稽首而作賦曰:

歲紀闕逢,月臨黃鍾。三辰協極,四野告豐。勞農息力,索蜡報功。暄將回乎春谷,霜不殺乎寒叢。天子既飛旆於江淮之表,旋軫於濟河之封。顧瞻魯邑,罜然其宮。伊素王之舊宅,接青帝之崇墉。森亘崎兮南北,錯相瞵兮西東。爰乃翿翠鳳,翼蒼龍,遵修陸,景逗蹤。絡繹乎其奔會者,若趨蹌之亞亞;疾徐乎其進止者,若俎豆之雍雍。詎探奇於岣嶁,類問道於崆峒。時則風伯斂飈,雨師收霢。碧蘚承輪,丹楓蔭軛。日華於林,霞綺於陌。天地爲之而澄宇,山川因之而絢色。折衝欥飛之旅,執殳而荷戈;出警入蹕之臣,吟鞭而頌策。罝罕遥舒,簫笳競集。目泝兮洙泗之靈源,心游兮金絲之奧室。褒成之後,夾畫輈以拱立;四氏之徒,羅芳徑以通籍。結羽葆兮開重闈,導鳴鸞兮入聖域。陋叔孫之禮儀,嗤諸儒之故實。啓帳殿以齊居,進行帷而肝食。於是乎籌人戒旦,裘人視明,祝人潔幣,宰人刑牲。苾芳兮秬鬯,匪敕兮粢盛。將車服兮在望,既履絇兮畢呈。焜煌兮碧瑬,灼爍兮朱楹。藹藹乎三檜之植,赫赫乎七璧之銘。歷階而進焉,矩步而行焉,盥洗以致乃敬焉,釋奠以告乃成焉。其禮器則有山雷象勺,籩實銅羹,合蕭揚燎,仿佛兮神明。其樂舞則有朱干玉戚,鼖鼓匏笙,登歌間詠,洋溢兮韶英。

上乃紓睿慮之乾乾,湛宸容之穆穆。九流仰鏡,萬古欽躅。銀鉤鐵畫,揭藻彩於日星;珠榜璇題,聳嶙峋於寥廓。交窗之楹霧爭霏,對雷之簷暉欲落。肅寢周廊,重櫨鬥桷。仰兮如翬,俯兮若啄。晝徐徐兮杏壇,夕曖曖兮松楥。回二氣之慘舒,駐千年之晦朔。言憩乎詩禮之堂,載升乎奎文之閣。几策並陳,絃誦可作。莫不開龍顏之一霽,嘆鳳德之猶昨。既徘徊以容與,復諏謀而詢度。迨於緩琴,響回玉軫,坐講堂,聯庶尹。念儒林之繁會,刱聖里之標準。詔子弟以修鼓篋之儀,儼膠庠而播道鐸之警。韋編並啓,壁書無隱。闡大義兮方昭,續微言兮未泯。琅琅兮天語,若鐘鏞之初叩;矗矗兮經生,若函丈之羣請。周旋中規,進退惟謹。

若夫嶧山之傍,尼山之畔,望五老之峰而回車,訪坤靈之洞而結靷。或起或伏,或遠或近。撫往迹以留連,觀遺徽於夢寢。於是乎出自北門,瞻彼中林。想衣冠於馬鬣之道,數封植於兔溝之潯。岱撤壤以培其厚,海飛沫以環其深。氣阡阡而奕奕,景鬱鬱而沉沉。其石則有龜趺距丈、麟碣摩尋、翁仲秉笏、華表棲禽。其木則有文楷攢繡、蒼柏接陰、欀檀布戟、枌柞抽簪。繚樊垣以爲衛,戒採拾而靡侵。荊不芟兮自翦,草皆苗兮成琛。恍精誠之有格，式憑眺之常欽。伊神符而道合，斯豁目而暢心。

是日也，巽風匝地，解澤彌天，屯膏勿壅，渙號勤宣。既省耕而省斂，亦議恤而議蠲。帝王之轍迴矣，聖人之澤存焉。爰及苗裔，世守土田。戶復於籍，丁免於廛。攬謠俗兮周知乎疾苦，歷郡縣兮弗改乎貿遷。懸寬租於令甲，戒索賦於窮堨。更乃收白虎之幡，樹金雞之竿，振鵷鷺之武，騰蒼赤之歡。照曜兮廣輪之曦旭，霑濡兮率土之垓埏。蕩蕩乎德乃至，巍巍乎功始全。粵稽一元肇分，三才爰立。上下定位，尊卑別秩。惟馭世之弘綱，與覺民之懿迹。理並符乎幬載，數相嬗乎翕闢。緬古皇圖，咸崇儒術。或創緒於兵戈，或蒙安於宗祐，或希心於汰侈，或邀譽於潤色。縱陟降之在庭，未炳蔚乎史冊。伊昭代之授籙兮，踵禹範於羲畫。維我皇之凝祉兮，絜堯樽與舜瑟。綜性道而煥文章兮，建君師之極則。

徐嘉炎·大駕南巡賦

粵我皇清之總三才而襲氣母兮，歷三聖而冠百王。惟聖主之首出乎庶物兮，鼓橐籥而播陰陽。當甲子青龍之元會兮，赫景命而召禎祥。誕五德之純精兮，開萬禩而煇煌。耕獵道德而爲苑囿兮，馳騁仁義以爲津梁。光無幽而不燭兮，澤無往而不彰。紹盤羲而代嬗兮，孕苞符而統混茫。既四海之寧壹兮，乃兆人之如傷。作雷雨之解而在宥兮，象風地之觀而省方。

爾乃建霓旌，張鳳斾，雲罕日旂，虹幢羽蓋，萬騎繽紛，千乘繁會。乃先沛膏雨於垓埏，集羣生於覆載。仿天乙之弛羅，儀鎬京之大賚。罄南國之倉箱，望東州而賑貸。推恩數於羣臣，賓化育於無外。於時背秋涉冬，寒氣始升，焦溪漸涸，湯谷將凝，水澤之腹既堅，不周之風斯興。木脫葉而童童，草解節而稜稜。吾皇於是駕雲龍之飛輅，張秋隼之華旟，飾軍容於七萃，申武衛於三驅。隆隆記里之鼓，轔轔相風之車，散彎於漁陽之野，校戎於龍虒之墟，則有屏翳清塵，望舒懸象。飭馳道之離宮，闢修途之榛莽。有轍轍之攀躋，非旴旴之弘敞。眷北顧而逶迤，憑南雲而下上。值三農之休暇，惟六龍之是望。極九有之神功，爰告成於岱宗。嗤齊桓之望瑞，陋漢武之乾封。爲民儲祉，秩叙惇庸。望天孫而至止，仰日觀而雍容。爰祗誠而徒步，乃獨致夫虔恭。乘輿屏其勿御，騶裹卻而罔從。懸崖垂二分之足，絕壁俯萬尋之松，似捫參以歷井，若凌虛而御風，迤天門而排閶闔，經千樹而瞰三宮。胼胝均勤乎大禹，焦勞重見乎神農。時則衛士嚴裝，從臣啓路，螯室徹晨，齊宮戒暮。慶成乎答天之禮，敷告乎勤民之故。神人允協其休和，臣氓式遵夫矩度。

鷗車東振，闒戟南翔，渡沂洸而行邁，涉汶泗而飛揚，巡河濱而周歷，思潄水之溝防。玩璿珠於漆澤，屯楗石於宣房。招河伯以效靈，顧海若而望洋。南際邗溝，北始氾光。嗟泛濫之愁人，致污萊之卒荒。經營乎潰決之陂，疆理乎橫流之場。必鑿海而歸墟,斯我田之既臧。何水衡之足惜,爲當救此一方。駕艅艎之乘舟,杭一葦而南浮,任長風之破浪,亦沿波而泝游。蕩日青龍之艦,排雲飛燕之樓,組練耀昆明之浦,帆檣聯彭蠡之洲。牙旂桂楫,赤舼銀鉤,涵泳則羣山遙指,溯洄則百川競流。盡乾坤於一瞬,坏吳楚而爲漚。緬六代之繁華,經千年之建業,瞻虎踞於名都,指牛頭爲天闕。隘紫蓋之偏安,狹金車於季葉。睠故國之山陵,乃追揚其謨烈。稽運會之始終,嘉唐虞之盛節。致隆儀於軼代,戢軍氓之覅伐。斯無前之至德,實靡有之軌轍。惟經綸天下之大經,乃曠世同符而莫越。南眺吳會,清嘉之宇,俗號秀民,地非沃土。攬轉運之京坻,恤煩疲之廩庾。襟茂苑於具區,帶橫塘於江浦。遡泰伯於千秋,起言游於三古。稽山在望,胥濤驚眼。勤望幸於黟江,佇況榮而宛轉。念兩宮之暫離,遂六龍之旋返。植梧鳳於岡陵,斫修蛇於墳衍,馳延屬之紆途,陟刭嵸之峻坂。灑宸章於妙高,登浮玉而遐覽。黃童襁負而待澤,黎庶謳吟而送遠。觀乎人文,久道化成。景終古之教澤,過闕里而式憑。大猷是經,先民是程。尊元公而開玄聖,由素王以及素臣。仰帝師而下拜,志重道以弘文。晰櫟檀雜離之木,辨雞彝龍勺之銘。翠古檜之菁葱,撫楷模之輪囷。湯湯乎洙泗之流,屹屹乎防阜之城,結山河之兩戒,鍾地脈於百靈。於是世冑謁禮,諸生肅興。仿累朝之賓監,榮先聖之雲仍。制既隆於紹嘉,恩更亶乎褒成。盛三雍之上儀,崇百代之休稱。

　　是日也,天子考《五經》之統紀,思《六藝》之折衷,爰披圖而志迹,論報德而酬庸。籩豆舞佾之繁,銀鏤琬琰之隆,是未足以光天德、贊聖功,乃留曲蓋之凝嚴,軼葩瑤之寵滋。屬祗寅乎禋祀,紛胖蠁而豐融。廣錫類之孝思,弘論說之儒風。歷漢元以迄今茲,誰尊聖之克同?爰乃回駕旋軫,飛輈整斾,鳳彎玲瓏,麟毫棽麗。張廣樂於洞庭,舞咸池於北冀。千鈞之虡力洪,萬石之鐘音備。賦忠厚於《行葦》,歌太平於《既醉》。千疆霵赴,萬里星奔。東煥滄海,西燿玉門。奠斗辰於皇極,布星宿於崑崙。日南則威加窮髮,漠北則武震烏孫。重舌緩耳之國,雕題黑齒之氓,莫不來王而慕義,稽首而稱臣。

　　皇帝猶願時雍之速屆,俾風動之遄臻。乃下明詔,勵羣臣,崇學校,飭儒紳。道德文章,濟濟振振,遐陬密壤,過化存神。是以敷天之下,率土之濱,含文抱質,履素懷真,歌風舞雅,蹈德詠仁,沐浴乎詩書之澤,翱翔乎禮樂之英。郊畿父老,迓望屬車。千官紛會,雁列鳧趨。懷銀黃及璽綬,佩玉虎與金魚。頌省耕省斂之舉,上豐年大有之書。猗歟盛哉!皇帝王三嬗之運,唐虞夏遞降之餘,我皇之至德,亘萬古而難逾。頌曰:

　　煌煌聖祖,創惟艱兮。洎我章皇,開八埏兮。皇帝聖德,宏先業兮。既覿文光,揚武烈兮。三蘖既殄,毒痛除兮。海不揚波,同車書兮。殊方貢琛,入質子兮。震疊懷柔,百神慰兮。思我蒸民,際太平兮。或虞幽隱,雍上聞兮。省方陳風,觀我生兮。登岱祈天,志憂勤兮。經綸參贊,遵先聖兮。道一風同,克永命兮。有虞五載,巡狩遍兮。亦越姬周,十二年兮。我皇法古,純不已兮。時邁其邦,昊天子兮。小臣獻頌,介景福兮。聖子神孫,永天禄兮。

七十代衍聖公廣棨·慶雲賦

歲在作噩,律中黄鍾。太和翔洽,佳氣冲融。應飛灰於葭管,表集雀於璇宫。合陽氣而潛起,觸膚石以旁通。爾乃英英云云,亭亭鬵鬵,氤氲絡繹,槃槃霶霈,杳兮畢薈,粲兮微靉。儵鸞止而麟遊,儵峰回而水滙。於是太史登臺而書之曰:

異哉!初羃羃於赤泉,遂飛揚於碧落,沓浮空而蔽野,乍截巖而横廓。其散也,濯貝錦於秋江;其聚也,舞霓裳於春閣;其疾也,若騏驥之絶塵;其徐也,若鷗鷺之恬漠。映日則金碧交宣,因風則芒穎相錯。丹霞失麗,紫電無文,銀漢撝章,珠斗迷昕。迫而察之,是曰慶雲。

原夫慶雲之興也,上有山龍藻火之光華,下有舟楫鹽梅之德讓。明良作合,神人交暢。襹褷紛其若擷,變幻蔚其難狀。天孫莫擄其巧,公輸幾窮其量,王母之所不能謡,八伯之所不能況。於是乎文明啓而廣化敷焉,於是乎道德崇而高賢愉焉。矧迺岱嶽梁父之鎮,洙源泗水之區,千聖百王之冠,律時襲土之殊。際尊師之聖主,溯翼運之權輿。作廟翼翼,審曲渠渠。鬱虹梁而上躋,翔陽鳥以正中。是日也,天澂碧,山穹窿,泮可鑑,檜無風,金絲西,庸鼓東,徵儒業,畢農功。爛兮曜羣矚目,燗兮紛衆來同。愕眙太息,熠熠溶溶。色則忽明忽媚,澄鮮叢彩,勝丹青之繢工;形則或悠或揚,宛轉裊繞,媲象箾之舞容。爾其爲瑞也,合璧之日不足摛其藻也,抱珥之月不足名其寶也,泰階之符不足著其好也,甘露之濡不足喻其道也。豈若斯雲,有定無定,無情有情。龍躍則九光畢照,鳳儀則六象俱形。折若木之華,金枝玉葉;峙汾陰之鼎,鵬翼魚鱗。高觀層樓,非黝堊之所能飾;絳車華蓋,豈輪匠之所能成?是則七璧之報,祇以彰先聖之靈;而五雲之生,尤足表天庥之徵也。歌曰:太虚何有,道氣充兮。和則爲祥,順爲隆分。[①] 繽紛蕭索,曰從龍兮。聖學遜敏,師則崇兮。輝煌廟貌,日方中兮。五色比象,雲何工兮。光華復旦,四方同風兮。載賡曰:起封中兮彌八方,號瑞霱兮集休祥。魯如馬兮超龍驥,絢璀璨兮舒其光。歘赫曦兮映棟梁,蒼梧來兮符聖王。何以卜之斯文昌。

辭

宋

鮮于侁·告孔子辭

曲阜兮遺墟,先師兮闕里。神仿佛兮如在,涕潺湲兮不已。窮天地兮一人,揭日月而照臨。生無萬乘之位兮,三千之徒心服而四來。嗟愚陋之不明兮,乃商賜之爲

---

① "分",據前後文義,當作"兮"。

疑。羌紛紛其妄作兮,悖道違義而弗自知。顧六藝之折衷兮,取舍縱橫而協於道。後世苟輕肆於胸臆兮,必致貽於詬病。三綱立而五教明兮,實治世之宏矩。履厚地而戴高天兮,胡一日之可捨。宜萬齡之廟貌兮,春秋不乏其時祀。合仁義以爲冠兮,結忠信而爲佩。集道德以爲裳兮,服文章而爲帶。列籩豆以爲左右兮,蘋藻牲牢而潔肥。酌玉醴以爲酒兮,錯瓊瑤而爲粢。升堂而北面兮,望冕旒之巍巍。惟神明之降鑑兮,洞精神其來歆。

明

李傑·弔檜辭并序

弘治己未歲六月十六日,闕里孔子廟災,先聖手植檜煨焉。京師士大夫聞之,罔不驚惋,且曰:"廟貌修復,我皇上崇儒右文,諒不容緩。但茲檜不可復得,惜哉!"予考之志書,手植檜枯於晉,復榮於隋,又枯於唐,復榮於宋。元初,紫陽楊奐《東遊記》中云:"金貞祐兵火焚燬,無復孑遺,好事者或爲聖像,或爲簪笏,而香氣特異。"是則宋時復榮之檜,至是又不復存矣。後八十一歲,爲至元三十一年,復生於故處。教授張頖爲銘以識之。今所煨者,即此檜也。然則他日之復生,其可必也。乃爲辭以弔之。辭曰:

維茲之檜兮,鬱乎參天。蒼色屹立兮,廟門之前。右枝符坤兮,左幹象乾。膚文隱起兮,一如糾纏。迴柯偃蹇兮,蛟龍屈盤。蔽虧日月兮,凌厲風煙。嘉種特異兮,良材孔堅。根蟠厚土兮,下入九泉。尼山培根兮,泗水滋源。鍾靈孕秀兮,餘二千年。是惟先聖之所手植兮,夫豈凡木之可比肩。載枯載榮兮凡幾,生意常存兮不死。日月光食兮重明,甲子數窮兮復起。嗟茲檜之被煨兮,元氣鬱而蘊精。迨靈雨之既零兮,萌蘗勃兮其奮興。惟聖道之光大兮,與天地而同久。冀茲檜之復生兮,歷萬年而不朽。

喬宇·孔林辭并序

正德庚午歲,宇以戶部左侍郎奉命禱雨於山東境內山川,道經曲阜,瞻望聖林,感而賦此辭曰:

鬱鬱喬林,上蔽空兮。環抱數里,靈秀叢兮。於惟先聖,歸故宮兮。千秋萬歲,神遊其中兮。蔭庇後人,澤無窮兮。我塞以通,瞶以聰兮。扶世立教,伊誰之功兮!

藝文第十二之十

詩

隋

劉斌·謁孔子廟

性與雖天縱，主世乃無由。何言泰山毀？空驚逝水流。及門思往烈，入室想前修。寂寞荒階暮，摧殘古木秋。遺風暖如此，聊以慰蒸求。

唐

玄宗·經鄒魯祭孔子而嘆

夫子何爲者？栖栖一代中。地猶鄒①氏邑，宅即魯王宮。嘆鳳嗟身否，傷麟泣②道窮。今看兩楹奠，當與夢時同。

張說·應制奉和

孔聖家鄒魯，儒風藹典墳。龍驂過舊宅，鳳德詠餘芬。入室神如在，升堂樂自聞。懸知一王法，今日待明君。

張九齡·應制奉和

孔門泰山下，不見登封時。徒有先王法，今爲明主思。恩加萬乘幸，禮致一牢祠。舊宅千年外，光華今③在茲。

---

① "鄒"，《御定全唐詩》卷三《明皇帝》作"鄹"。
② "泣"，宋李昉等《文苑英華》卷一七一、《御定全唐詩》卷三《明皇帝》作"怨"。
③ "今"，宋李昉等《文苑英華》卷一七一、《御定全唐詩》卷三《明皇帝》作"空"。

韓翃·送故人孔公歸魯

魯客多歸興，居人悵別情。雨餘衫袖冷，風惹馬蹄輕。秋草靈光殿，寒雲曲阜城。知君拜親後，少婦下機迎。

劉滄·過闕里

行經闕里自堪傷，曾嘆東流逝水長。蘿蔓幾凋荒壠樹，莓苔多浸古宮牆。三千弟子標青史，萬代宗師仰素王。蕭索風高洙泗上，秋山明月夜蒼蒼。

宋

四十五代孫道輔·題祖廟

秦火自焚寧害聖，金絲堂壁闊家書。典墳啓發皆天意，非爲共王好治居。

四十六代孫舜亮·咏手植檜

聖人嘉異種，移對誦絃堂。雙本無今古，千年任雪霜。右旋符地順，左紐象乾剛。影覆詩書府，根盤禮義鄉。盛同文不朽，高與道相當。洙泗滋榮茂，龜蒙借鬱蒼。毓靈全木帝，鍾秀極勾芒。氣爽羣居席，烟凝數仞牆。陰連槐市綠，子落杏壇香。布露周千尺，騰淩上百常。傍欺泮林小，遠笑嶧桐黃。屹若擎天柱，森如出日桑。風中雕虎嘯，雲際老龍驤。直欲驚魑魅，端疑待鳳凰。鱗差闕翬甲，幹錯羽林槍。大節忠臣概，堅心志士方。魯宮侵不得，秦火縱何傷。宣子休誇樹，姬人謾愛棠。松卑虛視爵，花賤枉封王。誰念真儒迹，何當議寵章？

吳秘·謁林

高天之有文，星辰豔穿碧。厚地之有文，草木秀野色。草木既無辭，星辰亦難測。詎侔人之文，五經爲藝極。五經主者何？豈非至聖力。三才久虛位，待我先師宅。秘亦窮經者，自謂入閫閾。天地無逃數，世人猶自惑。代移文不移，宜在弟子職。薰香達誠悃，滴酒瀝胸臆。瞿然見威容，長林聳墳側。

邵雍·謁先聖

執卷何人不讀書，能知性者又何如？工居天下語言内，妙出世間繩墨餘。陶冶有無天事業，權衡治亂帝功夫。大哉贊《易》修經意，料得生民以後無。

無名氏·謁林

靈光殿古生秋草，曲阜城荒噪晚鴉。惟有孔林殘照裏，至今猶屬仲尼家。

金

党懷英·謁林

魯國遺蹤墮渺茫，獨餘林廟壓城荒。梅梁分曙棲霞影，松牖回春駐日光。老檜曾霑周雨露，斷碑猶是漢文章。不須更問傳家久，泰岱參天汶泗長。

陳國瑞·題尼山毓聖侯祠

巍巍雄鎮倚晴空，一抹烟嵐黛色濃。深谷半含金翡翠，層巒高插玉芙蓉。雲開虎洞清溪遠，雨臥龍碑碧蘚封。三獻禮成間佇立，手捫日月思從容。

元

謝彥實·謁廟

聖道遺宗主，干戈隔歲年。相傳周禮樂，曾是魯山川。日月靈光古，乾坤氣象全。東家典刑在，喬木翠參天。

楊奐·謁廟

會見春風入杏壇，奎文閣上獨凭欄。淵源自古尊洙泗，祖述何人似孟韓。竹簡不隨秦火冷，楷林空倚魯城寒。飄流蹤迹千年後，無復東西老一簞。

王惲·謁闕里

庭訓墮渺茫，師授悖嚴戒。嗟予不惑年，行己得夷隘。今歲客東魯，似爲神所介。駕言逐秋風，得展闕里拜。遙遙魯甸餘，汶水走湍瀨。憑軾望雲林，鬱鬱佳氣靉。齊莊趨兩楹，奠獻成孤酹。巋然三聖封，仰止高泰岱。披雲睹天日，太極開一畫。彼蒼詎能言，諄諄聖爲代。三綱與九法，範圍無內外。君臣以之定，乾坤以之泰。東周不可爲，述作萬古賴。眇聆狗鐸音，光化雷雨解。敬想燕居容，金聲鏗玉佩。當時七十子，授受嚴如待。鳳兮鳴幾時，諸子沸秋籟。一朱亂紅紫，百谷茂稊稗。愚者甘下達，誕者樂語怪。韞藏寶康瓠，幹[1]棄清廟。明倫得不泯，而有六經在。天高孰可階，一氣包厚載。茲遊固難言，默契心有會。胸中九雲夢，吞納失芥蒂。循循善誘詞，師也書諸帶。緬懷伯禽業，郁郁文獻最。三桓張公室，霸功熾而忕。一奢去無復，荒陵餘石獬。煌煌天乙孫，膚敏半冠蓋。德傳慶自修，道大勢能邁。金泥貫元精，泗波來遠派。壞。歸侍金絲堂，持齊聞磬欬。恍如到帝所，鈞天廣樂備。汪濊一聖海，不隨梁木洗我兩耳聰，肉味忘一

---

① "幹"，北大本、集成本作"幹"。

嘬。詠歸寫遺音，風雅變廊邶。一簞老東家，吾知其樂大。遲遲不忍去，寒日下蒼檜。

趙孟頫・題擊蛇笏

以笏擊蛇有孔公，義與段公擊賊同。事之鉅細雖有異，正氣憤激生於中。偉哉孔公聖人裔，豈聽妖邪亂民志？即今槐木一尺强，氣象凜凜含風霜。子孫守之慎寶藏，絕勝象牙堆滿牀。

張起巖・謁林

迢迢魯城陰，長林肅秋色。修門負平崗，重墉屹元宅。交柯矗雲霄，文楷間蒼柏。翁仲儼儀衛，齋廳敞虛白。境土自清曠，密樾不容隙。巢居絕禽鳥，叢茆無寸棘。苔蘚帶堅堉，草露濕寒碧。肅躬款崇闕，屏氣前踧踖。高陵遂瞻仰，素願愜平昔。聖裔偕守長，聯翩來接迹。羅列儀雍容，奠拜助登陟。慨然渺深思，晬容宛如覿。徘徊凝睇久，景慕還嘆息。緬想萬世功，綱常賴扶植。林林區宇內，孰不沾聖澤？宜哉子孫枝，蕃衍挺珪璧。百代如一日，附隴守宗國。欲歸重躊躇，歷覽撫碑刻。崇文際皇元，新廟再修飭。風厲示多方，鐫銘有穹石。

揭傒斯・謁林廟

峨峨尼山，蔽于魯邦。篤生聖人，維民之綱。尼山之下，有洙有泗。有蔚孔林，在泗之涘。維彼聖人，教之誘之。凡厥庶民，則而效之。維彼聖人，覆之載之。凡厥庶民，敬而愛之。既誦其言，亦被其服。孰秣其馬，于林之側。既誦其言，亦履其武。孰秣其馬，于林之下。六轡既同，周侯之東。薦之侑之，聖人之宮。其音洋洋，其趨蹌蹌。其臨皇皇，聖人允臧。商民圖之，式昭其敬。載瞻載思，罔不由聖。

葛邏禄迺賢・孔林瑞槐歌

闕里陰陰槐樹古，百尺長柯挾風雨。密葉蟠空擁翠雲，深根貫石流瓊乳。蒼皮皴蝕紋異常，天成篆籀分毫芒。游絲縈錯科斗亂，雲氣飛動龍鸞翔。嬴秦書焚士坑僇，幾嘆遺經藏壁屋。千年聖道復昭明，喜見文章出嘉木。神明元胄嗣上公，雨露滋沐深培封。清陰如水石壇靜，彈琴樹應歌薰風。

趙鼎・手植檜詩

擢秀真儒宅，垂陰數仞牆。封培因聖力，茂悅得靈長。根踞龍蛇蟄，枝延鸞鵠翔。勞躬師禹稷，蔓草薙韓莊。偃蹇明堂榦，蕭森岱嶽陽。圍欺漢武柏，愛掩召公棠。日月成塵劫，乾坤屢戰場。恩仁感樵牧，忠厚及牛羊。不有神明護，寧逃翦伐傷。歲寒千古色，宜並子孫昌。

周伯琦·謁廟

闕里宣尼宅，儒林禮樂區。右文昭代盛，報德聖恩殊。天語頒中禁，星軺發上都。内廷香繞案，光禄酒浮壺。持節慙專對，于原慎載驅。秋陽晞稼穡，晝路走槐榆。歷歷由濟汶，行行望泗洙。岱宗標近甸，魯殿没荒蕪。不見三家采，惟餘五父衢。祠嚴柔日逼，林近絶晨趨。廢堁依修阜，危臺記舞雩。廟宮參象緯，書閣壓城闉。反宇周阿峻，回廊百步紆。蛟鱗蟠玉柱，螭首響金鋪。庭迥檜千尺，壇虛杏數株。省牲新雨霽，釋奠舊章敷。闢户陳籩豆，登歌應瑟竽。尊居玄聖儼，侑食列賢俱。興頫鏗珩珮，周旋顧履絇。祼將宸意達，祝告下誠孚。明燎煇雲陛，祥熏集寶鑪。共觀周典禮，寧數漢規模。似續於今盛，欽崇自古無。繚垣隆象魏，穿石峙龜趺。萬卷牙籤秩，雙亭翠竹扶。山川光拱揖，泉井澤沾濡。推本尊師道，題名述廟謨。佇看戔束帛，豈復嘆乘桴？制作先東魯，朝廷用大儒。愚生亦多幸，歸上孔林圖。

明

貝瓊·送衍聖公還闕里

星劍光芒萬丈騰，賜書連舸出金陵。雁違青冢天將雪，馬渡黄河夜已冰。博士經存終漢出，上公爵重自唐升。喜聞手植庭中檜，翠接東蒙第幾層。

六十代贈衍聖公·題杏壇

魯城遺迹已成空，點瑟回琴想像中。獨有杏壇春意早，年年花發舊時紅。

又：

祭尼山

長驅一任馬蹄穿，不到尼山又幾年。遠近峰巒凝黛色，高低草樹起蒼烟。西風墜葉迷寒徑，落日飢鴉噪晚田。洞入坤靈思聖祖，千年遺事逝如川。

又：

尼防書舍

盤石垂蘿何處家，山深茅屋隔烟霞。幽人讀罷無餘事，紗帽籠頭自煮茶。

又：

登舞雩臺

春服初成候，同行沂水隈。欲求曾點志，先上舞雩臺。仰止懷先達，遊歌啓後來。鄉民瞻望處，童冠幾人回。

吳寬·咏手植檜

魯宮久已壞，孔宅仍如新。悠悠二千載，手澤嗟猶存。所存非他物，奇樹當高門。① 相傳籍文字，烈火經嬴秦。而此特萌蘗，挺然異其羣。羣木繞庭際，合抱如雲屯。② 尋常豈得似？隱然成旋文。端如人索綯，徽纆依然分。米芾好奇士，於道未必聞。玩物有述作，意與石丈均。我來重謁拜，欲去凡③幾巡。維魯多松柏，斷度見詩人。徂徠與新甫，遙瞻失嶙峋。

汪舜民·謁林

杏壇北去無多路，泰嶽南來第幾岑。大地一朝收間氣，晴嵐千古鎖幽林。六年築室人何在，三世題碑迹可尋。獨幸遺經能載道，至今不朽淑斯人。

金湜·謁廟

複壠重崗走百靈，堂堂東魯建宮庭。千年道德垂天地，萬古文章炳日星。泗水遠連洙水碧，尼山常對泰山青。入門端拜秋陽裏，正脈追尋在六經。

李東陽·新廟五章

巖巖泰嶽，新廟有作。爰經爰度，惟舊規是若。載增載拓，以光于前略。

新廟既構，其煇孔炤。如輻斯輳，如樅斯茂。若纘若繡，惟功之茂，厥有加于舊。

惟天降災，鬱攸是崇，惟斯文之恫。惟帝降命，有嚴厥工。惟中丞之風，監司之功。

廟祀伊俶，帝命孔肅。曰此大事，我其可弗告。粢盛册祝，予輔臣是屬。臣拜稽首，臣曷敢弗愨？

廟既新止，禮既殷止。聖靈降監，享吉蠲止。天右斯文，實享厥屯。如貞斯元，如冬斯春。惟國有明，祀於千萬年。

---

① 按，"奇樹當高門"後，明吳寬《家藏集》卷六《觀手植檜》、《御定佩文齋廣羣芳譜》卷七一《木譜·明吳寬〈觀孔林手植檜〉》皆有"矯矯歷霜雪，青青出埃塵。親承時雨化，生意常欣欣"四句。此處疑脱。

② "如雲屯"，明吳寬《家藏集》卷六《觀手植檜》、《御定佩文齋廣羣芳譜》卷七一《木譜·明吳寬〈觀孔林手植檜〉》作"高入雲"。

③ "凡"，明吳寬《家藏集》卷六《觀手植檜》、《御定佩文齋廣羣芳譜》卷七一《木譜·明吳寬〈觀孔林手植檜〉》作"步"。

又：

謁　林

古木①千年在，林深五月寒。恩沾周雨露，儀識漢衣冠。駐蹕亭猶峙，巢枝鳥未安。斷碑叢樹裏，無路可尋看。

又：

謁尼山廟有述

迢迢魯城路，望望尼山峰。坤靈在其西，顏母在其東。周原敞宏址，中有文宣宮。年深歲復改，上雨兼旁風。蒼黃設俎豆，俯仰思儀容。周旋入寢殿，榱棟半已空。丹青剝像貌，暴露炎埃中。因之起深痛，蹙額面發紅。荒苔卧石柱，隱隱雙雕龍。乃知前朝事，規制本穹窿。興替豈②有時，闕里方尊崇。紛紛緇黃輩，各自傳其宗。珠林映貝閣，勢若爭雌雄。吾曹衣冠士，此涕詎無從。昨逢中臺彥，感舊傷遺蹤。惜哉不共到，獨此心忡忡。他時按部後，爲我回青驄。

又：

尼山春曉圖

濛濛尼山雲，忽忽天向曉。依微遠峰露，拖沓層城繞。海日出③漸高，浮光動林表。環看萬家村，俯視一飛鳥。上公圭裳冑，興與巖谷杳。丹青得形似，指點入幽眇。回首岱宗顛，④誰云衆山小？

又：

曲阜紀事

天下衣冠仰聖門，舊邦風俗本來敦。一方烟火無庵觀，三氏絃歌有子孫。城郭已荒遺址在，書文半滅古碑存。憑誰更續《東遊記》，歸向中朝次第論。

李兆先·謁廟

日色荒凉秋氣陰，斷碑遺火費追尋。空亭漫駐前朝蹕，敗壁希聞太古音。道德祗應天作配，衣冠時有士如林。宮牆不逐飛烟滅，依舊瞻依萬仞心。

---

① “古木”，明李東陽《懷麓堂集》卷九六《文續稿六》作“墓古”。
② “豈”，明李東陽《懷麓堂集》卷九六《文續稿六》作“會”。
③ “海日出”，明李東陽《懷麓堂集》卷五二《詩後稿二》作“每日山”。
④ “顛”，明李東陽《懷麓堂集》卷五二《詩後稿二》作“巔”。

熊相 · 謁廟

闕里環洙泗，新城喜屹如。今爲天子使，昔讀聖人書。文獻徵商後，園陵訪魯餘。徘徊不能去，日暮强登車。

又：

咏 手 植 檜

夫子庭前檜，傳來夫子栽。霜皮皆左紐，野火漫餘灰。翠色滋壇杏，虬根上石苔。斯文應未喪，重發待時來。

劉大夏 · 謁闕里

數仞宮牆聳大觀，古今人物及門難。自憐老去頻翹首，卻喜東來一倚欄。棟宇巍峨高泰嶽，江湖迢遞望長安。使臣不解平河術，敬把遺經仔細看。

李時 · 送衍聖公還闕里

聖主臨雍出紫宸，上公承召促朱輪。衣冠兩度逢殊典，禮樂千年重大倫。聽講坐依龍袞近，拜恩歸賜錦袍新。歌成振鷺情何限，東望尼山萬古春。

陳鳳梧 · 登奎文閣

嵯峨傑閣入宮牆，上有雲梯百尺長。丹碧九霄明日表，牙籤萬軸映奎光。滄溟俯視東洋外，岱嶽平臨北斗傍。何幸登高豁心目，願從聖道竊餘芳。

儲巏 · 咏手植檜

物理有代謝，陳根仍復新。猗與千年檜，乃此枯株存。想當蓊鬱時，羽蓋魯東門。坑焚幸不及，白兔述狂秦。豈無四方樹，楷杏難爲羣。上無鸛鵒巢，下免螻蟻屯。鱗皴苔蘚迹，茫昧科斗文。云執紀顛末，嵌壁書八分。我來劫火餘，所見異所聞。傷哉翰林句，感嘆傳成均。南枝幾時復，青帝將東巡。豈伊孔氏木，四海皆門人。會見干霄姿，巊嶪爭嶙峋。

喬宇 · 謁廟

南沂西泗繞晴霞，北岱東蒙擁翠華。萬里冠裳王者會，千年鄒魯聖人家。高林蔽日無巢鳥，古碣埋雲半土花。瞻望宮牆空傴僂，敢從滄海問津涯。

陳沂 · 謁廟

憶昔尼山下，栖栖數畝宮。服從周典禮，官作魯司空。道起春秋日，功垂宇宙中。

子孫千萬祀，不與帝王同。

又：

謁　林

路出防山外，林當泗水前。五衢知墓隧，四尺表封阡。植木風霜舊，題碑世代遷。降神周魯日，河嶽尚依然。

林庭㭿·謁林

曉漏疏星候啓關，朝雲晴日獨登壇。素王祠下頻稽首，泗水橋邊更倚欄。龍輦路深苔蘚合，鶴巢松老露華寒。青山玉匣知多少，陵谷桑田竟渺漫。

楊維聰·謁林廟

驚風飄寒雨，秋杪淒重陰。徘徊魯故墟，榛莽成荒林。靈光亦已廢，閟宮詎及今。巍然夫子宅，殿廡何崎嶔。往昔講禮徒，易世猶來臨。斯文信在兹，墜緒誰復尋？履舄化既久，絲竹無遺音。仰瞻數仞牆，惕厲感我心。

張璧·謁廟

岱嶽仙源路，文宣闕里祠。乾坤開鉅觀，天地壯巍基。臺殿明丹腜，宮牆敞綠璃。參天搖檜柏，盤石隱龍螭。寒落空壇杏，香凝老檻芝。鳧山森畫障，虹寶照瓊墀。矗矗奎文閣，峨峨玉篆碑。秘藏遺劍舄，流響[1]尚金絲。帝道元同大，王封本自宜。靈光餘斷瓦，鄒嶧但荒虆。尼父家常在，丹書志不移。故多神鬼護，寧受雪霜欺。歷代文加厚，明朝寵更奇。日星懸有象，洙泗浩無涯。末學頻瞻仰，兹遊豈夢思？三薰拜元座，千古帝王師。

又：

謁　林

北上過濟州，望兗促行色。朝驅河上車，暮憩魯中宅。平明躋闕里，零雨灑巖柏。淙淙泉石清，皚皚霜木白。翁仲羅庭墀，檀欒蔭窗隙。山空净祠壇，樹老斷荆棘。神路邃且長，享殿丹以碧。拾級轉逶迤，劍袙還踧踖。游衍成壯觀，夢想自疇昔。山川殊精靈，典章豈陳迹？對樹何鬱盤，蹕亭幾登陟。向來慕勝境，及此遂良覿。臨眺脛豈悄，展拜氣方息。還遶楷木林，雨露正培植。遥探洙河水，流波乃潤澤。有如聽金

---

① “響”，北大本、集成本作“闉”。

絲，復若獲珙璧。徘徊恒顧瞻，鑽仰即修飭。天地繪何能？泰山有元石。

胡纘宗·謁闕里五首

日出登清廟，仰見春雲流。百拜杏壇下，金石諧深憂。袞冕儼堂陛，顧瞻心悠悠。天不生尼父，斯文將焉求？

春雲覆魯阜，紫氣生尼山。奕奕素王宮，宛在海嶽間。海深不可量，嶽高不可攀。鳳鳥復何處？洙泗空潺湲。

巍巍登宮牆，肅肅列冠裳。穆穆啓遥殿，翼翼瞻崇堂。雍雍餘禮樂，郁郁昭文章。悠悠但百拜，納納何能量。

兢兢入闕里，翼翼登杏壇。皥皥美千室，楚楚富百官。羲文不復作，太極誰爲端。輾轉感麟處，絕筆有餘嘆。

暮依凫嶧山，曉循洙泗水。杏壇浮白雲，蒼檜獨旖旎。但見宮牆高，不知室家美。恢恢詔百王，顯顯垂千祀。

方遠宜·寒食謁孔林

參天樹見心喪日，翳草亭知駐蹕年。千載蒸嘗又寒食，願分新火讀遺編。

施篤臣·謁廟

平生寄迹華山下，何意乘槎泗水頭。天爲杏壇留雨露，人從老檜見春秋。西周不返東家在，喬木依然故國休。無數殘碑讀不盡，更將宣父問虛舟。

諸大綬·謁廟

平生常念此心同，何幸親瞻數仞宮。身以周流回叔季，道從祖述契洪濛。綱常日月明天上，仁義江河沛地中。仰止憨憨陳澗藻，鄙夫欲叩愧空空。

唐順之·送衍聖公助祭太學歸闕里

國喜嘉賓至，人攀上客行。來觀周室禮，去入魯王城。新袞山龍炫，餘堂金石鳴。聖朝稽古意，待爾示諸生。

劉應秋·孔林紀勝擬古

鬱鬱園中柏，青青池畔草。春山日以榮，秋色何皜皜。泰嶽峙其巔，長河繞其抱。九龍爲之御，合沓揖五老。千載臥麒麟，百代薦芳藻。蒼薛殘寶篆，煙楸浮古道。人世有凋謝，此物無朽槁。聖德乾坤大，封丘神所葆。久矣踞靈光，何須説蓬島。

龔勉恭·謁闕里

夙昔抱微志，夢寐見宮牆。竭來入東魯，敬謁闕里堂。廟宇瞻遺像，萬古仰冠裳。杏壇垂教澤，金玉聲鏘鏘。手檜握元化，榮枯繫興亡。始信聖人道，實同天地長。五十愧無聞，對此徒望洋。敢不益努力，尚趁秉燭光。

鍾羽正·孔廟手植檜歌

君不見夏松殷柏杳不傳，豐鎬械樸隨雲煙。斯文一緒天未墜，聖庭古檜獨倔然。憶昔栽梅初蓊蔚，清標灑灑超羣卉。香葉時籠逢袯衣，芳柯膩染芝蘭氣。我師曳杖杏壇東，韋編把向綠陰中。化雨秋陽陶勁質，回琴點瑟鳴春風。邇來二千三百載，老榦龍鍾羨猶在。冰霜剥落操尤堅，雷電憑陵節不改。螺旋龍甲萬回縈，昂藏砥柱仰孤撑。亭亭影對東山靜，脈脈津含泗水清。恍忽枯榮關氣數，興衰人代如朝暮。葱蘢何論大夫松，婆娑誰數將軍樹？大造滋培歲月深，萬靈呵護向崇林。肯將婀娜媚俗目，祇以孤高表烈心。憑欄不敢輕拂拭，再拜彷徨嘆其側。歸來古道滿眉睫，千蹊桃李無顏色。

李蔭·謁林

暫稅風塵駕，來茲謁孔林。洙流尚清淺，楷木正蕭森。日月存吾道，蘋蘩薦此心。因之瞻泰嶽，終古並嶔崟。

歷年已千祀，高冢自攸寧。道在天齊壽，神棲地轉靈。胎禽披柏翠，石獸鎖苔青。輦路今猶在，宸遊定幾經。

戴燝·謁廟

千年禮樂歸東魯，萬古衣冠拜素王。泰岱巍巍垂俎豆，秋陽皜皜照宮牆。堂虛似有絃歌響，檜老真看手澤長。用世自憐經術拙，羞稱弟子及門行。

畢懋康·謁林

洙泗瀠回兩派分，泰山龍護素王墳。傳經已化三千士，執贄難逢七十君。室築空場生蔓草，樹連華表鎖寒雲。高山仰止勤瞻拜，敬向春風薦魯芹。

沈應奎·謁闕里

混沌一大劫，古初開鴻蒙。羲畫文字祖，唐帝天之中。虞夏傳典謨，元氣猶融融。商周遞放伐，帝降爲王風。文王邁至德，姬公奏膚功。大雅忽摧殘，河洛悲鎬豐。西京不可復，滔滔日已東。天縱我夫子，萬靈橐其衷。祖述兼憲章，道德彌穹窿。周流轍欲遍,問津途何窮。歸來洙泗源,廣座芝蘭叢。鑪錘鑄庶品,日月還太空。千秋照長夜,六籍牖羣蒙。獲麟兆素王,誅意褫姦雄。挺挺祠前檜,脈脈象外通。此道不可知,夫豈人之工?低佪壇宇下,仰止徒忡忡。歲月嗟自虛,人代鮮有終。吾生不可棄,何事如蒿蓬。私淑愧宮牆,崔嵬萬仞崇。

黃克纘·謁廟

謂山蓋高,其巔可陟。謂海蓋深,其淵可測。惟我夫子,莫究其極。際天蟠地,斯道充塞。爲萬世師,爲百王則。可名非名,大德非德。嗟我小子,實鮮知識。早歲誦法,垂老未息。如窺堂奧,尚阻於閾。茲來闕里,廟貌是式。稽首庭除,若見顏色。徘佪廊廡,有嚴有翼。禮非能恭,而恭斯克。蒼蒼古木,挺然正直。神物呵護,歷歲千億。周人思召,甘棠封殖。非物之懷,惟德是億。況我聖道,飢渴飲食。人之懷思,孰能去臆?我來自東,保釐是職。有職不舉,厥罪安匿。明明聖訓,就列陳力。詩以責躬,莫之敢飾。

王在晉·咏手植檜

古檜凌霄自手移,露華高揭幹離奇。秦皇漢武留松柏,未許文壇借一枝。

劉敬業·登奎文閣

廟庭松檜幾經秋,奎閣凌霄瑞氣浮。檻外龜蒙元並峙,簷前洙泗自交流。千年道統高雲漢,六籍文光過斗牛。聖里歸依心目闊,非同王粲漫登樓。

李恪·謁廟

魯城佳氣曉蒼蒼,萬古千年夫子牆。斑剝斷碑苔繡碧,蓊葱古木露凝香。道高直與登天迥,澤遠還同觀海長。徙倚宮門空外望,於今猶自愧升堂。

六十三代孫貞棟·詠魯壁

漢魯王餘好土木,斸雲掘霧平山谷。金絲萬古有高堂,寂寂靈光秋草宿。

國朝

施閏章·謁闕里廟

朝登泰岱巔,手探金泥策。暮宿曲阜阿,側身洙泗席。宮廟煥以巍,俎豆爛有赫。中庭維杏壇,檜柏參天碧。禮器陳鼎彝,圖書雜琮璧。慚非顏閔徒,勉斾思踐迹。斯文今未衰,靈爽炯不隔。肅雍視几筵,四壁響金石。再誦高山詩,詠言矢無斁。

又：

夫子手植檜

靈檜無枝葉，虬龍百尺長。何人見榮落，終古一青蒼。元氣收東嶽，孤根接大荒。遲回思手澤，俯仰愧登堂。

又：

子貢手植楷

不辨何年植，殘碑留至今。共看獨樹影，猶見古人心。閱歷風霜盡，蒼茫天地陰。經過築室處，千載一霑襟。

吳懋謙·謁闕里廟

東岱留元氣，青齊攬大荒。杏壇開禮樂，洙水爛文章。廟貌存天地，神功接混茫。龜峰原嶹嶹，渤澥自蒼蒼。琛帛來羣后，簪纓謁萬方。禮容陳俎豆，堂壁隱絲簧。次第春秋作，絃歌雅頌彰。幽幽琴操古，曄曄玉書祥。夒圃觀猶盛，韋編秘已揚。蠻方驗楛矢，土木辨蹟羊。朗曜恒如此，嶙峋不易量。一麟傷躑躅，兩觀削披倡。豈但垂千禩，兼之啟百王。几筵虔帝座，弟子列鵷行。禁籞熊羆靜，周廬榆柳防。璇題羣巘繞，榱桷列星張。紫氣通閶闔，青霄下鳳凰。風雲臨畫檻，日月麗雕梁。柏影參天出，松陰匝地涼。罘罳射朱碧，銅瓦雜丹黃。老檜風霜積，傳聞手澤長。根深蟠偃蹇，葉落兆興亡。圭瓚從高殿，葱珩竚兩廊。琪苓徵異瑞，蓍草茁新芳。穆穆罇彝舊，斑斑鐘鼎光。土花鎔縝栗，金液灑精良。制度非秦漢，雕鏤紀夏商。累朝咸駐蹕，大祀各蒸嘗。協理靈旆肅，滋萌景物翔。搤金紅霧擁，振玉燎煙香。瞻仰分今昔，披帷儼異常。千春綿奕葉，萬國動冠裳。禮讓猶存俗，詩書在此鄉。穹碑驚赫烜，御筆倍輝煌。豈意趨蹌後，欣逢盛典將。精心仍可托，道澤渺難忘。西苑聞清磬，南樓帶夕陽。鶴鳴空海甸，鹿迹遍宮牆。曠代昭禋祀，明燈奠玉觴。祗躬兼浴德，稽首頌明堂。

宋慶長·謁至聖廟

廣殿同天闕，崇階是辟雍。岱雲連睥睨，奎宿映芙蓉。古檜凌霄出，喬林積雪濃。雕欄棲舞鶴，繡柱起蟠龍。閣峻書盈帙，壇高級幾重。三千難辯族，七十盡膺封。窺壁疑張伯，聞音駭魯共。碑鐫天子詔，碣示聖人容。禮樂蒸嘗備，衣冠鵷鷺從。明禋萬世肅，至道百王宗。洙泗源常遶，防尼秀所鍾。霜飛寒碧瓦，漏靜徹金鐘。景行當年志，趨蹌此日逢。微官原帝簡，拜手暫辭農。

勞之辨·陪祀夫子廟敬賦

闕里開千聖,明禋饗百王。遺文周柱史,古殿魯靈光。俎豆家風舊,詩書食報長。興朝崇禮教,釋奠重膠庠。束帛由中賜,鉶羹出尚方。葭灰初應律,黍稷告盛筐。松柏非秦漢,尊罍本夏商。笙歌傳廣樂,籥舞儼趨蹌。劍珮陳清廟,衣冠萃講堂。衡文來泰岱,持節拜宮牆。九獻儀方肅,三終夜未央。牲牷榮受胙,醴酒酌盈觴。喜見簪纓盛,還欽道德昌。園陵多杞棘,壇坫不滄桑。洙泗長流水,龜蒙自夕陽。登山與觀海,天地大文章。

顧炎武·謁廟

道統三王大,功超二帝優。斯文垂象緯,吾志在《春秋》。車服先公制,威儀弟子修。宅聞絲竹響,壁有簡編留。俎豆傳千葉,章逢被九州。獨全兵火代,不藉廟堂謀。老檜當庭發,清洙繞墓流。一來瞻闕里,如得與從遊。

朱彝尊·曲阜晚眺

徑轉通油幕,林深護石苔。夕陽新雨過,春杏舊壇開。入廟車猶在,看碑日幾回。東城寒食近,不上鬥雞臺。

李振裕·皇帝親祠闕里雅十二章并序

岱宗,尊聖也。皇上文德武烈,震揚域外,海隅晏安,民有禮樂絃誦之習,蒸蒸鄉風。迺循覽謠俗,還過闕里,以太牢祀孔子。禮儀致敬,賚予有加。詠歌其事,而作詩以賦也。

岱宗巖巖,遐邇具瞻。登封受命,上帝是監。維嶽降神,篤生尼父。大道昭明,炳焉終古。

於皇時清,繼天立極。累洽重熙,與民休息。苞蘗既除,干戈永戢。偃武修文,風行四國。

歲維甲子,歷起上元。翠華南指,旌軒雲屯。肆覲東后,百辟駿奔。頮臨日觀,旁矚天門。

泰山之陽,曲阜之宅。萬乘回鑾,里門是式。奕奕本支,恭迎清蹕。下輦升堂,祀典攸秩。

軒縣轙矣,樂具奏矣。尊罍既陳,饗醴侑矣。俎孔碩矣,天子獻之。豆孔庶矣,天子薦之。

祝史有辭,我皇黼藻。曰萬世師,揭此顯號。華蓋九斿,于飾于廟。姬公孟子,亦越奠告。

　　皇曰噫嘻，相予肆祀。濟濟臣工，莘莘胄子。布席橫經，披陳奧旨。圜橋肅聽，睟容有喜。

　　皇陟泉林，厥流孔澎。皇撫檜文，厥枝孔虯。憩之植之，曰惟尼父。皇心愉愉，爰紀爰賦。

　　帝恩優渥，零露瀼瀼。流根潤葉，受祉無疆。匪曰賚之，孔氏之光。斯文丕顯，邦家之慶。

　　泗水湯湯，孔林蒼蒼。文草靈菁，輦路之傍。樵蘇有禁，舊不逾頃。今也廓之，數兼常等。

　　奎畫有煒，垂象神宮。取彼琬琰，是琢是礱。豐碑百尺，崒嵂大東。歷年億萬，與岱比崇。

　　維山有岱，維天有漢。皇德是峻，帝文是煥。大道彰矣，治化翔矣。日月星辰，慶重光矣。

鄭重・恭紀聖駕幸魯

　　魚海弢弓日，龜山植璧年。雲旗千仗出，行殿八風宣。肆覲來虞牧，封泥陋漢編。明堂開左个，洙水溯長川。景運文昌耀，儒宗帝德全。宮牆瞻數仞，俎豆接羣賢。警蹕鑾輿降，威儀玉步虔。百王尊莫尚，九頓禮無前。魯殿施宸幄，奎文肅講筵。翼經雙夾轂，闢異獨乘權。撫檜文仍在，披圖貌儼然。何來雲煥棟，知是筆如椽。鄒魯連山近，顏曾列座先。景行光後裔，欽命永承乾。大野初回輅，深宮更麗篇。碑當霄漢上，氣入斗牛邊。聖嗣開弘館，羣才彙廣淵。臣鄰叨侍從，詞賦邁甘泉。統向中天接，文從墜地傳。作君師亦備，王道頌平平。

李澄中・恭紀皇帝幸闕里釋奠

　　前年甲子十月時，皇帝問俗先尊師。諸侯朝會泰嶽畢，翠華更指泗水湄。左亳右社兩觀出，層城曲阜何逶迤。登堂禮器制度古，山罍玉豆兼鼎彝。麀簾首尾雜綵繪，應鼓響答笙管吹。翩翩翟籥自萬舞，猗那歌頌無參差。我皇盥獻肅再拜，微風不動揚靈旗。於昭至聖儼陟降，馨香明德遙相追。杏壇卓立懷英字，書藏魯壁聞金絲。老檜依稀記手植，風霜剝蝕苔蘚皮。旋紋屈蟠金鐵骨，蒼鱗怒苗虯龍枝。更遵輦路謁聖墓，石壇一望形累累。千章喬木絕鳥雀，楷旁剩有叢生蓍。真宗東封駐蹕處，至今亭子留遺規。宸章高揭懸日月，十行仰睹爾雅辭。詩律賦記妙風格，天葩燦爛雲霞垂。鳳蓋賜出表異數，御額題作千年基。廟中玉節寒旖旎，檜前金薤春葳蕤。鬼神歲歲共呵護，屏除木魅奔妖螭。世官博士逮四子，元公遺愛分諸姬。聖朝名器豈濫與，要爲吾道存綱維。漢帝太牢志過魯，貞觀釋奠弘唐治。豈若吾皇闡精一，修明經傳文在茲。幸逢盛典愧揚厲，恭頌辟雍明堂詩。

蔡升元·恭紀皇帝釋奠闕里詩

岱郊成禮不封巒，問俗江淮雨露寬。東望泮林連巘相，南來車騎敕祠官。衢通五父循牆入，詔許諸生夾道看。知是王心恒主敬，稷門乍到便停鑾。

洙水橋回輦路存，大庭雲物接松門。檈檀樹底林無刺，瓵甗祠前鳥不喧。井稅新蠲今歲賦，墓田重拓舊時原。自封黃玉千年後，未見優崇若至尊。

陸肯堂·恭紀聖駕臨幸闕里十二首

升中日觀下星衢，輦道風清睿覽紆。不獨方行周海岱，須知演孔得真圖。

揚葭伐鼓泗源回，五色仙雲夾仗開。魯國三千圭竇士，一時歡沸屬車來。

金絲堂近魯王宮，五鳳遺甎嵌壁東。玉趾升階陳祝冊，杏壇進爵恰當中。

犧象山尊自漢時，軒懸翟舞奏清詩。太牢祠魯尋常事，釋奠曾無九拜儀。

上公奉席儼橋衡，詩禮堂前講義呈。此日雍容陪勸誦，親聆天語誨諸生。

檜樹靈根不作芽，琳瑯金石净苔花。聖心飲水尋真樂，愛向庭陰汲井華。

曲莖御蓋引旌旗，日射瞳曨樹影疏。特敕中涓留魯殿，萬年長護素王車。

大庭遺庫墓門通，瓵甗壇前楷木風。縱是前朝曾駐驆，不聞拓地至千弓。

賜衣賜爵襲恩殊，更賜今年一縣租。博士特官玄聖後，褒崇盛禮百王無。

因懷禮殿念黌居，銀牓高懸映紫虛。不是東巡親御魯，如何寰海降天書？

燕山白石白於霜，琢就交龍額更長。載入檀車來闕里，一時奎壁盡騰光。

書成盛典貯三雍，百世長應掌秩宗。卻笑祥符晏元獻，僅將靈貺頌東封。

姜宸英·恭紀大駕東巡幸闕里

軒皇垂裳得天紀，七曜聚合如璧珠。經歲四千五百六，貞元之會今同符。康熙紀元天子聖，二十三年文教敷。臨雍雷振靈鼉鼓，拜洛天浮龍馬圖。舜干乍揮荒服静，神鞭再投海水枯。爰議時巡降清問，禮官具儀帝曰俞。德音始涣萬物泰，所過盡賜明年租。禮崇望告首東岱，制度一一準有虞。簡省輿衛止除道，奔走父老寧需扶。既陋五土事封禪，亦笑八駿徒馳驅。闕里臨幸有故事，跨漢軼唐禮數殊。泉林游泳證道妙，魯門未到心先輸。有司宿戒壺濯陳，羹鉶飯簜籩脯胊。筍鱗虡贏編磬備，和以琴瑟笙簫竽。樂工肄成太常部，三十六舞紛縈紆。是月仲冬日己卯，軫中朗概明前櫨。風和氣暄翼雲罕，冕旒肅穆中殿須。雲罍之尊犧象二，祭器羅列商周模。祝辭親製皇帝獻，告虔幣嘉酌清酤。贊稱九拜獻三跪，此事今有古所無。烟燎既舉神洋洋，千官並起鏘瑤瑜。皇帝更衣御行幄，臚傳進講駪生徒。如聆金石壁中奏，復見詩禮庭前趨。諦觀象設展圖繪,始知妙手神明俱。帝乃載歌歌五言,音成雅頌文典謨。摩挲手植生意盡,化工回斡欣重蘇。鸞旗北指廟扉闓,羲和停轡儵未晡。墓門高瞰大庭庫,石梁徑渡城陰洙。千年隧道絶荊棘,四方移種饒檀榆。黄玉一閟不復見,惟見羣雀鳴相呼。舉酒三酹復再拜,草間翁仲聞都呼。靈著目擊心自契,陰陽變化誰能摹?六師久嚴先輅動,皇情欲去增踟躕。青雲留拂翠華葆,垂露交輝金榜烏。四氏承恩拜稽首,填觀萬姓皆睢盱。逾年廟碑復載往,睿藻揮灑翰墨濡。碑用西山奪玉石,白鏹齎運出中帑。蓋用琉璃瓦兼兩,樹之金聲門右隅。排抉幽肩煥長夜,晶晶懸日當天衢。百家騰恣仁義塞,可憐聖路久榛蕪。元和大中祇文具,漢鑴唐搨空模糊。我皇好道不旁騖,但言魯國惟一儒。岐陽嶧陽先後聖,嵬峨並列穿龜趺。從此膠庠盛經術,絃歌詎獨鄒與邾。人文化成休氣應,陽和鼓動天地鑪。羣臣不知所報答,陛下萬歳長懽愉。

李斯義・恭紀幸闕里

古廟既釋奠,遺寢亦蕭拜。步自洙水橋,回流何澎湃。窈窈萬木聲,青葱儼如畫。鳥雀不敢巢,蒼龍時一挂。石壇四十九,琳瑯倒金薤。當年駐蹕亭,御氣發光怪。枯楷長孫枝,隧道惟所届。仰瞻厪皇情,恪恭實匪懈。尊師賜田宅,堂兆拓昔隘。從兹億萬年,風雨護靈界。

彭殿元・恭紀聖駕幸闕里

聖治文德敷,九垓咸洋溢。欽明媲堯雲,濬哲協舜日。道德景前修,詩書崇四術。東封告成功,南狩問民疾。回鑾過闕里,躋堂撫琴瑟。惟兹魯一人,生民未有匹。生當姬周季,憲章而祖述。删訂萬禩功,制作百王則。我皇紹道統,異代如一室。龍輅駐杏壇,圜橋歡莘莘。濟濟趨千官,洋洋舞八佾。肅拜親几筵,羹牆殆仿佛。斯文信在兹,日月中天揭。訪道問崆峒,祠真崇太乙。何如東魯尊,陋彼老與佛。卓哉聖皇軌,巍巍洵超越。

六十七代衍聖公毓圻・恭紀聖駕臨幸闕里

文治高千古,神功冠百王。昭回儲玉斗,廣運叶珠囊。鴻業方頻廓,丕基卜永臧。威弧除獫狁,戰艦靖鯨鱷。德比天中盛,恩流海外滂。車書同朔漠,候尉過氏羌。瑞獸馴靈囿,珍禽獻越裳。馬牛弛服馭,琛賮競梯航。至化從箕畢,休徵備雨暘。巍巍難可並,蕩蕩莫能詳。沐浴皇風暢,謳歌帝力忘。郅隆看已治,軫念尚如傷。旰食恒無逸,宵衣每不遑。量元齊覆載,手自致安攘。濬哲謙彌著,欽明抑愈彰。右文窮學海,稽古發書倉。遜志期終始,虛懷樂就將。拜言宗夏姒,主善法殷商。洙泗儒風在,春秋教澤長。麟書先紀瑞,虹玉晚徵祥。汲汲恒忘老,栖栖竟舍藏。漫占龍德隱,寧問鳳歌狂。吾道雖云否，斯文幸未亡。六經昏室燭，一貫濟川梁。運啓千年聖，心符數仞牆。遂煩天子駕，遠過素王鄉。拜洛堪輝映，遊河庶頡頏。巡行時正泰，順動月逢陽。馳道霓旌出，期門羽衛强。夔龍爭扈從，褒鄂効勤勩。繡陌三驅遠，銀河一帶杭。恬波憑竹箭，阜俗勸農桑。巡歷句吳遍，回鑾泰岱旁。六龍雕玉彎，八馬赭絲韁。帳殿榮光護，帷宮瑞靄翔。清流經汶濟，碧嶂指尼防。典禮咨宗伯，威儀飭奉常。先期虔滌濯，經月肄笙簧。企望卿雲近，遙占湛露瀼。和風冬晻曖，晴旭曉滄涼。菡萏金根動，葳蕤繡幰張。虎賁黃袴褶，豹尾綠沉槍。會弁螟璣燦，華翎孔翠揚。兆民欣抃舞，五氏競趨蹌。鷺序班初合，葱珩佩有瑝。豫遊行緩緩，宸眷喜洋洋。夙戒棲神宇，修誠候帝闓。閟宮晨乍啓，庭燎夜相望。月轉觚棱黑，烟籠玉碼蒼。導從門左个，位設殿中央。穆穆天容泰，安安帝度莊。元臣鳴劍珮，髦士奉圭璋。奕禩尊彝古，千秋俎豆香。音容瞻對近，左右駿奔忙。信以蘋蘩薦，馨傳錡釜湘。牲牷昭博碩，黍稷告豐穰。律應雲門奏，聲和嶰谷篁。貫珠成翕繹，拊石協鏗鏘。綴兆舒還疾，麾幢偃復抗。金卮浮桂醑，玉瓚酌椒漿。大祝陳嘉幣，司筵薦吉璜。初行九拜禮，式煥兩楹光。象設旋披握，龍蹲儼在牀。畫圖環轍迹，琬琰撫牆匡。曠典崇師表，隆規邁漢唐。寶跗傳結構，銀牓倍煒煌。恩撤鉤陳仗，榮留曲蓋黃。每教逢盥薦，長許侑烝嘗。更御經筵座，還升詩禮堂。明新歸至善，爻象本乾剛。巽命何諄切，臣心倍悚惶。遺蹤承顧問，敷奏指微茫。老檜如金鐵，孤根耐雪霜。泉餘寒井渫，杏傍古壇芳。漆簡留殘壁，丹書缺閟房。豐碑羅贔屭，傑閣祕縹緗。仰被龍光渥，重臨馬鬣荒。已叼紆日馭，更荷酹霞觴。俯仰公西志，徘徊端木場。靈蓍枝見采，文草蔓經量。林內禽知避，亭邊楷不僵。檿檀分幾種，翠柏擁千章。叢少豺狼穴，衣無棘刺妨。一人回顧盼，萬彙盡殷昌。忝主東家閟，頻膺北闕慶。遭逢真不世，優渥愧難當。褒寵松筠節，輝騰綽楔坊。頌詩追雅頌，賜賦陋班揚。乍捧豐貂笥，兼承獸錦筐。精鏐天地寶，祕簡日星芒。子姓蒙甄錄，菟羅到桷宋。蠲租先下詔，擴地旋除糧。頌溢奎婁野，恩覃上下庠。涓埃何以報，高厚固難償。芹獻同田父，葵傾祝我皇。綿綿增寶歷，秩秩衍銀潢。卦定呈龍馬，巢應下鳳凰。太和盈宇宙，景運屬明良。願泛千春酒，恭稱萬歲觴。謠吟歌有截，舞蹈誦無疆。

查昇·直南書房觀御製闕里碑文恭紀四首

祕殿花陰轉綠苔，身隨冠珮到蓬萊。巍峨鳳閣星辰近，炟赫龍函日月開。義舉六經歸典則，文成五色象昭回。珠林玉冊光千古，天上親曾一睹來。

奎章寶墨灑宮牆，制作昭垂邁百王。一代儒林增潤色，兩楹俎豆有輝光。鷥回御帖晴雲濕，螭護豐碑翠蘚香。漢躋唐封安足並，聖朝文治繼軒皇。

宮簾長日午風清，細帙紛披雪繭明。楮上虬蟠方詰曲，行間鳳舞必縱橫。銀鉤鐵畫神常健，抉石奔泉勢自成。想見御屏宵旰暇，麟毫灑落瑞烟生。

列宿中天拱帝車，翠華曾幸素王居。懸題已賜龍鸞額，伐石重鐫琬琰書。聖學孳孳扶道統，儒風習習返皇初。微臣幸際休明日，拜捧天章近玉除。

卞永式·奉敕齎御製碑樹闕里恭紀

巍巍堯德不可名，天地得一皆清寧。櫜弓戢矢武功定，手揭四海開文明。圖書龍馬凌波至，玉輅東巡輯五瑞。回蹕親登闕里堂，道源直溯通洙泗。淋漓睿藻何煌煌，日星炳曜飛天章。龍攣鳳鷟灑宸翰，登三咸五超前王。自愧不才同樲棘，口唧尺一來梟嶧。不刻之罘頌德碑，獨攜星渚支機石。河伯效順屏翳趨，衞河十日長風吹。百尺磨崖切雲漢，千鈞厚載連坤維。金椎鐵畫工倕手，靈龜贔屭蟠科斗。繼往開來魯素王，長與穹碑同不朽。憶昔弱冠登王衢，委蛇出入承明廬。曉日濡毫立螭陛，秋風侍獵隨鸞旟。何緣盛典還躬遇，帝德師模兩昭布。東山嵯峨泰岱高，億萬斯年綿聖祚。

六十三代孫貞瑄·夫子手植檜六章

文檜一章，左旋其理。厥體斯直，厥影不倚。

文檜三尋，萬木亞其尊。天挺厥幹，地厚其根。

手澤恒新，世莫槁之。振古特立，神式保之。

潤以雨露，淬以風霜。本支萬億，永庇無疆。

樹之楷模，貽之準標。運有滄桑，兆之枝條。

靈怪讋伏，奇詭震聞。莫敢或托之，匪子所云。

顏光猷·舞雩臺

春暮臺高露未晞，桃花飛漲掩荊扉。當年童冠隨遊處，惟有空城獨鳥歸。

六十七代孫毓埏·唐槐

孤潔唐年樹，青冥漢殿幽。山河同不老，雨露合長流。側有松風入，根無蟻夢愁。最憐殘暑退，花映古城頭。

又：

漢　柏

魯王宮已没，翠柏尚含情。何代移新甫，於今傍大成。名因易世古，榦以飽霜輕。殿閣微風起，蕭然萬壑清。

六十八代衍聖公傳鐸·恭紀幸魯盛典書告成

焚香棐几閱瑤編，仿佛金聲擲自天。緑字赤文成此日，翠華仙仗記當年。道心想見宸心契，祖澤長蒙帝澤宣。顧問杏壇頻太息，手攀遺檜一周旋。鸞旂半駐圜橋外，講幄曾開舊宅邊。採納遂兼風十五，雍容看奏禮三千。鵷行鷺序如聯翼，聖裔賢孫得並肩。異數特留隨輦蓋，新恩仍擴護林田。即今廟貌輝丹腹，終古穹碑矗紫烟。末系自慙無報答，夢魂長遶玉階前。

又：

舞　雩　臺

郭外臺猶在，清陰可息機。俯臨沂水闊，遥指岱宗微。吾祖曾遊憩，先賢自詠歸。至今留物色，不共晚雲飛。

又：

漢　柏

老榦何貞固，由來異物情。參天無曲影，拂瓦作秋聲。歲月窮偏古，風霜飽覺輕。遥憐武侯廟，萬里氣同清。

又：

唐　槐

億自開元種，盤拿勢若虬。蟻封何代徙，兔目到今留。蔽日常疑雨，含涼不待秋。靈根蒙聖澤，長崎殿西頭。

聖門弟子第十三

《史記·仲尼弟子列傳》曰："受業身通者七十有七人。……自子石已右三十五人，頗①有年名及受業聞見於書傳。其四十二人，無年及不見書傳者紀於左。"《家語·弟子解》云："右七十二弟子，皆升堂入室者。"然所載顏淵以下實七十六人。古本《家語》無顏祖，今本《家語》無顏何，《史記》則兼有顏何、顏祖，無琴牢、陳亢、縣亶，而別有公伯寮、秦冉、鄡單。合二書所載，弟子共得八十人焉。

考唐開元二十七年，從祀者凡七十七人。宋初裁爲七十二人，大觀間又增至八十二人。明嘉靖時，復減爲七十六人。議論紛紜，去取不一。我朝考訂文廟祀典，專以《家語》《史記》二書爲據，第黜公伯寮而進《孟子》所引之牧皮，然後八十人之數始復其舊。

茲於諸賢，特著其年名、出處之大概，其言行之見於《魯論》《戴記》者，概不錄。至追崇封爵及從祀配享原委，已在《祀典考》中，亦就略焉。序次照《家語》，從其朔也。

顏回，字子淵，魯人。少孔子三十歲。貧而好學，年二十九而髮盡白，三十二而死。子哭之慟，曰："自吾有回，而門人益親。"

魯定公嘗問於顏淵曰："子亦聞東郭畢②之善御乎？"對曰："善則善矣。雖然，其馬將必佚。"定公不悅，謂左右曰："君子固有誣人也。"回退。後三日，牧來訴之曰："東郭畢之馬佚，兩驂曳兩服入廄。"定公越席而起，趣駕召顏回。回至，公曰："前日寡人問吾子，吾子曰：'東郭畢之御，善則善矣，然其馬將必佚。'不識吾子何以知之？"對曰："臣以政知之。昔者，帝舜巧於使民，而造父巧於使馬。舜不窮其民力，造父不窮其馬力，是以舜無佚民，造父無佚馬。今東郭畢之御也，升車執轡，御③體正矣；步驟馳騁，朝禮畢矣；歷險致遠，馬力盡矣。然而猶乃求馬不已，臣以此知之。"公曰："吾子之言，

---

① "頗"，《史記·仲尼弟子列傳》作"顯"。
② "東郭畢"，《孔子家語·顏回》《荀子·宥坐》作"東野畢"，下同。
③ "御"，《孔子家語·顏回》《荀子·宥坐》作"銜"。

其義大矣。願少進乎？"對曰："臣聞鳥窮則啄，獸窮則攫，人窮則詐，馬窮則佚。自古及今，未有窮其下而能無危者也。"

閔損，字子騫，魯人。少孔子十五歲，以孝稱。初見夫子有菜色，後有芻豢之色。子貢問曰："子始有菜色，今有芻豢之色，何也？"曰："吾出蒹葭之中，入夫子之門。夫子內切磋以孝，外爲之陳王法，心竊樂之。出見羽蓋龍旂旟裘相隨，心又樂之。二者相攻胸中而不能任，是以有菜色。今被夫子之教寖深，又賴二三子切磋而進之，內明於去就之義，出見羽蓋龍旂旟裘相隨，視之如壇土矣，是以有芻豢之色也。"不仕大夫，不食污君之祿，夫子嘗以君子稱之。

冉耕，字伯牛，魯人。危言正行，而遭惡疾卒。

冉雍，字仲弓，魯人。伯牛之族，少孔子二十九歲。父賤行惡而不能掩其德。

宰予，字子我，魯人。有口才。

爲孔子使於楚，楚昭王以安車象飾，因子我以遺孔子焉。子我曰："夫子無以此爲也。"王曰："何故？"對曰："臣以其用思所在觀之，有以知其然。"王曰："言之。"對曰："自臣侍從夫子以來，竊見其言不離道，動不違仁，貴義尚德，清素好儉。仕而有祿，不以爲積。不合則去，退無吝心。妻不服綵，妾不衣帛。車器不彤，①馬不食粟。道行則樂其治，不行則樂其身。此所以爲夫子也。若夫觀目之靡麗，窈窕之淫音，夫子過之弗之視，遇之弗之聽也。故臣知夫子之無用此車也。"王曰："然則夫子何欲而可？"對曰："方今天下道德寖息，其志欲興而行之。天下誠有欲治之君，能行其道，則夫子雖徒步以朝，固猶爲之，何爲遠辱君之重貺乎？"王曰："乃今而後知孔子之德也大矣！"子我歸，以告孔子。子曰："二三子以予之言何如？"子貢曰："未盡夫子之美也。夫子德高則配天，深則配海。若予之言，行事之實也。"子曰："夫言貴實，使人信之，舍實何稱乎？賜之華不若予之實也。"

端木賜，字子貢，或作贛，衛人。少孔子三十一歲。初受業爲弟子，一年自謂過之，二年自謂與孔子同，三年然後知弗及也。

齊景公嘗問曰："子誰師？"對曰："魯仲尼。"曰："仲尼賢乎？"對曰："聖人也。"曰："其聖何如？"對曰："不知也。"景公勃然作色，曰："始言聖人，今言不知，何也？"對曰："臣終身戴天，不知天之高也。終身履地，不知地之厚也。若臣之事仲尼，譬猶渴操壺杓，就江海而飲之，滿腹而去，又安知江海之深乎？"公曰："子之譽，得毋太甚乎？"對曰："臣尚慮不及耳。臣譽仲尼，譬猶兩手捧土而附泰山，其無益亦明矣。使臣不譽仲尼，譬猶兩手把泰山，無損亦明矣。"公曰："善！"

衛將軍文子問曰："吾聞孔子之施教也，先之以《詩》《書》，而導之以孝弟，說之以

---

①　"彤"，《孔叢子·記義》作"雕"。

仁義,觀之以禮樂,然後成之以文德。蓋升堂入室者,七十有餘人,其孰爲賢? 請問其行。”子貢曰:“夫能夙興夜寐,諷詩崇禮,行不貳過,稱言不苟,是顔回之行也。孔子説之以《詩》曰:‘媚兹一人,應侯順德’,‘永言孝思,孝思維則’。若逢有德之君,世受顯命,不失厥名;以御天子,則王者之相也。

“在貧如客,使其臣如借,不遷怒,不深怨,不録舊罪,是冉雍之行也。孔子曰:‘有土君子,有衆使也,有刑用也,然後稱怒焉。匹夫之怒,惟以亡其身。告之以《詩》曰:‘靡不有初,鮮克有終。’

“不畏彊禦,不侮矜寡,其言循性,其都以富,材任治戎,是仲由之行也。孔子和之以文,説之以《詩》曰:‘受小共大共,爲下國駿厖。荷天之寵’,‘不戁不悚’,‘敷奏其勇。’强乎武哉! 文不勝其質。

“恭老恤幼,不忘賓旅,好學博藝,省物而勤,是冉求之行也。孔子語之曰:‘好學則知,恤孤則惠,恭則近禮,勤則有繼。堯舜篤恭,以王天下。’其稱之也曰:‘宜爲國老。’

“齊莊而能肅,志通而好禮,擯相兩君之事,篤雅有節,是公西赤之行也。孔子曰:‘二三子之欲學賓客之禮者,其於赤也。’

“滿而不盈,實而若虛,過之如不及,先王難之。博無不學,其貌恭,其德敦;其言於人也,無所不信;其驕大人也,常以浩浩,是以眉壽。是曾參之行也。孔子曰:‘夫孝,德之始也;弟,德之序也;信,德之厚也;忠,德之正也。參行夫四德者也。’

“美功不伐,貴位不喜,不侮不佚,不傲無告,是顓孫師之行也。孔子曰:‘其不伐則猶可能,其不弊百姓,則仁也。’《詩》曰:‘豈弟君子,民之父母。’夫子以其仁爲大也。

“學以深,厲以斷,送迎必敬,上交下接若截焉,是卜商之行也。孔子説之以《詩》曰:‘式夷式已,無小人殆。’若商也,可謂不險矣。

“貴之不喜,賤之不怒,苟利於民矣,廉於行己,其事上也以佑其下,是澹臺滅明之行也。孔子曰:‘獨富獨貴,君子恥之,夫也中之矣。’

“先成其慮,及事而用之,故動則不妄,是言偃之行也。孔子曰:‘欲能則學,欲知則問,欲善則訊,欲給則裕,①當是而行,偃也得之矣。’

“獨居思仁,公言言義,其於《詩》也,則一日三復‘白圭之玷’,是南宮縚之行也。孔子信其能仁,以爲異士。

“自見孔子,出入於户,未嘗越禮;往來過之,足不履影;啓蟄不殺,方長不折;執親之喪,泣血三年,未嘗見齒。是高柴之行也。孔子曰:‘柴於親喪,則難能也;啓蟄不殺,則順人道;方長不折,則恕仁也。成湯恭而以恕,是以日躋。’

---

① “欲善則訊,欲給則裕”,《孔子家語·弟子行》作“欲善則詳,欲給則豫”,明孫瑴《古微書》卷二六《論語摘輔象》作“欲善則訊,欲給則豫”。

"凡此諸子,賜之所親覿者也。吾子有命而訊賜,賜也固,不足以知賢。"

子貢有口才,喜揚人之美,不能匿人之過。臧孫行猛政,子貢曰:"夫政,猶張琴瑟也。大絃急,則小絃絕矣。故曰'罰得則姦邪止,賞得則下歡悅'。獨不聞子產之相鄭乎? 推賢舉能,抑惡揚善,有大略者不問其短,有厚德者不非小疵,家給人足,囹圄空虛。子產卒,國人皆叩心流涕,三月不聞竽笙之音。其生也見愛,死也可悲。故曰'德莫大於仁,禍莫大於刻。'今子病而人賀,子愈而人相懼,曰:'嗟乎! 何命之不善乎? 子又不死。'"臧孫慚而避位,終身不出。

魯定公十五年春,邾隱公朝於魯。子貢觀焉。邾子執玉高,其容仰;公受玉卑,其容俯。子貢曰:"以禮觀之,二君者,皆有死亡焉。夫禮,死生存亡之體也,將左右、周旋、進退、俯仰,於是乎觀之;今正月相朝,而皆不度,心已亡矣。嘉事不體,何以能久? 高、仰,驕也;卑、俯,替也。驕也亂,替也疾,君為主,其先亡乎!"是年夏,定公薨。後七年,魯人執邾子。子曰:"賜不幸多言而中,是使賜多言者也。"

齊東郭亥欲攻田氏,執贄見孔子而訪焉。子曰:"子為義也,丘不足與計事。"揖子貢使答之。子貢謂曰:"今子士也,位卑而圖大,卑則人不附也,圖大則人憚之,殆非子之任也。盍姑已乎? 夫以一縷之任繫千鈞之重,上懸之於無極之高,下垂之於不測之深,旁人皆哀其絕,而造之者不知其危。馬方駭,鼓而驚之;繫方絕,重而填之。馬奔車覆,六轡不禁;繫絕於高,墜入於深,其危必矣。"東郭亥色戰而跪曰:"吾已矣,願子無言。"既而孔子告子貢曰:"東郭亥,欲為義者也。子亦告之以難易則可矣,奚至懼之哉?"

田常將欲為亂,而憚高、國、鮑、晏,因欲移其兵以伐魯。孔子聞之,會諸弟子而告之曰:"夫魯,墳墓所處,父母之國,不可不救。今吾欲屈節於田常以救魯,二三子誰為使?"子路請出,孔子止之。子張、子石請行,孔子弗許。子貢請行,孔子許之。

至齊,說田常曰:"夫魯者,難伐之國,而君伐之,過矣!"田常曰:"魯何難伐也?"子貢曰:"其城薄以卑,其地狹以泄,其君愚而不仁,其大臣偽而無用,其士民又惡甲兵之事,此不可與戰。君不若伐吳。夫吳,城高而厚,池廣以深,甲堅以新,士選以飽,重器精兵盡在其中,又使明大夫守之,此易伐也。"田常忿然作色曰:"子之所難,人之所易;子之所易,人之所難。而以教常,何也?"子貢曰:"臣聞之,夫憂在內者攻彊,憂在外者攻弱。今君憂在內。吾聞君三封而三不成者,大臣有不聽者也。今君又欲破魯以廣齊,戰勝以驕主,破國以尊臣,而君之功不與焉,則交日疏於主。是君上驕主心,下恣羣臣,求以成大事,難矣! 夫上驕則恣,下恣則爭,是君上與主有郤,下與大臣交爭也。如此,則君之立於齊危矣,故曰不如伐吳。伐吳不勝,民人外死,大臣內空,是君上無彊臣之敵,下無民人之過,孤主制齊者唯君也。"田常曰:"善! 雖然,吾兵業已加魯矣。去而之吳,大臣疑我,奈何?"子貢曰:"若緩師,吾請往見吳王,令之救魯而伐齊,君因以兵迎之。”田常許諾。

子貢遂南見吳王，曰：“臣聞之，王者不絕世，霸者無彊敵，千鈞之重加銖兩而移。今以萬乘之齊而私千乘之魯，與吳爭彊，甚爲王患之。且夫救魯，顯名也；伐齊，大利也。以撫泗上諸侯，威暴齊而服强晉，利莫大焉！名存亡魯，實困强齊，願王不疑也。”吳王曰：“善！雖然，吾嘗與越戰，棲之會稽。越王今苦身養士，有報吳之心。待我伐越，然後可。”子貢曰：“越之勁不過魯，吳之强不過齊，王置齊而伐越，則齊必私魯矣。且王方以存亡繼絕爲名，伐小越而畏强齊，非勇也。夫勇者不避難，仁者不窮約，智者不失時，義者不絕世。今存越示諸侯以仁，救魯伐齊，威加晉國，諸侯必相率而朝吳，霸業成矣！若王必惡越，臣請東見越君，令出兵以從，此實空越，名從諸侯以伐也。”吳王大悦，乃使子貢之越。

越王除道郊迎，身御至舍而問曰：“此蠻夷之國，大夫何以儼然辱而臨之？”子貢曰：“今者吾説吳王以救魯伐齊，其志欲之而心畏越，曰‘待我伐越然後可’。如此，則破越必矣。且夫無報人之志而令人疑之，拙也；有報人之意而使人知之，殆也；事未發而先聞者，危也。三者舉事之大患也。”越王頓首再拜曰：“孤少失前人，內不自量，乃與吳戰，困於會稽，痛入於骨髓，日夜焦唇乾舌，徒欲得與吳王接踵而死，孤之願也。”遂問子貢，子貢曰：“吳王爲人暴猛，羣臣不堪，國家敝於數戰，士卒弗忍；百姓怨上，大臣內變，子胥以諫死，太宰嚭用事，順君之過以安其私，此則報吳之時也。今王誠發士卒佐之以徼其志，重寶以悦其心，卑辭以尊其禮，其伐齊必矣。彼戰不勝，王之福矣。戰勝，必以兵臨晉，請北見晉君，令共攻之。吳銳兵盡於齊，重甲困於晉，而王制其敝，此滅吳必矣。聖人所謂屈節以求其伸者也。”越王大悦，許諾。送子貢金百鎰，劍一，良矛二。子貢不受，遂行。

報吳王曰：“臣敬以大王之言告越王，越王大恐，曰：‘孤不幸，少失前人，內不自量，抵罪於吳，軍敗身辱，棲於會稽，國爲虛莽，賴大王之賜，使得修俎豆而奉祭祀，死不敢忘，何謀之敢慮！’”後五日，越王悉境內之兵，使大夫種頓首言於吳王曰：“東海役臣勾踐使者臣種，敢修下吏問於左右。今聞大王將興大義，誅强救弱，困暴齊而撫周室，請悉起境內士卒三千人，孤請自披堅執銳，以先受矢石。因越賤臣種奉先人藏器，甲二十領，鈇屈盧之矛，步光之劍，以賀軍吏。”吳王大悦，以告子貢曰：“越王欲自從寡人伐齊，可乎？”子貢曰：“不可。夫空人之國，悉人之衆，又從其君，不義。君受其幣，許其師，而辭其君。”吳王許諾，乃謝越王。於是吳王乃遂發九郡之兵以伐齊。

子貢因去之晉，謂晉君曰：“臣聞之，慮不先定不可以應卒，兵不先辨不可以勝敵。今夫齊與吳將戰，彼戰而不勝，越亂之必矣；與齊戰而勝，必以其兵臨晉。”晉君大恐，曰：“爲之奈何？”子貢曰：“修兵休卒以待之。”晉君許諾。

子貢去而之魯。吳王果與齊人戰於艾陵，大破齊師，獲七將軍之兵而不歸，果以兵臨晉，與晉人相遇黃池之上。吳晉争强，晉人擊之，大敗吳師。越王因之涉江襲吳，去城七里而軍。吳王聞之，去晉而歸，與越戰於五湖。三戰不勝，城門不守，越遂圍王宫，殺夫差而戮其相。破吳三年，東向而霸。

故子貢一出，存魯，亂齊，破吳，强晉而霸越。子貢一使，使勢相破，十年之中，五國各有變。孔子曰：“夫其亂齊存魯，吾之初願。若强晉以敝吳，使吳亡而越霸者，賜之説也。美言傷信，慎言哉！”

鄶之會，吳太宰嚭召季康子，康子使子貢辭。太宰嚭曰：“國君道長，而大夫不出門，此何禮也？”對曰：“豈以爲禮？畏大國也。大國不以禮命於諸侯，苟不以禮，豈可量也？寡君既共命焉，其老豈敢棄其國？”

橐皋之會，吳王使太宰嚭請尋盟。公不欲，使子貢對曰：“盟，所以周信也。故心以制之，玉帛以奉之，言以結之，明神以要之。寡君以爲苟有盟焉，弗可改也已。若猶可改，日盟何益？今吾子曰‘必尋盟’，若可尋也，亦可寒也。”乃不尋盟。

鄖之會，吳人藩衛侯之舍。子服景伯謂子貢曰：“夫諸侯之事既畢矣，侯伯致禮，地主歸餼，以相辭也。今吳不行禮於衛，而藩其君舍以難之。子盍見太宰？”乃請束錦以行。語及衛故，太宰嚭曰：“寡君願事衛君，衛君之來也緩，寡君懼，故將止之。”子貢曰：“衛君之來，必謀於其衆，其衆或欲或否，是以緩來。其欲來者，子之黨也；其不欲來者，子之讎也。若執衛君，是墮黨而崇讎也。夫墮子者，得其志矣。且合諸侯而執衛君，誰敢不懼？墮黨崇讎，而懼諸侯，或者難以霸乎！”太宰嚭説，乃舍衛侯。

齊陳恒弑其君簡公，魯公孫宿以成叛，入於齊。魯人使子服景伯如齊，子貢爲介，先見公孫宿，曰：“人皆臣人，而有背人之心，況齊人雖爲子役，其有不貳乎？子，周公之孫也，多饗大利，猶思不義。利不可得，而喪宗國，將焉用之？”宿曰：“善哉！吾不早聞命。”

陳成子館客，曰：“寡君使恒告曰：‘寡人願事君如事衛君。’”景伯揖子貢而進之，對曰：“寡君之願也。昔晉人伐衛，齊爲衛故，伐晉冠氏，喪車五百。因與衛地，自濟以西，禚、媚、杏以南，書社五百。吳人加敝邑以亂，齊因其病，取讙與闡，寡君是以寒心。若得視衛君之事君也，則固所願也。”成子病之，乃歸成。

子貢好廢舉，與時轉貨貲。嘗爲信陽宰，相魯衛，家千金，結駟連騎。束帛之幣，以聘享諸侯。所至，國君無不與之分庭抗禮。夫使孔子名布揚於天下者，子貢先後之也。卒終於齊。

冉求，字子有，魯人。亦伯牛之族，少孔子二十九歲。有才藝，爲季氏宰。

齊國書、高無㔻率師伐魯，及清。季孫曰：“齊師在清，必魯故，若之何？”冉有曰：“一子守，二子從公禦諸境。”季孫曰：“不能。”冉有曰：“居封疆之間。”季孫告二子，二子不可。冉有曰：“若不可，則君無出。一子帥師，背城而戰，不屬者，非魯人也。魯之羣室衆於齊之兵車，一室敵車優矣，子何患焉？二子之不欲戰也宜，政在季氏。當子之身，齊人伐魯而不能戰，子之恥也，大不列於諸侯矣。”季孫使從於朝，俟於黨氏之溝。武叔呼而問戰焉。對曰：“君子有遠慮，小人何知？”懿子強問之，對曰：“小人慮材而言，量力而共者也。”武叔曰：“是謂我不成丈夫也。”退而蒐乘。孟孺子洩帥右師，顏羽御，邴洩爲右。冉求帥左師，管周父御，樊遲爲右。季孫曰：“須也弱。”冉有曰：“就用命焉。”季氏之甲七千，冉有以武城人三百爲己徒卒，老幼守宮，次於雩門之外。五日，右師從之。

師及齊師戰於郊。齊師自稷曲，師不逾溝。樊遲曰：“非不能也，不信子也。請三刻而逾之。”如之，衆從之。師入齊軍，獲甲首八十。右師奔，齊人從之。孟之側後入以爲殿。

齊人不能師，宵諜曰：“齊人遁。”冉有請從之三，季孫弗許。冉有用矛於齊師，故能入齊軍。

仲由，字子路，一字季路，卞人。少孔子九歲。好勇力，志抗直。孔子嘗曰：“自吾得仲由，惡言不聞於耳。”

初仕魯，爲季氏宰。後仕衞，爲蒲邑大夫，請見於夫子曰：“邑多壯士，又難治也。”子曰：“然！吾語爾：恭而敬，可以攝勇；寬而正，可以懷彊；愛而恕，可以容困；溫而斷，可以抑姦。如此加之，正不難矣。”

既治蒲三年，孔子過之。入其境，曰：“善哉！由也恭敬以信矣。”入其邑，曰：“善哉！由也忠信以寬矣。”至其庭，曰：“善哉！由也明察以斷矣。”子貢御，請問。子曰：“入其境，田疇盡易，草萊甚辟，溝洫深治，此其恭敬以信矣，故其民盡力也。入其邑，牆屋完固，樹木甚茂，此其忠信以寬，故其民不偷也。至其庭，庭且清閒，諸下用命，此其明察以斷，故其政不擾也。雖三稱其善，庸盡其美乎？”

衞顏讎善事親，子路義之。後讎以非罪執於衞，將死。子路請以金贖焉，衞人許之，既而二三子納金於子路以入衞。或謂孔子曰：“受人之金，以贖其私昵，義乎？”子曰：“義而贖之，貧取於友，非義而何？愛金而令不辜陷辟，凡人且猶不忍，況二三子於由之所親乎？《詩》云：‘如可贖兮，人百其身。’苟出金可以生人，雖百倍古人，不以爲多。故二三子行其欲，由也成其義，非汝之所知也。”

子路見於孔子曰：“負重涉遠，不擇地而弛；家貧親老，不擇祿而仕。昔者，由也事二親之時，常食藜藿之食，爲親負米百里之外。親沒之後，南遊於楚，從車百乘，積粟萬鍾，累裀而坐，列鼎而食，雖欲食藜藿，爲親負米，不可復得也。”子曰：“由也事親，可謂生事盡力，死事盡思者也。”

小邾射以句繹來奔，曰：“使季路要我，吾無盟矣。”使子路，子路辭。季康子使冉有謂之曰：“千乘之國，不信其盟，而信子之言，子何辱焉？”對曰：“魯有事於小邾，不敢問故,死其城下可也。彼不臣,而濟其言,是義之也,由弗能。"

初,衛靈公有寵姬曰南子。靈公太子蒯聵得過南子,懼誅出奔。及靈公卒,而夫人欲立公子郢。郢不肯,曰:"亡人太子之子輒在。"於是衛人立輒爲君,是爲出公。出公立十二年,其父蒯聵居外,不得入。子路爲衛大夫孔悝之邑宰。孔悝之母伯姬召蒯聵入,乃劫孔悝以作亂,襲攻出公。出公奔魯,蒯聵入立,是爲莊公。方亂作,子路在外,聞之馳往。遇子羔出衛城門,謂子路曰:"公去矣。門已閉,子可還矣,毋空受其禍。"子路曰:"食其食者不避其難。"子羔卒去。有使者入城,城門開,子路隨而入。造蒯聵,蒯聵與孔悝登臺。子路曰:"太子焉用孔悝? 雖殺之,必或繼之。"且曰:"太子無勇,若燔臺半,必舍孔叔。"蒯聵懼,乃下石乞、盂黶攻子路,以戈擊之,斷纓。子路曰:"君子死,冠不免。"遂結纓而卒。

言偃,字子游,吳人。少孔子四十五歲。有文學,仕魯爲武城宰,以禮樂化民。

季康子問子游曰:"昔子產死,鄭人大夫舍玦珮,婦人舍珠瑱,巷哭三月,竽瑟不作。夫子之死也,未聞魯人之若是也。奚故哉?"子游曰:"夫浸水之所及則生,其所不及則死,故民皆知焉。膏雨之所生,廣莫大焉,民之受賜也普矣,莫識其由來者。夫子之與子產也,譬猶浸水之與膏雨乎!"

卜商,字子夏,衛人。鄭康成曰:"温國人。"少孔子四十五歲。《史記》云:"四十四歲。"習於《詩》,能通其義,作《詩序》。以文學著名。爲人性不弘,好論精微,時人無以尚之。嘗返衛,見讀史志者云:"晉師伐秦,三豕渡河。"子夏曰:"非也。'己亥'耳。"讀史志者問諸晉史,果然。於是衛以子夏爲聖人。

他日,子曰:"吾死之後,則商也日益,賜也日損。"曾子曰:"何謂也?"子曰:"商也,好與賢己者處;賜也,悦不若己者處。不知其子,視其父;不知其人,視其友;不知其君,視其所使;不知其地,視其草木。故曰:與善人居,如入芝蘭之室,久而不聞其香,即與之化矣;與不善人居,如入鮑魚之肆,久而不聞其臭,亦與之化矣。丹之所藏者赤,漆之所藏者黑,是以君子必慎其所與處者焉。"

孔子既没,子夏居西河教授,爲魏文侯師。其子死,哭之失明。

初,子夏嘗問《書》大義於孔子。子曰:"吾於《帝典》見堯舜之聖焉,於《大禹》《皋陶謨》《益稷》見禹、稷、皋陶之忠勤功勳焉,於《洛誥》見周公之德焉。故《帝典》可以觀美,《大禹謨》《禹貢》可以觀事,《皋陶》《益稷》可以觀政,《洪範》可以觀度,《秦誓》可以觀義,五誥可以觀仁,《甫刑》可以觀誠。通斯七者,則《書》之大義舉矣。"

子夏讀《書》既畢,而見孔子,曰:"《書》之論事也,昭昭然若日月之代明,離離然若星辰之錯行,上有堯舜之德,下有三王之義。凡商之所受《書》於夫子者,志之於心弗敢忘。雖退而窮居河濟之間、深山之中,作壤室,編蓬户,常於此彈琴,以歌先王之道,則可以發憤慷喟,忘己貧賤,故有人亦樂之,無人亦樂之。上見堯舜之德,下見三王之義，忽不知憂患與死也。”夫子愀然變容，曰：“嘻！子殆可以言《書》矣。”

又問於孔子曰：“商聞《易》之生人及萬物、鳥獸、昆蟲，各有奇偶，氣分不同。而凡人莫知其情，惟達道德者能原其本焉。天一、地二、人三，三三爲九。九九八十一，一主日，日數十，故人十月而生；八九七十二，偶以承奇，奇主辰，辰爲月，月主馬，故馬十二月而生；七九六十三，三主斗，斗主狗，故狗三月而生；六九五十四，四主時，時主豕，故豕四月而生；五九四十五，五爲音，音主猿，故猿五月而生；四九三十六，六主律，律主鹿，故鹿六月而生；三九二十七，七主星，星主虎，故虎七月而生；二九一十八，八主風，風主蟲，故蟲八月而化。其餘各從其類矣。鳥、魚生於陰而屬於陽，故皆卵生；魚遊於水，鳥遊於雲，故立冬則燕雀入海化爲蛤；蠶食而不飲，蟬飲而不食，蜉蝣不飲不食。介蟲夏食而冬蟄，齕吞者八竅而卵生，齟嚼者九竅而胎生，四足者無羽翼，戴角者無上齒，無角無前齒者膏，無角無後齒者脂。日生者類父，夜生者似母，是以至陰主牝，至陽主牡。敢問其皆然乎？”子曰：“然！”

子夏又曰：“商聞《山書》云：‘地東西爲緯，南北爲經；山爲積德，川爲積刑；高者爲生，下者爲死；丘陵爲牡，川谷爲牝，蚌蛤龜珠，與月盈虛。’是故堅土之人剛，弱土之人柔，墟土之人大，沙土之人細，息土之人美，毛土之人醜。食水者善遊而耐寒，食土者無心而不息，食木者多力而不治，食草者善走而愚，食桑者有緒而蛾，食肉者勇毅而悍，食氣者神明而壽，食穀者知慧而巧，不食者不死而神。故曰：羽蟲三百六十，而鳳爲之長；毛蟲三百六十，而麟爲之長；甲蟲三百六十，而龜爲之長；鱗蟲三百六十，而龍爲之長；倮蟲三百六十，而人爲之長。此乾坤之美也，殊形異類之數。王者動必以道，靜必順理，以奉天地之性，而不害其所主，謂之仁聖焉。”

子夏言終而出，子貢進曰：“商之論也何如？”孔子曰：“汝謂何也？”對曰：“微則微矣，然則非治世之待也。”孔子曰：“然！各其所能。”

孔子作《春秋》，以屬子夏，子夏傳門人公羊高、穀梁赤。又傳《禮》。而《毛詩》之學，亦推本於子夏云。

顓孫師，字子張，陳人。少孔子四十八歲。爲人有容貌資質，寬沖博接，從容自務，居不務立於仁義之行，門人友之而弗敬。

曾參，字子輿，南武城人。少孔子四十六歲。

敝衣而耕於魯，魯君聞之而致邑焉，曾子固辭不受。使者曰：“先生非有求於人，人則獻之，何爲不受？”曾子曰：“吾聞受人施者常畏人，與人者常驕人。縱君有賜，不我驕也。吾豈能勿畏乎？吾與其富而畏人，不若貧而無屈。”孔子聞之曰：“參之言，足以全其節也。不然，則人何以稱其廉哉？”

曾子性魯，卒聞一貫之旨。及門之徒，惟曾子之傳得其宗。能通孝道，孔子因之以作《孝經》。

他日，嘗自言曰："往而不可還者，親也；至而不可加者，年也。是故孝子欲養而親不逮也，木欲直而時不逮也。椎牛而祭墓，不如雞黍逮親存也。吾嘗仕齊爲吏，祿不過鍾釜，尚猶欣欣而喜者，非以爲多也，樂其逮親存也。親沒之後，吾嘗南遊於楚，得尊官，堂高九仞，榱題三尺，殷①轂百乘，然猶北向而泣者，非爲賤也，悲不見吾親也。"

初仕於莒，其後齊迎以相，楚迎以令尹，晉迎以上卿。年七十，學名聞天下。

澹臺滅明，字子羽，武城人。少孔子三十九歲。狀貌甚惡。既受業孔子，退而修行。南遊至江，從弟子三百人，設取予去就，名施乎諸侯。孔子聞之，曰："吾以言取人，失之宰予；以貌取人，失之子羽。"

高柴，字子羔，《禮記》作"子皋"，齊人，齊大夫高氏之族。少孔子三十歲，古本《家語》云"四十歲"。長不過六尺，狀貌甚惡，然篤孝而有法。

爲成宰，成人化之。又爲衛士師，刖人之足。俄而衛有蒯聵之亂，子羔走郭門。刖者守門焉，謂子羔曰："彼有缺。"子羔曰："君子不逾。"又曰："彼有竇。"子羔曰："君子不隧。"又曰："於此有室。"子羔入。追者罷，子羔將去，謂刖者曰："吾不能虧主之法而親刖子之足。今吾在難，正子報怨之時，而逃我者三，何哉？"刖者曰："斷足，固我之罪，無可奈何。昔公之治臣也，傾側法令，先後臣以法，欲臣之免於法也，臣知之。獄決罪定，臨當論刑，君愀然不悅，見於顏色，臣又知之。君豈私臣哉？天生君子，其道固然。此臣之所以脫君也。"孔子聞之曰："善哉！爲吏，其用法一也。思仁恕則樹德，加嚴暴則樹怨。公以行之，其子羔乎？"

宓不齊，字子賤，魯人，少孔子三十歲，古本《家語》云"四十歲"，《史記》云"四十九歲"。②

仕爲單父宰，才智仁愛，百姓不忍欺。孔子謂之曰："子何施而得之也？"對曰："不齊父其父子其子，恤諸孤而哀喪紀。"子曰："善。小節也，猶未足也。"曰："不齊所父事者三人，所兄事者五人，所友事者十一人。"子曰："可以教孝、教弟、教學矣，中節也，猶未足也。"曰："此地有賢於不齊者五人，不齊事之而稟度焉，皆教不齊所以治人之道。"子乃嘆曰："其大者乃在此矣。昔堯舜聽天下，務求賢以自輔。夫賢者，百夫③之宗也，神明之主也。惜乎不齊之所治者小也。所治者大，則庶幾矣。"

齊人攻魯，道由單父。單父之老請曰："麥已熟矣。今齊寇至，不及人人自收其麥。請放民出，皆穫傅郭之麥，可以益糧，且不資於寇。"三請而子賤不聽。俄而齊寇逮於麥。季孫聞之怒，使人讓子賤曰："民寒耕熱耘，曾不得食，豈不哀哉？不知猶可，

---

① "殷"，《韓詩外傳》卷七作"轉"。
② 按，此處記載有誤。《史記·仲尼弟子列傳》作"少孔子三十歲"，《史記索隱》引《家語》作"少孔子四十九歲"。
③ "夫"，《孔子家語·辯政》、《韓詩外傳》卷八作"福"。

以告者三而子不聽,非所以爲民也。"子賤曰:"今兹無麥,明年可樹。若使不耕者穫,是使民樂有寇也。且得單父一歲之麥,於魯不加彊,喪之不加弱。若使民有自取之心,其創必數世不息。"季孫聞之,赧然而愧曰:"地若可入,吾豈忍見宓子哉!"

樊須,字子遲,魯人。鄭康成曰:"齊人。"少孔子三十六歲,古本《家語》云:"四十六歲。"仕於季氏。

有若,字子若,魯人。少孔子十三歲,古本《家語》云"三十六歲",《史記》云"四十三歲"。爲人强識,好古道。孔子没,門人思慕,以有若之言似孔子,至欲以所事孔子事之,曾子不可,乃已。

公西赤,字子華,魯人。少孔子四十二歲。

原憲,字子思,宋人。鄭康成曰:"魯人。"少孔子三十六歲。清静守節,貧而樂道。孔子爲魯司寇,原思嘗爲宰。孔子卒,隱居衞。

子貢相衞,結駟連騎,排藜藿,入窮閭,過謝原憲。憲攝敝衣冠,見子貢。子貢曰:"夫子豈病乎?"憲曰:"吾聞之無財者謂之貧,學道而不能行者謂之病。若憲,貧也,非病也。"子貢慙去,終身恥其言之過也。

公冶長,古本《家語》作"萇",字子長,范甯曰:"名芝,字子長。"《家語》云"魯人",《史記》云"齊人"。

南宫适,《家語》作"縚",《史記》作"括",字子容,又稱南宫敬叔,魯人。孟僖子之子仲孫閲也。考《漢書・古今人表》有南容,又有南宫敬叔。顔師古於"南容"則注曰:"南宫縚也。"於"南宫敬叔"則注曰:"南宫适也。"故明夏洪基斷爲二人,以南宫縚、适、括字子容者爲一人,以仲孫説、閲謚敬叔者爲一人。又,孟懿子亦以父命學於孔子,今從祀無何忌。又以南宫敬叔與南容爲一人。是弟子之從祀者,遺敬叔、懿子兩人矣。

公晳哀,字季次,《家語》作"克,字季沉,齊人"。讀書懷獨行君子之德,義不苟合當世,鄙天下多仕於私家者,故終身未嘗屈節人臣。空室蓬户,褐衣蔬食不厭,孔子賢之。

曾點,字子晳,《史記》作"蒧,字晳"。曾參之父。

顔無繇,《家語》作"顔繇,字季路",《史記》云"字路",顔回之父。少孔子六歲。孔子始教學於闕里,而受學焉。

商瞿,字子木,魯人。少孔子二十九歲。好《易》,孔子傳之,志焉。傳楚人馯臂,臂傳江東橋疵,疵傳燕周豎,豎傳淳于光乘,乘傳齊田何,何傳東武王同,同傳淄川楊何。田何又授丁寬,寬授碭田王孫,王孫授沛施讎、東海孟喜、琅邪梁丘賀。由是,漢儒言《易》者有施、孟、梁丘之學。以漢初言《易》者有田何,故世以別焦、費學,謂曰"田何之《易》"。以孔子《卦》《象》《爻》《象》與《文言》《説卦》等離爲十二篇,而説者目爲章句,其實皆本之商瞿。

漆雕開，字子若，《史記》云“字子開”。蔡人，鄭康成曰“魯人”。少孔子十一歲。習《尚書》，不樂仕。

公良孺，或作“公良儒”，字子正，陳人，賢而有勇。孔子去陳、適衛、過蒲，會公叔氏以蒲畔止孔子。時子正以私車五乘從，謂曰：“吾昔從夫子遇難於匡，今又遇難於此，命也已。吾與夫子再罹難，寧鬥而死。”鬥甚疾，蒲人懼。乃要盟，毋適衛而出孔子。

秦商，今本《家語》云“字不慈”，古本《家語》作“丕茲”，《史記》云“字子丕”。魯人，鄭康成曰“楚人”。少孔子四十歲，《史記索隱》云“四歲”。其父堇(父)，[①]與孔子父叔梁俱以力聞。

顏高，《家語》作“刻”，一作“尅”，字子驕，魯人。少孔子五十歲。

司馬耕，字子牛，《家語》作“司馬犂耕”，宋人。多言而躁。其兄向魋，作亂奔衛，乃置其邑與珪而適齊。魋自衛入齊，陳成子使爲次卿。又致其邑而適吳，吳人惡之，乃反。趙簡子召之，陳成子亦召之，卒於魯郭門之外，阮氏葬諸丘輿。

巫馬施，《家語》作“巫馬期”。字子期，《史記》作“子旗”。陳人，鄭康成曰“魯人”。少孔子三十歲。爲單父宰。子賤之宰單父也，彈琴，身不下堂，單父理。子期以星出，以星入，而單父亦理。因問其故於子賤，子賤曰：“我任人，子任力。任力者勞，任人者逸。”期曰：“是施之未至也。”

梁鱣，或作“鯉”，字叔魚，齊人。少孔子二十九歲，古本《家語》云“三十九歲”。

琴牢，字子開，一字“子張”，衛人。《家語》有，《史記》無。

冉孺，字子魯，或作“曾”。《家語》作“冉儒，字子魚”。魯人。少孔子五十歲。

顏辛，《史記》作“幸”，或作“柳”，或作“韋”，字子柳，魯人。少孔子四十六歲。

伯虔，古本《家語》作“處，字子皙”，《史記》作“子析”，今本《家語》作“子楷”。魯人。少孔子五十歲。

公孫龍，古本《家語》作“寵”，字子石，衛人。鄭康成曰“楚人”，《正義》曰“趙人”。少孔子五十三歲。子貢問子石曰：“子不學《詩》乎？”子石曰：“吾暇乎哉？父母求吾孝，兄弟求吾悌，朋友求吾信。吾暇乎哉！”子貢曰：“請投吾師，以學於子。”

曹恤，字子循，蔡人。少孔子五十歲。

陳亢，字子亢，《說文》作“伉”，一字“子禽”，陳人。少孔子四十歲。或曰：“亢，子貢弟子。”《家語》有，《史記》無。

叔仲會，一作“噲”，字子期。魯人，鄭康成曰“晉人”。少孔子五十四歲，一云“五十歲”。與孔璇年相比，二孺子俱執筆迭侍於夫子。孟武伯見孔子而問曰：“此二孺子之幼也於學，豈能盡識於壯者哉？”孔子曰：“然！少成若天性，習慣如自然也。”

---

① 按，《史記索隱》云：“其父堇，與孔子父紇俱以力聞也。”

秦祖，字子南，秦人。

奚容蒧，字子晳，《家語》作"奚蒧，字子偕"，一作"子楷"。魯人，《正義》曰"衛人"。

公祖句茲，《家語》作"公祖茲，字子之"，魯人。

廉潔，《史記》《家語》皆作"廉絜"，字子庸，今本《家語》作"子曹"，衛人。

公西輿如，今本《家語》作"公西輿"，字子上，魯人。

罕父黑，今本《家語》作"宰父黑，字子黑"，古本《家語》及《史記》皆作"子索"，或作"子素"，魯人。

公西蒧，字子尚，《史記》云"字子上"，魯人。

壤駟赤，字子徒，《家語》作"穰駟赤，字子從"，秦人。

冉季，字子產，或作"子達"，魯人。

鄭國，字子徒，魯人。《家語》作"薛邦，字子從"。司馬貞曰："邦"作"國"者，漢避高帝諱。"薛"曰"鄭"者，字訛也。或曰薛邦、鄭國，實兩人。

后處，字里之，《史記》云"字子里"，齊人。

縣亶，《索隱》作"縣豐"，《廣韻》注作"縣亶父，字子象"，魯人。《家語》有，《史記》無。或云即《史記》之郰單也。

左人郢，《家語》作"左郢，字子行"，《史記》云"字行"，魯人。

狄黑，字晳之。《史記》云"字晳"，一作"子晳"，衛人。

商澤，字子秀，一作"子季"，魯人。

任不齊，字子選，《史記》云"字選"，楚人。

榮旂，《家語》作榮（祁）〔祈〕，字子祺，古本《家語》云"字子顏"，魯人。

顏噲，字子聲，魯人。

原亢，字子籍，《史記》作"原亢籍"。古本《家語》作"原忼，字籍"，一作"原桃"，魯人。

公肩定，或作"公有"，《家語》作"公肩，字子仲"，《史記》作"公堅定，字子中"。魯人，或曰衛人，或曰晉人。

秦非，字子之，魯人。

漆雕徒父，《家語》作"漆雕從，字子文"，或作"子有"，或作"子友"，魯人。

燕伋，古本《家語》作"級，字子思"，《史記》云"字思"，秦人。

公夏首，字乘，《家語》作"守"，字子乘，魯人。

句井疆，今本《家語》云"字子界"，古本《家語》云"字子疆"，衛人。

步叔乘，字子車，一作"少叔乘"，齊人。

石作蜀，古本《家語》作"石之蜀"，今本《家語》作"石子蜀"，字子明，秦之成紀人。

邦巽，字子斂，《家語》作"邦選，字子歛"。一作"國選"，一作"邦巽"，魯人。

施之常，字子恒，《家語》作"子常"，魯人。

申根，《家語》作"申續"，又作"申績，字子周"。《史記》作"申黨"，又作"申棠"，字周。或作"儻"，或云"字子續"，魯人。鄭康成、陸德明、王應麟、夏洪基等皆以爲一人。唐開元、宋大中祥符間皆以爲兩人。朱彝尊曰："作兩人者，是也。"

樂欬，《家語》作"樂欣，字子聲"，魯人。

顏之僕，字子叔，《史記》云"字叔"，魯人。

孔忠，今本《家語》作"弗"，字子蔑，孔子兄子。

漆雕哆，今本《家語》作"侈"，字子斂，魯人。

縣成，字子祺，今本《家語》云"字子橫"，魯人。

顏祖，今本《家語》作"相"，字子襄，《史記》云"字襄"，魯人。古本《家語》無。

秦冉，字開。《史記》有，《家語》無。

鄡單，或作"鄔單"，字子家。《史記》有，《家語》無。

顏何，字冉。古本《家語》云"以字稱"，魯人。《史記》有，今本《家語》無。

牧皮，年、字、里居無可考。《家語》《史記》皆不載。

述曰：《史記》有"公伯寮，字子周"，馬融曰"魯人"。明嘉靖初，張璁從程敏政之請，以其常愬子路，爲聖門之蟊螣，始罷配食。而此外，《左傳》有仲孫何忌及説；《小戴禮‧雜記》有孺悲，《射義》有公罔之裘、序點；《家語》有孔璇、惠叔蘭；《莊子》有常季；《晏子》有鞠語；《呂覽》有顏涿聚，《史記》作"顏濁鄒"；成都文翁石室有廉瑀；魯峻石壁畫有子服何，皆受業孔子，其中未必無可採入從祀者，今備列其名，以俟後之議禮者考證焉。

闕里文獻考卷四三

從祀賢儒第十四之一

自周室衰微,孔子不得位,退而與其徒贊《易‧象》,修《春秋》,删定《詩》《書》,講求《禮》《樂》,使堯、舜、禹、湯、文、武、周公之道復昭明於萬世。而淵源所及,或聞風私淑,傳緒無窮;或守其遺經,抱殘補闕,俾聖人之書佚而弗墜於地,是皆功在聖門而崇祀之典之所以特隆也。

顧前世以來,罷復不一,求瑕指累,議論紛紜。我朝博採廷議,斟酌參詳,自七十子外,定爲聖嗣伯魚子、子思子、蘧瑗、林放、孟子、孟子父激,門人樂正克、公都子、萬章、公孫丑,周傳《春秋》者三家:左丘明、公羊高、穀梁赤。漢傳《尚書》者二家:伏勝、孔安國。《禮》三家:高堂生、后蒼、杜子春。《詩》一家:毛萇。《春秋傳》一家:董仲舒。注疏一家:鄭康成。蜀儒諸葛亮,晉范甯,隋王通,唐韓愈,宋范仲淹、胡瑗、邵雍、周敦頤、敦頤父輔成、歐陽修、司馬光、程顥、程頤、二程父珦、張載、載父迪、尹焞、楊時、羅從彥、胡安國、李侗、張栻、朱熹、熹父松、呂祖謙、陸九淵、蔡元定、元定子沉、黃榦、陳淳、真德秀、魏了翁、何基、王柏元、陳澔、趙復、金履祥、許謙、許衡、吳澄,明薛瑄、胡居仁、陳獻章、王守仁、蔡清、羅欽順,國朝陸隴其,凡六十八人。其位次、封爵及從祀之所由,已詳《祀典考》中。兹特參之前史,采其立身明道之大者,各爲列傳,以類相從,其序次一以年世之先後爲斷,惟孟子及程朱門人則不以世次而各附於其師之後,以著道統。至伯魚、子思已列世系,安國既入家傳者,遂不復述云。

周

蘧瑗,字伯玉,衛人,仕衛爲大夫。

衛獻公十八年,公戒孫文子、甯惠子食,皆服而朝,日旰不召,而射鴻於囿。二子從之,不釋皮冠而與之言。二子怒。孫文子如戚,孫蒯入使。公飲之酒,使太師歌《巧言》之卒章。太師辭。師曹請爲之。蒯懼,告文子。文子曰:"君忌我矣!弗先,必死。"並帑於戚而入,見蘧伯玉,曰:"君之暴虐,子所知也。大懼社稷之隕覆,將若之何?"伯玉曰："君制其國，誰敢姦之？雖姦之，庸知愈乎。"遂行，從近關出。孫文子遂攻出獻公，立殤公。

殤公十二年，獻公在夷儀，使公子鮮告甯喜欲復國，曰："苟反，政由甯氏，祭則寡人。"甯喜告蘧伯玉。伯玉曰："瑗不得聞君之出，敢問其入？"遂行，又從近關出。獻公復國。

又三年，吳公子札適衛，見伯玉與語，說之曰："衛多君子，未有患也。"晉趙簡子將伐衛，使史黯往視之。還報曰："蘧伯玉爲政，未可以加兵也。"簡子遂寢兵不出。

靈公即位，使伯玉之楚，逢楚公子晳於濮上，伯玉爲軾車。子晳曰："吾聞上士托色，其次托辭，其下托財，三者固可得而托邪？"伯玉曰："謹受命。"既致使，昭王因問士。伯玉曰："楚之多士而不能用。"昭王曰："何也？"伯玉曰："子胥生於楚，逃之吳，吳人相之，發兵攻楚，墮平王之墓，是吳善用之。敳貴生於楚，走之晉，其治七十二縣，道不拾遺，城郭不閉，是晉善用之。今瑗之來，逢子晳於濮上，又將行矣。"於是昭王追晳而還之。

靈公嘗與夫人夜坐，聞車聲轔轔，至闕而止，過闕復有聲。公問夫人曰："知爲誰？"夫人曰："此蘧伯玉也。"公曰："何以知之？"夫人曰："妾聞《禮》'下公門，式路馬'，所以廣敬也。夫忠臣與孝子，不爲昭昭信節，不爲冥冥惰行。蘧伯玉，衛之賢大夫也，仁而有智，敬於事上，此其人必不以闇昧廢禮，是以知之。"公使人問之，果蘧伯玉。

伯玉行年五十而知四十九年之非，六十而化，外寬而內直，自娛於隱括之中，直己而不直人，汲汲於仁，以善自終。

林放，字子丘，魯人。或曰：孔子門人。

述曰：蘧伯玉，先聖稱爲君子而嚴事之。至衛，嘗主其家。徵其行於傳記，蓋卓如也。而林放自《魯論》問禮一事外，他無所表見，先儒但以爲魯人而已。近錢塘進士成君城輯《泰安郡志》，獨考其里居甚詳。其說曰：魯地闊遠，以經傳注疏及《國語》《史記》《水經注》《括地志》諸書證之，大約東至沂水、費縣，西極魚臺、嘉祥，南盡鄒嶧，北抵泰山，廣袤數百里，皆在魯封域之內。今《闕里志》但言"放，魯人"，不能確指其鄉之所在。《山東通志》因之，《兗州志》並佚其姓名，不可謂非遺憾。考泰安崇禮鄉之放城集，相傳爲林放故里，舊志及他書皆不載。余獨謂其可信者三：宋真宗命廷臣撰《孔子弟子贊》，主客郎中刁衎贊林放云："東嶽稱美，長山表封。"一記其所生之地，一記其所封之地也。《論語》："曾謂泰山不如林放乎？"意孔子並時列國名卿大夫及魯多君子，知禮者蓋不乏人，何獨取例於放？當時必就其近者言之耳。乾隆己卯，掘地得古碑，字畫俱已磨滅，惟隱隱見"林放"及"唐太和二年"數字，此則千年以上之物，尤可據以爲信者也。放城集，舊名放城鎮，在郡城東南百八十里。

從祀賢儒第十四之二

周

　　左丘明，魯人，爲魯太史，楚左史倚相之後也。孔子既因魯史記作《春秋》，七十子之徒口授其傳指，爲其有所刺譏、褒諱、挹損之文辭，不可以書見也。明懼弟子人人異端，各安其意，失其真，故因《春秋》具論其語爲内傳。又稽逸文，纂別説，分周、魯、齊、晉、鄭、楚、吳、越八國事，起周穆王，終魯悼公，爲外傳《國語》二十一篇，以授曾申。申授吳起，起授其子期，期授楚威王傅鐸椒，椒授趙成王相虞卿，虞卿授荀卿，荀卿授張蒼。蒼，漢初爲丞相。其時，梁太傅賈誼、京兆尹張敞、大中大夫劉公子皆修《春秋左傳》。誼爲訓故，授趙人貫公，貫公子長卿授清河張禹。禹爲蕭望之言《左氏》，望之薦禹徵待詔，授尹更始，更始傳其子咸及翟方進、胡常。咸授劉歆，常授黎陽賈護，護授蒼梧陳欽，欽授王莽。

　　初，此經遭焚書廢滅。及孔氏壁經出，又藏於祕府，伏而未發。成帝時，歆校祕書，見府中古文《春秋左氏傳》，大好之。時咸爲丞相史，以能治《左氏》，與歆共校經傳。歆略從咸及丞相方進，質問大義。先是，《左氏傳》多古字古言，學者傳訓故而已，及歆治《左氏》，引傳文以釋經，轉相發明，由是章句義理備焉。歆以爲左氏好惡與聖人同，親見夫子，而公、穀在七十子後，傳聞之與親見，其詳略不同。及歆親近，欲建立《左氏春秋》列於學官。哀帝令歆與五經博士講論其義，諸儒博士或不肯置對，歆爲孔光言，光卒不肯，唯房鳳、王龔許歆。歆遂移書責讓太常博士曰：

　　　　昔唐虞既衰，而三代迭興，聖帝明王，累起相襲，其道甚著。周室既微而禮樂不正，道之難全也如此。是故孔子憂道之不行，歷國應聘。自衛反魯，然後樂正，《雅》《頌》乃得其所；修《易》，序《書》，制作《春秋》，以紀帝王之道。及夫子没而微言絶，七十子卒而大義乖。重遭戰國，棄籩豆之禮，理軍旅之陣，孔氏之道抑，而孫吳之術興。陵夷至於暴秦，焚經書，殺儒士，設挾書之法，行是古之罪，道術由此遂滅。漢興，去聖帝明王邈遠，仲尼之道又絕，法度無所因襲。時獨有一叔孫通略定禮儀，天下惟有《易》卜，未有他書。至於孝惠之世，乃除挾書之律。然公卿大臣絳、灌之屬咸介胄武夫，莫以為意。至孝文皇帝，始使掌故晁錯從伏生受《尚書》。《尚書》初出於屋壁，朽折散絕，今其書見在，時師傳讀而已。《詩》始萌芽。天下眾書往往頗出，皆諸子傳說，猶廣立於學官，為置博士。在漢朝之儒，唯賈生而已。至孝武皇帝，然後鄒、魯、梁、趙頗有《詩》《禮》《春秋》先師，皆出於建元之間。當此之時，一人不能獨盡其經，或為《雅》，或為《頌》，相合而成。《泰誓》後得，博士集而讀之。故詔書稱曰：“禮壞樂崩，書缺簡脫，朕甚閔焉！”時漢興已七八十年，離於全經，固已遠矣。

及魯恭王壞孔子宅，欲以為宮，而得古文於壞壁之中，《逸禮》有三十九篇，《書》十六篇。天漢之後，孔安國獻之，遭巫蠱倉卒之難，未及施行。及《春秋》左氏丘明所修，皆古文舊書，多者二十餘通，藏於祕府，伏而未發。孝成皇帝愍學殘文缺，稍離其真，乃陳發祕藏，校理舊文，得此三事，以考學官所傳，經或脫簡，傳或間編。博[1]問民間，則有魯國桓公、趙國貫公、膠東庸生之遺學與此同，抑而未施。此乃有識者之所惜愍，士君子之所嗟痛也。往者綴學之士不思廢絕之缺，苟因陋就寡，分文析字，煩言碎辭，學者罷老且不能究其一藝。信口說而背傳記，是末師而非往古，至於國家將有大事，若立辟雍、封禪、巡狩之儀，則幽冥而莫知其原。猶欲保殘守缺，挾恐見破之私意，而亡[2]從善服義之公心，或懷妒嫉，不考情實，雷同相從，隨聲是非，抑此三學，以《尚書》為備，謂左氏不傳《春秋》，豈不哀哉！

今聖上德通神明，繼統揚業，亦愍文教錯亂。學士若茲，雖昭其情，猶依違謙讓，樂與士君子同之。故下明詔，試左氏可立不，遣近臣奉旨銜命，將以輔弱扶微，與二三君子比意同力，冀得廢遺。今則不然，深閉固距，而不肯試，猥以不誦絕之，欲以杜塞餘道，絕滅微學。夫可與樂成，難與慮始，此乃眾庶之所為耳，非所望士君子也。且此數家之事，皆先帝所親論，今上所考視，其為古文舊書，皆有徵驗，外內相應，豈苟而已哉！

夫禮失求之於野，古文不猶愈於野乎？往者博士《書》有歐陽，《春秋》公羊，《易》則施、孟，然孝宣皇帝猶復廣立《穀梁春秋》，《梁丘易》，大、小夏侯《尚書》，義雖相反，猶並置之。何則？與其過而廢之也，寧過而立之。傳曰：“文武之道未墜於地，在人；賢者志其大，不賢者志其小者。”今此數家之言，所以兼包大小之義，豈可偏絕哉！若必專己守殘，黨同門，妒道真，違明詔，失聖意，以陷於文吏之議，甚為二三君子不取也。

---

① “博”，《漢書·劉歆傳》作“傳”。
② “亡”，《漢書·劉歆傳》作“無”。

然竟不得立。至平帝時，始立學官，既立旋廢。

建武中，鄭興及陳欽子元傳《春秋左氏學》。會尚書令韓歆上疏，欲爲《左氏》復立博士。范升奏以爲《左氏》淺末，不宜立。陳元聞之，乃詣闕上疏曰：

陛下撥亂反正，文武並用，深愍經義謬雜，真僞錯亂，每臨朝日，輒延羣臣講論聖道。知丘明至賢，親受孔子，而《公羊》《穀梁》傳聞於後世，故詔立《左氏》，博詢可否，示不專己，盡之臣下也。今論者沉溺所習，玩守舊聞，固執虛言傳授之辭，以非親見實事之道。《左氏》孤學少與，遂爲異家之所覆冒。夫至音不合衆聽，故伯牙絕絃；至寶不同衆好，故卞和泣血。仲尼聖德，而不容於世，況於竹帛餘文，其爲雷同者所排，固其宜也。非陛下至明，孰能察之！

臣元竊見博士范升等所議奏《左氏春秋》不可立，及太史公違戾凡四十五事。案升等所言，前後相違，皆斷截小文，媟黷微詞，以年數小差，掇爲巨謬，遺脱纖微，指爲大尤，抉眼摘釁，掩其弘美，所謂“小辯破言，小言破道”者也。升等又曰：“先帝不以《左氏》爲經，故不置博士，後主所宜因襲。”臣愚以爲若先帝所行而後主必行者，則盤庚不當遷於殷，周公不當營洛邑，陛下不當都山東也。往者，孝武皇帝好《公羊》，衛太子好《穀梁》，有詔詔太子受《公羊》，不得受《穀梁》。孝宣皇帝在民間時，聞衛太子好《穀梁》，於是獨學之。及即位，爲石渠論而《穀梁氏》興，至今與《公羊》並存。此先帝後帝各有所立，不必其相因也。方今干戈少弭，戎事略戢，分明黑白，建立《左氏》，釋解先聖之積結，洮汰學者之累惑，使基業垂於萬世，後進無復狐疑，則天下幸甚。

臣元愚鄙，嘗傳師言。如得以褐衣召見，俯伏庭下，誦孔氏之正道，理丘明之宿冤；若辭不合經，事不稽古，退就重誅，雖死之日，猶生之年也。

書奏，下其議，范升復與元相辯難，凡十餘上。帝卒立《左氏》，太常選博士四人，以元爲第一。帝以元新忿爭，乃用其次司隸從事李封，於是諸儒以《左氏》之立，議論讙譁，自公卿以下，數廷爭之。會封卒，光武重違衆議，遂不復補，《左氏》復廢。

賈誼八世孫徽，嘗從劉歆受《左氏春秋》，兼習《國語》，作《左氏條例》二十一篇。徽子逵傳父業，兼通五家《穀梁》之說。尤明《左氏傳》《國語》，爲《解詁》五十一篇，永平中，獻之。明帝重其書，寫藏祕閣。

章帝即位，降意儒術，特好《左氏傳》。詔逵入講北宮白虎觀、南宮雲臺。使逵發出《左氏傳》大義長於二傳者，逵於是摘出《左氏》三十事上之，帝嘉焉。令逵自選《公羊》嚴、顏諸生高才者二十人，教以《左氏》。由是《左氏》復行於世。

而鄭興子衆亦從父受《左氏春秋》，作《春秋難記條例》，子安世能傳家業。世遂有鄭、賈之學。

自外孔奮、服虔、穎容、馬融、延篤、彭仲博、許惠卿、鄭康成之徒，皆傳《左氏》。魏世則王肅、董遇爲之注。晉杜預立功之後，殫思經籍，爲《春秋左氏經傳集解》。隋末唐初，左學特盛，二家浸微。唐貞觀間，孔穎達等奉詔修疏。永徽中，長孫無忌等上《正義》三十六卷。

公羊高，齊人，口受《春秋》於子夏。傳子平，平傳子地，地傳子敢，敢傳子壽，五世相授。至壽傳其弟子齊人胡母生，生著於竹帛，爲漢景帝博士。與董仲舒同業，仲舒著書稱其德。年老，歸教於齊，齊之言《春秋》者宗事之，公孫弘亦頗受焉。時武帝尊《公羊》，其學由是大顯。

董仲舒弟子通者，蘭陵褚大，廣川殷忠、[①]温吕步舒及東平嬴公，而惟嬴公爲能守學，不失師法，以授東海孟卿、魯國眭孟。孟弟子百餘人，惟東海嚴彭祖、魯國顔安樂爲明，質問疑義，各持所見。孟曰：“《春秋》之意，在二子矣！”孟卒，二人各專門教授。由是《公羊春秋》有嚴、顔之學。彭祖授琅邪王中，中授同郡東門雲、公孫文。文，徒衆尤盛。顔安樂授淮陽泠豐、淄川任公，由是顔家有泠、任之學。

疏廣事孟卿，授琅邪筦路。貢禹始事嬴公，成於眭孟，授潁堂谿惠，惠授泰山冥都。都與路又事顔安樂，故顔氏復有筦、冥之學。筦路授孫寶，泠豐授東海馬宮、琅邪左咸。咸，徒衆尤盛。

後漢任城何休作《春秋解詁》，又與其師博士羊弼追述李育意，作《公羊墨守》。晉王接謂“何休訓釋甚詳，而黜周王魯，大義乖謬”，乃更注《公羊春秋》。徐彦又撰《疏》三十卷。彦，不知何時人，或曰：唐貞元、長慶後人。

穀梁赤，顔師古曰“名喜”，阮孝緒曰“名俶”，字元始，魯人。受《春秋》於子夏，爲經作傳。傳孫卿，孫卿傳申公，申公傳瑕丘江公，江公傳子至孫爲博士。漢武帝尊《公羊》家，詔太子受《公羊春秋》，由是《公羊》大興。太子既通，復私問《穀梁》而善之。其後寖微，惟魯榮廣、皓星公二人受焉。沛蔡千秋、梁周慶、丁姓皆從廣受。千秋又事皓星公。宣帝即位，聞衛太子好《穀梁春秋》，以問丞相韋賢等，皆言穀梁子本魯學，公羊氏乃齊學也，宜興《穀梁》。時千秋爲郎，召見，與《公羊》家並説，帝善《穀梁》説，擢千秋爲諫大夫，選郎十人從受。千秋死，徵江公孫爲博士。江博士死，乃徵周慶、丁姓待詔保宫，使卒授十人。自元康中始講，至甘露元年，積十餘歲，皆明習。乃召《五經》名儒蕭望之等大議殿中，平《公羊》《穀梁》同異，各以經處是非。時《公羊》博士嚴彭祖，侍

---

① “殷忠”，《漢書·儒林傳》作“段仲”。

郎申輓、伊推、宋顯，《穀梁》議郎尹更始、待詔劉向、周慶、丁姓並論。《公羊》家多不見從，願請內侍郎許廣，使者亦並內《穀梁》家中郎王亥，各五人，議三十餘事。各以經義對，多從《穀梁》。由是《穀梁》之學大盛。慶、姓皆爲博士。姓授楚申章昌，徒衆尤盛。始更始事千秋，受《穀梁》學，傳琅邪房鳳。而江博士又授胡常，常授梁蕭秉。由是《穀梁春秋》有尹、胡、申章、房氏之學。

晉范甯以《穀梁春秋》未有善釋，撰《集解》十二卷，《例》一卷，徐邈爲注。

述曰：左氏、公、穀各成一家言，以闡述先聖作經之微旨，其得失優劣，先儒論之詳矣！謂《左氏》善於禮，《公羊》善於讖，《穀梁》善於經，鄭康成之言也。《左氏》豔而富，其失也巫；《穀梁》清而婉，其失也短；《公羊》辨而裁，其失也俗，范武子之言也。《左氏》之義有三長，二《傳》有五短，劉知幾之言也。《左氏》考事甚精而不曾講學，《公》《穀》乃是經生而考事頗疏，程伊川之言也。《左氏》拘於赴告，《公羊》牽於讖緯，《穀梁》窘於日月，劉原父之言也。事莫備於《左氏》，例莫明於《公羊》，義莫精於《穀梁》，或失之誣，或失之亂，或失之鑿，胡文定之言也。《左氏》傳事不傳義，是以詳於史而事未必實；《公》《穀》傳義不傳事，是以詳於經而義未必當，葉少蘊之言也。《左氏》史學，事詳而理差；《公》《穀》經學，理詳而事差，朱子之言也。而夾漈鄭氏獨曰："三家之《傳》，體制不同，詳略亦異，未可以優劣判取其長而舍其短。學者之事也，大抵有《公》《穀》，然後知筆削之嚴；有《左氏》，然後知本末之詳。漢時《公》《穀》既作，凡董仲舒、公孫弘之徒，皆引以斷大獄，飾吏事。《左氏》既作，凡太史公、劉向之徒，著書立言，首尾倒錯皆不待捃摭而自見，其有功於世，又非特傳聖人之經而已。"此說最爲允當，未可目爲調人之論。

他若尊《公羊》者，以《左》《穀》爲廢疾膏肓；守《左氏》者，議《公羊》爲多任權變。各持一說，互相觝排，興廢由於好惡，盛衰係於辯訥，遂至啖、趙之徒欲起而盡廢三傳，不亦有漢諸儒之過哉！

從祀賢儒第十四之三

周

孟軻,字子輿,一字子車,鄒人。魯公族孟孫氏之後也。父激,字公宜。

孟子幼時,請見子思。子思見之,甚悦其志,命子上侍坐焉,禮敬甚崇。客退,子上請曰:"白聞士無介不見,女無媒不嫁。孟孺子無介而見,大人悦而敬之,何也?"子思曰:"然!昔吾夫子於郯,遇程子於塗,傾蓋而語,終日而別,命子路將束帛贈焉,以其道同於君子也。今孟子車,孺子也,言稱堯舜,性樂仁義,世所希有也。事之猶可,況加敬乎?非爾所及也。"遂受業子思之門。

道既通,遊事齊宣王,宣王不能用。適梁,梁惠王不果所言,則見以爲迂闊而遠於事情。當是之時,秦用商君,富國强兵;楚用吳起,戰勝弱敵;齊威王、宣王用孫子、田忌之徒,而諸侯東面朝齊。天下方務於合縱連衡,以攻伐爲賢,而孟子乃述唐、虞、三代之德,是以所如不合。退而與萬章之徒,序《詩》《書》,述仲尼之意,作《孟子》七篇。年八十四卒。

今孟子父激,配食崇聖祠。而孟子之徒,據趙岐《注》有樂正克、公都子、萬章、公孫丑、浩生不害、孟仲子、陳臻、充虞、屋廬連、徐辟、陳代、彭更、咸丘蒙、高子、桃應、季孫、子叔凡十七人。宋孫奭又益以盆成括,得十八人。徽宗政和五年,皆追贈爲侯伯。元吳萊作《孟子弟子列傳》,又益以滕更,凡十九人。而《史記·索隱》又以公明高爲孟子弟子。《廣韻注》又稱離婁爲孟子門人。

考公明高實受業於曾子,而離婁之説更無稽,不足信,先儒已有辨之者。至子叔、季孫二人,《朱子集注》復以趙岐爲誤。則孟子弟子之傳者,蓋止十有七人也。今惟四人得從祀於廟庭焉:

樂正克,魯臣。

公都子。

萬章。

　　公孫丑。

　　述曰：太史公曰："自孔子卒後，七十子之徒散遊諸侯，大者爲師傅卿相，小者友教士大夫，或隱而不見。故子路居衞，子張居陳，澹臺子羽居楚，子夏居西河，子貢終於齊。如田子方、段干木、吳起、禽滑釐之屬，皆受業於子夏之倫，爲王者師。……威、宣之際，孟子、荀卿之列，咸遵夫子之業而潤色之，以學顯於當世。"夫孔子之道，大而能博，羣弟子不能遍觀而盡識也，各隨其學之所近，以教授及門。其後源遠派分，道術益雜，如吳起、禽滑釐之屬，競以功利相高；荀卿至敢爲性惡之論，以顯悖於聖人，而猶依附孔門，謬稱私淑。沿及漢初，迄無異說。司馬遷博極羣書，乃亦不審是非，至屈孟子與荀卿同傳。嗚呼！異學之害正也，可勝道哉！可勝道哉！

從祀賢儒第十四之四

漢

高堂生，魯人，齊公族也。或曰高敬仲，食采於高唐，因姓焉。禮自孔子時而其經已不具，及至秦焚書，書散亡益多，於是獨有《士禮》十七篇，高堂生能言之。

漢初，諸學者多言禮，而魯徐生善爲容。以容爲禮官大夫，傳子至孫延、襄。又授弟子公户滿意、桓生、單次、蕭奮。於是諸言《禮》爲容者，由徐氏。

後又有古經出淹中，河間獻王好古愛學，收集餘燼，得而獻之，合五十六篇，並威儀之事及《明堂陰陽》之記，字皆大篆，因名曰《古文儀禮》。内惟十七篇與高堂生所傳不殊，而字又多異。餘三十九篇，並無敢傳之者。以無師説，今皆亡。高堂生所傳者，稱爲《今文儀禮》，鄭康成爲之注，而唐賈公彦疏焉。

伏勝，字子賤，濟南人。故爲秦博士。漢文帝欲求能治《尚書》者，天下無有，乃聞伏生能治，將召之。是時伏生年九十餘，老不能行，於是乃詔太常使掌故晁錯往受焉。初，秦下焚書之令，伏生以壁藏之。其後兵大起，流亡。及漢定，伏生歸求其書，已亡數十篇，獨得二十八①篇，即以教於齊、魯之間。學者由是頗能言《尚書》，諸山東大師無不涉《尚書》以教者。

伏生教濟南張生及千乘歐陽生。張生授夏侯都尉，都尉傳族子始昌。始昌傳族子勝，勝又事兒寬門人同郡簡卿，稱大夏侯。勝授襃成烈侯及齊周堪，烈侯授漢元帝，堪授牟卿及長安許商，於是大夏侯有孔、許之學。許商授沛唐林、平陵吳章、重泉王吉、齊炔欽，皆顯於朝，徒衆甚盛。小夏侯者，大夏侯勝從兄子建也。建初受業於勝，後又事歐陽高，以傳平陵張山拊。山拊授同縣李尋、鄭寬中、山陽張無故、信都秦恭、陳留假倉，由是小夏侯有鄭、張、秦、假、李氏之學。寬中授東郡趙玄，無故授沛唐尊，

---

① "二十八"，《史記·儒林傳》《漢書·儒林傳》作"二十九"。

恭授魯馮賓。而此外習《大夏侯》者有北海牟融、定陶張馴，習《小夏侯》者有東海王良。

歐陽《尚書》之學，始於歐陽生。生授兒寬，寬又受業孔安國，授歐陽生之子，世世傳至曾孫高。高孫地餘，地餘子政，政子歆，八世皆爲博士。歐陽高授濟南林尊，尊授平陵平當、梁陳翁生。由是歐陽有平、陳之學。翁生授琅邪殷崇、楚龔勝。當授九江朱普、上黨鮑宣。朱普授沛桓榮，榮爲《章句》二十三萬言，傳子郁。郁定成十二萬言，以授楊震、朱寵。由是桓君有大、小太常《章句》。桓焉、桓典，皆世其學。朱寵授張奐。楊震傳其子秉，秉傳賜，賜傳彪，四世盡以歐陽學顯當世。張酺、丁鴻嘗從榮受《章句》，明帝詔鴻與諸儒定五經同異於白虎觀。鴻授劉愷、楊倫、陳弇，而歐陽歙又授高獲、禮震、曹曾，曾又傳子祉。他如牟長、宋登、尹敏、杜喬、徐稺、鮑永之屬，亦皆習歐陽學。三家之學，惟歐陽最盛。大率皆本於伏生，所謂《今文尚書》也。

晉永嘉之亂，歐陽，大、小夏侯《尚書》並亡。至晉、齊間，而孔安國《古文尚書》始顯。其源流授受在《安國傳》中。

毛萇，趙人也，善《詩》。初，孔子刪《詩》爲三百十一篇，以授子夏。子夏授曾申，申授李克，克授孟仲子，孟仲子授根牟子，根牟子授孫卿，孫卿授毛亨。亨，河間人，稱大毛公，授萇。萇爲河間獻王博士，稱小毛公。獻王修學好古，立毛氏學。每說《詩》，獻王悅之，因復取《詩傳》加毛字，以別齊、魯、韓三《詩》。萇授同國貫長卿，長卿授解延年，延年授徐敖，敖授九江陳俠，俠授謝曼卿，曼卿授衛宏。《詩》故有小序，相承爲子夏作，自爲一編，別附經後。毛公引以入經，及衛宏又加潤飾焉。鄭衆、賈逵、馬融，並作《毛詩傳》，鄭康成作《毛詩箋》。逢又承明帝詔，撰齊魯韓《詩》與《毛詩》異同。

漢初，言《詩》者有魯、齊、韓三家。《魯詩》出魯人申培公，申公少與楚元王交俱事齊浮丘伯受《詩》。既卒學，申公歸魯，爲訓故以教門人。無傳，疑者則闕弗傳。王臧、趙綰、孔安國、周霸、夏寬、魯賜、繆生、徐偃、闕門慶忌皆申公弟子，惟瑕丘江公盡能傳之，徒衆最盛。及魯許生、免中徐公，皆守學教授。丞相韋賢事江公及許生，傳子玄成及孫賞，於是《魯詩》有韋氏之學。

東平王式事徐公及許生，傳山陽張長安、東平唐長賓、沛褚少孫，於是《魯詩》又有張、唐、褚氏之學。張長安兄子游卿授琅邪王扶、陳留許晏。而沛縣薛廣德亦從王式受《魯詩》，授楚兩龔。此外，善《魯詩》者有任城魏應、平原高嘉、右師細君。細君傳會稽包咸，應傳千乘王伉，嘉傳孫容。容傳子誦。

《齊詩》之學，出於齊人轅固。固，孝景時以治《詩》爲博士。武帝初，復以賢良徵。諸齊以《詩》顯貴者，皆固之弟子也。而魯夏侯始昌最明。始昌授后蒼，蒼授白奇、翼奉、蕭望之、匡衡。衡授琅邪師丹、伏理、滿昌，由是《齊詩》有翼、匡、師、伏之學。昌授九江張①邯、琅邪皮容,皆至大官。而外此治《齊詩》者,有蜀郡任末、梓潼景鸞、東武伏黯。黯傳子恭。

《韓詩》之學,出於燕人韓嬰。嬰推詩人之意,作《内外傳》數萬言,其語頗與齊、魯間殊,然歸一也。淮南賁生受之。燕、趙間言《詩》者由韓生。後其孫商爲博士。孝宣時,涿郡韓生其後也。涿韓生授河南趙子,趙子授同郡蔡誼,誼授食子公與王吉。子公授泰山栗豐,豐授山陽張就。吉授淄川長孫順,順授東海髮福。由是《韓詩》有王、食、長孫之學。而此外言《韓詩》者閬中楊仁、壽春召馴、淮陽薛漢。漢授會稽澹臺敬伯、鉅鹿韓伯高、犍爲杜撫。撫授山陰趙曄。《齊詩》,魏代已亡;《魯詩》亡於西晉;《韓詩》雖存,無傳之者。惟《毛詩鄭箋》,至今獨立。

后蒼,字近君,東海郯人。始事夏侯始昌,通《五經》,尤通《詩》《禮》,爲博士,至少府。初,東海孟卿從瑕丘蕭奮學《禮》,以授蒼及魯閭丘卿。蒼説《禮》數萬言,號曰《后氏曲臺記》,授沛聞人通漢、梁戴德、戴聖、沛慶普。德號大戴,聖號小戴。由是《禮》有大、小戴、慶氏之學。慶普授族子咸及王臨、薛曹充、魯夏侯敬。臨傳犍爲董鈞。充傳子褒。

初,漢河間獻王得仲尼弟子及後學者所記一百三十一篇獻之,時無傳之者。劉向考校經籍,檢得一百三十篇,因第而敍之。又得《明堂陰陽記》《孔子三朝記》《王史氏記》《樂記》,凡五種,合二百十四篇。戴德删其煩重,合而記之,爲八十五篇,謂之《大戴記》。兄子聖,又删大戴之書爲四十六篇,謂之《小戴記》。大戴授琅邪徐良,小戴授梁橋仁、楊榮。由是大戴有徐氏,小戴有橋、楊氏之學。

漢末馬融傳小戴學,又足《月令》一篇、《明堂位》一篇、《樂記》一篇,合四十九篇。而鄭康成受業於融,又爲之注。魏王肅受學鄭康成之門人,亦有《禮記注》。唐孔穎達等奉詔撰《正義》,其《序》曰:“晉、宋、周、隋傳《禮》業者,江左尤盛。惟皇、熊二家見於世。”皇、熊二家,謂南朝皇甫侃、北朝熊安生也。

杜子春,河南緱氏人。永平初,年且九十,家於南山,通《周官》,教授鄉里。初,《周官》行於世,始皇見其書,深惡之,禁絶不傳。漢武帝開獻書之路,於是《周禮》出於山巖屋壁間。有女子李氏得之,上河間獻王。《五官》頗有殘闕,而《冬官》一篇盡亡,獻王購以千金不可得,遂取《考工記》以補《冬官》,仍上之祕府。而五家之儒,因罕得見焉。孝成時,劉歆校祕書見之,始著於《略》。衆共排以爲非,惟歆獨信,以爲周公致太平之迹。王莽時,奏置博士,弟子惟杜子春在,頗識其説。賈徽及子逵、鄭興及子衆又

---

① “張”,原作“章”,據《漢書·儒林傳》訂正。

以經書轉相證爲解，遂因作《周官解詁》。後馬融復作《周官傳》，以授鄭康成。鄭康成又作《周官注》，而其説引杜子春及二鄭之義爲多。

述曰：漢承秦後，初除挾書之律。當時守遺經者，率以口授生徒。其後獻書者益多，國家始爲置博士教弟子，而祕府之籍猶有伏而未發者。然而兩漢四百年間，傳經之士，生徒數千，盛者或至及萬，無不深通一經，更或兼舉數藝，授受相承，各有師法。及漢之後，經籍大行，而專門名家者反寡。盛於絕續之交，而衰於昌明之日。古今人不相及，竊甚惑之。今廟堂從祀漢儒，於兩京得八人，安國則列入家傳中，康成兼通六藝，仲舒又不以傳經祀，皆別爲傳。

右於各傳一經者，類而敍之。其淵源授受，亦粗述其最著名者數十家，其他弗能盡也。

又考漢世諸儒，《易》有田何、施讎、孟喜、梁丘賀、費直、焦延壽、高相、京房諸家。《三傳》有賈誼、胡母生、江公數家，皆不列於祀典。意者《三傳》傳經，漢儒傳傳，既祀左、公、穀，不復及賈生等邪？又，先儒之祀，始自貞觀，當時諸家之《易》已微，惟王弼《注》獨顯，是以進弼而不及他氏邪？至明嘉靖間，從張璁之議而弼祀又罷，於是《易》師竟闕秩祀云。

從祀賢儒第十四之五

漢

董仲舒,廣川人也。少治《春秋》,漢景帝時爲博士。下帷講誦,弟子傳以久次相授業,或莫見其面。蓋三年不窺園,其精如此。進退容止,非禮不行,學士皆師尊之。

武帝即位,舉賢良文學之士前後百數,而仲舒以賢良對策焉。

制曰:朕獲承至尊休德,傳之無①窮,而施之罔極,任大而守重,是以夙夜不遑康寧,永惟萬事之統,猶懼有闕。故廣延四方之豪儁,②郡國諸侯公選賢良修絜博習之士,欲聞大道之要,至論之極。今子大夫褎然爲舉首,朕甚嘉之。子大夫其精心致思,朕垂聽而問焉。

蓋聞五帝三王之道,改制作樂而天下洽和,百王同之。當虞氏之樂莫盛於《韶》,於周莫盛於《勺》。聖王已没,鐘鼓管弦之聲未衰,而大道微缺,陵夷至乎桀紂之行,王道大壞矣。夫五百年之間,守文之君,當塗之士,欲則先王之法以戴翼其世者甚衆,然猶不能反,日以仆滅,至後王而後止,豈其所持操或誖謬而失其統與?固天降命不可復反,必推之於大衰而後息與?嗚呼!凡所爲屑屑,夙興夜寐,務法上古者,又將無補與?三代受命,其符安在?災異之變,何緣而起?性命之情,或夭或壽,或仁或鄙,習聞其號,未燭厥理。伊欲風流而令行,刑輕而姦改,百姓和樂,政事宣昭,何修何飭而膏露降,百穀登,德潤四海,澤臻草木,三光全,寒暑平,受天之祐,③享鬼神之靈,德澤洋溢,施乎方外,延及羣生?

子大夫明先聖之業,習俗化之變,終始之序,講聞高誼之日久矣,其明以諭朕。科别其條,勿猥勿并,取之於術,慎其所出。乃其不正不直,不忠不極,枉於

---

① “無”,《漢書·董仲舒傳》作“亡”。
② “儁”,《漢書·董仲舒傳》作“儁”。
③ “祐”,《漢書·董仲舒傳》作“祜”。

執事，書之不泄，興於朕躬，毋悼後害。子大夫其盡心，靡有所隱，朕將親覽焉。

仲舒對曰：

　　陛下發德音，下明詔，求天命與情性，皆非愚臣之所能及也。臣謹案《春秋》之中，視前世已行之事，以觀天人相與之際，甚可畏也。國家將有失道之敗，而天乃先出災害以譴告之；不知自省，又出怪異以警懼之；尚不知變，而傷敗乃至。以此見天心之仁愛人君而欲止其亂也。自非大無道之世者，天盡欲扶持而全安之，事在彊勉而已矣！彊勉學問，則聞見博而知益明；彊勉行道，則德日起而大有功：此皆可使還至而立有效者也。《詩》曰“夙夜匪解”，《書》云“茂哉茂哉”，皆彊勉之謂也。

　　道者，所由適於治之路也，仁義禮樂皆其具也。故聖王已沒，而子孫長久安寧數百歲，此皆禮樂教化之功也。王者未作樂之時，乃用先王之樂宜於世者，而以深入教化於民。教化之情不得，雅頌之樂不成，故王者功成作樂，樂其德也。樂者，所以變民風，化民俗也；其變民也易，其化人也著。故聲發於和而本於情，接於肌膚，藏於骨髓。故王道雖微缺，而筦絃之聲未衰也。夫虞氏之不為政久矣，然而樂頌遺風猶有存者，是以孔子在齊而聞《韶》也。夫人君莫不欲安存而惡危亡，然而政亂國危者甚眾，所任者非其人，而所由者非其道，是以政日以仆滅也。夫周道衰於幽厲，非道亡也，幽厲不由也。至於宣王，思先王之德，興滯補弊，明文武之功業，周道粲然復興，詩人美之而作，上天祐之，為生賢佐，後世稱誦，至今不絕。此夙夜不解行善之所致也。孔子曰“人能弘道，非道弘人”也。故治亂廢興在於已，非天降命不可得反，其所操持誖謬失其統也。

　　臣聞天之所大奉使之王者，必有非人力所能致而自至者，此受命之符也。天下之人同心歸之，若歸父母，故天瑞應誠而至。《書》曰“白魚入于王舟，有火復于王屋，流為烏”，此蓋受命之符也。周公曰“復哉復哉”，孔子曰“德不孤，必有鄰”，皆積善累德之效也。及至後世，淫佚衰微，不能統理羣生，諸侯背畔，殘賊良民以爭壤土，廢德教而任刑罰。刑罰不中，則生邪氣；邪氣積於下，怨惡畜於上。上下不和，則陰陽繆戾而妖孽生矣。此災異所緣而起也。

　　臣聞命者天之令也，性者生之質也，情者人之欲也。或夭或壽，或仁或鄙，陶冶而成之，不能粹美，有治亂之所生，故不齊也。孔子曰“君子之德風也，小人之德草也，草上之風必偃”。故堯舜行德則民仁壽，桀紂行暴則民鄙夭。夫上之化下，下之從上，猶泥之在鈞，唯甄者之所為；猶金之在鎔，唯冶者之所鑄。“綏之斯來，動之斯和”，此之謂也。

臣謹案《春秋》之文，求王道之端，得之於正。正次王，王次春。春者，天之所為也；正者，王之所為也。其意曰，上承天之所為，而下以正其所為，正王道之端云爾。然則王者欲有所為，宜求其端於天。天道之大者在陰陽。陽為德，陰為刑；刑主殺而德主生。是故陽常居大夏，而以生育養長為事；陰常居大冬，而積於空虛不用之處。以此見天之任德不任刑也。天使陽出布施於上而主歲功，使陰入伏於下而時出佐陽；陽不得陰之助，亦不能獨成歲。終陽以成歲為名，此天意也。王者承天意以從事，故任德教而不任刑。刑者不可任以治世，猶陰之不可任以成歲也。為政而任刑，不順於天，故先王莫之肯為也。今廢先王德教之官，而獨任執法之吏治民，毋乃任刑之意與！孔子曰：「不教而誅謂之虐。」虐政用於下，而欲德教之被四海，故難成也。

臣謹案《春秋》謂一元之意，一者萬物之所從始也，元者辭之所謂大也。謂一為元者，視大始而欲正本也。《春秋》深探其本，而反自貴者始。故為人君者，正心以正朝廷，正朝廷以正百官，正百官以正萬民，正萬民以正四方。四方正，遠近莫敢不壹於正，而無有邪氣姦其間者。是以陰陽調而風雨時，羣生和而萬民殖，五穀熟而草木茂，天地之間被潤澤而大豐美，四海之內聞盛德而皆來臣，諸福之物，可致之祥，莫不畢至，而王道終矣。

孔子曰：「鳳鳥不至，河不出圖，吾已矣夫！」自悲可致此物，而身卑賤不得致也。今陛下貴為天子，富有四海，居得致之位，操可致之勢，又有能致之資，行高而恩厚，知明而意美，愛民而好士，可謂誼主矣。然而天地未應而美祥莫至者，何也？凡以教化不立而萬民不正也。夫萬民之從利也，如水之走下，不以教化隄防之，不能止也。是故教化立而姦邪皆止者，其隄防完也；教化廢而姦邪並出，刑罰不能勝者，其隄防壞也。古之王者明於此，是故南面而治天下，莫不以教化為大務。立太學以教於國，設庠序以化於邑，漸民以仁，摩民以義，節民以禮，故其刑罰甚輕而禁不犯者，教化行而習俗美也。

聖王之繼亂世也，埽除其迹而悉去之，復修教化而崇起之。教化已明，習俗已成，子孫循之，行五六百歲尚未敗也。至周之末世，大為無道，以失天下。秦繼其後，獨不能改，又益甚之，重禁文學，不得挾書，棄捐禮義而惡聞之，其心欲盡滅先聖之道，而專為自恣苟簡之治，故立為天子十四歲而國破亡矣。自古以來，未嘗有以亂濟亂，大敗天下之民如秦者也。其遺毒餘烈，至今未滅，使習俗薄惡，人民嚚頑，抵冒殊扞，熟爛如此之甚者也。孔子曰：「腐朽之木不可彫也，糞土之牆不可圬也。」今漢繼秦之後，如朽木糞牆矣，雖欲善治之，無可奈何。法出而姦生，令下而詐起，如以湯止沸，抱薪救火，愈甚無益也。竊譬之琴瑟不調，甚者必解而更張之，乃可鼓也；為政而不行，甚者必變而更化之，乃可理也。當更張而不更張，雖有良工不能善調也；當更化而不更化，雖有大賢不能善治也。故漢得天下以來，常欲善治而至今不可善治者，失之於當更化而不更化也。古人有言曰："臨淵羨魚，不如退而結網。"今臨政而願治七十餘歲矣，不如退而更化；更化則可善治，善治則災害日去，福祿日來。《詩》云："宜民宜人，受祿于天。"爲政而宜於民者，固當受祿于天。夫仁義禮知信五常之道，王者所當修飭也；五者修飭，故受天之祐，而享鬼神之靈，德施於方外，延及羣生也。

帝覽其對而異焉，乃復策之。[①]

制曰：蓋聞虞舜之時，游於巖廊之上，垂拱無爲，而天下太平。周文王至於日昃不暇食，而宇内亦治。夫帝王之道，豈不同條共貫與？何逸勞之殊也？

蓋儉者不造玄黄旌旗之飾。及至周室，設兩觀，乘大路，朱干玉戚，八佾陳於庭，而頌聲興。夫帝王之道豈異指哉？或曰良玉不瑑，又云非文無以輔德，二端異焉。

殷人執五刑以督姦，傷肌膚以懲惡。成康不式，四十餘年，天下不犯，囹圄空虛。秦國用之，死者甚衆，刑者相望，耗矣哀哉！

烏乎！朕夙寤晨興，惟前帝王之憲，永思所以奉至尊，章洪業，皆在力本任賢。今朕親耕耤田以爲農先，勸孝弟，崇有德，使者冠蓋相望，問勤勞，恤孤獨，盡思極神，功烈休德未始云獲也。今陰陽錯繆，氛氣充塞，羣生寡遂，黎民未濟。廉恥貿亂，賢不肖混淆，[②]未得其真，故詳延特起之士，意庶幾乎！今子大夫待詔百有餘人，或道世務而未濟，稽諸上古而不同，考之於今而難行，毋乃牽於文繫而不得騁與？將所由異術，所聞殊方與？各悉對，著於篇，毋諱有司。明其指略，切磋究之，以稱朕意。

對曰：

臣聞堯受命，以天下爲憂，而未以位爲樂也，故誅逐亂臣，務求賢聖，是以得舜、禹、稷、契、皋陶。衆聖輔德，賢能佐職，教化大行，天下和洽，萬民皆安仁樂義，各得其宜，動作應禮，從容中道。故孔子曰"如有王者，必世而後仁"，此之謂也。堯在位七十載，乃遜于位以禪虞舜。堯崩，天下不歸堯子丹朱而歸舜。舜知不可辟，乃即天子之位，以禹爲相，因堯之輔佐，繼其統業，是以垂拱無爲而天下

---

① "策之"，《漢書·董仲舒傳》作"册之曰"。
② "混淆"，《漢書·董仲舒傳》作"渾殽"。

治。孔子曰“《韶》盡美矣，又盡善也”，此之謂也。至於殷紂，逆天暴物，殺戮賢知，殘賊百姓。伯夷、太公皆當世賢者，隱處而不爲臣。守職之人皆奔走逃亡，入於河海。天下耗亂，萬民不安，故天下去殷而從周。文王順天理物，師用賢聖，是以閎夭、太顛、散宜生等亦聚於朝廷。愛施兆民，天下歸之，故太公起海濱而即三公也。當此之時，紂尚在上，尊卑昏亂，百姓散亡，故文王悼痛而欲安之，是以日昃而不暇食也。孔子作《春秋》，先正王而繫萬事，見素王之文焉。由此觀之，帝王之條貫同，然而勞逸異者，所遇之時異也。孔子曰“《武》盡美矣，未盡善也”，此之謂也。

臣聞制度文采玄黃之飾，所以明尊卑，異貴賤，而勸有德也。故《春秋》受命所先制者，改正朔、易服色，所以應天也。然則宮室旌旗之制，有法而然者也，故孔子曰：“奢則不遜，儉則固。”儉非聖人之中制也。臣聞良玉不琢，資質潤美，不待刻琢，此無異於達巷黨人不學而自知也。然則常玉不琢，不成文章；君子不學，不成其德。

臣聞聖王之治天下也，少則習之學，長則材諸位，爵祿以養其德，刑罰以威其惡，故民曉於禮義而恥犯其上。武王行大義、平殘賊，周公作禮樂以文之，至於成康之隆，囹圄空虛四十餘年。此亦教化之漸而仁義之流，非獨傷肌膚之效也。至秦則不然。師申商之法，行韓非之說，憎帝王之道，以貪狼爲俗，非有文德以教訓於天下也。誅名而不察實，爲善者不必免，而犯惡者未必刑也。是以百官皆飾空言虛辭而不顧實，外有事君之禮，內有背上之心，造僞飾詐，趣利無恥；又好用憯酷之吏，賦斂無度，竭民財力，百姓散亡，不得從耕織之業，羣盜並起。是以刑者甚衆，死者相望，而姦不息，俗化使然也。故孔子曰“導之以政，齊之以刑，民免而無恥”，此之謂也。

今陛下并有天下，海內莫不率服，廣覽兼聽，極羣下之知，盡天下之美，至德昭然，施於方外，夜郎、康居，殊方萬里，說德歸義，此太平之致也。然而功不加於百姓者，殆王心未加焉。曾子曰：“尊其所聞，則高明矣；行其所知，則光大矣。高明光大，不在於他，在乎加之意而已。”願陛下因用所聞，設誠於內而致行之，則三王何異哉！

陛下親耕藉田以爲農先，夙寤晨興，憂勞萬民，思惟往古，而務以求賢，此亦堯舜之用心也，然而未云獲者，士素不屬也。夫不素養士而欲求賢，譬猶不琢玉而求文采也。故養士之大者，莫大乎太學。太學者，賢士之所關也，教化之本原也。今以一郡一國之衆，對無應書者，是王道往往而絕也。臣願陛下興太學，置明師，以養天下之士，數考問以盡其材，則英俊宜可得矣。今之郡守、縣令，民之師帥，所使承流而宣化也；故師帥不賢，則主德不宣，恩澤不流。今吏既無教訓於下，或不承用主上之法，暴虐百姓，與姦爲市，貧窮孤弱，冤苦失職，甚不稱陛下之意。是以陰陽錯繆，氛氣充塞，羣生寡遂，黎民未濟，皆長吏不明，使至於此也。

夫長吏多出於郎中、中郎，吏二千石子弟選郎吏，又以富訾，未必賢也。且古所謂功者，以任官稱職爲差，非謂積日累久也。故小材雖累日，不離於小官；賢材雖未久，不害爲輔佐。是以有司竭力盡知，務治其業而以赴功。今則不然。累日以取貴，積久以致官，是以廉恥貿亂，賢不肖混淆，未得其真。臣愚以爲使諸列侯、郡守、二千石各擇其吏民之賢者，歲貢各二人以給宿衛，且以觀大臣之能；所貢賢者有賞，所貢不肖者有罰。夫如是，諸侯、吏二千石皆盡心於求賢，天下之士可得而官使也。遍得天下之賢人，則三王之盛易爲，而堯舜之名可及也。毋以日月爲功，實試賢能爲上，量材而授官，錄德而定位，則廉恥殊路，賢不肖異處矣。陛下加惠，寬臣之罪，令勿牽制於文，使得切磋究之，臣敢不盡愚！

於是帝復策之。

制曰：蓋聞“善言天者必有徵於人，善言古者必有驗於今”。故朕垂問乎天人之應，上嘉唐虞，下悼桀紂，寖微寖滅寖明寖昌之道，虛心以改。今子大夫明於陰陽所以造化，習於先聖之道業，然而文采未極，豈惑乎當世之務哉？條貫靡竟，統紀未終，意朕之不明與？聽若眩與？夫三王之教所祖不同，而皆有失，或謂久而不易者道也，意豈異哉？今子大夫既已著大道之極，陳治亂之端矣，其悉之究之，熟之復之。《詩》不云乎？“嗟爾君子，毋常安息，神之聽之，介爾景福”。朕將親覽焉，子大夫其茂明之。

對曰：

臣聞《論語》曰：“有始有卒者，其唯聖人乎？”今陛下幸加惠，留聽於承學之臣，復下明策，以切其意，而究盡聖德，非愚臣之所能具也。前所上對，條貫靡竟，統紀不終，辭不別白，指不分明，此臣淺陋之罪也。

《策》曰：“善言天者必有徵於人，善言古者必有驗於今。”臣聞天者羣物之祖也，故遍覆包涵而無所殊，建日月風雨以和之，經陰陽寒暑以成之。故聖人法天而立道，亦溥愛而無私，布德施仁以厚之，設義立禮以導之。春者天之所以生也，仁者君之所以愛也；夏者天之所以長也，德者君之所以養也；霜者天之所以殺也，刑者君之所以罰也。由此言之，天人之徵，古今之道也。孔子作《春秋》，上揆之天道，下質諸人情，參之於古，考之於今。故《春秋》之所譏，災害之所加也；《春秋》之所惡，怪異之所施也。書邦家之過，兼災異之變，以此見人之所爲，其美惡之極，乃與天地流通而往來相應，此亦言天之一端也。古者修教訓之官，務以德善化民，民已大化之後，天下常無一人之獄矣。今世廢而不修，無以化民，民以故棄行義而死財利，是以犯法而罪多，一歲之獄以萬千數。以此見古之不可不用也，故《春秋》變古則譏之。天令之謂命，命非聖人不行；質樸之謂性，性非教化不成；人欲之謂情，情非度制不節。是故王者上謹於承天意，以順命也；下務明教化民，以成性也；正法度之宜，別上下之序，以防欲也：修此三者，而大本舉矣。人受命於天，固超然異於羣生，入有父子兄弟之親，出有君臣上下之誼，會聚相遇，則有耆老長幼之施；粲然有文以相接，驩然有恩以相愛，此人之所以貴也。生五穀以食之，桑麻以衣之，六畜以養之，服牛乘馬，圈豹檻虎，是其得天之靈，貴於物也。故孔子曰：“天地之性人爲貴。”明於天性，知自貴於物；知自貴於物，然後知仁義；知仁義，然後重禮節；重禮節，然後安處善；安處善，然後樂循理；樂循理，然後謂之君子。故孔子曰“不知命，無以爲君子”，此之謂也。

《策》曰：“上嘉唐虞，下悼桀紂，寖微寖滅寖明寖昌之道，虛心以改。”臣聞聚少成多，積小致鉅，故聖人莫不以晻致明，以微致顯。是以堯發於諸侯，舜興乎深山，非一日而顯也，蓋有漸以致之矣。言出於己，不可塞也；行發於身，不可掩也。言行，治之大者，君子之所以動天地也。故盡小者大，慎微者著。《詩》云：“惟此文王，小心翼翼。”故堯兢兢日行其道，而舜業業日致其孝，善積而名顯，德章而身尊，此其寖明寖昌之道也。積善在身，猶長日加益，而人不知也；積惡在身，猶火之銷膏，而人不見也。非明乎情性察乎流俗者，孰能知之？此唐虞之所以得令名，而桀紂之可爲悼懼者也。夫善惡之相從，如影響之應形聲也。故桀紂暴謾，讒賊並進，賢知隱伏，惡日顯，國日亂，晏然自以如日在天，終陵夷而大壞。夫暴逆不仁者，非一日而亡也，亦以漸至，故桀、紂雖無道，然猶享國十餘年，此其寖微寖滅之道也。

《策》曰：“三王之教所祖不同，而皆有失，或謂久而不易者道也，意豈異哉？”臣聞夫樂而不亂復而不厭者，謂之道。道者萬世無弊，弊者道之失也。先王之道必有偏而不起之處，故政有眊而不行，舉其偏者以補其弊而已矣。三王之道所祖不同，非其相反，將以救溢扶衰，所遭之變然也。故孔子曰：“無爲而治者，其舜乎！”改正朔，易服色，以順天命而已；其餘盡循堯道，何更爲哉！故王者有改制之名，無變道之實。然夏上忠，殷上敬，周上文者，所繼之救，當用此也。孔子曰：“殷因於夏禮，所損益可知也；周因於殷禮，所損益可知也；其或繼周者，雖百世可知也。”此言百王之用，以此三者矣。夏因於虞，而獨不言所損益者，其道如一而所上同也。道之大原出於天，天不變，道亦不變。是以禹繼舜，舜繼堯，三聖相受而守一道，無救弊之政，故不言其所損益也。由是觀之，繼治世者其道同，繼亂世者其道變。今漢繼大亂之後，若宜少損周之文致，用夏之忠者。

陛下有明德嘉道，愍世俗之靡薄，悼王道之不昭，故舉賢良方正之士論議考問，將欲興仁義之休德，明帝王之法制，建太平之道也。臣愚不肖，述所聞，誦所學，道師之言，僅能勿失耳。若乃論政事之得失，察天下之息耗，此大臣輔佐之職，三公九卿之任，非臣仲舒所能及也。然而臣竊有怪者。夫古之天下亦今之天下，今之天下亦古之天下，共是天下，古亦大治，上下和睦，習俗美盛，不令而行，不禁而止，吏無姦邪，民無盜賊，囹圄空虛，德潤草木，澤被四海，鳳凰來集，麒麟來遊，以古準今，壹何不相逮之遠也！安所繆戾而陵夷若是？意者有所失於古之道與？有所詭於天之理與？試迹之古，返之於天，儻可得見乎？

夫天亦有所分予，予之齒者去其角，傅其翼者兩其足，是所受大者不得取小也。古之所予祿者，不食於力，不動於末，是亦受大者不得取小，與天地同意者也。夫已受大，又取小，天不能足，而況人乎！此民之所以囂囂苦不足也。身寵而載高位，家溫而食厚祿，因乘富貴之資力，以與民爭利於下，民安能如之哉！是故眾其奴婢，多其牛羊，廣其田宅，博其產業，畜其積委，務此而無已，以迫蹵民，民日削月朘，寖以大窮。富者奢侈羨溢，貧者窮急愁苦；窮急愁苦而上不救，則民不樂生；民不樂生，尚不避死，安能避罪！此刑罰之所以蕃而姦邪不可勝者也。故受祿之家，食祿而已，不與民爭業，然後利可均布，而民可家足。此上天之理，而亦太古之道，天子之所宜法以為制，大夫之所當循以為行也。故公儀子相魯，之其家見織帛，怒而出其妻，食於舍而茹葵，慍而拔其葵，曰：“吾已食祿，又奪園夫、紅女利乎？”古之賢人君子在列位者皆如是，是故下高其行而從其教，民化其廉而不貪鄙。及至周室之衰，其卿大夫緩於義而急於利，無推讓之風而有爭田之訟。故詩人疾而刺之，曰：“節彼南山，惟石巖巖。赫赫師尹，民具爾瞻。”爾好義，則民向仁而俗善；爾好利，則民姦邪而俗敗。由是觀之，天子大夫者，下民之所視效，遠方之所四面而內望也。近者視而放之，遠者望而效之，豈可以居賢人之位而為庶人行哉！夫皇皇求財利常恐乏匱者，庶人之意也；皇皇求仁義常恐不能化民者，大夫之意也。《易》曰：“負且乘，致寇至。”乘車者君子之位也，負擔者小人之事也，此言居君子之位而為庶人之行者，其患禍必至也。若居君子之位，當君子之行，則舍公儀休之相魯，無可為者矣。

《春秋》大一統者，天地之常經，古今之通義也。今師異道，人異論，百家殊方，指意不同，是以上無以持一統；法制數變，下不知所守。臣愚以為諸不在六藝之科孔子之術者，皆絕其道，勿使並進。邪辟之說滅息，然後統紀可一而法度可明，民知所從矣。

對畢，帝以仲舒為江都相，事易王。易王，帝兄，素驕，好勇。仲舒以禮義匡正，王敬重焉。久之，王問仲舒曰："越王句踐與大夫泄庸、種、蠡謀伐吳，遂滅之。孔子稱殷有三仁，寡人亦以爲越有三仁。桓公決疑於管仲，寡人決疑於君。"對曰："臣愚不足以奉大對。聞昔者魯君問柳下惠：'吾欲伐齊，何如？'柳下惠曰：'不可。'歸而有憂色，曰：'吾聞伐國不問仁人，此言何爲至於我哉！'徒見問耳，猶且①羞之，況設詐以伐吳乎？由此言之，越本無一仁。夫仁人者，正其誼不謀其利，明其道不計其功。是以仲尼之門，五尺之童羞稱五伯，爲其先詐力而後仁義也。苟爲詐而已，故不足稱於大君子之門也。五伯比於他諸侯爲賢，其比三王，猶武夫之於美玉也。"王曰："善。"

仲舒治國，以《春秋》災異之變推陰陽所以錯行，故求雨，閉諸陽，縱諸陰；止雨反是。行之一國，未嘗不得所欲。中廢爲中大夫。先是遼東高廟、長陵高園殿災，仲舒居家推說其意，草稿未上，主父偃候仲舒，私見，嫉之，竊其書而奏焉。帝召示諸儒，仲舒弟子呂步舒不知其師書，以爲大愚。於是下仲舒吏，當死，詔赦之。仲舒遂不敢復言災異。

仲舒爲人廉直。是時方外攘四夷，公孫弘治《春秋》不如仲舒，而弘希世用事，位至公卿。仲舒以弘爲從諛，弘嫉之。膠西王亦帝兄也，尤縱恣，數害吏二千石。弘乃言於帝曰："獨董仲舒可使相膠西王。"膠西王聞仲舒大儒，善待之，仲舒恐久獲罪，病免。凡相兩國，輒事驕王，正身以率下，數上疏諫爭，教令國中，所居而治。及去位歸居，終不問家產業，以修學著書爲事。

仲舒在家，朝廷如有大議，使使者及廷尉張湯就其家而問之，其對皆有明法。自武帝初立，魏其、武安侯爲相而隆儒矣。及仲舒對策，推明孔氏，抑黜百家。立學校之官，州郡舉茂材孝廉，皆自仲舒發之。年老，以壽終於家。家徙茂陵，子及孫皆以學至大官。

仲舒所著，皆明經術之意，及上疏條教，凡百二十三篇。而説《春秋》事得失，《聞舉》《玉杯》《蕃露》《清明》《竹林》之屬，復數十篇，十餘萬言，皆傳於後世。

述曰：江都當《六經》離析之後，下帷發憤，學究本原，令後學者有所統壹，誠兩漢之一人也。第劉子政以爲有王佐之器，雖伊、呂無以加，未免推許太過。惟真西山之論曰："仲舒學術醇正，惜其生於絕學之後，終未窺大道之全，或至流於災異之術。然以其質之美、守之固，使得從遊聖人之門，淵源所漸，當無慚於游、夏。"諒哉！斯言也。

---

① "猶且"，《漢書·董仲舒傳》作"且猶"。

從祀賢儒第十四之六

漢

鄭玄,字康成,北海高密人也。八世祖崇,哀帝時尚書僕射。康成少爲鄉嗇夫,得休歸,常詣學官,不樂爲吏,父數怒之,不能禁。遂造太學受業,師事京兆第五元先,[①]通《京氏易》《公羊春秋》《三統曆》《九章算術》。又從東郡張恭祖受《周官》《禮記》《左氏春秋》《韓詩》《古文尚書》。以山東無足問者,乃西入關,因涿郡盧植,事扶風馬融。

融門徒四百餘人,升堂進者五十餘生。融素驕貴,康成在門下,三年不得見,乃使高業弟子傳受康成。康成日夜尋誦,未嘗怠倦。會融集諸生考論圖緯,聞康成善算,召見於樓上,康成因從質諸疑義,問畢辭歸。融喟然謂門人曰:"鄭生今去,吾道東矣。"

康成自遊學,十餘年乃歸鄉里。家貧,客耕東萊,學徒相隨已數百千人。及黨事起,乃與同郡孫嵩等四十餘人俱被禁錮,遂隱修經業,杜門不出。時任城何休好《公羊》學,遂著《公羊墨守》《左氏膏肓》《穀梁廢疾》。康成乃發《墨守》,鍼《膏肓》,起《廢疾》。休見而嘆曰:"康成入吾室,操吾矛,以伐我乎!"初,漢氏中興,范升、陳元、李育、賈逵之徒爭論古今學,後馬融答北地太守劉瓌及康成答何休,義據通深,由是古學遂明。

靈帝末,黨禁解,大將軍何進聞而辟之。州郡以進權戚,不敢違意,遂迫脅康成,不得已而詣之。進爲設几杖,禮待甚優。康成不受朝服,而以幅巾見。一宿逃去。時年六十,弟子河內趙商等自遠方至者數千。後將軍袁隗表爲侍中,以父喪不行。國相孔融深敬康成,屢履造門。告高密縣爲特立一鄉,曰:"昔齊置'士鄉',越有'君子軍',皆異賢之意也。鄭君好學,實懷明德。昔太史公、廷尉吳公、謁者僕射鄧公,皆漢之名臣。又商山四皓有園公、夏黄公,潛光隱耀,世加其高,皆悉稱公。然則公者仁德之正號,不必三事大夫也。今鄭君鄉宜曰'鄭公鄉'。昔東海于公僅有一節,猶或戒鄉人侈

---

① 原脱"先"字,據《後漢書·鄭玄傳》補。

其門閭，矧乃鄭公之德，而無駟牡之路！可廣開門衢，令容高車，號爲‘通德門’。”

董卓遷都長安，公卿舉康成爲趙相，道斷不至。會黃巾寇青部，乃避地徐州，徐州牧陶謙接以師友之禮。建安元年，自徐州還高密，道遇黃巾賊數萬人，見康成皆下拜，相約不敢入縣境。康成後常^①疾篤，自慮，以書戒子益恩曰：“吾家舊貧，不爲父母羣弟所容，去廝役之吏。遊學周、秦之都，往來幽、并、兖、豫之域，獲觀乎在位通人，處逸大儒，得意者咸從捧手，有所授焉。遂博稽《六藝》，粗覽傳記，時睹祕書緯術之奧。年過四十，乃歸供養，假田播殖，以娛朝夕。遇閹尹擅勢，坐黨禁錮，十有四年，而蒙赦令，舉賢良方正有道，辟大將軍三司府。公車再召，比牒并名，早爲宰相。惟彼數公，懿德大雅，克堪王臣，故宜式序。吾自忖度，無任於此，但念述先聖之元意，思整百家之不齊，亦庶幾以竭吾才，故聞命罔從。而黃巾爲害，萍浮南北，復歸鄉邦。入此歲來，已七十矣。宿素衰落，仍有失誤，案之禮典，便合傳家。今我告爾以老，歸爾以事，將間居以安性，覃思以終業。自非拜國君之命，問族親之憂，展敬墳墓，觀省野物，胡嘗扶杖出門乎！家事大小，汝一承之。咨爾煢煢一夫，曾無同生相依。其勖求君子之道，研鑽勿替，敬慎威儀，以近有德。顯譽成於僚友，德行立於己志。若致聲稱，亦有榮於所生，可不深念邪！可不深念邪！吾雖無綏冕之緒，頗有讓爵之高。自樂以論贊之功，庶不遺後人之羞。末所憒憒者，徒以亡親墳壟未成，所好羣書率皆腐敗，不得於禮堂寫定，傳與其人。日西方暮，其可圖乎！家今差多於昔，勤力務時，無恤飢寒。菲飲食，薄衣服，節夫二者，尚令吾寡恨。若忽忘不識，亦已焉哉！”

時大將軍袁紹總兵冀州，遣使要康成，大會賓客，康成最後至，乃延升上坐。身長八尺，飲酒一斛，秀眉明目，容儀溫偉。紹客多豪俊，並有才說，見康成儒者，未以通人許之，競設異端，百家互起。康成依方辯對，咸出問表，皆得所未聞，莫不嗟服。時汝南應劭亦歸於紹，因自贊曰：“故太山太守應中遠，北面稱弟子何如？”康成笑曰：“仲尼之門考以四科，回、賜之徒不稱官閥。”劭有慙色。紹乃舉康成茂才，表爲左中郎將，皆不就。公車徵爲大司農，給安車一乘，所過長吏送迎。康成乃以病自乞還家。

五年春，夢孔子告之曰：“起，起，今年歲在辰，來年歲在巳。”既寤，以讖合之，知命當終，有頃寢疾。時袁紹與曹操相拒於官渡，令其子譚遣使逼康成隨軍。不得已，載病到元城縣，疾篤不進，其年六月卒，年七十四。遺令薄葬。自郡守以下嘗受業者，縗絰赴會千餘人。

門生相與撰康成答諸弟子問《五經》，依《論語》作《鄭志》八篇。凡康成所注《周易》《尚書》《毛詩》《儀禮》《禮記》《論語》《孝經》《尚書大傳》《中候》《乾象曆》，又著《天文七政論》《魯禮禘祫義》《六藝論》《毛詩譜》《駁許慎五經異議》《答林^②孝存周禮難》，凡

---

① “常”，《後漢書·鄭玄傳》作“嘗”。
② “林”，《後漢書·鄭玄傳》作“臨”。

百餘萬言。

康成質於辭訓，通人頗譏其繁。至於經傳洽熟，稱爲純儒，齊、魯間宗之。其門人山陽郗[①]慮至御史大夫，東萊王基、清河崔琰著名於世。又樂安國淵、任嘏，時並童幼，康成稱淵爲國器，嘏有道德，其餘亦多所鑑拔，皆如其言。康成惟有一子益恩，孔融在北海，舉爲孝廉；及融爲黄巾所圍，益恩赴難隕身。有遺腹子，康成以其手文似己，名之曰小同，爲魏侍中。

　　述曰：西漢經師純質，術業深邃。然於六經初出之時，各持己見，以爲訓詁。人是其學，家自爲書，攻短較長，率多牴牾。延及東漢，傳授愈紛，議論益雜，執滯章句，固不可通。康成出於衆説紛亂之中，乃能博洽舊聞，折衷義理，貫穿融會，著爲訓言，然後《易》《詩》《書》《三禮》《論語》《孝經》之學犂然有所統壹，不可謂非經傳之功臣矣。至於擇焉不精，間多謬戾，摘瑕索玷，誠不能免，要終不得以小疵而掩其大醇也。

---

　　① “郗”，原作“郄”，據《後漢書·鄭玄傳》改。

闕里文獻考卷四九

從祀賢儒第十四之七

蜀漢

諸葛亮,字孔明,琅邪陽都人。漢司隸校尉豐之後,太山郡丞珪之子也。亮早孤,遭漢末擾亂,隨從父玄依劉表,避難荊州。玄卒,亮居襄陽隆中,躬耕隴畝,不求聞達。少有逸羣之材,英霸之器。身長八尺,容貌甚偉,好爲《梁父吟》,每自比管仲、樂毅,時人莫之許也。惟博陵崔州平、潁川①徐庶與友善,謂爲信然。

時昭烈屯新野。訪士於司馬徽,徽曰:"儒生俗士豈識時務?識時務者在乎俊傑。此間自有伏龍、鳳雛。"昭烈問:"爲誰?"曰:"諸葛孔明、龐士元也。"徐庶亦謂昭烈曰:"諸葛孔明者,卧龍也,將軍豈願見之乎?"昭烈曰:"君與俱來。"庶曰:"此人可就見,不可屈致也。將軍宜枉駕顧之。"由是昭烈遂詣之,凡三往,乃見。因屏人曰:"漢室傾頹,姦臣竊命。孤不度德量力,欲伸大義於天下,而智術短淺,遂用猖獗,至於今日。然志猶未已,君謂計將安出?"亮曰:"自董卓以來,豪傑並起,跨州連郡者不可勝數。曹操比於袁紹,則名微而衆寡,然操遂能克紹,以弱爲强者,非惟天時,抑亦人謀也。今操已擁百萬之衆,挾天子以令諸侯,此誠不可與爭鋒。孫權據有江東,已歷三世,國險而民附,賢能爲之用,此可與爲援而不可圖也。荊州北據漢、沔,利盡南海,東連吳會,西通巴、蜀,此用武之國,而其主不能守,此殆天所以資將軍,將軍豈有意乎?益州險塞,沃野千里,天府之土,高祖因之以成帝業。劉璋闇弱,張魯在北,民殷國富而不知存恤,智能之士思得明君。將軍既帝室之胄,信義著於四海,摠攬英雄,思賢如渴,若跨有荊、益,保其巖阻,西和諸戎,南撫夷越,外結好孫權,內修政理;天下有變,則命一上將將荊州之軍以向宛、洛,將軍身率益州之衆以出秦川,百姓孰敢不簞食壺漿以迎將軍者乎?誠如是,則霸業可成,漢室可興矣。"昭烈曰:"善!"於是情好日密。關、張等不悅,昭烈曰:"孤之有孔明,猶魚之有水也。願諸君勿復言。"羽、飛乃止。

---

① "川",原作"州",據《三國志·蜀書·諸葛亮傳》改。

　　建安十二年，劉表卒，子琮嗣，聞曹操兵至，遣使請降。昭烈在樊，聞之，率其衆南行，爲操所追破。至夏口，亮曰："事急矣，請奉命求救於孫將軍。"時權擁軍在柴桑，觀望成敗。亮說權曰："海内大亂，將軍起兵據有江東，劉豫州亦收衆漢南，與曹操並争天下。今操芟夷大難，略已平矣，遂破荆州，威震四海。英雄無所用武，故豫州遁逃至此。將軍量力而處之：若能以吳、越之衆與中國抗衡，不如早與之絶；若不能當，何不案兵束甲，北面而事之！今將軍外托服從之名，内懷猶豫之計，事急而不斷，禍至無日矣！"權曰："苟如君言，劉豫州何不遂事之乎？"亮曰："田橫，齊之壯士耳，猶守義不辱，況劉豫州王室之胄，英才蓋世，衆士慕仰，若水之歸海，若事之不濟，此乃天也，安能復爲之下乎！"權勃然曰："吾不能舉全吳之地，十萬之衆，受制於人。吾計決矣！非劉豫州莫可當曹操者，然豫州新敗之後，安能抗此難乎？"亮曰："豫州軍雖敗於長阪，今戰士還者及關羽水軍精甲萬人，劉琦合江夏戰士亦不下萬人。曹操之衆，遠來疲弊，聞追豫州，輕騎一日一夜行三百餘里，此所謂'强弩之末，勢不能穿魯縞'者也。故兵法忌之，曰'必厥上將軍'。且北方之人，不習水戰；又荆州之民附操者，偪兵勢耳，非心服也。今將軍誠能命猛將統兵數萬，與豫州協規同力，破曹軍必矣。操軍破，必北還。如此則荆、吳之勢强，鼎足之形成矣。成敗之機，在於今日。"權大悦，即遣周瑜、程普、魯肅等水軍三萬，隨亮詣昭烈，并力拒操。操敗於赤壁，引軍歸鄴。昭烈遂收江南，以亮爲軍師中郎將，使督零陵、桂陽、長沙三郡，調其賦稅，以充軍實。

　　十六年，益州牧劉璋遣法正迎昭烈，使擊張魯。亮留鎮荆州。明年，昭烈自葭萌還攻璋。又明年，圍雒。亮與張飛、趙雲等率衆泝江，分定郡縣。十九年，與昭烈共圍成都。成都平，昭烈領益州牧，以亮爲軍師將軍，署左將軍府事。亮乃收集羣賢，辨別才器，處以顯任，各盡其能，有志之士無不競勸。然爲治頗尚嚴峻，法正諫曰："昔高祖入關，約法三章，秦民知德。願君緩刑弛禁，以慰此州之望。"亮曰："君知其一，未知其二。秦以無道，政苛民怨，匹夫大呼，天下土崩，高祖因之，可以弘濟。劉璋闇弱，自焉以來有累世之恩，文法羈縻，互相承奉，德政不舉，威刑不肅。蜀土人士，專權自恣，君臣之道，漸以陵替；寵之以任，任極則賤；順之以恩，恩竭則慢。所以致弊，實由於此。吾今威之以法，法行則知恩；限之以爵，爵加則知榮。榮恩並濟，上下有節。爲治之要，於斯著矣。"

　　二十五年，曹丕篡位。明年，羣下勸昭烈稱尊號，昭烈未許，亮說曰："昔吳漢、耿弇等初勸世祖即帝位，世祖辭讓，前後數四，耿純進言曰：'天下英雄喁喁，冀有所望。如不從議者，士大夫各歸求主，無爲從公也。'世祖感純言深至，遂然諾之。今曹氏篡漢，天下無主，大王劉氏苗族，紹世而起，今即帝位，乃其宜也。士大夫隨大王久勤苦，亦欲望尺寸之功如純言耳。"昭烈於是即帝位，改元章武，以亮爲丞相録尚書事，假節。是歲秋，昭烈忿荆州之敗，帥諸軍伐吳以報怨。亮留守成都。張飛卒后，亮兼領司隸校尉。

明年夏,昭烈兵敗,還永安。又明年春,昭烈病篤,召亮會永安,屬以後事,謂亮曰:"君才十倍曹丕,必能安國,終定大事。嗣子可輔,輔之;如其不才,君可自取。"亮涕泣曰:"臣敢不竭股肱之力,効忠貞之節,繼之以死!"昭烈又爲詔敕後主,且曰:"汝與丞相從事,事之如父。"四月遂崩,喪還成都。太子禪即位,改元建興,封亮武鄉侯,開府治事。頃之,又領益州牧。事無巨細,咸決於亮。南中諸郡,並皆叛亂,亮以新遭大喪,故未便加兵,且遣使聘吳,結和親,爲與國。

三年春,始率衆南征,進兵越巂,所在戰捷,遂斬雍闓、高定,惟孟獲收闓餘衆以拒。獲素爲彝漢所服,亮募生致之,既得,使觀營陣之間,問曰:"此軍何如?"獲曰:"向不知虛實,故敗。今直易勝耳!"亮笑而縱之,使更戰。七縱七擒而亮猶遣獲,獲止不去,曰:"公,天威也,南人不復反矣!"四郡皆平。即其渠帥而用之,乃悉收其豪傑以爲官屬,出其金、銀、丹、漆、耕牛、戰馬以給軍國之用。

十二月,亮還至成都,乃治戎講武,以俟大舉。方是時,田疇辟,倉廩實,法度修,軍旅整理,工械技巧,物究其極,吏不容姦,人懷自勵,强不侵弱,朝會不謹,道不拾遺,亦無醉人。其餘力所及,官府、次舍、橋梁、道路,無不繕理。

五年三月,統諸軍將北駐漢中,臨發,上疏曰:

先帝創業未半而中道崩殂,今天下三分,益州罷弊,此誠危急存亡之秋也。然侍衛之臣不懈於內,忠志之士亡[①]身於外者,蓋追先帝之殊遇,欲報之於陛下也。誠宜開張聖聽,以光先帝遺德,恢弘志士之氣。不宜妄自菲薄,引喻失義,以塞忠諫之路也。宮中、府中,俱爲一體,陟罰臧否,不宜異同。若有作姦犯科及爲忠善者,宜付有司論其刑賞,以昭陛下平明之治,不宜偏私,使內外異法也。侍中、侍郎郭攸之、費禕、董允等,此皆良實,志慮忠純,是以先帝簡拔以遺陛下。愚以爲宮中之事,事無大小,悉以咨之,然後施行,必能裨補闕漏,有所廣益。將軍向寵,性行淑均,曉暢軍事,試用於昔日,先帝稱之曰能,是以衆議舉寵爲督。愚以爲營中之事,悉以咨之,必能使行陣和穆,優劣得所也。親賢臣,遠小人,此先漢所以興隆也;親小人,遠賢臣,此後漢所以傾頹也。先帝在時,每與臣論此事,未嘗不嘆息痛恨於桓、靈也。侍中、尚書、長史、參軍,此悉貞良死節之臣,願陛下親之信之,則漢室之隆,可計日而待也。

臣本布衣,躬耕南陽,苟全性命於亂世,不求聞達於諸侯。先帝不以臣卑鄙,猥自枉屈,三顧臣於草廬之中,諮臣以當世之事,由是感激,遂許先帝以驅馳。後

---

① "亡",《三國志・蜀書・諸葛亮傳》作"忘"。

值傾覆，受任於敗軍之際，奉命於危難之間，爾來二十有一年矣。先帝知臣謹慎，故臨崩寄臣以大事也。受命以來，夙夜憂嘆，恐托付不效，以傷先帝之明，故五月渡瀘，深入不毛。今南方已定，兵甲已足，當獎率三軍，北定中原，庶竭駑鈍，攘除姦凶，興復漢室，還於舊都。此臣所以報先帝，而忠陛下之職分也。

至於斟酌損益，進盡忠言，則攸之、禕、允之任也。願陛下托臣以討賊興復之效；不效，則治臣之罪，以告先帝之靈。若無興德之言，則戮允等，以章其慢。陛下亦宜自謀，以諮諏善道，察納雅言，深追先帝遺詔，臣不勝受恩感激。今當遠離，臨表涕泣，不知所云。

遂行，屯于沔陽。

六年春，揚聲由斜谷取郿，使趙雲、鄧芝爲疑軍，據箕谷。魏遣曹真都督關右，軍郿。亮身率大衆攻祁山，戎陣整齊，號令明肅，南安、天水、安定三郡叛魏應亮，關中響震。羣臣莫知計所出，魏主叡西鎮長安，命張郃拒亮。亮使馬謖諸軍在前，與張郃戰於街亭。謖違節度，舉動失宜，遂大爲郃所敗。亮拔西縣千餘家，還漢中，戮謖以謝衆。上疏曰：“臣以弱才，叨竊非據，親秉旄鉞以屬三軍，不能訓章明法，臨事而懼，至有街亭違命之闕，箕谷不戒之失，咎皆在臣授任無方。臣明不知人，恤事多闇，《春秋》責帥，臣職是當。請自貶三等，以督厥咎。”於是詔以亮爲右將軍，行丞相事，所總統如前。

亮之出，師衆才五萬。或勸更發兵者，亮曰：“大軍在祁山、箕谷，皆多於賊，而不能破賊，爲所破者，則此病不在兵少也，在一人耳。今欲減兵省將，明罰思過，校通變之道於將來；若不能然者，雖兵多何益？”於是考微勞、甄壯烈，引咎責躬，布所失於天下，屬兵講武，以爲後圖，戎事簡練，民忘其勞。

冬十一月，以孫權破曹休，魏兵東下，關中虛弱。亮復上表曰：“先帝慮漢賊不兩立，王業不偏安，故托臣以討賊也。以先帝之明，量臣之才，故知臣伐賊，才弱敵强也；然不伐賊，王業亦亡。惟坐而待亡，孰與伐之？是故托臣而弗疑也。臣受命之日，寢不安席，食不甘味，思惟北征，宜先入南，故五月渡瀘，深入不毛，并日而食。臣非不自惜也，顧王業不可得偏全於蜀都，故冒危難以奉先帝之遺意也，而議者謂爲非計。今賊適疲於西，又務於東，兵法乘勞，此進趨之時也。謹陳其事如左：高帝明並日月，謀臣淵深，然涉險被創，危然後安。今陛下未及高帝，謀臣不如良、平，而欲以長計取勝，坐定天下，此臣之未解一也。劉繇、王朗各據州郡，論安言計，動引聖人，羣疑滿腹，衆難塞胸，今歲不戰，明年不征，使孫策坐大，遂并江東，此臣之未解二也。曹操智計，殊絕於人，其用兵也，仿佛孫吳。然困於南陽，險於烏巢，危於祁連，偪於黎陽，幾敗北山，殆死潼關，然後偽定一時耳！況臣才弱，而欲以不危而定之，此臣之未解三也。曹操五攻昌霸不下，四越巢湖不成，任用李服而李服圖之，委任夏侯而夏侯敗亡。先帝每稱操爲能，猶有此失，況臣駑下，何能必勝？此臣之未解四也。自臣到漢中，中間期年耳，然喪趙雲、陽羣、馬玉、閻芝、丁立、白壽、劉郃、鄧銅等及曲長屯將七十餘人，突將、無前、賨叟、青羌、散騎、武騎一千餘人，此皆數十年之内所糾合四方之精銳，非一州之所有；若復數年，則損三分之二也，當何以圖敵！此臣之未解五也。今民窮兵疲，而事不可息，事不可息，則住與行，勞費正等，而不及虛①圖之，欲以一州之地與賊持久，此臣之未解六也。夫難平者，事也。昔先帝敗軍於楚，當此時，曹操拊手，謂天下已定。然後先帝東連吳、越，西取巴、蜀，舉兵北征，夏侯授首，此操之失計而漢事將成也。然後吳更違盟，關羽毀敗，秭歸蹉跌，曹丕稱帝。凡事如是，難可逆見。臣鞠躬盡力，死而後已，至於成敗利鈍，非臣之明所能逆睹也。”

　　表上，復出散關，圍陳倉，曹真拒之，亮糧盡而還。魏將王雙率騎來追，與戰，破之，斬雙。七年春，遣陳式攻武都、陰平二郡。魏雍州刺史郭淮救之，亮出自②建威，淮退還，遂平二郡。詔以亮仍爲丞相。八年夏，魏使曹真由斜谷數道並進，司馬懿泝漢水由西域與真會。亮次成固、赤坂以待之。會大雨，棧道斷絶，魏主令真等退。亮使魏延西入羌中，大破魏將費瑤、郭淮於陽谿。

　　九年二月，亮復出祁山，射用連弩，使魏延、高翔、吳班與懿戰，大破之，獲甲首三千級，懿走保營。六月，以糧盡，退師。懿使張郃襲攻至木門，與戰，又敗之，射殺張郃。亮以連歲出師，皆苦糧運不繼，乃勸農講武，作木牛、流馬，運米集斜谷口，治邸閣；息民休士，三年而後用之。

　　亮用兵，出入如賓，踐敵境而芻蕘者不止，師止如山，進退如風，出征之日，天下震動，而人心不憂。雖數萬之衆，而所興造若數十萬之功，所至營壘、井竈、圊溷、藩籬、障塞皆應繩墨。一月之行，去之如始。至發軍事，文彩不豔，而過於丁寧。經事綜物，公誠之心，形於文墨。夙興夜寐，罰二十以上，皆親省覽。亮嘗自校簿書，主簿楊顒直入諫，以爲疲神碎務，亮謝之。

　　十二年二月，亮悉大衆十萬由斜谷出，遣使約吳同時大舉。四月至郿，軍於渭水南，據武功五丈原。司馬懿渡渭，背水爲壘以拒亮。亮每患糧不繼，使己志不伸，乃分兵屯田爲久駐之基，耕者雜於渭濱居民之間，而百姓安堵，軍無私焉。亮數挑戰，懿不敢出。亮遺以巾幗，懿患之，上表請戰，魏主使辛毗仗節爲軍師以制之。亮謂其下曰：“彼本無戰情，所以固請戰者，示武於其衆耳！將在軍，君命有所不受，苟能制吾，豈千里而請戰邪？”相持百餘日。秋，亮有疾，密表曰：“臣若不幸，後事宜以付蔣琬。”時帝亦遣尚書僕射李福省侍，因諮以國家大計。別去數日，復還，亮曰：“孤知君還意，所問者，公琰其宜也。”福復請，亮曰：“文偉可以繼之。”又問其次，亮不答。後蔣琬、費禕相

---

① “虛”，《三國志·蜀書·諸葛亮傳》裴松之注引《漢晉春秋》作“今”。
② “出自”，《三國志·蜀書·諸葛亮傳》作“自出至”。

繼總政事,皆稱賢相云。

八月,亮病篤,授長史楊儀、司馬費褘、護軍姜維等退師節度,卒於軍,時年五十四。楊儀等整軍而出,懿勒兵追之。姜維令儀反旗鳴鼓,若將向懿者,懿不敢逼。於是儀結陣而去,入谷然後發喪。百姓諺曰:"死諸葛走生仲達。"懿按行其營壘處所,曰:"天下奇才也!"

亮遺命葬漢中定軍山,因山爲墳,冢足容棺,斂以時服,不須器物。詔謚忠武侯。後爲亮立廟沔陽。

亮爲相國,撫百姓,示儀軌,開誠心,布公道;善無微而不賞,惡無纖而不貶;庶事精練,物理其本,循名責實,虛僞不齒;邦域之内畏而愛之,刑政雖峻而無怨者,以其用心平而勸戒明也。

初,長水校尉廖立,自謂才名宜爲亮副,怏怏怨謗,亮廢立爲民,徙之汶山。及亮卒,立垂涕曰:"吾終爲左衽矣!"李平聞之,亦發憤[1]死。平常以罷免,冀亮復收己,得自補復,策後人不能故也。

亮嘗自表曰:"臣成都有桑八百株,薄田十五頃,子孫衣食,自有餘饒。至於臣在外任,別無調度,隨身衣食,悉仰於官,不別治生,以長尺寸。臣死之日,不使内有餘帛,外有贏財,以負陛下。"訖如其言。

亮作八務、七戒、六恐、五懼,皆有條章,以訓厲臣子。又作《八陣圖》,蓋黃帝、太公丘井法,人莫曉也。晉陳壽奉詔定著亮文集,凡二十四篇。

亮卒,子瞻嗣爵,官至侍中、尚書僕射,加軍師將軍。蜀人追思亮,因愛及其子。每因朝廷有一善政佳事,雖非瞻所建倡,百姓皆傳告曰:"諸葛侯之所爲也。"

炎興元年冬,魏鄧艾伐蜀。瞻督軍涪亭,前鋒破,退還,駐綿竹。艾遣書誘瞻降,瞻怒,斬艾使。列陣以待,大敗,死之。其長子尚曰:"父子荷國厚恩,不早斬黃皓,使敗國殄民,用生何爲?"亦策馬冒陣而死。

述曰:汾讀武侯《戒子書》曰:"非澹泊無以明志,非寧静無以致遠",然後嘆武侯之去聖賢不遠也。蓋澹泊則寡欲而志氣清明,寧静則有養而根本醇固。故能始也不苟進,而藏器於身;繼也不顧身,而盡忠所事。威望著於華夷,德業傳於後世。偉哉!伊、吕之後,誠罕見其匹矣。至於炎祚告終,有志未遂,實由天命,夫豈人爲? 而陳壽遂謂"應變將略,非其所長",以成敗論人,抑何見之陋也!

---

① "憤",《資治通鑑》卷七二《魏紀四》作"病"。

從祀賢儒第十四之八

晉

范甯，字武子，本南陽順陽人也。曾祖晷，爲晉雍州刺史，有政能。祖稚，辟大將軍掾，早卒。父汪，過江，依外家新野庾氏。爲桓溫安西長史，以蜀平，進爵武興縣侯，官至安北將軍、徐兖二州刺史。後以不悦於桓溫，免爲庶人。

甯少篤學，多所通覽。簡文帝爲相，將辟之，爲溫所諷，遂寢不行。故終溫之世，兄弟無在列位者。

時以浮虚相扇，儒雅日替。甯以爲其源始於王弼、何晏，二人之罪深於桀紂，乃著論曰：

> 或曰：“黄唐緬邈，至道淪翳，濠濮輟詠，風流靡托，爭奪兆於仁義，是非成於儒墨。平叔神懷超絕，輔嗣妙思通微，振千載之頹綱，落周孔之塵網。斯蓋軒冕之龍門，豪梁之宗匠。嘗聞夫子之論，以爲罪過桀紂，何哉？”
>
> 答曰：“子信有聖人之言乎？夫聖人者，德侔二儀，道冠三才，雖帝皇殊號，質文異制，而統天成務，曠代齊趣。王、何蔑棄典文，不遵禮度，游辭浮説，波蕩後生，飾華言以翳實，騁繁文以惑世。搢紳之徒，翻然改轍，洙泗之風，緬焉將墜。遂令仁義幽淪，儒雅蒙塵，禮崩樂壞，中原傾覆。古之所謂言僞而辯、行僻而堅者，其斯人之徒與！昔夫子斬少正於魯，太公戮華士於齊，豈非曠世而同誅乎？桀紂暴虐，正足以滅身覆國，爲後世鑑戒耳，豈能回百姓之視聽哉！王、何叨海内之浮譽，資膏梁之傲誕，畫魑魅以爲巧，扇無檢以爲俗。鄭聲之亂樂，利口之覆邦，信矣哉！吾固以爲一世之禍輕，歷代之罪重，自喪之釁小，迷衆之愆大也。”

其崇儒抑俗，率皆如此。

　　温没後，始解褐爲餘杭令，在縣興學校，養生徒，潔己修禮，志行之士莫不宗之。期年之後，教化大行。在職六年，遷臨淮太守，封陽遂鄉侯。頃之，徵拜中書侍郎。多所獻替，有益政道。時更營新廟，博求辟雍、明堂之制。甯據經傳奏上，皆有典證。孝武帝雅好文學，甚被親愛，朝廷疑議，輒諮訪之。甯指斥朝士，直言無諱。

　　王國寶，其甥也，以諂媚事會稽王道子，懼爲甯所不容，乃相驅扇，因被疏隔。求補豫章太守，帝曰：“豫章不宜太守，何急以身試死邪？”甯不信卜占，固請行。臨發，上疏曰：“臣聞道尚虛簡，政貴平静。坦公亮於幽顯，流子愛於百姓，然後可以經夷險而不憂，乘休否而常夷。先王所以致太平，如此而已。今四境晏如，烽燧不舉，而倉庾虛耗，帑藏空匱。古者使人，歲不過三日，今之勞擾，殆無三日休停。至有殘形翦髮，要求復除，生兒不復舉養，鰥寡不敢妻娶。豈不怨結人鬼，感傷和氣。臣恐社稷之憂，積薪不足以爲喻。臣久欲粗啓所懷，日復一日。今當永離左右，不欲令心有餘恨。請出臣啓事，付外詳擇。”帝詔公卿牧守，普議得失，甯又陳時政曰：

　　　古者分土割境，以益百姓之心；聖王作制，籍無黃白之別。昔中原喪亂，流寓江左，庶有旋反之期，故許其挾注本郡。自爾漸久，人安其業，丘壠墳樹，皆已成行，雖無本邦之名，而有安土之實。今宜正其封疆，以土斷人户，明考課之科，修閭伍之法。難者必曰：“人各有桑梓，俗自有南北。一朝屬户，長爲人隸，君子則有土風之慨，小人則懷下役之慮。”斯誠并兼者之所執，而非通理者之篤論也。古者失地之君，猶臣所寓之主，列國之臣，亦有違適之禮。隨會事秦，致稱《春秋》；樂毅宦燕，見褒良史。且今普天之人，原其氏出，皆隨世遷移，何至於今而獨不可？

　　　凡荒郡之人，星居東西，遠者千餘，近者數百，而舉召役調，皆相資須，期會差違，輒至[1]嚴坐，人不堪命，叛爲盜賊。是以山湖日積，刑獄愈滋。今荒小郡縣，皆宜合并，不滿五千户，不得爲郡，不滿千户，不得爲縣。守宰之任，宜得清平之人。頃者選舉，惟以恤貧爲先，雖制有六年，而富足便退。又郡守長吏，牽置無常，或兼臺職，或帶府官。夫府以統州，州以監郡，郡以莅縣，如令互相領帖，則是下官反爲上司，賦調役使無復節限。且牽曳百姓，營起廨舍，東西遷流，人人易處，文書簿籍，少有存者。先之室宇，皆爲私家，後來新官，復應修立。其爲弊也，胡可勝言！

　　　又方鎮去官，皆割精兵器仗以爲送，故采[2]布之屬不可稱計。監司相容，初無彈糾。其中或有清白，亦復不見甄異。送兵多者至於千餘家，少者數十户。既力入私門，復資官廩布。兵役既竭，枉服良人，牽引無端，以相充補。若是功勳之

臣，則已享裂土之祚，豈應封外復置吏兵乎！謂送故之格宜爲節制，以三年爲斷。夫人性無涯，奢儉由勢。今兼并之士亦多不贍，非力不足以厚身，非祿不足以富家，是得之有由，而用之無節。蒱酒永日，馳騖卒年，一宴之饌，費過十金，麗服之美，不可貲算，盛狗馬之飾，營鄭衛之音，南畝廢而不墾，講誦闕而無聞，凡庸競馳，傲誕成俗。謂宜驗其鄉黨，考其業尚，試其能否，然後升進。如此，匪惟家給人足，賢人豈不繼踵而至哉！

官制譎兵，不相襲代。頃者小事，便已補役，一愆之違，辱及累世，親戚旁支，罹其禍毒，户口減耗，亦由於此。宜皆料遣，以全國信。禮，十九爲長殤，以其未成人也。十五爲中殤，以爲尚童幼也。今以十六爲全丁，則備成人之役矣。以十三爲半丁，所任非復童幼之事矣。豈可傷天理，違經典，困苦萬姓，乃至此乎！今宜修禮文，以二十爲全丁，十六至十九爲半丁，則人無夭折，生長滋繁矣。

帝善之。

初，甯之出，非帝本意，故所啓多合旨。甯在郡又大設庠序，遣人往交州採磬石，以供學用，改革舊制，不拘常憲。遠近至者千餘人，資給衆費，一出私祿。[①] 并取郡四姓子弟，皆充學生，課讀《五經》。又起學臺，功用彌廣。江州刺史王凝之上言曰：“豫章郡居此州之半。太守臣甯入參機省，出宰名郡，而肆其奢濁，所爲狼籍。郡城先有六門，甯悉改作重樓，復更開二門，合前爲八。私立下舍七所。臣伏尋宗廟之設，各有品秩，而甯自置家廟。又下十五縣，皆使左宗廟，右社稷，準之太廟，皆資人力，又奪人居宅，工夫萬計。甯若以古制宜崇，自當列上，而敢專輒，惟在任心。州既聞知，即符從事，制不復聽。而甯嚴威屬縣，惟令速立。願出臣表下太常，議之禮典。”詔曰：“漢宣云：‘可與共治天下者，良二千石也。’若范甯果如凝之所表者，豈可復宰郡乎？”以此抵罪。子泰時爲天門太守，棄官稱訴。帝以甯所務惟學事，久不判。會赦，免。

時陳留范宣，少好學，博綜羣書，尤善《三禮》。隱於豫章間，居屢空，常以誦讀爲業。譙國戴逵等皆聞風宗仰，自遠而至，諷誦之聲，有若齊魯。而甯在郡，亦儒博通綜，立鄉學教授。江州人士，化二范之風，並好經學，由是當時並稱“二范”焉。

甯既免官，家於丹陽，猶勤經學，終年不輟。年六十三，卒於家。初，甯以《春秋穀梁氏》未有善釋，遂沉思積年，爲之集解，其義精審，爲世所重焉。

述曰：自魏晉扇清言之風，尚玄虛之習，於是士皆擯棄經籍，宗旨老莊，以放誕爲

---

① “祿”，原作“録”，據《晉書·范甯傳》訂正。《太平御覽》卷一七七引亦作“祿”。

清流，以禮法爲俗學。浸淫成俗，流禍國家，陵夷至於五胡亂華，禮樂崩壞。延及江左，日以衰微，而兩漢諸儒傳説，盡亡滅於其間。清流之禍，一至於此！獨范武子不爲時尚所誘，發憤而力排之，斯亦鐵中錚錚、庸中皎皎者矣。

從祀賢儒第十四之九

隋

王通,字仲淹,河東龍門人。高祖虬,事北魏孝文帝,官并州刺史,封晉陽公,謚曰穆。父隆,隋文帝初國子博士,出爲昌樂令,遷猗氏,秩滿,退歸不仕。通始生,隆筮之,遇《坤》之《師》,曰:"是子必能通天下之志。"遂名之曰通。

隋既平江東,隆嘆曰:"王道無序,天下何爲而一乎?"通侍側,十歲矣,有憂色,曰:"通聞古之爲邦,有長久之策,故夏殷以下數百年,四海常一統也。後世之爲邦,行苟且之政,故魏晉以下數百年,九州無定主也。上失其道,民散久矣。一彼一此,何常之有?夫子之嘆,蓋憂皇綱不振,生人勞於聚斂而天下將亂乎?"隆異之,遂告以《元經》之事。

通年十五,受《書》於東海李育,學《詩》於會稽夏琠,問《禮》於河東關子明,正《樂》於北平霍汲,考《易》於族父仲華,不解衣者六年。仁壽三年,通始冠,慨然有濟蒼生之志。西遊長安,見隋文帝。帝坐太極殿召見,因陳《太平十二策》,尊王道,推霸略。帝大悦,曰:"得生幾晚矣! 天以生賜朕也。"下其議於公卿,公卿不悦。時將有蕭牆之釁,通知謀之不用也,作《東征之歌》而歸。累徵,皆稱疾不至,專以教授爲事。

大業元年,司徒楊素重其才行,勸之仕。通曰:"汾水之曲,有先人之敝廬,足以庇風雨,薄田足以共饘粥,願明公正身以治天下,使時和年豐。通也受賜多矣,不願仕也。"或譖通慢素,素以問通。通曰:"使公可慢,則僕得矣;不可慢,則僕失矣。得失在僕,公何預焉?"素待之如初。

通謂所親曰:"我周人也,家於祁。永嘉之亂,蓋東遷焉。高祖穆公始家於河汾,故有墳塋,於兹四代矣。兹土也,其人憂深思遠,乃有陶唐氏之遺風,先君之所懷也。有敝廬在,茅檐土階,撮如也。道之不行,欲安之乎?"乃續《詩》三百六十篇,《書》一百五十篇,著《禮論》二十五篇,《樂論》二十篇,修《元經》五十篇,贊《易》七十篇,號"王氏六經"。六年,六經大就。門人自遠而至,往來受業者,蓋千餘人。河汾之教,號爲極盛。

十年，尚書召通署蜀郡司戶。十一年，以著作郎、國子博士徵，皆不至。十四年，病終於家。門弟子議曰："《禮》：死有諡，所以易名。夫子續《詩》《書》，正《禮》《樂》，修《元經》，讚《易》道，聖人之大者，天下之能事畢矣。《易》曰：'黃裳元吉，文在中也。'請諡曰文中子。"

子福郊、福畤取通答門弟子問，爲《中說》十卷。通所續書，後亡其序，有録無書者十篇，福畤子勃，補完缺逸，定著二十五篇。勃與兄勔、勮，唐初皆著才名云。

述曰：朱子之論仲淹也，曰：道之在天下，未嘗亡。而其明晦通塞之不同，則如晝夜寒暑之相反，故二帝三王之治、《詩》《書》六藝之文，後世莫能及之。蓋非功效語言之不類，乃其本心事實之不侔也。雖然，"維天之命，於穆不已"，彼所謂道者，則固未嘗亡矣。而《大學》之教，所謂明德、新民、止於至善者，又已具有明法，若可階而升焉。後之讀其書，考其事者，誠能深思熟講以探其本，謹守力行以踐其實，至於一旦豁然，而晦者明、塞者通，則古人之不可及者，固已倏然而在我矣！夫豈患其終不及哉？苟爲不然，而但爲模放假竊之計，則不惟精粗懸絕，終無可似之理。政使似之，然於其道，亦何足以有所發明？此有志爲己之士，所以不屑而有所不暇爲也。

王仲淹生乎百世之下，讀古聖賢之書，而粗識其用，則於道之未嘗亡者，蓋有意焉。而於明德、新民之學，亦不可謂無其志矣。然未嘗深探其本而盡於其實，以求必得夫至善者而止之。顧乃挾其窺覘想像之仿佛，而謂聖之所以聖，賢之所以賢，與其所以修身，所以治人而及夫天下國家者，舉皆不越乎此。是以一見隋文而陳十二策，則既不自量其力之不足以爲伊、周，又不知其君之不可以爲湯、武，且不待其招而往，不待其問而告，則又輕其道以求售焉。及其不遇而歸，其年蓋亦未爲晚也。若能於此反之於身，以益求其所未至，使明德之方、新民之具皆足以得其至善而止之，則異時得君行道，安知其卒不逮於古人？政使不幸，終無所遇。至於甚不得已，而筆之於書，亦必有以發經言之餘蘊，而開後學於無窮。顧乃不知出此，而不勝其好名欲速之心，汲汲乎日以著書立言爲己任，則其用心爲己外矣。

及其無以自托，乃復捃拾兩漢以來文字言語之陋，功名事業之卑，而求其天資之偶合與其竊取而近似者，依仿《六經》，次第采輯，因以牽挽其人，强而躋之二帝三王之列。今其遺編雖不可見，然考之《中說》，而得其規模之大略，則彼之贊《易》，是豈足以知先天後天之相爲體用？而高文、武宣之制，是豈有精一執中之傳？曹、劉、顏、謝之詩，是豈有物則秉彝之訓？叔孫通、公孫述、曹褒、荀勖之禮樂，又孰與伯夷、后夔、周公之懿？至於宋魏以來，一南一北，校功度德，蓋未有以相君臣也。則其天命人心之向背，統緒繼承之偏正，亦何足論！而欲攘臂其間，奪彼予此，以自列於孔子之《春秋》

哉？蓋既不自知其學之不足以爲周孔，又不知兩漢之不足以爲三王，而徒欲以是區區者，比而效之於形似影響之間，傲然自謂足以承千聖而詔百王矣，而不知其初不足以供兒童之一戲。又適以是而自納於吳楚僭王之誅，使夫後世知道之君子，雖或有取於其言，而終不能無恨於此，是亦可悲也已！至於假卜筮，象《論語》，而强引唐初文武名臣以爲弟子，是乃福郊、福畤之所爲，而非仲淹之雅意。然推原本始，乃其平日好高自大之心有以啓之，則亦不得爲無罪矣。

　　或曰：然則仲淹之學，固不得爲孟子之倫矣。其視荀、揚、韓氏，亦有可得而優劣者耶？曰：荀卿之學，雜於申、商；子雲之學，本於黃老，而其著書之意，蓋亦姑托空文以自見耳。非如仲淹之學，頗近於正，而粗有可用之實也。至於退之《原道》諸篇，則於道之大原，若有非荀、揚、仲淹之所及者。然考其平生意鄉之所在，終不免文士浮華放浪之習，時俗富貴利達之求。而其覽觀古人之變，將以措諸事業者，恐亦未若仲淹之致懇惻而有條理也。是以予於仲淹獨深惜之，而有所不暇於三子，是亦《春秋》責備賢者之遺意也。可勝嘆哉！

從祀賢儒第十四之十

唐

韓愈，字退之，鄧州南陽人。七世祖茂，有功於後魏，封安定王。父仲卿，爲武昌令，有美政，既去，縣人刻石頌德。終祕書郎。

愈三歲而孤，隨伯兄會貶官嶺表。會卒，嫂鄭鞠之。愈自知讀書，日記數千百言，比長，盡能通《六經》、百家學。擢進士第。會董晉爲宣武節度使，表署觀察推官。晉卒，愈從喪出，不四日，汴軍亂，乃去依武寧節度使張建封，建封署爲府推官。操行堅正，鯁言無所忌。調四門博士，遷監察御史。上疏極論宮市，德宗怒，貶陽山令。有愛在民，民生子多以其姓字之。改江陵法曹參軍。元和初，權知國子博士，分司東都，三歲爲真。改都官員外郎，即拜河南令。遷職方員外郎。

華陰令柳澗有罪，前刺史劾奏之，未報而刺史罷。澗諷百姓遮索軍頓役直，後刺史惡之，按其獄，貶澗房州司馬。愈過華，以爲刺史陰相黨，上疏治之。既御史覆問，得澗贓，再貶封溪尉。愈坐是復爲博士。既才高數黜，官又不遷，乃作《進學解》以自諭。執政覽之，奇其才，改比部郎中、史館修撰。轉考功，知制誥，進中書舍人。

初，憲宗將平蔡，令御史中丞裴度使諸軍按視。及還，具言賊可滅，與宰相議不合。愈亦奏言：

> 淮西連年修器械防守，金帛糧畜耗於給賞，執兵之卒四向侵掠，農夫織婦餉於其後，得不償費。比聞畜馬皆上槽櫪，此譬有十夫之力，自朝抵夕，跳躍叫呼，勢不支久，必有①委頓。當其已衰，三尺童子可制其命。況以三州殘弊困據之餘而當天下全力，其敗可立而待也。然未可知者，在陛下斷與不斷耳。夫兵不多不足以取勝，取勝之師必在速戰，兵多而戰不速則所費必廣。疆場之上，日相攻劫，近賊州

---

① "有"，《新唐書·韓愈傳》作"自"。

縣,賦役百端,小遇水旱,百姓愁苦。方此時,人人異議以惑陛下,陛下持之不堅,半塗而罷,傷威損費,爲弊必深。所要先決於心,詳度本末,事至不惑,乃可圖功。

又言:"諸道兵羈旅單弱不足用,而界賊州縣,百姓習戰鬥,知賊深淺,若募以内軍,教不三月,一切可用。"又欲"四道置兵,道率三萬,畜力伺利,一日具縱,則蔡首尾不救,可以責功"。執政不喜。會有人詆愈在江陵時爲裴均所厚,均子鍔素無狀,愈爲文章,字命鍔,謗語囂暴,由是改太子右庶子。及度以宰相節度彰義軍,宣慰淮西,奏愈行軍司馬。愈請乘遞先入汴,説韓弘使協力。元濟平,遷刑部侍郎。

憲宗遣使者往鳳翔迎佛骨入禁中,三日,乃送佛祠。王公士人奔走膜唄,至爲夷法灼體膚,委珍貝,騰沓係路。愈聞惡之,乃上表曰:

佛者,夷狄之一法耳。自後漢時流入中國,上古未嘗有也。昔者黄帝在位百年,年百一十歲;少昊在位八十年,年百歲;顓頊在位七十九年,年九十歲;帝嚳在位七十年,年百五歲;帝堯在位九十八年,年百一十八歲;帝舜及禹年皆百歲。此時天下太平,百姓安樂壽考,然而中國未有佛也。其後,殷湯亦年百歲,湯孫太戊在位七十五年,武丁在位五十九年,書史不言其年壽所極,推其年數,蓋亦俱不減百歲。周文王年九十七歲,武王年九十三歲,穆王在位百年。此時佛法亦未入中國,非因事佛而致然也。漢明帝時始有佛法,明帝在位纔十八年耳!其後亂亡相繼,運祚不長。宋、齊、梁、陳、元魏巳下,事佛漸謹,年代尤促。惟梁武帝在位四十八年,前後三度捨身施佛,宗廟之祭不用牲牢,晝日一食,止於菜果,其後竟爲侯景所逼,餓死臺城,國亦尋滅。事佛求福,乃更得禍。由此觀之,佛不足事,亦可知矣。

高祖始受隋禪,則議除之。當時羣臣材識不遠,不能深知先王之道、古今之宜,推闡聖明,以救斯弊,其事遂止。臣常恨焉!伏惟睿聖文武皇帝陛下,神聖英武,數千百年以來,未有倫比。即位之初,即不許度人爲僧尼、道士,又不許創立寺觀。臣常以爲高祖之志,必行於陛下之手。今縱未能即行,豈可恣之轉令盛也?今聞陛下令羣僧迎佛骨於鳳翔,御樓以觀,舁入大内,又令諸寺遞迎供養。臣雖至愚,必知陛下不惑於佛,作此崇奉以祈福祥也。直以年豐人樂,徇人之心,爲京都士庶設詭異之觀、戲翫之具耳。安有聖明若此,而肯信此等事哉?然百姓愚冥,易惑難曉。苟見陛下如此,將謂真心事佛,皆云:"天子大聖,猶一心敬信。百姓何人,豈合更惜身命?"焚頂燒指,百十爲羣,解衣散錢,自朝至暮,轉相仿[①]效,惟恐後時,老少奔波,棄其業次。若不即加禁遏,更歷諸寺,必有斷臂臠身以

---

① "仿",《新唐書・韓愈傳》作"放"。

爲供養者。傷風敗俗，傳笑四方，非細事也。

夫佛本夷狄之人，與中國言語不通，衣服殊製，口不言先王之法言，身不服先王之法服，不知君臣之義、父子之情。假如其身至今尚在，奉其國命来朝京師，陛下容而接之，不過宣政一見，禮賓一設，賜衣一襲，衞而出之於境，不令惑衆也。況其身死已久，枯朽之骨，凶穢之餘，豈宜令入宮禁？孔子曰："敬鬼神而遠之。"古之諸侯行弔於其國，尚令巫祝先以桃茢祓除不祥，然後進弔。今無故取朽穢之物，親臨觀之，巫祝不先，桃茢不用，羣臣不言其非，御史不舉其失，臣實恥之。乞以此骨付之有司，投諸水火，永絕根本，斷天下之疑，絕後代之惑，使天下之人知大聖人之作爲出於尋常萬萬也，豈不盛哉？豈不快哉？佛如有靈，能作禍祟，凡有殃咎，宜加臣身。上天鑑臨，臣不怨悔，無任感激，懇悃之至。謹奉表以聞。

表入，帝大怒，持示宰相，將抵以死。裴度、崔羣曰："愈言訐忤，罪之誠宜。然非內懷至忠，安能及此？願少寬假，以來諫爭。"帝曰："愈言我奉佛太過，猶可容；至謂東漢奉佛以後，天子咸夭促，言何乖刺邪？愈，人臣，狂妄敢爾，固不可赦。"於是中外駭懼，雖戚里諸貴，亦爲之言，乃貶潮州刺史。

既至潮，以表哀謝。帝頗感悔，欲復用之，謂宰相曰："愈前所論是大愛朕，然不當言天子事佛乃年促耳。"皇甫鎛素忌其直，即奏言："愈終狂疏，可且內移。"乃改袁州刺史。

初，愈至潮州，問民疾苦，皆曰："惡溪有鱷魚，食民畜產且盡，民以是窮。"數日，愈自往視，乃作文，令其屬秦濟以一羊一豚投溪水而祝之。其夕，暴風震電起溪中，數日水盡涸，西徙六十里，自是潮無鱷魚患。

袁人以男女爲隸，過期不贖，則沒入之。愈至，悉計庸得贖所沒，歸之父母七百餘人。因與約，禁其爲隸。召拜國子祭酒，轉兵部侍郎。

鎮州亂，殺田弘正而立王廷湊，詔愈宣撫。既行，衆皆危之。元稹言："韓愈可惜。"穆宗亦悔，詔愈度事從宜，無必入。愈至，廷湊嚴兵迓之，甲士陳庭。既坐，廷湊曰："所以紛紛者，乃此土卒也。"愈大聲曰："天子以公爲有將帥材，故賜以節，豈意同賊反邪？"語未終，士前奮曰："先太師爲國擊朱滔，血衣猶在，此軍何負，乃以爲賊乎？"愈曰："以爲爾不記先太師也，若猶記之，固善。天寶以來，安祿山、史思明、李希烈等有子若孫在乎？亦有居官者乎？"衆曰："無。"愈曰："田公以魏、博六州歸朝廷，官中書令，父子受旗節，劉悟、李祐皆大鎮，皆爾軍所共聞也。"衆曰："弘正刻，故此軍不安。"愈曰："然爾曹亦害田公，又殘其家矣，復何道？"衆讙曰："善！"廷湊慮衆變，疾麾使去。因曰："今欲廷湊何所爲？"愈曰："神策六軍將如牛元翼者爲不乏，但朝廷顧大體，不可棄之。公久圍之，何也？"廷湊曰："即出之。"愈曰："若爾，則無事矣。"會元翼亦潰圍出，廷湊不追。愈歸奏其語，帝大悅。轉吏部侍郎。

　　時宰相李逢吉惡李紳,欲逐之,遂以愈爲京兆尹、兼御史大夫,特詔不臺參,而除紳中丞。紳果劾奏愈,愈以詔自解。其後文刺紛然,宰相以臺、府不協,遂罷愈爲兵部侍郎,而出紳江西觀察使。紳見帝,得留,愈亦復爲吏部侍郎。長慶四年卒,年五十七,贈禮部尚書,謚曰文。

　　愈性明銳,不詭隨。與人交,始終不少變。成就後進士,往往知名。經愈指授,皆稱"韓門弟子"。愈官顯,稍謝遣。凡内外親若交友無後者,爲嫁遣孤女而恤其家。嫂鄭喪,爲服期以報。

　　每言文章自漢司馬相如、太史公、劉向、揚雄後,作者不世出,故深探本原,卓然樹立,成一家言。其闡明性道之文,皆奥衍閎深,與孟軻、揚雄相表裹而佐佑《六經》。至他著作造端置辭,要爲不蹈襲前人者。然惟愈爲之,沛然若有餘,至其徒李翱、李漢、皇甫湜從而效之,遽不及遠甚。文多不載,載其《原道》《原性》等篇。

　　《原道》曰:

　　博愛之謂仁,行而宜之之謂義,由是而之焉之謂道,足乎己,無待於外之謂德。仁與義,爲定名;道與德,爲虛位;故道有君子小人,而德有凶有吉。老子之小仁義,非毀之也,其見者小也。坐井而觀天,曰天小者,非天小也;彼以煦煦爲仁,孑孑爲義,其小之也則宜。其所謂道,道其所道,非吾所謂道也;其所謂德,德其所德,非吾所謂德也。凡吾所謂道德云者,合仁與義言之也,天下之公言也;老子之所謂道德云者,去仁與義言之也,一人之私言也。周道衰,孔子没,火於秦,黄老於漢,佛於晉、魏、梁、隋之間,其言道德仁義者,不入於楊則入於墨,不入於老則入於佛。入於彼,則出於此。入者主之,出者奴之;入者附之,出者污之。噫!後之人其欲聞仁義道德之説,孰從而聽之?老者曰:孔子,吾師之弟子也。佛者曰:孔子,吾師之弟子也。爲孔子者,習聞其説,樂其誕而自小也。亦曰:吾師亦嘗師之云爾。不惟舉之於其口,而又筆之於其書。噫!後之人雖欲聞仁義道德之説,其孰從而求之?甚矣,人之好怪也!不求其端,不訊其末,惟怪之欲聞。

　　古之爲民者四,今之爲民者六;古之教者處其一,今之教者處其三。農之家一,而食粟之家六;工之家一,而用器之家六;賈之家一,而資焉之家六;奈之何民不窮且盜也!古之時,人之害多矣。有聖人者立,然後教之以相生養之道。爲之君,爲之師,驅其蟲蛇禽獸而處之中土。寒,然後爲之衣;飢,然後爲之食;木處而顛,土處而病也,然後爲之宫室。爲之工,以贍其器用;爲之賈,以通其有無;爲之醫藥,以濟其夭死;爲之葬埋祭祀,以長其恩愛;爲之禮,以次其先後;爲之樂,以宣其壹鬱;爲之政,以率其怠勌;爲之刑,以鋤其强梗。相欺也,爲之符璽、斗斛、權衡以信之;相奪也,爲之城郭、甲兵以守之。害至而爲之備,患至而爲之防。今其言曰：“聖人不死，大盜不止；剖斗折衡，而民不爭。”嗚呼，其亦不思而已矣！如古之無聖人，人之類滅久矣。何也？無羽毛鱗介以居寒熱也，無爪牙以爭食也。是故君者，出令者也；臣者，行君之令而致之民者也；民者，出粟米麻絲，作器皿，通貨財，以事其上者也。君不出令，則失其所以爲君；臣不行君之令而致之民，則失其所以爲臣；民不出粟米麻絲，作器皿，通貨財以事其上，則誅。今其法曰：必棄而君臣，去而父子，禁而相生相養之道，以求其所謂清淨寂滅者。嗚呼！其亦幸而出於三代之後，不見黜於禹、湯、文、武、周公、孔子也；其亦不幸而不出於三代之前，不見正於禹、湯、文、武、周公、孔子也。

帝之與王，其號雖殊，其所以爲聖一也。夏葛而冬裘，渴飲而飢食，其事雖殊，其所以爲智一也。今其言曰：曷不爲太古之無事？是亦責冬之裘者曰：曷不爲葛之之易也？責飢之食者曰：曷不爲飲之之易也？傳曰：“古之欲明明德於天下者，先治其國；欲治其國者，先齊其家；欲齊其家者，先修其身；欲修其身者，先正其心；欲正其心者，先誠其意。”然則，古之所謂正心而誠意者，將以有爲也。今也欲治其心，而外天下國家，滅其天常；子焉而不父其父，臣焉而不君其君，民焉而不事其事。孔子之作《春秋》也，諸侯用夷禮則夷之，進於中國則中國之。《經》曰：“夷狄之有君，不如諸夏之亡。”《詩》曰：“戎狄是膺，荆舒是懲。”今也，舉夷狄之法而加之先王之教之上，幾何其不胥而爲夷也！

夫所謂先王之教者，何也？博愛之謂仁，行而宜之之謂義，由是而之焉之謂道，足乎己，無待於外之謂德。其文《詩》《書》《易》《春秋》，其法禮樂刑政，其民士農工賈，其位君臣、父子、師友、賓主、昆弟、夫婦，其服麻絲，其居宮室，其食粟米果蔬魚肉。其爲道易明，而其爲教易行也。是故以之爲己則順而祥，以之爲人則愛而公，以之爲心則和而平，以之爲天下國家無所處而不當。是故生則得其情，死則盡其常，郊焉而天神假，廟焉而人鬼饗。曰：斯道也，何道也？曰：斯吾之所謂道也，非向所謂老與佛之道也。堯以是傳之舜，舜以是傳之禹，禹以是傳之湯，湯以是傳之文、武、周公，文、武、周公傳之孔子，孔子傳之孟軻，軻之死，不得其傳焉。荀與揚也，擇焉而不精，語焉而不詳。由周公而上，上而爲君，故其事行；由周公而下，下而爲臣，故其說長。

然則如之何而可也？曰：不塞不流，不止不行。人其人，火其書，廬其居，明先王之道以道之，鰥寡孤獨廢疾者有養也。其亦庶乎其可也。

《原性》曰：

性也者，與生俱生也；情也者，接於物而生也。性之品有三，而其所以爲性者五；情之品有三，而其所以爲情者七。

　　曰：何也？曰：性之品有上中下三。上焉者，善焉而已矣；中焉者，可導而上下也；下焉者，惡焉而已矣。其所以爲性者五：曰仁，曰禮，曰信，曰義，曰智。上焉者之於五也，主於一而行於四；中焉者之於五也，一不少有焉，則少反焉，其於四也混；下焉者之於五也，反於一而悖於四。

　　性之於情，視其品。情之品有上中下三，其所以爲情者七：曰喜，曰怒，曰哀，曰懼，曰愛，曰惡，曰欲。上焉者之於七也，動而處其中；中焉者之於七也，有所甚，有所亡，然而求合其中者也；下焉者之於七也，亡與甚，直情而行者也。

　　情之於性，視其品。孟子之言性曰：人之性善。荀子之言性曰：人之性惡。揚子之言性曰：人之性，善惡混。夫始善而進惡，與始惡而進善，與始也混而今也善惡，皆舉其中而遺其上下者也，得其一而失其二者也。

　　叔魚之生也，其母視之，知其必以賄死。揚食我之生也，叔向之母聞其號也，知必滅其宗。越椒之生也，子文以爲大戚，知若敖氏之鬼，不食也。人之性，果善乎？后稷之生也，其母無災；其始匍匐也，則岐岐然，嶷嶷然。文王之在母也，母不憂；既生也，傅不勤；既學也，師不煩。人之性，果惡乎？堯之朱，舜之均，文王之管、蔡，習非不善也，而卒爲姦；瞽瞍之舜，鯀之禹，習非不惡也，而卒爲聖人。人之性，善惡果混乎？故曰：三子之言性也，舉其中而遺其上下者也，得其一而失其二者也。

　　曰：然則性之上下者，其終不可移乎？曰：上之性，就學而愈明；下之性，畏威而寡罪。是故上者可教而下者可制也。其品，則孔子謂不移也。曰：今之言性者異於此，何也？曰：今之言者，雜佛老而言也。雜佛老而言也者，奚言而不異？

蓋自晉訖隋，老、佛顯行，聖道不斷如帶，諸儒倚天下正議，助爲怪神。愈獨喟然引聖，爭四海之惑。雖蒙訕笑，踣而復奮，始若未之信，卒大顯於時。自愈没後，其言大行學者，仰之如泰山北斗云。

　　述曰：楊墨之說，下恣處士，猶有援附儒者之意，其害如蠹。佛老之教，風自上行，遂與聖道互爭消長，其毒如蠱。同一欺世誣民，充塞仁義，而強弱之勢迥不侔矣。昔在漢世，書籍雖經秦火，士猶以經術相高。至唐承魏晉五代之後，經術道息，學者不睹先王之大全，而二氏之教復從而蠱惑其際，天下靡靡，日益衰壞。文公觝排攘斥，力闢異端，使後世猶知尊聖教而談仁義者，皆一人之力也。前史稱其遠過況、雄，功齊孟子，可謂不虛溢美者矣。

從祀賢儒第十四之十一

宋

范仲淹，字希文，唐宰相履冰之後。其先，邠州人也，後徙家蘇州吳縣。生二歲而孤，母貧無依，再適長山朱氏，從其姓，名説。少有志操，既長，知其世家，乃感泣辭母，去之南都，入學舍，掃一室，晝夜講誦。冬月憊甚，以水沃面；食不給，至以糜粥繼之，同舍生或饋珍膳，皆拒不受。其起居飲食，人所不堪，而仲淹自刻益苦。居五年，大通《六經》之旨，爲文章論説，必本於仁義。大中祥符八年，舉進士第，爲廣德軍司理參軍，迎其母歸養。在官日抱具獄，與太守争是非，守盛怒臨之，不爲屈。比去，貧止一馬，乃鬻馬徒步而歸。改集慶軍節度推官，始還姓，更其名。

監泰州西溪鹽税，遷大理寺丞，徙監楚州糧料院，母喪去官。晏殊知應天府，聞其名，召寘府學。仲淹上書宰相，請擇郡守，舉縣令，斥游惰，去冗僭，慎選舉，撫將帥，凡萬餘言，王曾見而偉之。時殊亦在京師，薦一人爲館職，曾謂殊曰："公知范仲淹，捨不薦，而薦斯人乎？已爲公置不行，宜更薦仲淹也。"會仲淹服除，殊遂薦爲祕閣校理。仲淹汎通《六經》，長於《易》，學者多從質問，爲執經講解，亡所倦。嘗推其俸以食四方遊士，諸子至易衣而出，仲淹晏如也。每感激論天下事，奮不顧身，一時士大夫矯厲尚風節，自仲淹倡之。

天聖七年，章獻太后將以冬至受朝，仁宗率百官上壽。仲淹極言之，曰："奉親於内，自有家人禮。顧與百官同列，南面而朝之，不可爲後世法。"且上疏請太后還政，忤太后意，不報。殊大懼，召仲淹責怒之，以爲狂。仲淹正色抗言曰："仲淹受明公惧知，常懼不稱，爲知己羞。不意今日更以正論獲罪於門下也。"殊慙，無以應。尋通判河中府，徒陳州。時方建太一宮及洪福院，市材木陜西。仲淹言："昭應、壽寧，天戒不遠。今又修①土木，破民産，非所以順人心、合天意。宜罷修寺觀，減常歲市木之數，以蠲除

---

① "修"，《宋史·范仲淹傳》作"侈"。

積負。”又言：“恩倖多以内降除官，非太平之政。”事雖不行，帝悉其忠。

明道二年，太后崩，召爲右司諫。言事者多暴太后時事，仲淹曰：“太后受托先帝，調護聖躬，始終十年，未見過失，宜掩其小故，以全大德。”帝爲詔中外，毋輒論太后時事。初，太后遺命以太妃楊氏爲皇太后，參決軍國事。仲淹曰：“太后，母號也，自古無因保育而代立者。今一太后崩，又立一太后，天下且疑陛下不可一日無母后之助矣！”遂止。尊爲皇太后，而削去“參決軍國事”語。

是年秋，歲大蝗旱，江、淮、京東滋甚。仲淹請遣使循行，未報。乃請間曰：“宫掖中半日不食，何如？”帝惻然，命仲淹安撫江、淮。所至開倉賑之，禁民淫祀，奏蠲廬舒折役茶、江東丁口鹽錢，且條上救敝十事。奉使還，以太平州民所食烏昧草進呈，帝爲宣示六宫、戚里，用抑奢侈。

會郭皇后廢，率諫官、御史伏閤争之，不能得。明日，將留百官揖宰相廷争，方至待漏院，有詔出知睦州。歲餘，徙蘇州。州大水，民田不得耕，仲淹疏五湖、①導太湖注之海，募人興作，未就，有詔徙明州，轉運使奏留仲淹以畢其役，許之。拜尚書禮部員外郎、天章閣待制，召還，判國子監，遷吏部員外郎、權知開封府。

時吕夷簡執政，進用者多出其門。仲淹上《百官圖》，指其次第曰：“如此爲序遷，如此爲不次，如此則公，如此則私。況進退近臣，凡超格者，不宜全委之宰相。”夷簡不悦。他日，論建都之事，仲淹曰：“洛陽險固，而汴爲四戰之地，太平宜居汴，即有事必居洛陽。當漸廣儲蓄，繕宫室。”帝問夷簡，夷簡曰：“此仲淹迂闊之論也。”仲淹復爲四論以獻：一曰帝王好尚，二曰選賢任能，三曰近名，四曰推委。大抵譏切時政，謂“漢成帝信張禹，不疑舅家，故有新莽之禍。臣恐今日亦有張禹，壞陛下家法”。夷簡怒訴曰：“仲淹離間陛下君臣，所引用，皆朋黨也。”仲淹對益切，由是罷知饒州。

殿中侍御史韓瀆希宰相旨，請書仲淹朋黨，揭之朝堂。於是祕書丞余靖上書訟之，曰：“仲淹以一言忤宰相，遂加貶竄，況前所言者在陛下母子夫婦之間乎？陛下既優容之矣。臣請追改前命。”太子中允尹洙自訟與仲淹師友，且嘗薦己，願從降黜。館閣校勘歐陽修以高若訥在諫官，坐視不言，移書責之。由是，三人皆坐貶。明年，夷簡亦罷，自是朋黨之論興矣。仲淹既去，士大夫爲論薦者不已。帝謂宰相張士遜曰：“向貶仲淹，爲其密請建立皇太弟故也。今朋黨稱薦如此，奈何？”再下詔戒敕。

仲淹在饒州歲餘，徙潤州，又徙越州。康定元年夏，元昊反，召爲天章閣待制，知永興軍，改陝西都轉運使。會夏竦爲經略安撫招討使，進仲淹龍圖閣直學士以副之。夷簡再入相，帝諭仲淹使釋前憾。仲淹頓首謝曰：“臣嚮論蓋國家事，於夷簡無憾也。”

是時新失大將，延州危。仲淹請自守鄜延捍賊，乃遷户部郎中兼知延州。先是，

---

① “湖”，《宋史·范仲淹傳》作“河”。

詔分邊兵：總管領萬人，鈐轄領五千人，都監領三千人。寇至禦之，則官卑者先出。仲淹曰：“將不擇人，以官爲先後，取敗之道也。”於是大閱州兵，得萬八千人，分爲六，各將三千人，分部教之，量賊衆寡，使更出禦賊。時塞門、承平諸砦久廢，用种世衡策，城青澗以據賊衝，大興營田，且聽民得互市，以通有無。又以民遠輸勞苦，請建郿城爲軍，以河中、同、華中下戶稅租就輸之。春夏徙兵就食，可省糴十之三，他所減不與。詔以爲康定軍。

明年正月，詔諸路入討，仲淹曰：“正月塞外大寒，我師暴露，不如俟春深入，賊馬瘦人飢，勢易制也。況邊備漸修，師出有紀，賊雖猖獗，固已攝其氣矣。鄜、延密邇靈、夏，西羌必由之地也。第按兵不動，以觀其釁，許臣稍以恩信招來之。不然，情意阻絶，臣恐偃兵無期矣。若臣策不效，當舉兵先取綏、宥，據要害，屯兵營田，爲持久計，則茶山、橫山之民，必挈族來歸。拓疆禦寇，策之上也。”帝皆用其議。仲淹又請修承平、永平等十二砦，稍招還流亡，定堡障，通斥候，於是羌漢之民相踵歸業。

久之，元昊歸陷將高延德，因與仲淹約和，仲淹爲書戒諭之。會任福敗於好水川，元昊答書語不遜，仲淹對來使焚之。大臣以爲不當輒通書，又不當輒焚之，宋庠請斬仲淹。杜衍曰：“仲淹志在招納，蓋忠於朝廷也，何可深罪？”帝悟，乃降本曹員外郎、知耀州。未逾月，徙慶州。既而四路置帥，遷左司郎中，爲環慶路經略安撫、緣邊招討使。初，元昊反，陰誘屬羌爲助，而環慶酋長六百餘人，約爲鄉導，事尋露。仲淹以其反復不常也，至部即奏行邊，以詔書犒賞諸羌，閱其人馬，爲立條約：“若讎已和斷，輒私報之及傷人者，罰羊百、馬二，已殺者斬。負債爭訟，聽告官爲理，輒質縛平人者，罰羊五十、馬一。賊馬入界，追集不赴隨本族，每戶罰羊二，質其首領。賊大入，老幼入保本砦，官爲給食；即不入砦，本家罰羊二；全族不至，質其首領。”諸羌皆受命，自是始爲漢用矣。

改邠州觀察使，仲淹表言：“觀察使班待制下，臣守邊數年，羌人頗親愛臣，呼臣爲‘龍圖老子’，今退而與王興、朱觀爲伍，第恐爲賊輕矣。”辭不拜。慶之西北馬鋪砦，當後橋川口，在賊腹中。仲淹欲城之，度賊必爭，密遣子純祐與蕃將趙明先據其地，引兵隨之。諸將不知所向，行至柔遠，始出號令，版築皆具，旬日而城成，即大順城是也。賊覺，以騎三萬來戰，佯北，仲淹戒勿追，已而果有伏。大順既城，而白豹、金湯皆不敢犯，環慶自此寇益少。

明珠、滅臧勁兵數萬，仲淹聞涇原欲襲討之，上言曰：“二族道險，不可攻，前日高繼嵩已喪師。平時且懷反側，今討之，必與賊表裏，南入原州，西擾鎮戎，東侵環州，邊患未艾也。若北取細腰、胡蘆衆泉爲保[1]障，以斷賊路，則二族安，而環州、鎮戎徑道通

---

① “保”，《宋史·范仲淹傳》作“堡”。

徹，可無憂矣。”其後，遂築細腰、胡蘆諸砦。

葛懷敏敗於定川，賊大掠至潘原，關中震恐，民多竄山谷間。仲淹率衆六千，由邠、涇援之，聞賊已出塞，乃還。始，定川事聞，帝按圖謂左右曰：“若仲淹出援，吾無憂矣。”奏至，帝大喜曰：“吾固知仲淹可用也。”進樞密直學士、右諫議大夫。仲淹以軍出無功，辭不敢受命，詔不聽。

時已命文彥博經略涇原，帝以涇原傷痍，欲對徙仲淹，遣王懷德喻旨。仲淹謝曰：“涇原地重，第恐臣不足當此路。請與韓琦同經略涇原，並駐涇州，琦兼秦鳳，臣兼環慶。涇原有警，臣與韓琦合秦鳳、環慶之兵，犄角而進；若秦鳳、環慶有警，亦可率涇原之師爲援。臣當與琦練兵選將，漸復橫山，以斷賊臂，不數年間，可期平定矣。願詔龐籍兼領環慶，以成首尾之勢。秦州委文彥博，慶州用滕宗諒總之，渭州一武臣足矣。”帝采用其言，復置陝西路安撫、經略、招討使，以仲淹、韓琦、龐籍分領之。仲淹與琦開府涇州，而徙彥博帥秦，宗諒帥慶，張沇帥渭。

仲淹爲將，務持重，不急近功小利，所得賜賚，皆以上意分賜諸將，使自爲謝。諸蕃質子，縱其出入，無一人逃者。蕃酋來見，召之卧內，屏人徹衞，與語不疑，故賊信而畏之，亦不敢輒犯其境。居三歲，士勇邊實，恩信大洽，乃決策謀取橫山，復靈武。會元昊請和，乃召拜樞密副使。五讓，不許。既至，諫官歐陽修等以王舉正懦默不任事，言仲淹有相材，請罷舉正用仲淹，遂改參知政事。仲淹曰：“執政可由諫官而得乎？”固辭不拜，願與韓琦出行邊。命爲陝西宣撫使，未行，復除參知政事。仲淹與韓、富二樞密並銳意天下事，患諸路監司不才，更用王素、張昷之輩，取班簿視不才監司，每一筆勾之，以次更易。富弼謂曰：“一筆勾之甚易，焉知一家哭矣？”仲淹曰：“一家哭，何如一路哭邪？”遂悉罷之。會王倫寇淮南，州縣官有不能守者，朝廷欲按誅之。仲淹曰：“平時諱言武備，寇至而專責守臣死事，可乎？”守令皆得不誅。

帝乃銳意太平，數問當世事，仲淹語人曰：“上用我至矣，事有先後，久安之弊，非朝夕可革也。”帝再賜手詔，又爲之開天章閣，召二府條對，仲淹上十事：

> 一曰明黜陟。二府非有大功大善者不遷，内外須在職滿三年，在京百司非選舉而授，須通滿五年，乃得磨勘，庶幾得考績之法矣。二曰抑僥倖。罷少卿、監以上乾元節恩澤；正郎以下若監司、邊任，須在職滿二年，始得磨子；大臣不得薦子弟任館閣職，任子之法無冗濫矣。三曰精貢舉。進士、諸科請罷糊名法，參考履行無闕者，以名聞。進士先策論，後詩賦，諸科取兼通經義者。賜第以上，皆取詔裁。餘優等免選注官，次第人守本科選，進士之法可以循名而責實矣。四曰擇長官。委中書、樞密院先選轉運使、提點刑獄、大藩知州；次委兩制、三司、御史臺、開封府官、諸路監司舉知州、通判；知州通判舉知縣、令。限其人數，以舉主多者

從中書選除。刺史、縣令，可以得人矣。五曰均公田。外官廩給不均，何以求其為善邪？請均其入，第給之，使有以自養，然後可以責廉節，而不法者可誅廢矣。六曰厚農桑。每歲預下諸路，風吏民言農田利害，堤堰渠塘，州縣選官治之，定勸課之法以興農利，減漕運。江南之圩田，浙西之河塘，墮廢者可興矣。七曰修武備。約府兵法，募畿輔疆壯為衛士，以助正兵。三時務農，一時教戰，省給贍之費。畿輔有成法，則諸道皆可舉行矣。八曰推恩信。赦令有所施行，主司稽違者，重寘於法；別遣使按視其所當行者，所在無廢格上恩者矣。九曰重命令。法度所以示信也，行之未幾，旋即釐改，請政事之臣參議可以久行者，刪去煩冗，裁為制敕行下，命令不至於數變更矣。十曰減徭役。戶口耗少而供億滋多，省縣邑戶少者為鎮，并使、州兩院為一，職官白直，給以州兵，其不應受役者悉歸之農，民無重困之憂矣。

帝方信嚮仲淹，悉采用之，宜著令者，皆以詔書畫一頒下；獨府兵法，眾以為不可而止。

又建言：“周制，三公分兼六官之職，漢以三公分部六卿，唐以宰相分判六曹。今中書，古天官冢宰也；樞密院，古夏官司馬也；四官散於羣有司，無三公兼領之重。而二府惟進擢差除，循資級，議賞罰，檢用條例而已。上非三公論道之任，下無六卿佐王之職，非治法也。臣請仿前代，以三司、司農、審官、流內銓、三班院、國子監，太常、刑部、審刑、大理、羣牧、殿前馬步軍司，各委輔臣兼判其事。凡官吏黜陟、刑罰重輕、事有利害者，並從輔臣予奪；其體大者，二府僉議奏裁。臣請自領兵賦之職，如其無補，請先黜降。”章得象等皆曰不可。久之，乃命參知政事賈昌朝領農田，仲淹領刑法，然卒不果行。

初，仲淹以忤呂夷簡，放逐者數年，士大夫持二人曲直，交指為朋黨。及陝西用兵，帝以仲淹士望所屬，拔用之。及夷簡罷，召還，倚以為治，中外想望其功業。而仲淹以天下為己任，裁削倖濫，考覈官吏，日夜謀慮興致太平。然更張無漸，規摹闊大，論者以為不可行。及按察使出，多所舉劾，人心不悅。自任子之恩薄，磨勘之法密，僥倖者不便，於是謗毀稍行，而朋黨之論浸聞上矣。

帝時與執政論朋黨事，仲淹對曰：“方以類聚，物以羣分，自古邪正在朝，未嘗不各為一黨，不可禁也。在聖明鑑之耳！誠使君子相朋為善，其於國家何害？”會邊陲有警，因與樞密副使富弼請行邊。於是，以仲淹為河東、陝西宣撫使，賜黃金百兩，悉分遺邊將。麟州新罹大寇，言者多請棄之，仲淹為修故砦，招流亡三千餘戶，蠲其稅，罷榷酤予民。又奏免府州商稅，河外遂安。比去，攻者益急，仲淹亦自請罷政事，乃以為資政殿學士、陝西四路宣撫使，知邠州。其在中書所施為，亦稍稍沮罷。

以疾請鄧州，進給事中。徙荊南，鄧人遮使者請留，仲淹亦願留鄧，許之。尋徙杭州,再遷戶部侍郎,徙青州。會病甚,請潁州,未至而卒,年六十四。贈兵部尚書,謚文正。初,仲淹病,帝嘗遣使賜藥存問,既卒,嗟悼久之。又遣使就問其家,既葬,帝親書其碑曰"褒賢之碑"。

仲淹少有大節,於富貴、貧賤、毀譽、歡戚不一動其心,而慨然有志於天下,常自誦曰:"士當先天下之憂而憂,後天下之樂而樂。"其事上遇人,內剛外和。性至孝,以母在時方貧,其後雖貴,非賓客不重肉。妻子衣食,僅能自充。而好施予,置義莊里中,以贍族人。汎愛樂義,士多出其門下,雖里巷之人,皆能道其名字。死之日,四方聞者,皆爲嘆息。爲政尚忠厚,所至有恩,邠、慶二州之民與屬羌皆畫像立生祠事之。及其卒也,羌酋數百人,哭之如父,齊三日而去。生四子:純祐,早卒;純仁、純禮、純粹,皆至達官,爲當世名臣。仲淹嘗謂諸子,"純仁得其忠,純禮得其靜,純粹得其略"云。

述曰:初,文正知開封時,以忤呂許公坐貶。羣士大夫各持二公曲直,交指爲朋黨。及許公復相,乃引文正經略西事,相約戮力平賊,文正亦樂爲之用。嘗奏記於呂曰:"相公有汾陽之德,仲淹無臨淮之才。"其驩然相得如是。又,文正爲參政時,歐、余、王、蔡爲諫官,力引石守道,執政欲從之,文正獨曰:"守道剛正,天下所聞,然亦好異,使爲諫官,必以難行之事責人君以必行,少拂其意,則牽裾折檻,叩頭流血,無所不爲。主上富春秋,無失德,朝廷政事亦自修舉,安用此諫官也?"諸公服其言而止。觀此二事,則文正之胸襟豁達,和而不同,洵非他人所能及也。

從祀賢儒第十四之十二

宋

胡瑗,字翼之,泰州海陵人。布衣時與晉州孫復、兗州石介同讀書泰山,攻苦食淡,十年不歸。得家問,見上有"平安"二字,即投之澗中,不復展讀。仁宗明道間,年四十餘,以經術教授吳中。當是時,師道廢久矣。學者有師,自瑗及復、介三人始,而瑗之徒最盛。

景祐初,更定雅樂,詔求知音者。知蘇州范仲淹薦瑗,白衣對崇政殿。故事,召對須先就閣門習儀。瑗曰:"吾生平所讀書,即事君之禮也,何以習爲?"閣門奏帝,令就舟次習之。瑗固辭,帝亦不之強,人皆謂山野之人必失儀。及登對,進退周旋,舉合古禮。於是,與鎮東軍節度推官阮逸同校鍾律,分造鐘磬各一虡,以一黍之廣爲分,以制尺,律徑三分四釐六毫四絲,圍十分三釐九毫三絲。又以大黍累尺,小黍實龠。丁度等以爲非古制,罷之。授瑗試祕書省校書郎。仲淹經略陝西,辟丹州推官。以保寧節度推官教授湖州。瑗教人有法,科條纖悉備具,以身先之。雖盛暑必公服坐堂上,嚴師弟子之禮。視諸生如其子弟,諸生亦信愛如其父兄。從之遊者常數百人。慶曆四年春,詔興太學,有司請下湖州取其法,著爲令。召瑗爲諸王宮教授,辭疾不行。爲太子中舍,以殿中丞致仕。

皇祐中,更鑄太常鐘磬,驛召瑗、逸,與近臣、太常官議於祕閣,遂興①作樂事。復以大理評事兼太常主簿,辭不就。歲餘,授光禄寺丞、國子監直講。樂成,遷大理②寺丞,賜緋衣銀魚。瑗既居太學,其徒益衆,太學至不能容,取旁宮舍處之。禮部所得士,瑗弟子十常居四五,隨材高下,喜自修飾,衣服容止,往往相類,人遇之雖不識,望其醇厚和易之氣,皆知其爲瑗弟子也。嘉祐初,擢太子中允、天章閣侍講,仍治太學。

---

① "興",《宋史·儒林傳》作"典"。
② "大理",原作"太常",據《宋史·儒林傳》訂正。

既而疾不能朝，以太常博士歸老於家。諸生與朝士祖餞東門外，執弟子禮，路人嗟嘆以爲榮。四年六月，卒於杭州，年六十七。詔賻其家，初謚安定，後改文昭。

宋初學者方尚詞賦，瑗在湖學獨以經學、時務爲教，立經義、治事齋。經義齋者，擇疏通有器局者居之；治事齋者，人各治一事，又兼一事，如邊防、水利之類，務令講貫精熟，故出而筮仕，往往取高第。及爲政，多適於世用。其治太學也，先甄別人物，各隨其好尚，以類羣居，使互相講習。暇即召之，令各陳所學，爲定其理；或自出一義，使人人置對，而後可否之；或取當時政事，俾之折衷，故人皆樂從而有成。

瑗卒后，神宗召其湖學高第劉彝，問瑗文章與王安石孰優。彝曰："臣聞聖人之道有體、有用：[①] 君臣父子，仁義禮樂，歷世不可變者，其體也；詩書、史傳、子集，垂法後世者，文也；舉而措之天下，能潤澤其民，歸於皇極者，用也。國家累朝取士，不以體用爲本，而尚聲律浮華之詞，是以風俗偷薄。臣師瑗當寶元、明道之間，尤病其失，遂明體用之學，以授諸生。夙夜勤瘁，二十餘年，專切學校，始自湖蘇，終於太學，出其門者無慮千餘人。故今學者明聖人之體用，以爲政教之本，皆臣師之功也。"帝曰："其門人，今在朝者爲誰？"對曰："若錢藻之淵篤，孫覺之純明，范純仁之直溫，錢公輔之簡諒，此陛下所知。其在外，明體適用教於民者，殆數十輩。餘政事、文學粗出於人者，不可勝數。"瑗所著有《資聖集》《景祐樂議》《口義》《中庸解》《春秋口義》《言行錄》。

邵雍，字堯夫。其先范陽人，父古徙衡漳，又徙共城。雍年三十，游河南，葬其親伊水上，遂爲河南人。

雍少時，自雄其才，慷慨欲樹功名。於書無所不讀，始學於百源，堅苦刻厲，寒不爐，暑不扇，夜不就席者數年。已而嘆曰："昔人尚友於古，而吾猶未及四方。"於是逾河、汾，涉淮、漢，周流齊、魯、宋、鄭之墟，久之，幡然來歸，曰："道在是矣。"遂不復出。

北海李之才攝共城令，聞雍好學，嘗造其廬，與談物理性命之學。乃事之才，受《河洛》《圖書》、伏羲八卦六十四卦圖像。之才之傳，遠有端緒，而雍探賾索隱，妙悟神契，洞徹蘊奧，汪洋浩博，多所自得。遂衍伏羲先天之旨，著書十餘萬言行於世。其遊於洛也，以洛爲天下之中，可以觀四方之士，遂定居焉。

初至洛，蓬蓽環堵，不庇風雨，躬樵爨以事父母，雖平居屢空，而怡然有所甚樂，人莫能窺也。及執親喪，哀毀盡禮。富弼、司馬光、呂公著諸賢退居洛中，雅敬雍，恒相從遊，爲市園宅。雍歲時耕稼，僅給衣食。名其居曰"安樂窩"，因自號安樂先生。又爲甕牖，讀書燕居其下，旦則焚香獨坐，晡時飲酒三四甌，微醺便止，興至輒吟詩自詠。春秋時出遊城中，大寒暑則不出。每出，乘小車，用一人挽之，隨意所適。遇主人喜

---

① "有用"後，元張光祖《言行龜鑑》卷一《學問門》有"有文"二字。

客，則留三五宿，又之一家，亦如之，或經月忘返。嘗自言："若至大病，自不能支；其遇小疾，得有客對話，不自覺疾之去體也。"學者來從之問經義，精深浩博，應對不窮。思致幽遠，妙極道數，間與相知之深者，開口論天下事，雖久存心世務者不能及。洛中士大夫家識其車音，爭相迎候，童孺廝隸皆驩相謂曰："吾家先生至也。"不復稱其姓字。好事者或別作屋如雍所居，以俟其至，號曰"行窩"。

司馬光兄事雍，而二人純德尤鄉里所慕嚮，父子昆弟每相飭曰："毋爲不善，恐司馬端明、邵先生知。"士之道洛者，有不之公府，必之雍。雍德氣粹然，望之知其賢，然不事表暴，不設防畛，羣居燕笑終日，不爲甚異。與人言，樂道其善而隱其惡。有就問學則答之，未嘗彊以語人。人無貴賤少長，一接以誠，故賢者悅其德，不賢者服其化。一時洛中人材特盛，而忠厚之風聞天下。

熙寧行新法，吏牽迫不可爲，或投劾去。雍門生故友居州縣者，皆貽書訪雍。雍曰："此賢者所當盡力之時，新法固嚴，能寬一分，則民受一分賜矣。投劾何益邪？"

初，富弼爲相，謂門下士田棐曰："爲我問邵堯夫。可出，當以官職起之；不即，命爲先生處士，以遂隱居之志。"棐以告雍，不答。爲詩謝之曰："若進豈能禁吏責，既賢安用更名爲？"弼終不相忘，乃因明堂祐享赦，詔天下舉遺逸，意謂河南必以雍應詔也。時河南尹文彥博以兩府禮召見雍，雍不屈。弼爲奏，乞再舉遺逸。河南尹王拱辰以雍應詔，授將作監主簿，復不起。熙寧二年，詔舉遺逸，呂誨、吳充、祖無擇皆薦雍，除祕書省校書郎、潁州團練推官。固辭，不許。乃受命，竟稱疾不之官。十年卒，年七十六，贈祕書省著作郎。元祐中，韓絳尹洛，爲請諡於朝，詔諡雍康節。

雍高明英邁，迥出千古，清而不激，和而不流。人與交久，益尊信之。河南程顥初侍其父識雍，論議終日，退而嘆曰："堯夫，内聖外王之學也！"雍知慮絕人，遇事能前知。程頤嘗曰："其心虛明，自能知之。"當時學者因雍超詣之識，務高雍所爲，至謂雍有玩世之意；又因雍之前知，謂雍於凡物聲氣之所感觸，輒以其動而推其變焉。於是摭世事之已然者，皆以雍言先之，雍蓋未必然也。

雍疾病，司馬光、張載、程顥晨夕候之，將終，共議喪葬事外庭，雍皆能聞衆人所言，召其子伯温謂曰："諸君欲葬我近城地，當從伊川先塋爾。"既葬，顥爲銘其墓，稱雍之道純一不雜，就其所至，可謂安且成矣。所著書曰《皇極經世》《觀物内外篇》《漁樵問對》，詩曰《伊川擊壤集》。

述曰：安定明體達用，雖事功未竟，而弟子師之，皆有爲有守，足應世資。康節究極天人，其學本足以經世，而天懷浩落，絕去畛畦。昔人謂：安定之學問，誠篤似子夏；康節之性情，夷曠似曾點。洵篤論也。

從祀賢儒第十四之十三

宋

周敦頤,字茂叔,道州營道人。本名敦實,避宋英宗舊諱改焉。父輔成,登真宗大中祥符八年進士,所歷多善政,終賀州桂嶺令,累贈諫議大夫。敦頤以舅龍圖閣直學士鄭向任,爲分寧主簿。有獄久不決,敦頤至,一訊立辨。邑人驚曰:"老吏不如也。"部使者薦之,調南安軍司理參軍。有囚法不當死,轉運使王逵欲深治之。逵,酷悍吏也,衆莫敢爭,敦頤獨與之辨,不聽,乃委手版,將棄官去,曰:"如此尚可仕乎!殺人以媚人,吾不爲也。"逵悟,因得免。

移郴之桂陽令,治績尤著。郡守李初平賢之,語之曰:"吾欲讀書,何如?"敦頤曰:"公老無及矣,然請爲公言之。"於是,初平日聽敦頤語,二年果有得。徙知南昌,南昌人皆曰:"是能辨分寧獄者,吾屬得所訴矣!"富家大姓、黠吏惡少,惴惴焉更相告語,莫敢違命,蓋不惟以抵罪爲憂,實以污善政爲恥也。歷合州判官,事不經手,吏不敢決,雖下之,民不肯從。部使者趙抃惑於譖口,臨之甚威,敦頤處之超然。通判虔州,抃守虔,熟視其所爲,乃大悟,執其手曰:"吾幾失君矣,今而後乃知周茂叔也。"

熙寧初,知郴州。用抃及呂公著薦,爲廣東轉運判官,提點刑獄,以洗冤澤物爲己任。行部不憚勞苦,雖瘴癘險遠,人迹所不至者,必緩視徐按。施設措置,未及盡其所爲,以疾求知南康軍,因家廬山蓮花峰下。抃再鎮蜀,將奏用之,未及而卒,年五十七。

敦頤博學力行,聞道甚早,遇事剛果有古人風。爲政精密嚴恕,務盡道理,以名節自砥礪,奉己甚約,俸禄盡以周宗族、奉賓友,家或無百錢之儲。李初平卒,子幼,護其喪,歸葬之,又往來經紀其家,終始不懈。及分司而歸,妻子饘粥或不給,亦曠然不以爲意也。雅有高趣,尤樂佳山水,遇適意處,或徜徉終日。廬山之麓有溪,發源蓮花峰下,潔清紺寒,下合於溢江,敦頤樂之,因自號濂溪,而築書堂其上。

豫章黃庭堅稱其"人品甚高,胸懷灑落,如光風霽月"。所著《太極圖》,明天理之根源,究萬物之終始。其説曰:

無極而太極。太極動而生陽，動極而靜，靜而生陰，靜極復動，一動一靜，互爲其根，分陰分陽，兩儀立焉。陽變陰合，而生水、火、木、金、土，五氣順布，四時行焉。五行一陰陽也，陰陽一太極也，太極本無極也。五行之生也，各一其性。無極之真，二五之精，妙合而凝。乾道成男，坤道成女，二氣交感，化生萬物，萬物生生，而變化無窮焉。

惟人也得其秀而最靈，形既生矣，神發知矣，五性感動而善惡分，萬事出矣。聖人定之以中正仁義而主靜，立人極焉。故聖人與天地合其德，日月合其明，四時合其序，鬼神合其吉凶。君子修之吉，小人悖之凶。故曰："立天之道，曰陰與陽。立地之道，曰柔與剛。立人之道，曰仁與義。"又曰："原始反終，故知死生之説。"大哉《易》也，斯其至矣。

又著《通書》四十篇，發明太極之蘊。序者謂："其言約而道大，文質而義精，得孔、孟之本源，大有功於學者也"。

程顥及弟頤往受業，敦頤每令尋孔顏樂處。顥嘗曰："自再見周茂叔後，吟風弄月以歸，有'吾與點也'之意。"侯師聖學於程頤，未悟，訪敦頤，敦頤曰："吾老矣，説不可不詳。"留對塌夜談，越三日乃還。頤驚異之，曰："非從周茂叔來邪？"其善開發人類此。

嘉定間，魏了翁累疏爲敦頤請謚，曰：

臣聞謚者行之迹，昔人所以旌善而懲惡，節惠而尊名也。爰及後世，限以品秩，濟以請托。於是嘗位大官者，雖惡猶特飭之；品秩之所不逮，則有碩德茂行，而不見稱於世者矣。夏竦、高若訥而謚文莊，蔡卞、鄭居中而謚文正，鄧洵武、蔡絛而謚文簡，呂惠卿而謚文敏，張商英而謚文忠，強淵明而謚文獻，林希而謚文節，溫益而謚定簡，汪伯彥而謚忠定，秦檜而謚忠獻，此皆名浮於行而章章在人耳目者。自餘此類，又何可勝數，而舉世視爲當然，未嘗以爲訐也！至於倡明正學，於千有餘載之後，上嗣去聖，下開來哲，如周敦頤、程顥、程頤、張載及一時艾淑高弟，其有功於生民之類，不爲少矣。而卒未有表而出之者，人亦不以爲闕也。臣竊爲之不平久矣！乃自前歲，誤被簡擢，攝承漕寄，遂因職分所關，輒爲周敦頤昌陳易名之請。

又於貼黃有云："近歲如朱熹、張栻皆賜謚，而熹、栻之學實宗周敦頤及程顥、程頤。今錄其後而遺其先，似於褒崇美意，猶有未盡。已荷皇明，亟垂俞允。"遂以所奏下之有司，維時春官亦專以程頤兄弟爲請，申命所屆，承學之士聞風興起。蓋學術之標準，風俗之樞機，所關甚不小也。而二年於兹，猶未有以易其名者，豈事大體重，未容以輕議邪？臣愚欲望聖慈，申飭有司，速加考訂，俾隆名美謚早有以風勵四方，示學士大夫趨向之的，則於崇化善俗之道，無以急於此者。十三年夏六月，賜謚曰元。

述曰：朱子曰："秦漢以來，天下之士莫知所以爲學，是以天理不明而人欲熾，道學不傳而異端起，人挾其私智以馳騖一世。宋興，有濂溪者作，然後天理明而道學之傳復續。蓋有以闡夫太極、陰陽、五行之奧，而天下之爲中正仁義者，得以知其所自來。言聖學之有要，而下學者知勝私復禮之可以馴致於上達；明天下之有本，而言治者知誠心端緒之可以舉而措之於天下。其所以上接洙泗千載之統，下啓河洛百世之傳者，脈絡分明，而規模亦宏遠矣。"

闕里文獻考卷五六

從祀賢儒第十四之十四

宋

歐陽修，字永叔，廬陵人。父觀，爲綿州軍事推官。修四歲而孤，叔曄任隨州推官，母鄭年方二十九，攜修往依之，遂家於隨。守節自誓，親誨之學，家貧，至以荻畫地學書。幼敏悟過人，所覽輒成誦。十歲，遊州南大姓李氏家，於故書中得唐《韓昌黎文》六卷，乞以歸，讀而愛之。爲詩賦，下筆如成人。及冠，嶷然有聲。

試南宮第一，擢甲科，授西京留守推官。始從尹洙游，爲古文，議論當世事，迭相師友，與梅堯臣遊，爲歌詩相倡和，遂以文章名冠天下。時宋興且百年，而文章體裁，猶仍五季餘習。鏤刻駢偶，溺溺弗振，士因陋守舊，論卑氣弱。蘇舜元、舜欽、柳開、穆修輩，咸有意作而張之，而力不足。自修之出，天下始靡然從風，一變而肆力於古。以留守王曙薦，召爲館閣校勘，修《崇文總目》。

仁宗景祐三年，范仲淹以言事忤宰相，貶饒州，在廷多論救，司諫高若訥獨以爲當黜。修貽書責之，謂其不復知人間有羞恥事。若訥上其書，坐貶夷陵令，稍徙乾德令、武成節度判官。仲淹使陝西，辟掌書記。修辭曰："昔者之舉，豈以爲己利哉？同其退不可同其進也。"① 是年，召還，復充館閣校勘，轉太子中允，同修禮書。明年，《崇文總目》成，改集賢校理。

慶曆二年，同知禮院。契丹遣使求關南地，宰相呂夷簡薦富弼報聘，人皆危之。修上書引顏真卿使李希烈事，乞留弼。不報。復應詔上書，極陳弊事。尋請外，通判滑州。三年，仁宗廣言路，修政事，更用大臣，杜衍、富弼、韓琦、范仲淹皆在位，增諫官員，用天下名士。人多薦修，宜爲臺諫，乃召還，轉太常丞、知諫院。每進見，帝延問執政，咨所宜行。既多所張弛，小人翕翕不便。修慮善人必不勝，數爲帝分別言之。

初，仲淹之貶饒州也，修與尹洙、余靖皆以直仲淹見逐，目之曰"黨人"。自是，朋

---

① "不可同其進也"，《宋史·歐陽脩傳》作"不同其進可也"。

黨之論起,修乃爲《朋黨論》以進,言:"君子以同道爲朋,小人以同利爲朋。人君但當退小人之僞朋,進君子之真朋。"其言懇惻詳盡。

修論事切直,小人視之如讎,帝獨獎其敢言,面賜五品服。顧侍臣曰:"如歐陽修者,何處得來?"同修《三朝典故》《起居注》。閱月,改右正言,知制誥。故事,知制誥必試而後命,帝知修,特除之。

明年,兼判登聞檢院。奉使河東。自西方用兵,議者欲廢麟州以省餽餉。修曰:"麟州天險,廢之,則河内郡縣民皆不安居矣。不若分其兵,駐河内諸堡,緩急得以應援,而平時可省轉輸,於策爲便。"由是州得存。又言:"忻、代、岢嵐多禁地廢田,願令民得耕之,不然,將爲敵有。"朝廷下其議,久乃行,歲得粟數百萬斛。凡河東重斂民所不堪者,奏罷十數事。

使還,會保州兵亂,以爲龍圖閣直學士、河北都轉運使。陛辭,帝曰:"勿爲久留計,有所欲言,言之。"對曰:"臣在諫職得論事,今越職而言,罪也。"帝曰:"第言之,毋以中外爲間。"賊平,大將李昭亮、通判馮博文私納婦女,修捕博文繫獄,昭亮懼,立出所納婦。兵之始亂也,招以不死,既而皆殺之,脅從二千人,分隸諸郡。富弼爲宣撫使,恐後生變,將使同日誅之。與修遇於内黄,夜半,屏人告之故。修曰:"禍莫大於殺已降,況脅從乎? 既非朝命,脱一郡不從,爲變不細。"弼悟而止。

方是時,杜衍等相繼以黨議罷去,修慨然上疏曰:"杜衍、韓琦、范仲淹、富弼,天下皆知其有可用之賢,而不聞其有可罷之罪,自古小人讒害忠賢,其說不遠。欲廣陷良善,不過指爲朋黨,欲動搖大臣,必須誣以專權,其故何也? 去一善人,而衆善人尚在,則未爲小人之利;欲盡去之,則善人少過,難於一一求瑕,唯指以爲黨,則可一時盡逐。至如自古大臣,已被主知而蒙信任,則難以他事動搖,唯有專權是上之所惡,必須此說,方可傾之。正士在朝,羣邪所忌,謀臣不用,敵國之福也。今此四人一旦罷去,而使羣邪相賀於内,四夷相賀於外,臣爲朝廷惜之。"於是邪黨益忌修,因其孤甥張氏獄傅致以罪,左遷知制誥、知滁州。居二年,徙揚州、改潁州。轉禮部郎中,復龍圖學士,留守南京,以母憂去官。有詔起復舊官,修固辭,乃許之。至和元年,服闋,授尚書吏部郎中,充龍圖閣直學士,權判流内銓,時修在外十二年矣。帝見其髮白,問勞甚至。小人畏修復用,詐爲修奏,乞澄汰内侍。書騰都下,宦者皆切齒,有楊永德者,陰以胡宗黨,不當改官事中。修出知同州,判吏部南曹吳充爲修辨明,不報。知諫院范鎮一再極言,而參知政事劉沆方提舉修《唐書》,亦乞留修修《唐書》,乃遷翰林學士兼史館修撰,俾修《唐書》。二年,奉使契丹,其主命貴臣四人押宴,曰:"此非常制,以卿名重故爾。"

嘉祐二年,知貢舉。時士子尚爲險怪奇澀之文,號"太學體",修痛排抑之,場屋之習,從是遂變。三年,加龍圖閣學士,權知開封府。先是開封尹包拯以威嚴御下,名震都邑。修承拯後,簡易循理,不求赫赫名,京師亦治。有以拯之政屬修者,答曰:"凡人材性不一。用其所長,事無不舉;強其所短,勢必不逮。吾亦任吾所長耳。"聞者稱善,尋兼羣牧使。五年,新修《唐書》成,拜禮部侍郎兼翰林侍讀學士。未幾,拜樞密副使,六年,參知政事。

修在翰林八年,知無不言。河決商胡,北京留守賈昌朝欲開橫壠故道,回河使東流。李仲昌者,欲導入六塔河,議者莫知所從。修以爲:"河水重濁,理無不淤,下流既淤,上流必決。以近事驗之,決河非不能力塞,故道非不能力復,但勢不能久耳。橫壠功大難成,雖成將復決。六塔狹小,而以全河注之,濱、棣、德、博必被其害。不若因水所趨,增堤峻防,疏其下流,縱使入海,此數十年之利也。"宰相陳執中主昌朝,文彥博主仲昌,竟爲河北患。

臺諫論執中過惡,而執中猶遷延固位。修上疏,以爲"陛下拒忠言,庇愚相,爲聖德之累"。未幾,執中罷。狄青爲樞密使,有威名,帝不豫,訛言籍籍,修請出之於外,以保其終,遂罷知陳州。修嘗因水災上疏曰:"陛下臨御三紀,而儲宮未建。昔漢文帝初即位,以羣臣之言,即立太子,而享國長久,爲漢太宗。唐明宗惡人言儲嗣事,不肯早定,致秦王之亂,宗社遂覆。陛下何疑而久不定乎?"其後建立英宗,蓋原於此。

帝一日乘間,見御閣春帖字,讀而愛之,問左右,曰:"修之辭也。"乃悉取宮中諸帖閱之,見其篇篇有意,嘆曰:"舉筆不忘規諫,真侍從之臣也。"及在兵府,與曾公亮考天下兵數及三路屯戍多少、地理遠近,更爲圖籍。凡邊防久缺屯戍者,必加蒐補。其在政府,與韓琦同心輔政。凡兵民、官吏、財利之要,中書所當知者,集爲總目,遇事不復求之有司。時東宮猶未定,與韓琦等協定大議,立英宗爲皇太子。及英宗即位,以疾未親政,皇太后垂簾,左右交構,幾成嫌隙。韓琦奏事,太后泣語之故。琦以帝疾爲解,太后意不釋,修進曰:"太后事仁宗數十年,仁德著於天下。昔溫成之寵,太后處之裕如;今母子之間,反不能容邪?"太后意稍和,修復曰:"仁宗在位久,德澤在人。故一日晏駕,天下奉戴嗣君,無一人敢異同者。今太后一婦人,臣等五六書生耳,非仁宗遺意,天下誰肯聽從?"太后默然,久之而罷。

修平生與人盡言無所隱。及執政,士大夫有所干請,輒面諭可否,雖臺諫官論事,亦必以是非詰之,以是怨誹益衆。帝將追崇濮王,命有司議,皆謂當稱皇伯,改封大國。修引《喪服記》,謂:"'爲人後者,爲其父母服'。降三年爲期,而不沒父母之名,以見服可降而名不可沒也。若本生之親,改稱皇伯,歷考前世,皆無典據。進封大國,則又禮無加爵之道。故中書之議,不與衆同。"太后出手書,許帝稱親,尊王爲皇,王夫人爲后。帝不敢當。於是,御史呂誨等訕修主此議,爭論不已,皆被逐。惟蔣之奇議與修合,修薦爲御史,衆目爲姦邪。之奇患之,思所以自解。修婦弟薛宗孺有憾於修,造帷簿不根之謗,展轉達於中丞彭思永,思永以告之奇,之奇即上章劾修。神宗初即位,欲深護修。訪於故宮臣孫思恭,思恭爲辨釋,修杜門請推治。帝使詰思永、之奇,問所從來,辭窮,皆坐黜。修亦力求退,罷爲觀文殿學士、刑部尚書、知亳州。明年,遷兵部尚書、知青州,改宣徽南院使、判太原府。辭不拜,徙蔡州。

修以風節自持,既數被污衊,年六十,即連乞謝事,帝輒優詔弗許。及守青州,又以請止散青苗錢,爲安石所詆,求歸愈切。熙寧四年,以太子少師致仕。五年,卒,贈太子太師,謚曰文忠。

始在滁州,自號醉翁,晚更號六一居士。修天資剛勁,見義勇爲,雖機穽在前,觸發之不顧。放逐流離,至於再三,志氣自若也。方貶夷陵時,無以自遣,因取舊案反覆觀之,見其枉直乖錯不可勝數。於是仰天嘆曰:"以荒遠小邑,且如此,天下固可知。"自爾,遇事不敢忽。學者求見,所與言,未嘗及文章,惟談吏事,謂文章止於潤身,政事可以及物。凡歷數郡,不見治迹,不求聲譽,寬簡而不擾,故所至民便之。或問:"爲政寬簡,而事不弛廢,何也?"曰:"以縱爲寬,以略爲簡,則政事弛廢而民受其弊。吾所謂寬者,不爲苛急;簡者,不爲繁碎耳。"修幼失父,母嘗謂曰:"汝父爲吏,常夜燭治官書,屢廢而嘆。吾問之,則曰:'死獄也,我求其生,不得爾。'吾曰:'生可求乎?'曰:'求其生而不得,則死者與我皆無恨。夫常求其生,猶失之死,而世常求其死也。'其平居教他子弟,常用此語,吾耳熟焉。"修聞而服之終身。

修於經術,務明其大本,其所發明,簡易明白。嘗論詩曰:"察其美刺,知其善惡,以爲勸戒。所謂聖人之志者,本也。因其失傳而妄自爲之説者,經師之末也。今夫學者得其本而通其末,斯盡善矣! 得其本而不通其末,闕其所疑,可也。"平生辨明先儒傳注謬戾者十數事,皆前世人不以爲非,未有説者。然亦不苟務爲立異,曰:"先儒於經不能無失,而所得者已多矣。正其失,可也;力詆之,不可也。盡其説而理有不通,然後得以論正,予非好爲異論也。"其於《詩》《易》尤多所闡發。在翰林時,建言讖緯之書,淺俗誣怪,悖經妨道,凡諸書及傳疏所引,請一切削去之,以無惑後學。仁宗命國子學官取諸經《正義》所引讖緯之説,寫錄奏上,時執政者不甚主之,竟不行。

又常著《本論》曰:

　佛法爲中國患千餘歲,世之卓然不惑而有力者,莫不欲去之。已嘗去矣,而復大集,攻之暫破而愈堅,撲之未滅而愈熾,遂至於無可奈何。是果不可去邪?蓋亦未知其方也。

　夫醫者之於疾也,必推其病之所自來,而治其受病之處。病之中人,乘乎氣虛而入焉。則善醫者,不攻其疾,而務養其氣,氣實則病去,此自然之效也。故救天下之患者,亦推其患之所自來,而治其受患之處。佛爲夷狄,去中國最遠,而有佛固已久矣。堯、舜、三代之際,王政修明,禮義之教充於天下,於此之時,雖有佛無由而入。及三代衰，王政闕，禮義廢，後二百餘年而佛至乎中國。由是言之，佛所以爲吾患者，乘其闕廢之時而來，此其受患之本也。補其闕，修其廢，使王政明而禮義充，則雖有佛，無所施於吾民矣，此亦自然之勢也。

　　昔堯、舜、三代之爲政，設爲井田之法，籍天下之人，計其口而皆授之田，凡人之力能勝耕者，莫不有田而耕之，斂以什一，差其征賦，以督其不勤。使天下之人，力皆盡於南畝，而不暇乎其他。然又懼其勞且怠而入於邪僻也，於是爲制牲牢酒醴以養其體，絃匏俎豆以悅其耳目。於其不耕休力之時，而教之以禮。故因其田獵而爲蒐狩之禮，因其嫁娶而爲婚姻之禮，因其死葬而爲喪祭之禮，因其飲食羣聚而爲鄉射之禮。非徒以防其亂，又因而教之，使知尊卑長幼，凡人之大倫也。故凡養生送死之道，皆因其欲而爲之制。飾之物采而文焉，所以悅之，使其易趨也。順其情性而節焉，所以防之，使其不過也。然猶懼其未也，又爲立學以講明之。故上自天子之郊，下至鄉黨，莫不有學，擇民之聰明者而習焉，使相告語而誘勸其愚惰。嗚呼！何其備也。蓋三代之爲政如此，其慮民之意甚精，治民之具甚備，防民之術甚周，誘民之道甚篤。行之以勤而被於物者洽，浸之以漸而入於人者深。故民之生也，不用力乎南畝，則從事於禮樂之際；不在其家，則在乎庠序之間。耳聞目見，無非禮義，樂而趨之，不知其倦。終身不見異物，又奚暇夫外慕哉？故曰非有佛無由而入者，謂有此具也。

　　及周之衰，秦并天下，盡去三代之法，而王道中絕。後之有天下者，不能勉強，其爲治之具不備，防民之漸不周。佛於此時，乘間而出，千有餘歲之間，佛之來者日益衆，吾之所爲者日益壞。井田最先廢，而兼并游惰之姦起，其後所謂蒐狩、婚姻、喪祭、鄉射之禮，凡所以教民之具，相次而盡廢。然後民之姦者，有暇而爲他；其良者，泯然不見禮義之及己。夫姦民有餘力，則思爲邪僻；良民不見禮義，則莫知所趨。佛於此時，乘其隙，方鼓其雄誕之說而牽之，則民不得不從而歸矣。又況王公大人往往倡而驅之曰：“佛是真可歸依者。”然則吾民何疑而不歸焉？幸而有一不惑者，方艴然而怒曰：“佛何爲者，吾將操戈而逐之！”又曰：“吾將有說以排之！”夫千歲之患遍於天下，豈一人一日之可爲？民之沈酣入於骨髓，非口舌之可勝。

　　然則將奈何？曰：莫若修其本以勝之。昔戰國之時，楊、墨交亂，孟子患之而專言仁義，故仁義之說勝，則楊、墨之學廢。漢之時，百家并興，董生患之而退修孔氏，故孔氏之道明而百家息。此所謂修其本以勝之之效也。今八尺之夫，被甲荷戟，勇蓋三軍，然而見佛則拜，聞佛之說則有畏慕之誠者，何也？彼誠壯佼，其中心茫然無所守而然也。一介之士，眇然柔懦，進趨畏怯，然而聞有道佛者則義形於色，非徒不爲之屈，又欲驅而絕之者，何也？彼無他焉，學問明而禮義熟，中心有所守以勝之也。然則禮義者，勝佛之本也。今一介之士知禮義者，尚能不爲之屈，使天下皆知禮義，則勝之矣。此自然之勢也。

昔荀卿子之説，以爲人性本惡，著書一篇以持其論。予始愛之，及見世人之歸佛者，然後知荀卿之説繆焉。甚矣，人之性善也！彼爲佛者，棄其父子，絶其夫婦，於人之性甚戾，又有蠶食蟲蠱之弊，然而民皆相率而歸焉者，以佛有爲善之説故也。

嗚呼！誠使吾民曉然知禮義之爲善，則安知不相率而從哉？奈何教之諭之之不至也？佛之説，熟於人耳、入乎其心久矣，至於禮義之事，則未嘗見聞。今將號於衆曰：“禁汝之佛而爲吾禮義！”則民將駭而走矣。莫若爲之以漸，使其不知而趣焉可也。蓋鯀之治水也鄣之，故其害益暴，及禹之治水也導之，則其患息。蓋患深勢盛則難與敵，莫若馴致而去之易也。今堯、舜、三代之政，其説尚傳，其具皆在，誠能講而修之，行之以勤而浸之以漸，使民皆樂而趣焉，則充行乎天下，而佛無所施矣。《傳》曰：“物莫能兩大”，自然之勢也，奚必曰“火其書”而“廬其居”哉！

昔者戎狄蠻夷雜居九州之間，所謂徐戎、白狄、荆蠻、淮夷之類是也。三代既衰，若此之類並侵於中國，故秦以西戎據宗周，吳、楚之國皆僭稱王。《春秋》書用鄫子，《傳》記被髮於伊川，而仲尼亦以不左衽爲幸。當是之時，佛雖不來，中國幾何其不夷狄也！以是而言，王道不明而仁義廢，則夷狄之患至矣。及孔子作《春秋》，尊中國而賤夷狄，然後王道復明。方今九州之民，莫不右衽而冠帶，其爲患者，特佛爾。其所以勝之之道，非有甚高難行之説也，患乎忽而不爲爾。

夫郊天、祀地與乎宗廟、社稷、朝廷之儀，皆天子之大禮也，今皆舉而行之。至於所謂蒐狩、婚姻、喪祭、鄉射之禮，此郡縣有司之事也，在乎講明而頒布之爾。然非行之以勤，浸之以漸，則不能入於人而成化。自古王者之政，必世而後仁。今之議者將曰：“佛來千餘歲，有力者尚無可奈何，何用此迂緩之説爲？”是則以一日之功不速就，而棄必世之功不爲也，可不惜哉！昔孔子嘆爲俑者不仁，蓋嘆乎啓其漸而至於用殉也。然則爲佛者，不猶甚於作俑乎！當其始來，未見其害，引而内之。今之爲害著矣。非待先覺之明而後見也，然而恬然不以爲怪者何哉！夫物極則反，數窮則變，此理之常也。今佛之盛久矣，乘其窮極之時，可以反而變之，不難也。

昔三代之爲政，皆聖人之事業，及其久也，必有弊。故三代之術，皆變其質文而相救。就使佛爲聖人，及其弊也，猶將救之，況其非聖者乎？夫姦邪之士見信於人者，彼雖小人，必有所長以取信。是以古之人君惑之，至於亂亡而不悟。今佛之法，可謂姦且邪矣。蓋其爲説，亦有可以惑人者。使世之君子，雖見其弊而不思救，豈又善惑者歟？抑亦不得其救之之術也。救之，莫若修其本以勝之。捨是而將有爲，雖賁、育之勇，孟軻之辯，太公之陰謀，吾見其力未及施，言未及出，計未及行，而先已陷於禍敗矣。何則？患深勢盛難與敵，非馴致而爲之莫能也。故曰修其本以勝之，作《本論》。

修爲文天才自然，豐約中度。超然獨騖，衆莫能及。獎引後進，如恐不及，賞識之下，率爲聞人。曾鞏、蘇洵父子，布衣屏處，未爲人知，修即游其聲譽，謂必顯於世。篤於朋友，生則振翼之，死則調護其家。

好古嗜學，凡秦、漢以降金石遺文、斷簡殘編，一切掇拾，得一千卷。復研稽異同，立説表證，謂之《集古錄》。奉詔與宋祁修《新唐書》，祁撰列傳，修撰紀、志、表。其於《禮樂志》，明禮樂之本出於一，而後世禮樂爲空名；於《五行志》不書事應，悉破漢儒災異附會之説。書少於前而事增於舊，雖遷、固無以過。又自撰《五代史》七十四卷，其論曰：“昔孔子作《春秋》，因亂世而立治法。余述本紀，以治法而正亂君。”體例嚴密，多取《春秋》遺意。外又有《易童子問》三卷，《詩本義》十四卷，《居士集》五十卷，《歸榮集》一卷，《外制集》三卷，《内制集》八卷，《奏議集》十八卷，《四六集》七卷，《集①古錄跋尾》十卷，《雜著述》十九卷。

述曰：歐陽子濮禮一議，誠不免諸賢所詬病，然其服官垂五十年，始終一節。至於正人心，闢邪説，起衰救弊，功亦不在韓子下。昔蘇文忠公嘗序其集曰：“自漢以來，道術不出於孔氏，而亂天下者，多矣！晉以老莊亡，梁以佛亡，莫或正之。五百餘年而後得韓愈，學者以配孟子，蓋庶幾焉！愈之後三百有餘年，而後得歐陽子，其學推韓愈、孟子以達於孔氏，著禮樂仁義之實，以合於大道。其言簡而明，信而通，引物連類，折之於至理，以服人心，故天下翕然師尊之曰：歐陽子，今之韓愈也。宋興七十餘年，民不知兵，富而教之，至天聖、景祐極矣，而斯文終有愧於古。自歐陽子出，天下爭自濯磨，以通經學古爲高，以救時行道爲賢，以犯顔納諫爲忠，長育成就，至於嘉祐末，號稱多士，歐陽子之功爲多。其論大道似韓愈，論事似陸贄，記事似司馬遷，詩賦似李白。嗚呼！此豈人力也哉！”識者以爲得其實云。

---

① 原脱“集”字，據《歐陽文忠公集·文集總目》補。

從祀賢儒第十四之十五

宋

　　司馬光，字君實，晉安平獻王孚之後，征東大將軍陽葬陝州夏縣涑水鄉，因家焉。父池，天章閣待制。光生七歲，凜然如成人，聞講《左氏春秋》，愛之，退爲家人講，即了其大指。自是手不釋書，至不知飢渴寒暑。羣兒戲於庭，一兒登甕，足跌没水中，衆皆棄去，光持石擊甕破之，水迸，兒得活。其後京、洛間畫以爲圖。幼時患記誦不如人，羣居講習，衆兄弟既成誦，游息矣，光獨下帷絶編，迨能背誦乃止。其平居，或在馬上，或中夜不寢，嘗精思熟讀，故於書終身不忘。仁宗寶元初，中進士甲科。年甫冠，性不喜華靡，聞喜宴獨不戴花，同列語之曰："君賜不可違。"乃簪一枝。

　　除奉禮郎，時池在杭州，求簽書蘇州判官事以便養親，許之。未至，連丁内外艱，執喪累年，毀瘠如禮。服除，簽書武成軍判官事，改大理評事，補國子直講，遷本寺丞。樞密副使龐籍薦爲館閣校勘，同知禮院。

　　中官麥允言有軍功，葬給鹵簿。光言："孔子不以名器假人。繁纓以朝，孔子且猶不可。允言近習之臣，非有元勳大勞，而贈以三公官，給一品鹵簿，其視繁纓不亦大乎？"故相夏竦卒，賜謚文正，光言："此謚之①美者，竦何人，可以當此？"書再上，改文莊。遷殿中丞，除史館檢討，修日曆，改集賢校理。

　　龐籍爲鄆州，徙并州，皆辟光通判州事。時元昊始臣，河東貧甚，官苦貴糴，而民疲於遠輸。麟州窟野河西多良田，皆故漢地，公私雜耕。天聖中，始禁田河西者，虜乃得稍蠶食其地，俯窺麟州，爲河東憂。籍命光按視，光請築二堡，益兵以制夏人，募民能耕麟州間田者，復其税役十五年，能耕窟野河西者，長復之。耕者衆，雖官無所得，而糴自賤，可漸紓河東之民。籍從其策。而麟將郭恩勇且狂，夜引兵渡河，不設備，没於敵，籍得罪去。光三上書乞獨坐，不報。籍没，光升堂拜其妻如母，撫其子如昆弟，

---

　　① "之"後，《宋史·司馬光傳》有"至"字。

時人賢之。

改太常博士,祠部員外郎、直祕閣、判吏部南曹,遷開封府推官,賜五品服。交趾貢異獸,謂之麟,光言:“真偽不可知,使其真,非自至不足爲瑞,願還其獸。”因奏賦以諷。遷度支員外郎,判勾院,擢修《起居注》,五辭而後受。判禮部。有司奏,六月朔日當食。故事,食不滿分,或京師不見,皆賀。光言:“四方見,京師不見,天意若曰人君爲陰邪所蔽;天下皆知而朝廷獨不知,其爲災當益甚。”詔免賀。

遷起居舍人,同知諫院。蘇轍舉直言,對策切直,考官胡宿將黜之,光言:“轍有愛君憂國之心,不可黜。”時宰相亦以爲當黜,仁宗不許,曰:“求直言,以直棄之,天下其謂朕何?”詔寘末級。

初,嘉祐元年,仁宗不豫,國嗣未立,天下寒心而莫敢言。諫官范鎮首發其議,光在并州聞而繼之,且貽書勸鎮以死爭。至是,復面言:“臣昔通判并州,所上三章,願陛下果斷力行。”帝沉思久之,曰:“得非欲選宗室爲繼嗣者乎? 此忠臣之言,但人不敢及耳。”光曰:“臣言此,自謂必死,不意陛下開納。”帝曰:“此何害,古今皆有之。”光退,他日復上疏言:“臣向者進說,意謂即行,今寂無所聞,此必有小人言陛下春秋鼎盛,何遽爲不祥之事。小人無遠慮,特欲倉卒之際,援立其所厚善者耳。‘定策國老’‘門生天子’之禍,可勝言哉?”帝大感動曰:“送中書。”光至中書,見韓琦等曰:“諸公不及今定議,異日禁中夜半出寸紙,以某人爲嗣,則天下莫敢違。”琦等拱手曰:“敢不盡力。”時嘉祐六年九月也。未幾,詔英宗判宗正,辭不就。明年,立爲皇太子,又稱疾不入。光復上疏言:“皇子辭不貲之富,至三百餘日不受,其賢於人遠矣。足以知陛下之聖,能爲天下得人。然父召無諾,君命召不俟駕,願以臣子大義責皇子,宜必入。”英宗遂受命。

兗國公主嫁李瑋,以驕恣聞。光上疏言:“太宗時,姚坦爲兗王翊善,有過必諫。左右教王詐疾,逾月,太宗召王乳母入問起居狀,乳母曰:‘王無疾,以姚坦故,鬱鬱成疾耳。’太宗怒曰:‘王年少,不知爲此,皆汝輩教之。’杖乳母數十,召坦慰勉之。齊國獻穆大長公主,太宗之子、真宗之妹、陛下之姑,而謙恭率禮,天下稱其賢。願陛下教子,以太宗爲法;公主事夫,以獻穆爲法。”已而公主不安於李氏,詔出瑋知衛州,公主入居禁中,而瑋母楊歸其兄璘,散遣其家人。光言:“陛下追念章懿太后,故使瑋尚主。今乃母子離析,家事流落,獨無雨露之感乎? 瑋既黜,公主亦安得無罪?”帝感悟,詔降主沂國,待李氏恩不衰。

判檢院,權判國子監。除知制誥,力辭至八九。改授天章閣待制,賜三品服,仍知諫院。時朝政頗姑息,胥史詆讟則逐中執法,輦官悖慢則退宰相,衛士凶逆而獄不窮治,軍卒晉三司使而以爲非犯階級。光言皆陵遲之漸,不可以不正。

充媛董氏薨,贈淑妃,輟朝成服,百官奉慰,定諡,行册禮,葬給鹵簿。光言:“董氏秩本微,病革方拜充媛。古者婦人無謚,近制惟皇后有之。鹵簿本以賞軍功,未嘗施於婦人。唐平陽公主有舉兵佐高祖定天下功,乃得給。至韋庶人始令妃主葬日皆給鼓吹,非令典,不足法。”時有司定後宮封贈法,后與妃俱贈三代,光論:“妃不當與后同,袁盎引卻慎夫人席,正爲此耳。天聖親郊,太妃止贈二代,而況妃乎?”

英宗立,遇疾,慈聖光獻后同聽政。光上疏曰:“昔章獻明肅有保佑先帝之功,特以親用外戚小人,負謗海內。今攝政之際,大臣忠厚如王曾,清純如張知白,剛正如魯宗道,賢直如薛奎者,當信用之;猥鄙如馬季良,讒諂如羅崇勳者,當疏遠之,則天下服。”

帝疾愈,光料必有追隆本生事,即奏言:“漢宣帝爲孝昭後,終不追尊衛太子、史皇孫;光武上繼元帝,亦不追尊鉅鹿、南頓君,此萬世法也。”后詔兩制集議濮王典禮,學士王珪等相視莫敢先,光獨奮筆書曰:“爲人後者爲之子,不得顧私親。止宜準封贈期親尊屬故事,稱爲皇伯,高官大國,極其尊榮。”議成,珪即命吏以光手稿爲按。既上與大臣意殊,御史六人爭之力,皆斥去。光乞留之,不可,遂請與俱貶。不報。

初,西夏遣使致祭,延州指使高宜押伴,傲其使者,侮其國主,使者訴於朝。光與呂誨乞加宜罪,不從。明年,夏人犯邊,殺略吏士。趙滋爲雄州,專以猛悍治邊,光論其不可。至是,契丹之民捕魚界河,伐柳白溝之南,朝廷以知雄州李中祐爲不材,將代之。光謂:“國家當戎夷附順時,好與之計較末節,及其桀驁,又從而姑息之。近者西禍生於高宜,北禍起於趙滋;時方賢此二人,故邊臣皆以生事爲能,漸不可長。宜敕邊吏,疆場細故輒以矢刃相加者,罪之。”

仁宗遺賜直百餘萬,光率同列上章,謂:“國有大憂,中外窘乏,不可專用乾興故事。若遺賜不可辭,宜許侍從上進金錢佐山陵。”不許。光乃以所得珠爲諫院公使錢,金以遺舅氏,義不藏於家。太后既還政,光上疏言“治身莫先於孝,治國莫先於公”,其言切至,皆母子間人所難言者。時有司立式,凡后有所取用,當覆奏乃供。光云:“當移所屬使立供已,乃具數白后,以防矯僞。”

曹佾無功除使相,兩府皆遷官。光言:“陛下欲以慰母心,而遷除無名,則宿衛將帥、內侍小臣,必有覬望。”已而遷都知任守忠等官,光復爭之,因論:“守忠大姦,陛下爲皇子,非守忠意,沮壞大策,離間百端,賴先帝不聽;及陛下嗣位,反覆交構,國之大賊。乞斬於都市,以謝天下。”會責守忠爲節度副使,蘄州安置,天下快之。

詔刺陝西義勇二十萬,民情驚撓,而紀律疏略不可用。光抗言其非,曰:“康定、慶曆間,籍陝西民爲鄉弓手,已而刺爲保捷指揮,民被其毒。兵終不可用,遇敵先北,正兵隨之,每致崩潰。縣官知其坐食無用,汰遣歸農。而游惰之人,不能復反南畝,強者爲盜,弱者轉死,父老至今流涕也。今義勇何以異此?”章六上,不從。乞罷諫官,不許。持白韓琦。琦曰:“兵貴先聲,諒祚方桀驁,使驟聞益兵二十萬,豈不震慴?”光曰:

“此獨可欺之於一日之間耳。今吾雖益兵，實不可用，不過十日，彼將知其詳，尚何懼？”琦曰：“君但見慶曆間鄉兵刺爲保捷，憂今復然，已降敕榜與民約，永不充軍戍邊矣。”光曰：“朝廷嘗失信於民，未敢以爲然，雖光亦不能不疑也。”琦曰：“吾在此，君無憂。”光曰：“公長在此地，可也；異日他人當位，用以運糧戍邊，反掌間事耳。”琦嘿然，而訖不爲止。不十年，皆如光慮。

王廣淵除直集賢院，光論其姦邪不可近：“昔漢景帝重衛綰，周世宗薄張美。廣淵當仁宗之世，私自結於陛下，豈忠臣哉？宜黜之以厲天下。”進龍圖閣直學士，判流內銓，改右諫議大夫，知治平。四年，貢舉。

神宗即位，擢翰林學士，光力辭。帝曰：“古之君子，或學而不文，惟董仲舒、揚雄兼之。卿有文學，何辭爲？”對曰：“臣不能爲四六。”帝曰：“如兩漢制詔可也；且卿能進士取高第，而云不能四六，何邪？”竟不獲辭。

御史中丞王陶以論宰相不押班罷，光代之，光言：“陶由論宰相罷，則中丞不可復爲。臣願俟既押班，然後就職。”許之。遂上疏論修心之要三：曰仁，曰義，①曰武；治國之要三：曰官人，曰信賞，曰必罰。其說甚備。且曰：“臣獲事三朝，皆以此六言獻，平生力學所得，盡在是矣。”光在英宗時，與吕誨同論祖宗之制。勾當御藥院，常用供奉官以下，至内殿崇班則出；近歲居此位者，皆暗理寄資，食其廩給，非祖宗本意。又故事，年未五十，不得爲内侍省押班。今除張茂則，止四十八，不可。至是，又以爲言。因論高居簡姦邪，乞加遠竄。章五上，帝爲出居簡，盡罷寄資内臣。未幾，復留陳承禮、劉有方二人，光又力爭之。張方平參知政事，光論其不協物望，帝不從。還光翰林兼侍讀學士。

詔録潁邸直省官四人爲閣門祗候，光曰：“國初草創，天步尚艱，故御極之初，必以左右舊人爲腹心耳目，謂之隨龍，非平日法也。閣門祗候在文臣爲館職，豈可使廝役爲之？”

西戎部將嵬名山欲以橫山之衆，取諒祚以降，詔邊臣招納其衆。光上疏極論，以爲：“名山之衆，未必能制諒祚。幸而勝之，滅一諒祚，生一諒祚，何利之有？若其不勝，必引衆歸我，不知何以待之？臣恐朝廷不獨失信諒祚，又將失信於名山矣。若名山餘衆尚多，還北不可，入南不受，窮無所歸，必將突據邊城以救其命。陛下不見侯景之事乎？”帝不聽，遣將种諤發兵迎之，取綏州，費六十萬，西方用兵，蓋自此始矣。

百官上尊號，光當答詔，言：“先帝親郊，不受尊號。末年有獻議者，謂國家與契丹往來通信，彼有尊號我獨無，於是復以非時奉册。昔匈奴冒頓自稱‘天地所生日月所置匈奴大單于’，不聞漢文帝復爲大名以加之也。願追述先帝本意，不受此名。”帝大

---

① “義”，《宋史·司馬光傳》作“明”。

悦,手詔獎光,使善爲答辭,以示中外。

執政以河朔旱傷,國用不足,乞南郊勿賜金帛。詔學士議,光與王珪、王安石同見,光曰:"救災節用,宜自貴近始,可聽也。"安石曰:"常袞辭堂饌,時以爲袞自知不能,當辭位不當辭禄。且國用不足,非當世急務,所以不足者,以未得善理財者故也。"光曰:"善理財者,不過頭會箕斂耳。"安石曰:"不然,善理財者,不加賦而國用足。"光曰:"天下安有此理? 天地所生財貨百物,不在民,則在官,彼設法奪民,其害乃甚於加賦。此蓋桑弘羊欺武帝之言,太史公書之以見其不明耳。"争議不已。帝曰:"朕意與光同,然姑以不允答之。"會安石草詔,引常袞事責兩府,兩府不敢復辭。

安石得政,行新法,光逆疏其利害。邇英進讀,至曹參代蕭何事,帝曰:"漢常守蕭何之法不變,可乎?"對曰:"寧獨漢也,使三代之君常守禹、湯、文、武之法,雖至今存可也。漢武取高帝約束紛更,盜賊半天下;元帝改孝宣之政,漢業遂衰。由此言之,祖宗之法不可變也。"

吕惠卿言:"先王之法,有一年一變者,'正月始和,布法象魏'是也;有五年一變者,巡守考制度是也;有三十年一變者,'刑罰世輕世重'是也。光言非是,其意以風朝廷耳。"帝問光,光曰:"布法象魏,布舊法也。諸侯變禮易樂者,王巡守則誅之,不自變也。刑新國用輕典,亂國用重典,是爲世輕世重,非變也。且治天下譬如居室,敝則修之,非大壞不更造也。公卿侍從皆在此,願陛下問之。三司使掌天下財,不才而黜之可也,不可使執政侵其事。今爲制置三司條例司,何也? 宰相以道佐人主,安用例? 苟用例,則胥吏矣。今爲看詳中書條例司,何也?"惠卿不能對,則以他語詆光。帝曰:"相與論是非耳,何至是?"光又言青苗之弊,曰:"平民舉錢出息,尚能蠶食下户,況縣官督責之威乎!"惠卿曰:"青苗法,願取則與之,不願不强也。"光曰:"愚民知取債之利,不知還債之害,非獨縣官不强,富民亦不强也。昔太宗平河東,立糴法,時斗米十錢,民樂與官爲市。其後物貴而和糴不解,遂爲河東世世患。臣恐異日之青苗,亦猶是也。"帝曰:"坐倉糴米何如?"光曰:"不便。"惠卿曰:"糴米百萬斛,則省東南之漕,以其錢供京師。"光曰:"東南錢荒而粒米狼戾,今不糴米而漕錢,棄其有餘,取其所無,農末皆病矣!"侍講吴申起曰:"光言,至論也。"

他日留對,帝曰:"今天下洶洶者,孫叔敖所謂'國之有是,衆之所惡'也。"光曰:"然。陛下當論其是非。今條例司所爲,獨安石、韓絳、惠卿以爲是耳,陛下豈能獨與此三人共爲天下邪?"初,光素與安石善。及行新法,貽書開陳再三,又言:"吕惠卿憸巧,非佳士。"始與安石忤。帝欲大用光,訪之安石。安石曰:"光外托劘上之名,内懷附下之實。所言盡害政之事,所與盡害政之人,而欲寘之左右,使與國論,此消長之大機也。光才豈能害政,但在高位,則異論之人倚以爲重。韓信立漢赤幟,趙卒氣奪,今用光,是與異論者立赤幟也。"

　　會河北安撫使韓琦上書論青苗法，帝曰：“朕始謂可以利民，今乃害民如此！”安石遂稱疾不出。帝乃拜光樞密副使，光辭之曰：“陛下所以用臣，蓋察其狂直，庶有補於國家。若徒以祿位自榮，而不能救生民之患，是盜竊名器以私其身也。陛下能罷制置條例司，追還提舉官，不行青苗、助役等法，雖不用臣，臣受賜多矣。今言青苗之害者，不過謂使者騷動州縣，爲今日之患耳。而臣之憂，方在十年之外，非今日也。夫民之貧富，由勤惰不同，惰者常乏，故必資於人。今出錢貸民而斂其息，富者不願取，使者以多散爲功，一切抑配。恐其逋負，必令貧富相保，貧者無可以償，則散而之四方；富者不能去，必責使代償數家之負。春算秋計，展轉日滋，貧者既盡，富者亦貧。十年之外，百姓無復存者矣。又盡散常平錢穀，專行青苗，他日若思復之，將何所取？富室既盡，常平已廢，加之以師旅，因之以饑饉，民之羸者必委死溝壑，壯者必聚而爲盜賊，此事之必至者也。”抗章至七八，帝使謂曰：“樞密，兵事也，官各有職，不當以他事爲辭。”對曰：“臣未受命，則猶侍從，於事無不可言者。”安石起視事，光乃得請。因進試館職，策題以“三不足畏”爲言，帝與安石問專主此是何意？光遂求去。

　　以端明殿學士知永興軍。宣撫使下令分義勇戍邊，選諸軍驍勇士，募市井惡少年爲奇兵；調民造乾糒，悉修城池樓櫓，關陝騷然。光極言：“公私困敝，不可舉事，而京兆一路皆内郡，繕治非急。宣撫之令，皆未敢從，若乏軍興，臣當任其責。”於是一路獨得免。徙知許州，趣入覲，不赴；請判西京御史臺歸洛，自是絕口不論事。而求言詔下，光讀之感泣，欲嘿不忍，乃復陳六事：一青苗，二免役，三市易，四邊事，五保甲，六水利。此尤病民者，宜先罷。又以書責宰相吳充曰：“天子仁聖如此，而公不言，何也？”

　　蔡天申爲察訪，妄作威福，河南尹、轉運使敬事之如上官；嘗朝謁應天院神御殿，府獨爲設一班，示不敢與抗。光顧謂臺吏曰：“引蔡寺丞歸本班。”吏即引天申立監竹木務官富贊善之下。天申窘沮，即日行。

　　元豐五年，忽得語澀疾，疑且死，豫作遺表置臥内，即有緩急，當以界所善者上之。官制行，帝指御史大夫曰：“非司馬光不可。”又將以爲東宮師傅。蔡確曰：“國是方定，願少遲之。”初，光患歷代史繁，人主不能遍覽，爲《通志》八卷以獻。英宗悦之，命置局祕閣，續其書。神宗亦以爲賢於荀悦《漢紀》，數促使終篇。前後六任，聽以書局自隨，許借三館祕閣書籍，給御府筆墨，又賜以潁邸舊書二千四百卷。歷十九年，至是書成，賜名曰《資治通鑑》。帝親製序授之，俾日進讀，加資政殿學士。凡居洛陽十五年，天下以爲真宰相，田夫野老皆號爲司馬相公，婦人孺子亦知其爲君實也。

　　神宗崩，赴闕臨，衛士望見，皆以手加額曰：“此司馬相公也。”所至，民遮道聚觀，馬至不得行，曰：“公無歸洛，留相天子，活百姓。”光懼，亟還。哲宗幼沖，太皇太后臨政，遣内侍梁惟簡勞光，問爲政所當先，光請開言路。詔榜朝堂。而大臣有不悦者，設六語云：“若陰有所懷；犯非其分；或扇搖機事之重；或迎合已行之令；上以徼倖希進；

下以眩惑流俗。若此者，罰無赦。"后復命示光，光曰："此非求諫，乃拒諫也。人臣惟不言，言則入六事矣。"乃具論其情，改詔行之，於是上封事者以千數。

起光知陳州，過闕，留爲門下侍郎。蘇軾自登州召還，緣道人相聚號呼曰："寄謝司馬相公，毋去朝廷，厚自愛以活我。"是時天下之民，引領拭目以觀新政，而議者猶謂"三年無改於父之道"，但毛舉細事，稍塞人言。光曰："先帝之法，其善者雖百世不可變也。若安石、惠卿所建，爲天下害者，改之當如救焚拯溺。況太皇太后以母改子，非子改父。"衆議甫定。遂罷保甲團教，不復置保馬；廢市易法，所儲物皆鬻之，不取息，除民所欠錢；京東鐵錢及茶鹽之法，皆復其舊。或謂光曰："熙、豐舊臣，多憸巧小人，他日有以父子義間上，則禍作矣。"光正色曰："天若祚宗社，必無此事。"於是天下釋然，曰："此先帝本意也。"山陵畢，遷正議大夫。光自以不與顧命，不敢當。詔不許。

元祐元年復得疾，詔朝會再拜，勿舞蹈。時青苗、免役、將官之法猶在，而西戎之議未決。光嘆曰："四患未除，吾死不瞑目矣。"折簡與呂公著云："光以身付醫，以家事付愚子，惟國事未有所托，今以屬公。"乃論免役五害，乞直降敕罷之。諸將兵皆隸州縣，軍政委守令通決。廢提舉常平司，以其事歸之轉運、提點刑獄。邊計以和戎爲便。謂監司多新進少年，務爲刻急，令近臣於郡守中選舉，而於通判中舉轉運判官。又立十科薦士法。皆從之。

拜尚書左僕射兼門下侍郎，免朝覲，許乘肩輿，三日一入省。光不敢當，曰："不見君，不可以視事。"詔令子康扶入對，且曰："毋拜。"遂罷青苗錢，復常平糴糶法。兩宮虛己以聽。遼、夏使至，必問光起居，敕其邊吏曰："中國相司馬矣，毋輕生事，開邊隙。"光自見言行計從，欲以身狥社稷，躬親庶務，不舍晝夜。賓客見其體羸，舉諸葛亮食少事煩以爲戒，光曰："死生，命也。"爲之益力。病革，不復自覺，諄諄如夢中語，然皆朝廷天下事也。

是年九月薨，年六十八。太皇太后聞之慟，與帝即臨其喪，明堂禮成不賀，贈太師、溫國公，襚以一品禮服，賻銀絹七千。詔戶部侍郎趙瞻、內侍省押班馮宗道護其喪，歸葬陝州。諡曰文正，賜碑曰"忠清粹德"。京師人罷市往弔，鬻衣以致奠，巷哭以過車。及葬，哭者如哭其私親。嶺南封州父老，亦相率具祭，都中及四方皆畫像以祀，飲食必祝。

光孝友忠信，恭儉正直，居處有法，動作有禮。在洛時，每往夏縣展墓，必過其兄旦，旦年將八十，奉之如嚴父，保之如嬰兒。自少至老，語未嘗妄，自言："吾無過人者，但平生所爲，未嘗有不可對人言者耳。"誠心自然，天下敬信，陝、洛間皆化其德，有不善，曰："君實得無知之乎？"

光於物澹然無所好，於學無所不通，惟不喜釋、老，曰："其微言不能出吾書，其誕吾不信也。"洛中有田三頃，喪妻，賣田以葬，惡衣菲食以終其身。有《文集》八十卷、

《資治通鑑》三百二十四卷、《考異》三十卷、《歷年圖》七卷、《通曆》八十卷、《稽古錄》二十卷、《宋百官公卿表》六卷、《翰林詞草》三卷、《注古文孝經》一卷、《易說》三卷、《注繫辭》二卷、《注老子道論》二卷、《集注太玄經》八卷、《大學中庸義》各一卷、《集注揚子》十三卷、《文中子傳》一卷、《河外諮目》三卷、《書儀》八卷、《家範》十卷、《續經話》一卷、《遊山行記》十二卷、《醫問》七篇。其文如金玉、穀帛、藥石，必有適於用。無益之文，未嘗一語及之。

　　紹聖初，御史周秩首論光誣謗先帝，盡廢其法。章惇、蔡京請發冢斲棺，帝不許，乃令奪贈謚，仆所立碑。而惇言不已，追貶清遠軍節度副使，又貶崖州司户參軍。徽宗立，復太子太保。蔡京擅政，復降正議大夫，京撰《姦黨碑》，令郡國皆刻石。長安石工安民當鐫字，辭曰：“民愚人，固不知立碑之意。但如司馬相公者，海内稱其正直，今謂之姦邪，民不忍刻也。”府官怒，欲加罪，泣曰：“被役不敢辭，乞免鐫安民二字於石末，恐得罪於後世。”聞者愧之。

　　靖康元年，還贈謚。建炎中，配享哲宗廟庭。

　　述曰：程子嘗言：“接人多矣，不雜者三人：張子厚、邵堯夫、司馬君實。”薛文清公讀是言而贊之曰：“蓋所學純乎仁義禮智之道，則不雜。或出乎異端術數、世俗之學，則雜矣。”

從祀賢儒第十四之十六

宋

程珦,字伯温。世居中山。曾祖羽,宋太宗朝三司使。父遹,贈開府儀同三司、吏部尚書,葬河南,遂爲河南人。仁宗録舊臣後,以珦爲黃陂尉。調廬陵尉,遷潤州觀察支使,改大理丞,知虔州興國縣事。虔素難治,珦以德化民,人咸信服。久之,知龔州。時宜獠區希範既誅,鄉人忽傳其神降,言"當爲我南海立祠",於是迎其神以往,至龔,珦使人詰之,曰:"比過潯,潯守以爲妖,投祠具江中,逆流而上,守懼,乃更致禮。"珦使復投之,順流去,其妄乃息。改知徐州沛縣事,久雨,平原出水,穀不登。珦募富民,得豆數千石,使布之水中。水未涸而甲已露,是年遂收,不艱食。遷虞部員外郎,知鳳州。又遷庫部,徙知磁州。城中瓦屋及冰上水漸成花卉狀,郡以爲瑞,將上聞,珦曰:"石晉之末嘗有此,朝廷豈不惡之。"衆乃止。又徙漢州。漢守有公田之入,至者無不厚藏。珦於終任,所獲惟布數百疋而已。熙寧法行,爲守令者奉命惟恐後,珦獨抗議,指其未便,觸使者李元瑜怒,遂移病歸,旋致仕。轉大中大夫,累封永年縣開國伯。元祐五年卒,年八十五。

珦居官不以私事笞扑人,曰:"當官用刑,蓋假手耳,豈可用於私也。"自領崇福宫外無職事,不問有無者蓋二十餘年。善知人,嘗識濂溪於屬掾之中,薦以自代。又命二子師事之,故卒成大儒。居常默坐,人問:"静坐既久,能無悶乎?"珦笑曰:"吾無悶心。"嘗遊壽安山,顧謂二子顥、頤,曰:"遊山之樂,不如静坐也。"晚與文彦博、席汝言、司馬旦爲同年會,賦詩繪象,世以爲盛事,比唐九老。將卒,自爲墓誌,戒子孫勿更求時賢撰碑銘,曰:"虚辭溢美,徒累吾不德耳。"

爲人慈仁而剛斷,與幼賤處,惟恐有傷其意,至於犯義理,則不少假借。左右使令之人,無日不察其飢飽寒燠。前後五得任子,以均諸父之子孫。嫁遣孤女,必盡其力。所得奉禄,分贍親戚之貧者。伯母寡居,奉養甚至。從女兄既適人而喪其夫,珦迎以歸,并教養其子。時官小禄薄,克己爲義,人以爲難。文彦博、蘇頌等九人表其清節,詔賜帛二百，官給其葬。

　　顥，字伯淳。生而神氣秀爽，眉目清峻，語聲鏗然，異於常兒。未能言時，叔祖母任抱之行，不覺釵墜，后數日，方求之。顥以手指示，隨之往，果得釵。十歲，賦《酌貪泉》詩，曰：“中心如自固，外物豈能遷。”先達許其有志操。十二三，居庠序中，如老成人。户部侍郎彭思永至學舍，見之稱異，許妻以女。

　　年二十六，登仁宗嘉祐二年進士第，授鄠縣主簿。縣令以年少易之。鄠民有借兄宅居者，發地得瘞錢，兄之子訴曰：“父所藏也。”顥問曰：“爾父藏錢幾何年？”曰：“四十年。”“彼借居幾時？”曰：“二十年矣。”即遣吏取十千視之，謂訴者曰：“今官所鑄錢，不五六年即遍天下，此皆未藏前數十年所鑄，何也？”其人不能答。令大奇之。有稅官貪而橫，衆憚之，莫敢發。顥至，其人心不自安，揚言曰：“外人謂某自盜官錢，新主簿將發之，某勢窮，必殺人。”言未訖，顥笑曰：“人之爲言，一至於此。足下食君之禄，詎肯爲盜？萬一有之，將救死不暇，安能殺人？”其人默不能言，卒私償所盜，以善去。南山有石佛，歲傳其首放光，遠近男女聚觀，晝夜雜處，莫敢禁止。顥戒寺僧曰：“俟復見，必先白。吾不能往，當取其首觀之。”自是不復有光。府境有水災，倉卒興役，諸邑皆狼狽，獨顥所部，人不勞而事集。嘗謂人曰：“吾之董役，乃治軍法也。”當路欲薦之，多問所欲，顥曰：“薦士當以才之所堪，不當問所欲。”

　　八年，調上元主簿。上元田稅不均，富豪以厚價買田，而小民以薄稅售之，苟一時之利，久而不勝其弊。會令缺，顥攝邑，爲畫法均稅，富者初不便，多爲浮言，覬搖止其事，既而莫敢不服。盛夏堤水決，法當言之府，府稟於漕，然後計功調役，非月餘不能興作。顥曰：“如此，苗稿矣！民將何食？救民獲罪，所不辭也。”遂發民塞之，歲則大熟。江寧當水運之衝，舟卒病者營處之，歲不下數百人，然必請於府，給券乃得食。比有司文具，則困於飢者已數日矣，以故至者輒死。顥白漕司給米貯營中，至則與之食，生者大半。嘗云：“一命之士，苟存心於愛物，於人必有所濟。”

　　仁宗崩，遺制官吏成服，三日而除。三日之朝，府尹率羣官將釋服，顥進曰：“三日除服，遺詔所命，莫敢違也，請盡今日。若朝而除之，止二日爾。”尹怒，不從。顥曰：“公自除之，顥非至夜不敢釋。”一府相視，無敢除者。茅山有池，產龍如蜥蜴而五色。大中祥符中，嘗取二龍入都，半塗失其一，中使云飛空而逝。民俗以爲神，嚴奉不懈，顥捕而脯之，使人不惑。

　　爲晉城令，富人張氏父死，旦有老叟踵門曰：“我，汝父也。”子驚疑莫測，相與詣縣。叟曰：“身爲醫，遠出治疾，而妻生子，貧不能養，以與張。”顥質其驗。取懷中一書進，其所記曰：“某年月日，抱兒與張三翁家。”顥問：“張是時纔四十，安得有翁稱？”叟駭謝。

民稅粟多移近邊，載往則道遠，就糴則價高。顥擇富而可任者，預使貯粟以待，費大省。民以事至縣者，必告以孝弟忠信，入所以事其父兄，出所以事其長上。度鄉村遠近爲伍保，使之力役相助，患難相恤，而姦僞無所容。凡孤煢殘廢者，責之親戚鄉黨，使無失所。行旅出於其塗者，疾病皆有所養。鄉必有校，暇時親至，召父老與之語。兒童所讀書，親爲正句讀，教者不善，則爲易置。擇子弟之秀者，聚而教之。鄉民爲社會，爲立科條，旌別善惡，使有勸有恥。邑幾萬室，三年之内，無强盜及鬥死者。秩滿，代者且至，吏夜叩門，稱有殺人者，顥曰："吾邑安得有此！誠有之，則某鄉某人也。"問之，果然。曰："吾嘗疑此人，惡少之弗革者也。"顥爲令，視民如子，嘗於座右書"視民如傷"四字，在邑三年，民愛之如父母。去之日，哭聲振野。逾十年，官其土者，猶見民有聚衆口而不析異者，問之，則云："守程公之化。"其誠心感人如此。

熙寧二年，以呂公著薦，爲太子中允、監察御史裏行。神宗素知其名，數召見，每退，必曰："頻求對，欲常常見卿。"一日，從容咨訪，報正午，始趨出，中人曰："御史不知上未食乎？"前後進說甚多，大要以正心窒慾、求賢育才爲言，務以誠意感主上。帝嘗使推擇人材，顥所薦數十人，以父表弟張載及弟頤爲首，所上章疏稿，子弟不得窺見。嘗勸帝防未萌之欲，及勿輕天下士，帝俯躬曰："當爲卿戒之。"問所以爲御史，對曰："使臣拾遺補缺，裨贊朝廷，則可；使臣掇拾羣下短長，以沽直名，則不能。"帝贊嘆，以爲得御史體。

王安石執政，議更法令，中外皆不以爲便。顥因上言曰："智者若禹之行水，行其所無事也。舍而之險阻，不足以言智。自古興治立事，未有中外人情交謂不可而能有成者，況於排斥忠良，沮廢公議，用賤陵貴，以邪干正者乎？正使徼倖有小成，而興利之臣日進，尚德之風寖衰，尤非朝廷之福。"帝令詣中書議，安石方怒言者，屬色待之，顥徐曰："天下事非一家私議，願平氣以聽。"安石爲之愧屈。神宗方嚮用安石，稱安石之學，對曰："安石學不是。"帝愕然問故，對曰："臣不敢遠引，止以近事明之。臣嘗讀《詩》，言周公之德云'公孫碩膚，赤舄几几'，周公盛德如是。安石其身猶不能治，何足以及此。"安石與顥，道雖不同而心服之，嘗論事不合，安石曰："公之學如上壁。"言難行也。顥曰："參政之學如捉風。"安石亦不怒。後來逐不附己者，獨不及顥，曰："此忠信人也。"及置條例司，遣八使於四方，顥在遣中。會盛暑，與安石對語，安石子雱囚首跣足，攜婦人冠以出，問所言何事？安石曰："新法數爲人阻，乃與程君議。"雱箕踞以坐，大言曰："梟韓琦、富弼之首於市，則新法行矣！"安石曰："兒誤矣。"顥正色曰："方與參政論國事，子弟不可預，姑退。"雱不樂，去。

顥居職八九月，章疏十上，如論君道、論王霸、論養賢、論修學校、尊師儒、取士、論十事諸劄子，多所嘉納。其尤極論者，公論不行、青苗取息、賣祠部牒、差提舉官多非其人及不經封駮、京東轉運使剝民希寵諸事，未嘗一語及功利。當是時，侍臣、臺諫多以言新法不便外補，而司馬光辭樞密不拜，韓琦請解安撫領郡，顥再上疏乞檢會累所上言施行，不報，遂乞去言職外補。安石終不深怒，但令提點京西刑獄。復固辭，乃改簽書鎮寧軍判官。司馬光在長安，上疏求退，稱顥公直，以爲己所不如，亦不報。

顥至鎮寧，時守臣嚴刻多忌，通判而下，莫敢與辨事。意顥嘗任臺諫，必不盡力任事，而又慮其慢己，既而顥事之甚恭，雖筦庫細務，無不盡心，事小未安，必與之辨，遂無不樂從者，相與甚懽。屢平反重獄，得不死者，前後蓋十數。是年八月，河決澶州曹村。顥語州帥劉渙曰：「曹村決，京城可虞。臣子之分，身可塞亦爲之，請公盡以廂兵見付。事或不集，公當親率禁兵以繼之。」渙從之。顥立至決所，諭士卒曰：「朝廷養爾，正爲今日緩急耳！吾與爾曹以身捍之。」衆莫不感激自効。時議者以爲勢不可塞，徒勞人爾。顥命善泅者銜細繩度決口，引大索以濟衆，兩岸並進，不數日而合。

十二月，朝廷令河北轉運使開修二股河上流，并修塞第五埽決口。鎮寧河清卒於法不他役，中人程昉爲外都水丞，怙勢請於朝，取澶卒八百而虐用之，衆逃歸。羣僚畏昉，欲勿納。顥曰：「彼逃死自歸，弗納必亂。若昉怒，吾自任之。」即親往啓門拊勞，約少休三日復役，衆驩踊而入。具以事上，得不遣。昉後過州，揚言曰：「澶卒之潰，蓋程中允誘之，吾且訴於上。」顥聞之，曰：「彼方憚我，何能爲？」果不敢言。

五年，父珦告老歸，遂求監局，以便養親。七年，得監西京竹木務。家素貧窶，僦居洛城，與弟從容親庭，日以讀書講學爲事，士大夫從遊者盈門。身退位卑，而名益高於天下。尋改太常丞。帝又欲使修《三經義》，執政不可。有自洛入覲者，帝問：「程顥在彼否？」且曰：「佳士也。」然終不能用。

八年十月，彗星見翼軫，顥應詔直言，論朝政極切。差知扶溝縣。顥專尚寬厚，以教化爲先。有犯小盜者，使自新，後復盜，捕吏及門，盜謂其妻曰：「我與大丞約，不復爲盜，今何面目見之！」乃自經。扶溝無盜者二年。廣濟、蔡河在縣境，瀕河惡子無生理，專脅取行舟財貨，歲必焚舟十數以立威。顥捕得一人，使引其類，賞宿惡，分地處之，令以挽繂爲業，且察爲姦者，自是境無焚剽患。司農建言，天下輸役錢達戶四等，而畿內獨止第三等，請及第四等。顥力陳不可。神宗是之，得免。

顥爲政，常權穀價，不使至甚貴甚賤。會水災民飢，請粟貸之，鄰郡亦請，司農怒，遣使閱實。使至鄰邑，令遽自陳「穀且登，可勿貸」。顥獨力請不已，遂得穀六千石，飢民用濟。而司農益怒，視貸籍戶同等而所貸不等，檄縣杖主吏。顥言：「濟飢當以口之衆寡，不當以戶之高下。且令實爲之。」乃得已。内侍王中正按閱保甲，權焰至盛，所至陵慢無忌，諸邑競侈供帳悦之，主吏以請，顥曰：「吾邑貧，安能效他邑？且取於民，法所禁也，獨有令故青帳可用耳。」顥在邑歲餘，中正往來境上，卒不入。官制改，除奉議郎。朝廷遣官括牧地，民田當没者千頃，往往持累世契券以自明，皆弗用。諸邑已定，而扶溝民獨不服，朝旨遂改稅作租，不復加益，及聽賣易如私田。民既倦於追呼，又得不加賦,乃皆服。顥以爲不可。括地官至,謂"民願服,而君不許,何也?"顥曰:"民徒知今日不加賦,而不知後日增租奪田,則失業無以爲生矣。"因爲言仁厚之道,其人感謝曰:"寧受責,不敢違公。"遂去之他邑。尋除判武學,李定劾其新法之初,首爲異論,罷歸故官。又坐獄逸囚,責監汝州鹽稅。

初,顥以扶溝地卑,歲有水患,經畫溝洫之法,未及興工而去,嘆曰:"百里之地,至狹也,而道之興廢係焉。豈不有命乎!然知而不爲,而責之命之興廢,則非矣。此吾所以不敢不盡心也。"神宗崩,詔至,韓絳子宗師問曰:"今日朝廷之事何如?"答曰:"司馬君實、呂晦叔相矣。"又問:"二公果相,何如?"答曰:"當與元豐大臣同。若先分黨,他日可憂。元豐大臣皆嗜利者,使自變其已甚害民之法則善矣。不然,則衣冠之害猶未艾也。君實忠直,難與語;晦叔解事,恐力不足耳。"後四十年而言果驗。又嘗曰:"介甫性狠,人皆以爲不可,則執之益堅。熙寧初,介甫行新法,並用君子、小人。君子正直不合,介甫以爲俗學不通世務;小人苟容諂佞,介甫以爲有才能、知變通。及君子既去,所用皆小人,爭爲刻薄,故害天下益深。使當其時衆君子不與之爭,俟其勢久自緩,委曲平章,尚有聽從之理,小人無隙可乘,其爲害不至如此之甚也。故新法之行,亦是吾黨爭之太過,成就今日之事,塗炭天下,亦須兩分其罪可也。"顥雖小官,賢士大夫恒視其進退,以卜興衰。哲宗即位,以時望召爲宗正,未行而卒,年五十四。

顥資性過人,充養有道,和粹之氣,盎於面背,門人交友從之數十年,亦未嘗見其忿厲之容。遇事優爲,雖當倉卒,不動聲色。自十五六時,與弟頤聞汝南周敦頤論學,遂厭科舉之習,慨然有求道之志。泛濫於諸家,出入於老、釋者幾十年,返求諸《六經》而後得之。明於庶物,察於人倫,知盡性至命必本於孝弟,窮神知化由通於禮樂,辨異端似是之非,開百代未明之惑。自秦、漢以來,未有臻斯理者也。

教人自致知至於知止,誠意至於平天下,灑掃應對至於窮理盡性,循循有序。病學者厭卑近而務高遠,卒無成焉,故其言曰:"道之不明,異端害之也。昔之害近而易知,今之害深而難辨。昔之惑人也乘其迷暗,今之惑人也因其高明。自謂之窮神知化,而不足以開物成務,言爲無不周遍,實則外於倫理,窮深極微,而不可以入堯、舜之道。天下之學,非淺陋固滯,則必入於此。自道之不明也,邪誕妖妄之説競起,塗生民之耳目,溺天下於污濁,雖高才明智,膠於見聞,醉生夢死,不自覺也。是皆正路之榛蕪,聖門之蔽塞,辟之而後可以入道。"

顥之死,士大夫識與不識,莫不哀傷焉。文彥博采衆論,題其墓曰明道先生。其弟頤序之曰:"周公没,聖人之道不行;孟軻死,聖人之學不傳。道不行,百世無善治;學不傳,千載無真儒。無善治,士猶得以明夫善治之道;無真儒,則貿貿焉不知所之,人欲肆而天理滅矣。先生生於千四百年之後,得不傳之學於遺經,以興起斯文爲己任,辨異端,闢邪説,使聖人之道焕然復明於世,蓋自孟子之後,一人而已。然學者於道不知所向，則孰知斯人之爲功；不知所至，則孰知斯名之稱情也哉？”又曰：“門人朋友爲文述其道學者甚衆，其所以推尊稱美之意，人各用其所知，蓋不同也。而以爲孟子而後傳聖人之道者，一人而已，是則同。”嘉定十三年，賜謚曰純公。

頤，字正叔。幼有高識，非禮不動。年十八，上書闕下，欲仁宗以王道居心，生靈爲念，黜世俗之論，期非常之功，且乞召對，面陳所學。不報。嘗游太學，見胡瑗，瑗以“顏子所好何學”試諸生，頤因答曰：

學以至聖人之道也。聖人可學而至與？曰：然。學之道如何？曰：天地儲精，得五行之秀者爲人，其本也真而静，其未發也，五性具焉，曰仁、義、禮、智、信。形既生矣，外物觸其形而動其中矣，其中動而七情出焉，曰喜、怒、哀、樂、愛、惡、欲。情既熾而益蕩，其性鑿矣。是故覺者約其情使合於中，正其心，養其性；愚者則不知制之，縱其情而至於邪僻，梏其性而亡之。

然學之道，必先明諸心，知所養；然後力行以求至，所謂“自明而誠”也。誠之之道，在乎信道篤，信道篤則行之果，行之果則守之固，仁義忠信不離乎心，造次必於是，顛沛必於是，出處語默必於是，久而弗失，則居之安，動容周旋中禮，而邪僻之心無自生矣。

故顏子所事，則曰：“非禮勿視，非禮勿聽，非禮勿言，非禮勿動。”仲尼稱之，則曰：“得一善則拳拳服膺而弗失之矣。”又曰：“不遷怒，不貳過。”“有不善未嘗不知，知之未嘗復行。”此其好之篤，學之得其道也。然聖人則不思而得，不勉而中；顏子則必思而後得，必勉而後中。其與聖人相去一息，所未至者守之也，非化之也。以其好學之心，假之以年，則不日而化矣。

後人不達，以爲聖本生知，非學可至，而爲學之道遂失。不求諸己，而求諸外，以博聞強記、巧文麗詞爲工，榮華其言，鮮有至於道者。則今之學，與顏子所好異矣。

瑗得其文，大驚異之，即延見，處以學職。吕希哲首以師禮事焉。既而四方之士從遊者日益衆。

嘉祐四年，舉進士廷試，報罷，遂不復試。治平、元豐間，大臣屢薦，皆不起。哲宗初，司馬光、吕公著、韓絳共疏其行義，曰：“伏見河南府處士程頤，力學好古，安貧守節，言必忠信，動遵禮法。年逾五十，不求仕進，真儒者之高蹈，聖世之逸民。望擢以不次，使士類有所矜式。”詔以爲西京國子監教授，力辭。

尋召爲祕書省校書郎，辭曰：“祖宗時，布衣被召，自有故事。今臣未得入見，未敢祗命。”於是召對。太皇太后將以爲崇政殿説書，因上奏論經筵三事，其一言：“習與智長，化與心成。今夫人民善教其子弟者，亦必延名德之士，使與之處，以薰陶成性。況陛下春秋之富，雖睿聖得於天資，而輔養之道不可不至。大率一日之中，接賢士大夫之時多，親寺人宫女之時少，則氣質變化，自然而成。願選名儒入侍勸講，講罷留之分直，以備訪問。或有小失，隨事獻規，歲月積久，必能養成聖德。”其二，請上左右内侍宫人皆選老成厚重之人，不使侈靡之物、淺俗之言接於耳目。仍置經筵，祗應内臣十人，使伺上在宫中動息，以語講官，其或小有違失，得以隨事規諫。其三，請令講官坐講，以養人主尊儒重道之心，寅畏祗懼之德。且曰：“若言可行，敢不就職？如不可用，願聽其辭。”既而命下，以通直郎充崇政殿説書，再辭而後受命。故事，四月以暑熱罷講。頤奏言：“輔導少主，不宜疏略如此。乞命講官以六參日上殿問起居，因得從容納誨，以輔上德。”

五月，差同孫覺、顧臨及國子監長貳看詳國子監條制。頤以爲學校禮義相先之地，而月使之爭，殊非教養之道。請改試爲課，有所未至，則學官召而教之，更不考定高下。置尊賢堂，以延天下道德之士；鐫解額，以去利誘；省繁文，以專委任；勵行檢，以厚風教。及置待賓吏師齋，立觀光法，如是者亦數十條。

六月，上疏太皇太后言：“輔養上德，非徒涉書史、覽古今而已，要使跬步不離正人，乃可以涵養薰陶，成就聖德。今間日一講，解釋數行，爲益既少，又自四月罷講，直至中秋，不接儒臣，殆非古人旦夕承弼之意。請俟初秋，即講官輪日入侍，陳説義理。仍選臣僚家十一二歲子弟三人，侍上習業。且以邇英迫隘，暑熱，恐於上體非宜，而講日宰臣、史官皆入，使上不得舒泰悦懌。請自今一月再講於崇政殿，然後宰臣、史官入侍。餘日講於延和殿，則後楹垂簾，而太皇太后時一臨之，不惟省察主上進業，其於后德，未必無補。且使講官欲有所言，易以上達，所繫尤大。又講讀官例兼他職，請亦罷之，使得積誠意以感上心。”皆不報。差兼判登聞鼓院。頤言，入談道德，出領訴訟，非體。再辭不受。

頤在經筵，每當進講，必宿齊豫戒，潛思存誠，冀以感動上意。而其爲説，常於文義之外，反覆推明，歸之人主。哲宗常首肯之。一日，當講“顔子不改其樂”章，門人或疑此章非有人君事也，將何以爲説。及講，既畢文義，乃復言曰：“陋巷之士，仁義在躬，忘其貧賤。人主崇高，奉養備極，苟不知學，安能不爲富貴所移？且顔子，王佐之才也，而簞食瓢飲；季氏，魯國之蠹也，而富於周公。魯君用舍如此，非後世之監乎？”聞者嘆服。不知者或誚其委曲已甚。頤曰：“不於此盡心竭力，而於何所乎？”頤入侍之際，容貌極莊。時文彦博以太師平章重事，或侍立終日不懈，帝雖喻以少休，不去也。或問曰：“君之嚴，視潞公之恭，孰爲得失？”頤曰：“潞公四朝大臣，事幼主，不得不恭。吾以布衣職輔導，亦不敢不自重也。”一日，講罷未退，帝忽起憑檻，戲折柳枝，頤進曰："方春發生，不可無故摧折。"嘗聞帝在宮中，盥而避蟻，因請之曰："有是乎？"帝曰："然，誠恐傷之耳。"頤曰："願推此心以及四海，則天下幸甚。"所講書有"容"字者，中人以黃覆之，曰："上藩邸嫌名也。"頤講罷，進言曰："人主之勢，不患不尊。臣下尊之過甚，則驕心生耳。此皆近習輩養成之，請自今舊名、嫌名皆勿復避。"神宗喪未除，而百官以冬至表賀，頤言："節序變遷，時思方切，請改賀爲慰。"及除喪，有司請開樂置宴，頤又請罷宴曰："除喪而用吉禮，則因事用樂可矣。今特設宴，是喜之也。"皆從之。文彥博與呂、范諸人侍經筵，聞講説，退，相與嘆曰："真侍講也。"一時士人歸其門者甚盛，而頤亦以天下自任，論議褒貶，無所顧避。

因不悅於蘇軾，軾在翰林，亦有附之者，遂有洛黨、蜀黨之論。二黨道不同，互相非毀。頤門人賈易、朱光庭合攻軾。御史中丞胡宗愈、給事中顧臨詆頤不宜用。初，帝嘗以瘡疹不御邇英累日，頤詣宰臣問知否？曰："不知。"頤曰："上不御殿，太皇太后不當獨坐。且人主有疾，而大臣不知，可乎？"翌日，宰臣始奏請問疾。由是大臣亦多不悅。諫議大夫孔文仲因奏頤"污下憸巧，素無鄉行，經筵陳説，僭橫忘分，遍謁貴臣，歷造臺諫，騰口間亂，以償恩讎，致市井目爲五鬼之魁，請放還田里，以示典刑。"八月，差管勾西京國子監。乞放歸田里，不報。再乞致仕，又不報。五年，丁父憂去官。

服除，三省欲與館職，適軾弟轍執政，但除直祕閣，判西京國子監。頤再辭，極論儒者進退之道。監察御史董敦逸以爲有怨望輕躁語，改授管勾崇福宮，以疾未拜。

哲宗親政，申祕閣西監之命，再辭不就。紹聖間，以黨論放歸田里。四年，削籍，竄涪州編管。時李清臣尹洛，即日迫遣之，欲入別叔母亦不許，明日賕以銀百兩，不受。門人謝良佐曰："是行也，良佐知之，乃族子公孫與邢恕之爲耳。"頤曰："族子至愚不足責，邢恕故人情厚不敢疑。孟子既知天，焉用尤臧氏？"

徽宗即位，移峽州，俄復宣德郎，任便居住，還洛。又復通直郎，權判西京國子監。初受命，即謁告，既而供職。門人尹焞疑之，答曰："上初即位，首被大恩，不如是，則何以仰承德意？然吾之不能仕，蓋已決矣。受一月之俸焉，然後惟吾所欲耳。"

崇寧二年，言者論其本因姦黨論薦得官，雖嘗明正其罪罰，而敍復過優。今復著書，非毀朝政。於是有旨復奪所復官，追毀出身以來文字，其所著書，令監司嚴加覺察。范致虛又言："頤以邪説詖行，惑亂衆聽，而尹焞、張繹爲之羽翼，乞下河南，盡逐學徒。"頤於是遷居龍門之南，止四方學者曰："尊所聞，行所知，可矣，不必及吾門也。"五年，復宣議郎，致仕。大觀元年，卒於家，年七十五。疾革，門人進曰："先生平日所學，正今日要用。"頤力疾微視曰："道用著，便不是。"其人未出寢門而没。既没，涪人祠之於北巖，世稱爲伊川先生。嘉定十三年，賜謚曰正公。

頤於書無所不讀，其學本於誠，以《大學》《論語》《孟子》《中庸》爲標指，而達於《六經》。動止語默，一以聖人爲師，其不至乎聖人不止也。張載稱其兄弟從十四五時，便脱然欲學聖人，故卒得孔、孟不傳之學，以爲諸儒倡。其言之旨，若布帛菽粟然，知德者尤尊崇之。頤嘗自言："我昔狀明道先生之行，我之行蓋與明道同。異時欲知我之行，於此文求之可也。"又嘗言："今農夫祈寒暑雨，深耕易耨，播種五穀，吾得而食之；百工技藝，作爲器物，吾得而用之；甲冑之士，披堅執鋭，以守土宇，吾得而安之。卻如此間過日月，是天地間一蠹也。功澤又不及民，惟有綴緝聖人遺書，庶幾有補耳。"於是著《易》《春秋傳》以傳於世。《易傳》書成久之，學者莫得傳授，或以爲請，答曰："自量精力未衰，尚覬少有進耳。"其後寢疾，始以授尹焞。《易傳·序》曰：

　　《易》，變易也，隨時變易以從道也。其爲書也，廣大悉備，將以順性命之理，通幽明之故，盡事物之情，而示開物成務之道也。聖人之憂患後世，可謂至矣。去古雖遠，遺經尚存，然而前儒失意以傳言，後學誦言而忘味，自秦而下，蓋無傳矣。予生千載之後，悼斯文之湮晦，將俾後人沿流而求源，此《傳》所以作也。
　　"《易》有聖人之道四焉：以言者尚其辭，以動者尚其變，以制器者尚其象，以卜筮者尚其占"。吉凶消長之理、進退存亡之道備於辭，推辭考卦可以知變，象與占在其中矣。"君子居則觀其象而玩其辭，動則觀其變而玩其占"。得於辭不達其意者有矣，未有不得於辭而能通其意者也。至微者理也，至著者象也。體用一源，顯微無間，觀會通以行其典禮，則辭無所不備。故善學者，求言必自近，易於近者，非知言者也。予所傳者辭也，由辭以得意，則在乎人焉。

《春秋傳·序》曰：

　　天之生民，必有出類之才起而君長之，治之而爭奪息，導之而生養遂，教之而倫理明，然後人道立，天道成，地道平。二帝而上，聖賢世出，隨時有作，順乎風氣之宜，不先天以開人，各因時而立政。暨乎三王迭興，三重既備，子、丑、寅之建正，忠、質、文之更尚，人道備矣，天運周矣。聖王既不復作，有天下者雖欲仿古之迹，亦私意妄爲而已。事之繆，秦至以建亥爲正；道之悖，漢專以智力持世，豈復知先王之道也。
　　夫子當周之末，以聖人不復作也，順天應時之治不復有也，於是作《春秋》，爲百王不易之大法。所謂"考諸三王而不繆，建諸天地而不悖，質諸鬼神而無疑，百世以俟聖人而不惑"者也。先聖之傳，游、夏不能贊一辭，辭不待贊者也，言不能與於斯爾。斯道也，惟顏子嘗聞之矣。"行夏之時，乘殷之輅，服周之冕，樂則《韶舞》"，此其準的也。後世以史視《春秋》，謂褒善貶惡而已，至於經世之大法，則不知也。

　　《春秋》大義數十，其義雖大，炳如日星，乃易見也。惟其微辭隱義、時措從宜者，爲難知也。或抑或縱，或予或奪，或進或退，或微或顯，而得乎義理之安，文質之中，寬猛之宜，是非之公，乃制事之權衡，揆道之模範也。夫觀百物然後識化工之神，聚衆材然後知作室之用，於一事一義而欲窺聖人之用心，非上智不能也。故學《春秋》者，必優遊涵泳，默識心通，然後能造其微也。後王知《春秋》之義，則雖德非禹、湯，尚可以法三代之治。

　　自秦而下，其學不傳，予悼夫聖人之治①不明於後世也，故作《傳》以明之，俾後之人通其文而求其義，得其意而法其用，則三代可復也。是《傳》也，雖未能極聖人之蘊奧，庶幾學者得其門而入矣。

　　平生誨人不倦，故學者出其門最多，淵源所漸，皆爲名士。而劉絢、李籲、謝良佐、游酢、張繹、蘇昞、吕大臨、吕大鈞、尹焞、楊時成德尤著。

　　劉絢，字質夫，常山人。力學不倦，頤每言：“他人之學，敏則有矣，未易保也，若絢者，吾無疑焉。”仕終太常博士。

　　李籲，字端伯。頤稱其才器可以大受，又言：“自予兄弟倡明道學，能使學者視仿而信從者，籲與劉絢有力焉。”仕終校書郎。

　　謝良佐，字顯道，上蔡人。學問該贍，事有未徹，則頼有泚。嘗與頤別一年，復來見，頤問所進，對曰：“但去得一‘矜’字耳。”頤喜，曰：“是子可謂切問而近思者。”與游酢、楊時、吕大臨在程門，號“四先生”。仕終監西京竹木場。

　　游酢，字定夫，建陽人。初，與兄醇以文行知名，所交皆天下士。頤見之京師，謂其資可以適道。及顥興扶溝學，招使肄業，盡棄其學而學焉。仕終知濠州。

　　張繹，字思叔，壽安人。家世甚微，年長未知學，傭力於市，見邑官出入傳呼於道，心慕之，即發憤讀書，以文章名。後厭科舉之學不足爲，乃學佛。周行已警之曰：“何爲舍聖人之道而學異端？”會頤自涪州還，遂從頤受業，頤稱其疏通穎悟，以族女妻之。嘗曰“吾晚得二士”，謂繹與尹焞也。

---

①　“治”，《宋史·道學傳一·程頤傳》作“志”。

蘇昞，字季明，武功人。始學於張載，載卒，乃事二程而卒業焉。仕爲太常博士。坐元符上書入邪籍，編管饒州。

呂大鈞，字和叔，京兆人。能守其師説而踐履之，尤喜講明井田兵制，謂治道必自此始。張載每嘆其勇爲不可及。仕終陝西轉運從事。

大臨，字與叔，大鈞弟。通《六經》，尤邃於《禮》。每欲掇習三代遺文舊制，令可行，不爲空言以拂世矯俗。仕終祕書省正字。

尹焞，字彥明，一字德充，世爲洛人。曾祖仲宣七子，而二子有名：長子源，字子漸，是謂河内先生；次子洙，字師魯，是謂河南先生。源生林，官至虞部員外郎。林生焞。

少師事程頤，嘗應舉，發策有誅元祐諸臣議，焞曰：“噫，尚可以干禄乎哉！”不對而出，告頤曰：“焞不復應進士舉矣。”頤曰：“子有母在。”焞歸告其母陳，母曰：“吾知汝以善養，不知汝以禄養。”頤聞之，曰：“賢哉，母也！”於是終身不就舉。焞之從師，與張繹同時，繹以高識，焞以篤行。頤既没，焞聚徒洛中，非弔喪問疾不出户，士大夫宗仰之。

靖康初，种師道薦焞德行可備勸講，召至京師，不欲留，賜號和靖處士。户部尚書梅執禮、御史中丞吕好問、户部侍郎邵溥、中書舍人胡安國合奏：“河南布衣尹焞學窮根本，德備中和，言動可以師法，器識可以任大，近世招延之士無出其右者。朝廷特召，而命處士以歸，使焞韜藏國器，不爲時用，未副陛下側席求賢之意。望特加識擢，以慰士大夫之望。”不報。

次年，金人陷洛，焞闔門被害，焞死復甦，門人舁置山谷中而免。劉豫命僞帥趙斌以禮聘焞，不從則以兵恐之。焞自商州奔蜀，至閬，得程頤《易傳》十卦於其門人吕稽中，又得全本於其婿邢純，拜而受之。紹興四年，止於涪。涪，頤讀《易》地也，闢“三畏齋”以居，邦人不識其面。侍讀范沖舉焞自代，授左宣教郎，充崇政殿説書，以疾辭。范沖奏給五百金爲行資，遣漕臣奉詔至涪親遣。六年，始就道，作文祭頤而後行。

先是，崇寧以來，禁錮元祐學術，高宗渡江，始召楊時實從班，召胡安國居給舍，范沖、朱震俱在講席，薦焞甚力。既召，而左司諫陳公輔上疏攻程氏之學，乞加屏絶。焞至九江，上奏言：“臣僚上言，程頤之學惑亂天下。焞實師頤垂二十年，學之既專，自信甚篤。使焞濫列經筵，其所敷繹，不過聞於師者。舍其所學，是欺君父，加以疾病衰耗，不能支持。”遂留不進。

宰相張浚上章薦焞，言其拒劉豫之節，且謂其所學所養有大過人者，乞令江州守臣疾速津送至國門。復以疾辭，帝曰：“焞可謂恬退矣。”詔以祕書郎兼説書，趣起之，焞始入見就職。八年,除祕書少監,未幾,力辭求去。帝語參知政事劉大中曰:"焞未論所學淵源,足爲後進矜式,班列得老成人,亦是朝廷氣象。"乃以焞直徽猷閣,主管萬壽觀,留侍經筵。資善堂翊善朱震疾亟,薦焞自代。趙鼎亦言:"尹焞學問淵源,可以繼震。"帝曰:"焞微瑣,恐教兒費力爾。"除太常少卿,仍兼説書。未幾,稱疾在告,除權禮部侍郎兼侍講。

時金人遣張通古、蕭哲來議和,焞上疏曰:

　　本朝遼、金之禍,亘古未聞,中國無人,致其猾亂。昨者城下之戰,詭詐百出,二帝北狩,皇族播遷,宗社之危,已絕而續。陛下即位以來十有二年,雖中原未復,讎敵未殄,然而賴祖宗德澤之厚,陛下勤苦之意,億兆之心無有離異。前年徽宗皇帝、寧德皇后崩問遞來,莫究不豫之狀,天下之人痛心疾首,而陛下方且屈意降志,以迎奉梓宮、請問諱日爲事。今又爲此議,則人心日去,祖宗積累之業,陛下十二年勤撫之功,當決於此矣。不識陛下亦嘗深謀而熟慮乎,抑在廷之臣不以告也?

　　禮曰:"父母之讎不共戴天,兄弟之讎不反兵。"今陛下信讎敵之譎詐,而觊其肯和以紓目前之急,豈不失不共戴天、不反兵之義乎? 又況使人之來,以詔諭爲名,以割地爲要,今以不共戴天之讎與之和,臣切爲陛下痛惜之。或以金國內亂,懼我襲己,故爲甘言以緩王師。倘或果然,尤當鼓士卒之心,雪社稷之恥,尚何和之爲哉?

又移書秦檜言:

　　今北使在廷,天下憂憤,若和議一成,彼日益張,我日益急,寖尋朘削,天下有被髮左袵之憂。比者,竊聞主上以父兄未返,降志辱身於九重之中有年矣,然亦未聞金人悔過,還二帝於沙漠。繼之梓宮崩問不詳,天下之人痛恨切骨,金人狼虎貪噬之性,不言可見。天下方將以此望於相公,觊有以革其已然,豈意爲之已甚乎?

　　今之上策,莫如自治。自治之要,內則進君子而遠小人,外則賞當功而罰當罪,使主上孝弟通於神明,道德成於安彊,勿以小智子義而圖大功,不勝幸甚。

疏及書皆不報,於是焞固辭新命。

九年,以徽猷閣待制提舉萬壽觀兼侍講,又辭,且奏言:

　　臣職在勸講,蔑有明發,[①]期月之間,病告相繼,坐竊厚禄,無補聖聰。先聖有

---

① "明發",《宋史·道學傳二·尹焞傳》作"發明"。

言：“陳力就列，不能者止。”此當去〔者〕一也。臣起自草莽，誤膺召用，守道之語，形於訓詞，而臣貪戀寵榮，遂移素守，使朝廷非常不決之舉，獲懷利苟得之人。此當去者二也。比嘗不量分守，言及國事，識見迂陋，已驗於今，迹其庸愚，豈堪時用。此當去者三也。臣自擢春官，未嘗供職，以疾乞去，更獲超遷，有何功勞，得以祗命。此當去者四也。國朝典法，揆之禮經，年至七十，皆當致仕。今臣年齒已及，加以疾痛，血氣既衰，戒之在得。此當去者五也。臣聞聖君有從欲之仁，匹夫有莫奪之志，今臣有五當去之義，無一可留之理，乞檢會累奏，放歸田里。

疏上，以焞提舉江州太平觀。引年告老，轉一官致仕。

焞自入經筵，即乞休致，朝廷以禮留之；浚、鼎既去，秦檜當國，見焞議和疏及書已不樂，至是，得求去之疏，遂不復留。十二年，卒。帝命越制賻之，贈官四等。

焞莊正仁實，不過於心，不欺闇室，自誠而明，以之開物成務，推而放諸四海而準。其於聖人六經之言，耳順心得，如出諸己。天下知道者宗之，不知者慕之。其為學之要有三：一曰玩味，二曰涵養，三曰踐履。主一之功多於窮理，進不得施之於天下，退未嘗筆之於書。與羣弟子言，據《六經》發明問答，不為講解文書。嘗曰：“經雖以誦說而傳，亦以講解而陋也。”獨奉詔撰《論語解》及《門人問答》傳於世。當是時，學於程門者固多君子，然求質直弘毅、實體力行若焞者蓋鮮。頤嘗以“魯”許之，且曰：“我死，而不失其正者，尹氏子也。”

楊時，字中立，南劍將樂人。幼穎異，八歲能為文，稍長，潛心經史。熙寧九年，中進士第。調汀州司户參軍，不赴。聞河南程氏兄弟講孔、孟絕學，河、洛之士翕然師之，以師禮見程顥於潁昌，相得甚歡。其歸也，顥目送之曰：“吾道南矣。”四年而顥死，時聞之，設位哭寢門，而以書赴告同學者。又見程頤於洛，時年蓋四十矣。一日見頤，頤偶瞑坐，時與游酢侍立不去，頤既覺，則門外雪深一尺矣。關西張載嘗著《西銘》，二程深推服之，時疑其近於兼愛，與頤辨論往復，聞理一分殊之說，始豁然無疑。

杜門積學，淳蓄涵浸，人莫能測者幾十年。久之，調徐州司法。丁繼母憂。服闋，授虔州司法。丁父憂。除喪，遷瀛洲防禦推官，知瀏陽縣。諫官張舜民薦，除荆南教授，改宣德郎，知餘杭縣，遷南京宗子博士，知蕭山縣，提點均州明道觀、成都府國寧觀。後例罷差監常州市易務，辭不就。時所至皆有惠政，民思之不忘。安於州縣，未嘗求聞達，而德望日重，四方之士不遠千里從之遊，號曰龜山先生。當是時，年幾七十矣。

天下多故，或言於蔡京以為事至此必敗，宜引舊德老成置諸左右，庶幾猶可及。會有使高麗者，國主問龜山安在，使回以聞。召為祕書郎，遷著作郎。及面對，奏曰：

堯、舜曰"允執厥中",孟子曰"湯執中",《洪範》曰"皇建其有極",歷世聖人由斯道也。熙寧之初,大臣文六藝之言以行其私,祖宗之法紛更殆盡。元祐繼之,盡復祖宗之舊,熙寧之法一切廢革。至紹聖、崇寧,抑又甚焉,凡元祐之政事著在令甲,皆焚之以滅其迹。自是分爲二黨,搢紳之禍至今未殄。臣願明詔有司,條具祖宗之法,著爲綱目,有宜於今者舉而行之,當損益者損益之,元祐、熙、豐姑置勿問,一趨於中而已。

朝廷方圖燕雲,虛内事外,時遂陳時政之弊,謂:"燕雲之師宜退守内地,以省轉輸之勞,募邊民爲弓弩手,以殺常勝軍之勢。"又言:"都城居四達之衝,無高山巨浸以爲阻衛,士人懷異心,緩急不可倚仗。"執政不能用。登對,力陳君臣警戒,正在無虞之時,乞爲《宣和會計錄》,以周知天下財出入之數。徽宗首肯之。

除邇英殿説書。聞金人入攻,謂執政曰:"今日事勢如積薪已然,當自奮勵,以竦動觀聽。若示以怯懦之形,委靡不振,則事去矣。昔汲黯在朝,淮南寢謀。論黯之才,未必能過公孫弘輩也,特其志氣可以鎮壓姦雄之心耳。朝廷威望弗振,使姦雄一以弘輩視之,則無復可爲也。要害之地,當嚴爲守備,比至都城,尚可及哉?近邊州軍宜堅壁清野,勿與之戰,使之自困。若攻戰略地,當遣援兵追襲,使之腹背受敵,則可以制勝矣。"且謂:"今日之事,當以收人心爲先。人心不附,雖有高城深池、堅甲利兵,不足恃也。免夫之役,毒被四海,京城聚斂,東南花石,其害尤甚。前此蓋嘗罷之,詔墨未乾,而花石供奉之舟已銜尾矣。今雖復申前令,而禍根不除,人誰信之?欲致人和,去此三者,正今日之先務也。"

金人圍京城,勤王之兵四集,而莫相統壹。時言:"唐九節度之師不立統帥,雖李、郭之善用兵,猶不免敗衂。今諸路烏合之衆,臣謂當立統帥,一號令,示紀律,而後士卒始用命。"又言:"童貫爲三路大帥,敵人侵疆,棄軍而歸,孥戮之有餘罪,朝廷置之不問,故梁方平、何灌皆相繼而遁。當正典刑,以爲臣子不忠之戒。童貫握兵二十餘年,覆軍殺將,馴至今日,比聞防城仍用閹人,覆車之轍,不可復蹈。"疏上,除右諫議大夫兼侍講。

敵兵初退,議者欲割三鎮以講和,時極言其不可,曰:"河朔爲朝廷重地,而三鎮又河朔之要藩也。自周世宗迄太祖、太宗,百戰而後得之,一旦棄之北庭,使敵騎疾驅,貫吾腹心,不數日可至京城。今聞三鎮之民以死拒之,三鎮拒其前,吾以重兵躡其後,尚可爲也。若种師道、劉光世皆一時名將,至而未用,乞召問方略。"疏上,欽宗詔出師,而議者多持兩端,時抗疏曰:"聞金人駐磁、相,破大名,劫虜驅掠,無有紀極,誓墨未乾,而背不旋踵,吾雖欲專守和議,不可得也。夫越數千里之遠,犯人國都,危道也。彼見勤王之師四面而集,亦懼而歸,非愛我而不攻也。朝廷割三鎮三十州之地與之,是欲助寇而自攻也。聞肅王初與之約，及河而返，今挾之以往，此敗盟之大者。臣竊謂朝廷宜以肅王爲問，責其敗盟，必得肅王而後已。”時太原圍閉數月，而姚古擁兵逗遛不進，時上疏乞誅古以肅軍政，拔偏裨之可將者代之。不報。

李綱之罷，太學生伏闕上書，軍民集者數十萬，朝廷欲防禁之。吳敏乞用時以靖太學，時得召對，言：“諸生伏闕紛紛，忠於朝廷，非有他意，但擇老成有行誼者，爲之長貳，則將自定。”欽宗曰：“無逾於卿。”遂以時兼國子祭酒。首言：“三省政事所出，六曹分治，各有攸司。今乃別置官屬。新進小生，未必賢於六曹長貳。”又言：

> 蔡京用事二十餘年，蠹國害民，幾危宗社，人所切齒，而論其罪者，莫知其所本。蓋京以繼述神宗爲名，實挾王安石以圖身利，故推尊安石，加以王爵，配饗孔子廟庭。今日之禍，實安石有以啓之。

> 謹按安石挾管、商之術，飾六藝以文姦言，變亂祖宗法度。當時司馬光已言其爲害當見於數十年之後，今日之事，若合符契。其著爲邪説以塗學者耳目，而敗壞其心術者，不可縷數，姑即一二事明之。

> 昔神宗嘗稱美漢文惜百金以罷露臺，安石乃言：“陛下若能以堯、舜之道治天下，雖竭天下以自奉不爲過，守財之言非正理。”曾不知堯、舜茅茨土階，禹曰“克儉於家”，則竭天下以自奉者，必非堯、舜之道。其後王黼以應奉花石之事，竭天下之力，號爲享上，實安石有以倡之也。其釋《鳧鷖》守成之詩，於末章則謂：“以道守成者，役使羣衆，泰而不爲驕，宰制萬物，費而不爲侈，孰弊弊然以愛爲事。”《詩》之所言，正謂能持盈則神祇祖考安樂之，而無後艱爾。自古釋之者，未有泰而不爲驕、費而不爲侈之説也。安石獨倡爲此説，以啓人主之侈心。後蔡京輩輕費妄用，以侈靡爲事。安石邪説之害如此。

> 伏望追奪王爵，明詔中外，毀去配享之像，使邪説淫辭不爲學者之惑。

疏上，乃降安石於從祀之列。士之習王氏學取科第者已數十年，不復知其非，忽聞以爲邪説，議論紛然。諫官馮瀏力主王氏，上疏詆時。會學官中有紛爭者，有旨學官並罷，時亦罷祭酒。

時又言：“元祐黨籍中，惟司馬光一人獨褒顯，而未及呂公著、韓維、范純仁、呂大防、安燾輩。建中初言官陳瓘已褒贈，而未及鄒浩。”於是元祐諸臣皆次第牽復。

尋四上章乞罷諫省，除給事中，辭，乞致仕，除徽猷閣直學士、提舉嵩山崇福宮。又力辭直學士之命，改除徽猷閣待制、提舉崇福宮。陛辭，又上書乞選將練兵，爲戰守之備。

高宗即位，除工部侍郎。陛對，言：“自古聖賢之君，未有不以典學爲務者，以君德在是故也。"帝然之，除兼侍讀。乞修《建炎會計録》，乞恤勤王之兵，乞寬假言者。連章丐外，以龍圖閣直學士提舉杭州洞霄宫。已而告老，以本官致仕，優遊林泉，以著書講學爲事。卒年八十三。朱震言："時嘗排邪説以正天下學術之繆，辨誣謗以明宣仁聖烈之功，雪冤抑以復昭慈聖獻之位，據經論事，不愧古人。所著《三經義辨》，有益學者，乞下本州抄録，仍優恤其家。"詔贈官，賻以金帛，賜謚文靖。

時天資夷曠，濟以學問，充養有道，德器早成。積於中者純粹而閎深，見於外者簡易而平淡。間居和樂，色笑可親，臨事裁處，不動聲氣。與之遊者，雖羣居終日，嗒然不語，飲人以和，而鄙薄之態自不形也。推本孟子性善之説，發明《中庸》《大學》之道，有欲知方者，爲指其趣，無所隱也。

在東郡，所交皆天下士，先達陳瓘、鄒浩皆以師禮事時。暨渡江，東南學者推時爲程氏正宗。與胡安國往來講論尤多。時浮沉州縣四十七年，晚居諫省，僅九十日，凡所論列皆切於世道，而其大者，則闢王氏經學，排靖康和議，使邪説不作。蓋南閩理學，實時爲之倡，而朱熹、張栻之學，其原委脈絡皆出於時焉。

羅從彦，字仲素，南劍羅源人。自幼穎悟，不爲言語文字之學。及長，堅苦刻厲，篤意求道。初從吳國華遊，已而聞同郡楊時得河南程氏學，慨然慕之，及時爲蕭山令，遂徒步往學焉。初見三日，即驚汗浹背，曰："不至是，幾虛過一生矣。"於是，盡識舊學之非。時熟察之，亦喜曰："惟從彦可與言道。"盡語以心傳之祕。時弟子千餘人，無及從彦者。嘗與時講《易》，至《乾》九四爻，云："伊川説甚善。"從彦即鬻田走洛，見頤問之，頤反覆以告，從彦謝曰："聞之龜山具是矣。"乃歸卒業。

沙縣陳淵，楊時之婿也，嘗詣從彦，必竟日乃返，謂人曰："自吾交仲素，日聞所不聞，奧學清節，真南州之冠冕也。"既而築室山中，絶意仕進，終日端坐，間謁時將樂溪上，吟咏而歸，恒充然自得焉。

嘗采祖宗故事爲《遵堯録》，靖康中，擬獻闕下，會國難不果。又著《春秋解》《毛詩解》《中庸説》《論孟解議》《論要語台衡録》《春秋指歸》。嘗與學者論治曰："祖宗法度不可廢，德澤不可恃。廢法度則變亂之事起，恃德澤則驕佚之心生。自古德澤最厚莫若堯、舜，向使子孫可恃，則堯、舜必傳其子。法度之明莫如周，向使子孫世守文、武、成、康之遺緒，雖至今存可也。"又曰："君子在朝則天下必治，蓋君子進則常有亂世之言，使人主多憂而善心生，故治。小人在朝則天下亂，蓋小人進則常有治世之言，使人主多樂而怠心生，故亂。"又曰："天下之變不起於四方，而起於朝廷。譬如人之傷氣，則寒暑易侵；木之傷心，則風雨易折。故内有林甫之姦，則外必有禄山之亂；内有盧杞之姦，則外必有朱泚之叛。"

其論士行曰："周、孔之心使人明道，學者果能明道，則周、孔之心，深自得之。三代人才得周、孔之心，而明道者多，故視死生去就如寒暑晝夜之移，而忠義行之者易。至漢、唐以經術古文相尚，而失周、孔之心，故經術自董生、公孫弘倡之，古文自韓愈、柳宗元啓之，於是明道者寡，故視死生去就如萬鈞九鼎之重，而忠義行之者難。嗚呼！學者所見，自漢、唐喪矣。"又曰："士之立朝，要以正直忠厚爲本。正直則朝廷無過失，忠厚則天下無嗟怨。一於正直而不忠厚，則漸入於刻；一於忠厚而不正直，則流入於懦。"其議論醇正類此。

晚就特科，授惠州博羅縣主簿。紹興中，卒於官。學者稱之曰豫章先生，淳祐間，諡文質。朱熹謂："龜山倡道東南，士之遊其門者甚衆，然潛思力行、任重詣極如仲素，一人而已。"從彦清介絶俗，雖里人鮮克知之，而郡人李侗、新安朱松執弟子之禮焉。

李侗，字願中，南劍州劍浦人。年二十四，聞郡人羅從彦得河、洛之學，遂以書謁之，其略曰：

> 侗聞之，天下有三本焉，父生之，師教之，君治之，闕其一則本不立。古之聖賢莫不有師，其肄業之勤惰，涉道之淺深，求益之先後，若存若亡，其詳不可得而考。惟洙、泗之間，七十二弟子之徒，議論問答，具在方策，有足稽焉，是得夫子而益明矣。孟氏之後，道失其傳，支分派別，自立門户，天下真儒不復見於世。其聚徒成羣，所以相傳授者，句讀文義而已，謂之熄焉可也。
>
> 恭惟先生服膺龜山先生之講席有年矣，况嘗及伊川先生之門，得不傳之道於千五百年之後，性明而修，行完而潔，擴之以廣大，體之以仁恕，精深微妙，各極其至，漢、唐諸儒無近似者。至於不言而飲人以和，與人並立而使人化，如春風發物，蓋亦莫知其所以然也。凡讀聖賢之書，粗有識見者，孰不願得授經門下，以質所疑，至於異論之人，固當置而勿論也。
>
> 侗之愚鄙，徒以習舉子業，不得服役於門下，而今日拳拳欲求教者，以謂所求有大於利禄也。抑侗聞之，道可以治心，猶食之充飢，衣之禦寒也。人有迫於飢寒之患者，皇皇焉爲衣食之謀，造次顛沛，未始忘也。至於心之不治，有没世不知慮，豈愛心不若口體哉，弗思甚矣。
>
> 侗不量資質之陋，徒以祖父以儒學起家，不忍墜箕裘之業，孜孜矹矹爲利禄之學，雖知真儒有作，聞風而起，固不若先生親炙之得於動静語默之間，目擊而意全也。今生二十有四歲，茫乎未有所止，燭理未明而是非無以辨，宅心不廣而喜怒易以搖，操履不完而悔吝多，精神不充而智巧襲，揀焉而不净，守焉而不敷，朝夕恐懼，不啻如飢寒切身者求充飢禦寒之具也。不然，安敢以不肖之身爲先生之累哉！

　　從之累年，授《春秋》《中庸》《語》《孟》之説。從彦好静坐，侗退入室中，亦静坐。從彦令静中看喜怒哀樂未發前氣象，而求所謂“中”者，久之，而於天下之理該攝洞貫，以次融釋，各有條序，從彦亟稱許焉。

　　既而退居山田，謝絶世故餘四十年，飲食或不充，而怡然自適。事親孝謹，仲兄性剛多忤，侗事之得其歡心。閨門内外，夷愉肅穆，若無人聲，而衆事自理。親戚有貧不能婚嫁者，則爲經理振助之。與鄉人處，飲食言笑，終日油油如也。

　　其接後學，答問不倦，雖隨人淺深，而必自反身自得始。故其言曰：“學問之道不在多言，但默坐澄心，體認天理。若是，雖一毫私欲之發，亦退聽矣。”又曰：“學者之病，在於未有灑然冰解凍釋處。如孔門諸子，羣居終日，交相切磨，又得夫子爲之依歸，日用之間觀感而化者多矣。恐於融釋而脱落處，非言説所及也。”又曰：“讀書者知其所言莫非吾事，而即吾身以求之，則凡聖賢所至而吾所未至者，皆可勉而進矣。若直求之文字，以資誦説，其不爲玩物喪志者幾希。”又曰：“講學切在深潛縝密，然後氣味深長，蹊徑不差。若概以理一，而不察其分之殊，此學者所以流於疑似亂真之説而不自知也。”嘗以黄庭堅之稱濂溪周茂叔“胸中灑落，如光風霽月”，爲善形容有道者氣象，嘗諷誦之，而顧謂學者曰：“存此於胸中，庶幾遇事廓然，而義理少進矣。”

　　其語《中庸》曰：“聖門之傳是書，其所以開悟後學無遺策矣。然所謂‘喜怒哀樂未發謂之中’者，又一篇之指要也。若徒記誦而已，則亦奚以爲哉？必也體之於身，實見是理，若顔子之嘆，卓然若有所見，而不違乎心目之間，然後擴充而往，無所不通，則庶乎其可以言《中庸》矣。”其語《春秋》曰：“《春秋》一事各是發明一例，如觀山水，徙步而形勢不同，不可拘以一法。然所以難言者，蓋以常人之心推測聖人，未到聖人灑然處，豈能無失耶？”

　　其論時事曰：“今日三綱不振，義理①不分。三綱不振，故人心邪僻，不堪任用，是致上下之氣間隔，而中國日衰。義利不分，故自王安石用事，陷溺人心，至今不自知覺。人趨利而不知義，則主勢日孤，人主當於此留意，不然，則是所謂‘雖有粟，吾得而食諸’也。”

　　是時，吏部員外郎朱松與侗爲同門友，雅重侗，遣子熹從學，熹卒得其傳。沙縣鄧迪嘗謂松曰：“愿中如冰壺秋月，瑩徹無瑕，非吾曹所及。”松以爲知言。而熹亦稱侗：“姿稟勁特，氣節豪邁，而充養完粹，無復圭角，精純之氣達於面目，色温言厲，神定氣和，語默動静，端詳間泰，自然之中若有成法。平日恂恂，於事若無甚可否，及其酬酢事變，斷以義理，則有截然不可犯者。早歲聞道，即棄塲屋，超然遠引，若無意於當世，然憂時論事，感激動人。其語治道，必以明天理，正人心，崇節義，厲廉恥爲先，本末備

---

　　① “義理”，《宋史·道學傳二·李侗傳》作“義利”。

具,可舉而行,非特空言而已。異端之學無所入於其心,然一聞其説,則知其詖淫邪遁之所以然者,蓋辨之於錙銖眇忽之間,而儒、釋之邪正分矣。"又謂自從侗學,辭去復來,則所聞益超絕。其上達不已日新如此。

侗子友直、信甫皆舉進士,試吏旁郡,更請迎養。歸道武夷,會閩帥汪應辰以書幣來迎,侗往見之,至之日疾作,遂卒,年七十一。學者稱之曰延平先生。

述曰:自孔子没而微言絶,七十子卒而大義乖。漢人雖重經學,然得簡編於煙燼之餘,守其遺文,拘其師説,附會解詁,日以支離,既鮮真實之修,莫辨性天之藴。兼以教衰俗敝,靡靡之風,皆厭常喜誕,於是佛老之説得以起而中之。其儒説之最長者,如《法言》《中説》,第以一時之論,覬撫聖人於闢邪放淫,略無裨益也。厥後韓、歐之徒出,肆力抉排,其功非不甚鉅,然文章之與性道,終有間焉。於是上下千數百年,而道學之傳幾乎熄矣!

自濂溪周子心與道契,提綱起鑰,作《太極》一圖,又衍爲《通書》,豁然知理之推本於陰陽五行,而誠之統該夫五常百行。二程夫子親受其旨,又從而光大之,其理原於性命,其説依於《六經》,其功由於致知主敬,而其事不外乎日用躬行。合之孔子之博約克復、孟子之養氣擴充,若符節然。然後孔、孟之傳墜而復續,由是傳之龜山,龜山傳之豫章,豫章傳之延平,延平傳之新安,脈絡淵源,遞相授受,久而不衰。而究其端緒,實以河洛爲之宗。自鄒魯風微,開來繼往之功,孰有盛於斯者乎?至於和靖,雖不能如龜山門人之盛,然其篤信主敬工夫,涵養踐履,實爲程門第一。昔孔聖之傳,曾子以魯得之;乃程氏之傳,和靖亦以魯得之,殆亦後先相契者歟!

從祀賢儒第十四之十七

宋

張載，字子厚，世大梁人。父迪，仕宋仁宗朝，終知涪州事，卒於官。諸孤皆幼，不克歸，僑寓鳳翔郿縣橫渠鎮之南大振谷口，因從而家焉。

載始就外傅，志氣不羣，少孤自立，無所不學。邠焦寅喜談兵，載悅其言。當康定用兵時，年十八，慨然以功名自許，欲結客取洮西之地。年二十一，以書謁范仲淹，仲淹一見知其遠器，乃警之曰：“儒者自有名教可樂，何事於兵？”因勸讀《中庸》。載讀其書，猶以爲未足，又求諸釋、老者累年，盡究其説，知無所得，乃反而求之《六經》。嘉祐初，見二程於京，共語道學，渙然自信曰：“吾道自足，何事旁求。”乃盡棄異學，淳如也。是時，載已坐虎皮講《易》京師，聽從者甚衆。一夕，二程至，論《易》。次日，撤坐輟講，曰：“吾平日爲諸公説者皆亂道，有二程近到，深明《易》道，吾所弗及，汝輩可師之。”。

文彦博以故相判長安，聞其名，聘以束帛，延之學宮，爲士子矜式焉。嘉祐二年舉進士，爲祁州司法參軍，遷雲巖令。爲政以敦本善俗爲先，每月吉，具酒食，召鄉人高年者會縣庭，親爲勸酬，使人知養老事長之義，因問民疾苦，及告所以訓戒子弟之意。有所告戒，常患文檄之出不能盡達於民，每鄉長受事，至諄諄口諭，使往告其里閭間。民因事至庭，或行遇於道，必問某日命某告某事，曾聞否？聞則已，否則詰責其受命者。故教命出，雖愚夫孺子，無不與知，俗用不變。京兆延至郡學，載教人置意科舉，相從於堯、舜之域，學者多從之。遷著作郎，簽書渭州軍事判官。州帥蔡挺特所尊禮，軍府之政，大小悉諮。嘗請軍儲數十萬以貸邊民，募土人以損戍兵之數，皆用其策。

熙寧二年，神宗登用大臣，思有變更。御史中丞呂公著薦載學有本原，四方學者皆宗之，可以召對訪問。帝即召問治道，對曰：“爲治不法三代，終苟道也。”帝悦，曰：“卿宜見二府議事，朕且將大用卿。”載謝曰：“臣自外官赴召，未測朝廷新政所安，願徐觀旬日，有所獻替。”帝然之，以爲崇文院校書。他日見王安石，安石語之曰：“新政之更，懼不能任事，求助於子，何如？”載曰：“朝廷將大有爲，天下之士願與下風。若與人

爲善，孰敢不盡？如教人琢玉，則人故有不能。”安石默然，所語多不合，寖不悅。明州
苗振獄起，命載往治之。程顥時爲御史，言載本以道德進，而使之按獄，不宜。安石
曰：“淑問如皋陶，猶且讞囚，庸何傷？”獄成。

　　還朝，會弟戩爲御史，以言得罪，載益不自安，即移疾歸橫渠，屏居南山下，終日危
坐一室，左右簡編，俯而讀，仰而思，有得則識之，或中夜起坐，取燭以書。其志道精
思，未始須臾息，亦未嘗須臾忘也。敝衣蔬食，與諸生講學，學者有問，多告以知禮成
性、變化氣質之道。有不能者，必開其端。人才有可語者，必丁寧以誨之，惟恐其成就
之晚。初，人有未及者，載不輕與人言。程顥謂之曰：“道之不明久矣，人各善其所習，
自謂至之，必欲如孔門不憤不啓，則師資勢隔，道將息矣。隨其資而誘之，雖識有明
暗，志有淺深，亦皆各有得焉。”載用其言，故關中士人與洛人並。又以爲教之必能養
之然後信，故雖貧不能給，門人之無資者，糗蔬亦供之。

　　嘗謂門人曰：“吾學既得於心，則修其辭。命辭無差，然後斷事。斷事無失，吾乃
沛然精義入神者，豫而已。近世喪祭無法，自期功以下，無衰麻之服，祭先之禮，一同
流俗，節序燕飲多褻。”載期功之喪，必治喪服，四時之祭，曲盡誠潔。嘗曰：“事親奉
祭，豈可使人爲之？其家童子，必使灑掃應對，給事長者；女子未嫁者，必使親祭事、納
酒漿，皆所以養遜弟、就成德。”聞者始疑終信，一變從古。其治家接物，大要正己以感
人。人未之信，反躬自治，不以語人。雖有未諭，安行而無悔。故識與不識，聞風而
畏。非其義也，不敢一毫及之。

　　載之學，必如聖人而後已。以爲知人而不知天，求爲賢人而不爲聖人，此秦、漢以
來學者大弊。故其學尊禮貴德、樂天安命，以《易》爲宗，以《中庸》爲體，以《孔》《孟》爲
法，黜怪妄，辨異端。聞人之善，喜見顏色。與人交，久而益親。嘗自命曰：“爲天地立
心，爲生民立極，爲前聖繼絕學，爲萬世開太平。”又曰：“此道自孟子後千有餘歲，若天
不欲此道復明，則不使今人有知者。既使人有知者，則必有復明之理。”又嘗謂：“《春
秋》之爲書，乃聖人所自作，惟孟子爲能知之，非理明義精，殆未可學。先儒未及此而
治之，故其說多穿鑿。及《詩》《書》《禮》《樂》之言，多不能平易其心，以意逆志。方且條
舉大例，考究文理，與學者緒正其說。”又慨然有志三代之治，謂可推行於今，曰：“大都
君相以父母天下爲王道，不能以父母之心爲心，加於百姓，使各得其所。謂之王道，可
乎？仁政必自經界始。經界不正，即貧富不均，教養無法，雖欲言治，皆苟而已。世之
病其難行者，未始不以亟奪富人之田爲辭。然茲法之行，悅之者眾。苟處之者有術，
期以數年，不刑一人而可復。”會秦鳳帥呂大防薦之曰：“載之始終，善發明聖人之遺
旨，其論政治略可復古。宜還其舊職，以備諮訪。”乃召知太常禮院。與有司議禮不
合，復以疾歸，中道疾甚，沐浴更衣而寢，旦而卒。貧無以斂，門人共買棺奉其喪還。
翰林學士許將等言其恬於進取，乞加贈恤，詔賜館職半賻。

其卒也,門人欲諡爲"誠明",中子以質程顥。顥以問司馬光,光復書曰:"子厚平生用心,欲率今世之人,復三代之禮。《郊特牲》曰:'古者生無爵,死無諡。'爵謂大夫以上也。《檀弓》記禮所由失,以謂士之有誄,自縣賁父始。子厚官比諸侯之大夫,則宜諡矣。然《曾子問》曰:'賤不誄貴,幼不誄長,禮也。唯天子稱天以誄之。諸侯相誄,猶爲非禮。'況弟子而誄其師乎?孔子沒,哀公誄之,不聞弟子復爲之諡也。今諸君欲諡子厚,恐不合於古禮,非子厚之志。與其以陳文範、陶靖節、王文中、孟貞曜爲比,其尊之也,曷若以孔子爲比乎!"乃已。學者稱爲橫渠先生。嘉定間,賜諡曰明。

所著書號《正蒙》,又作《西銘》曰:

乾稱父坤稱母,予茲藐焉,乃混然中處。故天地之塞吾其體,天地之帥吾其性,民吾同胞,物吾與也。

大君者,吾父母宗子;其大臣,宗子之家相也。尊高年所以長其長,慈孤幼所以幼其幼,聖其合德,賢其秀也。凡天下疲癃殘疾、惸獨鰥寡,皆吾兄弟之顛連而無告者也。"于時保之",子之翼也。"樂且不憂",純乎孝者也。違曰悖德,害仁曰賊,濟惡者不才,其踐形惟肖者也。

知化則善述其事,窮神則善繼其志,不愧屋漏爲無忝,存心養性爲匪懈。惡旨酒,崇伯子之顧養;育英才,穎封人之錫類。不弛勞而底豫,舜其功也;無所逃而待烹,申生其恭也。體其受而歸全者,參乎;勇於從而順令者,伯奇也。富貴福澤,將厚吾之生也;貧賤憂戚,庸玉女於成也。存,吾順事;沒,吾寧也。

初,載銘其書室之兩牖,東曰砭愚,西曰訂頑。程頤曰:"是起爭端也,不若曰東西銘。"頤又謂:"《西銘》明理一而分殊,擴前聖所未發,與孟子性善養氣之論同功。自孟子後,蓋未之見也。"

述曰:呂與叔作《橫渠行狀》,有"見二程,盡棄其學而學焉"之語,尹和靖言之伊川,伊川曰:"表叔生平議論,謂某兄弟有同處則可,若謂學於某兄弟,則無是事。"頃年,屬與叔刪去。不謂尚存斯言,幾於無忌憚矣。橫渠崛起關陝,實卓然自成一家。然始經博雜,終歸極詣,蓋得力於二程者居多,其淵源亦有不容盡泯者焉。

從祀賢儒第十四之十八

宋

胡安國，字康侯，建寧崇安人。年七歲，爲小詩，有"自任以文章道德"之句。少長，入太學，以程頤之友朱長文及潁川靳裁之爲師。裁之與論經史大義，深奇重之。三試於禮部，中紹聖四年進士第。初，廷試考官定其策第一，宰職以無詆元祐語，遂以何昌言冠，方天若次之，又欲以宰相章惇子次天若。時發策大要崇復熙寧、元豐之制，安國推明《大學》，以漸復三代爲對。哲宗命再讀之，注聽稱善者數四，親擢爲第三。除荆南教授。正身律物，非休沐不出。凡所訓說，務明忠孝之大端，不以文藝爲勸。除太學學錄，學生劉觀、石公揆輕俊有名，試屢居上游。一旦，觀爲人代筆事覺，公揆薄游成訟，逾告期不歸，爲之遊說者甚眾，安國正色曰："錄以行規矩爲職，職不能守，奚以錄爲？且二人果佳士，而所爲如此，亦何足惜？"眾不能奪，竟致之法。

遷博士，除提舉湖北路學事，改使湖南。當是時，蔡京方得志，所行既不善，而官吏奉承過當，學校並受其害。安國獨摅節行之，禁其太甚。常曰："韓魏公，最善行新法者也。"會有詔舉遺逸，安國以永州布衣王繪、鄧璋應詔。二人老不行，安國請命之官，以勸爲學者。零陵簿李良輔稱二人黨人范純仁客，而流人鄒浩所請托也。蔡京素惡安國與己異，得良輔言大喜，命湖南提刑置獄推治。時曾孝廣嗃之，歸謂僚佐曰："胡提舉凝然不動，賢於人遠矣。"獄未成，又移湖北再鞫，卒無驗，安國竟除名。未幾，良輔以他罪抵法，臺臣直前事，復安國原官。

政和元年，張商英相，除提舉成都學事，以親老乞侍養。丁內艱。服闋，以宰相余深薦，召至京師，臥疾不出百餘日，謁告而歸。宣和元年，除提舉江東路學事。復召上殿，未受命。丁外艱。既終喪，謂弟子曰："吾昔爲親而仕，今雖有禄萬鍾，將何所施？"遂稱疾不仕，築室墓傍，耕種取給，蓋將終身焉。宣和末，李彌大、吳敏、譚世勣合薦，除屯田郎，辭。

靖康元年，除太常少卿，辭；除起居郎，又辭。朝旨屢趣行，至京師，以疾在告。一日方午，欽宗亟召見，安國奏曰："明君以務學爲急，聖學以正心爲要。心者萬事之宗，正心者揆事宰物之權。願擇名儒，講明治國平天下之本，虛懷訪問，深發獨智。"又言："爲天下國家必有一定不可易之計，謀議既定，君臣固守，故有志必成，治功可立。今南向視朝半年矣，而紀綱尚紊，風俗益衰，施置乖方，舉動煩擾；大臣爭競，而朋黨之患萌；百執窺覦，而浸潤之姦作；用人失當，而名器愈輕；出令數更，而士民不信。若不掃除舊迹，乘勢更張，竊恐大勢一傾，不可復正。乞訪大臣，各令展盡底蘊，畫一具進。先宣示臺諫，使隨事疏駁。若大臣議絀，則參用臺諫之言；若疏駁不當，則專守大臣之策。仍集議於朝，斷自宸衷，按爲國論，以次施行。敢有動搖，必罰無赦。庶幾新政有經，可冀中興。"欽宗曰："比留詞掖相待，已命召卿試矣。"語未竟，日昃暑甚，汗浹上衣，遂退。

時門下侍郎耿南仲倚攀附恩，凡與己不合者，即指爲朋黨。見安國論奏，慍曰："中興如此，而曰績效未見，是謗聖德也。"乃言安國意窺經筵，不宜召試。欽宗不答。安國屢辭，南仲又言安國不臣，欽宗問其狀，南仲曰："往不事上皇，今又不事陛下。"欽宗曰："渠自以病辭，初非有向背也。"每臣僚登對，欽宗即問識胡安國否，中丞許翰曰："自蔡京得政，士大夫無不受其籠絡，超然遠迹不爲所污如安國者實鮮。"欽宗嘆息，遣中書舍人晁説之宣旨，令勉受命，且曰："他日欲去，即不彊留。"既試，除中書舍人，賜三品服。南仲既傾宰相吳敏、樞密使李綱，又謂許景衡、晁説之視大臣爲去就，懷姦狥私，並黜之。安國言："二人爲去就，必有陳論；懷姦狥私，必有實迹。乞降付本省，載諸詞命。"不報。

葉夢得知應天府，坐爲蔡京所知，落職奉祠。安國言："京罪已正，子孫編置，家財沒入，已無蔡氏矣。向爲京所引者，今皆朝廷之人，若更指爲京黨，則人才見棄者衆，黨論何時而弭！"乃除夢得小郡。

中書侍郎何㮚建議分天下爲四道，置四都總管，各付一面，以衛王室、捍彊敵。安國言："內外之勢，適平則安，偏重則危。今州郡太輕，理宜通變。一旦以二十三路之廣，分爲四道，事得專決，財得專用，官得辟置，兵得誅賞，權恐太重；萬一抗衡跋扈，何以待之？乞据見今二十三路帥府，選擇重臣，付以都總管之權，專治軍旅。或有警急，即各率所屬守將應援，則一舉兩得矣。"尋以趙野總北道，安國言魏都地重，野必誤委寄。是冬，金人大入，野遁，爲羣盜所殺，西道王襄擁衆不復北顧，如安國言。

李綱罷，中書舍人劉珏行詞，謂綱勇於報國，數至敗衂。吏部侍郎馮澥言珏爲綱遊説，珏坐貶。安國封還詞頭，以爲"侍從雖當獻納，至於彈擊官邪必歸風憲。今臺諫未有緘默不言之咎，而澥越職，此路若開，臣恐立於朝者各以好惡脅持傾陷，非所以靖朝著也。"南仲大怒，何㮚從而擠之，詔與郡。㮚以安國素苦足疾，而海門地卑濕，乃除安國右文殿修撰、知通州。

安國在省一月，多在告之日，及出必有所論列。或曰："事之小者，盍姑置之。"安國曰："事之大者無不起於細微，今以小事爲不必言，至於大事又不敢言，是無時而可言也。"

安國既去，逾旬，金人薄都城。子寅爲郎在城中，客或憂之，安國愀然曰："主上在重圍中，號令不出，卿大夫恨效忠無路，敢念子乎！"敵圍益急，欽宗亟召安國及景衡，詔竟不達。

高宗即位，以給事中召，安國言："昨因繳奏，遍觸權貴，今陛下將建中興，而政事弛張，人才升黜，尚未合宜，臣若一一行其職守，必以妄發，干犯典刑。"黃潛善諷給事中康執權論其托疾，罷之。三年，樞密張浚薦安國可大用，再除給事中。賜其子起居郎寅手札，令以上意催促。既次池州，聞駕幸吳、越，引疾還。

紹興元年，除中書舍人兼侍講，遣使趣召，安國以《時政論》十二篇先獻之。論入，復除給事中。二年七月入對，高宗曰："聞卿大名，渴於相見，何爲累詔不至？"安國辭謝，乞以所進十二篇者施行。其論《定計》略曰："陛下履極六年，以建都，則未有必守不移之居；以討賊，則未有必操不變之術；以立政，則未有必行不反之令；以任官，則未有必信不疑之臣。舍今不圖，後悔何及！"論《建都》謂："宜定都建康以比關中、河内，爲興復之基。"論《設險》謂："欲固上流，必保漢、沔；欲固下流，必守淮、泗；欲固中流，必以重兵鎮安陸。"論《立志》謂："當必志於恢復中原，祗奉陵寢；必志於掃平讎敵，迎復兩宮。"論《正心》謂："戡定禍亂，雖急於戎務，而裁決戎務，必本於方寸。願選正臣多聞識、有志慮、敢直言者，置諸左右，日夕討論，以宅厥心。"論《養氣》謂："用兵之勝負，軍旅之彊弱，將帥之勇怯，係人君所養之氣曲直何如。願彊於爲善，益新厥德，使信於諸夏、聞於夷狄者，無曲可議，則至剛可以塞兩間，一怒可以安天下矣。"餘六條曰《制國》《恤民》《立政》《覈實》《宏度》《寬隱》，言皆切直。安國嘗謂："雖諸葛復生，爲今日計，不能易此論也。"

居旬日，再見，以疾懇求去。高宗曰："聞卿深於《春秋》，方欲講論。"遂以《左氏傳》付安國點句正音。安國奏："《春秋》經世大典，見諸行事，非空言比。今方思濟艱難，《左氏》繁碎，不宜虛費光陰，耽玩文采，莫若潛心聖經。"高宗稱善。尋除安國兼侍讀，專講《春秋》。時講官四人，援例乞各專一經。高宗曰："他人通經，豈胡安國比。"不許。

會除故相朱勝非同都督江、淮、荊、浙諸軍事，安國奏："勝非與黃潛善、汪伯彦同在政府，緘默附會，馴致渡江；尊用張邦昌結好金國，淪滅三綱，天下憤鬱；及正位冢司，苗、劉肆逆，貪位苟容，辱逮君父。今彊敵憑陵，叛臣不忌，用人得失，係國安危，深恐勝非上誤大計。"勝非改除侍讀，安國持録黃不下，左相呂頤浩特令校正黃龜年書行。安國言："'有官守者，不得其職則去'。臣今待罪無補，既失其職，當去甚明。況勝非係臣論列之人，今朝廷乃稱勝非處苗、劉之變，能調護聖躬。昔公羊氏言祭仲廢君爲行權，先儒力排其説。蓋權宜廢置非所施於君父，《春秋》大法，尤謹於此。建炎之失節者，今雖特釋而不問，又加選擇，習俗既成，大非君父之利。臣以《春秋》之時，[①]而與勝非爲列，有違經訓。"遂卧家不出。

初，頤浩都督江上還朝，欲去異己者，未得其策，或教之指爲朋黨，且曰："黨魁在瑣闈，當先去之。"頤浩大喜，即引勝非爲助，而降旨曰："胡安國屢召偃蹇不至，今始造朝，又數有請。初言勝非不可同都督，及改命經筵，又以爲非，豈不以時艱不肯盡瘁，乃欲求微罪而去，其自爲謀則善，如國計何？"落職提舉仙都觀。是夕，彗出東南。右相秦檜三上章乞留之，不報，即解相印去。侍御史江躋上疏，極言勝非不可用，安國不當責。右司諫吳表臣亦言安國扶病見君，欲行所學，今無故罪去，恐非所以示天下。不報。頤浩又黜給事中程瑀、起居舍人張燾及躋等二十餘人，云應天變除舊布新之象，臺省一空。勝非遂相，安國竟歸。

初，王安石盡屏先儒，以爲淺陋，獨用己意，著《三經新説》，離析字畫偏旁，謂之道德性命之學，於《春秋》聖人行事之實漫不能曉，則詆以爲"斷爛朝報"，直廢棄之，不列於學宮。下逮崇寧，防禁益甚。故家遺俗，或存《三傳》舊本，見者撫嘆，或遂指以爲《春秋》，而仲尼經世之心幾乎熄矣。安國自壯年即有服膺之志，嘗曰："六籍惟此書出先聖之手，乃使人主不得聞講説，學士不得相傳習，亂倫滅理，用夷變夏，殆由此乎！"於是潛心刻意，裒古今諸儒所著述，無慮百家片言之善，采拾靡遺，害義切深必加辨正，或去或取，無一毫好惡之偏，蓋準則之以《語》《孟》，權衡之以《五經》，證據之以歷代之史，窮研玩味，游泳沉酣者三十年。及得伊川所作《傳》，其間精義十餘條，若合符節，益以自信，探索愈勤。至是，年六十有一而書始就，慨然嘆曰："此傳心之要典也。"蓋於克己修德之方，尊君父、討亂賊、攘夷狄、存天理、正人心之術，未嘗不屢書而致詳焉。

五年，除徽猷閣待制、知永州，辭。詔以經筵舊臣，重閔勞之，特從其請，提舉江州太平觀，令纂修所著《春秋傳》。

書成，高宗謂深得聖人之旨，除提舉萬壽觀兼侍讀。未行，諫官陳公輔上疏詆假託程頤之學者，安國奏曰："孔孟之道不傳久矣，自頤兄弟始發明之，然後知其可學而至。今使學者師孔、孟，而禁不得從頤學，是入室而不由户也。本朝自嘉祐以來，西都有邵雍、程顥及其弟頤，關中有張載，皆以道德名世，公卿大夫所欽慕而師尊之。會王安石、蔡京等曲加排抑，故其道不行。望下禮官討論故事，加之封爵，載在祀典，比於荀、揚、韓氏，仍詔館閣裒其遺書，校正頒行，使邪説者不得作。"奏入，公輔與中丞周秘、侍御史石公揆承望宰相風旨，交章論安國學術頗僻。除知永州，辭，復提舉太平觀,進寶文閣直學士。卒,年六十五,詔贈四品官,又降詔加賻,賜田十頃恤其孤,諡曰文定,蓋非常格也。

安國彊學力行,以聖人爲標的,志於康濟時艱。見中原淪没,遺黎塗炭,常若痛切於其身。雖數以罪去,其愛君憂國之心遠而彌篤,每有君命,即置家事不問。然風度凝遠,蕭然塵表,視天下萬物無足以嬰其心。自登第迄謝事,四十年在官,實歷不及六載。

朱震被召,問出處之宜,安國曰:"子發學《易》二十年,此事當素定矣。世間惟講學論政,不可不切切詢究,至於行己大致、去就語默之幾,如人飲食,其飢飽寒温,必自斟酌,不可決諸人,亦非人所能決也。吾平生出處皆内斷於心,浮世利名,蠛蠓過前,何足道哉!"故渡江以來,儒者進退合義,以安國、尹焞爲稱首。侯仲良言必稱二程先生,他無所許可,後見安國,嘆曰:"吾以爲志在天下,視不義富貴真如浮雲者,二程先生而已,不意復有斯人也。"

安國所與遊者,游酢、謝良佐、楊時皆程門高弟。良佐嘗語人曰:"胡康侯如大冬嚴雪,百草萎死,而松柏挺然獨秀者也。"安國之使湖北也,時方爲府教授,良佐爲應城宰,安國質疑訪道,禮之甚恭,每來謁而去,必端笏正立目送之。

安國少欲以文章名世,既學道,乃不復措意。壯年嘗觀釋氏書,後遂屏絶。所著自《春秋傳》外,有《資治通鑑舉要補遺》一百卷,文集五十卷。子三:寅、宏、寧。

寅,字明仲,安國弟之子也。寅將生,安國弟婦以多男欲不舉,安國妻夢大魚躍盆水中,急往取而子之。寅少時桀黠難制,長而志節豪邁。宣和中,舉進士,除校書郎。時楊時爲祭酒,寅從之受學。靖康之變,金人議立異姓,寅與張浚、趙鼎逃太學中,不書議狀。張邦昌僭立,棄官歸。

建炎三年,以張浚薦,擢起居郎。金人南侵,詔議駐蹕之所,寅建議以爲宜枕戈復讎,不當退保吴、越,語甚切直。首相吕頤浩惡之,除管江州太平觀。尋應詔條上時務十事,又不報。命知永州。

紹興四年,復召爲中書舍人。時議遣使入雲中,寅又上書爭之,與宰臣議異,乞便郡就養,歷知邵、嚴、永三州,再除禮部侍郎、兼侍讀直學士院。

初,金人欲帝張邦昌,中丞秦檜受御史馬伸之約,共持異議,安國頗重其大節。及檜擅國,寅遂與之絶。又極爭和議,檜恨之,謫新州安置。檜死,始赦自便,復其官。二十一年,卒。

寅在謫所,著《讀史管見》數十萬言,及《論語詳説》行於世。

宏,字仁仲,幼事楊時、侯仲良,而卒傳其父之學。紹興中,上書陳時事,不報。優遊衡山下二十年,玩心神明,不舍晝夜。張栻師事之。

初以蔭補右承務郎。秦檜當國,貽書其兄寅,問二弟何不通書,意欲用之。宏作書止敘契好而已，書辭甚厲，人問之，宏曰："正恐其召，故示之以不可召之端。"檜死，宏被召，竟以疾辭，卒於家。學者稱五峰先生。

著書曰《知言》。張栻謂其言約義精，道學之樞要，制治之龜蓍也。

寧，字和仲，以蔭補官。秦檜當國，召試除館職。及寅與檜忤，出知澧州。安國之傳《春秋》也，修纂檢討盡出寧手。寧又著《春秋通旨》，以翼其書云。

張栻，字敬夫，漢州綿竹人，丞相浚子也。以蔭補官，辟宣撫司都督府書寫機宜文字，除直祕閣。時孝宗新即位，浚起謫籍，開府治戎，奏以栻從事，參佐皆極一時之選。栻以少年，內贊密謀，外參庶務，其所綜畫，幕府諸人皆自以爲不及也。間以軍事入奏，因進言曰："陛下上念宗社之讎恥，下閔中原之塗炭，惕然於中而思有以振之，臣謂此心之發，即天理之所存也。願益加省察，而稽古親賢以自輔，無使其或少息，則今日之功可以必成，而因循之弊可革矣。"孝宗異其言，於是遂定君臣之契。

浚去位，湯思退用事，遂罷兵講和。金人乘間縱兵入淮甸，中外大震，廟堂猶主和議，至敕諸將無得輒稱兵。時浚已沒，栻營葬甫畢，即拜疏言："吾與金人有不共戴天之讎，異時朝廷雖嘗興縞素之師，然旋遣玉帛之使，是以講和之念未忘於宮中，而至誠惻怛之心無以感格於天人之際，此所以事屢敗而功不成也。今雖重爲羣邪所誤，以蹙國而召寇，然亦安知非天欲以是開聖心哉！謂宜深察此理，使吾胸中了然無纖芥之惑，然後明詔中外，公行賞罰，以快軍民之憤，則人心悅，士氣充，而敵不難卻矣。繼今以往，深察此理，益堅此志，誓不言和，專務自強，雖折不撓，使此心純一，貫徹上下，則遲以歲月，亦何功不之濟哉？"疏入，不報。

久之，以劉珙薦，除知撫州，未上，改嚴州。時宰相虞允文以恢復自任，然所以求者類非其道，意栻素論常與己合，數遣人致殷勤，栻不答。入奏，首言："先王所以建事立功無不如志者，以其胸中之誠有以感格天人之心，而與之無間也。今規畫雖勞，而事功不立，陛下誠深察之日用之間，念慮云爲之際，亦有私意之發以害吾之誠者乎？有則克而去之，使吾中扃洞然無所間雜，則見義必精，守義必固，而天人之應將不待求而得矣。夫欲復中原之地，必先有以得中原之心；欲得中原之心，必先有以得吾民之心。求所以得吾民之心者，豈有他哉？不盡其力，不傷其財而已矣。今日之事，固當以明大義、正人心爲本。然其所施有先後，則其緩急不可以不詳；所務有名實，則其取舍不可以不審，此又明主所宜深察也。"

明年，召爲吏部侍郎，兼權起居郎侍立官。時宰方謂敵勢衰弱可圖，建議遣泛使往責陵寢之故，士大夫有憂其無備而召兵者，輒斥去之。栻見帝，帝曰："卿知敵國事乎？"栻對曰："不知也。"帝曰："金國饑饉連年，盜賊四起。"栻曰："金人之事，臣雖不知，境中之事，則知之矣。"帝曰："何也？"栻曰："臣竊見比年諸道多水旱，民貧日甚，而國家兵弱財匱,官吏誕謾,不足倚賴。正使彼實可圖,臣懼我之未足以圖彼也。"帝爲默然久之。栻因出所奏疏讀之曰:"臣竊謂陵寢隔絶,誠臣子不忍言之至痛,然今未能奉辭以討之,又不能正名以絶之,乃欲卑辭厚禮以求於彼,則於大義已爲未盡。而異論者猶以爲憂,則其淺陋畏怯,固已甚矣。然臣竊揆其心意,或者亦有以見我未有必勝之形,而不能不憂也歟? 蓋必勝之形,當在於早正素定之時,而不在兩陣決機之日。"帝爲悚聽改容。栻復讀曰:"今日但當下哀痛之詔,明復讎之義,顯絶金人,不與通使。然後修德立政,用賢養民,選將帥,練甲兵,通内修外攘、進戰退守以爲一事,且必治其實而不爲虛文,則必勝之形隱然可見,雖有淺陋畏怯之人,亦且奮躍而争先矣。"帝爲嘆息褒諭,以爲前此未聞此論也。其後因賜對反復前說,帝益嘉嘆,面諭:"當以卿爲講官,冀時得晤語也。"

會史正志爲發運使,名爲均輸,實盡奪州縣財賦,遠近騷然,士大夫争言其害,栻亦以爲言。帝曰:"正志謂但取之諸郡,非取之於民也。"栻曰:"今日州郡財賦大抵無餘,若取之不已,而經用有闕,不過巧爲名色以取之於民耳。"帝矍然曰:"如卿之言,是朕假手於發運使以病吾民也。"旋閱其實,果如栻所言,即詔罷之。

兼侍講,除左司員外郎。講《詩·葛覃》,進說:"治生於敬畏,亂起於驕淫。使爲國者每念稼穡之勞,而其后妃不忘織紝之事,則心不存者寡矣。"因上陳祖宗自家刑國之懿,下斥今日興利擾民之害。帝嘆曰:"此王安石所謂'人言不足恤'者,所以爲誤國也。"

知閤門事張說除簽書樞密院事,栻夜草疏極諫其不可,且詣朝堂,質責宰相虞允文曰:"宦官執政,自京、黼始,近習執政,自相公始。"允文慙憤不堪。栻復奏:"文武誠不可偏,然今欲右武以均二柄,而所用乃得如此之人,非惟不足以服文吏之心,正恐反激武臣之怒。"孝宗感悟,命得中寢。然宰相實陰附說,明年出栻知袁州,申說前命,中外誼譁,說竟以謫死。

栻在朝未期歲,而詔對至六七,所言大抵皆修身務學,畏天恤民,抑僥倖,屏讒諛,於是宰相益憚之,而近習尤不悦。退而家居累年,孝宗念之,詔除舊職,知静江府,經略安撫廣南西路。所部荒殘多盜,栻至,簡州兵,汰冗補闕,籍諸州黥卒伉健者爲效用,日習月按,申嚴保伍法。諭溪峒酋豪弭怨睦鄰,毋相殺掠,於是羣蠻帖服。朝廷買馬横山,歲久弊滋,邊氓告病,而馬不時至。栻究其利病六十餘條,奏革之,諸蠻感悦,争以善馬至。

孝宗聞栻治行,詔特進秩,直寶文閣,因任。尋除祕閣修撰、荆湖北路轉運副使。改知江陵府,安撫本路。一日去貪吏十四人。湖北多盜,府縣往往縱釋以病其良民,栻首劾大吏之縱賊者,捕斬姦民之舍賊者,令其黨得相捕告以除罪,羣盜皆遁去。郡瀕邊屯,主將與帥守每不相下,栻以禮遇諸將,得其驩心,又加恤士伍,勉以忠義,隊長有功輒補官，士咸感奮。並淮姦民出塞爲盜者，捕得數人，有北方亡奴亦在盜中。栻曰："朝廷未能正名討敵，無使疆場之事其曲在我。"命斬之以徇於境，而縛其亡奴歸之。北人嘆曰："南朝有人。"

信陽守劉大辨怙勢希賞，廣招流民，而奪見戶熟田以與之。栻劾大辨詐諼，所招流民不滿百，而虛增其數十倍，請論其罪，不報。章屢上，大辨易他郡，栻自以不得其職求去，詔以右文殿修撰提舉武夷山沖佑觀。病且死，猶自作遺表曰："願陛下親君子遠小人，信任絕一己之偏，好惡公天下之見。永清四海，克鞏丕圖。臣死之日，猶生之年。"表上，邸吏以庶僚不得上遺表卻之。卒四日，帝乃聞之。時年四十八。

栻生有異質，穎悟夙成，其父愛之，自幼學，所教莫非忠孝仁義之實。及長，命從胡宏問程氏學。宏一見，知其大器，即以孔門論仁親切之旨告之。栻退而思，若有得焉，宏稱之曰："聖門有人，吾道幸矣。"栻益自奮勵，直以古之聖賢自期，作《希顏錄》一篇，夙夜觀省以自警策。所造既深邃，未敢自足，又取友四方，益務求其所未至。蓋玩索講詳，踐行體驗，反覆不置者十有餘年，然後反而得乎簡易平實之地，於天下之理皆瞭然心目之間，而實有以見其不能自已者，是以決之勇行之力而守之固。其所以篤於君親、一於道義而沒世不忘者，初非有所勉慕而強爲之。嘗自言曰："學莫先於義利之辨。而義也者，本心之所當爲而不能自已，非有所爲而爲之者也。一有所爲而爲之，則皆人欲之私，而非天理之所存矣。"朱熹嘗言："己之學乃銖積寸累而後成，如敬夫，則大本卓然先有見者也。"其教人，必使之先有以察乎義利之間，而後明理居敬以造其極，剖析精明，傾倒切至，必竭兩端而後已。所爲郡，必葺其學，於靜江又特乘暇日召諸生，告語不倦。民以事至庭中者，亦必隨事教戒，而於孝弟忠信、睦姻任恤之意，尤孜孜焉。世俗鬼神佛老之說，必屏絕之。獨於社稷山川古先聖賢之奉，爲之兢兢，雖法所無，亦以義起。其水旱禱祠，無不應者。

生平所著書，惟《論語說》最後出，而《洙泗言仁》《諸葛武侯傳》爲成書，其他如《書》《詩》《孟子》《太極圖說》《經世編年》之屬，則欲更定而未及。然其提綱挈領，所以開悟後學，使不迷於所向，其功則已多矣。學者稱爲南軒先生。嘉定八年，詔謚曰宣，以知潭州衛涇之請也。

述曰：二程夫子倡明道學，志在經綸，而生不逢辰，厄於羣小，浮沉竄謫，不竟所行。尋至國是日非，遂有靖康之禍。高宗偏安江左，忘親事讎。孝宗雖有意恢復，而用人不由其道。若文定、若南軒，不能專心委任，一如熙豐故轍。嗚呼！道之廢興，實關國運，豈盡諸賢之厄邪！

闕里文獻考卷六一

從祀賢儒第十四之十九

宋

朱松，字喬年，徽州婺源人。生有俊才，自爲兒童時，出語已驚人。少長，發憤讀經史百家書，求天下國家興亡理亂之變，與夫一時所以應時合變先後本末之序，期有以發爲論議，措之事業，如賈長沙、陸宣公者。聞龜山楊氏傳河洛之學，於是益自刻厲，痛刮浮華，以趨本實。日誦《大學》《中庸》書，以用力於致知誠意之地。自謂卜急害道，因取古人佩韋之義，以名其齋。嘗曰："士之所志，其分在義利之間而已。"登政和八年進士，授建州政和尉。丁外艱，服除，調南劍尤溪尉，監泉州石井鎮。紹興四年，胡世將、謝克家薦試館職，除祕書省正字。趙鼎都督川陝、荆、襄軍馬，召松爲屬，辭。鼎再相，召除祕書省校書郎，遷著作佐郎。以御史中丞常同薦，除尚書度支員外郎，兼史館校勘，歷司勳、吏部郎，兼史職如故。修《哲宗實録》成，轉奉議郎。秦檜決策議和，松與同列上章，極言其不可。不報。松力疏求去，檜怒，風御史論其懷異自賢，陽爲辭遜，遂出知饒州，未上，請間得主管台州崇道觀。卒，贈通議大夫。

松病亟，屬子熹曰："籍溪胡原仲、白水劉致中、屏山劉彦冲三人，學有淵源，吾所敬畏。吾即死，汝往事之。"原仲名憲，崇安人。從從父安國始聞程氏之説，嘗學《易》於譙定，久未有得，定曰："心爲物漬，故不能有見，惟學乃可明耳！"憲嘆曰："非克己工夫邪？"自是一意下學，不求人知，歸故山，力田以奉其親。折彦質等薦，授建州教授。再召，改祕書正字，即求去，與祠歸。衆稱籍溪先生。致中名勉之，崇安人。逾冠，詣太學，時禁止毋挾元祐書，勉之求得之，每深夜同舍生皆寐，乃潛抄而默誦之。見劉安世、楊時，皆請業焉。紹興間，吕本中薦，特召詣闕，不與秦檜合，即歸。人號曰"白水先生"。彦冲名子翬，崇安人，以父任補郎。父韐，死靖康之難，子翬痛憤，執喪致羸疾，自號"病翁"。除通判興化，不堪吏事，辭歸武夷山，不出凡十七年。間走父墓下，徘徊涕泣，或累日而返。學者稱爲屏山先生。

熹,字元晦,一字仲晦。幼穎悟,甫能言,父指天示之曰:"天也。"熹問:"天之上何物?"父異之。就傅,授以《孝經》,一閱,即題其上曰:"不若是,非人也。"嘗從羣兒戲沙上,獨端坐以指畫沙,視之,八卦也。既孤,則奉父命往告胡憲、劉勉之、劉子翬而奉學焉。勉之以女妻之。年十四,即屬志聖賢之學。十八貢於鄉,登紹興十八年進士第。主泉州同安簿,勤敏利物,不憚勞瘁,選邑秀民充弟子員,日與講說聖賢修己治人之道。禁女婦之爲僧道者。秩滿,罷歸請祠,監潭州南嶽廟,以奉親講學爲事。同安人思之,立廟祀於學宫。明年,以輔臣薦,與徐度、吕廣問、韓元吉同召,以疾辭。

孝宗即位,詔求直言,熹上封事言:"聖躬雖未有過失,而帝王之學不可以不熟講;朝政雖未有闕遺,而修攘之計不可以不早定;利害休戚雖不可以遍舉,而本源之地不可以不加意。陛下毓德之初,親御簡策,不過諷誦文辭,吟咏情性,又頗留意於老子、釋氏之書。夫記誦辭藻,非所以探淵源而出治道;虚無寂滅,非所以貫本末而立大中。帝王之學,必先格物致知,以極夫事物之變,使義理所存,纖悉畢照,則自然意誠心正,而可以應天下之務矣。修攘之計不時定者,講和之説誤之也。夫金人於我有不共戴天之讎,則不可和也明矣。願斷以義理之公,閉關絶約,任賢使能,立紀綱,厲風俗。數年之後,國富兵强,視吾力之强弱,觀彼隙之淺深,徐起而圖之,則理得勢全名正實利矣。四海利病,係生民之休戚;生民休戚,係守令之賢否。監司者守令之綱,朝廷者監司之本也。今之監司,姦贓狼籍、肆虐以病民者,莫非宰執、臺諫之親舊賓客。其已失勢者,既按見其交私之狀而斥去之;尚在勢者,豈無其人,顧陛下無自知之耳。臣竊謂惟以正朝廷爲先務,則其患可不日而自革矣。"

隆興元年,入對,又言:"大學之道,在乎格物以致其知。陛下雖有生知之性、高世之行,而未嘗隨事以觀理,即理以應事。是以舉措之間動涉疑貳,聽納之際未免蔽欺,平治之效所以未著。"次言:"君父之讎不共戴天。今日所當爲者,非戰無以復讎,非守無以制勝。"因陳古先聖王所以强本折衝、威制遠人之道。又上三劄,以爲制治之原莫急於講學,經世之務莫大於復讎。至於德業之成敗,則決於君子、小人之用舍。時相湯思退方倡和議,除熹武學博士,待次。乾道元年,促就職,既至而洪适爲相,復主和,論不合,歸。

三年,陳俊卿、劉珙薦爲樞密院編修官,待次。五年,丁内艱。六年,工部侍郎胡銓以詩人薦,與王庭珪同召,以未終喪辭。七年,既免喪,復召,以禄不及養辭。九年,梁克家相,申前命,又辭。克家奏熹屢召不起,宜蒙褒録,帝曰:"熹安貧守道,廉退可嘉。"特改合入官,主管台州崇道觀。熹以求退得進,於義未安,再辭。淳熙元年,始拜命。二年,帝欲獎用廉退,以厲風俗,龔茂良行丞相,以熹名進,除祕書郎,力辭,且以手書遺茂良,傷及權倖。羣小乘間讒毁,乃因熹再辭,即從其請,主管武夷山沖佑觀。

五年,史浩再相,除知南康軍,熹再辭,不許,始受命。熹自同安奉祠歸,至是幾二十年，間關貧困，不以累心。至南康，興利除害，愛民如子，尤以厚人倫、美風俗爲首務。屬邑星子土瘠稅重，疏請蠲減，章凡五六上。值歲不雨，講求荒政，申嚴鄰封遏糴之禁，選擇官吏，通商勸義，多所全活。訖事，奏乞依格推賞納粟人。間詣郡學，引進士子與之講論。訪白鹿洞書院遺址，奏復其舊，爲立學規俾守之。明年夏，大旱，詔監司、郡守條具民間利病，遂上疏言：

> 天下之務莫大於恤民，而恤民之本，在人君正心術以立紀綱。蓋天下之紀綱不能以自立，必人主之心術公平正大，無偏黨反側之私，然後紀綱有所繫而立。君心不能以自正，必親賢臣，遠小人，講明義理之歸，閉塞私邪之路，然後君心乃可得而正。

> 今宰相、臺省、師傅、賓友、諫諍之臣皆失其職，而陛下所與親密謀議者，不過一二近習之臣。上以蠱惑陛下之心志，使陛下不信先王之大道，而悦於功利之卑説；不樂莊士之讜言，而安於私暬之鄙態。下則招集天下士大夫之嗜利無恥者，文武彙分，各入其門。所喜則陰爲引援，擢寘清顯；所惡則密行誣毁，公肆擠排。交通貨賂，所盜者皆陛下之財；命卿置相，所竊者皆陛下之柄。陛下所謂宰相、師傅、賓友、諫諍之臣，或反出其門牆，承望其風旨；其幸能自立者，亦不過齪齪自守，而未嘗敢一言以斥之；其甚畏公論者，乃能略警逐其徒黨之一二，既不能深有所傷，而終亦不敢正言以搒其囊橐窟穴之所在。勢成威立，中外靡然向之，使陛下之號令黜陟不復出於朝廷，而出於此一二人之門，名爲陛下獨斷，而實此一二人者陰執其柄。非獨壞陛下之紀綱而已，乃并陛下所以立紀綱者而壞之。然則民安可得而恤邪？

且云：“莫大之禍，必至之憂，近在朝夕，而陛下獨未之知。”帝讀之，大怒曰：“是以我爲亡主也。”熹以疾請祠，不報。

陳俊卿以舊相守金陵，過闕入見，薦熹甚力。宰相趙雄言於帝曰：“士多好名，陛下疾之愈甚，則人之譽之愈衆，無乃適所以高之。不若因其長而用之，彼漸當事任，能否自見矣。”帝以爲然，乃除熹提舉江西常平茶鹽公事。録救荒之勞，加直祕閣，辭以納粟人未推賞，俟賞行乃受。

入對，首陳災異之由與修德任人之説，言：“陛下即政之初，蓋嘗選建英豪，任以政事，不幸其間不能盡得其人，是以不復廣求賢哲，而姑取軟熟易制之人以充其位。於是左右私暬使令之賤，始得以奉燕間，備驅使，而宰相之權日輕。又慮其勢有所偏，重而因①以壅己也，則時聽外庭之論，將以陰察此輩之負犯而操切之。陛下既未能循天

---

① “重而因”，《宋史·道學傳三·朱熹傳》作“而因重”。

理、公聖心,以正朝廷之大體,則固已失其本矣,而又欲兼聽士大夫之言,以爲駕馭之術,則士大夫之進見有時,而近習之從容無間。士大夫之體貌既莊而難親,其議論又苦而難入,近習便嬖側媚之態既足以蠱心志,其胥吏狡獪之術又足以眩聰明。是以雖欲微抑此輩,而此輩之勢日重,雖欲兼采公論,而士大夫之勢日輕。重者既挾其重,以竊陛下之權,輕者又借力於所重,以爲竊位固寵之計。日往月來,浸淫耗蝕,使陛下之德業日隳,綱紀日壞,邪佞充塞,貨賂公行,兵愁民怨,盜賊間作,災異數見,饑饉薦臻。羣小皆得滿其所欲,惟有陛下了無所得,而顧乃獨受其弊。"帝爲動容。

會近郊大饑,宰相王淮奏改浙東提舉,即日單車就道,移書他郡,募米商,蠲其征,及至,則客舟之米已輻輳。熹日鉤訪民隱,按行境內,屏去徒從,所至人不及知。郡縣官吏憚其風采,至自引去,所部肅然。凡丁錢、和買、役法、榷酤之政,有不便於民者,悉釐而革之。於救荒之餘,隨事處畫,必爲經久之計。有短熹者,謂其疏於爲政,帝謂王淮曰:"朱熹政事卻有可觀。"以賑濟有勞,進直徽猷閣,又下其社倉法於諸路。

熹以前後奏請多所見抑,幸而從者,率稽緩後時,蝗旱相仍,不勝憂憤,復奏言:"爲今之計,獨有斷自聖心,沛然發號,責躬求言,然後君臣相戒,痛自省改。其次惟有盡出內庫之錢,以供大禮之費爲收糴之本,詔戶部免徵舊負,詔漕臣依條檢放租稅,詔宰臣沙汰被災路分州軍監司、守臣之無狀者,遴選賢能,責以荒政,庶幾猶足下結人心,消其乘時作亂之意。不然,臣恐所憂者不止於飢殍,而將在於盜賊;蒙其害者不止於官吏,而上及於國家也。"

知台州唐仲友與王淮同里爲姻家,吏部尚書鄭丙、侍御史張大經交薦之,遷江西提刑,未行。熹行部至台,訟仲友者紛然,按得其實,章三上,淮匿不以聞。熹論愈力,仲友亦自辯,淮乃以熹章進呈,帝令宰屬看詳,都司陳庸等乞令浙西提刑委清強官究實,仍令熹速往旱傷州郡相視。熹時留台未行,既奉詔,益上章論,前後六上,淮不得已,奪仲友江西新命以授熹,辭不拜,遂歸,且乞奉祠。

會鄭丙上疏詆程氏之學且以沮熹,淮又擢太府寺丞陳賈爲監察御史。賈面對,言近日搢紳有所謂"道學"者,大率假名以濟僞,願考察其人,擯棄勿用。於是詔以熹累乞奉祠,可差主管台州崇道觀,時淳熙十年也。

武夷精舍成,熹還自浙,見其士習馳騖於外,每語學者且觀《孟子》道性善及求放心兩章,務收斂凝定,以致克治求仁之功,而深斥其所學之誤。以爲舍《六經》《語》《孟》而尊史遷,舍窮理盡性而談世變,舍治心修身而喜事功,大爲學者心術之害。極力爲呂祖儉、潘景愈、孫應時輩言之。既而連奉雲臺、鴻慶之祠者五年。十五年,淮罷,周必大相,除熹提點江西刑獄公事,以疾辭,不許。

入奏,首言近年刑獄失當,獄官當擇其人。次言經總制錢之病民,及江西諸州科罰之弊。而其末言:"陛下即位二十七年,因循茬苒,無尺寸之效可以仰酬聖志。嘗反覆思之，無乃天理有所未純，人欲有所未盡，是以爲善不能充其量，除惡不能去其根，一念之頃，公私邪正、是非得失之機，交戰於其中。故體貌大臣非不厚，而便嬖側媚得以深被腹心之寄；寤寐英豪非不切，而柔邪庸繆得以久竊廊廟之權。非不樂聞公議正論，而有時不容；非不聖讒説殄行，而未免誤聽；非不欲報復陵廟讎恥，而未免畏怯苟安；非不愛養生民財力，而未免嘆息愁怨。願陛下自今以往，一念之頃必謹而察之：此爲天理耶，人欲耶？果天理也，則敬以充之，而不使其少有壅閼；果人欲也，則敬以克之，而不使其少有凝滯。推而至於言語動作之間，用人處事之際，無不以是裁之，則聖心洞然，中外融徹，無一毫之私欲得以介乎其間，而天下之事將惟陛下所欲爲，無不如志矣。"初，熹赴召，或以"正心誠意"之論上所厭聞，戒勿以爲言。熹曰："吾平生所學，惟此四字，豈可隱默以欺吾君乎？"及奏，帝曰："久不見卿，浙東之事，朕自知之，今當處卿清要，不復以州縣爲煩也。"

時曾覿已死，王抃亦逐，獨内侍甘昇尚在，熹力以爲言。帝曰："昇乃德壽所薦，爲其有才耳。"熹曰："小人無才，安能動人主？"翼日，除兵部郎官，以足疾丐祠。本部侍郎林栗嘗與熹論《易》《西銘》不合，劾熹："本無學術，徒竊張載、程頤緒餘，謂之'道學'。所至輒攜門人數十人，妄希孔、孟歷聘之風，邀索高價，不肯供職，其僞不可掩。"太常博士葉適上疏與栗辨，謂其言無一實者，"謂之道學"一語，無實尤甚，往日王淮表裏臺諫，陰廢正人，蓋用此術。而胡晉臣新除侍御史，亦首論栗執拗不通，喜同惡異，妄指學者爲黨。帝亦以栗言太過，黜知泉州。

時左補闕薛叔似上章援熹，宰相周必大亦言熹足疾是實，帝曰："昨上殿時，朕亦見其跛曳。且入對所論，皆新任職事，朕亦諒其誠。"乃令仍提點江西刑獄，熹再辭。除直寶文閣，主管西京嵩山崇福宫。未逾月再召，熹又辭。

始，熹嘗以口陳之説有所未盡，乞具封事以聞，至是投匭進封事曰：

今天下大勢，如人有重病，内自心腹，外達四肢，無一毛一髮不受病者。且以天下之大本與今日之急務，爲陛下言之：大本者，陛下之心；急務則輔翼太子，選任大臣，振舉綱紀，變化風俗，愛養民力，修明軍政，六者是也。

古先聖王兢兢業業，時守此心，是以建師保之官，列諫諍之職，凡飲食、酒漿、衣服、次舍、器用、財賄與夫宦官、宫妾之政，無一不領於冢宰。使其左右前後，一動一静，無不制以有司之法，而無纖芥之隙、瞬息之頃，得以隱其毫髮之私。陛下之所以精一克復而持守其心，果有如此之功乎？所以修身齊家而正其左右，果有如此之效乎？宮省事禁，臣固不得而知，然爵賞之濫，貨賂之流，閭巷竊言，久已不勝其籍籍，則陛下所以修之家者，恐其未有以及古之聖王也。

至於左右便嬖之私，恩遇過當，往者淵、覿、説、抃之徒勢焰薰灼，傾動一時，今已無可言矣。獨有前日臣所面陳者，雖蒙聖慈委曲開譬，然臣之愚，竊以爲此輩但當使之守門傳命，供掃除之役，不得假借崇長，使得逞邪媚、作淫巧於內，以蕩上心；立門庭、招權勢於外，以累聖政。臣聞之道路，自王抃既逐之後，諸將差除，多出此人之手。陛下竭生靈膏血以奉軍旅，而爲軍士者，顧乃未嘗得一溫飽。惟任將帥，巧爲名色，奪取其糧，肆行貨賂於近習，以圖進用。陛下不悟，反寵暱之，以是爲我之私人，至使宰相不得議其制置之得失，給諫不得論其除授之是非，則陛下所以正其左右者，未能及古之聖王又明矣。

太子者，國家之本也。唐東宮之官師傅、賓客既職輔導，而詹事府、兩春坊實擬天子之三省，故以詹事、庶子領之，其選甚重。今師傅、賓客既不復置，而詹事、庶子有名無實，其左右春坊遂直以使臣掌之，既無以發其隆師親友、尊德樂義之心，又無以防其戲嫚媟狎、奇衺雜進之害。至於皇孫，德性未定，聞見未廣，保養之具尤不可以不嚴。謂宜討論前典，置師傅、賓客之官，罷去春坊使臣，而使詹事、庶子各復其職。妙選耆德，不雜他材，明其職掌以責功效，則宗社安而統業固矣。

大臣者，所與共治理者也。以陛下之聰明，豈不知天下之事，必得剛明公正之人而後可任哉？其所以常不得如此之人，而反容鄙夫之竊位者，直以一念之間，未能撤其私邪之蔽，而燕私之好、便嬖之流，不能盡由於法度，若用剛明公正之人以爲輔相，則恐其有以妨吾之事、害吾之人，而不得肆。是以選擇之際，常先排擯此等，而後取凡疲懦軟熟、平日不敢直言正色之人而揣摩之，又於其中得其至庸極陋、決可保其不至於有所妨者，然後舉而加之於位。是以除書未出，而物色先定，姓名未顯，而中外已逆知其決非天下第一流矣。陛下誠宜爲宗社生靈萬世無窮之計，不求其可喜，而求其可畏；不求其能適吾意，而求其能輔吾德；不憂其自任之不重，而常恐吾所以任之者之未盡。如此而猶曰不得其人，則臣不信也。

若夫宮省之間，禁密之地，天下不公之道，不正之人，顧乃得以窟穴盤據於其間。而陛下目見耳聞，無非不公不正之事，則其所以薰蒸銷鑠，使陛下好善之心不著，疾惡之意不深，其害已有所不可勝言者。及其作姦犯法，則陛下又未能深割私愛，而付諸外庭之議，論正以有司之法，是以紀綱不正於上，風俗頹弊於下，其爲害之日久矣。而浙中爲尤甚。大率習爲軟美之態、依阿之言，以不分是非、不辨曲直爲得計，甚者以金珠爲脯醢，以契券爲詩文，宰相可啗則啗宰相，近習可通則通近習，惟得之求，無復廉恥。一有剛毅正直、守道循理之士出乎其間，則羣議眾排，指爲“道學”，而加以矯激之罪。十數年來，以此禁錮天下之賢才君子，復如昔時所謂元祐學術者，排擯詆辱，必使無所容其身而後已，此豈治世之事哉？

　　臣聞自虞允文之爲相也，盡取版曹歲入稟名之必可指擬者，號爲歲終羨餘之數，而輸之內帑。顧以其有名無實、積累挂欠、空載簿籍、不可催理者，撥還版曹，其爲説曰，內帑之積，將以備他日用兵不時之需。其言誠甘且美矣。然自是以來二十餘年，內帑歲入不知幾何，而認爲私貯，典以私人，宰相不得以式貢均節其出入，版曹不得以簿書勾考其存亡，日銷月耗，以奉燕私之費者，蓋不知幾何矣，曷嘗聞其能用此錢以易敵人之首，如太祖之言哉！徒使版曹經費闕乏日甚，督促日峻，以至廢去祖宗以來破分良法，而必以十分登足爲限；以爲未足，則又造爲比較監司、郡守殿最之法，以誘脅之。於是中外承風，競爲苛急，此民力之所以重困也。

　　諸將之求進也，必先培尅士卒，以殖私利，然後以此自結於陛下之私人，而薪以姓名達於陛下之貴將。貴將得其姓名，即以付之軍中，使自什伍以上節次保明，稱其材武堪任將帥，然後具奏牘而言之陛下之前。陛下但見其等級推先，案牘具備，則誠以爲公薦而可以得人矣，而豈知其估價輸錢，已若晚唐之債帥哉？夫將者，三軍之司命，而其選置之方乖剌如此，則彼智勇材略之人，孰肯抑心下首於宦官、宮妾之門，而陛下之所得以爲將帥者，皆庸夫走卒，而猶望其修明軍政，激勸士卒，以彊國勢，豈不誤哉！

　　凡此六事，皆不可緩，而本在於陛下之一心。一心正則六事無有不正，一有人心私欲以介乎其間，則雖欲憊精勞力，以求正夫六事者，亦將徒爲文具，而天下之事愈至於不可爲矣。

　　疏入，夜漏下七刻，帝已就寢，亟起秉燭，讀之終篇。明日，除主管太一宮，兼崇政殿説書。會執政有指道學爲邪氣者，熹力辭，除祕閣修撰，仍主管崇福宮。

　　熹當孝宗朝，陛對者三，上封事者一，帝亦開懷容納。然熹之言皆痛詆大臣近習，故帝眷雖厚而嫉者愈深。光宗即位，再辭職名，仍舊直寶文閣，降詔獎諭。居數月，除江東轉運副使，以疾辭，改知漳州。奏除屬縣無名之賦七百萬，減經總制錢四百萬。以習俗未知禮，采古喪葬嫁娶之儀，揭以示之，命父老解説，以教子弟。土俗崇信釋氏，男女聚僧廬爲傳經會，女不嫁者爲庵舍以居，熹悉禁之。常病經界不行之害，會朝論欲行泉、江、[①]漳三州經界，熹乃訪事宜，擇人物及方量之法而上之。而土居豪右侵漁貧弱者以爲不便，阻之。宰相留正，泉人也，其里黨亦多以爲不可行。布衣吳禹圭復上書訟其擾人。朝廷不能決，後有旨先行漳州經界。明年，以子喪請祠。

　　時史浩入見，請收天下人望，乃除熹祕閣修撰，主管南京鴻慶宮。熹再辭，不許。除荊湖南路轉連副使。會漳州經界竟報罷，以言不用自劾。除知靜江府，辭，主管南

────────────

① “江”，《宋史·道學傳三·朱熹傳》作“汀”。

京鴻慶宮。未幾,差知潭州,再辭,不許。黃裳爲嘉王府翊善,自以學不及熹,乞召爲宮僚,王府直講彭龜年亦爲大臣言之。留正曰:"正非不知熹,但其性剛,恐到此不合,反爲累耳。"會洞獠擾屬郡,熹遣人諭以禍福,皆降之。申敕令,嚴武備,戢姦吏,抑豪民。所至興學校,明教化,四方學者畢至。

寧宗即位,趙汝愚首薦熹及陳傅良,有旨赴行在奏事。熹行且辭,除煥章閣待制兼侍講,辭,不許。入對,首言:"乃者,太皇太后躬定大策,陛下寅紹丕圖,可謂處之以權,而庶幾不失其正。自頃至今三月矣,或反不能無疑於逆順名實之際,竊爲陛下憂之。猶有可諉者,亦曰陛下之心,前日未嘗有求位之計,今日未嘗忘思親之懷,此則所以行權而不失其正之根本也。充未嘗求位之心,以盡負罪引慝之誠;充未嘗忘親之心,以致溫清定省之禮,而大倫正、大本立矣。"復面辭待制、侍講,帝手劄:"卿經術淵源,正資勸講,次對之職,勿復勞辭,以副朕崇儒重道之意。"遂拜命。

會趙彥逾按視孝宗山陵,以爲土肉淺薄,下有水石。孫逢吉復按,乞別求吉兆。有旨集議,臺史憚之,議中輟。熹竟上議狀言:"壽皇聖德,衣冠之藏,當博訪名山,不宜偏信臺史,委之水泉沙礫之中。"不報。時論者以爲帝未還大內,則名體不正而疑議生;金使且來,或有窺伺。有旨修葺舊東宮,爲屋至數百間,欲徙居之。熹奏疏言:

　　此必左右近習倡爲此説以誤陛下,而欲因以遂其姦心。臣恐不惟上帝震怒,災異數出,正當恐懼修省之時,不當興此大役,以咈譴告警動之意;亦恐畿甸百姓飢餓流離,阽於死亡之際,或能怨望忿切,以生他變。不惟無以感格太上皇帝之心,以致未有進見之期,亦恐壽皇在殯,因山未卜,几筵之奉不容少弛,太皇太后、皇太后皆以尊老之年,煢然在憂苦之中,晨昏之養尤不可闕。而四方之人,但見陛下亟欲大治宮室,速得成就,一旦翻然委而去之,以就安便,六軍萬民之心將有扼腕不平者矣。前鑑未遠,甚可懼也。

　　又聞太上皇后憚忤太上皇帝聖意,不欲其聞太上之稱,又不欲其聞內禪之説,此又慮之過者。殊不知若但如此,而不爲宛轉方便,則父子之間,上怨怒而下憂恐,將何時而已。父子大倫,三綱所繫,久而不圖,亦將有借其名以造謗生事者,此又臣之所大懼也。願陛下明詔大臣,首罷修葺東宮之役,而以其工料回就慈福、重華之間,草創寢殿一二十間,使粗可居。若夫過宮之計,則又願陛下下詔自責,減省輿衛,入宮之後,暫變服色,如唐肅宗之改服紫袍、執鞚馬前,望見太上皇帝即流涕伏地,抱膝吮乳,以伸負罪引慝之誠,則太上皇帝雖有忿怒之情,亦且霍然消散,而歡意浹洽矣。

　　至若朝廷之紀綱,則又願陛下嚴詔左右,勿預朝政。其實有勳庸而所得褒賞未愜眾論者,亦詔大臣公議其事,稽考令典,厚報其勞。而凡號令之弛張,人才之進退，則一委之二三大臣，使之反覆較量，勿循己見，酌取公論，奏而行之。有不當者，繳駁論難，擇其善者稱制臨決，則不惟近習不得干預朝權，大臣不得專任己私，而陛下亦得以益明習天下之事，而無所疑於得失之算矣。

若夫山陵之卜，則願黜臺史之説，別求草澤，以營新宮，使壽皇之遺體得安於內，而宗社生靈皆蒙福於外矣。

疏入不報，然帝亦未有怒熹意也。每以所講編次成帙以進，帝亦開懷容納。

熹又奏勉帝進德云："願陛下日用之間，以求放心爲之本，而於玩經觀史，親近儒學，益用力焉。數召大臣，切劘治道，羣臣進對，亦賜溫顔，反覆詢訪，以求政事之得失，民情之休戚，而又因以察其人才之邪正短長，庶於天下之事各得其理。"熹奏："禮經敕令，子爲父，嫡孫承重爲祖父，皆斬衰三年；嫡子當爲其父後，不能襲位執喪，則嫡孫繼統而代之執喪。自漢文短喪，歷代因之，天子遂無三年之喪。爲父且然，則嫡孫承重可知。人紀廢壞，三綱不明，千有餘年，莫能釐正。壽皇聖帝至性自天，易月之外，猶執通喪，朝衣朝冠皆用大布，所宜著在方册，爲萬世法程。間者，遺詔初頒，太上皇帝偶違康豫，不能躬就喪次。陛下以世嫡承大統，則承重之服著在禮律，所宜遵壽皇已行之法，以代太上皇帝躬執三年之喪。而一時倉卒，不及詳議，遂用漆紗淺黃之服，不惟上違禮律，且使壽皇已行之禮舉而復墜，臣竊痛之。然既往之失不及追改，惟有將來啓殯發引，禮當復用初喪之服。"

時孝宗將祔廟，議宗廟迭毀之制，孫逢吉、曾三復首請祧僖、宣二祖，奉太祖居第一室，祫祭則正東向之位。吏部尚書鄭僑主其説，請別爲僖祖立廟，而以順、翼、宣三祖之主祔藏焉。熹獨條其不可，謂僖祖祧毀之議始於治平，不過數年，神宗復奉以爲始祖，已爲得禮之正而合於人心，所謂有其舉之莫敢廢者。僖祖如周之后稷，太祖、太宗如周之文、武，俱宜萬世不祧。又擬爲《廟制》以辨。疏上，帝稱善至再。會宰相趙汝愚力主鄭僑之説，而熹議遂寢。

始，寧宗之立，韓侂胄自謂有定策功，居中用事。熹憂其害政，數以爲言，且約吏部侍郎彭龜年共論之。會龜年出護使客，熹乃上疏斥言左右竊柄之失，在講筵復申言之。侂胄怒，譖於帝，御批云："憫卿耆艾，恐難立講，已除卿宮觀。"汝愚袖御筆還帝，且諫且拜，帝不省。內侍王德謙徑以御筆付熹，臺諫爭留，不可。樓鑰、陳傅良旋封還錄黃，修注官劉光祖、鄧驛①封章交上，皆不報。除寶文閣待制，與州郡差遣，辭。尋除知江陵府，辭，仍乞追還新舊職名，詔依舊煥章閣待制，提舉南京鴻慶宮。初，趙汝愚既相，收召四方知名之士，中外引領望治，熹獨惕然以侂胄用事爲慮。既屢爲帝言，又

----

① "驛"，《宋史·道學傳三·朱熹傳》作"馹"。

數以手書啓汝愚,當用厚賞酬其勞,勿使得預朝政,有"防微杜漸,謹不可忽"之語。汝愚方謂其易制,不以爲意。慶元元年,汝愚卒以誣逐,朝廷大權悉歸侂胄。

熹草書萬言,將極言姦邪蔽主之惡,因以明趙汝愚之冤,詞旨痛切,門人以爲賈禍,極諫。蔡沈請以筮决,遇《遯》之《同人》,熹默然,取稿焚之,自號遯翁。

以廟議自劾,不許,以疾再乞休致,詔:"辭職謝事,非朕優賢之意,依舊祕閣修撰。"二年,沈繼祖爲監察御史,誣熹十罪,詔落職罷祠,門人蔡元定亦送道州編管。四年,熹以年近七十,申乞致仕。五年,依所請。明年卒,年七十一。疾且革,手書屬其子在及門人范念得①、黄榦,拳拳以勉學及修正遺書爲言。翼日,正坐整衣冠,就枕而逝。

熹登第五十年,仕於外者僅九考,立朝纔四十日。家故貧,少依劉子翬,寓建之崇安,後徙建陽之考亭,簞瓢屢空,晏如也。諸生之自遠而至者,豆飯藜羹,率與之共。往往稱貸於人以給用,而非其道義則一介不取也。

自熹去國,侂胄勢益張。何澹爲殿中侍御史,首論專門之學,文詐沽名。諫官劉德秀又論留正引僞學之罪。而御史胡紘、劉三傑、諫議大夫姚愈等復極言排擊,或因得美官,於是攻僞學日急,選人余嚞至上書乞斬熹。

方是時,士之繩趨尺步、稍以儒名者,無所容其身。從遊之士,特立不顧者,屏伏丘壑;依阿巽懦者,更名他師,過門不入,甚至變易衣冠,狎遊市肆,以自別其非黨。而熹日與諸生講學不休,或勸以謝遣生徒,笑而不答。有籍田令陳景思者,故相康伯之孫也,與侂胄有姻連,勸侂胄勿爲已甚,侂胄意亦漸悔。熹既没,將葬,言者謂:四方僞徒期會,送僞師之葬,會聚之間,非妄談時人短長,則謬議時政得失,望令守臣約束。從之。

嘉泰初,學禁稍弛。二年,詔:"熹以致仕,除華文閣待制,與致仕恩澤。"後侂胄死,詔賜熹遺表恩澤,謚曰文。尋贈中大夫,特贈寶謨閣直學士。理宗寶慶二②年,贈太師,追封信國公,改徽國。

熹之學既博求之經傳,復遍交當世有識之士。延平李侗老矣,嘗學於羅從彦,熹歸自同安,不遠數百里,徒步往從之。其爲學,大抵窮理以致其知,反躬以踐其實,而以居敬爲主。嘗謂聖賢道統之傳散在方册,聖經之旨不明,而道統之傳始晦。於是竭其精力,以研窮聖賢之經訓。黄榦曰:"道之正統待人而傳,自周以來,任傳道之責者不過數人,而能使道章章較著者,一二人而止耳。由孔子而後,曾子、子思繼其微,至孟子而始著。由孟子而後,周、程、張子繼其絶,至熹而始著。"識者以爲知言。

所著書有:《易本義》《啓蒙》《蓍卦考誤》《詩集傳》《大學中庸章句》《或問》《論語孟

---

① "得",《宋史·道學傳三·朱熹傳》作"德"。
② "二",《宋史·道學傳三·朱熹傳》作"三"。

子集注《太極圖》《通書》《西銘解》《楚辭集注》《辨證》《韓文考異》；所編次有：《論孟集議》《孟子指要》《中庸輯略》《孝經刊誤》《小學書》《通鑑綱目》《宋名臣言行錄》《家禮》《近思錄》《河南程氏遺書》《伊洛淵源錄》，皆行於世。而《大學》《語》《孟》《中庸》訓説立於學官。又有《儀禮經傳通解》未脱稿，亦在學官。平生爲文凡一百卷，生徒問答凡八十卷，別錄十卷。

弟子著者有蔡元定及其子沉，與黃榦、李燔、張洽、陳淳、李方子、黃灝之徒。

李燔，字敬子，建昌人。仕終通判潭州，謚文定。初從熹學，熹告以曾子弘毅之語，退以“弘”名其齋而自警。後諸生有未達者，熹先令訪燔，俟有所發，乃從熹折衷，諸生畏服。熹曰：“燔交友有益，而進學可畏，且直諒樸實，處事不苟，他日任斯道者必燔也。”學者宗之，與黃榦並稱曰“黃李”。嘗爲白鹿書院堂長，學者雲集，講學之盛，他郡無與比也。

張洽，字元德，清江人。仕終著作佐郎。自六經傳注而下，皆究其指歸，至於諸史百家，無所不讀。自少用力於敬，故以“主一”名齋。平居不異常人，至義所當爲，則勇不可奪。居間不言朝廷事。或因災異變故，輒顰蹙不樂。及聞一君子進用，士大夫直言朝廷得失，則喜見顏色。所交皆名士。所著書有：《春秋集注》《春秋集傳》《左氏蒙求》《續通鑑長編事略》《歷代郡縣地理沿革表》。

李方子，字公晦，昭武人。官至國子錄，不合於史彌遠而歸。少博學能文，爲人端謹純篤。初見熹，謂曰：“觀公爲人，自是寡過，但寬大中要規矩，和緩中要果決。”遂以“果”名齋。其爲泉州推官時，太守真德秀以師友禮之，郡政大小咸咨焉。方子嘗謂人曰：“吾於學問雖未能周盡，然幸於大本有見處，此心常覺泰然，不爲物欲所漬爾。”

黃灝，字商伯，都昌人。仕廣西轉運判官。敏悟强記，性行端飭，以孝友稱。熹守南康，灝執弟子之禮，質疑問難。熹之没，黨禁方厲，灝單車往赴，徘徊不忍去者久之。

蔡元定，字季通，建州建陽人。生而穎悟，八歲能詩，日記數千言。父發，博覽羣書，號牧堂老人，以程氏《語錄》、邵氏《經世》、張氏《正蒙》授元定，曰：“此孔、孟正脈也。”元定深涵其義。既長，辨析益精。登西山絶頂，忍飢啖薺讀書。

聞朱熹名，往師之。熹叩其學，大驚曰：“此吾老友也，不當在弟子列。”遂與對榻講論諸經奧義，每至夜分。四方來學者，必俾先從元定質正焉。太常少卿尤袤、祕書少監楊萬里聯疏薦於朝，召至，堅以疾辭。築室西山，將爲終焉之計。其謫道州，州縣捕甚急，元定聞命，不辭家即就道。熹與從遊者數百人餞別蕭寺中，坐客興嘆，有泣下者。熹微視元定，不異平時，因喟然曰："友朋相愛之情，季通不挫之志，可謂兩得矣。"衆謂宜緩行，元定曰："獲罪於天，天可逃乎？"杖屨同其子沉行三千里，脚爲流血，無幾微見言面。

　　至春陵，遠近來學者甚衆，州士子莫不趨席下聽講説。有名士挾才簡傲、非笑前修者，亦心服謁拜，執弟子禮甚恭。人爲之語曰："初不敬，今納命。"愛元定者謂宜謝生徒，元定曰："彼以學來，何忍拒之？若有禍患，亦非閉門塞竇所能避也。"貽書訓諸子曰："獨行不愧影，獨寢不愧衾，勿以吾得罪故遂懈。"一日，謂沉曰："可謝客，吾欲安靜，以還造化舊物。"閲三日卒。佗冑既誅，贈迪功郎，謚文節。

　　元定於書無所不讀，於事無所不究。義理洞見大原，下至圖書、禮樂、制度，無不精妙。古書奇辭奧義，人所不能曉者，一過目輒解。熹嘗曰："人讀易書難，季通讀難書易。"熹疏釋《四書》及爲《易》《詩傳》、《通鑑綱目》，皆與元定往復參訂；《啓蒙》一書，則屬元定起稿。嘗曰："造化微妙，惟深於理者能識之，吾與季通言而不厭也。"及葬，以文誄之曰："精詣之識，卓絶之才，不可屈之志，不可窮之辯，不復可得而見矣。"學者尊之曰西山先生。

　　其平生問學，多寓於熹書集中。所著書有《大衍詳説》《律呂新書》《燕樂》《原辯》《皇極經世》《太玄潛書①指要》《洪範解》《八陣圖説》，熹爲之序。

　　子淵、沉，皆躬耕不仕。淵有《周易訓解》。

　　沉，字仲默，少從朱熹遊。熹晚欲著《書傳》，未及爲，遂以屬沉。《洪範》之數，學者久失其傳，父元定獨心得之，然未及論著，曰："成吾書者沉也。"沉受父師之命，沉潛反復者數十年，然後成書，發明先儒之所未及。其於《洪範》數，謂："體天地之撰者《易》之象，紀天地之撰者《範》之數。數始於一奇，象成於二偶。奇者數之所以立，偶者數之所以行。故二四而八，八卦之象也；三三而九，九疇之數也。由是八八而又八八之爲四千九十六，而象備矣；九九而又九九之爲六千五百六十一，而數周矣。《易》更四聖而象已著，《範》錫神禹而數不傳。後之作者，昧象數之原，窒變通之妙，或即象而爲數，或反數而擬象，牽合傅會，自然之數益晦焉。"

　　始，從父謫道州，跋涉數千里，道楚、粤窮僻處，父子相對，常以理義自怡悦。父没，徒步護喪以還。有遺之金而義不可受者，輒謝卻之曰："吾不忍累先人也。"年三十，即屏去舉子業，一以聖賢爲師。隱居九峰，當世名卿物色之，將薦於朝，皆

---

①　"書"，《宋史·儒林傳四·蔡元定傳》作"虛"。

不就。

黃榦，字直卿，福州閩縣人。父瑀，高宗時爲監察御史，以篤行直道著聞。瑀没，榦往見清江劉清之，清之奇之，曰：“子乃遠器，時學非所以處子也。”因命受業朱熹。榦歸白其母，大雪，即日行。既至而熹他出，榦因留客邸，卧起一榻，不解衣者二月，熹始歸。榦自見熹，夜不設榻，不解帶，少倦則微坐，一椅或至達曙，熹語人曰：“直卿志堅思苦，與之處甚有益。”嘗詣東萊吕祖謙，以所聞於師者相質正。及張栻亡，熹與榦書曰：“吾道益孤矣，所望於賢者不輕。”後遂以其子妻榦。

寧宗即位，熹命榦奉喪，補將仕郎，銓中，授迪功郎，監台州酒務。丁母憂，從講學於墓廬者甚衆。熹作竹林精舍成，遺榦書，有“他時便可請直卿代即講席”之語。及編《禮書》，獨以《喪》《祭》二編屬榦，稿成，熹見而喜曰：“所立規模次第，縝密有條理，他日當取所編家鄉、邦國、王朝禮，悉仿此更定之。”病革，以深衣及所著書授榦，手書與訣曰：“吾道之托在此，吾無憾矣。”訃聞，榦持心喪三年畢，調監嘉興府石門酒庫。

時韓侂胄方謀用兵，吳獵帥湖北，將赴鎮，訪以兵事。榦曰：“聞議者謂今天下欲爲大舉深入之謀，果爾，必敗。此何時而可進取哉？”獵雅敬榦名德，辟爲荆湖北路安撫司激賞酒庫兼準備差遣，事有未當，必輸忠款力爭。

江西提舉常平、趙希懌、知撫州高商老辟爲臨川令，歲旱，勸糶捕蝗極其力。改知新淦縣，吏民習知臨川之政，皆喜，不令而政行。以提舉常平、郡太守薦，擢監尚書六部門，未上，改差通判安豐軍。淮西帥司檄榦鞫和州獄，獄故以疑未決。榦釋囚桎梏飲食之，委曲審問無所得。一夜，夢井中有人，明日呼囚詰之曰：“汝殺人，投之於井，我悉知之矣，胡得欺我。”囚遂驚服，果於廢井得尸。

尋知漢陽軍。值歲饑，糴客米、發常平以賑。制置司下令，欲移本軍之粟而禁其糴，榦報以乞候榦罷，然後施行，又援鄂州例，十之一告糴於制司。荒政具舉。旁郡飢民輻湊，惠撫均一，春暖願歸者給之糧，不願者結廬居之，民大感悦。所至以重庠序，先教養爲務。其在漢陽，即郡治後鳳棲山爲屋，館四方士，立周、程、游、朱四先生祠。以病乞祠，主管武夷冲祐觀。

尋起知安慶府，至則金人破光山，而沿邊多警。安慶去光山不遠，民情震恐。乃請於朝，城安慶以備戰守，不俟報，即日興工。城分十二料，先自築一料，計其工費若干，然後委官吏、寓公、士人分料主之。役民兵五千人，人役九十日，而計人户産錢起丁夫，通役二萬夫，人十日而罷。役者更番，暑月月休六日，日午休一時，至秋漸殺其半。榦日以五鼓坐於堂，濠砦官入聽命，以一日成算授之：役某鄉民兵若干，某鄉人夫若干；分布於某人料分，或搬運某處土木，應付某料使用；民兵人夫合當更代，合散幾日錢米。俱受命畢，乃治府事，理民訟，接賓客，閲士卒，會僚佐講究邊防利病，次則巡城視役,晚入書院講論經史。築城之杵,用錢監未鑄之鐵,事畢還之。城成,會上元日張燈,士民扶老攜幼,往來不絕。有老嫗百歲,二子輿之,諸孫從,至府致謝。榦禮之,命具酒炙,且勞以金帛。嫗曰:"老婦之來,爲一郡生靈謝耳,太守之賞非所冀也。"不受而去。是歲大旱,榦祈輒雨,或未出,晨興登郡閣,望灊山再拜,雨即至。後二年,金人破黃州沙窩諸關,淮東、西皆震,獨安慶按堵如故。繼而霖潦餘月,巨浸暴至,城屹然無虞。舒人德之,相謂曰:"不殘於寇,不蹈於水,生汝者黃父也。"

制置李珏辟爲參議官,再辭不受。既而朝命與徐僑易和州,且令先赴制府稟議,榦先移書珏曰:"丞相誅韓之後,懲意外之變,專用左右親信之人,往往得罪於天下公議。世之君子遂從而歸咎於丞相,丞相不堪其咎,斷然逐去之,而左右親信者其用愈專矣。平居無事,紀綱紊亂,不過州縣之間,百姓受禍。至於軍政不修,邊備廢弛,皆此曹爲之,若今大敵在境,更不改圖,大事去矣。今日之急,莫大於此。"又曰:"今日之計,莫若用兩淮之人,食兩淮之粟,守兩淮之地。然其策當先明保伍,保伍既明,則爲之立堡砦,蓄馬、制軍器以資其用,不過累月,軍政可成。且淮民遭丙寅之厄,今聞金人遷汴,莫不狼顧脅息,有棄田廬、挈妻子渡江之意。其間勇悍者,且將伺變竊發。向日(湖)〔胡〕海、張軍之變,爲害甚於金,若不早爲之圖,則兩淮日見荒墟,卒有警急,攘臂而起矣。"珏皆不能用。

及至制府,珏往維揚視師,與偕行,榦言:"敵既退,當思所以賞功罰罪者。崔維揚能於清平山豫立義砦,斷金人右臂;方儀真能措置捍禦,不使軍民倉皇奔軼,此二人者當薦之。泗上之敗,劉倬可斬也。某州官吏三人攜家奔竄,追而治之,然後具奏可也。"其時幕府書館皆輕儇浮靡之士,僚吏士民有獻謀畫,多爲毀抹疏駁。將帥偏裨,人心不附,所向無功。流移滿道,而諸司長吏張宴無虛日。榦知不足與共事,再辭和州之命,仍乞祠,閉閣謝客,宴樂不與。乃復告珏曰:

浮光敵退已兩月,安豐已一月,盱眙亦將兩旬,不知吾所措置者何事,所施行者何策。邊備之弛,又甚於前,日復一日,恬不知懼,恐其禍又不止今春矣。

向者輕信人言,爲泗上之役,喪師萬人。良將勁卒、精兵利器,不戰而淪於泗水,黃圍老幼,俘虜殺戮五六千人,盱眙東西數百里,莽爲丘墟。安豐、浮光之事大率類此。竊意千乘言旋,必痛自咎責,出宿於外,大戒於國,曰:"此吾之罪也。有能箴吾失者,疾入諫。"日與僚屬及四方賢士條畫討論,以爲後圖。今歸已五日矣,但聞請總領、運使至玉麟堂賞牡丹,用妓樂,又聞總領、運使請宴賞亦然,又聞宴僚屬亦然。邦人諸軍聞之,豈不痛憤。且視牡丹之紅豔,豈不思邊庭之流血;視管絃之啁啾,豈不思老幼之哀號;視棟宇之宏麗,豈不思士卒之暴露;視飲饌之豐美,豈不思流民之凍餒。敵國深侵,宇內騷動,主上食不甘味,聽朝不怡。大臣憂懼，不知所出。尚書豈得不朝夕憂懼，而乃如是之迂緩暇逸邪！

今浮光之報又至矣，金欲以十六縣之眾，四月攻浮光，侵五關，且以一縣五千人為率，則當有八萬人攻浮光，以三萬人刈吾麥，以五萬人攻吾關。吾之守關不過五六百人，豈能當萬人之眾哉？則關之不可守決矣。吾關失守，則蘄、黃不可保；蘄、黃不保，則江南危。尚書聞此亦已數日，乃不聞有所施行，何邪？

其他言皆激切，同幕忌之尤甚，共詆排之。厥後光、黃、蘄繼失，果如所言。遂力辭去，請祠不已。

俄再命知安慶，不就，入廬山訪其友李燔、陳宓，相與盤旋玉淵、三峽間，俯仰其師舊迹，講《乾》《坤》二卦於白鹿書院，山南北之士皆來集。未幾，召赴行在所奏事，除大理丞，不拜，為御史李楠所劾。

初，幹入荊湖幕府，奔走諸關，與江、淮豪傑游，而豪傑往往願依幹。及倅安豐、武定，諸將皆歸心焉。後倅建康，守漢陽，聲聞益著。諸豪又深知幹倜儻有謀，及來安慶，且兼制幕，長淮軍民之心，翕然相向。此聲既出，在位者益忌，且慮幹入見必直言邊事，以悟上意，於是羣起擠之。

幹遂歸里，弟子日盛，巴蜀、江、湖之士皆來，編禮著書，日不暇給，夜與之講論經理，亹亹不倦，借鄰寺以處之，朝夕往來，質疑請益如熹時。俄命知潮州，辭不行，差主管亳州明道宮，逾月遂乞致仕，詔許之，特授承議郎。既沒後數年，門人請謚，特贈朝奉郎，與一子下州文學，謚文肅。有《經解》、文集行於世。

陳淳，字安卿，漳州龍溪人。少習舉子業，林宗臣見而奇之，告曰："此非聖賢事業也。"因授以《近思錄》，淳退而讀之，遂盡棄其業焉。

及熹守漳，淳請受教，熹曰："凡閱義理，必窮其源，如為人父何故止於慈，為人子何故止於孝，其他可類推也。"淳聞而為學益力，日求其所未至。熹語人以"南來，吾道喜得陳淳"，又數稱淳善問。後十年，淳復往見熹，陳其所得，時熹已寢疾，語之曰："如公所學，已見本原，所闕者下學之功耳。"自是所聞皆切要語，凡三月而熹卒。

淳追思師訓，痛自裁抑，讀書格物，日積月累，義理貫通，洞見條緒。故其言太極曰："太極只是理，理本圓，故太極之體渾淪。以理言，則自末而本，自本而末，一聚一散，而太極無所不極其至。自萬古之前與萬古之後，無端無始，此渾淪太極之全體也。自其沖漠無朕，與天地萬物皆由是出，及天地萬物既由是出，又復沖漠無朕，此渾淪無極之妙用也。聖人一心渾淪太極之全體，而酬酢萬變，無非太極流行之用。學問工夫，須從萬事萬物中貫過，湊成一渾淪大本，又於渾淪大本中散為萬事萬物，使無少窒礙，然後實體得渾淪至極者在我，而大用不差矣。"

其言仁曰："仁只是天理生生之全體，無表裏、動静、隱顯、精粗之間，惟此心純是天理之公，而絶無一毫人欲之私，乃可以當其名。若一處有病痛，一事有欠闕，一念有間斷，則私意行而生理息，即頑痺不仁矣。"

其語學者曰："道理初無玄妙，只在日用人事間，但循序用功，便自有見。所謂'下學上達'者，須下學工夫到，乃可從事上達，然不可以此而安於小成也。夫盈天地千條萬緒，是多少人事；聖人大成之地，千節萬目，是多少工夫。惟當開拓心胸，大作基地。須萬理明徹於胸中，將此心放在天地間一例看，然後可以語孔、孟之樂。須明三代法度，通之於當今而無不宜，然後爲全儒，而可以語王佐事業。須運用酬酢，如探諸囊中而不匱，然後爲資之深，取之左右逢其原，而真爲己物矣。至於以天理人欲分數而驗賓主進退之幾，如好好色，惡惡臭，而爲天理人欲強弱之證，必使之於是是非非如辨黑白，如遇鏌鋣，不容有騎牆不決之疑，則雖艱難險阻之中，無不從容自適，然後爲知之至而行之盡。"其語尤中學者膏肓。

淳性孝，母疾亟，號泣于天，乞以身代。弟妹未有室家者，皆婚嫁之。葬宗族之喪無歸者。居鄉不沽名狥俗，恬然退守，若無聞焉。然名播天下，世雖不用，而憂時論事，感慨動人，郡守以下皆禮重之，時造其廬而請焉。

嘉定九年，[①]待試中都，歸〔遇〕〔過〕嚴陵，守鄭之悌率寮屬延講郡庠。淳嘆〔張陸王〕〔陸學張王〕學問無源，全用禪家宗旨，認形氣之虛靈知覺爲天理之妙，不由窮理格物，而欲徑造上達之境，反托聖門以自標榜。遂發明吾道之體統，師友之淵源，用功之節目，讀書之次序，爲四章以示學者。明年，以特奏恩授迪功郎、泉州安溪主簿，未上而没，年六十五。其所著有《語孟學庸口義》《字義詳講》《禮》《詩》《女學》等書。門人稱爲北溪先生，録其語，號《筠谷瀨口金山所聞》。

何基，字子恭，婺州金華人。父伯熯爲臨川縣丞，而黄榦適知其縣事，伯熯命基師事焉。榦初見，告以必有真實心地、刻苦工夫，然後可從事聖賢之學，基悚惕受命，因得盡聞淵源之懿。微辭奧義，必研精覃思，未嘗立異以爲高，狥人而少變其志。凡所讀書，咸加標點，義顯意明，有不待論説而自見者。

朱熹門人楊與立一見推服。於是從遊者日衆，嘗謂："爲學立志貴堅，規模貴大，充踐服行，死而後已。讀《詩》之法，須掃蕩胸次净盡，然後吟哦上下，諷詠從容，使人感發，方爲有功。""讀《易》者，當盡去膠固支離之見，以潔净其心，沉潛涵泳，得其根源，乃可漸觀爻象。"又謂："以《洪範》參之《大學》《中庸》，有不約而符者。"蓋其確守師訓，故能精義造約如此。

---

① 按，"九年"當爲"十年"。據陳淳門人陳沂《敍述》載"歲在丁丑，待試中都"，陳宓《北溪先生主簿陳公墓誌銘》稱"嘉定丁丑，以特試寓中都"，丁丑爲嘉定十年。

王柏既執贄爲弟子,基謙抑不以師道自尊。柏序正諸經,弘論英辯,質問難疑,或一事至十往返,基終不變以待其定。嘗曰:"治經當謹守精玩,不必多起疑論。有欲爲後學言者,謹之又謹可也。"基淳固篤實,絶類漢儒。雖一本於熹,然就其言發明,而新意愈出不窮。有文集三十卷,而與柏問辨者十八卷。

郡守趙汝騰守婺,延聘請講,辭不就;復首薦於朝,又率各從官列薦。通判鄭士懿,守蔡抗、楊棟相繼以請,皆辭。景定五年,詔舉賢,特薦基與建寧布衣徐幾,同被命添差婺州學教授,兼麗澤書院山長,力辭未竟。咸淳初,授史館校勘兼崇政殿説書,屢辭,改承務郎,主管西嶽廟,終不受。卒,年八十一。國子祭酒楊文仲請於朝,謚文定。

所著有《大學》《中庸》《大傳》《易啓蒙》《通書》《近思録》諸《發揮》。

王柏,字會之,婺州金華人。大父崇政殿説書師愈,從楊時受《易》《論語》,既又從朱熹、張栻、吕祖謙遊。父瀚,朝奉郎、主管建昌軍仙都觀,兄弟皆及熹、祖謙之門。

柏少慕諸葛亮爲人,自號"長嘯"。年逾三十,始知家學之原,遂捐去俗學,勇於求道。與其友汪開之著《論語通旨》,至"居處恭,執事敬",喟然嘆曰:"長嘯非聖門持敬之道。"乃更以"魯齋"。

從熹門人遊,或語以何基嘗從黄榦得熹之傳,即往從之,得聞立志居敬之旨。柏爲學質實堅苦,有疑必從基質之。於《論語》《大學》《中庸》《孟子》《通鑑綱目》標注點校,尤爲精密。作《敬齋箴圖》。夙興見廟,治家嚴飭。當暑閉閣静坐,子弟白事,非衣冠不見也。

少孤,事其伯兄甚恭。季弟蚤喪,撫其孤,又割田予之。收合宗族,周恤扶持之。開之没,家貧,爲之斂且葬焉。

來學者衆,其教必先之以《大學》。蔡抗、楊棟相繼守婺,趙景緯守台,聘爲麗澤、上蔡兩書院師,鄉之耆德皆執弟子禮。理宗崩,率諸生製服臨於郡。

柏之言曰:"伏羲則《河圖》以畫八卦,文王推八卦以合《河圖》者,先天後天之宗祖也。《河圖》是逐位奇偶之交,後天是統體奇偶之交,惟四生數不動。以四成數而下上之,上偶下奇,莫非自然。"又曰:"大禹得《洛書》而列九疇,箕子得九疇而傳《洪範》。範圖之數,不期而暗合。《洪範》者,經傳之宗祖乎!'初一曰五行'以下六十五字爲《洪範》,'五皇極'以下六十四字爲皇極經,此帝王相傳之大訓,非箕子之言也。"又曰:"今《詩》三百五篇,豈盡定於夫子之手?所删之詩,容或有存於閭巷浮薄之口,漢儒取於補亡。"乃定《二南》各十有一篇,兩兩相配。退《何彼穠矣》《甘棠》歸之《王風》,削去《野有死麕》,黜鄭、衛淫奔之詩。又作《春秋發揮》。又曰:"《大學》'致知格物章'未嘗亡。"還"知止章"於"聽訟"之上。謂"《中庸》古有二篇,誠明可爲綱,不可爲目。"定《中庸》誠明各十一章,其卓識獨見多此類也。

其卒,整衣冠端坐,揮婦人勿近。國子祭酒楊文仲請於朝,謚曰文憲。

所著有《讀易記》《涵古易説》《大象衍義》《涵古圖書》《讀書記》《書疑》《詩辨説》《讀春秋記》《論語衍義》《太極衍義》《伊洛精義》《研幾圖》《書經章句》《論語通旨》《孟子通旨》《書附傳》《左氏正傳》《續國語》《閩學之書》《文章復古》《文章續古》《濂洛文統》《擬道志》《朱子指要》《詩可言》《天文考》《地理考》《墨林考》《大爾雅》《六義字原》《正始之音》《帝王曆數》《江右淵源》《伊洛精義雜志》《周子》《發遣三昧》《文章指南》《朝華集》《紫陽詩類》《家乘》文集等書。

元

金履祥,字吉父,婺之蘭溪人。其先本劉氏,後避吳越錢武肅王嫌名,更爲金氏。從曾祖景文,當宋建炎、紹興間,以孝行著稱,其父母疾,齊禱於天,而靈應隨至。事聞於朝,爲改所居鄉曰純孝。

履祥幼而敏睿,父兄稍授之書,即能記誦。比長,益自策勵,凡天文、地形、禮樂、田乘、兵謀、陰陽、律曆之書,靡不畢究。及壯,知向濂、洛之學,事同郡王柏,從登何基之門。自是講貫益密,造詣益邃。

時宋之國事已不可爲,履祥遂絕意進取。然負其經濟之略,未忍遽忘斯世。會襄樊之師日急,宋人坐視而不敢救,履祥因進牽制擣虛之策,請以重兵由海道直趨燕、薊,則襄樊之師將不攻而自解。且備敍海舶所經,凡州郡縣邑,下至巨洋別島,難易遠近,歷歷可據以行。宋終莫能用。及元世祖用朱瑄、張清策興海運,其所由海道,視履祥先所上書,咫尺無異者,然後人服其精確。

德祐初,起爲迪功郎、史館編校,辭弗就。宋亡,屏居金華山中,上下巖谷,追逐雲月,寄情嘯咏,視世故泊如也。平居獨處,終日儼然;至與物接,則盎然和懌。訓迪後學,諄切無倦,而尤篤於分義。有故人子坐事,母子分配爲隸,不相知者十年,履祥傾貲營購,卒贖以完;其子後貴,履祥終不自言,相見勞問辛苦而已。何基、王柏之喪,履祥率其同門之士,以義制服,觀者始知師弟子之繫於倫常也。

嘗謂司馬文正公光作《資治通鑑》,祕書丞劉恕爲《外紀》,以記前事,不本於經,而信百家之説,是非謬於聖人,不足以傳信。自帝堯以前,不經夫子所定,固野而難質,夫子因魯史以作《春秋》,王朝列國之事,非有玉帛之使,則魯史不得而書,非聖人筆削之所加也。況左氏所記,或闕或誣,凡此類皆不得以辟經爲辭。乃用邵氏《皇極經世曆》、胡氏《皇王大紀》之例,損益折衷,一以《尚書》爲主,下及《詩》《禮》《春秋》,旁採舊史諸子,表年繫事,自唐堯以下,接於《通鑑》之前,勒爲一書,二十卷,名曰《通鑑前編》。凡所引書,輒加訓釋,以裁正其義,多先儒所未發。既成,以授門人許謙曰:"二帝三王之盛,其微言懿行,宜後王所當法,戰國申、商之術,其苛法亂政,亦後王所當戒,則是編不可以不著也。"他所著書,曰《大學章句疏義》二卷,《論語孟子集注考證》十七卷,《書表著》四卷,謙爲校定,皆傳於學者。元天曆初,廉訪使鄭允中表上其書於朝。

初,履祥既見王柏,首問爲學之方,柏告以必先立志,且舉先儒之言:居敬以持其志,立志以定其本,志立乎事物之表,敬行乎事物之内,此爲學之大方也。及見何基,基謂之曰:"會之屢言賢者之賢,理欲之分,便當自今始。"當時議者以爲基之清介純實似尹和靖,柏之高明剛正似謝上蔡,履祥則親得之二氏,而並充於己者也。

履祥居仁山之下,學者稱爲仁山先生。大德中卒。至正中,賜謚文安。

許謙,字益之。其先京兆人。高祖實師事胡瑗,由平江徙婺之金華。父觥,登淳祐七年進士第,仕未顯。

謙生數歲而孤,甫能言,世母陶口授《孝經》《論語》,入耳輒不忘。稍長,肆力於學,立程以自課,取四部書分晝夜讀之,雖疾恙不廢。既乃受業金履祥之門,履祥語之曰:"士之爲學,若五味之在和,醯醬既加,則酸鹹頓異。子來見我已三日,而猶夫人也,豈吾之學無以感發子邪!"謙聞之,惕然。居數年,盡得其所傳之奥。於書無不讀,窮探聖微,雖殘文羨語,皆不敢忽。有不可通,則不敢强;於先儒之説,有所未安,亦不苟同也。

讀《四書章句集注》,有《叢説》二十卷,謂學者曰:"學以聖人爲準的,然必得聖人之心,而後可學聖人之事。聖賢之心,具在《四書》,而《四書》之義,備於朱子,顧其辭約意廣,讀者安可以易心求之乎!"讀《詩集傳》,有《名物鈔》八卷,正其音釋,考其名物度數,以補先儒之未備,仍存其逸義,旁採遠援,而以己意終之。讀《書集傳》,有《叢説》六卷。其觀史,有《治忽幾微》,仿史家年經國緯之法,起太皞氏,迄宋元祐元年秋九月尚書左僕射司馬光卒,備其世數,總其年歲,原其興亡,著其善惡,蓋以爲光卒,則中國之治不可復興,誠理亂之幾也。故附於續經而書孔子卒之義,以致其意焉。

又有《自省編》,晝之所爲,夜必書之,其不可書者,則不爲也。其他若天文、地理、典章、制度、食貨、刑法、字學、音韻、醫經、術數之説,亦靡不該貫,旁而釋、老之言,亦洞究其藴。嘗謂:"學者孰不曰闢異端,苟不深探其隱,而識其所以然,能辨其同異、別其是非也幾希。"又嘗句讀《九經》《儀禮》及《春秋三傳》,於其宏綱要領,錯簡衍文,悉別以鉛黄朱墨,意有所明,則表而見之。其後吳師道購得吕祖謙點校《儀禮》,視謙所定,不同者十有三條而已。謙不喜矜露,所爲詩文,非扶翼經義,張維世教,則未嘗輕筆之書也。

延祐初,隱居東陽金華山,學者翕然從之。尋開門講學,遠而幽、冀、齊、魯,近而荆、揚、吳、越,皆不憚百舍來受業焉。其教人也,至誠諄悉,内外殫盡,嘗曰:"己有知,使人亦知之，豈不快哉！"或有所問難，而詞不能自達，則爲之言其所欲言，而解其所惑。討論講貫，終日不倦，攝其粗疏，入於密微。惰者作之，銳者抑之，拘者開之，放者約之。及門之士，著錄者千餘人，隨其材分，咸有所得。然獨不以科舉之文授人，曰："此義、利之所由分也。"謙篤於孝友，有絕人之行。其處世不膠於古，不流於俗。不出里閭者四十年，四方之士，以不及門爲恥。搢紳先生之過其鄉邦者，必即其家存問焉。或訪以典禮政事，謙觀其會通，而爲之折衷，聞者無不厭服。

元大德中，熒惑入南斗句已而行，謙以爲災在吳、楚，竊深憂之。是歲大祲，謙貌加瘠，或問曰："豈食不足邪？"謙曰："今公私匱竭，道殣相望，吾能獨飽邪！"其處心蓋如此。廉訪使劉庭直、副使趙宏偉皆中州雅望，於謙深加推服，論薦於朝；中外名臣列其行義者，前後章數十上；而郡復以遺逸應詔；鄉闈大比，請司文衡。皆莫能致。至晚節，獨以身任正學之重，遠近學者，以其身之安否，爲斯道之隆替焉。至元三年卒，年六十八。嘗以白雲山人自號，世稱爲白雲先生。賜諡文懿。

先是，何基、王柏及金履祥没，朱子之學猶未大顯，至謙而道乃益著，故學者推原統緒，以爲朱子之世嫡。江浙行中書省爲請於朝，建四賢書院，以奉祠事，而列於學官。

述曰：薛文清有曰："堯、舜、禹、湯、文、武之道，非得孔子，後世莫知所尊；周、程、張子之道，非得朱子，後世莫知所統。孔子之後，有大功於道學者，朱子也。"汾讀朱門弟子傳而嘆易學則定自季通，書傳則成於仲默，於直卿有斯道之望，於安卿有與點之思，爰及何、王、金、許，道脈相承，淵源有緒。凡厥諸賢，其有功於紫陽，亦豈淺尠哉！

闕里文獻考卷六二

從祀賢儒第十四之二十

宋

呂祖謙,字伯恭,申國公著之玄孫也。先世本居壽州,自其祖尚書右丞好問始遷婺州。祖謙之學本諸家庭,有中原文獻之傳。長從林之奇、汪應辰、胡憲遊,既又友張栻、朱熹,講索益精。

初,以蔭補入官,後舉進士,復中博學宏詞科,調南外宗學教授。丁内艱,居明招山,四方之士爭趨之。除太學博士,時中都官待次者例補外,添差教授嚴州,尋復召爲博士兼國史院編修官、實錄院檢討官。輪對,勉孝宗留意聖學。且言:"恢復大事也,規模當定,方略當審。陛下方廣攬豪傑,共集事功,臣願精加考察,使之確指經畫之實,孰爲先後,使嘗試僥倖之説不敢陳於前,然後與一二大臣定成筭而次第行之,則大義可伸,大業可復矣。"

嘗讀陸九淵文喜之,而未識其人。考試禮部,得一卷。曰:"此必江西小陸之文也。"揭示,果九淵,人服其精鑑。父憂免喪,主管台州崇道觀。

越三年,除祕書郎、國史院編修官、實錄院檢討官。以修撰李燾薦,重修《徽宗實錄》。書成進秩,面對,言:"治道體統,上下内外不相侵奪而後安。向者,陛下以大臣不勝任而兼行其事,大臣亦皆親細務而行有司之事,外至監司、守令職任,率爲其上所侵而不能令其下。故豪猾玩官府,郡縣忽省部,掾屬陵長吏,賤人輕柄臣。平居未見其患,一旦有急,誰與指麾而伸縮之邪?如曰臣下權任太重,懼其不能無私,則有給、舍以出納焉,有臺諫以救正焉,有侍從以詢訪焉。儻得端方不倚之人分處之,自無專恣之慮,何必屈至尊以代其勞哉?人之關鬲脈絡少有壅滯,久則生疾。陛下於左右雖不勞操制,苟玩而弗慮,則聲勢浸長,趨附浸多,過咎浸積,内則懼爲陛下所譴而益思壅蔽,外則懼爲公議所疾而益肆詆排。願陛下虛心以求天下之士,執要以總萬事之機。勿以圖任或誤而謂人多可疑,勿以聰明獨高而謂智足遍察,勿詳於小而忘遠大之計,勿忽於近而忘壅蔽之萌。"

又言："國朝治體，有遠過前代者，有視前代爲未備者。夫以寬大忠厚建立規模，以禮遜節義成就風俗，此所謂遠過前代者也。故於俶擾艱危之後，駐蹕東南逾五十年，無纖毫之虞，則根本之深可知矣。然文治可觀而武績未振，名勝相望而幹略未優，故雖昌熾盛大之時，此病已見。是以元昊之難，范、韓皆極一時之選，而莫能平殄，則事功之不競從可知矣。臣謂今日治體視前代未備者，固當激厲而振起；遠過前代者，尤當愛護而扶持。"

遷著作郎，以末疾請祠歸。先是，書肆有書曰《聖宋文海》，孝宗命臨安府校正刊行。學士周必大言《文海》去取差謬，恐難傳後，盡委館職銓擇，以成一代之書。孝宗以命祖謙。遂斷自中興以前，崇雅黜浮，類爲百五十卷，上之，賜名《皇朝文鑑》。

詔除直祕閣。時方重職名，非有功不除，中書舍人陳騤駁之。帝批旨云："館閣之職，文史爲先。祖謙所進，採取精詳，有益治道，故以寵之，可即命詞。"騤不得已草制。尋主管沖祐觀。明年，除著作郎兼國史院編修官。卒，年四十五。諡曰成。學者稱爲東萊先生。

祖謙學以關、洛爲宗，而旁稽載籍，不見涯涘。心平氣和，不立崖異，一時英偉卓犖之士皆歸心焉。少褊急，一日，誦孔子言"躬自厚而薄責於人"，忽覺平時忿懥渙然冰釋。朱熹嘗言："學如伯恭，方是能變化氣質。"其所講畫，將以開物成務，既臥病，而任重道遠之意不衰。居家之政，皆可爲後世法。修《讀詩記》《大事記》，皆未成書。考定《古周易》《書說》《閨範》《官箴》《辨志録》《歐陽公本末》，皆行於世。晚年會友之地曰麗澤書院，在金華城中；既没，郡人即而祠之。

述曰：朱子謂："東萊詳於史而略於經，能博文而不能守約。"然觀其像贊云：以一身而備四氣之和，以一心而涵千古之秘。推其有足以尊主而庇民，出其餘足以範俗而垂世。其推許亦良至矣！

從祀賢儒第十四之二十一

宋

陸九淵,字子静,撫州金谿人。父賀,以學行爲里人所宗,嘗采司馬氏冠昏喪祭儀行於家。兄九齡、九韶。時秦檜當國,無道程氏學者,九齡獨尊其説。教授興國軍,嚴規矩,肅衣冠,勸誘引掖,學者興起。贈朝奉郎、直祕閣,謚文達,學者稱復齋先生。九韶學問淵粹,隱居不仕,學者稱梭山先生。

九淵生三四歲,問其父天地何所窮際,父笑而不答。遂深思,至忘寢食。及總角,舉止異凡兒,見者敬之。謂人曰:"聞人誦伊川語,自覺若傷我者。"又曰:"伊川之言,奚爲與孔、孟之言不類? 近見其間多有不是處。"初讀《論語》,即疑有子之言支離。他日讀古書,至"宇宙"二字,解者曰"四方上下曰宇,往古來今曰宙",忽大省曰:"宇宙内事乃己分内事,己分内事乃宇宙内事。"又嘗曰:"東海有聖人出焉,此心同也,此理同也。至西海、南海、北海有聖人出,亦莫不然。千百世之上有聖人出焉,此心同也,此理同也。至於千百世之下有聖人出,此心此理,亦無不同也。"

登乾道八年進士第。至行在,士爭從之遊。言論感發,聞而興起者甚衆。教人不用學規,有小過,言中其情,或至流汗。有懷於中而不能自曉者,爲之條析其故,悉如其心。亦有相去千里,聞其大概而得其爲人。嘗曰:"念慮之不正者,頃刻而知之,即可以正。念慮之正者,頃刻而失之,即爲不正。有可以形迹觀者,有不可以形迹觀者。必以形迹觀人,則不足以知人。必以形迹繩人,則不足以教人。"初調隆興靖安縣主簿。丁母憂。服闋,改建寧崇安縣。以少師史浩薦,除都堂審察,不赴。侍從復薦,除國子正,教諸生無異在家時。除敕令所删定官。

九淵少聞靖康間事,慨然有感於復讎之義。至是,訪求智勇士,與議恢復大略。因輪對,遂陳五論:一論讎恥未復,願博求天下之俊傑,相與舉論道經邦之職;二論願致尊德樂道之誠;三論知人之難;四論事當馴致而不可驟;五論人主不當親細事。帝稱善。未幾,除將作監丞,爲給事中王信所駁,詔主管台州崇道觀。還鄉,學者輻輳,每開講席，户外屨滿，耆老扶杖觀聽。自號象山翁，學者稱象山先生。嘗謂學者曰：
“汝耳自聰，目自明，事父自能孝，事兄自能弟，本無欠闕，不必他求，在乎自立而已。”
又曰：“此道與溺於利欲之人言猶易，與溺於意見之人言卻難。”或勸九淵著書，曰：“學
苟知道，《六經》皆我注脚。”

　　光宗即位，差知荊門軍。民有訴者，無早暮皆得造於庭，復令其自持狀以追，爲立
期，皆如約而至，即爲酌情決之，多所勸釋。其有涉人倫者，使自毀其狀，以厚風俗。
唯不可訓者，始寘之法。其境内官吏之貪廉，民俗之善惡，習尚之淳漓，皆素知之。有
訴人殺其子者，九淵曰：“不至是。”及追究，其子果無恙。有訴竊取而不知其人，九淵
出二人姓名，使捕至，訊之伏辜，盡得所竊物還訴者，且釋其罪使自新。又語吏以某所
某人爲暴，翌日有訴遇奪掠者，即其人也，乃加追治，吏大驚，羣以爲神。申嚴保伍之
法，羣盜屏息。

　　荊門爲次邊而無城。九淵以爲：“郡居江、漢之間，爲四集之地，南捍江陵，北援襄
陽，東護隨、郢之脅，西當光化、夷陵之衝，荊門固則四鄰有所恃，否則有背脅腹心之
虞。由唐之湖陽以趨山，則其涉漢之處已在荊門之脅；由鄧之鄧城以涉漢，則其趨山
之處已在荊門之腹。自此之外，間道之可馳，漢津之可涉，陂陀不能以限馬，灘瀨不能
以濡軌者，所在尚多。自我出奇制勝，徼敵兵之腹脅者，亦正在此。雖四山環合，易於
備禦，而城池闕然，將誰與守？”乃請於朝而城之，自是民無邊憂。罷關市吏譏察而減
民税，商賈畢集，税入日增。舊用銅錢，以其近邊，以鐵錢易之，而銅有禁，復令貼納。
九淵曰：“既禁之矣，又使之輸邪？”盡蠲之。故事，上元郡設齊醮，曰爲民祈福。九淵
會吏民爲講《洪範》五皇極一章代醮事，曰：

　　　皇，大也；極，中也。《洪範》九疇，五居其中，故謂之極。是極之大，充塞宇宙，
　　天地以此而位，萬物以此而育。

　　　古先聖王，皇建其極，故能參天地，贊化育。當此之時，凡厥庶民，皆能保極。
　　比屋可封，人人有士君子之行，協氣嘉生，薰爲太平，嚮用五福，此之謂也。皇建其
　　有極，即是斂此五福以錫庶民。捨極而言福，是虛言也，是妄言也，是不明理也。惟
　　皇上帝，降衷於下民，衷即極也。凡民之天，均有是極，但其氣稟有清濁，智識有開
　　塞。天之生斯民也，使先知覺後知，使先覺覺後覺。古先聖賢，與民同類，此謂天民
　　之先覺者也。以斯道覺斯民者，即皇建其有極也，即斂時五福，用敷錫厥庶民也。

　　　今聖天子皇建其極，是彝是訓。于帝其訓，無非斂此五福，以錫爾庶民。守
　　令承流宣化，即是承宣此福，爲天子以錫爾庶民也。凡爾庶民，知愛其親，知敬其
　　兄者，即惟皇上帝所降之衷，天子所錫之福也。若能保有是心，即爲保極，宜得其
　　壽、富、康寧，是謂攸好德，考終命。凡爾庶民，知有君臣上下，知有中國夷狄，知

有善惡是非，知有父慈子孝、兄友弟恭、夫義婦順、朋友有信，即惟皇上帝所降之衷，天子所錫之福也。身或不壽，此心實壽；家或不富，此心實富。縱有患難，心實康寧。或爲國死事，或殺身成仁，亦爲考終命。

　　若論五福，但當論人一心。此心若正，無不是福；此心若邪，無不是禍。世俗不曉，只將目前富貴爲福，目前患難爲禍。不知富貴之人，若其心邪，其事惡，是逆天地，逆鬼神，悖聖賢之訓，畔君師之教，天地鬼神所不祐，聖賢君師所不與，忝辱父祖，自害其身。此時回思，亦有不可自欺自瞞者，若於此時更復自欺自瞞，是直欲自絶其本心也。縱是目前富貴，正人觀之，無異在圂圊糞穢中也。患難之人，其心若正，其事若善，是不逆天地，不逆鬼神，不悖聖賢之訓，不畔君師之教，天地鬼神所當祐，聖賢君師所當與，不辱父祖，不負此身，仰無所愧，俯無所怍，雖在貧賤患難中，心自亨通。正人觀之，即是福德。作善，降之百祥；作不善，降之百殃。積善之家，必有餘慶；積不善之家，必有餘殃。但自考其心，則知福祥災咎之至，如影隨形，如響應聲，實必然之理也。

又平時教軍伍射，郡民得與，中者均賞，薦其屬不限流品。嘗曰：“古者無流品之令，而賢不肖之辨嚴；後世有流品之分，而賢不肖之辨略。”每旱，禱即雨，郡人異之。逾年，政行令修，民俗爲變，諸司交薦。丞相周必大嘗稱荆門之政，以爲躬行之效。

一日，謂家人曰：“吾將死矣。”又告僚屬曰：“某將告終。”會禱雪，明日，雪。乃沐浴更衣端坐，後二日日中而卒。會葬者以千數，謚文安。

九淵與兄九齡並講貫理學，時號“江西二陸”。其學務窮本原，不爲章句訓詁，惟孔、孟書是崇是信。謂此心之良，天所與我，信口能及。此則宇宙無非至理，聖賢與我同類。

嘗與朱熹會鵝湖，論辨所學多不合。及熹守南康，九淵訪之，熹與至白鹿洞，九淵爲講君子小人喻義利一章，曰：“學者於此，當辨其志。人之所喻，由其所習，所習由其所志。志乎義，則所習者必在乎義。所習在義，斯喻於義矣。志乎利，則所習者必在乎利。所習在利，斯喻於利矣。故學者之志，不可不辨也。科舉取士久矣，名儒鉅公皆由此出。今爲士者，固不能免此。然場屋之得失，非所以爲君子、小人之辨也。而今世以此相尚，使汩没於此而不能以自拔，則終日從事者，雖曰聖賢之書，而要其志之所向，則有與聖賢背而馳者矣。推而上之，則又惟官資崇卑、禄廩厚薄是計，豈能悉心力於國事民隱，以無負於任使之職者哉？從事其間，更歷之多，講習之熟，安得不有所喻，顧恐不在於義耳！誠能深思是身，不可使之爲小人之歸，其於利欲之習，恒焉爲之痛心，專志乎義而日勉焉，博學、審問、謹思、明辨而篤行之。由是而進於場屋，其文必皆道其平日之學、胸中之藴，而不詭於聖人。由是而仕，必皆共其職、勤其事、心乎國、心乎民，而不爲身計，其得不謂之君子乎？”聽者至有泣下。熹以爲切中學者隱微深痼之病，離席言曰：“當與諸生共守，以無忘陸先生之訓。”復請書《講義》刻石。

惟無極而太極之辨，則貽書往來，論難不置。其第一書略曰：“《易》之《大傳》曰：‘形而上者謂之道。’又曰：‘一陰一陽之謂道。’一陰一陽已是形而上者，況太極乎！極者，中也。言無極，則是言無中也，豈宜以‘無極’字加於太極之上。‘無極’二字，出於《老子》，聖人之書，無有也。”熹答曰：“《大傳》既曰‘形而上者謂之道’矣，而又曰‘一陰一陽之謂道’，此豈真以陰陽爲形而上者哉。正所以見一陰一陽雖屬形器，然其所以一陰而一陽者，是乃道體之所爲也。故謂道體之至極，則謂之太極；謂太極之流行，則謂之道。雖名二物，實無兩體，周子所以謂之無極者，正以其無方所、無形狀，以爲在無物之前而未嘗不立於有物之後，以爲在陰陽之外而未嘗不行乎陰陽之中，以爲通貫全體，無乎不在，則又初無聲臭影響之可言也。今乃深詆無極之不然，則是直以太極爲有形狀、有方所矣；直以陰陽爲形而上者，則又昧於道器之分矣；又於‘形而上者之上復有箇太極乎’之語，則是又以道上別有一物爲太極矣。如老子‘復歸於無極’，乃無窮之義，非若周子所言之意也。”

第二書曰：“兄若實見太極，上面必不更加‘無極’字，下面必不更著‘真體’字。上面加‘無極’字，正是疊牀上之牀；下面著‘真體’字，正是架屋上之屋。老氏以無爲天地之始，以有爲萬物之母，以常無觀妙，以常有觀徼，直將‘無’字搭在上面，正是老氏之學，豈可諱也！”熹答曰：“詳老氏之言有無，以有無爲二；周子之言有無，以有無爲一。正如南北、水火之相反。更請仔細著眼，未可容易譏評也。”

九淵再書，辭加憤懫，是以熹答之有曰：“凡辨論亦須平心和氣，仔細精詳，反覆思量，務求實是，乃有歸著。如不能然，但於匆遽急迫之中，肆支蔓躁率之詞，以逞其忿懟不平之氣，則豈有君子長者之意乎？如曰未然，則我日斯邁而月斯征，各尊所聞，各行所知，無復可望於必同也。”

九淵門人楊簡、袁燮、舒璘、沈煥能傳其學云。

述曰：學者言朱陸異同詳已，是皆睹其分而未識其合，見其始而未知其終也。蓋陸子之學以尊德性爲宗，朱子之論以道問學爲主。尊德性則工夫直截，而求端於天心；道問學則基本堅固，而盡力於下學。下學久可馴致於知天心地明，自爲學無滯礙。雖從入之途各殊，要其究未嘗不同條而共貫也。至陸氏弟兄，始與朱子會講議論，不無牴牾，故往復辨析，至於再三。其後，亦深悔鵝湖舊說爲非，甚欲著實看書，平心下氣。而朱子贈子靜詩，亦有“舊學商量加邃密，新知培養轉深沉”句，則又未嘗不始歧而終合矣！

闕里文獻考卷六四

從祀賢儒第十四之二十二

宋

真德秀，字景元，後更爲景希，①建之浦城人。四歲受書，過目成誦。十五而孤，母吳氏力貧以教。同郡楊圭見而異之，使歸共諸子學，卒妻以女。

登慶元五年進士第，授南劍州判官。繼試中博學宏詞科，入閩帥幕，召爲太學正。嘉定元年遷博士。時韓侂胄已誅，入對，首言："權臣開邊，南北塗炭，今兹繼好，豈非天下之福。然日者以行人之遣，金人欲多歲幣之數，而吾亦曰可增；金人欲得姦臣之首，而吾亦曰可與；往來之稱謂，犒軍之金帛，根括歸明流徙之民，皆承之唯謹，得無滋嫚我乎？抑善謀國者不觀敵情，觀吾政事。今號爲更紀，而無以使敵情之畏服，正恐彼資我歲略以厚其力，乘吾不備以長其謀，一旦挑争端而吾無以應，此有識所爲寒心。"又言："侂胄自知不爲清議所貸，至誠憂國之士則名以好異，於是忠良之士斥，而正論不聞；正心誠意之學則誣以好名，於是僞學之論興，而正道不行。今日改絃更張，正當褒崇名節，明示好尚。"

召試學士院，改祕書省正字兼檢討玉牒。二年，遷祕書郎。②又對，言暴風、雨雹、熒惑、蝻蝗之變，皆贓吏所致。尋兼沂王府教授、權直學士院。時皇子竑與史彌遠不協，彌遠陰有廢立意。德秀嘗諫竑曰："皇子若能孝於慈母而敬大臣，則天命歸之矣。否則深可慮也。"竑不聽，故後卒及於禍。三年，遷祕書郎。入對，乞開公道，窒旁蹊，以抑小人道長之漸；選良牧，勵戰士，以扼羣盜方張之鋭。四年，改著作佐郎。同列相甚讒之，德秀恬不與較。宰相將用德秀，言官又觝之，而德秀亦力辭。乃兼禮部郎，上疏言："金有必亡之勢，亦可爲中國憂。蓋金亡則上恬下嬉，憂不在敵而在我，多事之

---

① "景希"，劉克莊《後村先生大全集》卷一六八《真德秀行狀》、魏了翁《鶴山先生大全文集》卷六九《真德秀神道碑》作"希元"。

② "祕書郎"，劉克莊《後村先生大全集》卷一六八《真德秀行狀》、魏了翁《鶴山先生大全文集》卷六九《真德秀神道碑》作"校書郎"。

端恐自此始。"五年,遷軍器少監。

六年,遷起居舍人,奏:"權姦擅政十有四年,朱熹、彭龜年以抗論逐,呂祖儉、周端朝以上書斥,當時近臣猶有爭之者。其後呂祖泰之貶,非惟近臣莫敢言,而臺諫且出力以擠之,則嘉泰之失已深於慶元矣。更化之初,羣賢皆得自奮。未幾,傅伯成以諫官論事去,蔡幼學以詞臣論事去,鄒應龍、許奕又繼以封駁論事去。是數人者,非能大有所矯拂,已皆不容於朝。故人務自全,一辭不措。設有大安危、大利害,羣臣喑嘿如此,豈不殆哉!今欲與陛下言,勤訪問、廣謀議、明黜陟三者而已。"會更鈔法,配民藏楮,告訐繁興,抵罪者衆,莫敢以上聞。德秀奏:"或一夫坐罪,而并籍昆弟之財;或虧陌四錢,而没入百萬之資;至於科富室之錢,拘監商之舟,視産高下,配民藏楮,鬻田宅以收券者,雖大家不能免,尚得名便民之策乎?"自此籍没之産以漸給還。

兼太常少卿。會金人來督歲幣,德秀上疏曰:"女真以韃靼侵陵,姑徙於汴,此吾國之至憂也。蓋韃靼之圖滅女真,猶獵師之志在得鹿,鹿之所走,獵必從之。既能越三關之阻以攻燕,豈不能絶黃河一帶之水以趨汴?使韃靼遂能如劉聰、石勒之盜有中原,則疆場相望,便爲鄰國,固非我之利也。或如耶律德光之不能即安中土,則姦雄必將投隙而取之,尤非我之福也。今當乘虜之將亡,亟圖自立之策,不可幸虜之未亡,姑爲自安之計也。夫用忠賢,修政事,屈羣策,收衆心者,自立之本;訓兵戎,擇將帥,繕城池,飭戍守者,自立之具。以忍恥和戎爲福,以息兵忘戰爲常,積安邊之金繒,飾行人之玉帛,女真尚存則用之女真,强敵更生則施之强敵,此苟安之計也。陛下以自立爲規模,則國勢日張,人心日奮,雖强敵驟興,不能爲我患;以苟安爲志嚮,則國勢日削,人心日偷,雖弱虜僅存,不能無外憂。蓋安危存亡,皆所自取。若夫當事變方興之日,而示人以可侮之形,是堂上召兵、户内延敵也。微臣區區,竊所深慮。"反覆數千言,帝嘉納之,遂罷金人歲幣。

初,德秀奉使如金賀登位,及盱眙,聞金人内變而返。言於帝曰:"臣歷揚、楚至盱眙,沃壤無際,陂湖相連,民皆堅悍强忍,此天賜吾國以屏障大江,使强兵足食爲進取資。顧田疇不開,溝洫不治,險要不扼,丁壯不練,豪傑武勇不收拾,一旦有警,則徒以長江爲恃;豈如及今大修墾田之政,專爲一司以領之,數年之後,積儲充實,邊民父子爭欲自保,因其什伍,勒以兵法,不待糧餽,皆爲精兵。"又言邊防要事。

時相史彌遠方以爵禄縻天下士,德秀慨然謂劉爚曰:"吾徒須急引去,使廟堂知世亦有不肯爲從官之人。"遂力請去,出爲祕閣修撰、江東轉運副使。山東盜起,朝廷猶與金通聘,德秀朝辭,奏:"國恥不可忘,鄰盜不可輕,幸安之謀不可恃,導諛之言不可聽,至公之論不可忽。寧宗曰:"卿力有餘,到江東日爲朕撙節財計,以助邊用。"

江東旱蝗,廣德、太平爲甚,德秀遂與留守、憲司分所部九郡大講荒政,而自領廣德、太平。親至廣德,與太守魏峴同以便宜發廩,使教授林庠振給,竣事而還。百姓數千人送之郊外,指道傍叢冢泣曰:"此皆往歲餓死者。微公,我輩已相隨入此矣。"新徽州守林琰無廉聲,寧國守張忠恕私匿振濟米,皆劾之,而以李道傳攝徽。又索毀太平州私創之大斛。先是,都司胡槻、薛極每誚德秀迂儒,試以事必敗,至是政譽日聞,因倡言旱傷本輕,監司好名,振贍太過,使峴劾庠以撼德秀。德秀上章自明,朝廷悟,與峴祠,授庠幹官,而道傳尋亦召還。

德秀以右文殿修撰知泉州。番舶畏苛征,至者歲不三四,德秀首寬之,至者驟增至三十六艘。輸租令民自概,聽訟惟揭示姓名,人自詣州。泉多大家,爲閭里患,痛繩之。有訟田者,至焚其券不敢爭。海賊作亂,將逼城,官軍敗衄,德秀祭兵死者,乃親授方略,擒之。復遍行海濱,審視形勢,增屯要害,以備不虞。

十二年,以集英殿修撰知隆興府。承寬弛之後,乃稍濟以嚴。尤留意軍政,欲分鄂州軍屯武昌,及通廣鹽於贛與南安,以弭汀、贛鹽寇。未及行,以母喪歸。明年,蘄、黃失守,盜起南安,討之數載始平,人服德秀先見。

十五年,以寶謨閣待制、湖南安撫使知潭州。以"廉仁公勤"四字屬僚屬,以周惇頤、胡安國、朱熹、張栻學術源流勉其士。罷榷酤,除斛面米,申免和糴,以甦民困。民艱食,既極力振贍之,復立惠民倉五萬石,使歲出糶。又易穀九萬五千石,分十二縣置社倉,以遍及鄉落。別立慈幼倉,及義阡。惠政畢舉。月試諸軍射,捐其回易之利及官田租。凡營中病者、死未葬者、孕者、嫁娶者,贍給有差。朝廷從壽昌朱橐請,以飛虎軍戍壽昌,并致其家口,力爭止之。江華縣賊蘇師入境殺劫,檄廣西共討平之。司馬遵守武岡,激軍變,劾遵而誅其亂者。

理宗即位,召爲中書舍人,尋權禮部侍郎、兼侍讀直學士院。入見,即勸帝容受直言,召用賢臣,以固結人心爲本。又因湖州兵變,史彌遠矯詔殺濟王竑,乃上言曰:"三綱五常,扶持宇宙之棟榦,奠安生民之柱石。晉廢三綱而劉、石之變興,唐廢三綱而安祿山之難作。我朝立國,先正名分。陛下不幸處人倫之變,流聞四方,所損非淺。霅川之變,非濟王本志,前有避匿之迹,後聞討捕之謀,情狀本末,灼然可考。願詔有司討論雍熙追封秦王舍罪恤孤故事,濟王未有子息,亦惟陛下興滅繼絕。"帝曰:"朝廷待濟王亦至矣。"德秀曰:"若謂此事處置盡善,臣未敢以爲然。觀舜所以處象,則陛下不及舜明甚。人主但當以二帝、三王爲師。"帝曰:"一時倉猝耳。"德秀曰:"此已往之咎,惟願陛下知有此失而益講學進德,以掩前愆。"次言:"霅川之獄,未聞參聽於公朝,淮、蜀二閫乃出僉論所期之外。天下之事非一家之私,何惜不與眾共之。"且言:"乾道、淳熙間,有位於朝者以饋及門爲恥,受任於外者以苞苴入都爲羞。今餽賂公行,薰染成風,恬不知怪。"

又疏言:"朝廷之上,敏銳之士多於老成,雖嘗以耆艾襃傅伯成、楊簡,以儒學襃柴中行,以恬退用趙蕃、劉宰;至忠亮敢言如陳宓、徐僑,皆未蒙錄用。"帝問廉吏,德秀以

知袁州趙筬夫對,帝擢筬夫直祕閣爲監司。具手劄入謝,因言崔與之帥蜀,楊長孺帥
閩,皆有廉聲,乞廣加咨訪。

帝初御清暑殿,德秀因經筵侍帝,進曰:"此高、孝二祖儲神燕間之地,仰瞻楹桷,
當如二祖實臨其上。陛下所居處密邇東朝,未敢遽當人主之奉。今宮閣之儀浸備,以
一心而受衆攻,未有不浸淫而蠹蝕者,惟學可以明此心,惟敬可以存此心,惟親君子可
以維持此心。"因極陳古者居喪之法,與先帝視朝之勤。

寧宗小祥,詔羣臣服純吉,德秀爭之曰:"自漢文帝率情變古,惟我孝宗方衰服三
年,朝衣朝冠皆以大布,惜當時不并定臣下執喪之禮,此千載無窮之憾。孝宗崩,從臣
羅點等議,令羣臣易月之後,未釋衰服,惟朝會治事權用黑帶公服,時序仍臨慰,至大
祥始除。侂胄枋政,始以小祥從吉。且帶不以金,鞓不以紅,佩不以魚,鞍轎不以文
繡。此於羣臣何損? 朝儀何傷?"議遂格。

德秀屢進鯁言,帝皆虛心開納,彌遠外示嚴憚,内實忌之,乃謀所以相撼,畏公議
未敢發。給事中王塈、盛章始駁德秀所主濟王贈典,繼而殿中侍御史莫澤劾之,遂以
煥章閣待制提舉玉隆宮。諫議大夫朱端常又劾之,落職罷祠。監察御史梁成大及李
知孝又劾之,請加竄殛。帝曰:"仲尼不爲已甚。"乃止。

既歸,修《讀書記》,語門人曰:"此人君爲治之門,如有用我者,執此以往。"汀寇
起,德秀薦陳韡有文武才於常平使者史彌忠,彌忠言於朝,遂起韡討平之。紹定四年,
復職與祠。

五年,進徽猷閣知泉州。迎者塞路,深村百歲老人亦扶杖而出,城中歡聲動地。
諸邑二稅嘗預借至六七年,德秀入境,首禁預借。諸邑有累月不解一錢者,郡計赤立
不可爲。或咎寬恤太驟,德秀謂民困如此,寧身代其苦。決訟自卯至申猶未已,或勸
嗇養精神,德秀謂郡弊無力惠民,僅有政平、訟理事當勉。建炎初置南外宗正司於泉,
公族僅三百人,漕司與本州給之,而朝廷歲助度牒。已而不復給,而增至二千三百餘
人,郡坐是愈不可爲。德秀請於朝,詔給度牒百道。

彌遠卒,帝親政,以顯謨閣待制知福州。戒所部無濫刑橫斂,無徇私黷貨,罷市令
司,曰:"物同則價同,寧有公私之異?"閩縣里正苦督賦,革之。屬縣苦貴糴,便宜發常
平振之。海寇縱橫,次第禽殄之。未幾,聞金亡,京、湖帥奉露布圖上八陵,而江、淮有
進取潼關、黃河之議,德秀以爲憂。上封事曰:"移江、淮甲兵以守無用之空城,運江、
淮金穀以治不耕之廢壤,富庶之效未期,根本之弊立見。惟陛下審之重之。"

召爲户部尚書,入見,帝迎謂曰:"卿去國十年,每切思賢。"德秀乃以所著《大學衍
義》進,因言於帝曰:"天之所助者,順人之所助者。信陛下倘能敬德以迓續休命,中原
終爲我有。若徒以力求之,而不反其本,天意難測,臣實憂之。"又復陳祈天永命之説,
謂"敬者德之聚。儀狄之酒,南威之色,盤遊弋射之娛,禽獸狗馬之玩,有一於茲,皆足

害敬。”帝欣然嘉納，改翰林學士、知制誥，時政多所論建。逾年，知貢舉，已得疾，拜參知政事，同編修敕令、《經武要略》。三乞祠禄，帝不得已，進資政殿學士、提舉萬壽觀兼侍讀，辭。疾亟，冠帶起坐，迄謝事，猶神爽不亂。遺表聞，帝震悼，輟視朝，贈銀青光禄大夫。

德秀長身廣額，容貌如玉，望之者無不以公輔期之。立朝不滿十年，奏疏無慮數十萬言，皆切當世要務，直聲震朝廷。四方人士誦其文，想見其風采。及宦遊所至，惠政深洽，不愧其言，由是中外交頌。都城人時驚傳傾洞，奔擁出關曰：“真直院至矣！”果至，則又填塞聚觀不置。時相益以此忌之，輒擯不用，而聲愈彰。及歸朝，適鄭清之挑敵，兵民死者數十萬，中外大耗，尤世道升降治亂之機，而德秀則既衰矣。杜範方攻清之誤國，且謂其貪黷更甚於前，而德秀乃奏言：“此皆前權臣玩愒之罪，今日措置之失，譬如和、扁繼庸醫之後，一藥之誤，代爲庸醫受責。”其議論與範不同如此。然自侂胄立僞學之名以錮善類，凡近世大儒之書，皆顯禁以絶之。德秀晚出，獨慨然以斯文自任，講習而服行之。黨禁既開，而正學遂明於天下後世，多其力也。學者稱西山先生。

所著有：《西山甲乙稿》《對越甲乙集》《經筵講義》《端平廟議》《翰林詞草四六》《獻忠集》《江東救荒録》《清源雜志》《星沙集志》。著作甚多，而《大學衍義》尤盛行於世。既卒，帝思之不置，謚曰文忠。

魏了翁，字華父，邛州蒲江人。本姓高，出繼魏氏。年數歲從諸兄入學，儼如成人。少長，英悟絶出，日誦千餘言，過目不再覽，鄉里稱爲神童。年十五，著《韓愈論》，抑揚頓挫，有作者風。從李燔、輔廣遊。

慶元五年，登進士第。時方諱言道學，了翁策及之。授僉書劍南西川節度判官廳公事。嘉泰二年，召爲國子正。明年，改武學博士。開禧元年，召試學士院。韓侂胄用事，謀開邊以自固，遍國中憂駭而不敢言。了翁乃言：“國家紀綱不立，國事不定，風俗苟偷，邊備廢弛，財用凋耗，人才衰弱，而道路籍籍，皆謂將有北伐之舉，人情恟恟，憂疑錯出。金地廣勢強，未可卒圖，求其在我，未見可以勝人之實。盍亦急於内修，姑遣外攘。不然，舉天下而試於一擲，宗社存亡係焉，不可忽也。”策出，衆大驚。改祕書省正字。御史徐柟即劾了翁對策狂妄，侂胄持不可而止。

明年，遷校書郎，以親老乞補外，知嘉定府。行次江陵，蜀大將吳曦以四川叛，了翁策其必敗。又明年曦誅，蜀平，了翁奉親還里。侂胄亦以誤國誅。朝廷收召諸賢，了翁預焉。會史彌遠入相專國事，了翁察其所爲，力辭召命。丁生父憂，解官心喪，築室白鶴山下，以所聞於輔廣、李燔者開門授徒，士争負笈從之，稱爲鶴山先生。由是蜀人盡知義理之學。

差知漢州。漢號繁劇，了翁以化民善俗爲治。首蠲積逋二十餘萬，除科抑賣酒之弊，嚴户婚交訐之禁；復爲文諭以厚倫止訟，其民敬奉條教不敢犯。會境内橋壞，民有壓死者，部使者以聞，詔降官一秩，主管建寧府武夷山冲佑觀。未數月，復原官知眉州。眉俗習法令，持吏短長，故號難治。聞了翁至，爭試以事。了翁乃尊禮耆耇，簡拔俊秀，朔望詣學宫，親爲講説，誘掖指授，行鄉飲酒禮以示教化，增貢士員以振文風。復蠶頤堰，築江鄉館，利民之事，知無不爲。士論大服，俗爲之變，治行彰聞。

嘉定四年，擢潼川路提點刑獄公事。八年，兼提舉常平等事，遷轉運判官。戢吏姦，詢民瘼，舉刺不避權右，風采肅然。上疏乞與周惇頤、張載、程顥、程頤錫爵定謚，示學者趣向，朝論韙之，如其請。遂寧闕守，了翁行郡事。即具奏乞修城郭備不虞，廷議靳其費，了翁增堞浚隍，如待敵至者。後一年，潰卒攻掠郡縣，知其有備不敢逞，人始服豫防之意。十年，遷直祕閣，知瀘州，主管潼川路安撫司公事。丁母憂，免喪，差知潼川府。約己裕民，厥績大著。若游似、吳泳、牟子才，皆蜀名士，咸造門受業。

十五年，被召入對，疏二千餘言。首論人與天地一本，必與天地相似而後可以無曠天位，并及人才、風俗五事，明白切暢。又論郡邑强幹弱枝之弊，所宜變通。蓋自了翁去國十有七年矣，至是帝迎勞優渥，嘉納其言。進兵部郎中，俄改司封郎中兼國史院編修官。轉對，論江、淮、襄、蜀當分爲四重鎮，擇人以任，虛心以聽，假以事權，資以財用，爲聯絡守禦之計。次論蜀邊墾田及實録闕文等事，皆下其章中書。十六年，爲省試參詳官，遷太常少卿兼侍立修注官。

十七年，遷祕書監，尋進起居舍人，再辭而後就列。入奏，極言事變倚伏、人心向背、疆場安危、鄰寇動静，其幾有五，謂："宜察時幾而恭天命，尊道揆而嚴法守，集思廣益，汲汲圖之，不猶愈於坐觀時會，而聽其勢之所趨乎？"又論士大夫風俗之弊，謂："君臣上下同心一德，而後平居有所補益，緩急有所倚仗。如人自爲謀，則天下之患有不可終窮者。今則面從而腹誹，習諛而踵陋，臣實懼焉。盍亦察人心之邪正，推世變之倚伏，開拓規模，收拾人物，庶幾臨事無乏人之嘆。"其言劌切，無所忌避，時相寖不悦。

寧宗崩，理宗自宗室入即位，時事忽異，了翁積憂成疾，三疏求間不得請，遷起居郎。明年，改元寶慶，雷發非時，帝有"朕心終夕不安"之語。了翁入對，即論："人主之心義理所安，是之謂天，非此心之外別有所謂天地神明也。陛下盍即不安而求之，對天地，事大母，見羣臣，親講讀，皆隨事反求，則大本立而無事不可爲矣。"又論："講學不明，風俗浮淺，立朝無犯顔敢諫之忠，臨難無仗節死義之勇。願敷求碩儒，丕闡正學，圖爲久安長治之計。"又請申命大臣，於除授之際，公聽並觀，然後實意所孚，善類皆出矣。

屬濟王黜削以死，有司顧望，治葬弗虔。了翁每見帝，請厚倫紀以弭人言。時應詔言事者十餘人，惟了翁與洪咨夔、胡夢昱、張忠恕所言能引義劘上，最爲切至。右正

言李知孝劾夢昱竄嶺南，了翁出關餞別，遂指了翁首倡異論，將擊之，彌遠猶外示優
容。令權尚書工部侍郎，了翁力以疾辭，乃以集英殿修撰知常德府。越二日，諫議大
夫朱端常劾了翁欺世盜名，朋邪謗國，詔降三官，靖州居住。初，了翁再入朝，彌遠欲
引以自助，了翁正色不撓，未嘗私謁。故三年之間，循格序遷，未嘗處以要地。了翁至
靖，湖、湘、江、浙之士，不遠千里負書從學。乃著《九經要義》百卷，訂定精密，先儒所
未有。

　　紹定四年復職，主管建寧府武夷山冲佑觀。五年，改差提舉江州太平興國宮，尋
知遂寧府，辭不拜。進寶章閣待制、潼川路安撫使、知瀘州。瀘大藩，控制邊面二千
里，而武備不修，城郭不治。了翁乃奏茸其樓櫓雉堞，增置器械，教習牌手，申嚴軍律，
興學校，蠲宿負，復社倉，創義冢，建養濟院。居數月，百廢具舉。彌遠卒，帝親庶政，
進華文閣待制，賜金帶。

　　了翁念國家權臣相繼，內擅國柄，外變風俗，綱常淪斁，法度墮弛，貪濁在位，舉事
弊蠹，不可滌濯。遂應詔上章論十弊，乞復舊典以彰新化：一曰復三省之典以重六卿，
二曰復二府之典以集眾議，三曰復都堂之典以重省府，四曰復侍從之典以來忠告，五
曰復經筵之典以熙聖學，六曰復臺諫之典以公黜陟，七曰復制誥之典以謹命令，八曰
復聽言之典以通下情，九曰復三衙之典以彊主威，十曰復制閫之典以黜私意。疏列萬
言，先引故實，次陳時弊，分別利害，粲若白黑。帝讀之感動，即於經筵舉之成誦。其
後，舊典皆復初。

　　臣庶封章多乞召還了翁及真德秀，帝因民望並招之，用了翁權禮部尚書兼直學士
院。入對，首乞明君子小人之辨，以為進退人物之本，以杜姦邪窺伺之端。次論故相
十失猶存，又及修身、齊家、選宗賢、建內小學等，皆切於帝躬者。他如和議不可信，北
軍不可保，軍實財用不可恃，凡十餘端。復口奏利害，至漏下四十刻乃退。兼同修國
史、兼侍讀，俄兼吏部尚書。經幃進讀，帝必改容以聽，詢察政事，訪問人才。復條十
事以獻，皆苦心空臆，直述事情，言人所難。帝悉嘉納，且手詔獎諭。又奏乞收還保全
彌遠家御筆，乞定趙汝愚配享寧廟，乞趣崔與之參預政事，乞定履畝之令以寬民力，乞
詔從臣集議以救楮弊，乞儲閫才以備緩急。又因進故事：如儲人才、凝國論，如力圖自
治之策，如下罪己之詔，如分別襄、黃二帥是非，如究見黃陂叛卒利害，如分任諸帥區
處降附。

　　還朝六閱月，前後二十餘奏，皆當時急務。帝將引以共政，而忌者相與合謀排擯，
遂謂近臣惟了翁知兵體國，乃以端明殿學士、同簽樞密院事督視荊湖軍馬。會江、淮
督府曾從龍以憂畏卒，并以江、淮付了翁。朝論大駭，以為不可，三學亦上書爭之。適
邊警沓至，帝心焦勞，了翁嫌於避事，既五辭弗獲，遂受命開府，宣押同二府奏事，帝勉
勞尤至。尋兼提舉編修《武經要略》，恩數同執政，進封臨邛郡開國侯，又賜便宜詔書

如張浚故事。朝辭,面賜御書唐人嚴武詩及"鶴山書院"四大字,仍賜金帶鞍馬,詔宰臣飲餞於關外。乃酌上下流之中,開幕府江州,申儆將帥,調遣援師,褒死事之臣,黜退懦之將,奏邊防十事。甫二旬,召爲簽書樞密院事,赴闕奏事,時以疾力辭不拜。蓋在朝諸人始謀假此命以出了翁,既出則復以建督爲非,雖恩禮赫奕,而督府奏陳動相牽制,故遽召還,前後皆非帝意也。

尋改資政殿學士、湖南安撫使、知潭州,復力辭,詔提舉臨安府洞霄宮。未幾,改知紹興府、浙東安撫使。嘉熙元年,改知福州、福建安撫使。累章乞骸骨,詔不允。疾革,復上疏。門人問疾者,猶衣冠相與酬答,且曰:"吾平生處己,澹然無營。"復語蜀兵亂事,蹙頞久之,口授遺奏,少焉拱手而逝。後十日,詔以資政殿大學士、通奉大夫致仕。

遺表聞,帝震悼,輟視朝,嘆惜有用才不盡之恨。詔贈太師,諡文靖,賜第宅蘇州,累贈秦國公。

所著有《鶴山集》《九經要義》《周易集義》《易舉隅》《周禮井田圖説》《古今考》《經史雜抄》《師友雅言》。

述曰:汾讀史至真、魏二公傳,未嘗不廢書而嘆也。蓋國之興也,不興於興之日,而興於羣賢有彙征之形;國之亡也,不亡於亡之時,而亡於正士有淪落之感。宋當嘉定、端平間,國勢亦云亟矣,侂胄亂政於前,彌遠蒙君於後,外患疊興,内憂間作,幸而碩果尚存,二公慨然以天下爲己任,乃疏遠之、擯逐之,至詆爲僞君子、真小人,使不得一日安於其位,而宋命亦用迄焉。《詩》曰:"人之云亡,邦國殄瘁。"又曰:"曾是莫聽,大命以傾。"悲夫!

闕里文獻考卷六五

從祀賢儒第十四之二十三

元

陳澔，字可大，都昌人也。父大猷，宋理宗開慶二年進士，歷仕至黃州軍判官，著《尚書集傳》。澔潛心經學，尤精於《戴記》。宋亡，隱居教授，年八十二卒。學者稱雲莊先生，又稱經歸先生。元奎章閣學士虞集題其墓。所著有《禮記集說》，自爲序曰：

> 前聖繼天立極之道，莫大於禮；後聖垂世立教之書，亦莫先於《禮》。禮儀三百，威儀三千，孰非精神心術之所寓，故能與天地同其節。四代損益，世遠經殘，其詳不可得聞矣。《儀禮》十七篇，《戴記》四十九篇，先儒表章《庸》《學》，遂爲千萬世道學之淵源。其四十七篇之文，雖純駁不同，然義之淺深同異，誠未易言也。鄭氏祖讖緯，孔疏惟鄭之從，雖有他說，不復收載，固爲可恨，然其灼然可據者，不可易也。近世應氏《集解》於《雜記》《大小記》等篇，皆闕而不釋。噫！慎終追遠，其關於人倫世道，非細故，而可略哉？先君子師事雙峰先生十有四年，以是經三領鄉書，爲開慶名進士，所得於師門講論甚多。中罹煨燼，隻字不遺，不肖孤僭不自量，會萃衍繹，而附以臆見之言，名曰《禮記集說》。蓋欲以坦明之說，使初學讀之即了其義，庶幾章句通則蘊奧自見，正不必高爲議論，而卑視訓故之辭也。書成，甚欲就正於四方有道之士，而衰年多疾，遊歷良艱，姑藏巾笥，以俟來哲。治教方興，知禮者或有取焉，亦愚者千慮之一爾。

明洪武時，其書始列於學官。正統中，遂以其說取士。成化初，工部右侍郎劉定之上言："自有五經以來，訓釋何止數十百家，聖朝於《易》專取程頤《傳》、朱熹《本義》，於《書》專取蔡沈《集傳》，於《春秋》專取胡安國《傳》，於《禮記》專取陳澔《集說》，豈非以其尤得聖人之旨哉！永樂中所纂，正統中所刻，今經筵所進，與夫天下庠序、場屋所用，無不以是也。夫既專取其說，固宜褒異其儒。欲褒異之，莫若俾得從祀於先聖廟庭。今從祀舊規，有程頤、朱熹矣；又廣新制，及胡安國、蔡沈矣，斯皆以釋經有功也。惟陳澔未與其列。以臣觀於澔釋經之功，雖未敢追程、朱二子之躅，亦可以次胡、蔡二氏之肩。況前代釋經，如何休、賈逵、范甯、杜預等，今聖朝取其説無幾耳，然尚從祀，則若澔之專用其説者，以之從祀，夫何間然？”疏入，不報。至我朝雍正二年，始用廷議，詔從祀孔子廟庭。

述曰：雲莊之學問，他無可見，獨見於《禮記集説》一書。而論者或譏其擇焉不精，語焉不詳，直詆爲兔園册子。且云：“自《集説》行，使天下後世束注疏等書不觀，皆雲莊之爲之者。”夫度數品節，其説誠不免太略，然簡核精當，得聖人約禮之深意，或亦非諸儒所可議也。

闕里文獻考卷六六

從祀賢儒第十四之二十四

元

趙復,字仁甫,德安人也。太宗乙未歲,命太子闊出帥師伐宋,德安以嘗逆戰,其民數十萬,皆俘戮無遺。時姚樞奉詔從行中書省,楊惟中即軍中求儒、道、釋、醫、卜士,凡挂俘籍者,悉脱之以歸,復在其中。樞與言,驚爲奇士。復以九族俱殘,不欲北,與樞訣。樞恐其自裁,留帳中共宿。夜半,復逸去。樞馳馬蹤迹及水際,見復披髮徒跣,仰天大號,欲自沈。樞勸曰:"汝徒死無益,存則子孫或可以傳緒百世。隨吾而北,必無他。"復勉從之。先是,南北道絶,載籍不相通;至是,復以所記程、朱諸經傳注,盡錄以付樞。

復至燕,學子從者百餘人。世祖在潛邸,嘗召見,問曰:"我欲取宋,卿可導之乎?"對曰:"宋,吾父母國也,未有引他人以伐吾父母者。"世祖悦,因不强之仕。惟中聞復論議,嗜其學,乃與樞謀建太極書院,立周子祠,以二程、張、楊、游、朱六君子配食,選取遺書八千餘卷,請復講授其中。復以周、程而後,其書廣博,學者未能貫通,乃原羲、農、堯、舜所以繼天立極,孔子、顏、孟所以垂世立教,周、程、張、朱氏所以發明紹續者,作《傳道圖》,而以書目條列於後;別著《伊洛發揮》,以標其宗旨。又以朱子門人之見諸傳記與得諸傳聞者,共五十有三人,作《師友圖》,寓私淑之志。又取伊尹、顏淵言行,作《希賢錄》,使學者知所嚮慕。樞既退隱蘇門,乃詣復傳其學,由是許衡、郝經、劉因皆得其書而尊信之。北方知有程、朱之學,自復始。

復爲人,樂易而耿介,雖居燕,不忘故土。與人交,尤篤分誼。元好問文名擅一時,其南歸也,復贈之言,以博溺心、末喪本爲戒,以自修讀《易》求文王、孔子之用心爲勉。其愛人以德類若此。復家江漢之上,以江漢字號,學者稱曰江漢先生。

許衡,字仲平,懷之河內人也,世爲農。父通,避地河南,生衡於新鄭縣。幼有異質,七歲入學,授章句。問師:"讀書何爲?"師曰:"取科第耳。"曰:"若斯而已乎?"師大奇之。每授書，能問其旨義。久之，師謂其父曰：“兒穎悟不凡，他日必有大過人者，吾非其師也。”遂辭去。如是者凡更三師。稍長，嗜學如飢渴，然遭世亂，且貧無書。嘗從日者家見《尚書疏義》，請就宿，手抄以歸。既逃難徂徠山，始得王輔嗣《易注》，夜思晝誦，身體而力踐之，言動必揆諸義而後發。嘗暑中過河陽，暍甚，道有梨，衆爭取啖之，衡獨危坐樹下自若。或問之，曰：“非其有而取之，不可也。”或曰：“世亂，此無主。”曰：“梨無主，此心獨無主乎？”

轉魯留魏，人見其有德，稍稍從之。居三年，聞亂且定，乃還懷。往來河、洛間，從姚樞得伊洛程氏及新安朱氏書，益大有得。還，聚學者謂之曰：“昔所録授，殊孟浪也。今始聞進學之序。若必欲相從，當悉棄前日所學章句之習，從事於小學灑掃、應對，以爲進德之基。不然，則當求他師。”衆皆唯。遂悉取向來簡帙焚之，使無大小，皆自小學入。衡亦旦夕精讀不輟，篤志力行，以身先之，雖隆冬盛暑不廢。尋居蘇門，與樞及竇默相講習。凡經傳、子史、禮樂、星曆、兵刑、食貨、水利之類，無所不講，慨然以道爲己任。嘗語人曰：“綱常不可一日亡於天下，苟在上者無以任之，則在下之任也。”凡喪祭娶嫁，必徵於禮，以倡其鄉人，學者寖盛。家貧躬耕，粟熟則食，粟不熟則食糠覈菜茹，處之泰然，謳誦之聲聞於戶外如金石。財有餘，即以分諸族人及諸生之貧者。人有所遺，一毫弗義弗受也。樞嘗被召入京師，以其雪齊居衡，命守者館之，衡拒不受。庭有果熟爛墮地，童子過之，亦不睨視而去，其家人化之如此。

甲寅，世祖出王秦中，以姚樞爲勸農使，教民耕殖。又思所以化秦人，乃召衡爲京兆提學。秦人新脱於兵，欲學無師，聞衡來，人人莫不喜幸來學。郡縣皆建學校，民大化之。世祖南行，乃還懷，學者攀留之不得，從送之臨潼而歸。

中統元年，世祖即皇帝位，召至京師。時王文統以言利進爲平章政事，衡、樞輩入侍，言治亂休戚，必以義爲宗。文統患之。且竇默日於帝前排其學術，疑衡與之爲表裏，乃奏以樞爲太子太師，默爲太子太傅，衡爲太子太保，陽爲尊用之，實不使數侍帝也。默以屢攻文統不中，欲因東宮以避禍，與樞拜命，將入謝。衡曰：“此不安於義也，姑勿論。禮，師傅與太子位東西鄉，師傅坐，太子乃坐，公等度能復此乎？不能，則師道自我廢也。”樞以爲然，乃相與懷制立殿下，五辭乃免。改命樞大司農，默翰林侍講學士，衡國子祭酒。未幾，衡亦謝病歸。

至元二年，帝以安童爲右丞相，欲衡輔之，復召至京師，命議事中書省。衡乃上疏陳時務：

其一曰立國規模，言自古立國，皆有規模。循而行之，則治功可期。否則心疑目眩，變易紛更，未見其可也。昔子産相衰周之列國，孔明治西蜀之一隅，且有定論，終身由之；而堂堂天下，可無一定之説而妄爲之哉？考之前代，北方之有中夏者，必行漢法乃可長久。故後魏、遼、金歷年最多，他不能者，皆亂亡相繼，史册俱載，昭然可考。使國家而居朔漠，則無事論此也。今日之治，非此奚宜？夫陸行宜車，水行宜舟，反之則不能行；幽燕食寒，蜀漢食熱，反之則必有變。以是論之，國家之當行漢法無疑也。然萬世國俗，累朝勳舊，一旦驅之下從臣僕之謀，改就亡國之俗，其勢有甚難者。竊嘗思之，寒之與暑，固爲不同。然寒之變暑也，始於微溫，溫而熱，熱而暑，積百有八十二日而寒始盡。暑之變寒，其勢亦然，是亦積之驗也。苟能漸之摩之，待以歲月，心堅而確，事易而常，未有不可變者。此在陛下尊信而堅守之，不雜小人，不責近效，不恤流言，則致治之功庶幾可成矣。

其二曰中書大要，言中書之務不勝其煩，然其大要在用人、立法二者而已矣。近而譬之，髮之在首，不以手理而以櫛理；食之在器，不以手取而以匕取。手雖不能，而用櫛與匕，是即手之爲也。上之用人，何以異此。然人之賢否，未能灼知其詳，固不可得而遽用也。或已知其孰爲君子，孰爲小人，而復患得患失，莫敢進退，徒曰知人，而實不能用人，亦何益哉！人莫不飲食也，獨膳夫爲能調五味之和；莫不睹日月也，獨星官爲能步虧食之數者，誠以得其法故也。古人有言曰：“爲高必因丘陵，爲下必因川澤，爲政必因先王之道。”今里巷之談，動以古爲詬戲，不知今日口之所食，身之所衣，皆古人遺法而不可違者，豈天下之大、國家之重，而古之成法反可違邪？其亦弗思甚矣！夫治人者法也，守法者人也。人法相維，上安下順，而宰執優游於廊廟之上，不煩不勞，此所謂省也。

夫立法用人，今雖未能遽如古昔，然已仕者當給俸以養其廉，未仕者當寬立條格，俾就敘用，則失職之怨少可舒矣。外設監司以察污濫，內專吏部以定資歷，則非分之求漸可息矣。再任三任，抑高舉下，則人才爵位略可平矣。至於貴家之世襲，品官之任子，版籍之數目，續當議之，亦不可緩也。

其三曰爲君難，言民生有欲，無主乃亂，上天眷命，作之君師，此蓋以至難任之，非予之可安之地而娛之也。是以堯、舜以來，聖帝明王莫不兢兢業業，小心畏慎者，誠知天之所畀至難之任，初不可以易心處之也。知其爲難而以難處，則難或可爲；不知爲難而以易處，則他日之難有不可爲者矣。孔子曰：“爲君難，爲臣不易。”爲臣之道，臣已告之安童矣。至爲君之難，尤陛下所當專意也。臣請言其切而要者。

夫人君不患出言之難，而患踐言之難。知踐言之難，則其出言不容不慎矣。昔劉安世行一不妄語，七年而後成。夫安世一士人也，所交者一家之親、一鄉之衆也，同列之臣不過數十百人而止耳，而言猶若此，況天下之大，兆民之衆，事有萬變，日有萬幾，人君以一身一心而酬酢之，欲言之無失，豈易能哉？故有昔之所言而今日忘之者，今之所命而後日自違者，可否異同，紛更變易，紀綱不得布，法度不得立，臣下無所持循，姦人因以爲弊，天下之人疑惑驚眩，且議其無法無信一至於此。此無他，至難之地不以難處，而以易處故也。苟從《大學》之道，以修身爲本，凡一言一動，必求其所以然與其所當然，不牽於愛，不蔽於憎，不因於喜，不激於怒，虛心端意，熟思而審處之，雖有不中者蓋鮮矣。奈何爲人上者多樂舒肆，爲人臣者多事容悦。容悦本爲私也，私心盛則不畏人矣；舒肆本爲欲也，欲心盛則不畏天矣。以不畏天之心，與不畏人之心，感合無間，則其所務者皆快心事耳。快心則口欲言而言，身欲動而動，又安肯兢兢業業，以修身爲本，一言一動，熟思而審處之乎？此人君踐言之難，又難於天下之人也。

　　人之情僞有易有險，險者難知，易者易知，此特係夫人之險易者然也。然又有衆寡之分焉。寡則易知，衆則難知，故在上者難於知下，而在下者易於知上，其勢然也。處難知之地，御難知之人，欲其不見欺也難矣。昔包拯剛嚴峭直，號爲明察，然一小吏能欺之。拯，一京尹耳，其見欺於人，不過誤一事，害一人而已。人君處億兆之上，操予奪、進退、賞罰、生殺之權，不幸見欺，則以非爲是，以是爲非，其害有不可勝計也。人君惟無喜怒也，有喜怒則贊其喜以市恩，鼓其怒以張勢。人君惟無愛憎也，有愛憎則假其愛以濟私，藉其憎以復怨。甚至本無喜也，誑之使喜；本無怒也，激之使怒；本不足愛也，而誑譽之使愛；本無可憎也，而強短之使憎。若是，則進者未必爲君子，退者未必爲小人，予者未必爲有功，奪者未必爲有罪，以至賞之、罰之、生之、殺之，鮮有得其正者。人君不悟其受欺也，而反任之以防天下之欺，欺而至此，尚可防邪？大抵人君以知人爲貴，以用人爲急。用得其人，則無事於防矣。既不出此，則所近者，爭進之人耳，好利之人耳，無恥之人耳。彼挾其詐術，千蹊萬徑，以蠱君心，欲防其欺，雖堯、舜不能也。

　　夫賢者以公爲心，以愛爲心，不爲利回，不爲勢屈，寘之周行，則庶事得其正，天下被其澤，其於人國，重固如此也。夫賢者遭時不偶，務自韜晦，世固未易知也。雖或知之，而無所援引，則人君無由知也。人君知之，而召之命之，汎如廝養，賢者有不屑也。雖或接之以貌，待之以禮，然而言不見用，賢者不處也。或用其言也，而復使小人參之，責小利，期近效，有用賢之名，無用賢之實，賢者亦豈肯尸位素餐以取譏於天下哉！此特難進者也，而又有難合者焉。人君處崇高之地，大抵樂聞人過，而不樂於聞己之過；務快己之心，而不務快民之心。賢者必欲匡而正之，扶而安之，如堯舜之正、堯舜之安而後已，故其勢恒難合。況夫姦邪佞倖，醜正而惡直，肆爲詆毀，多方以陷之，將見罪戾之不免，又可望其庶事得其正，而天下被其澤邪！自古及今，端人雅士所以重於進而輕於退者，蓋以此耳。大禹聖人，聞善即拜，益猶戒之“以任賢勿貳，去邪勿疑”，後世人主宜何如也？此任賢之難也。

姦邪之人，其爲心也險，其用術也巧。惟險也，故千態萬狀而人莫能知；惟巧也，故千蹊萬徑而人莫能禦。其諂似恭，其訐似直，其欺似可信，其佞似可近，務以窺人君之喜怒而迎合之，竊其勢以立己之威，濟其欲以結主之愛，愛隆於上，威擅於下，大臣不敢議，近親不敢言，毒被天下而上莫之知，至是而求去之亦已難矣。雖然，此特人主之不悟者也，猶有説焉。如宇文士及之佞，太宗灼見其情而不能斥；李林甫妒賢嫉能，明皇洞見其姦而不能退。邪之惑人，有如此者，可不畏哉！

夫上以誠愛下，則下以忠報上，感應之理然也。然考之往昔，有不可以常情論者。禹抑洪水以救民，啓又能敬承繼禹之道，其澤深矣，然一傳而太康失道，則萬姓仇怨而去者，何邪？漢高帝起布衣，天下影從，滎陽之難，紀信至捐生以赴急，則人心之歸可見矣。及天下已定，而沙中有謀反者，又何邪？竊嘗思之，民之戴君，本於天命，初無不順之心，特由使之失望，使之不平，然後怨怒生焉。禹、啓愛民如赤子，而太康逸豫以滅德，是以失望；漢高以寬仁得天下，及其已定，乃以愛憎行誅賞，是以不平。古今人君，凡有恩澤於民，而民怨且怒者，皆類此也。夫人君有位之初，既出美言而告天下矣，既而實不能副，故怨生焉。等人臣耳，無大相遠，人君特以己之私而厚一人，則其薄者已疾之矣，況於薄有功而厚有罪，人得不怒於心邪？必如古者《大學》之道，以修身爲本，一言一動，舉可以爲天下之法，一賞一罰，舉可以合天下之公，則億兆之心將不求而自得，又豈有失望不平之累哉！

三代而下稱盛治者，無如漢之文、景，然考之當時，天象數變，山崩地震未易遽數，是將小則有水旱之災，大則有亂亡之應，非徒然而已也。而文、景克承天心，一以養民爲務，今年勸農桑，明年減田租，懇愛如此，宜其民心得而和氣應也。臣竊見前年秋孛出西，彗出東；去年冬彗見東方，復見西方。議者謂當除舊布新，以應天變。臣以爲曷若直法文、景之恭儉愛民，爲理明義正而可信也。天之樹君，本爲下民。故孟子謂“民爲重，君爲輕”，《書》亦曰“天視自我民視，天聽自我民聽”。以是論之，則天之道恒在於下，恒在於不足也。君人者，不求之下而求之高，不求之不足而求之有餘，斯其所以召天變也。其變已生，其象已著，乖戾之機已萌，猶且因循故習，抑其下而損其不足，謂之順天，不亦難乎？

此六者，皆難之目也。舉其要，則修德、用賢、愛民三者而已，此謂治本。本立，則紀綱可布，法度可行，治功可必。否則愛惡相攻，善惡交病，生民不免於水火，以是爲治，萬不能也。

其四曰農桑學校，言古之聖君，必曰堯、舜；古之賢相，必曰稷、契。蓋堯、舜能知天道而順承之，稷、契又知堯、舜之心而輔贊之，此所以爲法於天下，可傳於後世也。夫天道好生而不私，堯與舜亦好生而不私。若"克明峻德"，至於"黎民於變"；"敬授人時"，至於"庶績咸熙"，此順承天道之實也。稷播百穀以厚民生，契敷五教以善民心，此輔贊堯、舜之實也。臣嘗熟復推衍，思之又思，參之往古聖賢之言無不同，驗之歷代治亂之迹無不合，蓋此道之行，民可使富，兵可使強，人才可使盛，國勢可使重，夙夜念之至熟也。今國家徒知斂財之巧，而不知生財之由；徒知防人之欺，而不欲養人之善；徒患法令之難行，而不患法令無可行之地。誠能優重農民，勿擾勿害，敺游惰之人而歸之南畝，課之種藝，懇喻而督行之，十年之後，倉府之積，當非今日之比矣。自都邑而至州縣，皆設學校，使皇子以下至於庶人之子弟，皆入於學，以明父子君臣之大倫，自灑掃應對以至平天下之要道，十年以後，上知所以御下，下知所以事上，上下和睦，又非今日之比矣。二者之行，萬目斯舉，否則他皆不可期也。是道也，堯舜之道也。孟子曰："我非堯舜之道，不敢以陳於王前。"臣愚區區，竊亦願學也。

　　其五曰慎微，言天下所以定者，民志定也。民志定，士安於士，農安於農，工商安於工商，則在上之人有可安之理矣。夫民不安于白屋，必求祿仕；仕不安於卑位，必求尊榮。四方萬里，輻輳並進，各懷無厭無恥之心，在上之人可不爲寒心哉！臣聞取天下者尚勇敢，守天下者尚退讓。取也守也，各有其宜，君人者不可不審也。夫審而後發，發無不中，否則觸事而遽，喜怒之色見於貌，言出於口，人皆知之。徐考其故，知其無可喜者，則必悔其喜之失；無可怒者，則必悔其怒之失；甚至先喜而後怒，先怒而後喜，號令數變，喜怒不節之故也。是以先王潛心恭默，不易喜怒，其未發也，雖至近莫能知其發也，雖至親莫能移，是以號令簡而無悔，則無不中節矣。夫數變，不可也；數失信，尤不可也。周幽無道，不畏天，不愛民，酒荒色荒，故不恤此。方今無此，何苦使人之不信也。

　　書奏，帝嘉納之。衡多病，帝聽五日一至省，時賜尚方名藥美酒以調養之。四年，乃聽其歸懷。五年，復召還。

　　六年，命與太常卿徐世隆定朝儀。儀成，帝臨觀，甚悅。又詔與太保劉秉忠、左丞張文謙定官制，衡歷考古今分并統屬之序，去其權攝增置冗長側置者，凡省部、院臺、郡縣與夫后妃、儲藩、百司所聯屬統制，定爲圖。七年，奏上之。翼日，使集公卿雜議中書、院臺行移之體，衡曰："中書佐天子總國政，院臺宜具呈。"時商挺在樞密，高鳴在臺，皆不樂，欲定爲咨稟，因大言以動衡曰："臺院皆宗親大臣，若一忤，禍不可測。"衡曰："吾論國制耳，何與於人。"遂以其言質帝前，帝曰："衡言是也，吾意亦若是。"

　　阿合馬爲中書平章政事，領尚書省六部事，因擅權，勢傾朝野，一時大臣多阿之。衡每與之議，必正言不少讓。已而其子忽辛又有簽樞密院之命，衡執奏曰："國家事

權,兵民財三者而已。今其父典民與財,子又典兵,不可。"帝曰:"卿慮其反邪?"衡曰:
"彼雖不反,此反道也。"阿合馬詰之曰:"公何以言吾反?"衡曰:"吾言前世反者,皆由
權重君。誠不反,何爲由其道?"阿合馬曰:"公實反耳。人所嗜者,公一切不好,惟欲
得人心,非反而何?"衡曰:"果如君言,得罪亦無所辭。"阿合馬由是銜之,亟薦衡宜在
中書,欲因以事中之。俄除左丞,衡屢入辭免,帝命左右掖衡出。衡出及閾,還奏曰:
"陛下命臣出,豈出省邪?"帝笑曰:"出殿門耳。"從幸上京,乃論列阿合馬專權罔上、蠹
政害民若干事,不報。因謝病請解機務。帝惻然,召其子師可入,諭旨,且命舉自代
者。衡奏曰:"用人,天子之大柄也。臣下泛論其賢否則可,若授之以位,則當斷自宸
衷,不可使臣下有市恩之漸也。"

　　帝久欲開太學,會衡請罷益力,乃從其請。八年,以爲集賢大學士,兼國子祭酒,
親爲擇蒙古弟子俾教之。衡聞命,喜曰:"此吾事也。國人子太朴未散,視聽專一,若
置之善類中涵養數年,將必爲國用。"乃請徵其弟子王梓、劉季偉、韓思永、耶律有尚、
呂端善、姚燧、高凝、白棟、蘇郁、姚燉、孫安、劉安中十二人爲伴讀。詔驛召之來京師,
分處各齋,以爲齋長。歲時,梓等以酒禮至。衡辭曰:"所以奏取諸生者,蓋爲國家,爲
吾道,爲學校,爲後進,非爲供備我也。我爲官守學所當得者,俸祿也。俸祿之外,復
於諸生有取焉,欲師嚴道尊,難矣。"時所選子弟皆幼稚,衡待之如成人,愛之如子,出
入進退,其嚴若君臣。其爲教,因覺以明善,因明以開蔽,相其動息以爲張弛。課誦少
暇,即習禮,或習書算。少者即令習拜跪、揖讓、進退、應對,或射,或投壺,負者罰讀書
若干遍。久之,諸生人人自得,尊師敬業,下至童子,亦知三綱五常爲生人之道。

　　十年,權臣屢毀漢法,諸生廩食或不繼,衡請還懷。帝以問翰林學士王磐,磐對
曰:"衡教人有法,諸生行可從政,此國之大體,宜勿聽其去。"帝命諸老臣議其去留。
姚樞曰:"先生出處,關時世污隆,吾輩不可强之,先生自處審矣。"遂合辭代奏,得告南
歸。以贊善王恂攝學事。劉秉忠等奏,乞以衡弟子耶律有尚、蘇郁、白棟爲助教,以守
衡規矩,從之。

　　元自得中原,用金《大明曆》,自大定是正後六七十年,氣朔加時漸差。帝以海宇
混一,宜協時正日。十三年,詔王恂定新曆。恂以爲曆家知曆數而不知曆理,宜得衡
領之,乃以集賢大學士兼國子祭酒,兼領太史院事,召至京。衡以爲冬至者曆之本,而
求曆本者在驗氣。今所用宋舊儀,自汴還至京師已自乖舛,加之歲久,規環不叶。乃
與太史令郭守敬等新製儀象圭表,自丙子之冬日測晷景,得丁丑、戊寅、己卯三年冬至
加時,減《大明曆》十九刻二十分,又增損古歲餘歲差法,上考春秋以來冬至,無不盡
合。以月食衝及金木二星距驗冬至日躔,校舊曆退七十六分。以日轉遲疾中平行度
驗月離宿度,加舊曆三十刻。以綫代管窺測赤道宿度。以四正定氣立損益限,以定日
之盈縮。分二十八限爲三百三十六,以定月之遲疾。以赤道變九道定月行。以遲疾

轉定度分定朔,而不用平行度。以日月實合時刻定晦,而不用虛進法。以躔離朓朒定交食。其法視古皆密,而又悉去諸曆積年月日法之傅會者,一本天道自然之數,可以施之永久而無弊。自餘正訛完闕,蓋非一事。十七年,曆成,奏上之,賜名曰《授時曆》,頒之天下。

六月,以疾請還懷。皇太子爲請於帝,以子師可爲懷孟路總管以養之。且使東宮官來諭衡曰:“公毋以道不行爲憂也,公安則道行有時矣,其善藥自愛。”十八年,衡病革,家人祠,衡曰:“吾一日未死,寧不有事於祖考。”扶而起,奠獻如儀。既撤,家人餕,怡怡如也。已而卒,年七十三。遺訓其子師可曰:“我生平爲虛名所累,竟不能辭官,死後慎勿請諡,勿立碑,但書‘許衡之墓’四字,使子孫識其處足矣。”是日,大雷電,風拔木。懷人無貴賤少長,皆哭於門。四方學士聞訃,皆聚哭。有數千里來祭哭墓下者。

衡真知力行,實見允蹈,齊居終日,肅如神明。嘗遇迅霆起前,泰宇凝定,不喪執守。其爲學以明體達用爲主,其修己以存心養性爲要,其事君以責難陳善爲務,其教人以灑掃應對爲始、精義入神爲終。雖時尚枘鑿,不少變其規矩。善教人,其言煦煦,雖與童子語,如恐傷之。故所至,無貴賤賢不肖皆樂從之,隨其才昏明大小皆有所得,可以爲世用。所去,人皆哭泣,不忍舍,服念其教如金科玉律,終身不敢忘。或未嘗及門,傳其緒餘,而折節力行爲名世者,往往有之。聽其言,雖武人俗士異端之徒,無不感悟者。

初,中統之召,聞命輒赴,道遇劉因,語之曰:“公一聘而起,毋乃太速乎?”衡曰:“不如此,則道不行耳!”比至京師,丞相安童一見衡,語同列曰:“若輩自謂不相上下,蓋十百與千萬也。”翰林承旨王磐氣概一世,少所與可,獨見衡曰:“先生,神明也。”伐宋之舉,一時名公卿人售攻取之略,衡獨言:“惟當修德以致賓服。若以力取,必戕兩國之生靈,以決萬一之勝負。”及宋既平,衡未嘗以失計爲歉,世祖亦不以是少之大德。二年,贈榮禄大夫、司徒,諡文正。至大二年,加正學垂憲佐運功臣、太傅、開府儀同三司,封魏國公。延祐初,詔爲立書院京兆、給田奉祠事,名“魯齋書院”。魯,衡居魏時所署齊名也。

述曰:趙仁甫紹述伊、洛,首爲北方開理學之源。許文正尊聞行知,見之德行而措諸事業,使天下翕然知儒術之足貴。雖其著述未知於朱子何如,而繼往開來,淑身牖世,嗚呼,懿爍矣!

從祀賢儒第十四之二十五

元

吳澄,字幼清,撫州崇仁人。高祖曄,初居咸口里,當華蓋、臨川二山間,望氣者徐覺言其地當出異人。澄生前一夕,鄉父老見異氣降其家。隣嫗復夢有物蜿蜒降其舍旁池中,且以告於人,而澄生。三歲,穎悟日發,教之古詩,隨口成誦。五歲,日受千餘言,夜讀書至旦。母憂其過勤,節膏火,不多與,澄候母寢,然火復誦習。九歲,從郡子弟試鄉校,每中前列。既長,於經傳皆習通之,知用力聖賢之學,嘗舉進士不第。

宋亡,入元。至元十三年,盜賊所在蜂起,樂安鄭松招澄居布水谷,乃著《孝經章句》,校定《易》《書》《詩》《春秋》《儀禮》及大、小戴《記》。侍御史程鉅夫奉詔求賢江南,起澄至京師。未幾,以母老辭歸。鋸夫請置澄所著書於國子監,以資學者,朝廷命有司即其家錄上。成宗元貞初,遊龍興。按察司經歷郝文迎至郡學,日聽講論,錄其問答,凡數千言。時行省掾元明善以文學自負,嘗問澄《易》《詩》《書》《春秋》奧義,嘆曰:“與吳先生言,如探淵海。”遂執弟子禮,終其身。左丞董士選延之於家,親執饋食,曰:“吳先生,天下士也。”既入朝,薦澄有道,擢應奉翰林文字。有司敦勸,久之乃至,而代者已到官,澄即日南歸。未幾,除江西儒學副提舉。居三月,以疾去官。

至大元年,召爲國子監丞。先是,許衡爲祭酒,始以朱子《小學》等書授弟子,久之,漸失其舊。澄至,未明即起,然燭坐堂上,諸生以次受業,日昃,退燕居之室,執經問難者接踵而至。澄各因其材質,反覆訓誘之,每至夜分,雖寒暑不易也。

皇慶元年,陞司業,用宋程純公《學校奏疏》,胡文定公《六學教法》,朱文公《學校貢舉私議》,約之爲教法四條:一曰經學,二曰行實,三曰文藝,四曰治事。又嘗爲學者言:“朱子於道問學之功居多,而陸子静以尊德性爲主。問學不本於德性,則其蔽必偏於言語訓釋之末,故學必以德性爲本,庶幾得之。”議者遂以澄爲陸氏之學,非許氏尊信朱子本意,然亦莫知朱、陸之爲何如也。澄一夕謝去,諸生有不謁告而從之南者。延祐初,召拜集賢直學士,特授奉議大夫,俾乘驛至京師,次真州,疾作,不果行。

　　至治三年，起爲翰林直學士，進階大中大夫。先是，有旨集善書者，粉黄金爲泥，寫浮屠《藏經》。帝在上都，使左丞速速，詔澄爲序。澄曰："主上寫經，爲民祈福，甚盛舉也。若用以追薦，臣所未諭。蓋福田利益，雖人所樂聞，而輪回之説，不過謂爲善之人，死則上通高明，其極品則與日月齊光；爲惡之人，死則下淪汚穢，其極下則與沙蟲同類。其徒遂爲薦拔之説，以惑世人。今列聖之神，上同日月，何用薦拔！且自國初以來，凡寫經追薦，不知幾舉。若未效，是無佛法矣；若已效，是誣其祖矣。撰爲文辭，不可以示後世，請俟駕還奏之。"會帝崩而止。

　　泰定元年，初開經筵，首命澄與平章政事張珪、國子祭酒鄧文原爲講官。至治末，詔作太廟，議者習見同堂異室之制，乃作十三室。未及遷奉，而國有大故，有司疑於昭穆，命集議之。澄議曰："世祖混一天下，悉考古制而行之。古者天子七廟，廟各爲宫。太祖居中，左三廟爲昭，右三廟爲穆。昭穆神主，各以次遞遷，其廟之宫，頗如今之中書六部。夫省部之設，亦仿金、宋，豈以宗廟序次，而不考古乎！"有司急於行事，竟如舊次。時澄已有去志，會修《英宗實録》，命總其事，居數月，《實録》成，未上，即移疾不出。中書左丞許師敬奉旨賜宴國史院，仍致朝廷勉留之意，宴罷，即出城登舟去。中書聞之，遣官驛追，不及而還，言於帝曰："吴澄，國之名儒，朝之舊德。今請老而歸，不忍重勞之，宜有所褒異。"詔加資善大夫，仍以金織文綺二及鈔五千貫賜之。

　　澄身若不勝衣，每日正坐拱手，氣融神邁，答問亹亹，使人焕若冰釋。弱冠時，嘗著説曰："道之大原出於天，神聖繼之。堯、舜而上，道之元也；堯、舜而下，其亨也；洙、泗、鄒、魯，其利也；濂、洛、關、閩，其貞也。分而言之，上古則羲皇其元，堯、舜其亨，禹、湯其利，文、武、周公其貞乎！中古之統，仲尼其元，顔、曾其亨，子思其利，孟子其貞乎！近古之統，周子其元，程、張其亨也，朱子其利也，孰爲今日之貞乎？未之有也。然則可以終無所歸哉？"其早以斯文自任如此。故出登朝署，退歸於家，與郡邑之所經由，士大夫皆迎請執業，而四方之士不憚數千里，躡履負笈來學山中者，常不下千數百人。少暇即著書，至將終，猶不置也。於《易》《書》《詩》《春秋》《三禮》盡破傳注穿鑿，以發其蘊，條歸紀叙，精明簡潔，卓然成一家言。

　　其序《易》曰：

　　　　昔在羲皇，始畫八卦，因而重之爲六十四。當是時，易有圖而無書也。後聖因之，作《連山》，作《歸藏》，作《周易》。雖一本之伏羲之圖，而其取用蓋各不同焉。三《易》既亡其二，而《周易》獨存。世儒誦習，知有《周易》而已，伏羲之圖鮮或傳授，而淪落於方技家。雖其説具見於夫子之《繫辭》《説卦》，而讀者莫之察也。至宋邵子始得而發揮之，於是人乃知有伏羲之易，而學易者不斷自文王、周公始也。今於《易》之一經，首揭此圖，冠於經端，以爲伏羲之易，蓋欲使夫學者知易之本原，不至尋流逐末，而昧其所自云爾。

又曰：《周易》上下經二篇，文王、周公作。《彖》、《象》、《繫辭》上下、《文言》、《說卦》、《序卦》、《雜卦》傳十篇，孔子作。秦焚書，《周易》以占筮獨存。《漢志》："《易》十二篇。"蓋經二傳十也。自魏晉諸儒分彖、象、文言入經，而《易》非古，注疏傳誦者苟且仍循，以逮於今。宋東萊呂氏始考之，以復其舊；而朱子因之，第其文闕衍謬誤，未悉正也。今重加修訂，視舊本爲精善，雖於大義不能有所損益，而於羽翼遺經，亦不無小補云。

其序《書》曰：

《書》二十八篇，漢伏生所口授者，所謂今文《書》也。伏生，故秦博士。焚書時，生壁藏之。其後，兵起流亡。漢定，生求其《書》，亡數十篇，獨得二十八篇，以教授於齊魯間。孝文時，求能治《尚書》者，天下無有，欲召生，時年九十餘矣，不能行。詔太常遣掌故晁錯往受之。生老，言不可曉，使其女傳言教錯。齊人語多與潁川異，錯所不知凡十二三，略以其意屬讀而已。夫此二十八篇，伏生口授而晁錯以意屬讀者也，其間闕誤顛倒固多，然不害其爲古書也。漢魏數百年間，諸儒所治，不過此爾。當時以應二十八宿，蓋不知二十八篇之外猶有書也。東晉元帝時，有豫章內史梅賾增多伏生《書》二十五篇，稱爲孔氏壁中古文。鄭沖授之蘇愉，愉授梁柳，柳之內兄皇甫謐從柳得之，以授臧曹，臧曹授梅賾，賾遂奏上其書。今考傳記所引古《書》，見於二十五篇之內者，如鄭康成、趙岐、韋昭、王肅、杜預輩，並指爲逸書，則是漢魏晉初，諸儒曾未之見也，故今特出伏氏二十八篇，如舊爲漢儒所傳，確然可信，而晉世晚出之書，別見於後，以俟後之君子擇焉。

又曰：《書》二十五篇，晉梅賾所奏上者，所謂古文《書》也。《書》有古文、今文之異，何哉？晁錯所受伏生《書》，以隸寫之，隸者，當世通行之字也，故曰今文。魯恭王壞孔子宅，得壁中所藏，皆科斗書。科斗者，倉頡所製之字也，故曰古文。然孔壁中真古文《書》不傳，後有張霸僞作《舜典》《汩作》《九共》九篇，《大禹謨》《益稷》《五子之歌》《胤征》《湯誥》《咸有一德》《典寶》《伊訓》《肆命》《原命》《武成》《旅獒》《冏命》二十四篇，目爲古文《書》。《漢·藝文志》云："《尚書》經二十九篇，古《經》十六卷。"二十九篇者，即伏生今文《書》二十八篇，及武帝時，增僞《泰誓》一篇也；古《經》十六卷者，即張霸僞古文《書》二十四篇也。漢儒所治，不過伏生《書》及僞《泰誓》，共二十九篇爾。張霸僞古文雖在，而辭義蕪鄙，不足取重於世以售其欺。及梅賾二十五篇之《書》出，則凡傳記所引《書》語，諸家指爲逸書者，收拾無遺，既有證驗而其言率依於理，比張霸僞《書》遼絕矣！析伏氏《書》二十八篇爲三十三,雜以新出之書,通爲五十八篇,并《書序》一篇,凡五十九,有孔安國傳及序,世遂以爲真孔壁所藏也。唐初諸儒從而爲之疏義。自是以後,漢世大小夏侯、歐陽氏所傳《尚書》止二十九者廢不復行,惟此孔氏傳五十八篇孤行於世。伏氏《書》既與梅賾所增《書》混淆,誰復能辨?竊嘗讀之,伏氏《書》雖難盡通,然辭義古奧,其爲上古之《書》無疑。梅賾所增二十五篇,體製如出一手,采集補綴,雖無一字無所本,而平緩卑弱,殊不類先漢以前之文。夫千年古書,最爲晚出,而字畫略無脫誤,文勢略無齟齬,不亦大可疑乎?吳才老曰:“增多之《書》,皆文從字順。非若伏生之書,佶屈聱牙。”夫四代之書,作者不一,乃至一人之手而定爲二體,其亦難言矣。朱仲晦曰:“《書》凡易讀者,皆古文,豈有數百年壁中之物不訛損一字者?”又曰:“伏生所傳皆難讀,如何伏生偏記其所難,而易者全不能記也。”又曰:“《尚書》孔安國傳,是魏晉間人作,托安國爲名耳。”又曰:“孔傳并序,皆不類西京文字氣象,與《孔叢子》同是一手僞書。蓋其言多相表裏,而訓詁亦多出於《小爾雅》也。”夫以吳氏、朱子之所疑者如此,顧何從質斯疑而斷,斷不敢信此二十五篇之爲古書,則是非之心,不可得而昧也。故今以此二十五篇自爲卷袠,以別於伏氏之書,而小序各冠篇首者,復合爲一,以寘其後,孔氏序亦并附焉。而因及其所可疑,非予之私言也,聞之先儒云爾。

其序《詩》曰:

《風》《雅》《頌》,凡三百十一篇,皆古之樂章。六篇無辭者,笙詩也。舊蓋有譜,以記其音節,而今亡。其三百五篇,則歌辭也,樂有八物,人聲爲貴,故樂有歌,歌有辭。鄉樂之歌曰風,其詩乃國中男女道其情思之辭,人心自然之樂也。故先王采以入樂,而被之絃歌。朝廷之樂歌曰雅,宗廟之樂歌曰頌。於燕饗會朝享祀焉用之,因是樂之施於是事,故因是事而作爲是辭。然則風因詩而爲樂,雅、頌因樂而爲詩。詩之先後於樂不同,其爲歌辭一也。經遭秦火,《樂》亡而《詩》存。漢儒以臆説《詩》,既不知《詩》之爲樂矣。而其所説之義,亦豈能知詩人命辭之本意哉!由漢以來,説三百篇之義者一本《詩序》。《詩序》不知始於何人,後儒從而增之。鄭氏謂《序》自爲一編,毛公分以寘諸篇之首。夫其初之自爲一編也,詩自詩,序自序。序之非經本旨者,學者猶可考見,及其分以寘諸篇之首,則未讀經文,先讀《詩序》,《序》乃有似詩人所命之題,而詩文反若因《序》以作。於是讀者必索詩於《序》之中,而誰復敢索詩於《序》之外哉?宋儒頗有覺其非者,而莫能斷也。至朱子始深斥其失而去之,然後足以洗千載之謬。嘗因是舍序而讀詩,則雖不煩訓詁而意自明。又嘗爲之強詩以合序,則雖曲生巧説而義愈晦。是則序之有害於詩爲多，而朱子之有功於《詩》爲甚大也。今因朱子所定，去各篇之《序》，使不淆亂乎正文，學者因得以詩求詩，而不爲序説所惑。若夫詩篇次第，則文王之《二南》而間有平王以後之詩，成王之《雅》《頌》而亦有康王以後之詩，變雅之中而或有類乎正雅之辭者，今既無從考據，不敢輒爲紛更。至若變風雅入樂歌，而未必皆有所用，變雅或擬樂辭，而未必皆爲樂作。其與《風》《雅》合編，蓋因類附載云爾。《商頌》，商時詩也；《七月》，夏時詩也，皆異代之辭，故處頌詩、風詩之末。《魯頌》，乃其臣作爲樂歌以頌其君，不得謂之風，故繫之頌。周公居東時詩，非擬朝廷樂歌而作，不得謂之雅，故附之《豳風》焉。

其序《春秋》曰：

《春秋經》十二篇，《左氏》《公羊》《穀梁》文各不同。昔朱子刻《易》《書》《詩》《春秋》於臨漳郡，《春秋》一經，止用《左氏》經文，而曰：“《公》《穀》二經所以異者，類多人名、地名，而非大義所繫，故不能悉具。”竊謂《三傳》得失，先儒固言之矣。載事則《左氏》詳於《公》《穀》，釋經則《公》《穀》詳於《左氏》。意者《左氏》必有按據之書，而《公》《穀》多是傳聞之説，況人名、地名之殊，或由語音字畫之舛，此類一從《左氏》可也。然有考之於義，確然見《左氏》爲失而《公》《穀》爲得者，則又豈容以偏狥哉？鳴呼！聖人筆削魯史，致謹於一字之微。三家去夫子未久也，文之脱謬已不能是正，尚望其能有得於聖人之微意哉！漢儒專門，守殘補闕，不合不公，誰復能貫穿異同而有所去取？至唐啖助、趙匡、陸淳三子，始能信《經》駁《傳》，以聖人書法纂而爲例，得其義者十七八。自漢以來，未聞或之先也。觀趙氏所定《三傳》異同，用意密矣，惜其予奪未能悉當，間嘗再爲審訂，以成其美。其間不繫乎大義者，趙氏於三家從其多。今則如朱氏意，專以三家爲主，倘義有不然，則從其是，《左氏》雖有事迹，亦不從也，一斷諸義而已。鳴呼！屬辭比事，《春秋》教也。今欲因啖、趙、陸氏遺説，博之以諸家，參之以管見，使人知聖筆有一定之法，而是經無不通之例，不敢隨文生義以侮聖言。顧有此志而未暇就，故先爲正其史之文如此。若聖人所取之義，則俟同志者共講焉。

其序《儀禮》曰：

《儀禮》十七篇，漢高堂生得之，以授瑕丘蕭奮，奮授東海孟卿，卿授后蒼，蒼授戴德、戴聖。大戴、小戴及劉氏《別録》所傳十七篇，次第各不同，尊卑吉凶，先後倫序，惟《別録》爲優，故鄭氏用之，今行於世。《禮經》殘缺之餘，獨此十七篇爲完書。以唐韓文公尚苦難讀，況其下者。自宋王安石行新經義，廢黜此經，學者益罕傳習。朱子考定《易》《書》《詩》《春秋》四經，而謂《三禮》體大，未能敍正。晚年欲成其書，於此至惓惓也。《經傳通解》乃其編類草稿，將俟喪祭禮畢而筆削焉，無祿弗逮，遂爲萬世闕典，每伏讀而爲之惋惜。竊謂《樂經》既亡，經僅存五。《易》之《彖》《象》傳本與《繫辭》《文言》《說卦》《序卦》《雜卦》諸傳共爲十翼，居上下經二篇之後者也，而後人以入卦爻之中。《詩》《書》之序，本自爲編，居國風、雅、頌、典、謨、誓、誥之後者也，而後人以冠各篇之首。《春秋》三經三傳，初皆別行，《公》《穀》配經，其來已久，最後注左氏者，又分傳以附經之年。何居？夫傳文、序文與經混淆，不惟非所以尊經，且於文義多所梗礙，歷千百年而莫之或非也，莫之或正也。至東萊呂氏，於《易》始因晁氏本定爲《經》二篇，《傳》十篇。朱子於《詩》《書》，各除篇端小序，合而爲一，以實經後；《春秋》一經，雖未暇詳校，而亦別出左氏經文，并以刊之臨漳，於是《易》《書》《詩》《春秋》悉復夫子之舊。《五經》之中，其未爲諸儒所亂者，惟二禮經。然三百三千，不存蓋十之九矣。朱子補其遺闕，則編類之初，不得不以《儀禮》爲綱，而各疏其下。脫稿之後，必將有所科別，決不但如今稿本而已。若執稿本爲定，則經之章也，而以後記補記補傳分隸於其左，與《彖》《象》傳之附《易經》者有以異乎否也？經之篇也，而以傳篇記篇補篇錯處乎其間，與《左氏傳》之附《春秋經》者有以異乎否也？夫以《易》《書》《詩》《春秋》之四經，既幸而正，而《儀禮》一經又不幸而亂，是豈朱子之所以相遺者哉？徒知尊信草創之書，而不能探索未盡之意，亦豈朱子之所望後學者哉？嗚呼！由朱子而來，至於今將百年，以澄之不肖，猶幸得私淑其書，用是忘其僭妄，輒因朱子所分禮章，重加倫紀。其後經之記，依經章次秩敍其文，不敢割裂，一仍其舊，附於篇終。其十七篇次第，並如鄭氏本，更不間以他篇，庶十七篇正經，不至雜糅。二戴之《記》中有經篇者，離之爲逸經。禮各有義，則經之傳也，以戴氏所存，兼劉氏所補，合之而爲傳。正經居首，逸經次之，傳終焉，皆別爲卷而不相紊，以歸諸戴氏之《記》。朱子所輯及黃氏《喪禮》，楊氏《祭禮》，亦參伍以去其重複，名曰《朱氏記》，而與二戴爲三。凡周公之典其未墜於地者，蓋略包舉而無遺。造化之運不息，則天之所秩未必終古而廢壞。有議禮制度考文者出，所損所益，百世可知也。雖然，苟非其人，禮不虛行，存誠主敬，致知力行，下學而上達，以得夫堯、舜、禹、湯、文、武、周、孔之心，俾吾朱子之學，末流不至爲漢儒學者事也。澄也不敢自棄，同志其尚敦勖之哉！

又曰：《儀禮》逸經八篇，澄所纂次。漢興，高堂生得《儀禮》十七篇。後魯恭王壞孔子宅，得古文《禮經》於壁中，凡五十六篇，河間獻王得而上之。其十七篇與《儀禮》正同，餘三十九篇藏在祕府，謂之《逸禮》。哀帝初，劉歆欲以列之學官，而諸博士不肯置對，竟不得立。孔、鄭所引《逸禮》中霤禮、禘於太廟禮、王居明堂禮皆其篇也。唐初猶存，諸儒曾不以爲意，遂至於亡，惜哉！今所纂八篇，其二取之《小戴記》，其三取之《大戴記》，其三取之《鄭氏注》。《奔喪》也，《中霤》也，《禘於太廟》也，《王居明堂》也，固得逸禮三十九篇之四，而《投壺》之類，未有考焉。疑古禮逸者甚多，不止於三十九也。《投壺》《奔喪》篇首與《儀禮》諸篇之體如一，《公冠》等三篇雖已不存此例，蓋作記者刪取其要以入《記》，非復正經全篇矣。《投壺》，大、小戴不同；《奔喪》與逸禮亦異，則知此二篇亦經刊削，但未如《公冠》等篇之甚耳。五篇之經文殆皆不完，然實爲《禮經》之正篇，則不可以其不完而擯之於《記》，故特纂爲《逸經》以續十七篇之末。至若《中霤》以下三篇，其經亡矣，而篇題僅見於注家，片言隻字之未泯者，猶必收拾而不敢遺，亦我愛其禮之意也。

《儀禮傳》十篇，澄所纂次。按《儀禮》有《士冠禮》《士昏禮》，《戴記》則有《冠義》《昏義》；《儀禮》有《鄉飲酒禮》《鄉射禮》《大射禮》，《戴記》則有《鄉飲酒義》《射義》，以至《燕》《聘》皆然。蓋周末漢初之人作，以釋《儀禮》，而戴氏抄以入《記》者也。今以此諸篇正爲《儀禮》之傳，故不以入《記》，依《儀禮》篇次萃爲一編。文有不次者，頗爲更定。如《射義》一篇，迭陳天子、諸侯、卿大夫、士之射，雜然無倫，釐之爲《鄉射義》《大射義》二篇。《士相見義》《公食大夫義》，則用清江劉原父所補，並因朱子而加考詳焉。於是《儀禮》之經，自一至九經各有其傳矣。惟《覲義》闕，然《大戴·朝事》一篇實釋諸侯朝覲天子及相朝之禮，故以備覲禮之義，而共爲《傳》十篇云。

其序《周禮》曰：

《周官》六篇，其《冬官》一篇闕。《漢·藝文志序》列於禮家，後人名曰《周禮》。文帝常召魏文侯時老樂工至，因得《春官·大司樂》之章。景帝子河間獻王好古學，購得《周官》五篇，武帝求遺書得之，藏於祕府，禮家諸儒皆莫之見。哀帝時，劉歆校理祕書，始著於《錄略》，以《考工記》補《冬官》之闕。歆門人河南杜子春能通其讀，鄭衆、賈逵受業於杜。漢末，馬融傳之鄭康成，康成所注行於世。宋張子、程子甚尊信之，王安石又爲《新義》。朱子謂此經周公所作，但當時行之，恐未能盡，後聖雖復損益可也。至若肆爲排詆訾毀之言，則愚陋無知之人耳。《冬官》雖闕，以《尚書》《周官》考之，冬官司空掌邦土而雜於地官司徒掌邦教之中。今取其掌邦土之官，列於司空之後，庶乎冬官不亡。而《考工記》別爲一卷，附之經後云。

其序《小戴記》曰：

《小戴記》三十六篇，澄所序次。漢興，得先儒所記禮書二百餘篇。大戴氏刪合爲八十五，小戴氏又損益爲四十三，《曲禮》《檀弓》《雜記》分上下。馬氏又增以《月令》《明堂位》《樂記》，鄭氏從而爲之注，總四十九篇。精粗雜記，靡所不有，秦火之後，區區掇拾，所謂存十一於千百，雖不能以皆醇，然先王之遺制，聖賢之格言，往往賴之而存。第其諸篇，出於先儒著作之全書者無幾，多是記者旁搜博採，勦取殘編斷簡，會萃成篇，無復詮次，讀者每病其雜亂而無章。唐魏鄭公爲是作《類禮》二十篇，不知其書果何如也，而不可得見。朱子嘗與東萊呂氏商訂《三禮》篇次，欲取《戴記》中有關於《儀禮》者附之經，其不繫於《儀禮》者仍別爲《記》。呂氏既不及答，而朱子亦不及爲，幸而大綱見於《文集》，猶可考也。晚年編校《儀禮》經傳，則其條例與前商訂又不同矣。其間所附《戴記》數篇，或削本篇之文而補以他篇之文。今則不敢改，止就本篇之中，科分櫛別，以類相從，俾其上下章文義聯屬。章之大旨，標識於左，庶讀者開卷瞭然。若其篇第，則《大學》《中庸》程子、朱子既表章之，以與《論語》《孟子》並而爲《四書》，固不容復廁之禮篇，而《投壺》《奔喪》實爲禮之正經，亦不可雜之於《記》。其《冠義》《昏義》《鄉飲酒義》《射義》《燕義》《聘義》六篇，正釋《儀禮》，別輯爲傳，以附經後。此外猶三十六篇，曰通禮者九：《曲禮》《內則》《少儀》《玉藻》通記大小儀文，而《深衣》附焉；《月令》《王制》專記國家制度，而《文王世子》《明堂位》附焉。曰喪禮者十有一：《喪大記》《雜記》《喪服小記》《服問》《檀弓》《曾子問》六篇記喪，而《大傳》《間傳》《問喪》《三年問》《喪服四制》五篇，則喪之義也。曰祭禮者四：《祭法》一篇記祭，而《郊特牲》《祭義》《祭統》三篇，則祭之義也。曰通論者十有二：《禮運》《禮器》《經解》一類，《哀公問》《仲尼燕居》《孔子間居》一類，《坊記》《表記》《緇衣》一類，《儒行》自屬一類，《學記》《樂記》其文雅馴，非諸篇比，則以爲是書之終。嗚呼！由漢以來，此書千有餘歲矣，而其顛倒糾紛，至朱子始欲爲之是正而未及竟，豈無望於後之人與！用敢竊取其義，修而成之，篇章文句，秩然有倫，先後始終，頗爲精審。將來學禮之君子，於此考信，或者其有取乎？非但爲戴氏功臣已也。

其序《大戴記》曰：

《大戴記》三十四篇，澄所序次。按，《隋志》：“《大戴記》八十五篇。”今其書闕前三十八篇，始三十九，終八十一，當爲四十三篇。中間第四十三、四十四、四十五及六十一，四篇復闕，第七十三有二，總四十篇。據云八十五篇則末又闕其四，或云止八十一,皆不可考。竊意大戴類萃此《記》,多爲小戴所取,後人合其餘篇,仍爲《大戴記》,已入《小戴記》者不復錄,而闕其篇,是以其書冗泛,不及小戴書遠甚,蓋彼其菁華而此其查滓爾。然尚或間存精語,不可棄遺。其與《小戴》重者,《投壺》《哀公問》也。《投壺》《公冠》《諸侯遷廟》《諸侯釁廟》四篇,既入《儀禮》逸經,《朝事》一篇又入《儀禮傳》,《哀公問》小戴已取之,則於彼宜存,於此宜去。此外猶三十四篇,《夏小正》猶《月令》也,《明堂》猶《明堂位》也,《本命》以下雜錄事辭,多與《家語》、《荀子》、賈傳等書相出入,非專爲記禮設《禮運》以下諸篇之比也。《小戴》文多綴補,而此皆成篇,故篇中章句罕所更定。惟其文字錯誤,參互考校,未能盡正,尚以俟好古之君子云。

澄所訂《孝經定本》,合古今文,分經一章,傳十二章,其述辭曰:

　　《漢・藝文志》:《孝經古孔氏》一篇,二十二章。《孝經》一篇,十八章。長孫氏、江翁、后蒼、翼奉、張禹傳之,各自名家。經文皆同,唯孔氏壁中古文爲異。《隋・經籍志》:《孝經》,河間人顏芝所藏。漢初,芝子貞出之。又有《古文孝經》,與《古文尚書》同出,孔安國爲傳。劉向以顏本比古文,除其繁惑。而安國之本,亡於梁。至隋,祕書監王劭訪得《孔傳》,河間劉炫因序其得喪,講於人間,漸聞朝廷。儒者皆云炫自作之,非孔舊本。邢昺《正義》曰:《古文孝經》曠代亡逸,隋開皇十四年,祕書學生王逸於京市陳人處得本,送與著作郎王劭,以示河間劉炫,仍令校定。炫遂以《庶人章》分爲二,《曾子敢問章》分爲三,又多《閨門》一章,凡二十二章,因著《古文孝經稽疑》一篇。唐開元七年,國子博士司馬貞議曰:"《今文孝經》是漢河間王所得顏芝本,至劉向以此校古文,定一十八章。其《古文》二十二章,出孔壁,未之行,遂亡其本。近儒輒穿鑿更改,偽作《閨門》一章,文句凡鄙,又分《庶人》章從'故自天子以下'別爲一章,以應二十二章之數。"朱子曰:"《孝經》獨篇首六七章爲本經,其後乃傳文,皆齊魯間儒纂取《左氏》諸書語爲之,傳者又頗失其次第。"

澄按,夫子遺言,惟《大學》《中庸》《孟子》所述醇而不雜,此外傳記諸書所載,真偽混淆,殆難盡信,《孝經》亦其一也。竊詳《孝經》之爲書,肇自孔、曾一時問答之語。《今文》出於漢初,謂悉曾氏門人記錄之舊,已不可知。武帝時,魯恭王壞孔子宅,於壁中得《古文孝經》,以爲秦時孔鮒所藏。昭帝時,魯國三老始以上獻,劉向、衛宏蓋嘗手校。魏晉以後,其書亡矣。世所通行,惟《今文孝經》十八章而已。隋時有稱得《古文孝經》者,其間與《今文》增減異同,率不過一二字,而文勢曾不若《今文》之從順。以許慎《説文》所引及桓譚《新論》所言考證，又皆不合，決非漢世孔壁中之《古文》也。宋大儒司馬公酷尊信之，朱子《刊誤》亦據古文，未能識其何意？今觀邢氏疏説，則《古文》之爲僞審矣。又觀朱子所論，則雖《今文》亦不無可疑者焉。今特因朱子《刊誤》，以今文、古文校其同異，定爲此本，以俟後之君子云。

澄又作《學基》《學統》二篇，使人知學之本與爲學之序。尤有得於邵子之學，校定《皇極經世書》。又校正《老子》《莊子》《太玄經》《樂律》及《八陣圖》、郭璞《葬書》。

初，澄所居草屋數間，程鉅夫題曰"草廬"，故學者稱之爲草廬先生。天曆三年，朝廷以澄耆老，特命次子京爲撫州教授，以便奉養。明年六月，得疾，有大星墜其舍東北，乃卒，年八十五。贈江西行省左丞、上護軍，追封臨川郡公，諡文正。

述曰：草廬嘗舉進士於宋，既而仕元，議者遂謂其忘君事讎，竟罷從祀。夫舉而不第，則未嘗登仕版也，固不得以事二姓例。至觀其出處之際，難進易退，又非汲汲榮利者可比，誠不當與莽大夫同類而共譏也。

從祀賢儒第十四之二十六

明

薛瑄,字德温,山西河津人。祖仲義,元末不仕,以經術教授鄉里。父貞,洪武初領鄉薦,爲元氏教諭。母齊,夢一紫衣人謁見而生瑄。初生時,肌膚瑩如水晶,五藏皆露,家人以爲怪,欲不舉。祖聞其啼聲洪大,命止之。少即穎敏,甫就塾,授之《詩》《書》,輒成誦,日記千百言。及貞改任滎陽,瑄侍行,時年十二,以所作詩賦呈監司,監司奇之,欲以奇童薦,固辭。既而聞高密魏希文、海寧范汝舟深於理學,貞乃並禮爲瑄師。由是盡焚所作詩賦,究心洛閩淵源,至忘寢食。後貞改官鄢陵,瑄補鄢陵學生,遂舉河南鄉試第一,時永樂十有八年也。明年成進士,以省親歸。居父喪,悉遵古禮。宣德中,服除,擢御史。三楊當國,欲邀一識面,謝曰:"某忝糾劾之任,無相識之理,尋於班行中識之。"嘆曰:"薛公見且不可,況得而屈乎?"出監湖廣銀場,日探性理諸書,學益進。以繼母憂歸。

正統初,還朝。尚書郭璡舉爲山東提學僉事,首揭白鹿洞學規,開示學者,俾先致知而後力行,居敬以窮理,由經以求道。延見諸生,必先詢其學行而後及於文藝,親爲講授,隨所長而成就之。才者樂其寬,而不才者憚其嚴,皆呼爲薛夫子。中官王振權傾一時,語三楊:"吾鄉誰可爲京卿者?"以瑄對,召爲大理左少卿。三楊以用瑄出振意,欲瑄一往見,李賢語之,瑄正色曰:"拜爵公朝,謝恩私室,吾不爲也。"其後議事東閣,公卿見振多趨拜,瑄獨屹立。振趨揖之,瑄亦無加禮,自是銜瑄。

指揮某死,妾有色。振從子山欲納之,指揮妻不肯。妾遂訐妻毒殺夫,下都察院訊,已誣服。瑄及同官辨其冤,三卻之。都御史王文承振旨誣瑄等故出人罪,振復諷言官劾瑄等受賄,並下獄,論瑄死。時學士劉球上章忤振,下錦衣衛死,人皆爲瑄危。瑄怡然曰:"生死,命也。"手持《周易》誦讀不輟。通政使李錫聞之曰:"真鐵漢也。"延訊時,瑄呼王文曰:"若安能問我?若爲御史長,自當避。"文怒奏:"囚不聽理。"詔立決。瑄有三子,上書願一子代死、二子充軍,不允。及當行刑,振蒼頭忽泣於爨下。振問故,泣益悲,曰:"聞今日薛夫子將刑也。"振大感動。會刑科三覆奏,兵部侍郎王偉亦申救,乃放爲民。家居七年,閉門不出,弟子來學者日衆。

景帝嗣位,用給事中程信薦,起大理寺丞。也先入犯,分守北門有功。尋出督貴州軍餉,事竣,即乞休,學士江淵奏留之。景泰二年,擢南京大理寺卿。富豪殺人,獄久不決,瑄執寘之法。是年冬,御史劉孜薦瑄:"粹學餝躬,進無所求,退無所累,實君子之儒,不宜置之間地,乞召供館閣之職,俾講學輔導,必有裨益。"帝曰:"內閣本朕簡任,非人所得薦。"不許。後太監金英奉使道南京,公卿俱餞於江上,瑄獨不往。英至京,言於衆曰:"南京好官,惟薛卿耳。"復言於帝。四年秋,召改北寺。蘇州大饑,貧民掠富豪粟,火其居,蹈海避罪。王文以閣臣出視,坐以判,當死者二百餘人,瑄力辨其誣。文恚曰:"此老倔強猶昔。"然卒得減死。屢疏告老,不許。

英宗復辟,拜禮部右侍郎兼翰林院學士,入閣預機務。王文、于謙下獄,下羣臣議,石亨等將寘之極刑。瑄力言於帝,後二日,文、謙死,獲減一等。帝數見瑄,所陳皆關君德事。左右目之曰:"此真薛夫子也。"時曹吉祥用事,其生日同列約往賀,瑄遽稱腹痛而出。尋命爲會試考官,瑄爲首序,以正學復性爲言。或請易之,瑄曰:"某平生所學,惟此數字而已。"

帝初禮遇甚厚,後寖衰。遂乞骸骨歸。石亨素敬瑄,聞其欲去,來視疾且曰:"如即不留,當請之上,下敕書即家塾立教,且以資其養,何如?"瑄曰:"昔魯齋去,元世祖賜敕書以教人。先生懸於梁,終身不以示人。及卒,發而視之,乃敕書也。某若資其養,曷若不辭官之愈也?"亨嘆息而去。未幾,徐有貞、李賢皆下錦衣衛獄,人始服瑄之去爲先見云。家居時,當李賢柄國,屢致書問,瑄終不答。人問之,曰:"昔溫公退居於洛,呂申公當國,屢以書問起居,溫公不答,某亦此意也。"

瑄學一本程朱,其修己教人,以復性爲主,充養邃密,言動咸可法。嘗曰:"自考亭以還,斯道已大明,無煩著作,直須躬行耳。"有《讀書録》二十卷,平易簡切,皆自言其所得,學者宗之,稱爲敬軒先生。天順八年六月卒,年七十六。贈禮部尚書,謚文清。弘治中,詔祀於鄉。給事中楊廉請頒《讀書録》於國學,俾六館誦習,且請祠名,詔名"正學"。

述曰:文清在內閣時,所與帝言,皆正心誠意之學,一以啓沃君心爲務。一日召對便殿,望見帝褻服以待,即凝立不入,帝遽更之,始入。後連日不召見,謂同列曰:"醴酒不設,王之意怠矣,曷去諸?"遂稱疾辭位,蓋在閣中才五月耳。夫子謂"以道事君,不可則止",若文清者,可謂得大臣之體者矣。

闕里文獻考卷六九

從祀賢儒第十四之二十七

明

　　陳獻章，字公甫，廣東新會人。儀幹修偉，右頰有七黑子。母年二十四守節，獻章事之至孝。每出，母有念，輒心動即歸。舉正統十二年鄉試，再上禮部，不第。從吳與弼講學，居半載歸，讀書窮日夜不輟。築陽春臺，靜坐其中，數年無戶外迹。久之，復遊太學。祭酒邢讓試和楊時《此日不再得》詩一篇，驚曰："龜山不如也。"颺言於朝，以爲真儒復出。由是名震京師。給事中賀欽聽其議論，即日抗疏解官，執弟子禮。獻章既歸，四方來學者日進。廣東布政使彭韶、總督朱英交薦，召至京，令就試吏部。屢辭疾不赴，疏乞終養，授翰林院檢討以歸。至南安，知府張弻疑其拜官，與吳與弼不同。對曰："吳先生以布衣爲石亨所薦，故不受職而求觀祕書，冀在開悟主上耳。時宰不悟，先令受職然後觀書，殊戾先生意，遂決去。獻章聽選國子生，何敢僞辭釣虛譽。"自是屢薦，卒不起。

　　獻章之學，以靜爲主。其教學者，但令端坐澄心，於靜中養出端倪。或勸之著述，不答。嘗自言曰："吾年二十七，始從吳聘君學，於古聖賢之書無所不講，然未知入處。比歸白沙，專求用力之方，亦卒未有得。於是舍繁求約，靜坐久之，然後見吾心之體隱然呈露，日用應酬隨吾所欲，如馬之有銜①勒也。"其學灑然獨得，論者謂有鳶飛魚躍之樂，而蘭谿姜麟至以爲"活孟子"云。弘治十三年卒，年七十三。萬曆初，追諡文恭。

　　蔡清，字介夫，福建晉江人。少走侯官，從林玭學《易》，盡得其肯綮。舉成化十三年鄉試第一。二十年成進士，即乞假歸講學。已，謁選，得禮部祠祭主事。王恕長吏部，重清，調爲稽勳主事，恒訪以時事。清乃上二札：一請振紀綱，一薦劉大夏等三十餘人。恕皆納用。尋以母憂歸，服闋，復除祠祭員外郎。乞便養，改南京文選郎中。

---

　　① "銜"，《明史·儒林傳二·陳獻章傳》作"卸"。

一日心動,急乞假養父,歸甫兩月而父卒,自是家居授徒不出。正德改元,即家起江西提學副使。寧王宸濠驕恣,遇朔望,諸司先朝王,次日謁文廟。清不可,先廟而後王。王生辰,令諸司以朝服賀。清曰"非禮也",去蔽膝而入,王積不悅。會王求復護衛,清有後言。王欲誣以詆毀詔旨,清遂乞休。王佯輓留,且許以女妻其子,竟力辭去。劉瑾知天下議已,用蔡京召楊時故事,起清南京國子祭酒。命甫下而清已卒,時正德三年也,年五十六。

清之學,初主靜,後主虛,故以虛名齋。平生飭躬砥行,貧而樂施,爲族黨依賴。以善《易》名。嘉靖八年,其子推官存遠以所著《易經》《四書蒙引》進於朝,詔爲刊布。萬曆中,追謚文莊,贈禮部右侍郎。

王守仁,字伯安,浙江餘姚人。父華,南京吏部尚書。性孝,華母岑年逾百歲卒。華年已七十餘,猶寢苫蔬食,士論多之。

守仁娠十四月而生。祖母夢神人自雲中送兒下,因名雲。五歲不能言,異人拊之,更名守仁,乃言。年十五,訪客居庸、山海關。時闌出塞,縱觀山川形勝。弱冠舉鄉試,學大進。顧益好言兵,且善射。登弘治十二年進士。使治前威寧伯王越葬,還,朝議方急西北邊,守仁條八事上之。尋授刑部主事。決囚江北,引疾歸。起補兵部主事。

正德元年冬,劉瑾逮南京給事中御史戴銑等二十餘人。守仁抗章救,瑾怒,廷杖四十,謫貴州龍場驛丞。驛在萬山中,苗、獠雜處。守仁因俗化導,夷人喜,相率伐木爲屋以棲之。瑾誅,量移廬陵知縣。入覲,遷南京刑部主事,吏部尚書楊一清改之驗封。屢遷考功郎中,擢南京太僕少卿,就遷鴻臚卿。

兵部尚書王瓊素奇守仁才。十一年八月擢右僉都御史,巡撫南、贛。當是時,南中盜賊蜂起。謝志山據橫水、左溪、桶岡,池仲容據浰頭,皆稱王,與大庾陳曰能、樂昌高快馬、柳州龔福全等攻剽府縣。而福建大帽山賊詹師富等又起。前巡撫文森托疾避去。志山合樂昌賊掠大庾,攻南康、贛州,贛縣主簿吳玭戰死。守仁至,知左右多賊耳目,乃呼老黠隸詰之。隸戰栗不敢隱,因貰其罪,令詗賊,賊動靜無勿知。於是檄福建、廣東會兵,先討大帽山賊。

明年正月,督副使胡璉等破賊長富村,逼之象湖山,指揮覃桓、縣丞紀鏞戰死。守仁親率銳卒屯上杭。佯退,師出不意搗之,連破四十餘寨,俘斬七千有奇,指揮王鎧等禽師富。疏言權輕無以令將士,請給旗牌提督軍務,得便宜從事。王瓊奏從其請。乃更兵制,二十五人爲伍,伍有小甲;二伍爲隊,隊有總甲;四甲爲哨,哨有長,協哨二佐之;二哨爲營,營有官,參謀二佐之;三營爲陣,陣有偏將;二陣爲軍,軍有副將。皆臨事委,不命於朝。副將以下,得遞相罰治。

其年七月進兵大庾。志山乘間急攻南安,知府季斆擊敗之。副使楊章等亦生縶曰能以歸,遂議討橫水、左溪。十月,命都指揮許清、贛州知府邢珣、寧都知縣王天與各一軍會橫水,斆及守備郟文、汀州知府唐淳、縣丞舒富各一軍會左溪,吉安知府伍文定、程鄉知縣張戩遏其奔軼。守仁自駐南康,去橫水三十里,先遣四百人伏賊巢左右,進軍逼之。賊方迎戰,兩山舉幟,賊大驚,謂官軍已盡犁其巢,遂潰。乘勝克橫水,志山及其黨蕭貴模等皆走桶岡。左溪亦破。守仁以桶岡險固,移營近地,諭以禍福。賊首藍廷鳳等方震恐,見使至大喜,期仲冬朔降,而珣、文定已冒雨奪險入。賊阻水陣,珣直前搏戰,文定與戩自右出,賊倉卒敗走,遇淳兵又敗。諸軍破桶岡,志山、貴模、廷鳳面縛降。凡破巢八十有四,俘斬六千有奇。時湖廣巡撫秦金亦破福全,其黨千人突至,諸將禽斬之。乃設崇義縣於橫水,控諸猺。還至贛州,議討浰頭賊。

初,守仁之平師富也,龍川賊盧珂、鄭志高、陳英咸請降。及征橫水,浰頭賊將黃金巢亦以五百人降,獨仲容未下。橫水破,仲容始遣弟仲安來歸,而嚴為戰守備。詭言珂、志高,讎也,將襲我,故為備。守仁佯杖擊珂等,而陰使珂弟集兵待,遂下令散兵。歲首大張燈樂,仲容信且疑。守仁賜以節物,誘入謝。仲容率九十三人營教場,而自以數人入謁。守仁呵之曰:“若皆吾民,屯於外,疑我乎?”悉引入祥符宮,厚飲食之。賊大喜過望,益自安。守仁留仲容觀燈樂。正月三日大享,伏甲士於門,諸賊入,以次悉禽戮之。自將抵賊巢,連破上、中、下三浰,斬馘二千有奇。餘賊奔九連山。山橫亙數百里,陡絕不可攻,乃簡壯士七百人衣賊衣,奔崖下,賊招之上。官軍進攻,內外合擊,禽斬無遺。乃於下浰立平和縣,置戍而歸。自是境內大定。初,朝議賊勢強,發廣東、湖廣兵合剿。守仁上疏止之,不及。桶岡既滅,湖廣兵始至。及平浰頭,廣東尚未承檄。守仁所將皆文吏及偏裨小校,平數十年巨寇,遠近驚為神。進右副都御史,予世襲錦衣衛百戶,再進副千戶。

十四年六月,命勘福建叛軍。行至豐城而寧王宸濠反,知縣顧佖以告。守仁急趨吉安,與伍文定徵調兵食,治器械舟楫,傳檄暴宸濠罪,俾守令各率吏士勤王。都御史王懋中,編修鄒守益,副使羅循、羅欽德,郎中曾直,御史張鰲山、周魯,評事羅僑,同知郭祥鵬,進士郭持平,降謫驛丞王思、李中,咸赴守仁軍。御史謝源、伍希儒自廣東還,守仁留之紀功。因集眾議曰:“賊若出長江順流東下,則南都不可保。吾欲以計撓之,少遲旬日無患矣。”乃多遣間諜,檄府縣言:“都督許泰、郟永將邊兵,都督劉暉、桂勇將京兵,各四萬,水陸並進。南贛王守仁、湖廣秦金、兩廣楊旦各率所部合十六萬,直擣南昌,所至有司缺供者,以軍法論。”又為蠟書遺偽相李士實、劉養正,敘其歸國之誠,令慫恿早發兵東下,而縱諜洩之。宸濠果疑。與士實、養正謀,則皆勸之疾趨南京即大位,宸濠益大疑。十餘日詗知中外兵不至,乃悟守仁紿之。七月壬辰朔,留宜春王拱橃居守，而劫其衆六萬人，襲下九江、南康，出大江，薄安慶。

守仁聞南昌兵少則大喜，趨樟樹鎮。知府臨江戴德孺、袁州徐璉、贛州邢珣，都指揮佘恩，通判瑞州胡堯元童琦、撫州鄒琥、安吉談儲，推官王暐、徐文英，知縣新淦李美、泰和李楫、萬安王冕、寧都王天與，各以兵來會，合八萬人，號三十萬。或請救安慶，守仁曰："不然。今九江、南康已爲賊守，我越南昌與相持江上，二郡兵絕我後，是腹背受敵也。不如直搗南昌。賊精銳悉出，守備虛。我軍新集氣銳，攻必破。賊聞南昌破，必解圍自救。逆擊之湖中，蔑不勝矣。"衆曰："善。"己酉次豐城，以文定爲前鋒，先遣奉新知縣劉守緒襲其伏兵。庚戌夜半，文定兵抵廣潤門，守兵駭散。辛亥黎明，諸軍梯緪登，縛拱橃等，宮人多焚死。軍士頗殺掠，守仁戮犯令者十餘人，宥脅從，安士民，慰諭宗室，人心乃悅。

居二日，遣文定、珣、璉、德孺各將精兵分道進，而使堯元等設伏。宸濠果自安慶還兵。乙卯遇於黃家渡。文定當其前鋒，賊趨利。珣繞出賊背貫其中，文定、恩乘之，璉、德孺張兩翼分賊勢，堯元等伏發，賊大潰，退保八字腦。宸濠懼，盡發南康、九江兵。守仁遣知府撫州陳槐、饒州林城取九江，建昌曾璵、廣信周朝佐取南康。丙辰復戰，官軍卻，守仁斬先卻者。諸軍殊死戰，賊復大敗，退保樵舍，聯舟爲方陣，盡出金寶犒士。明日，宸濠方晨朝其羣臣，官軍奄至，以小舟載薪，乘風縱火，焚其副舟，妃婁氏以下皆投水死。宸濠舟膠淺，倉卒易舟遁，王冕所部兵追執之。士實、養正及降賊按察使楊璋皆就禽。南康、九江亦下。凡三十五日而賊平。京師聞變，諸大臣震懼。王瓊大言曰："王伯安居南昌上游，必禽賊。"至是，果奏捷。

武宗時已親征，自稱威武大將軍，率京邊驍卒數萬南下。命安邊伯許泰爲副將軍，偕提督軍務太監張忠、平賊將軍左都督劉暉將京軍數千，沂江而上，抵南昌。諸嬖倖故與宸濠通，守仁初上宸濠反書，因言："覬覦者非特一寧王，請黜姦諛以回天下豪傑心。"諸嬖倖皆恨。宸濠既平，則相與媢功。且懼守仁見帝發其罪，競爲蜚語，謂守仁先與通謀，慮事不成，乃起兵。又欲令縱宸濠湖中，待帝自禽。

守仁乘忠、泰未至，先俘宸濠，發南昌。忠、泰以威武大將軍檄邀之廣信。守仁不與，間道趨玉山，上書請獻俘，止帝南征。帝不許。至錢塘遇太監張永。永提督贊畫機密軍務，在忠、泰輩上，而故與楊一清善，除劉瑾，天下稱之。守仁夜見永，頌其賢，因極言江西困敝，不堪六師擾。永深然之，曰："永此來，爲調護聖躬，非邀功也。公大勳，永知之，但事不可直情耳。"守仁乃以宸濠付永，而身至京口，欲朝行在。聞巡撫江西命，乃還南昌。忠、泰已先至，恨失宸濠。故縱京軍犯守仁，或呼名嫚罵。守仁不爲動，撫之愈厚。病予藥，死予棺，遭喪於道，必停車慰問，良久始去。京軍謂王都堂愛我，無復犯者。忠、泰言："寧府富厚甲天下，今所蓄安在？"守仁曰："宸濠異時盡以輸京師要人，約內應，籍可按也。"忠、泰故嘗納宸濠賄者，氣懾不敢復言。已，輕守仁文士，強之射。徐起，三發三中。京軍皆歡呼，忠、泰益沮。會冬至，守仁命居民巷祭，已，上冢哭。時新喪亂，悲號震野。京軍離家久，聞之無不泣下思歸者。忠、泰不得已班師。比見帝，與紀功給事中祝績、御史章綸讒毀百端，獨永時左右之。忠、泰揚言帝前曰：“守仁必反，試召之，必不至。”忠、泰屢矯旨召守仁。守仁得永密信，不赴。及是知出帝意，立馳至。忠、泰計沮，不令見帝。守仁乃入九華山，日宴坐僧寺。帝覘知之，曰：“王守仁學道人，聞召即至，何謂反？”乃遣還鎮，令更上捷音。守仁乃易前奏，言奉威武大將軍方略討平反亂，而盡入諸嬖倖名，江彬等乃無言。

當是時，讒邪搆煽，禍變叵測，微守仁，東南事幾殆。世宗深知之，甫即位，趣召入朝受封。而大學士楊廷和與王瓊不相能。守仁前後平賊，率歸功瓊，廷和不喜，大臣亦多忌其功。會有言國哀未畢，不宜舉宴行賞者，因拜守仁南京兵部尚書。守仁不赴，請歸省。已，論功封特進光祿大夫，柱國、新建伯，世襲，歲祿一千石。然不予鐵券，歲祿亦不給。諸同事有功者，惟吉安守伍文定至大官，當上賞。其他皆明示遷，而陰絀之，廢斥無存者。守仁憤甚。時已丁父憂，屢疏辭爵，乞錄諸臣功，咸報寢。免喪，亦不召。久之，所善席書及門人方獻夫、黃綰以議禮得幸，言於張璁、桂萼，將召用，而費宏故銜守仁，復沮之。屢推兵部尚書、三邊總督、提督團營，皆弗果用。

嘉靖六年，思恩、田州土酋盧蘇、王受反。總督姚鏌不能定，乃詔守仁以原官兼左都御史，總督兩廣兼巡撫。綰因上書訟守仁功，請賜鐵券歲祿，並敍討賊諸臣，帝咸報可。守仁在道，疏陳用兵之非，且言：“思恩未設流官，土酋歲出兵三千，聽官征調。既設流官，我反歲遣兵數千防戍，是流官之設，無益可知。且田州鄰交阯，深山絕谷，悉猺、獞盤據，必仍設土官，斯可藉其兵力爲屏蔽。若改土爲流，則邊鄙之患，我自當之，後必有悔。”章下兵部，尚書王時中條其不合者五，帝令守仁更議。十二月，守仁抵潯州，會巡按御史石金定計招撫。悉散遣諸軍，留永順、保靖土兵數千，解甲休息。蘇、受初求撫不得，聞守仁至益懼，至是則大喜。守仁赴南寧，二人遣使乞降，守仁令詣軍門。二人竊議曰：“王公素多詐，恐紿我。”陳兵入見。守仁數二人罪，杖而釋之。親入營，撫其衆七萬。奏聞於朝，陳用兵十害，招撫十善。因請復設流官，量割田州地，別立一州，以岑猛次子邦相爲吏目，署州事，俟有功擢知州。而於田州置十九巡檢司，以蘇、受等任之，並受約束於流官知府。帝皆從之。

斷藤峽猺賊上連八寨，下通仙臺、花相諸洞蠻，盤亘三百餘里，郡邑罹害者數十年。守仁欲討之，故留南寧。罷湖廣兵，示不再用。伺賊不備，進破牛腸、六寺等十餘寨，峽賊悉平。遂循橫石江而下，攻克仙臺、花相、白石、古陶、羅鳳諸賊，令布政使林富率蘇、受兵直抵八寨，破石門，副將沈希儀邀斬軼賊，盡平八寨。

始，帝以蘇、受之撫，遣行人奉璽書獎諭。及奏斷藤峽捷，則以手詔問閣臣楊一清等,謂守仁自誇大,且及其生平學術。一清等不知所對。守仁之起由璁、蕚薦,蕚故不善守仁,以璁強之。後蕚長吏部,璁入內閣,積不相下。蕚暴貴,喜功名,風守仁取交阯,守仁辭不應。一清雅知守仁,而黃綰嘗上疏欲令守仁入輔,毀一清,一清亦不能無移憾。蕚遂顯詆守仁征撫交失,賞格不行。獻夫及霍韜不平,上疏爭之,言:"諸猺爲患積年,初嘗用兵數十萬,僅得一田州,旋復召寇。守仁片言馳諭,思、田稽首。至八寨、斷籐峽賊,阻深巖絕岡,國初以來未有輕議剿者,今一舉蕩平,若拉枯朽。議者乃言守仁受命征思、田,不受命征八寨。夫大夫出疆,有可以安國家、利社稷,專之可也,況守仁固承詔得便宜從事者乎? 守仁討平叛藩,忌者誣以初同賊謀,又誣其輦載金帛。當時大臣楊廷和、喬宇飾成其事,至今未白。夫忠如守仁,有功如守仁,一屈於江西,再屈於兩廣。臣恐勞臣灰心,將士解體,後此疆圉有事,誰復爲陛下任之!"帝報聞而已。

守仁已病甚,疏乞骸骨,舉鄖陽巡撫林富自代,不俟命竟歸。行至南安卒,年五十七。喪過江西,軍民無不縞素哭送者。

守仁天姿異敏,過目成誦。年十一從父過江,望金山,命賦詩,語奇甚。十七謁上饒婁諒,與論朱子格物大旨,謂聖人可學而至,深有所契。還家,日端坐,講讀五經,不苟言笑。少好俠,喜談兵。長與李夢陽、何景明輩切劘爲古文詞。謝病歸時,築室陽明洞中。又習導引術,泛濫二氏學者數年,無所得。謫龍場,窮荒無書,日繹舊聞。忽悟格物致知,當自求諸心,不當求諸事物,喟然曰:"道在是矣!"遂篤信不疑,屹然以斯道爲己任。其爲教,專以致良知爲主。謂宋周、程二子後,惟象山陸氏簡易直捷,有以接孟氏之傳。而朱子《集注》《或問》之類,乃中年未定之說。

雖旦夕軍旅,與儒生講學不廢。嘗語門人曰:"良知者,心之本體。心之本體,無起無不起。雖妄念之發而良知未嘗不在,但人不知存,則有時而或放耳;雖昏塞之極而良知未嘗不明,但人不知察,則有時而或蔽耳。良知不由見聞,見聞莫非良知之用,故良知不滯於見聞,而亦不離乎見聞。蓋曰: 無善無惡者心之體,有善有惡者心之用,知善知惡者良知,爲善去惡者格物。"此其說之宗旨也。泰和歐陽德、安福鄒守益、吉水羅洪先輩相與尊信之。其徒慕其說之簡易,無問遠近賢不肖,踴躍而從者甚衆,然退而叛道悖德者亦不少,視程、朱之門人,有入門、有實地、隨分各得者異焉。著述甚多,如《傳習錄》及《文集》,皆行於世。

守仁既卒,桂蕚奏其擅離職守。帝大怒,下廷臣議。蕚等言:"守仁事不師古,言不稱師。欲立異以爲高,則非朱熹格物致知之論;知衆論之不予,則爲朱熹晚年定論之書。號召門徒,互相倡和。才美者樂其任意,庸鄙者借其虛聲。傳習轉訛,背謬彌甚。但討捕畬賊,禽獲叛藩,功有足錄,宜免追奪伯爵以章大信,禁邪說以正人心。"帝乃下詔停世襲,恤典俱不行。隆慶初,廷臣多頌其功。詔贈新建侯,謐文成。二年,予其子正億世襲伯爵。

述曰：白沙之主静，陽明之致知，其學皆推本於周、程，然各立宗旨，門弟子又從而加甚焉，是以卒有禪派之議。虛齋飭躬砥行，動遵古人，其所著《易》《四子蒙引》等書，甚有資於學者。第專以主虛爲教，使襲其説而不察，幾何不與主静、良知之説同一流弊邪！

從祀賢儒第十四之二十八

明

胡居仁，字叔心，江西餘干人。聞吳與弼講學崇仁，往從之遊，絕意仕進。其學以主忠信爲先，以求放心爲要，操而勿失，莫大乎敬，因以敬名其齋。端莊凝重，對妻子如嚴賓。手置一册，詳書得失，用自程考。鶉衣簞食，晏如也。四方來學者甚衆，皆告之曰："學以爲己，勿求人知。"語治世，則曰："惟王道能使萬物各得其所。"所著有《居業録》，蓋取修辭立誠之義。每言："與吾道相似莫如禪學。後之學者，誤認存心多流於禪，或欲屏絕思慮以求靜。不知聖賢惟戒慎恐懼，自無邪思，不求靜未嘗不靜也。故卑者溺於功利，高者騖於空虛，其患有二：一在所見不真，一在功夫間斷。"嘗作《進學箴》曰："誠敬既立，本心自存。力行既久，全體皆仁。舉而措之，家齊國治。聖人能事，此其畢矣。"

居仁性行淳篤，父病劇，嘗糞以驗甘苦。居喪骨立，非杖不能起，三年不入寢門。與人語，終日不及利祿。隱居梅溪，事親講學之外，謝絕人事。間與其徒遊閩浙、道金陵、泛彭蠡而上，歷覽名山大川以博其識。與羅倫、張元禎友善，數會於戈陽龜峰。嘗言，陳獻章學近禪悟，莊㫤詩止豪曠，此風既成，爲害不細。又病儒者撰述繁蕪，謂朱子注《參同契》《陰符經》，皆不作可也。督學李齡、鍾成相繼聘主白鹿書院。過饒城，淮王請講《易傳》，待以賓師之禮。是時吳與弼以學名於世，受知於朝廷。然學者或有間言。居仁闇修自守，布衣終其身，人以爲薛瑄之后，粹然一出於正，居仁一人而已。卒年五十一。萬曆十三年，追諡文敬。

羅欽順，字允升，江西泰和人。弘治六年進士及第，授編修。遷南京國子監司業，與祭酒章懋以實行教士。未幾，奉親歸，因乞終養。時劉瑾方作威福，南京吏部用其新例，以欽順給假不合奏。或謂欽順宜一面瑾，欽順曰："是舉吾生平而盡棄之也。"遂奪職爲民。瑾誅，復官。上疏言四事：曰修德，曰勤政，曰作士氣，曰審時宜。疏入，留中。遷南京太常少卿,再遷南京吏部右侍郎,入爲吏部左侍郎。世宗即位,命攝尚書事。上疏言久任、超遷,法當疏通。及大禮議起,請慎大禮以全聖孝。皆不報。遷南京吏部尚書,省親乞歸。改禮部尚書,會居憂未及拜。再起禮部尚書,辭。又改吏部尚書,下詔敦促,再辭。許致仕,有司給禄米。時張璁、桂萼以議禮驟貴,秉政樹黨,屏逐正人。欽順恥與同列,故屢詔不起。

里居二十餘年,足不入城市,潛心格物致知之學。王守仁以心學立教,才知之士翕然師之。欽順致書守仁,略曰:“聖門設教,文行兼資,博學於文,厥有明訓。如謂學不資於外求,但當反觀内省,則‘正心誠意’四字亦何所不盡,必於入門之際,加以格物功夫哉?”守仁得書,亦以書報,大略謂:“理無内外,性無内外,故學無内外。講習討論,未嘗非内也。反觀内省,未嘗遺外也。”反復兩千餘言。欽順再以書辨曰:“執事云:‘格物者,格其心之物也,格其意之物也,格其知之物也。正心者,正其物之心也。誠意者,誠其物之意也。致知者,致其物之知也。’自有《大學》以來,未有此論。夫謂格其心之物,格其意之物,格其知之物,凡爲物也三。謂正其物之心,誠其物之意,致其物之知,其爲物也一而已矣。就三而論,以程子格物之訓推之,猶可通也。以執事格物之訓推之,不可通也。就一物而論,則所謂物,果何物也?如必以爲意之用,雖極安排之巧,終無可通之日也。又執事論學書有云:‘吾心之良知,即所謂天理。致吾心良知之天理於事物,則事事物物皆得其理矣。致吾心之良知者,致知也。事事物物各得其理者,格物也。’審如所言,則《大學》當云‘格物在致知’,不當云‘致知在格物’與‘物格而後知至’矣。”書未及達,守仁已没。

欽順爲學,專力於窮理、存心、知性。初由釋氏入,既悟其非,乃力排之。謂:“釋氏之明心見性,與吾儒之盡心知性相似,而實不同。釋氏之學,大抵有見於心,無見於性。今人明心之説,混於禪學,而不知有千里毫釐之謬。道之不明,將由於此,欽順有憂焉。”爲著《困知記》,自號整庵。年八十三卒,贈太子太保,謚文莊。

述曰:胡敬齋、羅整庵宗伊洛之緒言,守朱門之遺矩,學先格致,德尚躬行,立説著書,粹然一出於正,誠篤行君子矣。明自白沙、陽明聚徒設教,其弟子各立門户,因有姚江之學,有江門之學。宗江門者,孤行獨詣,其傳不遠。宗姚江者,乃至別立宗旨,顯與朱子相牴牾。百年之後,其教大行。雖其傳述之過,抑亦立説者先不能無病與?整庵早見及此,故與書往復辨論,惜後書未達而陽明早卒也。

從祀賢儒第十四之二十九

國朝

陸隴其,初名龍其,後改今名,字稼書,浙江平湖人,唐宰相宣公贄之裔也。曾祖錫蔭;祖灝父,元世以儒術稱;世父燦,前明進士,爲濟南府推官。崇禎十年,我大清兵破濟南,闔署殉難。迨隴其以官起家,始得以其祖及世父衣冠招魂,葬鄉里。

隴其自幼端重靜默,穎悟過人。年十一,爲文即原本經術。少長,厲志聖賢之學,專以程朱爲宗,居敬窮理,粹然一出於正,其於富貴利達泊如也。會明運將終,盜賊蠭起,隨父倉皇奔避,患難中猶讀書不輟。已而書籍復爲遊兵所掠,則自訟曰:"禹能行疇範之道,天乃錫禹以疇範之書,我實不能,故天靳之。"益痛自刻厲。嘗曰:"大丈夫生斯世,攬轡澄清,非異人任。今日之憂,豈爲溫飽哉?"復究心天文,留意經濟。

康熙五年,舉於鄉。九年,成進士,年已四十一矣。以需次復歸家,教授著書。又五年,選授江南嘉定知縣。嘉定爲濱海大邑,民多逐末,富商鉅室,散處市鎮,武斷暴橫,相沿成俗。富者競奢麗,貧者舞刀筆,而不肖胥役復相倚爲姦利,號稱難治。又地不產米,漕糧任之他邑而代輸,其折色積逋動以萬計,令率坐是去官。隴其至,嘆曰:"民不輸賦,以貧也。其所以貧,風俗爲之也。譬少年以遊冶傷其元氣,力不能服勞。爲父兄者,禁其遊冶,則元氣自復;不禁而予以飲食,抑末矣。今且不爲飲食,而又督過之,則官與民俱病,固其所耳。"故其爲治,一以鋤豪強、抑胥吏、禁侈靡、變風俗爲主。逾年,風俗爲之大變,訟不至庭,案牘幾廢,惟日爲上官訊他邑事。先是,催科者惟假敲扑,逋者逾限,轉須杖錢。自隴其爲立甘限法,令應輸者自勒輸限,屆期及半亦得宥,以故絕不用杖而輸者爭至,遂無逋負。初,邑有胥吏數千,至是退去者過半。

會福建按察使缺,上命天下選賢能愛民之官,不拘資格擢用。都御史魏象樞以隴其薦,而江寧巡撫慕天顏與隴其不相能,疏請更調,旋文致以諱盜落職。其去任也,與妻同駕一舟,惟圖書數卷、織機一張而已。百姓爲之罷市,號哭攀留者數萬人,隴其皆慰遣之。眾知不可留,乃爭立祠尸祝,謂自建縣五百年來,未嘗有此官也。十七年,詔舉博學鴻詞。工部主事吳源起以隴其薦，會丁父憂，不果試。明年，象樞廉得其被誣狀，乃疏劾天顏舉劾不公，而力陳隴其廉介。是年夏，上命廷臣各舉廉吏，象樞疏舉十人，復以隴其薦。有旨：服滿補官。然隴其雅不欲仕，服闋，仍家居，講學著書。以郡縣敦迫再四，二十二年始就道。復求改教職，不許，乃補直隸靈壽知縣。靈壽北枕太行，南瀕滹沱，民貧地瘠，水旱頻仍。隴其拊循安輯，務在與民休息。時派運大內灰車，靈壽小縣出五輛，較大邑轉多，經年費六七百金，民不能給。前令董祈請減之，不能得。隴其至，復請於監司，至以去就爭，始得減二輛。邑舊多荒地，會以言者申隱地處分之例，民益相戒不敢開墾，隴其諄切曉諭，於是漸有闢者，終隴其任，竟無一畝首報。前此縣令審丁率以溢額為功，隴其曰："如是，是驅之逃耳。"乃覈實具報，至虧一千五百有奇，且請於上官曰："若就筋疲骨盡之民，猶復責其包賠，一點良心，實難自昧。縣令平日失於撫綏，以致戶口缺額，聽候上官處分，以為溺職之戒。"卒從其議，民困以蘇。

巡撫于成龍蒞任，諮訪利弊。隴其條陳六事：一言春夏之餉，請緩征至秋成；二言荒熟不常，請使有司得便宜以熟補荒，已墾成熟者，十年而後起科；三言水道宜疏處，請司農度其費，以次分年舉行；四言墾荒及河淤所入之穀，請留本處備荒；五言書辦工食、心紅紙張、修宅家伙及供應上司過往等類，宜稍復存留款項，以杜私派之弊；六言審丁不宜求溢額，果有溢額者，請留以積穀。有逃絕，以此補之，有闕則蠲之。成龍嘆曰："此真久大之謀也。"每公餘，即詣學宮，聚諸生講說聖賢之道。有質疑問難者，與往復辨析，明白曉暢，於是人皆屬志於學。二十九年，畿輔大饑，命發帑以賑。靈壽得三千兩，太守約以二千及民，繳千兩為勘荒費。鄰邑有已散而復追者，隴其獨持不可，曰："上負朝廷，下欺百姓，隴其不為也。"巡撫格爾古德、于成龍先後兩以疏薦，學士李光地承顧問，亦稱其留心性學，清廉愛民。以大學士余國柱沮，皆不果召。後，都御史陳廷敬復薦之，乃行取試四川道監察御史。召至，見廷敬，獨不稱師生，廷敬嘆服。隴其為御史，首疏陳畿輔情形曰："臣官畿輔者久，知畿輔民情。畿輔邊山一帶，土瘠民貧，異於他方，荒多熟少，自昔而然。加以康熙十二年以後，軍興緊急，雜派煩多，民困滋甚。豐年僅可支持，一遇水旱，流離萬狀。幸數年以來，皇上加意撫綏，禁止私派，不惜蠲賑，鳩鵠之民得苟延殘喘。然以言乎家給人足，則尚未也。臣觀自古豐亨之治，皆非一日而成。唐虞之世，其初亦不免黎民阻飢。堯舜兢兢業業，積久而後，蒸民乃粒。漢自高惠而後，多方休養，至於文景，然後天下殷富。唐之太宗，日夜講求治道，至貞觀之末，然後民食充足。今天下平定猶未久也，而又疊遭水旱，故雖皇上之勤恤民隱，而百姓猶未免於艱難，無怪其然矣。求其殷富，亦無他道，惟在皇上常持此勤恤之心，期之以積久，而勿責效於旦夕，恩已厚而不嫌其更厚，心已周而不厭其更周，則家給人足之盛，庶乎可望矣。至於目前所當議者，臣見上年畿輔荒旱，實異尋常，其被災各州縣内,雖間有未被災之處,亦不過稍有升合之獲,差勝於被災者耳。初奉上諭將二十八年及二十九年上半年錢糧盡行蠲免,已經撫臣出示曉諭,後因部議分別被災州縣中有不被災地畝,不准概蠲,百姓甚苦。撫臣不得已,題請秋後帶徵,地方得以粗安。第今歲秋收稍稔,既徵其新,又徵其舊,臣恐非積貧之民所能堪也。雖曰豐年,所入幾何? 穀價又賤,其值無幾。私債之迫索者,衣服之典當者,已去其大半,仰事俯育,仍憂不足,又可責其兼完新舊之糧乎? 若非皇上曲加垂恤,臣恐地方有司惟知考成之是急,不顧民力之難勝,甚非皇上蠲免之初意也。"疏入,聖祖稱善再三,顧左右即下其疏於户部。終格於部議。及奉特旨,始盡蠲免。

湖南巡撫于養志丁憂,督臣請令在任守制,詔廷臣會議。隴其以疏論之曰:"九卿科道會議湖南巡撫于養志在任守制一事,臣以資淺,不在會議之列,不知所議若何。及詢問與議諸臣,謂會議之時,昌言其不可者固有其人,而依回不斷者比比而是。臣竊怪之,此明白顯易之事,有何可疑而依回若是? 夫治天下之不可不以孝,易明也。在任守制之非所以教孝,易明也。天下正當承平之時,湖南又非用兵之地,無藉於在任守制,易明也。皇上以孝治天下,在廷諸臣沐浴於皇上孝治之中久矣,何難一言以直斷其不可邪? 且臣不知議者以于養志爲何如人,如其非賢者邪,則固不當使之在任守制矣;如其誠賢者邪,則必不肯安心於在任守制矣。在督臣代爲題請,或從愛惜人才起見,然臣以爲使之解任全孝,正所以深愛惜之。況皇上一日所行,天下萬世奉爲法程者也。若使一撫臣因督臣之題請而留,將來督撫之丁憂者,皆將援此爲例,其不思僥倖奪情者鮮矣! 名教自此而馳,綱常自此而壞,此端一開,關係天下實非淺鮮。至於湖南一省之人,是則是效,不復知有父母,又無足論矣。竊以爲督臣所請,無庸議可也。"上從之。

三十年五月,京師亢旱,詔求直言。隴其上三摺子言事:一、編審人丁,宜痛除積弊。一、積欠錢糧,宜請豁免。一、捐免保舉,宜急停止。輔臣以用摺子不合爲辭,不得達。隴其退復具疏曰:

捐納一事,原非皇上所欲行,不過因一時軍需孔亟,不得已而暫開。復恐其賢愚錯雜,有害百姓,故立保舉之法以防弊,爲慮深遠矣。近復因大同宣府運送草豆,并保舉而亦許捐焉,則與正途無復分別,甚非皇上立法防弊之初意。且保舉所重,莫重於清廉,故督撫保舉必有"清廉"字樣,方爲合例。若保舉可以捐納,則是清廉二字可捐納而得也。此亦不待辨而知其不可矣。若夫前此有捐納先用一例,正途爲之壅滯,至今尚未疏通。故皇上灼見其弊,久經停止。雖前九卿因運送草豆會議,酌開事例,亦未及此。蓋誠知其爲選途之害,而不敢輕議也。且捐納先用之人,大抵皆奔競躁進之人,故多一先用之人,即多一害民之人。此又不待辨而知其不可者矣。故敢瀆陳芻蕘，惟皇上採擇。

　　臣更有請者：臣竊見近日督撫於捐納之員，有遲之數年既不保舉又不參劾者，不知此等官員果清廉乎？非清廉乎？抑或在清濁之間，未可驟舉驟劾乎？夫既以捐納出身，又不能發憤自勵，則其志趣卑陋，甘於污下可知。使之久居民上，其荼毒小民，不知當何如？故竊以爲不但保舉之捐納急當停止，而保舉之限期更當酌定；不但目前先用之例萬不可開，而從前先用之人不可不加稽核。伏乞敕部查一切捐納之員，到任三年而無保舉者，即令休致。庶吏治可清，選途可疏，而民生可安矣。

有旨：同九卿會議。司農主議，不以爲然。隴其又上議曰：

　　謹議得捐納一途，實係賢愚錯雜，惟有保舉一線可防其弊。雖不敢謂督撫之保舉盡公，然猶愈於竟不保舉也。今若并此一線而去之，何以服天下之心。即貪污之輩，或自有督撫之糾參，而其僥倖免於糾參者，遂得與正途一體陞轉，國體之謂何？恐未可云無礙也。雖有次年三月停止之期，然待至次年三月而後停，則此輩無有不捐納者矣，即無有不一體陞轉者矣。澄敘，官方之大典，豈不蕩然掃地乎？此臣所以有速停保舉、捐納之請也。至於設立保舉而不定限期，則不肖之員多因循一日，百姓多受累一日，亦非皇上愛養斯民之意。議者或因限以三年而無保舉即令休致，恐近於刻，不知此輩原係白丁，捐納得官，惟利是圖，何嘗知有百姓？踞於民上者三年，亦已甚矣，又可久乎？況休致在家，仍得儼然列於搢紳，其榮多矣，何謂刻也？即云設立限期，或反生其營求之弊，此在督撫不賢，則誠有此。若督撫賢，則何處營求？臣不敢謂天下必無一賢明之督撫也。即使督撫不賢，亦必不能盡捐納之人而保之。此臣請定保舉限期一議，亦從吏治民生起見，未有吏治不清而民生可安者，未有仕途龐雜而吏治能清者也。

　　九卿迫令改議，隴其執之愈堅。由是衆寖不悅，遂劾其拘執資格，致捐納之人猶豫觀望，遲悞軍需，飾虛詞，紊政事，負言官職，擬革職，奉天安插。李光地及順天府尹衞既齊面奏救之，得旨寬免。

　　尋奉命巡視北城。然終以與衆齟齬，試俸期滿，都察院擬以不稱職，對品調用。隴其既以剛直罷，仍歸家教授。明年卒於家，年六十三。又明年，江南學政員缺，廷臣會推翰詹大僚，上不允。特旨，著陸隴其去。大學士王熙奏隴其已故，上嗟嘆久之，曰：“本朝如此人不可多得矣。”蓋隴其忠鯁，雖不合於時，其獲知於聖主有如此也。

　　隴其德器粹然，文必載道。所著有《文集》十二卷，《外集》六卷，《四書大全》《四書困勉録》《四書講義續編》《松陽四書講義》《禮經會元》《讀禮隨筆》《讀朱隨筆》《戰國策去毒》《呻吟語質疑》《衛濱日鈔》《靈壽縣志》等書,皆發明經學,講求治理,有裨實用,而不爲詞章之學。其教人以居敬窮理爲主,謂窮理而不居敬,則玩物喪志而失於支離;居敬而不窮理,則將掃見聞、空善惡,其不墮於佛老以至於師心自用者鮮矣。

又因明季異説紛紜,程朱正學幾墜,思力挽之,故其《學術辨》上篇曰:

漢唐之儒崇正學者,尊孔孟而已。孔孟之道尊,則百家之言熄。自唐以後,異端曲學知儒者之尊孔孟也,於是皆托於孔孟以自行其説。我曰孔孟,彼亦曰孔孟,而學者遂莫從而辨其是非。程朱出而崇正闢邪,然後孔孟之道復明,而天下尊之。自宋以來,異端曲學知儒者之尊程朱也,於是又托於程朱以自行其説。我曰程朱,彼亦曰程朱,學者又莫從而辨其是非。程朱言天理,則亦言天理,天理之名同,而其所指則霄壞矣。程朱言至善,則亦言至善,至善之名同,而其所指則冰炭矣。程朱言靜言敬,則亦言靜、亦言敬,靜、敬之名同,至所以爲靜、敬,則適越而北轍矣。程朱之言有可假借者,則曰程朱固若是也;有不可假借者,則曰此其中年未定之論也。黑白淆而雅鄭混,雖有好古篤志之君子力扶正學,亦止知其顯叛程朱之非。至其陽尊而陰纂之者,則固不得而盡絶矣。蓋其弊在宋元之際即有之,而莫甚於明之中葉。自陽明王氏倡爲良知之説,以禪之實而托儒之名,且輯《朱子晚年定論》一書,以明己之學與朱子未嘗異。龍溪、心齋、近溪、海門之徒從而衍之,王氏之學遍天下,幾以爲聖人復起,而古先聖賢下學上達之遺法滅裂無餘,學術壞而風俗隨之。其弊也,至於蕩軼禮法,蔑視倫常,天下之人恣睢横肆,不復自安於規矩繩墨之内,而百病交作。於是涇陽景逸起而救之,痛言王氏之弊,使天下學者復尋程朱之遺規,向之邪説詖行爲之稍變。然至於本源之際,所謂陽尊而陰纂之者,猶未能盡絶之也。治病而不能盡絶其根,則其病有時而復作,故至於啓、禎之際,風俗愈壞,禮義掃地,以至於不可收拾,其所從來非一日矣。故愚以爲,明之天下不亡於寇盜,不亡於朋黨,而亡於學術。學術之壞,所以醸成寇盜、朋黨之禍也。

今之説者猶曰:陽明與程朱同師孔孟,同言仁義,雖意見稍異,然皆聖人之徒也,何必力排而深拒之乎? 夫使其自外於孔孟,自外於仁義,則天下之人皆知其非,又奚待吾之辨? 惟其似孔孟而非孔孟,似仁義而非仁義,所謂失之毫釐,差以千里,此其所以不容不辨耳。

或又曰:陽明之流弊,非陽明之過也,學陽明之過耳。程朱之學豈獨無流弊乎? 今之學程朱者,未必皆如敬軒、敬齋、月川之絲毫無疵也。其流入於偏執固滯以至僨事者亦有矣,則亦歸罪程朱乎? 是又不然。夫天下有立教之弊,有末學之弊。末學之弊,如源清而流濁也;立教之弊,如源濁而流亦濁也。學程朱而偏執固滯,是末學之弊也。若夫陽明之所以爲教,則其源先已病矣,是豈可徒咎末學哉?

中篇曰:

　　陽明以禪之實而托於儒,其流害固不可勝言矣。然其所以爲禪者如之何?曰:明乎心性之辨則知禪矣,知禪則知陽明矣。今夫人之生也,氣聚而成形,而氣之精英又聚而爲心。是心也,神明不測,變化無方,要之亦氣也。其中所具之理,則性也。故程子曰:“性即理也。”邵子曰:“心者,性之郛郭。”朱子曰:“靈處是心,不是性。是心也者,性之所寓,而非即性也。性也者寓於心,而非即心也。”先儒辨之亦至明矣。若夫禪者,則以知覺爲性,而以知覺之發動者爲心。故彼之所謂性,則吾之所謂心也;彼之所謂心,則吾之所謂意也。其所以滅彝倫,離仁義,張皇詭怪而自放於準繩之外者,皆由不知有性而以知覺當之耳。何則?既以知覺爲性,則其所欲保養而勿失者,惟是而已。一切人倫庶物之理,皆足以爲我之障,而惟恐其或累,宜其盡舉而棄之也。陽明言性無善無惡,蓋亦指知覺爲性也。其所謂良知,所謂天理,所謂至善,莫非指此而已,故其言曰:“佛氏本來面目,即我門所謂良知。”又曰:“良知即天理。”又曰:“無善無惡,乃所謂至善。”雖其縱橫變幻,不可究詰,而其大旨亦可睹矣。充其說則人倫庶物固於我何有,而特以束縛於聖人之教,未敢肆然決裂也。

　　則又爲之說曰:良知苟存,自能酬酢萬變,非若禪家之遺棄事物也。其爲說則然,然學者苟無格物窮理之功,而欲持此心之知覺以自試於萬變,其所見爲是者果是,而見爲非者果非乎?又況其心本以爲人倫庶物初無與於我,不得已而應之。以不得已而應之心,而處夫未嘗窮究之事,其不至於顛倒錯謬者幾希。其倡之者,雖不敢自居於禪,陰合而陽離。其繼起者,則直以禪自任,不復有所忌憚。此陽明之學所以爲害於天下也。涇陽景逸深懲其弊,知夫知覺之非性,而無善無惡不可以言性,其所以排擊陽明者,亦可謂得其本矣。然其學也,專以靜坐爲主,則其所重仍在知覺。雖云事物之理,乃吾性所固有,而亦當窮究。然既偏重於靜,則窮之未必能盡其精微,而不免於過不及。是故以理爲外,而欲以心籠罩之者,陽明之學也。以理爲內,而欲以心籠罩之者,高、顧之學也。陽明之病,在認心爲性。高、顧之病,在惡動求靜。我觀高子之論學也,言一貫則以爲是入門之學,言盡心則以爲盡心然後知性,言格物則曰知本之謂物格。與程朱之論,往往齟齬而不合者,無他,蓋欲以靜坐爲主,則凡先儒致知窮理、存心養性之法,不得不爲之變易。夫静坐之説，雖程朱亦有之，不過欲使學者動静交養，無頃刻之離耳。非如高子《困學記》中所言，必欲澄神默坐，使呈露面目，然後有以爲下手之地也。由是觀之，則高、顧之學，雖箴砭陽明多切中其病，至於本源之地，仍不能出其範圍。豈非陽明之説浸淫於人心，雖有大賢，不免猶蹈其弊乎？吾嘗推求其故，天下學者所以樂趨於陽明而不可過者有二：一則爲其學者可以縱肆自適，非若程朱之履繩蹈矩，不可假借也；一則其學專以知覺爲主，謂人身有生死，而知覺無生死，故其視天下一切皆幻，而惟此爲真，故不賢者既樂其縱肆，而賢者又思求其無生死者。此所以羣趨而不能舍。嗚呼！縱肆之不可，易明也。至於無生死之説，則真禪家之妄耳。學者取程朱陰陽屈伸往來之論，潛心熟玩焉，其理亦彰彰矣。奈何不此之學，而彼之是惑乎？

下篇曰：

自陽明之學興，從其學者流蕩放佚，固有之矣。亦往往有大賢君子出於其間，其功業足以潤澤生民，其名節足以維持風俗。今曰：陽明之學，非正學也。然則彼皆非與？若夫明之末季，潰敗不振，蓋氣運使然，豈盡學術之故也。明之衰可以咎陽明，則宋之衰亦將咎程朱、周之衰亦將咎孔孟乎？是又不然。周、宋之衰，孔孟、程朱之道不行也。明之衰，陽明之道行也。自嘉、隆以來，秉國鈞、作民牧者，孰非浸淫於其教者乎？始也倡之於下，繼也遂持之於上；始也爲議論，爲聲氣；繼也遂爲政事，爲風俗。禮法於是而弛，名教於是而輕，政刑於是而紊，僻邪詭異之行於是而生，縱肆輕狂之習於是而成。雖曰：喪亂之故，不由於此。吾不信也。若其間大賢君子，學問雖偏，而人品卓然者，則又有故。蓋天下有天資之病，有學術之病。有天資僻而學術正者，有學術僻而天資美者，恒視其勝負之數，以爲其人之高下。如柴之愚，參之魯，師之辟，由之喭，而卒爲聖門高弟，此以學勝其天資者也。如唐之顏魯公，宋之富鄭公、趙清獻，皆溺於神仙浮屠之説，而志行端方，功業顯赫，爲唐宋名臣，此以天資勝其學術者也。人見顏、富諸公之志行功業，則以爲神仙浮屠之無損於人如此，且以爲諸公之得力神仙浮屠如此，是何異見氣盛之人冒風寒而不病，而謂不病之得力於風寒；善飲之人多飲而惺然，而謂惺然之得力於多飲。豈其然乎？今自陽明之教盛行，天下靡然從之，其天資純粹不勝其學術之僻，流蕩忘返者，不知凡幾矣！間有卓越之士，雖從其學，而修身勵行，不愧古人，是非其學之無弊也，蓋其天資之美而學術不能盡蔽之，亦如顏、富諸公學於神仙浮屠，而其人其行則非神仙浮屠之可及也。是故不得因其學而棄其人，亦豈可因其人而遂不敢議其學哉？且人但見顏、富之品行卓犖，而不知向使其不溺於異學,則其所成就豈特如此而已? 但見明季諸儒爲王氏之學者,亦有大賢君子出其間,而不知向使其悉遵程朱遺法,不談良知,不言無善無惡,不指心爲性,不偏於静坐,不以"一貫""盡心"爲入門,不以"物格"爲知本,則其造詣亦豈僅如是而已邪? 譬諸日月之蝕然,不知其所虧之已多,而但指其僅存之光,以爲蝕之無傷於光,豈不誤乎? 嗚呼! 正學不明,人才陷溺,中人以下既汨没而不出,而大賢者亦不能自盡其才,可勝嘆哉!

夫陳、王之病,世儒類能言之。至若斥陳、王而仍入於陳、王者,則非隴其之深抉闐奧,細察秋毫,不能發其隱而大服其心也。

乾隆元年,九卿等因議原任一等公福善等諡法,附奏云:"原任御史陸隴其精研程朱之學,實爲昭代醇儒。於雍正二年,經九卿議,準從祀文廟。但以官職未合請諡之例,當年未經予諡。臣等謹按,《通典》云:'諡主於行,而不繫爵。'故宋儒如胡瑗、吕祖謙諸人,官職未顯,俱得予諡。今隴其既經從祀文廟,似亦應追諡,以示表章。"得旨,賜諡清獻,贈内閣學士兼禮部侍郎。

述曰: 清獻罷御史時,議者有責其持論太嚴,進言太驟,致觸忤衆怒,席未及煖以去者。嗚呼! 是豈知清獻者哉? 夫清獻浮沉下僚,年逾六十,一旦得居言路,已迫桑榆,若再委蛇觀望,不逾年而即卒矣。是終無一言以去,豈不有負斯職邪? 昔歐陽公上書,范司諫責以朝拜官而夕奏疏;陽城久居諫議而不言,昌黎作《諍臣論》以諷之。清獻之不肯和平委曲,相時而動,正清獻之所以爲清獻,而非淺見薄識者所能窺及也。又《行狀》及《年譜》載其爲令時諸政績,皆循吏所能爲,故不具論。論其有關學術治道者。

從祀賢儒第十四之三十

昔明初罷祀揚雄，及嘉靖間張璁釐正祀典，又罷荀况、戴聖、劉向、賈逵、馬融、何休、王肅、王弼、杜預、吳澄十人，而改蘧瑗、林放、鄭康成、鄭衆、盧植、服虔、范甯七人祀於鄉。我朝雍正二年，詔九卿議可復從祀者，於是復祀蘧瑗、林放、鄭康成、范甯四人。乾隆二年，又復祀吳澄一人，尚有荀况、劉向、戴聖、揚雄、鄭衆、賈逵、馬融、盧植、何休、服虔、王肅、王弼、杜預等十三人。今考其傳，別敍《從祀賢儒》之後。

周

荀况，趙人。年五十遊學於齊。初，齊宣王喜文學遊説之士，如騶衍、淳于髡、田駢、接子、慎到、環淵之徒七十六人，皆賜列第，爲上大夫。襄王時，田駢之屬皆已死，而荀卿最爲老師。齊尚修列大夫之缺，荀卿三爲祭酒焉。齊人或讒荀卿，荀卿乃適楚，春申君以爲蘭陵令。春申君死而荀卿廢，因家蘭陵。李斯嘗爲弟子，已而相秦。荀卿嫉濁世之政，亡國亂君相屬，不遂大道而營於巫祝，信機祥，鄙儒小拘，如莊周等又滑稽亂俗，於是推儒、墨、道德之行事興壞，序列著數萬言而卒。

漢

劉向，字子政，漢楚元王交玄孫也。父德，爲宗正，封陽城侯。向，本名更生。年十二，以父任爲輦郎。既冠，以行修飭擢爲諫大夫。是時，宣帝循武帝故事，招選名儒俊材置左右。更生以通達能屬文辭，與王褒、張子橋等並進對，獻賦、頌凡數十篇。帝復興神仙方術之事，而淮南有《枕中鴻寶苑祕書》。書言神仙使鬼神爲金之術，及鄒衍重道延命方，世人莫見。德，武帝時治淮南獄得其書。更生幼而讀誦，以爲奇，獻之，言黃金可成。帝令典尚方鑄作事，費甚多，方不驗。乃下更生吏，吏劾更生鑄僞黃金，繫當死。兄陽城侯安民上書，入國戶半，贖更生罪。帝亦奇其材，得逾冬減死論。會初立《穀梁春秋》，徵更生受《穀梁》，講論《五經》於石渠。復拜爲郎中、給事黃門，遷散騎、諫大夫、給事中。

元帝初即位，太傅蕭望之爲前將軍，少傅周堪爲諸吏光祿大夫，皆領尚書事，甚見尊任。更生年少於望之、堪，然二人重之，薦更生宗室忠直，明經有行，擢爲散騎宗正給事中，與侍中金敞拾遺左右。四人同心輔政，患苦外戚許、史在位放縱，而中書宦官弘恭、石顯弄權。望之、堪、更生議，欲白罷退之。未白而語泄，遂爲許、史及恭、顯所譖愬，堪、更生下獄，及望之皆免官。其春地震，夏，客星見昴、卷舌間。帝感悟，下詔賜望之爵關內侯，奉朝請。秋，徵堪、更生，欲以爲諫大夫，恭、顯白皆爲中郎。冬，地復震。時恭、顯、許、史子弟侍中諸曹，皆側目於望之等，更生懼焉，乃使其外親上變事，言："地動殆爲恭等。宜退恭、顯以章蔽善之罰，進望之等以通賢者之路。"書奏，恭、顯疑其更生所爲，白請考姦詐。辭果服，遂逮更生繫獄，坐免爲庶人，望之自殺。天子甚悼恨之，乃擢周堪爲光祿勳，堪弟子張猛光祿大夫給事中，大見信任。恭、顯憚之，數譖毀焉。更生見堪、猛在位，幾已得復進，懼其傾危，乃上封事，言讒邪並進所以致災異狀。恭、顯見其書，愈與許、史比而怨更生等。是歲夏寒，日青無光，恭、顯及許、史皆言堪、猛用事之咎。帝內重堪，又患衆口之浸潤，無所取信。時長安令楊興以材能幸，常稱譽堪。帝欲以爲助，乃見問興："朝臣斷斷不可光祿勳，何也？"興者，傾巧士，謂帝疑堪，因順指短堪，謂"可賜爵關內侯，勿令典事"，帝於是疑。會城門校尉諸葛豐亦言堪、猛短，因發怒免豐。又左遷堪爲河東太守，猛槐里令。

顯等專權日甚。後三歲餘，孝宣廟闕災，其晦，日有蝕之。於是帝召諸前言日變在堪、猛者責問，皆稽首謝。乃因下詔徵堪詣行在所，拜爲光祿大夫，秩中二千石，領尚書事。猛復爲大中大夫給事中。顯幹尚書，尚書五人，皆其黨也。堪希得見，常因顯白事，事決顯口。會堪疾瘖，口不能言而卒。顯誣譖猛，令自殺於公車。更生傷之，乃著《疾讒》《摘要》《救危》及《世頌》，凡八篇，依興古事，悼己及同類也。遂廢十餘年。

成帝即位，顯等伏辜，更生乃復進用，更名向。向以故九卿召拜爲中郎，使領護三輔都水。數奏封事，遷光祿大夫。是時，帝元舅平陽侯王鳳爲大將軍秉政，倚太后，專國權，兄弟七人皆封爲列侯。時數有大異，向以爲外戚貴盛，鳳兄弟用事之咎。而帝方精於《詩》《書》，觀古文，詔向領校《五經》祕書。向見《尚書·洪範》，箕子爲武王陳五行陰陽休咎之應。乃集合上古以來歷春秋六國至秦漢符瑞災異之記，推迹行事，連傳禍福，著其占驗，比類相從，各有條目，凡十一篇，號曰《洪範五行傳論》，奏之。帝心知向忠精，故爲鳳兄弟起此論也，然終不能奪王氏權。

久之，營起昌陵，數年不成，復還歸延陵，制度泰奢。向上疏諫，帝甚感向言，而不能從其計。

向睹俗彌奢淫，而趙、衛之屬起微賤，逾禮制。以爲王教由內及外，自近者始。故採取《詩》《書》所載賢妃貞婦，興國顯家可法則，及孽嬖亂亡者，序次爲《列女傳》，凡八篇，以戒天子。及采傳記行事，著《新序》《説苑》凡五十篇奏之。數上疏言得失，陳法戒。書數十上，以助觀覽，補遺闕。帝雖不能盡用，然内嘉其言，常嗟嘆之。

時帝無繼嗣，政由王氏出，災異浸甚。向雅奇陳湯智謀，與相親友，獨謂湯曰：“災異如此，而外家日甚，其漸必危劉氏。吾幸得同姓末屬，累世蒙漢厚恩。身爲宗室遺老，歷事三主。上以我先帝舊臣，每進見常加優禮，吾而不言，誰當言者？”遂上封事極諫。書奏，帝召見向，嘆息悲傷其意，謂曰：“君且休矣，吾將思之。”以向爲中壘校尉。

向爲人簡易無威儀，廉靖樂道，不交接世俗，專積思於經術，晝誦書傳，夜觀星宿，或不寐達旦。元延中，星孛東井，蜀郡岷山崩雍江。向惡此異，懷不能已，復上書奏，且曰：“天文難以相曉，臣雖圖上，猶須口説，然後可知，願賜清燕之間，指圖陳狀。”帝輒入之，然終不能用也。

向每召見，數言公族者國之枝葉，枝葉落則本根無所庇蔭；方今同姓疏遠，母黨專政，禄去公室。譏刺王氏及在位大臣，其言多痛切，發於至誠。帝數欲用向爲九卿，輒不爲王氏居位者及丞相御史所持，故終不遷，居列大夫官前後三十餘年，年七十二卒。

戴聖，字次君，梁人。與從父德並事后蒼，授《曲臺禮》。德號大戴，聖號小戴，以博士論石渠。及爲九江太守，治行多不法。刺史何武行部録囚徒，有所舉以屬郡。聖曰：“後進生何知，乃欲亂人治！”皆無所決。武使從事廉得其罪，聖懼，自免。後復爲博士。

揚雄，字子雲，蜀郡成都人。少而好學，不爲章句，訓詁通而已，博覽無所不見。爲人簡易佚蕩，口吃不能劇談，默而好深湛之思，清静無爲，少耆欲，不汲汲於富貴，不戚戚於貧賤，不修廉隅以徼名當世。家産不過十金，乏儋石之儲，晏如也。自有大度，非聖哲之書不好也；非其義，雖富貴不事也。顧嘗好辭賦。

先是，蜀司馬相如作賦甚弘麗温雅，雄心壯之，每作賦，常擬之以爲式。又怪屈原文過相如，至不容，作《離騷》，自投江而死，悲其文，讀之未嘗不流涕也。以爲君子得時則大行，不得時則龍蛇，遇不遇命也，何必湛身哉！乃作書，往往摭《離騷》文而反之，自岷山投諸江流以弔屈原，名曰《反離騷》；又旁《離騷》作重一篇，名曰《廣騷》；又旁《惜誦》以下至《懷沙》一卷，名曰《畔牢愁》。

孝成帝時，客有薦雄文似相如者，召雄待詔承明之庭。正月，從帝甘泉，還奏《甘泉賦》。其三月，祭后土。還，上《河東賦》。十二月羽獵，雄從，上《校獵賦》。

明年秋，帝大誇胡人以多禽獸，使農不得收斂。雄從至長楊射熊館，還，上《長楊賦》。既而雄以爲賦者，將以風也，必推類而言，極麗靡之辭，閎侈鉅衍，競於使人不能加也,既乃歸之於正,然覽者已過矣。往時武帝好神仙,相如上《大人賦》,欲以風,帝反縹縹有陵雲之志。由是言之,賦勸而不止,明矣。又頗似俳優淳于髡、優孟之徒,非法度所存,賢人君子詩賦之正也,於是輟不復爲。而大潭思渾天,參摹而四分之,極於八十一。旁則三摹九据,極之七百二十九贊,亦自然之道也。故觀《易》者,見其卦而名之;觀《玄》者,數其畫而定之。《玄》首四重者,非卦也,數也。其用自天元推一畫一夜陰陽數度律曆之紀,九九大運,與天終始,故《玄》三方、九州、二十七部、八十一家、二百四十三表、七百二十九贊,分爲三卷,曰一二三,與《泰初曆》相應,亦有顓頊之曆焉。搋之以三策,關之以休咎,絣之以象類,播之以人事,文之以五行,擬之以道德仁義禮知。無主無名,要合《五經》,苟非其事,文不虛生。爲其泰曼漶而不可知,故有《首》《衝》《錯》《測》《攡》《瑩》《數》《文》《掜》《圖》《告》十一篇,皆以解剝《玄》體,離散其文,章句尚不存焉。

哀帝時,丁傅、董賢用事,諸附離之者,或起家至兩千石。時雄方草《太玄》,有以自守,泊如也。或嘲雄以《玄》尚白,而雄解之,號曰《解嘲》。客有難《玄》文太深者,雄又解之,號曰《解難》。

雄見諸子各以其知舛馳,大氐詆訾聖人,即爲怪迂,析辯詭辭,以撓世事,雖小辯,終破大道而惑衆,使溺於所聞而不自知其非也。及太史公記六國,歷楚漢,訖麟止,不與聖人同,是非頗謬於經。故人時有問雄者,常用法應之,譔以爲十三卷,象《論語》,號曰《法言》。

初,雄年四十餘,自蜀來至游京師,大司馬車騎將軍王音奇其文雅,召以爲門下史,薦雄待詔,歲餘,奏《羽獵賦》,除爲郎,給事黃門,與王莽並。哀帝之初,又與董賢同官。當成、哀、平間,莽、賢皆爲三公,權傾人主,所薦莫不拔擢,而雄三世不徙官。及莽篡位,以耆老久次轉爲大夫,其恬於勢利乃如是。

王莽既以符命自立,即位之後欲絶其原以神前事,而甄豐子尋、劉歆子棻復獻之。莽誅豐父子,投棻四裔,辭所連及,便收不請。時雄校書天禄閣上,治獄使者來,欲收雄,雄恐不能自免,乃從閣上自投下,幾死。莽聞之曰:“雄素不與事,何故在此?”間問其故,乃劉棻嘗從雄學作奇字,雄不知情。有詔勿問。然京師爲之語曰:“惟寂寞,自投閣;爰清静,作符命。”蓋以雄《解嘲》之言譏之也。

雄以病免,復召爲大夫。家素貧,嗜酒,人希至其門。時有好事者載酒殽從遊學,而鉅鹿侯芭常從雄居,受其《太玄》《法言》焉。劉歆亦嘗觀之,謂雄曰:“空自苦! 今學者有禄利,然尚不能明《易》,又如《玄》何? 吾恐後人用覆醬瓿也。”雄笑而不應。年七十一卒。

鄭衆,字仲師,河南開封人。父興,建武六年徵拜大中大夫。九年,監征南、積弩營,坐事左轉蓮勺令。好古學,尤明《左氏》《周官》,長於歷數,自杜林、桓譚、衛宏之屬,莫不斟酌焉,世言《左氏》者多祖興。

衆年十二,從父受《左氏春秋》,精力於學,明《三統曆》,作《春秋難記條例》,兼通《易》《詩》,知名於世。建武中,皇太子及山陽王荊,因虎賁中郎將梁松以縑帛聘請衆,欲爲通義,引籍出入殿中。衆謂松曰:"太子儲君,無外交之義,漢有舊防,藩王不宜私通賓客。"遂辭不受。松復風以"長者意,不可違",衆曰:"犯禁觸罪,不如守正而死。"太子及荊聞而奇之,亦不強也。及梁氏敗,賓客多坐之,惟衆不染於辭。

永平初,辟司空府,以明經給事中,再遷越騎司馬,復留給事中。是時北匈奴遣使求和親。八年,明帝遣衆持節使匈奴。衆至北庭,虜欲令拜,衆不爲屈。單于大怒,圍守閉之,不與水火,欲脅服衆。衆拔刀自誓,單于恐而止,乃更發使隨衆還京師。朝議欲復遣使報之,衆諫不可。帝不從,復遣衆。衆因上言:"臣前奉使不爲匈奴拜,單于志恨,故遣兵圍臣。今復銜命,必見陵折。臣誠不忍持大漢節對氈裘獨拜。如令匈奴遂能服臣,將有損大漢之強。"帝不聽,衆不得已,既行,在路連上書固爭之。詔切責衆,追還繫廷尉,會赦歸家。

其後帝見匈奴來者,問衆於單于爭禮之狀,皆言匈奴中傳衆意氣壯勇,雖蘇武不過。乃復召爲軍司馬,使與虎賁中郎將馬廖擊車師。至燉煌,拜爲中郎將,使護西域。會匈奴脅車師,圍戊己校尉,衆發兵救之。遷武威太守,謹修邊備,虜不敢犯。遷左馮翊,政有名迹。

建初六年,代鄧彪爲大司農。是時章帝議復監鐵官,衆諫以爲不可。詔數切責,至被奏劾,衆執之不移。帝不從。在位以清正稱。其後受詔作《春秋刪》十九篇。八年,卒於官。時賈逵亦自傳其父業,故有鄭、賈之學。

賈逵,字景伯,扶風平陵人,誼九世孫也。父徽,從劉歆受《左氏春秋》,兼習《國語》《周官》,又受《古文尚書》於塗惲,學《毛詩》於謝曼卿,作《左氏條例》二十一篇。

逵悉傳父業,以《大夏侯尚書》教授,雖爲古學,兼通五家《穀梁》之説。自爲兒童,常在太學,不通人間事。身長八尺二寸,諸儒爲之語曰:"問事不休賈長頭。"性愷悌,多智思,俶儻有大節。尤明《左氏傳》《國語》,爲之《解詁》五十一篇,永平中,上疏獻之。明帝重其書,寫藏祕館。

時有神雀集宮殿官府,冠羽有五彩色,帝異之,以問臨邑侯劉復,復不能對,薦逵博物多識,帝乃召見逵,問之。對曰:"昔武王終父之業,鸑鷟在岐。宣帝威懷戎狄,神雀仍集,此胡降之徵也。"帝敕蘭臺給筆札,使作《神雀頌》,拜爲郎,與班固並校祕書,應對左右。

章帝立,降意儒術,特好《古文尚書》《左氏傳》。建初元年,詔逵入講北宮白虎觀、南宮雲臺。帝善逵説，使發《左氏傳》大義長於《公》《穀》者。逵於是具條奏之，曰：

臣謹摘出《左氏》三十事尤著明者，斯皆君臣之正義，父子之紀綱。其餘同《公羊》者什有七八，或文簡小異，無害大體。至如祭仲、紀季、伍子胥、叔術之屬，《左氏》義深於君父，《公羊》多任於權變，其相殊絶，固已甚遠，而冤抑積久，莫肯分明。

臣以永平中上言《左氏》與圖讖合者，先帝不遺芻蕘，省納臣言，寫其傳詁，藏之祕書。建平中，侍中劉歆欲立《左氏》，不先暴論大義，而輕移太常，恃其義長，詆諲諸儒，諸儒内懷不服，相與排之。孝哀皇帝重逆衆心，故出歆爲河内太守。從是攻擊《左氏》，遂爲重讎。至光武皇帝，奮獨見之明，興立《左氏》《穀梁》。會二家先師不曉圖讖，故令中道而廢。凡所以存先王之道者，要在安上理民也。今《左氏》崇君父，卑臣子，强幹弱枝，勸善戒惡，至明至切，至直至順。且三代異物，損益隨時，故先帝博觀異家，各有所採。《易》有施、孟，復立梁丘，《尚書》歐陽，復有大小夏侯，今三傳之異亦猶是也。又《五經》家皆無以證圖讖明劉氏爲堯後者，而《左氏》獨有明文。《五經》家皆言顓頊代黄帝，而堯不得爲火德。《左氏》以爲少昊代黄帝，即圖讖所謂帝宣也。如令堯不得爲火，則漢不得爲赤。其所發明，補益實多。

陛下通天然之明，建大聖之本，改元正曆，垂萬世則，是以麟鳳百數，嘉瑞雜還。猶朝夕恪勤，游情《六藝》，研幾綜微，靡不審覈。若復留意廢學，以廣聖見，庶幾無所遺失矣。

書奏，帝嘉之，賜布五百疋，衣一襲，令逵自選《公羊》嚴、顔諸生高才二十人，教以《左氏》，與簡紙經傳各一通。

逵母常有疾，帝欲加賜，以校書例多，特以錢二十萬，使潁陽侯馬防與之。謂防曰：“賈逵母病，此子無人事於外，屢空則從孤竹之子於首陽山矣。”

逵數爲帝言《古文尚書》與經傳《爾雅》詁訓相應，詔令撰歐陽、大小夏侯《尚書古文》同異。逵集爲三卷，帝善之。復令撰齊、魯、韓《詩》與《毛詩》同異，并作《周官解故》。遷逵爲衞士令。八年，乃詔諸儒各選高才生，受《左氏》《穀梁春秋》《古文尚書》《毛詩》，由是四經遂行於世。皆拜逵所選弟子及門生爲千乘王國郎，朝夕受業黄門署，學者皆欣欣羨慕焉。

和帝即位，永元三年，以逵爲左中郎將。八年，復爲侍中，領騎都尉。内備帷幄，兼領祕書近署，甚見信用。逵薦東萊司馬均、陳國汝郁，帝即徵之，並蒙優禮。

逵所著經傳義詁及論難百餘萬言，又作詩、頌、誄、書、連珠、酒令凡九篇，學者宗之，後世稱爲通儒。然不修小節，當世以此頗譏焉，故不至大官。永元十三年卒，時年七十二。

馬融，字季長，扶風茂陵人。美辭貌，有俊才。從京兆摯恂遊學，博通經籍。恂奇其才，以女妻之。

永初二年，大將軍鄧騭聞融名，召爲舍人，非其好也，遂不應命，客於涼州武都、漢陽界中。會羌虜飈起，邊方擾亂，米穀踊貴，自關以西，道殣相望。融既飢困，乃悔而嘆息，謂其友人曰：“古人有言：‘左手據天下之圖，右手刎其喉，愚夫不爲。’所以然者，生貴於天下也。今以曲俗咫尺之羞，滅無貲之軀，殆非老莊所謂也。”故往應騭召。

四年，拜爲校書郎中，詣東觀校祕書。是時鄧太后臨朝，騭兄弟輔政。而俗儒世士，以爲文德可興，武功宜廢，遂寢蒐狩之禮，息戰陣之法，故猾賊縱橫，乘此無備。融乃感激，以爲文武之道，聖賢不墜，五才之用，無或可廢。元初二年，上《廣成頌》以諷諫。頌奏，忤鄧氏，滯於東觀，十年不得調。因兄子喪自劾歸。太后聞之怒，謂融羞薄詔除，欲仕州郡，遂令禁錮之。

太后崩，安帝親政，召還郎署，復在講部。出爲河間王厩長史。時車駕東巡岱宗，融上《東巡頌》，帝奇其文，召拜郎中。及北鄉侯即位，融移病去，爲郡功曹。

陽嘉二年，詔舉敦樸，城門校尉岑起舉融，徵詣公車，對策，拜議郎。大將軍梁商表爲從事中郎，轉武都太守。時西羌反叛，融上疏乞自效，朝廷不能用。又因星變，陳北狄、西戎將起，宜備二方。尋而隴西羌反，烏桓寇上郡，皆如融言。

三遷，桓帝時爲南郡太守。先是融有事忤大將軍梁冀旨，冀諷有司奏融在郡貪濁，免官，髡徙朔方。自刺不死，得赦還，復拜議郎，重在東觀著述，以病去官。

融才高博洽，爲世通儒，教養諸生，常有千數。涿郡盧植、北海鄭康成，皆其徒也。善鼓琴，好吹笛，達生任性，不拘儒者之節。居宇器服，多存侈飾。常坐高堂，施絳紗帳，前授生徒，後列女樂，弟子以次相傳，鮮有入其室者。常欲訓《左氏春秋》，及見賈逵、鄭衆注，乃曰：“賈君精而不博，鄭君博而不精。既精既博，吾何加焉！”但著《三傳異同說》。注《孝經》《論語》《詩》《易》《三禮》《尚書》《列女傳》《老子》《淮南子》《離騷》，所著賦、頌、碑、誄、書、記、表、奏、七言、琴歌、對策、遺令，凡二十一篇。

初，融懲於鄧氏，不敢復違忤勢家，遂爲梁冀草奏李固，又作大將軍《西第頌》，以此頗爲正直所羞。年八十八，延熹九年卒於家。

盧植，字子幹，涿郡涿人。身長八尺二寸，音聲如鐘。通古今學，好研精而不守章句。少事馬融，融多列女娼歌舞於前。植侍講積年，未嘗轉眄，融以是敬之。學終辭歸，闔門教授。性剛毅有大節，常懷濟世志，不好辭賦，能飲酒一石。

時皇后父大將軍竇武援立靈帝，初秉機政，朝議欲加封爵。植雖布衣，以武素有名譽，乃獻書以規之，武不能用。州郡數命，植皆不就。建寧中，徵爲博士，乃始起焉。熹平四年，九江蠻反，四府選植才兼文武，拜九江太守，蠻寇賓服。以疾去官。

作《尚書章句》《三禮解詁》。時始立太學《石經》，以正《五經》文字，植乃上書曰："臣少從通儒故南郡太守馬融受古學，頗知今之《禮記》特多回冗。臣前以《周禮》諸經，發起紕繆，敢率愚淺，爲之解詁，而家乏，無力供繕寫上，願得將能書生二人，共詣東觀，就官財糧，專心研精，合《尚書》章句，考《禮記》失得，庶裁定聖典，刊正碑文。古文科斗，近於爲實，而厭抑流俗，降在小學。中興以來，通儒達士班固、賈逵、鄭興父子，並敦悦之，今①《毛詩》《左傳》《周禮》各有傳記，其與《春秋》共相表裏，宜置博士，爲立學官，以助後來，以廣聖意。"

會南夷反叛，以植嘗在九江有恩信，拜爲廬江太守。植深達政宜，務存清靜，弘大體而已。

歲餘，復徵拜議郎，與諫議大夫馬日磾、議郎蔡邕、楊彪、韓説等並在東觀，校中書《五經》記傳，補續《漢記》。帝以非急務，轉爲侍中，遷尚書。光和元年，有日食之異，植上封事陳消禦災凶八事：一曰用良，二曰原禁，三曰禦癘，四曰備寇，五曰修禮，六曰遵堯，七曰御下，八曰散利。帝不省。

中平元年，黃巾賊起，四府舉植，拜北中郎將，持節，以護烏桓中郎將宗員副，將北軍五校士，發天下諸郡兵征之。連戰破賊帥張角，斬獲萬餘人。角等走保廣宗，植築圍鑿塹，造作雲梯，垂當拔之。帝遣小黃門左豐詣軍觀賊形勢，或勸植以賂送豐，植不肯。豐還言於帝曰："廣宗賊亦破耳！盧中郎固壘息軍，以待天誅。"帝遂檻車徵植，減死罪一等。及車騎將軍皇甫嵩討平黃巾，盛稱植行師方略，嵩皆資用規謀，濟成其功。以其年復爲尚書。

帝崩，大將軍何進謀誅中官，乃召并州牧董卓，以懼太后。植知卓凶悍難制，必生後患，固止之。進不從。及卓至，果陵虐朝廷，乃大會百官於朝堂，議欲廢立。羣僚無敢言，植獨抗議不同。卓怒罷會，將誅植。植素善蔡邕，邕時見親於卓，往請植事。又議郎彭伯諫卓曰："盧尚書海内大儒，人之望也。今先害，天下震怖。"卓乃止，但免植官而已。

植以老病求歸，懼不免禍，乃詭道從轘轅出。卓果使人追之，到懷，不及。遂隱於上②谷，不交人事。冀州牧袁紹請爲軍師。初平三年卒。臨困，敕其子儉葬於土穴，不用棺椁，附體單帛而已。所著碑、誄、表、記，凡六篇。

---

① "今"，原作"合"，據《後漢書·盧植傳》訂正。
② "上"，原作"山"，據《後漢書·盧植傳》訂正。

何休，字邵公，任城樊人。父豹，少府。休爲人質樸訥口，而雅有心思，精研《六經》，世儒無及者。以列卿子詔拜郎中，非其好也，辭病而去。不仕州郡。進退必以禮。

太傅陳蕃辟之，與參政事。蕃敗，休坐廢錮，乃作《春秋公羊解詁》，覃思不窺門十有七年。又注訓《孝經》《論語》、風角七分，皆經緯典謨，不與守文同說。又以《春秋》駁漢事六百餘條，妙得《公羊》本意。休善歷算，與其師博士羊弼，追述李育意以難二傳，作《公羊墨守》《左氏膏肓》《穀梁廢疾》。

黨禁解，又辟司徒。羣公表休道術深明，宜侍帷幄，倖臣不悅之，乃拜議郎，屢陳忠言。再遷諫議大夫，年五十四，光和五年卒。

服虔，字子慎，初名重，又名祇，後改爲虔，河南滎陽人。少以清苦建志，入太學受業。有雅才，善著文論，作《春秋左氏傳解》。又以《左傳》駁何休之所駁漢事六十條。舉孝廉，稍遷，中平末，拜九江太守。免，遭亂行客，病卒。所著賦、碑、誄、書記、《連珠》《九憤》，凡十餘篇。

魏

王肅，字子雍，東海郡人。年十八，從宋忠讀《太玄》，而更爲之解。黃初中，爲散騎黃門侍郎。太和二年，父蘭陵侯朗卒，肅嗣封。三年，拜散騎常侍。四年，大司馬曹真伐蜀，以霖雨山阪峻滑，衆逼而不展，糧運難繼，真發逾月而行裁半谷，肅上疏諫罷。又上疏：“宜遵舊禮，爲大臣發哀，薦果宗廟。”事皆施行。又上疏陳政本。

青龍中，山陽公薨。肅上疏曰：“昔唐禪虞，虞禪夏，皆終三年之喪，然後踐天子之位。是以帝號無虧，君禮猶存。今山陽公承順天命，允答民望，進禪大魏，退處賓位。公之奉魏，不敢不盡節。魏之待公，優崇而不臣。及至其薨，槥斂之制，輿徒之飾，皆同於王者，是故遠近歸仁，以爲盛美。且漢總帝王之號，號曰皇帝。有別稱帝，無別稱皇，則皇是其差輕者也。故當高祖之時，土無二王，其父見在而使稱皇，明非二王之嫌也。況今以贈終，可使稱皇以配其謚。”明帝不從，使稱皇帝，乃追謚曰漢孝獻皇帝。

後肅以常侍領祕書監，兼崇文觀祭酒。景初間，宮室盛美，民失農業，期信不敦，刑殺倉卒。肅上疏論諫，又陳“諸鳥獸無用之物，而有芻穀人徒之費，皆可蠲除。”

帝嘗問曰：“漢桓帝時，白馬令李雲上書言：‘帝者，諦也。是帝欲不諦。’當何得不死。”肅對曰：“但爲言失逆順之節。原其本意，皆欲盡心，念存補國。且帝者之威，過於雷霆，殺一匹夫，無異螻蟻。寬而宥之，可以示容受切言，廣德宇於天下，故臣以爲殺之未必爲是也。”帝又問：“司馬遷以受刑之故，內懷隱切，著《史記》非貶孝武，令人切齒。”對曰：“司馬記事，不虛美，不隱惡。劉向、揚雄服其善敍事，有良史之才，謂之實錄。漢武帝聞其述《史記》，取孝景及己本紀覽之，於是大怒，削而投之。於今此兩紀有録無書。後遭李陵事，遂下遷蠶室。此爲隱切在孝武，而不在於史遷也。”

正始元年，出爲廣平太守。公車徵還，拜議郎。頃之，爲侍中，遷太常。時大將軍曹爽專權，任用何晏、鄧颺等。肅與太尉蔣濟、司農桓範論及時政，肅正色曰：“此輩即弘恭、石顯之屬，復稱説邪！”爽聞之，戒何晏等曰：“當共慎之！公卿已比諸君前世惡人矣。”坐宗廟事免。後爲光禄勳。時有二魚長尺，集於武庫之屋，有司以爲吉祥。肅曰：“魚生於淵而亢於屋，介麟之屬失其所也。邊將其殆有棄甲之變乎？”其後果有東關之敗。徙爲河南尹。嘉平六年，持節兼太常，奉法駕，迎高貴鄉公於元城。是歲，白氣經天，大將軍司馬昭問其故。肅對曰：“此蚩尤之旗也，東南其有亂乎？君若修己以安百姓，則天下樂安者歸德，唱亂者先亡矣。”明年春，鎮東將軍母丘儉、揚州刺史文欽反，昭謂肅曰：“霍光感夏侯勝之言，始重儒學之士，良有以也。安國寧主，其術焉在？”肅曰：“昔關羽率荆州之衆，降于禁於漢濱，遂有北向爭天下之志。後孫權襲其將士家屬，羽士衆一旦瓦解。今淮南將士父母妻子皆在内州，但急往禦衛，使不得前，必有關羽土崩之勢矣。”昭從之，遂破儉、欽。後遷中領軍，加散騎常侍。甘露元年卒，門生縗絰者百數。追贈衛將軍，謚曰景侯。

初，肅善賈、馬之學，而不好鄭氏，采會同異，爲《尚書》《詩》《論語》《三禮》《左氏》解，及撰定父朗所作《易傳》，皆列於學官。其所論駁郊祀、宗廟、喪紀、輕重，凡百餘篇。

王弼，字輔嗣，山陽人。父業，爲尚書郎。弼幼而察惠，[①]年十餘，好老氏，通辯能言。未弱冠，往造吏部郎裴徽。徽一見而異之，問弼曰：“夫無者誠萬物之所資也，然聖人莫肯致言，而老子申之無已者何？”弼曰：“聖人體無，無又不可以訓，故不説也。老子是有者也，故恒言無所不足。”尋亦爲傅嘏所知。於時何晏爲吏部尚書，甚奇弼，嘆之曰：“仲尼稱後生可畏，若斯人者，可與言天人之際乎！”

正始中，黄門侍郎累缺。晏既用賈充、裴秀、朱整，又議用弼。時丁謐與晏爭衡，致高邑王黎於曹爽，爽用黎。於是以弼補臺郎。初除，覲爽，請間，爽爲屏左右，而弼與論道，移時無所他及，爽以此嗤之。時爽專朝政，黨與共相進用，弼通儻不治名高。黎尋病亡，爽用王沈代黎，弼遂不得在門下，晏爲之嘆恨。弼在臺既淺，事功亦雅非所長，益不留意焉。注《易》及《老子》。

弼性和理，樂遊宴，解音律，善投壺，天才卓出，頗以所長笑人，故時爲士君子所疾。與鍾會善，會論議以校練爲家，然每服弼之高致。何晏以爲聖人無喜怒哀樂，其論甚精，鍾會述之。弼與不同，以爲聖人茂於人者神明也，同於人者五情也，神明茂故能體冲和以通無，五情同故不能無哀樂以應物，然則聖人之情，應物而無累於物者也。

————————

① “惠”，《三國志·魏書·王弼傳》裴松之注引何劭《王弼傳》作“慧”。

今以其無累,便謂不復應物,失之多矣。

弼爲人淺而不識物情,初與王黎及潁州荀融善,黎奪其黃門郎,於是恨黎,與融亦不終。正始十年,曹爽廢,以公事免。其秋遇厲疾亡,年二十四。司馬師爲之嗟嘆者累日。

晉

杜預,字元凱,京兆杜陵人。智謀淵博,明於理亂,常稱:“德者非可以企及,立功立言所庶幾也。”魏甘露二年,起家拜尚書郎,襲祖畿豐樂亭侯爵。在職四年,轉參相府軍事。鍾會伐蜀,以預爲鎮西長史。及會反,寮佐並遇害,惟預以智獲免。

與車騎將軍賈充等定律令,既成,預爲之注解,乃奏之曰:“法者,蓋繩墨之斷例,非窮理盡性之書也。故文約而例直,聽省而禁簡。例直易見,禁簡難犯。易見則人知所避,難犯則幾於刑厝。刑厝之本在於簡直。”詔班於天下。

晉泰始中,守河南尹。預以京師王化之始,自近及遠,凡所施論,務存大體。受詔爲黜陟之課。司隸校尉石鑑以宿憾奏預,免職。時虜寇隴右,以預爲安西軍司,給兵三百人,騎百匹。到長安,更除秦州刺史,領東羌校尉、輕車將軍、假節。屬虜兵強盛,石鑑時爲安西將軍,使預出兵擊之。預以虜乘勝馬肥,而官軍懸乏,宜并力大運,須春進討,陳五不可、四不須。鑑大怒,復奏預擅飾城門官舍,稽乏軍興,遣御史檻車徵詣廷尉。預尚文帝妹高陸公主,在八議,以侯贖論。其後隴右之事卒如預策。

是時朝廷皆以預明於籌略,會匈奴帥劉猛舉兵反,自并州西及河東、平陽,詔預以散侯定計省闥,俄拜度支尚書。預乃奏立籍田,建安邊,論處軍國之要。又作人排新器,興常平倉,定穀價,較監運,制課調,內以利國外以救邊者五十餘條,皆納焉。石鑑自軍還,論功不實,爲預所糾,遂相讎恨,言論諠譁,並坐免官,以侯兼本職。數年,復拜度支尚書。

元皇后梓宮將遷峻陽陵。舊制,既葬,帝及羣臣即吉。尚書奏,皇太子亦宜釋服。預議“皇太子宜復古典,以諒闇終制”,從之。

預以時曆差舛,不應晷度,奏上《二元乾度曆》,行之。又以孟津渡險,有覆沒之患,請建河橋於富平津。議者以爲殷周所都,歷聖賢而不作者,必不可立故也。預曰:“‘造舟爲梁’,則河橋之謂也。”及橋成,武帝從百寮臨會,舉觴屬預曰:“非君,此橋不立也。”周廟欹器,至漢東京猶在御坐。漢末喪亂,不復存,形制遂絶。預創意造成,奏上之,帝嘉嘆焉。咸寧四年秋,大霖雨,蝗蟲起。預上疏多陳農要。預在內七年,損益萬機,不可勝數,朝野稱美,號曰杜武庫,言其無所不有也。

時帝密有平吳之計,而朝議多違,惟預、羊祜、張華與帝意合。祜病,舉預自代,因以本官假節行平東將軍,領征南軍司馬。及祜卒,拜鎮南大將軍、都督荊州諸軍事。

預既至鎮，繕甲兵，耀威武，乃簡精銳，襲吳西陵督張政，大破之。政，吳之名將也，據要害之地，恥以無備取敗，不以所喪之實告於其主。預欲間吳邊將，使於大軍臨至，將帥移易，以成傾蕩之勢，乃表還其所獲之衆與吳。吳主皓果召政，遣武昌監劉憲代之。

預處分既定，乃啓請伐吳之期。帝報待明年方欲大舉，預累表陳至計言："自秋以來，討賊之形頗露。若今中止，孫皓怖而生計，或徙都武昌，更完修江南諸城，遠其居人，城不可攻，野無所掠，積大船於夏口，則明年之計或無所及。"張華亦贊成其計，帝乃許之。

預以太康元年正月，陳兵於江陵，遣參軍樊顯、尹林、鄧圭、襄陽太守周奇等率衆循江西上，授以節度，旬日之間，累尅城邑，皆如預策。又遣牙門管定、周旨、伍巢等率奇兵八百，泛舟夜渡，以襲樂鄉，多張旗幟，起火巴山，出於要害之地，以奪賊心。吳都督孫歆震恐，與伍延書曰："北來諸軍，乃飛渡江也。"吳之男女降者萬餘口，旨、巢等伏兵樂鄉城外。歆遣軍出距王濬，大敗而還。旨等發伏兵，隨歆軍而入，歆不覺，直至帳下，虜歆而還。故軍中爲之謠曰："以計代戰一當萬。"於是進逼江陵，尅之。既平上流，於是沅湘以南，至於交廣，吳之州郡皆望風歸命，奉送印綬，預仗節稱詔而綏撫之。又因兵威，徙將士屯戍之家以實江北，南郡故地各樹之長吏，荆土肅然，吳人赴之如歸矣。

時衆軍會議，或曰："百年之寇，未可盡尅。今向暑，水潦方降，疾疫將起，宜俟來冬，更爲大舉。"預曰："昔樂毅藉濟西一戰以并強齊，今兵威已振，譬如破竹，數節之後，皆迎刃而解，無復著手處也。"遂指授羣帥，徑進秣陵。所過城邑，莫不束手。吳既平，振旅凱入，以功進爵當陽縣侯，封一子亭侯，賜絹八千疋。

初，攻江陵，吳人知預病瘦，憚其智計，以瓠繫狗頸示之。每大樹似瘦，輒斫使白，題曰："杜預頸。"及城平，盡捕殺之。

預既還鎮，累陳家世史職，武非其功，請退。不許。

預以天下雖安，忘戰必危，勤於講武，修立泮宮，江漢懷德，化被萬里。攻破山夷，錯置屯營，分據要害之地，以固維持之勢。又修邵信臣遺迹，激滍、淯諸水浸原田萬餘頃，分疆刊石，使有定分，公私同利。衆庶賴之，號曰杜父。舊水道惟沔、漢達江陵千數百里，北無通路。又巴丘湖，沅湘之會，表裏山川，實爲險固，荆蠻之所恃也。預乃開楊口，起夏水達巴陵千餘里，內瀉長江之險，外通零桂之漕。南土歌之曰："後世無叛由杜翁，孰識智名與勇功。"

預公家之事，知無不爲。凡所興造，必考度始終，鮮有敗事。或譏其意碎者，預曰："禹稷之功，期於濟世，所庶幾也。"

預好爲後世名，常言"高岸爲谷，深谷爲陵"，刻石爲二碑，紀其勳績，一沉萬山之下，一立峴山之上，曰："焉知此後不爲陵谷乎！"

預身不跨馬，射不穿札，而每任大事，輒居將率之列。結交接物，恭而有禮，問無所隱，誨人不倦，敏於事而慎於言。既立功之後，從容無他事，乃耽思經籍，謂：“《公羊》《穀梁》詭辯之言，先儒說《左氏》，未究丘明意，而橫以二傳亂之，乃錯綜微言。”著《春秋左氏經傳集解》。又參考眾家譜第，謂之《釋例》。又作《盟會圖》《春秋長曆》，備成一家之學，比老乃成。又撰《女記贊》。當時論者謂預文義質直，世人未之重，惟祕書監摯虞賞之，曰：“左丘明本爲《春秋》作傳，而《左傳》遂自孤行。《釋例》本爲《傳》設，而所發明何但《左傳》，故亦孤行。”時王濟解相馬，又甚愛之，而和嶠頗聚斂，預常稱“濟有馬癖，嶠有錢癖”。武帝聞之，謂預曰：“卿有何癖？”對曰：“臣有《左傳》癖。”

預在鎮，數餉遺洛中貴要。或問其故，預曰：“吾但恐爲害，不求益也。”卒，時年六十三。帝甚嗟悼，追贈征南大將軍、開府儀同三司，諡曰成。

述曰：儒者之患，最易好名，否則立異，至於勢怵利疚，品斯下矣。(楊)〔揚〕子雲著《太玄》《法言》，欲擬《易・象》《論語》。杜元凱慨陵谷之變遷，汲汲焉惟恐不傳於後，是皆好名之過。然素號爲恬退者，而終不免投閣之譏，究不能脫然於勢利外焉。荀卿當聖道衰微，忽創爲性惡之説。劉子政見枕中秘笈，遂真謂黃金可成。王輔嗣崇尚清虛，何邵公注述風角，探索隱怪，學術遂岐。若夫戴次君治郡不法；馬季長不勝飢困，竟附權臣；王子雍尊魏則忘漢，爲司馬則忘曹；利勢之見生，而儒行之道息矣。之數人者，其言行固不無可議，然而覃慮研思，務精其説，苟舍短而取長，亦未可盡以人廢言也。賈景伯欲尊《左傳》，而世主方崇讖緯，遂托其説以幾《左氏》之得立，蓋有苦心，非左道亂聖者比。張璁徒逞一時之論，肆爲詆訶。至舉無可疵議，如鄭眾、盧、服諸人，亦盡舉而廢斥之。噫嘻，過矣！汾粗學淺識，誠不足論諸儒優劣，謹取前史所載者列於篇，而附鄙見於後，以俟後之君子。至王安石父子之當黜，龜山論之詳矣，故其傳不載。

子孫著聞者第十五之一

吾宗自二世祖以下，歷世單承，至八世而始有三子，曰鮒、曰騰、曰樹。自是派別支分，偉人輩出。上自漢世，迄於國朝，二千餘年之間，或守其家學、獨抱遺經，或策名登朝、鴻猷懋著，或秉高素之操，或屬忠義之節，或以獨行見稱，或以文章名世，莫不炳炳麟麟，昭在前冊。使其略而弗紀，甚非所以光顯前修，垂訓後哲。此汾家傳之所爲作也。

傳之體例：首博士，崇祀典也；次族長，尊齒德也；次世尹、學錄，先世職也。僖與尚任雖非世職，而用《漢書》恩澤侯之例，則亦附其後焉。家學所傳，莫重經術，故儒林次之；學優則仕，用取通經，故諸名臣又次之。以下忠義、孝友、隱逸、文苑，則竊取史氏之義，各以類書，而附熙先、範二人於末者，使知悖亂殞宗，亦所以示戒也。

大宗家傳，已見《世系》，故不復書。至於序列，不以時代而以宗派，且必著其高、曾之系者，則又因以寓家譜之義云爾。

聞禮，字知節，六十一代衍聖公次子也。究心天文、律曆、聲音、制度等書。明正德二年，始(受)〔授〕翰林院五經博士，奉子思子中庸書院祀。卒年五十九。

毓埏，字鍾輿，六十六代衍聖公次子也。康熙十八年，襲五經博士，賜三品階，授奉議大夫。年五十八卒。毓埏好學而博，工於著述，所著有《研露齋文集》《麗則詩集》《蕉露詞集》，皆典贍可觀。初，聖祖嘉毓埏有文譽，御書"遠秀"二字賜之。後人因序次其集，總曰《遠秀堂集》。

傳鉽，字振文，六十七代衍聖恭愨公次子也。性通敏，美丰儀，能詩畫。康熙四十五年，襲五經博士，授通議大夫。世宗臨雍，入京陪祀，召見内殿，上注目良久，曰："孔博士風神酷類其父。"欲用之，問博士有陞遷否？傳鉽以職在奉祀子思祖廟對，乃止，賜"六藝世家"四字額。著《補間集》《清濤詞》。年五十四卒。

述曰：右世襲五經博士。自三人而外，有六十三代貞寧，六十五代衍桂、衍植。衍桂早卒，衍植後襲衍聖公，皆已別見《世系》。六十九代繼溥，今以疾致仕。故事，博士承襲,以衍聖公次嫡子,所以重主鬯也。然或無次嫡,或有次嫡而已領他職,則庶子及族子咸得代襲,主祀事。庶子代襲者,有六十九代繼澍。族子代襲者,有六十四代尚達,六十五代衍相、衍錫、衍隆,六十七代毓麟、毓瑛。

彥繩,字朝武,先聖五十九代孫也。十二世祖傳,有傳。傳長子端問,南宋時爲奉新縣丞,生璹。璹,漳州録事參軍,生攄。攄,銅陵主簿,生應發。應發,武寧縣令,生之言。之言,兗州府同知,生津。津生思許。思許無子,以兄思俊第三子克忠爲嗣。克忠,福清學正,生希路。希路,福州嶽山書院山長,生議。議生公誠,公誠生彥繩。此明初舊譜之世次也。

弘治十一年,彥繩改刊家譜,謂己實南宗衍聖公洙之六世孫,北宗駁焉,勒石衢之學宮,而衢州知府沈杰右之,爲奏言:“衢州聖廟,自孔洙讓爵之後,衣冠禮儀,猥同氓庶。今訪得洙之六世孫彥繩,請授以官,俾主祀事。”又言:“其先世祭田,洪武初,輕則起科,後改徵重稅,請仍改輕,以供祀費。”帝可之。正德元年,授彥繩翰林院五經博士,子孫世襲,并減其祭田之税。今襲博士者,其十代孫,名傳錦。

承寅,字永肅,先聖六十代孫也。二十六世祖子嘆,爲唐三十三代褒聖侯次子。子嘆子賢、孫蘊,皆自有傳。蘊生炯,炯生惟一。初,唐天寶之亂,賢同嗣文宣公避亂寧陵。後兵解,文宣公歸魯。惟一與文宣公之弟惟時留寧陵,守林廟,生簡。簡生持,持生昭邈,昭邈爲諫議大夫,生濤。濤通判南康,生侮。侮,莒州推官,生皓堅。皓堅,登州判官,生秀正。秀正,宋仁宗天聖元年賜學究出身,奉祀事,生才實。才實生休重,休重生從倫。從倫爲蘊州太守,生思淳。思淳生彌中,彌中生元銘,元銘生贊之,贊之生秀。元世祖時,詔天下舉文學之士,秀以聖裔召見,授儀封主簿。秀生字忠,字忠生克文。自克文以上,皆世居寧陵,守林廟。元末兵亂,克文始遷儀封,猶歲往奉祀事如故。至明正統間,黄河圯壞林廟,英宗始詔徙於儀封。克文生希賢、希先。希賢生立剛,立剛生公鏞,公鏞生彥紀。承寅,彥紀子也。承寅狀貌奇偉,氣度豁達,少補邑弟子員。既長,爲林廟舉事,約束宗族,人人咸服。嘉靖間,比衢州博士彥繩例,乞予職奉祀。詔以爲國子監學正,世襲。年七十八卒。子失承替,至崇禎元年,而族孫尚林始襲。尚林者,希先九世孫也。希先生立敬,立敬生公義,公義生彥信,彥信生承宋,承宋生宏仁,宏仁生聞過,聞過生貞尤,貞尤生尚林。尚林,補邑生員,性孝友,嚴於取與,動止有法。崇禎元年,五十五代衍聖公白於朝,襲學正。國朝順治七年,請致仕,遂以子衍齊襲。今嗣學正廣遠,尚林七代孫也。

述曰：朝武以下諸人行實,他無可考,以其爲南宗博士及儀封學正世職之始,且欲明其派系,故附於博士傳後。

子孫著聞者第十五之二

　　蕭，字器之，先聖五十代孫。高祖宗毃，見國子博士彥輔傳。曾祖若鼎，宗毃第五子也，爲壽張令。祖端修，金章宗時授進義校尉，不就。以年長命爲孔庭族長，兼提領監修林廟事。父琇，學究出身，養親不仕。蕭幼失怙恃，勵志讀書，避兵汴京，流離辛苦間，猶手不釋卷。左丞張琪奇其才，薦之朝，授開封令。金亡歸元，爲濟、兗、單三州等處宣課提領。時兵火後，祖庭殿廡俱爲灰燼，蕭慨然申於東平行臺嚴實，實可其請，即令蕭提領監修林廟事。蕭勤慎廉幹，克復舊制。又以宗系失傳，感憤陳論，獲辨正焉。

　　元龍，初名抍，字伯凱，亦先聖五十代孫。居衢州。曾祖傳，有傳。祖端已，傳次子也。父璞，宋理宗朝授迪功郎、孔庭族長，奉祠南嶽。喜讀書，至老不輟，嘗謂：“人之誦經史，猶飢渴之得飲食也。”自號景叢子，有《景叢集》十卷。元龍嘗從真西山遊，篤學尚志，閉户著述，作《誨忠策》，又輯《洙泗言學》四十餘章。西山稱其以先聖之裔而研精先聖之書，其所發明，有補學者。後上其書於朝，帝嘉之，授迪功郎、孔庭族長。後任饒州餘干簿。尋歸衢教授，部使者延請爲柯山精舍山長。年逾九十，猶手不釋卷。有《柯山論語講義》《魯樵集》。卒，門人私謚曰文介子。後以子應得貴，贈少師。應得，官至資政殿大學士、諫議大夫、簽樞密院事。

　　涇，字世清，先聖五十三代孫。祖元敬，有傳。父之謹，元敬第四子也。善《春秋三傳》，終深澤教諭。涇初仕元，爲興化路學正，再授平陽路教授，四方學者爭從之遊。改紹興路知事，入爲翰林國史院檢閱。明初，遵例徙臨濠，以五十六代衍聖公奏，得放還鄉里，爲孔庭族長。洪武七年，涇呈告世襲知縣希大諸不法狀，下山東省審鞫。省勘得實者數事，餘涉子虛，希大既得罪，涇亦坐誣。刑部上讞，詔皆免罪。復令涇及希大面對，責涇以教諭不先之過，仍賜龍頭藤杖，主理家政，并遣御史王昂齎敕宣諭族人，俾遵約束焉。山東省試，兩聘分校，皆稱得人。晚年續訂《祖庭廣記》二十卷，卒年七十六。子四人，思楷其次子也。

思楷，字文道，繼父爲族長，奏請重修祖廟，能世其職。性尤好施與，有友呂博自太原來依，多方周給之。博死，復撫其孤女，鄉黨咸高其義焉。年六十二卒。

詮，字全伯，先聖五十七代孫。五世祖之熙，元敬長子也，爲雲夢尹。高祖洵，三氏學學正，東平路教授。曾祖思衍，盤陽路教授。祖克畱，世職知縣。父希幹。詮兒時讀書顔子廟，與羣兒嬉戲，失脚墜陋巷井中。家人以繩引出，詮曰："井有巨蛇，張口吐舌，欲噬人，幸未受其害，然吾亦不甚懼也。"時人異之。及長，智識超卓，遇事明斷。里黨有不平事，詮以數言剖析，復以禮讓勸諭之，人多悦服而去。明宣德八年，爲林廟舉事。年五十九卒。

述曰：族長爲舉族矜式，必齒德衆著，始足以樹儀型而端表率。舉事主修林廟，亦非公勤廉幹者弗勝厥職也。若肅，若溼，若詮，皆能其任。元龍以儒學著，而思楷德厚，亦有長者之風焉。抑考自四十六代孫宗哲，於宋崇寧間始授迪功郎，爲孔庭族長，繼者類能舉宗範以訓子弟。而世遠年湮，家傳殘缺，能舉其軼事者尠矣！顧可考其名者，族長則有四十七代若鑑，四十八代端修，四十九代瓚、琯、璚，五十代持、撫，五十一代元祚、元裕，五十二代之善，五十三代漕，五十四代思櫟，五十五代克晏(克晏有傳)、克煦、克勳、克晟，五十六代希琛、希晟、希迪、希瑄、希瑾、希瑒，五十七代詛、諓、謨、譁，五十八代公寵、公寧、公綉、公紓、公源，五十九代彦乾、彦鳳，六十代承蛟、承謨、承賓，六十一代宏存、宏侃、宏依、宏倖、宏琯，六十二代聞學、聞埱、聞塾，六十三代貞詩、貞珍、貞玶。舉事如道輔、克伸，皆自有傳；端稟見《世系考》中；餘若四十六代舜亮，四十七代若升，四十九代琇，五十代揮，五十一代元長、元灝、元讓、元石、元質、元祇，五十二代之文、之容、之進，五十三代澄、汴，五十四代思義、思用、思度、思舉，五十六代希韶、希璜，五十八代公録、公性、公從、公源，五十九代彦瀜，六十代承沂、承苡、承流，六十一代宏顒、宏超，六十三代貞璘、貞操、貞枚、貞壘，六十四代尚遵，六十五代衍槐、衍錀、衍潋、衍楨、衍權、衍琿，六十六代興訥、興濯、興熉，六十七代毓儀、毓琰、毓倧、毓銑、毓碑，六十八代傳壆、傳樞、傳家。備列其人，使後來者得所考證焉。

子孫著聞者第十五之三

勖，字自牧，先聖四十四代孫，中興祖第四子也。少孤，能自立。宋雍熙二年進士及第，爲太平州推官，以殿中丞通判廣州。大中祥符元年，真宗東封，詣闕里祠孔子，問宰相："孔氏今孰爲名者？"王欽若言勖有治行，即召勖，以太常博士知仙源縣。初，勖在廣州，以清潔聞，及被召，番酋爭持寶貨以獻，勖皆慰遣之。六年，轉屯田員外郎，仍知仙源縣。仁宗景祐元年，遷太常卿，提舉仙源景靈宮太極觀。寶元元年，以祕書監上章求退，分司南京，主管祖廟，授尚書工部侍郎致仕。歷官五十年，累著政績。年八十九卒，贈吏部尚書。子五：道輔、良輔、彦輔、延濟、延範。道輔、彦輔，別有傳。良輔，歷官大理寺丞，上章求退，帝嘉之，授太子中舍。天聖五年，任仙源縣主簿，年六十四卒。

宗翰，字周翰，道輔次子也。登進士第，知仙源縣，爲治有條理，以恩遇族人，而不以私故敗法。王珪、司馬光皆上章論薦，遷太常博士，由通判陵州爲夔峽轉運判官，提點京東刑獄、知虔州。州城濱章、貢兩江，歲爲水齧。宗翰伐石爲址，冶鐵錮之，由是屹然，詔書褒美。歷陝、揚、洪、兗州，皆以治聞。哲宗初立求言，吏民上書以千數，詔司馬光采閱得可用者十五人，獨稱獎其二，乃宗翰、王鞏也。遂召爲司農少卿，遷鴻臚卿。

先是，慶曆中，詔給聖廟灑掃户五十人、看林户五人。自熙寧變法，裁減人役，於是灑掃户祇存三十人，林户祇存三人，不敷供應。元祐元年，宗翰奏請仍復舊制，得旨允行。時有旨："衍聖公如遇朝廷非次擢用他職，許以次合襲，封人權主祀事。"宗翰因上言："孔子之後，自漢以來有褒成、奉聖、宗聖之號，皆賜實封或絹帛，以奉先祀。至於國朝，益加崇禮。然襲封疏爵，本爲侍祠，今乃兼領他官，不在故郡。乞下有司，講求古今典禮，議其所宜。"詔從之，於是改衍聖公爲奉聖公，不復兼領他職。尋進刑部侍郎。帝以上元幸凝祥池，宴從臣，教坊伶人以先聖爲戲。宗翰奏："唐文宗時，嘗有爲此戲者，詔斥去。今豈宜尚容有此！"詔付伶官於理。或曰："此細事何足言者？"宗翰曰："非爾所知。天子春秋鼎盛，方且尊德樂道，而賤工乃爾褻慢，縱而不治，豈不累聖德乎！"聞者欽服。屬疾求去，以寶文閣待制知徐州，未拜而卒。嘗以《孔氏宗譜》止載大宗而遺支庶爲缺憾，乃合而修之。

　　思逮，字進道，宗翰九代孫也。宗翰長子恢，奉直大夫。恢生松，宋泰寧軍節度判官。松生班，班生揮，揮生元石，元石生之文。揮、元石、之文，三世提領監修祖廟。之文生淑，濮州朝城尹。思逮，淑第三子也。初爲曹州教授、左三部照磨。元武宗至大三年，以祖廟禮樂廢缺言於禮部，曰：“闕里，四方之所瞻仰也。今釋奠行禮，無大成雅樂，不稱。如蒙製造，發下本廟，以修祭祀，庶盡事神之禮，傳之萬世，上以新聖朝崇尚之規，下以慰四方瞻仰之意。”中書省用其言，移江浙行省製造，運赴闕里用之。後爲曲阜尹，歷大樂署署丞、署令，陞太常禮儀院判。著《大元樂書》。

　　克欽，字敬夫，先聖五十五代孫。父思誠，見《世系》。克欽篤志好學，該博經史。襲父職，尹曲阜，鋤強梗，恤老弱，境內肅然稱治。會歲饑，賑恤有方，所全活者甚多。洙泗間爲先聖講學舊地，因置書院，設山長，教育生徒。復建倉貯粟，以贍貧族。在職多善政。年五十四卒，民爲巷哭，祀於鄉。子二：希大、希章，先後襲曲阜尹。希大，以元順帝至正十二年襲，十八年改祕書郎，辟中書省掾、翰林院都事。希章，以至正二十三年襲。明太祖洪武初，復起希大襲曲阜知縣。七年，爲族長涇所訐落職。帝以其爲聖裔也，特釋之，而罷世襲爲世職云。

　　克伸，字剛夫，亦先聖五十五代孫。曾祖之全，見《世系》。祖澄，嘗提領監修林廟。父思履，穰縣主簿。克伸初爲元豐縣教諭，希大既坐事，明太祖詔衍聖公於合族內擇可以令曲阜者，五十六代衍聖公以克伸薦。太祖召見，命賦《蔣山詩》，應詔稱旨，帝曰：“不須他才，只此詩應與知縣矣。”遂命知曲阜縣事，自爲敕賜之。自是，授世職知縣者，皆給敕。至宣德間，始停給敕之制。克伸居官謹恪，屢膺褒寵。

　　克中，字正夫，[①]宗翰十代孫也。宗翰第四子奉議郎恂，生鎧，鎧生玘，玘生攄，攄生元恩，元恩生之英，之英生洙泗書院山長濱，濱生虞城教諭思政。克中，思政第三子也。成祖永樂九年，薦知曲阜縣，力辭不受，強之，乃應辟。下車之後，凡尼山祖廟、先聖塋域及學校壇壝之類，莫不請帑增修，政通人和，百廢具舉。年六十一卒，祀於鄉。

　　希範，字士則，五十五代衍聖公第三子也。天姿穎異，器宇魁岸。自其少時，族人即以爲賢，欲薦知縣事。希範曰：“先聖德澤，宜均被後裔，吾兄弟豈得獨專其美？”讓於從父克營。克營卒，又讓於從兄希文。希文又卒，族人卒薦之，不得已，乃應薦，時洪武二十八年也。希範既受職，以直道自任，法行不避宗戚。有豪族誣告民以當戍邊者，其人勢焰灼甚，民受誣不能自直。希範曰：“吾爲令，民枉而不理，非職也。”因力爲請於上官，民冤得白，而竟以其罪罪所告者，於是豪強皆帖然斂迹。孔末之裔復假冒世胄，覬齮徭役，希範曰：“是嘗亂吾宗者。今不明，後世無知者矣。”乃力辨其非，復刻

---

① 　“正夫”，明王鏊《姑蘇志》卷四一《宦績五》作“庸夫”。

宗譜於石以志焉。時五十九代衍聖公方在襁緥，希範代主祀事，凡所以保育、調護俾克成立者，皆希範之力也。年六十五卒。

希永，字士毅，先聖五十六代孫。曾祖淐，有傳。祖思桓。父克景。希永少好學，頗涉獵諸史、百家之書，補弟子員，入三氏學，從教授歙縣江湜受《易》。湜去任，希永曰："易道甚大，夫子尚曰假年。"乃買舟裹糧，訪師吳、楚間，受業於安成吳祭酒，深得《易》之奧旨。憲宗成化元年初，詔三氏學每三歲貢一人，希永首應其選。明年，授曲阜世職知縣，在官勤於撫字，有循聲。年五十七卒。

譔，字蘊伯。父希武，克伸次子也。譔初隱沂水上，自食其力以養親，家貧不能具酒肉，常稱貸以給之。不求聞達，而明辨果決，每廟庭有疑事，族長就決焉，以故知名。正統十一年，薦授曲阜知縣，政以能稱。歲旱蝗，譔請滯獄，寬急逋，中夜齊沐請禱，遂得大雨，飛蝗盡殪。民有私繼室訟前妻子者，譔廉得其情，詔以天性，父子感泣於庭，卒成慈孝焉。以母喪去官，尋卒，年五十九。祀於鄉。

燮，字理伯。父希敬，克中第三子也。燮有至性，母病篤，籲天請代，嘗糞以驗甘苦，母尋愈。爲曲阜知縣，聽斷明決，人不敢欺。歲荒先賑而後聞，生全者無筭。後加兗州府通判，卒，祀名宦祠。

公鏜，字聲文，五十七代衍聖公第四子也。爲人慷慨有氣節，敦尚信義，人有過輒面質其非，時有"孔門御史"之目。宣德九年，薦知曲阜縣，有政績。居官十年，邑中大治。嘗語人曰："功成身退，天之道也。"乃上疏曰："臣本無似，賴祖宗餘澤，大宗既膺顯爵，而世尹又及臣身，兩世一門，盡叨美仕。物懼滿盈，乞賜放歸田里，以族之賢者代。"疏入，不許。會有無賴子誣陷以事，法當罷官，公鏜不辨，曰："得挂冠，是吾願也。"遂奪職。景泰初，五十九代衍聖公入覲，陪幸太學，始爲陳其誣枉，有詔復官。卒於家，年七十一。

公珏，字栗文，燮次子也。嘉靖十年，授曲阜知縣。廉而能寬，以仁愛爲治。有王禮者，受誣坐重辟，公珏廉知其冤，爲力辨，乃得理。患民不知教，語父老曰："吾生聖賢之鄉，而風俗日偷，心甚憫焉。"乃條孝親、敬長、睦鄰、恤族十數事，率子弟輩以身先之，民亦感化而頹俗頓格。居官十二年，家無餘財。致仕後，民念其無以蔽風雨也，爲運土築宅，至今經其地者，猶稱曰"萬民牆"云。卒之日，里爲罷市。祀鄉賢祠。

承夏，字永功，希範之玄孫也。曾祖詢，祖公良，父彥允，皆不仕。承夏早孤，事母極孝。母死，廬墓三年。嘗有異鳥棲墓樹上，甚馴擾，人皆以爲孝感。有司上其事，特賜旌表。承夏能詩，又善數學，決吉凶夭壽多奇中。弘治十七年，貢入太學。正德五年，授曲阜知縣。後以流賊壓境，守禦無術，自劾免。嘉靖元年，復職。年五十九卒。

宏復，字以誠，先聖六十一代孫。曾祖公恂，有傳。祖彥喆。父承英。萬曆元年，山東撫按請仍以世職管縣事，乃考選宏復爲曲阜知縣。宏復既莅任，患積貯不備，無以救水旱，乃建二十四倉以廣儲蓄，民賴以濟。在任二十三年，加都轉鹽運同知銜致仕。

聞簡，字知敬，先聖六十二代孫也。八世祖思政，見《克中傳》。思政長子克淵，明初舉曲阜世職知縣，不就。克淵生希誼，希誼生謳，爲瀋王府長史。高祖公田，謳第五子也。曾祖彥鵬。祖承輦。父宏猷，爲招遠縣訓導。聞簡以天啓元年授曲阜知縣，剛明果斷，有折獄才。二年，流寇竊發，聞簡緝獲賊諜，斬以狥。賊再攻城，皆設法禦卻之，擒巨寇劉燦等十餘人。寇退，敍功，加東昌府通判，後以事去官。卒年四十九。

貞堪，字用輿，先聖六十三代孫。七世祖希麟，五十五代衍聖公第五子也。希麟次子譽，譽生公恬，公恬生彥丹，彥丹生承芳，承芳生宏蒙，宏蒙生聞默。貞堪，聞默子也。以廩生薦授曲阜知縣。性倜儻，志量不羣。崇禎十四年，齊魯大饑，寇盜並起，貞堪多方拯救，親冒矢石，獨宿城頭者六月，邑賴無虞。以丁憂致仕。年六十八卒。

貞叢，字用茂，亦先聖六十三代孫。十世祖淑，見《思逮傳》。淑長子思遵，爲嘉祥尹，生克紹。克紹，翰林國史院待制，生希先。希先，新河尹，生讚。讚生公鎬。貞叢高祖彥剛，公鎬第三子也。曾祖承式。祖宏岱。父聞墅。貞叢，萬曆二十七年，授曲阜知縣，興利除弊，民安農桑。三十年，奉委開泇河，工役借庫銀四百金，無以償，貞叢曰："是役也，爾憊已甚，吾不能代爾力，復忍朘爾膏乎？"乃焚券，自積俸補之。以四氏學去廟遠，特改建新學宫，并請增廩額如府學。考滿，加東昌府通判。後加都轉鹽運使致仕。卒於家。

尚愉，字怡之，先聖六十四代孫。父貞熠，明大梁糧道聞詩長子也。尚愉爲曲阜知縣，睦族愛民，除去一切苛政。會有挑河之事，民不堪命。故事，惟孔、顔子孫得免役，民户不與焉。至是，尚愉爲請於上，亦獲免，民賴以安。卒，祀鄉賢祠。

述曰：自唐咸通中，以孔續爲曲阜令，厥後多以世爵兼之，而宋、金、元之世，亦參用族人之賢者。至元用傳子之全，之全傳子治，治傳子思誠，思誠傳子克欽，克欽傳子希大、希章，遂爲世襲。明初，特用克伸，仍改世職焉。以世爵兼者，有四十一代公昭儉、四十三代公仁玉、四十五代公延世、四十六代公聖佑、五十代公摠，皆見《世系》。由族人任者，尚有四十五代道輔，别有傳。其無傳者，則有四十六代舜亮、宗壽，五十三代濟，五十四代思凱，五十五代克昌、克畚，五十六代希文，五十八代公錫、公統、公澤，五十九代彥士，六十代承厚、承泗、承震、承業，六十一代宏廊、宏毅，六十三代貞教，六十四代尚愷，六十五代衍淳、衍澤，六十六代興認，六十七代毓琚，六十八代傳松，其政績亦間有可紀，不具載，特取其尤著者，列之於篇。

子孫著聞者第十五之四

克晏，字堯夫，先聖五十五代孫，族長思楷次子也。克晏博通經史，不輕著作。每為文，必經營數日而後成。長游江淮汝泗間，遍歷名山大川，文益雄宕有奇氣。性端謹，不苟取與。嘗路遇遺囊，不顧而去。行道遇婦人，必面牆以俟其過。明宣德元年，補三氏學學録，盡心教授，出其門者，若孫昱、孔公恂、公錫輩，皆成名進士。後以齒德兼為族長，宗黨子弟有不率訓者，召庭下，片言折其是非，無不愧悔泣下者。卒年五十六。克晏兄弟三人：兄克曄，以文學稱；克旻，即其弟也。

克旻，字舜夫。性恬澹，不樂仕進。有勸其為舉子業者，輒不應，惟日與賓客賦詩飲酒以自樂。嘗自題其室曰樂庵，以示終焉之意。天順八年，舉為三氏學學録，固辭不得，乃就職。從遊者，隨其質之高下而教之，無不各有所成就而去。年五十四卒。

論，字經伯。父希鳳，五十五代衍聖公第六子也。少從三氏學教授文時中、張敏、王墉遊，讀書通大義。後河東薛文清公瑄督學山左，與論有姻，故往與談性命宗旨，辨論往復，深有所得，因盡棄俗儒之學，粹然一出於正。性寬博，喜施濟。會年饑，捐家財以食餓者，所活甚衆。嘗宴客失銀器，僮僕倉皇，論從容諭之曰：“財物易得，盜名難泯，不速改，終身之累也。”翼日，得其器於故處，亦不究所由也。景泰六年，授三氏學學録，進諸生曰：“聖賢之學無他，惟在窮理修身，以復其性。用舍行藏，功名富貴，安所遇而已矣。幸相與努力，以無忝為聖賢後。”五十九代衍聖公薨，孫嗣公幼，論輔其行，凡有大事，必諮議焉。年七十二卒。子六，公璜，其第四子也。

公璜，字黼文。成化十三年，以文行卓異薦授三氏學學録。嘗釐正學田，設顏母祠，創中興祖外大父祭，請立三世祖奉祀博士，改尼山、洙泗書院山長為學録，在任多所興舉。公璜為人刻苦勵學，無他嗜好，獨喜為歌詩，著《北窗文稿》，學者爭誦之。嘗晝行遇暴雨，從者曰：“衣冠濕矣，可速行。”公璜曰：“速行，亦不免濕也。”一日，夜歸遇盜，盜識之，戒其黨毋驚駭，護送至家，叩首而去。蓋其舉止端重，能以德感人有如此者。年七十八卒。

　　貞燦，字垣三，先聖六十三代孫。明河南布政使參議聞詩第四子也。少有至性，兄弟十一人，友愛無間言。嘗著《家政録》，取古人嘉言懿行及孝弟敦睦之可紀者，居平以訓示子弟。授四氏學學録，教人具有成法，多所造就。尤工詩，與海內諸名士游，往來贈答酬唱滿天下。卒，祀鄉賢祠。

　　述曰：凡天下郡縣之學，皆蒞以教授、教諭，而爲之佐者則曰訓導。獨四氏學之佐，則特設學録，蓋隆以國學之制也。而教授用異姓，學録必以宗人者，異姓則師嚴而道尊，宗人則情親而愛篤。嚴者激勵以成其材，而親者用以拾遺而補闕，其用意亦良深厚矣！然則苟非學行素著，鮮有能稱是選者。今兹所列，非其人與！
　　考學録設自宋哲宗元祐四年，而專用孔氏，則自明宣德元年克晏始。自是而後，有五十五代克煦，五十八代公杰、公鉉，五十九代彥衢、彥珮，六十代承鎬、承作、承伙，六十一代宏謙、宏養，六十二代聞評、聞諫、聞然，六十三代貞綱、貞紘，六十四代尚璠、尚侃、尚忻，六十五代衍統、衍侯、衍渟，六十七代毓玒。

子孫著聞者第十五之五

僖，字仲和，①先聖十九代孫，漢御史豐之子也。

章帝時，與友崔駰同遊太學，習《春秋》。因讀吳夫差時事，廢書嘆曰："若是，所謂畫龍不成反爲狗者。"駰曰："然。昔孝武皇帝始爲天子，年方十八，崇信聖道，師則先王，五六年間，號勝文景。及後恣己，忘其前之爲善。"僖曰："書傳若此多矣！"鄰房生梁郁儳和之曰："如此，武帝亦是狗邪？"僖、駰默然不對。郁怒恨之，陰上書告駰、僖誹謗先帝，刺譏當世。事下有司，駰詣吏受訊。僖以吏捕方至，恐誅，乃上書自訟曰："臣之愚意，以爲凡言誹謗者，謂實無此事而虛加誣之也。至如孝武皇帝，政之美惡，顯在漢史，坦如日月。是爲直説書傳實事，非虛謗也。夫帝者爲善，則天下之善咸歸焉；其不善，則天下之惡亦萃焉。斯皆有以致之，故不可以誅於人也。且陛下即位以來，政教未過，而德澤有加，天下所見②也，臣等獨何譏刺哉？假使所非實是，則固應悛改；倘其不當，亦宜含容，又何罪焉？陛下不推原大數，深自爲計，徒肆私忿，以快其意。臣等受戮，死即死耳，顧天下之人，必回視易慮，以此事闚陛下心。自今以後，苟見不可之事，終莫復言者矣。臣之所以不愛其死，猶敢極言者，誠爲陛下深惜此大業。陛下若不自惜，則臣何賴焉？齊桓公親揚其先君之惡，以唱管仲，然後羣臣得盡其心。今陛下迺欲以十世之武帝，遠諱實事，豈不與桓公異哉？臣恐有司卒然見構，銜恨蒙枉，不得自敍，使後世論者，擅以陛下有所方比，寧可復使子孫追掩之乎？謹詣闕伏待重誅。"帝初無罪僖等意，及書奏，立詔勿問，拜僖蘭臺令史。

元和二年春，帝幸闕里，以太牢祀孔子及七十二弟子，作六代之樂，大會孔氏男子年二十以上者六十三人，命儒者講論，賜酒飯。僖因自陳曰："臣草莽所蔽，才非幹時，行非絶倫，托備先聖遺嗣，世名學家。陛下誤加拔擢，徵臣蘭臺令史。會值車駕東巡，先禮聖師，猥以餘福，惠及臣宗，誠非碎首所能報謝。"帝曰："治何經？"對曰："爲《詩》

---

① "仲和"，《孔叢子》卷七《連叢子下》作"子和"。
② "見"，《後漢書·儒林傳上·孔僖傳》作"具"。

《書》，頗涉《禮》《傳》。”帝曰：“今日之會，寧於卿宗有光榮乎？”對曰：“臣聞明王聖主，莫不尊師貴道。今陛下親屈萬乘，辱臨敝里，此乃崇禮先師，增輝聖德。至於光榮，非所敢承。”帝大笑曰：“非聖者子孫，焉有斯言乎！”遂拜僖郎中，從還京師，校書東觀。

其年十二月，拜臨晉令。崔駰以其家《卦林》占之，謂爲不吉，止僖曰：“子盍辭乎？”僖曰：“學不爲人，仕不擇官，所以爲吉也。且卜以決疑，不疑何卜？吉凶由人，而由《卦林》乎？”徑往之官。三年秋八月，帝幸安邑，觀鹽池，僖自請從行在所。帝識其狀貌，燕見移時，賜帛十端而還。九月，卒於官。乃命其二子長彥、季彥留葬焉。

尚任，字聘之，先聖六十四代孫。父貞璠，有傳。康熙二十三年，聖祖仁皇帝幸魯，尚任以監生同舉人尚鉝充講書官。釋奠之後，聖祖御詩禮堂，尚任進講《大學》聖經，尚鉝進講《易·繫辭》。聖祖諭大學士明珠、王熙曰：“孔尚任等陳書講說，克副朕懷，著不拘例議用。”又命尚任、尚鉝同衍聖公毓圻等導駕，遍覽先聖遺迹。回鑾，授尚任等國子監博士。明年，奉命從刑部侍郎孫在豐疏濬黃河海口，後以部議停止，仍還朝。三十三年，遷戶部主事，尋陞員外郎。三十八年，以事休致回里。

尚任博學有文名，通音律，諳祖庭典故，嘗患闕里舊志未備，廣搜博採，別撰新志二十四卷。他所著，有《岸塘文集》《湖海詩集》《會心錄》《節序同風錄》行於世。

尚鉝，字立之。康熙十一年舉人，官至戶部主事。世職知縣貞堪子也。

述曰：臨晉君異才博聞，周洽羣籍，而世乃不歸大儒，何哉？迹其信理而不信卜，死生之際，亦有非俗儒之所能及者。至於從容敷奏，義正辭和，遂使明主霽顏，澤及苗裔，固與後世之貢諛希寵者有異矣！聘之、立之，亦皆以奏對授官，故取以附《仲和傳》焉。

更稽元魏孝文帝太和十九年幸魯，嘗拜孔氏四人官，今名皆不可考。宋真宗大中祥符元年幸魯，賜孔氏出身者六人：聖佑、渭、延祐、延渥、延魯、延齡。聖佑，即四十六代公。渭，《譜》失其名。延渥，四十四代公第三子。延祐，中興祖孫，尚書工部員外郎、河東轉運使憲子。延齡，見子宗旦傳。延魯，後改名道輔，有傳。

子孫著聞者第十五之六

安國，字子國，十代博士子貞次子。明達淵博，動遵禮法，少學《詩》於申培公，受《尚書》於伏生，以文學、政事名。年四十，爲諫議大夫，事漢武帝爲侍中。魯共王壞孔壁，得古文《尚書》《論語》《孝經》，上之。帝悉以書還孔氏，仍詔安國作傳。安國乃考論古今文義，作《論語訓解》《尚書》《孝經傳》，又集先聖《家語》。

《尚書》序曰：

古者伏羲之王天下也，始畫八卦、造書契，以代結繩之政，由是文籍生焉。伏羲、神農、黃帝之書謂之《三墳》，言大道也。少昊、顓頊、高辛、唐、虞之書謂之《五典》，言常道也。至於夏、商、周之書，雖設教不倫，雅誥奧義，其歸一揆。是故歷代寶之，以爲大訓。八卦之說，謂之《八索》，求其義也。九州之志，謂之《九丘》。丘，聚也。言九州所有，土地所生，風氣所宜，皆聚此書也。《春秋左氏傳》曰：楚左史倚相，“能讀《三墳》《五典》《八索》《九丘》”，即謂上世帝王遺書也。

先君孔子，生於周末，睹史籍之煩文，懼覽者之不一，遂乃定《禮》《樂》，明舊章，刪《詩》爲三百篇，約史記而修《春秋》，讚《易》道以黜《八索》，述《職方》以除《九丘》。討論《墳》《典》，斷自唐、虞以下，訖於周。芟夷煩亂，翦截浮辭，舉其宏綱，撮其機要，足以垂世立教。典、謨、訓、誥、誓、命之文，凡百篇。所以恢弘至道，示人主①以軌範也。帝王之制，坦然明白，可舉而行，三千之徒，並受其義。

及秦始皇滅先代典籍，焚書坑儒，天下學士逃難解散，我先人用藏其家書於屋壁。漢室龍興，開設學校，旁求儒雅，以闡大獻。濟南伏生，年過九十，失其本經，口以傳授，裁二十餘篇。以其上古之書，謂之《尚書》。百篇之義，世莫得聞。

---

① 原脫“主”字，據《尚書正義·尚書序》補。

至魯共王，好治宮室，壞孔子舊宅，以廣其居，於壁中得先人所藏古文虞、夏、商、周之《書》及傳、《論語》、《孝經》，皆科斗文字。王又升孔子堂，聞金石絲竹之音，乃不壞宅。悉以書還孔氏。科斗書廢已久，時人無能知者。以所聞伏生之書考論文義，定其可知者爲隸古定，更以竹簡寫之，增多伏生二十五篇。伏生又以《舜典》合於《堯典》，《益稷》合於《皋陶謨》，《盤庚》三篇合爲一，《康王之誥》合於《顧命》，復出此篇并《序》，凡五十九篇，爲四十六卷。其餘錯亂摩滅，不可復知，悉上送官，藏之書府，以待能者。承詔爲五十九篇作傳，於是遂研精覃思，博考經籍，采摭羣言，以立訓傳。約文申義，敷暢厥旨，庶幾有補於將來。

《書序》，序所以爲作者之意，昭然義見，宜相附近，故引之各冠其篇首，定五十八篇。既畢，會國有巫①蠱事，經籍道息，用不復以聞。傳之子孫，以貽後世。若好古博雅君子，與我同志，亦所不隱也。

安國後自博士遷臨淮太守。六年，以病免，年六十卒。

孔氏《古文尚書》，安國以授都尉朝，而司馬遷亦從安國問焉，故遷書多古文説。朝授膠東庸生，庸生授清河胡常，常授虢徐敖，敖授琅邪王璜及平陵塗惲。惲授河南桑欽、扶風賈徽。徽傳子逵，逵與馬融、鄭康成作爲訓注。而此外張楷、周磐、盧植、劉祐、尹敏、蓋豫、周防、楊倫、杜林、衛宏、徐巡等，皆通《古文尚書》，由是《古文尚書》遂顯於世。西晉永嘉之亂，衆家之書並滅亡，惟《古文尚書》獨行。

考孔壁初出時，字皆科斗，故世謂之古文。自安國以隸古定，已易古而爲隸篆矣。至唐開元十四年，又詔集賢學士衛包易以近世楷書，而猶稱古文者，從其朔也。《論語》漢初有《齊論》《魯論》之別，孔氏古文出，其章句繁省與《魯論》無異，惟分《堯曰》篇爲二，凡二十一篇。安國作爲訓解，以授晉人扶卿。《古文孝經》與河間顏芝本，亦大較相似，安國作傳，二十一篇。至梁、陳之際，二書並亡失不傳。今所傳者，惟有《家語》，然亦非安國舊本也。

安國子卬，爲諸生，善《詩》《禮》。孫驩、衍。驩，舉博士，官至弘農太守，精《春秋三傳》，著《公羊穀梁訓詁》。衍，亦成帝時博士。成帝詔劉向校定祕書，不録《古文尚書》《論語》（《別録》）。衍於是上書曰：“臣聞明王不掩人之功，大聖不遺人之善，所以能明其聖也，陛下發明詔，諮羣儒，集天下書籍，命通才、大夫校定其義，使遏載之文著於今日，立言之士垂於不朽。此則蹈明王之軌，遵大聖之風，雖唐帝之焕然，周王之或或，未若斯之極者也。故述作之士，莫不樂聞大論焉。臣祖故臨淮太守安國，逮仕孝武皇帝之世，以經學名儒爲官，讚明道義，見稱前朝。時魯共王壞夫子故宅，得古文科斗

---

① “巫”，原作“誣”，據《漢書·儒林傳·孔安國傳》《尚書正義·尚書序》訂正。

《尚書》《孝經》《論語》,世人莫能識者,安國爲改今文,訓傳其義。又撰次《孔子家語》。既畢,會巫蠱事起,遂寢不行於時。然其典雅正實,與世所傳者不可同日而語也。光禄大夫向以其爲時所未施,故《尚書》則不記於《別録》,《論語》則不使名家也,臣竊惜之。且百家章句無不畢記,況孔子家古文正實而疑之哉?又戴聖近世小儒,以《曲禮》不足,乃取《孔子家語》雜記者,及子思、孟軻、荀卿之書以稗益之,總名曰《禮記》。今見其已在《禮記》者,則便除《家語》之本篇,是爲滅其原而存其末,不亦難乎!臣之愚以爲宜如此爲例,皆記録別見,故敢冒昧以聞。"奏上,帝許之。未即論定,遇帝崩,向又病亡,遂不果行。

臧,祖樹,八代文信君第三子也。父聚,以執盾從漢高帝起碭,以左司馬入漢,爲將軍三,以都尉擊項羽,以高帝五年屬韓信破項羽垓下功,六年正月封蓼侯。文帝九年卒,謚曰夷。臧,嗣封蓼侯,遷博士,歷位九卿。武帝時,壁經既出,從弟侍中安國奉詔作傳,臧爲書與之曰:

報侍中相知:深忿俗儒淫辭冒義,有意欲撥亂反正,由來久矣。然雅達博通,不世而出;流學守株,比肩皆是。衆口非非,正將焉立?每獨念至此,夙夜反側,誠懼仁弟道未信於世,而以獨知爲愆也。人之所欲,天必從之。舊章潛於壁室,正於紛擾之際,欻爾而見。俗儒結舌,古訓復申,豈非聖祖之靈,欲令仁弟讚明其道以闡其業者哉!且曩雖爲今學,亦多所不信。唯聞《尚書》二十八篇取象二十八宿,謂爲至然也。何圖古文,乃自百篇邪?如《堯典》,説者以爲堯、舜同道,弟常以爲雜有《舜典》,今果如所論。及成王遇雷雨,周公見任,俗儒輩驅,狗吠雷同,不得其仿佛,惡能明聖道之真乎?知以今讎古,以隸篆推科斗,已定五十餘篇,並爲之傳云。其餘錯亂,文字摩滅,不可分了,欲垂待後賢,誠合先君闕疑之義。顧惟世移,名制變改,文體義類,轉益難知。以弟博洽温敏,既善推理,又習其書,而猶尚絶意,莫肯垂留三思。縱使來世亦有篤古碩儒,其若斯何?嗚呼!惜哉!先王遺典,闕而不補,聖祖之業,分半而泯。後之君子,將焉取法?假令顔、閔不没,游、夏更生,其豈然乎?其豈然乎?不能已已,貴復申之。

元朔二年,遷御史大夫。辭曰:"臣世以經學爲業,家傳相承,作爲訓法。今俗儒繁説遠本,雜以妖妄,難可以教。侍中安國受詔綴集古義,臣乞爲太常,典臣家業,與安國紀綱古訓,使永垂來嗣。"帝重違其意,遂拜太常,其禮賜如三公。三年,坐南陵橋壞衣冠車不得度免。在官數年,著書十篇而卒。嘗爲賦二十四篇,今《連叢子》有《諫格虎》《楊柳》《鴞》《蓼蟲》等賦四篇,云"別不在集,以其幼時之作也。"

子琳,嗣爵,位至諸吏,亦傳學問。臧常有書戒之曰:"頃來聞汝與諸父講肄書傳,滋滋晝夜,衍衍不怠,善矣!人之進道,唯問其志。取必以漸,勤則得多。^① 山靁至柔,石爲之穿;蝎蠹至弱,木爲之弊。夫靁非石之鑿,蝎非木之鑿,然而能以微脆之形,陷堅剛之體,豈非積漸之致乎?訓曰:'徒學知之未可多,履而行之乃足佳。'故學者所以飾百行也。侍中子國,明達淵博,雅好絶倫,言不及利,行不欺名,動遵禮法,少小及長,操行如故。雖與羣臣並居近侍,頗見崇禮,不供褻事,獨得掌御唾壺。朝廷之士,莫不榮之。此汝親所見也。《詩》不云乎:'無念爾祖,聿修厥德',又曰'操斧伐柯,其則不遠',遠則尼父,近則子國。於以立身,其庶矣乎!"琳卒,子黄嗣爵,歷豫州從事,坐事失侯。宣帝元康元年,詔復高帝功臣子孫,令奉祭祀,世世勿絶。其毋嗣者,復其次。黄無嗣,黄弟茂之子長安公士宣得復其家云。

奇,字子異,先聖十六代孫。兄奮,有傳。奇博通經典,以家世儒學,未嘗就遠方異師。王莽之亂,時年二十一,從兄奮依河西竇融。每與兄議學,兄謝服焉。淡忽榮禄,不願從政。删撮《左氏傳》之難者,集爲《義詁》,發伏闡幽,以開後之學者,著書未畢而没。宗人子通惜其不遂,乃校其篇目,各如本第,并《答問》爲三十一卷,行於世。子通,《譜》失之名,系不可考。

豐,字子豐,先聖十八代孫。父仁,見祖建傳。豐少以學行聞,三府交命,委質司空,拜高第御史。章帝建初元年,歲大旱,帝憂之,問羣臣政教得失。豐上疏曰:"臣聞爲不善而災報,得其應也;爲善而災至,遭時運也。陛下即位日新,視民如傷,而不幸耗旱,時運之會爾,非政教之所致也。昔成湯遭旱,因自責省,故散積、减御、損膳,而大有年。意者陛下未爲成湯之事焉。"帝納其言。三日,雨即降。轉拜黄門侍郎,典東觀事。
大中大夫鮑彦曰:"人之性分氣度不同,有體貌亢疏,色屬矜莊,儀容冰栗,似若能斷,而當事少決,不遂其爲者;或性玄静,不與俗競,氣不勝辭,似若無能,而涉事不顧,臨危不撓者。是爲似若彊焉,而不能勝量;似若弱焉,而不可奪也。君子觀之,以表推内,察容而度心,所以得之也。若是似類相亂,如何取實乎?"豐曰:"夫人者患在不察也。人之所綜物方志也,慮協於理,固以守之,此之謂彊。知足以通變,明足以破僞,情足以審疑,果足以必志,固足以先事,而成功矣。即所謂寬柔内思不報無道之彊也,豈待形氣之助乎?若乃貌肅内茬,高氣亢戾,多意倨迹,理不充分,業不一定,執志不果,此謂剛愎,非彊者也。是故君子欲必其行而違其貌。由是論之,彊弱之分,不取於氣色明矣!必也,察志在觀其履事乎?非定計於内而敏發於外,孰能稱此彊名乎哉!"

---

① "得多",原文倒乙,據《孔叢子》卷七《連叢子上·與子琳書》改。

豐善經學，不好諸家書。彦與豐名齊而業殊，故謂曰："諸家書多才辭莫過《淮南》也，讀之令人斷氣，方自知爲陋爾。"豐曰："試説其最工不可及者。"彦曰："'君子有酒，小人鼓缶，雖不可好，亦不可醜'，此語何如？"豐曰："不急爾。"彦曰："且效作此語。"豐曰："'君子樂醨，小人擊抃，雖不足貴，亦不可賤。君子舞象，小人擊壤，上化使然，又何足賞。'吾能作數十曲，但無益於世，故不爲爾。"鮑子於是屈而無辭。

又嘗曰："夫物有定名而論有一至，是故有可以一言而得其難極，雖千言之不能奪者。惟析理即實爲得，不以濫麗費辭爲賢也。然而世俗之人，聰達者寡，隨聲者衆，持論無主，俯仰爲資，因貴勢而附從，托浮説以爲定。不求之於本，不考之於理，故冗長溷殽之言，而衆莫能折其中，所以爲口費而無得也。夫論辨者，貴其能別是非之理，非巧説之謂也。當要者訥言而得理，此乃辨也，聽者猶弗之察。辭氣支離，取喻多端，弗較以類，理不應實，而聽者因形飾僞，從讚然之。是所謂以巧辭多喻爲辨，而莫識一言而別實者也。人皆欲剖析分理，揆度真僞，固不知所以精之，如自爲得，其謬惑莫甚焉。是故舉多敗事，而寡特之智困於羣醜也。夫聰者不可惑以淫聲，明者不可眩以邪色，而世人不必聰明，故有氣、色者，益德之半；無比二者，損德之半也。"

子僖，已有傳。

長彦、季彦，僖之子也。隨父官臨晉。父卒，遺令止葬其地，時長彦年十二，季彦年十一，共留守墳墓，從父友西洛姚進受學焉。既除喪，則若身勞力以自衣食，發先人遺書，伏而誦之，研精殫思，窮日夜不輟。遊其門者者數百人，時人爲之語曰："魯國孔氏好讀經，兄弟講誦皆可聽，學士來者有聲名，不過孔氏那得成。"其一時譽望如此。時蒲阪令汝南許君然造其宅，勸使歸魯，奉以車二乘。長彦辭曰："載柩而返，則違父令。舍墓而去，則心所不忍。"君然曰："以孫就祖，於理爲得，願子無疑。"曰："若以死有知也，祖猶鄰宗族焉。父獨留此，不以極乎？吾其定矣。"遂還其車，終老於華陰。弟季彦守其喪，亦終身不仕。

西漢士論以經術爲内學，諸子雜説爲外學。東漢尚文辭，乃以章句爲内學，經術爲外學。長彦頗隨時，爲今學；而季彦壹其家業，兼修《史》《漢》，不好諸家之書。族弟昱謂曰："今朝廷以下，四海之内，皆爲章句内學，而君獨治古義。治古義，則不能不非章句；非章句内學，則危身之道也。獨善固不容於世，今古義雖善，時世所廢也，而獨爲之，必將有患，盍姑已乎？"季彦曰："君之此言，殆非所望也。君以爲學，學知乎？學愚乎？"曰："學所以求知也。"曰："君頻日聞吾説古義，一言輒再稱善，善其使人知也。以爲章句内學迂誕不通，使人愚也。今欲使吾釋善善之知業，習迂誕不通之愚學，爲人謀如此，於義何居？且吾子立論，必析是非。以是易非，何傷之如？主上聰明睿知，不欲兩聞其義,博覽古今,擇善從之,以廣其聖乎? 吾學不要禄,貴得正義耳。復以此受患,猶甘心焉。先聖垂訓,壁出古文,臨淮傳義,可謂妙矣,而不在科策之例,世人固莫識其奇矣。斯業之所以不泯,賴吾家世世獨修之也。今君猥爲禄利之故,欲廢先君之道,此殆非所望也。若從君言,是爲先君正義滅於今日,將使來世達人見今文俗説,因嗤笑前聖。吾之力此,蓋爲先人也。物極則變,比百年之外,必當有明德君子,恨不與吾偕世者。"於是昱悵然曰:"吾意實不及此也。"

太尉楊震常問曰:"吾聞臨晉君異才博聞,周洽羣籍,而世不歸大儒,何也?"季彦曰:"不爲禄學故也。惡直醜正,實繁有徒。辨經説義,輒見憎疾。但以所據者正,故衆人不能害耳。免害爲幸,何大儒之歸乎?"

華陰張太常問:"何如斯可謂備德君子?"季彦曰:"性能沉邃,則不可測;志不在小,則不可度;砥礪廉隅,則不可越;行高體卑,則不可階。興事效業,與言俱立;捨已從善,不恥服人;交友以義,不慕勢利;並立相下,不倡游言。若此,可謂備德矣!"張生曰:"不有孝弟忠信乎?"曰:"别而論之,則應此條;總而目之,則曰孝弟忠信。"

長孫尚書問曰:"處士,聖人之後也,豈知聖人之德惡乎齊?"季彦曰:"德行邈於世,智達秀於人,幾於如此矣。"曰:"聖人者必能聞於無聲,見於無形,然後稱聖爾。如處士所言,大賢則能爲之。"曰:"君之論,宜若未之近也。夫有聲,故可得而聽;有形,故可得而見。若乃無聲,雖師曠側耳,將何聞乎? 無形,雖離婁並照,將可睹乎?《書》曰:'惟狂克念作聖。'狂人思念道德,猶爲聖人。聖人,大賢之清者也;賢人,中人之清者也。"

初,季彦父友崔駰學於太學而糧乏,鄧衛尉欲餉焉而未果。季彦年九歲,以父命往見衛尉曰:"夫言不在多,在於當理;施不在豐,期於救乏。崔生,臣父之執也,不幸而貧。公許賑之,言既當理矣。從來有曰'嘉既未至,或欲豐之',然後乃至乎?"衛尉曰:"家物少,須租入,當猥送之。"曰:"公顧盼崔生,欲分禄以周其無,君之惠也。必欲待君租入然後猥致,則於崔生爲贏。受人以自贏非義,崔生所不爲也。且今已乏矣,而方須租入,是猶古人欲決江河以救牛蹄之魚之類也。"鄧公曰:"諾。"即致粟焉。

常見劉公,客有獻魚者。劉公熟視,嘆曰:"厚哉! 天之於人也,生五穀以爲之食,育鳥獸以爲之殽。"衆坐曰:"誠如明公之言也。"季彦曰:"賤子愚意,竊與衆君子不同,以爲不如明公之教也。何者? 萬物之生,各稟天地,未必爲人。人徒以知,得而食焉。故《孝經》曰:'天地之性人爲貴。'貴有知也。伏羲始嘗草木可食者,一日而遇七十二毒,然後五穀乃形,非天本爲人生也。蚊蚋食人,蚑虫食土,非天故爲蚊蚋生人、蚑虫生地也。知此,則鳥獸五穀之本不爲人,可以無疑矣。"

梁人有爲後妻所殺者,其子又殺之。季彦返魯過梁,梁相曰:"此子當以大逆論。禮,繼母如母。是殺母也。"季彦曰:"言如母,則與親母不等,欲以義督之也。昔文姜與弑魯桓,《春秋》去其姜氏,《傳》曰:'不稱姜氏,絕不爲親。禮也。'絕不爲親,即凡人爾。且夫手殺重於知情,知情猶不得爲親,則此下手之時,母名絶矣。方之古義,是子宜以非司寇而擅殺當之,不得爲殺母而論以逆也。"梁相從之。

魯人有同歲上計而死者,欲爲之服,問於季彦。季彦曰:"有恩好者,其緦乎! 昔諸侯大夫共會事於王,及以君命同盟霸主,其死則有哭臨之禮。今之上計,並覲天子,有交燕之歡,同盟緹素,上紀天子,下録子弟,相敦以好,相屬以義,又數相往來,特有私親。雖比之朋友,不亦可乎?"

永初二年,季彦如京師,省宗人扶。是年夏,河南四縣雨雹如桊杯,大者如斗,殺禽畜雉兔,折樹木,秋苗盡。天子責躬省過,並令幽隱有道術之士,各得因變事極陳厥故。季彦與扶説道其意狀,曰:"此陰乘陽也。貴臣擅權,母后黨盛,多致此異。然乃漢家之大忌也。"時下邳長孫子逸止扶第,聞是言也,心善之,因見帝説焉。帝召見季彦於德陽殿,季彦陳其事,如與扶言,曰:"陛下增修聖德,慮此二者而已。夫物之相感,各以類推,其甚者必有山崩地震,乖氣相因,其事不可盡論。往者延平中,鄧后稱制,而東垣巨屋山大崩,聲動安邑,即前事之驗者。"帝默然,左右皆惡之。季彦退曰:"吾豈容媚勢臣而欺天子乎!"後子逸相魯,舉季彦孝廉,固辭不就。

季彦爲人謙退愛厚,簡而不華,終不以榮利變其恬然之志。見不義而富貴者,視之如僕隸。其下筆則典誥成章,吐言必正名務理。故每所交遊,莫不推先以爲楷則。年四十九卒。

穎達,字仲達,一作仲遠。高祖景進,二十七代崇聖大夫次子也,北魏時爲工曹掾。曾祖靈龜,國子博士。祖碩,治書侍御史、南臺丞。父安齊,北齊青州法曹參軍,贈青州別駕、金鄉郡公。穎達八歲就學,誦記日千餘言,闇記《三禮義宗》。及長,明服氏《春秋傳》、鄭氏《尚書》《詩》《禮記》、王氏《易》,善屬文,通步曆。嘗[①]造同郡劉焯,焯名重海内,初不之禮。及請質所疑,遂大畏服。

隋大業初,舉明經高第,授河内郡博士。煬帝召天下儒官集東都,詔國子祕書學士與論議,穎達爲冠,又年最少,老師宿儒恥出其下,陰遣客刺之,匿楊玄感家得免。補太學助教。隋亂,避地虎牢。

唐太宗平洛,即秦王府開館延名儒,引穎達爲文學館學士。武德九年,擢國子博士。貞觀初,封曲阜縣男,轉給事中。時帝新即位,穎達數以忠言進。帝問:"孔子'以能問於不能,以多問於寡,有若無,實若虛',何謂也?"對曰:"此聖人教人謙耳。己雖能,仍就不能之人以資所未能;己雖多,仍就寡少之人更資其多。内有道,外若無;中雖實,容若虛。非特匹夫,君德亦然。故《易》稱'蒙以養正','明夷以蒞衆'。若其據尊

---

① "嘗",原作"常",據《新唐書·儒學傳·孔穎達傳》訂正。

極之位，衒聰耀明，恃才以肆，則上下不通，君臣道乖。自古滅亡，莫不由此。"帝稱善。六年，累除國子司業，歲餘，以太子右庶子兼司業。時諸儒議立明堂事，禮部尚書豆盧寬、國子助教劉伯莊議，從崑崙道上層以祭天，下層以布政。穎達上《明堂議》曰："臣伏尋前敕，依豆盧寬、劉伯莊等議，以爲'從崑崙道上層祭天'；又尋後敕云'爲左右閣道，登樓設祭'。臣檢六藝羣書、百家諸史，皆未聞臺觀重樓之上而有堂名。《孝經》云：'宗祀文王於明堂。'不云明樓明觀，其疑一也。又明堂法天，聖王示儉，或有翦蒿爲柱，菁茅作蓋，雖復古今異制，不可恒然。猶依大典，徵於朴素。是以席惟槀秸，器上陶匏，用䕝栗以貴誠，服大裘以訓儉。今若飛樓架迥，綺閣凌雲，考古之文，實堪疑慮。按《郊祀志》漢武明堂之制，四面無壁，上覆以茅，祀五帝於上座，祀后土於下防。臣以上座正謂臺上，下防惟是臺下。既云'無四壁'，未審伯莊知何上層祭神，下有五室？且漢武所爲，多用方士之説，違經背正，不可師祖。又，豆盧寬等議云'上層祭天，下層布政'，欲使人神位別，事不相干。臣以古者敬重大事，與接神相似，所以朝覲祭祀皆在廟堂，豈有樓上祭祖、樓下視朝。閣道升樓，路便窄隘；乘輦相儀，接神不敬；步往則勞曳聖躬，侍衛在傍，百司供奉。求之典誥，全無此理。臣非敢固執愚見，以求己長。伏以國之大典，不可不慎。乞以臣言下羣臣詳議。"又與尚書八座參議曆法，多從其説。又與魏徵撰成《隋史》，加位散騎常侍。十一年，又與朝賢修定《五禮》，所有疑滯，咸諮決之。書成，進爵爲子，賜物三百段。

皇太子令穎達撰《孝經章句》，因文以盡箴諷。帝知數爭太子失，賜黃金一斤，絹百匹。十二年，拜祭酒，仍侍講東宮。十四年，帝幸太學觀釋菜，命穎達講經，畢，上《釋奠頌》，有詔褒美。後太子稍不法，穎達爭不已，乳夫人曰："太子既長，不宜數面折之。"對曰："蒙國厚恩，雖死不恨。"劘切愈至。十七年，以年老致仕。十八年，圖形於凌煙閣，讚曰："道光列第，風傳闕里。精義霞開，掞辭飈起。"二十二年卒，陪葬昭陵，贈太常卿，謚曰憲。

初，穎達與顏師古、司馬才章、王恭、王琰受詔撰《五經》義訓凡百餘篇，號《義贊》，詔改爲《正義》云。雖包貫異家爲詳博，然其中不能無謬冗，博士馬嘉運駁正其失，至相譏詆。有詔更令裁定，穎達奉敕覆審。

其序《周易》曰：

　　夫易者，象也；爻者，效也。聖人有以仰觀俯察，象天地而育羣品，雲行雨施，效四時以生萬物。若用之以順，則兩儀序而百物和；若行之以逆，則六位傾而五行亂。故王者動必則天地之道，不使一物失其性；行必協陰陽之宜，不使一物受其害。故能彌綸宇宙，酬酢神明。宗社所以無窮，風聲所以不朽。非夫道極玄妙，孰能與於此乎？斯乃乾坤之大造，生靈之所益也。若夫龍出於河，則八卦宣其象;麟傷於澤,則《十翼》彰其用。業資九聖,時歷三古。及秦亡金鏡,未墜斯文;漢理珠囊,重興儒雅。其傳《易》者,西都則有丁、孟、京、田,東都則有荀、劉、馬、鄭,大體更相祖述,非有絕倫。惟魏世王輔嗣之《注》獨冠古今。所以江左諸儒,並傳其學;河北學者,罕能及之。其江南義疏,十有餘家,皆辭尚虛玄,義多浮誕。

原夫易理難窮,雖復"玄之又玄",至於垂範作則,便是有而教有。若論住內住外之空、就能就所之說,斯乃義涉於釋氏,非為教於孔門也。既背其本,又違於《注》。至若《復卦》云:"七日來復。"並解云:"七日當為七月,謂陽氣從五月建午而消,至十一月建子始復,所歷七辰,故云'七月'。"今案:輔嗣注云:"陽氣始剝盡,至來復時,凡七日。"則是陽氣剝盡之後,凡經七日始復。但陽氣雖建午始消,至建戌之月,陽氣猶在,何得稱七月來復? 故鄭康成引《易緯》之說,建戌之月,以陽氣既盡,建亥之月,純陰用事,至建子之月,陽氣始生,隔此純陰一卦,卦主六日七分,舉其成數言之,而云"七日來復"。仲尼之《緯》分明,輔嗣之《注》若此。康成之說,遺迹可尋。輔嗣注之於前,諸儒背之於後,考其義理,其可通乎? 又《蠱卦》云:"先甲三日,後甲三日。"輔嗣注云:"甲者,創制之令。"又若漢世之時甲令、乙令也。輔嗣又云"令洽""乃誅",故後之三日。又《巽卦》云:"先庚三日,後庚三日。"輔嗣注云:"申命令謂之庚。"又云:"甲、庚,皆申命之謂也。"諸儒同於鄭氏之說,以為甲者宣令之日,先之三日而用辛也,欲取改新之義;後之三日而用丁也,取其丁寧之義。王氏《注》意,本不如此,而又不顧其《注》,妄作異端。

今既奉敕刪定,考察其事,必以仲尼為宗;義理可詮,先以輔嗣為本;去其華而取其實,欲使信而有徵。其文簡,其理約,寡而制眾,變而能通。仍恐鄙才短見,意未周盡,謹與太學博士臣馬嘉運、助教臣趙乾叶等對共參議,詳其可否。至十六年,又奉敕與前修疏人及四門博士臣蘇德融等,對敕使趙弘智覆更詳審,為之《正義》,凡十有四卷。庶望上裨聖道,下益將來,故序其大略,附之卷首爾。

序《尚書》曰:

夫《書》者,人君辭誥之典,右史記言之策。古之王者,事總萬機,發號出令,義非一揆:或設教以馭下,或展禮以事上,或宣威以肅震曜,或敷和而散風雨。得之則百度惟貞,失之則千里斯謬。樞機之發,榮辱之主,絲綸之動,不可不慎。所以辭不苟出,君舉必書,欲其昭法誡、慎言行也。其泉源所漸,基於出震之君;黼藻斯彰,郁乎如雲之后。勳、華揖讓而典、謨起,湯、武革命而誓、誥興。先君宣父,生於周末,有至德而無至位,修聖道以顯聖人,芟煩亂而翦浮辭,舉宏綱而撮機要,上斷唐、虞,下終秦、魯,時經五代,書總百篇。採翡翠之羽毛,拔犀象之牙角。礜荆山之石,所得者連城;窮漢水之濱,所求者照乘。巍巍蕩蕩,無得而稱;郁郁紛紛,於斯爲盛。斯乃前言往行,足以垂法將來者也。暨乎七雄已戰,五精未聚,儒雅與深穽同埋,經典共積薪俱燎。漢氏大濟區宇,廣求遺逸,採古文於金石,得今書於齊魯。其文則歐陽、夏侯二家之所説,蔡邕碑石刻之。古文則兩漢亦所不行。安國注之,實遭巫蠱,遂寢而不用。歷及魏晉,方始稍興,故馬、鄭諸儒莫睹其學,所注經傳時或異同。晉世皇甫謐獨得其書,載於《帝紀》,其後傳授乃可詳焉。但古文經雖然早出,晚始得行,其辭富而備,其義弘而雅,故復而不厭,久而愈亮。江左學者,咸悉祖焉。近至隋初,始流河朔,其爲正義者,蔡大寶、巢猗、費甝、顧彪、劉焯、劉炫等。其諸公旨趣,多或因循怗釋注文,義皆淺略,惟劉焯、劉炫最爲詳雅。然焯乃織綜經文,穿鑿孔穴,詭其新見,異彼前儒,非險而更爲險,無義而更生義。竊以古人言誥,惟在達情,雖復時或取象,不必辭皆有意。若其言必托數,經悉對文,斯乃鼓怒浪於平流,震驚飆於静樹,使教者煩而多惑,學者勞而少功。過猶不及,良爲此也。炫嫌焯之煩雜,就而删焉。雖復微稍省要,又好改張前義,義更太略,辭又過華,雖爲文筆之善,乃非開獎之路。義既無義,文又非文,欲使後生,若爲領袖,此乃炫之所失,未爲得也。今奉明敕,考定是非。謹罄庸愚,竭所聞見,覽古人之傳記,質近代之異同,存其是而去其非,削其煩而增其簡。此亦非敢臆説,必據舊聞。謹與太學博士臣王德韶、前四門助教臣李子雲等,謹共銓敍。至十六年,又奉敕與前修疏人及四門博士臣朱長才、臣蘇德融、太學助教臣隨德素、四門助教臣王士雄等,對敕使趙弘智覆更詳審,爲之《正義》,凡二十卷。庶對揚於聖範,冀有益於童稚。略陳其事,敍之云爾。

序《毛詩》曰:

夫《詩》者,論功頌德之歌,止僻防邪之訓,雖無爲而自發,乃有益於生靈。六情静於中,百物盪於外,情緣物動,物感情遷。若政遇醇和,則歡娛被於朝野;時當慘黷,亦怨刺形於詠歌。作之者所以暢懷舒憤,聞之者足以塞違從正。發諸情性,諧於律吕。故曰"感天地,動鬼神,莫近於《詩》"。此乃《詩》之爲用,其利大矣。

若夫哀樂之起,冥於自然,喜怒之端,非由人事。故燕雀表啁噍之感,鸞鳳有歌舞之容。然則《詩》理之先,同夫開闢,《詩》迹所用,隨運而移。上皇道質,故諷諭之情寡;中古政繁,亦謳歌之理切。唐、虞乃見其初,羲、軒莫測其始。於後時經五代,篇有三千,成、康没而頌聲寢,陳靈興而變風息。先君宣父,釐正遺文,緝其精華,褫其煩重,上從周始,下暨魯僖,四百年間,六詩備矣。卜商闡其業,雅頌與金石同和;秦正燎其書,簡牘與煙塵共盡。漢氏之初,《詩》分爲四:申公騰芳於鄢郢，毛氏光價於河間，貫長卿傳之於前，鄭康成箋之於後。晉、宋、二蕭之世，其道大行；齊、魏兩河之間，兹風不墜。

其近代爲義疏者，有全緩、何胤、①舒瑗、劉軌思、劉醜、劉焯、劉炫等。然焯、炫並聰穎特達，文而又儒，擢秀幹於一時，騁絕轡於千里，固諸儒之所揖讓，日下之所②無雙，於其所作疏内，特爲殊絕。今奉敕删定，故據以爲本。然焯、炫等負恃才氣，輕鄙先達，同其所異，異其所同，或應略而反詳，或宜詳而更略，準其繩墨，差忒未免，勘其會同，時有顛躓。今則削其所煩，增其所簡，惟意存於曲直，非有心於愛憎。謹與太學博士臣王德韶、四門博士臣齊威等對共討論，辯詳得失。至十六年，又奉敕與前修疏人及太學助教臣趙乾叶、四門助教臣賈普曜等，對敕使趙弘智覆更詳正，凡爲四十卷。庶以對揚聖範，垂訓幼蒙，故序其所見，載之於卷首云爾。

序《春秋左傳》曰：

夫《春秋》者，紀人君動作之務，是左史所職之書。王者統三才而宅九有，順四時而治萬物。四時序則玉燭調於上，三才協則寶命昌於下，故可以享國永年，令聞長世。然則有爲之務，可不慎與？國之大事，在祀與戎。祀則必盡其敬，戎則不加無罪。盟會協於禮，興動順其節，失則貶其惡，得則襃其善。此《春秋》之大旨，爲皇王之明鑑也。

若夫三史之目，章於帝軒，六經之道，光於《禮記》。然則此書之發，其來尚矣。但年祀綿邈，無得而言。暨乎周室東遷，王綱不振，楚子北伐，神器將移。鄭伯敗王於前，晉侯請隧於後。竊僭名號者，何國不然！專行征伐者，諸侯皆是。下陵上替，内叛外侵，九域騷然，三綱遂絕。夫子内輒，大聖逢時若此，欲垂之以法則無位，正之以武則無兵，賞之以利則無財，說之以道則不用。虛嘆銜書之鳳，乃似喪家之狗，既不救於已往，冀垂訓於後昆。因魯史之有得失，據周經以正襃貶。一字所嘉，有同華袞之贈；一言所黜，無異蕭斧之誅。所謂不怒而人威，不賞而人勸，實永世而作則，歷百王而不朽者也。

至於秦滅典籍，鴻猷遂寢。漢德既興，儒風不泯。其前漢傳《左氏》者有張蒼、賈誼、尹咸、劉歆，後漢有鄭衆、賈逵、服虔、許惠卿等，各爲詁訓。然雜取《公羊》《穀梁》以釋《左氏》，此乃以冠雙屨，將絲綜麻，方鑿圓枘，其可入乎？晉世杜元凱又爲《左氏集解》，專取丘明之傳，以釋孔氏之經，所謂子應乎母，以膠投漆，雖欲勿合，其可離乎？今校先儒優劣，杜爲甲矣，故晉宋傳授，以至於今。其爲義疏者，則有沈文

---

① "胤"，原書避清諱作"引"，據阮元刻《十三經注疏》本《毛詩正義序》回改。
② 原脱"所"字，據阮元刻《十三經注疏》本《毛詩正義序》補。

何、蘇寬、劉炫。然沈氏於義例粗可，於經傳極疏；蘇氏則全不體本文，惟旁攻賈、服，使後之學者鑽仰無成；劉炫於數君之內，實爲翹楚，然聰惠辨博，固亦罕儔，而探賾鉤深，未能致遠。其經注易者，必具飾以文辭；其理致難者，乃不入其根節。又意在矜伐，性好非毀，規杜氏之失，凡一百五十餘條，習杜義而攻杜氏，猶蠹生於木而還食其木，非其理也。雖規杜過，義又淺近，所謂捕鳴蟬於前，不知黃雀在其後。

　　按僖公三十三年經云："晉人敗狄於箕。"杜注云："郤缺稱'人'者，未爲卿。"劉炫規云："晉侯稱'人'，與殽戰同。"按殽戰在葬晉文公之前，可得云背喪用兵，以賤者告。箕戰在葬晉文公之後，非是背喪用兵，何得云"與殽戰同"？此則一年之經，數行而已，曾不勘省上下，妄規得失。又襄公二十一年傳云："邾庶其以漆閭丘來奔，以公姑姊妻之"。杜注云："蓋寡者二人。"劉炫規云："是襄公之姑，成公之姊，只一人而已。"按成公二年，成公之子公衡爲質，及宋逃歸。按《家語·本命》云："男子十六而化生。"公衡已能逃歸，則十六七矣。公衡之年如此，則於時成公三十三四矣，計至襄公二十一年，成公七十餘矣，何得有姊而妻庶其？此等皆其事歷然，猶尚妄説，況其餘錯亂，良可悲矣！然比諸義疏，猶有可觀。今奉敕刪定，據以爲本，其有疏漏，以沈氏補焉。若兩義俱違，則特申短見。雖課率庸鄙，仍不敢自專，謹與國子博士臣谷那律、故四門博士臣楊士勳、四門博士臣朱長才等，對共參定。至十六年，又奉敕與前修疏人及太學博士臣馬嘉運、臣王德韶、四門博士臣蘇德融、太學助教臣隨德素等，對敕使趙弘智覆更詳審，爲之《正義》，凡三十六卷，冀貽諸學者，以禆萬一焉。

序《禮記》曰：

　　夫禮者，經天緯地，本之則太一之初；原始要終，體之乃人情之欲。夫人上資六氣，下乘四序，賦清濁以醇醨，感陰陽而遷變。故曰：人生而靜，天之性也；感物而動，性之欲也。喜怒哀樂之志，於是乎生；動靜愛惡之心，於是乎在。精粹者雖復凝然不動，浮躁者實亦無所不爲。是以古先聖王鑑其若此，欲保之以正直，納之於德義。猶襄陵之浸，修隄防以制之；奰駕之馬，設銜策以驅之。故乃上法圜象，下參方載，道之以德，齊之以禮。然飛走之倫，皆有懷於嗜慾；則鴻荒之世，非無心於性情。燔黍則大享之濫觴，土鼓乃雲門之卷石。冠冕飾於軒初，玉帛朝於虞始。夏商革命，損益可知；文武重光，典章斯備。洎乎姬旦，負扆臨朝，述《曲禮》以節威儀，制《周禮》而經邦國。禮者，體也，履也，郁郁乎文哉！三百三千，於斯爲盛。綱紀萬事，彫琢六情。非彼日月照大明於寰宇，類此松筠負貞心於霜雪。順之則宗祏固，社稷寧，君臣序，朝廷正；逆之則紀綱廢，政教煩，陰陽錯於上，人神怨於下。故曰：人之所生，禮爲大也。非禮無以事天地之神，辨君臣長幼之位，是禮之時義大矣哉！暨周昭王南征之後，彝倫漸壞；彗星東出之際，憲章遂泯。夫子雖定禮正樂，頹綱暫理，而國異家殊，異端並作。畫蛇之説，文擅於縱橫；非馬之談，辯離於堅白。暨乎道喪兩楹，義乖四術，上自游夏之初，下終秦漢之際，其間岐途詭説，雖紛然競起，而餘風蕩烈，亦時或獨存。

　　於是博物通人，知今温古，考前代之憲章，參當時之得失，是以所見，各記舊聞。[①] 錯總鳩聚，以類相附，《禮記》之目，於是乎在。去聖逾遠，異端漸扇，故大、小二戴，共氏而分門；王、鄭兩家，同經而異注。爰從晉、宋，逮於周、隋，其傳《禮》業者，江左尤盛。其爲義疏者，南人有賀循、賀瑒、庾蔚之、崔靈恩、沈重、范宣、皇甫侃等，北人有徐遵明、李業興、李寶鼎、侯聰、熊安生[②]等。其見於世者，唯皇、熊二家而已。熊則違背本經，多引外義，猶之楚而北行，馬雖疾而去愈遠矣。又欲釋經文，惟聚難義，猶治絲而棼之，手雖繁而絲益亂也。皇氏雖章句詳正，微稍繁廣，又既遵鄭氏，乃時乖鄭義，此是木落不歸其本，狐死不首其丘。此皆二家之弊，未爲得也。然以熊比皇，皇氏勝矣。雖體例既別，不可因循，今奉敕刪定，仍據皇氏以爲本，其有不備，以熊氏補焉。必取文證詳悉，義理精審，翦其繁蕪，撮其機要。恐獨見膚淺，不敢自專，謹與國子司業臣朱子奢、助教臣李善信、太學博士臣賈公彦、太常博士臣柳士宣、魏王東閣祭酒臣范義頵、魏王參軍事臣張權等，對共量定。至十六年，又奉敕與前修疏人及太學助教臣周玄達、四門助教臣趙君贊、臣王士雄等，對敕使趙弘智覆更詳審，爲之《正義》，凡成七十卷。庶能光贊大猷，垂法後進，故序其意義，列之云爾。

高宗永徽二年，又詔中書門下與國子三館博士、弘文館學士考正之，於是尚書左僕射于志寧、右僕射張行成、侍中高季輔就加增損，書始布下。穎達又嘗疏《公羊傳》，凡三十卷，今其書不存。

穎達長子志玄，終司業。志玄子惠元，力學寡言，又爲司業，擢累太子諭德。三世司業，時人美之。

述曰：右子國至仲達，皆湛深經術，稱專家者。其他已載《世系》，及自有傳者，不再列。夫士不通經不足用，而微言奧義亦恃有所自而傳。故經學推漢世爲盛，而孔氏子孫，類無不以明經徵博士者。語曰："良弓之子學爲箕，良冶之子學爲裘。"蓋言淵源之有本也。

---

① "聞"，原作"門"，據阮元刻《十三經注疏》本《禮記正義序》訂正。

② "庾蔚之""范宣""熊安生"，原書分別脫"之""范""生"字；"徐遵明"，"遵"原作"道"。阮校："盧文弨校本'蔚'下補'之'字；浦鏜從衛氏《集説》'宣'上補'范'字，'安'下補'生'字。皆是也。按'道明'當作'遵明'。"據補正。

子孫著聞者第十五之七

光,字子夏,十三代襃成烈侯第四子也。隨父徙家長安,以明經學,年未二十,舉爲議郎。光禄勳匡衡舉光方正,爲諫大夫。坐議有不合,左遷虹長,自免歸教授。漢成帝初即位,舉爲博士,數使録冤獄,行風俗,振贍流民,奉使稱旨,由是知名。是時,博士選三科,高第爲尚書,次爲刺史,其不通政事,以久次補諸侯太傅。光以高第爲尚書,觀故事品式,數歲明習漢制及法令。帝甚信任之,轉爲僕射,尚書令。有詔光周密謹慎,未嘗有過,加諸吏官,以子男放爲侍郎,給事黄門。數年,遷諸吏光禄大夫,秩中二千石,給事中,賜黄金百斤,領尚書事。後爲光禄勳,復領尚書,諸吏給事中如故。凡典樞機十餘年,守法度,修故事。帝有所問,據經法以心所安而對,不希指苟合;如或不從,不敢强諫争,以是久而安。時有所言,輒削草稿,以爲章主之過,以姦忠直,人臣大罪也。有所薦舉,唯恐其人之聞知。沐日歸休,兄弟妻子燕語,終不及朝省政事。或問光:“温室省中樹皆何木也?”光嘿然不應,更答以他語,其不泄如是。徙光禄勳爲御史大夫。

綏和中,帝即位二十五年,無繼嗣,至親有同産弟中山孝王及同産弟子定陶王在。定陶王好學多材,於帝子行。而王祖母傅太后陰爲王求漢嗣,私事趙皇后、昭儀及帝舅大司馬驃騎將軍王根,故皆勸帝。帝於是召光與丞相翟方進、右將軍廉襃、後將軍朱博入禁中,議中山、定陶王誰宜爲嗣者。方進、根以爲定陶王帝弟之子,《禮》曰“昆弟之子猶子也”,“爲其後者爲之子也”,定陶王宜爲嗣。襃、博皆如方進、根議。光獨以爲禮立嗣以親,中山王先帝之子,帝親弟也,以《尚書·盤庚》殷之及王爲比,中山王宜爲嗣。帝以《禮》兄弟不相入廟,又皇后、昭儀欲立定陶王,故遂立爲太子。光以議不中意,左遷廷尉。

光久典尚書,練法令,號稱詳平。時定陵侯淳于長坐大逆誅,長小妻迺始等六人皆以長事未發覺時棄去,或更嫁。及長事發,丞相翟方進、大司空何武議,以爲“令,犯法者各以法時律令論之,明有所訖也。長犯大逆時,迺始等見爲長妻,已有當坐之罪,與身犯法無異。後乃棄去，於法無以解。請論”。光議以爲“大逆無道，父母妻子同産無少長皆棄市，欲懲後犯法者也。夫婦之道，有義則合，無義則離。長未自知當坐大逆之法，而棄去迺始等，或更嫁，義已絶，而欲以爲長妻論殺之，名不正，不當坐。”有詔光議是。

是歲，右將軍褒、後將軍博坐定陵、紅陽侯皆免爲庶人。以光爲左將軍，居右將軍官職，執金吾王咸爲右將軍，居後將軍官職。罷後將軍官。數月，丞相方進卒，召光，當拜，已刻侯印書贊，帝暴崩，即其夜於大行前拜受丞相博山侯印綬。

哀帝即位，褒賞大臣，益封光千户。時成帝母太皇太后自居長樂宫，而帝祖母定陶傅太后在國邸，有詔問丞相、大司空：“定陶共王太后宜當何居？”光素聞傅太后爲人剛暴，長於權謀，自帝在襁緥而養長教道至於成人，帝之立又有力。光心恐傅太后與政事，不欲令與帝旦夕相近，即議以爲定陶太后宜改築宫。大司空何武曰：“可居北宫。”帝從武言。北宫有紫房複道通未央宫，傅太后果從複道朝夕至帝所，求欲稱尊號，貴寵其親屬，使帝不得直道而行。頃之，太后從弟子傅遷在左右尤傾邪，帝免遷官，遣歸故郡。傅太后怒，帝不得已復留遷。光與大司空師丹奏言：“詔書‘侍中駙馬都尉遷巧佞無義，漏泄不忠，國之賊也，免歸郡。’復有詔止。天下疑惑，無所取信，虧損聖德，誠不小愆。陛下以變異連見，避正殿，見羣臣，思求其故，至今未有所改。臣請歸遷故郡，以銷姦黨，應天戒。”卒不得遣，復爲侍中。脅於傅太后，皆此類也。

又傅太后欲與成帝母俱稱尊號，羣下多順指，言母以子貴，宜立尊號以厚孝道。惟光與丹持不可。帝重違大臣正議，又内迫傅太后，猗違者連歲。丹以罪免，而朱博代爲大司空。光自成帝時議繼嗣有持異之隙矣，又重忤傅太后指，由是傅氏在位者與博爲表裏，共毀譖光。後數月遂策免光曰：“丞相者，朕之股肱，所以共承宗廟，統理海内，輔朕之不逮以治天下也。朕既不明，災異重仍，日月無光，山崩河決，五星失行，是章朕之不德而股肱之不良也。君前爲御史大夫，輔翼先帝，出入八年，卒無忠言嘉謀。今相朕，出入三年，憂國之風復無聞焉。陰陽錯謬，歲比不登，天下空虛，百姓饑饉，父子分散，流離道路，以十萬數。而百官羣職曠廢，姦軌放縱，盜賊並起，或攻官寺，殺長吏。數以問君，君無慘怛憂懼之意，對毋能爲。是以羣卿大夫咸惰哉莫以爲意，咎由君焉。君秉社稷之重，總百僚之任，上無以匡朕之闕，下不能綏安百姓。《書》不云乎？‘毋曠庶官，天工人其代之。’於乎！君其上丞相博山侯印綬，罷歸。”

光退閭里，杜門自守。而朱博代爲丞相，數月，坐承傅太后指妄奏事自殺。平當代爲丞相，數月卒。王嘉復爲丞相，數諫諍忤指。旬歲間閲三相，議者皆以爲不及光。帝由是思之。

會元壽元年正月朔日有蝕之，後十餘日傅太后崩。是月徵光詣公車，問日蝕事。光對曰：“臣聞日者，衆陽之宗，人君之表，至尊之象。君德衰微，陰道盛彊，侵蔽陽明，則日蝕應之。《書》曰'羞用五事','建用皇極'。如貌、言、視、聽、思失，大中之道不立，則咎徵荐臻，六極屢降。皇之不極，是爲大中不立，其傳曰'時則有日月亂行'，謂朓、側匿，甚則薄蝕是也。又曰'六沴之作'，歲之朝曰三朝，其應至重。乃正月辛丑朔日有蝕之，變見三朝之會。上天聰明，苟無其事，變不虛生。《書》曰'惟先假王正厥事'，言異變之來，起事有不正也。臣聞師曰，天右與王者，故災異數見，以譴告之，欲其改更。若不畏懼，有以塞除，而輕忽簡誣，則凶罰加焉，其至可必。《詩》曰：'敬之敬之，天惟顯思，命不易哉！'又曰：'畏天之威，于時保之。'皆謂不懼者凶，懼之則吉也。陛下聖德聰明，兢兢業業，承順天戒，敬畏變異，勤心虛己，延見羣臣，思求其故，然後敕躬自約，總正萬事，放遠讒說之黨，援納斷斷之介，退去貪殘之徒，進用賢良之吏，平刑罰，薄賦斂，恩澤加於百姓，誠爲政之大本，應變之至務也。天下幸甚。《書》曰'天既付命正厥德'，言正德以順天也。又曰'天棐諶辭'，言有誠道，天輔之也。明承順天道在於崇德博施，加精致誠，孳孳而已。俗之祈禳小數，終無益於應天塞異，銷禍興福，較然甚明，無可疑惑。"

書奏，帝悅，賜光束帛，拜爲光祿大夫，秩中二千石，給事中，位次丞相。詔光舉可尚書令者封上，光謝曰："臣以朽材，前比歷位典大職，卒無尺寸之效，幸免罪誅，全保首領，今復拔擢，備內朝臣，與聞政事。臣光智謀淺短，犬馬齒齩，誠恐一旦顛仆，無以報稱。竊見國家故事，尚書以久次轉遷，非有踔絕之能，不相逾越。尚書僕射敞，公正勤職，通敏於事，可尚書令。謹封上。"敞以舉故，爲東平太守。敞姓成公，東海人也。

光爲大夫月餘，丞相嘉下獄死，御史大夫賈延免。光復爲御史大夫，二月復丞相，復故國博山侯。帝知光前免非其罪，以過近臣毀短光者，復免傅嘉，曰："前爲侍中，毀短仁賢，誣愬大臣，令俊艾者久失其位。嘉傾覆巧僞，挾姦以罔上，崇黨以蔽朝，傷善以肆意。《詩》不云乎？'讒人罔極，交亂四國'。其免嘉爲庶人，歸故郡。"

明年，定三公官，光更爲大司徒。會哀帝崩，太皇太后以新都侯王莽爲大司馬，徵立中山王，是爲平帝。帝年幼，太后稱制，委政於莽。初，哀帝罷黜王氏，故太后與莽怨丁、傅、董賢之黨。莽以光爲舊相名儒，天下所信，太后敬之，備禮事光。所欲搏擊，輒爲草，以太后指風光令上之，匡皆莫不誅傷。莽權日盛，光憂懼不知所出，上書乞骸骨。莽白太后："帝幼少，宜置師傅。"徙光爲帝太傅，位四輔，給事中，領宿衛供養，行內署門戶，省服御食物。明年，莽風益州令塞外蠻夷獻白雉，羣臣奏莽定策安宗廟，宜賜號安漢公，益封，如霍光故事。太后令尚書具其事，莽固辭，言臣與孔光、王舜、甄豐、甄邯共定策，今願獨條光等功賞。太后乃下詔曰："太傅、博山侯光，宿衛四世，世爲傅相，忠孝仁篤，行義顯著，建議定策，益封萬戶。以光爲太師，與四輔之政。"詔莽爲太傅。光常稱疾，不敢與莽並。有詔朝朔望，領城門兵。莽又風羣臣奏己功德稱宰衡，位在諸侯王上，百官統焉。光愈恐，固稱疾辭位。太后詔曰："太師光，聖人之後，先師之子，德行純淑，道術通明，居四輔職，輔道於帝。今年耆有疾，俊艾大臣，惟國之重，其猶不可以闕焉。《書》曰'無遺耇老'，國之將興，尊師而重傅。其令太師毋朝，十日一賜餐。賜太師靈壽杖，黃門令爲太師省中坐置几，太師入省中用杖，賜餐十七物，然後歸老於第，官屬按職如故。"

光凡爲御史大夫、丞相各再，一爲大司徒、太傅、太師，歷三世，居公輔位前後十七年。自爲尚書，止不教授，後爲卿，時會門下大生講問疑難，舉大義。其弟子多成就爲博士大夫者，見師居大位，幾得其助力，光終無所薦舉，至或怨之。其公如此。

光年七十，元始五年卒。莽白太后，使九卿策贈以太師博山侯印綬，賜乘輿祕器，金錢雜帛。少府供張，諫大夫持節與謁者二人使護喪事，博士護行禮。太后亦遣中謁者持節視喪。公卿百官會弔送葬。載以乘輿輼輬及副各一乘，羽林孤兒諸生合四百人輓送，車萬餘兩，道路皆舉音以過喪。將作穿復土，可甲卒五百人，起墳如大將軍王鳳制度。謚曰簡烈侯。

初，光以丞相封，後益封，凡食邑萬一千户。病甚，上書讓還七千户，及還所賜一第。子放，嗣博山侯。又《漢書·王莽傳》云，居攝時，封光孫壽合意侯。考《家譜》云"壽，諸曹校尉捷之子"，蓋光之兄子也。

扶，字仲淵，先聖十九代孫。祖嘉，見曾祖奮傳。父龢，通《嚴氏春秋》，事親至孝，爲宗所歸，漢桓帝元嘉三年選爲百石卒史，主掌祖廟禮器。扶初徵博士，出爲太守，入爲太常。順帝陽嘉二年六月，進拜司空。明年，三輔大旱，五穀災傷。時劉崎爲司徒，帝召尚書周舉、尚書令成翊世、僕射黃瓊問得失，並對以宜斥貪污，遠佞邪，則時雨必應。帝問百官貪佞污邪者爲誰，舉曰："公卿大臣數有直言者，忠貞也；阿諛苟容者，佞邪也。司徒視事六年，未聞有忠言異謀，愚心在此。"冬十一月，以事策免崎，因并免扶，爲弘農太守。

緯，字化文，先聖四十代孫。祖戭，有傳。父遵孺，華陰丞。緯少孤，依諸父温裕，多與有名者游，故才譽蚤成。唐宣宗大中十二年，擢進士第，釋褐祕書省校書郎。崔慎由鎮梓州，辟爲從事。從崔鉉淮南，復從慎由華州、河中，歷觀察判官。宰相楊收奏授長安尉，直弘文館。御史中丞王鐸奏爲監察御史，轉禮部員外郎。宰相徐商奏兼集賢直學士，改考功員外郎。丁內憂免，服闋，還爲右司員外郎。宰臣趙隱言其才，拜翰林學士，轉考功郎中、知制誥，賜緋。正拜中書舍人，累遷户部侍郎。謝日，面賜金紫之服。乾符中，罷學士，出爲御史中丞。緯器志方雅，嫉惡如讎。中外聞風，不繩而自肅。歷户、兵、吏三部侍郎，居選曹，動循格令。權要私謁至盈几，一不省。當路不悅，改太常卿。

黃巢之亂，從僖宗幸蜀，改刑部尚書，判戶部事。宰臣蕭遘在翰林時，與緯情旨不協。至是因戶部取給不充，移之散職，改太子少保。光啓元年，從駕還京。

是時田令孜軍敗，沙陀逼京師，帝移幸鳳翔，邠帥朱玫引兵來迎駕。令孜挾帝幸山南。時中夜出幸，惟黃門衛士數百扈乘輿，詔授緯御史大夫，令趣百官赴行在。時羣臣露次蝥屋，爲盜剽脅，衣囊略盡。緯承命見宰相論事，蕭遘、裴徹怨令孜，不欲行，辭不見。緯遣臺吏促百官上路，皆以袍笏不具爲詞。緯乃召三院御史，謂曰："吾等身被國恩，誼不辭難。今詔羣臣，皆不至。夫與人布衣游，猶緩急相恤，況於君乎？"且泣下。御史亦辭："蝥屋剽剝之餘，乞食不給。請辦一日之費而行。"緯拂衣起曰："吾妻疾，旦暮盡，丈夫豈以家事後國事乎？公輩善自爲謀，吾行決矣。"即日見李昌符曰："詔書再至，而羣臣顧未行。僕，大夫也，不敢後。道途多梗，願假五十騎，送至陳倉。"昌符嘉之，謂緯曰："路無頓遞，裹糧辦邪？"乃送錢五十緡，令騎士拔^①緯達散關。緯策玫必反，建言："關邑阨狹，不足駐六師，請速幸梁州。"翼日，車駕離陳倉，纔入關而邠、岐之兵圍寶雞，攻散關。微緯之言幾危矣。

至褒中，改兵部侍郎、同中書門下平章事，尋改中書侍郎、集賢殿大學士。王行瑜斬朱玫，平定京城，遷門下侍郎、監修國史。從帝還，駐蹕岐陽，特進吏部尚書，領諸道鹽鐵轉運使。車駕還宮，進位左僕射，賜"持危啓運保乂功臣"，食邑四千戶，實封二百戶，賜鐵券，恕十死，賜天興良田、善和里第各一區，兼領京畿營田使。

僖宗崩，充山陵使。僖宗祔廟，緯準故事，不入朝。昭宗遣中使召赴延英，令依舊視事，進加司空。以太學焚殘，乃兼領國子祭酒，完治之。蔡賊秦宗權伏誅，進階開府儀同三司，位司徒，封魯國公。

十一月，帝將郊見，兩中尉、內樞密請朝服。有司白："中人無朝服助祭之禮，少府監亦無素製冠服。"中尉怒，立令製造，下太常院。禮官舉故事，亦稱無中尉朝服助祭之文，諫官亦論之。緯奏曰："中貴不衣朝服助祭，國典也。陛下欲以權道寵內臣，則請依所兼之官而爲之服。"帝召諫官謂之曰："方舉大禮，爲朕容之。"於是內官以朝服助祭。郊禮畢，進兼太保。

大順元年夏，幽州、汴州請討太原，宰臣張濬主之，請自率禁軍爲招討。詔文武四品以上議，皆言王室未寧，雖得太原，猶非所有。濬固爭，且曰："先帝時身播屯亂，蓋克用、全忠不相下也。請因其弱討之，斷兩雄勢。"帝曰："平巢，克用功第一。今乘危伐之，天下其謂我何？"久不決，問計於緯。緯曰："濬言萬世之利，陛下所顧一時事爾。臣見師渡河，賊必破。今軍中費尚足支數年，幸聽勿疑。"帝乃決出師，詔濬爲河東行營兵馬招討制置使。其年秋，濬軍爲太原所擊，大敗而還。浚罷相貶官，緯坐附濬，以

---

① "拔"，《舊唐書·孔緯傳》作"援"。

撿挍太保出爲江陵尹、荊南節度觀察等使，未行，再貶均州刺史。緯、濬密遣人求援於汴州，朱全忠上書論救。緯至商州，有詔俾令就便，遂寓居華州。

乾寧二年五月，王行瑜、李茂貞、韓建三鎮犯闕，殺宰相韋昭度、李谿。帝以大臣朋黨，外交方鎮，思用骨鯁正士，遣中使趨華州召緯入朝，以疾未任上路。六月，授太子賓客。其夕，改吏部尚書。翼日，拜司空，兼門下侍郎、同平章事、太清宮使，修奉太廟、弘文館大學士、延資庫使。階爵、功臣名位、食邑並如故。旬日之內，驛騎敦促，相望於路，緯扶疾至京師見帝，嗚咽流涕，自陳衰疾不任事，乞歸田里。帝動容，令閤門使送緯至中書視事。不旬日，沙陀次河中，同州王行約入京師謀亂，帝出幸石門。緯從駕至莎城，疾篤，還京。家人召醫視，緯曰：“天下方亂，何久求生？”不肯服藥。九月卒，贈太尉。

緯家尚節義，挺然不羣。雖權勢燻灼，未嘗假以恩禮。大順初，天武都頭李順節恃恩頗橫，以浙西節度使兼平章事。謝日，臺吏白中書，準例當班見百官。緯判止之。明日，順節盛服至則無班，怏怏去。他日以爲言，緯曰：“知公必慊也。夫百辟卿士，天子廷臣也，比來班見宰相，以輔臣居班列之首，奉長之義也。公握天武健兒，據堂受禮，安乎？必欲用之，去‘都頭’乃可。”順節慚縮不敢言。其秉禮不回，多此類也。子昌弼，《舊唐書》作“崇弼”，亦登進士第，仕至散騎常侍。

貞運，字開仲，先聖六十三代孫，居句容。十四世祖靈，見其父端隱傳。靈生撰。撰，元時署明道書院山長，生元祥。元祥生學孝，學孝生世基，世基生二子：思敬、思謙，元季同以義兵保障鄉里，爲義兵長。思謙生克昌，克昌生希安，希安生伯隆，伯隆生公智，公智生彥庸，彥庸生承林，承林生宏玠，宏玠生聞敕。聞敕爲四川鄰水縣主簿，生二子：長貞時，自有傳；貞運，其次子也。明神宗萬曆四十七年，以殿試第二人賜進士及第，授翰林院編修。光宗天啓中，充經筵展書官，纂修兩朝實錄，尋陞中允。時璫焰燻灼，貞運正色立朝，絶不與交接。會典順天試，中人欲以所私請，堅拒之，知不可奪，謀中以禍，卒以公得免。莊烈帝即位，貞運進講《皇明寶訓》，稱述祖宗勤政講學事，帝嘉納之。

崇禎元年，擢國子監祭酒，尋進少詹事，仍兼監事。二年正月，帝臨雍，貞運進講《大禹謨》，敷陳明切，帝爲搴貂審聽，羣臣於是盡去貂，傳爲一時盛事。自唐時祭酒穎達講《孝經》，至貞運乃再以聖裔爲國子師進講，帝特加優禮，賜一品服。冬十月，畿輔被兵，條上禦敵、城守、應援數策，尋進詹事，以親老乞歸。六年，服闋，起南京禮部侍郎。禁遊女，毀淫祠，南都靡麗之風爲之一變。故事，清明節祀孝陵。值流寇披猖，訛言將以是日乘虛襲白下，都人洶洶。有司請改期，貞運曰：“先事綢繆，則寇知有備，自遁。豈宜過示恇怯。”卒獲成禮。八年，轉北京禮部左侍郎，改吏部左侍郎。

　　九年,進禮部尚書、東閣大學士、參預機務、同知經筵、總裁實録。十年,主試禮闈,稱得士。時温體仁當國,欲重治復社諸人,貞運值其在告,從寬結之。體仁怒語人曰:“句容亦聽人提索矣。”體仁去,張至發代爲首輔,一切守其所爲。有中書黃應恩者,悍戾人也。體仁、至發輩常倚任之。會復故總督楊鶴官,許給誥命,應恩當撰文,因其子嗣昌得君力爲洗雪忤旨,將加罪,至發擬公揭救之,獨貞運與傅冠不肯,曰:“曩許士柔事,吾輩未嘗救,獨救應恩,何也?”至發曰:“公等不救,吾自救之。”連上三揭,帝皆不聽,而至發亦用是去位。至發既罷,貞運晉太子太保、文淵閣大學士,代爲首輔,乃揭救鄭三俊、錢謙益,俱從寬典。劉宗周以言事得罪,貞運因進講《春秋》,援古證今,暗爲援救,帝怒卒爲少解。帝親定考選諸臣,下輔臣再閱,貞運及薛國觀有所更。迨命下,閣擬悉不從,而帝以所擇十八卷下部議行。適新御史郭景昌等謁貞運於朝房,貞運言所下諸卷,説多難行。景昌與辨,退即上疏劾之。帝雖奪景昌俸,而貞運亦不安於位矣,乃乞骸骨。疏五上,得允,賜金幣,馳傳歸。十七年五月,莊烈帝哀詔至。貞運哭臨,慟絶不能起。舁歸,得疾遽卒,年六十有九。福王立賜祭葬,謚文忠,祀於鄉。子尚繁,廕尚寶寺寺丞。所著有《敬事草》《行餘草》《皇明詔制全書》《詞林典類》等書。

　　述曰:吾宗自得姓以來,都通顯者衆矣,而位宰輔者僅四人焉。太師晚節依回,誠不免班氏持禄之誚。然當在成、哀間,以經術輔治,早用其言,安至有王氏之禍。司空行事,無所表見,免不以罪,君子惜之。至若太尉、太保以忠誠剛果之節,使其際遇承平,弼諧盛治,豈不卓然稱賢相哉?乃崎嶇末造,卒以身殉,良可悲也。《詩》曰:“我生不辰,逢天僤怒。”然則士大夫遭逢之際,其亦有幸有不幸也夫!

子孫著聞者第十五之八

英,字休文,先聖三十二代孫,居會稽。曾祖琇之,有傳。祖臻,太子舍人、尚書三公郎;父幼孫,《陳書》作"稚孫",梁寧遠枝江公主簿、無錫令。

英數歲而孤,爲叔父虔孫所養。好學,善屬文,經史百家,莫不通涉。沛國劉顯時稱學府,每共英討論,深相嘆服,乃執英手曰:"昔伯喈墳素悉與仲宣,吾當希彼蔡君,足下無愧王氏。"所保書籍,尋以相付。

州舉秀才,射策高第。起家揚州主簿、宣惠湘東王行參軍,並不就。又除鎮西湘東王外兵參軍,入爲尚書倉部郎中,遷儀曹侍郎。時左民郎沈炯爲飛書所謗,將陷重辟,事連臺閣,人懷憂懼,英廷議理之,竟得明白。丹陽尹何敬容以英剛正,請補功曹史。出爲南昌侯相,值侯景亂,不之官。

京城陷,朝士並被拘縶,或薦英於賊帥侯子鑑,子鑑命脫桎梏,厚遇之,令掌書記。時景軍士悉恣其凶威,子鑑景之腹心,委任又重,朝士見者,莫不卑俯屈折,英獨傲然自若,無所下。或諫英曰:"當今亂世,人思苟免,獵獍無知,豈可抗之以義?"英曰:"吾性命有在,雖未能死,豈可取媚凶醜,以求全乎?"時賊徒剝掠子女,拘逼士庶,英每保持之,得全濟者甚衆。

尋遭母憂,哀毀過禮。時天下喪亂,皆不能終三年之喪,唯英及吳國張種,在寇亂中守持法度,並以孝聞。

及景平,司徒王僧辯先下辟書,引英爲左西曹掾,又除丹陽尹丞。元帝於荊州即位,徵英及沈炯並令西上。僧辯累表請留之。帝手敕報僧辯曰:"孔、沈二士,今且借公。"其爲朝廷所重如此。仍除太尉從事中郎。僧辯爲揚州刺史,又補揚州治中從事史。時侯景新平,每事草創,憲章故事,無復存者,英博物強識,甄明故實,問無不知,儀注體式,箋表書翰,皆出於英。

陳霸先作相,除司徒右長史,左遷給事黃門侍郎。齊遣東方老、蕭軌等來寇,軍至後湖,都邑騷擾,又四方壅隔,糧運不繼,三軍取給,惟在京師,乃除英爲貞威將軍、建康令。時累歲兵荒，戶口流散，勍敵忽至，徵求無所，霸先克日決戰，乃令奐多營麥飯，以荷葉裹之，一宿之間，得數萬裹，軍人旦食訖，棄其餘，因而決戰，遂大破賊。

霸先受梁禪，是爲陳高祖。遷奐爲太子中庶子。永定二年，除晉陵太守。晉陵自宋、齊以來，舊爲大郡，雖經寇擾，猶爲全實，前後二千石多行侵暴，奐清白自守，妻子並不之官，唯以單船臨郡，所得秩俸，隨即分贍孤寡，郡中大悦，號曰“神君”。曲阿富人殷綺，見奐居處素儉，乃餉衣一襲，氈被一具。奐曰：“太守身居美禄，何爲不能辦此？但民有未周，不容獨享温飽耳。勞卿厚意，幸勿爲繁。”

初，文帝在吳中，聞奐善政，及踐祚，徵爲御史中丞，領揚州大中正。奐性剛直，善持理，多所糾劾，朝廷甚敬憚之。深達治體，每所敷奏，帝未嘗不稱善，百司滯事，皆付奐決之。遷散騎常侍，領步兵校尉、中書舍人，掌詔誥，揚、東揚二州大中正。天嘉四年，中①除御史中丞，尋爲五兵尚書，常侍、中正如故。時文帝不豫，臺閣衆事，並令僕射到仲舉共奐決之。及帝疾篤，奐與安成王頊及仲舉并吏部尚書袁樞、中書舍人劉師知等入侍醫藥。文帝嘗謂奐等曰：“今三方鼎峙，生民未乂，四海事重，宜須長君。朕欲近則晉成，遠隆殷法，卿等須遵此意。”奐乃流涕嗚欷而言曰：“陛下御膳違和，痊復非久，皇太子春秋鼎盛，聖德日躋，安成王介弟之尊，足爲周旦，阿衡宰輔，若有廢立之心，臣等愚誠，不敢聞詔。”帝曰：“古之遺直，復見於卿。”天康元年，乃用奐爲太子詹事，二州中正如故。

文帝崩，廢帝即位，除散騎常侍、國子祭酒。光大二年，出爲信武將軍、南中郎康樂侯長史、潯陽太守，行江州事。宣帝即位，進號仁威將軍、雲麾始興王長史，餘並如故。奐在職清儉，多所規正，宣帝嘉之，賜米五百斛，并累降敕書殷勤勞問。太建三年，徵爲度支尚書，領右軍將軍。五年，改領太子中庶子，與左僕射徐陵參掌尚書五條事。六年，遷吏部尚書。七年，加散騎常侍。八年，改加侍中。時有事北邊，克復淮、泗、徐、豫酋長，降附相繼，封賞選敍，紛紜重疊，奐應接引進，門無停賓。加以鑑識人物，詳練百氏，凡所甄拔，衣冠縉紳，莫不悦服。

性耿介，絶請托，雖儲副之尊，公侯之重，溺情相及，終不爲屈。始興王叔陵之在湘州，累諷有司，固求台鉉。奐曰：“袞章之職，本以德舉，未必皇枝。”因抗言於宣帝。帝曰：“始興那忽望公，且朕兒爲公，須在鄱陽王後。”奐曰：“臣之所見，亦如聖旨。”後主時在東宮，欲以江摠爲太子詹事，令管記陸瑜言之於奐。奐謂瑜曰：“摠有潘、陸之華，而無園、綺之實，輔弼儲宫，竊有所難。”瑜具以白後主，後主深以爲恨，乃自言於宣帝。帝將許之，奐乃奏曰：“江摠文華之人，今皇太子文華不少，豈藉於摠！如臣愚見，願選敦重之才，以居輔導。”帝曰：“即如卿言，誰當居此？”奐曰：“都官尚書王廓，世有

---

① “中”，《陳書·孔奐傳》作“重”。

懿德，識性敦敏，可以居之。”後主時亦在側，乃曰：“廓，王泰之子，不可居太子詹事。”奐又奏曰：“宋朝范曄即范泰之子，亦爲太子詹事，前代不疑。”後主固爭之，帝卒以摠爲詹事，由是忤旨。其梗正如此。

初，後主欲官其私寵，以屬奐，奐不從。及右僕射陸繕遷職，宣帝欲用奐，已草詔訖，爲後主所抑，遂不行。九年，遷侍中、中書令、領左驍騎將軍，揚、東揚、豐三州大中正。十一年，轉太常卿，侍中、中正並如故。十四年，遷散騎常侍、金紫光禄大夫，領前軍將軍，未拜，改領弘範宮衛尉。至德元年卒，時年七十。贈散騎常侍，本官如故。有集十五卷，彈文四卷。子紹安，別有傳。孫楨。

楨，紹安子也，唐高祖時登進士，歷監察御史，門無賓謁，時譏其介。出爲蘇州長史，曹王明爲刺史，不循法度，楨每進諫，明曰：“寡人天子之弟，豈失爲王哉！”楨曰：“恩寵不可恃，大王不奉行國命，恐今之榮位，非大王所保，獨不見淮南之事乎？”明不悦。明左右有侵暴下人者，楨捕而杖殺之。明後果坐法，遷於黔中，謂人曰：“吾愧不用孔長史言，以及於此！”高宗時遷絳州刺史，封武昌縣子。卒，謚曰溫。

戡，字君勝，[①]先聖三十八代孫。六世祖穎達，有傳。五世祖志亮，穎達第三子也，官中書舍人。高祖珪。曾祖務本，滄州東光令。祖如珪，海州司户參軍，贈尚書工部郎中。父岑父，祕書省著作佐郎，贈尚書左僕射。

戡進士及第，補修武尉，以大理評事佐昭義李長榮節度府。長榮死，盧從史自別將代之，留署掌書記。從史爲不法，戡陰争不從，則於會肆言以折之，從史羞，面頸發赤，抑首伏氣，不敢出一語以對，立爲更令改章辭者，前後累數十。坐則與從史説古今君子之道，順則受福，逆輒危辱誅死，曰：“公當爲此，不當爲彼。”從史常聳聽喘汗，居五六歲，從史益驕，與王承宗、田緒陰相結，欲久連兵以固其位，戡争之，無改悔色，則悉引從事，空一府往争之。從史始若受其言，終偃蹇不軌。戡語其徒曰：“吾所爲止於是，不能以有加矣！”遂以疾辭去，臥東都城東，不與當時事。未幾，李吉甫鎮揚州，表置幕府。從史曰：“是欲舍我而從人邪？”即誣以事，奏三上，詔以衛尉丞分司東都。自貞元後，帥鎮劾奏僚佐，不驗輒斥。至是，給事中吕元膺執不可。憲宗遣使諭曰：“朕非不知戡，行用之矣。”明年卒，年五十七。從史敗，追贈司勳員外郎。兄子，溫裕。

溫裕，父戣，有傳。溫裕舉進士第，授補闕。宣宗大中四年，党項爲邊患，發兵討之，連發無功，溫裕上疏切諫，帝怒，貶柳州司馬，累遷尚書左丞、天平軍節度使、鄆曹

① “君勝”，《新唐書·孔戡傳》作“勝始”。

濮等州觀察使。懿宗咸通十年，奏以私財修葺祖廟，語在《林廟考》中。從弟溫業，字
遜志，戩長子也。穆宗長慶元年進士第二人及第，遷禮部員外郎。開成中，宰相鄭覃
以經籍刓繆，博士淺陋不能正，建言：“願與鉅學鴻生共力讎刊，準漢舊事，鏤石太學，
示萬世法。”詔可。乃表薦溫業與集賢殿學士周墀、水部員外郎崔球、監察御史張次宗
等共正焉。溫裕之貶柳州也，溫業官吏部侍郎，亦求外補。宰相白敏中謂同列曰：“我
輩須自檢點，孔吏部不肯居朝廷矣。”後遷太子賓客，卒。

敏行，字至之，先聖三十九代孫。父述睿，有傳。敏行，唐憲宗元和元年以進士第
一人及第，岳鄂呂元膺表在節度府。元膺徙東都、河中，輒隨府遷。入拜右拾遺，四遷
司勳郎中、集賢殿學士、諫議大夫。李絳遇害，事本監軍楊叔元。時無敢言，敏行上書
極論之，叔元乃得罪。卒年三十九，[①]贈工部侍郎。敏行雅操不逮其父，然少能修潔，
及仕宦，所交皆當時豪俊，名重一時云。

道輔，字原魯，初名延魯，先聖四十五代孫。父勖，有傳。道輔幼端重，宋大中祥
符五年舉進士第，為寧州軍事推官，數與州將爭事。有蛇出天慶觀真武殿中，一郡以
為神，州將率官屬往奠拜之，欲上其事。道輔徑前以笏擊蛇，碎其首，自州將以下皆大
驚，已而又皆大服，由是知名。九年，以四十六代嗣文宣公年幼，遷大理寺丞、知仙源
縣，主孔子祠事。孔氏故多放縱者，道輔一繩以法。本道廉訪使行部過邑，問以稅廩
庾，道輔不對，但高談皇王大略。廉訪怒，按其邑，一一修舉，不能責。解邑，遷殿省
丞。入朝，上章陳祖廟卑陋不稱，請加修崇，報可，即命道輔主其役。乾興元年，遷太
常博士。章獻太后臨朝，召為左正言。受命之日，即抗疏請太后歸政天子。又廷論樞
密使曹利用、尚御藥羅崇勳竊弄威柄，宜早斥去，以清朝廷。立對移刻，太后可其言，
乃退。天聖八年春，詔直史館、判三司理欠憑由司。

九年，奉使契丹，道除右司諫、龍圖閣待制。契丹宴使者，優人以先聖為戲，道輔
艴然徑出。契丹使主客者邀道輔還坐，且令謝之。道輔正色曰：“中國與北朝通好，以
禮文相接。今俳優之徒，慢侮先聖而不之禁，北朝之過也。道輔何謝！”契丹君臣默
然，又酌大卮謂曰：“方天寒，飲此，可以致和氣。”道輔曰：“不和，固無害。”既還，言者以
為生事，且開爭端。仁宗問故，道輔對曰：“契丹比為黑水所破，勢甚蹙。平時漢使至
契丹，輒為所侮，若不較，恐益慢中國。”帝然之。歷判吏部流內銓、糾察在京刑獄。坐
舉事不當，出知鄆州，徙青州。還判流內銓，旋奉命使契丹賀冊禮。復命，轉尚書兵部
員外郎。十年，出知許州。許州圭田素厚，道輔過期而后赴。

---

① “三十九”，《舊唐書·孔敏行傳》作“四十九”。

明道二年，移知應天府，兼南京留守司。是年，管内蟲饑。道輔慮濟之無及，亟發倉以貸，然後上聞。十一月，召爲右諫議大夫、權御史中丞。會尚美人有寵於帝，郭后妒，屢與之忿爭，尚美人於帝前有侵后不遜語，后不勝忿，起批其頰，帝自起救之，后誤傷帝頸，帝大怒。閻文應勸帝以爪痕示大臣，呂夷簡素怨郭后，因勸帝廢后，且云：“光武，漢之明主也，郭后止以怨黜廢，況傷乘輿乎？廢之，未損聖德。”左司諫范仲淹因登對，極諫不可。夷簡請敕有司，毋受臺諫章疏。道輔率諫官孫祖德、范仲淹、宋郊、劉渙、御史蔣堂、郭勸、楊偕、馬絳、段少連十人，詣閤門請對。閤門不爲奏，道輔等欲自宣祐門入，趨内東門，宣祐監官宦者闔扉拒之。道輔拊門銅環，大呼曰：“皇后被廢，奈何不聽我曹入諫！”宦者奏之。須臾有旨：臺諫欲有所言，宜詣中書附奏。道輔等悉詣中書，帝令呂夷簡以皇后當廢狀告之，道輔語夷簡曰：“大臣之於帝后，猶子事父母也；父母不和，可以諫止，奈何順父出母乎？”夷簡曰：“廢后有漢、唐故事。”道輔復曰：“人臣當道君以堯、舜，豈得引漢、唐失德爲法邪？”夷簡不答，即奏言：“伏閤請對，非太平美事。”於是黜道輔等。故事，中丞罷，須有告詞。至是直以敕除之。明日晨，入待漏院，至右義門，有吏持敕赴馬前云：已除諫議大夫，知泰州矣！臺吏押行出都門。時被黜十人，皆一時名輩。

范仲淹嘗謂所知曰：“孔公方正名，天下所共知。昨當攖鱗之際，事在不測，觀其容止愈端重，顏色不沮喪，附中臣之對，答丞相之語，應若宿搆，言有條理，此過於前所聞矣。”頃之，徙知徐州。景祐四年，又徙兗州。道輔之在兗州也，近臣有獻詩百篇者，執政請除龍圖閣直學士。帝曰：“是詩雖多，不如孔道輔一言。”乃進道輔龍圖閣直學士，遷給事中。在兗三年，復入爲御史中丞。

道輔性鯁挺特達，遇事彈劾無所避，出入風采肅然，及再執憲，權貴益忌之。初，道輔徙居郭贄舊宅，有言於帝者曰：“道輔家近太廟，出入傳呼，非所以尊神明。”即詔道輔他徙。集賢校理張宗古上言，漢内史府在太廟壖垣中，國朝以來，廟垣下皆有官私第舍，謂不須避。帝出宗古通判萊州。道輔嘆曰：“憸人之言入矣！”

寶元三年，開封府史馮士元以贓敗，語連參知政事程琳。帝怪士元以小吏與大臣交私，污朝廷，詔道輔鞫治。宰相張士遜素惡琳，而疾道輔不附己，將逐之，察帝有不悦琳意，乃謂道輔曰：“上顧程公厚，今爲小人所誣，見上，爲辨之。”道輔入對，言琳罪薄不足深治。帝果怒，以道輔朋黨大臣，出知鄆州。已而道輔知爲士遜所賣，頗憤惋。時大寒上道，行至韋城，發病卒，年五十四。

道輔卒後，元昊寇保安軍，鄜延副總管劉平與都監黃德和等禦之，德和畏怯卻走，軍潰，平獨力戰敗没。德和恐罪及，詭曰：“平非戰屈，乃叛耳。”帝怒，將夷平家。平家胥靡就闕，冤號道途，逢騶唱，中丞來，將扣中丞馬，白其冤。兩街販夫以千數，嘆曰：“徒往訴耳，是非孔中丞者矣。”平家慟哭而止。其直聲之留於没世如此。

　　初，道輔之知兗州也，孫明復隱居泰山，以道自重，道輔兩就見山下，恂恂執弟子禮，與談堯、舜、周、孔之道，作詩刻石壁，歲時送服食薪芻，饋問不絕。皇祐三年，王素因對，語及道輔在章獻太后時事，帝思其忠，特贈尚書工部侍郎。今從祀鄒縣孟子廟，并祀於鄉。

　　文仲，字經父，先聖四十七代孫也，居新淦。父延之，有傳。文仲性狷直，寡言笑，少刻苦自厲，學問博洽。舉進士，南省考官呂夏卿稱其詞賦瞻麗，策論深博，文勢似荀卿、揚雄，白主司，擢第一。調餘杭尉。恬介自守，不事請謁。轉運使在杭，召與議事，事已，馳歸，不詣府。人問之，曰：“吾於府無事也。”再轉台州推官。
　　熙寧初，翰林學士范鎮以制舉薦文仲，文仲對策曰：

　　伏惟陛下下明詔，降清問，講求萬事之統，皆非愚臣之所能及也。然臣竊有深憂者，陛下求賢好善之隆名，遠出百王之上，至於用賢納諫之道，有未克盡其極爾。何者？陛下莅祚之初，首開轉對以延疏遠切直之言，召羣臣以詢安危利害之策者，此陛下天資謙恕，思得深謀之計，以補所未逮也。而言之既多，聽之既久，卒未聞采一事、用一書，見之天下。至於近日，四方之人與夫朝廷之上，賢卿誼老，交章累疏，論列時政得失。臣考之公議，以爲雖皋、夔、周、召之謀，所以致君福民，寧九廟而安萬世者，公議不能過此也。而陛下聞之若不聞，見之若不見，豈其急近論而略遠慮，安小補而捐大忠乎？此臣所大懼也。臣願陛下首思聽言用諫之義，不聽則已，聽則博同天下之心；不用則已，用則兼取遠近之策。然後動無遺事，舉無失計，而善政可行，太平可議矣。臣將論天下事，先述此以獻。臣誠愚聞，不知大體，惟陛下省納焉。
　　聖策曰：“在昔明王之治天下，仁風翔洽，德澤汪濊，四序調於上，萬物和於下，兵革不試，刑辟弗用。內則俊賢居位以熙王職，外則戎夷嚮風以修歲貢。建皇極以承天心，斂時福以錫民庶。然後日星雨露、鳥獸草木，效祥薦祉，書之不絕，甚尊慕之，其何術而臻此與？”臣聞天下之術有大小，而人君用之有先後，先其大而後其小，則用力不勞而天下治。宜先而後，可大而小，則用力愈勞而天下亂。天下之術，大者能正其始是也，其小者不能正其始是也。在昔明王之治天下，仁翔而德洽，四序調而萬物和，以至兵偃刑措，俊賢修職，夷狄納貢，建皇極而天道應，斂五福而民氣洽，吉祥見於上，珍符出於下者，正始之術行也。後世之治天下，萬事失其序，而災害荐至者，正始之術廢也。陛下追慕古昔治功之美，而諮求致之之術，臣請遂言正始之說。
　　夫天下之道三：曰王，曰霸，曰強國。天下之本一，曰即位。即位者，王所以自正也。始不以正，及其末也，雖欲變而正之，亦無及矣。是故始爲強國，未有能終之以霸政者也；始爲霸政，未有能終之以王術者也。孔子作《春秋》，書“元年春王正月公即位”。夫元年正月者，一年一月也，而變之曰“元”與“正”者，欲人君當即位之初，體元以居正也。元者，善之本也。正者，道之極也，人君能於始初清明，力行善本而躬履道極，此王道所以成也。且夫一之以道德，淳之以仁義，此王道也；行之以仁義，雜之以功利，此霸道也；專用權謀，不顧義理，此強國之術也。及考其見於效也，王道行於數千歲之外，詠歌畏愛，猶深結於民心，而不忍去之；霸政止能及其身，至子孫之世，則廢熄不講；強國之術，民之視上，相疾如仇讎，伺其有間，則相與蹈藉傾覆之矣。凡三道者，得失之報若白黑。然而世主趨王道者少，適霸政與強國者多，何也？蓋王道所及甚遠，而不能取成於倉卒；霸政與強國爲敝雖深，而能見效於目前。人之常情，薄遠效而貴速成，是所以失趨適之正也。漢之文、景，唐之太宗，皆有可致之資，又有能致之勢，而致治安國，不能與三代並者，失其所適也。伏惟陛下，聰睿神武，得之於天，可謂有能致之資矣；日月所被，皆在圖籍，可謂有必致之勢矣；當承桃踐極之始，端本清源之日，欲王而王，欲霸而霸，欲強國而強國，得失之策，繫於一舉而已。譬猶御八駿之馬，馳九軌之路，擇而後往，則得其正；一或不慎，以意馳之，則宜之燕者或造於楚矣，宜往吳者或之於秦矣！則夫事物交會之間，不可不慎所適如此。臣竊觀近日朝野之論，而考陛下意之所適，求之於古，不能無疑。且天下之所以治者，貴義而不貴利也，奈何先之以興利？仁人之所以尊者，明道而不計功也，奈何一之以望功？萬物所以成就者，遲久也，奈何期之以迫急？四方所以畏愛者，愷悌也，奈何驅以威刑？荀卿曰：“國者，巨用之則巨，小用之則小。”(楊)〔揚〕子曰：“好大而不爲大，不大矣；好高而不爲高，不高矣。”此而望仁翔德洽，四序調而萬物和，以至兵偃刑措，俊賢修職，夷狄納貢，建皇極而天道應，斂五福而民氣洽，吉祥見於上，珍符出於下，豈不難哉？

　　臣願陛下，曠然大變，而行衆人之所不能爲；卓然自致，而行前世之所不能到；尊尚王道，賤略霸強。其尊之也，若抱渴而需飲；其賤之也，若辭闇而即明。屏去諛佞，親近忠直，數御東序，開陳圖書，講前代之興亡，論百王之成敗，以其善行，以其惡戒，避其所失，趨其所得。仰而思之，以夜而繼日也；幸而得之，輟寐而待旦也。有言逆於心，必求諸道；有言遜於志，必求諸非道。用其粹而遺其駁，操其要而治其煩。凡此皆王道之術，而正始之論也。陛下深講而力行之，則馴致古昔明王之道，如決流抑墜爾，何患慕之而未臻乎？

　　聖策曰：“朕承祖宗之業，托士民之上，明有所未燭，化有所未孚。又退托於任大守重，艱於負荷，思聞讜直之言，以輔不逮，庶幾乎治。”此見陛下虛心訪道，至誠惻怛之至意也。如臣之愚，何足以奉承之。而臣嘗聞之曰："明欲被於萬物，化欲孚於四方，未有不自治心始也。"夫治心者，聖人所以窮理之術也。人之有心，猶天之有極也。是故晦冥陰黙之中，不足以辨南北，而能考而正之者，極星是也；是非紛雜之間，不足以審真僞，而能別而分之者，心官是也。心也者，天下之至正也，又能養之以正，則善惡是非、萬事之理，無不白矣。齊戒以持之，使其不失；清虛以守之，使其不亂；問以通之，謀以發之，此治心之始也。及其成也，不思焉未嘗不應於理也，不勉焉未嘗不合於道也。藏之爲志氣而無不充，發之爲事業而無不濟。如權衡設於此，而萬鈞之重、銖兩之輕，無所不辨；如槃水設於此，而大如天地、細如毛髮，無所不察，此治心之效也。心正則明盡，明盡則化至，此自然之道。陛下思聞讜直之言，庶幾乎治，此天下之盛福也。臣聞適於耳目之娛而爲心腹之害者，柔從説順也，雖芟夷之，而常患其有餘；忤於一日之意而爲百世之利者，剛方讜直也，雖養長之，而常患其不足。聖賢屈己執謙，和顏遜志，加之以勞來之厚，助之以勸賞之渥，凡以養天下剛方讜直之節，使森然立於吾庭，爲國家廟社之福。故夫伏格趨鼎、引衣斷檻、破裂麻制、封還詔書，如此之類，日常有之而不爲怪者，所以廣聰明而來下情也。

臣願陛下，容忍近臣之獻言，開納遠臣之論事，廣[①]諫諍之任以助聞見，補憲肅之官以振綱紀，而又力以謙冲假借，深養剛方讜直之氣，如漢高祖之於周昌，晉武帝之於劉毅，然後可以得天下讜直之言以輔治道。不然，猶卻行求前，徒舉以訪臣，又安補於萬一哉？

聖策曰："蓋人君即位，必求端於天而正諸己。惟五事得其常，則庶徵協其應。有國以來，靡敢自肆，而和氣猶鬱，大異數見。乃元年日蝕三朝，洎仲秋地震數路，而冀方之廣，爲災最甚。自處於弗德之致，夙寤晨興，思其所以。"此見陛下畏天飭己，恐懼修省之盛德也。臣聞日蝕地震者，陽微陰盛也。而或曰："日蝕者，曆之常數也。"臣請辨之。一百七十三日有餘而爲一交，然後蝕，此曆家之説也。而《春秋》襄公二十一年之九月、十月，二十四年之七月、八月，皆未及一交則蝕，此曆之不合，一也。二漢之政，西京爲盛，東京爲衰，大率皆二百餘年爾。而西京四十五蝕，東京七十四蝕，蝕之疏密，應政之盛衰而然，曾無定數，此曆之不合，二也。是日蝕者，非可托於曆，其要爲陰盛之應也。陽浮爲天而主於動，陰凝爲地而本於静。宜静而動者，陰越其分而擬諸陽。陽之與陰，君子、小人之道也。君子道長，則陽氣發於祥瑞；小人道長，則陰氣見於災變。此天人相與必然之應也。《易》自《復》之一陽，至《坤》之六陰，凡十二卦相往來於一歲之間，蓋聖人告

---

①　"廣"，《清江三孔集》卷一《制策·制科策》作"置"。

人以君子小人之道，有相更之勢，貴於早防之也。在《臨》則戒之曰：“八月有凶。”在《泰》則戒之曰：“無平不陂，無往不復。”欲其慎之於八月之前，消之於未陂未復之始也。陛下欲應變求端，謹五事而協庶應，消大異而召和氣，在乎尊陽抑陰，尊君子之道，抑小人之道而已。凡天下之道，有故有新，有大有小，有老有弱，有正有邪，有訥有辯，有躁有靜。以對而言之，在上偏者皆陽而君子之道也，在下偏者皆陰而小人之道也。上偏欲其過厚，下偏欲其常損；宜厚而薄之，宜損而益之；則陰盛陽微，君子道消小人道長，其敝至於不可扶持，此不可不察也。若夫舊策必遷，而新策必合；大臣依違，而小臣執議；老成淪伏，而弱齒簡拔；方直疏遠，而柔諛親附；辨給者獲用，而遲蹇者被退；銳進者襃陞，而默守者遺落，陰盛陽微之變，莫著於此矣。天地告戒之意，不爲不審，願陛下思所以應之。

夫陽不可以不尊，陰不可以不抑，君子之道不可不進，小人之道不可以不退。不抑不退，其萌雖微，及其既盛，甚可畏也。周之衰，諸侯僭天子；又其衰也，大夫僭諸侯；又其衰也，家臣僭大夫；又其衰也，夷狄盟中國。此陰盛之極也，而《春秋》自此絕筆矣。故臣願陛下早思所以救之。

聖策曰：“圖講政務，則日至中昃，而猶多苟簡之習；烝進人材，則官無虛假，而頗乏績用之美。”臣聞講政務而絕苟簡，在於貴遲久；進用人材而底績用，在於練名實。《易》曰：“聖人久於其道，而天下化成。”夫聖人之才，所過者化，所存者神，而至於論治定功成之業，未嘗不待之以久。何也？速則粗，粗則所得暴而所及淺；久則精，精則所收博而所被深。此聖人之意也。蓋夫仁必久安，義必久由，志必久勤，法必久守，令必久行，官必久任，士必久養，兵必久練。游神於累歲之外，望化於必世之後，夫如是，則心一而慮精，事詳而理究，德新而道大，化浹而澤流。動乎萬物之上，被乎天地之間，又何患苟簡之習哉？

聖人無爲，不言而海內大治者，以能練羣臣、覈名實也。官各守其分，謂之名；職各治其事，謂之實。丞弼之任，責之以論道德，和陰陽；財計之司，責之以通有無，足國用；諫官責之以直言得失；御史責之以彈戭愆違；侍從責之以盡規納誨；將帥責之以安邊卻敵；職司責之以一路之政；守令責之以一郡一縣之治。如此舉名以責其官，按實以督其職，而庶績弗凝者，未之有也。今夫大臣或兼財計之柄，小官或侵將帥之權，侍臣言責不得盡其辭，守令不得專其治，未見其能無虛假也。朝廷設百官於外內，皆所以治天下萬事，非徒爲空名以付之也。欲立一事，重建一官；欲立一政，重遣一使，未見其能底績用也。

聖策曰：“種羌非不懷徠也，而邊候或時繹騷，以至臨遣輔臣，懵明神武。”臣以爲禦戎之策，失之於素而已。夫以邊鄙之重，不責統帥之臣，而求希合倖進之小謀；金革之機，不爲持重之算，而聽輕舉易動之疏計。是以其弊在於苟爭小功而忘大憂，專趨小利而失大信，此猾虜所以敢負懷徠之恩，踐王圍而抗官師，亦吾有以致之而已。

夫敵之未至也，制之宜以經遠之策；敵之既至也，禦之宜有應變之術。齊景公時，燕、晉爲寇，景公患之，問於晏嬰，嬰之所薦者穰苴，而穰苴卒能逐寇而安邦。唐憲宗時，劉闢爲梗，憲宗患之，問於杜黃裳，黃裳所薦者高崇文，而崇文卒能擒敵而定蜀。陛下宣詔輔弼大臣，各薦將才而用之，則神武憺於天地之表，河湟之外，當有解椎髻、襲衣冠來獻國地者，又豈患奔衝之寇不可禦乎？

聖策曰：“蒸民非不愛養也，而生業或未完富，以致外馳使者，布宣惠教。”臣以爲陛下愛民欲其富，而不足以富國；遣使宣惠教，而適足以爲弊；蓋失所以先後之序矣。夫事有肇禍而法有起患者，不謂事之始、法之初也。累之至久，則弊敗積而禍患起，此必至之勢也。臣嘗爲陛下深慮後世之患，而必爲無窮之弊，蓋在乎富民之道不講，而富國之謀太深也。凡賦斂之於民，古人貴其損之，而不貴其益。《春秋》書宣公初稅畝，成公作丘甲，哀公用田賦，以爲益之不已，則勢窮力弊必至於變，故孔子詳録其事，以貽後世之戒。

臣嘗觀富國之論，不起於豐大之世，而多出於戰征之際。王者總制六合，所以服民心而重國體者，在吾道德之盛大，不繫財貨之豐盈。《易》之《小畜》者，德之小者也，則曰：“富以其鄰。”在《泰》與《謙》，則道之大者也，皆曰：“不富以其鄰。”夫左右相比之謂鄰，人君之與天下，中國之與四夷，皆鄰也。人君所以運動天下，役使四夷，道有餘者，不假於富；德不足者，須富行之。陛下固宜法《謙》《泰》之有餘，豈可用《小畜》之不足？是以巨橋雖積而商不能居，敖倉雖盈而秦不能守，非無財也，道德不建而失天下之心也。夫鳥窮則啄，獸窮則搏，人窮則詐。陛下之民可謂窮矣。前世所謂無藝極之賦，大之山海，細之草木，其利皆已入於官，而行於今矣。陛下徐思弛費息用，以寬民財而逸民力。若大禹卑宮惡服，漢文弋綈革舄，以澤天下，庶幾不至大匱。而復出泉以取其息，實使以厚其征，而求富民宣惠之名，不可得矣。《易》之《剝》者，始於下也，其象曰：“上以厚下安宅。”所以救剝也。陛下取於下悉矣，上取下悉，則其勢既極，而其象爲剝。孟子曰：“君子用其一而緩其二，用其二而民有莩，用其三而父子離。”臣懼民心積窮，不知所出，漸爲離散，以至剝落，雖有湯、禹、文、武之才，無所復施其巧。《易》曰“觀我生”，觀民也。《詩》曰：“念我皇祖，陟降庭止。”陛下觀天下之勢，易離難合，一危則不可再安；上念五聖之業，艱難勤苦，一敗則不可復正。則夫富國之謀，適足爲深憂，未足爲陛下利也。伏惟發於神斷，罷法追使，以幸天下，以福萬世，此四方裂眦決目之所共望，豈獨賤臣之所妄言哉？

聖策曰：“國用雖節，而尚煩於調度；兵籍雖衆，而未精於簡稽。”臣以爲國用雖節而調度煩者，未得節之之道；兵籍雖衆而簡稽疏者，未得簡之之本也。九州土地之産，撮粟尺帛之賦，陸輓水漕，銜枙摩轂，日夜合離，以輸太倉，以古準今，可謂盛矣。至於道途之艱，將負之疲，京師之一金，田野之百金也；少府之百金，民屋之萬金也。夫以萬金之費，施之於一宴好之中，用之於一賜予之内，此類可勝計哉？地之財有時，民之力有限，人君之費無窮。以有時有限養無窮，此調度所以愈增而不已，民力所以愈困而不支也。古者宮庭之職，百二十員；漢之文帝、明帝，給事宦者，不過二人；太祖養兵，不過十二萬。太宗常謂近臣曰：“人君當淡然無欲，不使嗜好形見於外，則姦佞無自入矣。”凡此皆清心節用之本，寬民養物之要。不務先理其本，而廣爲調度之求，故曰未得節之之道也。

　　今夫能省内郡之黥兵，而益以土兵，然後兵可簡也。國家北失幽燕，西捐靈夏，守邊捍塞，無百二之要阻，是以二邊黥卒，恃爲爪牙，不可以廢。至於方内無事之郡，百年不識兵革，而例設屯伍，坐蠹民力，此不可不制也。宜依前世府衛之法，使民得以口率出徒，而分天下郡爲三等，上郡五千，中郡三千，下郡一千而止，番休迭上，不過什一，則武備修而簡稽精矣。周公制禮，方五百里謂之大國，其車千乘，爲五萬五千兵，而民不告勞者，施之有序，制之得術也。今之所謂上戶者，征斂甚厚而其力困；所謂下戶者，庸役不及而其勢逸。而上戶居其一，下戶居其十，是常困其一而逸其十也。家有二夫，古者皆出一兵，今皆逸之而不能用，反斂有限之穀帛，以給不耕之惰民，此豈周公之心哉？故曰未得簡稽之本也。

　　聖策曰：“寬關梁之禁，而商賈靡通。”臣聞錢者無用之物，而聖人貴之者，以其能通有用之財也。夫以無用而通有用，是以貴其通而不貴其積。古之所以通貨達財者，在乎商賈之職，而不在乎上。今之關市之征，密於布棋，均輸之吏，苛於翼虎，商旅易業，轉爲他技，而求財貨之通，難矣。

　　聖策曰：“捐器玩之巧，而工弗戒。”此在陛下約己以率耳。陛下約己於上，則六宮蒙化於内；百官率法於朝，百姓承流於下。及其久也，風俗轉移，嗜好薄損，有其財而無其尊，弗敢逾制，有其力而非其道，不敢敗度，則雖不捐器而工自戒矣。臣又聞之，天下技巧華靡之玩，未有不始於京師。欲治四方，先治京師，古之道也。夫以千里之地，而四方之俗皆有焉者，惟京師也。惟其難制之，宜甚詳《周官》，六鄉四郊之内，自比長主，五家積而上之，至鄉大夫，凡萬有八千九百三十六官，而後足以致京師之治。今京師治民之職，大不過京兆尹，次不過河南令，而求風敦俗朴，是以難也，唯陛下擇之而已。

　　聖策曰：“風俗浮薄，根於取士之無本，教道之不明，而博訪臺閣之論，所執者不一，豈無救敝之道焉？”凡取士之要，不過二科，曰德行也、文辭也而已。臣以爲自三代以上，可以用德行；由秦漢以下，不過用文辭。而臺閣所以異論者，蓋不過二者之間也。陛下必欲以德行取天下之士，則井田當授也，侯國當建也，民必家給也，官必久任也，鄉當讀法也，家當有塾也，而後可以求全德真行，致之於位。如其未也，而獨設選舉德行之科，是亦無補而已。夫先世之吏正，故所舉者必求仁義孝弟；今世之吏邪，故所舉者不過請托嗜好。故曰，今日取士不過可以用文辭爾。

至於敦俗之本、教道之法，臣願有獻焉。蓋士節之重輕，未嘗不與國體之安危相應，如根本強弱於下，而枝葉榮枯於上也。昔周之士貴，秦之士賤。夫上有屈體，下無屈道者，貴也；舍己所守，求合於上者，賤也。周秦治亂，考此可見。蓋夫士無守道自重之節，人有翾躁不恥之求，漸漬成俗，恬不爲怪，未有甚於今日也。宜有以矯正其弊，使士知自重而人蹈廉恥。凡潛德獨行，不求聞之君子，必深察之，而使之常在於必顯；仰希俯合，昧於寵辱之人，必深觀之，而使之常至於不用。則天下皆知盛德之意，士節一變，敦俗之本，教道之法，自此致之可也。

聖策曰："刑罰煩重，出於設法之多門，沿襲之不革，而將加恩仁之政，使死者少緩，必有可行之術焉！"臣觀陛下之意，不過欲效三代之肉刑，施之於從坐之死爾，是未盡觀時制宜之道也。古者政敦事朴，雖以聖人之智，而因革之間，猶有未盡者，肉刑是也。斷民之肢體，使不爲完人，此非聖人之心，而三代用之者，因革之理有未盡也。且立尸而祭，近於瀆神；俎豆而食，近於甚野。豈若後世虛神之位，金石爲器哉？肉刑之不可用於今，猶之不可尸祭而俎食。夫大辟之科，至死而不敢怨者，法當其罪也。儻欲加恩仁之政，寬從坐之死，則今之律令，自有減死一等法。捨此不用，而斷肢刖足，爲駭民驚俗之政，未足爲可行之術也。昔子産欲止伯有之妖，必欲立子孔之後，則夫政雖期於推實，[①]而亦貴於慎名。使天下不知朝廷恩仁之意，而徒傳告以斷人之足而棄之，豈所以爲慎名哉！

聖策曰："予欲興乎七教，兼乎三至，以底聖人之道，則宜條其先後之次；欲明乎六親，盡乎五法，以極天下之治，則宜敍其始末之要。"此見博稽古先，欲舉載籍之所傳，施之於今，以盡聖人之道，而盡天下之治也。臣請深論天下之道，先後之次，始末之要，而陛下酌焉。

蓋德與刑並行於天地之間，如寒暑相將而未嘗離也。於是之間，必有先後之次。上焉者，專德以勝刑，若堯、舜之無刑，成周之措刑是也；中焉者，假刑以助德，若西漢宣帝任刑名，東漢明帝善刑理是也；下焉者，惟刑而已，秦人以刑致變，隋人以刑兆變是也。此先後之次不同，故治亂之應異也。則夫恭老、尊齒、樂施、親賢、好德、惡貪、廉儉之七教，至禮不辭而天下治，至賞不費而天下悦，至樂無親

---

① "期於推實"，《清江三孔集》卷一《制策·制科策》作"貴於推賞"，宋呂祖謙編《宋文鑑》卷第一一〇《制策·制科策》作"期於推賞"。

而天下和之三至，從而可明其次也。抑臣又聞之，恐懼寅畏者，政之始也；驕逸驕惰者，政之末也。周宣王中興之盛德，而不慎於後，其詩終爲"變雅"；唐太宗慈儉英武之主，而魏鄭公、劉洎、馬周之徒咸諫，以爲漸不及貞觀，蓋崇高富貴之勢，驕逸驕惰之所伺也，視其有間，則入而不能出矣。是以聖哲之君，遐觀遠慮，思之於所不思，求之於所不求。方其大安也，必以危自屬；方其大榮也，必以辱自惕，不使非常之變起於不測，而至於不可救也，豈非知治道本末之要也歟？則夫六親之等，五法之數，又從而可推其要也。

聖策曰："仲舒之言，班固謂切於當世，而可施於今者何策？崔寔之論，范曄謂明於政體，而有益於時者何事？"昔班固載仲舒漢廷之策於史，其間講天下治亂之理，可謂詳矣。舉而行之，皆足以助治。而最可施於今日之策，臣以爲莫如天地先陽而後陰，王政先德而後刑之論也。范曄紀崔寔《政論》數十條於書，以爲"凡所辨論，通明政體"。而言有益於今者，則臣以爲不足深論者也。何者？寔之大概，欲人主不能純法八世，而宜參以霸政，嚴刑峻法，破姦究之膽，以之行於漢桓帝衰替之世可爾，安足爲陛下深論哉！

聖策曰："無以爲古人陳迹既久而不可舉，無以爲本朝之成法已定而不可改。惟其改之而適中，舉之而得宜，不迫不迂，歸於至當。"陛下議政法，而舉適中得宜爲言，此天下之望也，臣安得無辭以致之？蓋勢可以舉則舉之，則不失於陳迹；力可以改則改之，則不泥於成法，此因革之常道也。至於未適於中，未得其宜而改之，則今日之變法，猶或可議焉。臣讀《易》至《革卦》，言天下之法至於有弊，則不可不革也，而辭曰："元亨利貞，悔亡。"然則革之必至於元亨利貞，然後悔可亡耳。又曰："革而當，其悔乃亡。"然則革之而不當，蓋[①]以招悔也。夫革之必至於亨，然後可以議革；變之必至於當，然後可以言變。斯聖人之能事，《易·象》之精義也。思之於冥冥，索之於昏昏，使盡合道義之中而後革之，則一法出而天下倚之若山嶽，此之謂革而亨。謀之於衆多，待之以遲久，使盡得上下之宜而後變之，則一制行而天下望之若雲霓，此之謂變而當。古之爲治，相與謨謀於廟堂之上，至於風移俗易，徙善遠罪，而天下不知其措置之迹者，必亨而後革，必當而後變也。今則不然，一法朝出而夕已罷，一制暮行而曉或弊；斧鉞不足以禁謗論，竄黜不足以抑煩言，其故何邪？未決其亨而革之，未計其當而變之，舉而不必適中，動而不必得宜也。臣願陛下慎之而已。

蓋夫革而未盡其至，則其勢必復；革而有復，則法以輕而不信矣。法制數變，國家之大病也。漢徙甘泉后土之祠，自是之後，三十年間五徙，而天地之兆終不

---

① "蓋"，孔文仲《清江三孔集》卷一作"益"。

能定，故願陛下慎之。則至當之論，無過於此矣。陛下慮臣之憚言而不必行，則苟飾行以自免，則詔之曰："言之非艱，行之惟艱。"又慮其畏避執事，而不盡其悃愊也，則又曰："悉心以陳，亦不憚於改。"爲臣是以敢進其私憂過計之説。

　　臣聞天下者大物也，是以治之者必得大才。苟未得大才而委畀之，則天下之政，終無時而理矣。萬鈞之鼎，天下之至重也，而孟賁、烏獲持之奔走，逾越險阻，若踐平地。此無他，其力足也。使力不足者負之而趨，不獨折絕筋骨，又將隳器敗餗而不可救矣。《易》言天下萬物之理，至詳密矣，而至於治天下之難治，未嘗不歸之大才碩德之人。故《屯》之不寧，必待君子之經綸；《蠱》之敗壞，必待君子之振育；《旅》之分散，必待智者之有爲；《否》之欲休，必俟大人之獲吉。聖人以爲當四卦之時，不得四人者治之，則愈益其亂，而無補於治。昔湯之求伊尹也，見之耕者；高宗之求傅説也，見之巖築；文王之用太公也，見之漁釣。三士者，藏迹至深，而三君能舉而用之者，以其取之公、求之廣也。唐文宗可謂恭儉慈仁、勤於致理之主，當是時，李德裕在其庭而不用，裴度捐於外而不使，乃覽《貞觀政要》而嘆息，又曰："吾視開元、天寶事，則氣拂吾膺。"然則文宗所以憂勤盡心者，徒虛器爾！伏惟陛下，法成湯、高宗、文王，公聽廣取以爲法，鑑文宗捨本憂末以爲戒，獨觀昭曠之道，驅馳域外之議，不論隱顯，不間內外，不異遠近，不殊明晦，才之當者取之，德之宜者予之，可大者治大，可小者治小，則天下之才繼踵而出，凡陛下所舉而詢於臣者，不治而自治矣。陛下有爲之術，何以先此！古人有言曰：言切直而不用，則身危。不切直，則不可以明道；苟求所以明道，又避於危身，此勢之不可並者也。説不由道，憂也；由道而不合，非憂也。苟求所以由道，又希於必合，此理之不可兼者也。臣學術淺陋，言論狂鄙，罪當萬死，無所敢恨。幸陛下察焉！

時宋敏求第文仲爲異等，安石怒其指斥所建理財、訓兵之非，啓神宗，御批罷歸故官。齊恢、孫固封還御批，韓維、陳薦、孫永皆力言文仲不當黜，五上章，不聽。范鎮又言："文仲草茅疏遠，不識忌諱。且以直言求之，而又罪之，恐爲聖明之累。"亦不聽。蘇頌嘆曰："方朝廷求賢若飢渴，有如此人而不見録，豈其論太高而難合邪，言太激而取怨邪？"

吳充爲相，欲置之館閣，又有忌之者，僅得國子直講。學者方用王氏經義進取，文仲不習其書，換爲三班主簿，出通判保德軍。時征西夏，衆數十萬皆道境上，久不解，邊人厭苦。文仲陳三不便曰："大兵未出，而丁夫預集；河東顧夫，勞民而損費；諸路出兵，首尾不相應。虞、夏、商、周之盛，未嘗無外侮，然懷柔制禦之要，不在彼而在此也。"

元祐初，哲宗召爲祕書省校書郎，進禮部員外郎。有言："皇族惟揚、荊二王得稱皇叔，餘宜各系其祖，若唐人之稱諸王孫之比。"文仲曰："上新即位，宜廣敦睦之義，不應疏間骨肉。”議遂寢。遷起居舍人，擢左諫議大夫。日蝕七月朔，上疏條五事，曰邪説亂正道，小人乘君子，遠服侮中國，斜封奪公論，人臣輕國命，宜察此以消厭災祥。論青苗、免役，首困天下，保甲、保馬、茶鹽之法，爲遺螫留蠹。八月，文仲上疏劾奏崇政殿説書程頤，有旨，程頤差權同管勾西京國子監。語在《伊川傳》。十一月，改中書舍人。

三年，同知貢舉。文仲先有寒疾，及是，晝夜不廢職。同院以其形瘵，勸之先出，或居別寢，謝曰：“居官則任其責，敢以疾自便乎！”於是疾益甚，還家而卒，年五十一。士大夫哭之皆失聲。蘇軾撫其柩曰：“世方嘉軟熟而惡崢嶸，求勁直如吾經父者，今無有矣！”詔厚恤其家，命弟平仲爲江東轉運判官，視其葬。後黨論起，追貶梅州別駕。元符末，復其官。有文集五十卷。

思迪，字凝道，先聖五十四代孫。父淑，見兄思逮傳。思迪以國子生授膠西主簿、安慶録事，轉光山尹。光山地沮洳，土人以爲不宜桑，廢鹽織。思迪於縣北築圃，結屋其中，名曰豳風亭。環亭種樹三百餘畦，樹成則分植鄉村。不數年，桑陰達乎四境，民蒙其利，朝野咸歌詩以美之。尋除陝西行臺御史，值關陝歲旱，設法賑貸，全活甚衆。雲南省臣有據蜀拒命者，起大第，擅爵殺，大軍壓境，方納款。思迪兩上章，言“蜀隴僻在西陲，方難作時，守正者被戮，附反者獲官，此而不懲，何以示後？”又言：“人倫之中，夫婦爲重。比見内外大臣得罪就刑者，其妻妾即斷付他人，似與國朝旌表貞節之旨不侔，夫亡終制之令相反。況以失節之婦配有功之人，又似與前賢所謂娶失節者以配身是已失節之意不同。今後，凡負國之臣籍没奴婢財産，不必罪其妻子；當典刑者，則孥戮之，不必斷付他人，庶使婦人均得守節。請著爲令。”詔皆從之。擢内臺御史。

時元文宗幸佛寺，泛龍舟，遊玉泉，思迪抗章極論，帝即爲回宮，旌以文綺。會楚中洞蠻作亂，以思迪有威望，遷爲湖廣都事。思迪至，果皆畏遁。以疾辭歸。至元六年，起爲太常禮儀院判，終太常禮儀使。

思立，字用道，思迪弟也。自幼聰敏，六歲即能應口對句。既長，遊太學，益工詞翰，人得其單詞隻句者，皆寶之。釋褐太常太祝、新河縣尹，精於吏事，莅政詳明，拜御史，巡歷三臺，風采嚴肅，所至有聲。累官至正奉大夫、中書參政、知經筵事、提調國子監。思立之進用也，由左丞相太平推拔，一時省中皆海内知名之士，稱爲得人。而太傅脱脱與太平有隙，思所以中傷之，先去其黨，因誣思立，以罪黜免，當世惜之。

聞詩，字四可，先聖六十二代孫。六世祖希章，見父克欽傳。希章無子，以兄希大之子詞爲嗣。詞生公儼，公儼生彦纏，彦纏生承田，承田生宏山，宏山生聞詩。聞詩，明天啓二年成進士，授中書科中書舍人，考吏科給事中，明習掌故，又好旁詢民生疾苦及邊海阨塞險要之事，故所言莫不切而有本。崇禎元年，條上八事：

一曰端士品。士人立身涉世，有恥乃不辱君，達道方不負民，此聖訓也。從未有隨世俯仰，而事業光明者。臣服官初，見一二輕才、諷說之徒與夫頰美巧令者，莫不稱爲妙人，及崔、魏燄起，趨炎附熱者即出此輩。夫妙而媚璫，何如拙而守身？茲遇聖主當陽、衆正盈朝之日，當改頭易面，敦名節，奮禔躬，各懷有恥之良，互砥端方之品，庶可以破趨附之習，銷門戶之障，上不負於君，而下不負所學。真事業從真人品中來，臣願以“恥”之一字，爲今日鍼砭也。

二曰肅銓政。蓋地位清要，莫過銓曹，而機務填委，亦莫若銓曹。每見進取則攘臂惟恐不前，而受事則卸擔又惟恐不早。或數日而轉一司，或旬月而轉四司，席未暇煖，迹若飄蓬。官與事，了不相涉矣。至於急選大選，非選郎不知，往往一選之後，即便抽身。其中間起送之遲速，簿書之轉換，前後文移，有無相錯，飛海跳澗，名色紛然，令萬里孤客，一介微程，有壓至五六選，遲至一二年者，積薪株守之苦，不可殫述。後官即欲清查，而旬日間能遽料理乎？今後須遵祖制，司官非三月不轉，選郎非六選後不准給假，久於其任，庶吏書不得上下其手。若夫品題公當，此在本司自勵，不待人言之諄諄者。況比來以賄敗而出都門者，不啻振落，有不顧覆轍而兢惕者，非情矣。

三曰稽援納。開事例以資餉、資工也，而國家曾不得實用者，何也？良由頭緒愈多，資格愈薄。且一例方出，百弊已叢，狡獪之包收，姦胥之侵匿，旦而白丁，暮已拖紫，改易頭面，大駭睹聞。今後，凡實歷三考者，必用本省印咨；援例納考者，必庫收對勘，方准其冠帶上卯。至於黌宮，非生財之地；師席，非入貲之官，此項尤宜停革。

四曰愼署官。人愛鄰之子，不若兄之子；愛兄之子，更不若己子，何也？父子關切，情不容已。縣令爲民父母，情亦宜然。今遇州縣缺出，府州佐貳便起奔競，撫按司道即作情面，一旦握符，但思飽啖颺飛，何暇愛室翼卵？攘臂攫金之態，有令人不忍聞、不忍見者。甚而神通廣大，扣缺壓選，州縣有一二年不得補者。當此東西交訌、民窮財盡之時，能當此輩又一剝削乎？至於鄰封州縣兼攝，此法尤爲不便。在本官視之，則爲兩頭莊；在百姓視之，則爲兩頭蛇矣！今遇州縣缺出，或一時難於銓補，不妨擇本處學官佐貳之清正者，暫時兼理，尚無大弊，亦權宜之法也。若云斯輩資薄望輕，安能爲民造福。然不能爲民造福，不猶愈於爲民作禍者乎！

五曰嚴政教。當今守令之選，莫重於甲科，非爲其才高黌重、威令之行易，正爲其望重途遠、撫字之心長也。奈有一種不肖之徒，甫膺民社，便念身家，奉妻妾，美田宅，碩鼠之腹未滿，窮民之髓已盡，贓私狼藉，恐載彈章，乃借甲科之名，邀改教之例。是進不得清華、退亦不失富厚，人亦何憚而不爲哉？且未幾而國學，未幾而曹郎，未幾而郡守，清慎者猶然故服，察黜者已儼然黃蓋。東陵之退步，不幾爲終南之捷徑乎？竊思學宮乃興賢育才之地，豈藏垢納污之所，此後甲科被彈射察黜者，量其贓私之多寡，或處以雜流，或錮其終身，庶貪墨之吏知懲，而窮黎之命稍蘇矣。

　　六曰重恩廕。繁纓有愛，敝袴有惜，誠以物雖微而磨礪之機權重也。夫恩廕者，乃朝廷酬德報功之典，非市恩納賄之地。窮鄉下士，皓首沒齒，求半綸一命，不啻登天。往往見紈綺膏粱子弟，指既朽之骨，翻已陳之案，婉轉比例，朦朧陳乞，輦金入都，公行賄賂，通家年籍，齒頰有靈。當事者以今日之情面，作後身之榜樣，無奏不可，無疏不覆。先則入監讀書，未幾而充部郎、膺郡守。正途出身者積薪於下，而伊人接臂於上，令人樂有賢父兄，而不必有佳子弟，豈不辱朝廷而羞當世邪？況世祿之家鮮克由禮，居官貪婪，不惟敗其家，且凶於國者有之。與其削奪於後，何如裁汰於前。自後凡遇恩廕，當照《會典》，嚴行參駁。其在內三品，未經考滿，在外三品，非真死事者，概不准給，庶人材借以砥礪，而名器不至冒濫矣。

　　七曰清兵餉。自東事以來，天下之民愈窮，邊上之兵愈急，而不肖之貪官愈富。假搜括則肤篚探囊，借加派則敲骨剔髓。講屯田則以屯田相高也，按籍曰某官開墾若干頃，某處開墾若干頃，實求之則龜毛兔角矣。重節省則以節省相尚也，按冊曰某項節省數千金，某項節省數萬金，實核之則捉風捕影矣。以天下鬻妻賣子之民急飛輓，不啻拯溺救焚；披堅執銳之夫呼庚癸，幾於脣焦舌敝，而尚堪如此剝削乎？即如天啓五年遼米一節，兗郡民間五斛麥始易一斛米。及運之他方，則斛米已費千錢。未幾而漂沒者，漂沒矣；焚燬者，焚燬矣；浥爛者，浥爛矣。既云飢軍望濟不啻然眉，何以解到不收而付之水，收到不放而付之火？且甘爲朽腐而不之問，此又事之不可解者。今歲山東二麥焦枯，雨澤愆期，將又愁輸粟之役矣。此等積弊，須擇資深風力科道二員，單騎出都，按其情形，核其冒濫，但求清楚，勿滋繁費，庶於國計民生有裨。

　　八曰恤驛遞。今之驛遞，疲敝極矣。恤驛遞之苦者，不曰痛革倩借之馬票，則曰嚴禁折乾之夫馬，言皆似是而實非也。夫輸蹄之往來，非昔少而今多也。額設之錢糧，非昔增而今減也。大抵驛遞之錢糧，非隸於州縣，則隸於本府。有司出納，視爲己物，非駕言撙節，則借名扣留。給發之不時，而馬之倒者十二三矣；賠累之莫支，而馬戶之逃者十八九矣。有司耽視，司道相蒙，煢煢小民，誰敢以馬力之微，犯許上之戒哉！惟是驛遞錢糧，接濟者及時接濟，給發者按季給發，加以痛革馬票，嚴禁折乾，則窮民不至賠累，而驛遞稍蘇、輸蹄不滯矣。

疏入，帝嘉納之。尋丁母憂歸。服闋，當事者忌其戇直，外轉真定井陘兵備副使。

九年七月，大清兵入昌平，下近畿州縣，聞詩應援守禦，甚著勞績。八月，大清兵出口，聞詩方隨巡按閱視三關，而鎮守內臣崔某又檄調聞詩修固關。聞詩以固關非敵兵所經，宜先其急者，赴調稍遲，內臣唧之，譖於帝，降調河南大梁督糧道參議。未受任，遽乞歸。又七年，卒於家。

聞詩居官任職，正論侃侃，而平素從未輕言人過。性恬憺，登進顯庸事，蓋終身未嘗齒及也。

述曰：國家設臺諫之職，寧令委蛇承順、緘默取容而已哉？必將犯顏極諫，上以格君心之非，而下以肅百僚而風有位。若《詩》所云“邦之司直者，斯其選也”。右自休文以下，類皆匡時拂主，號稱謇諤。而原魯立朝，風概尤為諸賢之冠。經父建白，亞於中丞，惟劾伊川一節，稍不協於士論。然考呂申公《家傳》云：“文仲以伉直稱，而戇不曉事，為浮薄輩所使，致陷善良。晚乃知為小人所賣，遂憤鬱嘔血而死。”君子觀此，亦可以諒其心矣！若長史之輔驕王，書記之佐強鎮，其地位尤卑，而心亦彌苦，故比而附於篇焉。

子孫著聞者第十五之九

休源，字慶緒，先聖三十一代孫，居會稽。五世祖坦，有傳。高祖混。曾祖失名。祖遥之，①宋尚書左丞。父佩，②齊通直郎、廬陵王記室參軍，早卒。

休源年十一而孤，居喪盡禮，每見父手所寫書，必哀慟流涕，不能自勝，見者莫不爲垂泣。後就吳興沈驎士受經，略通大義。齊明帝建武四年，州舉秀才，太尉徐孝嗣省其策，深善之，謂同坐曰：“董仲舒、華令思何以尚此，足稱王佐之才，後生之準的也。”琅邪王融雅相友善，乃薦之於司徒竟陵王，爲西邸學士。梁臺建，與南陽劉之遴同爲太學博士，當時以爲美選。休源初到京，寓於宗人少府卿孔登宅，曾以祀事入廟，侍中范雲一與相遇，深加褒賞，曰：“不期忽覿清顏，頓袪鄙吝，觀天披霧，驗之今日。”後雲命駕到少府，登便拂筵整帶，謂當詣已，備水陸之品。雲駐節命休源，及至，命取其常膳，止有赤倉米飯、蒸鮑魚，雲食休源食，不舉主人之饌。高談盡日，同載還家，登深以爲愧。尚書令沈約當朝貴顯，軒蓋盈門，休源或時後來，必虛襟引接，處之坐右，商略文義。其爲通人所推如此。

俄除臨川王府行參軍。梁武帝受齊禪，問吏部尚書徐勉曰：“今帝業初基，須一人有學藝解朝儀者，爲尚書儀曹郎。爲朕思之，誰堪其選？”勉對曰：“孔休源識具清通，諳練故實，自晉、宋《起居注》誦略上口。”帝亦素聞之，即日除兼尚書儀曹郎中。是時多所改作，每逮訪前事，休源即以所誦記隨機斷決，曾無疑滯。吏部朗任昉常稱之爲“孔獨誦”。

遷建康獄正，平反辯析，時罕冤人。後有選人爲獄司者，帝尚引休源以勵之。除中書舍人，司徒臨川王府記室參軍，遷尚書左丞。時太子詹事周捨撰《禮疑義》，自漢魏至於齊梁，並皆搜採，休源所有奏議，咸預編錄。除給事黃門侍郎，遷長史兼御史中丞，正色直繩，無所回避，百僚莫不憚之。除少府卿，又兼行丹陽尹事。出爲宣惠晉安

---

① “祖遥之”，《梁書》卷三六《孔休源傳》、《南史》卷六〇《孔休源傳》均作“曾祖遥之”。
② “佩”，《梁書》卷三六《孔休源傳》作“珮”。按，本書記載前後不一，卷八八《子孫著聞者考·述曰》亦作“珮”。

王府長史、南郡太守、行荆州府州事。帝謂之曰：“荆州總上流衝要，義高分陝，今以十歲兒委卿，善匡翼之，勿憚周昌之舉也。”對曰：“臣以庸鄙，曲荷恩遇，方揣丹誠，效其一割。”帝善其對，乃敕晉安王曰：“孔休源人倫儀表，汝年尚幼，當每事師之。”尋始興王憺代鎮荆州，復爲憺府長史，南郡太守、行府州事如故。在州累政，甚有治績，平心決斷，請托不行。帝深嘉之。除通直散騎常侍，領羽林監，轉祕書監，遷明威將軍，復爲晉安王府長史、南蘭陵太守，別敕專行南徐州事。休源累佐名藩，甚得民譽，王深相倚仗，軍民機務，動止詢謀。常於中齋別施一榻，云“此是孔長史坐”，人莫得預焉。

徵爲太府卿，俄授都官尚書，頃之，領太子中庶子。普通七年，揚州刺史臨川王宏薨，帝與羣臣議代居州任者。時貴戚王公咸望遷授，帝曰：“朕已得人。孔休源才識通敏，實應此選。”乃授宣惠將軍、兼揚州刺史。休源初爲臨川王行佐，及王薨而管州任，時論榮之。神州都會，簿領殷繁，休源割斷如流，傍無私謁。中大通二年，加授金紫光祿大夫，監揚州如故。累表陳讓，優詔不許。在州晝決辭訟，夜覽墳籍。每車駕巡幸，常以軍國事委之。

昭明太子薨，有敕夜詔休源入晏居殿，與羣公參定謀議，立晉安王綱爲皇太子。自公卿珥貂插筆奏決於休源前，休源怡然無愧，時人名爲“兼天子”。四年，遘疾，帝遣中使候問，并給醫藥，日有十數。其年五月，卒，年六十四。遺令薄葬，節朔薦蔬菲而已。帝爲之流涕，顧謂謝舉曰：“孔休源奉職清忠，當官正直，方欲共康治道，以隆王化。奄至殂没，朕甚痛之。”舉曰：“此人清介強直，當今罕有，微臣竊爲陛下惜之。”詔曰：“慎終追遠，歷代通規；褒德疇庸，先王令典。宣惠將軍、金紫光祿大夫、監揚州孔休源，風業貞正，雅量沖邈，升榮建禮，譽重縉紳。理務神州，化覃歌詠，方興仁壽，穆是彝倫。奄然永逝，倍用悲惻。可贈散騎常侍、金紫光祿大夫，賻第一材一具，布五十疋，錢五萬，蠟二百斤，尅日舉哀。喪事所須，隨便資給。謚曰貞子。”皇太子手令曰：“金紫光祿大夫孔休源，立身忠正，行己清恪。昔歲西浮渚宫，東泊枌壤，毗佐蕃政，實盡厥誠。安國之詳審，公儀之廉白，無以過之。奄至殞喪，情用惻怛。今須舉哀，外可備禮。”

休源少孤，立志操，風範強正，明練治體，持身儉約，學窮文藝，當官理務，不憚強禦，常以天下爲己任，武帝深委仗之。累居顯職，纖毫無犯。性慎密，寡嗜好。出入帷幄，未嘗言禁中事。聚書盈七千卷，手自校治，凡奏議彈文，勒成十五卷。

長子雲童，頗有父風，而篤信佛理，遍持經戒。官至岳陽王府諮議、東揚州別駕。少子宗範，聰敏有識度，歷尚書都官郎，司徒左西掾，中書郎。

戣，字君嚴，先聖三十八代孫。父岑父，見弟戡傳。戣擢進士第，鄭滑節度使盧羣辟爲判官。羣卒，攝總留務。監軍楊志謙雅自肆，衆皆恐。戣邀志謙至府，與對榻卧起，示不疑，志謙嚴憚不敢動。入爲殿中侍御史，唐元和元年以大理正徵，累遷江州刺史、諫議大夫。條上四事：一、多冗官，二、吏不奉法，三、百姓田不盡墾，四、山澤榷酤爲州縣弊。憲宗異其言。中人劉希光受賕二十萬緡，抵死，吐突承璀坐厚善，逐爲淮南監軍。太子舍人李涉知帝意，投匭上言承璀有功不可棄。戣得副章，不肯受，面質讓之。涉更因左右以聞，戣劾奏涉結近倖，營罔上聽。有詔斥涉峽州司馬，宦寵側目，人爲危之，戣自以適所志，軒軒甚得。

俄兼太子侍讀，改給事中。江西觀察使李少和坐贓，獄寢不下；博陵崔易簡殺從父兄，鞫狀具。京兆尹左右之，翻其情。戣慷慨論正，貶少和，殺易簡，奪尹三月俸。再遷尚書左丞。信州刺史李位好黃老道，數祠禱，部將韋岳告位集方士圖不軌，監軍高重謙上急變，捕位劾禁中。戣奏：「刺史有罪，不容繫仗內，請付有司。」詔送御史臺。戣與三司雜治，無反狀。岳坐誣罔誅，貶位建州司馬。中人愈怒，故出爲華州刺史。明州歲貢淡菜蚶蛤之屬，戣以爲自海抵京師，道路役凡四十三萬人，奏罷之。下邽令笞外按小兒，繫御史獄，戣上疏理之，詔釋下邽令，而以華州刺史爲大理卿。十二年，遷國子祭酒。

會嶺南節度使崔詠死，帝謂裴度曰：「嘗論罷蚶菜者誰與？今安在？是可往，爲朕求之。」度以戣對，即拜嶺南節度使。既至，免屬州逋負十八萬緡、米八萬斛、黃金稅歲八百兩。先是，屬刺史俸率三萬，又不時給，皆取部中自衣食。戣乃倍其俸，約不得爲貪暴，稍以法繩之。南方鬻口爲貨，掠人爲奴婢，戣峻爲之禁。親吏得嬰兒於道，收育之，戣論以死。由是閭里相約不敢犯。士之斥南不能北歸與有罪之後百餘族，才可用用之，稟無告者，女子爲嫁遣之。蕃舶泊步有下碇稅，始至有閱貨宴，所餉犀琲，下及僕隸。戣禁絕，無所求索。舊制，海商死者，官籍其貨，滿三月無妻子詣府，則沒入。戣以海道歲一往復，苟有驗者不爲限，悉推與。祠部歲下廣州祭南海廟，廟入海口，爲州者皆憚之，不自奉事，常稱疾，命從事自代，惟戣常自行。自貞元中，黃洞諸蠻叛，久不平。容、桂二管利擄掠，幸有功，乃請合兵討之。當是時，帝以武功定淮西河南北，用事者以破諸黃爲類，向意助之。戣屢言，遠人急之則惜性命相屯聚爲寇，緩之則自相怨恨而散。此禽獸耳，但可自計利害，不可與論是非。帝入先言，不聽，大發江、湖兵，會二管入討。士卒被瘴毒死者不可勝計，安南乘之，殺都護李象古，而桂管裴行立、容管陽旻皆無功，憂死；獨戣不邀一旦功，交、廣晏然大治。

穆宗立，召爲吏部侍郎。戣北歸，不載南物，奴婢之屬未增一人。長慶元年，改右散騎常侍。二年，還尚書左丞，以老自乞。雅善韓愈，愈謂曰：「公尚壯，上三留，何去之果？」戣曰：「吾豈要君者？吾年至，一宜去；吾爲左丞，不能進退郎官，二宜去。」愈曰：「公無留資，何恃而歸？」曰：「吾負二宜去，尚奚顧子言？」愈嗟歎，即上疏言：「臣與戣同在南省，數與戣相見，其爲人，守節清苦，論議正平。年七十，筋力耳目未衰，憂國忘家，用意至到。如戣輩，在朝不過三數人，陛下不宜苟順其求，不留自助也。《禮》，大夫七十致仕，若不得謝，則賜之几杖安車，不必七十盡許致仕。今戣據理求退，陛下若不聽許，亦無傷義，而有貪賢之美。"不報。以禮部尚書致仕，歲致羊酒如漢徵士禮。卒，年七十三。贈兵部尚書，諡曰貞。

戡，字方舉，戣之弟也。初，叔巢父死難，詔與一子官，補修武尉，不受，以讓其長兄戢。擢明經，書判高等，爲校書郎、陽翟尉，累遷殿中侍御史，分司東都。昭義判官徐玫，故嘗助盧從史爲跋扈者，從史敗，孟元陽代，欲復用之。戡移書昭義前繫玫，乃上列其狀。帝怒，流玫播州。轉侍御史、庫部員外郎。始，朱泚以彭偃爲中書舍人，偃子充符得不死，辟鄜坊府。或薦其能，召還京師。戡謂京兆尹裴武曰："泚所下詔令皆偃爲之，悖逆子不鳥竄獸伏，乃干譽求進乎？子盍效季孫行父逐莒僕以勉事君者？"武即逐出充符。拜京兆少尹，再遷爲湖南觀察使，召授右散騎常侍、京兆尹。歲旱，文宗憂甚，戡躬祠曲江池，一夕大澍，帝悅，詔兼御史大夫。卒，贈工部尚書。

毓珣，字東美，居汶上。曾祖尚陞，六十三代五經博士贈衍聖公第六子也。祖衍銘。父興洪，福建按察使。毓珣自幼讀書，即留心經濟，不爲章句學。康熙二十三年，恭遇聖祖幸魯釋奠孔子，毓珣時年十七，以陪祀賜恩貢出身，除湖廣武昌府通判。在任三年，以卓異薦，擢知江南徐州。徐民敝於丁賦，釐革不易。毓珣拊循七載，民困以蘇。河道總督張鵬翮薦其熟諳河務，授邳睢同知。尋陞山西平陽府知府，移知雲南順寧，又改開化。丁內艱歸，服闋，補四川龍安府。毓珣歷守邊郡，皆因俗爲治，弊去太甚，蠻服安之。再以卓薦，擢湖廣分守上荊南道，排荊門萬壑之險，爲民築隄捍患，民因以"孔公"名其隄焉。

五十五[1]年，授廣西按察使。廣西地瘠民悍，林深箐密，猺、獞多窟穴其內，伺間陸梁，而各土司亦往往自相仇殺，郡縣不能制。毓珣至，力除因循之習，每遇大案，設法捕治，務盡根株。靈川縣獞廖三尤巢深黨衆，數出焚掠，毓珣白撫軍陳元龍，曰："不殲渠魁，患正未已。"元龍乃遣兵往剿，又檄縣令樓儼率鄉勇共擊。瘴嶺阻采，獞猶負固不服。毓珣指示機宜，困之浹旬，卒就擒。自此諸苗皆畏憚奉法，莫敢爲非者。

五十七年，遷四川布政使。時西藏用兵，毓珣籌餉於叉木多，轉輸絕域，民不知勞。重築灌江口堰，蜀人比之李冰。六十一年，廣西巡撫缺，詔廷臣舉可任者，陳元龍以毓珣薦，遂命巡按廣西。粵人既喜其復來，而毓珣亦深悉粵之利弊，首重民食，核實常平，積穀三百萬石。他如催科有法，獄訟不擾，端士習，淑民風，百廢具舉。世宗即

---

[1] "五十五"，《清史稿》卷二九二《孔毓珣傳》作"五十六"。按，《清實錄·康熙朝實錄》卷二七一載，康熙五十六年正月辛巳，升湖廣上荊南道孔毓珣爲廣西按察使司按察使。

位，嘉其勞，加總督銜以寵重之。雍正二年，授兵部尚書，總督兩廣軍務，乃建議改連山、陽山二縣直隸連州，以便控御。裁碣石守備，設同知，駐衛城，以資彈壓。沿海數千里，多宿重兵，餉道迴遠，恒苦不繼，議於提鎮協營各建倉儲穀，依常平例，計口借給，以足兵食。又請撥廣西倉穀三十萬石，分貯東省，以備賑糶。先後條奏，皆得旨允行。

五年春，入覲，奉命先偕河漕、督撫諸臣會勘蘇松水利事宜。毓珣議先開劉家河入海故道，而吳淞、白茆、七浦亦應次第疏築。事雖不行，朝議韙之。將還粵，予假展謁祖林。道宿州靈壁間，見溝渠不通，水潦停積，恐為河患，具疏入告。上為申飭河臣修治。

八年，河督齊蘇勒卒，上念此任非毓珣不可，命移節治河，親指授方略，以黃淮交衝，自山盱、高寶至瓜州隄防不足賴，宜有源流兼治之法，而高堰勢尤險要，將發帑金百萬以專力治之。時毓珣年六十五矣，奉命從事，不憚勞瘁，衝風冒雪，往來洪濤巨浪間，以是遘疾。上聞，賜人參藥餌，命其子刑部郎中傅熹帶同御醫孟旭、胡徵麟弛驛往視。未至，而遺疏已入。上為震悼，賜祭葬。謚曰溫僖。

子三：傅熹，其長子也。初知四川蓬溪縣，及毓珣為川藩，以例引避，改知河南偃師。歷南陽府同知，陞山東濟南知府，改江西贛州，所至皆有循聲。其在偃師也，歲旱，不及申請，即開倉借賑，又力請於上官，免軍前運米之役，民至今德之。其在贛，以命案與上官爭，不相得，劾其才力不及，改刑部員外郎，尋陞本部郎中。引疾致仕，卒於家。

述曰：方伯連帥，擁節鉞，總數十州，跨地千餘里，帶甲之士數十萬，土地、人民、城池、貢賦、器甲之屬隸府下，生殺、黜陟、予奪惟其命，職任重而權勢易以相傾，故非①昌黎所云："有②文武威風、知大體、可畏信者，則不幸往往有事。"若數君子，正直廉幹，克靖一方，《詩》曰："之屏之翰，百辟為憲。"其斯人之謂與！

---

① "非"，衍字。
② "有"字前，《韓愈文集》卷二一《送工部鄭尚書序》有"非"字。

子孫著聞者第十五之十

融，字文舉，先聖二十代孫。父宙，有傳。融四歲時，與諸兄共食棃，輒引小者，人問其故，答曰："我小兒，法當取小者。"由是宗族奇之。

年十歲，隨父詣京師。時河南尹李膺以簡重自居，不妄接士賓客，勑外自非當世名人及與通家，皆不得白。融欲觀其人，故造膺門。語門者曰："我是李君通家子弟。"門者言之。膺請融，問曰："高明祖父嘗與僕有恩舊乎？"融曰："然。先君孔子與君先人李老君同德比義，而相師友，則融與君累世通家。"衆坐莫不嘆息。太中大夫陳煒後至，坐中以告煒。煒曰："夫人小而聰了，大未必奇。"融應聲曰："觀君所言，將不早慧乎？"膺大笑曰："高明必爲偉器。"

年十三，喪父，哀悴過毀，扶而後起，州里歸其孝。性好學，博涉多該覽。

山陽張儉爲中常侍侯覽所怨，覽爲刊章下州郡，以名捕儉。儉與融兄褒有舊，亡抵於褒，不遇。時融年十六，儉少之而不告。融見其有窘色，謂曰："兄雖在外，吾獨不能爲君主邪？"因留舍之。後事泄，國相以下，密就掩捕，儉得脫走，遂并收褒、融送獄。二人未知所坐。融曰："保納舍藏者，融也，當坐之。"褒曰："彼來求我，非弟之過，請甘其罪。"吏問其母，母曰："家事任長，妾當其辜。"一門爭死，郡縣疑不能決，乃上讞之。詔書竟坐褒焉。融由是顯名，與平原陶丘洪、陳留邊讓齊聲稱。州郡禮命，皆不就。

辟司徒楊賜府。時隱覈官僚之貪濁者，將加貶黜，融多舉中官親族。尚書畏迫內寵，召掾屬詰責之。融陳對罪惡，言無阿撓。河南尹何進當遷爲大將軍，楊賜遣融奉謁賀進，不時通，融即奪謁還府，投劾而去。河南官屬恥之，私遣劍客欲追殺融。客有言於進曰："孔文舉有重名，將軍若造怨此人，則四方之士引領而去矣。不如因而禮之，可以示廣於天下。"進然之，既拜而辟融，舉高第，爲侍御史。與中丞趙舍不同，托病歸家。

後辟司空掾，拜中軍候。在職三日，遷虎賁中郎將。會董卓廢立，融每因對答，輒有匡正之言。以忤卓旨，轉爲議郎。時黃巾寇數州，而北海最爲賊衝，卓乃諷三府同舉融爲北海相。

融到郡，收合士民，起兵講武，馳檄飛翰，引謀州郡。賊張饒等羣輩二十萬衆從冀州還，融逆擊，爲饒所敗，乃收散兵保朱虛縣。稍復鳩集吏民爲黄巾所誤者男女四萬餘人，更置城邑，立學校，表顯儒術，薦舉賢良鄭康成、彭璆、邴原等。郡人甄子然、臨孝存知名早卒，融恨不及之，乃命配食縣社。其餘雖一介之善，莫不加禮焉。郡人無後及四方遊士有死亡者，皆爲棺具而斂葬之。時黄巾復來侵暴，融乃出屯都昌，爲賊管亥所圍。融逼急，乃遣東萊太史慈求救於平原相劉備。備驚曰：“孔北海乃復知天下有劉備邪？”即遣兵三千救之，賊乃退走。

時袁、曹方盛，而融無所協附。左丞黄祖者，稱有意謀，勸融有所結納。融知紹、操終圖漢室，不欲與同，故怒而殺之。

融負其高氣，志在靖難，而才疏意廣，迄無成功。在郡六年，劉備表領青州刺史。建安元年，爲袁譚所攻，自春至夏，戰士所餘裁數百人，流矢雨集，戈矛内接。融隱几讀書，談笑自若。城夜陷，乃奔山東，妻子爲譚所虜。

及獻帝都許，徵融爲將作大匠，遷少府。每朝會訪對，融輒引正定議，公卿大夫皆隸名而已。

袁術僭亂，曹操以楊彪與術爲婚姻，誣以欲圖廢置，奏收下獄，劾以大逆。融聞之，不及朝服，往見操，曰：“楊公四世清德，海内所瞻。《周書》：‘父子兄弟，罪不相及。’況以袁氏歸罪楊公？《易》稱積善餘慶，徒欺人耳！”操曰：“此國家之意。”融曰：“假使成王殺召公，周公可得言不知邪？今天下縲綏搢紳，所以瞻仰明公者，以公聰明仁智，輔相漢朝，舉直厝枉，致之雍熙也。今橫殺無辜，則海内觀聽，誰不解體？孔融，魯國男子，明日便當拂衣而去，不復朝矣。”操不得已，遂理出彪。

初，太傅馬日磾奉使山東，及至淮南，數有意於袁術。術輕侮之，遂奪取其節，求去又不聽，因欲逼爲軍師。日磾深自恨，遂嘔血而斃。及喪還，朝廷議欲加禮。融乃獨議曰：“日磾以上公之尊，秉髦節之使，銜命直指，寧輯東夏，而曲媚姦臣，爲所牽率，章表署用，輒使首名，附下罔上，姦以事君。昔國佐當晉軍而不撓，宜僚臨白刃而正色。王室大臣，豈得以見脅爲辭！又袁術僭逆，非一朝一夕，日磾隨從，周旋歷歲。《漢律》與罪人交關三日以上，皆應知情。《春秋》魯叔孫得臣卒，以不發揚襄仲之罪，貶不書日。鄭人討幽公之亂，斲子家之棺。聖上哀矜舊臣，未忍追案，不宜加禮。”朝廷從之。

時論者多欲復肉刑。融乃建議曰：“古者敦厖，善否不別，吏端刑清，政無過失。百姓有罪，皆自取之。末世陵遲，風化壞亂，政撓其俗，法害其人。故曰上失其道，民散久矣。而欲繩之以古刑，投之以殘棄，非所謂與時消息者也。紂斫朝涉之脛，天下謂爲無道。夫九牧之地，千八百君，若各刖一人，是天下常有千八百紂也。求俗休和，弗可得已。且被刑之人，慮不念生，志在思死，類多趨惡，莫復歸正。夙沙亂齊，伊戾禍宋，趙高、英布，爲世大患。不能止人遂爲非也，適足絕人還爲善耳。雖忠如鬻權，[①]信如卞和，智如孫臏，冤如巷伯，才如史遷，達如子政，一離刀鋸，没世不齒。是太甲之思庸，穆公之霸秦，南睢之骨立，衛武之《初筵》，陳湯之都賴，魏尚之守邊，無所復施也。漢開改惡之路，凡爲此也。故明德之君，遠度深惟，棄短就長，不苟革其政者也。”朝廷善之，卒不改焉。

是時荆州牧劉表不供職貢，多行僭僞，遂乃郊祀天地，擬斥乘輿。詔書班下其事。融上疏曰：“竊聞領荆州牧劉表桀逆放恣，所爲不軌，至乃郊祭天地，擬儀社稷。雖昏僭惡極，罪不容誅，至於國體，宜且諱之。何者？萬乘至重，天王至尊，身爲聖躬，國爲神器，陛級縣遠，禄位限絕，猶天之不可階，日月之不可逾也。每有一豎臣，輒云圖之，若形之四方，非所以杜塞邪萌。愚謂雖有重戾，必宜隱忍。賈誼所謂‘擲鼠忌器’，蓋謂此也。是以齊兵次楚，惟責包茅；王師敗績，不書晉人。前已露袁術之罪，今復下劉表之事，是使跂踦欲闚高岸，天險可得而登也。案表跋扈，擅誅列侯，遏絕詔命，斷盜貢篚，招呼元惡，以自營衛，專爲羣逆，主萃淵藪。郜鼎在廟，章孰甚焉！桑落瓦解，其勢可見。臣愚以爲宜隱郊祀之事，以崇國防。”

五年，南陽王馮、東海王祇薨，帝傷其早没，欲爲修四時之祭，以訪於融。融對曰：“聖恩敦睦，盛時增思，悼二王之靈，發哀愍之詔，稽度前典，以正禮制。竊觀故事，前梁懷王、臨江愍王、齊哀王、臨淮懷王並薨無後，同産昆弟，即景、武、昭、明四帝是也，未聞前朝修立祭祀。若臨時所施，則不列傳紀。臣愚以爲諸在沖齔，聖慈哀悼，禮同成人，加以號諡者，宜稱上恩，祭祀禮畢，而後絕之。至於一歲之限，不合禮意，又違先帝已然之法，所未敢處。”

初，操攻屠鄴城，袁氏婦子多見侵略，而操子丕私納袁熙妻甄氏。融乃與操書，稱“武王伐紂，以妲己賜周公”。操不悟，後問出何經典。對曰：“以今度之，想當然耳。”後操討烏桓，又嘲之曰：“大將軍遠征，蕭條海外。昔肅慎氏不貢楛矢，丁零盜蘇武牛羊，可并案也。”

時年饑兵興，操表制酒禁，融頻書爭之，多侮慢之辭。融既見操雄詐漸著，數不能堪，故發辭偏宕，多致乖忤。又嘗奏宜準古王畿之制，千里寰內，不以封建諸侯。操疑其所論建漸廣，益憚之。然以融名重天下，外相容忍，而潛忌正議，慮鯁大業。山陽郗慮，字鴻豫，漢獻帝嘗時見融及慮，問融曰：“鴻豫何所優長？”融曰：“可與適道，未可與權。”慮舉笏曰：“融昔宰北海，政散人流，其權安在？”遂與融互相長短，以至不睦。操以書和解之。慮復承望操風旨，以微法奏免融官。因顯明讎怨，操故書激厲融。融報

曰："猥惠書教，告所不逮。融與鴻豫州里比鄰，知之最早。雖嘗陳其功美，欲以厚於見私，信於為國，不求其覆過掩惡，有罪望不坐也。前者黜退，懽欣受之。昔趙宣子朝登韓厥，夕被其戮，喜而求賀。況無彼人之功，而敢枉當官之平哉！忠非三閭，知非晁錯，竊位為過，免罪為幸。乃使餘論遠聞，所以懯懼也。朱、彭、寇、賈，為世壯士，愛惡相攻，能為國憂。至於輕弱薄劣，猶昆蟲之相嚙，適足還害其身，誠無所至也。晉侯嘉其臣所爭者大，而師曠以為不如心競。性既遲緩，與人無傷，雖出胯下之負，榆次之辱，不知貶毀之於己，猶蚊虻之一過也。子產謂人心不相似，或矜勢者，欲以取勝為榮，不念宋人待四海之客，大鑪不欲令酒酸也。至於屈穀巨瓠，堅而無竅，當以無用罪之耳。他者奉遵嚴教，不敢失墜。郗為故吏，融所推進。趙衰之拔郤穀，不輕公叔之升臣也。知同其愛，訓誨發中。雖懿伯之忌，猶不得念，況恃舊交，而欲自外於賢吏哉！輒布腹心，修好如初。苦言至意，終身誦之。"

歲餘，復拜太中大夫。性寬容少忌，好士，喜誘益後進。及退閒職，賓客日盈其門。常嘆曰："坐上客常滿，尊中酒不空，吾無憂矣。"與蔡邕素善，邕卒後，有虎賁士貌類於邕，融每酒酣，引與同坐，曰："雖無老成人，且有典刑。"融聞人之善，若出諸己，言有可采，必演而成之，面告其短，而退稱所長，薦達賢士，多所獎進，知而未言，以為己過，故海內英俊皆信服之。

平原禰衡與融善，融嘗上疏薦之曰："臣聞洪水橫流，帝思俾乂，旁求四方，以招賢俊。昔孝武繼統，將弘祖業，疇咨熙載，羣士響臻。陛下睿聖，纂承基緒，遭遇阨運，勞謙日昃。惟嶽降神，異人並出。竊見處士平原禰衡，年二十四，字正平，淑質貞亮，英才卓鑠。初涉藝文，升堂睹奧，目所一見，輒誦於口，耳所瞥聽，不忘於心。性與道合，思若有神。弘羊潛計，安世默識，以衡準之，誠不足怪。忠果正直，志懷霜雪，見善若驚，疾惡如讎。任座抗行，史魚厲節，殆無以過也。鷙鳥累百，不如一鶚。使衡立朝，必有可觀。飛辯騁辭，溢氣坌涌，解疑釋結，臨敵有餘。昔賈誼求試屬國，詭係單于；終軍欲以長纓，牽致勁越。弱冠慷慨，前世美之。近日路粹、嚴象，亦用異才擢拜臺郎，衡宜與為比。如得龍躍天衢，振翼雲漢，揚聲紫微，垂光虹蜺，足以昭近署之多士，增四門之穆穆。鈞天廣樂，必有奇麗之觀；帝室皇居，必蓄非常之寶。若衡等輩，不可多得。《激楚》《揚阿》，至妙之容，掌技者之所貪；飛兔、騕褭，絕足奔放，良、樂之所急。臣等區區，敢不以聞？"

融愛衡才，數稱述於操。操既積嫌忌，而郗慮復搆成其罪，遂令丞相軍謀祭酒路粹枉狀奏融曰："少府孔融，昔在北海，見王室不靜，而招合徒眾，欲規不軌，云'我大聖之後，而見滅於宋，有天下者，何必卯金刀'。及與孫權使語，謗訕朝廷。又融為九列，不遵朝儀，禿巾微行，唐突宮掖。又前與白衣禰衡跌蕩放言，云"父之於子，當有何親？論其本意，實為情欲發耳。子之於母，亦復奚為？譬如寄物瓶中，出則離矣"。既而與衡更相贊揚。衡謂融曰：‘仲尼不死。’融答曰：‘顏回復生。’大逆不道，宜極重誅。”書奏，下獄棄市。時年五十六。妻子皆被誅。

初，女年七歲，男年九歲，以其幼弱得全，寄他舍。二子方弈棋，融被收而不動。左右曰：“父執而不起，何也？”答曰：“安有巢毀而卵不破乎！”主人有遺肉汁，男渴而飲之。女曰：“今日之禍，豈得久活，何賴知肉味乎？”兄號泣而止。或言於操，遂盡殺之。及收至，謂兄曰：“若死者有知，得見父母，豈非至願！”乃延頸就刑，顏色不變，莫不傷之。

初，京兆人脂習元升，與融相善，每戒融剛直。及被害，許下莫敢收者，習往撫尸曰：“文舉舍我死，吾何用生爲？”操聞大怒，將收習殺之，後得赦出。黃初中，以習有欒布之節，加中散大夫。

魏文帝深好融文辭，嘆曰：“揚、班儔也。”募天下有上融文章者，輒賞以金帛。所著詩、頌、碑文、論議、六言、策文、表、檄、教令、書記凡二十五篇。

述曰：范蔚宗《後漢書•傳贊》云：“昔諫大夫鄭昌有言：‘山有猛獸者，藜藿爲之不採。’是以孔父正色，不容弒虐之謀；平仲立朝，有紓盜齊之望。若夫文舉之高志直情，其足以動義概而忤雄心。故使移鼎之迹，事隔於人存；代終之規，啓機於身後也。夫嚴氣正性，覆折而已。豈有負园委屈，可以每其生哉！懍懍焉，皜皜焉，其與琨玉秋霜比質可也。’”諒哉！

又，《譜》載融爲宙第四子，上有三兄：曰晨，曰謙，曰褒；下有一弟：曰昱。按：融以建安十三年見殺，年五十六。其生也，應於永興元年癸巳。梁冀之伏誅也，在延熹二年己亥。是時，融生止七歲，而《昱傳》中已有“大將軍梁冀辟，不應”語，則昱之齒長於融也明甚，不得云昱爲融弟也。

又，《後漢書》注曰：“融兄弟七人，融第六。”今云宙五子，融居四，是皆《譜》之可疑者。再考《漢太山都尉碑》，宙以延熹六年卒。融年僅十一，而《本傳》曰“年十三，喪父”。張儉亡命在建寧二年，融已十七，而曰“年十六，儉少之”。又誤在史矣。爲附識於此。

闕里文獻考卷八三

子孫著聞者第十五之十一

愉，字敬康，先聖二十五代孫。六世祖彪，與其兄宙同傳。五世祖義，魏大鴻臚。高祖郁，冀州刺史。曾祖潛，太子少傅，避地會稽，因家焉。祖竺，吳豫章太守。父恬，吳侍中選曹尚書，湘東太守。歷世有名江左。愉年十三而孤，養祖母以孝聞，與同郡張茂偉康、丁潭世康齊名，時人號曰“會稽三康”。

吳平，愉遷於洛。晉惠帝末，歸鄉里，行至江淮間，遇石冰、封雲爲亂，雲逼愉爲參軍，不從，將殺之，賴雲司馬張統營救獲免。東還會稽，入新安山中，改姓孫氏，以稼穡讀書爲務，信著鄉里。後忽捨去，皆謂爲神人，而爲之立祠。永嘉中，元帝始以安東將軍鎮揚土，命愉爲參軍。邦族尋求，莫知所在。建興初，始出應召，爲丞相掾，仍除駙馬都尉、參丞相軍事，時年已五十矣。以討華軼功，封餘不亭侯。愉嘗行經餘不亭，見籠龜於路者，愉買而放之溪中，龜中流左顧者數四。及是，鑄侯印，而印龜左顧，三鑄如初。印工以告，愉乃悟，遂佩焉。

元帝爲晉王，使長兼中書郎。於時刁協、劉隗用事，王導頗見疏遠。愉陳導忠賢，有佐命之勳，謂事無大小皆宜諮訪。由是不合旨，出爲司徒左長史，累遷吳興太守。沈充反，愉棄官還京師，拜御史中丞，遷侍中、太常。及蘇峻反，愉朝服守宗廟。初，愉爲司徒長史，以平南將軍溫嶠母亡遭亂不葬，乃不過其品。至是，峻平，而嶠有重功，愉往石頭詣嶠，嶠執愉手而流涕曰：“天下喪亂，忠孝道廢。能持古人之節，歲寒不凋者，惟君一人耳。”時人咸稱嶠居公而重愉之守正。尋徙大尚書，遷安南將軍、江州刺史，不行。轉尚書右僕射，領東海王師。尋遷左僕射。

咸和八年，詔曰：“尚書令玩、左僕射愉並恪居官次，祿不代耕。端右任重，先朝所崇，其給玩親信三十人，愉二十人，廩賜。”愉上疏固讓，優詔不許。重表曰：“臣以朽闇，忝廁朝右，而以惰劣，無益毗佐。方今強寇未殄，疆場日駭，政煩役重，百姓困苦，姦吏擅威，暴民肆虐。大弊之後，倉庫空虛，功勞之士，賞報不足，因悴之餘，未見拯恤，呼嗟之怨，人鬼感動。宜并官省職，貶食節用，勤撫其民，以濟其艱。臣等不能贊揚大化，糾明刑政，而偷安高位，橫受寵給，無德而祿，殃必及之，不敢橫受殊施，以重罪戾。”從之。王導聞而非之，於都坐謂愉曰：“君言姦吏擅威，暴民肆虐，爲患是誰？”愉欲大論朝廷得失，陸玩抑之乃止。後導將以趙胤①爲護軍，愉謂導曰：“中興以來，處此官者，周伯仁、應思遠耳。今誠乏才，豈宜以趙胤居之邪！”導不從。由是爲導所銜。

後省左右僕射，以愉爲尚書僕射。愉年在懸車，累乞骸骨，不許。轉護軍將軍，加散騎常侍。復徙領軍將軍，加金紫光禄大夫，領國子祭酒。頃之，出爲鎮軍將軍、會稽內史，加散騎常侍。句章縣有漢時舊陂，毀廢數百年。愉自巡行，修復故堰，溉田二百餘頃，皆成良業。在郡三年，乃營山陰湖南侯山下數畝地爲宅，草屋數間，便棄官居之。送資數百萬，悉無所取。病篤，遺令斂以時服，鄉邑義賵，一不得受。年七十五，咸康八年卒。贈車騎將軍、開府儀同三司，謚曰貞。

三子：誾、汪、國。誾嗣爵，位至建安太守。

汪，字德澤，好學有志行，孝武帝時，位至侍中。時茹千秋以佞媚見幸於會稽王道子，汪屢言之於帝，帝不納。遷尚書太常卿，以不合意，求出，爲假節都督交廣二州諸軍事、征虜將軍、平越中郎將、廣州刺史，甚有政績，爲嶺表所稱。太元十七年卒。

國，字安國，年小諸兄三十餘歲。羣從諸兄並乏才名，以富彊自立，惟國與汪，少屬孤貧之操。汪既以直亮稱，國亦以儒素顯。孝武帝時甚蒙禮遇，仕歷侍中、太常。及帝崩，國形素羸瘦，服衰絰，涕泗竟日，見者以爲真孝。再爲會稽內史、領軍將軍。安帝隆安中，下詔曰：“領軍將軍孔國貞慎清正，出内播譽，可以本官領東海王師，必能導達津梁，依仁遊藝。”後歷尚書左右僕射。義熙四年卒，贈左光禄大夫。按：國，《晉書》作“安國”，蓋疑以字行也。

述曰：貞侯忠孝廉正，爲時名臣。而二子以直亮清慎，並見重當世，可爲能克其家者矣。餘不溪徑今浙江德清縣，縣人立祠其地，歲時享祀不絶，抑所謂聰明正直而壹没則可祀於鄉者歟！至若當世目爲神人及龜鈕左顧之事，其說近誕，儒者所不道云。

---

① “胤”，原書避清諱作“蔭”，據《晉書》卷七八《孔愉傳》回改。下同。

子孫著聞者第十五之十二

　　坦，字君平，先聖二十六代孫，居會稽。曾祖竺，見從父愉傳。祖冲，晉丹陽太守、尚書令。父侃，大司農。坦少方直，有雅望，通《左氏傳》，解屬文。元帝爲晉王，以坦爲世子文學。東宮建，補太子舍人，遷尚書郎。時臺郎初到，普加策試，帝手策問曰："吳興徐馥爲賊，殺郡將，郡今應舉孝廉不？"坦對曰："四罪不相及，殛鯀而興禹。徐馥爲逆，何妨一郡之賢！"又問："姦臣賊子弑君，污宮瀦宅，莫大之惡也。鄉舊廢四科之選，今何所依？"坦曰："季平子逐魯昭公，豈可廢仲尼也！"竟不能屈。

　　先是，以兵亂之後，務存慰悦，遠方秀孝到，不策試，普皆除署。至是，帝申明舊制，皆令試《經》，有不中科，刺史、太守免官。太興三年，秀孝多不敢行，其有到者，並托疾。帝欲除署孝廉，而秀才如前制。坦奏議曰：

　　　　臣聞經邦建國，教學爲先，移風崇化，莫尚斯矣。古者且耕且學，三年而通一經，以平康之世，猶假漸漬以日月。自喪亂以來，十有餘年，干戈載揚，俎豆禮戢，家廢講誦，國闕庠序，率爾責試，竊以爲疑。然宣下以來，涉歷三載，累遇慶會，遂未一試。揚州諸郡，接近京都，懼累及君父，多不敢行。其遠州邊郡，掩誣朝廷，冀於不試，冒昧來赴，既到審試，遂不敢會。臣遇以不會與不行，其爲闕也同。若當偏加除署，是爲肅法奉憲者失分，僥倖投射者得官，頹風傷教，懼於是始。

　　　　夫王言如絲，其出如綸，臨事改制，示短天下，人聽有惑，臣竊惜之。愚以王命無二，憲制宜信。去年察舉，一皆策試。如不能試，可不拘到，遣歸不署。又秀才雖以事策，亦氾問經義，苟所未學，實難闇通，不足復曲碎垂例，違舊造異。謂宜因其不會，徐更革制。可申明前命，崇修學校，普延五年，以展講習，鈞法齊訓，示人軌則。夫信之與法，爲政之綱，施之家室，猶弗可貳，況經國之典而可瀆黷乎！"

帝納焉。聽孝廉申至七年，秀才如故。

時典客令萬默領諸胡，胡人相誣，朝廷疑默有所偏助，將加大辟。坦獨不署，由是被譴，遂棄官歸會稽。久之，除領軍司馬，未赴召。會王敦反，與右衛將軍虞潭俱在會稽起義，而討沈充。事平，始就職。揚州刺史王導請爲別駕。

咸和初，遷尚書左丞，深爲臺中之所敬憚。尋屬蘇峻反，坦與司徒司馬陶回白王導曰：“及峻未至，宜急斷阜陵之界，守江西當利諸口，彼少我衆，一戰決矣。若峻未至，可往逼其城。今不先往，峻必先至。先人有奪人之功，時不可失。”導然之。庾亮以爲峻脱徑來，是襲朝廷虛也，故計不行。峻遂破姑熟，取鹽米，亮方悔之。坦謂人曰：“觀峻之勢，必破臺城。自非戰士，不須戎服。”既而臺城陷，戎服者多死，白衣者無他，時人稱其先見。及峻挾天子幸石頭，坦奔陶侃，侃引爲長史。時侃等夜築白石壘，至曉而成。聞峻軍嚴聲，咸懼來攻。坦曰：“不然。若峻攻壘，必須東北風急，令我水軍不得往救。今天清静，賊必不動，決遣軍出江乘，掠京口以東矣。”果如所籌。時郗鑒鎮京口，侃等各以兵會。既至，坦議以爲本不應須召郗公，遂使東門無限。今宜遣還，雖晚，猶勝不也。侃等猶疑，坦固争甚切，始令鑒還據京口，遣郭默屯大業，又令驍將李閎、曹統、周光與默并力，賊遂勢分，卒如坦計。

及峻平，以坦爲吳郡太守。自陳吳多賢豪，而坦年少，未宜臨之。王導、庾亮並欲用坦爲丹陽尹。時亂離之後，百姓凋弊，坦固辭之。導等猶未之許。坦慨然曰：“昔肅祖臨崩，諸君親據御牀，共奉遺詔。孔坦疏賤，不在顧命之限。既有艱難，則以微臣爲先。今猶俎上肉，任人膾截耳！”乃拂衣而去。導等亦止。於是遷吳興内史，封晉安男，加建威將軍。以歲饑，運家米以賑窮乏，百姓賴之。時使坦募江淮流人爲軍，有殿中兵，因亂東還，來應坦募，坦不知而納之。或諷朝廷，以坦藏臺叛兵，遂坐免。尋拜侍中。

咸康元年，石聰寇歷陽，王導爲大司馬，討之，請坦爲司馬。會石勒新死，季龍專恣，石聰及譙郡太守彭彪等各遣使請降。坦與聰書曰：

　　華狄道乖，南北迥邈，瞻河企宋，每懷飢渴。數會陽九，天禍晉國，姦凶猾夏，乘釁肆虐。我德雖衰，天命未改。乾符啓再集之慶，中興應靈期之會，百六之艱既過，維新之美日隆。而神州振蕩，遺氓波散，誓命戎狄之手，蹋蹐豺狼之穴，朝廷每臨寐永嘆，痛心疾首。天罰既集，罪人斯隕，王旅未加，自相魚肉。豈非人怨神怒，天降其災！蘭艾同焚，賢愚所嘆，哀矜[1]勿喜，我后之仁，大赦曠廓，惟季龍是討。彭譙使至，粗具動静，知將軍忿疾醜類，翻然同舉。承問欣豫，慶若在己。

---

① “哀矜”，原書倒乙，據《晉書》卷七八《孔坦傳》訂正。

何知幾之先覺，介石之易悟哉！引領來儀，怪無聲息。

　　將軍出自名族，誕育洪胄。遭世多故，國傾家覆，生離親屬，假養異類。雖逼偪僭寵，將亦何賴！聞之者猶或有悼，況身嬰之，能無憤慨哉！非我族類，其心必異，誠反族歸正之秋，圖義建功之日也。若將軍喻納往言，宣之同盟，率關右之衆，輔河南之卒，申威趙魏，爲國前驅，雖竇融之保河西，①黥布之去項羽，比諸古今，未足爲喻。聖上寬明，宰輔弘納，雖射鉤之隙，賞之故行，雍齒之恨，侯之列國。況二三子無曩人之嫌，而遇天啓之會，當如影響，有何遲疑！

　　今六軍戒嚴，水陸齊舉，熊羆踴躍，齕齧爭先，鋒鏑一交，玉石同碎，雖復後悔，何嗟及矣！僕以不才，世荷國寵，雖實不敏，誠爲行李之主，區區之情，還信所具。夫機事不先，鮮不後悔，自求多福，唯將軍圖之。

朝廷遂不果北伐，人皆懷恨。

　　坦在職數年，遷侍中。時成帝每幸丞相王導府，拜導妻曹氏，有同家人，坦每切諫。時帝刻日納后，而尚書左僕射王彬卒，議者欲卻期。坦曰：“婚禮之重，重於救日蝕。救日蝕，有后之喪，太子墮井，則止。納后盛禮，豈可以臣喪而廢！”從之。及帝既加元服，猶委政王導，坦每發憤，以國事爲己憂，常從容言於帝曰：“陛下春秋已長，聖敬日躋，宜博納朝臣，諮諏善道。”由是忤導，出爲廷尉，怏怏不悅，以疾去職。加散騎常侍，遷尚書，未拜。

　　疾篤，庾冰省之，乃流涕。坦慨然曰：“大丈夫將終不問安國寧家之術，乃作兒女子相問邪！”冰深謝焉。臨終，與庾亮書曰：“不謂疾苦，遂至頓弊，自省綿綿，奄忽無日。修短命也，將何所悲！但以身往名没，朝恩不報，所懷未敍，即命多恨耳！足下以伯舅之尊，居方伯之重，抗威顧盼，名震天下，樏椽之佐，常願下風。使九服式序，四海一統，封京觀於中原，反紫極於華壤，是宿昔之所味詠，慷慨之本誠矣。今中道而斃，豈不惜哉！若死而有靈，潛聽風烈。”俄卒，時年五十一。追贈光禄勳，諡曰簡。亮報書曰：“廷尉孔君，神遊體離，嗚呼哀哉！得八月十五日書，知疾患轉篤，遂不起濟，悲恨傷楚，不能自勝。足下方在中年，素少疾患，雖天命有在，亦禍出不圖。且足下才經於世，世常須才，況於今日，倍相痛惜。吾以寡乏，忝當大任，國恥未雪，夙夜憂憤。常欲足下同在外藩，戮力時事。此情未果，來書奄至。申尋往復，不覺淚隕。深明足下慷慨之懷，深痛足下不遂之志。邈然永隔，夫復何言！謹遣報答，并致薄祭，望足下降神饗之。”子混嗣。

---

① “河西”，《晉書·孔坦傳》作“西河”。

嚴,字彭祖,先聖二十六代孫,居會稽。父倫,見祖奕傳。

嚴少仕州郡,歷司徒掾、尚書殿中郎。殷浩臨揚州,請爲別駕。遷尚書左丞。時朝廷崇樹浩,以抗擬桓溫,溫深以不平。浩又引接荒人,謀立功於閫外。嚴言於浩曰:"當今時事艱難,可謂百六之運,使君屈己應務,屬當其會。聖懷所以日昃匪懈,臨朝斤斤,每欲深根固本,静邊寧國耳,亦豈至私哉!而處任者所志不同,所見各異,人口云云,無所不至。頃來天時人情,良可寒心。古人爲政,防民之口甚於防川。間日侍坐,亦已粗申所懷,不審竟當何以鎮之?《老子》云:'夫惟不爭,則萬物不能與之爭',此言不可不察也,愚意故謂朝廷宜更明授任之方,韓、彭可專征伐,蕭、曹可守管籥,内外之任,各有攸司。深思廉、藺屈伸之道,平、勃相和之義,令婉然通順,人無間言,然後乃可保大定功,平濟天下也。又觀頃日降附之徒,皆人而獸心,貪而無親,難以義感。而聚著都邑,雜處人間,使君常疲聖體以接之,虛府庫以拯之,足以疑惑視聽耳。"浩深納之。

及哀帝踐阼,議所承統,時多異議。嚴與丹陽尹庾龢議曰:"順本居正,親親不可奪,宜繼成皇帝。"諸儒咸以嚴議爲長,竟從之。

隆和元年,詔曰:"天文失度,太史雖有祈禳之事,猶覬眚屢彰。今欲依鴻祀之制,於太極殿前庭親執虔肅。"嚴諫曰:"鴻祀雖出《尚書大傳》,先儒所不究,歷代莫之興,承天接神,豈可以疑殆行事乎?天道無親,惟德是輔,陛下祇順恭敬,留心兆庶,可以消災復異。皆已蹈而行之,德合神明,丘禱久矣,豈須屈萬乘之尊,修雜祀之事!君舉必書,可不慎與!"帝嘉之而止。以爲揚州大中正,不就。有司奏免,詔特以侯領尚書。

時東海王奕求海鹽、錢塘以水牛牽埭稅取錢直,帝初從之,嚴諫乃止。初,帝或施私恩,以錢帛賜左右。嚴又啓諸所別賜及給廚食,皆應減省。帝曰:"左右多困乏,故有所賜,今通斷之。又廚膳宜有減徹,思詳具聞。"嚴多所匡益。

太和中,拜吳興太守,加秩中二千石。善於宰牧,甚得人和。餘杭婦人經年荒,賣其子以活夫之兄子。武康有兄弟二人,妻各有孕,弟遠行未反,遇荒歲,不能兩全,棄其子而活弟子。嚴並褒薦之。又甄賞才能之士,論者美焉。五年,以疾去職,卒於家。三子:道民,宣城内史;静民,散騎侍郎;福民,太子洗馬。皆爲孫恩所害。

述曰:東晉僻居江左,地促勢衰,此正君臣枕戈待旦之秋也。乃將相疏庸,苟安自足。王導、庾亮既乏恢復之才,殷浩又祇以虛聲取累,遂使坐失事機,釀成禍亂,以致朔方雲擾,逆豎弄戈,圖之不臧,國用殄滅。讀二公傳,蓋未嘗不嘆息痛恨於若輩也。

子孫著聞者第十五之十三

琳之,字彥琳,先聖二十八代孫,居會稽。祖沉,有傳。父廞,吳興太守,累遷廷尉、光禄大夫,有文集十一卷。

琳之强正有志力,好文義,解音律,能彈棋,妙善草隸。郡命主簿,不就。後辟本國常侍、輕車尉。桓玄輔政爲太尉,以爲西閣祭酒。玄時議欲廢錢用穀帛,琳之議曰:

《洪範》八政,以貨次食,豈不以交易之所資,爲用之至要者乎? 故聖王制無用之貨,以通有用之財,既無毀敗之費,又省難運之苦,此錢所以嗣功龜貝,歷代不廢者也。穀帛爲寶,本充衣食,今分以爲貨,則致損甚多。又勞毀於商販之手,耗棄於割截之用,此之爲敝,著於自囊。故鍾繇曰:“巧僞之民,競蘊濕穀以要利,制薄絹以充資。”魏世制以嚴刑,弗能禁也。是以司馬芝以爲用錢非徒豐國,亦所以省刑。今既用而廢之,則百姓頓亡其財。是有錢無糧之人,皆坐而飢困,此斷錢之立敝也。且據今用錢之處不爲貧,用穀之處不爲富。又民習來久,革之必惑。語曰:“利不百,不易業。”況又錢便於穀邪? 魏明帝時,錢廢穀用,三十年矣。以不便於民,乃舉朝大議。精力達政之士,莫不以宜復用錢。彼尚舍穀帛而用錢,足以明穀帛之弊,著於已試也。

玄又議復肉刑,琳之以爲:“唐、虞象刑,夏禹立辟,蓋淳薄既異,致化不同,寬猛相濟,惟變所適。《書》曰‘刑罰世輕世重’,言隨時也。夫三代風純而事簡,故罕蹈刑辟;季末俗巧而務殷,故動陷憲網。若三千行於叔世,必有踊貴之尤,此五帝不相循法,肉刑不可悉復者也。漢文發仁惻之意,傷自新之路莫由,革古創制,號稱刑厝,然名輕而實重,反更傷民。故孝景嗣位,輕之以緩。緩而民慢,又不禁邪,期於刑罰之中,所以見美在昔,歷代詳論而未獲厥中者也。兵荒已後,罷法更多。棄市之刑,本斬右趾,漢文一謬,承而弗革,所以前賢悵恨,議之而未辯。鍾繇、陳羣之意,雖小有不同,而欲右趾代棄市。若從其言,則所活者衆矣。降死之生,誠爲輕法,可以全其性命,蕃其産育,仁既濟物,功亦益衆。又今之所患,逋逃爲先,屢叛不革,逃身靡所,亦以肅戒未犯,永絶惡原。至於餘條,且宜依舊制。”

玄好人附悦,而琳之不能順旨,是以不見知。遷楚臺員外散騎侍郎。遭母憂,去職。服闋,除司徒左西掾,以父致仕自解。時司馬休之爲會稽内史、後將軍,仍以琳之爲長史。父憂,去官。服闋,補太尉主簿,尚書左丞,揚州治中從事史,所居著績。

時責衆官獻便宜,議者以爲宜修庠序,恤典刑,審官方,明黜陟,舉逸拔才,務農簡調。琳之於衆議之外,別建言曰:“夫璽印者,所以辯章官爵,立契符信。官莫大於皇帝,爵莫尊於公侯。而傳國之璽,歷代迭用,襲封之印,奕世相傳,貴在仍舊,無取改作。今世唯尉一職,獨用一印,至於内外羣官,每遷悉改,討尋其義,私所未達。若謂官各異姓,與傳襲不同,則未若異代之爲殊也。若論其名器,雖有公卿之貴,未若帝王之重。若以或有誅夷之臣,忌其凶穢,則漢用秦璽,延祚四百,未聞以子嬰身戮國亡,而棄之不佩。帝王公侯之尊,不疑於傳璽,人臣衆僚之卑,何嫌於即印。載籍未聞其説,推例自乖其準。而終年刻鑄,喪功消實,金銀銅炭之費,不可稱言,非所以因循舊貫易簡之道。愚謂衆官即用一印,無煩改作。若有新置官,又官多印少,文或零失,然後乃鑄,則仰裨天府,非唯小益。”

又曰:“凶門柏裝,不出禮典,起自末代,積習生常,遂成舊俗。爰自天子,達於庶人,誠行之有由,卒革必駭。然苟無關於情,而有愆禮度,存之未有所明,去之未有所失,固當式遵先典,釐革後謬,況復兼以游費,實爲民害者乎!凡人士喪儀,多出閭里,每有此須,動十數萬,損民財力,而義無所取。至於寒庶,則人思自竭,雖復室如懸磬,莫不傾産殫財,所謂葬之以禮,其若此乎?謂宜謹遵先典,一罷凶門之式,表以素扇,足以示凶。”

又曰:“昔事故饑荒,米穀綿絹皆貴,其後米價登復,而絹於今一倍。綿絹既貴,蠶業者滋,雖勠厲兼倍,而貴猶不息。愚謂致此,良有其由。昔事故之前,軍器止用鎧而已,至於袍襖裲襠,必俟戰陳,實在庫藏,永無損毀。今儀從直衛及邀羅使命,有防衛送迎,悉用袍襖之屬,非唯一府,衆軍皆然。綿帛易敗,勢不支久。又晝以禦寒,夜以寢卧,曾未周年,便自敗裂。每絲綿新登,易折租以市,又諸府競收,動有千萬,積貴不已,實由於斯,私服爲之艱貴,官庫爲之空盡。愚謂若侍衛所須,固不可廢,其餘則依舊用鎧。小小使命送迎之屬,止宜給仗,不煩鎧襖。用之既簡,則其價自降。”

又曰:“夫不恥惡食,唯君子能之。殽饌尚奢,爲日久矣。今雖改張是弘,而此風未革。所甘不過一味,而陳必方丈,適口之外,皆爲悦目之費,富者以之示夸,貧者爲之單産,衆所同鄙,而莫能獨異。愚謂宜粗爲其品,使奢儉有中,若有不改,加以貶黜,則德儉之化,不日而流。”

遷尚書吏部郎。義熙六年，劉裕領平西將軍，以爲長史，大司馬琅邪王從事中郎。十一年，又除劉裕平北、征西長史，遷侍中。宋臺初建，除宋國侍中。出爲吳興太守，公事免。

裕受晉禪，是爲宋高祖。永初二年，召爲御史中丞，明憲直法，無所屈橈。奏劾尚書令徐羨之曰：“臣聞事上以奉憲爲恭，臨下以威嚴爲整。然後朝典惟明，苞衆必肅。斯道或替，則憲綱其頹。臣以今月七日，預皇太子正會。會畢車去，并猥臣停門待闡。有何人乘馬，當臣車前，收捕驅遣命去。何人罵詈收捕，諾審欲録。每有公事，臣常慮有紛紜，語令勿問，而何人獨罵不止，臣乃使録。何人不肯下馬，連叫大喚，有兩威儀走來，擊臣收捕。尚書令省事倪宗又牽威儀手力，擊臣下人。且云：‘中丞何得行凶，敢録令公人。凡是中丞收捕，威儀悉皆縛取。’臣敕下人一不得鬥，凶勢輒張，有頃乃散。又有羣人就臣車側，録收捕樊馬子，互行築馬子頓伏，不能還臺。臣自録非，本無對校，而宗敢乘勢凶恣，篡奪罪身。尚書令臣羨之，與臣列車，紛紜若此，或云羨之不禁，或云羨之禁而不止。縱而不禁，既乖國憲；禁而不止，又不經通。陵犯監司，凶聲彰赫，容縱宗等，曾無糾問，虧損國威，無大臣之體，不有準繩，風裁何寄。羨之内居朝右，外司輦轂，位任隆重，百辟所瞻。而不能弘惜朝章，肅是風軌。致使宇下縱肆，陵暴憲司，凶赫之聲，起自京邑，所謂己有短垣，而自逾之。又宗爲篡奪之主，縱不糾問，二三虧違，宜有裁貶。請免羨之所居官，以公還第。宗等篡奪之愆，已屬掌故御史隨事檢處。”詔曰：“小人難可檢御，司空無所問，餘如奏。”羨之任居朝端，不欲以犯憲示物。時羨之領揚州刺史，琳之弟璩之爲治中，羨之使璩之解釋琳之，停寢其事。琳之不許。璩之固陳，琳之謂曰：“我觸忤宰相，正當罪止一身爾，汝必不應從坐，何須勤勤邪！”自是百僚震肅，莫敢犯禁。高祖甚嘉之，行經蘭臺，親加臨幸。又領本州大中正，遷祠部尚書。不治產業，家尤貧素。

景平元年，卒，年五十五。追贈太常。著文集十卷。子邈，有父風，官至揚州治中從事史。邈子覬。

覬，字思遠。少骨鯁有風力，以是非爲己任。口吃，好讀書，早知名。宋初舉揚州秀才，補主簿，長沙王義欣鎮軍功曹，衡陽王義季安西主簿，户曹參軍，領南義陽太守，轉署記室，奉牋固辭，曰：“記室之局，實惟華要，自非文行秀敏，莫或居之。覬逐業之譽，無聞於鄉部；惰遊之貶，有編於疲農。直山淵藏引，用不遺棄，故得抃風儷潤，憑附彌年。今日之命，非所敢冒。昔之學優藝富，猶尚斯難，況覬能薄質魯，亦何容易。覬聞居方辨物，君人所以官才；陳力就列，自下所以奉上。覬雖不敏，常服斯言。今寵藉惟舊，舉非尚德，恐無以提衡一隅，僉允視聽者也。伏願天明照其心，請乞改今局，授以間曹，則鳧鶴從方，所憂去矣。”又曰：“夫以記室之要，宜須通才敏志，加性情勤密者。覬學不綜貫,性又疏惰,何可以屬知祕記,秉筆文閨。假吹之尤,方斯非濫。覬少淪常檢,本無遠植,榮進之願,何能忘懷。若實有螢爝,增暉光景,固其騰聲之日,飛藻之辰也。豈敢自求從容,保其淡逸。伏願矜其魯拙,業之有地,則曲成之施,終始優渥。"義季不能奪,遂得免。召爲通直郎,太子中舍人,建平王友祕書丞,中書侍郎,隨王誕安東諮議參軍,領記室,黄門侍郎,建平王宏中軍長史。復爲黄門。孝武帝孝建三年,拜臨海太守。

初,晉世散騎常侍選望甚重,與侍中不異,其後職任閒散,用人漸輕。至是,帝欲重其選,詔曰:"散騎職爲近侍,事居規納,置任之本,實惟親要,而頃選常侍,陵遲未允,宜簡選時良,永寘治轍。"於是吏部尚書顔竣奏曰:"常侍華選,職任俟才,新除臨海太守孔覬意業閑素,司徒長史王彧懷尚清理,並任爲散騎常侍。"帝不欲威權在下,其後分吏部尚書置二人,以輕其任。侍中蔡興宗謂人曰:"選曹要重,常侍閒淡,改之以名而不以實,雖主意欲爲輕重,人心豈可變邪。"既而常侍之選復卑,選部之貴不異。

覬領本州大中正。大明元年,改太子中庶子,領翊軍校尉,轉祕書監。欲以爲吏部郎,不果。遷廷尉卿,御史中丞,坐鞭令史,爲有司所糾,原不問。六年,除義興太守,未之任,爲尋陽王子房冠軍長史,加寧朔將軍,行淮南、宣城二郡事。其年,復除安陸王子綏冠軍長史、江夏内史,復隨府轉後軍長史如故。

覬爲人使酒仗氣,每醉輒彌日不醒,僚類間多所陵忽,尤不能曲意權幸,莫不畏而疾之。不治産業,居常貧罄,有無豐約,未嘗關懷。爲二府長史,典籤諮事,不呼前不敢前,不令去不敢去。雖醉日居多,而明曉政事,醒時判決,未嘗有壅。衆咸曰:"孔公一月二十九日醉,勝他人二十九日醒也。"帝每欲引見,先遣人覘其醉醒。性真素,不尚矯飾,遇得寶玩,服用不疑,而他物蠃敗,終不改易。時吴郡顧覬之亦尚儉素,衣裘器服,皆擇其陋者。宋世言清約,稱此二人。覬弟道存,從弟徽,頗營産業。二弟請假東還,覬出渚迎之,輜重十餘船,皆是綿絹紙席之屬。覬見之,僞喜,謂曰:"我比困乏,得此甚要。"因命置岸側,既而正色謂道存等曰:"汝輩忝預士流,何至還東作賈客邪!"命左右取火燒之,燒盡乃去。先是,潁川庾徽之爲御史中丞,性豪麗,服玩甚華,覬代之,衣冠器用,莫不蠃率。蘭臺令史並三吴富人,咸有輕之之意,覬蓬首緩帶,風貌清嚴,皆重迹屏氣,莫敢欺犯。

八年,覬自郢州行真,徵爲右衛將軍,未拜,徙司徒左長史,道存代覬爲後軍長史、江夏内史。時東土大旱,都邑米貴,一斗將百錢。道存慮覬甚乏,遣吏載五百斛米餉之。覬呼吏謂之曰:"我在彼三載,去官之日,不辦有路糧。二郎至彼未幾,那能便得此米邪?可載米還彼。"吏曰:"自古以來,無有載米上水者,都下米貴,乞於此貨之。"不聽,吏乃載米而去。廢帝永光元年,遷侍中,未拜,復爲江夏王義恭太宰長史,復出爲尋陽王子房右軍長史,加輔國將軍,行會稽郡事。

是年冬十一月,宋人弒廢帝而立湘東王彧,是爲明帝,召覬爲太子詹事,遣故左平西司馬庾業爲右軍司馬,代覬行會稽郡事。先是,廢帝使朱景雲持藥賜江州刺史晉安王子勛死,其長史鄧琬等不奉詔,遂舉兵尋陽。及得明帝即位,令書復爲子勛傳檄曰:"孤志遵前典,廢幽陟明,而湘東王彧矯害明茂,篡竊大寶,藐孤同氣,猶有十三,聖靈何辜,而當乏饗?"於是,雍、郢、荆諸州皆起兵應之。明年正月,二徐司豫、青、冀、湘、廣、梁、益諸州亦皆不奉明帝詔,共應江州。明帝以上流未附,遣都水使者孔璪入東慰勞。璪至,説覬以:"廢帝侈費,倉儲耗盡,都下罄匱,資用已竭。今南北並起,遠近離叛,若擁五郡之鋭,招動三吳,事無不克。"覬然其言,遂亦奉尋陽王子房發兵馳檄,以應子勛,遣書要吳郡太守顧琛,琛以母年篤老,又密邇京邑,與長子寶素謀未決。其少子寶先勸之。又見覬前鋒軍已渡浙江,遂據郡附覬。吳興太守王曇生、義興太守劉延熙、晉陵太守袁標,一時響應。庾業既東,明帝即以代延熙爲義興。業至長唐湖反,與延熙合兵,屯晉陵,部陳甚盛。

及巴陵王休若督沈懷明、張永、蕭道成等軍東討庾業,劉延熙、孔璪、王曇生、顧琛等諸軍相繼奔潰,延熙赴水死,業、璪等東走會稽。明帝又遣劉亮、全景文、孫超之進次永興同市,覬所遣陸孝伯、孔豫兩軍復與戰,又大敗。會稽聞西軍稍近,將士多奔亡,覬不能復制。上虞令王晏又起兵攻郡,覬以東西交逼,憂遽不知所爲。夜率千餘人聲云東討,實趨石潟,先已具船海浦,值湖涸不得去,衆叛都盡,門生載以小船,竄於嶠山村。覬既走,其從事中郎張綏封倉庫以降。王晏入城,殺綏,執尋陽王子房,縱兵大掠,府庫盡空。若邪村民獻其參軍軍主孔叡,將斬之。叡曰:"吾年已過立,未霑官伍,蒙知己之顧,以身許之,今日就死,亦何所恨。"含笑就戮。璪投門生陸林夫,林夫斬璪首以獻。覬爲嶠山村民縛送晏,晏曰:"此事孔璪之爲,無預卿事。可作首辭,當相爲申上。"覬曰:"江東處分,莫不由身,委罪求活,便是君輩行意耳。"晏乃斬之東閤外,臨死求酒,曰:"此平生所好。"時年五十一。初,覬之起兵也,夢行宣陽門道上,顧盼皆丘陵,覬寤,告人曰:"丘陵者弗平,建康其殆難克邪?"至是,果如其言。

弟道存,由江夏内史遷南海太守,歷黃門吏部郎,爲晉安王子勛侍中,行雍州事,子勛兵敗見殺。從弟徽,《譜》失之。

述曰:彥琳秉憲,見憚百寮;思遠清操,足澄濁俗。矯矯之風,復乎尚矣! 雖思遠稱兵向闕,史以叛書,然湘東繼統之時,有乖世及之序,輔子房以應子勛,是亦不忘孝武之意。事之不成,實關天命,不可與熙先輩同日而語也。

子孫著聞者第十五之十四

巢父，字弱翁，先聖三十七代孫。父如珪，見兄子戢傳。巢父少力學，與李白、韓準、裴政、張叔明、陶沔隱徂徠山，號“竹溪六逸”。

唐肅宗至德元年，永王璘稱兵江淮，辟署幕府，不應，鏟迹民伍。璘敗，知名。代宗廣德中，李季卿宣撫江淮，薦爲左衛兵曹參軍。三遷庫部員外郎。出爲涇原行軍司馬。累拜湖南觀察使，未行，會普王爲荆襄副元帥，署行軍司馬。俄而德宗狩奉天，行在擢給事中，爲河中、陝、華招討使，累上破賊方略，帝嘉納。

未幾，兼御史大夫，爲魏博宣慰使。巢父辯而才，見田悅，與言君臣大義，利害逆順，開曉其衆。是時，悅久不臣，而下皆厭亂，讙然喜曰：“不圖今日還爲王人！”酒中，悅起，自陳騎射工，曰：“陛下見用，何敵不摧。”巢父曰：“若爾，不早自歸，乃一劇賊耳。”悅曰：“能爲劇賊，豈不能爲功臣乎？”巢父曰：“國方多虞，待子而息。”悅謝焉。數日，田緒以失職怨望，因人情搖動，遂殺悅，與大將邢曹俊等聽命於巢父，巢父即以緒權知軍務，紓其難。

李懷光據河中，帝復令巢父宣慰，罷其兵，以太子太保授之。懷光素服待命，巢父不止。衆忿曰：“太尉無官矣！”方宣詔，乃譟而合，害巢父，并殺中人啖守盈。初，巢父至，懷光以其使魏博而田悅死，疑其謀出巢父，故軍亂不肯救。帝聞震悼，贈尚書左僕射，謚曰忠。詔具禮收葬，賜其家粟帛，存恤之。

勛，字英伯，巢父兄子戢二十代孫也。戢，有傳。戢次子溫諒，唐時登進士，爲左拾遺，生績，爲吉州軍事推官，值黃巢之亂，遂留吉州新淦居焉。績次子昌朋，生瑄，登南唐進士，官至陵陽太守。瑄第五子僑，爲宋泉州安溪主簿，生彧。彧，單州防禦使，兼淮南招討使，生應求。應求以學士承旨出知亳州，貶鄆州團練副使，生少臻。少臻，遷居安山，生職。職，新野尹，生興宗。興宗生湘，湘生樞。樞，明經進士，官至江陵太守，生伯巽。伯巽生從星。勛高祖士倫，從星長子也，任惠州府同知。曾祖思極。祖克德。父希震。勖,明初以宋濂薦授行人,奉使兩廣,廣人德之,爲立生祠。丁母憂歸。朝命三起,終不應。卒,賜諭祭。

述曰:使於四方,不辱君命,於吾宗得二人焉。乃一則生有榮名,一則卒罹禍難,豈亦有命存乎其間邪!然弱翁雖不得其死,而抗節强藩,恃正義以觸羣不肖。嗚呼,偉哉!千載猶有生氣矣。

子孫著聞者第十五之十五

承恭，字光祖，先聖四十三代孫。五世祖戡，有傳。高祖溫資，唐太子少傅。曾祖晃，後人避宋太宗諱，改爲"照"，《宋史》作"迥"，萊州刺史。祖昌庶，虞部郎中。唐昭宗東遷，舉族隨之，遂占籍河南。父莊，爲晉右諫議大夫。由戡至莊，皆登進士第。承恭，莊之子也。以門廕授祕書省正字，歷溫、安豐二縣主簿。時王審琦節制壽春，以承恭名家子，奏攝節度推官。府罷，調補鄭州録事參軍，入爲大理寺丞。獻宮詞，托意求進。宋太祖怒其引喻非宜，免所居官，放歸田里。

太宗即位，以赦復授舊官。時初榷酒，以承恭監西京酒麴，歲增課六千萬。遷大理正，議獄平允，擢庫部員外郎，判大理少卿事。遷屯田、兵部二郎中，同考校京朝官課第。端拱三年，①下詔曰："九寺三監，國之羽儀，制度聲名，往往而在。各有副貳，率其司存，品秩素高，職任尤重。郎吏遷授，斯爲舊章。比聞縉紳之流，頗以臺閣自許，目爲散地，甚無謂焉。朕將振之，自我而始。其以兵部郎中孔承恭爲太常少卿，魏羽爲祕書少監，户部郎中柴成務爲光禄少卿，魏庠爲衛尉少卿，張泊爲太僕少卿，吕端爲大理少卿，臧丙爲司農少卿，袁廓爲鴻臚少卿，工部郎中張雍爲太府少卿。"又以屯田郎中雷有終爲少府少監，虞部郎中索湘爲將作少監。時裴祚、慎從吉、宋雄先爲少卿，皆改授東宮官。

又詔承恭與左散騎常侍徐鉉刊正道書，俄以疾求解官，且言早遊嵩、少間，樂其風土，願卜居焉。帝詔見，哀其羸瘠，出御藥賜之，授將作監致仕。以其子玢同學究出身，爲登封縣尉，俾就禄養。未果行而卒，年六十二。

承恭少疏縱，及長，能折節自勵。嘗上疏請令州縣長吏詢訪耆老，求知民間疾苦、吏治得失；及舉令文"賤避貴，少避長，輕避重，去避來"，請詔京邑并諸州於要害處設木牌刻其字，違者論如律。帝皆爲行之。尤奉佛，多蔬食，所得奉禄，大半以飯僧。嘗

① 按："端拱"無三年，《宋大詔令集》卷一六〇《除少卿官詔》注作"淳化元年四月丁未"。

勸帝勿殺人，又請於征戰地修寺及普度僧尼，人多言其迂闊云。

公恂，字宗文，先聖五十八代孫。高祖思睿，有傳。曾祖克全，元淮安路教授。祖希泰，讀書知大義，元末，奉母避地不仕。父信，明永樂九年舉人。公恂事繼母極孝，景泰五年舉會試，聞母疾，不赴廷對。帝以問禮部，禮部具言其故，特遣使召之。日且午，備試卷不及，帝命翰林給以筆札。登第，即丁母憂歸。

六年，五十九代公薨。妾江訴嗣公幼弱，爲族人所侵，詔遣禮部郎治喪，公恂理家事。天順元年，授禮科給事中。言論侃侃，屢有建白，奉敕賞邊，宣布德意，禁革侵漁，人蒙實惠。五年，蘇州嘉定有滯獄未雪，詔往勘之，至即白，人皆服其明，以此益有名。七年，大學士李賢言：“公恂，大聖後；贊善司馬恂，宋大賢溫國公光後，宜輔導太子。”帝喜。同日拜少詹事，侍東宮講讀。入語孝肅皇后曰：“吾今日得聖賢子孫爲汝子傅。”孝肅后者，憲宗生母，方以皇貴妃有寵，於是具冠服拜謝，宮中傳以爲盛事云。

憲宗即位，改公恂大理左少卿。公恂言“臣世儒家，不通法律”，乃復少詹事。成化二年，上章言兵事，諸武臣譁然，給事中、御史交章駁之，下獄，謫漢陽知府，未至，丁父憂。三年，大學士商輅請復建言得罪者官，既服闋，得復故秩，尋陞南京詹事。七年卒，年五十九。著集二十卷。

述曰：光祖以佞佛貽譏，宗文則以言兵忤衆，迂怪疏闊，君子笑之。然二人居官蒞職，亦非漫無表見者，使舍其短而用其長，亦未必盡空言無實者也。

子孫著聞者第十五之十六

奮，字君魚。祖捷，十三代褒成烈侯次子也，官諸曹校尉。父永，漢平帝時爲侍中，五官中郎將。元始三年，安漢公王莽奏立明堂、辟雍，使永與少府平晏、義和劉歆、常侍謁者孫遷等治之。明年，明堂成，封永寧鄉侯，食邑千户。後爲莽大司馬。奮少從劉歆受《左氏春秋》，精究其義，歆自謂弗若也。或訪經傳於歆，歆曰：“幸問孔君魚，吾已還從之資道矣。”由是大以《春秋》見稱當世。

王莽之亂，奮與老母、幼弟避地河西，依大將軍竇融，常爲上賓，以從容論道爲事。光武帝建武五年，融請奮署議曹掾，守姑臧長。八年，賜爵關内侯。時天下擾亂，唯河西獨安，而姑臧稱爲富邑，通貨羌胡，市日四合，每居縣者，不盈數月輒至豐積。奮在職四年，財產無所增。事母孝謹，雖爲儉約，奉養極求珍膳。躬率妻子，同甘菜茹。時天下未定，士多不修節操，而奮力行清潔，爲衆人所笑，或以爲身處脂膏，不能以自潤，徒益苦辛耳。奮既立節，治尚仁平，太守梁統深相敬待，不以官屬禮之，常迎於大門，引入見母。

隴蜀既平，河西守令咸被徵召，財貨連轂，彌竟川澤。唯奮無資，單車就路。姑臧吏民及羌胡更相謂曰：“孔君清廉仁賢，舉縣蒙恩，如何今去，不共報德！”遂相賦斂牛馬器物千萬以上，追送數百里。奮謝之而已，一無所受。既至京師，除武都郡丞。

時隴西餘賊隗茂等夜攻府舍，殘殺郡守，賊畏奮追急，乃執其妻子，欲以爲質。奮年已五十，惟有一子，終不顧望，遂窮力討之。吏民感義，莫不倍用命焉。郡多氐人，便習山谷，其大豪齊鍾留者，爲羣氐所信向。奮乃率屬鍾留等令要遮鈔擊，共爲表裏。賊窘懼逼急，乃推奮妻子以置軍前，冀當退卻，而擊之愈屬，遂擒滅茂等，奮妻子亦爲所殺。帝下詔褒美，拜爲武都太守。

奮自爲府丞，已見敬重，及拜太守，舉郡莫不改操。爲政明斷，甄善疾非，見有美德，愛之如親，其無行者，忿之若仇，郡中稱爲清平。後以病去官，守約鄉閭，卒於家。奮晚有子嘉，官至城門校尉，能繼其業，作《左氏説》。

　　奕，先聖二十四代孫。父竺，見兄子愉傳。奕爲晉全椒令，明察過人，時有遺以酒者，始提入門。奕遙呵之曰：“人餉吾兩甖酒，其一何故非也？”檢視之，一甖果是水。或問奕何以知，奕笑曰：“酒重水輕，提酒者手有輕重之異故耳。”在官有惠化，及卒，市人若喪慈親焉。子：倫、羣。倫，官黃門郎，嘗注《儀禮》。羣，別有傳。

　　賢，字元亨。父子嘆，三十三代襃聖侯次子也，流寓寧陵。賢幼端穎，十歲能文章。初從姚崇授經，及聞江夏李邕長於《易》，往質疑難。邕聞其論，大奇異之，講論數日乃去。後邕坐事，賢遺書許昌男子孔璋，璋爲上書辨，邕得減死論。賢又與張説善，説嘗曰：“説友多矣，益説以善，未有如元亨者。”登進士第，歷太子中舍、深州刺史，有惠愛，政化大行。或以薦，帝曰：“朕嘗遣使察吏，吏多負我，今賢能如此乎？”詔遷其官。州民合數百人詣闕懇留，帝從其情，特賜白金十斤、衡水莊一區，增給田五頃，以襃異之。卒年五十九。

　　昌寓，字廣成，先聖三十五代孫。父德紹，有傳。唐貞觀中，昌寓以對策高第，歷魏州司馬，有治狀，帝爲不置刺史。爲政三年，璽書襃美。進膳部郎中。子舜，《新唐書》作“祖舜”，爲監察御史，以累下除成武令，雉馴於庭。

　　端隱，字子宣，先聖四十八代孫。父傳，有傳。端隱幼聰敏，博極墳典，成童即以明經授博士弟子員。年十八，登宋紹興進士。時徽、欽二帝陷於金營，當路者莫不逃竄，端隱獨喟然曰：“讀聖賢書，所作何事？國家慘變，聞者寒心。凡稍知大義者，咸思仗劍以從王事。禮義由賢者出，況吾孔氏子孫乎！”乃與宗族中義氣激昂者數十人，俱至大元帥宗澤幕府請自效。復召募豪傑，扈從高宗南渡。後爲江寧府觀察推官，歷官十載，著清白聲，以愛民爲務，士大夫莫敢干以私者。卒於官，百姓哀慕，立碑以頌其德。方其觀風，至句容也，愛青城山水之秀，曰：“此福地也，吾百歲後，其歸於是乎！”後因勸農，復至句容而没，即其地葬焉。次子瑄，更名靈，留句容守其墓。

　　括，字端中，亦先聖四十八代孫，居新淦。父淑，見族父滋傳。括，南宋初知淳安縣事，廉介有守，市號美醞曰“淳安清”，時以此況之。名聞行在所，高宗題殿柱曰“吏師孔括”。歲滿，百姓留之。帝諭宰相曰：“可轉一官，令再任。”終正議大夫，知濠州軍事。

　　元敬，字忠卿，先聖五十一代孫。父鼐，有傳。元敬少孤，性篤孝。比長，奮志勵學，不與庸常伍。元世祖爲太子，撫軍伐宋，次於濮。元敬甫弱冠，往謁於軍門，世祖奇之,命從軍而南。元既并宋,辟江東宣慰司照磨,改池州青陽縣尹。時兵燹後,官府草創,箕斂不軌,民往往避匿山谷間不敢出。胥吏乘機疑喝,傾覆其家産。元敬至,疏禁布誠,節用薄賦,令於邑曰:"有能徙城中者,復之。"不期月,市肆成聚,政孚人和。秩滿,寓金陵,江南行御史臺辟爲掾史,不就。中丞劉伯宣、宣慰周伯英薦授浙東海右道提刑按察照磨,録囚温之平陽。有冤繫累年不決者,元敬察其誣,得立釋。東陽玉山羣寇蜂起,行臺欲招討,議誰可使者,僉曰:"非孔元敬不可。"元敬受命,冒鋒鏑,入其巢穴,曉以禍福,賊衆股栗。會大軍繼至,諸校争首功,欲盡殲焉。元敬爲籍其渠魁誅之,脅從無辜者數萬人,悉縱還鄉井。調福建閩海道照磨,尋陞邵武路經歷。府有大獄,吏文致具案,元敬原情破之,主者不能決,兩讞上之,朝廷從元敬擬。他日復有疑獄,元敬語主吏曰:"於法當如是。"及獄成,卒無不如元敬擬者,一時服其平允。後以興化路經歷致仕歸。元敬生平以纂述祖德爲事,徵求文獻,撰成《素王世紀》十二卷。年七十卒。

克慧,字慧元,先聖五十五代孫,居廣州。高祖元演,有傳。元演生之邈,之邈生汶,汶生思儒、思齊。思齊,官至福建市泊提舉,所至有聲,生克慧,以兄思儒無子,命克慧爲思儒嗣。克慧,年十八,登元仁宗延祐五年進士,授寧化尹,尋擢撫州同知。時催科政急,克慧專以撫字爲務,愛民興學,户口倍增。臨川吳澄素負重望,不爲當事屈,獨就見克慧,爲莫逆交,時人以徐穉、陳蕃爲比。任滿考最,陞浙江行中書省參議。兵戈以來,公私交困,克慧條上懇屯田、謹鹽政、集游民等十四事奏之,皆見施行。遷陝西路廉訪副使,秉持風紀,不避權貴,貪墨不法者皆望風避去。致仕歸,士民建祠祀之。著《德臺集》《奏疏》《歷官紀》《歸田録》等書。

彥禄,字朝庸,先聖五十九代孫。祖諲,有傳。父公郁,以捐粟賑淮南饑,授承事郎。彥禄幼讀書,口記萬言。明成化五年,舉於鄉,授河南裕州知州。裕州當西南之衝,商賈流寓過土著之半。先是,有豪猾結黨橫行,民受其害,不可制。彥禄初下車,既縛其渠魁,置之法,餘皆聞風遁去,民乃得安。又禁游手、務農桑、興學設教,境遂大治。年四十六,卒於官,裕民爲之罷市巷哭,吏民百餘人共扶櫬還曲阜,號哭而去。

聞定,字知止,先聖六十二代孫。六世祖希敬,見世職知縣變傳。希敬長子諮,爲英山縣丞,生公紹。公紹生彥珮。彥珮,三氏學學録,生承茹。承茹,明魯王府紀善,生宏典。宏典,德州學正。聞定,其長子也。爲宣化府西路通判,有惠政,民愛戴之。尋陞四川鹽課司提舉,百姓遮道哭留,事聞於朝,得以陞衛留任。後以親老,致仕歸。

貞瑄，字用六，先聖六十三代孫。六世祖諤，有傳。諤第三子公忱，生彥絳。彥絳生承亮。承亮，開封府教授，生宏霈。宏霈生聞商。貞瑄，聞商子也。究心經史，精算法、韻學。中順治十八年會試副榜，授泰安學正，陞雲南大姚知縣。滇省鹽法壅滯，前明定以按丁派食之法，兵火以後，丁亡額闕，民不能償。貞瑄乃請減之，民困以息。又境有前明黔國公勳莊，被土酋所占，上官受酋賄，復主之。貞瑄不勝憤，爲力爭於上，不得，遂罷去。歸，構聊園以自樂。著《聊園文集》《詩略》《操縵新説》《大成樂律全書》《滇記》《黔記》《泰山紀勝》《縮地歌》等書。年八十三卒。

尚鉞，字震之，先聖六十四代孫。祖聞禮，有傳。父貞坤。尚鉞，明天啓四年舉人，會試不第，三上疏陳時事，不報。崇禎十三年，選授陝西鳳翔知縣。時流賊蹂躪中原，關陝殘破，尚鉞單車赴任，撫瘡痍之衆而安戢之，民困少蘇。陞鳳翔府同知。會督帥馬士英擬用其私人傅夢弼，漕撫路振飛乃奏尚鉞別補山清河務同知。尋致仕歸，卒於家。其宰鳳翔也，修五丈原諸葛祠，慨然曰：“鞠躬盡瘁，死而後已。微斯人，吾誰與歸！”其後，邑人思之，遂以配食武侯焉。

尚銑，字昭之，亦先聖六十四代孫。父貞堪，有傳。尚銑，少以廬墓舉孝行，貢入太學，授博平教諭。遷蔚縣令。縣故有水患，尚銑爲築堤以禦，民離昏墊之苦，而復便轉輸，至今稱利焉。

尚惇，字德允，亦先聖六十四代孫。祖聞籍，有傳。父貞揺。尚惇醇朴廉静，居家以孝友稱。康熙十七年，舉於鄉，授陝西同官知縣。時王師征伐西夷，遠逾大漠，輓運軍需，人多憚其寒苦，尚惇獨毅然往。上官憐其賢勞，令同僚助以金，辭不受。居官九載，家無餘財，聞者稱爲廉吏云。

興詢，字爰咨，先聖六十六代孫。祖尚錦，尚鉞弟也。父衍淳，曲阜知縣，加東昌府通判。興詢以陪祀恩貢，授雲南麗江府通判。麗江處滇西北鄙，密邇土番，明初置軍民府，世以土酋木氏知府事。其民椎魯，不知學，喜人怒，獸時出攻殺爲患。而流官通判其地者，又率以間曹不任事，故其俗益敝。興詢至，力以變化風俗爲己任，因仿文翁治蜀之法，乃請建文廟，闢學舍，置師儒，集流寓之士，日與講明先王之道，由是其俗漸化。陞貴州定番知州。以疾歸，卒於家。

述曰：昔漢宣帝曰：“庶民所以安其田里而無嘆息愁恨之心者，政平訟理也。與我共此者，其惟良二千石乎！”旨哉，斯言！然太守承流布化，而縣令尤爲親民之官。右自君魚以下，或爲守，或爲令，類能興化致治，克稱厥職者。抑吾聞之，明者多察，察則苛。以奕之聰察，而能使民喪若考妣焉，不尤善用其明者與？再，昌寓，考宋人趙明誠《金石録》有《孔昌寓碑》，載其世系云：宣尼父三十六世孫也。十四世祖潛，吳侍中，生晉豫章太守竺。竺生大尚書沖，沖生大司農侃，侃生祕書監滔，滔生江夏太守俟，俟生宋尚書左丞幼，幼生尚書右丞遥之，遥之生中書侍郎畢，畢生齊散騎常侍珮，珮生梁侍中休源，休源生陳黃門侍郎宗範，宗範生陳散騎常侍伯魚，伯魚生隋祕書正字德紹，德紹生昌寓。今《家譜》列昌寓於三十五代，其父德紹，祖伯魯，曾祖宗範，高祖休源，五世祖珮，皆與碑合。惟魚、魯字，小有訛舛。至珮，直以爲遥之之子，而無中書侍郎畢一代，則與碑異。又其上世十三世祖潛生竺，竺生沖，沖生侃，亦於碑合。至侃，則謂侃生散騎常侍坦，坦生散騎常侍混，混子失考，孫遥之，又與碑異。譜内有名滔者，在二十九代，乃齊散騎常侍景偉子，仕梁爲海鹽令，非晉時人，官亦非祕書監。有爲江夏太守名俟者，在二十七代，乃餘不亭侯愉之孫，平越中郎將汪之子。其子名祐，隱於四明，並非滔之子。其子亦無名幼爲尚書左丞者。其中孰爲錯誤，茫茫千載，竟不可辨。按《梁書》及《南史・休源傳》皆云沖之八世孫，曾祖遥之，父珮。則珮爲遥之之孫，非遥之之子，與碑相合，似乎其誤在《譜》。但《譜》傳已久，歷世相承，又未可執一據而妄改。兹考於休源、德紹、昌寓諸傳，世次仍依《譜》爲斷，而附敘碑與譜之互異者於此，以見考古者傳信之非易也。

子孫著聞者第十五之十七

宙，字季將，先聖十九代孫。六世祖黃，見太常蓼侯臧傳。黃子及孫失考，其曾孫尚爲鉅鹿太守，生疇。疇爲陳相，生賢。賢生三子：長即宙；次翊，字元世；次彪，字元上。宙治《嚴氏春秋》，舉孝廉，除郎中，官至太山都尉。翊舉孝廉，爲御史、中牟令，拜尚書。彪舉孝廉，拜尚書侍郎，轉治書御史，出爲博陵太守，遷下邳相、河東太守，以病辭官。

述曰：右兄弟三人，皆一時良吏，而史册不登，鮮有能舉其事者。其可徵者，僅墓碑而已。宙、彪兩碑，今移置祖廟中，以歷世久遠，字漸剝蝕，又摹搨者多，漫漶更甚。至延平元年孔翊碑，考《祖庭廣記》已云"缺落不可讀"，今并其石亦不可復見矣。嗚呼！三君之治績，其遂將泯沒於斯乎？故考諸貞石，參以字書，就其可知者，載其文如左。

《季將墓碑》曰：

君諱宙，字季將，孔子十九世之孫也。天姿醇𪗓，齊聖達道，少習家訓，治《嚴氏春秋》。緝熙之業既就，而閨閫之行允恭。德音孔昭，遞舉孝廉，除郎中、都昌長。祗傅五教，尊賢養老，躬忠恕以及人，兼禹湯之罪己。故能興朴□於彫幣，濟弘功於易簡。三載考績，遷元城令。是時東嶽黔首，獝夏不□□□祠兵，遺畔未寧，乃擢君典戎，以文修之，旬月之間，莫不解甲服罪，□□□橞，田畯喜於荒圃，商旅交乎險路，會《鹿鳴》於樂崩，復長幼於酬酢。□□□稔，會遭篤病，告困致仕，得從所好。年六十一，延熹六年正月乙未，□□□疾，貴速朽之反真，慕寧儉之遺則，窀穸不華，明器不設。凡百印高，□□□述。於是故吏門人乃共陟名山，采嘉石，勒銘示後，俾有彝式。其辭曰：

於顯我君，懿德惟光。紹聖作儒，身立名彰。貢登王室，闓□是虔。夙夜

□□，在公明明。乃綏二縣，黎儀以康。於變時雍，撫茲岱方。帥彼凶人，覆□□□。南歈孔饎，山有夷行。豐年多黍，稱彼兕觥。帝賴其勳，民斯是皇。疾□□□，乃委其榮。忠告慇勤，屢省乃聽。恭儉自終，(亘)〔簠〕簠不陳。生播高譽，没垂令名。永矢不刊，億載揚聲。

延熹七年七月戊□造。

《元上墓碑》曰：

君諱彪，字元上，孔子十九世之孫，潁川君之元子也。君少履天姿自然之正，帥禮不爽，好惡不愆，孝衷度衷，修身踐言。龍德而學，不至於毅，浮游塵埃之外，爵焉氾而不俗。郡將嘉其所履，前後聘召，蓋不得□，乃翻爾束帶，弘論窮理，直道事人，仁必有勇，可以托六，授命如毛，諾則不宿，□□至也，莫不歸服。舉孝廉，除郎中，博昌長□□留宿□，遷□□□□。未出京師，遭大君□，泣逾皋魚，喪過乎哀。謹畏舊章，服竟還署，□拜尚書侍郎。無偏無黨，遵王之素，薦可黜否，□□□□。日恪位佇，所在祗肅。拜治書御史，膺皋陶之廉恕，□□□□□□□□□□用既平□博陵太守，郡阻山□□□以饑饉，斯多草竊，罔不□賊。劉曼、張丙等，白日攻剽，坐家不命。君下車之初，□五教□□□，削四凶以勝殘，乃□□□爰尚桓桓，拊馬躪害，醜類已殫，路不拾遺，斯民以安。發號施憲，每合天心。□之所惡，不□强人，義之所欲，不□□□。□姓樂政而歸於德，望如父母，順如流水。遷下邳相、河東大守，舉此□□□□□□，未怒而懼，不令而從，雲行雨施，□□太和，海内歸公。卿之任矣，勞而不伐，有實若虛，固執謙需。

□病解官，□□□□□孝竭□□□□□，彈琴擊磬，□□□之味而不改其静。上帝裴諶，天秩未究，將據師輔，之紀之綱，而疾□流，乃隕乃□□世□建寧四年□月辛□□□□哀哉，魂神超邁，寂兮冥冥，遺孤忉絕，于嗟想形。□□哀□，念不欲生。羣臣號咷，靡所復逞。夫逝往不可追兮，□□□□識，惟君之軌迹兮，如列宿之錯置。《易》建八卦，撥肴㲔辭，述而不作，彭祖賦詩，□讚所見於時頌□□是故吏□□□□王沛等，伏信好古，敢詠顯□。乃刊斯石，欽銘洪基，昭示後昆，申錫鑑思。其辭曰：

穆穆孔君，大聖之胄。惇懿允元，叡其玄秀。惟嶽降精，誕生忠良。奉應郡□，亮彼□□。克□王道，辯物居方。□□□□□也□名。朝無秕政，直哉惟清。出統華夏，化□□成。□猲殄逄，賢□□庭。□□乃□□□□□□□□□□□□之翰，先民是程。宜乎三事，金鉉利貞。而絜白駒，俾世憤惻。當享眉耇，莫匪爾極。□□□□邈□不意。□□悲兮，□□□息。漫漫庶幾，復□□□。咨乎不朽，没而德存。伊尹之休，格于□□。惟我君績，表於丹青。永永無沂，與日月并。□□□□，于以慰靈。

右《博陵太守碑》内云："彪，潁川君之元子也。"考《家譜》以彪爲賢之季子，賢亦不載官潁川事。歷世久遠，無可考證，不敢妄改譜牒，姑識其互異者於此。

子孫著聞者第十五之十八

靖，字季恭，名與宋武帝祖諱同，故以字行。先聖二十七代孫也，居會稽。父誾，見祖餘不亭侯愉傳。

靖始察郡孝廉，功曹史，著作佐郎，太子舍人，鎮軍司馬，司徒左西掾。未拜，遭母憂。晉安帝隆安五年，於喪中被起建威將軍、山陰令，不就。初，劉裕以參軍東征孫恩，屢至會稽。過靖宅。靖正晝臥，有神人衣服非常，謂曰："起！天子在門。"既而失之。遽出，適見裕，延入結交，執手曰："卿後當大貴，願以身爲托。"於是曲意禮接，贍給甚厚。裕後討孫恩，時桓玄篡形已著，裕欲於山陰建義討之。靖以爲山陰去京邑路遠，且玄未居極位，不如待其篡逆事彰，釁成惡稔，徐於京口圖之，不憂不尅。裕亦以爲然。既定桓玄，以靖爲會稽內史。靖到任，務存治實，敕止浮華，翦罰遊惰，由是寇盜衰止，境內肅清。

徵爲右衛將軍，加給事中，不拜。尋除侍中，領本國中正，徙琅邪王大司馬司馬。尋出爲吳興太守，加冠軍。先是，吳興頻喪太守，云項羽神爲卞山王，居郡聽事，二千石至，常避之，靖居聽事，竟無害也。遷尚書右僕射，固讓。義熙八年，復爲會稽內史。修飭學校，督課誦習。十年，復爲尚書右僕射，加散騎常侍，又讓不拜。頃之，除領軍將軍，加散騎常侍，本州大中正。十二年，致仕，拜金紫光禄大夫，常侍如故。是歲，劉裕北伐，靖求從，以爲太尉軍諮祭酒、後將軍。從平關、洛。裕爲相國，又隨府遷。宋臺初建，命以爲尚書令，散騎常侍，又讓不受，乃拜侍中、特進左光禄大夫。辭事東歸，裕餞之戲馬臺，百僚咸賦詩以述其美。及裕受禪，加開府儀同三司，辭讓累年，終以不受。宋武帝永初三年，卒，時年七十六。追贈侍中、左光禄大夫、開府儀同三司。

子四：坒、靈符、靈運、道穰。坒歷位侍中、會稽太守，坐小弟駕部郎道穰逼略良家子女，白衣領郡。坒，一本作坣，與道穰二人皆見《宋書》、《家譜》失載。但字典無坒、坣字。考《南史》有吳興太守孔山士，恐坒、坣皆山士之訛。靈運，官著作郎。

靈符，宋文帝元嘉末，爲南譙王義宣司空長史、南郡太守，尚書吏部郎。孝武帝大明初，自侍中爲輔國將軍、鄞州刺史，入爲丹陽尹。山陰縣土境褊狹，民多田少，靈符表徙無貲之家於餘姚、鄞、鄮三縣界，墾起湖田。帝使公卿博議，太宰江夏王義恭議曰：“夫訓農修本，有國所同，土著之民，習翫日久，如京師無田，不聞從居他縣。尋山陰豪族富室，頃畝不少，貧者肆力，非爲無處，耕起空荒，無救災歉。又緣湖居民，魚鴨爲業，及有居肆，理無樂徙。”尚書令柳元景，右僕射劉秀之，尚書王瓚之、顧覬之、顏師伯，嗣湘東王彧議曰：“富戶温房，無假遷業；窮身寒室，必應徙居。葺宇疏皋，産粒無待，資公則公未易充，課私則私卒難具。生計既完，畬功自息，宜募亡叛通恤及與樂田者，其往經創，須粗修立，然後徙居。”侍中沈懷文、王景文，黃門侍郎劉敳、郤顒議曰：“百姓雖不親農，不無資生之路，若驅以就田，則坐相違奪。且鄞等三縣，去治並遠，既安之民，忽徙他邑，新垣未立，舊居已毀，去留兩困，無以自資。謂宜適任民情，從其所樂，開宥逋亡，且令就業。若審成腴壤，然後議遷。”太常王玄謨議曰：“小民貧匱，遠就荒疇，去舊即新，糧種俱闕，習之既難，勸之未易。謂宜微加資給，使得肆勤，明力田之賞，申怠惰之罰。”光禄勳王昇之議曰：“遠廢之疇，方剪荆棘，率課窮乏，其事彌難，資徙①粗立，徐行無晚。”帝違衆議，從其徙民，並成良業。

靈符自丹陽出爲會稽太守，尋加豫章王子尚撫軍長史。靈符家本豐富，産業甚廣，又於永興立墅，周回三十三里，水陸地二百六十五頃，含帶二山，又有果園九處。爲有司所糾，詔原之，而靈符答對不實，坐以免官。後復舊官，又爲尋陽王子房右軍長史、太守如故。靈符愨實有材幹，不存華飾，每所蒞官，政績修理。前廢帝景和中，犯忤近臣，爲所讒搆，遣使鞭殺之。明帝即位，追贈靈符金紫光禄大夫。二子湛之、淵之，於都賜死。淵之，《南史》作“深之”。大明中，爲尚書比部郎。

琇之，著作郎靈運子也。初爲國子生，舉孝廉。除衛軍行參軍，員外郎，尚書三公郎。出爲烏程令，有吏能。還遷通直郎，補吳令。有小兒年十歲，偷刈鄰家稻一束，琇之付獄治罪，或諫之，琇之曰：“十歲便能爲盜，長大何所不爲？”縣中皆震肅。

遷尚書左丞，又以職事知名。轉前軍將軍，兼少府。遷驍騎將軍，少府如故。出爲寧朔將軍、西昌侯蕭鸞冠軍征虜長史、江夏内史。還爲正員常侍，兼左民尚書、廷尉卿。出爲臨海太守，在任清約，罷郡還，獻乾薑二十②斤，齊武帝嫌其少，及知琇之清，乃嘆息。除武陵王前軍長史，未拜，仍出爲輔國將軍，監吳興郡，尋拜太守，治稱清嚴。

蕭鸞輔政，防制諸藩，致密旨於上佐。隆昌元年，遷琇之爲寧朔將軍、晉熙王冠軍長史，行郢州事，江夏内史。欲令殺晉熙，琇之辭，不許，欲自引決，友人陸閑諫之，琇

① “徙”，《宋書》卷五四《孔靈符傳》同，《册府元龜》卷四八六作“徙”。
② “十”，原作“千”，據《南齊書》卷五三《孔琇之傳》訂正。

之不從，遂不食而卒。

延之，字長源，先聖四十六代孫，居新淦。高祖瑄，見明行人勛傳。曾祖倩。祖質。父中正。延之幼孤，自感厲，晝耕讀書隴上，夜然松明繼之，學藝大成。

宋仁宗慶曆二年鄉舉第一，明年成進士，授欽州軍事推官。四年，廣西蠻區希範誘白崖山蠻蒙趄反，安撫杜杞討平之，延之策畫居多。杞書奏謀議，皆延之屬稿。遷監杭州龍山稅，知洪州新建縣，又知筠州新昌縣。還朝，會開封界中治孟陽河，中作而開封尹奏可罷，御史與尹爭不決，詔延之按視。延之言：“費已鉅，成之猶有小利。”詔從之。尋知封州，即用爲廣南西路相度寬恤民力，所更置五十五事，弛役二千人。使者欲城封州，延之爭以爲無益，乃不果城。遷本路轉運判官，以母老辭，不許。廣西人稀，耕者少，而賦糴於民歲至六百萬石，程督與租稅等，然不過能致數十萬石而止。延之計歲糴二十萬石而足，高其估以募商販，不賦糴於民。

初，儂智高平，推恩南方，補虛名之官者八百人，多中戶以上，皆弛役。役歸下窮，延之使復其故。廉、欽、雷三州蜑戶，以採珠爲富人所役屬，延之奪使自爲業者六百家，皆定著令。交阯使來桂州，陰齎貨爲市，須負重三千人，延之止不與，使由此不數至。雷州並海守方倪爲不善，官屬共告之，倪要奪其書，悉收官屬，并其孥繫獄，晝夜榜笞，軍事推官呂潛以瘐死。延之馳至，取倪屬吏，縱擊逮者七百餘人，倪坐法當斬，亦以瘐死。人讙叫感泣，聲動海上。改荊湖北路提點刑獄，即爲本路轉運使，罷鼎州六寨歲戍土丁千餘人。提點刑獄言：“溪洞南江宜麻稻，有黃金丹砂之產，遣人諭禍福，以兵勢隨之，可坐而取也。”延之奏不可，乃止。

召以爲開封府判官，以母老辭。知越州，移知泉州，以母老辭。改知宣州，未至，言者奏越州鹽法不行，故課負坐罷宣州。而課法以歲滿爲率，歲終越之，鹽課應法。乃以爲權管勾三司都理欠憑由司。延之自欽州九遷至尚書司封郎中，賜緋魚服。尋出知潤州，未行而卒，年六十一。

延之氣仁色溫，言若不能出口，及見義慷慨辨且强也。方微時，已劘切上官，老益自强，不以齟齬易意。事母孝，持己約，與人交，盡其義。家食不足，而俸錢常以聚書，至老讀書未嘗一日廢。工於爲文，有文集二十卷。子七：康仲、文仲、武仲、平仲、和仲、義仲、南仲，皆自教以學。子多而賢，當時以爲盛。文仲、武仲、平仲，自有傳。和仲，五舉進士。義仲、南仲，並以蔭補太廟齊郎。

傳，原名若古，字世文，先聖四十七代孫。祖道輔，有傳。父舜亮，將作監丞，知仙源縣事。傳博極羣書，尤精易學，操行介潔，不爲利誘勢怵。宋建炎中，隨宗子端友南渡，居於衢。紹興二年，知邠州，鋤强抉貪，民咸畏服。移知陝州，以平鼎澧寇功進秩，改撫州。會建昌卒閧，傳單車馳至，諭以禍福，一軍帖然。進《續白氏六帖》《文樞要記》，書送祕省。晚號杉溪，有《杉溪集》及《孔子編年》《東家雜記》等書。官至中散大夫，贈中大夫，年七十五卒。

公才，字義文，[①]先聖五十八代孫。父謳，見世職知縣聞簡傳。公才，謳第三子也。明成化十九年舉於鄉，初知江都縣。正德二年，内擢兵部車駕司主事。時劉瑾竊政，百僚承順意旨，綱紀大壞。公才恥隨衆俯仰，自請外補，改大名府通判，尋知和州。九年，流賊入境，州將閉城自衛，公才厲聲曰：“如此，其如城外生靈何？”乃疾令開門，放男女數萬人以入。又率民兵捍禦之，境内宴然，民爲立生祠祀之。明年，陞山西按察使僉事，兼理大同兵備。大同越處關外，時有虜患，仕者多詭避其地，公才受命即赴，至則繕城隍，飭武備，屹然稱北門鎖鑰。朝廷録邊功，多優賜。後致仕歸，年七十六，卒於家。

彥綸，字朝音，先聖五十九代孫，居句容。七世祖學孝，見明大學士貞運傳。學孝第三子世洪，世洪生思學，思學生克文，克文生希政，希政生文知，文知生公鎮，公鎮生彥綸。彥綸，景泰元年舉人，爲台州通判，正直廉介，吏民畏而懷之。擢吏部文選司郎中，未行，卒。祀台州名宦祠。

尚則，字儀之，先聖六十四代孫。八世祖希大，見克欽傳。希大生詩。詩長子公鏞，明永樂十五年舉人，生彥綸。彥綸生承沂。承沂，林廟舉事，生宏樞。宏樞生聞燿，聞燿生貞遇。貞遇善鼓琴，著有《琴譜》。尚則，其次子也。少有膽氣。崇禎十三年成進士，知河南洛陽縣。時流寇充斥，當事者尚撫馭之術，賊陽就招安，而仍肆出攻掠。尚則剿撫兼施，縣境盜勢稍戢。先是，賊陷河南，有竊福藩寶玩者，有司利其貨，悉意窮究。胥吏以是導之，尚則曰：“吾聞君子非無賄之患，而無令名之患。網利以蓄怨，吾不爲也。”悉置不問。太守郭某忌之，誣以疾，遂解職歸。起補全椒縣。全椒地瘠民貧，逋逃者衆，其賦役復累及鄉里代償，民不堪命，官亦以催科不力，獲譴者相望。尚則力爲請於上官，得少汰其賦額。有魏國公家奴犯法，尚則械治之不少貸，曰：“吾爲朝廷司牧，知有法耳。”於是一郡股栗。用巡按御史王雷臣薦，擢刑部主事。尋由員外遷郎中，侍郎解某雅重之，嘗語僚屬曰：“深文者，苛之屬也；意忌者，忍之屬也。如孔君者，吾知免矣！”尋解組歸，卒於家，年五十九。

述曰：昔子太叔繼子産爲政，不忍猛而寬，鄭遂多盜，至於盡殺乃止。夫清静簡

---

① “義文”，清黃之雋《江南通志·職官志》卷一一八《名宦七·和州》作“希文”。

厚，優柔而移易之，此興道致治之世所爲也。若夫民俗彫敝，姦軌蠶生，則有非精明武健不爲功者。故曰，寬以濟猛，猛以濟寬，一張一弛，文武之道也。

　　右自季恭以下，類皆明習文法，英毅强幹，能以威成其愛者，故卒生有榮號，没見奉祀。類而紀之，以見循良之吏之未可以一格論也。

子孫著聞者第十五之十九

德紹,先聖三十四代孫,居會稽。祖宗範,見高祖休源傳。父伯魯,陳散騎常侍。德紹,隋祕書省正字,景城縣丞。後事竇建德爲中書侍郎,嘗草檄毀唐太宗。及建德滅,帝執德紹登氾水樓,責曰:"爾以檄謗我云何?"對曰:"犬吠非其主。"帝怒曰:"賊乃主邪?"命壯士捽投樓下死。

宗旦,先聖四十五①代孫。祖冕,中興祖第三子也,爲兗州參軍。父延齡,以宋真宗幸魯恩賜同學究出身。宗旦,爲邕州司户參軍。儂智高未反時,有白氣出庭中,江水溢,宗旦以爲兵象,度智高必反,以書告知州陳珙,珙不聽。後智高破横州,即載其親往桂州,曰:"吾有官守,不得去,無爲俱死也。"既而州破被執,賊欲任以事,宗旦叱賊,且大罵,遂與都監張立成俱被害。知袁州祖無擇以其事聞,贈太子中允。始,宗旦官京東,與李師道、徐程、尚同等四人爲監司耳目,號爲"四瞳",人多惡之,其後立節如此。

文甫,先聖五十一代孫。十世祖唐散騎常侍昌弼,見父緯傳。昌弼當唐末朱温之亂,依嶺南節度使徐彦若,避地南雄,生葆。葆生承休。承休居廣州,不能自存,當事者念其高祖戣昔鎮嶺南有惠政,乃以廣恩館廢寺田贍之,生繼明。繼明長子維翰,生愈。愈生家修,家修生茂嵩。茂嵩,宋高祖時爲□□刺史,生伯鼎。伯鼎,孝宗時爲中書舍人。長子德超,生文甫。文甫長八尺餘,能挽三石弓,居廣東高明縣,以勇力聞郡邑間。嘉熙中,邑有寇警,守令檄使捍賊,文甫挺身赴鬥,所向克捷,以功授都巡檢使。後賊又統二千人至,文甫與戰尖岡,自午至暮,所擊殺者數百人,斬一渠帥,繼而賊衆大集,圍之數重,文甫馬躓,遂被害。朝廷憫之,録其子孫世爲校尉。

① 按,宗旦祖父爲中興祖第三子,中興祖孔仁玉爲孔子四十三代孫,故宗旦應爲孔子四十六代孫。

檜,字廷植,先聖五十三代孫,居新淦。十二世祖昌朋,見行人勖傳。昌朋第三子玹,登南唐進士,官至著作郎,生俸。俸,五舉進士登科,爲撫州民曹參軍,生榶。榶,第五子安仁,五舉進士,生仲達。仲達生汶。汶,五舉進士,爲常德府錄事參軍,生倬。倬生彬,彬生世隆。世隆爲通事舍人,生三益。三益生鼎一。檜,鼎一次子也,仕元爲邵武府經歷,仗義死節,贈承直郎、濟寧府總管。

承浦,先聖六十代孫。曾祖詩,見明刑部郎中尚則傳。祖公鑽,詩第三子也。父彥纓。明正德六年,流賊劉七犯闕里,承浦抗義拒賊,爲賊所害,妻王氏并死之。

聞籍,字知史,先聖六十二代孫,世職知縣聞簡弟也。明天啓五年成進士,授行人。故事,行人使藩府,必有餽餉。使客復不勝需索,習以爲常。聞籍奉使諭祭榮藩,再諭祭淮藩,悉謝卻之。秩滿,遷南京吏部考功司主事。陞本司郎中,出爲陝西按察僉事、西寧兵備道。西寧當承平日久,邊備廢弛,滑夷姦賈,闌出塞外,恣爲姦利,疆吏知而弗問,且因而漁獵之,疆事用大壞。聞籍至,申約束,嚴關禁,平馬價,闌出入者有禁,邊境大治。逾年,遷參議,移治商雒。未之任,察罕寇甘州,聞籍奉檄護將士禦敵,與戰大捷,寇遁去。督臣上其績,且留鎮西寧。會新差內臣移駐鎮海堡市馬,偵知番商馬安邦有善馬,令參將白某以計取之,而減其直。安邦素以俠結城中大族,椎埋爲姦,至是恚甚,欲執內臣而甘心焉。內臣懼,奔還西寧,謀勒兵誅之。安邦遂嘯聚亡命,外結西夷,執白參將,犯西寧。副總兵莫與京禦之,所將卒多賊親,故無鬥志,遂敗績。而賊黨劉監生等因乘亂攻殺內臣,開門爲內應。聞籍見事不可爲,積薪戶外,謂其妻曰:“我,國之藩臣,誓與城同存亡。爾輩亦義不可辱賊手。”遂與妻朱氏、媳顏氏及二女俱投火中死。聞籍死後三日,安邦等亦伏誅。初,安邦嘗以事繫獄,聞籍笞之數十。及陷西寧,得聞籍子,善視之,其德孚於人如此。事平,贈光祿寺少卿。

貞璞,字用琢,先聖六十三代孫。十世祖淑,見元太常禮儀院判思逮傳。淑第五子思永,東平路同知。思永生克康。克康,元太常禮儀院太祝,生希遠。希遠,明兗州府通判,生語。語生公鉅,公鉅生彥平,彥平生承錫,承錫生宏端,宏端生聞相。貞璞,聞相子也,知河南伊陽縣。流寇犯境,貞璞竭力捍禦,城破不屈死之,祀於鄉。貞璞之殉難也,長子尚和聞難奔往,并遇害。次子尚穆負骸骨以歸。

貞度,字宏甫,亦先聖六十三代孫。二十五世祖戡,有傳。戡長子溫質,唐時爲四門博士。其長子絢,懿宗咸通二年進士及第,僖宗乾符三年爲丹陽令,卒於官。值兵亂,子昌言幼,不克歸,遂家於丹陽。昌言生子芳,爲校書郎。芳生維乾,以九經及第,爲國子博士，校定《五經義疏》。維乾生清，舉進士，爲兗州參軍。清生簡之，簡之生宗本，宗本生若晉，若晉生端方，端方生璇，璇生標。標居合肥，生元啓。元啓生萬福，萬福生泮，泮生思亨，思亨生克用，克用生希政。希政，從明太祖取建業，平陳友諒。又從大將軍廖永忠平廣東，以功授總旗，調守清遠，因家焉，生伯英。伯英，以總旗從征交趾陣亡，生公祥。公祥長子彥禮，次子彥義。彥禮生承平。承平次子煦，湖廣衡州府學教授，生聞鵬。聞鵬，萬曆中官淮安府同知，治河有德政，民生祀之，生貞度。貞度爲光祿寺大官署署丞，子五：尚友、尚賢、尚忠、尚芳、尚勳。

　　本朝順治四年九月，城陷，全家死節。時同宗殉節者，又有貞復、尚爵、尚廣、尚恭、衍杕及衍杕之二子，凡七人。貞復父聞麟，煦長子。尚爵，即貞復次子。尚廣，父貞亨，祖聞行，曾祖宏晨，高祖承章。承章，彥義子也。尚恭父貞本，聞行第三子。衍杕原名煦，父尚聖，祖貞元，曾祖聞詩，高祖宏晃。宏晃，承章子也。衍杕二子，失名。

　　衍儔，字仲升。五世祖承澤，五十九代衍聖公第三子也。高祖宏性。曾祖聞聰，南城兵馬司指揮。祖貞樗，海州知州。父尚曄。衍儔，尚曄次子也，明末爲諸生，值流寇逼城，勇往禦敵，被執不屈死之。

　　興聖，六世祖承源，五十九代衍聖公第四子也。承源生宏憲，宏憲生聞傑，聞傑生貞光，貞光生尚書，尚書生衍楷。興聖，衍楷子也。明末爲諸生，聞闖賊陷北京，莊烈帝殉國，乃佯狂哭泣，痛不欲生。逾年，闔戶自經死。弟興燦，亦諸生，闖賊遣僞將軍郭升狗兗州，至曲阜，晉謁聖廟。興燦瞋目大罵，被執不屈，升終以其義而釋之。

　　述曰：汾敍家傳纔百餘人，而於死節之士得二十三焉。嗚呼，何其多也。夫士之輕身以趣義者，雖曰所性固然，要亦詩書禮樂之教優柔而饜飫之，故能見危不避，慷慨捐生，用以激厲頹頑，耀名竹冊，世澤之感，蓋有本焉。昔陳琳草檄罵曹操，己即爲操草檄，德紹文譽不及孔璋，而“犬吠非主”之對，視俯首乞謝者，猶有生氣。若太宗容物之量，則又出曹操下矣。

子孫著聞者第十五之二十

褒，字文禮，先聖二十代孫。父宙，有傳。褒與張儉友善，張儉之獄，與弟融爭死，詔書竟坐褒，遂被法，語在《融傳》中。褒有墓碑，埋沒已久，雍正三年出城東廢地土中，守廟百戶陳曰訓移植廟中同文門下，文字磨滅不可讀，粗辨姓氏而已。

蘊，字蘊光，先聖三十六代孫，居寧陵。父賢，有傳。蘊通《左氏春秋》，事親以孝聞。遭母喪，號痛欲絕。既葬，將廬於墓所，祖子嘆謂曰：“汝生盡敬，死盡哀，庶幾孝者矣。今汝幼，吾又年老，義未安也，更思之。”蘊不得已，廬中門外，晝夜哀泣者三年。有司欲旌之，蘊謝曰：“身之事親，歉於心者多矣，敢竊名邪？”乃止。年七十六卒。

彥輔，字德甫，先聖四十五代孫。父勛，有傳。彥輔年十八，爲仙源縣主簿。秩滿，除將作監主簿。以父疾求解職侍養，衣不解帶者十五年。服闋，知仙源縣，官至國子監博士。子二：漢英、宗慤。漢英聰敏博覽，善詩詞，蚤卒。宗慤，官亦至國子博士。

聖聰，先聖四十六代孫，居廣州。祖繼明，見文甫傳。繼明次子惟聚，生聖聰。聖聰事曾祖承休，以孝聞。承休有痼疾，聖聰聽醫言，割股調藥，承休疾尋愈，而聖聰竟以股傷殞。里人哀之，爲立廟粵秀山之麓，歲時祀之。

旼，字寧極，《譜》失其名，世系不可考。《宋史》稱：孔子四十六代孫，隱居汝州龍興縣龍山之滍陽城。性孤潔，喜讀書。有田數百畝，賦稅常爲鄉里先。遇歲饑，分所餘賙不足者。聞人之善若出於己，動止必依禮法。環所居百餘里，人皆愛慕之，見旼於路，輒斂衽以避。葬其父，廬墓三年，臥破棺中，日食米一溢。壁間生紫芝數十本。

州以行義聞,賜粟帛,又給復其家。近臣列薦,授祕書省校書郎致仕。居數年,召爲國子監直講,辭不赴,即遷光禄寺丞。頃之,起知龍興縣,復辭。卒,贈太常丞。

盜嘗入旼家,發其廩粟,旼避之,縱其所取。嘗逢羸弱者爲盜掠其資,旼追盜與語,責之以義,解金畀之,使歸所掠。居山未嘗逢毒蛇虎豹,或謂之曰:"子毋夜行,此亦可畏。"旼曰:"無心則無所畏。"晚年惟玩《周易》《老子》,他書亦不復讀。爲《太玄圖》張壁上,外列方州部家,而規其中心,空之無所書。曰:"《易》所謂寂然不動者,與此無異也。"

士份,字元夫,先聖五十三代孫。父從星,見明行人勔傳。元季佃僕胡思明爲亂,劫其母羅氏去。士份奔赴賊所,請以金帛贖,不許,願以身代,又不許,遂死焉。

貞稔,字懷德,先聖六十三代孫。五世祖公鎬,見世職知縣貞叢傳。高祖彦實。曾祖承晉。祖宏鶴。父聞立。貞稔有至性,親終,廬墓三年,未嘗入城市,鄉里稱爲孝子。聞於朝,爲旌其閭焉。

衍劭,字懋詣,先聖六十五代孫。九世祖希範,見世職知縣承夏傳。希範次子誠生公懋,公懋生彦簡,彦簡生承愨,承愨生宏啓,宏啓生聞朋,聞朋生貞英,貞英生尚岱。衍劭,尚岱子也。少好學,以孝友稱,讓美產於諸昆弟,而獨取其瘠陋者,里人以比薛包。授宣化府通判,歷池州府同知。

衍璋,字載遠,亦先聖六十五代孫。曾祖聞訥,有傳。祖貞璵,以拔貢官至江西廣信府通判,耽於琴奕,吐屬有晉人風致。父尚焴。衍璋少孤貧,力耕養母,以孝聞鄉里。間性好學,夜然薪照讀,尤邃於《易》,自謂學之三十年,人無知者。著《大易中庸一貫圖》及心性等《論》九篇。晚舉於鄉,家居教授,以廉隅自屬。母没,家不舉火者七日,哀毀滅性,五月而卒,遺命妻子以衰絰斂焉。

衍球,字伯玉,亦先聖六十五代孫。十七世祖端問,見明五經博士彦繩傳。端問第四子琬,任臨川縣丞,因家於臨川,生拱衢。拱衢生元譓,元譓生之緒,之緒生温寵。温寵,始遷新城之賢溪,生思亮。思亮生克性,克性生希保,希保生德明,德明生公宗,公宗生彦旻,彦旻生承麟,承麟生宏璋,宏璋生聞善,聞善生貞休,貞休生尚彝,尚彝生衍球。衍球天性孝友,家初饒裕,中漸落,有異母弟三人,衍球仰體父志,悉以分產讓之,自教授以給食,且以養親。諸弟既壯,皆不善謀生產,分財都盡,衍球復出穀以贍之者五六十年,友愛彌篤。康熙二十一年,授都昌縣訓導,端己範士,學者化之。尋引疾致仕，卒。

衍佳，字德餘，亦先聖六十五代孫。十七世祖端隱，有傳。端隱長子璩，南宋時爲潤州丹徒縣丞，因寓居金壇，生抒。抒生元明，元明生之俊，之俊生泮，泮生思祖。思祖遷陽山，生克智。克智生希舜，希舜生謹，謹生公敬，公敬生彦述，彦述生承鐸，承鐸生宏試，宏試生聞俐，聞俐生貞卿，貞卿生尚忠。衍佳，尚忠子也。天性篤孝，父患癰，以口吮之，親侍湯藥，衣不解帶。母嘗以事怒，卧牀不食，衍佳捧餐跪榻前，俟食方起。少苦貧，力耕以養，後稍豐裕，值歲凶，出粟以食餓者，所全活不下千餘人。邑令董某聞其賢，躬造其廬，盡賓主之禮而去。後爲鄉飲賓。

興永，字起存，先聖六十六代孫。祖尚鉞，有傳。父衍璐，隱居著述，有《廟庭禮樂典故》等書。興永爲諸生，有孝行，親喪廬墓，哀感遠邇，每學使者按部，咸敬禮之。

述曰：孝弟爲立身大節，古之君子，原非以此邀名也。況吾宗仰承聖澤，沐浴於《詩》《書》之教者既深，内行之修，又奚足紀者？雖然，風會澆漓，仁愛道息，類而序之，亦所以醜世厲俗也。其不爲傳而以孝行著者，尚有五十四代孫思權，六十一代孫宏轉、宏實，六十二代孫聞諭，六十四代孫尚錝，六十六代孫興浩，六十七代孫毓珍、毓穎。列其名，亦使不泯没於後云。

子孫著聞者第十五之二十一

祇,字承祖,先聖二十五代孫,居會稽,晉餘不亭侯愉之弟也。會稽内史周札辟爲功曹史。時札一門五侯,並居列位,吳士貴盛,莫與爲比,王敦深忌之。及敦疾,錢鳳以周氏宗强,與沈充權勢相侔,欲自托於充,謀滅周氏,使充得專威揚土,乃説敦令充除之,札遂遇害。賓客故吏莫敢近者,祇冒刃號哭,親行殯禮,送喪還義興,時人義之。

公怡,字文友,先聖五十八代孫也。父諤,有傳。公怡性伉直,遇事慷慨,不避艱阻。明天順三年,舉於鄉。成化八年,歲大饑,公怡念族衆貧乏,乃上書於巡撫牟俸,情詞懇惻,俸爲發粟二千石賑之,舉族賴以全濟,而公怡未嘗有德色。卒年七十四。

宏蘊,先聖六十一代孫。曾祖公珏,有傳。祖彦述,山西澤州州判。父承倚,彦述第三子也。宏蘊爲諸生,以豪俠聞於鄉里,人有以緩急告者,宏蘊無不應,戚黨待以舉火者數十家。

聞舉,字知行,先聖六十二代孫。高祖公恪,有傳。曾祖彦武。祖承翔。父宏蘭。聞舉初爲廬州訓導,遷平原教諭,諸生中有不足者,聞舉捐俸濟之。嘗有一富生,以誣陷於理竟不能自直,聞舉力爲白其冤,而卻其所謝金,人以是益高之。

聞皋,字知鶴,亦先聖六十二代孫。十二世祖攄,見明五經博士彦繩傳。攄第三子元遷,爲潤州學正,始遷句容,生之芳。之芳生瀧。瀧爲明秀王與澤儀賓,生思余。思余生克福,克福生希余,希余生誠,誠生公瑞,公瑞生彦泗,彦泗生承侣,承侣生宏範。聞皋,宏範子也。性豪邁,慷慨好義。當嘉靖、隆、萬間,歲更災祲,又有三殿之役,徵調遍海内,句邑當解甄,雖官爲給值,而所賠者過半。且非賂監收官吏,輒毀之,使更納,邑人以此破産者相繼。聞皋慨然思獨任以庇姻黨,遂請於邑令,許之,所費不貲而保全者甚衆。歲再大饑，出穀千斛，以賑鄉里。有司將旌之，聞皐蹙額曰："所濟不能一郡，何侈焉？"有司賢之而止。

　　貞璠，字用璞，先聖六十三代孫。父聞訥，見祖宏頡傳。貞璠，崇禎六年舉人，以養親不仕。博學多才，崇尚氣節，嘗慕朱家、郭解之爲人，當明季兵荒荐至，解紛禦侮，一邑賴之。

　　尚果，先聖六十四代孫，居江西新城。七世祖德明，見衍球傳。德明次子公倫，生彦恭。彦恭生承汀，承汀生宏櫸，宏櫸生聞炳，聞炳生貞莊。尚果，貞莊子也。爲人敦氣節，重然諾，聞族侄爲廣寇所劫，不憚數百里，攜金贖之，里人頌其義焉。

　　述曰：《史》《漢》列傳，皆敘遊俠，如朱、田、王、劇、陳、原、樓、萬之徒，大抵立氣節，作威福，散財結客，以立彊於當世。雖其事亦間有足稱者，而行多不軌於正義，故後世史家弗道焉。今敘家傳，觀承祖以下，或見害不避，或緩急可依，或排難解紛，或輕財重誼，類皆砥行立名，功見言信，有慷慨之風，而無橫暴扞罔之事，固非可與遊俠者流一概而論也。

子孫著聞者第十五之二十二

衍，字舒元，先聖二十二代孫。祖乂，見晉餘不亭侯愉傳。父毓，晉征南軍司。衍少好學，年十二，能通《詩》《書》。弱冠，公府辟，本州舉異行直言，皆不就。避地江東，時元帝爲安東將軍，引爲參軍，專掌記室。書令殷積，而衍每以稱職見知。中興初，與庾亮俱補中書郎。明帝之在東宮，領太子中庶子。於時庶事草創，衍經學深博，又練識舊典，朝儀軌制多取正焉。由是元、明二帝並親愛之。

王敦專權，衍私於太子曰："殿下宜博延朝彥，搜揚才俊，詢謀時政，以廣聖聰。"敦聞而惡之，乃啓出衍爲廣陵郡。時人爲之寒心，衍不形於色。郡鄰接西賊，衍教誘後進，不以戎務廢業。石勒常騎至山陽，敕其黨以衍儒雅之士，不得妄入郡境。視職期月，以太興三年卒於官，年五十三。

衍於當時以博覽稱，凡所撰述，百餘萬言。子啓，廬陵太守。

又按，《晉書》云："衍宗人夷吾有美名，博學不及衍，涉世聲譽過之。元帝以爲主簿，轉參軍，稍遷侍中，徙太子左衛率，卒，追贈太僕。"今《譜》失其名，世系昭穆，不可得而考云。

稚珪，《南史》作"珪"，字德璋，先聖二十九代孫。《譜》云："吳興太守琇之從兄弟也。"居於會稽。父靈產，於宋泰始中罷晉安太守。有隱遁之懷，於禹井山立館，事道精篤，吉日於靜屋四向朝拜，涕淚滂沱。東出過錢塘北郭，輒於舟中遥拜杜子恭墓，自此至都，東向坐，不敢背側。元徽中，爲中散、太中大夫。頗解星文，好術數。蕭道成輔政，沈攸之起兵，靈產密白道成曰："攸之兵衆雖强，以天時冥數而觀，無能爲也。"道成驗其言，擢遷光禄大夫。以籧盛靈產上靈臺，令其占候。餉靈產白羽扇、素隱几。曰："君有古人之風，故遺君古人之服。"當世榮之。祖道隆，位侍中。以上系不可考。

稚珪少學涉，有美譽。太守王僧虔見而重之，引爲主簿。州舉秀才。解褐宋安成王車騎法曹行參軍，轉尚書殿中郎。蕭道成爲驃騎，以稚珪有文翰，取爲記室參軍，與江淹對掌辭筆。遷正員郎，中書郎，尚書左丞。父憂去官，與兄仲智還居父山舍。仲智妾李氏驕妒無禮，稚珪白太守王敬則殺之。服闋，爲司徒從事中郎，州治中，別駕，從事史，本部中正。

齊武帝永明七年，轉驍騎將軍，復領左丞。遷黃門郎，左丞如故。轉太子中庶子，廷尉。江左相承用晉世張、杜《律》二十卷，武帝留心法令，數訊囚徒，詔獄官詳正舊注。先是七年，尚書删定郎王植撰定律章，取晉律張斐、杜預二家所注，集爲一書，凡一千五百三十二條，爲二十卷，表請付外詳校。詔從之。於是稚珪與公卿八座參議，考正舊注。有輕重處，竟陵王子良下意，多使從輕。其中朝議不能斷者，則制旨平決。至九年，稚珪上表曰：

　　臣聞匠萬物者以繩墨爲正，馭大國者以法理爲本。是以古之聖王，臨朝思理，遠防邪萌，深杜姦漸，莫不資法理以成化，明刑賞以樹功者也。伏惟陛下蹋歷登皇，乘圖踐帝，天地更築，日月再張，五禮裂而復縫，六樂頹而爰緝。乃發德音，下明詔，降恤刑之文，申慎罰之典，敕臣與公卿八座共删注律。謹奉聖旨，諮審司徒臣子良，稟受成規，創立條緒。使兼監臣宋躬、兼平臣王植等鈔撰同異，定其去取。詳議八座，裁正大司馬臣嶷。其中洪疑大議，衆論相背者，聖照玄覽，斷自天筆。始就成立《律文》二十卷，《錄敍》一卷，凡二十一卷。今以奏聞，請付外施用，宣下四海。

　　臣又聞老子、仲尼曰：“古之聽獄者，求所以生之；今之聽獄者，求所以殺之。”“與其殺不辜，寧失有罪。”是則斷獄之職，自古所難矣。今律文雖定，必須用之；用失其平，不異無律。律書精細，文約例廣，疑似相傾，故誤相亂，一乖其綱，枉濫橫起。法吏無解，既多謬僻，監司不習，無以相斷，則法書徒明於快裏，冤魂猶結於獄中。今府州郡縣千有餘獄，如令一獄歲枉一人，則一年之中，枉死千餘人。冤毒之死，上干和氣，聖明所急，不可不防。致此之由，又非但律吏之咎，列邑之宰，亦亂其經。或以軍勳餘力，或以勞吏暮齒，獷情濁氣，忍并生靈，昏心狠態，吞剝氓物，虐理殘其命，曲文被其罪，冤積之興，復緣斯發。獄吏雖良，不能爲用。使于公哭於邊城，孝婦冤於遐外。陛下雖欲宥之，其已血濺九泉矣。

　　尋古之名流，多有法學。故釋之、定國，聲光漢臺；元常、文惠，續映魏閣。今之士子，莫肯爲業，縱有習者，世議所輕。良由空勤永歲，不逢一朝之賞；積學當年，終爲閭伍所嗤。將恐此書永墜下走之手矣。今若弘其爵賞，開其勸慕，課業宦流，班習胄子；拔其精究，使處內局，簡其才良，以居外仕；方岳咸選其能，邑長並擇其術：則皋繇之謀，指掌可致；杜鄭之業，鬱焉何遠。然後姦邪無所逃其刑，惡吏不能藏其詐，如身手之相驅，若弦括之相接矣。

臣以疏短，謬司大理。陛下發自聖衷，憂矜刑綱，御延奉訓，遠照民瘼。臣謹仰述天官，伏奏雲陛。所奏繆允者，宜寫律上，國學置律〈學〉助教，依《五經》例，國子生有欲讀者，策試上過高第，即便擢用，使處法職，以勸士流。

詔報從納，事竟不施行。

轉御史中丞，遷驃騎長史，輔國將軍。建武初，遷冠軍將軍、平西長史、南郡太守。稚珪以虜連歲南侵，征役不息，百姓死傷。乃上表曰：

匈奴為患，自古而然，雖三代智勇，兩漢權奇，算略之要，二途而已。一則鐵馬風馳，奮威沙漠；二則輕車出使，通驛虜庭。揣而言之，優劣可睹。今之議者，咸以丈夫之氣，恥居物下，況我天威，寧可先屈？吳、楚勁猛，帶甲百萬，截彼鯨鯢，何往不碎？請和示弱，非國計也。臣以為戎狄獸性，本非人倫，鴟鳴狼踞，不足喜怒，蠆目薑尾，何關美惡。唯宜勝之以深權，制之以遠筭，弘之以大度，處之以螫賊。豈足肆天下之忿，捐蒼生之命，發雷電之怒，爭蟲鳥之氣。百戰百勝，不足稱雄，橫尸千里，無益上國。而蟻聚蠶攢，窮誅不盡，馬足毛羣，難與競逐。漢高橫威海表，窘迫長圍；孝文國富刑清，事屈陵辱；宣帝撫納安靜，朔馬不驚；光武卑辭厚禮，寒山無矞。是兩京四主，英濟中區，輸寶貨以結和，遣宗女以通好，長轡遠御，子孫是賴。豈不欲戰，惜民命也。唯漢武藉五世之資，承六合之富，驕心奢志，大事匈奴。遂連兵積歲，轉戰千里，長驅瀚海，飲馬籠城，雖斬獲名王，屠走凶羯，而漢之棄甲十亡其九。故衛、霍出關，千隊不反，貳師入漢，[①]百旅頓降，李廣敗於前鋒，李陵沒於後陣，其餘奔北，不可勝數。遂使國儲空懸，戶口減半，好戰之功，其利安在？戰不及和，相去何若？

自西朝不綱，東晉遷鼎，羣胡沸亂，羌狄交橫，荊棘攢於陵廟，豺虎咆於宮闈，山淵反覆，黔首塗地，逼迫崩騰，開闢未有。是時得失，略不稍陳。近至元嘉，多年無事，末路不量，復挑強敵。遂乃連城覆徒，虜馬飲江，青、徐州之際，草木為人耳。建元之初，胡塵犯塞，永明之始，復結通和，十餘年間，邊候且息。

陛下張天造曆，駕日登皇，聲雷宇宙，勢壓河嶽。而封豕殘魂，未屠劍首，長蛇餘喘，偷窺外甸，烽亭不靜，五載於斯。昔歲蟻壞，瘻食樊漢，今茲蠱毒，浸淫未已。興師十萬，日費千金，五歲之費，寧可貲計。陛下何惜匹馬之驛，百金之賂，數行之詔，誘此凶頑，使河塞息肩，關境全命，蓄甲養民，以觀彼弊。我策若行，則為百世之福；若不從命，不過如戰失一隊耳。或云"遣使不受，則為辱命"。夫以

---

① "漢"，原作"漢"，據嚴可均輯《全上古三代秦漢三國六朝文‧全齊文》卷一九《上和虜表》訂正。

天下爲量者,不計細恥;以四海爲任者,寧顧小節。一城之没,尚不足惜;一使不反,曾何取憝?且我以權取貴,得我略行,何嫌其恥?所謂尺蠖之屈,以求伸也。臣不言遣使必得和,自有可和之理;猶如欲戰不必勝,而有可勝之機耳。今宜早發大軍,廣張兵勢,徵犀甲於岷峨,命樓船於浦海。使自青徂豫,候騎星羅,沿江入漢,雲陣萬里。據險要以奪其魂,斷糧道以折其膽。多設疑兵,使精銷而計亂;固列金湯,使神茹而慮屈。然後發袞詔,馳輕驛,辯辭重幣,陳列吉凶。北虜頑而好奇,貪而好古,畏我之威,喜我之略,畏威喜略,願和必矣。陛下用臣之啓,行臣之計,何憂玉門之下,而無款塞之胡哉?

彼之言戰既慇懃,臣之言和亦慊闊。伏願察兩塗之利害,檢二事之多少,聖照玄省,灼然可斷。所表謬奏,希下之朝省,使同博議。臣謬荷殊恩,奉佐侯岳,敢肆瞽直,伏奏千里。

帝不納。徵侍中,不行,留本任。

稚珪風韻清疏,好文詠,飲酒七八斗。與外兄張融情趣相得,又與琅邪王思遠、廬江何點、點弟胤並款交。不樂世務,居宅盛營山水,憑几獨酌,傍無雜事。門庭之内,草萊不翦,中有蛙鳴,或問曰:“欲爲陳蕃乎?”稚珪笑曰:“我以此當兩部鼓吹,何必期效仲舉。”

初,汝南周顒爲前軍諮議,時直侍殿省,方見賞遇,於鍾山西立隱舍,休沐則歸之。稚珪因作《北山移文》以嘲之,曰:

鍾山之英,草堂之靈。弛煙驛路,勒移山庭。夫以耿介拔俗之標,蕭灑出塵之想。度白雪以方絜,干青雲而直上。吾方知之矣。若其亭亭物表,皎皎霞外。芥千金而不盼,屣萬乘其如脱。聞鳳吹於洛浦,值新歌於延瀨,固亦有焉。豈期終始參差,蒼黄翻覆。淚翟子之悲,慟朱公之哭。乍回迹以心染,或先貞而後黷。何其謬哉!嗚呼,尚生不存,仲氏既往。山阿寂寥,千載誰賞?

世有周子,儁俗之士。既文既博,亦玄亦史。然而學遁東魯,習隱南郭。偶吹草堂,濫巾北嶽。誘我松桂,欺我雲壑。雖假容於江皋,乃纓情於好爵。其始至也,將欲排巢父,拉許由。傲百氏,蔑王侯。風情張日,霜氣橫秋。或嘆幽人長往,或怨王孫不遊。談空空於釋部,覈玄玄於道流。務光何足比,涓子不能儔。

及其鳴騶入谷,鶴書赴隴。形馳魄散,志變神動。爾乃眉軒席次,袂聳筵上。焚芰製而裂荷衣,抗塵容而走俗狀。風雲悽其帶憤,石泉咽而下愴。望林巒而有失,顧草木而如喪。至其鈕金章,綰墨綬。跨屬城之雄,冠百里之首。張英風於海甸,馳妙譽於浙右。道帙常擯,法筵久埋。敲扑諠囂犯其慮,牒訴倥傯裝其懷。

琴歌旣斷，酒賦無續。常綢繆於結課，每紛綸於折獄。籠張趙於往圖，架卓魯於前錄。希蹤三輔豪，馳聲九州牧。使我高霞孤映，明月獨舉。青松落陰，白雲誰侶？碉户摧絕無與歸，石徑荒涼徒延佇。至於還飈入幕，寫霧出楹。蕙帳空兮夜鵠怨，山人去兮曉猿驚。昔聞投簪逸海岸，今見解蘭縛塵纓。

　　於是南嶽獻嘲，北隴騰笑。列壑爭譏，攢峰竦誚。慨遊子之我欺，悲無人以赴弔。故其林慙無盡，澗愧不歇。秋桂遣風，春蘿罷月。騁西山之逸議，馳東皋之素謁。今又促裝下邑，浪拽上京，雖情投於魏闕，或假步於山扃。豈可使芳杜厚顏，薜荔無恥。碧鎖再辱，丹崖重滓。塵遊躅於蕙路，污淥池以洗耳？宜扃岫幌，掩雲關，斂輕霧，藏鳴湍。截來轅於谷口，杜妄轡於郊端。於是叢條瞋膽，疊穎怒魄。或飛柯以折輪，乍低枝而掃迹。請迴俗士駕，爲君謝逋客。

永元元年，爲都官尚書。遷太子詹事，加散騎常侍。三年，稚珪疾，東昏屛除，以牀舁走，因此疾甚，遂卒。年五十五。贈金紫光禄大夫。仲智，《家譜》不載。

　　紹安，先聖三十三代孫，居會稽。陳散騎常侍奐之子也。紹安與弟紹新畲知名，陳亡，客居鄂，勵志於學。外兄虞世南曰：“本朝淪覆，吾分湮滅，有弟若此，知不亡矣。”紹安與孫萬壽皆以文辭稱，時謂“孫孔”。隋大業末，爲監察御史。唐高祖討賊河東，紹安與夏侯端同監軍，禮遇尤密。高祖受禪，端先歸，拜祕書監。已而紹安間道走長安，高祖悦，擢内史舍人，賜宅一區、良馬二匹。後與端同侍宴，應詔賦《石榴詩》曰：“祗爲來時晚，開花不及春。”時人稱之。尋召撰《梁史》，未成而卒。有文集五十卷。紹新，《陳書》作“紹薪”。紹安季弟紹忠，亦有才學，官至太子洗馬、儀同、鄱陽王東曹掾。紹（子安）[安子]楨、構。楨，有傳，生季詡。構，史作“栖”，早卒，贈蒲州刺史，生若思、若仲。

　　季詡，史作“季詡”，字季和。唐中宗嗣聖六年，擢制科，授祕書郎。[①] 陳子昂常稱其神清韻遠，可比衛玠。終左補闕。

　　若思，少孤，其母褚，躬訓教，長以博學聞。有遺以褚遂良書者，納一卷焉，其人曰：“是書貴千金，何取之廉？”答曰：“審爾，此爲多矣。”更還其半。擢明經，歷庫部郎中，常曰：“仕宦至郎中足矣。”座右置止水一石，明自足意。
　　中宗初，敬暉、桓彦範當國，以若思多識古今，凡大政事，必咨質後行。三遷禮部

---

① “祕書郎”，《新唐書·孔季詡傳》作“校書郎”。

侍郎，出爲衛州刺史。故事，以宗室爲州別駕，見刺史，驁放不肯致恭。若思劾奏別駕李道欽，請訊狀。有詔別駕見刺史致恭，自若思始。以清白擢銀青光禄大夫，賜絹百匹，累封梁郡公。開元七年卒，謚曰惠。若仲歷遷給事，三任與兄同府，時人榮之。若思子至。

至，字惟微。歷著作郎，明氏族學，與韋述、蕭穎士、柳冲齊名。撰《百家類例》，以張説等爲近世新族，剗去之。説子垍方有寵，怒曰："天下族姓，何與①若事，而妄紛紛邪？"垍弟素善至，以實告。初，書成，示韋述，述謂可傳，及聞垍語，懼，欲更增損，述曰："止！丈夫奮筆成一家書，奈何因人動揺？有死不可改。"遂罷。時述及穎士、冲皆撰《類例》，而至書稱工。

武仲，字常父，先聖四十七代孫，居新淦，宋司封郎中延之之子也。幼力學，仁宗至和八年舉進士，中甲科。調穀城主簿，選教授齊州，爲國子直講。喪二親，毀瘠特甚，右肱爲之不舉。哲宗元祐初，歷祕書省正字、校書，集賢校理，著作郎，國子司業。嘗論科舉之弊，詆王氏學，請復詩賦取士。又欲罷大義，而益以諸經策，御試仍用三題。進起居郎兼侍講邇英殿，除起居舍人。數月，拜中書舍人，直學士院。

初，罷侍從轉對，專責以論思。武仲言："苟不持之以法，則言與不言，將各從其意。願輪二人次對。"時議祠北郊，久不決。武仲建言用純陰之月親祠，如神州地祇。擢給事中，遷禮部侍郎，以寶文閣待制知洪州。又請："從臣爲州者，杖以下公坐止劾官屬，俟獄成，聽大理約法，庶幾刑不逮貴近，又全朝廷體貌之意。"遂著爲令。

徙宣州，坐元祐黨奪職，居池州。卒，年五十七。元符末，追復之。所著《詩書論語②》《金華講義》《内外制》《奏議》《雜文》共百餘卷。

平仲，字義甫，武仲弟。英宗治平二年，登進士第，又應制科。用吕公著薦，爲祕書丞、集賢校理。兄文仲卒，歸葬南康。詔以平仲爲江東轉運判官護葬事，提點江浙鑄錢、京西刑獄。紹聖中，言者詆其元祐時附會當路，譏毀先烈，削校理，知衡州。提舉董必劾其不推行常平法，陷失官米之直六十萬，置獄潭州。平仲疏言："米貯倉五年半，陳不堪食，若非乘民闕食，隨宜洩之，將成棄物矣。儻以爲非，臣不敢逃罪。"乃徙韶州。又坐前上書之故，責惠州別駕，安置英州。徽宗立，復朝散大夫，召爲户部、金部郎中，出提舉永興路刑獄，帥鄜延、環慶。黨論再起，罷，主管兗州景靈宫，卒。平仲

① "與"，《新唐書》卷一九九《孔至傳》作"豫"。
② "詩書論語"，《宋史》卷二〇二《藝文志》、《東都事略》卷九四《孔武仲傳》作"詩書論語説"。

長史學,工文詞,著《續世説》《釋裨》《詩戲》《野史史證》諸書,傅於世。

滋,先聖四十七代孫,居新淦。曾祖榯,見元邵武府經歷檜傳。祖安世。父仲容。滋登宋哲宗元祐三年進士,官至吉州司理參軍。初,文仲、武仲、平仲兄弟以文聲起江西,世號“清江三孔”。至是,滋與從弟淑、源並以能文成進士,遂有“小三孔”之目。其後文仲曾孫伯元、伯迪及伯元子宗武,亦以文名,稱“後三孔”焉。淑,與滋同榜進士,官至朝議大夫、睦州通判。源,紹聖元年進士,官至梧州團練。淑父仲詢,祖安邦。安邦,榯次子。源父仲和,祖安民。安民,榯第四子也。伯元、伯迪,並寧宗嘉定三年進士。祖浩然,監安府僉判。父梓,安豐主簿,朱子門人。伯元,新豐主簿。伯迪,知新建縣事。宗武,寶祐元年進士,官至瑞州通判。

端甫,字肅之,先聖四十八代孫。祖宗殼,見宋國子博士彥輔傳。父若初,登進士。端甫讀書樂道,該洽古今。金章宗明昌二年,侍講党懷英薦其年德俱高,召赴闕下,特賜及第,除將仕郎、翰林學士。以年老乞歸,卒。

之載,字德甫,先聖五十二代孫。父元敬,有傳。之載初仕福州路學正,遷建寧路教授。後改福州路知事,不赴。聚徒講學,弟子數百人。及卒,門人爲立像祀於學。子汭,有至性,好讀書,歷官江南行臺、監察御史,終都事。論事剴切,有直聲。

思睿,字達道,先聖五十四代孫。八世祖舜亮,宋御史中丞道輔之子也。舜亮生若升。若升,知新泰縣,監修祖廟,贈朝請大夫,生端臣。端臣生琜,琜生接,接生元讓,元讓生之深,之深生演。元讓至演三世,元時權主祀事。思睿,演子也。雅好博古,尤邃理學。歷前衛教授、泗水縣主簿。卒,年四十五。

諤,字貞伯,先聖五十七代孫。父希麟,見曲阜縣知縣貞堪傳。諤中明永樂六年鄉試第一,會試下第。時成祖在北京,仁宗以太子監國,謂近臣曰:“我朝孔氏子姓,未有出仕者,今得此人,何不使成進士?”對曰:“考試至公,雖父子不容私也。”乃除教官。諤時年二十五,太子召見,曰:“孔諤年少俊偉,務令成進士。”命冠帶,送國子監肄業。未幾,左春坊中允員缺,太子顧謂東宮官曰:“此職非孔諤不可。”遂以中允教皇子諸王。諤輔道講讀,以嚴正稱,賜第宅一區,並器皿等物。後轉大理寺評事,改監察御史,巡按江西、遼東,所至風紀肅然。吾宗重喪禮,棺槨務求堅美,而佳木恒不易得。諤按江西還,見蜀賈售柏材者,傾囊易之,得百具,載以歸。用周宗長之貧不能具棺者。官至河南按察僉事。卒,年六十九。諤平生嗜性理之學,於詩賦尤工。所著有

《中庸補注》三卷,書進祕府。又有《舞雩春咏詩集》二十卷。子:公恪。

公恪,字恭文。通經傳性理之學,好議論,又喜談兵。每及古今成敗事,輒口講指畫,具有條理。聞邊陲有警,即奮臂起舞,慨然有欲試之意。嘗讀《檀弓》至孔門三出妻,廢書嘆曰:"斜徑敗良田,讒口亂善言。豈其異端之流,攻擊嬌誣而贅之者乎!"於是,著《三出妻辨》以明其僞。又著有《天爵絜矩》等論、《蒯徹明智》等辨、《思誠大始正本》等説。終隱不仕,卒,年六十八。

彦侔,字朝德,先聖五十九代孫。六世祖潾,五十二代贈魯郡侯第三子也,仕元爲鉅野令,生思友。思友資禀魁岸,不屑凡近,以儒業薦爲太師府掾,官至汝寧府推官。初,大宗世絶,以宗法立嗣,宜以小宗之嫡思晦襲爵。而治與思誠再世以支庶越次紹封,爲族人所不服。思友乃敍述家譜,力言於政府,其後卒黜思誠而封思晦,皆思友之力也。其第四子克綱,爲尼山書院山長,生希滙。希滙生讄,讄生公載,公載生彦侔。彦侔以歲貢任臨海訓導,陞高陽教諭。博學好古,教諸生,具有成就。卒,祀臨海名宦祠。

承侃,字永冠,先聖六十代孫。祖公珏,有傳。父彦道,公珏長子也。博學工詩,尤精顏魯公書法,祖廟碑文多出其手。承侃初任直隸保定知縣,終荆藩長史。居官清白,三十餘載,囊無餘資。承侃篤信陽明之説,官迹所至,即開館會生徒,講良知之學。著《易》《詩》《書》《四書代言》《中庸孔庭續問》《三教指迷》《四事請教録》《日言夢解》《日月篇》《天理説》《天人直指圖》《荆藩輔政録》等書。時承侃從弟承仍、承仍子宏斐,並受業教授餘姚鄒組,爲學亦講良知,共相唱和,從游者甚衆。承仍爲唐王府教授,宏斐隱居不仕。承仍父彦述,見其弟承倚子宏蘊傳。

宏頡,字以齊,承侃兄承伬之子也。天性淳謹,厭絶佻巧,以文章名世。初任商河縣訓導,擢咸陽教諭,再遷太平府教授。子聞訥,字知敏,篤志好學,閉户著書,年六十,足迹不入城市,時人以方董江都云。

聞詩,字知言,六十一代代襲衍聖公宏泰子也。明弘治十六年,以父廕授五經博士。聞詩身長華臒,而持躬儉約,絶去聲色耳目之好。客至設饌,乾脯外無多品,左右僕從鮮華服者。平生止乘一馬,非公事出,亦不御也。性耽吟咏,與人酬和,往返至數十,殊無鼓衰力竭之狀,世故號多才子云。

　　貞時，字仲甫，先聖六十三代孫，明大學士貞運之兄也，居句容。貞時少多病，讀書不輟。萬曆四十一年成進士，授翰林院檢討，知起居注。屬神宗、光宗相繼崩，熹宗即位，一時詔、誥、表、冊、謚、議之屬，多出其手，詳贍典要，爲時所稱。與弟貞運同在翰林，時人比之軾轍、郊祁。以疾卒，祀於鄉。所著有《在魯齋文集》。

　　尚珥，先聖六十四代孫。九世祖克伸，有傳。克伸第三子希緒，以孝聞，生諱。諱生公蓁，公蓁生彥壘，彥壘生承鐸，承鐸生宏擢，宏擢生聞賀。聞賀，青州府學訓導，生貞絃。貞絃，四氏學學錄，尚珥其次子也。性通敏，尤精律呂之學，晉、豫、吳、楚諸省文廟禮樂，皆聘請釐正焉。晚卒於家。

　　衍栻，字懋法，先聖六十五代孫。祖貞璠，有傳。父尚惄。衍栻嘗爲濟寧州訓導，敦行孝友，沉静寡言。舉孝廉方正，辭。舉鄉飲大賓，又辭。善畫，深入宋元名人之室，著《畫訣》《題畫詩》等書，行於世。

　　述曰：聖門四科，終以文學，豈不以立言一道與立德、立功共屬不朽乎！右自舒元以下，披文相質，博雅淹通，蔚爲國華，代傳英彥。而貞伯與永冠弟兄，尤能究心理學，惜《補注》一書，家無藏本。永冠之書，雖有存者，而學宗姚江，語多踳駁，皆未敢列諸經術，取附文苑，固亦一時之秀也。

子孫著聞者第十五之二十三

立，字子立，先聖十四代孫。父驪，見曾祖安國傳。立少游京師，與劉歆友善。嘗以清論譏貶史丹，史丹諸子並用事，爲是不仕，以《詩》《書》教於闕里，生徒數百人。子：元。

元，字子元。以郎校書，嘗見稱於揚雄。時劉歆大用事，而元七年官不益，或譏其不恤於進取，元泊如也。子：建。

建，字子建。與崔篆相善，篆後仕王莽，爲建新大尹，數以世利勸建仕。建曰："吾有布衣之心，子有袞冕之志，各從所好，不亦善乎？且習①與子幼同志，故相友也。今子以富貴爲榮，而吾以貧賤爲樂，志已乖矣。乖而相友，非中情也，請與子辭。"遂歸鄉里。漢光武中興，天下未悉從化，董憲部衆彭豐等暴於鄒魯之間，郡守鮑永患之。是時闕里無故，荊棘叢生，一旦自闢，廣千數百步，從舊講堂坦然至里門。永大驚，謂建曰："豈卿先君欲令太守行饗禮，助太守誅惡邪？"建曰："其然。"永曰："爲之奈何？"建曰："庠序之禮廢來久矣。今誠修之，民必觀焉。且豐等爲盜，或聚或散，非有堅固部曲也。若行饗射之禮，内爲禽之之備，外示以簡易，豐等依衆觀化，可因而縛也。"永從之，用格殺豐等。子：仁。以文學爲議郎，博士，官至南海太守。

昱，字元世，先聖二十代孫，漢太山都尉宙子也。少習《尚書》家學，大將軍梁冀辟，不應。太尉舉方正，對策不合，乃辭病去。漢桓帝末，遭黨事禁錮。當是時，主荒政謬，國命委於閹寺，士子羞與伍，故匹夫抗憤，處士橫議，遂乃激揚名聲，互相題

---

① "習"，《孔叢子》卷七《連叢子上·敍世》作"昔"。

拂，品覈公卿，裁量執政，爭爲婞直之風。而姦佞等亦遂搆成黨禍，觸怒朝廷，收執李膺等，并株連陳寔之徒二百餘人，或有逃遁不獲，皆懸金購募，使者四出相望。賴尚書霍諝、城門校尉竇武表解，僅得赦歸田里，禁錮終身。於是，正直放廢，邪枉熾結，海內希風之流，共相標榜，指天下名士，爲之稱號。上曰“三君”，言一世之所宗也；次曰“八俊”，言人之英也；次曰“八顧”，言能以德行引人者也；次曰“八及”，言其能導人追宗者也；次曰“八廚”，言能以財救人者也。以擬古之八元、八凱，而昱之名列於“八及”焉。靈帝即位，公車徵拜議郎，補洛陽令。以師喪棄官，卒於家。

羣，字敬林，先聖二十五代孫，居會稽。父奕，有傳。羣有智局，志尚不羈。蘇峻入石頭，時匡術有寵於峻，賓從甚盛。羣與從兄愉同行，於橫塘遇之。愉止與語，而羣初不視術，術怒，欲刃之。愉下車，抱術曰：“吾弟發狂，卿爲我宥之。”乃獲免。後峻平，王導保存術，嘗因衆坐，令術勸羣酒，以釋橫塘之憾。羣對曰：“羣非孔子，厄同匡人。雖陽和布氣，鷹化爲鳩，至於識者，猶憎其目。”導有愧色。仕歷中丞。性嗜酒，導嘗戒之曰：“卿恒飲，不見酒家覆瓿布，日月久糜爛邪？”答曰：“公不見肉糟淹更堪久邪？”嘗與親友書云：“今年田得七百石秫米，不足了麴糵事。”其沉湎如此。卒於官。有《奏議》二十二卷。

述睿，先聖三十八代孫。祖舜，見曾祖昌寓傳。父齊參，寶鼎令。述睿少與兄克符、克讓篤孝，已孤，偕隱嵩山。而述睿好學不倦，唐大曆中，轉運使劉晏表薦述睿有顏閔之行、游夏之學，代宗以太常寺協律郎徵之。轉國子博士，歷遷尚書司勳員外郎，史館修撰。述睿每一遷，即至朝謝，俄而辭疾歸，以爲常。

德宗踐祚，命河南尹趙惠伯齎詔書、玄纁束帛，就嵩山以禮徵聘爲諫議大夫。述睿既至，召對於別殿，特賜第宅，給以廄馬，兼皇太子侍讀。旬日，累表固辭，依前乞還舊山。詔報之曰：“卿懷伊尹匡時之道，有廣成嘉遯之風。養素丘園，屢辭命秩。朕以崆峒問道，渭水求師，亦何必務執勞謙，固求退讓。無違朕旨，且啓乃心。”述睿既懇辭不獲，方就職。改祕書少監，兼右庶子，再加史館修撰。述睿精於地理，重修《地理志》，本末最詳。性退讓，與物無競。每親朋集會，嘗恂恂然似不能言者，人皆敬之。時令狐峘亦充修撰，與述睿同職，多以細碎之事侵述睿，述睿卒不與較，時人稱爲長者。

貞元四年，命齎詔并御饌、衣服數百襲，往平涼盟會處祭陷没將士骸骨，以述睿精愨而誠故也。九年，以疾上表請罷官，詔不許，報之曰：“朕以卿德重朝端，行敦風俗。不言之教，所賴攸深。未依來請，想宜悉也。”述睿再三陳乞，乃以太子賓客賜紫金魚袋致仕,仍賜帛五十疋、衣一襲。故事,致仕還鄉者,皆不給公乘。德宗優寵儒者,特命給而遣之。貞元十六年九月卒,年七十一。贈工部尚書。克符,《新唐書》作“充符”。克讓,《唐書》作“述睿弟”。

述曰:子立以清議沈淪,子元以恬澹見抑,子建以布衣終身。三世相承,代屬貞素,可謂脫世累於緇塵,抗清標於物表者矣。元世高自標格,卒罹黨錮;敬林皎皎易污,沈湎酒人;述睿淡忽榮利,嘉遯是耽,雖未軌於中道,要與足崖壑而志城闕者迥異。著之於篇,亦所以風世而厲俗也。

子孫著聞者第十五之二十四

淳之，字彥深，先聖二十六代孫。高祖衍，有傳。曾祖啓，晉廬陵太守。祖恢，宋尚書祠部郎。父粲，以祕書監徵，不就。

淳之少有高尚，志好墳籍，爲太原王恭所稱。居會稽剡縣，性好山水，每有所遊，必窮其幽峻，或旬日忘歸。嘗遊山，遇沙門釋法崇，因留共止，遂停三載。法崇嘆曰：“緬想人外，三十年矣，今乃傾蓋於兹，不覺老之將至也。”及淳之還反，不告以姓。除著作佐郎，太尉參軍，並不就。

居喪至孝，廬於墓側。服闋，與徵士戴顒、王弘之及王敬弘等共爲人外之遊。又申以婚姻，敬弘以女適淳之子尚，遂以烏羊繫所乘車轅，提壺爲禮，至則盡歡共飲，迄暮而歸。或怪其如此，答曰：“固亦農夫、田父之禮也。”

會稽太守謝方明苦要之，不能致，使謂曰：“苟不入吾郡，何爲入吾郭？”淳之笑曰：“潛遊者不識其水，巢棲者非辨其林。飛沉所至，何問其主。”終不肯往。茅室蓬戶，庭草蕪徑，惟牀上有數卷書。元嘉初，復徵爲散騎侍郎，乃逃於上虞縣界，家人莫知所之。弟默之爲廣州刺史，出都與別。司徒王弘要淳之集治城，即日命駕東歸，遂不顧。與王弘之、阮萬齡並爲謝靈運所欽重，靈運與廬陵王義真牋曰：“會境既豐山水，是以江左嘉遯並多居之。但季世慕榮，幽棲者寡，或復才爲時求，弗獲從志。至若王弘之拂衣歸耕，逾歷三紀；孔淳之隱約窮岫，自始迄今；阮萬齡辭事就間，纂成先業。浙河之外，棲遲山澤，如斯而已。既遠同義唐，亦激貪厲競。殿下愛素好古，常若布衣，每憶昔聞，虛想巖穴。若遣一介，有以相存，真可謂千載盛美也。”元嘉七年卒，年五十九。

沉，字德度，亦先聖二十六代孫，晉中丞羣之子也，居會稽。有美名。何充薦沉於王導曰：“文思通敏，宜登宰門。”辟丞相司徒掾、琅邪王文學，並不就。從兄坦以裘遺之，辭不受。坦曰：“晏平仲儉，祀其先人，豚肩不掩豆，猶狐裘數十年。卿復何辭？”於是受而服之。是時，沉與魏顗、虞球、虞存、謝奉並爲四族之儁云。

　　祐，先聖二十八代孫，居會稽。曾祖愉、祖汪，皆有傳。父俟，晉江夏太守。祐有至行，隱於四明山，嘗見山谷中有數百斛錢，視之如瓦石不異，採樵者競取，入手即成砂礫。曾有鹿中箭，來投祐，祐爲之養，創愈然後去。宋明帝泰始中，太守王僧虔辟主簿，不就。僧虔與張緒書曰：“孔祐，敬康曾孫也，行動幽祇，德標松桂。引爲主簿，遂不可屈。此古之遺德也。”子：道徽。

　　道徽，字志業。少厲高行，能世其家風，隱居南山，終身不窺都邑。齊高帝建元初，豫章王嶷爲揚州，辟西曹書佐，不至。鄉里宗慕之。道徽族祖嗣之，字敬伯，宋孝武帝孝建初，爲中書舍人，非其所好，自廬江郡守去官，隱居鍾山。朝廷以爲太中大夫，卒。道徽兄子摠，有操行，遇飢寒不可得衣食，縣令吳興邱仲孚薦之，除竟陵王侍郎，竟不至。嗣之、摠，《譜》並失名，系不可考。

　　元演，字流遠，先聖五十一代孫，居廣州。五世祖聖聰，有傳。高祖若簡。曾祖端士。祖璋。父捐。元演博聞洽記，日賦千言。性清介，不樂仕進，講道於羊城北門，建明德堂，一時人士咸宗師之。宋咸淳間，當道徵拜，皆不就，致廩粟，又辭之。所善曾南寶語之曰：“人生讀書，求致用耳！今世道衰微，正學人經濟之秋，何獨善爲？”元演笑而不答。後隱居水村，學者稱爲溪隱先生。所著有《明德集》十卷。

　　公輅，字御文，先聖五十八代孫。曾祖克中，有傳。祖希恭，配明魯靖王肇煇文登郡主，授中奉大夫，宗人府儀賓。父說，南城兵馬司指揮。公輅少奉父命，習舉子業，有聲庠序間。父沒，乃嘆曰：“蚤年讀書，欲求一第以悅親耳！今見背矣，奚齪齪爲也？”遂棄去。工詩歌，究心理學，寒暑不輟。兗之士大夫結壽英會，公輅以齒列第二，亦不恒赴。未幾，復辭去。卜居泗上，因自號泗漁，學者稱泗漁先生。所著有《南坡稿》《元和景象集》《泗漁樂府》。

　　貞灼，字見性，先聖六十三代孫。曾祖承翔，見聞舉傳。祖宏芹，承翔第三子也。父聞顔。貞灼明末隱居曹南，遠近敬之，盜賊肆起，相戒不入其門。

　　貞時，字知考，亦先聖六十三代孫，居廣州。十九世祖繼明，見文甫傳。繼明次子維翰。維翰生志，志生義，義生魯臣，魯臣生德望，德望生堂。堂，元欽州別駕，生祖舜。祖舜生勝僧。勝僧，元末遷德慶州，生普道。普道生思恒。思恒，明英德縣知縣,生克敦。克敦生希倫,希倫生伯修。伯修次子公成,舉人,生彥文。彥文生成康,成康生宏檜,宏檜生聞遠。貞時,聞遠長子也。性恬澹,不慕榮利。康熙元年,貢入太學,例得選,獨高尚不仕,隱居教授生徒。知州饒崇秩重其品,常饋遺之,不可致也。一日,從一僕歸,自悦城道經山隘,遇一老父驅黃牛一隊,避路而去。俄而有衆逐虎,見貞時,驚問:"見九虎否?"貞時曰:"未也。"以頃所見告衆,咸嗟嘆曰:"先生真仁人君子,故有此異也。"尋避亂遷居太平寨,寨民多梗頑不法,常逋欠官糧,殺害州吏。饒崇秩請兵剿之,預使人戒貞時徙避,然後發兵。寨人因得預知,先遁,賴以全活者甚衆焉。

述曰:《易》曰:"天地閉,賢人隱。"又曰:"君子遠小人,不惡而嚴","《遯》之時義大矣哉!"夫士生當世,豈不欲各有所表見,寧遂親魚鳥、樂林草,甘心自絶而不悔哉?蓋或垢俗以動其概,或疵物以激其清,或去危以圖其安,或回避以全其道。雖曰所性固然,亦各有所不得已也。鴻飛冥冥,弋者何篡。觀諸君子之風,亦可識全身遠害之道矣。

子孫著聞者第十五之二十五

熙先，先聖二十七代孫，居會稽。祖粲，見伯父淳之傳。父默之，好儒學，注《穀梁春秋》。宋文帝元嘉間，爲廣州刺史，以贓貨得罪，下廷尉，大將軍彭城王義康保持之，得免。熙先博學有縱橫才，文史星算，無不兼善。爲員外散騎侍郎，久不得調，憤憤不得志。義康之被黜，出鎮江州也。熙先密懷報效，且以爲天文圖讖："文帝必以非道晏駕，禍由骨肉。而江州應出天子。"以爲義康當之，遂陰懷不軌，欲要朝廷大臣爲亂。時左衛將軍、太子詹事范曄意志不滿，熙先欲引與同謀，以素不爲曄所重，無因進說。義康記室參軍謝綜，曄甥也，熙先嘗經相識，乃傾身事綜，與之結厚，因得見曄。熙先家饒於財，曄與博，故爲拙行，以物輸之。曄既利其財寶，又愛其文藝，由是情好款洽。熙先乃從容說曄以弒帝立義康，曄愕然，熙先曰："丈人雅譽過人，讒夫側目久矣。比肩競逐，庸可遂乎。今建大勳，奉賢哲，圖難於易，以安易危，豈可棄置而不取哉？"曄猶疑未決。熙先曰："又有過於此者，愚則未敢道耳。"曄曰："何謂也？"熙先曰："丈人奕葉清通，而不得連姻帝室，人犬豕相遇，而丈人曾不恥之，欲爲之死，不亦惑乎？"曄門無內行，故熙先以此激之。曄默然不答，反意乃定。

綜素爲義康所厚，弟約又娶義康女，既爲熙先所獎說，亦有酬報之意。廣州人周靈甫有家兵部曲，熙先以六十萬錢與之，使於廣州合兵。靈甫一去不反。大將軍府史仲承祖，義康舊所信念，屢銜命下都，亦潛結腹心，規有異志。聞熙先有誠，密相結納。丹陽尹徐湛之，素爲義康所愛，雖爲舅甥，恩過子弟，承祖因此結事湛之，告以密計。

有法略道人先爲義康所供養，又有王國寺法靜尼亦出入義康家內，皆感激舊恩，規相拯拔，並與熙先往來。熙先善治病，兼能診脈。法靜尼妹夫許耀，領隊在臺，宿衛殿省。嘗有病，因法靜尼就熙先乞治，爲合湯一劑，耀疾即損。自往酬謝，因成周旋。熙先以耀膽幹可施，結爲內應。法靜尼南上，熙先遣婢採藻隨之，付以箋書，陳說圖讖。還，義康餉熙先銅匕、銅鑷、袍段、綦奩等物。熙先慮事泄，酖採藻殺之。乃略相署置，湛之爲撫軍將軍、揚州刺史，曄中軍將軍、南徐州刺史，熙先左衛將軍，其餘皆有選擬。凡素不善及不附義康者，並入死目。

　　熙先又使弟休先爲檄文稱：賊臣趙伯符肆兵犯蹕，禍流儲宰。湛之、曄等投命奮戈，斬伯符首。今遣將軍臧質奉璽綬迎彭城王，正位宸極。又詐作義康與湛之書，令除君側之患，宣示同黨。

　　元嘉二十二年九月，征北將軍衡陽王義季、右將軍南平王鑠出鎮，文帝於武帳岡祖道，曄等期以是日爲亂。許耀侍帝，扣刀目曄，曄不敢發。十一月，徐湛之恐事不濟，密上章告變，乃悉收付廷尉。熙先望風吐款，詞氣不撓。帝奇其才，遣人慰勞之曰：“以卿之才，而滯於集書省，乃我負卿也。”又詰責前吏部尚書何尚之曰：“使孔熙先年將三十作散騎郎，那不作賊？”

　　熙先在獄中上書曰：“囚小人狷狂，識無遠概，徒狗意氣之小感，不料逆順之大方。與第二弟休先首爲姦謀，干犯國憲，齏膾脯腌，無補尤戾。陛下大明含弘，量包天海，録其一介之節，猥垂優逮之詔。恩非望始，没有遺榮，終古以來，未有斯比。夫盜馬絶縹之臣，懷璧投書之士，其行至賤，其過至微，猶識不世之恩，以盡軀命之報，卒能立功齊、魏，致勳秦、楚。囚雖身陷禍逆，名節俱喪，然少也慷慨，竊慕烈士之遺風。但墜崖之木，事絶升躋，覆盎之水，理乖收汲。方當身膏鈇鉞，詒誠方來，若使魂而有靈，結草無遠。然區區丹抱，不負夙心，貪及視息，少得申暢。自惟性愛羣書，心解數術，智之所周，力之所至，莫不窮攬，究其幽微。考論既往，誠多審驗。謹略陳所知，條牒如故別狀，願且勿遺棄，存之中書。若囚死之後，或可追存，庶九泉之下，少塞黌責。”所陳並天文占候，讖上有骨肉相殘之禍，其言亦頗深切。

　　曄初被收時，謂入獄便死，而帝窮治其事，遂經二旬，曄更有生望。獄吏因戲之曰：“外傳詹事或當長繫。”曄聞之驚喜，熙先與綜笑之曰：“詹事當可共疇事時，無不攘袂瞋目。及在西池射堂上，躍馬顧盼，自以爲一世之雄。而今擾攘紛紜，畏死乃爾。設令今時賜以性命，人臣圖主，何顔可以生存。”十二月，乃同弟休先及黨與皆伏誅。

　　範，字法言，先聖三十一代孫，居會稽。五世祖國，有傳。高祖名失考。曾祖景偉，齊散騎常侍。祖滔，梁海鹽令，六歷清要。父岱。範少好學，博涉書史。陳太建中，爲宣惠江夏王伯義長史。後主即位，爲都官尚書，與江摠等並爲狎客。範容止都雅，文章贍麗，又善五言詩，尤見親愛。後主性愚狠，惡聞過失，每有惡事，範必曲爲文飾，稱揚贊美。時孔貴人絶愛幸，範與結爲兄妹，寵遇優渥，言聽計從，朝廷公卿咸畏。範因驕矜，以爲文武才能，舉朝莫及，從容白後主曰：“外間諸將起自行伍，匹夫敵耳。深見遠慮，豈其所知！”後主以問施文慶。文慶畏範，益以爲然。自是將帥微有過失，即奪其兵，分配文吏。

　　隋師將濟江，羣官請爲備防，文慶沮壞之，後主未決。範奏曰：“長江天塹，古來限隔，虜軍豈能飛渡？邊將欲作功勞，妄言事急。臣自限位卑，虜若能來，定作太尉公矣！"或妄言北軍馬死，範曰："此是我馬，何因死去？"後主笑以爲然，故不深備。尋而隋將賀若弼陷南徐州，執城主莊元始；韓擒虎陷南豫州，敗水軍都督高文泰與中領軍魯廣達，頓於白塔寺。後主多出金帛，募人立功。範素與武士不接，莫有至者，惟負販輕薄多從之，高麗、百濟、崑崙諸夷並受督。時任蠻奴請不戰，而已渡江攻其大軍。又司馬消難言於後主曰："弼若登高舉烽，與韓擒虎相應，鼓聲交震，人情必離。請急遣兵，北據蔣山，南斷淮水，質其妻子，重其常賜。陛下以精兵萬人，守城莫出。不過十日食盡，二將之頭可致闕下。"範冀欲立功，志在於戰，乃曰："司馬消難狼子野心，任蠻奴淮南傖士，語並不可信。"事遂不行。

隋軍既逼，蠻奴又欲爲持久計。範又奏，請作一決，當爲官勒石燕然，後主從之。明日，範以其徒居中以當隋師，未陣而北，範脫身遁免。陳亡，與後主俱入長安。初，晉王廣戮陳五佞人，範與散騎常侍王瑳、王儀，御史中丞沈瓘，過惡未彰，故免。及至長安，事並露。隋文帝以其姦佞諂惑，並暴其過惡，名爲"四罪人"，流之遠裔，以謝吳越之人。

述曰：熙先、範，才學警敏，文藻博贍，特以不軌於正，遂致身敗名裂，爲世大戮，良可嘆也。獨怪二人之行，昭著史冊，而家乘中頗多諱辭，豈親親之道宜爾邪！然一朝失足，百世莫改，比而書之，亦所以垂炯戒於後世也。

子孫著聞者第十五之二十六

儒者讀書談道，非徒自有餘而已也。蓋將以修之身者致諸國，使勳業爛於當時，休聲垂於後世，上不負君，下不負學，於是爲士之事終，而其學亦不至以迂疏寡用見病於君子。吾家沐浴聖澤，陶泳遺經，學古入官，累世弗絶。兹考既取其事迹之可紀者，敍傳如右帙，其他策名吏籍，事或無稽，備列其名，別爲一册，而以今之見登仕版者附焉。其已散見他傳者不録，去複也。官閥書所終，從約也。登曲阜一譜，而不及流寓，懼繁而多漏也。嗟乎，古來賢人傑士，其湮没而不彰者，何可勝道？誰謂銷沉泯滅中之必無可傳者邪！

十四代：喜，諸曹校尉。

十七代：方，字廣平，豫章從事。

十八代：澍，字君德，魯從事。恢，字聖文，守廟百石卒史。

十九代：旭，字延壽，魯相史。訢，字定伯，魯户曹。術，字子祐，魯相史。

二十代：承，字伯序，魯都郵。綱，都郵，功曹副掾。浮，魯都郵，淮功曹吏。晨，字伯時，河南尹。謙，字德讓，郡諸曹史。

二十一代：暢，魯五官掾。恂，字士信，平東將軍衛尉。

二十二代：揚，博亭侯。

二十九代：白，烏鄒丞。

三十代：曄，中書侍郎。

三十三代：志約，朝請大夫，禮部郎中。

三十四代：琮，洪州都督。

三十五代：立言，祠部郎中，慎言，黃州刺史。

三十八代：惟昉，兗州參軍。惟時，兗州都督，功曹參軍。

三十九代：温質，四門博士。

四十代：拯，字公濟，侍中。郁，字宏周，太子舍人。絢，字延休，丹陽令。緒，字司言,户部郎中。續,字引修,曲阜令。晦,一作繼,字文爲,吏部侍郎。

四十一代:邈,字準之,諫議大夫。遷,滄州乾符令。昌序,散騎常侍。

四十四代:憲,尚書工部員外郎,河東轉運使。

四十五代:延渥,隰州青化令。延之,殿中丞。

四十六代:宗簡,太子中舍。宗壽,承議郎,曹州節度判官。宗哲,迪功郎,孔庭族長,兗州觀察推官。

四十七代:若拙,字公智,金州司理參軍。若谷,字公應,朝散郎,舒州户曹參軍。惇,字厚之,朝散大夫。忱,字誠之,儒林郎。

四十八代:端節,字子奇,中散大夫,直祕閣,京東轉運司管勾公事。端朝,字子工,國子博士。潛,將仕郎。淵,承直郎,兗州司法參軍。壎,通直郎,仙源縣丞。

四十九代:環,將仕郎,曲阜主簿。瑀,字錫老,登仕郎,曲阜主簿。琰,字粹老,中順大夫,忻州同知。玖,忠勇校尉,曲阜尉。瓚,字純老,朝請郎,知和州。琯,字得老,通城主簿。瓚、琯,並孔庭族長。璠,迪功郎,孔庭族長。璪,字堅老,行臺都事,權管勾祀事。瑭,字德純,將仕郎,萊州招遠主簿。

五十代:撫,字伯順,廟學正。摯,字莘之,從仕郎,廟學教授。擬,字誠之,登仕郎。持撫,字安之。並孔庭族長。

五十一代:元善,字德新,文林郎,泰州教授。元順,字存之,廟學正。元量,字仁卿,廟學教授,管勾祀事。元祚,深澤主簿,孔庭族長。元祗,孔庭族長。元裕,字益卿,將仕郎,濟陽主簿,孔庭族長。元伸,字信卿,將仕郎,須城主簿。元長、元灝、元質,並提領監修林廟。

五十二代:之孚,字顯甫,濟南路教授。之柔,字毅甫,從仕郎,翰林國史院編修。之明,字晦甫,從仕郎,兗州同知。之祥,字吉甫,蒲臺主簿。之敏,字勉甫,池州青陽稅使。之善,孔庭族長。之肅,字寅甫,大寧路學正。之嚴,字雍甫,泰安州判。之威,字溫甫,費縣尹。之谷、之進,並提領監修林廟。

五十三代:濟,字世美,承事郎,曲阜尹。涓,字世盈,建德路學正。洙,字世魯,新野尹。滋,字世榮,將仕郎,漢川主簿。湜,字世基,順德路學正。浩,字世德,文林郎,鉅野尹。淋,字世霖,鄒縣教諭。汾,字世潛,三氏子孫教授,安豐主簿。濡,鄆城教諭。漢,字世用,冠州學正。清,字世廉,章丘教諭。漕,字世秀,孔庭族長。淳,字世良,將仕郎,安慶路灊山主簿。渙,字世號,將仕郎,新鄉主簿。洽,字世泉,台州教授。灝,字世貞,膠西主簿。澈,字世諒,永平路教授。漳,字世從,兗州學正。澄、汴,並提領監修林廟。

五十四代:思古,字志道,曹州景山書院山長。思本,字正道,盤陽教諭。思恭,字信道,濟寧路同知。思凱,字垣道,曲阜尹。思善,字性道,太常寺太祝。思從,字容道,曹州教授。思通,字宏道,河中府通判。思禮,字安道,御史臺管勾。思範,字禹道,聖澤書院山長。思莊,字景道,衛輝路文公書院山長。思用,字行道,威州學正,提領監修林廟。思則,字允道,武平尹。思舉,字貢道,福建延平路學正,提領監修林廟。思宣,字友道,容城教諭。思衍,字元道,盤陽路教授。思復,字裕道,泉山書院山長。思賁,字光道,三氏學教授。思櫟,字壽道,孔庭族長。思義,字與道;思度,字徽道,並提領監修林廟。

五十五代:克忠,字恕夫,福建宣慰司照磨。克常,字永夫,泗水教諭。克信,字善夫,尼山書院山長。克義,字達夫,肥城主簿。克禮,字嚴夫,寧海學正。克允,字中夫,元氏教諭。克諒,洺州路教授。克溫,字元夫,高密主簿。克學,字巽夫,前衛教授。克修,字允夫,陵縣主簿。克剛,字德夫,晉陽路教授。克廣,字毅夫,無棣尹。克邁,字垣夫,莘縣主簿。克昌,字耆夫,曲阜尹。克莊,字嚴夫,永平路教授。克煦,字東夫,三氏學錄,兼孔庭族長。克勳,字功夫;克晟,字炎夫,並孔庭族長。

五十六代:希敏,字士遜,完州學正。希英,字士彥,濟寧路教授。希文,字士周,曲阜知縣。希祖,字士嚴,泗水尹。希賢,字士寧,陵州學正。希顏,字士學,曲阜教諭。希毅,陝西米脂知縣。希晟,字士嚴。希琛,字士璽。希迪,字士吉。希瑾,字士瓚。希瑄、希瑒,並孔庭族長。希韶,字士美;希璜,字士聲;並林廟舉事。

五十七代:謐,字諫伯,南直隸宿州訓導。訖,字慎伯,北直隸河間知縣。詳,字文伯,中奉大夫,明鉅野王府儀賓。詔,字義伯;詡,字普伯;謨,字修伯;諱,字謹伯,並孔庭族長。

五十八代:公禮,字節文,詹事府主簿。公華,字實文,陝西苑馬寺丞。公杰,字佐文,三氏學錄。公統,字一文,曲阜知縣。公玥,字德文,浙江山陰縣丞。公錫,字賜文,曲阜知縣,加兗州府通判。公潤,字澤文,浙江桐鄉縣丞。公澤,字仁文,曲阜知縣。公寵、公寧、公綉、公紓,並孔庭族長。公禄,字錫文;公性,字理文;公從,並林廟舉事。

五十九代:彥麒,字朝祥,南直隸靈壁知縣。彥章,字朝顯,尼山書院學錄。彥珣,字朝璽,陝西莊浪衛教授。彥士,字朝臣,曲阜知縣。彥衢,字朝亨,三氏學錄。彥組,字朝綬,南直隸吳江縣丞。彥健,字朝乾,北直隸安平訓導。彥珩,字朝韻,河南羅山教諭。彥敞,字朝光,南直隸鹽城主簿。彥隆,字朝平,明周王府教授。彥雲,河南閿鄉訓導。彥禮,字朝節,北直隸阜城縣丞。彥厚,字朝坤,浙江建德訓導。彥潚,字朝肅,林廟舉事。彥津,字朝問,明德王府教授。彥確,字朝誠,山西繁峙知縣。彥碩,字朝大,河南懷慶府通判。彥訢,字朝賢,陝西臨洮府教授。彥範,明魯王府儀賓。彥乾、彥鳳,並孔庭族長。

六十代:承諭,字永聰,北直隸盧龍訓導。承緒,字永紹,河南湯陰主簿。承光,兵馬司指揮。承寧,字永康,兵馬司指揮。承莆,字永瑞,南直隸應天府訓導。承鎬,字永周，三氏學錄。承震，字永器，曲阜知縣。承需，字永孚，宗人府儀賓。承復，字永靜，湖廣安陸府經歷。承學，字永聚，南直隸沛縣主簿。承厚，字永載，曲阜知縣。承季，字永友，館陶教諭。承冉，字永藝，南直隸安東主簿。承泗，字永道，曲阜知縣。承深，字永資，河南懷慶府教授。承瑀，字永佩，北直隸平鄉知縣。承朴，字永厚，山西石樓知縣。承業，字永基，曲阜知縣。承垤，字永渭，北直隸大名府教授。承渠，宗人府儀賓。承作，字永則，三氏學錄。承儌，字永盛，北直隸大寧衛教授。承先，字永孝，北直隸高陽知縣。承周，國子監學錄。承鏽，北直隸靜海教諭。承正，明儀賓。承謨，字永承；承賓，字永嘉；承蛟，並孔庭族長。承苡、承流，並林廟舉事。承紀，字永修，陝西潼關衛教授。

六十一代：宏毅，字以遠，浙江桐廬教諭。宏川，字以東，河南封丘知縣。宏廊，字以仕，曲阜知縣。宏盛，字以德，南直隸如皋知縣。宏昶，字以昭，南直隸崑山縣丞。宏昇，字以東，南直隸和州教授。宏申，字以重，南直隸鳳陽府通判。宏鼎，字以新，長清訓導。宏森，字以茂，邱縣訓導。宏禮，南直隸武進縣丞。宏鐸，字以魯，江西廣信府同知。宏綿，字以延，北直隸交河主簿。宏幹，字以象，明魯王府紀善。宏毅，字以士，曲阜知縣。宏重，字以廉，河南宣武衛訓導。宏塤，字以成，洙泗書院學錄。宏鑒，字以珍，尼山書院學錄。宏爌，字以彰，明魯王府儀賓。宏謙，字懷虛，四氏學錄。宏賓，字以賢，河南滎澤教諭。宏顆，字以昂，洙泗書院學錄兼林廟舉事。宏頤，北直隸高陽知縣。宏存，字以操，新城訓導，孔庭族長。宏蓁，字以鬱，明衡王府教授。宏衍，字以學，山西榆社知縣。宏養，字湛一，四氏學錄。宏超，林廟舉事。宏琯，字以晉；宏侃，字以直；宏依，字以仁；宏俸，字欽錫，並孔庭族長。

六十二代：聞儒，明鄒平王府儀賓。聞翰，明魯王府儀賓。聞聘，字知用，明鉅野王府儀賓。聞仕，北直隸延慶衛教授。聞教，字知覺，湖廣承天府經歷。聞憲，明魯王府儀賓。聞敦，字知誠，河南衛輝府教授。聞古，字懷璞，遼東□□衛教授。聞評，字知衡，四氏學錄。聞訂，字洞源，明魯王府儀賓。聞諒，字建元，新城教諭。聞然，字知雍，四氏學錄。聞檀，字知本，浙江嘉興府通判。聞讜，字廷獻，山西沁源知縣。聞謹，字知愿，臨邑教諭。聞諦，字斗華，河南涉縣知縣。聞德，字知本，山西壽陽知縣。聞秀，字知□，山西萬全教諭。聞廣，字際可，濟南府訓導。聞武，字靜還，濟南府教授。聞侊，字士嚴，東昌府訓導。聞上，字知遇，四川劍州州判。聞範，字知矩，鄒平訓導。聞宥，字知寬，武定學正。聞誨，陝西伏羌教諭。聞課，字知化，海豐訓導。聞謨，字知訓，荏平教諭。聞詿，字知諫，廣東始興知縣。聞俊，字秀若，北直隸天津道按察副使。聞諫，字知忠，四氏學錄。聞譚，字觀我，陝西河西道按察副使。聞寬，字滄涵，沂州學正。聞學；聞埱，字方升；聞塾，並孔庭族長。聞埱，兼聖廟四品官。

六十三代：貞棟，字用隆，禹城教諭。貞明，字用昭，陝西西和知縣。貞旨，江南寧國府通判。貞來,字用復,浙江湖州知府。貞培,字用六,湖廣靖州知州。貞銘,字用三,直隸密雲知縣。貞銳,字建白,陝西慶陽府同知。貞孟,字樂天,直隸任丘訓導。貞教,字用寬,曲阜知縣。貞芳,河南淅川知縣。貞爔,洙泗書院學錄。貞俊,字含真,益都教諭。貞綱,四氏學錄。貞昆,字啓光,博平教諭。貞鑑,字用登,即墨訓導。貞祚,字用昌,陝西漢陰知縣。貞志,平度州訓導。貞璵,字用修,江西廣信府通判。貞珧,字君佩,聖廟七品官。貞夫,河南汝寧府通判。貞恒,字視久,河南孟津知縣。貞瑂,字孟琪,成山衛教授。貞詩;貞珍,字瑞石;貞玕,字玉若,並孔庭族長。貞玕,兼聖廟八品官。貞枚,字用卜;貞操,字嚴中;貞璘;貞壘,字壁新,並林廟舉事。貞壘,兼聖廟九品官。

六十四代:尚達,字泰宇,五經博士。尚文,河南蘭陽教諭。尚象,字龍賓,觀城教諭。尚義,字宜之,直隸南樂縣丞。尚炳,字含之,淄川教諭。尚經,字緯之,浙江金華知府。尚澄,字玉澤,洙泗書院學錄。尚璠,字聘之,四氏學錄。尚基,字建之,直隸沙河知縣。尚琨,字輝之,雲南白鹽井提舉。尚鉻,字金鑑,浙江龍泉知縣。尚鈺,字粹之,江西寧州州同。尚行,字敬修,德州學正。尚標,字則之,湖廣石門知縣。尚皜,字相玉,江南滁州知州。尚達,字章甫,江西太和教諭。尚賓,字燕嘉,陽信教諭。尚愷,字伯仁,曲阜知縣。尚忻,四氏學錄。尚仟,字德俊,洙泗書院學錄。尚侃,字直之,四氏學錄。尚巖,字俊德,平原教諭。尚一,字自成,鴻臚寺序班。尚遜,字受之,山西潞安府通判。尚遵,林廟舉事。尚孝,字順宇,齊東訓導。尚憶,字霽浦,平度州訓導。尚溥,萊陽教諭。尚雋,字秀之,山西澤州府同知。尚欽,字爾儀,國子監博士。尚鑑,字秉秋,江南金壇知縣。尚釗,字爾康,益都教諭。尚寅,字協恭,聖廟九品官。

六十五代:衍相,字贊寰;衍錫,字啓寰;衍隆,字震寰,並五經博士。衍鑰,字懋乙,尼山書院學錄,兼林廟舉事。衍鈺,字泗寰,太常寺博士。衍楫,字柱明,茌平教諭。衍茂,字觀明,山西平順知縣。衍洪,字懋蟲,江南武進知縣。衍圭,字滄田,直隸曲周知縣。衍陞,字超宗,壽光教諭。衍統,字懋一,四氏學錄。衍弼,字懋衡,淄川教諭。衍玹,字懋璧,廣東潮州府通判,林廟舉事。衍琦,字荊璞,河南盧氏知縣。衍侯,字懋勳,四氏學錄。衍俊,尼山書院學錄。衍泗,字文源,四川布政使司庫大使。衍楷,字端成,茌平訓導。衍標,字懋龍,四川筠連知縣。衍棽,字慎先,青城訓導。衍澤,字沛也,曲阜知縣。衍涝,字箕源,聖廟五品官。衍淖,字浴洧,四氏學錄。衍紀,字連一,尼山書院學錄。衍檜,字左文,奉天錦縣知縣。衍經,字懋倫,昌邑訓導。衍偉,字智千,廣西平樂知縣。衍譜,江南丹陽主簿。衍誌,聖廟三品官。衍楠,字讓甫,平原教諭。衍濬,字維商,霑化教諭。衍槐,字照寰;衍潑,字靜可;衍楨,字克生;衍權,字仲衡,並林廟舉事。衍籌,字懋林;衍鉢,字升萬,並聖廟四品官。衍淞,字遠琦;衍沛,字漢址;衍兆,字兆三,並聖廟七品官。衍成,字韶九;衍渭,字華源;衍莊,字懋嚴,並聖廟八品官。

六十六代：興榮，字起華，尼山書院學錄。興範，字梟先，直隸順德知府。興謙，字攝先，陝西鄜州州同。興訓，字發祥，江西贛州知府。興爆，字起先，廣東英德知縣。興烋，字起振，尼山書院學錄。興義，字起喻，山西大同府中路通判。興滋，字時萬，湖廣衡州知府。興濱，字象萬，陝西寧羌州同。興濟，字惠萬，臨邑訓導。興治，字麟祥，郯城教諭。興潤，字呈祥，尼山書院學錄。興祥，字夢兆，廣東文昌知縣。興言，字起昌，內閣中書舍人。興詔，字起鳳，雲南糧儲道。興謨，字起典，福建邵武府通判。興訪，字起延，貴州甕安知縣。興誥，字遠猷，江南廬州知府。興認，字起寬，曲阜知縣。興譚，字起信，臨淄訓導，聖廟四品官。興論，字起篤，江南穎州州同。興鉢，字式先，德州訓導。興釪，字起韶，陝西潼商道按察副使。興增，字如川，聊城教諭。興誘，字起正，即墨訓導。興璉，字商珍，兩廣都轉運鹽運使。興瑄，字起誠，湖廣衡陽知縣。興侗，字起愿，陵縣訓導。興炌，湖廣沔陽州同。興譽，字令聞，江南淮安府高堰通判。興瞖，字安彰，尼山書院學錄。興泰，字佑宸，順天遵化州判。興振，字丕緒，諸城教諭。興祉，字帝錫，直隸天津衛守備。興立，字卓如，洙泗書院學錄。興湯，字起亳，淄川教諭。興訥，字起惠；興濯，字起清；興煩，字珠照，並林廟舉事。興構，字肯堂；興掞，字殿文，並聖廟三品官。興禾，字起成；興援，字鳳文，並聖廟四品官。興倫，字天敍；興抒，字素文；興承，字續武，並聖廟五品官。興樑；興熾；興揖，字克讓；興琛，字獻廷；興槭，字鼎和；興遠，字輝路；興周，字振西，並聖廟七品官。興岳，字起泰；興梅；興技；興翰；興美；興純；興泰，字康阜；興賓，字允嘉；興鄒，字還息，並聖廟八品官。興煒，字龍光；興罃，字鳳儀；興溓，字濟溥；興拑；興擎，字季重；興宜；興廤，字秩餘；興泗；興竹，字筠青；並聖廟九品官。

六十七代：毓珍，字席玉，直隸保定府通判。毓璽，字瑞玉，尼山書院學錄。毓基，字振玆，湖廣枝江知縣。毓墀，字緒九，尼山書院學錄。毓坪，字靖九，洙泗書院學錄。毓培，字仞九，陝西涇縣知縣。毓麟，字瑞石；毓瑛，字鍾璞，並五經博士。毓璋，字鳴石，直隸安州知州。毓琮，字鍾黃，太常寺博上。毓琨，字鍾玉，江西廬陵知縣。毓璞，字鍾元，都察院左都御史。毓珠，字北沙，江南江寧知縣。毓瑱，字鍾甫，四川重慶府同知。毓斌，字漣清，洙泗書院學錄。毓德，字含輝，四川昭化知縣。毓忠，字藎臣，四川巴縣知縣。毓廉，字介孚，江西上猶知縣。毓懿，字鍾美，臨淄訓導。毓孜，河南登封知縣。毓敏，直隸晉州州判，聖廟七品官。毓玨，字英垣，四氏學錄。毓珵，字仲玉，萊陽訓導。毓璘，字叔玉，順天昌平州判。毓琚，字季玉，曲阜知縣。毓琇，字瑩玉，甘肅分巡甘山道按察副使。毓瑾，字次玉，湖南龍山知縣。毓藩，字鍾垣，廣東惠州通判。毓洸，字德溢，肥城千總。毓洙，字鍾二，江南溧水知縣。毓沂，字巨川，陽信訓導。毓鉢，字佩錫，尼山書院學錄。毓喬，字貟五，萊州府教授。毓炆，字方昱，濱州訓導。毓述，字淑來，洙泗書院學錄。毓銓，字子衡，江蘇山陽知縣。毓鈁，字子廣，四川簡州州判。毓鋐,字子政,兩浙鹽運副。毓鈖,即墨訓導。毓金,字麗水,文登訓導。毓昌,字鍾文,安徽旌德知縣。毓梅,字扶南,聖廟七品官。毓炳,字映九,利津教諭。毓儀;毓琰,字宜輝;毓倧,字文正;毓銑,字景中;毓碑,字鍾砐,並林廟舉事。毓倧,兼聖廟五品官。毓琼,字幼玉;毓錫,字睿存,並聖廟四品官。毓璜;毓普,字顯伯;毓佺,字純玉,並聖廟五品官。毓全,字鍾備;毓綜,字樹德;毓鈿,字學川;毓鑽;毓淳,字敦樸;毓豐;毓楷,字端思;毓本,字立源;毓桂;毓時,並聖廟八品官。毓倬,字鍾琪;毓佲,字鍾正;毓棟,字大木;毓鈞,字秉和;毓寬,字子嚴;毓堂,字子芳,並聖廟九品官。

六十八代:傳鉦,字振遠,聖廟三品官。傳鏞,字東序,山西太原府同知。傳本,字振立,洙泗書院學錄。傳鈁,字宏遠,尼山書院學錄。傳錕,字重北,洙泗書院學錄。傳煥,字瞻雯,江蘇按察使。傳煊,字曜文,湖廣零陵縣丞。傳彭,字振商,江西南安府同知。傳焯,字振堅,廣東海陽知縣。傳煦,字振曉,太常寺博士。傳炯,字曜南,江蘇揚州知府。傳憲,字由章,太常寺博士。傳桂,字芳遠,東平學正。傳中,字振一,直隸冀州知州。傳篤,字振寬,湖南東安知縣。傳派,字泗源,順天府北路同知。傳梅,字天馥,鄒平教諭。傳松,字鶴林,曲阜知縣,改聖廟六品官。傳檀,字歷九,江蘇銅沛河防同知。傳堂,字振升,貴州思南知府。傳科,字振修,直隸寧津知縣。傳照,洙泗書院學錄。傳家,字子克;傳壆,字子文;傳樞,字運乾,並林廟舉事。傳壆,兼聖廟七品官。傳塤,字伯叶;傳栗;傳楷,字範遠,並聖廟四品官。傳斌,字振中;傳照;傳煒,並聖廟五品官。傳烜,字象乾;傳選,字振秀;傳治,字寧宇;傳剛,字起華;傳鎂;傳禮,並聖廟七品官。傳杰,字振用;傳相,字帝勸;傳濟,字近仁;傳銑,字允輝,並聖廟八品官。傳煦,字振和;傳贊,字勤成;傳紳,字紫佩;傳鑛,字振宇;傳旺,字盛遠;傳模;傳泗,字魯涵;傳淮,字泰流;傳溙;傳耿,字介光;傳銖,字泉五;傳載,並聖廟九品官。

六十九代:繼漙,字體恒,五經博士。繼泂,字體之,直隸大順廣兵備道。繼汾,字體儀,戶部廣西司主事。繼澍,字體霖,五經博士。繼浩,字體充,聖廟三品官。繼泰,字彙茹;繼炳,字文光,並太常寺博士。繼武,字念修,尼山書院學錄。繼威,字體權,刑部浙江司員外郎。繼舜,字體仁,洙泗書院學錄。繼升,四川成都府通判。繼儒,字體敬,福建興化府經歷。繼炘,字景炎,青城教諭。繼風,字鵬搏,臨淄教諭。繼端,字體方,聖廟七品官。繼汧,字體源;繼述;繼成;繼宣,並聖廟五品官。繼翰,字沛源;繼業,字文燦;繼詩,並聖廟八品官。繼炌,字體明;繼詩,字庭訓;繼統,字振源;繼焯,字炘魯;繼先,字象先,並聖廟九品官。

七十代:廣棣,字京度,直隸獻縣知縣。廣梓,字用周,浙江泰順知縣。廣堯,字竣明,聖廟四品官。廣梅,聖廟八品官。廣攽,字裕文,江南提標左營游擊。

子孫著聞者第十五之二十七

嗚呼，汾敍我孔氏子孫著聞者，凡生平大節以及遺言軼事、官閥遊歷之細，罔不博採遐搜，勒爲家傳。既又念賢媛淑女，代不乏人，略而弗書，非所以著內訓、示壺範也。獨是婦人之行，不出閨閫，雖有懿德，表見爲難。其著者，大抵皆以節烈受旌於朝，始得表異里閭，垂名不朽。然國家成例，命婦不旌，守節非在卅歲以下過廿年以上者不旌，輕身以殉夫者非特請不旌。於是得旌者又寥寥矣！

惟衍聖恭愨公之生祖母陶氏，以特恩賜額，得祀節孝祠。陶氏，大興處士承德之女也。早寡，撫子承祀。子卒，又撫孫，教育動有經法。時宗子幼弱，外侮頻仍，其得保全成立者，皆陶氏之力。康熙二十三年，聖祖幸魯，聞其賢，御書"節並松筠"四字賜之。年八十一卒，賜祭葬。其玄孫婦王氏，宛平人。祖熙，保和殿大學士。父克昌，刑部郎中。王氏年及笄，歸六十九代贈衍聖公繼濩爲室，二十六而寡，事堂上以孝聞，姑徐太夫人尤愛憐之。其子廣棨，承祖襲公爵。既壯，以其德聞於朝，乞有所以旌異者。天子嘉焉，賜御書曰"冰霜勁節"。卒，亦祀節孝祠。

其他列女可考者，則有：

五十七代孫諲妻吳氏，年二十四而寡，遺孕生公擎，撫以長，爲娶室，生子彥太。不數年，公擎又卒，遺妻歐陽氏，年二十六，亦厲志自守。姑婦相依，育幼孤，卒就成立。

又，諲女媛，適王綸，未逾年，綸没。女袖綸所讀書，自縊死，同棺而葬。

五十八代孫公田妻顧氏、公雷妻張氏、公楊妻尋氏，並於明正德六年遇流賊死節。

又，公縉女，年十七未醮，爲流賊所執，義不受辱，賊殺而支解之。

五十九代孫彥詁妻王氏，年二十五而寡，守節七十餘年，撫育幼孫宏復等，各有成業，卒年百有二歲。

又，彥褚妻楊氏，年二十六，夫卒無所出，食貧守節，終身不嫁。

又，彥珍妻劉氏，年十九而寡，守節四十三年。

又，彥霄妻胡氏，亦於正德六年爲賊所迫，投井死。

又，彥臣妻王氏、彥麟妻宋氏、六十代孫承浦妻王氏，並同時遇賊，守節死。

又，承贊妻霍氏，年二十二而寡，舅姑並垂老，霍爲人傭，以其直奉甘旨，兼撫幼孤，苦節四十餘年。

又，承鉅妻涂氏，夫死自縊，三日顏色如生。

又，承筠妻閻氏，年二十一而寡，家徒四壁，撫孤守志，事姑以孝聞。姑死，水漿不入口者四日，苦節歷五十餘年。

又，承展妻苑氏，年十九，夫亡，遺孤甫六月，以長以教，卒就成立。

又，承楫女，適徐繼擢，年十九，甫生子而夫死，守節五十餘年。

又，承唐女，適王思晉，年十九而寡，守節四十餘年。

六十一代孫宏憲妻賈氏，亦於正德六年遇流賊死節。

又，宏進妻顏氏，年二十而寡，守節四十七年。

又，宏山妻陳氏，年二十一而寡，守節五十餘年。

又，宏祚妻顏氏，年二十一孀居，至七十九歲。子聞器妻顏氏，年十九孀居，至五十八歲。當事同旌其閭曰“一門貞節”。

六十二代孫聞詮妻張氏，守節歷三十七年。

又，聞訓妻顏氏，嗣素女也，年十七，未婚而聞訓没，誓以死殉，父母防之甚密，得間自經死。

又，聞義妻李氏，年十八，夫死無嗣，有夫弟尚幼，護持教育，俾就成人。

又，聞宦妻王氏，年二十而寡。有子貞朗，亦婚於王。居三年，貞朗没。遺孤尚運，長娶杜氏。逾年，尚運又没，子衍鳳，生甫彌月，三婺共撫之。有司旌其門曰“三節”。

又，聞籍妻朱氏、媳顏氏及二女，當聞籍任西寧兵備道時，番商馬安邦作亂，積薪户外，俱投火中死。

六十三代孫貞珏妻韓氏，明末寇至，抱子奔避，爲寇得，挾之上馬，韓投地大罵，寇怒而殺之。

貞乾女，許字明奉國將軍朱觀燦，未婚而夫没，守貞者終身。

又，伊陽知縣貞璞女孝媛，字顏光朝。光朝幼喪母，歷十有二載，猶執器增悲，願廬於墓側。父以其幼，弗之許，光朝遂自縊。媛時年十七，隨父在任所，聞而哀之，亦自縊死。

又，貞□女，適守衛林廟百户陳治世，夫亡守節，年百有三歲卒。

六十四代孫尚仔妻宋氏，年二十二夫亡，守節四十五年。有司欲旌之，宋曰：“此自婦人分也，何旌之有？”堅辭，乃已。

又，尚恪妻朱氏，尚恪有心疾，多患詈，人莫敢近，朱氏委曲事之。及尚恪死，守節教子，有如嚴父焉。

又，尚禎妻朱氏，明鉅野王之宗女，有孝行。王舅年九十，病危，朱割股療之，病尋愈。

又，尚鋮妻陳氏，年二十而寡，守節四十四年。

又，尚變妻宋氏，尚變渡河沒於水，宋欲以身殉之，舅姑防護甚至，一日凌晨，忽失所在，遍求不得。越日，見衣帶污池上，蓋婦已投水死矣。

又，尚誠女，適顏懋賢，夫亡守節四十年。

又，尚泰女，適顏懋英。懋英母張本以少寡，而懋英又早世，子崇楫生甫三歲，婦與姑苦志共守，教子嚴厲，不少假借，卒就成立。有夫從弟懋芹，貧而夭，遺妻亦孔氏女也，迎與同居，事事資給之，共守節以老焉。

六十五代孫、五經博士衍桂妻王氏，大理寺卿湘之女也，年十八，撫二女，守志事舅，以孝聞。

又，衍海妻孫氏，保慶通判光祖之女也，守節四十三年。

又，衍繡女，適荀旺如，夫亡時年二十七，守節四十餘年。

六十六代孫興裕妻胡氏，夫死守節，教子有成。里人重其節，將白於有司，請旌之。胡辭曰：“未亡人撫兩月之孤，誠不意有今日也。今至此，抑幸矣！豈敢濫邀旌表乎？”里人重違其意，乃止。

又，興焯妻顏氏，考功郎中光敏女，夫死，絕粒五日，誓不欲生。所親以大義諭之，乃勉食。孝事堂上，數十年如一日。既侍夫及舅姑疾久，博涉方書，常製丸散以濟鄉里之煢獨者。工文翰，著有《恤緯齋詩》《晚香堂詞》。

又，興景女，適顏肇奇，結褵甫二載而夫死，苦節自守，雖極貧窶，奉舅甘旨不敢缺。

又，舉人興祥女，適顏紹範，年二十三而寡，家貧，為鄰里織紝以養姑，自食不給，或以橡實充飢。夫從弟紹節妻，亦孔氏女，夫卒，舅姑以家貧，勸其他適，則囓指誓曰：“姊能然，我獨非人乎？如必不相容，有死而已。”兩婦相依，守節終身。

又，興釪女，適郭某，蚤寡，子及孫、曾又三世皆夭，能苦志以守終其身。

六十七代孫毓玠妻陸氏，柏鄉知縣賓女，年十九而寡，孝舅姑，教嗣子，守節五十年卒。

又，毓懿妻姚氏，荊門知州士萊女，幼端靜，通經史，性篤孝，嘗割臂以療姑疾。毓懿為臨淄訓導，卒於官，姚氏治棺斂已，即絕食三日，臥不起。臨淄諸生跪寢門外，請曰：“母不思返吾師櫬乎，曷歸而後畢志？”姚曰：“喏。”乃強食。既扶櫬歸家，人謀所以葬。姚曰：“丐於人則夫子不受，若稱貸，後將誰償者？”左右惟一婢，乃鬻之以襄事。既葬，自為文以祭其夫，復絕粒十有四日而卒。乾隆二十一年，桐城張若本來知縣事，高其節，為立祠祀之。

又，毓洙妻葉氏，明魯王府指揮際時女，苦節四十年。

又，毓琰妻呂氏，守節三十五年。

又，歷城教諭毓榮女，年十七，適顏紹助。紹助有母患癱瘓，動止須人。紹助卒，女將以身殉，姑謂曰："若獨不念我邪?"乃不死。居平幽感傷懷，數至嘔血，顧不令姑知，愉色婉容，惟恐傷其志也。卒年八十餘歲。其姊適顏肇光，年二十四而寡，亦以守節著稱。

六十八代孫傳鉅妻李氏，刑部侍郎濤女，婚已有期，而傳鉅卒於塗，李聞訃，毀容成服，誓不他適。舅毓埏、姑任往勸慰之，終不能奪，遂隨舅姑歸，代夫侍養，守貞二十餘年。

又，傳鉅妹麗貞，適歷城戴文諶，一載夫亡，守節四十餘年，與李並以節稱。麗貞能詩，與興焯妻顏氏相倡和，所著有《藉蘭閣詩草》，發情止義，士人誦之。

以上六十六人，頗有年迹可述者。

又，五十七代孫暬妻沈氏、五十八代孫公麃妻宮氏、公係妻顏氏、六十代孫承元妻范氏、六十一代孫宏柱妻王氏、宏智妻顏氏、六十二代孫聞敕妻王氏、聞孝女適史全經、六十三代衍聖公妾郭氏，又貞雷妻朱氏、貞德妻孫氏、貞德女適陳士柱，六十四代孫尚恫妻顏氏、尚祿妻朱氏、六十五代孫衍棟妻楊氏、衍鎰妻吳氏、衍光女適魏成，六十六代孫興釪妻周氏、興京妻陳氏、興人妻王氏、興煜妻黃氏、興擴妻魏氏、興楊妻桂氏、興調妻傅氏、興嗣妻黃氏、興隆女適薛維敬、興宗女適郭大智、興先女適郭大有，六十七代孫毓玑妻張氏、毓鐩妻楊氏、毓綜妻鍾氏、毓健妻劉氏、毓漢妻顏氏、毓璋妻顏氏、毓坦妻上官氏、毓富妻董氏，六十八代孫傳煥妻章氏、傳培妻苑氏，凡三十八人，無年迹可述。

而孔氏女適人者，又有顏嗣坤妻、宋永徵妻、陳意善妻、陳思道妻、王傑妻、顏伯松妻、顏光繪妻、顏紹謨妻、陳思寬妻、趙之芳妻、顏紹德妻、顏紹乾妻、顏紹眼妻、顏紹珩妻、顏懋桂妻、顏伯瑛妻、顏懋崍妻、黃孫錡妻，凡十有八人，並以節著，而皆失其代系云。

述曰：顏母亓官壼範，不可得而述矣。紹聞衣德，質有其人，騰烈揚徽，歷世相望。嗚呼，賢矣哉！至若宋氏、胡氏，有而不居，獨崇讓節，是尤識高行茂者矣！

敍考第十六

《闕里文獻考》何爲而作也？懼闕里文獻之尠徵而作也。闕里文獻曷爲乎尠徵？間嘗考之舊籍載闕里故實者，有《孔氏實録》《孔庭纂要》《素王事紀》《世家譜》《東家雜記》《祖庭廣記》《聖門志》《孔門僉載》等書，或缺佚不傳，或家有藏本而未經鋟刻，學士大夫罕有見者。明弘治間，會稽陳鎬始裒集舊聞，著爲《闕里志》一書，綱舉目張，事迹粗備。顧考據失精，去取無當，其後載經增輯，止綴述恩廕，更雜以簿書之文章，而於前人紕繆繁漏之失，舉未有所匡正，君子病焉。康熙丁丑，族祖聘之嘗別纂新《志》，一變舊《志》體例，頗有所增益，而蕪雜傅會，失更過之，故其書久而不行。今去丁丑又六十有六年矣。國家崇奬師儒，典禮殷盛，凡所以宏教澤而闡道揆者，莫不展義盡誠，度越前古。乃近世以來，鮮有愛素之士集其事而筆之書者。一二宗老，或能言其大概，而齒髮頹落，半就遺忘。更數十年後，行益微忽。後有作者，其孰從而求之？

汾年十一而孤，太夫人督之嚴。爲童子時，即命隨諸長者後，出見賓客，習禮法。暇更取家門故事及朝廷所以褒崇先聖、澤苗裔於無窮者，一一親教之，且曰：“數典而忘其祖，小子之羞也。”汾受而識之不敢忘。乾隆戊午春，我皇上有事於辟雍，召取衍聖公率聖賢子孫入京陪祀，汾與觀禮。禮成，隨宗子詣闕謝，召見乾清宮，賜予殊渥，俾肄業國子學。竊自念遭際聖明，仰沐恩廕，得以不耕不織，優異於編戶，而頑鈍暴棄，無以紀國恩，述祖德，用昭示於永永，雖萬死不足塞責。故所遇殘編脫簡金石斷爛之文，莫不掇拾摩挲，手自著録。復稽之故家遺老，以證辨所聞，而益恢擴其所未見。雜有所得，記而藏之。甲子春，今宗子大修譜牒，汾與編次之役。故事，修譜畢，即增輯志書。譜成，俉廣柞因以請，汾曰：“志與史相表裏，非下識所可及。若網羅放佚，以備修志者之採擇，則固宿願也。”於是出篋中所藏，始事排纂。

明年秋，中鄉試。又明年春，上巡幸東魯，親釋奠。汾以講書導駕，被恩命，授内閣中書舍人。既官京師，時與當世名公卿上下其議論，更得質叩典墳，習熟掌故。公餘無事，恒以書籢自隨。尋被選入軍機處，旋擢户部主事，儤直禁庭，始少暇日。甲戌之夏,今相國諸城劉公籌餉西鄙,奏以汾偕行,受任簡書。軍檄旁午,編録之事因遂中輟。

其明年夏,達瓦齊就俘,蔵事還京。會天子以武功耆定,重幸闕里祭告。汾本以聖裔蒙恩,擢用至此,高厚無可報稱。今大禮將舉,冀得先驅歸魯,掃除塗茨,效犬馬奔走之勤,然後迎伏道左,通觀慶成,庶有以竭愚忱而寧寢息。隨據情上請,得旨報可。

丙子春,適宗子以公事與有司齟齬,陳奏失當,當事者劾汾實左右之,吏議落職。負罪嬰纍,理無可寬,悔恨徬徨,永甘廢錮。乃蒙天恩湔洗,旋予賜環,感激悚慚,無階答謝。因念變化氣質,惟在讀書,謝客杜門,以贖罪過。偶檢廢簏,見未成舊稿,頗自惜其散漫,乃更芟蕪穢,刊謬誤,益以邇年恭遇諸盛典,勒爲一書,名曰《闕里文獻考》。於辛巳之秋,方克就緒。蓋汾自少時即有志於此,中間再經作輟,閱十有六年,而今始成。於此見汾之蹉跎懶廢爲何如也!

是考也,爲門一十有六,爲卷一百。

首述姓源,溯自出也;繼以先聖年譜,尊祖也;遂及宗子系葉,傳世家也。爲《世系考》第一,凡十卷。

墓爲體魄所藏,廟以歲時妥侑,故次之。啓聖林及書院即附焉。爲《林廟考》第二,凡三卷。

盛德百世必祀。自漢唐以來,封謚屢更,祭秩載易,而配享亦代有異制。至親詣辟雍,駐蹕聖里,以及銜命祭告,皆宜有紀。爲《祀典考》第三,凡四卷。

大宗秉鬯,主祀事者也;小宗奉專祠,分承祀事者也。凡百執事,駿奔在廟,贊襄祀事者也。登降之儀,尊俎之器,金石之奏,户役供掃除,祭田給粢盛牲醴,皆祀典中之節目也。則又析之爲《世爵職官考》第四,凡一卷;《禮考》第五,凡四卷;《樂考》第六,凡三卷;《户田考》第七,凡一卷。

闕里依廟建學,古稱廟學。今爲置官師,廣登進,超郡邑,而擬成均矣。爲《學校考》第八,凡二卷。

山川爲靈秀所鍾,城洫壯宮廟之衛。爲《城邑山川考》第九,凡一卷。

昌平世胄,聚族而居。譜法不明,昭穆曷辨。爲《宗譜考》第十,凡一卷。

列史藝文,僅録篇目;省郡邑志,或專採文章而不收經籍。兹考兼史志體例而用之,分爲《孔氏著述考》第十一,凡一卷;《藝文考》第十二,凡十卷。

先賢先儒,已略見《祀典》。而出處事迹則不可弗著,爲《聖門弟子考》第十三,凡一卷;《從祀賢儒考》第十四,凡三十卷。

宗譜一門,僅載世次及流寓支派,若族有儁異,正足表示後昆。用考家傳,列行實,而以登仕籍者及列女附焉。爲《子孫著聞者考》第十五,凡二十七卷。

敍者,抒也,次也。抒寫其次第,敍所以作者之意也。言弗雅馴,不敢以冠篇首,而以《敍考》第十六終焉，凡一卷。

既標其篇目，而復卷爲之述贊曰：

厥初生民，玄鳥降祥。革夏受命，遂奄四方。載祀六百，封國于商。有宋讓屬，別氏分姓。銘鼎益恭，禱山啓聖。有開必先，則篤其慶。卷之一，述先聖姓源。

粵我先聖，生民未有。道大莫容，所如不偶。歲越二千，百氏紛糅。傅會傅訛，弗衷於道。刪述斯編，尚亦有舊。卷之二，述先聖年譜。

先民有言，紹聞衣德。肯構負薪，責在世嫡。詩禮儀庭，中庸示極。繼繼承承，衍此聖澤。卷之三，述世系二代及三代。

世入戰國，異學分門。謹是儒術，弗墜舊聞。京順相魏，子魚仕陳。備恪炎漢，奕奕湯孫。卷之四，述世系四代至八代及九代子魚以下嗣宋公之系。

子襄之胄，五世博士。經術傳家，遂師帝子。褒成啓封，用錫厥嗣。宗聖奉聖，欽於世世。卷之五，述世系九代至二十六代。

江左喪亂，文教莫宗。元魏崇聖，苗裔是封。有隆勿替，易侯而公。河山帶礪，與唐始終。卷之六，述世系二十七代至四十二代。

下隸倡禍，謀我宗祐。天祚神明，遺孤走匿。長訴於朝，殲是凶逆。舊物克還，用賓王國。衍聖易封，傅世罔極。卷之七，述世系四十三代至四十七代。

宋室南渡，魯入金源。居者行者，各守王官。南絕北斬，冢嗣弗傅。思誠非嫡，據非所安。卷之八，述世系四十八代至五十三代。

大宗不嗣，器必有歸。勉勉文蕭，宗黨所推。傅序錫爵，克昌厥後。遭遇承平，尊榮安富。卷之九，述世系五十四代至六十四代。

偉[①]矣高祖，躬際興朝。荷天子寵，班首百僚。我曾繼之，厥修益劭。我祖我考，德音孔昭。爰及孫子，不滿以驕。於千萬年，克守宗祧。卷之十，述世系六十五代至七十一代。

天啓兆域，鬼神守之。以待有德，卜吉於茲。泗南防北，啓聖所藏。越三十里，萬古相望。卷之十一，述至聖林及啓聖林。

鬱鬱葱葱，素王之宮。有丹者桷，有崇者墉。昔惟環堵，今擬九重。匪僭匪侈，用報乃功。卷之十二，述至聖廟。

聖毓尼丘，教行洙泗。出宰中都，不威而治。舊迹所存，閟宮高揭。孫作《中庸》，鄒嶧載祭。卷之十三，述尼山、洙泗、聖澤、中庸諸書院。

有德者崇，有功者報。於惟聖師，首天立教。王追祖禰，配列賢儒。千秋萬歲，秩祀無渝。卷之十四，述歷代洎我朝褒崇聖賢之典。

---

① “偉”，北大本、集成本作“皇”。

有嚴辟雍,於論鼓鐘。天子宿戒,百辟溫恭。圜橋審聽,多士雲從。臣與觀禮,亦睹斯容。卷之十五,述詣學之典。

洪惟聖祖,魯邦式臨。我皇嗣極,亦積斯忱。三舉玉趾,對越維欽。稽諸前古,孰儷於今。卷之十六,述幸魯之典。

闕里聖居,異彼鄉校。國有大典,罔弗虔告。卷之十七,述遣告之典。

爵我冢嗣,位同賓恪。官我子弟,庭列朱襮。奉璋峨峨,寢廟奕奕。卷之十八,述世爵職官。

於穆清廟,歲祀孔虔。曾孫秉圂,對越在天。執事有恪,式禮莫愆。卷之十九,述闕里祭儀。

聖主尊師,度越百代。改定祭儀,三獻九拜。遣告不時,肅將匪懈。卷之二十,述皇帝親祭及遣官祭告諸儀。

上丁釋奠,古禮不傳。登降有序,始自開元。由宋逮明,代有損益。備列於篇,用資考覈。卷之二十一,述釋奠舊儀。

制器尚象,義各有云。古人用質,後世以文。稽諸故府,斑駮瑠璘,殷核維旅,則有司存。卷之二十二,述禮器。

樂以昭德,舞以象功。金聲玉振,莫罄形容。神之聽之,肅肅雍雍,卷之二十三,述樂章。

作樂殷薦,其詩孔多。譜用散佚,乃不可歌。幸有存者,可弗紀邪。卷之二十四,述樂譜。

樂有五音,寓器而出。差以毫釐,謬乃不啻。審厥精微,是稱神智。卷之二十五,述樂器。

倬彼原田,藝我稷黍。以享以祀,匪今斯古。胙我苴茅,錫我編户。子子孫孫,有人有土。卷之二十六,述户田。

先覺先知,萬世所仰。延及苗裔,廟學載敞。有官有師,有廩有餼。迨我子弟,無荒以嬉。卷之二十七,述廟學建置首末。

蒸蒸莘莘,育此多士。登明選公,維君子使。上爲國楨,下亦家祉。薅彼蒿蓬,茂茲杞梓。卷之二十八,述漢唐以來孔氏及賢裔之貢舉者。

巀嶭尼防,湯湯洙泗。地應星婁,都建古帝。靈鍾秀毓,萃我素王。昔仰宗國,今景宮牆。卷之二十九,述城邑山川。

運丁朱梁,聖澤幾斬。一綫中興,備歷坷坎。綿綿瓜瓞,以至於今。子孫千億,如魚如林。卷之三十,述宗譜。

聖道不行,晚事筆削。詒厥孫謀,亦勤述作。總我百家,別以七略。按籍以稽,亦云浩博。卷之三十一,述孔氏著述。

洪惟宸章，星雲糺縵。體並典謨，辭陋唐漢。以聖表聖，揆同道貫。拜手敬錄，藝文之冠。卷之三十二，述聖製。

麗牲之文，用志興革。稽古有作，視此貞石。卷之三十三，述碑文。

事舉必書，意垂永久。侈而不文，惟以速朽。卷之三十四，述記。

原文著義，乃弁斯首。意或未伸，識語於後。卷之三十五，述序跋。

論取理長，辨以詞勝。考核精詳，無稽勿聽。卷之三十六，述論辨解考。

形容盛美，頌聲乃作。小言詹詹，弗叶于格。卷之三十七，述頌。

贊不虛美，銘或寓箴。古有作者，遺文可尋。卷之三十八，述贊銘。

秩祀有虔，奏格在上。辭以達誠，用冀昭貺。卷之三十九，述祭文。

考彼辭賦，古詩之流。惟麗以則，乃遠俳優。卷之四十，述辭賦。

遊於聖門，觀海難水。以雅以南，六經鼓吹。卷之四十一，述詩歌。

蔚彼杏壇，惟賢之宅。負劍歌商，共樂晨夕。道之不行，歸我鄉國。疏附先後，以近有德。卷之四十二，述聖門弟子傳。

道喪文弊，王風載泯。維彼哲人，不隨俗隕。寡過知非，問禮得本。位於及門，尸祝惟允。卷之四十三，述蘧子瑗、林子放傳。

聖王不作，諸侯放佚。修是《春秋》，以代袞鉞。翼翼素臣，親承載筆。繄公與穀，纂言惟實。卷之四十四，述左丘子明、公羊子高、穀梁子赤傳。

七雄龍戰，中原鼎沸。楊墨乘之，充塞仁義。不有孟子，萬古昏暗。樂正之徒，後車翼侍。身附青雲，名彰奕世。卷之四十五，述亞聖孟子父激、孟門弟子樂正子克、公都子、萬子章、公孫子丑傳。

子所雅言，《詩》《書》執禮。祖龍惡之，投畀炎火。有漢諸儒，尚紀厥旨。抱缺守殘，自今伊始。卷之四十六，述高堂生、伏子勝、毛子萇、后子蒼、杜子子春傳。

卓哉董生，正誼明道。求瑞於天，咎徵有兆。夫何主父，遂竊其稿。詩亦有言，愠于羣小。卷之四十七，述董子仲舒傳。

漢世經師，人各異說。有鄭康成，旨歸以一。言逾百萬，昭揭白日。不詭不隨，身亦罔闕。卷之四十八，述鄭子康成傳。

孔明王佐，澹泊寧靜。感激一言，托孤寄命。炎祚永終，厥功不竟。管樂之流，誰言公並。卷之四十九，述諸葛子亮傳。

晉尚清談，道豐其蔀。旨扇老莊，罪浮桀紂。桓桓武子，獨異羣醜。砥柱中流，狂瀾回首。卷之五十，述范子甯傳。

大道久闕，篤生文中。太平建策，謀臧不從。退而著述，六經是宗。河汾之教，世仰高風。卷之五十一，述王子通傳。

楊墨塞路，孟子闢之。變而佛老，昌黎斥之。信格豚魚，文掃榛莽。學者宗師，泰山北斗。卷之五十二,述韓子愈傳。

嶽嶽文正,伊呂之儔。柄國垂憲,百辟承流。經略西夏,膽破虜酋。終始一節,後樂先憂。卷之五十三,述范子仲淹傳。

布衣上殿,天子動色。立教蘇湖,爲四海式。德温器粹,高隱雒陽。推衍皇極,内聖外王。卷之五十四,述胡子瑗、邵子雍傳。

洙泗絶學,千載不傳。元公起宋,獨契淵源。接顏曾孟,啓洛關閩。光風霽月,萬類陶甄。卷之五十五,述周子敦頤父輔成傳。

五季陵遲,士氣弗振。不有健者,誰挽文運。舐排異端,觸忤羣愠。天骨棱棱,歲寒益峻。卷之五十六,述歐陽子修傳。

河嶽英靈,實鍾司馬。身係安危,望傾夷夏。奈何伊人,久棄洛下。晚乃得君,天已不假。卷之五十七,述司馬子光傳。

伯温清德,精鑑復殊。用啓二子,爲世大儒。道不見用,傳諸其徒。尹楊羅李,爰逮我朱。卷之五十八,述程子珦、顥、頤,尹子焞,楊子時,羅子從彥,李子侗傳。

橫渠忼慨,少年結客。學佛學兵,反求無得。乃誦六經,焕然冰釋。理一分殊,《西銘》是飭。卷之五十九,述張子載父迪傳。

嚴冬肅殺,百草萎黃。維松與柏,獨挺窮荒。再顛再蹶,肝膽益熱。俯仰二公,後先一轍。卷之六十,述胡子安國、張子栻傳。

徽國文公,集宋大成。千秋道統,肩以一身。及門諸子,各守其緒。載衍薪傳,何王金許。卷之六十一,述朱子松、熹,蔡子元定、沉,黃子榦,陳子淳,何子基,王子柏,金子履祥,許子謙傳。

高明沉潛,性各有近。維是褊心,亦孔之慂。悟自一朝,氣質頓變。君子戰勝,勇軼賁覰。卷之六十二,述呂子祖謙傳。

世謂儒者,迂疏寡效。瞻彼荊門,匪怒伊教。白鹿莪莪,多士翕集。覺以晨鐘,圜橋雨泣。卷之六十三,述陸子九淵傳。

韓史枋國,國步斯訩。創名僞學,誦言以攻。不撓不屈,矢厥孤忠。在蹇六二,蹇蹇匪躬。卷之六十四,述真子德秀、魏子了翁傳。

羽翼禮經,惟《小戴記》。鄭注孔疏,涉以讖緯。雲莊慨焉,爰集其粹。由博而約,一掃榛穢。卷之六十五,述陳子澔傳。

元起海東,國俗椎木。仁甫北來,士始知學。仲平繼之,左膠右塾。伊洛淵源,以似以續。卷之六十六,述趙子復、許子衡傳。

草廬浩博,經術湛深。發爲議論,如探淵潯。難進易退,屢謝朝簪。作士太學,懷我好音。卷之六十七,述吳子澄傳。

恭顯亂政,望之下獄。常侍傾仄,李杜桎梏。士生不辰,或罹斯毒。不惕不疚,修身以俟。粹然純儒,惟薛夫子。卷之六十八,述薛子瑄傳。

惟靜斯正,惟虛斯靈。各就所得,以養真明。良知之學,説本孟子。流弊入禪,攻擊用起。卷之六十九,述陳子獻章、蔡子清、王子守仁傳。

蹈虛守寂,高明者病。求我放心,窮理居敬。篤信考亭,勉勉敦行。窮達固殊,聲聞則並。卷之七十,述胡子居仁、羅子欽順傳。

抑抑清獻,正直端純。操刀小試,遺愛在人。一年御史,坐不暖席。著述程朱,服之無斁。卷之七十一,述陸子隴其傳。

瞽宗列祀,功在傳經。吹毛索玷,遂黜于黌。有舉莫廢,前冊所稱。用羅厥傳,以俟後人。卷之七十二,述荀子況、劉子向、戴子聖、揚子雄、鄭子衆、賈子逵、馬子融、盧子植、何子休、服子虔、王子肅、王子弼、杜子預傳。

秩秩寢廟,主維上公。博士肇設,分奠中庸。有嚴有翼,執事温恭。原廟別起,更溯厥封。卷之七十三,述聞禮、毓埏、傳鋕、彥繩、承寅傳。

父兄教先,子弟率謹。齒德弗尊,背議嘖嘖。其副舉事,亦崇膚敏。式是斯人,爲族之準。卷之七十四,述鼐、元龍、涇、思楷、詮傳。

唐命聖裔,作宰於鄉。更歷千禩,代有循良。愛流桑梓,德音不忘。卷之七十五,述勔、宗翰、思逮、克欽、克伸、克中、希範、希永、諫、爕、公鐙、公珏、承夏、宏復、聞簡、貞堪、貞叢、尚愉傳。

學録分尊,儲公北面。學廣問多,相觀而善。懿哉數君,惟邦之彥。卷之七十六,述克晏、克旻、論、公璜、貞燦傳。

仲和儒者,廣見洽聞。言尚體要,允矣聖孫。聘之踵武,攝衣講筵。天子顧我,崇階是遷。卷之七十七,述僖、尚任傳。

壁經肇啓,諸儒莫識。定以隸古,朗若電激。著述是耽,後先繼迹。爰及憲公,遂疏六籍。卷之七十八,述安國、臧、奇、豐、長彥、季彥、穎達傳。

亮工弘化,天子所毗。德不充位,覆餗用譏。四公調鼎,弗竟所施。天方艱難,非人之爲。卷之七十九,述光、扶、緯、貞運傳。

拾遺補闕,責歸臺諫。好是正直,政用不眩。宗有藎臣,侃侃司憲。或輔強藩,以嚴見憚。卷之八十,述奐、楨、戡、温裕、敏行、道輔、文仲、思迪、思立、聞詩傳。

神州重鎮,慶緒是使。方舉清威,京兆坐理。持節百粵,君嚴東美。允武允文,式是南紀。卷之八十一,述休源、戣、戟、毓珣傳。

漢綱解紐,乾綱下移。與曹同列,涅而不緇。其身可戕,其節不隳。嗟哉弱息,視死如歸。卷之八十二,述融傳。

貞侯廉直,移孝作忠。夙夜匪懈,敬爾在公。克家令子,亦有斯容。或操亮節,或扇儒風。卷之八十三,述愉、汪、國傳。

典午東遷,故宮禾黍。上恬下嬉,苟安江左。志恢中原,君平彭祖。諤諤盈庭,諤諤奚補。卷之八十四,述坦、嚴傳。

彦琳司憲,百爾整肅。思遠繼之,清約厲俗。兵應尋陽,用覆厥族。史以叛書,冤哉斯獄。卷之八十五,述琳之、覬傳。

弱翁秉正,不辱叛黨。再使強藩,慨當以慷。實命不猶,禍起搶攘。晚有伯英,垂名兩廣。卷之八十六,述巢父、勛傳。

光祖治獄,人稱廉平。終以佞佛,致損厥名。宗文篤孝,擢輔前星。建言忤衆,江漢用行。卷之八十七,述承恭、公恂傳。

所居民樂,所去民思。謂父謂母,戴若厥私。君魚而下,循吏孔多。媲美前史,《甘棠》載歌。卷之八十八,述奮、奕、賢、昌寓、端隱、括、元敬、克慧、彦禄、聞定、貞瑄、尚鉞、尚銑、尚惇、興詢傳。

季將昆仲,作吏有聲。歷世既遠,史軼厥名。豐碑屹屹,燦若列星。凡百有位,視此刻銘。卷之八十九,述宙、翊、彪傳。

水懦民玩,道濟以猛。廉幹英武,四國是靖。先謗後歌,遺愛則等。強禦揞克,則不可並。卷之九十,述靖、靈符、琇之、延之、傳、公才、彦綸、尚則傳。

慷慨赴死,從容就義。趨蹈不同,齊秉浩氣。二十三人,忠魂猶毅。表而出之,可以風厲。卷之九十一,述德紹、宗旦、文甫、檜、承浦、聞籍、貞璞、貞度、衍儔、興聖傳。

先聖有言,行在《孝經》。友于兄弟,是亦家政。立訓垂教,祖武是繩。匪曰干譽,至性至情。卷之九十二,述褒、蘊、彦輔、聖聰、旼、士份、貞稔、衍劭、衍樟、衍球、衍佳、興永傳。

砥厲廉隅,硜守信果。礫視貨財,飴甘湯火。方以古人,殊類俠者。軌道範義,是遠刑禍。卷之九十三,述祇、公怡、宏蘊、聞舉、聞皐、貞璠、尚果傳。

文以載道,言亦身華。弗淵弗雅,譬彼虛車。斟酌六籍,寢饋百家。傳世行遠,君子所嘉。卷之九十四,述衍、稚珪、紹安、季翊、若思、至、武仲、平仲、滋、端甫、之載、思睿、諤、公恪、彦侔、承偶、宏頡、聞詩、貞時、尚珥、衍栻傳。

智者審機,清不泟俗。衆醉我醒,無乃柄鑿。高士不然,寧處於獨。亦介亦孤,如金如玉。卷之九十五,述立、元、建、昱、羣、述睿傳。

士各有志,潔身高蹈。返璞歸真,潛光不耀。豈以逃名,從吾所好。卷之九十六,述淳之、沉、祐、道徽、元演、公輈、貞灼、貞時傳。

《易》戒錯履,《詩》刺莠口。悖逆隕宗,佞亦蒙垢。熙先法言,亦孔之醜。而無諱辭,用以示後。卷之九十七,述熙先、範傳。

學者稽古,匪階榮利。相彼簪紳,稱乃不易。幸則事傳,否亦名識。告爾後人,青雲自致。卷之九十八,述孔氏在仕籍者。

　　《詩》追姜姒,《易》首咸恒。婦德弗若,非家之禎。彼美淑姬,著範閨門。彤管有煒,含章可貞。卷之九十九,述孔氏列女。

　　于嗟小子,罔識今古。幸祖神明,粗習掌故。上追皇初,旁及統譜。賢儒載徵,秩祀有序。禮樂建置,廟林爵土。稽獻考文,勿誣吾祖。凡兹纂輯,述而不作。後之君子,尚亦有取。卷之一百,述敍考。

　　乾隆二十六年歲次辛巳仲秋既望,孔子六十九代孫繼汾敬述。

《闕里志》辨訛

闕里舊志行世已久，海内著書家間多引用。新志雖久不摹印，顧已經鋟刻，當世亦有其書。其中襲謬仍訛，舛錯不少。汾於諸考中已擇其大者辨論改正，其改而未辨者，復爲論列如左，不敢誣先人、惑後世也。

舊志《世表》云：世子勝，周子《姓譜》云：“宋父周生世子勝。”以《家語》考之，蓋世父勝，非世子勝也。

又，《本姓》節録《家語·本姓解》文，於“微仲生宋公”下，複“宋公”二字，直接“世爲宋卿”，而脱去丁公申至弗父何三世之系，大不可解。

又，《先聖年譜》皆主《史記》，故於十七歲云：“魯大夫孟懿子與兄南宫敬叔往學禮焉。”考《左傳·昭公七年》“孟僖子從公至楚，病不能相禮，乃講學之。及其將死也，召其大夫，曰：‘禮，人之幹也。無禮，無以立。孔丘，聖人之後也。我若獲没，必屬説與何忌於夫子。’故孟懿子與南宫敬叔師事仲尼”云云。是僖子之病不能相禮者，雖在是年，而命子從學，實在死日，《傳》有明據，何得襲《史記》之誤，而竟作十七歲事乎？且《史記》之誤，《索隱》已駁之矣。

又云，二十七歲，郯子來朝。二十八歲，孔子往見郯子而學焉。考問官事見於《左傳》《家語》，並無明年往學之文。今特分作兩年，似屬臆斷。

又云，二十九歲，聞師襄善琴，遂適晉學之。考師襄，魯樂官也。《史記》作在衛事，《世系考》中已辨其誤，今云“適晉”，更不知何據。

又云，三十一歲，齊景公遣使來聘，孔子適齊。考經傳、《家語》、《史記》皆不載齊聘孔子事，而孔子適齊在三家共攻昭公、魯國大亂後，亦非此年。

又云，四十七歲，魯定公以爲中都宰，由司空爲大司寇。考是歲爲定公五年，陽貨囚季桓子。又三年，欲盡去三桓，不克，入於讙陽關以叛。此正陪臣竊柄、魯國大亂之日，孔子若已登朝，豈有恬不爲怪之理？且亦萬不能一日安於其位。故《史記》以宰中都爲五十歲以後事，其説近理。朱子所謂定公初年孔子不仕者，正此時也。今乃移

"見行可之仕"於此歲,豈不大錯!

又云,五十歲,遷司寇。考是歲公山不狃以費畔,召孔子,子路有"末之也已"語。今云"遷司寇",與《論語》不合。

又云,五十一歲,以司寇攝朝政。考《左傳》《史記》並無以司寇攝朝政事,惟《史記》有"由大司寇行攝相事"語,在孔子五十六歲,且此語太史公先不能無誤。考《左傳》云:夾谷之會,孔丘相。所謂"相"者,即儐相之"相",如齊侯如晉,晉士匄相;王孫圉聘於晉,晉侯享之,趙簡子鳴玉以相者是也。即《家語》所云"攝行相事",亦指此會事而言。若云宰相之"相",此時季氏正執魯政,孔子以異姓之卿,焉能起而代之?果爾,則齊人歸女樂,孔子直麾去可矣,桓子更安得而受之?況相爲商官,丞相爲秦官,周無是也。今仍《史記》之誤,而復更其年,失益甚矣。

又,《宗子世紀》云,九代鮒,字子魚,秦始皇并天下,召爲魯國文通君,拜少傅。考《孔叢子》,子魚在秦時隱居不仕,至陳涉起兵,乃聘爲博士、太傅。今謂鮒仕於秦,不知何據。

又云,十代忠徵爲博士、褒成侯。考褒成之封,始於十三代霸,前此未有也。今於十代先書此爵,殊屬失考。

又云,二十八代靈珍,孝文帝太和十九年,仍封崇聖侯,食邑一千戶。考崇聖之改爲侯爵,實始於二十八代,前此蓋崇聖大夫也。今云"仍封崇聖侯",甚不可解。

又於三十三代褒聖侯傳中,唐太宗貞觀十一年,詔朝會位同三品下注云:"此後世召孔氏子孫朝會之始。"考漢光武東巡,褒成侯序在東后;章帝東巡,亦助祭明堂。與朝會者已久,蓋不始於唐貞觀也。

新志《古迹門》云:孔子舊宅在孔廟東偏,前爲壽堂,伯魚聞詩禮處;後爲金絲堂、孔鮒藏書處。今改建述聖廟。考明弘治間,李文正公《序金絲堂銘》云金絲堂舊在孔廟左廡之東,東直故井,前直詩禮堂,嘗掘地得石刻,知爲孔子故宅。比者廟燬而堂獨存,新廟既闢,堂地皆入左廡,金絲堂則移而西,與詩禮堂正相直。據此,則金絲堂故址乃改建左廡,未聞改建述聖廟也。且述聖子思子在宋時祇配祀郕國夫人殿西廡,亦未聞別有專廟。又敍成化十九年規制云,啓聖門內東有筍亭一座,北爲金絲堂,改五賢堂而建者也。金絲堂之移而西,在弘治廟災後,今云成化時已在廟西,尤屬錯誤。

典籍、司樂、管勾、百戶,舊稱禮、樂、兵、農四司。新《志》謂皆有廳事,在聖廟大中門外,禮、農居東,樂、兵居西。考大中門外並無四司廳事故址,且歷考前朝規制,亦未嘗有此説,其爲傅會明甚。

又,《祠廟門》云,南齊世祖永明七年二月己丑,詔改築孔子宗祊。考南齊時魯郡已淪入北朝,云改築者,明別立廟於南都也,與闕里無涉。下又云,陳後主至德三年,詔改築孔子舊廟。按,此舊廟即宋齊以來別建於南都之廟,亦非闕里事。

又云，宋仁宗景祐四年，孔廟修起講堂，成昂爲記。考是年未聞有修起講堂事。及考碑末行書"景祐四年七月重立"，乃知爲誤以重立碑記之年作始建講堂之年矣。

舊志《恩例門》云，景德三年，王欽若奏，令諸道州府軍監文宣王廟摧殘處，量破倉庫頭子錢修葺云云。考此乃天下文廟之事，何得闌入闕里恩例？

新志《祠廟門》云，明太祖洪武二十九年，面論工部侍郎秦逵，以闕里先聖降生之地，爾工部其即爲修理云云。考《明史》，秦逵以洪武二十二年爲工部尚書，二十六年自殺。今云"二十九年"，則此人死已久矣！又，二十九年實無修廟事，稽之《明史》，槪實二十年也。

又云，明神宗萬曆三十六年，御史王國楨見西廡頹敝，乃捐俸募輸云云。考王國楨是時實爲兵巡副使，非御史也。

又云，明天啓八年，洙泗書院傾圮殆甚，世尹孔聞簡捐俸修復。考天啓無八年，蓋七年事也。

舊志《祀典門》云，漢高帝十二年過魯，以太牢祀孔子，詔諸侯王卿相至郡，先廟謁而後從政。按，《史記·孔子世家》"高皇帝過魯，以太牢祠焉。諸侯卿相至，常先謁然後從政"，今增爲"諸侯王"，且謂出於詔令，杜撰極矣。

又《謚號門》云，漢和帝永光四年，封孔子爲褒尊侯。考前《史》《漢》並無封孔子爲褒尊侯事，此蓋因馬氏《文獻通考》中有"徙封損爲褒尊侯"之說，故並移之孔子耳。不知《通考》中之"尊"字乃"亭"字刊刻之誤，即損亦未嘗封褒尊侯，《宋史》可證也。

又《祀典門》云，漢桓帝元嘉二年，詔孔子廟置百户卒史一人，掌領禮器，春秋享禮，出王家錢給大酒直，河南尹給牛羊豕各一，大司農給米云云。"百石"之訛爲"百户"，前考中已辨之矣。至"出王家錢給大酒直"，考漢百石卒史舊碑，"大"字作"犬"字。又《後漢書·禮儀志》："明帝永平二年三年，上始帥羣臣躬養三老、五更於辟雍。行大射之禮。郡、縣、道行鄉飲酒禮于學校，皆祀周公、孔子，牲以犬。"是其證也。又碑文"河南尹給牛羊豕□□□各一，大司農給米"，乃太常祠曹掾史引辟雍故事對公府者，安得混以爲河南尹、大司農有給闕里祭品之事邪？

又云，魏正始二年，帝講《論語》，使太常釋奠，以太牢祀孔子。注引邱瓊山語，謂"前此祀孔子者皆於闕里，至是始行於太學"。考《後漢·禮儀志》，帝幸辟雍，行大射禮，郡、縣、道學校行鄉飲酒禮，皆祀周公、孔子，則漢時已先祀孔子於太學矣，恐不始於正始也。至新志《臨雍門》，直以此條爲臨雍講學之始。按《魏志》云，正始二年春二月，帝初通《論語》，使太常以太牢祀孔子于辟雍，則此乃通《論語》後之報祭也。且所使者太常，帝並不親釋奠，何得訛爲臨雍講書之始？

新志《祀典門》云，梁元帝初在荆州，起宣尼廟。帝工書善畫，自圖孔子聖像，爲之贊。考此全與闕里無干。

舊志《祀典門》云，魏孝文帝太和十六年，詔宣尼廟別敕有司享薦之禮。下注云：有司廟享始此。考《魏書·禮志》於太武帝始光三年二月已載祀孔子於國學，至是年二月丁酉，詔曰：“夫崇聖祀德，遠代之通典；秩□□□，中古之近規。故三五至仁，惟德配享；夏殷私〔己〕，稍用其姓。且法施於民，祀有明典，立功垂惠，祭有恒式，斯乃異代同途，奕世共軌。今遠遵明令，憲章舊則，比於祀令，已爲決之。其孟春應祀者，頃以事殷，遂及今日。可令仍以仲月而饗祀焉。凡在祀令者，其數有五。帝堯樹則天之功，興①巍巍之治，可祀於平陽。虞舜播太平之風，致無爲之化，可祀於廣甯。夏禹禦洪水之災，建天下之利，可祀於安邑。周文公制禮作樂，垂範萬葉，可祀於洛陽。其宣尼之廟，已於中省，當別敕有司。饗薦之禮，自文公已上，可令當界牧守，各隨所近，攝行祀事，皆用清酌尹祭也。”細繹詔文，蓋專爲堯、舜、禹、周公四聖立廟而言，故《本紀》書：“丁酉，詔祀唐堯於平陽，虞舜於廣甯，夏禹於安邑，周公於洛陽。”下文即云：“丁未，改謚宣尼曰文聖尼父，告謚孔廟。”不聞更有敕有司享薦之詔，未可割裂詔文，另作一事。且宣尼廟在國學，所謂“別敕有司”者，乃國學之有司，非牧守之有司也。

舊志《謚號門》云，隋文帝贈孔子爲先師尼父。考唐房玄齡等奏云：晉宋梁陳及隋大業以前，皆以孔子爲先聖，顔回爲先師。據此，則云贈爲先師者，誤也。

又云，唐太宗貞觀二年，尊孔子爲先聖。考前房玄齡等言，則隋大業以前已稱先聖矣，實不自貞觀始。蓋前於高祖時曾改孔子爲先師，此時第復其舊耳。

又，《祀典門》云，宋天禧元年，詔崇文館雕印《釋奠儀注》及《祭器圖》，頒行下諸路。以《宋史》紀、志考之，蓋大中祥符三年事。

新志《祀典門》云，元武宗時，皇妹大長公主誦習經史，命工塑聖人像，金書懿諱於左右。按，此等事如何載入《闕里志》？且書法亦失體。

舊志《從祀位次圖》東廡列先賢公子良孺、奚子容蕆，先儒左子丘明、高堂子生；西廡列先賢壤子駟赤、石子作蜀、公子肩定，左子人郢。按，公良、奚容、左丘、壤駟、石作、公肩、左人皆複姓也。至高堂生，《漢書》不傳其名，其曰“生”者，乃當時諸儒之稱，如伏生、董生、賈生之類。今誤以“生”爲名，尤爲謬甚。

又，《弟子及從祀先儒傳》中所載歷朝封爵，舛錯甚多。如宋初封曾子參爲瑕丘侯，後以封邑與先聖名同，改封爲武城侯。今乃訛瑕丘侯爲郕侯，審是則何必更有改封之事？又，《宋史·禮志》載，崇寧四年，追封秦商馮翊侯。其後序南宋文宣王廟制東廡位次，則又云馮翊侯秦祖、郿城侯秦商，前後錯亂，必有一誤。秀水朱彝尊作《弟子考》，據《咸淳臨安志》定秦祖爲郿城侯、秦商爲馮翊侯，而以史所載南宋位次爲誤，

---

① 原脱“興”字，據《魏書·禮志一》補。

似爲有據。今於秦子祖作鄅城侯，而於秦子商亦曰鄅城侯，誤中更誤，其謬殊甚。其他訛者，如以有子若卞伯爲汴伯、顏子祖臨沂伯爲臨邑伯、穀梁子赤睢陵伯爲睢陽伯、司馬子耕睢陽侯爲綏陽侯、琴子張陽平侯爲平陽侯。又周子敦頤於元仁宗延祐六年封道國公，乃作至順中。種種舛錯，不可枚舉。新志相沿，悉未改正。至訛宋封陳子亢南頓侯爲南邢侯，則又新志之失考者也。

新志《臨雍門》云，北魏道武帝天興四年二月，命樂師入學習舞，親釋奠先聖、先師。考《魏書》並無“親”字。

又云，孝文帝太和三年，立孔子廟於京師，行釋奠禮。考《魏書》及《北史》立孔子廟於京師，在太和十三年，且亦並無親行釋奠事。

又云，陳後主至德三年，釋奠先師禮畢，會宴王公卿士，此幸學賜宴之始。考《陳書》，此係太子釋奠，並非帝親幸學。至釋奠會宴，創於宋文帝元嘉中，亦不始於此時。

又云，唐肅宗上元元年仲秋，祀於太學。又，代宗永泰二年，修國子學祠堂成，釋奠，命宰相及常參官、六軍將軍就觀焉。又，德宗貞元二年釋奠，詔自宰臣以下畢集於國學。考《唐書·禮樂志》及《册府元龜》，此三條皆命有司行事，並不聞天子親蒞，何得雜入《臨雍》一類？

舊志《祀典門》云，金世宗大定十四年，釋奠先聖。考《金史》是年無親行釋奠事，蓋世宗於是年定釋奠禮樂，因即訛爲親祭耳。

新志《幸魯門》云，漢光武帝建武二十二年，車駕東巡，詣闕里，遣宗室皆詣孔氏宅，賜酒肉。考《漢書》是年並無東巡事。

又云，後魏世祖太平真君十一年，車駕南伐宋，自東平趨鄒山。十一月，進至魯郡，以太牢祀孔子。考《魏書·本紀》太平真君十一年，“十有一月辛卯，至于鄒山，劉義隆魯郡太守崔邪[1]利率屬城降。使使者以太牢祀孔子。”則世祖固未嘗幸魯縣親祭孔子明甚。而新志之訛，蓋緣《魏書·禮志》有云，十一月，世祖南征，至魯，以太牢祀孔子耳。不知魯郡在宋時已徙治鄒縣，改魯縣爲屬邑。《魏志》之所爲“至魯”，謂至“魯郡”，即《紀》之所爲“至于鄒山”也。今去“使使者”三字，又錯認魯郡爲魯縣，而入於《幸魯門》，未免失實。

又云，遼太祖神册三年，建孔子廟，次年落成，躬詣奠拜。按，此事與闕里何涉，而列入《幸魯門》邪？

又云，金睿宗天會七年，大軍入山東，睿宗登杏壇奠拜，復詣聖林云云。考睿宗者即幽王訛魯朵也，以子世宗入纘大統，故追謚睿宗。其入山東時，不過一領軍元帥，何得與列代帝王並稱臨幸？又，“天會”乃太宗年號，今直云睿宗天會七年，亦無此書法。

---

① “邪”，原作“邦”，據《魏書》卷四下《世祖紀第四下》訂正。

又云，金熙宗皇統元年二月戊午，親詣闕里，北面祭拜。又，章宗明昌四年，親祀先聖於闕里。考《本紀》此二事皆於國學釋奠，史有明文。今加"闕里"二字，而入《幸魯門》，殊屬傅會。

新志《祭秩門》云，北魏皇興二年，遣使以太牢祀孔子，此遣官祭告之始。考遣官祭告，漢光武、魏太武已先有之，不始於此年。

舊志《祀典門》云，元仁宗延祐七年，遣說書王存義以太牢祀孔子，仁宗手香加額以授之。按，此乃英宗事。英宗於是年三月即位，其祭文有云："嗣服伊始，愍祀告虔。"是可證也。

新志《遣告門》云，元順帝至正二十五年，皇太子撫軍冀寧，夷夏晏安，遣樞密院經歷魏元禮詣闕里祭告。按，太子遣官，何可與歷代帝王同在一類？

舊志《恩例門》云，元泰定三年，山東廉訪使王鵬南言："襲封上公而秩四品，於格弗稱。"明年，陞嘉議大夫，詔給三品印。按《元史》泰定帝四年，衍聖公陞三品階，至文宗至順三年，始以少監歐陽玄言改給印章。混二事為一事，非是。

舊《志》，凡崇聖侯、鄒國公、紹聖侯、褒聖侯、文宣公食邑，皆臆注為一千户，而奉聖亭侯則有云一千户者，有云二千户者。考《宋史》四十四代公《傳》，晉武帝泰始三年，封孔震為奉聖亭侯，邑二百户；北魏孝文帝太和十九年，封靈珍為崇聖侯，邑百户；後周靜帝大象二年，封渠為鄒國公，邑百户；隋煬帝大業四年，改封嗣悊為紹聖侯，邑百户；唐太宗貞觀十一年，改封德倫為褒聖侯，邑百户；至玄宗改封璲之為文宣公，不著户數。今凡"百"字皆改為"千"字，欲以侈大其封，不知已蹈失實之誚。又，新志將改封崇聖侯作南宋元嘉十七年事，更屬大謬。

新《志》又於食邑云，唐咸通間改食實封一百户，宋元仍照舊食實封一百户。按，此一無考據，皆臆度之詞。

舊《志》云，述聖子思子書院，即孟子受業處也。國朝弘治十六年，題准世以衍聖公之次子襲翰林院五經博士。考學錄公瓛奏請原疏及《明史》，皆在武宗正德二年，並非弘治十六年。

又，《五經博士‧題名》云，孔聞詩字知言，衍聖公弘泰長子，以父代兄襲封，弘治十六年恩廕前職。孔聞禮字知節，衍聖公弘緒次子，正德元年世襲前職。按，聞禮為孔氏授五經博士奉祀之始，其事在正德二年，非元年也。若聞詩以廕敘得是職，並非奉祀之官。今混列於聞禮之上，殊為失實。至新志削去"恩廕"二字，改為"初授"，則直以聞詩為博士之始，益變其真矣。

新志《職官門》載，置顏、孟二氏博士，一作景泰三年，一作景泰二年。考《明史》置顏、孟二氏博士，乃一時事，俱在景泰三年。如何分作兩歲？

又云，世襲太常寺博士一員，宋大中祥符元年幸魯，召文宣公親弟孔勖為太常博士。勗子道輔襲，道輔子宗翰襲，自後孔端朝、孔元措、孔之載數世相沿。考勗係雍熙二年進士，初爲太平州推官，轉殿中丞，通判廣州。真宗東封，以王欽若薦，召爲太常博士，知仙源縣，轉屯田員外郎，遷太常卿，終尚書工部侍郎。勗子道輔，係大中祥符五年進士，初爲寧州軍事推官，轉大理丞，知仙源縣，遷太常博士，召爲右正言，歷右司諫、龍圖閣待制，終御史中丞。道輔子宗翰，以進士知仙源縣，遷太常博士，召爲司農少卿，歷鴻臚卿、刑部侍郎，而以寶文閣待制致仕。載在《宋史》及家傳，彰彰可考。今不知此職爲宋世百僚遷轉之官，而見勗父子孫三世皆歷此職，遂誤以爲世襲，而據以爲今太常博士建置之始。元措已於金章宗明昌二年襲封衍聖公，貞祐二年授東平府通判，以寇阻不得行，改授隨朝職事，乃拜太常博士。旋遷太常丞、節度觀察等使。是太常博士乃衍聖公兼官，亦並非今之世職也。至引及端朝、之載等，展轉傅會，謬執甚焉。

舊《志》載尼山、洙泗書院學録云，明正德二年，衍聖公聞韶奏改山長爲學録，職視國子監。考奏改山長爲學録者乃公璜，非六十二代公也。新志見載其奏疏，可以考證。

新志《典謨門》載，宋天聖元年，敕曰：孔子廟自祖先以來，皆以子孫世知縣事，奉祠祭。今乃不然，非所以崇儒術、尊先聖之意。其詔自今仙源縣復選孔氏子弟爲之。又，皇祐三年七月，敕曰：自國朝以來，世以孔氏子孫知縣事，使奉承廟祀。近歲廢而不行，非所以尊先聖也。自今宜復於孔氏子弟中充選。考《宋史・本紀》天聖元年無此敕。惟皇祐三年云，秋七月丙辰，以孔氏子孫復知仙源縣事。而舊志亦作“皇祐三年，詔自今仙源縣官復於孔氏子弟中選用”，而不及天聖元年。今所載兩敕，文氣略變，大意實同，不知出於何據。

新志《世令・題名》云，孔延魯，大中祥符四年知仙源縣事。孔道輔，咸平元年賜進士出身，大中祥符九年以大理寺丞知仙源縣事。考延魯與道輔本是一人，今訛而爲二。又，道輔乃大中祥符五年進士，今作咸平二年，亦不是。

舊志《世尹・題名》云，金世宗大定初，思逮入覲，授承事郎，曲阜令。章宗承安二年，克昌任縣令。按，思逮爲元武宗朝人，上去金世宗大定初幾一百四五十年，其誤無疑。至克昌，又思逮弟思迪之子，其誤更不待辨者矣。

又，新《志》云，孔澄字世寧，五十三代孫治之弟也。元大德七年，襲曲阜尹。考大德中爲世尹者，思誠也，並無事故，澄何以得代其職？蓋澄之得是銜者，乃其孫克伸之贈官。未嘗一日身任縣事，何得濫入！

舊志《授官恩澤》一門，極爲叢雜，如聚之封蓼侯、臧之拜太常等類，非緣聖裔推恩，未可概以爲恩澤官也。如凡孔氏官者皆列恩澤，則所遺又多多矣。

又云，慶曆五年，以宗禋將作監丞，知仙源縣。數繙後，復云，慶曆五年以匠作監丞宗亮知縣事。下注云：“即舜亮。”按：宗禋，《譜》内並無其人。而宗亮係進士延之子，舜亮係中丞道輔子。譜牒昭然，何得混而爲一？　況宗亮並未曾知仙源縣事，所書全屬錯誤。

新志《樂舞門》載《司樂·題名》，首列施仲德，下注云："元至大元年，由生員任。"考《祖庭廣記》施仲德係大都文廟司樂，設於至大元年，後延祐六年，曲阜聖廟亦請設司樂，乃引此爲例。今錯看文義，竟將施仲德爲曲阜聖廟司樂之始，并改建置爲至大元年事，豈不一誤再誤。

舊志《恩澤門》云，南宋文帝元嘉三年，詔十八代孫孔穌爲百户，主掌禮器。考百户係百石卒史之訛，於《户田考》中已詳辨之矣。至此事，實漢桓帝之元嘉，非宋文帝之元嘉。有碑可證，何得纂改？

新志《學校門》云，奉祀生，元至元間敕除孔氏太常太祝、太常禮儀院判等官。明永樂間，改授太常奉祀及祀丞等官，供應祖廟祀事。弘治十二年，議准額選四氏老成俊秀子弟，奉祖廟祀事。考舊志及《祖庭廣記》，元、明間未聞有授孔氏子孫太常太祝、院判、奉祀、祀丞之事。惟《譜》載元五十四代思善由濟寧路教授爲太常寺太祝；思迪爲湖廣都事，辭疾，起爲太常禮儀院判，尋陞同知本院事；思立由太常寺太祝轉新河縣尹。五十五代克康由翰林國史院典籍轉太常寺太祝。是數人者，雖曾歷是官，然不過循資遷轉耳，何可牽引爲奉祀生建置原委？至明永樂間，孔氏並無任太常官者，所引更不知何據。

新志《樂舞門》所敘歷代樂章，多顛倒失次，前考皆查據國史及《祖庭廣記》更定，而樂器中之侈陳失實、引據錯誤者，更不可指數。

舊志《序·樂章》云，金以"寧"爲名，有《永寧》《靜寧》《肅寧》《和寧》《安寧》五曲。章宗又改四曲，曰《來寧》《净寧》《溥寧》《德寧》，惟《肅寧》一曲仍舊。考金世宗大定十四年，定釋奠樂章，迎神奏《來寧》，盥洗奏《靜寧》，升殿奏《肅寧》，奠幣、初獻奏《和寧》，降階奏《安寧》，酌獻兖國公奏《輯寧》、鄒國公奏《泰寧》，亞、終獻奏《咸寧》，送神奏《來寧》，共有九曲，並無所謂《永寧》者。今去《輯寧》《泰寧》《咸寧》之名，而增入《永寧》，且曰五曲者，誤也。至章宗明昌六年，別頒闕里樂章，迎神奏《來寧》，盥洗奏《净寧》，升降奏《肅寧》，奠幣奏《溥寧》，酌獻正位、二配，亞、終獻皆奏《德寧》，凡四章，送神奏《歸寧》，亦共有九曲。今漏《歸寧》之名，而曰改四曲者，皆誤也。至云惟《肅寧》一曲仍舊，更不可解。如云名同也者，則同者尚有《來寧》，不止一曲；如云詞同也者，則兩曲又迥別。樂章具在，昭然可按。總之不識世宗所定者爲國雍之樂，章宗所頒者爲闕里之樂，截然兩事，訛而爲一，故曰改曰舊，展轉繆戾耳。

新志《古迹門》云，唐鐘，唐開元二十七年所頒宫縣鑄鐘，今存其一，縣於詩禮堂。螭鈕，粟文，製造精工，清廟之重器也。按，此鐘今縣於杏壇，無銘，不能辨鑄造年月。第唐無頒樂器於闕里事，即史載樂用宫縣，亦祇兩京爲然，安得遽斷此鐘爲唐開元物。

又云,元太宗九年,衍聖公孔元措奏,燕京、南京等處尚有太常禮樂官及樂工人等,乞行拘刷事。奉詔旨,若有前項人等并家屬,用鋪馬頭口起移赴東平府地方住坐,分付孔元措收管,令本路課稅所量給口糧養濟,就於本廟閱習,聽候朝廷不測用度。按,此元初禮樂未備,因元措之奏,朝廷遂令董其事,於本廟閱習。其所閱習者,乃太常樂工,與闕里無與也,何得闌入《樂門》。

舊志《樂舞生門》云,成化十二年間,祭酒周洪謨奏增樂舞生李整等八十名。又云,弘治九年間,太常寺卿崔志端奏准添樂舞生二十六名,俱照前優免。按,此乃國學之事,見有奏疏可考,全與闕里無涉。

新志《祠廟門》云,唐玄宗開元十三年,東封回,幸孔子宅,給百戶以供灑掃。下又云,二十七年,詔賜百戶供灑掃。考給灑掃百戶,書作二十七年是也。若十三年,止聞給近墓五戶,並無給百戶事。所書殊屬錯誤。至《戶役門》,反漏卻二十七年事,而給灑掃百戶及賜近墓五戶混作一條,皆書爲開元十三年,更誤極矣。

舊志《佃戶門》云,宣德間,戶部踏勘地土,五屯佃戶共存五百戶,計二千丁,見丁一百大畝。考此事於《給田門》已載,有正統四年八月諭旨。此又云"宣德間",彼此互異。

新志《祠廟門》云,元成宗大德九年,給曲阜林廟灑掃戶二千八百人,以應灑掃。考大德時所給復者止二十八戶,並無二千八百人。第此事之訛,由於《大德重修廟碑》碑內云"復戶二千八",訛十爲千,蓋書者之誤。新志不究其誤,臆斷爲二千八百人,益失真矣。又《戶役門》云,元成宗大德九年八月,給曲阜林廟灑掃戶新舊共一百一十五戶,計一千八百丁。事同一年,而人則減去一千,前後自相矛盾。且一百一十五戶,乃明洪武時所給,亦非元時事也。

舊志《林廟門》云,孔顏曾孟四氏學,魏黄初二年創建。宋祥符二年,稱爲廟學。元延祐間,又益以顏、孟二氏。考增入顏、孟二氏,乃宋哲宗元祐間事,今訛爲元之延祐。至宋真宗,有大中祥符年號,係四字紀元者,不得截去"大中"二字,單書"祥符"。

新志《學校門》云,宋宣和四年幸太學詔,令先聖後在學者,賜上舍出身,以後三氏學生俱如國子監例。考《徽宗本紀》宣和四年,帝幸太學,祇載"學官、諸生恩錫有差",並無"賜上舍出身"語。即是年或有其事,要亦國子諸生盡沾恩澤,孔氏子孫有在國學者,不過亦邀普惠而已,諒非專爲先聖後設也。至牽引"以後三氏學生俱如國子監例",更屬穿鑿傅會。

又云,元延祐元年,敕賜監書於學。考此乃宋哲宗元祐元年事,非元仁宗延祐元年也。

舊志《學田門》云,元元統元年,江西僉事任忙古台以墨坐没入鄆城縣私田八頃九十畝,屋二十七間。奉旨,付孔氏子孫爲業。考原碑係瞻廟而兼及學者,不得專入《學田門》。又，碑云"田八頃八十九畝"，數亦不對。

新志《古迹門》云，鄹邑，魯之附庸，先聖晚年退息於鄹，作《息鄹操》，今尚有息鄹村。又，《名勝門》云，息鄹村在城東南十里，先聖晚年還輶息鄹，休遊於中。今其村巷風物，皆存古意。元翰林院檢閲官孔涇之子孫一户居焉。考《史記・世家》云，孔子既不得用於衛，將西見趙簡子，臨河不濟，乃還息乎陬鄉，作爲《陬操》以哀之，而反乎衛。據此，則陬鄉應在晉、衛之間明甚。又明張敏撰《孔涇墓志》云，涇，永樂己酉以疾終於西鄹里第。則息鄹村者，本西鄹村也。今訛陬鄉爲魯之鄹邑，又改《陬操》爲《息鄹操》，復易"西鄹村"爲"息鄹村"以實之，展轉謬戾，大失古人存信之義。不獨以"鐘樓"爲"端門"，"伯禽臺"爲"北擒臺"等類，僅出傅會已也。

新志有《典謨》一門，首紀歷朝詔誥，内載宋元豐七年五月詔，自今春秋釋奠，以鄒國公孟子配食文宣王，設位於兖國公之次。荀況、揚雄、韓愈以世次從祀於二十一賢之間，並封伯爵。考此乃《宋史》紀事之詞，非詔文也。載之於篇，殊爲不類。

又載，宋徽宗崇寧四年，遣官詣闕里致祭，祝文曰："惟王固天攸縱，誕降生知。經緯禮樂，闡揚文教。餘烈遺風，千載是仰。俾兹末學，依仁游藝。謹以制帛牲齊，粢盛庶品，祇奉舊章，式陳明薦。以兖國公、鄒國公配。尚饗!"考崇寧四年並無遣官祭告事，且此乃頒降天下祝文格式，非遣官專祭之詞。

又云，崇寧五年，遣官詣闕里致祭，祝文曰："惟王金聲玉振，集厥大成。有道立教，垂憲萬世。兹率舊章，謹以制帛牲齊，粢盛庶品，式陳明薦。以先師兖國公、郕國公、沂國公、鄒國公配。尚饗!"考崇寧五年亦無遣祭事，且此文乃南宋時頒降天下祝文格式，文中見列四配，是其明證。何得混入北宋，妄謂崇寧五年有遣官專祭事。

舊《志》載，金泰定二十二年，皇帝遣孫康昭告於至聖文宣王曰國家禮崇儒術云云。考此乃金章宗明昌六年文，誤作泰定二十二年，且金亦無泰定年號。《山東省志》不知爲章宗事，而改泰定爲大定，作金世宗事，更屬妄繆。

新《志》載，"元至正二十一年，皇帝謹遣御史中丞察罕帖木兒致祭於大成至聖文宣王曰：'粤稽聖德，巍巍難名，儀範百王，而師表萬世者也。欽我皇元，雅尚斯文，屢嘗遣使，煙祀於廟庭。其崇重之道，度越千古。頃緣妖寇鴟張，梗我王化，垂及五稔，享祀之典，遂成曠弛。兹者躬承上命，爰討不庭，大張天聲，而東土克寧，魯邦庶止，遐瞻牆仞，軍旅事殷，未遑與祭，敬遣輔行，敢申昭薦。'"細玩文義，乃察罕帖木兒遣人代祭之詞也。增加"皇帝謹遣"四字，而列入《典謨》一類，甚屬非是。

又載，宋蘇洵《孔子論》。考此論並非老蘇之文，乃大蘇所著者。文又截去上半首，止載半篇，更非體制。

新《志》載，蘇軾《孔融論》曰"文舉以英偉冠世之姿"云云。考此乃大蘇《孔北海贊》之《序》，今截去贊詞，易而爲《論》，全失真矣。

舊《志》載，漢索隱述贊“孔子之先，肇于商國”云云。考此贊乃唐司馬貞《史記·索隱·孔子世家贊》，今以刻於《史記》中，加以“漢”字，序於魏晉之上，實屬失考。

又載，宋大中祥符元年，廷臣奉敕分撰七十二子贊，其所書人名及贊詞，與廟中舊碑多參差不對。

又載，先聖歌辭十一首，內將極鄙俚語亦信爲夫子之言，誣聖人甚矣！

又載，宋趙鼎《手植檜》詩一首。考此趙鼎乃元人，官尚書祠部郎中，知兗州，非宋之趙忠簡也。

又於《弟子門》云，顏子生於魯昭公二十一年，卒於哀公五年。考夫子厄於陳蔡，在哀公六年，是時從遊尚有顏子。又，伯魚年五十方卒，其卒之時，孔子已六十九歲，爲哀公十一年。顏子之卒，又在其後，則非卒於哀公五年明甚。再考《家語》顏子年止三十二歲，其卒既不在哀公五年，所云生於昭公二十一年者，亦誤也。

又《聞達子孫門》云，十六代子建，元子。又云，二十代伯序，魯都督。按子建名建，伯序名承，今皆遺其名而書其字，既非體例，且承乃督郵，非都督也。

又云，十九代震，字元上，舉孝廉，除郎中，拜尚書侍郎，治書侍御史，博陵太守，除下邳相，終河東太守。按，此即博陵太守彪也，廟中有古碑可證。且震乃二十二代宗子，襲封宗聖侯，何得以彪混之？

新志《林墓門》有諸郡史墓，下注云：“孔謙之墓也。”按《家譜》，謙爲郡曹吏。舊《志》云，謙爲郡諸曹吏。與此皆誤也。當依碑作“郡諸曹史”爲是。

舊志《聞達子孫門》云，二十代乂，字元儁，魏諫議大夫。下又云“文，魏大鴻臚”。考《晉書·孔衍傳》云：“祖乂，魏大鴻臚。”而譜內載，乂爲魏諫議大夫、大鴻臚。至“文”，則並無此人，蓋即乂字之訛耳。

又云，二十七代晉，闓長子，晉尚書令。考晉，《譜》內並無其人。

又云，二十九代士遬，琳之子，有父風，揚州中從事。考琳之子名遬，官揚州治中從事史。今於官職則脫書，而於名添“士”字，皆失考據。

又云，三十一代安，碩子，北齊青州法曹參軍。考碩之子名安齊，今漏“齊”字。

又云，三十八代文瑾，齊卿子，兗州都督府功曹。考齊卿乃三十七代文宣公，生三子：惟晊、惟昉、惟時，並無名文瑾者。

又云，五十二代元善，字德新，宋寶慶二年進士，終泰州學教授。考元善，《譜》列五十一代，今誤入五十二代。

又云，《南史》有孔遏、孔嗣之、孔僉，僉子淑元、僉兄子元素、孔子祛、孔子雲、孔廣、孔逭，皆聞達表表者，史失其世次，姑附錄於此云云。考此九人內，惟“嗣之”史稱魯國人，孔道徽族祖，前考已爲立傳。其他，《譜》既不列其名，史復不著爲宣聖之冑，焉知其非他族？一概收入，殊非闕疑之道。

以上各條，皆事之不容不辨者，故特爲論列。他若新《志》於趙吳興之序《溧陽譜》，而誤以爲闕里大譜；五十四代衍聖公思誠父祖墓碑，而誤題爲思誠碑；葛守禮所撰六十三代公張夫人墓志，而誤以爲嚴分宜作；以及字句錯謬、割裂重複之處，不可枚舉。緣無大關係，故概置不辨，恐後人罪我吹毛求疵也。繼汾識。

附録一

闕里文獻考提要(一)①

　　闕里文獻考一百卷清乾隆間刊本，清孔繼汾編。記闕里故實，考諸舊籍，有《孔氏實錄》《孔庭纂要》《素王事紀》《世家譜》《東家雜記》《祖庭廣記》《聖門志》《孔門僉載》等書，或缺佚不全，世罕傳本。明弘治間，會稽陳鎬始裒集舊聞，著爲《闕里志》，辭旨疏略。康熙丁丑孔聘之別纂新志，一變舊志體例，頗有增益，而蕪雜傅會，失更過之。故其書久而不行。繼汾幼孤嗜學，習於家門故事。乾隆戊午，入京陪祀辟雍，得肄業國學，授中書舍人，歷掌簡書，恩遇優異。後以宗子事連坐，被議落職，家居閉戶，思贖前愆，乃博綜羣書，得訂舊稿，成《闕里文獻考》凡一百卷，分世系考、林廟考、祀典考、世爵職官考、禮考、樂考、户田考、學校考、城邑山川考、宗譜考、孔氏著述考、藝文考、聖門弟子考、從祀賢儒考、子孫著聞考、敍考，爲門一十有六，末附辨(僞)〔訛〕。雖於孔子生卒年代，恪守舊聞，未加訂證，其他亦間有未審之處，然資料繁富，博而不蕪，不失撰述家之體裁者也。

闕里文獻考提要(二)②

闕里文獻考一百卷首一卷末一卷　（清）孔繼汾撰

　　孔繼汾(1721③—1786)，字體儀，號止堂，曲阜(今山東曲阜)人，孔子六十九代孫。乾隆十二年(1747)舉人，次年，授内閣中書舍人，後爲軍機處行走，户部主事等。曾編《孔氏家儀》，因服制與《大清會典》不符，發配伊犁。次子孔廣森多方營救，中途赦還。更著有《樂舞全譜》、《勔儀糾謬集》、《行餘詩草》等。事迹見《清文獻通考》卷七五、《清通典》卷一八、《清通志》卷七二。

　　孔子故里曲阜城中有二石闕，故後人稱爲闕里。歷代纂述闕里人物事迹之書，有宋代孔傳《東家雜記》、金代孔元措《孔氏祖庭廣記》、明代陳鎬《闕里志》、沈朝陽《闕里

---

① 録自中國科學院圖書館整理《續修四庫全書總目提要》(稿本)第 30 册，齊魯書社，1996 年版。
② 録自續修四庫全書總目提要編輯委員會編《續修四庫全書總目提要·史部》，上海古籍出版社，2014 年版。
③ 按，《提要》關於孔繼汾生年的記載有誤。據《孔繼汾自撰墓誌銘》，孔繼汾生於雍正三年，即 1725 年。

書》、呂元善《聖門志》、清康熙間孔聘之新纂《闕里志》、宋際《闕里廣志》等。乾隆九年
(1744)，孔氏重修族譜，依舊例，修譜之後即需增輯志書，繼汾至乾隆二十六年(1761)
撰成此書，分題世系考、林廟考、祀典考、世爵職官考、禮考、樂考、户田考、學校考、城
邑山川考、宗譜考、孔氏著述考、藝文考、聖門弟子考、從祀賢儒考、子孫著聞者考、敍
考，凡十六門。孔氏家族歷代受封朝廷，綿延不絕，是書分門別類詳述孔氏家族相關
制度、歷史事件、人物及相關著述，於研究孔氏家族史及儒學史均有價值。卷首有孔
子七十一代孫孔昭焕乾隆二十七年序及進書摺子，知是書當時已呈送朝廷。是書所
據資料，除四部文獻外，更有作者所聞見者及孔氏家藏譜牒等。卷末有繼汾《闕里志
辨訛》一篇，於闕里舊志内容失實者詳辨異同，以定是非，可據以補正其他史志之
闕誤。

　　此本據北京大學圖書館藏清乾隆二十七年刻本影印。又有光緒十七年湘陰李氏
重刻本。（譚漢生）

附錄二

闕里文獻考跋^①

　　右《闕里文獻考》百卷,先公用黔陽樂庭楊丈藏本重刊者也。先公於書無所不窺,解組後壹意著述,讀是編,有感於偽孔末事,因爲《張溫宜從祀文廟説》一首。其文云:

　　孔止堂農部繼汾,至聖六十九代孫也。乾隆十二年舉人,授中書,充軍機章京,遷户部主事。緣事遣戍,釋還,盡發世傳家乘,凡《孔氏實録》《孔庭纂要》《素王事紀》《世家譜》《東京雜記》《祖庭廣記》《聖門志》《孔門彙載》《闕里志》《新志》十種,通加筆削,成《闕里文獻考》百卷。七十一代衍聖公昭焕奏進御覽,并敕版行。凡爲考十六,曰世系、曰林廟、曰祀典、曰世爵職官、曰禮、曰樂、曰户田、曰學校、曰城邑山川、曰宗譜、曰孔氏著述、曰藝文、曰聖門弟子、曰從祀賢儒、曰子孫著聞者、曰敍,證據詳明,閎深肅括,洵千禩不敝之書也。予嘗讀《世系考》載偽孔末事,始而駭,既而喜,循繹再四,重有感焉。謹按原文曰:"四十二代光嗣,唐昭宗天祐二年以齊郎授泗水主簿,遭世版亂,失封爵。初,宋元嘉間,蠲魯郡民孔景等五户供孔子廟灑掃役。其裔孫末,見孔氏子孫單承,門祚衰弱,又多流寓他所者,乘時不綱,謀冒聖裔,竊世爵,遂計害公。卒年四十二,梁末帝乾化三年也。子一:仁玉。四十三代仁玉,字溫如,梁太祖乾化三年五月二十九日生。孔末之亂,生甫九月,母張抱匿於外家。既長,身長七尺,姿貌雄偉,通六藝,尤精《春秋》。爲人嚴整,臨事有果斷。後唐明宗長興元年,魯人愬於官曰:'曲阜令末,非聖人後。光嗣有子仁玉,育於張氏,今十九歲矣。'事聞於朝,乃誅末,以公主孔子祀,授曲阜主簿。三年,遷龔丘令,封文宣公。晉高祖天福五年,改曲阜令。後周太祖廣順二年六月,帝平慕容彦超,幸曲阜,謁林廟,召對,賜五品服及銀器雜綵,詔以曲阜令兼監察御史。年四十五卒,贈兵部尚書。後世以孔氏幾絶復興,號'中興祖'。復歲時祭其外祖張溫之墓,爲置祭田,立奉祀生,請蠲其徭役以報之。"又讀《藝文考》載明張敏所爲《孔氏報本酬恩碑記》曰:"五十九代襲封衍聖公彦縉、五十五代曲阜尹克中、五十四代族長思楷一日同謂敏曰:'吾先世祖宗昭穆族屬甚衆,傳至四十二代,有祖諱光嗣者,其室張氏世爲曲阜張陽里人,時值五代,四

①　録自《闕里文獻考》光緒十八年重刻本。

方弗靖,有偽孔氏孔末者,因世亂心生姦計,意欲以偽繼真,將吾孔氏子孫戕滅幾盡。時光嗣祖任泗水令,生四十三代祖仁玉,在襁褓中。難興之日,光嗣被害,祖母張氏抱子仁玉逃依母氏,得免其難。孔氏之不絶者,如一髮千鈞、紅爐片雪,幾何而不爲偽孔有也。吾祖仁玉,母子雖脱巨害,向非外祖張溫保養安全,其何以有今日乎? 兹傳五十九代,子孫族屬之盛,繩繩蟄蟄,皆吾外祖張氏之所賜也,何敢一日而忘耶! 張氏子孫家在張陽里者,至今猶稱爲張溫焉。今雖優待其家,恐後世子孫或有遺忘,不能以禮相待,甚非報本酬恩之意。兹欲立石于張氏之塋,俾吾子子孫孫世加存撫,子盍爲我文之'"云云,予掩卷凝思,深維聖人之後,理不當絶。顧偽孔氏孔末伺會板蕩,篡宗肆毒,既殲光嗣,勢必蹤跡其室家,爲覆巢毁卵計,且張陽里密邇曲阜,地之相去非遼遠也,乃閲時十九年,而仁玉挺然成立,雖天祚聖裔,並使孔末坐待王誅,顯示彰癉。然所謂中興外祖張溫者,撫此嫠煢,漂搖震撼,計所爲銷聲戢影、違險就安、調護維持、初終一致,洵足信金石而質鬼神,足知一綫之延再續舊服,子孫世世傳之無窮,其爲功於存孤也,誼莫篤焉,德莫厚焉。竊謂我朝順康年間,尊祀先師,殊禮具備。雍正元年復詔封叔梁公以上五代王爵,至隆極盛,千古未之有也。惟先世源流所自,既晉崇封,則其後以異姓之親,持危扶顚,爲綿宗祀,允推孔氏者,配享之典必不可闕。溫雖仕隱無徵,而里居墳塋見於彦縉輩與張敏者,班班可考。且締姻孔氏,在當時必詩書舊族,況歷世久遠,猶以其姓名名其鄉,如蘧伯、鄭公故事,意其生平善行必多,卓卓可傳,第鼎革疊更,遭時喪亂,故家文獻書缺有間耳! 雖然,固不必多求也。夫以空所憑藉之身,獨爲千古一人之後,興滅繼絶,綿祀勿替,仁至義盡,孰有大於是哉! 宜於崇聖祠配位。孟皮、顏無繇、曾點、伯魚、孟孫激之下,周輔成、張迪、程珦、朱松、蔡元定之上,增位奉祀,刖撰碑記,頒勒學宫,使天下後世學士大夫咸曉然於報饗之故,此誠聖人之徒所當歡欣從事者也,建言之司、秩宗之長,其必有具疏呈請,爲九百餘年補兹闕典者乎?

載之自著《類稿》中。復以是書道光中葉版燬於火,坊間遂少流傳,歲辛卯始以原書鋟木,冬初猶能自校數卷,殆疾作,遂輟業,詎十二月初四竟棄堂帳,不克見此本之成矣,悲夫! 今賴楊丈校勘成書,謹録原文,並識數語於後。

光緒十八年壬辰冬月,出嗣子輔燿泣志。

附録三

孔繼汾自撰墓誌銘

　　此石立於清乾隆五十四年（1789）夏四月。方形，寬、高各 0.83 米，小楷書。共 36 行，行 36 字。墓誌銘爲孔繼汾本人自撰，楊朝明主編《曲阜儒家碑刻文獻輯録》（第 1 輯）題爲"乾隆三十六年孔繼汾自作墓誌銘"，李恒法、解華英編著《濟寧歷代墓誌銘》則題爲"户部主事孔繼汾墓誌銘"，並云："出於二十世紀七十年代。"此墓誌後遭毁壞，殘斷爲三。現經修復，鑲嵌於曲阜漢魏碑刻陳列館南牆，爲西起第九石。

　　本文據原石照録，凡殘泐不可辨識之文字，以□表示；個别殘損之文字，或據文義，或參考楊氏、李氏所録，予以補缺，以（　）表示。

　　繼汾，字體儀，號止堂，孔子六十九（代孫），六十八代衍聖公第四子也，繼室徐夫人出，雍正三年五月己亥生。十有一歲而孤，太夫人教育之。以余少失怙，煢煢無知識，每遇家庭有大事，若祭祀及賓客，必使隨諸長者後，隅坐隅立，俾廣厥聞見。

　　乾隆三年，今上臨雍，復使以監生隨宗子應召陪祀。禮成，蒙（恩）准貢入監讀書。十二年中本省鄉試。其明年春，恭遇上幸闕里，充講書官。先祭一日，上視廟拈香，同今宗子導駕，蒙恩以内閣中書用。是年秋，補誥敕撰文中書舍（人）。十五年夏，辦理軍機處行走，每巡幸，輒扈從。十七年，軍機大臣舉勤職，授户部額外主（事）。明年夏，補廣西司。初，繼汾之録用也，上即欲授以主事，諭協辦大學士傅公恒曰：孔（繼）汾新中式，顧令得成進士乃佳爾。傅公奏云：惟中書始仍可會試。上然之，故以中書用。至（是）三黜南宮，終廟員農部，固其中有數，實繼汾不肖，是以不能仰副恩意也。

　　十九年，扈□盛京，至熱河。今諸城劉公統勳以大司寇奉命繕軍需於肅州，奏隨幕府。明年夏，達瓦（齊）就俘，軍需無缺，奏敘紀録，回京供職。秋，至熱河行在，會上將告武功於闕里，繼汾私（意）本以東巡被恩，因請假先歸，修葺林廟，冀效前驅、將誠悃。十月旋里。明年春正月，宗子以户人方有林廟之役，地方有司不能依成例優免雜差，乃奏請捐廟佃户人之半給官役。上異其必有以也，敕署撫白公鍾山奏故。白公奏：事由祖庇户人，昭焕年幼，繼汾弟兄實左右之。部（議）革職。夏，吏部奏（請）捐復，報可，得復原官。時太夫人春秋漸高，時有疾，（繼汾）□□□□離左右。太夫人又慮余性戀多忤物，居官非所宜，時以爲戒。因順承太夫人志，未□□□閉户讀書，不復與外事，於今十有六年矣。

先是，太夫人念先公葬久，百歲後不忍令子孫□墳合葬，愛防陰山水，命治壽藏于啓聖墓東偏。余欲依我太夫人，亦卜兆于林外東南。(乾)隆辛卯仲冬甲寅壙成。

余見世之爲人誌墓者，相尚以諛，心竊非之。況余少無孝弟之行聞于鄉曲，長而服官，絶無奇勳異績卓卓可紀；復以與宗子系屬切近，輔導無狀，自貽厥累，莫(可)湔除，徒侈浮詞，爲他人笑，無謂也。

余素不善書，又不愛作詩，惟性耽著述，每考訂經義，輒有(所)論，允他日子孫貢諛，意者其在斯乎？然謬悠之論，原未敢屬爲文辭問當世。凡所撰次，惟《(闕)里文獻考》《孔氏家儀》《勵儀糾謬集》爲有成書，其他如《四書補音》《三禮名物》《歷代編年》《刑考》《地(志)》之類，不過間居無事，翻書之下抄撮備遺忘而已，並淺陋無足存者，故旋作旋削。若遂據以飾語欺後人，尤甚無謂。已戒兒輩，他日毋爲我作行述，乞人作誌。但恐兒輩無遠識，或渝我□，大乖我素志。用自作誌，刻諸石。我即没，但取我卒日葬日附刻于後，視夫泛引虛譽剿襲(雷)同者，不較勝歟？

余娶許氏，海寧人，翰林編修諱焞公次女，大宗伯諱汝霖公之曾孫女也。生(雍)正元年四月丙辰，年十九來歸。乾隆辛未，恭遇覃恩封安人，生三子二女，廣柱幼殤。今余六子，廩生廣林、庶吉士廣森皆安人出；廣懋、廣策、廣衡、廣廉並妾李氏出。安人與余同穴，(李)氏之藏別在乾隅，距七武。并誌之銘曰：

泗水之陰，防山之北。厥原臕臕，卜云墨食。
歲在單(閼)，自營窀穸。夫婦偕老，言歸此宅。

乾隆三十六年，歲在辛卯仲冬下澣，止(堂)誌。

弟繼涑書。

丁酉冬十月十八日庚戌子時，安人以疾卒。越明年，夏四月二十日庚戌日中窆。止堂又記。

丙午秋八月初六日丙午戌時，兄(以)疾卒于錢塘梁氏宅。冬十月二十四日甲子，柩歸，廣林承遺命改卜藏地。己酉春正月十(九)(日)丙子，啓嫂氏壙，夏四月二十二日戊申日晡，合葬華店新兆。遷塋始末，廣林別勒記碑陰。(弟)繼涑誌并書。

附録四

孔繼汾小傳^①

孔繼汾，字體儀，號止堂。乾隆丁卯舉人，由内閣中書官至户部主事。著有《闕里文獻考》一百卷、《勘儀糾謬集》三卷、《樂舞全譜》二卷、《孔氏家儀》十四卷、《行餘草》二卷。

曾叔祖農部公篤志力行，風骨峻潔。高宗幸魯，屢充引導官，儀節罔愆。以講書稱旨，遂蒙特用。留心典則，手訂《樂舞譜》，督責肄習，孜孜不怠，廟庭祀典，爲之整肅。纂輯《闕里文獻考》，紀述恩賚，表揚幽潛，足裨家乘。手校經史，刊板爲家塾讀本，字畫皆本《説文》，識者珍之。修《家儀》一書，冠婚喪祭，罔不具備，迄今子孫法守之。在軍機處行走時，屢荷特達之知，行將大用，適以公事被劾，吏議落職。幸荷天恩，旋得昭雪。南遊武林，卒于梁學士同書家。學士殯公于清勤堂，令子弟皆爲衣素，其重公如此。

---

① 録自（清）孔憲彝輯《闕里孔氏詩鈔》卷六《孔繼汾》，《山東文獻集成》編纂委員會編《山東文獻集成》第3輯，第41册，山東大學出版社，2009年版。

孔繼汾序跋

文廟樂舞全譜跋[①]

五帝不相沿樂尚矣，故聖人首出必考律定樂，以宣萬物之豫，昭天地之和，亦惟國家當久道化成，乃克協聲歌而備金石也。昔我聖祖仁皇帝聰明天亶，心契律原，審度比數，悉破陋儒沿襲謬悠之説，更協鐘律宮均，造爲樂器，薦之郊廟，施於朝廷，頒降闕里。偉哉，制作之精，往代莫比。至於宮商字譜，未及議也。

當是時，凡樂之隸太常者，得老協律郎高萬霖感聖皇創制之意，將舊譜合、四、乙等字改用上、尺、工，以配今律；其隸和聲署者，循而未改。闕里廟庭，則亦用今器奏舊樂焉。舊樂仲吕爲宮，用仲吕、林鐘、南吕、黄鐘、太簇、清黄鐘六鐘於笛，應上、尺、工、合、四、六等字。今編架無清鐘，遇應擊清黄鐘者，借用正黄鐘，猶之可也。今黄鐘應笛之四字，乃學奏者不通律，仍强以合字應之，此必不諧矣。恭遇我皇上中和建極，率祖攸行，樂理樂施兼通而條貫之，發明聖祖《律曆淵源》一書，要歸實用，爰置樂部，正詩歌，審字譜，稽器數，辨等差，博採衆議，斷自宸衷，於是朝祭享燕之間與夫軍容凱奏，雅頌靡弗得所。

乾隆八年，頒直省春秋釋奠樂。又以闕里故事，四時釋奠，樂部奏明增填冬、夏宮譜，頒發俾肄業焉。十二年秋，太常寺協律郎張樂盛等來教今樂，臣繼汾恐鈔譜字易訛舛，敬録付刊，便樂生等隨時誦習。會明年春聖駕將臨，張協律以新製樂譜多俯仰之容，足有勾起勢，肄之弗熟，懼貽殞越，因借用太學舞譜教之。竊謂闕里樂章既不與太學同，舞亦宜有異，且煌煌人樂，於昭萬年，闕里稱秉禮之鄉，首當率循惟謹。近乃得《欽定律吕正義後編》，敬取所載太學舞譜，與現肄者勘對，又微有不同，恐張協律所授者，或未盡如成式也。因白請宗子留心更正。宗子曰："沿訛滋謬，非所以昭律度嚴妥侑也。"比者，蒙賜鑄鐘特磬，金聲玉振，備大成矣，尤宜詳慎釐正，以鳴我國家之盛。乃出新譜，進樂生肄之。臣繼汾忝列聖裔，幸沐休和，不勝忭舞，爰依《律吕正義》内圖譜，敬繪合刊，成《樂譜》一卷、《舞譜》一卷。緣樂章中字，曲阜人多訛讀，謹逐加音釋，與《樂縣舞佾

---

① 録自孔子文化大全編輯委員會編《聖門樂志》附《文廟樂舞全譜》，山東友誼書社，1989 年版。按，孔繼汾輯《文廟禮器圖式·闕里原序》與此同，文字稍有差異。參見耿素麗、陳其泰選編《歷代文廟研究資料彙編》第 6 册，國家圖書館出版社影印同治六年(1867)刻本，2012 年版。

圖》《旋宫聲字圖》及闕里舊有之《鼓譜》《導引樂譜》别爲一卷，附録於後，而志其顛末云。

乾隆三十年孟冬上浣，臣孔繼汾恭跋。

勔儀糾謬集序[①]

先聖師表萬世，漢魏以來，秩祀儒宫，内而京師，外而郡國，遠而邊徼偏陬，咸飭酒醴笙簧，春秋享禮，重以昭代，聖聖相承，尊師尤切，禮樂之數，極明極備。士人自束髮遊庠序間，疇弗修鼓篋之文、樂弦歌之化？乃搢紳先生經東國者，輒紆塗道鄒魯，叩謁宫牆，低個瞻拜之，餘復殷殷諮問，冀益見所未見而聞所未聞。此豈闕里規模果殊於他郡邑哉！亦謂地本先聖故鄉，井邑不改，子孫百世，纘修俎豆，作賓于王家，其車服禮器萬有存者。而魯國諸生近聖人居，誦其詩，讀其書，習其禮，流風餘蘊所漸，自彬彬如也。矧爲後裔者，幸承祖教，荷國恩，上之紆青拖紫，下亦儒服儒冠，不儕於編伍，當兹明備之期，敢弗彊勉訓行，以翊雅化而孚人望。惟是日引月長，後生者不及接高曾矩矱，甚且(國)[囿]於呫聞，罔求追先典。於是俎豆在列，鐘鼓在縣，而有司失其傳者，蓋有之矣。

繼汾自幼年入廟，向族中諸長者考詢名物，究厥本原，往往有疑而未安者，不敢率爾質言。退而參諸經籍，證以憲章，得失昭然判也。如是者閲有年矣。久蓄於衷，不能自已，間一就正於宗耆族彦，幸聞者不甚以爲非，而宗子亦樂從其說。如迎神、送神不參以俗樂，崇聖、啓聖并先大成酌獻，墓祭不用中元，常薦省臘八而增歲暮，釋奠香帛特送廟庭不入粢盛之數，凡此之類，皆已見諸施行。且屬以發凡起例，遂竟所欲言，以資商榷。繼汾每遜謝不敏，謂於禮樂之事無能爲役。又念禮者履也，必可以履之之謂禮；亦惟身履之，然後能因名考義，而知禮意所緣起也。事無有久而不敝者，先聖去今二千四百餘載，縱如古所云諸生以時習禮其家，苟非有志者相繼修明之，何以區區魯邦至今猶秉禮也？今繼汾自解組家居，從父兄後，駿奔廟庭，又歷有年所，可謂履其事矣，儀文度數亦既因其名而考其義矣。雖誠謭陋，其能竟嘿嘿而已邪！且嘗徵文獻而有感也。闕里禮樂，自罹宋元兵燹之會，蔑棄無餘，賴有三氏教授、導江張達善頟詳加考訂，生徒始得有所循習。明世考訂之人，不可得聞。我朝康熙中，有族祖聘之，一經倫次。今所行者，大抵聘之所訂也。張氏之說全本朱子，聘之間附會經傳，增益繁文矣。然自康熙甲子迄今殆八十餘年中間，豈無一二損益，乃事有不合經傳、不出《會典》者，輒指聘之爲口實，聘之肯盡執其咎歟？獨恨當時未有論說留示後人，遂令情文不著。其果盡爲所訂與否，亦無從考見，轉不若張氏之全書雖亡，尚有《儀注》一篇、

---

①　録自孔繼汾撰《勔儀糾謬集》，四庫未收書輯刊編纂委員會編《四庫未收書輯刊》第 3 輯，第 8 册，北京出版社，2010 年版。

《自序》一首散在故籍，可以略見去取之意於萬一也。

繼汾用是發憤，緣宗子之意，著爲此集，名曰《助儀糾謬》。隨事論列，得如干條，其中未更正者，固直抉舛誤，即已經更正者，亦必仍詳故事，非敢謂深通禮意。上擬張氏之書，不過聊獻一愚，備採擇，或於祖廟精禋，亦不無小補，且欲使後之人，見其書知其用意之所存。集中倘有紕漏，咎寧敢辭！若後人別有增損，非繼汾所經參酌，毋似聘之枉蒙不白之怨也。兹事體大，恐所論尚未盡，他日續有所得，須別錄以附其後。故書無體例，不加詮次，第約爲三卷，一曰祭儀，二曰祭品，三曰祭器，以綜其大要云。

乾隆三十三年歲次戊子仲冬上浣，孔子六十九代孫、承德郎、原任户部廣西清吏司主事繼汾謹序。

闕里儀注序[①]

禮貴贊相，所以佐助主人善成禮也。苟非默諳儀文，將何以詔？而詔不如禮，又何取於贊者？闕里禮生新進者，受儀節於其前輩老師，或抄承，或口授，未有定本，是以字句多訛舛，甚且寖增寖損，漸異於厥初。如是而欲奉爲舊章勷大禮，難已！上年繼汾撰次《助儀糾謬集》成，宗子採用其説，更正時享之期與釋奠。異日，因大簿正祭器，豐其品物，考其劑量，俎豆間孔庶孔碩，郁郁乎盛矣。繼汾復進而言曰："儀注尚無成式，宜審定校刊，以資贊唱。"宗子曰："善。"繼汾乃考録舊儀，刪繁正誤，爲《儀注》十有五篇，並取《祭品》《祭器》撮其大要，別敍《品式》六篇，以附其後，請宗子付典籍官，俾生徒卒業焉。

乾隆三十四年歲次己丑春正月中浣，孔子六十九代孫、承德郎、原任户部廣西清吏司主事繼汾謹序。

孔氏家儀自序[②]

於乎，先王以禮防民之意厚矣哉！以人之有夫婦也，爲制昏姻嫁娶之禮；以人之有父子也，爲制服勞奉養之禮；以人之有親黨朋友也，爲制交接酬酢之禮；以人之樂其羣也，爲制飲食燕饗之禮；以人之哀其死也，爲制棺槨衰麻之禮；以人之不忘其本也，爲制廟祧尸祝之禮。以禮之不可無文也，飾之以升降拜跪之容焉；以禮之不可無節也，辨之以親疏貴賤之等焉。上自朝廷，下達邦國，師儒之所傳習，閭巷之所遵循，罔不以是兢兢。《傳》曰："禮也者，猶體也。體不備，君子謂之不成人。設之不當，猶不備也。"故經禮三百，曲禮三千，其致一也。未有入室而不由户者，迨後王德薄，不能以身

---

① 録自孔繼汾撰《闕里儀注》，曲阜師範大學圖書館藏清乾隆刻本。
② 録自孔繼汾撰《孔氏家儀》，《四庫禁燬書叢刊》編纂委員會編《四庫禁燬書叢刊補編》第 31 册，北京出版社，2005 年版。

教。凡所謂禮者，未嘗不載之典章，垂爲令式，乃奉行者視爲故事，以各自便其私，舉古之家喻户曉者，遂至家異而户殊，於是司馬温公之《書儀》，朱子之《家禮》，不得不起而作矣。自是以來，守禮之家，知宗朱子。經五百餘年，羣儒多以己意聯輯補綴，世人復以鄉俗沿習之事棼然雜出乎其間，雖號遵《家禮》，其所行者已非復朱子之舊矣！況唐宋故事，實有不可通於今日者。變而加厲，又何怪其然也邪！即如吾鄉，素稱守朱子《家禮》者也，亦素以古禮參用朱子《家禮》者也，又素以鄉俗相沿之陋習附會於朱子《家禮》者也。汾家幸承祖教之遺，沐聖朝之化，尚循古法，不至以悖禮貽譏。然汾自總角以前未有知識，事皆不復記憶，既冠以後，迄今二十年中，涉閲吉凶諸事，變易已非一端，其變而從古者固多，變而從俗者亦時不免。竊有志焉，欲及今猶有可以考見先型者，編爲一書，俾子孫知所法守。顧自慚才學識三者，皆未能尚友古人，下垂來禩，是以因循而未之敢。

乾隆壬午秋，今宗子以主饋有缺，納雁於鉛山程氏。將親迎，程氏來請曰："闕里禮宗，今將舉嘉禮，其儀節願有聞焉，謹率以行事。"宗子商於汾，具舊儀以對，時錢唐江衡眉居在座曰："善乎，兹請！《禮》有之：'敬慎重，正昏禮也。'抑某亦有請。魯，秉禮之國也；而子，又先聖之裔也。微特昏禮而已，凡吉凶諸禮，當集有成典，可得備觀乎！"汾爰舉前所云者以告。江君曰："噫，子過矣！夫本無可紀而强著之，是作也本有而弗述焉，是廢先型也。作之事，可以謝不敏。若夫述，則固先夫子之遺訓也。奚諉焉？亟宜就子所知者，輯之録之，俾吾儕誦法於闕里者，咸有所資。而退考其業，則幸甚！"汾曰："唯唯。"乃退而述《孔氏家儀》。

凡禮之大綱有五，《家儀》得其三，吉、凶、嘉是也。吉禮之別十有二，《家儀》得其四，四時之享是也。凶禮之別有五，《家儀》得其二，喪、弔是也。嘉禮之別有六，《家儀》得其四，飲食、昏姻、饗燕、慶賀是也。綜斯三禮，古與今條目間有不同，皆可以義彙通之者也。惟墓祭一條，爲今有而古無者。至修明譜牒，則汾又嘗從事其間，考諸古，奠繫姓，序昭穆，典縈嚴矣。以親兄弟，以睦宗族，敢不一準於禮與？且汾竊聞之，君子之行禮也，不求變俗；先王之馭萬民也，亦用禮俗。蓋禮者，乃其大經。至五方之風尚各殊，其安居和味宜服利用備器，莫不有高曾之規矩，不可强而使之同者。苟一一善求其故俗，亦未必盡拂乎經，特循行者，或習其數而弗考其義，或昧其本而徒謹其末，甚且以陰陽釋老之説雜之，則去古逾遠，洵難以從俗爲禮耳。故汾撰次《家儀》，往往以古與今互爲參考，其今之克循乎古者，則據古以證之；其古之未可通於今者，則引古以申之；其今之顯悖於古者，則援古以折之；惟時俗之萬萬不可從者，乃削而不著，非敢依回於俗，故爲騎牆之見也。沿溯幸未失真，鄉黨咸所共習，略加詮次，有節有文，豈蘄乎書之可傳，要蘄乎事之可行而已。苟我子孫謹修而審行之，於區區復古之苦心，庶無負焉！兹書勒成《吉禮》三卷、《凶禮》七卷、《嘉禮》三卷，序所以述之之意，別爲

《自序》一卷,總十四卷。

古者世官,考度立廟。大宗小宗,是則是傚。祭有十倫,事有三道。既內自盡,復外有耀。遂遂陶陶,追養繼孝。不愆不煩,用祠用禱。如欲色然,無射亦保。《吉禮一》述廟祭。

殷練而祔,先聖善之。今禫而祔,日月再除。遷主藏主,即遠有期。茲惟吉祭,嘉薦明齊。以其班祔,昭穆允釐。同堂異室,漢制失宜。匪敢變禮,援情定儀。《吉禮二》述祔。

墟墓之間,過者生哀。秋霜春露,孝子循陔。矧斯宅兆,體魄所埋。寒漿未奠,何以爲懷。累累者冢,蔥蔥者楷。攀條泫然,保此一抔。禮經雖略,可以類推。《吉禮三》述墓祭。

喪有四制,粵傳服術。斬衰功緦,達情昭質。上殺下殺,旁殺而畢。過則失中,必既其實。五服三黨,遵行如律。或降或加,恩義是率。立表分綱,以備倉促。《凶禮一》述喪服。

人孰無死,喪惟主哀。正終適室,舉簣遷尸。雞斯徒跣,肝心爲摧。小斂大斂,惟堂闈開。設重銘柩,內外皆衰。必誠必信,禮則然矣。慎毋遺悔,飲恨泉臺。《凶禮二》述初終至既殯。

葬者藏也,古衣以薪。稱家有無,寧儉於親。渴葬緩葬,必訊其因。日月有時,畚鍤具陳。骨肉歸土,魂魄安窀。不作無益,刪節虛文。喪貴自盡,反樸還淳。《凶禮三》述葬。

反哭於次,張帟於庭。再虞三虞,哀慕靡寧。練冠卒哭,昉自禮經。而祥而禫,閱更歲冪。利成祝告,黍稷惟馨。由凶之吉,妥我先靈。徙月而樂,彈乃成聲。《凶禮四》述喪祭。

奔喪之禮,戴星而行。扶櫬之禮,見日而行。一遲一疾,逸死勞生。哭踊無數,遠近有程。設位成服,各竭至情。曰惟父母,亦逮弟兄。今則太簡,尚期守正。《凶禮五》述奔喪扶櫬。

山崩泉涌,成路淪隍。體魄不安,改葬是當。孝子於此,涕泗徬徨。服緦從下,治如初喪。必誠必敬,有略有詳。勿信誕妄,穿冢鑿藏。有一於此,未或不亡。《凶禮六》述改葬。

凡民有喪,匍匐往弔。知死知生,中心是悼。贈賻襚含,惟其所效。匪云飾情,寧獨借貌。救災恤鄰,古今同嘂。矧乎執紼,任分壯少。胡不盡傷,臨喪反笑。《凶禮七》述弔賻會葬。

胖合伊始,萬化之原。納徵奠雁,其儀實繁。親迎授綏,交盥合樽。說縭出燭,袵粵初昏。質明贊見,新婦執笄。既饋而饗,著代降尊。勿褻視之,大義所存。《嘉禮一》

述昏。

視膳省安，朝夕左右。伏臘歲時，拜跪前後。厥父母慶，洗腆用酒。少長咸集，叔季無狃。相遇於道，正立拱手。饌惟先生，燕及朋友。禮尚往來，不瑕有咎。《嘉禮二》述家庭燕會相見及對賓客。

百世可知，譜牒修明。昌平近接。瓜瓞雲礽。禮嚴繫姓，開局苾盟。毋挾嫌怨，毋肆忿争。本深末茂，流潔源清。周甲復始，浹月告成。慎之慎之，祖考在庭。《嘉禮三》述修家譜。

地下天高，羣物散列。貴賤親疏，有敍有秩。樂至則愉，哀至則啜。苟昧厥性，秀頑奚別？禮本先民，援情定律，上規朝寧，下及家室。拜跪降升，冠裳黼黻。薦俎奉觴，授機引綏。千百其儀，曾莫我越。迨世教衰，典常放失。官守虛器，士恣横説。不明不行，已非一日。昔我夫子，窮年矻矻。問禮問官，咸正罔缺。傳諸其徒，立後世臬。鏡墜珠沉，嬴顛劉蹶。容臺太常，若著若滅。或抱空文，或習綿蕝。儀禮所存，十僅得一。大小戴氏，掇拾枝節。終俾後儒，議其疏闊。開元政和，因時抄撮。雅俗雜陳，變革多誖。有宋紫陽，提躬飭實。囊括百氏，披文相質。《家禮》一書，爲士表率。循而行之，本以不撥。何如俗學，縱情加鏑。禮意消亡，儀文嬻媟。不折其中，用益乖裂。聖朝鼎興，獨與古契。懸諸令甲，小大必察。民生是間，五禮允洽。偏鄉下士，失或罔覺。泥古拘今，莫可致詰。汾何人斯，才迂智拙。幸承先緒，不敢縱逸。研經考時，妄思載筆。觸類引伸，取法前哲。事蘄可行，無替紹述。述《自序》。

孔 繼 汾 詩[①]

送李濟安還杭州

與君六載結相知，忽上河梁奉酒巵。
放棹正當飛雪候，到家猶及看花時。
雲迷草閣雷峰隱，風暖春隄驛柳垂。
江北江南遥佇望，莫牽景物轉帆遲。

盧溝橋夜行

月光如雪映長隄，村落分明樹影低。
倩得青州老從事，一瓢清興共相攜。

三 歸 臺

零落三歸臺畔路，夷吾相業竟如何？
衣冠已逐浮雲散，壇坫空遺衰草多。
鴉染夕陽新雨歇，山鳴槲葉晚風過。
停車日暮頻回首，往事齊來嘆逝波。

趵 突 泉

日暮山城外，尋來水一灣。
泉聲雜石響，道院入秋間。
坐愛雕欄下，行依緑嶼間。
今朝遊賞處，得意幾忘還。

遊濟寧古南池

杜陵人去南池古，半面臨隄列數家。

---

① 録自（清）孔憲彝輯《闕里孔氏詩鈔》卷六《孔繼汾》，《山東文獻集成》編纂委員會編《山東文獻集成》第 3 輯，第 41 册，山東大學出版社，2009 年版。

苔蘚淺深隨砌滿，竹枝高下傍籬斜。
夏雲橋畔新經雨，秋水城隅昔泛槎。
渚外夕陽寒照處，一雙白鷺隱兼葭。

自題行看子

琅玕十萬發幽香，興到題詩掃石牀。
深處不須邀客住，此君相對足清狂。

九　秋

帶郭西風吹萬家，摧涼光景已全賒。
間情覓句逢秋色，隨意登高送晚霞。
霜後紅添門外樹，雨餘香盡砌邊花。
小軒地僻人稀至，扃户頻看日影斜。

智　源　溪

長溪名智源，尋源到沂隩。
風高薄暮時，灘聲散林麓。

顏　母　井

忽下顏母山，卻顧顏母井。
井底冽寒泉，照人清見影。

魯　親　里

不見顏母居，空傳魯親里。
村寒日漸昏，悵望青山裏。

擬　古

回車駕言邁，廣陌滿衰草。
日月易代謝，人事殊昏曉。
昔我行役時，所知皆少小。
今我復來思，亡多存者少。
我匪金石身，焉能不速老。
但恨無所成，奄忽如電埽。

東城高且長，一望杳無極。
天際送歸鴻，秋皋攬白荻。
陽和能幾時，涼颸生西北。
昨爲少年人，鬢髮忽蒼色。
側身顧城中，赫赫皆貴戚。
粉黛列屋居，珠履華筵集。
中夜泛金尊，凌高弄玉笛。
不知時序催，安問歲華逼。
我不行樂爲，撫世長太息。

訪李濟庵

絕羨君棲勝，南池是比鄰。
溪雲常覆屋，沙鳥自依人。
藥合丹經古，談揮玉麈新。
高齋容小坐，應買甕頭春。

送徐訪師南歸

魯門西望送行頻，一棹恩恩去泗濱。
愛酒定過彭澤令，捕魚還憶武陵春。
黃花白雨歸帆晚，紅葉青山驛路新。
指點泗湖湖畔路，候門稚子笑相親。

寄于海文

分手東籬菊滿叢，何堪今又聽秋蟲。
雁橫范蠡湖邊月，木落商湯廟外風。
兩地郵筒疏莫寄，五更清夢喜常通。
何當共買蘭陵酒，畫舫琴尊日日同。

春日郊行

氣入新春漸覺溫，凌晨東出建春門。
萬家煙并浮芳靄，一帶晴山有雪痕。
訪古且欣新試屐，懷人偏憶舊擕罇。

今朝省識東風面，嫩柳條條漢下村。

孔　繼　汾　詞[①]

梅　花　引

碧松森，碧篁深，小小雙雙棲翠禽。倚梅吟，倚梅吟，明月美人，羅浮山下尋。

誰家千樹圍香國，誰家三弄飄羌笛。冷梅心，冷梅心，驛使江南，一枝寄遠音。

行　香　子

燈影將闌，衣影還單。望星影，橫轉欄杆。蓮籤漏滴，數到更殘。更竹廊幽，花塢暗，草窗寒。

人意間間，遠道漫漫。黯離魂，千里關山。雁聲渺渺，蓼渚蘆灣，況月溶溶，雲淡淡，露溥溥。

---

① 　録自（清）孔昭薰輯《闕里孔氏詞鈔》卷三《孔繼汾》，曲阜師範大學圖書館藏清道光十九年（1839）玉虹樓刻本。

圖書在版編目(CIP)數據

闕里文獻考 /（清）孔繼汾撰；周海生點校. —上
海：上海古籍出版社，2019.12
ISBN 978-7-5325-9446-7

Ⅰ.①闕… Ⅱ.①孔… ②周… Ⅲ.①曲阜－地方志
－考證 Ⅳ.①K295.24

中國版本圖書館 CIP 數據核字(2019)第 287557 號

闕里文獻考

孔繼汾 撰

周海生 點校

上海古籍出版社出版、發行

（上海瑞金二路 272 號 郵政編碼 200020）

（1）網址：www.guji.com.cn

（2）E-mail：guji1@guji.com.cn

（3）易文網網址：www.ewen.co

上海天地海設計印刷有限公司印刷

開本 787×1092 1/16 印張 49.5 插頁 5 字數 941,000
2019 年 12 月第 1 版 2019 年 12 月第 1 次印刷
ISBN 978-7-5325-9446-7

K·2750 定價：248.00 元

如有質量問題，請與承印公司聯繫